COMUNICAÇÃO DE DADOS E REDES DE COMPUTADORES

F727c Forouzan, Behrouz A.
        Comunicação de dados e redes de computadores / Behrouz A. Forouzan com a colaboração de Sophia Chung Fegan ; tradução Ariovaldo Griesi ; revisão técnica Jonas Santiago de Oliveira. – 4. ed. – São Paulo : McGraw-Hill, 2008.
        xxxiv, 1134 p. ; 21 x 27,5 cm.

        ISBN 978-85-86804-88-5

        1. Redes de computadores. 2. Sistemas de transmissão de dados. I. Fegan, Sophia Chung. II. Título.

CDU 004.6

COMUNICAÇÃO DE DADOS E REDES DE COMPUTADORES

Quarta Edição

Behrouz A. Forouzan

DeAnza College

com a colaboração de

Sophia Chung Fegan

Tradução
Ariovaldo Griesi

Revisão Técnica
Jonas Santiago de Oliveira
Mestre em Engenharia Elétrica pela USP
Docente dos cursos de Engenharia de Telecomunicações da UNIFIEO e
Sistemas de Informação da FICS — Campos Salles

Reimpressão 2010

AMGH Editora Ltda.

2008

Obra originalmente publicada sob o título
Data Communications and Networking, 4th Edition
© 2007 de The McGraw-Hill Companies, Inc.
1221 Avenue of the Americas, New York, NY 10020
ISBN da obra original: 13 978–0–07–296775–3
                           10 0–07–296775–7

Editora de Desenvolvimento: Alessandra Borges

Supervisora de Produção: Guacira Simonelli

Preparação de Texto: Maria Alice da Costa

Design de capa: Rokusek Design

Imagem de capa (USE): Women ascending Mount McKinley, Alaska. Mount McKinley (Denali) 12.000 feet. ©Allan Kearney/Getty Images.

Editoração Eletrônica: Crontec Ltda.

Reservados todos os direitos de publicação, em língua portuguesa, à AMGH Editora Ltda. (AMGH EDITORA é uma parceria entre ARTMED Editora S.A. e MCGRAW-HILL EDUCATION).
Av. Jerônimo de Ornelas, 670 - Santana
90040-340 Porto Alegre RS
Fone (51) 3027-7000 Fax (51) 3027-7070

É proibida a duplicação ou reprodução deste volume, no todo ou em parte, sob quaisquer formas ou por quaisquer meios (eletrônico, mecânico, gravação, fotocópia, distribuição na Web e outros), sem permissão expressa da Editora.

SÃO PAULO
Av. Embaixador Macedo Soares, 10.735 - Pavilhão 5 - Cond. Espace Center
Vila Anastácio 05095-035 São Paulo SP
Fone (11) 3665-1100 Fax (11) 3667-1333

SAC 0800 703-3444

IMPRESSO NO BRASIL
PRINTED IN BRAZIL

À minha esposa, Faezeh, com carinho
Behrouz Forouzan

RESUMO DO SUMÁRIO

Prefácio xxix

PARTE 1 **Visão Geral 1**
Capítulo 1 *Introdução 3*
Capítulo 2 *Modelos de Redes 27*

PARTE 2 **Camada Física e Meios de Transmissão 55**
Capítulo 3 *Dados e Sinais 57*
Capítulo 4 *Transmissão Digital 101*
Capítulo 5 *Transmissão Analógica 141*
Capítulo 6 *Utilização da Largura de Banda: Multiplexação e Espalhamento 161*
Capítulo 7 *Meios de Transmissão 191*
Capítulo 8 *Comutação 213*
Capítulo 9 *O Uso de Redes Telefônicas e a Cabo na Transmissão de Dados 241*

PARTE 3 **Camada de Enlace de Dados 265**
Capítulo 10 *Detecção e Correção de Erros 267*
Capítulo 11 *Controle do Enlace de Dados 307*
Capítulo 12 *Acesso Múltiplo 363*
Capítulo 13 *LANs com Fio: Ethernet 395*
Capítulo 14 *LANs sem Fio (Wireless LANs) 421*
Capítulo 15 *Conexão de LANs, Redes Backbone e LANs Virtuais 445*
Capítulo 16 *WANs sem Fio: Redes de Telefonia Celular e Via Satélite 467*
Capítulo 17 *SONET/SDH 491*
Capítulo 18 *Redes de Circuitos Virtuais: Frame Relay e ATM 517*

PARTE 4 **Camada de Rede 547**
Capítulo 19 *Camada de Rede: Endereçamento Lógico 549*
Capítulo 20 *Camada de Rede: IP 579*

Capítulo 21 *Camada de Rede: Mapeamento de Endereços, Notificação de Erros e Multicasting 611*

Capítulo 22 *Camada de Rede: Entrega, Encaminhamento e Roteamento 647*

PARTE 5 **Camada de Transporte 701**

Capítulo 23 *Comunicação entre Processos: UDP, TCP e SCTP 703*

Capítulo 24 *Controle de Congestionamento e Qualidade de Serviços 761*

PARTE 6 **Camada de Aplicação 795**

Capítulo 25 *Sistema de Nomes de Domínios 797*

Capítulo 26 *Logging Remoto, Correio Eletrônico e Transferência de Arquivos 817*

Capítulo 27 *WWW e HTTP 851*

Capítulo 28 *Gerenciamento de Redes: SNMP 873*

Capítulo 29 *Multimídia 901*

PARTE 7 **Segurança 929**

Capítulo 30 *Criptografia 931*

Capítulo 31 *Segurança de Redes 961*

Capítulo 32 *Segurança na Internet: IPSec, SSL/TLS, PGP, VPN e Firewalls 995*

Apêndice A *Unicode 1029*

Apêndice B *Sistemas de Numeração 1037*

Apêndice C *Revisão de Matemática 1043*

Apêndice D *Código 8B/6T 1055*

Apêndice E *Histórico sobre a Telefonia nos Estados Unidos 1059*

Apêndice F *Endereços e Sites 1061*

Apêndice G *RFCs 1063*

Apêndice H *Portas TCP e UDP 1065*

Acrônimos 1067

Glossário 1071

Índice Remissivo 1103

SUMÁRIO

Prefácio xxix

PARTE 1 Visão Geral 1

Capítulo 1 *Introdução* 3

1.1 COMUNICAÇÃO DE DADOS 3
　Componentes 4
　Representação de Dados 5
　Fluxo de Dados 6

1.2 REDES 7
　Processamento Distribuído 7
　Critérios de Redes 7
　Estruturas Físicas 8
　Modelos de Redes 13
　Categorias de Redes 13
　Interconexão de Redes: Internetwork 15

1.3 A INTERNET 16
　Um Breve Histórico 17
　A Internet Hoje em Dia 17

1.4 PROTOCOLOS E PADRÕES 19
　Protocolos 19
　Padrões 19
　Organizações para Estabelecimento de Padrões 20
　Padrões Internet 21

1.5 LEITURA RECOMENDADA 21
　Livros 21
　Sites* 22
　RFCs 22

1.6 TERMOS-CHAVE 22

1.7 RESUMO 23

1.8 ATIVIDADES PRÁTICAS 24
　Questões para Revisão 24
　Exercícios 24
　Atividades de Pesquisa 25

Capítulo 2 *Modelos de Redes* 27

2.1 TAREFAS DISTRIBUÍDAS EM CAMADAS 27
　Emissor, Receptor e Transportador 28
　Hierarquia 29

2.2 O MODELO OSI 29
　Arquitetura em Camadas 30

Processos *Peer-to-peer* 30
Encapsulamento 33

2.3 CAMADAS DO MODELO OSI 33
Camada Física 33
Camada de Enlace de Dados 34
Camada de Rede 36
Camada de Transporte 37
Camada de Sessão 39
Camada de Apresentação 39
Camada de Aplicação 41
Resumo sobre as Camadas 42

2.4 CONJUNTO DE PROTOCOLOS TCP/IP 42
Camadas Física e de Enlace 43
Camada de Rede 43
Camada de Transporte 44
Camada de Aplicação 45

2.5 ENDEREÇAMENTO 45
Endereços Físicos 46
Endereços Lógicos 47
Endereços de Portas 49
Endereços Específicos 50

2.6 LEITURA RECOMENDADA 50
Livros 51
Sites 51
RFCs 51

2.7 TERMOS-CHAVE 51

2.8 RESUMO 52

2.9 ATIVIDADES PRÁTICAS 52
Questões para Revisão 52
Exercícios 53
Atividades de Pesquisa 54

PARTE 2   Camada Física e Meios de Transmissão   55

Capítulo 3   *Dados e Sinais*   57

3.1 ANALÓGICO E DIGITAL 57
Dados Analógicos e Digitais 57
Sinais Analógicos e Digitais 58
Sinais Periódicos e Não Periódicos 58

3.2 SINAIS ANALÓGICOS PERIÓDICOS 59
Onda Senoidal 59
Fase 63
Comprimento de Onda 64
Domínios do Tempo e da Freqüência 65
Sinais Compostos 66
Largura de Banda 69

3.3 SINAIS DIGITAIS 71
Taxa de Transferência 73
Comprimento de Bits 73
Sinal Digital como um Sinal Analógico Composto 74
Transmissão de Sinais Digitais 74

3.4 PERDA NA TRANSMISSÃO 80
Atenuação 81
Distorção 83
Ruído 84

3.5 LIMITES NA TAXA DE DADOS 85
   Canal sem Ruído: Taxa de Transferência de Nyquist 86
   Canal com Ruído: Capacidade de Shannon 87
   Usando Ambos os Limites 88
3.6 DESEMPENHO 89
   Largura de Banda 89
   Throughput 90
   Latência (Retardo) 90
   Produto Largura de Banda-Retardo 92
   Jitter 94
3.7 LEITURA RECOMENDADA 94
   Livros 94
3.8 TERMOS-CHAVE 94
3.9 RESUMO 95
3.10 ATIVIDADES PRÁTICAS 96
   Questões para Revisão 96
   Exercícios 96

Capítulo 4 Transmissão Digital 101

4.1 CONVERSÃO DIGITAL-DIGITAL 101
   Codificação de Linha 101
   Métodos de Codificação de Linha 106
   Codificação de Blocos 115
   Mistura de Sinais 118
4.2 CONVERSÃO ANALÓGICA-DIGITAL 120
   Pulse Code Modulation (PCM) 121
   Modulação Delta (DM) 129
4.3 MODOS DE TRANSMISSÃO 131
   Transmissão Paralela 131
   Transmissão Serial 132
4.4 LEITURA RECOMENDADA 135
   Livros 135
4.5 TERMOS-CHAVE 135
4.6 RESUMO 136
4.7 ATIVIDADES PRÁTICAS 137
   Questões para Revisão 137
   Exercícios 137

Capítulo 5 Transmissão Analógica 141

5.1 CONVERSÃO DIGITAL-ANALÓGICA 141
   Aspectos da Conversão Digital-Analógica 142
   Chaveamento de Amplitude 144
   Modulação por Chaveamento de Freqüência 146
   Modulação por Chaveamento de Fase 148
   Modulação por Amplitude de Quadratura 152
5.2 CONVERSÃO ANALÓGICA-ANALÓGICA 152
   Modulação em Amplitude 153
   Modulação em Freqüência (*Frequency Modulation*) 154
   Modulação em Fase (*Phase Modulation*) 155
5.3 LEITURA RECOMENDADA 156
   Livros 156
5.4 TERMOS-CHAVE 157

5.5 RESUMO 157
5.6 ATIVIDADES PRÁTICAS 158
Questões para Revisão 158
Exercícios 158

Capítulo 6 *Utilização da Largura de Banda: Multiplexação e Espalhamento 161*

6.1 MULTIPLEXAÇÃO 161
Multiplexação por Divisão de Freqüência 162
Multiplexação por Divisão de Comprimento de Onda 167
Multiplexação por Divisão de Tempo 169
Multiplexação Estatística por Divisão de Tempo 179

6.2 ESPALHAMENTO ESPECTRAL 180
Espalhamento Espectral por Saltos de Freqüência (FHSS) 181
Direct Sequence Spread Spectrum 184

6.3 LEITURA RECOMENDADA 185
Livros 185

6.4 TERMOS-CHAVE 185

6.5 RESUMO 186

6.6 ATIVIDADES PRÁTICAS 187
Questões para Revisão 187
Exercícios 187

Capítulo 7 *Meios de Transmissão 191*

7.1 MEIOS DE TRANSMISSÃO GUIADOS 192
Cabo de Par Trançado 192
Cabo Coaxial 195
Cabo de Fibra Óptica 198

7.2 MEIOS DE TRANSMISSÃO NÃO GUIADOS 203
Ondas de Rádio 205
Microondas 206
Infravermelho 207

7.3 LEITURA RECOMENDADA 208
Livros 208

7.4 TERMOS-CHAVE 208

7.5 RESUMO 209

7.6 ATIVIDADES PRÁTICAS 209
Questões para Revisão 209
Exercícios 210

Capítulo 8 *Comutação 213*

8.1 REDES DE COMUTAÇÃO DE CIRCUITOS 214
Três Fases 217
Eficiência 217
Retardo 217
Tecnologia de Comutação de Circuitos em Redes de Telefonia 218

8.2 REDES DE DATAGRAMAS 218
Tabela de Roteamento 220
Eficiência 220
Retardo 221
Redes de Datagramas na Internet 221

8.3　REDE DE CIRCUITOS VIRTUAIS　221
　　　Endereçamento　222
　　　Três Fases　223
　　　Eficiência　226
　　　Retardo em Redes de Circuitos Virtuais　226
　　　Tecnologia de Comutação de Circuitos em WANs　227
8.4　ESTRUTURA DE UM COMUTADOR　227
　　　Estrutura dos Comutadores de Circuitos　227
　　　Estrutura dos Comutadores de Pacotes　232
8.5　LEITURA RECOMENDADA　235
　　　Livros　235
8.6　TERMOS-CHAVE　235
8.7　RESUMO　236
8.8　ATIVIDADES PRÁTICAS　236
　　　Questões para Revisão　236
　　　Exercícios　237

Capítulo 9　*O Uso de Redes Telefônicas e a Cabo na Transmissão de Dados*　*241*

9.1　REDE TELEFÔNICA　241
　　　Principais Componentes　241
　　　Sinalização　244
　　　Serviços Fornecidos por Redes Telefônicas　247
9.2　MODEMS DISCADOS　248
　　　Padrões de Modems　249
9.3　LINHA DIGITAL DE ASSINANTE　251
　　　ADSL　252
　　　ADSL Lite　254
　　　HSDL　255
　　　SDSL　255
　　　VDSL　255
　　　Resumo　255
9.4　REDES DE TV A CABO　256
　　　Redes de TV a Cabo Tradicionais　256
　　　Rede HFC (*Hybric Fyber-Coaxial*)　256
9.5　TV A CABO PARA TRANSFERÊNCIA DE DADOS　257
　　　Largura de Banda　257
　　　Compartilhamento　259
　　　CM e CMTS　259
　　　Métodos de Transmissão de Dados: DOCSIS　260
9.6　LEITURA RECOMENDADA　261
　　　Livros　261
9.7　TERMOS-CHAVE　261
9.8　RESUMO　262
9.9　ATIVIDADES PRÁTICAS　263
　　　Questões para Revisão　263
　　　Exercícios　264

PARTE 3　Camada de Enlace de Dados　265

Capítulo 10　*Detecção e Correção de Erros*　*267*

10.1　INTRODUÇÃO　267
　　　Tipos de erros　267

Redundância 269
Detecção *versus* Correção 269
Correção Antecipada de Erros *versus* Retransmissão 269
Códigos de Erros 269
Aritmética Modular 270

10.2 CÓDIGOS DE BLOCOS 271
Detecção de Erros 272
Correção de Erros 273
Distância de Hamming 274
Distância de Hamming Mínima 274

10.3 CÓDIGOS DE BLOCOS LINEARES 277
Distância Mínima para Códigos de Blocos Lineares 278
Alguns Códigos de Blocos Lineares 278

10.4 CÓDIGOS CÍCLICOS 284
CRC — *Cyclic Redundant Check* **284**
Implementação no Hardware 287
Polinômios 291
Análise de Códigos Cíclicos 293
Vantagens dos Códigos Cíclicos 297
Outros Códigos Cíclicos 297

10.5 CHECKSUM 298
Conceito 298
Complemento de Um 298
Uso do *Checksum* na Internet 299
Desempenho 301

10.6 LEITURA RECOMENDADA 301
Livros 301
RFCs 301

10.7 TERMOS-CHAVE 301

10.8 RESUMO 302

10.9 ATIVIDADES PRÁTICAS 303
Questões para Revisão 303
Exercícios 303

Capítulo 11 *Controle do Enlace de Dados 307*

11.1 FRAMING 307
Framing de Tamanho Fixo 308
Framing de Tamanho Variável 308

11.2 CONTROLES DE FLUXO E ERROS 311
Controle de Fluxo 311
Controle de Erros 311

11.3 PROTOCOLOS 311

11.4 CANAIS SEM RUÍDO 312
O Protocolo mais Simples Possível 312

11.5 CANAIS COM RUÍDO 318
Stop-and-Wait com Solicitação de Repetição Automática 318
Go-Back-N com Solicitação de Repetição Automática 324
Selective Repeat Automatic Repeat Request 332
Piggybacking 339

11.6 HDLC 340
Configurações e Modos de Transferência 340
Frames 341
Campo de Controle 343

- 11.7 PROTOCOLO PONTO A PONTO   346
  - Framing   348
  - Fases de Transição   349
  - Multiplexação   350
  - PPP Multilink   355
- 11.8 LEITURA RECOMENDADA   357
  - Livros   357
- 11.9 TERMOS-CHAVE   357
- 11.10 RESUMO   358
- 11.11 ATIVIDADES PRÁTICAS   359
  - Questões para Revisão   359
  - Exercícios   359

Capítulo 12 *Acesso Múltiplo*   363

- 12.1 ACESSO RANDÔMICO   364
  - ALOHA   365
  - CSMA (Carrier Sense Multiple Access)   370
  - CSMA/CD (*Carrier Sense Multiple Access with Collision Detection*)   373
  - CSMA/CA (Carrier Sense Multiple Access withCollision Avoidance)   377
- 12.2 ACESSO CONTROLADO   379
  - Reservation   379
  - Polling   380
  - Token Passing   381
- 12.3 CANALIZAÇÃO   383
  - *Frequency-Division Multiple Access* (FDMA)   383
  - *Time-Division Multiple Access* (TDMA)   384
  - *Code-Division Multiple Access* (CDMA)   385
- 12.4 LEITURA RECOMENDADA   390
  - Livros   391
- 12.5 TERMOS-CHAVE   391
- 12.6 RESUMO   391
- 12.7 ATIVIDADES PRÁTICAS   392
  - Questões para Revisão   392
  - Exercícios   393
  - Atividades de Pesquisa   394

Capítulo 13 *LANs com Fios: Ethernet*   395

- 13.1 PADRÕES IEEE   395
  - Camada de Enlace   396
  - Camada Física   397
- 13.2 ETHERNET-PADRÃO   397
  - Subcamada MAC   398
  - Camada Física   402
- 13.3 EVOLUÇÃO DO PADRÃO   406
  - Ethernet com Bridges   406
  - Switched Ethernet   407
  - Ethernet Full-Duplex   408
- 13.4 FAST ETHERNET   409
  - Subcamada MAC   409
  - Camada Física   410
- 13.5 GIGABIT ETHERNET   412
  - Subcamada MAC   412

Camada Física 414
10 Gigabit Ethernet 416

13.6 LEITURA RECOMENDADA 417
Livros 417

13.7 TERMOS-CHAVE 417

13.8 RESUMO 417

13.9 ATIVIDADES PRÁTICAS 418
Questões para Revisão 418
Exercícios 419

Capítulo 14 *LANs sem Fio (Wireless LANs)* 421

14.1 IEEE 802.11 421
Arquitetura 421
Subcamada MAC 423
Mecanismo de Endereçamento 428
Camada Física 432

14.2 BLUETOOTH 434
Arquitetura 435
Camadas no Bluetooth 436
Camada de Rádio 436
Camada Banda Base 437
L2CAP 440
Outras Camadas Superiores 441

14.3 LEITURA RECOMENDADA 441
Livros 442

14.4 TERMOS-CHAVE 442

14.5 RESUMO 442

14.6 ATIVIDADES PRÁTICAS 443
Questões para Revisão 443
Exercícios 443

Capítulo 15 *Conexão de LANs, Redes Backbone e LANs Virtuais* 445

15.1 DISPOSITIVOS DE CONEXÃO 445
Hubs Passivos 446
Repetidores 446
Hubs Ativos 447
Pontes 447
Switches de Duas Camadas 454
Roteadores 455
Switches de Três Camadas 455
Gateway 455

15.2 REDES BACKBONE 456
Backbone de Barramento 456
Backbone em Estrela 457
Interligando LANs Remotas 457

15.3 LANS VIRTUAIS 458
Participação 461
Configuração 461
Comunicação entre Switches 462
Padrão IEEE 462
Vantagens 463

15.4 LEITURA RECOMENDADA 463

SUMÁRIO xvii

      Livros 463
      Site 463
15.5 TERMOS-CHAVE 463
15.8 RESUMO 464
15.7 ATIVIDADES PRÁTICAS 464
      Questões para Revisão 464
      Exercícios 465

Capítulo 16   *WANs sem Fio: Redes de Telefonia Celular e via Satélite*   467

16.1 TELEFONIA CELULAR 467
      Princípio da Reutilização de Freqüências 467
      Transmissão 468
      Recepção 469
      Roaming 469
      Primeira Geração 469
      Segunda Geração 470
      Terceira Geração 477
16.2 REDES VIA SATÉLITE 478
      Órbitas 479
      Área de Cobertura 480
      Três Categorias de Satélites 480
      Satélites GEO 481
      Satélites MEO 481
      GPS 481
      Satélites LEO 484
16.3 LEITURA RECOMENDADA 487
      Livros 487
16.4 TERMOS-CHAVE 487
16.5 RESUMO 487
16.6 ATIVIDADES PRÁTICAS 488
      Questões para Revisão 488
      Exercícios 488

Capítulo 17   *SONET/SDH*   491

17.1 ARQUITETURA 491
      Sinais 491
      Dispositivos SONET 492
      Conexões 493
17.2 CAMADAS DO PADRÃO SONET 494
      Camada de Rotas 494
      Camada de Linha 495
      Camada de Seção 495
      Camada Fotônica 495
      Relações Dispositivo–Camada 495
17.3 QUADROS NO SONET 496
      Transmissão de Bits, Bytes e Quadros 496
      Formato de Quadros STS-1 497
      Síntese do Overhead 501
      Encapsulamento 501
17.4 MULTIPLEXAÇÃO STS 503
      Intercalação de Bytes 504
      Sinal Concatenado 505
      Multiplexador Inserir/retirar 506

17.5 REDES SONET 507
　　Redes Lineares 507
　　Redes em Anel 509
　　Redes de Malha 510
17.6 TRIBUTÁRIOS VIRTUAIS 512
　　Tipos de VTs 512
17.7 LEITURA RECOMENDADA 513
　　Livros 513
17.8 TERMOS-CHAVE 513
17.9 RESUMO 514
17.10 ATIVIDADES PRÁTICAS 514
　　Questões para Revisão 514
　　Exercícios 515

Capítulo 18 *Redes de Circuitos Virtuais: Frame Relay e ATM* 517

18.1 FRAME RELAY 517
　　Arquitetura 518
　　Camadas do Frame Relay 519
　　Endereço Estendido 521
　　FRADs 522
　　VOFR 522
　　LMI 522
　　Controle de Congestionamento e Qualidade de Serviço 522
18.2 ATM 523
　　Objetivos do Projeto 523
　　Problemas 523
　　Arquitetura 526
　　Comutação 529
　　Camadas do ATM 529
　　Controle de Congestionamento e Qualidade dos Serviços 535
18.3 LANS ATM 536
　　Arquitetura de LANs ATM 536
　　Emulação de LANs (LANE) 538
　　Modelo Cliente/Servidor 539
　　Arquitetura Mista com Cliente/Servidor 540
18.4 LEITURA RECOMENDADA 540
　　Livros 541
18.5 TERMOS-CHAVE 541
18.6 RESUMO 541
18.7 ATIVIDADES PRÁTICAS 543
　　Questões para Revisão 543
　　Exercícios 543
　　Atividades de Pesquisa 545

PARTE 4 Camada de Rede 547

Capítulo 19 *Camada de Rede: Endereçamento Lógico* 549

19.1 ENDEREÇOS IPv4 549
　　Espaço de Endereços 550
　　Notações 550
　　Endereçamento com Classes 552
　　Endereçamento sem Classes 555
　　Tradução de Endereços de Rede (NAT) 563

19.2 ENDEREÇOS IPV6 566
Estrutura 567

19.3 LEITURA RECOMENDADA 572
Livros 572
Sites 572
RFCs 572

19.4 TERMOS-CHAVE 572

19.5 RESUMO 573

19.6 ATIVIDADES PRÁTICAS 574
Questões para Revisão 574
Exercícios 574
Atividades para Pesquisa 577

Capítulo 20 Camada de Rede: IP 579

20.1 INTERNETWORKING 579
Necessidade da Camada de Rede 579
Internet como uma Rede de Datagramas 581
Internet como uma Rede sem Conexão 582

20.2 IPv4 582
Datagrama 583
Fragmentação 589
Checksum 594
Opções 594

20.3 IPv6 596
Vantagens 597
Formato dos Pacotes 597
Cabeçalhos de Extensão 602

20.4 TRANSIÇÃO DO IPv4 PARA O IPv6 603
Pilha Dupla 604
Tunelamento 604
Tradução do Cabeçalho 605

20.5 LEITURA RECOMENDADA 605
Livros 606
Sites 606
RFCs 606

20.6 TERMOS-CHAVE 606

20.7 RESUMO 607

20.8 ATIVIDADES PRÁTICAS 607
Questões para Revisão 607
Exercícios 608
Atividades de Pesquisa 609

Capítulo 21 Camada de Rede: Mapeamento de Endereços, Notificação de Erros e Multicasting 611

21.1 MAPEAMENTO DE ENDEREÇOS 611
Mapeamento entre Endereços Lógicos e Físicos: ARP 612
Solução 617
Mapeamento entre Endereços Físicos e Lógicos: RARP, BOOTP e DHCP 618

21.2 ICMP 621
Tipos de Mensagens 621
Formato das Mensagens 621
Notificação de Erros 622

Consulta 625
Ferramentas de Debug 627

21.3 IGMP 630
Gerenciamento de Grupos 630
Mensagens IGMP 631
Formato das Mensagens 631
Operação do IGMP 632
Solução 634
Encapsulamento 635
Solução 637
Solução 637
Utilitário Netstat 637

21.4 ICMPV6 638
Notificação de Erros 638
Query 639

21.5 LEITURA RECOMENDADA 640
Livros 641
Site 641
RFCs 641

21.6 TERMOS-CHAVE 641

21.7 RESUMO 642

21.8 ATIVIDADES PRÁTICAS 643
Questões para Revisão 643
Exercícios 644
Atividades de Pesquisa 645

Capítulo 22 *Camada de Rede: Entrega, Encaminhamento e Roteamento* 647

22.1 ENTREGA 647
Entrega Direta Versus Indireta 647

22.2 ENCAMINHAMENTO 648
Técnicas de Encaminhamento 648
Processo de Encaminhamento 650
Tabela de Roteamento 655

22.3 PROTOCOLOS DE ROTEAMENTO UNICAST 658
Otimização 658
Roteamento Interdomínio e Intradomínio 659
Roteamento Vetor Distância 660
Roteamento de Estado do Enlace 666
Roteamento Vetor Caminho 674

22.4 PROTOCOLOS DE ROTEAMENTO MULTICAST 678
Unicast, Multicast e Broadcast 678
Aplicações 681
Roteamento Multicast 682
Protocolos de Roteamento 684

22.5 LEITURA RECOMENDADA 694
Livros 694
Sites 694
RFCs 694

22.6 TERMOS-CHAVE 694

22.7 RESUMO 695

22.8 ATIVIDADES PRÁTICAS 697
Questões para Revisão 697
Exercícios 697
Atividades de Pesquisa 699

PARTE 5 Camada de Transporte 701

Capítulo 23 *Comunicação entre Processos: UDP, TCP e SCTP* 703

23.1 COMUNICAÇÃO ENTRE PROCESSOS 703
Paradigma Cliente/Servidor 704
Multiplexação e Demultiplexação 707
Serviços Sem Conexão *Versus* Orientado a Conexão 707
Confiável *Versus* Não-confiável 708
Três Protocolos 708

23.2 UDP 709
Portas conhecidas no UDP 709
Datagramas de Usuário 710
Checksum 711
Operação do UDP 713
Uso do UDP 715

23.3 TCP 715
Serviços TCP 715
Recursos do TCP 719
Segmento 721
Conexão TCP 723
Controle de Fluxo 728
Controle de Erros 731
Controle de Congestionamento 735

23.4 SCTP 736
Serviços SCTP 736
Características do SCTP 738
Formato de um Pacote SCTP 742
Associação SCTP 743
Controle de Fluxo 748
Controle de Erros 751
Controle de Congestionamento 753

23.5 LEITURA RECOMENDADA 753
Livros 753
Sites 753
RFCs 753

23.6 TERMOS-CHAVE 754

23.7 RESUMO 754

23.8 ATIVIDADES PRÁTICAS 756
Questões para Revisão 756
Exercícios 757
Atividades de Pesquisa 759

Capítulo 24 *Controle de Congestionamento e Qualidade de Serviços* 761

24.1 TRÁFEGO DE DADOS 761
Descritor de Tráfego 761
Perfis de Tráfego 762

24.2 CONGESTIONAMENTO 763
Desempenho da Rede 764

24.3 CONTROLE DE CONGESTIONAMENTO 765
Controle de Congestionamento de Anel Aberto 766
Controle de Congestionamento de Anel Fechado 767

24.4 DOIS EXEMPLOS 768
Controle de Congestionamento no TCP 769
Controle de Congestionamento no Frame Relay 773

24.5 QUALIDADE DE SERVIÇOS 775
Características dos Fluxos 775
Classes de Fluxo 776
24.6 TÉCNICAS PARA MELHORAR O QOS 776
Programação 776
Formatação de Tráfego 777
Reserva de Recursos 780
Controle de Admissão 780
24.7 SERVIÇOS INTEGRADOS 780
Sinalização 781
Especificação de Fluxo 781
Admissão 781
Classes de Serviços 781
RSVP 782
Problemas com Serviços Integrados 784
24.8 SERVIÇOS DIFERENCIADOS 785
Campo DS 785
24.9 QOS EM REDES COMUTADAS 786
QoS no Frame Relay 787
QoS no ATM 789
24.10 LEITURA RECOMENDADA 790
Livros 791
24.11 TERMOS-CHAVE 791
24.12 RESUMO 791
24.13 ATIVIDADES PRÁTICAS 792
Questões para Revisão 792
Exercícios 793

PARTE 6 Camada de Aplicação 795

Capítulo 25 Sistema de Nomes de Domínios 797

25.1 ESPAÇO DE NOMES 798
Espaço de Nomes Plano 798
Espaço de Nomes Hierárquico 798
25.2 ESPAÇO DE NOMES DE DOMÍNIOS 799
Label 799
Nome de Domínio 799
Domínio 801
25.3 DISTRIBUIÇÃO DO ESPAÇO DE NOMES 801
Hierarquia dos Servidores de Nomes 802
Zona 802
Servidor Raiz 803
Servidores Primários e Secundários 803
25.4 O DNS NA INTERNET 803
Domínios Genéricos 804
Domínios de Países 805
Domínio Reverso 805
25.5 RESOLUÇÃO 806
Resolvedor 806
Mapeamento de Nomes para Endereços 807
Mapeamento de Endereços para Nomes 807
Resolução Recursiva 808
Resolução Iterativa 808
Caching 808

25.6 MENSAGENS DNS 809
Cabeçalho 809

25.7 TIPOS DE REGISTROS 811
Registro de Respostas 811
Registro de Recursos 811

25.8 ENTIDADE REGISTRADORA 811

25.9 SISTEMA DE NOMES E DOMÍNIOS DINÂMICOS (DDNS) 812

25.10 ENCAPSULAMENTO 812

25.11 LEITURA RECOMENDADA 812
Livros 813
Sites 813
RFCs 813

25.12 TERMOS-CHAVE 813

25.13 RESUMO 813

25.14 ATIVIDADES PRÁTICAS 814
Questões para Revisão 814
Exercícios 815

Capítulo 26 *Logging Remoto, Correio Eletrônico e Transferência de Arquivos 817*

26.1 LOGGING REMOTO 817
TELNET 817

26.2 CORREIO ELETRÔNICO 824
Arquitetura 824
User Agent 828
Simple Mail Transfer Protocol: SMTP 834
Agente de Acesso a Mensagens: POP e IMAP 837
Webmail 839

26.3 TRANSFERÊNCIA DE ARQUIVOS 840
FTP 840
FTP Anônimo 844

26.4 LEITURA RECOMENDADA 845
Livros 845
Sites 845
RFCs 845

26.5 TERMOS-CHAVE 845

26.6 RESUMO 846

26.7 ATIVIDADES PRÁTICAS 847
Questões para Revisão 847
Exercícios 848
Atividades de Pesquisa 848

Capítulo 27 *WWW e HTTP 851*

27.1 ARQUITETURA 851
Cliente (Browser) 852
Servidor 852
Uniform Resource Locator (URL) 853
Cookies 853

27.2 DOCUMENTOS WEB 854
Documentos Estáticos 855
Documentos Dinâmicos 857
Documentos Ativos 860

27.3 HTTP 861
- Transação HTTP 861
- Conexão Persistente versus Não Persistente 868
- Servidor Proxy 868

27.4 LEITURA RECOMENDADA 869
- Livros 869
- Sites 869
- RFCs 869

27.5 TERMOS-CHAVE 869

27.6 RESUMO 870

27.7 ATIVIDADES PRÁTICAS 871
- Questões para Revisão 871
- Exercícios 871

Capítulo 28 *Gerenciamento de Redes: SNMP* 873

28.1 SISTEMA DE GERENCIAMENTO DE REDES 873
- Gerenciamento de Configuração 874
- Gerenciamento de Falhas 875
- Gerenciamento de Desempenho 876
- Gerenciamento de Segurança 876
- Gerenciamento de Contabilização 877

28.2 SNMP 877
- Conceito 877
- Componentes do Gerenciamento 878
- SMI 881
- MIB 886
- Ordem Lexicográfica 889
- SNMP 891
- Mensagens 893
- Portas UDP 895
- Segurança 897

28.3 LEITURA RECOMENDADA 897
- Livros 897
- Sites 897
- RFCs 897

28.4 TERMOS-CHAVE 897

28.5 RESUMO 898

28.6 ATIVIDADES PRÁTICAS 899
- Questões para Revisão 899
- Exercícios 899

Capítulo 29 *Multimídia* 901

29.1 DIGITALIZAÇÃO DE ÁUDIO E VÍDEO 902
- Digitalização de Áudio 902
- Digitalização de Vídeo 902

29.2 COMPRESSÃO DE ÁUDIO E VÍDEO 903
- Compressão de Áudio 903
- Compressão de Vídeo 904

29.3 STREAMING DE ÁUDIO E VÍDEO ARMAZENADO 908
- Primeiro Método: Utilização de um Servidor Web 909
- Segundo Método: Uso de um Servidor Web com Metafile 909
- Terceiro Método: Emprego de um Media Server 910
- Quarto Método: Uso de um Media Server e do RTSP 911

29.4 STREAMING DE ÁUDIO E VÍDEO EM TEMPO REAL   912
29.5 ÁUDIO/VÍDEO INTERATIVO EM TEMPO REAL   912
  Características   912
29.6 RTP   916
  Formato de Pacotes RTP   917
  Porta UDP   919
29.7 RTCP   919
  Sender Report   919
  Receiver Report   920
  Source Description   920
  Bye   920
  APP   920
  Porta UDP   920
29.8 VOZ SOBRE IP   920
  SIP   920
  H.323   923
29.9 LEITURA RECOMENDADA   925
  Livros   925
  Sites   925
29.10 TERMOS-CHAVE   925
29.11 RESUMO   926
29.12 ATIVIDADES PRÁTICAS   927
  Questões para Revisão   927
  Exercícios   927
  Atividades de Pesquisa   928

PARTE 7   Segurança   929

Capítulo 30   Criptografia   931

30.1 INTRODUÇÃO   931
  Definições   931
  Duas Categorias   932
30.2 CRIPTOGRAFIA DE CHAVE SIMÉTRICA   935
  Cifras Tradicionais   935
  Cifras Modernas Simples   938
  Cifras Cíclicas Modernas   940
  Modo de Operação   945
30.3 CRIPTOGRAFIA DE CHAVE ASSIMÉTRICA   949
  RSA   949
  Diffie-Hellman   952
30.4 LEITURA RECOMENDADA   956
  Livros   956
30.5 TERMOS-CHAVE   956
30.6 RESUMO   957
30.7 ATIVIDADES PRÁTICAS   958
  Questões para Revisão   958
  Exercícios   959
  Atividades de Pesquisa   960

Capítulo 31   Segurança de Redes   961

31.1 SERVIÇOS DE SEGURANÇA   961
  Confidencialidade da Mensagem   962

Integridade da Mensagem 962
Autenticação de Mensagens 962
Não-Repúdio de Mensagens 962
Autenticação de Entidades 962

31.2 CONFIDENCIALIDADE DA MENSAGEM 962
Confidencialidade com Criptografia de Chave Simétrica 963
Confidencialidade com Criptografia de Chave Assimétrica 963

31.3 INTEGRIDADE DA MENSAGEM 964
Documento e Impressão Digital 965
Mensagem e "digest" da Mensagem 965
Diferença 965
Criação e Verificação do "digest" 966
Critérios para a Função Hash 966
Algoritmos Hash: SHA-1 967

31.4 AUTENTICAÇÃO DE MENSAGEM 969
MAC 969

31.5 ASSINATURA DIGITAL 971
Comparação 971
Necessidade de Chaves 972
Processo 973
Serviços 974
Sistemas de Assinatura 976

31.6 AUTENTICAÇÃO DE ENTIDADES 976
Senhas 976
Confrontação-Resposta 978

31.7 GERENCIAMENTO DE CHAVES 981
Distribuição de Chaves Simétricas 981
Distribuição de Chaves Públicas 986

31.8 LEITURA RECOMENDADA 990
Livros 990

31.9 TERMOS-CHAVE 990

31.10 "DIGEST" 991

31.11 ATIVIDADES PRÁTICAS 992
Questões para Revisão 992
Exercícios 993
Atividades de Pesquisa 994

Capítulo 32 *Segurança na Internet: IPSec, SSL/TLS, PGP, VPN e Firewalls* 995

32.1 IPSECURITY (IPSEC) 996
Dois Modos 996
Dois Protocolos de Segurança 998
Associação de Segurança 1002
IKE 1004
VPN 1004

32.2 SSL/TLS 1008
Serviços SSL 1008
Parâmetros de Segurança 1009
Sessões e Conexões 1011
Quatro Protocolos 1012
TLS 1013

32.3 PGP 1014
Parâmetros de Segurança 1015
Serviços 1015

Situação 1016
Algoritmos PGP 1017
Chaveiros 1018
Certificados PGP 1019

32.4 FIREWALLS 1021
Firewall de Filtragem de Pacotes 1022
Firewall Proxy 1023

32.5 LEITURA RECOMENDADA 1024
Livros 1024

32.6 TERMOS-CHAVE 1024

32.7 RESUMO 1025

32.8 ATIVIDADES PRÁTICAS 1026
Questões para Revisão 1026
Exercícios 1026

Apêndice A *Unicode* *1029*

A.1 UNICODE 1029
Planos 1030
Plano Multilíngüe Básico (BMP) 1030
Plano Multilíngüe Suplementar (SMP) 1032
Plano Ideográfico Suplementar (SIP) 1032
Plano Especial Suplementar (SSP) 1032
Planos de Uso Privado (PUPs) 1032

A.2 ASCII 1032

Apêndice B *Sistemas de Numeração* *1037*

B.1 BASE 10: DECIMAL 1037
Pesos 1038

B.2 BASE 2: BINÁRIO 1038
Pesos 1038
Conversão 1038

B.3 BASE 16: HEXADECIMAL 1039
Pesos 1039
Conversão 1039
Comparação 1040

B.4 BASE 256: ENDEREÇOS IP 1040
Pesos 1040
Conversão 1040

B.5 OUTRAS CONVERSÕES 1041
Binário e Hexadecimal 1041
Base 256 e Binário 1042

Apêndice C *Revisão de Matemática* *1043*

C.1 FUNÇÕES TRIGONOMÉTRICAS 1043
Onda Senoidal 1043
Onda Co-senoidal 1045
Outras Funções Trigonométricas 1046
Identidades Trigonométricas 1046

C.2 ANÁLISE DE FOURIER 1046
Série de Fourier 1046
Transformadas de Fourier 1048

C.3 EXPONENCIAÇÃO E LOGARITMOS 1050
Função Exponencial 1050
Função Logarítmica 1051

Apêndice D *Código 8B/6T* *1055*

Apêndice E *Histórico sobre a Telefonia nos Estados Unidos* *1059*

Antes de 1984 1059
Entre 1984 e 1996 1059
Depois de 1996 1059

Apêndice F *Endereços e Sites* *1061*

Apêndice G *RFCs* *1063*

Apêndice H *Portas TCP e UDP* *1065*

Acrônimos *1067*

Glossário *1071*

Índice Remissivo *1103*

Prefácio

Redes e sistemas de comunicação de dados talvez sejam as tecnologias que crescem com maior rapidez em nossa cultura hoje em dia. Uma das conseqüências deste crescimento é um aumento surpreendente no número de profissões em que um entendimento destas tecnologias é essencial para o êxito — e um aumento proporcional na quantidade e nas categorias de estudantes fazendo cursos para adquirir conhecimentos sobre elas.

Características deste Livro

Várias características do presente livro são concebidas visando tornar particularmente fácil para os estudantes compreender sistemas de comunicação de dados e redes.

Estrutura

Usamos o modelo Internet de cinco camadas como arcabouço para o texto não apenas pelo fato de um pleno entendimento do modelo ser essencial para a compreensão da maior parte da teoria de redes atual como também pelo fato dele se basear numa estrutura de interdependências: cada camada se baseia na camada abaixo dela que, por sua vez, sustenta a camada acima. Da mesma forma, cada conceito introduzido em nosso livro se apóia nos conceitos examinados nas seções anteriores. O modelo Internet foi escolhido porque ele é um protocolo que se encontra totalmente implementado.

Este livro foi concebido para estudantes com pouco ou nenhum conhecimento em telecomunicações ou comunicação de dados. Por esta razão, usamos uma metodologia de "baixo para cima". Através dessa metodologia, os estudantes aprendem primeiro sobre comunicação de dados (camadas inferiores) antes de aprenderem sobre redes (camadas superiores).

Abordagem Visual

O livro apresenta material altamente técnico, sem o uso de fórmulas complexas e primando pelo equilíbrio entre texto e figuras. Mais de 700 figuras que acompanham o texto oferecem uma oportunidade visual e intuitiva para compreender o assunto. As figuras são particularmente importantes na explicação de conceitos de redes, que se baseiam em conexões e transmissão. Esses dois conceitos são fáceis de se compreender visualmente.

Pontos de Destaque

Enfatizamos conceitos importantes em quadros destacados para referência rápida e atenção imediata.

Exemplos e Aplicações

Quando apropriado, selecionamos exemplos que reflitam situações reais. Por exemplo, no Capítulo 6 mostramos vários casos de telecomunicação nas redes telefônicas atuais.

Leitura Recomendada

Cada capítulo inclui uma lista de livros e sites que podem ser usados para leitura adicional.

Termos-Chave

Cada capítulo inclui uma lista de termos-chave para o estudante.

Resumo

Cada capítulo termina com um resumo do material visto naquele capítulo. O resumo fornece uma visão geral de todos os pontos importantes do capítulo.

Atividade Prática

Os capítulos incluem um conjunto de atividades práticas desenvolvidas para reforçar e aplicar conceitos importantes. Ele é formado por três partes: questões para revisão, exercícios e atividades para pesquisa (somente para capítulos pertinentes). As questões para revisão se destinam a testar o nível de compreensão inicial do aluno em relação ao material apresentado no capítulo. Os exercícios exigem um entendimento mais profundo do material. As atividades de pesquisa são desenvolvidas para criar motivação para estudo complementar.

Apêndices

Os apêndices se destinam a fornecer um material de referência rápido para revisão dos materiais necessários para entender os conceitos discutidos no livro.

Glossário e Acrônimos

O livro contém um amplo glossário e uma lista de acrônimos.

Mudanças na Quarta Edição

A Quarta Edição apresenta mudanças importantes em relação à Terceira Edição, tanto em termos de organização como de conteúdo.

Organização

Apresentamos a seguir as principais mudanças em termos de organização do livro:

1. O Capítulo 6 agora trata também de multiplexação bem como espalhamento.
2. O Capítulo 8 é dedicado agora totalmente à comutação.
3. O conteúdo do Capítulo 12 foi transferido para o Capítulo 11.
4. O Capítulo 17 cobre a tecnologia SONET.
5. O Capítulo 19 discute o endereçamento IP.
6. O Capítulo 20 é dedicado ao Internet Protocol.
7. O Capítulo 21 discute três protocolos: ARP, ICMP e IGMP.
8. O Capítulo 28 é um novo capítulo e é dedicado à administração de redes na Internet.
9. Os Capítulos 29 a 31 antigos agora são os Capítulos 30 a 32.

Conteúdo

Revisamos o conteúdo de vários capítulos, entre os quais os seguintes:

1. Os conteúdos dos Capítulos 1 a 5 foram revisados e ampliados. Foram acrescentados exemplos para esclarecer estes conteúdos.
2. O conteúdo do Capítulo 10 foi revisado e ampliado para incluir métodos de detecção e correção de erros.
3. O Capítulo 11 foi revisado para incluir uma discussão completa de vários protocolos de controle de enlace de dados.
4. Entrega, encaminhamento e roteamento de datagramas foram acrescentados ao Capítulo 22.
5. Um novo protocolo de transporte, o SCTP, foi acrescentado ao Capítulo 23.
6. Os conteúdos dos Capítulos 30, 31 e 32 foram revisados e ampliados para incluírem discussão sobre questões de segurança e Internet.
7. Foram acrescentados novos exemplos para esclarecer o entendimento dos conceitos.

Informações de Final de Capítulo

1. Foi acrescentada uma seção ao final de cada capítulo apresentando fontes adicionais para estudo.
2. As questões para revisão foram alteradas e atualizadas.
3. Os exercícios foram revisados e foram acrescentados novos a capítulos pertinentes.
4. Alguns capítulos contêm atividades de pesquisa.

Conteúdo

O livro é dividido em sete partes. A primeira parte é uma visão geral; a última se refere à segurança de redes. As cinco partes intermediárias foram desenvolvidas para representar as cinco camadas do modelo Internet. A seguir, apresentamos um resumo do conteúdo de cada parte.

Parte 1: Visão Geral

A primeira parte dá uma visão geral sobre comunicação de dados e redes. O Capítulo 1 cobre conceitos introdutórios necessários para o restante do livro. O Capítulo 2 introduz o modelo Internet.

Parte 2: Camada Física

A segunda parte é uma discussão da camada física do modelo Internet. Os Capítulos 3 a 6 discutem os aspectos de telecomunicação da camada física. O Capítulo 7 introduz os meios de transmissão que, embora não façam parte da camada física, são controlados por ele. O Capítulo 8 é dedicado à comutação, que pode ser usada em várias camadas. O Capítulo 9 mostra como as redes públicas, de telefonia e de TV a cabo podem ser usadas para a transferência de dados.

Parte 3: Camada de Enlace de Dados

A terceira parte é dedicada à discussão da camada de enlace de dados do modelo Internet. O Capítulo 10 trata da detecção e correção de erros. Os Capítulos 11 e 12 discutem questões relacionadas ao controle de enlace de dados. Os Capítulos 13 a 16 tratam das LANs. Os Capítulos 17 e 18 tratam das WANs. As LANs e WANs são exemplos de redes operando nas duas primeiras camadas do modelo Internet.

Parte 4: Camada de Rede

A quarta parte é dedicada à discussão da camada de rede do modelo Internet. O Capítulo 19 trata dos endereços IP. Os Capítulos 20 e 21 são dedicados aos protocolos de camada de rede como IP, ARP, ICMP e IGMP. O Capítulo 22 discute a entrega, o encaminhamento e o roteamento de pacotes na Internet.

Parte 5: Camada de Transporte

A quinta parte é dedicada à discussão da camada de transporte do modelo Internet. O Capítulo 23 dá uma visão geral sobre a camada de transporte e discute os serviços e responsabilidades desta camada. Ele também introduz três protocolos da camada de transporte: UDP, TCP e SCTP. O Capítulo 24 discute controle de congestionamento e qualidade de serviço, duas questões relacionadas à camada de transporte e às duas camadas anteriores.

Parte 6: Camada de Aplicação

A sexta parte é dedicada à discussão da camada de aplicação do modelo Internet. O Capítulo 25 fala do DNS, o programa aplicativo que é usado por outros programas de aplicação para associar endereços da camada de aplicação aos endereços da camada de rede. Os Capítulos 26 a 29 discutem alguns protocolos de aplicação comuns na Internet.

Parte 7: Segurança

A sétima parte é uma discussão sobre segurança. Ela serve como prelúdio para ampliar o estudo sobre este assunto. O Capítulo 30 discute, brevemente, criptografia. O Capítulo 31 introduz aspectos de segurança. O Capítulo 32 mostra como diferentes aspectos de segurança podem ser aplicados às três camadas do modelo Internet.

Centro de Aprendizagem On-line

O McGraw-Hill Online Learning Center contém material suplementar. Ele pode ser acessado em www.mhhe.com/forouzan. À medida que os estudantes forem lendo o livro Comunicação de Dados e Redes, poderão fazer os testes de auto-avaliação on-line. Eles também poderão acessar materiais de aula como slides em PowerPoint e fazer uma revisão extra usando animações. As soluções dos exercícios ímpares também podem ser encontradas no site. Esses materiais estão disponíveis em inglês.

Recursos para o Professor

Para o professor, o Online Learning Center, em www.mhhe.com/forouzan disponibiliza o Manual do Professor, slides em Power Point, glossário, entre outros. O conteúdo do site está em inglês.

Para terem acesso aos recursos on-line, os professores brasileiros precisam obter uma senha com a McGraw-Hill Interamericana do Brasil. Os professores devem solicitar a senha por e-mail: divulgação_brasil@mcgraw-hill.com. Na Europa, a senha deve ser obtida com a McGraw-Hill de Portugal: servico_clientes@mcgraw-hill.com.

Como Usar o Livro

Este livro foi escrito tanto para o público acadêmico como para o público profissional. Ou seja, também pode ser usado como um guia de auto-estudo para profissionais interessados. Eis algumas diretrizes.

- As Partes 1 a 3 são altamente recomendadas.
- As Partes 4 a 6 podem ser vistas se não existir nenhuma disciplina subseqüente sobre o protocolo TCP/IP.
- A Parte 7 é recomendada se não existir nenhuma disciplina subseqüente sobre segurança de redes.

Agradecimentos

É óbvio que o desenvolvimento de um livro com este escopo precisa do apoio de várias pessoas.

Revisão em Grupo

A contribuição mais valiosa para a criação de um livro como este provém de revisões feitas por outros colegas da área. Palavras não são suficientes para expressar nossa gratidão aos tantos revisores que investiram várias horas lendo o manuscrito e nos fornecendo comentários e idéias de extrema valia. Gostaríamos de agradecer especialmente a colaboração dos seguintes revisores da terceira e quarta edições deste livro:

Farid Ahmed, Catholic University

Kaveh Ashenayi, University of Tulsa

Yoris Au, University of Texas, San Antonio Essie Bakhtiar, Clayton College & State University Anthony Barnard, University of Alabama, Brimingham A.T. Burrell, Oklahoma State University Scott Campbell, Miami University Teresa Carrigan, Blackburn College

Hwa Chang, Tufts University

Edward Chlebus, Illinois Institute of Technology

Peter Cooper, Sam Houston State University

Richard Coppins, Virginia Commonwealth University Harpal Dhillon, Southwestern Oklahoma State University Hans-Peter Dommel, Santa Clara University

M. Barry Dumas, Baruch College, CUNY William Figg, Dakota State University Dale Fox, Quinnipiac University

Terrence Fries, Coastal Carolina University Errin Fulp, Wake Forest University

Sandeep Gupta, Arizona State University George Hamer, South Dakota State University

James Henson, California State University, Fresno

Tom Hilton, Utah State University Allen Holliday, California State University, Fullerton

Seyed Hossein Hosseini, University of Wisconsin, Milwaukee Gerald Isaacs, Carroll College, Waukesha

Hrishikesh Joshi, DeVry University

E.S. Khosravi, Southern University

Bob Kinicki, Worcester Polytechnic University

Kevin Kwiat, Hamilton College

Ten-Hwang Lai, Ohio State University Chung-Wei Lee, Auburn University

Ka-Cheong Leung, Texas Tech University

Gertrude Levine, Fairleigh Dickinson University

Alvin Sek See Lim, Auburn University Charles Liu, California State University, Los Angeles Wenhang Liu, California State University, Los Angeles Mark Llewellyn, University of Central Florida

Sanchita Mal-Sarkar, Cleveland State University

Louis Marseille, Harford Community College Kevin McNeill, University of Arizona

Arnold C. Meltzer, George Washington University Rayman Meservy, Brigham Young University Prasant Mohapatra, University of California, Davis

Hung Z Ngo, SUNY, Buffalo Larry Owens, California State University, Fresno

Arnold Patton, Bradley University Dolly Samson, Hawaii Pacific University

Joseph Sherif, California State University, Fullerton

Robert Simon, George Mason University

Ronald J. Srodawa, Oakland University Daniel Tian, California State University, Monterey Bay Richard Tibbs, Radford University

Christophe Veltsos, *Minnesota State University, Mankato* Yang Wang, *University of Maryland, College Park* Sherali Zeadally, *Wayne State University*

Equipe da McGraw-Hill

Agradecimentos especiais à equipe da McGraw-Hill. Alan Apt, nosso editor, provou como um editor competente pode tornar possível, o impossível. Rebecca Olson, editora de desenvolvimento, nos ajudou sempre que necessário. Sheila Frank, coordenadora de projeto, nos orientou, com enorme entusiamo, através do processo de produção. Gostaríamos de agradecer David Hash pelo design, Kara Kudronowicz pela produção e Patti Scott, editor de copidesque.

PARTE 1

Visão Geral

Objetivos

A Parte 1 provê uma idéia geral do que veremos no restante do livro. Serão discutidos quatro conceitos principais: comunicações de dados, redes, protocolos e padrões, bem como modelos de redes.

As redes existem de forma que dados possam ser enviados de um lugar a outro — o conceito básico de *comunicação de dados*. Para compreender completamente esse assunto, precisamos conhecer os componentes da comunicação de dados, como diferentes tipos de dados podem ser representados e como criar um fluxo de dados.

A comunicação de dados entre sistemas remotos pode ser atingida por meio de um processo denominado *rede*, envolvendo a conexão de computadores, mídia e dispositivos de rede. As redes são divididas em duas categorias principais: redes locais (LANs) e redes remotas (WANs). Esses dois tipos têm diferentes características e diferentes funcionalidades. A Internet, o foco principal do livro, é um conjunto de redes LANs e WANs interconectadas por dispositivos de ligação entre elas.

Protocolos e *padrões* são vitais para a implementação das comunicações de dados e das redes. Os protocolos se referem às regras; um padrão é um protocolo que tem sido amplamente adotado por fornecedores e fabricantes.

Os *modelos de redes* servem para organizar, unificar e controlar os componentes de hardware e software das comunicações de dados e das redes. Embora o termo "modelo de rede" sugira uma relação exclusiva com a rede, o modelo também engloba as comunicações de dados.

Capítulos

A primeira parte consiste de dois capítulos: Capítulos 1 e 2.

Capítulo 1

No Capítulo 1, introduziremos os conceitos de comunicações de dados e de redes. Discutiremos os componentes das comunicações de dados, representação de dados e o fluxo de dados. Em seguida, partiremos para a estrutura das redes que transportam dados. Abordaremos as topologias de redes, as categorias das redes e o conceito geral que está por trás da Internet. A seção sobre protocolos e padrões fornece uma rápida visão das organizações que estabelecem padrões em comunicações de dados e redes.

Capítulo 2

Os dois modelos de redes predominantes são o Open Systems Interconnection (OSI) e o modelo Internet (TCP/IP). O primeiro é um modelo teórico; o segundo é o modelo atual utilizado nas comunicações de dados. No Capítulo 2, discutiremos, em primeiro lugar, o modelo OSI para obtermos uma base teórica geral. Em seguida, nos concentraremos no modelo Internet que é a base para o restante deste livro.

CAPÍTULO 1

Introdução

As comunicações de dados e as redes estão mudando a maneira pela qual fazemos negócios e o modo como vivemos. As decisões no mundo dos negócios têm de ser tomadas de forma cada vez mais rápida e aqueles que o fazem precisam obter acesso imediato a informações precisas. Por que esperar uma semana pela chegada de um relatório da Alemanha pelo correio quando ele poderia ser transmitido de forma quase instantânea por meio das redes de computadores? Hoje em dia, as empresas dependem de redes de computadores e das ligações entre as redes. Antes, porém de perguntarmos com que rapidez conseguimos nos conectar, precisamos saber como as redes operam, que tipos de tecnologias estão disponíveis e qual arquitetura atende melhor a determinado tipo de conjunto de necessidades.

O desenvolvimento do computador pessoal possibilitou grandes mudanças nas empresas, nas indústrias, nas ciências e na educação. Uma revolução semelhante está ocorrendo nas comunicações de dados e nas redes. Avanços tecnológicos estão tornando possível que links de comunicação transportem um número cada vez maior de sinais e de forma mais rápida. Como conseqüência, os serviços estão evoluindo e possibilitando o uso dessa capacidade expandida. Por exemplo, serviços de telefonia estabelecidos por teleconferência, espera de chamadas, correio de voz e identificação de chamadas foram estendidos.

As pesquisas em comunicações de dados e redes resultaram em novas tecnologias. Um dos objetivos é estar apto a trocar dados como texto, áudio e vídeo de todas as partes do planeta. Queremos acessar a Internet para fazer *download* e *upload* de informações de forma rápida e precisa e a qualquer momento.

O presente capítulo trata de quatro questões: comunicações de dados, redes, a Internet e, finalmente, protocolos e padrões. Em primeiro lugar, apresentamos uma definição ampla de comunicações de dados. Em seguida, definimos redes como uma auto-estrada na qual os dados podem trafegar. A Internet é abordada como um bom exemplo de uma ligação entre redes (isto é, uma rede de redes). Finalmente, discutimos diferentes tipos de protocolos, a diferença entre protocolos e padrões e as organizações que estabelecem esses padrões.

1.1 COMUNICAÇÃO DE DADOS

Quando nos comunicamos, estamos compartilhando informações. Esse compartilhamento pode ser local ou remoto. Entre indivíduos, a comunicação local se dá normalmente frente a frente, ao passo que a comunicação remota ocorre a distância. O termo ***telecomunicação*** abrange telefonia, telegrafia e televisão e comunicação a distância (*tele*, em grego, quer dizer "distante").

A palavra *dados* se refere a informações apresentadas em qualquer forma que seja acordada entre as partes que criam e usam os dados.

Comunicação de dados são as trocas de dados entre dois dispositivos por intermédio de algum tipo de meio de transmissão, como um cabo condutor formado por fios. Para que as comunicações de dados ocorram, os dispositivos de comunicação devem fazer parte de um sistema de comunicações, composto por uma combinação de hardware (equipamentos físicos) e software (programas). A eficácia de um sistema de comunicações de dados depende de quatro características fundamentais: entrega, precisão, sincronização e *jitter*.

1. **Entrega**. O sistema deve entregar dados no destino correto. Os dados têm de ser recebidos pelo dispositivo ou usuário pretendido e apenas por esse dispositivo ou usuário.
2. **Precisão**. O sistema deve entregar os dados de forma precisa. Dados que foram alterados na transmissão e deixados sem correção são inúteis.
3. **Sincronização**. O sistema deve entregar dados no momento certo. Dados entregues com atraso são inúteis. No caso de vídeo e áudio, a entrega em tempo significa fornecer os dados à medida que eles são produzidos e sem atrasos consideráveis. Esse tipo de entrega é denominado transmissão em *tempo real*.
4. **Jitter**. *Jitter* refere-se à variação no tempo de chegada dos pacotes. É o atraso desigual na entrega de pacotes de áudio e vídeo. Suponhamos, por exemplo, que pacotes de vídeo sejam enviados a cada 30 min. Se alguns desses pacotes chegarem com um atraso de 30 min e outros com um atraso de 40 min, o resultado será uma qualidade de vídeo irregular.

Componentes

Um sistema de comunicação de dados é formado por cinco componentes (ver Figura 1.1).

Figura 1.1 *Os cinco componentes da comunicação de dados*

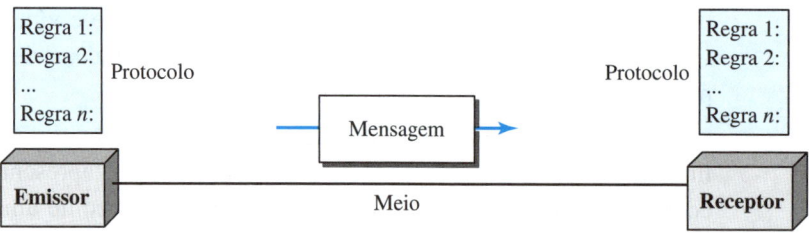

1. **Mensagem**. As **mensagens** são as informações (dados) a serem transmitidas. Entre as formas populares de informação, temos: texto, números, figuras, áudio e vídeo.
2. **Emissor**. O **emissor** é o dispositivo que envia a mensagem de dados. Pode ser um computador, estação de trabalho, aparelho telefônico, televisão e assim por diante.
3. **Receptor**. O **receptor** é o dispositivo que recebe a mensagem. Pode ser um computador, estação de trabalho, aparelho telefônico, televisão e assim por diante.
4. **Meio de transmissão**. O **meio de transmissão** é o caminho físico pelo qual uma mensagem trafega do emissor ao receptor. Alguns exemplos de meio de transmissão são os seguintes: cabo de par trançado, cabo coaxial, cabo de fibra óptica e ondas de rádio.
5. **Protocolo**. O **protocolo** é um conjunto de regras que controla a comunicação de dados. Representa um acordo entre os dispositivos de comunicação. Sem um protocolo, dois

dispositivos podem estar conectados, mas, sem se comunicar. De modo semelhante, uma pessoa que fala francês não consegue entender outra que fala apenas o idioma japonês.

Representação de Dados

As informações de hoje são transmitidas por diversas formas, tais como por texto, números, imagens, áudio e vídeo.

Texto

Em comunicação de dados, o texto é representado como um padrão de bits, uma seqüência de bits (0s ou 1s). Os diferentes conjuntos de padrões de bits foram elaborados para representar símbolos de texto. Cada conjunto é chamado **código** e o processo de representação de símbolos é denominado codificação. Hoje em dia, o sistema de codificação predominante é denominado **Unicode**, que usa 32 bits para representar um símbolo ou caractere usado em qualquer linguagem do mundo. O **American Standard Code for Information Interchange** (**ASCII**), desenvolvido algumas décadas atrás nos Estados Unidos, agora constitui os 127 primeiros caracteres do Unicode e é também conhecido como **Basic Latin**. O Apêndice A inclui partes do Unicode.

Números

Os números também são representados por padrões de bits. Entretanto, um código como o ASCII não é usado para representar números; o número é convertido diretamente em binário para simplificar as operações matemáticas. O Apêndice B apresenta vários tipos de sistemas de numeração diferentes.

Imagens

As **imagens** também são representadas por padrões de bits. Em sua forma mais simples, uma imagem é composta por uma matriz de pixels (*picture elements*), em que cada pixel é um pequeno ponto. O tamanho do pixel depende de sua *resolução*. Por exemplo, uma imagem pode ser dividida em 1.000 ou 10.000 pixels. No segundo caso, há uma representação melhor da imagem (melhor resolução); contudo, é necessário mais memória para armazená-la.

Após uma imagem ser dividida em pixels, é atribuído a cada um deles um padrão de bits. O tamanho e o valor do padrão dependem da imagem. Para uma imagem formada apenas por pontos em preto-e-branco (por exemplo, um tabuleiro de xadrez), um padrão de 1 bit é suficiente para representar um pixel.

Se uma imagem não for composta por pixels em preto-e-branco puros, podemos aumentar o tamanho do padrão de bits para incluir uma escala de tons de cinza. Por exemplo, para mostrar quatro níveis de tons de cinza, podemos usar padrões de 2 bits. Um pixel preto pode ser representado por 00, um pixel cinza-escuro por 01, um pixel cinza-claro por 10 e um pixel branco por 11.

Existem vários métodos para a representação de imagens coloridas. Um dos métodos é denominado **RGB**, assim chamado porque cada cor é formada por uma combinação de três cores primárias: vermelha, verde e azul (*Red*, *Green* e *Blue*, em inglês). A intensidade de cada cor é medida e um padrão de bits é atribuído a ela. Outro método é conhecido por **YCM**, no qual uma cor é composta por uma combinação de três outras cores primárias: amarela, ciano e magenta (*Yellow*, *Cyant* e *Magenta*, em inglês).

Áudio

Áudio se refere ao registro ou transmissão (difusão) de som ou música. O áudio é, por natureza, diferente de texto, números ou imagens. Ele é contínuo, não discreto. Mesmo quando usamos um microfone para transformar a voz ou a música em um sinal elétrico, criamos um sinal contínuo. Nos Capítulos 4 e 5, aprenderemos como transformar som ou música em um sinal digital ou analógico.

Vídeo

Vídeo se refere ao registro ou à transmissão (difusão) de uma imagem ou filme. O vídeo pode ser produzido tanto como uma entidade contínua (por exemplo, por uma câmera de TV) quanto pode ser uma combinação de imagens, cada uma delas uma entidade discreta, dispostas para transmitir a idéia de movimento. Enfatizando, podemos transformar vídeo em um sinal digital ou analógico, como será visto nos Capítulos 4 e 5.

Fluxo de Dados

A comunicação entre dois dispositivos pode ser simplex, half-duplex ou full-duplex, conforme mostrado na Figura 1.2.

Figura 1.2 *Fluxo de dados (simplex, half-duplex e full-duplex)*

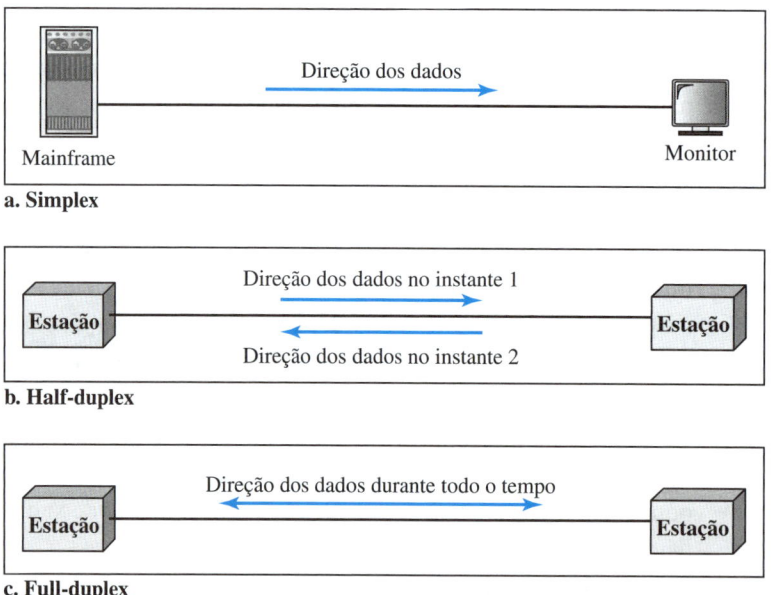

Simplex

No **modo simplex**, a comunicação é unidirecional, como em uma via de mão única. Apenas um dos dois dispositivos em um link pode transmitir; o outro pode apenas receber (ver Figura 1.2a).

Teclados e monitores tradicionais são exemplos de dispositivos simplex. O teclado só é capaz de introduzir informações; o monitor pode somente mostrar as saídas. O modo simplex pode usar toda a capacidade do canal para enviar dados em uma única direção.

Half-Duplex

No **modo half-duplex**, cada estação pode transmitir, assim como receber, mas não ao mesmo tempo. Quando um dispositivo está transmitindo, o outro pode apenas receber e vice-versa (ver Figura 1.2b).

O modo half-duplex é como uma estrada de pista única com tráfego permitido em ambas as direções. Quando carros estão trafegando em uma direção, os veículos que vêm no outro sentido têm de esperar. Em uma transmissão half-duplex, toda a capacidade de um canal é capturada por um dos dois dispositivos que está transmitindo no momento. *Walkie-talkies* e rádios CB (faixa do cidadão) são exemplos de sistemas half-duplex.

O modo half-duplex é usado nos casos em que não existem necessidades de comunicação em ambas as direções e ao mesmo tempo; toda a capacidade do canal pode ser utilizada em uma direção.

Full-Duplex

No **modo full-duplex** (também chamado **duplex**), ambas as estações podem transmitir e receber simultaneamente (ver Figura 1.2c).

O modo full-duplex é como uma via de mão dupla com tráfego fluindo em ambas as direções ao mesmo tempo. No modo full-duplex, sinais indo em uma direção compartilham a capacidade do link com sinais indo na outra direção. Esse compartilhamento pode ocorrer de duas maneiras: 1) O link contém dois caminhos de transmissão separados fisicamente, um para a transmissão e outro para recepção; 2) a capacidade do canal é dividida entre os sinais que trafegam em ambas as direções.

Um exemplo comum de comunicação full-duplex é a rede telefônica. Quando duas pessoas estão se comunicando através de uma linha telefônica, estas podem conversar e ouvir ao mesmo tempo.

O modo full-duplex é usado quando é necessária a comunicação em ambas as direções durante o tempo todo. Entretanto, a capacidade total do canal tem de ser dividida entre as duas direções.

1.2 REDES

Uma **rede** é um conjunto de dispositivos (normalmente conhecido como *nós*) conectados por links de comunicação. Um nó pode ser um computador, uma impressora ou outro dispositivo de envio e/ou recepção de dados, que estejam conectados a outros nós da rede.

Processamento Distribuído

A maioria das redes utiliza **processamento distribuído**, no qual uma tarefa é dividida entre vários computadores. Em vez de uma única máquina grande ser responsável por todos os aspectos de um processo, computadores distintos (geralmente um computador pessoal ou estação de trabalho) processam um subconjunto de processos.

Critérios de Redes

Uma rede deve ser capaz de atender a certo número de critérios. Os mais importantes são: desempenho, confiabilidade e segurança.

Desempenho

O **desempenho** pode ser medido de várias formas, inclusive pelo tempo de trânsito. Tempo de trânsito é a quantidade de tempo necessária para uma mensagem trafegar de um dispositivo a outro. O tempo de resposta é o tempo decorrido entre uma solicitação e sua resposta. O desempenho de uma rede depende de uma série de fatores, inclusive o número de usuários, os tipos de meios de transmissão, as capacidades do hardware conectado e a eficiência do software.

O desempenho é normalmente avaliado por duas métricas de rede: **capacidade de vazão** (*throughput*) e **atraso** (*delay*). Em geral, precisamos de mais capacidade de vazão e menos atraso. Entretanto, esses dois critérios são contraditórios. Se tentarmos enviar mais dados para a rede, podemos aumentar o *throughput*, mas aumentamos o *delay* em razão do congestionamento de tráfego na rede.

Confiabilidade

Além da precisão na entrega, a **confiabilidade** das redes é medida pela freqüência de falhas, pelo tempo que um link leva para se recuperar de uma falha e pela robustez da rede em caso de uma catástrofe.

Segurança

Entre as principais questões de **segurança** de rede, temos: proteção ao acesso não autorizado de dados, proteção dos dados contra danos e o desenvolvimento e a implementação de políticas e procedimentos para a recuperação de violações e perdas de dados.

Estruturas Físicas

Antes de discutirmos as redes, precisamos definir alguns de seus atributos.

Tipo de Conexão

Rede são dois ou mais dispositivos conectados através de links. Um link é um caminho de comunicação que transfere dados de um dispositivo a outro. Para fins de visualização, é mais simples imaginar qualquer link como uma reta entre dois pontos. Para ocorrer a comunicação, dois dispositivos devem ser conectados de alguma maneira ao mesmo link ao mesmo tempo. Há dois tipos possíveis de conexões: ponto a ponto e multiponto.

Ponto a Ponto Uma **conexão ponto a ponto** fornece um link dedicado entre dois dispositivos. Toda a capacidade do link é reservada para a transmissão entre os dois dispositivos. A maioria das conexões ponto a ponto usa um pedaço real de fio ou de cabo para conectar as duas extremidades. Outras opções, porém, como links via satélite ou microondas, também são possíveis (ver Figura 1.3a). Quando mudamos os canais de televisão por controle remoto infravermelho estamos estabelecendo uma conexão ponto a ponto entre o controle remoto e o sistema de controle da TV.

Multiponto Uma **conexão multiponto** (também chamada **multidrop**) é uma conexão na qual mais de dois dispositivos compartilham um único link (ver Figura 1.3b).

Em um ambiente multiponto, a capacidade do canal é compartilhada, seja de forma espacial, seja de forma temporal. Se diversos dispositivos puderem usar o link simultaneamente, ele é chamado conexão *compartilhada espacialmente*. Se os usuários tiverem de se revezar entre si, trata-se de uma conexão *compartilhada no tempo*.

Topologia Física

O termo ***topologia física*** se refere à maneira pela qual uma rede é organizada fisicamente. Dois ou mais dispositivos se conectam a um link; dois ou mais links formam uma topologia. A topologia

Figura 1.3 *Tipos de conexões: ponto a ponto e multiponto*

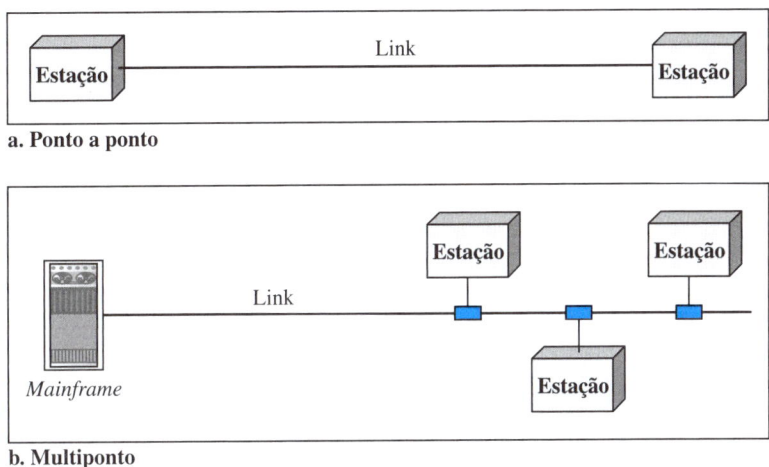

a. Ponto a ponto

b. Multiponto

de uma rede é a representação geométrica da relação de todos os links e os dispositivos de uma conexão (geralmente denominados **nós**) entre si. Existem quatro topologias básicas possíveis: malha, estrela, barramento e anel (ver Figura 1.4).

Figura 1.4 *Tipos de topologia*

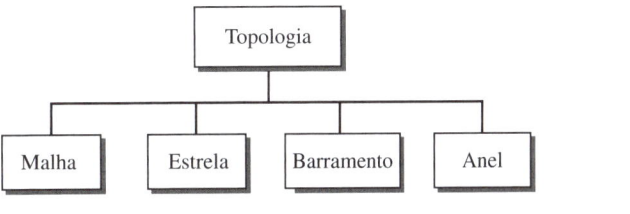

Malha   Em uma **topologia de malha**, cada dispositivo possui um link ponto a ponto dedicado com cada um dos demais dispositivos. O termo *dedicado* significa que o link transporta tráfego apenas entre os dois dispositivos que ele conecta. Para encontrar o número de links físicos em uma rede em malha totalmente conectada com n nós, precisamos considerar primeiro que cada nó deve estar conectado a cada um dos demais nós. O nó 1 deve estar conectado a $n-1$ nós, o nó 2 deve estar conectado a $n-1$ nós e, finalmente, o nó n deve estar conectado a $n-1$ nós. Precisamos de $n(n-1)$ links físicos. Entretanto, se cada link físico permitir a comunicação em ambas as direções (modo duplex), podemos dividir o número de links por 2. Em outras palavras, podemos afirmar que, em uma topologia de malha, precisamos de

$$n(n-1)/2$$

Para acomodar todos esses links, cada dispositivo da rede deve ter $(n-1)$ portas de entrada/saída (I/O) (ver Figura 1.5) a serem conectadas às demais $(n-1)$ estações.

Figura 1.5 *Topologia de malha completamente conectada (cinco dispositivos)*

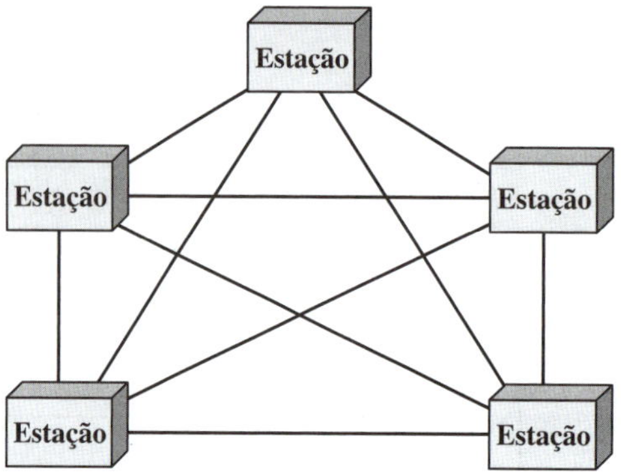

Uma topologia em malha oferece várias vantagens em relação às demais topologias de rede. Em primeiro lugar, o uso de links dedicados garante que cada conexão seja capaz de transportar seu próprio volume de dados, eliminando, portanto, os problemas de tráfego que possam ocorrer quando os links tiverem de ser compartilhados por vários dispositivos. Em segundo, uma topologia de malha é robusta. Se um link se tornar inutilizável, ele não afeta o sistema como um todo. O terceiro ponto é que há uma vantagem de privacidade e segurança. Quando qualquer mensagem trafega ao longo de uma linha dedicada, apenas o receptor pretendido a vê. Os limites físicos impedem que outros usuários acessem essa mensagem. Finalmente, os links ponto a ponto facilitam a identificação de falhas, bem como o isolamento destas. O tráfego pode ser direcionado de forma a evitar links com suspeita de problemas. Essa facilidade permite ao administrador de redes descobrir a localização exata da falha e ajuda na descoberta de sua causa e solução.

As principais desvantagens de uma topologia em malha estão relacionadas à quantidade de cabeamento e o número de portas I/O necessárias. Em primeiro lugar, como cada dispositivo tem de estar conectado a cada um dos demais, a instalação e a reconstrução são trabalhosas. Em segundo, o volume do cabeamento pode ser maior que o espaço disponível (nas paredes, tetos ou pisos) seja capaz de acomodar. Finalmente, o hardware necessário para conectar cada link (portas I/O e cabos) pode ter um custo proibitivo. Por tais razões, uma topologia de malha normalmente é implementada de forma limitada, por exemplo, em um *backbone* conectando os principais computadores de uma rede híbrida, que pode conter diversas topologias diferentes.

Um exemplo prático de uma topologia de malha é a conexão de escritórios regionais via telefone, no qual cada escritório regional precisa estar conectado a cada um dos demais escritórios regionais.

Topologia estrela Em uma **topologia estrela**, cada dispositivo tem um link ponto a ponto dedicado ligado apenas com o controlador central, em geral denominado ***hub***. Os dispositivos não são ligados diretamente entre si. Diferentemente de uma topologia de malha, uma topologia estrela não permite tráfego direto entre os dispositivos. O controlador atua como uma central telefônica: se um dispositivo quiser enviar dados para outro dispositivo, ele deve enviar os dados ao controlador que, então, os retransmite ao outro dispositivo conectado (ver Figura 1.6).

Uma topologia estrela é mais barata que uma topologia de malha. Em uma estrela, cada dispositivo precisa apenas de um link e uma porta I/O para conectar-se a um número qualquer de outros dispositivos. Esse fator também facilita a instalação e a reconfiguração. Um volume de cabos bem menor precisa ser instalado e acréscimos, mudanças e eliminações de ligações envolvem apenas uma conexão: aquela entre o dispositivo em questão e o *hub*.

Entre outras vantagens, podemos citar a robustez. Se um link falhar, apenas aquele link será afetado. Todos os demais permanecerão ativos. Esse fator por si só também leva a maior facilidade na identificação e no isolamento de falhas.

Figura 1.6 *Topologia estrela conectando quatro estações*

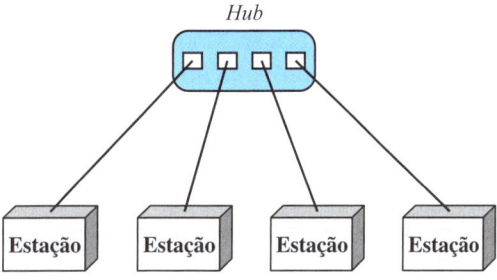

Desde que o *hub* esteja funcionando, ele pode ser usado para monitorar problemas de conectividade e desconectar links defeituosos.

Uma grande desvantagem da topologia estrela é a dependência de toda a topologia em um único ponto, o *hub*. Se este sair de operação, todo o sistema pára.

Embora uma topologia estrela necessite de muito menos cabos que uma malha, cada nó deve ser conectado ao *hub* central. Por essa razão, geralmente se requer uma quantidade maior de cabos na topologia estrela quando comparada a algumas outras topologias (como anel ou barramento).

A topologia estrela é usada em redes locais (LANs), como veremos no Capítulo 13. LANs de alta velocidade normalmente usam uma topologia estrela com um *hub* central.

Topologia de Barramento Todos os exemplos anteriores descrevem conexões ponto a ponto. Por outro lado, uma **topologia de barramento** é multiponto. Um longo cabo atua como um *backbone* que interliga todos os dispositivos da rede (ver Figura 1.7).

Figura 1.7 *Topologia de barramento conectando três estações*

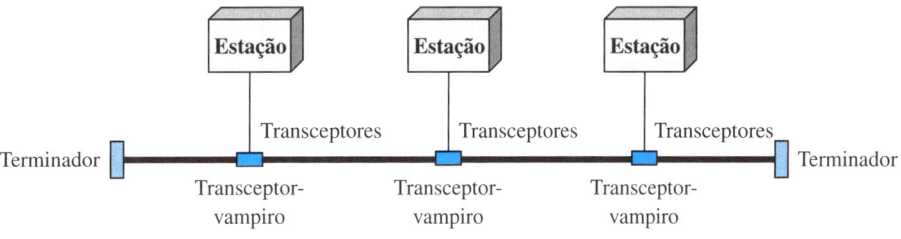

Os nós são conectados ao barramento por meio de cabos transceptores e transceptores-vampiros. Um cabo transceptor é uma conexão que vai de um dispositivo ao cabo principal (barramento). Um transceptor-vampiro é um conector que se une ao cabo principal ou perfura a blindagem de um cabo para criar um contato com o núcleo metálico. À medida que um sinal trafega ao longo do *backbone*, parte de sua energia é transformada em calor. Portanto, o sinal se torna cada vez mais fraco conforme vai se propagando para um ponto cada vez mais distante. Por isso, existe limite no número de transceptores-vampiro que um barramento é capaz de suportar e na distância entre esses transceptores-vampiro.

Entre as vantagens da topologia de barramento, temos a facilidade de instalação. O cabo de *backbone* pode ser estendido ao longo do trajeto e então conectado aos nós através de cabos transceptores de diversos comprimentos. Dessa forma, um barramento usa menos cabo que as topologias de malha e anel. Em uma topologia estrela, por exemplo, quatro dispositivos de rede na mesma sala precisariam de quatro trechos de cabo percorrendo todo o percurso até chegar ao *hub*. Em um barramento, essa redundância é eliminada. Apenas o cabo de *backbone* é estendido ao longo de toda a instalação. Cada cabo transceptor deve ter apenas o tamanho suficiente para alcançar o ponto mais próximo no *backbone*.

Entre as desvantagens, temos a dificuldade de reconfiguração e o isolamento de falhas. Normalmente, um barramento é projetado para ter a máxima eficiência na instalação. Portanto, talvez seja difícil acrescentar novos dispositivos. A reflexão de sinais nos transceptores-vampiro pode provocar degradação em termos de qualidade. Existe a possibilidade de essa degradação ser controlada limitando-se o número e o espaçamento entre os dispositivos conectados a um determinado trecho de cabo. Adicionar novos dispositivos pode, portanto, vir a exigir modificações ou a substituição completa do *backbone*.

Além disso, uma falha ou a ruptura no cabo de *backbone* interrompe toda a transmissão, até mesmo entre os dispositivos que se encontram do mesmo lado em que ocorreu o problema. A área danificada reflete sinais de volta na direção de sua origem, gerando ruídos em ambas as direções.

A topologia de barramento foi uma das primeiras topologias adotadas no projeto das primeiras redes locais. As LANs Ethernet podem usar a topologia de barramento, mas esta é menos popular hoje em dia em razão das questões que iremos discutir no Capítulo 13.

Topologia de Anel   Em uma **topologia de anel**, cada dispositivo possui uma conexão ponto a ponto dedicada com os outros dois dispositivos conectados de cada lado. Um sinal percorre todo o anel em um sentido, de dispositivo para dispositivo, até atingir seu destino. Cada dispositivo no anel possui um repetidor. Quando um dispositivo recebe um sinal destinado a outro dispositivo, seu repetidor regenera os bits e os passa adiante (ver Figura 1.8).

Figura 1.8 *Topologia de anel conectando seis estações*

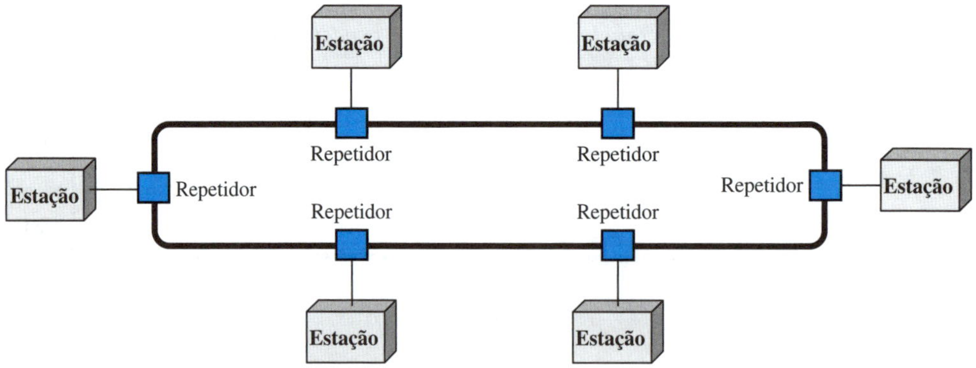

Um anel é relativamente fácil de ser instalado e reconfigurado. Cada dispositivo é ligado apenas aos seus vizinhos imediatos (tanto em termos físicos como lógicos). Acrescentar ou eliminar um dispositivo exige apenas a mudança de duas conexões. Os únicos fatores limitantes são as questões relacionadas ao meio de transmissão e ao tráfego (comprimento máximo do anel e o número máximo de dispositivos). Além disso, o isolamento de falhas é simplificado. Em um anel, geralmente, um sinal está circulando o tempo todo. Se um dispositivo não receber um sinal dentro de um período especificado, ele pode emitir um alarme. Esse alarme alerta o operador da rede sobre o problema e sua localização.

Entretanto, o tráfego unidirecional pode ser uma desvantagem. Em um anel simples, uma interrupção no anel (por exemplo, uma estação inoperante) pode derrubar toda a rede. Essa fragilidade pode ser resolvida com o emprego de um anel duplo ou de um comutador central capaz de fechar o trecho interrompido no anel.

A topologia de anel era predominante quando a IBM introduziu sua rede local Token Ring. Hoje em dia, a necessidade de LANs mais rápidas tornou esse sistema menos popular.

Topologia Híbrida   Uma rede pode ser híbrida. Por exemplo, podemos ter uma topologia principal de anel, e cada ramificação conectando várias estações em uma topologia de barramento, conforme ilustrado na Figura 1.9.

Figura 1.9 *Topologia híbrida:* backbone *em estrela com três redes na topologia de barramento*

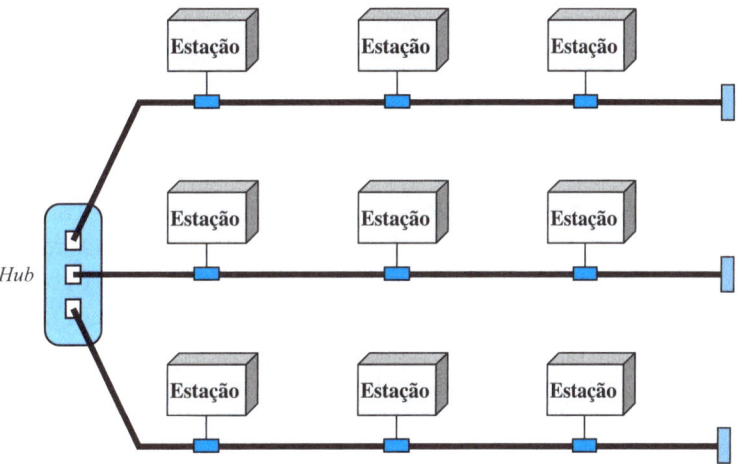

Modelos de Redes

As redes de computadores são criadas por diversas entidades. São necessários padrões de forma que essas redes heterogêneas possam se comunicar entre si. Os dois padrões mais conhecidos são o modelo OSI e o modelo Internet. No Capítulo 2, discutiremos em detalhe esses modelos. O modelo OSI (*Open Systems Interconnection*) define uma rede de sete camadas; o modelo Internet estabelece uma rede de cinco camadas. Este livro se baseia no modelo Internet com referências ocasionais ao modelo OSI.

Categorias de Redes

Hoje em dia, quando falamos de redes, geralmente estamos nos referindo a duas categorias principais: redes locais e redes de ampla abrangência, geograficamente distribuídas. A categoria na qual uma rede pertence é determinada pelo seu tamanho. Uma LAN normalmente cobre uma área geográfica menor que 3 km; uma WAN pode ter uma cobertura mundial. As redes de tamanho intermediário a esses são, em geral, conhecidas como redes de abrangência metropolitana (MAN) e abrangem uma cobertura de dezenas de quilômetros.

Redes Locais

Uma **rede local** (**LAN**) é privada e interliga dispositivos em um escritório, prédio ou campus (ver Figura 1.10). Dependendo das necessidades de uma organização e do tipo de tecnologia usada, uma LAN pode ser muito simples, a ponto de conectar apenas dois PCs e uma impressora no escritório doméstico de uma pessoa ou se estender por toda a empresa e incluir periféricos de áudio e vídeo. Atualmente, o tamanho de uma LAN é limitado a alguns quilômetros.

Figura 1.10 *LAN isolada conectando 12 computadores a um* hub *em um gabinete*

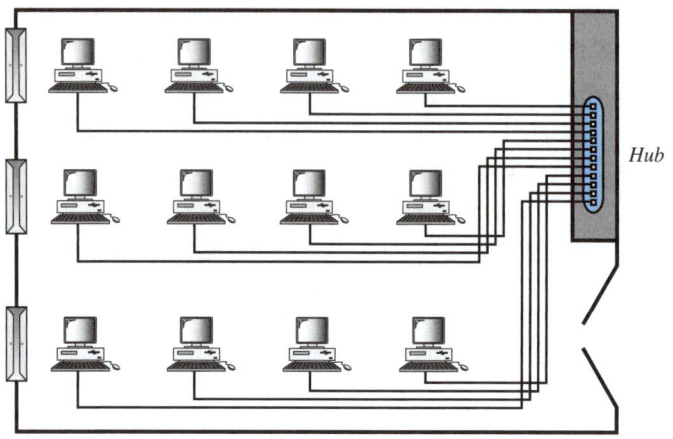

As LANs são projetadas para permitir que recursos computacionais sejam compartilhados por computadores pessoais ou estações de trabalho. Os recursos a serem compartilhados podem abranger o hardware (impressora), software (aplicativo) ou dados. Um exemplo comum de LAN, encontrado em diversos ambientes empresariais, interliga um grupo de trabalho de computadores com tarefas relacionadas, como estações de trabalho da engenharia ou PCs da contabilidade. Um dos computadores pode receber uma unidade de disco de grande capacidade, podendo vir a ser um servidor para os PCs clientes. O software pode ser armazenado nesse servidor central e usado conforme a necessidade por todo o grupo. Nesse exemplo, o tamanho da LAN pode ser restrito pelo número de usuários licenciados a utilizar cópia de um software ou pelas restrições no número de usuários simultâneos que acessam o sistema operacional.

Além do tamanho, as LANs se distinguem de outros tipos de redes pelo seu meio de transmissão e topologia. Em geral, uma LAN usará somente um tipo de meio de transmissão. As topologias de LANs mais comuns são: barramento, anel e estrela.

As primeiras LANs tinham taxas de transmissão de dados na faixa de 4 a 16 megabits por segundo (Mbps). Hoje em dia, porém, as velocidades normalmente são de 100 a 1.000 Mbps. As LANs serão discutidas em profundidade nos Capítulos 13, 14 e 15.

LANs sem fio são a mais recente evolução em termos de tecnologia de LAN. Discutiremos isso, em detalhe o Capítulo 14.

Redes de Ampla Abrangência

Uma **rede de ampla abrangência (WAN)** possibilita a transmissão de dados, imagens, áudio e vídeo por longas distâncias, por grandes áreas geográficas que podem compreender um país, um continente ou até mesmo o mundo todo. Nos Capítulos 17 e 18, discutiremos com mais detalhes as redes de ampla abrangência, geograficamente distribuídas. Uma WAN pode ser tão complexa como os *backbones* que interligam a Internet ou tão simples como uma linha discada que conecta um computador doméstico à Internet. Normalmente, denominamos a primeira WAN comutada e a segunda, WAN ponto a ponto (Figura 1.11). A WAN comutada conecta os sistemas finais e, geralmente, é formada por um roteador (um dispositivo de conexão entre redes) que se conecta a outra LAN ou WAN. Uma WAN ponto a ponto é constituída por uma linha alugada de uma companhia telefônica ou de uma operadora de TV a cabo que conecta o computador de casa ou uma pequena LAN a um provedor de serviços de Internet (ISP). Esse tipo de WAN é normalmente utilizado para fornecer acesso à Internet.

Figura 1.11 *WANs: uma WAN comutada e uma WAN ponto-a-ponto*

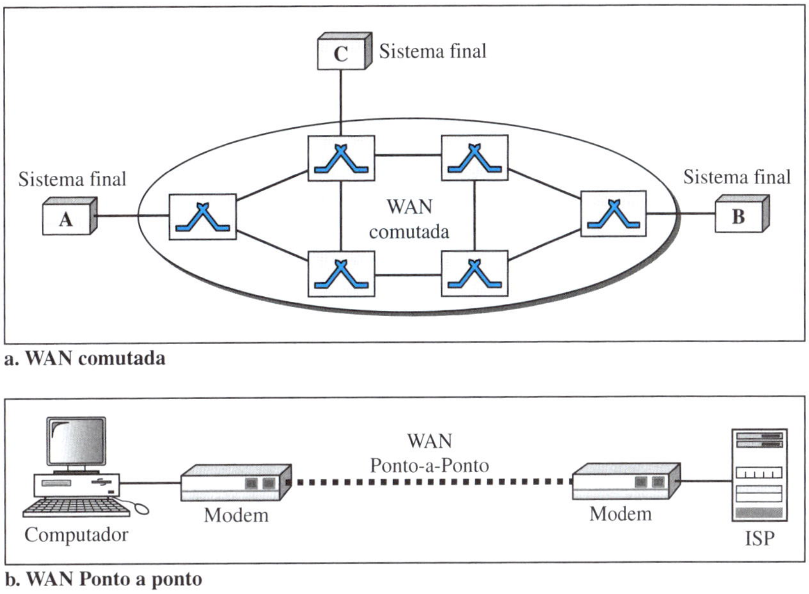

a. WAN comutada

b. WAN Ponto a ponto

Um dos primeiros exemplos de WAN comutada é o X.25, uma rede projetada para oferecer compatibilidade entre seus usuários finais. Conforme veremos no Capítulo 18, o X.25 está sendo substituído por uma rede de maior velocidade e eficiência chamada Frame Relay. Um bom exemplo de WAN comutada é a rede de modo de transferência assíncrona (ATM), que é uma rede de pacotes de dados individuais de tamanho fixo, denominados células. Falaremos sobre o ATM no Capítulo 18. Outro exemplo de WAN é a WAN sem fio, que está se tornando cada vez mais popular. Discutiremos, no Capítulo 16, as WANs sem fio e sua evolução.

Redes de Abrangência Metropolitana

Uma **rede de abrangência metropolitana** (**MAN**) é uma rede com tamanho intermediário entre uma LAN e uma WAN. Normalmente, ela cobre a área dentro de um distrito ou uma cidade. É projetada para clientes que precisam de conectividade de alta velocidade, geralmente para a Internet, e possui pontos de acesso espalhados por toda ou parte de uma cidade. Um bom exemplo de uma MAN é a parte da rede de uma companhia telefônica que fornece acesso DSL de alta velocidade a seus clientes. Outro exemplo é a rede de TV a cabo que, originalmente, foi projetada para transmissões de TV a cabo, mas hoje em dia também pode ser usada para a conexão de alta velocidade com a Internet. No Capítulo 9, falaremos mais sobre as linhas DSL e as redes de TV a cabo.

Interconexão de Redes: Internetwork

Hoje, é muito raro vermos uma LAN, MAN ou WAN isoladas; elas estão conectadas entre si. Quando duas ou mais redes estiverem conectadas, elas se tornam uma *internetwork* ou **internet**.

Suponhamos, por exemplo, que uma organização tenha dois escritórios, um na costa leste dos Estados Unidos e outro na costa oeste. O escritório estabelecido na costa oeste tem uma LAN com topologia de barramento; o recém-inaugurado escritório da costa leste possui uma LAN com topologia estrela. O presidente da companhia reside em um ponto intermediário entre esses dois escritórios e precisa ter controle sobre o que acontece na empresa a partir de sua casa. Para criar um *backbone* WAN para conexão dessas três entidades (duas LANs e o computador do presidente) foi alugada uma WAN comutada (operada por um provedor, por exemplo, uma companhia telefônica). Entretanto, para conectar as LANs a essa WAN comutada são necessárias três WANs ponto a ponto. Essas WANs ponto a ponto podem ser linhas DSL de alta velocidade fornecida por uma companhia telefônica ou linhas de *cable modem* fornecidas por uma operadora de TV a cabo conforme ilustrado na Figura 1.12.

Figura 1.12 *Rede heterogênea formada por quatro WANs e duas LANs*

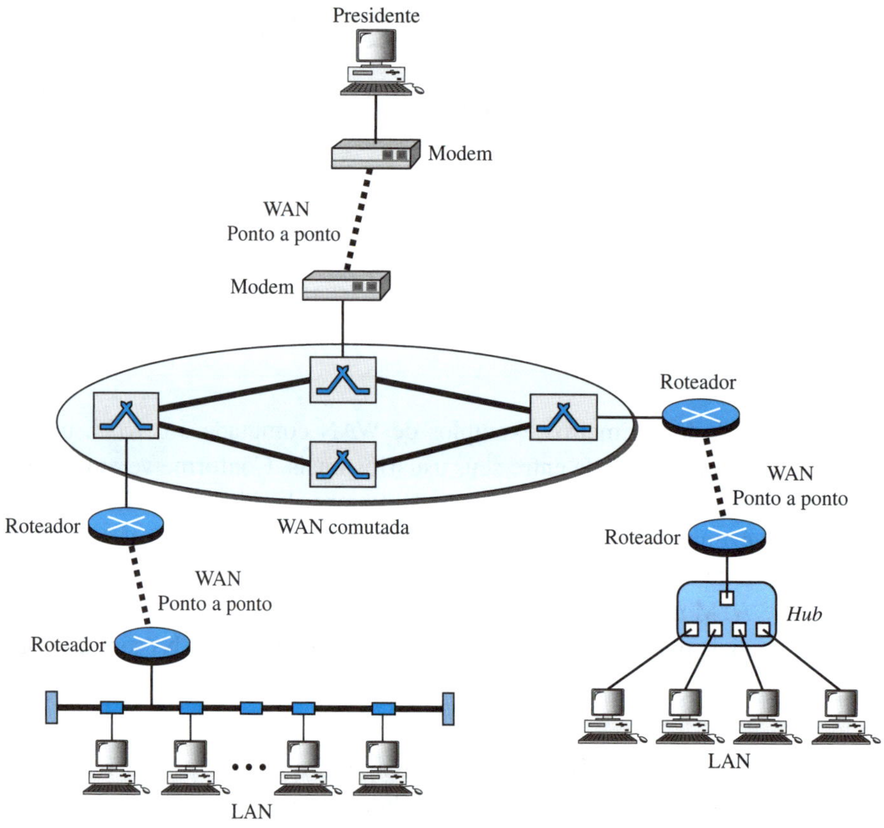

1.3 A INTERNET

A Internet revolucionou diversos aspectos de nosso dia-a-dia. Ela afetou a forma pela qual os negócios são realizados, bem como a maneira com a qual gastamos nosso tempo de lazer. Enumere as maneiras pelas quais você usou a Internet recentemente. Talvez você tenha enviado um e-mail a um colega de trabalho, tenha pago uma conta de luz, lido um jornal de uma cidade distante ou visto a programação de cinema de seu bairro — tudo isso usando a Internet. Ou, quem sabe, você tenha pesquisado um tópico sobre medicina, feito uma reserva de hotel, batido papo com um amigo ou feito uma comparação de preços para a compra de um automóvel. A Internet é um sistema de comunicação que dá acesso a ampla gama de informações a partir do teclado de seu computador e organizadas para nosso uso.

A Internet é um sistema organizado e estruturado. Começaremos apresentando um breve histórico dessa rede. Depois, apresentaremos uma descrição de como ela funciona hoje em dia.

Um Breve Histórico

Rede é um grupo de dispositivos de comunicação conectados entre si, como os computadores e as impressoras. Uma internet (note o *i* minúsculo) são duas ou mais redes que podem se comunicar entre si. A mais notável das internets é a **Internet** (*I* maiúsculo), uma colaboração de mais de centenas de milhares de redes interconectadas. Os indivíduos, bem como as diversas organizações, como órgãos do governo, escolas, institutos de pesquisa, empresas e bibliotecas em mais de 100 países usam a Internet. Milhões de pessoas são seus usuários. Entretanto, esse extraordinário sistema de comunicação passou a existir apenas em 1969.

Em meados dos anos 1960, os *mainframes* em organizações de pesquisa eram dispositivos isolados. Computadores de diferentes fabricantes eram incapazes de se comunicar entre si. A **Advanced Research Projects Agency** (**Arpa**) do Departamento de Defesa dos Estados Unidos (DoD) estava interessada em descobrir uma maneira de conectar computadores, de forma que os pesquisadores, os quais eram por eles subsidiados, pudessem compartilhar suas descobertas, reduzindo, portanto, custos e eliminando duplicação de esforços.

Em 1967, em uma reunião da Association for Computing Machinery (ACM), a Arpa apresentou suas idéias para a **Arpanet**, uma pequena rede de computadores conectados. A idéia era a de que cada host (não necessariamente do mesmo fabricante) estaria conectado a um computador especializado chamado *processador de mensagens de interface* (IMP). Os IMPs, por sua vez, estariam conectados entre si. Cada IMP tinha de ser capaz de se comunicar com outros IMPs, assim como com seu próprio host conectado.

Por volta de 1969, a Arpanet era uma realidade. Quatro nós, na University of California at Los Angeles (Ucla), na University of California at Santa Bárbara (UCSB), no Stanford Research Institute (SRI) e na University of Utah, foram conectados através de IMPs para formarem uma rede. O software chamado *Protocolo de Controle de Redes* (NCP) fornecia a comunicação entre os hosts.

Em 1972, Vint Cerf e Bob Kahn, ambos participantes do grupo principal da Arpanet, trabalharam juntos no que eles denominaram *Internetting Project*. O feito histórico de Cerf e Kahn, registrado em um artigo de 1973, descrevia os protocolos para conseguir a entrega de pacotes de um extremo ao outro. Esse artigo sobre o TCP (Transmission Control Protocol) incluía conceitos como encapsulamento, datagrama e as funções de um *gateway*.

Logo depois, autoridades decidiram dividir o TCP em dois protocolos: o **TCP** (**Transmission Control Protocol**) e o IP (**Internetworking Protocol**). O IP trataria do roteamento de datagramas, ao passo que o TCP seria responsável por funções de mais alto nível, como segmentação, remontagem e detecção de erros. O protocolo de interligação de redes (internetworking protocol) passou a ser conhecido como TCP/IP.

A Internet Hoje em Dia

A Internet percorreu um longo caminho desde os anos 1960. Atualmente, a Internet não é uma estrutura hierárquica única. Ela é composta por várias redes locais e remotas, reunidas por meio de dispositivos de conexão e estações comutadoras. É difícil termos uma representação precisa da Internet, pois ela está em contínua mutação — novas redes são acrescentadas, redes existentes adicionam continuamente novos endereços e redes de empresas extintas são eliminadas. Na atualidade, a maioria dos usuários que deseja conexão com a Internet utiliza os serviços de

Provedores de Acesso à Internet (**ISPs**). Há provedores internacionais, nacionais, regionais e locais. Hoje em dia, a Internet é operada por empresas privadas, não pelo governo. A Figura 1.13 mostra uma visão conceitual (não geográfica) da Internet.

Figura 1.13 *Organização hierárquica da Internet*

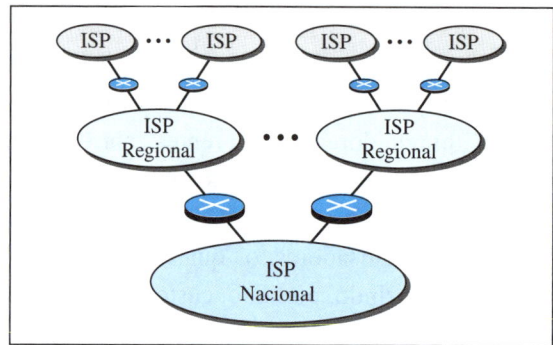

a. Estrutura de um ISP nacional

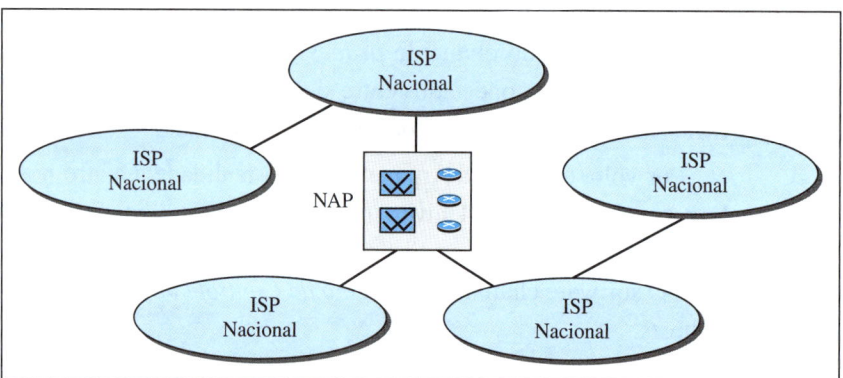

b. Interconexão de ISPs nacionais

Provedores Internacionais de Acesso à Internet

No topo da hierarquia, encontram-se os provedores internacionais de acesso que conectam países entre si.

Provedores Nacionais de Acesso à Internet

Os **provedores nacionais de acesso à Internet** são redes *backbone* criadas e mantidas por empresas especializadas. Existem diversos ISPs nacionais operando na América do Norte; alguns dos mais conhecidos são: SprintLink, PSINet, UUNet Technology, AGIS e internet MCI. Para fornecer conectividade entre os usuários finais, essas redes *backbone* são conectadas por complexas estações de comutação (em geral, operadas por terceiros) denominadas **pontos de acesso à rede** (**NAPs**, do inglês NETWORK ACCESS POINT). Algumas redes ISP nacionais também são conectadas entre si por estações comutadoras privadas denominadas *peering points*. Normalmente, estas operam a uma alta taxa de transmissão de dados (até 600 Mbps).

Provedores Regionais de Acesso à Internet

Os provedores regionais de acesso à Internet ou **ISPs regionais** são ISPs menores, que são conectados a um ou mais ISPs nacionais. Eles se encontram no terceiro nível da hierarquia com menores taxas de transmissão de dados.

Provedores Locais de Acesso à Internet

Os **provedores locais de acesso à Internet** fornecem serviços diretamente a seus usuários finais. Os ISPs locais podem estar conectados a ISPs regionais ou diretamente a ISPs nacionais. A maioria dos usuários finais está conectada a ISPs locais. Note que, nesse sentido, um ISP local pode ser uma empresa que apenas forneça acesso à Internet, uma grande corporação com uma rede que forneça serviços a seus próprios funcionários ou uma organização sem fins lucrativos, como uma faculdade ou uma universidade que operam suas próprias redes. Cada um desses ISPs locais pode estar conectado a um provedor regional ou nacional.

1.4 PROTOCOLOS E PADRÕES

Nesta seção, definimos dois termos largamente usados: protocolos e padrões. Primeiro, definimos *protocolo*, que é sinônimo de *regra*. Em seguida, discutimos os *padrões*, que são regras pré-acordadas.

Protocolos

Nas redes de computadores, a comunicação ocorre entre entidades em sistemas diferentes. Uma **entidade** é qualquer coisa capaz de enviar ou receber informações. Entretanto, duas entidades não podem simplesmente enviar fluxos de bits uma para a outra e esperar que sejam compreendidas. Para que ocorra a comunicação, as entidades devem concordar com um protocolo. Protocolo é um conjunto de regras que controlam as comunicações de dados. Um protocolo define o que é comunicado, como isso é comunicado e quando deve ser comunicado. Os elementos-chave de um protocolo são sintaxe, semântica e *timing*.

- **Sintaxe**. O termo *sintaxe* refere-se à estrutura ou o formato dos dados, significando a ordem na qual eles são apresentados. Por exemplo, um protocolo simples poderia esperar que os primeiros 8 bits de dados significassem os endereços do emissor, o segundo conjunto de 8 bits seria o endereço do receptor e o restante do fluxo de bits seria a mensagem em si.
- **Semântica**. A palavra *semântica* se refere ao significado de cada seção de bits. Como determinado padrão deve ser interpretado e que ações devem ser tomadas com base nessa interpretação? Por exemplo, o endereço identifica a rota a ser tomada ou o destino final da mensagem?
- *Timing*. Este termo refere-se a duas características: quando os dados devem ser enviados e com que rapidez eles podem ser enviados. Por exemplo, se um emissor produz dados a 100 Mbps, mas o receptor é capaz de processar dados somente a 1 Mbps, o transmissor sobrecarregará o receptor e parte dos dados será perdida.

Padrões

Os padrões são essenciais na criação e na manutenção de um mercado aberto e competitivo para fabricantes de equipamentos e na garantia de interoperabilidade nacional e internacional de dados e de tecnologia de telecomunicações e processos. Os padrões fornecem diretrizes aos fabricantes, fornecedores, órgãos do governo e outros provedores de serviços para garantir o tipo de interconectividade necessário no mercado atual e nas comunicações internacionais. Os padrões de comunicações de dados são divididos em duas categorias: padrões *de facto* (ou seja, "de fato" ou "por convenção") e *de jure* (ou seja, "de direito" ou "por meio de regulamentação").

❑ *De facto*. Padrões que não foram aprovados por um órgão regulador, mas que foram adotados pelo mercado como padrão por seu largo uso, são **padrões *de facto***. Os padrões *de facto* são, muitas vezes, estabelecidos originalmente por fabricantes que procuram definir a funcionalidade de um novo produto ou tecnologia.

❑ *De jure*. Padrões que foram regulamentados por um órgão oficialmente reconhecido, são **padrões *de jure***.

Organizações para Estabelecimento de Padrões

Os padrões são desenvolvidos por meio da cooperação de comitês de criação de padrões, fóruns e órgãos governamentais reguladores.

Comitês de Criação de Padrões

Embora muitas organizações sejam dedicadas ao estabelecimento de padrões, as telecomunicações, na América do Norte, dependem basicamente daqueles publicados pelos seguintes órgãos:

❑ **International Organization for Standardization (ISO)**. A ISO é um comitê multinacional cujos associados são provenientes de comitês de criação de padrões dos vários governos ao redor do mundo. A ISO atua no desenvolvimento de cooperação nos âmbitos científico, tecnológico e econômico.

❑ **International Telecommunication Union — Telecommunication Standards Sector (ITU-T)**. No início da década de 1970, uma série de países estava definindo padrões nacionais para telecomunicações, mas havia pouca compatibilidade internacional. A ONU reagiu a isso formando, como parte de sua International Telecommunication Union (ITU), um comitê, o Consultive Commitee for International Telegraph and Telephony (**CCITT**). O comitê dedicava-se à pesquisa e ao estabelecimento de padrões para telecomunicações em geral e para sistemas de dados e telefonia em particular. Em 1º de março de 1993, o nome desse comitê foi alterado para International Telecommunication Union — Telecommunication Standards Sector (ITU-IT).

❑ **American National Standards Institute (Ansi)**. Apesar de seu nome, o American National Standards Institute é uma organização sem fins lucrativos, totalmente privada, e não afiliada ao governo federal norte-americano. Entretanto, todas as atividades do Ansi são empreendidas com a assistência dos Estados Unidos e seus cidadãos, tendo fundamental, importância.

❑ **Institute of Electrical and Electronics Engineers (IEEE)**. O Institute of Electrical and Electronics Engineers é a maior sociedade de profissionais de engenharia do mundo. De escopo internacional, seu intuito é obter avanços na teoria, criatividade e qualidade de produtos nos campos da engenharia elétrica, eletrônica e radiofonia, bem como em todos os ramos relacionados da engenharia. Como um de seus objetivos, o IEEE supervisiona o desenvolvimento e a adoção de padrões internacionais para computação e comunicações.

❑ **Electronic Industries Association (EIA)**. Alinhado com a Ansi, a Eletronic Industries Association é uma organização sem fins lucrativos dedicada à promoção de questões de fabricação na eletrônica. Entre suas atividades, temos os esforços de formação de *lobbies* e de consciência pública, além do desenvolvimento de padrões. No campo da tecnologia de informação, a EIA tem feito significativas contribuições pela definição de interfaces de conexão física e pelas especificações de sinalização eletrônica para a comunicação de dados.

Fóruns

O desenvolvimento de tecnologias de telecomunicações está avançando de forma mais rápida que a habilidade dos comitês de padrões em ratificá-los. Os comitês de padronização são órgãos competentes para a determinação de procedimentos e, por natureza, de avanço lento. Para acomodar a necessidade de modelos operacionais e acordos e para facilitar o processo de padronização, diversos grupos de interesse específico criaram **fóruns** constituídos por representantes das empresas interessadas. Os fóruns trabalham em cooperação com universidades e usuários para testar, avaliar e padronizar novas tecnologias. Concentrando seus esforços em determinada tecnologia, os fóruns são capazes de acelerar a aceitação e o emprego dessas tecnologias na comunidade das telecomunicações. Os fóruns apresentam suas conclusões para os órgãos padronizadores.

Órgãos Reguladores

Toda tecnologia de comunicações está sujeita à regulamentação por órgãos governamentais, como o **Federal Communications Commission** (**FCC**), nos Estados Unidos. O propósito desses órgãos é o de proteger o interesse público, regulamentando as comunicações via rádio, televisão e fios/cabos. A FCC tem autoridade sobre o comércio interestadual e internacional naquilo que se refere às comunicações.

Padrões Internet

Um **padrão Internet** é uma especificação completamente testada que é útil e seguida por aqueles que trabalham com a Internet. É uma regulamentação formal que deve ser seguida. Existem procedimentos específicos pelos quais uma especificação ganha o *status* de padrão Internet. Uma especificação começa como um esboço Internet. Um **esboço Internet** é um documento que está sendo executado (um trabalho em andamento) sem nenhum *status* de oficial e com vida útil de seis meses. Sob recomendação das autoridades da Internet, um esboço pode ser publicado como uma **Request for Comment** (**RFC**). Cada RFC é editada, recebe uma numeração e é disponibilizada para todas as partes interessadas. As RFCs passam por estágios de maturação e são classificadas de acordo com seu nível de exigência.

1.5 LEITURA RECOMENDADA

Para mais detalhes sobre os assuntos discutidos neste capítulo, recomendados os seguintes livros e sites. Itens entre colchetes [. . .] correspondem à lista de referência no final do livro.

Livros

Os materiais introdutórios vistos neste capítulo podem ser encontrados em [Sta04] e [PD03]. [Tan03] discute padronização na Seção 1.6.

Sites*

Os sites a seguir estão relacionados aos tópicos discutidos neste capítulo.

❑ www.acm.org/sigcomm/sos.html   Este site fornece o *status* de vários padrões de redes.
❑ www.ietf.org/   A homepage da Internet Engineering Task Force (IETF).

RFCs

O site a seguir lista todas as RFCs, incluindo aquelas relativas ao IP e TCP. Em capítulos futuros, citaremos as RFCs pertinentes ao material visto no capítulo em questão.

❑ www.ietf.org/rfc.html

1.6 TERMOS-CHAVE

Advanced Research Projects Agency (Arpa)
American National Standards Institute (Ansi)
American Standard Code for Information Interchange (ASCII)
Arpanet
atraso
áudio
backbone
Basic Latin
código
comunicações de dados
conexão multiponto ou multidrop
conexão ponto a ponto
confiabilidade
Consultative Commitee for International Telegraphy and Telephony (CCITT)
dados
desempenho
Electronic Industries Association (EIA)
emissor
entidade
esboço Internet
Federal Communications Commission (FCC)
fórum
hub
imagem
Institute of Electrical and Electronics Engineers (IEEE)
International Organization for Standardization (ISO)
International Telecommunication Union — Telecommunication Standards Sector (ITU-T)
Internet
internetwork ou internet
Internet Service Provider (ISP)
Meio de transmissão
mensagem
modo full-duplex ou duplex
modo half-duplex
modo simplex
Network Access Point (NAPs)
nó
padrão Internet
padrões *de facto*
padrões *de jure*
processamento distribuído
protocolo

---

*NE: Os sites indicados neste livro poderão sofrer alterações em seu conteúdo e acesso ao longo do tempo em razão da natureza dinâmica da Internet.

provedor de serviços Internet (ISP)
provedores de acesso à Internet locais
provedores de acesso à Internet nacionais
receptor
rede
rede de abrangência metropolitana (MAN)
rede local (LAN)
rede remota (WAN)
Request for Comment (RFC)
RGB
segurança
semântica
sintaxe
telecomunicações
throughput
timing
topologia de anel
topologia de barramento
topologia de malha
topologia estrela
topologia física
Transmission Control Protocol/ Internetworking Protocol (TCP/IP)
vídeo
YCM

1.7 RESUMO

- Comunicação de dados é a transferência de dados de um dispositivo a outro através de algum tipo de meio de transmissão.
- Um sistema de comunicação de dados tem de transmitir dados para o destino correto de forma precisa e no tempo determinado.
- Os cinco componentes que formam um sistema de comunicação de dados são: mensagem, emissor, receptor, meio de transmissão e protocolo.
- Texto, números, imagens, áudio e vídeo são formas diferentes de informação.
- O fluxo de dados entre dois dispositivos pode ocorrer em uma de três formas: simplex, half-duplex ou full-duplex.
- Rede é um conjunto de dispositivos de comunicação conectados por links de comunicação.
- Em uma conexão ponto a ponto dois, e somente dois, dispositivos são conectados por um link dedicado. Em uma conexão multiponto três ou mais dispositivos compartilham um link.
- Topologia se refere à disposição física ou lógica de uma rede. Os dispositivos podem ser dispostos segundo topologias de malha, estrela, barramento ou anel.
- Uma rede pode ser classificada como local ou remota.
- LAN é um sistema de comunicação de dados dentro de um prédio, planta industrial ou campus ou entre prédios próximos.
- WAN é um sistema de comunicação de dados que cobre estados, países ou o mundo todo.
- Uma internet é uma rede de redes.
- A Internet é um conjunto de várias redes distintas.
- Existem provedores de acesso à Internet locais, regionais, nacionais e internacionais.
- Protocolo é um conjunto de regras que orientam as comunicações de dados; os principais elementos de um protocolo são a sintaxe, semântica e o *timing*.

- Os padrões são necessários para garantir que produtos de diferentes fabricantes possam trabalhar em conjunto, conforme o esperado.
- ISO, ITU-T, Ansi, IEEE e EIA são algumas das organizações envolvidas na criação de padrões.
- Fóruns são grupos de interesse específicos que avaliam e padronizam rapidamente novas tecnologias.
- Uma Request for Comment é uma idéia ou conceito que é precursor a um padrão da Internet.

1.8 ATIVIDADES PRÁTICAS

Questões para Revisão

1. Identifique os cinco componentes de um sistema de comunicação de dados.
2. Quais são as vantagens do processamento distribuído?
3. Quais são os três critérios necessários para uma rede ser eficaz e eficiente?
4. Quais são as vantagens de uma conexão multiponto em relação a uma conexão ponto a ponto?
5. Quais são os dois tipos de configuração de linhas?
6. Classifique as quatro topologias básicas em termos de configuração de linhas.
7. Qual é a diferença entre os modos de transmissão half-duplex e full-duplex?
8. Cite as quatro topologias básicas de rede e cite uma vantagem de cada um desses tipos.
9. Para *n* dispositivos em uma rede, qual é o número de conexões via cabo necessário em uma topologia de malha, anel, barramento e estrela?
10. Quais são alguns dos fatores que determinam se um sistema de comunicações é uma LAN ou uma WAN?
11. O que é internet? O que é Internet?
12. Por que os protocolos são necessários?
13. Por que os padrões são necessários?

Exercícios

14. Qual é o número máximo de caracteres ou símbolos que podem ser representados pelo Unicode?
15. Uma imagem colorida usa 16 bits para representar um pixel. Qual é o número máximo de cores diferentes que podem ser representadas?
16. Suponha seis dispositivos dispostos segundo a topologia de malha. Quantos cabos seriam necessários? Quantas portas seriam necessárias para cada dispositivo?
17. Para cada uma das quatro topologias de redes a seguir, fale sobre as conseqüências no caso de uma conexão falhar.
    a. Cinco dispositivos dispostos em uma topologia de malha.
    b. Cinco dispositivos dispostos em uma topologia estrela (sem contar os *hubs*).
    c. Cinco dispositivos dispostos em uma topologia de barramento.
    d. Cinco dispositivos dispostos em uma topologia de anel.

18. Você tem dois computadores conectados por um *hub* Ethernet em sua casa. Isso é uma LAN, MAN ou WAN? Justifique sua resposta.
19. Na topologia de anel da Figura 1.8, o que aconteceria se uma das estações fosse desconectada?
20. Na topologia de barramento da Figura 1.7, o que aconteceria se uma das estações fosse desconectada?
21. Desenhe uma topologia híbrida com um *backbone* em estrela e três redes em anel.
22. Desenhe uma topologia híbrida com um *backbone* em anel e três redes de barramento.
23. Desempenho está inversamente relacionado a atraso. Quando usamos a Internet, quais das aplicações a seguir é mais sensível a atrasos?
    a. Enviar um e-mail
    b. Copiar um arquivo
    c. Navegar na Internet
24. Quando uma pessoa faz um telefonema local para outra, isso é uma conexão ponto a ponto ou multiponto? Justifique sua resposta.
25. Compare a rede de telefonia com a Internet. Quais são as semelhanças? E as diferenças?

Atividades de Pesquisa

26. Acessando o site www.cne.gmu.edu/modules/network/osi.html, discuta o modelo OSI.
27. Acessando o site www.ansi.org, discuta as atividades da Ansi.
28. Acessando o site www.ieee.org, discuta as atividades da IEEE.
29. Acessando o site www.ietf.org, discuta os diferentes tipos de RFCs.

CAPÍTULO 2

Modelos de Redes

Rede é uma combinação de hardware e software que envia dados de uma localidade a outra. O hardware consiste no equipamento físico que transporta sinais de um ponto a outro da rede. O software consiste em conjuntos de instruções que tornam possível os serviços que esperamos de uma rede.

Podemos comparar a tarefa de se conectar em rede à tarefa de resolver um problema de matemática com um computador. O trabalho fundamental de resolver o problema com o uso de um computador é realizado pelo hardware. Entretanto, essa é uma tarefa muito entediante se apenas o hardware estiver envolvido. Precisaremos de chaves comutadoras para cada posição de memória para armazenar e manipular os dados. A tarefa se torna muito mais fácil se tivermos um software disponível. No nível mais alto, um programa pode controlar o processo de resolução de um problema; os detalhes de como isso é feito pelo hardware em si pode ser deixado para as camadas de software que são chamadas pelos níveis mais altos.

Compare isso a um serviço fornecido por uma rede de computadores. Por exemplo, a tarefa de enviar um e-mail de um ponto do mundo a outro pode ser subdividida em várias tarefas, cada uma das quais realizada por um pacote de software distinto. Cada pacote de software usa os serviços de um outro pacote de software. Na camada mais baixa, um sinal (ou um conjunto de sinais) é enviado de um computador de origem ao computador de destino.

Neste capítulo, forneceremos uma idéia geral das camadas de uma rede e discutiremos as funções de cada uma delas. Descrições detalhadas dessas camadas serão apresentadas em capítulos posteriores.

2.1 TAREFAS DISTRIBUÍDAS EM CAMADAS

Usamos o conceito de camadas em nosso dia-a-dia. Como exemplo, consideremos dois amigos que se comunicam por correspondência. O processo de enviar uma carta a um amigo seria complexo se não existisse nenhum serviço disponível das agências das correios. A Figura 2.1 ilustra as etapas contidas nessa tarefa.

Figura 2.1 *Tarefas envolvidas no envio de uma carta*

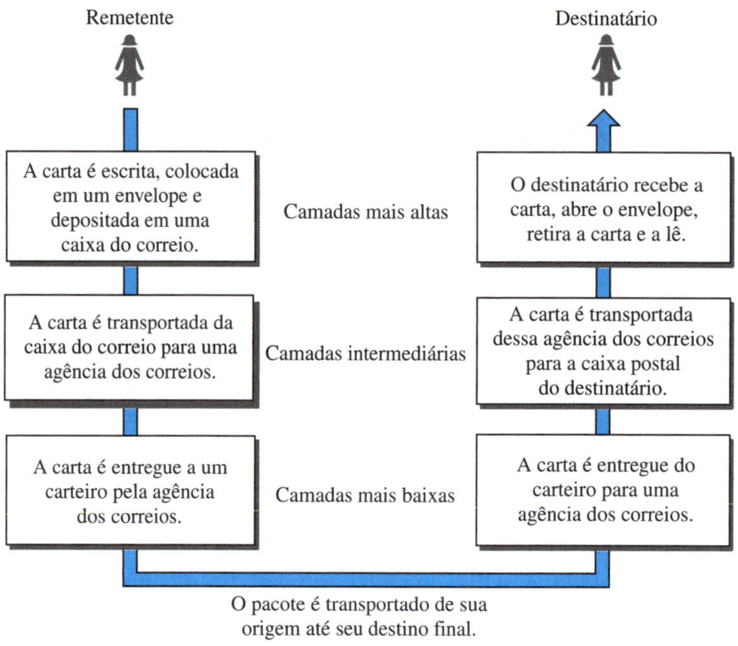

Emissor, Receptor e Transportador

Na Figura 2.1, temos um emissor (remetente), um receptor (destinatário) e um transportador (carteiro) que leva a carta. Existe uma hierarquia de tarefas.

No Lado do Emissor

Em primeiro lugar, descreveremos, em ordem, as atividades que ocorrem no lado do emissor (remetente).

- **Camada mais alta**. O remetente escreve uma carta, a coloca em um envelope, anota no envelope os nomes e endereços do remetente e destinatário e, finalmente, a deposita em uma caixa de correio.
- **Camada intermediária**. A carta é coletada por um carteiro e entregue a uma agência dos correios.
- **Camada mais baixa**. A carta é classificada na agência dos correios; um transportador a leva.

No Trajeto

A carta se encontra, então, a caminho de seu destinatário. No trajeto para a agência dos correios mais próxima do destinatário, a carta pode, na verdade, passar por um posto de distribuição. Além disso, ela poderá ser transportada por um automóvel, trem, avião, navio ou uma combinação destes.

No Lado do Receptor (Destinatário)

- **Camada mais baixa**. O transportador leva a carta para uma agência dos correios.
- **Camada intermediária**. A carta é classificada, remetida e entregue na caixa postal do destinatário.
- **Camada mais alta**. O destinatário pega a carta, abre o envelope, retira a carta e a lê.

Hierarquia

De acordo com nossa análise, existem três atividades distintas no lado do remetente e outras três atividades no lado do destinatário. A tarefa de transportar a carta do remetente para o destinatário é realizada pelo transportador. Algo que não é óbvio à primeira vista é que as tarefas devem ser realizadas na seqüência correta determinada pela hierarquia. No lado do remetente, a carta deve ser escrita e colocada em uma caixa de correio antes de ser coletada pelo transportador e entregue a uma agência dos correios. No lado do destinatário, a carta deve ser colocada na caixa postal do destinatário antes de poder ser pega e lida por este.

Serviços

Cada camada no lado do remetente usa os serviços da camada que se encontra imediatamente abaixo dela. O remetente na camada mais alta utiliza os serviços da camada intermediária. A camada intermediária usa os serviços da camada mais baixa. A camada mais baixa utiliza os serviços do transportador.

O modelo em camadas que dominou a literatura sobre comunicações de dados, e redes antes da década de 1990 foi o do **modelo OSI** (**Open Systems Interconnection**). Todo mundo acreditava que o modelo OSI se tornaria o padrão final para comunicação de dados. Entretanto, na realidade, isso não aconteceu. O conjunto de protocolos TCP/IP acabou se tornando a arquitetura comercial predominante, pois ele foi usado e testado de forma intensiva na Internet; o modelo OSI jamais foi totalmente implementado.

No presente capítulo, discutiremos, primeiro, o modelo OSI e, em seguida, vamos nos concentrar no TCP/IP como um conjunto de protocolos.

2.2 O MODELO OSI

Estabelecida em 1947, a International Organization for Standardization (ISO) é um órgão que se dedica ao estabelecimento de acordos mundiais sobre padrões internacionais, e conta com a participação de várias nações. Um padrão ISO que cobre todos os aspectos das comunicações de dados em redes é o modelo OSI (Open Systems Interconnection). Ele foi introduzido inicialmente no final da década de 1970. Um **sistema aberto** é um conjunto de protocolos que permite que dois sistemas diferentes se comuniquem independentemente de suas arquiteturas subjacentes. O propósito do modelo OSI é facilitar a comunicação entre sistemas diferentes sem a necessidade de realizar mudanças na lógica do hardware e software de cada um deles. O modelo OSI não é um protocolo; trata-se de um modelo para compreender e projetar uma arquitetura de redes flexível, robusta e interoperável.

ISO é a organização. OSI é o modelo.

O modelo OSI é uma estrutura em camadas para o projeto de sistemas de redes que permitem a comunicação entre todos os tipos de sistemas de computadores. Ele é formado por sete camadas distintas, porém relacionadas entre si, cada uma das quais definindo uma parte do processo de transferência de informações através de uma rede (ver Figura 2.2). Compreender os fundamentos do modelo OSI fornece uma base sólida para explorar outros conceitos de comunicações de dados.

Figura 2.2 *Sete camadas do modelo OSI*

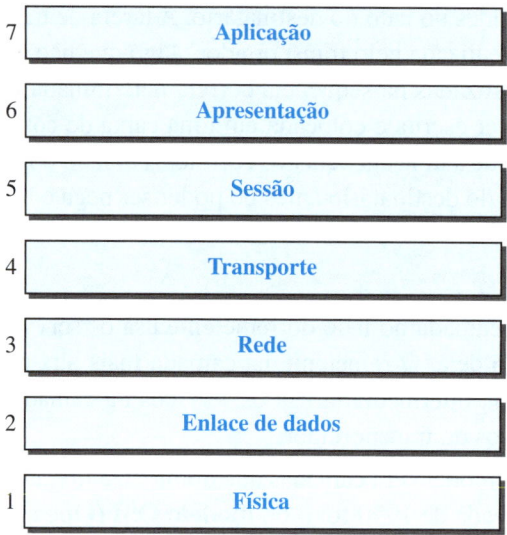

Arquitetura em Camadas

O modelo OSI é composto por sete camadas ordenadas: física (camada 1), enlace (camada 2), rede (camada 3), transporte (camada 4), sessão (camada 5), apresentação (camada 6) e aplicação (camada 7). A Figura 2.3 mostra as camadas envolvidas quando uma mensagem é enviada do dispositivo A para o dispositivo B. À medida que a mensagem trafega de A para B, ela poderá passar por vários nós intermediários. Esses nós intermediários, geralmente, envolvem apenas as três primeiras camadas do modelo OSI.

Ao desenvolver o modelo, os projetistas dissecaram o processo de transmissão de dados em seus elementos mais fundamentais. Eles identificaram quais funções de rede tinham usos relacionados e reuniram essas informações em grupos discretos, que se tornaram as camadas do modelo. Cada camada define uma família de funções distintas daquelas realizadas nas demais camadas. Ao definir e localizar funcionalidades dessa maneira, os projetistas criaram uma arquitetura que é, ao mesmo tempo, abrangente e flexível. O fato mais importante é que o modelo OSI permite a interoperabilidade completa entre sistemas outrora incompatíveis.

Dentro de uma máquina individual, cada camada requisita os serviços da camada imediatamente inferior a ela. Por exemplo, a camada 3 usa os serviços fornecidos pela camada 2 e fornece serviços à camada 4. Entre máquinas, a camada x em uma máquina se comunica com a camada x da outra máquina. Essa comunicação é orientada por uma série de regras e convenções estabelecidas, chamadas protocolos. Os processos em cada máquina que se comunicam em uma determinada camada são denominados **processos** *peer-to-peer*. A comunicação entre máquinas é, portanto, um processo *peer-to-peer* usando os protocolos apropriados de uma determinada camada.

Processos *Peer-to-peer*

Na camada física, a comunicação é direta: na Figura 2.3, o dispositivo A envia um fluxo de bits ao dispositivo B (através de nós intermediários). Nas camadas mais altas, entretanto, a comunicação deve mover-se pelas camadas do dispositivo A, seguir ao dispositivo B e então retornar

Figura 2.3 *A interação entre camadas no modelo OSI*

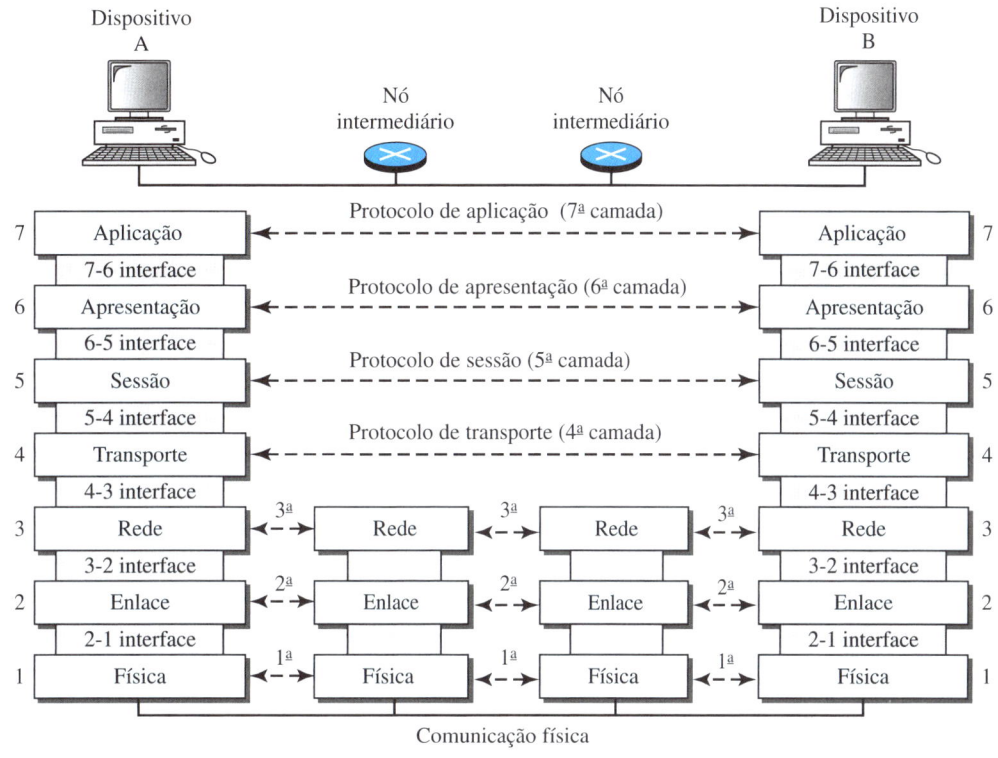

através das camadas. Cada camada no dispositivo emissor acrescenta suas próprias informações à mensagem que ela recebe da camada superior e passa o pacote inteiro à camada imediatamente inferior.

Na camada 1, o pacote inteiro é convertido para uma forma que possa ser transmitido ao dispositivo receptor. Na máquina receptora, a mensagem é aberta, camada por camada, com cada processo recebendo e retirando os dados a ele destinados. Por exemplo, a camada 2 retira os dados a ela destinados e, em seguida, passa o restante para a camada 3. A camada 3 retira, então, os dados a ela destinados e passa o restante para a camada 4 e assim por diante.

Interfaces entre Camadas

A passagem, de cima para baixo, de dados e informações de rede pelas camadas do dispositivo emissor e depois de volta através das camadas do dispositivo receptor é possível graças a uma **interface** entre cada par de camadas adjacentes. Cada interface define as informações e serviços que uma camada deve fornecer para a camada superior. Desde que uma camada forneça os serviços esperados para a camada superior, a implementação específica de suas funções pode ser modificada ou substituída, sem exigir mudanças nas camadas adjacentes.

Organização das Camadas

As sete camadas podem ser imaginadas como pertencentes a três subgrupos. As camadas 1, 2 e 3 — física, enlace e rede — são as camadas de suporte à rede; elas lidam com os aspectos físicos da movimentação de dados de um dispositivo para outro (como as especificações elétricas, conexões físicas, endereçamento físico, temporização e a confiabilidade do transporte). As camadas 5, 6 e 7 — sessão, apresentação e aplicação — podem ser imaginadas como as camadas de suporte ao usuário; elas possibilitam a interoperabilidade entre sistemas de software não relacionados. A camada 4, camada de transporte, conecta os dois subgrupos e garante que o que as camadas inferiores transmitiram se encontra em uma forma que as camadas superiores consigam utilizar. As camadas OSI superiores são quase sempre implementadas via software; as camadas inferiores são uma combinação de hardware e software, exceto pela camada física que é praticamente de hardware.

A Figura 2.4 apresenta uma visão geral das camadas OSI, na qual D7 significa a unidade de dados na camada 7. D6 significa a unidade de dados na camada 6 e assim por diante. O processo se inicia na camada 7 (a camada de aplicação), em seguida se desloca de camada em camada, em uma ordem seqüencial e decrescente. A cada camada, um **cabeçalho** (*header*), ou possivelmente um *trailer*, pode ser acrescentado à unidade de dados. Comumente, o *trailer* é acrescentado somente na camada 2. Quando a unidade de dados formatada passa pela camada física (camada 1), ela é transformada em um sinal eletromagnético e transportada ao longo de um link físico.

Figura 2.4 *Intercâmbio de informações usando o modelo OSI*

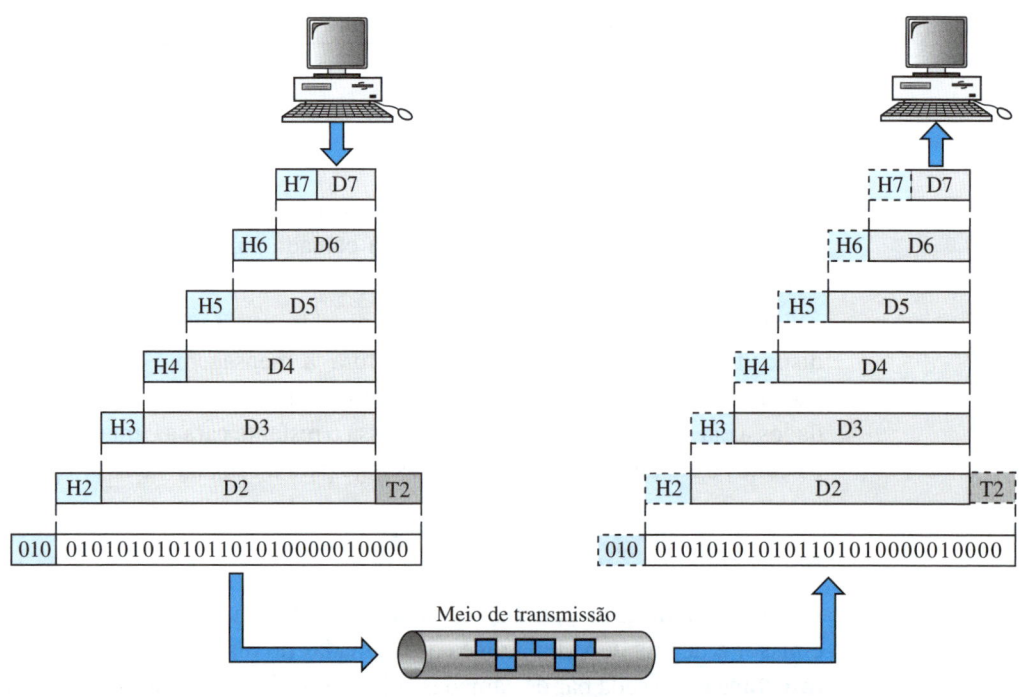

Após atingir seu destino, o sinal passa pela camada 1 e é convertido de volta para a forma digital. As unidades de dados se deslocam no caminho inverso através das camadas OSI. À medida que cada bloco de dados atinge a camada superior seguinte, os cabeçalhos e *trailers* que foram anteriormente anexados na camada emissora correspondente são eliminados e ações apropriadas àquela camada são realizadas. Ao atingir a camada 7, a mensagem se encontra novamente na forma apropriada à aplicação e se torna disponível ao receptor.

Encapsulamento

A Figura 2.3 revela outro aspecto da comunicação de dados no modelo OSI: o encapsulamento. Um pacote (cabeçalho e dados) na camada 7 é encapsulado em um pacote na camada 6. O pacote inteiro na camada 6 é encapsulado em um pacote na camada 5 e assim por diante.

Em outras palavras, a parte de dados de um pacote no nível $N-1$ transporta o pacote inteiro (dados e cabeçalho e quem sabe *trailer*) do nível N. Esse conceito é denominado *encapsulamento*; o nível $N-1$ não está ciente de que parte do pacote encapsulado é composta por dados e de que parte constitui cabeçalho ou *trailer*. Para o nível $N-1$, o pacote inteiro proveniente da camada N é tratado como uma única unidade.

2.3 CAMADAS DO MODELO OSI

Nesta seção, descrevemos rapidamente as funções de cada camada do modelo OSI.

Camada Física

A **camada física** coordena as funções necessárias para transportar um fluxo de bits através de um meio físico. Ela trata das especificações mecânicas e elétricas da interface e do meio de transmissão. Ela também define os procedimentos e funções que os dispositivos físicos e interfaces têm de executar para que a transmissão seja possível. A Figura 2.5 mostra a posição da camada física em relação ao meio de transmissão e a camada de enlace.

Figura 2.5 *Camada física*

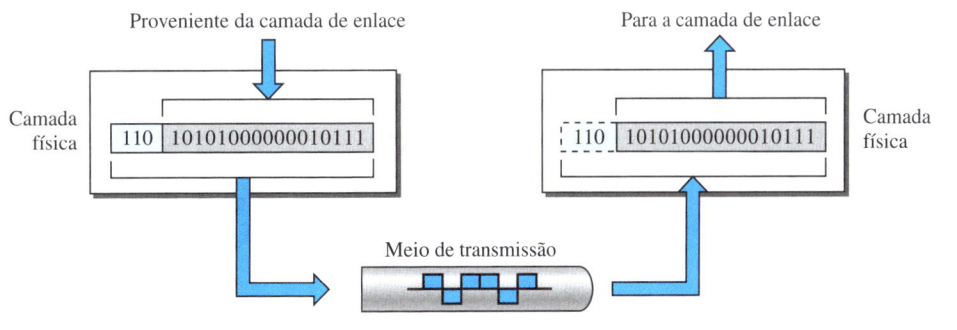

A camada física é responsável pela movimentação de bits individuais de um *hop* para o seguinte.

A camada física também se incumbe do seguinte:

❑ **Características físicas das interfaces e do meio de transmissão.** A camada física define as características da interface entre os dispositivos e o meio de transmissão. Ela também define o tipo de meio de transmissão.

❑ **Representação de bits.** Os dados na camada física são formados por um fluxo de **bits** (seqüência de 0s ou 1s) sem nenhuma interpretação. Para serem transmitidos, os bits devem ser codificados em sinais — elétricos ou ópticos. A camada física define o tipo de **codificação** (como os 0s e 1s são convertidos em sinais).

❑ **Taxa de dados**. A **taxa de dados** — o número de bits enviados a cada segundo — também é definido na camada física. Em outras palavras, a camada física estabelece a duração de um bit, que é o tempo que ele perdura.

❑ **Sincronização de bits**. O emissor e o receptor não apenas têm de usar a mesma taxa de transmissão de bits como também devem estar sincronizados em nível de bit. Em outras palavras, os *clocks* do emissor e do receptor devem estar sincronizados.

❑ **Configuração da linha**. A camada física é responsável pela conexão dos dispositivos com o meio físico. Em uma configuração ponto a ponto, dois dispositivos são conectados através de um link dedicado. Em uma configuração multiponto, um link é compartilhado entre vários dispositivos.

❑ **Topologia física**. A topologia física define como os dispositivos estão conectados de modo a formar uma rede. Os dispositivos podem ser conectados usando-se uma topologia de malha (cada dispositivo é conectado a cada um dos demais dispositivos), uma topologia estrela (os dispositivos são conectados por um dispositivo central), uma topologia de anel (cada dispositivo é conectado ao seguinte, formando um anel), uma topologia de barramento (todos os dispositivos são conectados através de um link comum) ou uma topologia híbrida (uma combinação de duas ou mais topologias).

❑ **Modo de transmissão**. A camada física também define o sentido das transmissões entre os dois dispositivos: simplex, half-duplex ou full-duplex. No modo simplex, somente um dispositivo pode enviar dados; o outro pode apenas receber. O modo simplex é uma comunicação de dados em mão única. No modo half-duplex, os dois dispositivos podem enviar e receber, mas não ao mesmo tempo. No modo full-duplex (ou simplesmente duplex), os dois dispositivos podem enviar e receber ao mesmo tempo.

Camada de Enlace de Dados

A **camada de enlace de dados** transforma a camada física, de um meio de transmissão bruto, em um link confiável. Ela faz que a camada física pareça livre de erros para a camada superior (a camada de rede). A Figura 2.6 mostra a relação entre a camada de enlace de dados com as camadas de rede e física.

Figura 2.6 *Camada de enlace*

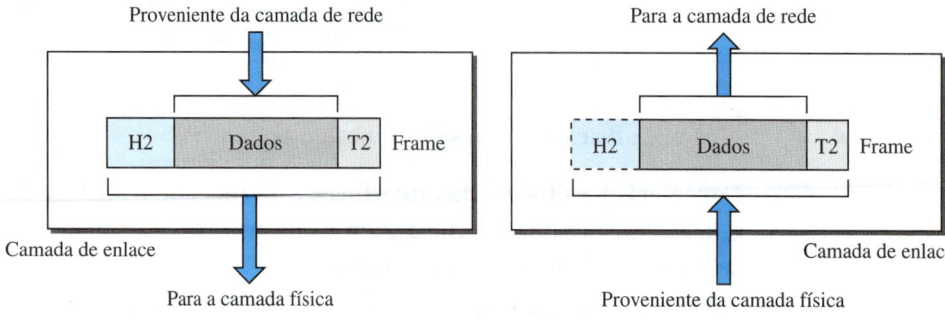

> **A camada de enlace é responsável pela transferência de frames de um *hop* para o seguinte**

Outras responsabilidades da camada de enlace de dados são as seguintes:

- **Empacotamento**. A camada de enlace de dados divide o fluxo de bits recebidos da camada de rede em unidades de dados gerenciáveis denominados **frames**.
- **Endereçamento físico**. Se os frames forem distribuídos em sistemas diferentes na rede, a camada de enlace de dados acrescenta um cabeçalho ao frame para definir o emissor e/ou receptor do frame. Se este for destinado a um sistema fora da rede do emissor, o endereço do receptor é o do dispositivo que conecta a rede à próxima.
- **Controle de fluxo**. Se a velocidade na qual os dados são recebidos pelo receptor for menor que a velocidade na qual os dados são transmitidos pelo emissor, a camada de enlace de dados impõe um mecanismo de controle de fluxo para impedir que o receptor fique sobrecarregado.
- **Controle de erros**. A camada de enlace de dados acrescenta confiabilidade à camada física adicionando mecanismos para detectar e retransmitir frames danificados ou perdidos. Ela também usa mecanismos para reconhecer frames duplicados. Normalmente, o controle de erros é obtido por meio de um *trailer* acrescentado ao final do quadro.
- **Controle de acesso**. Quando dois ou mais dispositivos estiverem conectados ao mesmo link são necessários protocolos da camada de enlace de dados para determinar qual dispositivo assumirá o controle do link em dado instante.

A Figura 2.7 ilustra a **entrega *hop-to-hop*** feita pela camada de enlace.

Figura 2.7 *Entrega hop-to-hop*

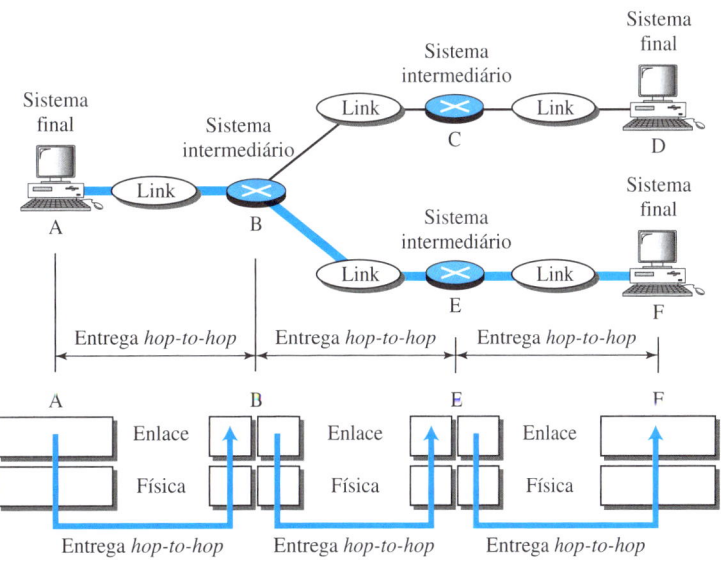

Conforme mostra a figura, a comunicação na camada de enlace de dados ocorre entre dois nós adjacentes. Para enviar dados de A a F, são feitas três entregas parciais. Primeiro, a camada de enlace de dados em A envia um frame para a camada de enlace de dados em B (um roteador).

Segundo, a camada de enlace de dados em B envia um novo frame à camada de enlace em E. Finalmente, a camada de enlace em E envia um novo frame à camada de enlace em F. Note que os frames transmitidos entre os três nós possuem valores diferentes em seus cabeçalhos. O frame que vai de A para B tem B como endereço de destino e A como endereço de origem. Já o frame que vai de B a E tem E como endereço de destino e B como endereço de origem. O frame de E a F tem F como endereço de destino e E como endereço de origem. Os valores dos *trailers* também podem ser diferentes caso a verificação de erros inclua no cálculo o cabeçalho dos frames.

Camada de Rede

A **camada de rede** é responsável pela entrega de um pacote desde sua origem até o seu destino, provavelmente através de várias redes (links). Embora a camada de enlace coordene a entrega do pacote entre dois sistemas na mesma rede (links), a camada de rede garante que cada pacote seja transmitido de seu ponto de origem até seu destino final.

Se dois sistemas estiverem conectados ao mesmo link, em geral não há a necessidade de uma camada de rede. Entretanto, se dois sistemas estiverem conectados a redes (links) diferentes por meio de dispositivos intermediários de conexão entre as redes (links), normalmente, há a necessidade da camada de rede para realizar a entrega da origem até o destino. A Figura 2.8 mostra a relação entre a camada de rede e as camadas de enlace e transporte.

Figura 2.8 *Camada de rede*

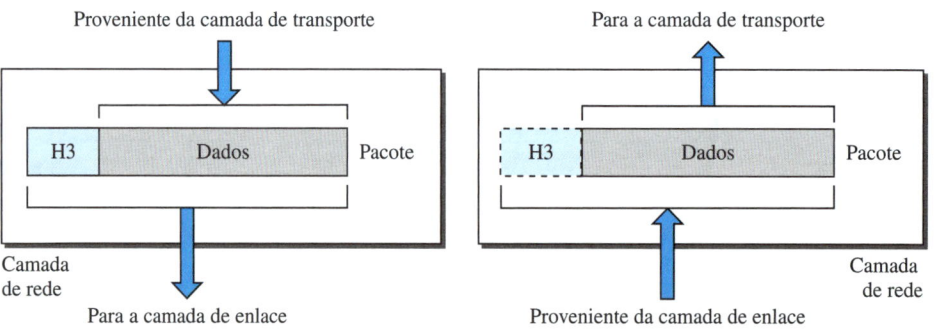

A camada de rede é responsável pela entrega de pacotes individuais desde o *host* de origem até o *host* de destino.

Outras responsabilidades da camada de rede são as seguintes:

- **Endereçamento lógico**. O endereçamento físico implementado na camada de enlace de dados trata do problema de endereçamento localmente. Se um pacote ultrapassar os limites da rede, precisaremos de um outro sistema de endereçamento para ajudar a distinguir os sistemas de origem e destino. A camada de rede adiciona um cabeçalho ao pacote proveniente da camada superior que, entre outras coisas, inclui os endereços lógicos do emissor e do receptor. Discutiremos endereços lógicos ainda neste capítulo.

- **Roteamento**. Quando redes ou links independentes estiverem conectados para criar *internetworks* (rede de redes) ou uma grande rede, os dispositivos de conexão (chamados *roteadores* ou *comutadores*) encaminham ou comutam os pacotes para seus destinos finais. Uma das funções da camada de rede é fornecer esse mecanismo.

A Figura 2.9 ilustra a entrega de uma extremidade à outra pela camada de rede.

Figura 2.9 *Entrega desde a origem até o destino*

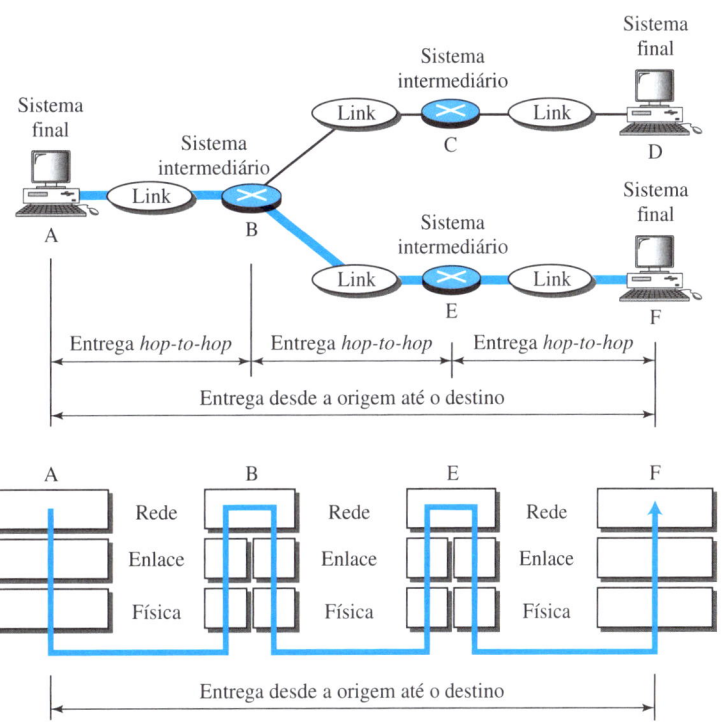

Como indica a figura, agora precisamos de uma entrega desde a origem até o destino. A camada de rede em A envia o pacote para a camada de rede em B. Quando o pacote chega no roteador B, este toma uma decisão baseado no destino final (F) do pacote. Como veremos nos próximos capítulos, o roteador B usa sua tabela de roteamento para descobrir que o próximo *hop* é o roteador E. Portanto, a camada de rede em B envia o pacote para a camada de rede em E. A camada de rede em E, por sua vez, envia o pacote para a camada de rede em F.

Camada de Transporte

A **camada de transporte** é responsável pela **entrega processo a processo** de toda a mensagem. Processo é um programa aplicativo que está sendo executado em um host. Embora a camada de rede supervisione a **entrega da origem ao destino** dos pacotes individuais, ela não reconhece qualquer relação entre esses pacotes. Ela trata cada um deles independentemente, como se cada trecho pertencesse a uma mensagem separada, ocorra isto ou não. Por outro lado, a camada de transporte garante que a mensagem chegue intacta e na seqüência correta, supervisionando tanto o controle de erros como o controle de fluxo no nível origem-ao-destino. A Figura 2.10 mostra a relação da camada de transporte com as camadas de rede e sessão.

Figura 2.10 *Camada de transporte*

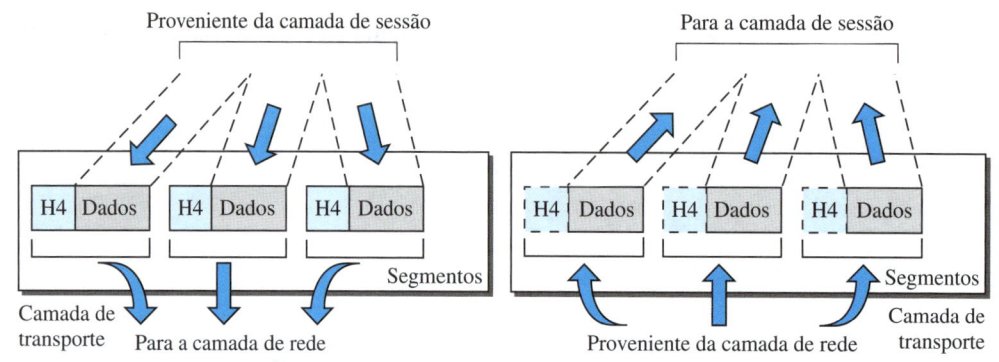

A camada de transporte é responsável pela
entrega de uma mensagem, de um processo a outro.

Outras responsabilidades da camada de transporte são as seguintes:

❑ **Endereçamento do ponto de acesso ao serviço (*service-point addressing*)**. Normalmente, computadores executam vários programas ao mesmo tempo. Por essa razão, a entrega origem-ao-destino significa a entrega não apenas de um computador para o seguinte, mas também de um processo específico (programa em execução) em um computador para um processo específico (programa em execução) no outro. O cabeçalho da camada de transporte deve, portanto, incluir um tipo de endereço chamado *endereço do ponto de acesso ao serviço* (ou também denominado endereço de porta). A camada de rede encaminha cada pacote para o computador correto; a camada de transporte leva a mensagem inteira para o processo correto naquele computador.

❑ **Segmentação e remontagem**. Uma mensagem é dividida em segmentos transmissíveis, com cada segmento contendo um número de seqüência. Esses números permitem à camada de transporte remontar a mensagem corretamente após a chegada no destino e identificar e substituir pacotes que foram perdidos na transmissão.

❑ **Controle da conexão**. A camada de transporte pode ser tanto orientada à conexão como não. Uma camada de transporte não orientada à conexão trata cada segmento como um pacote independente e o entrega à camada de transporte na máquina de destino. Uma camada de transporte orientada à conexão estabelece em primeiro lugar uma conexão com a camada de transporte na máquina de destino antes de iniciar a entrega dos pacotes. Após todos os dados serem transferidos a conexão é encerrada.

❑ **Controle de fluxo**. Assim como a camada de enlace de dados, a camada de transporte é responsável pelo **controle de fluxo**. Entretanto, o controle de fluxo nessa camada é realizado de uma extremidade à outra e não apenas em um único link.

❑ **Controle de erros**. Assim como a camada de enlace de dados, a camada de transporte é responsável pelo **controle de erros**. Entretanto, o controle de erros nessa camada é realizado processo-a-processo e não apenas em um único link. A camada de transporte emissora certifica-se que a mensagem inteira chegou na camada de transporte receptora sem **erro** (corrompida, perdida ou duplicada). Normalmente, a correção de erros é conseguida por meio de retransmissão.

A Figura 2.11 ilustra a entrega processo a processo na camada de transporte.

Figura 2.11 *Entrega confiável processo a processo de uma mensagem*

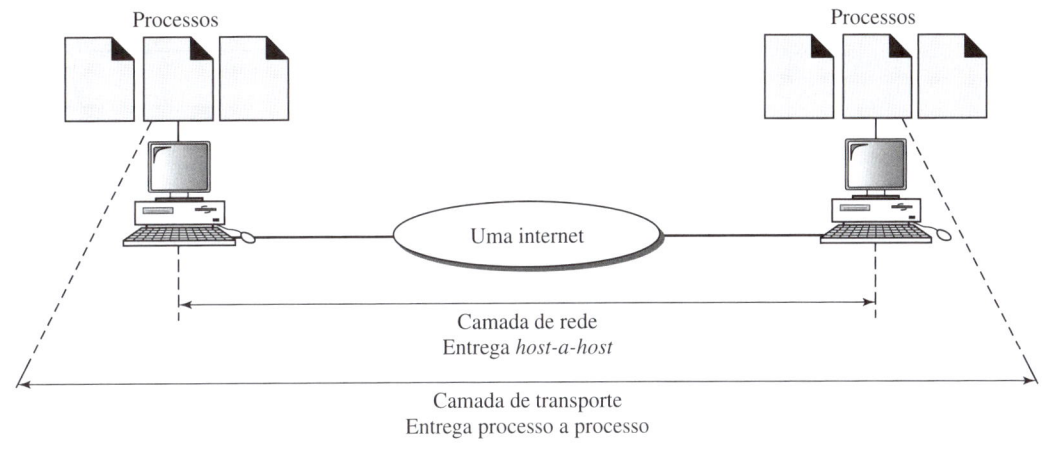

Camada de Sessão

Os serviços providos pelas três primeiras camadas (física, enlace e rede) não são suficientes para alguns processos. A **camada de sessão** é o *controlador de diálogo* da rede. Ela estabelece, mantém e sincroniza a interação entre sistemas que se comunicam entre si.

A camada de sessão é responsável pelo controle de diálogo e sincronização.

Entre as responsabilidades específicas da camada de sessão, temos as seguintes:

- **Controle de diálogo**. A camada de sessão possibilita a dois sistemas estabelecerem um diálogo. Ela permite que a comunicação entre dois processos ocorra em modo half-duplex (um sentido por vez) ou full-duplex (simultaneamente).
- **Sincronização**. A camada de sessão permite que um processo adicione pontos de verificação, ou **pontos de sincronização**, a um fluxo de dados. Por exemplo, se um sistema estiver enviando um arquivo de duas mil páginas, é recomendável inserir pontos de verificação a cada cem páginas para garantir que cada unidade de cem páginas foi recebida e confirmada de forma independente. Nesse caso, se ocorrer uma falha durante a transmissão da página 523, as únicas páginas que precisarão ser reenviadas após a recuperação do sistema serão as páginas 501 a 523. As páginas anteriores à página 501 não precisarão ser reenviadas. A Figura 2.12 exibe a relação da camada de sessão com as camadas de transporte e apresentação.

Camada de Apresentação

A **camada de apresentação** é responsável pela sintaxe e semântica das informações trocadas entre dois sistemas. A Figura 2.13 mostra a relação entre a camada de apresentação e as camadas de aplicação e de sessão.

Figura 2.12 *Camada de sessão*

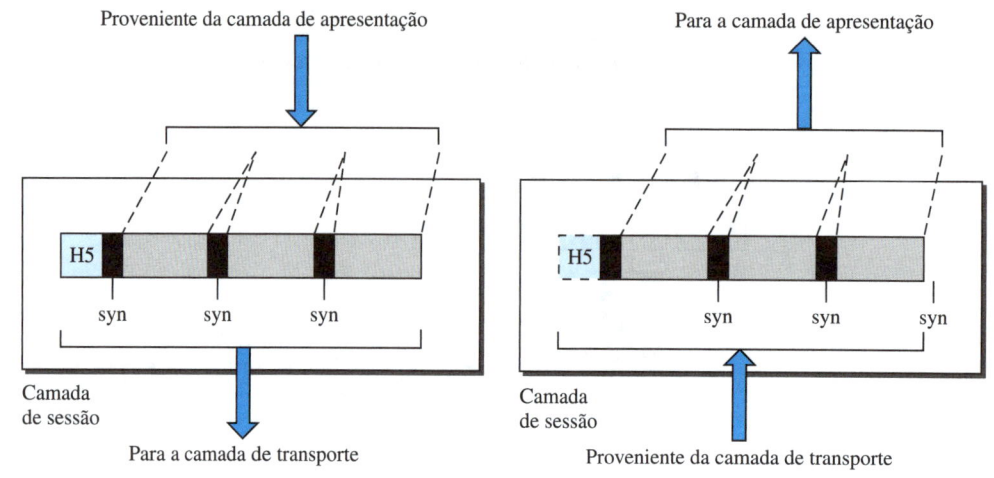

Figura 2.13 *Camada de apresentação*

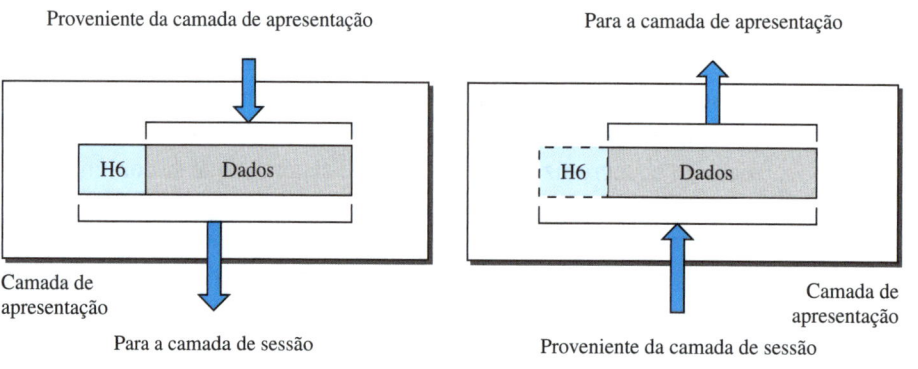

A camada de apresentação é responsável pela tradução, compressão e criptografia.

Entre as responsabilidades específicas da camada de apresentação, temos as seguintes:

❏ **Tradução**. Normalmente, processos (programas em execução) em dois sistemas em geral trocam informações na forma de *strings*, números e assim por diante. As informações têm de ser convertidas em fluxos de bits antes de serem transmitidas. Como diferentes computadores utilizam sistemas de codificação diferentes, a camada de apresentação é responsável pela interoperabilidade entre esses métodos de codificação diferentes. A camada de apresentação no emissor traduz as informações de um formato específico do emissor em um formato comum. A camada de apresentação na máquina receptora traduz o formato comum em um formato específico do receptor.

❏ **Criptografia**. Para transmitir informações confidenciais, um sistema deve ser capaz de garantir privacidade. Criptografia significa que o emissor converte as informações originais

em um outro formato e envia a mensagem resultante pela rede. A descriptografia reverte o processo original convertendo a mensagem de volta ao seu formato original.
- **Compressão**. A compressão de dados reduz o número de bits contidos nas informações. Ela se torna particularmente importante na transmissão de conteúdos multimídia, como texto, áudio e vídeo.

Camada de Aplicação

A **camada de aplicação** habilita o usuário, seja ele humano ou software, a acessar a rede. Ela fornece interface com o usuário e suporte a serviços, como e-mail, acesso e transferência de arquivos remotos, gerenciamento de bancos de dados compartilhados e outros tipos de serviços de informação distribuídos.

A Figura 2.14 mostra a relação da camada de aplicação com o usuário e com a camada de apresentação. Dos muitos serviços de aplicação disponíveis, a figura apresenta apenas três deles: X.400 (serviços de tratamento de mensagens), X.500 (serviços de diretórios) e FTAM (transferência, acesso e gerenciamento de arquivos). O usuário, nesse exemplo, emprega o X.400 para enviar uma mensagem de e-mail.

Figura 2.14 *Camada de aplicação*

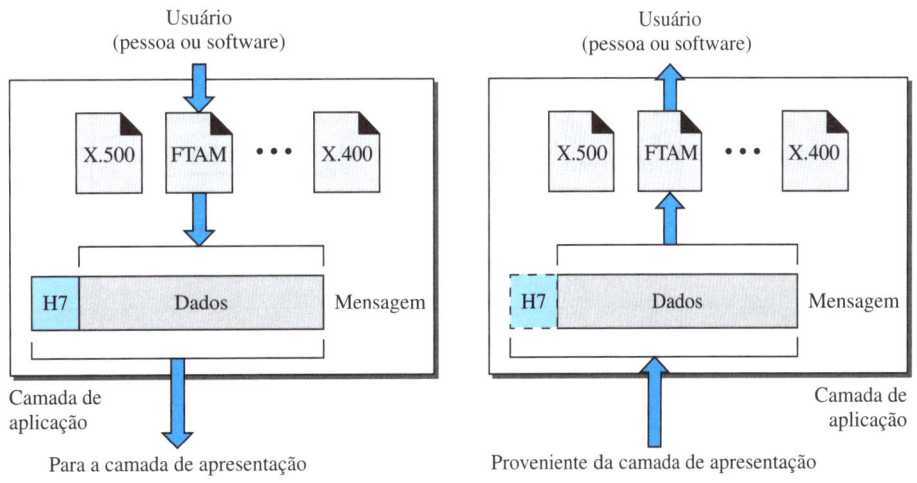

A camada de aplicação é responsável por prover serviços ao usuário.

Entre os serviços específicos da camada de aplicação, temos os seguintes:
- **Terminal de rede virtual**. Um terminal de rede virtual é uma versão em software de um terminal físico (real) e que permite a um usuário fazer o logon em um host remoto. Para tanto, a aplicação cria uma emulação (via software) de um terminal do host remoto. Usuários dos computadores conversam com o software de emulação que, por sua vez, dialoga com o host e vice-versa. O host remoto acha que está se comunicando com um de seus próprios terminais locais e permite ao usuário efetuar o logon.

- **Transferência, acesso e gerenciamento de arquivos**. Essa aplicação permite a um usuário acessar arquivos em um host remoto (fazer alterações ou ler dados), recuperar arquivos de um computador remoto para uso em um computador local e gerenciar ou controlar localmente arquivos que se encontrem em um computador remoto.

- **Serviços de correio eletrônico**. Essa aplicação fornece a base para o encaminhamento e armazenamento de e-mails.

- **Serviços de diretório**. Essa aplicação fornece fontes de bancos de dados distribuídos e acesso a informações globais sobre vários itens e serviços.

Resumo sobre as Camadas

A Figura 2.15 resume as funções de cada camada.

Figura 2.15 *Resumo das camadas*

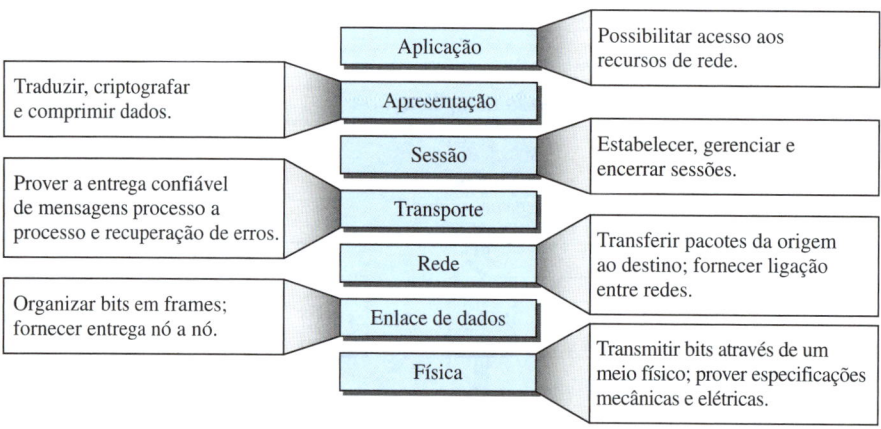

2.4 CONJUNTO DE PROTOCOLOS TCP/IP

O **conjunto de protocolos TCP/IP** foi desenvolvido antes do modelo OSI. Portanto, as camadas no conjunto de protocolos TCP/IP não correspondem exatamente àquelas do modelo OSI. O conjunto de protocolos TCP/IP foi definido como tendo quatro camadas: *host-rede*, internet, transporte e aplicação. Entretanto, quando o TCP/IP é comparado ao modelo OSI, podemos dizer que a camada *host-rede* é equivalente à combinação das camadas física e de enlace de dados. A camada internet equivale à camada de rede e a camada de aplicação realiza, a grosso modo, as funções das camadas de sessão, de apresentação e de aplicação com a camada de transporte no TCP/IP cuidando também de parte das tarefas da camada de sessão. Portanto, neste livro, partimos do pressuposto de que o conjunto de protocolos TCP/IP é composto por cinco camadas: física, enlace, rede, transporte e aplicação. As quatro primeiras camadas fornecem funções de padrões físicos, interfaces de rede, ligação entre redes e de transporte que correspondem às quatro primeiras camadas do modelo OSI. Entretanto, as três camadas mais altas no modelo OSI são representadas no TCP/IP por uma única camada denominada *camada de aplicação* (ver Figura 2.16).

Figura 2.16 *Modelo OSI e TCP/IP*

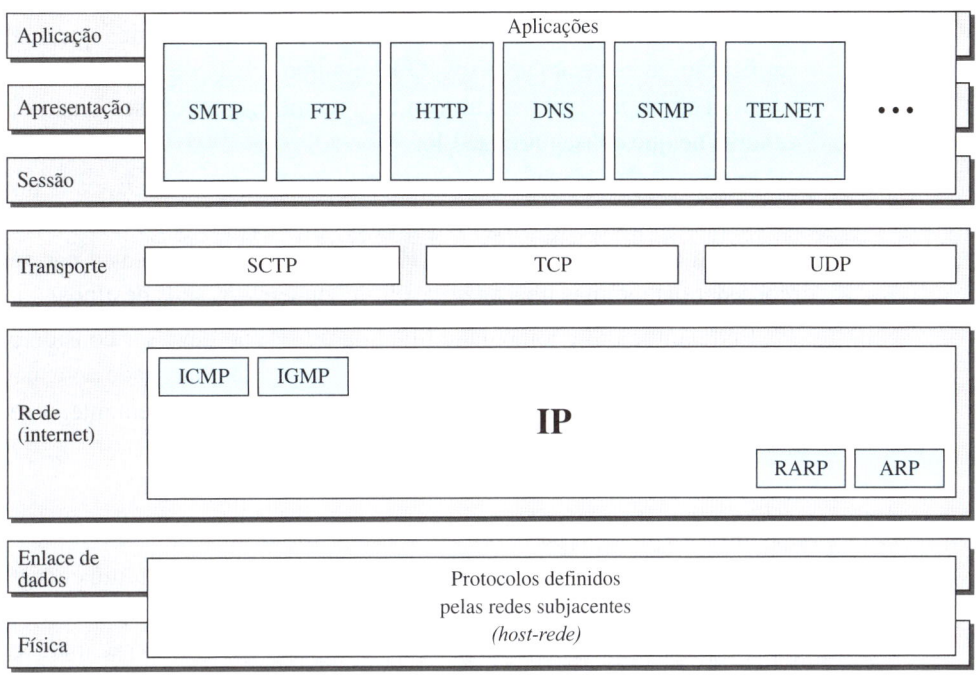

O TCP/IP é um conjunto de protocolos hierárquicos, compostos por módulos interativos, cada um dos quais provendo funcionalidades específicas; entretanto, os módulos não são necessariamente interdependentes. Enquanto o modelo OSI especifica quais funções pertencem a cada uma de suas camadas, as camadas do conjunto de protocolos TCP/IP contêm protocolos relativamente independentes que podem ser mesclados e combinados dependendo das necessidades do sistema. O termo *hierárquico* significa que cada protocolo de nível superior é suportado por um ou mais protocolos de nível inferior.

Na camada de transporte, o TCP/IP define três protocolos: *Transmission Control Protocol* (TCP), *User Datagram Protocol* (UDP) e *Stream Control Transmission Protocol* (SCTP). Na camada de rede, o protocolo principal definido pelo TCP/IP é o *Internetworking Protocol* (IP); existem também outros protocolos que suportam a movimentação de dados nessa camada.

Camadas Física e de Enlace

Nas camadas física e de enlace, o TCP/IP não define nenhum protocolo específico. Ele suporta todos os protocolos-padrão e proprietários. Uma rede em uma *internetwork* TCP/IP pode ser uma rede local (LAN) ou uma rede de ampla abrangência (WAN).

Camada de Rede

Na camada de rede (ou, mais precisamente, a camada de ligação entre redes), o TCP/IP suporta o *Internetworking Protocol* (IP). Este, por sua vez, usa quatro protocolos auxiliares de suporte: ARP, RARP, ICMP e IGMP. Cada um desses protocolos é descrito em mais detalhes em capítulos futuros.

Internetworking Protocol (IP)

O *Internetworking Protocol* (IP) é o mecanismo de transmissão usado pelos protocolos TCP/IP. Trata-se de um protocolo sem conexão e não confiável — um **serviço de entrega do tipo *best-effort*** — o termo *best-effort* (*melhor esforço possível*) significa que o IP não dispõe de nenhuma verificação ou correção de erros. O IP assume a falta de confiabilidade das camadas inferiores e faz o melhor possível para transmitir uma mensagem até seu destino, sem, contudo, nenhuma garantia de que conseguirá fazê-lo.

O IP transporta dados em pacotes chamados *datagramas*, cada um dos quais é transportado separadamente. Os datagramas podem trafegar por diferentes rotas e podem chegar fora de seqüência ou estar duplicados. O IP não acompanha as rotas e não tem nenhum recurso para reordenar datagramas uma vez que eles cheguem aos seus destinos.

Entretanto, a funcionalidade limitada do IP não deve ser considerada um ponto fraco, pois ele provê funções essenciais de transmissão que dão liberdade ao usuário para acrescentar funcionalidades necessárias para dada aplicação e, conseqüentemente, obtendo a máxima eficiência na transmissão. O IP será discutido no Capítulo 20.

Address Resolution Protocol

O *Address Resolution Protocol* (**ARP**) é usado para associar um endereço lógico a um endereço físico. Em uma rede física, típica como uma LAN, cada dispositivo em um link é identificado por um endereço físico ou de estação geralmente gravado no adaptador de rede (NIC). O ARP é usado para descobrir o endereço físico do nó quando o endereço Internet for conhecido. O ARP será discutido no Capítulo 21.

Reverse Address Resolution Protocol

O *Reverse Address Resolution Protocol* (**RARP**) permite que um host descubra seu endereço Internet quando conhece apenas seu endereço físico. É utilizado quando um computador é conectado a uma rede pela primeira vez ou quando um computador sem disco é ligado. Discutiremos o RARP no Capítulo 21.

Internet Control Message Protocol

O *Internet Control Message Protocol* (**ICMP**) é um mecanismo usado por hosts e *gateways* para enviar notificações de problemas ocorridos com datagramas de volta ao emissor. O ICMP envia mensagens de consulta e de notificação de erros. Discutiremos o ICMP no Capítulo 21.

Internet Group Message Protocol

O *Internet Group Message Protocol* (**IGMP**) é usado para facilitar a transmissão simultânea de uma mensagem a um grupo de destinatários. Discutiremos sobre o IGMP no Capítulo 22.

Camada de Transporte

Tradicionalmente, a camada de transporte era representada no TCP/IP por dois protocolos: O TCP e o UDP. IP é um **protocolo *host-to-host***, significando que ele é capaz de transmitir um pacote de um dispositivo físico a outro. O UDP e o TCP são **protocolos do nível de transporte** responsáveis pela entrega de uma mensagem de um processo (programa em execução) a outro processo. Um protocolo de camada de transporte, o SCTP, foi concebido para atender às necessidades de algumas aplicações mais recentes.

User Datagram Protocol

O **User Datagram Protocol** (**UDP**) é o protocolo mais simples dos dois protocolos de transporte-padrão TCP/IP. É um protocolo processo a processo que adiciona em seu cabeçalho apenas endereços de portas de origem e destino, controle de erros (*checksum*) e informações do comprimento do campo de dados proveniente das camadas superiores. O UDP será discutido no Capítulo 23.

Transmission Control Protocol

O **Transmission Control Protocol** (**TCP**) fornece serviços completos de camada de transporte para as aplicações. O TCP é um protocolo de transporte de fluxo confiável. O termo *fluxo*, nesse contexto, significa orientado à conexão: uma conexão tem de ser estabelecida entre ambas as extremidades de uma transmissão antes que qualquer uma delas possa iniciar a transmissão de dados.

No lado emissor de cada transmissão, o TCP divide o fluxo de dados em unidades menores, denominadas *segmentos*. Cada segmento inclui um número seqüencial utilizado para a reordenação após a recepção, juntamente com um número de confirmação dos segmentos recebidos. Os segmentos são transportados pela internet dentro de datagramas IP. No lado receptor, o TCP coleta cada datagrama da forma como ele chega e reordena a transmissão baseada nos números de seqüência. O TCP será discutido no Capítulo 23.

Stream Control Transmission Protocol

O **Stream Control Transmission Protocol** (**SCTP**) provê suporte para as aplicações mais recentes, como voz sobre IP. Trata-se de um protocolo de camada de transporte que combina o que há de melhor no UDP e no TCP. Discutiremos o SCTP no Capítulo 23.

Camada de Aplicação

A *camada de aplicação* no TCP/IP equivale à combinação das camadas de sessão, de apresentação e de aplicação do modelo OSI. Muitos protocolos são definidos nessa camada. Trataremos de muitos dos protocolos-padrão nos capítulos posteriores.

2.5 ENDEREÇAMENTO

São usados quatro níveis de endereços em uma internet que emprega os protocolos TCP/IP: **endereços físicos** (links), **endereços lógicos** (IP), **endereços de portas** e **endereços específicos** (ver Figura 2.17).

Figura 2.17 *Endereços no TCP/IP*

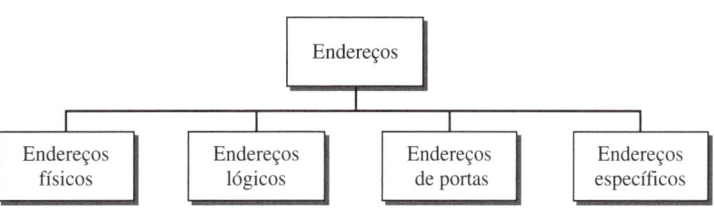

Cada endereço se relaciona com uma camada específica da arquitetura TCP/IP, conforme mostrado na Figura 2.18.

Figura 2.18 *Relação entre as camadas e os endereços no TCP/IP*

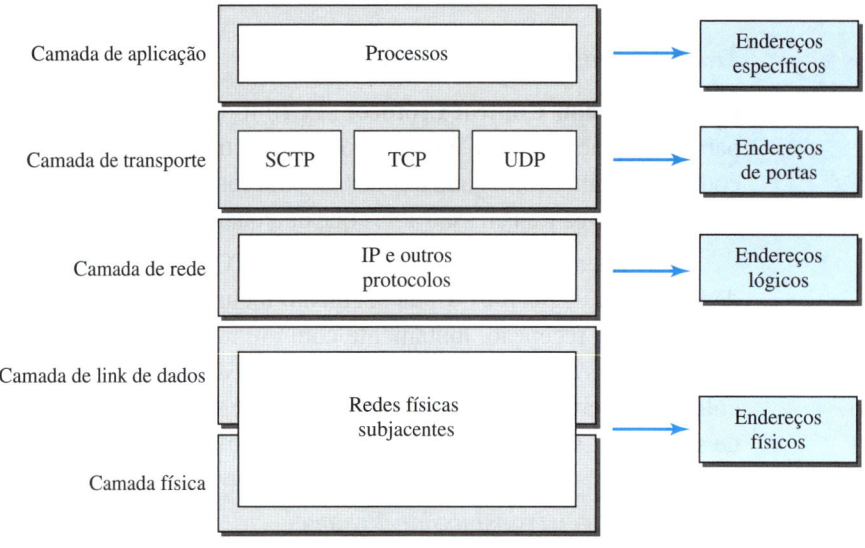

Endereços Físicos

O endereço físico, também conhecido como endereço de link, é o endereço de um nó conforme definido por sua LAN ou WAN. Ele está incluso no frame (quadro) usado pela camada de enlace. Trata-se do endereço de nível mais baixo.

Os endereços físicos têm autoridade sobre a rede (LAN ou WAN). O tamanho e o formato desses endereços variam dependendo da rede. Por exemplo, a Ethernet usa um endereço físico de 6 bytes (48 bits) que é gravado no adaptador de rede (NIC). Em compensação, o LocalTalk (Apple) tem um endereço dinâmico de 1 byte que muda cada vez que a estação é ligada.

Exemplo 2.1

Na Figura 2.19, um nó com endereço físico 10 envia um frame para um nó com endereço físico 87. Os dois nós são conectados por um link (LAN de topologia de barramento). Na camada de enlace, esse frame contém endereços físicos (de link) no cabeçalho. Estes são os únicos endereços necessários. O restante do cabeçalho contém outras informações necessárias para esse nível. O *trailer* normalmente contém bits extras necessários para a detecção de erros. Conforme mostra a figura, o computador com endereço físico 10 é o emissor e o computador com endereço físico 87, o receptor. A camada de enlace no emissor recebe dados de uma camada superior. Ela encapsula os dados em um frame, acrescentando o cabeçalho e o trailer. O cabeçalho, entre outras informações, transporta os endereços (de link) físicos do emissor e do receptor. Note que, na maioria dos protocolos de enlace, o endereço de destino, 87 nesse caso, vem antes do endereço de origem (10, no caso).

Mostramos uma topologia de barramento para uma LAN isolada. Em uma topologia de barramento, o frame se propaga em ambas as direções (esquerda e direita). O frame propagado para a esquerda acaba "morrendo" ao atingir o final do cabo quando a terminação do cabo está feita de forma adequada. O frame propagado para a direita é enviado para todas as estações da rede. Cada estação com um endereço

Figura 2.19 *Endereços físicos*

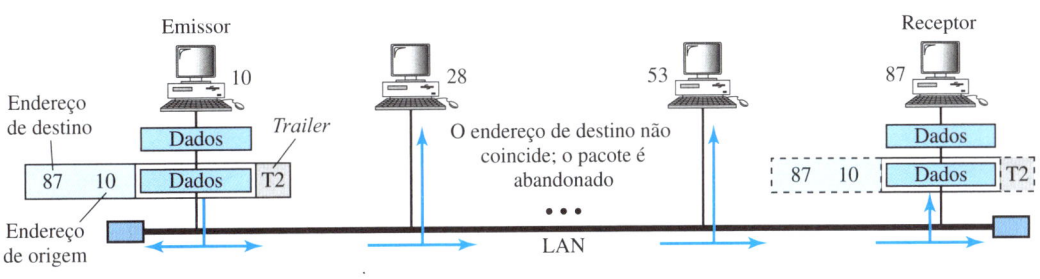

físico diferente de 87 escuta o frame, mas o descarta, pois o endereço de destino no frame não coincide com seu endereço físico. O computador de destino almejado, porém, encontra uma coincidência entre o endereço de destino no frame e seu próprio endereço físico. O frame é verificado, o cabeçalho e o *trailer* são retirados e a parte referente aos dados é desencapsulada e entregue para a camada superior.

Exemplo 2.2

Como veremos no Capítulo 13, a maioria das redes locais usa um endereço físico de 48 bits (6 bytes) escrito na forma de 12 dígitos hexadecimais; cada byte (2 dígitos hexadecimais) é separado por dois pontos (:), conforme mostrado a seguir:

07:01:02:01:2C:4B
Um endereço físico de 6 bytes (12 dígitos hexadecimais)

Endereços Lógicos

Os endereços lógicos são necessários para que as comunicações universais sejam independentes das redes físicas subjacentes. Os endereços físicos não são adequados em um ambiente de *internetwork* no qual redes diferentes podem ter formatos de endereço diferentes. É necessário um sistema de endereçamento universal no qual cada host possa ser identificado de forma única e exclusiva, independentemente da rede física subjacente.

Os endereços lógicos são elaborados para essa finalidade. Um endereço lógico na Internet é, atualmente, um endereço de 32 bits capaz de definir de forma única e exclusiva um host conectado à Internet. Nenhum par de hosts visíveis e com endereços de acesso público na Internet podem ter o mesmo endereço IP.

Exemplo 2.3

A Figura 2.20 exibe parte de uma internet com dois roteadores conectando três LANs. Cada dispositivo (computador ou roteador) tem um par de endereços (lógico e físico) para cada conexão. Nesse caso, cada computador está conectado a apenas um link e, portanto, tem apenas um par de endereços. Cada roteador, porém, está conectado a três redes (apenas duas são mostradas na figura). Portanto, cada roteador tem três pares de endereços, um para cada conexão. Embora possa parecer óbvio que cada roteador tenha três pares de endereços, um para cada conexão, talvez não seja óbvio a razão porque ele precisa de um endereço lógico para cada conexão. Discutiremos essas questões no Capítulo 22 ao tratarmos de roteamento.

Figura 2.20 *Endereços IP*

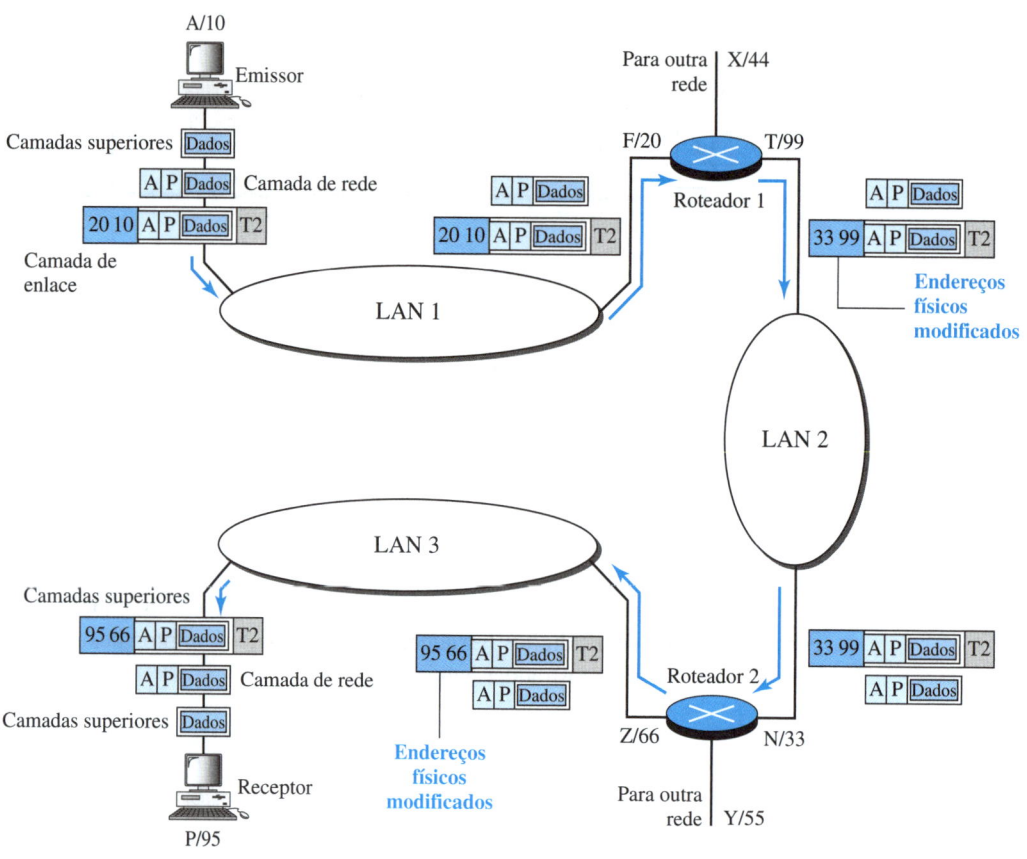

O computador com o endereço lógico A e endereço físico 10 precisa enviar um pacote para o computador com o endereço lógico P e endereço físico 95. Usamos letras para identificar os endereços lógicos e números para os endereços físicos. No entanto, note que, na realidade, ambos são números, como veremos posteriormente ainda neste capítulo.

O emissor encapsula seus dados em um pacote na camada de rede e acrescenta dois endereços lógicos (A e P). Observe que, na maioria dos protocolos, o endereço lógico de origem vem antes do endereço lógico de destino (contrário à ordem dos endereços físicos). Entretanto, a camada de rede precisa encontrar o endereço físico do próximo nó antes de o pacote poder ser entregue. A camada de rede consulta sua tabela de roteamento (ver Capítulo 22) e descobre que o endereço lógico do próximo nó (roteador 1) é F. O protocolo ARP, discutido anteriormente, encontra o endereço físico do roteador 1 correspondente ao endereço lógico 20. Em seguida, a camada de rede passa esse endereço para a camada de enlace que, por sua vez, encapsula o pacote com o endereço físico de destino 20 e endereço físico de origem 10.

O frame é recebido por todos os dispositivos na LAN 1, mas é descartado por todos, exceto pelo roteador 1, que constata que o endereço físico de destino contido no frame coincide com seu próprio endereço físico. O roteador desencapsula o pacote para ler o endereço lógico de destino P. Já que o endereço lógico de destino não coincide com o endereço lógico do roteador, o roteador sabe que o pacote precisa ser encaminhado. Então, ele consulta sua tabela de roteamento e o ARP para encontrar o endereço físico de destino do próximo nó (roteador 2), cria um novo frame, encapsula o pacote e o envia ao roteador 2.

Observe os endereços físicos no frame. O endereço físico de origem muda de 10 para 99. O endereço físico de destino muda de 20 (endereço físico do roteador 1) para 33 (endereço físico do roteador 2). Os endereços lógicos de origem e de destino têm de permanecer iguais; caso contrário, o pacote será perdido.

No roteador 2, temos uma situação semelhante. Os endereços físicos são modificados e um novo frame é enviado para o computador de destino. Quando o frame chega ao destino, o pacote é desencapsulado. O endereço lógico de destino P coincide com o endereço lógico do computador. Os dados são então desencapsulados do pacote e entregues para a camada superior. Note que, embora os endereços físicos vão mudar de nó para nó, os endereços lógicos permanecerão os mesmos desde a origem até o destino. Existem algumas exceções para essa regra que descobriremos mais tarde no livro.

**Os endereços físicos mudarão de nó para nó, mas,
os endereços lógicos normalmente permanecerão os mesmos.**

Endereços de Portas

O endereço IP e o endereço físico são necessários para que um conjunto de dados trafegue de um host origem até o destino. Entretanto, a chegada no host de destino não é o objetivo final das comunicações de dados na Internet. Um sistema que envia nada mais que dados de um computador a outro não é completo. Atualmente, os computadores são dispositivos capazes de executar vários processos ao mesmo tempo. O objetivo final das comunicações na Internet é de um processo se comunicar com outro. Por exemplo, o computador A pode se comunicar com o computador C usando Telnet. Ao mesmo tempo, o computador A se comunica com o computador B usando FTP (*File Transfer Protocol*, ou seja, Protocolo de Transferência de Arquivos). Para esses processos receberem dados simultaneamente, precisamos de um método para identificar os diferentes processos. Em outras palavras, eles precisam de endereços. Na arquitetura TCP/IP, o identificador atribuído a um processo é chamado de endereço de porta. Um endereço de porta no TCP/IP tem um comprimento de 16 bits.

Exemplo 2.4

A Figura 2.21 mostra dois computadores se comunicando via Internet. O computador emissor está executando três processos no momento com os endereços de porta **a**, **b** e **c**. O computador receptor está executando dois processos no momento com os endereços de porta **j** e **k**. O processo **a** no computador emissor precisa se comunicar com o processo **j** no computador receptor. Note que, embora ambos os computadores estejam usando a mesma aplicação, FTP, por exemplo, os endereços de porta são diferentes, pois um é um programa-cliente e o outro, um programa-servidor, conforme veremos no Capítulo 23. Para mostrar que os dados do processo **a** precisam ser entregues para o processo **j** e não **k**, a camada de transporte encapsula os dados da camada de aplicação em um pacote e acrescenta dois endereços de porta (**a** e **j**), origem e destino. O pacote da camada de transporte é então encapsulado em outro pacote na camada de rede com endereços lógicos de origem e de destino (**A** e **P**). Finalmente, esse pacote é encapsulado em um frame com os endereços físicos de origem e de destino do próximo nó. Não mostramos os endereços físicos, pois eles mudam de nó para nó dentro da "nuvem" designada como Internet. Observe que, embora os endereços físicos mudem de nó em nó, os endereços lógicos e de portas permanecem os mesmos desde a origem até o destino. Existem algumas exceções a essa regra que discutiremos posteriormente neste livro.

Figura 2.21 *Endereços de porta*

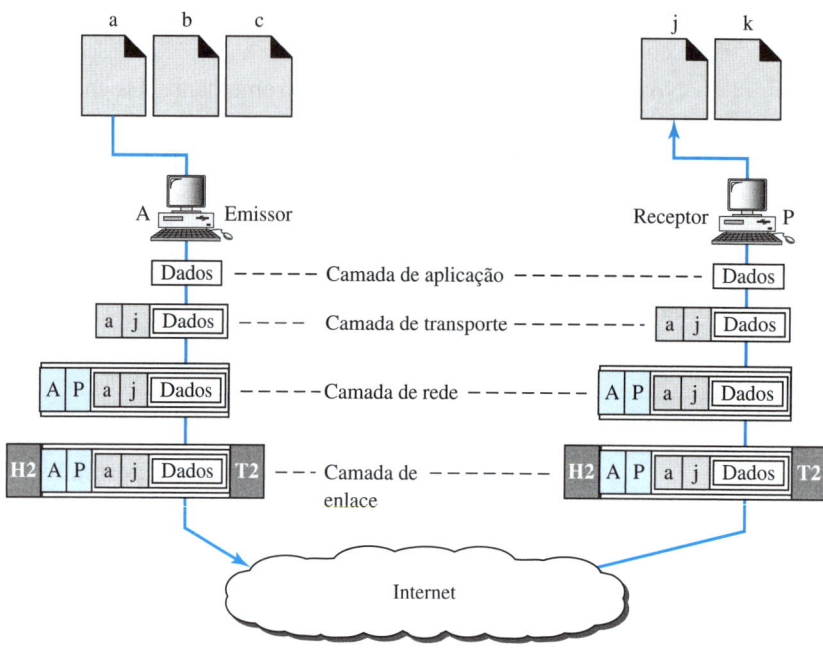

Os endereços físicos mudam de nó para nó, mas os
endereços lógicos e de porta normalmente permanecem os mesmos.

Exemplo 2.5

Como veremos no Capítulo 23, um endereço de porta é um endereço de 16 bits representado por um número decimal conforme mostrado a seguir:

753
Um endereço de porta de 16 bits representado por um único número.

Endereços Específicos

Algumas aplicações têm endereços amigáveis que são concebidos para um endereço específico. Entre alguns exemplos, temos endereços de e-mail (por exemplo, forouzan@fhda.edu) e a URL (*Universal Resource Locator*, ou seja, localizador universal de recursos) (por exemplo, www.mhhe.com). O primeiro define o destinatário de uma mensagem de e-mail (ver Capítulo 26); o segundo é usado para encontrar um documento na World Wide Web (ver Capítulo 27). Esses endereços, porém, são convertidos pelo computador emissor em endereços lógico e de porta correspondentes, como veremos no Capítulo 25.

2.6 LEITURA RECOMENDADA

Para mais detalhes sobre os assuntos discutidos neste capítulo, recomendamos os seguintes livros e sites. Os itens entre colchetes [. . .] correspondem à lista de referências bibliográficas no final do texto.

Livros

Os modelos de redes são discutidos na Seção 1.3 de [Tan03], Capítulo 2 de [For06], Capítulo 2 de [Sta04], Seções 2.2 e 2.3 de [GW04], Seção 1.3 de [PD03] e Seção 1.7 de [KR05]. Uma boa discussão sobre endereços pode ser encontrada na Seção 1.7 de [Ste94].

Sites

O site a seguir está relacionado aos tópicos discutidos neste capítulo.

❑ www.osi.org/   Informações sobre o modelo OSI.

RFCs

O site a seguir enumera todas as RFCs, inclusive aquelas relativas a endereços IP e de porta.

❑ www.ietf.org/rfc/html

2.7 TERMOS-CHAVE

ARP (*Address Resolution Protocol*)
bits
cabeçalho (*header*)
camada de aplicação
camada de apresentação
camada de enlace
camada de rede
camada de sessão
camada de transporte
camada física
codificação
conjunto de protocolos TCP/IP
controle de acesso
controle de conexão
controle de erro
controle de fluxo
endereçamento físico
endereçamento lógico
endereço de porta
entrega *hop-to-hop*
entrega nó a nó
entrega origem-ao-destino
entrega processo a processo

erro
frame (pacote)
ICMP (*Internet Control Message Protocol*)
IGMP (*Internet Group Message Protocol*)
interface
modelo OSI (Open Systems Interconnection, Interconexão de Sistemas Abertos)
ponto de sincronização
processo *peer-to-peer*
protocolo *host-to-host*
protocolos de nível de transporte
RARP (*Reverse Address Resolution Protocol*)
roteamento
SCTP (*Stream Control Transmission Protocol*)
segmentação
serviço de correio
serviço de entrega *best-effort*
sistema aberto
taxa de transmissão
TCP (*Transmission Control Protocol*)
trailer
UDP (*User Datagram Protocol*)

2.8 RESUMO

- A International Organization for Standardization (ISO) criou um modelo chamado OSI (*Open Systems Interconnection*) que possibilita que diversos sistemas se comuniquem entre si.
- O modelo OSI de sete camadas provê diretrizes para o desenvolvimento de protocolos de rede universalmente compatíveis.
- As camadas física, de enlace e de rede são as camadas de suporte à rede.
- As camadas de sessão, de apresentação e de aplicação são as camadas de suporte ao usuário.
- A camada de transporte faz a ligação entre as camadas de suporte à rede e as de suporte ao usuário.
- A camada física coordena as funções necessárias para a transmissão de um fluxo de bits através de um meio físico.
- A camada de enlace de dados é responsável pela entrega de unidades de dados, sem erros, de uma estação para a seguinte.
- A camada de rede é responsável pela entrega de um pacote desde sua origem até seu destino por meio de uma série de links de rede.
- A camada de transporte é responsável pela entrega processo a processo de uma mensagem inteira.
- A camada de sessão estabelece, mantém e sincroniza as interações entre os dispositivos de comunicação.
- A camada de apresentação garante a interoperabilidade entre dispositivos de comunicação pela tradução de dados em um formato de comum acordo.
- A camada de aplicação permite que os usuários acessem a rede.
- O TCP/IP é um conjunto de protocolos hierárquicos de cinco camadas desenvolvido anteriormente ao modelo OSI.
- A camada de aplicação do TCP/IP equivale à combinação das camadas de sessão, de apresentação e de aplicação do modelo OSI.
- São usados quatro níveis de endereços em uma internet que segue os protocolos TCP/IP: endereços físicos (links), endereços lógicos (IP), endereços de porta e endereços específicos.
- O endereço físico, também conhecido como endereço de link, é o endereço de um nó conforme definido por sua LAN ou WAN.
- O endereço IP define exclusivamente um *host* na Internet.
- O endereço de porta identifica um processo em um *host*.
- Um endereço específico é um endereço amigável.

2.9 ATIVIDADES PRÁTICAS

Questões para Revisão

1. Enumere as camadas do modelo Internet.
2. Que camadas no modelo Internet são as camadas de suporte à rede?
3. Que camada no modelo Internet é a camada de suporte ao usuário?
4. Qual é a diferença entre a entrega da camada de rede e a entrega da camada de transporte?

5. O que é um processo *peer-to-peer*?
6. Como as informações passam de uma camada para a seguinte no modelo Internet?
7. Que são cabeçalhos e *trailers* e como eles são acrescentados ou retirados?
8. Quais são as preocupações da camada física no modelo Internet?
9. Quais são as responsabilidades da camada de enlace de dados no modelo Internet?
10. Quais são as responsabilidades da camada de rede no modelo Internet?
11. Quais são as responsabilidades da camada de transporte no modelo Internet?
12. Qual é a diferença entre um endereço de porta, um endereço lógico e um endereço físico?
13. Cite alguns serviços fornecidos pela camada de aplicação no modelo Internet.
14. Como as camadas do modelo Internet se correlacionam com as camadas do modelo OSI?

Exercícios

15. Como o OSI e a ISO estão relacionados entre si?
16. Associe o texto seguinte com uma ou mais camadas do modelo OSI:
    a. Determinação de rotas
    b. Controle de fluxo
    c. Interface com o meio de transmissão
    d. Fornece acesso para o usuário final
17. Associe o texto seguinte com uma ou mais camadas do modelo OSI:
    a. Entrega confiável de mensagens processo a processo
    b. Seleção de rotas
    c. Define frames
    d. Fornece serviços ao usuário final, tais como e-mail e transferência de arquivos
    e. Transmissão de fluxo de bits através do meio físico
18. Associe o texto seguinte com uma ou mais camadas do modelo OSI:
    a. Comunica-se diretamente com o programa aplicativo do usuário
    b. Correção e retransmissão de erros
    c. Interface mecânica, elétrica e funcional
    d. Responsabilidade pelo transporte de pacotes entre nós adjacentes
19. Associe o texto seguinte com uma ou mais camadas do modelo OSI:
    a. Serviços de formatação e de conversão de código
    b. Estabelece, gerencia e encerra sessões
    c. Garante a transmissão de dados confiável
    d. Procedimentos de login e logout
    e. Fornece independência na representação de dados diferentes
20. Na Figura 2.22, o computador A envia uma mensagem para o computador D através da LAN1, roteador R1 e LAN2. Mostre o conteúdo dos pacotes e frames nas camadas de rede e de enlace de dados para cada interface de cada nó.

Figura 2.22 *Exercício 20*

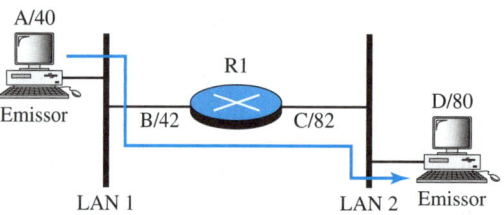

21. Na Figura 2.22, suponha que a comunicação seja entre um processo sendo executado no computador A com endereço de porta *i* e um processo executado em um computador D com endereço de porta *j*. Mostre o conteúdo de pacotes e frames nas camadas de rede, enlace de dados e de transporte de cada nó.

22. Suponha que um computador envie um frame para outro computador em uma LAN de topologia de barramento. O endereço físico de destino do pacote é corrompido durante a transmissão. O que acontece com o pacote? Como o emissor pode ser informado sobre a situação?

23. Suponha que um computador envie um pacote na camada de rede para outro computador em algum ponto na Internet. O endereço lógico de destino do pacote é corrompido. O que acontece ao pacote? Como o computador de origem pode ser informado sobre a situação?

24. Suponha que um computador envie um pacote na camada de transporte para outro computador em algum ponto na Internet. Não existe nenhum processo com o endereço de porta de destino sendo executado no computador de destino. O que pode acontecer?

25. Se a camada de enlace de dados é capaz de detectar erros entre os nós, por que você acha que precisaríamos de outro mecanismo de verificação na camada de transporte?

Atividades de Pesquisa

26. Cite algumas vantagens e desvantagens de e combinar as camadas de sessão, de apresentação e de aplicação do modelo OSI em uma única camada de aplicação no modelo Internet.

27. Controle de diálogo e sincronização são duas tarefas sob a responsabilidade da camada de sessão no modelo OSI. Que camada você acredita ser a responsável por essas tarefas no modelo Internet? Justifique sua resposta.

28. Tradução, criptografia e compactação são algumas das tarefas da camada de apresentação no modelo OSI. Que camada você acredita ser a responsável por tais tarefas no modelo Internet? Justifique sua resposta.

29. Existem vários modelos de camada de transporte propostos no modelo OSI. Encontre todos eles. Explique as diferenças entre eles.

30. Existem vários modelos de camada de rede propostos no modelo OSI. Descubra todos eles. Explique as diferenças entre eles.

PARTE 2

Camada Física e Meios de Transmissão

Objetivos

Iniciaremos a discussão sobre o modelo Internet com a camada mais baixa. Trata-se da camada que efetivamente interage com o meio de transmissão, a parte física da rede que conecta componentes de rede entre si. Essa camada está envolvida na tarefa de transportar informações fisicamente de um nó da rede para o seguinte.

A camada física tem tarefas complexas a serem cumpridas. Uma das principais é o fornecimento de serviços para a camada de enlace. Os dados na camada de enlace são formados por 0s e 1s organizados em pacotes que estão prontos para serem enviados através do meio de transmissão. Esse fluxo de 0s e 1s tem de ser primeiramente convertido em outra entidade: os sinais. Um dos serviços fornecidos pela camada física é criar um sinal que represente esse fluxo de bits.

A camada física também deve cuidar da rede física, ou seja, o meio de transmissão. O meio de transmissão é uma entidade passiva, sem programa interno nem lógica para controle, como outras camadas. Ele tem de ser controlado pela camada física. Ela decide sobre as direções dos fluxos de dados e sobre o número de canais lógicos para transporte de dados provenientes de diferentes fontes.

Na Parte 2 deste livro, discutimos questões relacionadas com a camada física e o meio de transmissão que é controlado por ela. No último capítulo da Parte 2, abordaremos a estrutura e as camadas físicas da rede de telefonia e rede de cabos.

A Parte 2 do livro é dedicada à camada física e ao meio de transmissão.

Capítulos

Esta parte consiste de sete capítulos: Capítulos 3 a 9.

Capítulo 3

O Capítulo 3 discute a relação entre os dados que são criados por um dispositivo e os sinais eletromagnéticos que são transmitidos através de um meio.

Capítulo 4

O Capítulo 4 trata da transmissão digital. Discutimos como podemos converter dados analógicos ou digitais em sinais digitais.

Capítulo 5

O Capítulo 5 trata da transmissão analógica. Discutimos como podemos converter dados analógicos ou digitais em sinais analógicos.

Capítulo 6

O Capítulo 6 mostra como podemos usar a largura de banda disponível de forma eficiente. Discutimos dois tópicos distintos mas relacionados: a multiplexação e o espalhamento.

Capítulo 7

Após explicar alguns conceitos sobre dados e sinais e como podemos usá-los de maneira eficaz, discutimos as características dos meios de transmissão, sejam eles guiados ou não. Embora os meios de transmissão operem sob a camada física, eles são controlados por ela.

Capítulo 8

Embora os capítulos anteriores desta parte sejam questões relacionadas com a camada física ou com os meios de transmissão, o Capítulo 8 fala sobre comutação, um tópico que pode ser relacionado com várias camadas. Nós incluímos nesta parte do livro para evitar a repetição da discussão sobre cada camada.

Capítulo 9

O Capítulo 9 mostra como as questões discutidas nos capítulos anteriores podem ser usadas na prática nas redes. Neste capítulo, discutimos primeiramente a rede telefônica projetada para transmissão de voz. Em seguida, mostramos que ela pode ser usada para transmissão de dados. Segundo, discutimos as redes a cabo como, por exemplo, uma rede de televisão. Em seguida, mostramos como ela também pode ser usada para transmitir dados.

CAPÍTULO 3

Dados e Sinais

Uma das principais funções da camada física é transportar dados na forma de sinais eletromagnéticos por um meio de transmissão. Seja a coleta de dados estatísticos de outro computador, o envio de figuras animadas de uma estação de trabalho ou fazer que uma campainha toque em um centro de controle distante, ou seja, trata-se da transmissão de **dados** pelas conexões de rede.

Geralmente, os dados enviados para uma pessoa ou aplicação não se encontram em um formato que pode ser transmitido por uma rede. Por exemplo, uma fotografia precisa, primeiramente, ser modificada para uma forma que o meio de transmissão seja capaz de aceitar. Os meios de transmissão funcionam através da condução de energia ao longo de um caminho físico.

Para serem transmitidos, os dados precisam ser transformados em sinais eletromagnéticos.

3.1 ANALÓGICO E DIGITAL

Tanto os dados como os sinais que os representam podem ser **analógicos** ou então **digitais** em sua forma.

Dados Analógicos e Digitais

Os dados podem ser analógicos ou digitais. O termo **dados analógicos** refere-se a informações que são contínuas; **dados digitais** correspondem a informações que possuem estados discretos. Por exemplo, um relógio analógico com ponteiros de horas, minutos e segundos fornece informações em uma forma contínua; o movimento dos ponteiros é contínuo. Por outro lado, um relógio digital que informa as horas e os minutos mudará repentinamente de 8h05 para 8h06.

Dados analógicos, como os sons produzidos pela voz humana, assumem valores contínuos. Quando alguém fala, cria-se uma onda analógica no ar. Essa pode ser capturada por um microfone e convertida em um sinal analógico ou então ser feita uma amostragem e convertida para um sinal digital.

Dados digitais assumem valores discretos. Por exemplo, os dados são armazenados na memória do computador na forma de 0s e 1s e podem ser convertidos em um sinal digital ou modulados em um sinal analógico para transmissão através de um meio físico.

> Os dados podem ser analógicos ou digitais. Dados analógicos são contínuos
> e assumem valores contínuos. Os dados digitais possuem estados
> discretos e assumem valores discretos.

Sinais Analógicos e Digitais

Assim como os dados que eles representam, os **sinais** podem ser tanto analógicos como digitais. Um **sinal analógico** tem infinitamente muitos níveis de intensidade ao longo de um período de tempo. À medida que a onda se desloca do valor A para o valor B, ela passa por infinitos valores ao longo de seu caminho. Por outro lado, um **sinal digital** pode ter apenas um número limitado de valores definidos. Embora cada valor possa ser um número qualquer, geralmente ele é representado como um nível lógico 1 ou 0.

A maneira mais simples para mostrar sinais é colocá-los em um gráfico com um par de eixos perpendiculares. O eixo vertical representa o valor ou a intensidade do sinal. O eixo horizontal representa o tempo. A Figura 3.1 ilustra um sinal analógico e um sinal digital. A curva representando o sinal analógico passa por um número infinito de pontos. As retas verticais do sinal digital, porém, apresentam o salto repentino que o sinal faz de valor para valor.

> Os sinais podem ser analógicos ou digitais. Os sinais analógicos podem ter um
> número infinito de valores em um período de tempo; os sinais digitais
> podem ter apenas um número limitado de valores.

Figura 3.1 *Comparação de sinais analógicos e digitais*

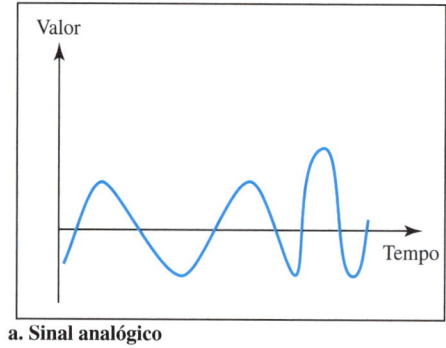
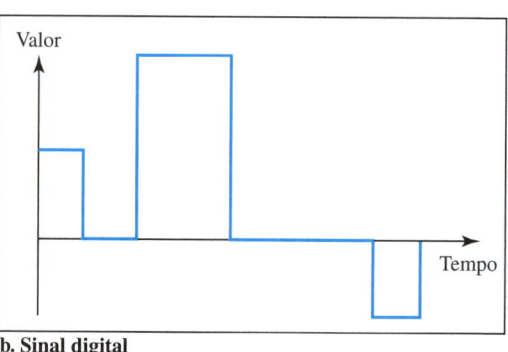

a. Sinal analógico   b. Sinal digital

Sinais Periódicos e Não Periódicos

Tanto os sinais analógicos como os digitais podem assumir uma de duas formas: *periódicos* ou *não periódicos* (algumas vezes chamados *aperiódicos*, pois o prefixo a em grego, significa "não").

Um **sinal periódico** completa um padrão dentro de um período mensurável, denominado **período**, e esse padrão se repete, de forma idêntica, ao longo dos períodos seguintes. O término de um padrão completo é chamado **ciclo**. Um **sinal não periódico** muda sem exibir um padrão ou ciclo que se repita ao longo do tempo.

Tanto os sinais analógicos como os digitais podem ser periódicos ou não periódicos. Em comunicação de dados, usamos comumente sinais analógicos periódicos (pois eles precisam menos largura de banda, conforme Capítulo 5) e sinais digitais não periódicos (pois eles podem representar variação nos dados, como veremos no Capítulo 6).

> **Na comunicação de dados, usamos comumente sinais analógicos periódicos e sinais digitais não periódicos.**

3.2 SINAIS ANALÓGICOS PERIÓDICOS

Os sinais analógicos periódicos podem ser classificados como simples ou compostos. Um sinal analógico periódico simples, uma **onda senoidal**, não pode ser decomposta em sinais mais simples. Um sinal analógico periódico é composto por ondas senoidais múltiplas.

Onda Senoidal

A onda senoidal é a forma mais fundamental de um sinal analógico periódico. Quando a visualizamos como uma curva oscilante simples, sua mudança ao longo do curso de um ciclo é suave e consistente, um fluxo oscilante e contínuo. A Figura 3.2 mostra uma onda senoidal. Cada ciclo consiste em um arco único acima do eixo de tempo seguido por um arco único abaixo dele.

Figura 3.2 *Uma onda senoidal*

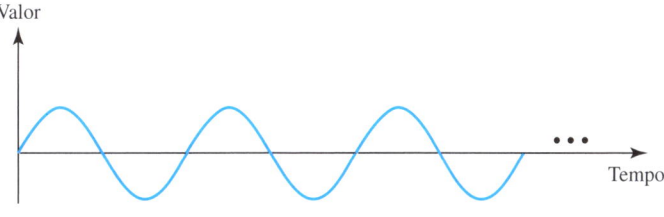

> **Fazemos uma abordagem matemática de ondas senoidais no Apêndice C.**

Uma onda senoidal pode ser representada por três parâmetros: *amplitude máxima*, *freqüência* e *fase*. Esses três parâmetros descrevem totalmente uma onda senoidal.

Amplitude Máxima

A **amplitude máxima** de um sinal é o valor absoluto da máxima intensidade, proporcional à energia que ela transporta. Para sinais elétricos, a amplitude máxima é normalmente medida em *volts*. A Figura 3.3 mostra dois sinais e suas amplitudes máximas.

Exemplo 3.1

A eletricidade em sua casa pode ser representada por uma onda senoidal com uma amplitude máxima de 155 a 170 V. Entretanto, é de domínio público que a voltagem da eletricidade em nossas residências é de 110 a 127 V.

Figura 3.3 *Dois sinais com a mesma fase e freqüência, mas com amplitudes diferentes*

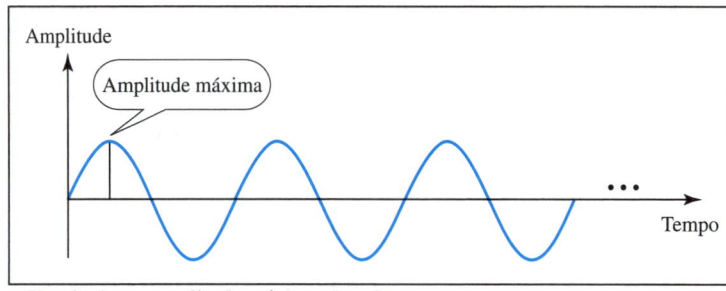

a. Um sinal com amplitude máxima elevada

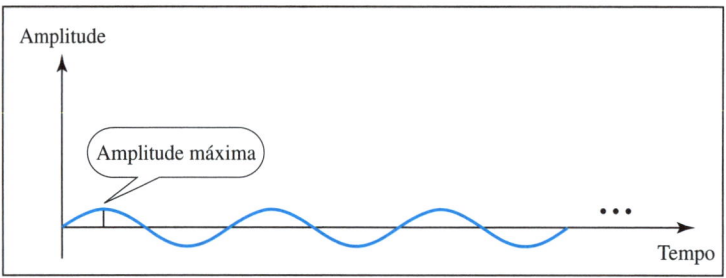

b. Um sinal com amplitude máxima baixa

Essa discrepância se deve ao fato de esses sinais serem valores RMS (valor médio eficaz). O sinal é elevado ao quadrado e então é calculada a amplitude média. O valor de pico é igual a $2^{1/2}$ × valor RMS.

Exemplo 3.2

A voltagem de uma bateria é constante; esse valor constante pode ser considerado uma onda senoidal, conforme veremos mais tarde. Por exemplo, o valor máximo de uma bateria AA normalmente é 1,5 V.

Período e Freqüência

Período se refere à quantidade de tempo, em segundos, que um sinal precisa para completar 1 ciclo. **Freqüência** corresponde ao número de períodos em 1 s. Note que período e freqüência são apenas uma característica definida de duas formas diferentes. Período é o inverso da freqüência e vice-versa, como mostram as fórmulas a seguir:

$$F = \frac{1}{T} \quad \text{e} \quad T = \frac{1}{f}$$

Freqüência e período são inversos entre si.

A Figura 3.4 mostra dois sinais e suas freqüências.

Figura 3.4 *Dois sinais com a mesma amplitude e fase, mas freqüências diferentes*

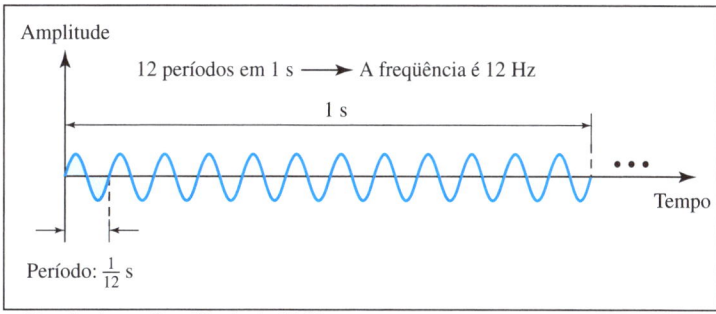

a. Um sinal com freqüência de 12 Hz

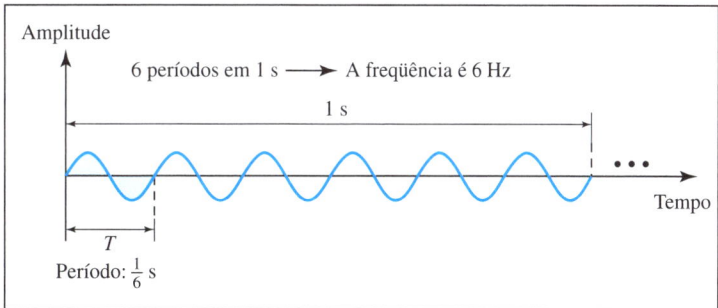

b. Um sinal com freqüência de 6 Hz

O período é expresso formalmente em segundos. A freqüência é expressa geralmente em **Hertz (Hz)**, que são ciclos por segundo. Unidades de período e freqüência são indicadas na Tabela 3.1.

Tabela 3.1 *Unidades de período e freqüência*

Unidade	Equivalência	Unidade	Equivalência
Segundo (s)	1 s	Hertz (Hz)	1 Hz
Milissegundo (ms)	10^{-3} s	Quilohertz (kHz)	10^3 Hz
Microssegundo (μs)	10^{-6} s	Megahertz (MHz)	10^6 Hz
Nanossegundo (ns)	10^{-9} s	Gigahertz (GHz)	10^9 Hz
Picossegundo (ps)	10^{-12} s	Terahertz (THz)	10^{12} Hz

Exemplo 3.3

A energia elétrica que usamos em casa tem freqüência de 60 Hz (50 Hz na Europa). O período dessa onda senoidal pode ser determinado como segue:

$$T = \frac{1}{f} = \frac{1}{60} = 0,0166 \text{ s} = 0,0166 \times 10^3 \text{ ms} = 16,6 \text{ ms}$$

Isso significa que o período da energia elétrica para nossas lâmpadas, em casa, é 0,0116 s, ou seja, 16,6 ms. Nossa visão não é suficientemente sensível para distinguir essas rápidas mudanças de amplitude.

Exemplo 3.4

Expressar um período de 100 ms em microssegundos.

Solução

Da Tabela 3.1, encontramos os equivalentes de 1 ms (1 ms equivale a 10^{-3} s) e 1 s (1 s equivale a 10^6 µs). Fazemos as seguintes substituições:

$$100 \text{ ms} = 100 \times 10^{-3} \text{ s} = 100 \times 10^{-3} \times 10^6 \text{ µs} = 10^2 \times 10^{-3} \times 10^6 \text{ µs} = 10^5 \text{ µs}$$

Exemplo 3.5

O período é de um sinal é 100 ms. Qual é sua freqüência em quilohertz?

Solução

Primeiro transformamos 100 ms em segundos e, em seguida, calculamos a freqüência do período (1 Hz = 10^{-3} kHz).

$$100 \text{ ms} = 100 \times 10^{-3} \text{ s} = 10^{-1} \text{ s}$$
$$f = \frac{1}{T} = \frac{1}{10^{-1}} \text{ Hz} = 10 \text{ Hz} = 10 \times 10^{-3} \text{ kHz} = 10^{-2} \text{ kHz}$$

Mais Informações sobre Freqüência

Já sabemos que freqüência é a relação entre um sinal e o tempo e que a freqüência de uma onda é o número de ciclos que ela completa em 1 segundo. Outra maneira, porém, de observar a freqüência é medir a taxa de mudança. Os sinais eletromagnéticos são formas de ondas oscilantes; isto é, elas flutuam continuamente e de forma previsível acima e abaixo de um nível de energia médio. Um sinal de 40 Hz tem metade da freqüência de um sinal de 80 Hz; ele completa um ciclo no dobro do tempo do sinal de 80 Hz de modo que cada ciclo também leva o dobro do tempo para mudar de seu nível mais baixo para seu nível mais elevado. A freqüência é, portanto, embora descrita em ciclos por segundo (Hertz), uma medida genérica da taxa de mudança de um sinal em relação ao tempo.

> **Freqüência é a taxa de mudança em relação ao tempo. A mudança em curto espaço de tempo significa alta freqüência. Mudanças ao longo de espaço de tempo prolongado significam baixa freqüência.**

Se o valor de um sinal mudar ao longo de um espaço de tempo muito curto, sua freqüência será alta. Se mudar ao longo de um espaço de tempo prolongado, sua freqüência será baixa.

Dois Extremos

O que acontece se um sinal, na realidade, não muda? O que acontece se ele mantiver um nível de voltagem constante por todo o tempo em que ele se encontrar ativo? Em tal caso, sua freqüência será zero. Em termos conceituais, essa idéia é simples. Se um sinal efetivamente não muda, ele jamais completará um ciclo e, portanto, sua freqüência será 0 Hz.

Mas o que acontece se um sinal mudar instantaneamente? O que acontece se ele pular de um nível para outro repentinamente? Nesse caso, sua freqüência será infinita. Em outras palavras, quando um sinal muda instantaneamente, seu período será zero; já que a freqüência é o inverso do período, nesse caso a freqüência é 1/0, ou seja, infinita (ilimitada).

**Se um sinal não mudar de fato, sua freqüência será zero.
Se um sinal mudar instantaneamente, sua freqüência será infinita.**

Fase

O termo **fase** descreve a posição da forma de onda relativa ao instante 0. Se imaginarmos a onda como algo que pode ser deslocado para a frente e para trás ao longo do eixo de tempo, essa fase quantifica esse deslocamento, ou seja, indica o estado do primeiro ciclo.

A fase descreve a posição da forma de onda relativa ao instante 0.

A fase é medida em graus ou radianos (360° equivale a $2\pi/360$ rad e 1 rad equivale a $360/2\pi$). Um deslocamento de fase de 360° refere-se a um deslocamento de um período completo; um deslocamento de fase de 180° corresponde a um deslocamento de metade de um período e um deslocamento de fase de 90° corresponde a um deslocamento de um quarto de período (ver Figura 3.5).

Figura 3.5 *Três ondas senoidais com a mesma amplitude e freqüência, mas com fases diferentes*

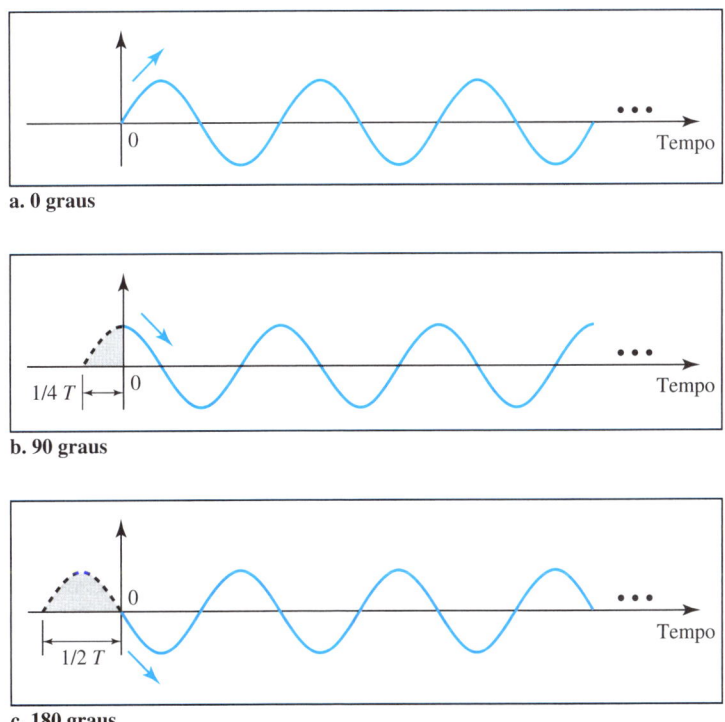

Observando-se a Figura 3.5, podemos afirmar que:
1. Uma onda senoidal com fase 0° se inicia no instante 0 com amplitude zero. A amplitude é crescente.

2. Uma onda senoidal com fase 90° se inicia no instante 0 com amplitude máxima. A amplitude é decrescente.

3. Uma onda senoidal com fase 180° se inicia no instante 0 com amplitude zero. A amplitude é decrescente.

Outra forma de observar a fase é em termos de deslocamento. Podemos afirmar que:

1. Uma onda senoidal com fase 0° não é deslocada.
2. Uma onda senoidal com fase 90° é deslocada para a esquerda de $\frac{1}{4}$ de ciclo. Entretanto, observe que o sinal não existe realmente antes do instante 0.
3. Uma onda senoidal com fase 180° é deslocada para a esquerda de $\frac{1}{2}$ ciclo. Entretanto, observe que o sinal não existe realmente antes do instante 0.

Exemplo 3.6

Uma onda senoidal está deslocada em $\frac{1}{6}$ de ciclo em relação ao instante 0. Qual é a fase em graus e em radianos?

Solução

Sabemos que 1 ciclo completo corresponde a 360°. Portanto, $\frac{1}{6}$ de ciclo é

$$\frac{1}{6} \times 360 = 60° = 60 \times \frac{2\pi}{360} \text{ rad} = \frac{\pi}{3} \text{ rad} = 1{,}046 \text{ rad}$$

Comprimento de Onda

Comprimento de onda é outra característica de um sinal que trafega por um meio de transmissão. O comprimento de onda associa o período ou freqüência de uma onda senoidal simples à **velocidade de propagação** do meio (ver Figura 3.6).

Figura 3.6 *Comprimento de onda e período*

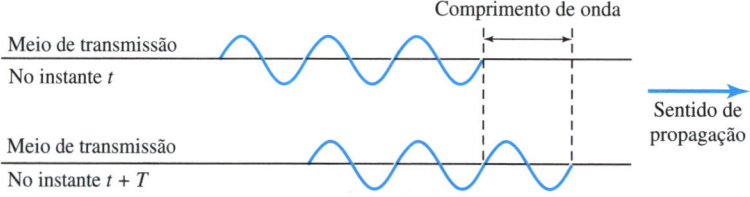

Enquanto a freqüência de um sinal é independente do meio, o comprimento de onda depende tanto da freqüência quanto do meio. Comprimento de onda é uma propriedade de qualquer tipo de sinal. Em comunicação de dados, muitas vezes, usamos o comprimento de onda para descrever a transmissão de luz em uma fibra óptica. O comprimento de onda é a distância que um sinal simples pode percorrer em um período.

O comprimento de onda pode ser calculado caso seja dada a velocidade de propagação (a velocidade da luz) e o período do sinal. Entretanto, já que período e freqüência se relacionam entre si, se representarmos o comprimento de onda por λ, a velocidade de propagação por c (velocidade da luz) e a freqüência por f, obtemos

$$\text{Comprimento de onda} = \text{velocidade de propagação} \times \text{período} = \frac{\text{velocidade de propagação}}{\text{freqüência}}$$

$$\lambda = \frac{c}{f}$$

A velocidade de propagação de sinais eletromagnéticos depende do meio e da freqüência do sinal. Por exemplo, no vácuo, a luz se propaga com velocidade de 3×10^8 m/s. Essa velocidade é menor no ar e menor ainda em um cabo.

O comprimento de onda é medido normalmente em micrômetros (mícrons) em vez de metros. Por exemplo, o comprimento de onda da luz vermelha (freqüência = 4×10^{14}) no ar é

$$\lambda = \frac{c}{f} = \frac{3 \times 10^8}{4 \times 10^{14}} = 0,75 \times 10^{-6} \text{m} = 0,75\,\mu\text{m}$$

Entretanto, em um cabo coaxial ou de fibra óptica o comprimento de onda é mais curto (0,5 μm), pois a velocidade de propagação no cabo é menor.

Domínios do Tempo e da Freqüência

Uma onda senoidal é definida de maneira completa por sua amplitude, freqüência e fase. Temos apresentado uma onda senoidal usando o chamado gráfico de **domínio do tempo**. Ele mostra mudanças na amplitude do sinal em relação ao tempo (trata-se de um gráfico amplitude × tempo). A fase não é revelada explicitamente em um gráfico de domínio do tempo.

Para mostrar a relação entre amplitude e freqüência, podemos usar o assim chamado gráfico **domínio da freqüência**. Um gráfico domínio da freqüência se preocupa apenas com o valor máximo e a freqüência. Mudanças de amplitude durante um período não são apresentadas. A Figura 3.7 ilustra um sinal tanto no domínio do tempo quanto no de freqüência.

Figura 3.7 *Os gráficos domínio do tempo e domínio da freqüência de uma onda senoidal*

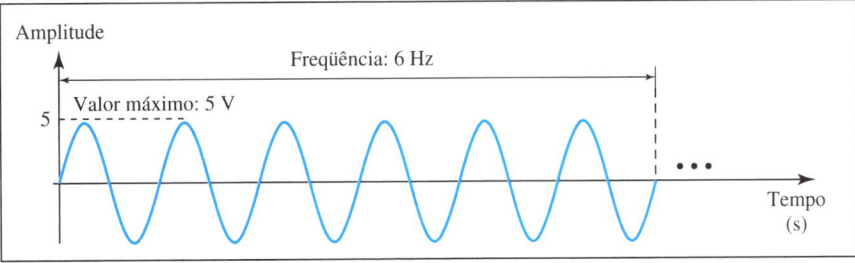

a. Uma onda senoidal no domínio do tempo (valor máximo: 5 V, freqüência: 6 Hz)

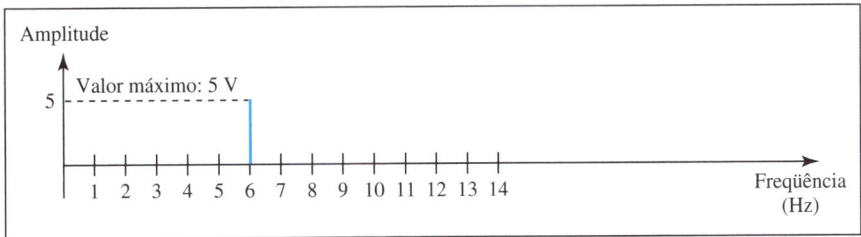

b. A mesma onda senoidal no domínio da freqüência (valor máximo: 5 V, freqüência: 6 Hz)

É evidente que o domínio da freqüência é fácil de ser representado graficamente e capaz de transmitir as informações que se pode encontrar em um gráfico de domínio do tempo. A vantagem do domínio da freqüência é que podemos constatar imediatamente os valores da freqüência e a amplitude máxima. Uma onda senoidal completa é representada por um pico. A posição do pico indica a freqüência; sua altura revela a amplitude máxima.

Uma onda senoidal completa no tempo pode ser representada por um único pico no domínio da freqüência.

Exemplo 3.7

O domínio da freqüência é mais compacto e útil quando lidamos com mais de uma onda senoidal. A Figura 3.8, por exemplo, mostra três ondas senoidais, cada uma das quais com amplitude e freqüência diversas. Todas podem ser representadas por três picos no domínio da freqüência.

Figura 3.8 *O domínio do tempo e da freqüência de três ondas senoidais*

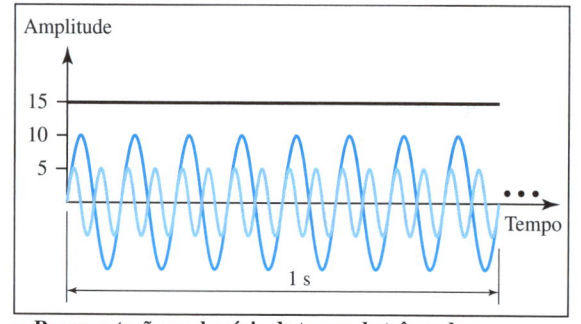
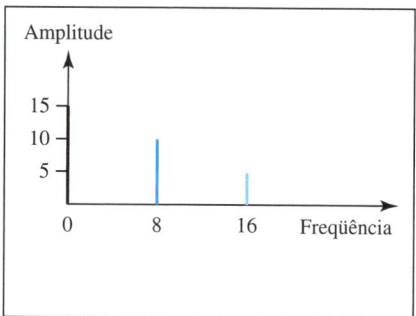

a. Representação no domínio de tempo de três ondas senoidais com freqüências 0, 8 e 16

b. Representação no domínio de freqüência dos mesmos três sinais

Sinais Compostos

Até o momento, nos concentramos em ondas senoidais simples. Elas têm diversas aplicações no cotidiano. Podemos enviar uma onda senoidal simples para transportar energia elétrica de um lugar a outro. Por exemplo, a companhia distribuidora de energia envia uma onda senoidal simples com freqüência de 60 Hz para distribuir energia elétrica para as residências e empresas. Outro exemplo seria utilizá-la para enviar um sinal de alarme a uma central de segurança quando um ladrão abrisse uma porta ou janela em uma casa. No primeiro caso, a onda senoidal está transportando energia; no segundo é um sinal de perigo.

Se tivéssemos apenas uma única onda senoidal simples para transmitir uma conversação pelo telefone, ela não teria nenhum sentido e não transportaria nenhuma informação. Simplesmente ouviríamos um ruído. Conforme veremos nos Capítulos 4 e 5, precisamos enviar um sinal composto para estabelecer uma comunicação de dados. Um **sinal composto** é formado de várias ondas senoidais simples.

Uma onda senoidal simples não é útil em comunicação de dados; precisamos enviar um sinal composto, um sinal formado por várias ondas senoidais simples.

No início na década de 1990, o matemático francês Jean-Baptiste Fourier demonstrou que um sinal composto é, na verdade, uma combinação de ondas senoidais simples com diferentes freqüências, amplitudes e fases. A **análise de Fourier** é discutida no Apêndice C; para nosso propósito, apresentamos apenas o conceito geral.

De acordo com a análise de Fourier, qualquer sinal composto é uma combinação de ondas senoidais simples com diferentes freqüências, amplitudes e fases. A análise de Fourier é apresentada no Apêndice C.

Há dois tipos de sinal composto: periódico ou não periódico. Um sinal composto periódico pode ser decomposto em uma série de ondas senoidais simples com freqüências discretas — freqüências que possuem valores inteiros (1, 2, 3 e assim por diante). Um sinal composto não periódico pode ser decomposto em uma combinação de um número infinito de ondas senoidais simples com freqüências contínuas, freqüências que possuem valores reais.

Se o sinal composto for periódico, a decomposição fornece uma série de sinais com freqüências discretas; se o sinal composto não for periódico, a decomposição fornece uma combinação de ondas senoidais com freqüências contínuas.

Exemplo 3.8

A Figura 3.9 mostra um sinal composto periódico com freqüência *f*. Esse tipo de sinal não é o tipicamente encontrado em comunicação de dados. Podemos considerá-lo para três sistemas de alarme, cada um dos quais com uma freqüência diferente. A análise desse sinal pode nos dar uma boa idéia de como decompor sinais.

Figura 3.9 *Um sinal composto periódico*

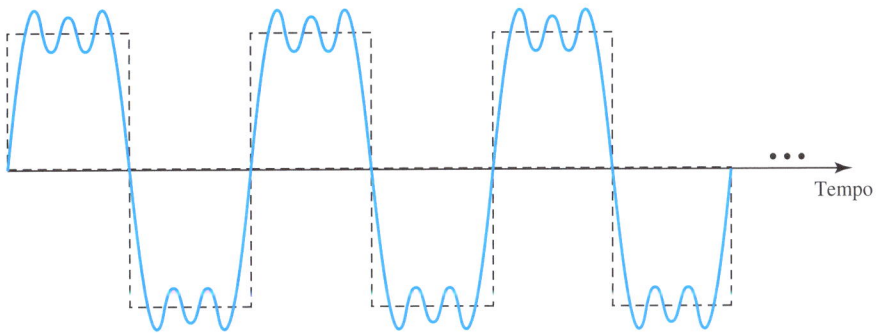

É muito difícil decompor manualmente esse sinal em uma série de ondas senoidais simples. Entretanto, existem ferramentas, de hardware e de software, que podem nos ajudar nessa tarefa. Não estamos preocupados como isso é feito; estamos apenas interessados no resultado. A Figura 3.10 indica o resultado da decomposição do sinal acima tanto no domínio do tempo como no da freqüência.

A amplitude da onda senoidal com freqüência *f* é praticamente a mesma que a amplitude máxima do sinal composto. A amplitude da onda senoidal com freqüência *3f* é um terço da primeira e a amplitude da onda senoidal com freqüência *9f* é um nove avos da primeira. A freqüência da onda senoidal

Figura 3.10 *Decomposição de um sinal periódico composto nos domínios do tempo e da freqüência*

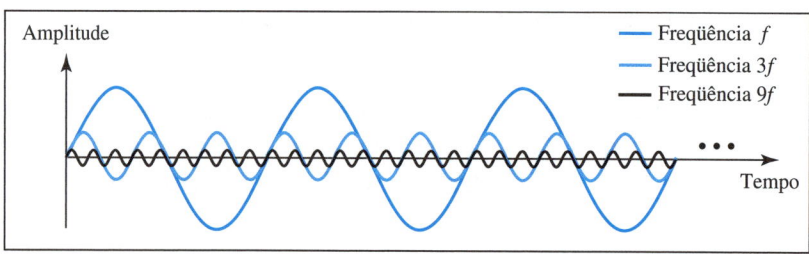

a. Decomposição no domínio do tempo de um sinal composto

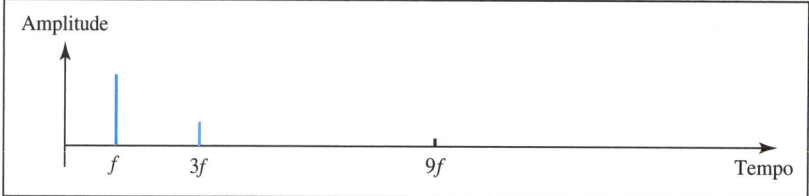

b. Decomposição no domínio da freqüência do sinal composto

com freqüência f é a mesma que a freqüência do sinal composto; ela é chamada **freqüência fundamental** ou primeira **harmônica**. A onda senoidal com freqüência $3f$ tem uma freqüência três vezes da freqüência fundamental; ela é denominada terceira harmônica. A terceira onda senoidal com freqüência $9f$ tem uma freqüência nove vezes da freqüência fundamental; ela é dita nona harmônica.

Note que a decomposição de freqüências do sinal é discreta; ela tem freqüência f, $3f$ e $9f$. Como f é um número inteiro, $3f$ e $9f$ também são inteiros. Não existem freqüências como $1,2f$ ou $2,6f$. O domínio de freqüências de um sinal composto periódico é sempre formado por picos discretos.

Exemplo 3.9

A Figura 3.11 mostra um sinal composto não periódico. Ele pode ser o sinal criado por um microfone ou por um telefone quando uma ou duas palavras são pronunciadas. Nesse caso, o sinal composto não pode ser periódico, porque isso implica repetir a(s) mesma(s) palavra(s) com exatamente o mesmo tom.

Figura 3.11 *Os domínios do tempo e da freqüência de um sinal não periódico*

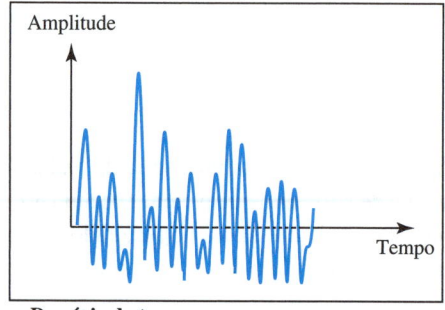

a. Domínio do tempo

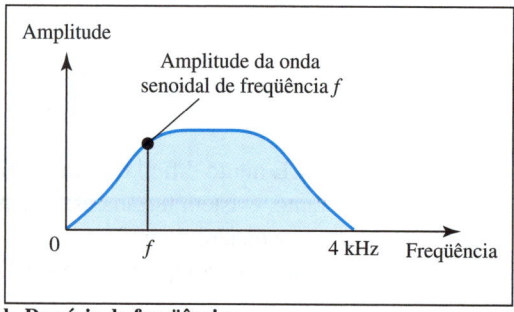

b. Domínio da freqüência

Em uma representação no domínio do tempo desse sinal composto, existe um número infinito de freqüências de sinal simples. Embora o número de freqüências da voz humana seja infinito, o intervalo é limitado. Um ser humano típico é capaz de criar um intervalo contínuo de freqüências entre 0 e 4 kHz.

Observe que a decomposição de freqüências do sinal resulta em uma curva contínua. Existe um número infinito de freqüências entre 0 e 4.000 (valores reais). Para encontrar a amplitude relativa à freqüência f, desenhamos uma reta vertical em f para interceptar a envoltória (envelope). A altura da reta vertical em f é a amplitude da freqüência correspondente.

Largura de Banda

O intervalo de freqüências contido em um sinal composto é sua **largura de banda**. A largura de banda é, normalmente, a diferença entre dois números. Por exemplo, se um sinal composto contiver freqüências entre 1.000 e 5.000, sua largura de banda será 5.000 − 1.000, ou seja, 4.000.

A largura de banda de um sinal composto é a diferença entre a maior e a menor freqüências contida nesse sinal.

A Figura 3.12 ilustra o conceito de largura de banda. Representa dois sinais compostos, um periódico e o outro não periódico. A largura de banda de um sinal periódico contém todas as freqüências inteiras entre 1.000 e 5.000 (1.000, 1.001, 1.002, ...). A largura de banda de sinais não periódicos tem o mesmo intervalo, porém as freqüências são contínuas.

Figura 3.12 *A largura de banda de sinais compostos periódicos e não periódicos*

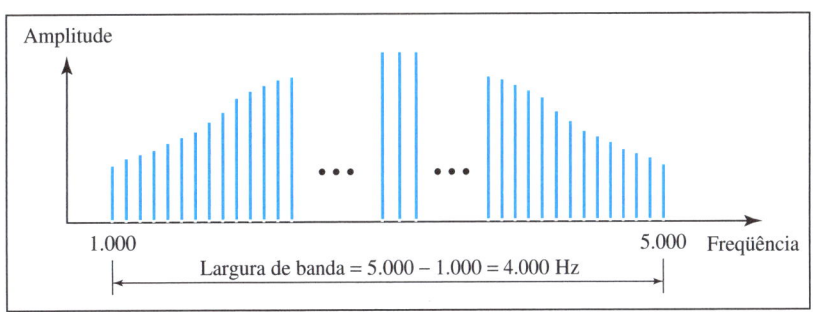

a. Largura de banda de um sinal periódico

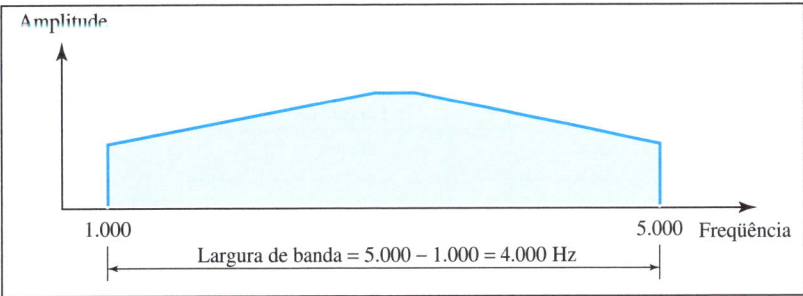

b. Largura de banda de um sinal não periódico

Exemplo 3.10

Se um sinal periódico for decomposto em cinco ondas senoidais com freqüências iguais a 100, 300, 500, 700 e 900 Hz, qual será sua largura de banda? Desenhe o espectro, partindo do pressuposto que todos os componentes tenham uma amplitude máxima de 10 V.

Solução

Suponhamos que f_h seja a maior freqüência, f_l seja a menor freqüência e B, a largura de banda. Então

$$B = f_h - f_l = 900 - 100 = 800 \text{ Hz}$$

O espectro tem apenas cinco picos em 100, 300, 500, 700 e 900 Hz (ver Figura 3.13).

Figura 3.13 *A largura de banda para o Exemplo 3.10*

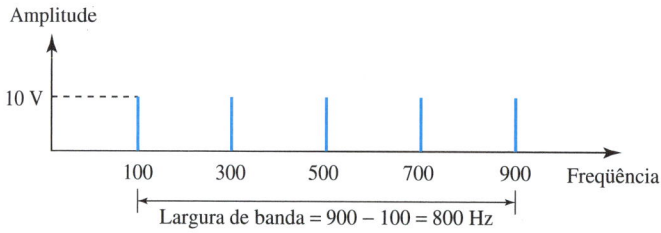

Exemplo 3.11

Um sinal periódico tem uma largura de banda igual a 20 Hz. A freqüência mais alta é de 60 hz. Qual é a freqüência mais baixa? Desenhe o espectro supondo que o sinal contenha todas as freqüências com igual amplitude.

Solução

Suponhamos que f_h seja a maior freqüência, f_l a menor freqüência e B seja a largura de banda. Então

$$B = f_h - f_l \Rightarrow 20 = 60 - f_l \Rightarrow f_l = 60 - 20 = 40 \text{ Hz}$$

O espectro contém todas as freqüências inteiras. Representamos isso por meio de uma série de picos (ver Figura 3.14).

Figura 3.14 *A largura de banda para o Exemplo 3.11*

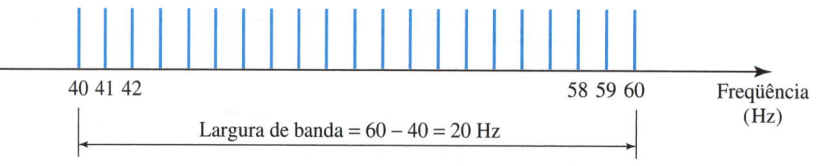

Exemplo 3.12

Um sinal composto não periódico tem uma largura de banda igual a 200 kHz, com freqüência fundamental de 140 kHz e amplitude máxima igual a 20 V. As duas freqüências extremas têm amplitude 0. Desenhe o domínio de freqüência do sinal.

Solução

A freqüência menor tem de estar em 40 kHz e a mais alta em 240 kHz. A Figura 3.15 mostra o domínio da freqüência e a largura de banda.

Figura 3.15 *A largura de banda para o Exemplo 3.12*

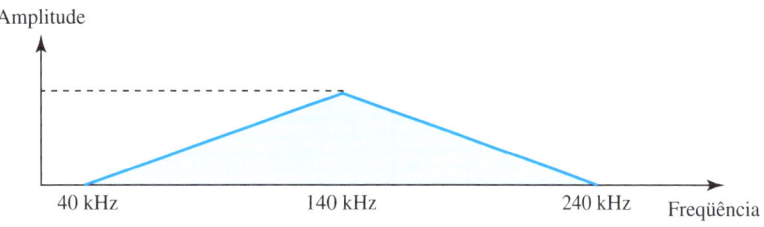

Exemplo 3.13

Um exemplo de sinal composto não periódico é o sinal propagado por uma estação de rádio AM. Nos Estados Unidos, aloca-se 10 kHz de largura de banda para cada estação de rádio AM. A largura de banda total dedicada a emissoras de rádio AM vai de 530 a 1.700 kHz. Mostraremos o raciocínio por trás dessa largura de banda de 10 kHz no Capítulo 5.

Exemplo 3.14

Outro exemplo de um sinal composto não periódico é o sinal propagado por uma estação de rádio FM. Nos Estados Unidos, cada estação FM tem à sua disposição 200 kHz de largura de banda. Demonstraremos o raciocínio por trás desse valor no Capítulo 5.

Exemplo 3.15

Um terceiro exemplo de um sinal composto não periódico é aquele recebido por uma antiga TV analógica em preto-e-branco. A tela é varrida 30 vezes por segundo (A varredura é, na realidade, 60 vezes por segundo, mas, as linhas ímpares são varridas em um turno e as linhas pares no seguinte e então intercaladas). Se supusermos uma resolução de 525 × 700 (525 linhas verticais e 700 linhas horizontais), que é uma razão 3:4, temos 367.500 pixels na tela. Se pudermos varrer a tela 30 vezes por segundo, isso significa 367.500 × 30 = 11.025.000 pixels por segundo. A pior situação é alternar pixels em preto-e-branco. Nesse caso, temos de representar uma cor pela amplitude mínima e a outra pela amplitude máxima. Podemos enviar 2 pixels por ciclo. Portanto, precisamos de 11.025.000/2 = 5.512.500 ciclos por segundo ou Hz. A largura de banda necessária é de 5,5124 MHz. Esse pior caso tem uma probabilidade tão pequena de ocorrer que a hipótese é que precisemos apenas de 70% dessa largura de banda, ou seja, 3,85 MHz. Já que também são necessários sinais de áudio e de sincronização, foi reservada uma largura de banda de 4 MHz para cada canal de TV em preto-e-branco. Um canal analógico de TV em cores possui uma largura de banda de 6 MHz.

3.3 SINAIS DIGITAIS

Além de representadas por um sinal analógico, as informações também podem ser representadas por um sinal digital. Por exemplo, o nível lógico 1 pode ser codificado como uma voltagem positiva e o nível lógico zero (0) como uma voltagem zero. Um sinal digital pode ter mais de dois níveis.

Nesse caso, podemos enviar mais de 1 bit por nível. A Figura 3.16 mostra dois sinais, um com dois níveis e outro com quatro.

Figura 3.16 *Dois sinais digitais: um com dois níveis e outro com quatro níveis de sinal*

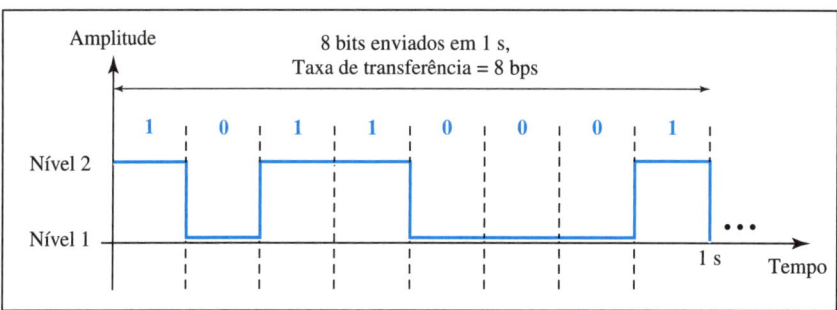

a. Um sinal digital com dois níveis

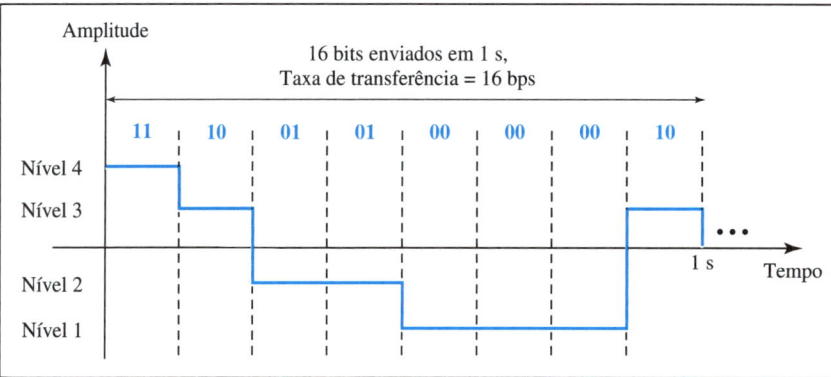

b. Um sinal digital com quatro níveis

Enviamos 1 bit por nível no item (a) da figura e 2 bits por nível no item (b) da figura. Em geral, se um sinal tiver L níveis, cada nível precisa $\log_2 L$ bits.

O Apêndice C faz uma revisão sobre funções exponenciais e logarítmicas.

Exemplo 3.16

Um sinal digital tem oito níveis. Quantos bits são necessários por nível? Calculamos o número de bits a partir da fórmula

$$\text{Número de bits por nível} = \log_2 8 = 3$$

Cada sinal é representado por 3 bits.

Exemplo 3.17

Um sinal digital possui nove níveis. Quantos bits são necessários por nível? Calculamos o número de bits usando a fórmula. Cada nível de sinal é representado por 3,17 bits. Entretanto, essa resposta não é real. O número de bits enviado por nível precisa ser um inteiro, bem como uma potência de 2. Por exemplo, 4 bits podem representar um nível.

Taxa de Transferência

A maioria dos sinais digitais é não periódica e, conseqüentemente, freqüência e período não são características adequadas. Outro termo — *taxa de transferência* (em vez de *freqüência*) é usado para descrever sinais digitais. A **taxa de transferência** é o número de bits enviados em 1s, expresso em **bits por segundo** (**bps**). A Figura 3.16 indica a taxa de transferência para dois sinais.

Exemplo 3.18

Suponha que precisemos baixar documentos de texto a uma taxa de 100 páginas por minuto. Qual seria a taxa de transferência do canal?

Solução

Uma página tem, em média, 24 linhas com 80 caracteres por linha. Se supusermos que um caractere precise de 8 bits, a taxa de transferência seria

$$100 \times 24 \times 80 \times 8 = 1.636.000 \text{ bps} = 1,636 \text{ Mbps}$$

Exemplo 3.19

Um canal de voz digitalizada, como veremos no Capítulo 4, é obtido digitalizando-se um sinal de voz analógico que possui a largura de banda de 4 kHz. Precisamos amostrar o sinal com o dobro da freqüência mais alta (duas amostragens por hertz). Vamos supor que cada amostragem precise de 8 bits. Qual é a taxa de transferência necessária?

Solução

A taxa de transferência pode ser calculada como segue

$$2 \times 4.000 \times 8 = 64.000 \text{ bps} = 64 \text{ kbps}$$

Exemplo 3.20

Qual é a taxa de transferência para uma TV de alta definição (HDTV)?

Solução

A HDTV usa sinais digitais para transmitir sinais de vídeo de alta qualidade. A tela de uma HDTV tem normalmente a proporção 16:9 (comparada aos 4:3 de uma TV comum), o que significa que a tela é mais larga. Existem 1.920 por 1.080 bits por tela e a taxa de renovação na tela é de 30 vezes por segundo. Vinte e quatro bits representam um pixel de cor. Podemos calcular a taxa de transferência como segue

$$1.920 \times 1.080 \times 30 \times 24 = 1.492.992.000 \text{ ou } 1,5 \text{ Gbps}$$

As estações de TV reduzem essa taxa para 20 a 40 Mbps utilizando técnicas de compressão.

Comprimento de Bits

Discutimos o conceito de comprimento de onda para um sinal analógico: a distância que um ciclo ocupa no meio de transmissão. Podemos definir algo similar a um sinal digital: o **comprimento de bits**. O comprimento de bits é a distância que um bit ocupa no meio de transmissão.

Comprimento de bits = velocidade de propagação × duração dos bits

Sinal Digital como um Sinal Analógico Composto

Baseado na análise de Fourier, um sinal digital é um sinal analógico composto. A largura de banda é infinita, como você deve ter imaginado. Podemos chegar intuitivamente a esse conceito quando consideramos um sinal digital. Um sinal digital, no domínio do tempo, é formado por segmentos de reta verticais e horizontais conectados. Uma reta vertical no domínio do tempo significa uma freqüência infinita (mudança repentina no tempo); uma reta horizontal no domínio do tempo significa uma freqüência zero (nenhuma mudança no tempo). Ir de uma freqüência zero a uma freqüência infinita (e vice-versa) implica que todas as freqüências entre esses dois pontos fazem parte do domínio.

A análise de Fourier pode ser usada para decompor um sinal digital. Se o sinal digital for periódico, o que é raro em comunicação de dados, o sinal decomposto tem uma representação no domínio da freqüência com uma largura de banda infinita e freqüências discretas. Se o sinal digital não for periódico, o sinal decomposto ainda tem uma largura de banda infinita, porém as freqüências são contínuas. A Figura 3.17 mostra um sinal periódico e outro não periódico e suas larguras de banda.

Figura 3.17 *Os domínios do tempo e da freqüência de sinais digitais periódicos e não periódicos*

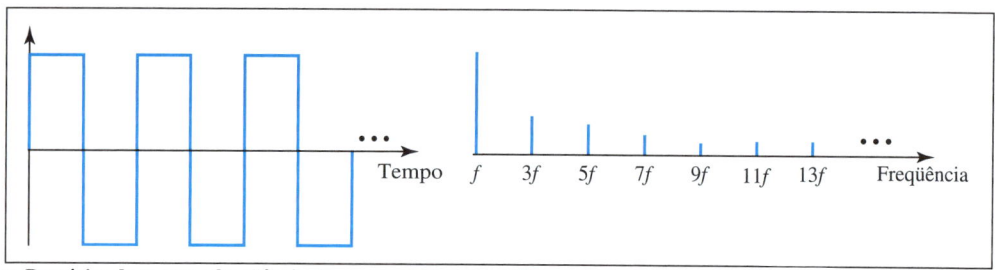

a. Domínios de tempo e freqüência de um sinal digital periódico

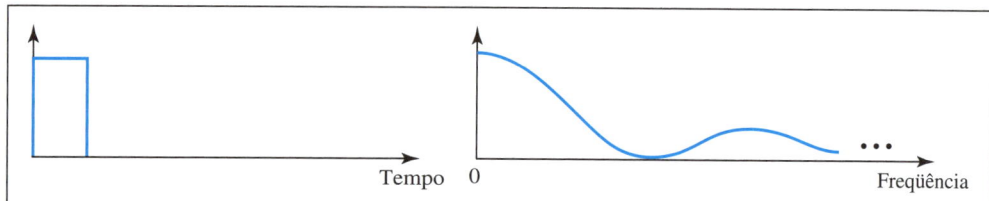

b. Domínios de tempo e freqüência de um sinal digital não periódico

Note que ambas as larguras de banda são infinitas, mas o sinal periódico possui freqüências discretas, ao passo que o sinal não periódico tem freqüências contínuas.

Transmissão de Sinais Digitais

A discussão anterior afirma que um sinal digital periódico, ou não, é um sinal analógico composto por freqüências entre zero e infinito. Para o restante da discussão, consideremos o caso de um sinal digital não periódico, similar àqueles que encontramos em comunicações de dados. A questão fundamental é: como podemos enviar um sinal digital do ponto *A* para o ponto *B*? Podemos transmitir um sinal digital utilizando uma das duas abordagens a seguir: transmissão banda-base ou transmissão banda larga (usando modulação).

Transmissão Banda-Base

Transmissão banda-base significa enviar um sinal digital por um canal sem mudá-la em um sinal analógico. A Figura 3.18 ilustra a transmissão **banda-base**.

Figura 3.18 *Transmissão banda-base*

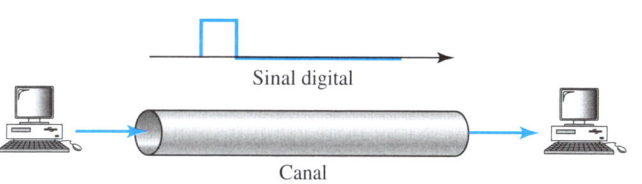

Um sinal digital é um sinal analógico composto por largura de banda infinita.

A transmissão banda-base requer que tenhamos um **canal passa-baixa**, um canal com largura de banda que começa em zero. Este é o caso se tivermos um meio de transmissão dedicado com toda largura de banda alocada em apenas um canal. Por exemplo, toda a largura de banda de um cabo conectando dois computadores é um canal único. Outro exemplo poderia ser a conexão de vários computadores a um barramento, mas não permitir que mais de duas estações se comuniquem por vez. Enfatizando, temos um canal passa-baixa e podemos usá-lo para comunicação banda-base. A Figura 3.19 ilustra dois canais passa-baixa: um com uma largura de banda estreita e outro com uma largura de banda ampla. Precisamos lembrar que um canal passa-baixa com largura de banda infinita é ideal, mas não é possível termos um canal desse tipo na prática. No entanto, podemos chegar próximo disso.

Figura 3.19 *Larguras de banda de dois canais passa-baixa*

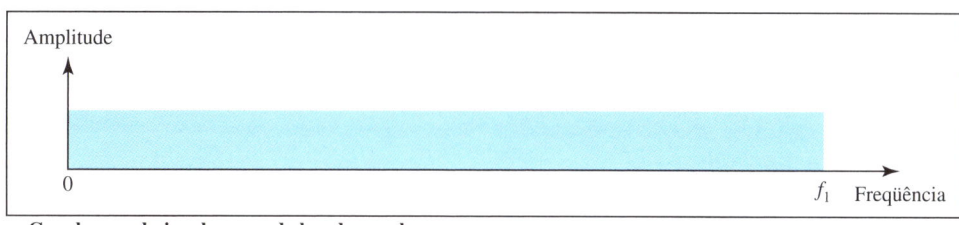

a. Canal passa-baixa, largura de banda ampla

b. Canal passa-baixa, largura de banda estreita

Vamos estudar dois casos de uma comunicação banda-base: um canal passa-baixa com largura de banda ampla e outro com largura de banda limitada.

Caso 1: Canal Passa-Baixa com Largura de Banda Ampla

Se quisermos preservar a forma exata de um sinal digital não periódico com segmentos verticais e horizontais, precisamos enviar todo o espectro, o intervalo contínuo de freqüências entre zero e infinito. Isso é possível se tivermos um meio dedicado com uma largura de banda infinita entre o emissor e o receptor que preserva a amplitude exata de cada componente do sinal composto. Embora isso possa se realizar dentro de um computador (por exemplo, entre CPU e memória), não é possível entre dois dispositivos. Felizmente, as amplitudes das freqüências na extremidade da largura de banda são muito baixas, a ponto de poderem ser ignoradas. Isso significa que, se tivermos um meio, como um cabo coaxial ou fibra óptica, com uma largura de banda muito ampla, duas estações podem se comunicar usando sinais digitais com precisão muito boa, conforme mostrado na Figura 3.20. Note que f_1 está próxima de zero e f_2 é muito alta.

Figura 3.20 *Transmissão banda-base usando um meio dedicado*

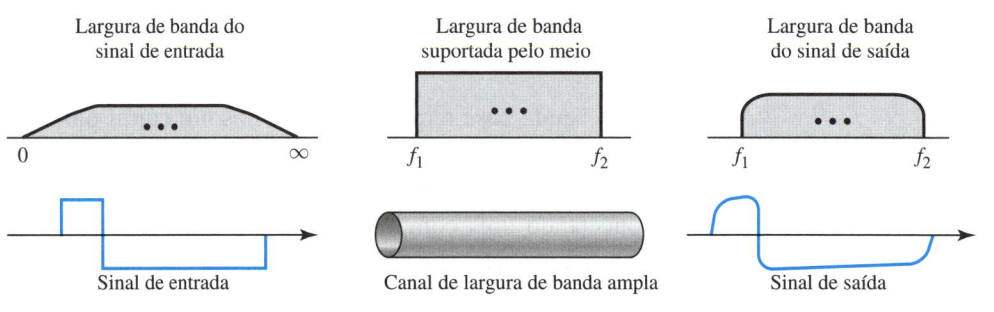

Embora o sinal de saída não seja uma réplica exata do sinal original, os dados ainda podem ser deduzidos do sinal recebido. Observe que, embora parte das freqüências seja bloqueada pelo meio, elas não são críticas.

> **A transmissão banda-base de um sinal digital que preserve a forma do sinal digital é possível apenas se tivermos um canal passa-baixa com largura de banda infinita ou muito ampla.**

Exemplo 3.21

Um exemplo de um canal dedicado quando a largura de banda inteira do meio é usada como um único canal seria o de uma LAN. Quase todas as LANs com fios usadas hoje em dia utilizam um canal dedicado para duas estações se comunicarem entre si. Em uma LAN de topologia de barramento com conexões multiponto, apenas duas estações podem se comunicar entre si a cada instante (tempo compartilhado); as demais estações precisam deixar de enviar dados. Em uma LAN com topologia estrela, todo o canal entre cada estação e o *hub* é usado para comunicação entre essas duas entidades. Vamos estudar a LAN no Capítulo 14.

Caso 2: Canal Passa-Baixa com Largura de Banda Limitada

Em um canal passa-baixa com largura de banda limitada, fazemos uma aproximação do sinal digital por meio de um sinal analógico. O nível de aproximação depende da largura de banda disponível.

Aproximação Grosseira Suponha um sinal digital com taxa de transferência N. Se quisermos enviar sinais analógicos para simular de forma grosseira esse sinal, precisamos considerar a pior das hipóteses, um número máximo de mudanças no sinal digital. Isso acontece quando o sinal transporta a seqüência 01010101 ... ou a seqüência 10101010 ... Para simular esses dois casos, precisamos de um sinal analógico de freqüência $f = N/2$. Suponhamos que 1 seja o valor máximo positivo e 0, o valor máximo negativo. Enviamos 2 bits em cada ciclo; a freqüência do sinal analógico é a metade da taxa de transferência, ou seja, $N/2$. Entretanto, essa única freqüência não é capaz de reproduzir todos os padrões; precisamos de mais componentes. A freqüência máxima é $N/2$. Como exemplo desse conceito, vejamos como um sinal digital com padrão de 3 bits pode ser simulado por sinais analógicos. A Figura 3.21 ilustra a idéia. Os dois casos similares (000 e 111) são simulados com um sinal de freqüência $f = 0$ e uma fase 180° para 000 e uma fase 0° para 111. Os dois casos piores (010 e 101) são simulados por um sinal analógico de freqüência $f = N/2$ e fases 180° e 0°. Os outros quatro casos podem ser simulados apenas por meio de um sinal analógico com $f = N/4$ e fases 180°, 270°, 90° e 0°. Em outras palavras, precisamos de um canal capaz de tratar freqüências 0, $N/4$ e $N/2$. Essa aproximação grosseira é conhecida como usando a freqüência da primeira harmônica ($N/2$). A largura de banda necessária é

$$\text{Largura de banda} = \frac{N}{2} - 0 = \frac{N}{2}$$

Figura 3.21 *Aproximação grosseira de um sinal digital usando a primeira harmônica para a pior hipótese*

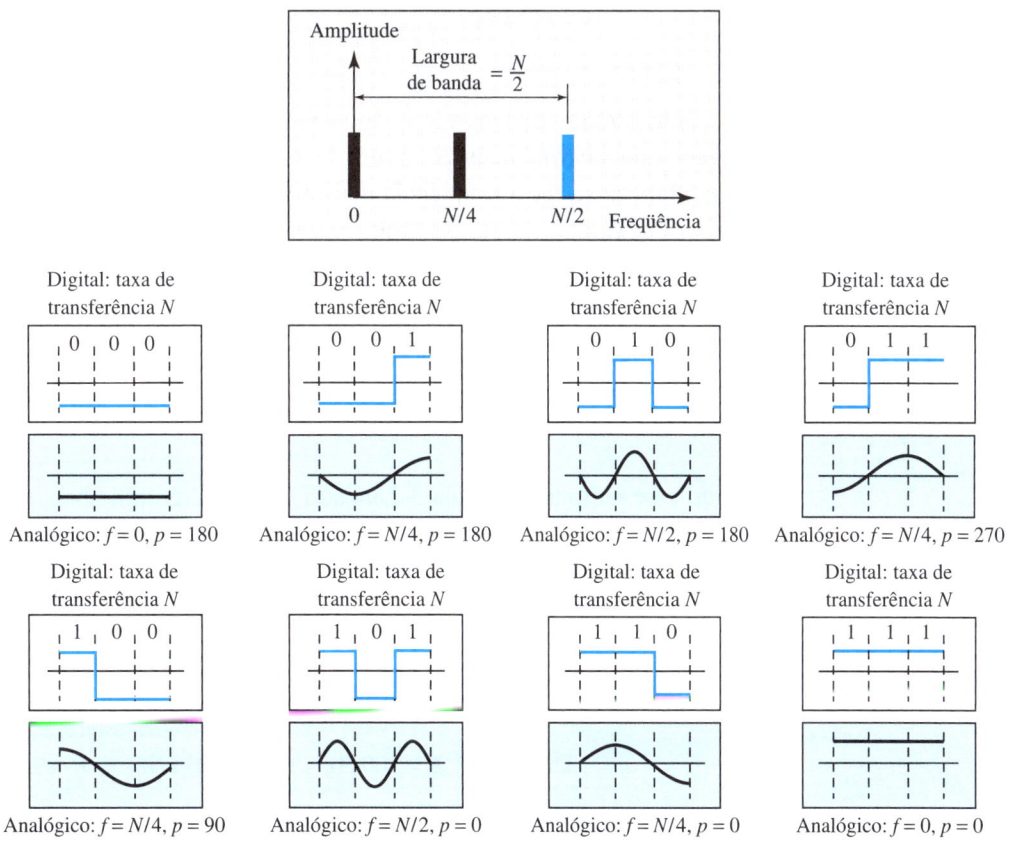

Melhor Aproximação Para fazer que a forma do sinal analógico se pareça mais com a de um sinal digital, precisamos acrescentar mais harmônicas das freqüências. Precisamos aumentar a largura de banda. Podemos aumentar a largura de banda para $3N/2$, $5N/2$, $7N/2$ e assim por diante. A Figura 3.22 ilustra o efeito desse aumento para um dos piores casos, o padrão 010.

Figura 3.22 *Simulação de um sinal digital com três primeiras harmônicas*

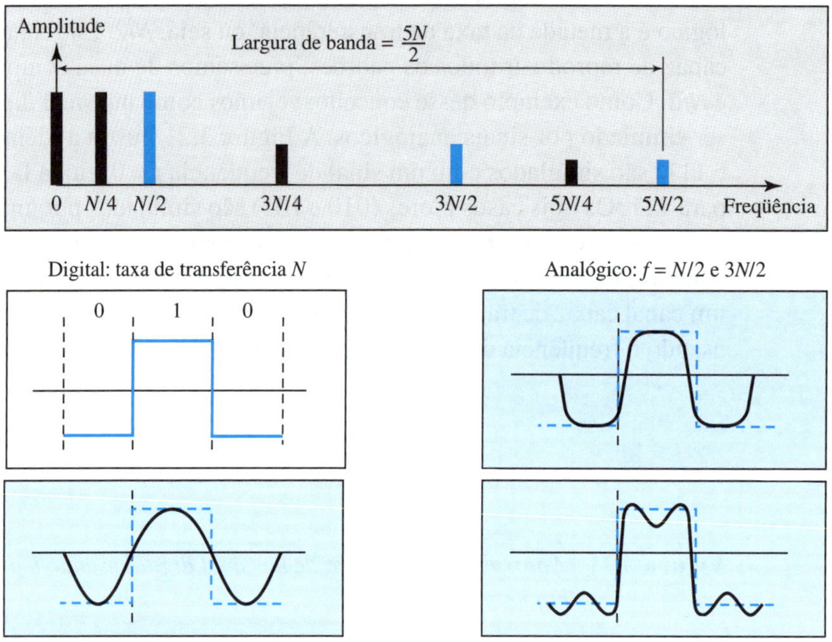

[Gráfico de Amplitude vs Freqüência, com Largura de banda = $\frac{5N}{2}$, mostrando componentes em 0, N/4, N/2, 3N/4, 3N/2, 5N/4, 5N/2]

Digital: taxa de transferência N

Analógico: $f = N/2$ e $3N/2$

Analógico: $f = N/2$

Analógico: $f = N/2$, $3N/2$ e $5N/2$

Observe que mostramos apenas a freqüência mais alta para cada harmônica. Usamos a primeira, a terceira e a quinta harmônicas. A largura de banda necessária agora é 5N/2, a diferença entre a freqüência mais baixa 0 e a freqüência mais alta 5N/2. Conforme enfatizado antes, precisamos lembrar que a largura de banda necessária é proporcional à taxa de transferência.

> **Na transmissão banda-base, a largura de banda necessária é proporcional à taxa de transferência; se precisarmos enviar bits de forma mais rápida, necessitaremos de mais largura de banda.**

Usando esse método, a Tabela 3.2 mostra quanta largura de banda precisamos para enviar dados a taxas diferentes.

Tabela 3.2 *Exigências de largura de banda*

Taxa de Transferência	Harmônica 1	Harmônicas 1, 3	Harmônicas 1, 3, 5
n = 1 kbps	B = 500 Hz	B = 1,5 kHz	B = 2,5 kHz
n = 10 kbps	B = 5 kHz	B = 15 kHz	B = 25 kHz
n = 100 kbps	B = 50 kHz	B = 150 kHz	B = 250 kHz

Exemplo 3.22

Qual é a largura de banda necessária de um canal passa-baixa, caso precisemos enviar 1 Mbps via transmissão banda-base?

Solução

A resposta depende da precisão desejada.

a. A largura de banda mínima, na aproximação grosseira, é B = taxa de transferência/2, ou seja, 500 kHz. Precisamos de um canal passa-baixa com freqüências entre 0 e 500 kHz.

b. Podemos obter melhor resultado usando a primeira e a terceira harmônicas com a largura de banda necessária $B = 3 \times 500$ kHz = 1,5 MHz.

c. Podemos obter um resultado melhor ainda usando a primeira, a terceira e a quinta harmônicas com $B = 5 \times 500$ kHz = 2,5 MHz.

Exemplo 3.23

Temos um canal passa-baixa com largura de banda 100 kHz. Qual é a taxa de transferência máxima desse canal?

Solução

A taxa de transferência máxima pode ser atingida, caso utilizemos a primeira harmônica. A taxa de transferência é duas vezes a largura de banda, ou seja, 200 kbps.

Transmissão Banda Larga (usando modulação)

A transmissão banda larga, ou modulação, significa transformar o sinal digital em sinal analógico para transmissão. A modulação nos permite usar um **canal passa-faixa** um canal com largura de banda que não se inicie em zero. Esse tipo de canal é mais disponível que um canal passa-baixa. A Figura 3.23 ilustra um canal passa-faixa.

Figura 3.23 *Largura de banda de um canal passa-faixa*

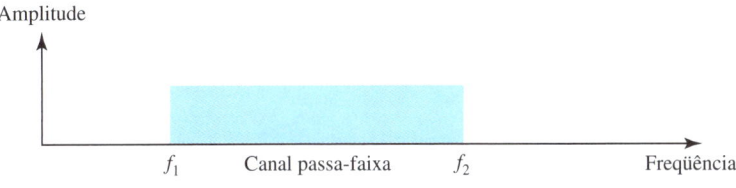

Note que um canal passa-baixa pode ser considerado um canal passa-faixa com a menor freqüência iniciando em zero.

A Figura 3.24 mostra a modulação de um sinal digital. Na figura, um sinal digital é convertido em um sinal analógico composto. Temos usado um sinal analógico de freqüência única (chamado portadora); a amplitude da portadora foi alterada para se parecer com o sinal digital. O resultado, porém, não é um sinal de freqüência única; trata-se de um sinal composto, como veremos no Capítulo 5. No receptor, o sinal analógico recebido é convertido em digital e o resultado é uma réplica do sinal que foi enviado.

> **Se o canal disponível for um canal passa-faixa, não podemos enviar diretamente o sinal para o canal; precisamos converter o sinal digital em sinal analógico antes da transmissão.**

Figura 3.24 *Modulação de um sinal digital para transmissão em um canal passa-faixa*

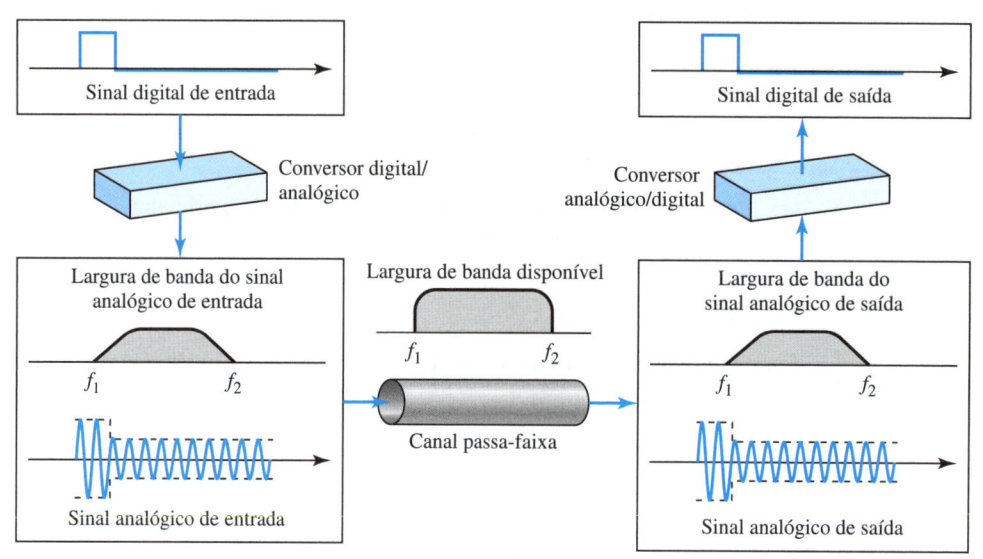

Exemplo 3.24

Um exemplo de transmissão de banda larga usando modulação seria o envio de dados de um computador através de uma linha telefônica, a linha conectando um morador com a central telefônica. Esses tipos de linha, instalados há muitos anos, foram projetados para transmitir voz (sinal analógico) como uma largura de banda limitada (freqüências entre 0 e 4 kHz). Embora esse canal possa ser usado como um canal passa-baixa, ele é considerado normalmente um canal passa-banda. Uma razão para isso é que a largura de banda é tão estreita (4 kHz) que, se tratarmos o canal como passa-baixa e o usarmos para transmissão de banda-base, a taxa de transferência pode ser de apenas 8 kbps. A solução é considerar o canal um canal passa-faixa, converter o sinal digital em analógico e transmitir o sinal analógico. Podemos instalar dois conversores para transformar o sinal digital em analógico e vice-versa no lado receptor. O conversor, nesse caso, é chamado *modem* (*mo*dulador/*dem*odulador), que discutiremos em detalhe no Capítulo 5.

Exemplo 3.25

Um segundo exemplo é o telefone celular digital. Para melhor recepção, os celulares digitais convertem o sinal analógico de voz em um sinal digital (ver Capítulo 16). Embora a largura de banda alocada a uma companhia que fornece serviços de telefonia celular digital seja muito ampla, ainda assim não podemos enviar o sinal digital sem conversão. A razão é que temos apenas um canal passa-faixa disponível entre aquele que faz a ligação e o que a recebe. Se, por exemplo, a largura de banda disponível for W e permitirmos que 1.000 duplas de usuários falem ao mesmo tempo, isso significa que o canal disponível será W/1.000, apenas parte da largura de banda total. Precisamos converter a voz digitalizada em sinal analógico composto antes de transmiti-lo. Os celulares digitais convertem o sinal de áudio analógico em digital e depois o convertem novamente em analógico para transmissão através de um canal passa-faixa.

3.4 PERDA NA TRANSMISSÃO

Os sinais trafegam por meios de transmissão, que não são perfeitos. A imperfeição provoca perda de sinal. Isso significa que o sinal no início do meio de transmissão não é o mesmo no seu final. O que é enviado não é aquilo que é recebido. Três causas para essas perdas são a atenuação, distorção e ruído (ver Figura 3.25).

Figura 3.25 *Causas da perda*

Atenuação

Atenuação significa perda de energia. Quando um sinal, seja ele simples ou composto, trafega por um meio de transmissão, ele perde parte de sua energia para superar a resistência do meio. É por esse motivo que um fio transportando sinais elétricos se aquece, ou até mesmo fica bem quente, pouco tempo depois. Parte da energia elétrica no sinal é convertida em calor. Para compensar essa perda, são usados amplificadores para o sinal. A Figura 3.26 mostra o efeito da atenuação e da amplificação.

Figura 3.26 *Atenuação*

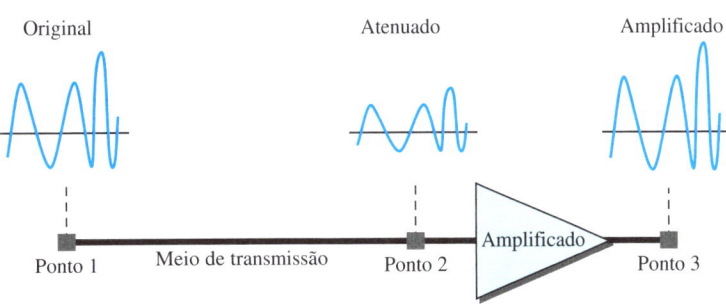

Decibel

Para mostrar que um sinal ficou mais fraco ou mais forte, os engenheiros usam uma unidade chamada decibel. O **decibel** (**dB**) mede as intensidades relativas de dois sinais ou um sinal em dois pontos diferentes. Note que um valor em decibel é negativo, caso um sinal seja atenuado, e positivo, caso um sinal seja amplificado.

$$dB = 10 \log_{10} \frac{P_2}{P_1}$$

As variáveis P_1 e P_2 são, respectivamente, as potências de um sinal nos pontos 1 e 2. Perceba que alguns livros definem decibel em termos de voltagem em vez de potência. Nesse caso, pelo fato de a potência ser proporcional ao quadrado da voltagem, a fórmula é $dB = 20 \log_{10} (V_2/V_1)$. No presente texto, expressaremos dB em termos de potência.

Exemplo 3.26

Suponha que um sinal trafegue por meio de transmissão e sua potência seja reduzida pela metade. Isso significa que $P_2 = \frac{1}{2} P_1$. Nesse caso, a atenuação (perda de potência) pode ser calculada como segue

$$10 \log_{10} \frac{P_2}{P_1} = 10 \log_{10} \frac{0{,}5 P_1}{P_1} = 10 \log_{10} 0{,}5 = 10(-0{,}3) = -3 \text{ dB}$$

Uma perda de 3 dB (–3 dB) equivale a perder metade da potência.

Exemplo 3.27

Um sinal passa por um amplificador e sua potência é aumentada em 10 vezes. Isso significa que $P_2 = 10 P_1$. Nesse caso, a amplificação (ganho de potência) pode ser calculada como segue

$$10 \log_{10} \frac{P_2}{P_1} = 10 \log_{10} \frac{10 P_1}{P_1} = 10 \log_{10} 10 = 10(1) = 10 \text{ dB}$$

Exemplo 3.28

Uma das razões para os engenheiros usarem decibéis para medir as mudanças na intensidade de um sinal é o fato de os números em decibéis poderem ser somados (ou subtraídos) quando estivermos medindo vários pontos (cascata), em vez de apenas dois. Na Figura 3.27, um sinal trafega do ponto 1 ao 4. O sinal é atenuado no momento em que ele atinge o ponto 2. Entre os pontos 2 e 3, o sinal é amplificado. Repetindo, entre os pontos 3 e 4, o sinal é atenuado. Podemos encontrar o valor resultante em decibéis para o sinal simplesmente adicionando as medidas em decibéis entre cada par de pontos.

Figura 3.27 *Decibéis para o Exemplo 3.28*

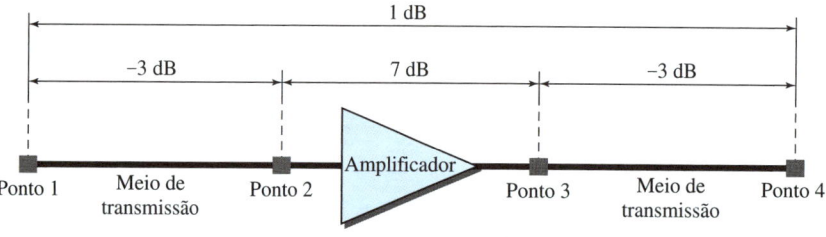

Nesse caso, o valor em decibéis pode ser calculado como segue

$$\text{dB} = -3 + 7 - 3 = +1$$

O sinal ganhou potência.

Exemplo 3.29

Algumas vezes, são usados decibéis para medir potência de sinal em miliwatts. Nesse caso, ele é conhecido como dB_m e é calculado como $\text{dB}_m = 10 \log_{10} P_m$ em que P_m é a potência em miliwatts. Calcule a potência de um sinal se seu $\text{dB}_m = -30$.

Solução

Podemos calcular a potência no sinal como

$$dB_m = 10 \log_{10} P_m = -30$$
$$\log_{10} P_m = -3 \qquad P_m = 10^{-3} \text{ mW}$$

Exemplo 3.30

A perda em um cabo é normalmente definida em decibéis por quilômetro (dB/km). Se o sinal no início de um cabo com atenuação igual a $-0,3$ dB/km tiver uma potência igual a 2 mW, qual seria a potência do sinal a 5 km?

Solução

A perda no cabo em decibéis é igual a $5 \times (-0,3) = -1,5$ dB. Podemos calcular a potência como

$$dB = 10 \log_{10} \frac{P_2}{P_1} = -1,5$$

$$\frac{P_2}{P_1} = 10^{-0,15} = 0,71$$

$$P_2 = 0,71 \, P_1 = 0,7 \times 2 = 1,4 \text{ mW}$$

Distorção

Distorção significa que o sinal muda sua forma ou formato. A distorção pode ocorrer em um sinal composto formado por diversas freqüências. Cada componente do sinal tem sua própria velocidade de propagação (ver a seção a seguir) por um meio e, portanto, seu próprio retardo em atingir o destino final. Diferenças em retardo podem criar uma diferença na fase, caso o retardo não seja exatamente o mesmo que a duração do período. Em outras palavras, os componentes do sinal no receptor possuem fases diferentes daqueles que tinham no emissor. Portanto, o formato do sinal composto não é mais o mesmo. A Figura 3.28 mostra o efeito da distorção em um sinal composto.

Figura 3.28 *Distorção*

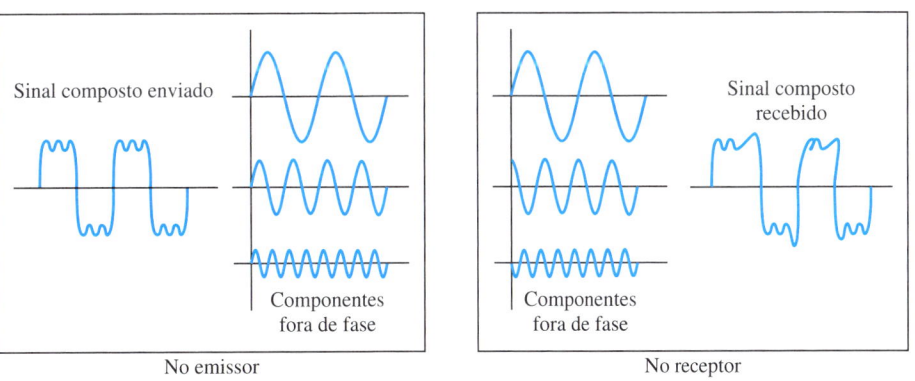

Ruído

Outra causa de perda é o **ruído**. Vários tipos de ruídos, como ruídos térmicos, induzidos, linha cruzada e de impulso, podem causar danos ao sinal. O ruído térmico é a movimentação aleatória de elétrons em um fio que cria um sinal extra que não foi originalmente enviado pelo transmissor. O ruído induzido provém de fontes como motores e aparelhos elétricos. Esses dispositivos atuam como uma antena transmissora e o meio de transmissão como antena receptora. Linha cruzada é o efeito de um fio sobre o outro. Um fio atua como uma antena transmissora e o outro, como uma antena receptora. O ruído por impulso é um pico (um sinal com grande energia em um curtíssimo espaço de tempo) proveniente de cabos de força, relâmpagos e assim por diante. A Figura 3.29 mostra o efeito de ruído sobre um sinal. Falaremos sobre erros no Capítulo 10.

Figura 3.29 *Ruído*

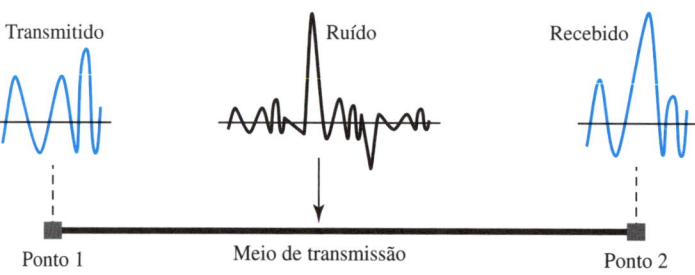

Relação Sinal/Ruído (SNR)

Conforme veremos adiante, para descobrir o limite teórico da taxa de transferência, precisamos conhecer a relação entre a potência do sinal e a potência do ruído. A **relação sinal/ruído** do inglês signal-to-noise, é definida como segue

$$\text{SNR} = \frac{\text{potência média do sinal}}{\text{potência média do ruído}}$$

Precisamos considerar a potência média do sinal e a potência média do ruído, pois estas podem mudar com o tempo. A Figura 3.30 ilustra a idéia do SNR.

SNR é, na verdade, a razão daquilo que é desejado (sinal) por aquilo que não é desejado (ruído). Um SNR alto significa que o sinal é menos afetado pelo ruído; um SNR baixo significa que o sinal é mais prejudicado pelo ruído.

Como o SNR é a razão entre duas potências, ele é normalmente descrito em unidades de decibéis, SNR_{dB}, definido como segue

$$\text{SNR}_{dB} = 10 \log_{10} \text{SNR}$$

Exemplo 3.31

A potência de um sinal é 10 mW e a potência do ruído é igual a 1 µW; quais são os valores de SNR e de SNR_{dB}?

Figura 3.30 *Dois casos de SNR: uma SNR alto e um SNR baixo*

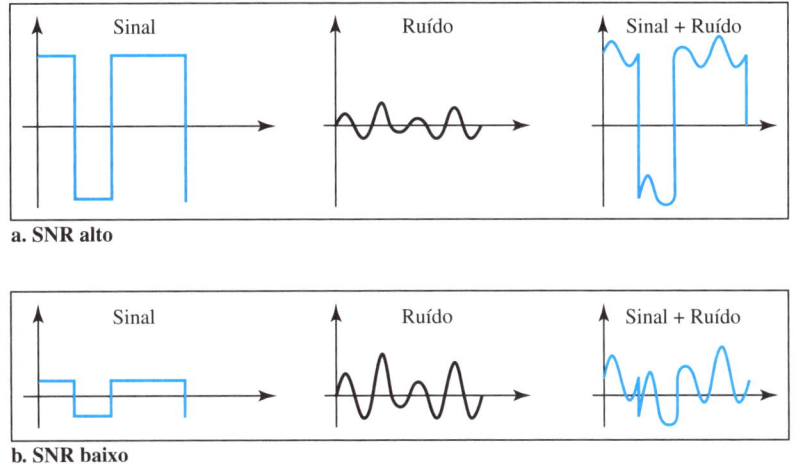

Solução

Os valores de SNR e SNR$_{dB}$ podem ser calculados como segue:

$$\text{SNR} = \frac{10.000 \, \mu W}{1 \, mW} = 10.000$$

$$\text{SNR}_{dB} = 10 \log_{10} 10.000 = 10 \log_{10} 10^4 = 40$$

Exemplo 3.32

Os valores de SNR e SNR$_{dB}$ para um canal sem ruído são

$$\text{SNR} = \frac{\text{potência do sinal}}{0} = \infty$$

$$\text{SNR}_{dB} = 10 \log_{10} \infty = \infty$$

Jamais podemos atingir essa razão na vida real; trata-se de um valor ideal.

3.5 LIMITES NA TAXA DE DADOS

Uma consideração muito importante nas comunicações de dados é a rapidez com que podemos enviar os dados, em bits por segundo, através de um canal. A taxa de dados depende de três fatores:

1. A largura de banda disponível.
2. O nível dos sinais usados.
3. A qualidade do canal (o nível de ruído).

Foram desenvolvidas duas fórmulas teóricas para calcular a taxa de dados: uma delas por Nyquist, para um canal sem ruído, e outra por Shannon, para um canal com ruído.

Canal sem Ruído: Taxa de Transferência de Nyquist

Para um canal sem ruído, a fórmula para **taxa de transferência de Nyquist** define a taxa de transferência teórica máxima

$$\text{TaxaTransferência} = 2 \times \text{largura de banda} \times \log_2 L$$

Nessa fórmula, a largura de banda refere-se à largura de banda do canal, L corresponde ao número de níveis do sinal usados para representar dados, e TaxaTransferência é a taxa de transferência em bits por segundo.

De acordo com a fórmula, poderíamos imaginar que, dada uma largura de banda específica, podemos ter qualquer taxa de transferência que queiramos, aumentando o número de níveis do sinal. Embora a idéia seja teoricamente correta, na prática, existe um limite. Quando aumentamos o número de níveis de sinal, imporemos uma carga sobre o receptor. Se o número de níveis em um sinal for apenas 2, o receptor pode distinguir facilmente entre 0 e 1. Se o nível de um sinal for 64, o receptor tem de ser muito sofisticado para distinguir entre 64 níveis diferentes. Em outras palavras, aumentar os níveis de um sinal reduz a confiabilidade do sistema.

Aumentar os níveis de um sinal reduz a confiabilidade do sistema.

Exemplo 3.33

A taxa de transferência determinada pelo teorema de Nyquist está de acordo com a taxa de transferência intuitiva descrita na banda-base?

Solução

Elas estão de acordo quando temos apenas dois níveis. Dissemos, na transmissão banda-base, que a taxa de transferência é o dobro da largura de banda caso usemos apenas a primeira harmônica, na pior das hipóteses. Entretanto, a fórmula de Nyquist é mais genérica que aquilo derivado intuitivamente; ela pode ser aplicada para a modulação e a transmissão banda-base. Da mesma forma, ela pode ser aplicada quando tivermos dois ou mais níveis de sinal.

Exemplo 3.34

Consideremos um canal sem ruído com largura de banda de 3.000 Hz transmitindo um sinal com dois níveis de sinal. A taxa de transferência máxima pode ser calculada como

$$\text{TaxaTransferência} = 2 \times 3.000 \times \log_2 2 = 6.000 \text{ bps}$$

Exemplo 3.35

Considere o mesmo canal sem ruído transmitindo um sinal com quatro níveis de sinal (para cada nível, podemos enviar 2 bits). A taxa de transferência máxima pode ser calculada como segue

$$\text{TaxaTransferência} = 2 \times 3.000 \times \log_2 4 = 12.000 \text{ bps}$$

Exemplo 3.36

Precisamos enviar 265 kbps por um canal sem ruído com largura de banda igual a 20 kHz. Quantos níveis de sinal precisamos?

Solução

Podemos usar a fórmula Nyquist conforme mostrado a seguir:

$$265.000 = 2 \times 20.000 \times \log_2 L$$

$$\log_2 L = 6{,}625 \qquad L = 2^{6{,}625} = 98{,}7 \text{ níveis}$$

Já que esse resultado não é uma potência de 2, precisamos aumentar o número de níveis ou então reduzir a taxa de transferência. Se tivermos 128 níveis, a taxa de transferência será 280 kbps. Se tivermos 64 níveis, a taxa de transferência será 240 kbps.

Canal com Ruído: Capacidade de Shannon

Na realidade, é impossível termos um canal sem ruído; o canal sempre apresenta algum nível de ruído. Em 1944, Claude Shannon introduziu uma fórmula, chamada **capacidade de Shannon**, para determinar a taxa de dados teórica máxima para um canal com ruído.

$$\text{Capacidade} = \text{largura de banda} \times \log_2 (1 + \text{SNR})$$

Nessa fórmula, a largura de banda é a largura de banda do canal, SNR refere-se à relação sinal/ruído e capacidade é a capacidade do canal em bits por segundo. Note que, na fórmula de Shannon, não existe nenhuma indicação do nível de sinal, o que significa que, independentemente de quantos níveis tivermos, não podemos atingir uma taxa de dados maior que a capacidade do canal. Em outras palavras, a fórmula define uma característica do canal, não o método de transmissão.

Exemplo 3.37

Considere um canal extremamente ruidoso no qual o valor da relação sinal/ruído é quase zero. Em outras palavras, o nível de ruído é tão intenso que o sinal é fraco. Para um canal desses a capacidade C é calculada como segue

$$C = B \log_2 (1 + \text{SNR}) = B \log_2 (1 + 0) = B \log_2 1 = B \times 0 = 0$$

Isso significa que a capacidade desse canal é zero, independentemente da largura de banda. Em outras palavras, não podemos receber nenhum dado através desse canal.

Exemplo 3.38

Podemos calcular a taxa de transferência teórica mais alta de uma linha telefônica comum. Uma linha telefônica normalmente tem uma largura de banda igual a 3.000 Hz (300 a 3.300 Hz) alocada para comunicação de dados. A relação sinal/ruído geralmente é de 3.162. Para esse canal, a capacidade é calculada como segue

$$C = B \log_2 (1 + \text{SNR}) = 3.000 \log_2 (1 + 3.162) = 3.000 \log_2 3.163$$
$$= 3.000 \times 11{,}62 = 34.860 \text{ bps}$$

Isso significa que a taxa de transferência mais alta para uma linha telefônica é de 34.860 kbps. Se quisermos enviar dados de forma mais rápida que essa, podemos aumentar a largura de banda da linha ou então melhorar a relação sinal/ruído.

Exemplo 3.39

A relação sinal/ruído é, normalmente, dada em decibéis. Suponhamos que $SNR_{dB} = 36$ e a largura de banda do canal seja 2 MHz. A capacidade teórica do canal pode ser calculada assim

$$SNR_{dB} = 10 \log_{10} SNR \rightarrow SNR = 10^{SNRdb/10} \rightarrow SNR = 10^{3,6} = 3.981$$
$$C = B \log_2 (1 + SNR) = 2 \times 10^6 \times \log_2 3.982 = 24 \text{ Mbps}$$

Exemplo 3.40

Para fins práticos, quando a SNR for muito alta, podemos supor que SNR + 1 é praticamente igual à SNR. Nesses casos, a capacidade teórica do canal pode ser simplificada para

$$C = B \times \frac{SNR_{dB}}{3}$$

Por exemplo, podemos calcular a capacidade teórica do exemplo anterior como

$$C = 2 \text{ MHz} \times \frac{36}{3} = 24 \text{ Mbps}$$

Usando Ambos os Limites

Na prática, precisamos usar ambos os métodos para encontrar os limites e níveis de sinal. Demonstremos isso por meio de um exemplo.

Exemplo 3.41

Temos um canal com uma largura de banda de 1 MHz. A SNR para esse canal é 63. Quais são a taxa de transferência e o nível de sinal apropriados?

Solução

Primeiro, usamos a fórmula de Shannon para encontrar o limite superior.

$$C = B \log_2 (1 + SNR) = 10^6 \log_2 (1 + 63) = 10^6 \log_2 64 = 6 \text{ Mbps}$$

A fórmula de Shannon nos dá 6 Mbps, o limite superior. Para melhor desempenho, escolhemos uma freqüência mais baixa, digamos 4 Mbps. Em seguida, usamos a fórmula de Nyquist para encontrar o número de níveis de sinal.

$$4 \text{ Mbps} = 2 \times 1 \text{ MHz} \times \log_2 L \rightarrow L = 4$$

**A capacidade de Shannon nos fornece o limite superior;
a fórmula de Nyquist nos informa quantos níveis de sinal precisamos.**

3.6 DESEMPENHO

Até agora, falamos sobre as ferramentas de transmissão de dados (sinais) pela rede e como os dados se comportam. Uma questão importante em redes é o desempenho da rede — qual a sua qualidade? Discutiremos qualidade de serviço, uma medida geral de desempenho de rede, de forma bem detalhada, no Capítulo 24. Nesta seção, faremos uma introdução de termos que usaremos em capítulos futuros.

Largura de Banda

Uma característica que mede o desempenho das redes é a largura de banda. Entretanto, o termo pode ser empregado em dois contextos diferentes com duas medidas diversas: largura de banda em Hertz e largura de banda em bits por segundo.

Largura de Banda em Hertz

Já discutimos esse conceito. Largura de banda em Hertz é o intervalo de freqüências contido em um sinal composto ou o intervalo de freqüências que um canal deixa passar. Podemos, por exemplo, dizer que a largura de banda de uma linha telefônica é 4 kHz.

Largura de Banda em Bits por Segundo

O termo *largura de banda* também pode se referir ao número de bits por segundo que um canal, um enlace ou até mesmo uma rede é capaz de transmitir. Por exemplo, pode-se dizer que a largura de banda de uma rede Ethernet (ou os enlaces nessa rede) é de no máximo 100 Mbps. Isso significa que essa rede pode enviar 100 Mbps.

Relação

Existe uma relação explícita entre largura de banda em Hertz e largura de banda em bits por segundo. Basicamente, um aumento na primeira significa um aumento na segunda. A relação depende se temos transmissão banda-base ou transmissão com modulação. Discutimos essa relação nos Capítulos 4 e 5.

Em redes, usamos o termo *largura de banda* em dois contextos.

- ❑ O primeiro deles, *largura de banda em Hertz*, se refere ao intervalo de freqüências de um sinal composto ou o intervalo de freqüências que um canal deixa passar.
- ❑ O segundo, *largura de banda em bits por segundo*, se refere à velocidade de transmissão de bits em um canal ou enlace.

Exemplo 3.42

A largura de banda de uma linha telefônica por assinatura é de 4 kHz para voz ou dados. A largura de banda para essa linha para transmissão de dados pode ser de até 56.000 bps usando um modem sofisticado para transformar o sinal digital em analógico.

Exemplo 3.43

Se a companhia telefônica melhorar a qualidade da linha e aumentar a largura de banda para 8 kHz, poderemos enviar 112.000 bps usando a mesma tecnologia conforme mencionado no Exemplo 3.42.

Throughput

Throughput é uma medida da rapidez pela qual podemos realmente enviar dados pela rede. Embora à primeira vista a largura de banda em bits por segundo e *throughput* pareçam a mesma coisa, eles são diferentes. Um enlace pode ter uma largura de banda de B bps, mas podemos enviar apenas T bps por esse enlace, em que T é sempre menor que B. Em outras palavras, a largura de banda é uma medida possível de um enlace; o *throughput* é uma medida real da rapidez pela qual podemos enviar dados. Poderíamos ter, por exemplo, um enlace com largura de banda de 1 Mbps, mas os dispositivos conectados na extremidade do enlace seriam capazes de lidar com apenas 200 kbps. Isso significa que não podemos enviar mais de 200 kbps por esse enlace.

Imagine uma rodovia projetada para trafegar 1.000 carros por minuto de um ponto a outro. Se, porém, houver um congestionamento, talvez esse número se reduza a 100 carros por minuto. A largura de banda é de 1.000 carros por minuto; o *throughput* é igual a 100 carros por minuto.

Exemplo 3.44

Uma rede com largura de banda de 10 Mbps é capaz de deixar passar apenas uma média de 12.000 pacotes por minuto, em que cada pacote transporte uma média de 10.000 bits. Qual é o *throughput* desta rede?

Solução

Podemos calcular o *throughput* como segue

$$\text{Throughput} = \frac{12.000 \times 10.000}{60} = 2 \text{ Mbps}$$

O *throughput* é, nesse caso, cerca de um quinto da largura de banda.

Latência (Retardo)

A latência ou retardo define quanto tempo leva para uma mensagem inteira chegar de forma completa no seu destino, desde o momento em que o primeiro bit é enviado da origem. Podemos dizer que a latência é formada por quatro componentes: **tempo de propagação**, **tempo de transmissão**, **tempo de fila** e **retardo de processamento**.

> Latência = tempo de propagação + tempo de transmissão + tempo de fila + retardo de processamento

Tempo de Propagação

O tempo de propagação mede o tempo necessário para um bit trafegar da origem ao seu destino. Ele é calculado dividindo-se a distância pela velocidade de propagação.

$$\text{Tempo de propagação} = \frac{\text{Distância}}{\text{Velocidade de propagação}}$$

A velocidade de propagação de sinais eletromagnéticos depende do meio e da freqüência do sinal. Por exemplo, no vácuo a luz se propaga a uma velocidade de 3×10^8 m/s. Essa velocidade é menor no ar e muito menor em um cabo.

Exemplo 3.45

Qual é o tempo de propagação, se a distância entre dois pontos for de 12.000 km? Suponha que a velocidade de propagação no cabo seja $2,4 \times 10^8$ m/s.

Solução

Podemos calcular o tempo de propagação como segue

$$\text{Tempo de propagação} = \frac{12.000 \times 1.000}{2,4 \times 10^8} = 50 \text{ ms}$$

O exemplo mostra que um bit pode atravessar o oceano Atlântico em apenas 50 ms, caso exista um cabo ligando diretamente a origem e o destino.

Tempo de Transmissão

Em comunicações de dados, não podemos simplesmente enviar apenas 1 bit; enviamos uma mensagem. O primeiro bit pode levar um período igual ao tempo de propagação para chegar ao seu destino; o último bit também poderia levar o mesmo período. Entretanto, existe um tempo entre a saída do primeiro bit do emissor e a chegada do último bit no receptor. O primeiro bit sai primeiro e chega antes; o último bit sai depois e chega mais tarde ao seu destino. O tempo necessário para transmissão de uma mensagem depende do tamanho da mensagem e da largura de banda do canal.

$$\text{Tempo de transmissão} = \frac{\text{Tamanho da mensagem}}{\text{Largura de banda}}$$

Exemplo 3.46

Qual é o tempo de propagação e qual é o tempo de transmissão de uma mensagem de 2,5 kbytes (um e-mail), se a largura de banda da rede for de 1 Gbps? Suponha que a distância entre o emissor e o receptor seja de 12.000 km e que a luz trafegue a $2,4 \times 10^8$ m/s.

Solução

Podemos calcular o tempo de propagação e o tempo de transmissão como segue

$$\text{Tempo de propagação} = \frac{12.000 \times 1.000}{2,4 \times 10^8} = 50 \text{ ms}$$

$$\text{Tempo de transmissão} = \frac{2.500 \times 8}{10^9} = 0,020 \text{ ms}$$

Note que, nesse caso, como a mensagem é curta e a largura de banda, grande, o fator preponderante é o tempo de propagação e não o tempo de transmissão. O tempo de transmissão pode ser ignorado.

Exemplo 3.47

Qual é o tempo de propagação e qual é o tempo de transmissão para uma mensagem de 5 Mbytes (uma imagem), se a largura de banda da rede for de 1 Mbps? Parta do pressuposto de que a distância entre o emissor e o receptor seja de 12.000 km e que a luz trafegue a $2,4 \times 10^8$ m/s.

Solução

Podemos calcular os tempos de propagação e de transmissão como segue

$$\text{Tempo de propagação} = \frac{12.000 \times 1.000}{2,4 \times 10^8} = 50 \text{ ms}$$

$$\text{Tempo de transmissão} = \frac{5.000.000 \times 8}{10^6} = 40 \text{ s}$$

Observe que, nesse caso, como a mensagem é muito longa e a largura de banda não é muito grande, o fator preponderante é o tempo de transmissão e não o tempo de propagação. O tempo de propagação pode ser ignorado.

Tempo de Fila

A terceira componente na latência é o tempo de fila, o tempo necessário para cada dispositivo intermediário ou terminal manter a mensagem antes de esta ser processada. O tempo de fila não é um fator fixo; ele muda com a carga imposta na rede. Quando existe um tráfego intenso na rede, o tempo de fila aumenta. Um dispositivo intermediário, por exemplo, um roteador, coloca na fila as mensagens que chegam e as processa uma a uma. Se existirem muitas mensagens, cada uma delas terá de aguardar.

Produto Largura de Banda-Retardo

Largura de banda e retardo são duas medidas de desempenho de um enlace. Entretanto, como veremos neste e em capítulos futuros, o importante em comunicação de dados é o produto das duas grandezas, ou seja, o produto largura de banda-retardo. Expliquemos com mais detalhes essa questão, usando dois casos hipotéticos como exemplos.

❑ **Caso 1**. A Figura 3.31 ilustra o caso 1.

Figura 3.31 *Preenchendo o enlace com bits para o caso 1*

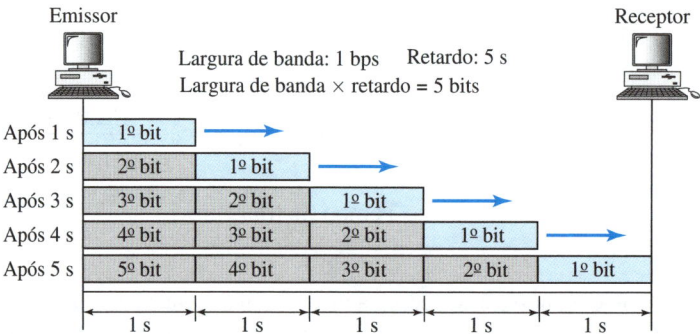

Suponhamos que temos um enlace com largura de banda de 1 bps (irreal, mas excelente para fins explicativos). Suponhamos também que o retardo do enlace seja de 5 s (também irreal). Queremos verificar qual o significado do produto largura de banda-retardo nesse caso.

Observando a figura, podemos dizer que esse produto 1 × 5 é o número máximo de bits que pode preencher esse enlace. Não pode haver no enlace mais de 5 bits em qualquer instante.

❑ **Caso 2**. Suponha agora que tenhamos uma largura de banda de 4 bps. A Figura 3.32 mostra que pode haver, no máximo, 4 × 5 = 20 bits na linha. O motivo é que, a cada segundo, há 4 bits na linha; a duração de cada bit é de 0,25 s.

Figura 3.32 *Preenchendo o enlace com bits para o caso 2*

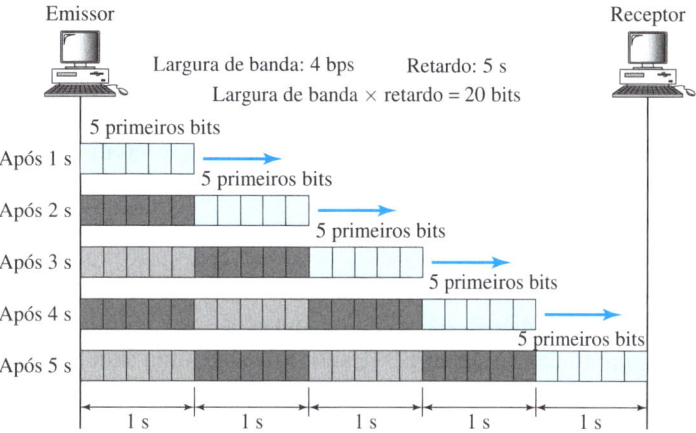

Os dois casos anteriores mostram que o produto da largura de banda pelo retardo é o número de bits que pode ocupar o enlace. Essa medida é importante, caso precisemos enviar dados em rajadas e aguardar a confirmação de cada rajada antes de enviar o próximo. Para usar a capacidade máxima do enlace, precisamos fazer que o tamanho do rajada seja o dobro do produto da largura de banda e do retardo; devemos preencher o canal *full-duplex* (duas direções). O emissor deve enviar um rajada de dados de (2 × largura de banda × retardo) bits. O emissor aguarda então a confirmação do receptor para parte da rajada antes de enviar a próxima. O valor 2 × largura de banda × retardo é o número de bits que pode estar em transição a qualquer momento.

O produto largura de banda-retardo define o número de bits capaz de preencher o enlace.

Exemplo 3.48

Podemos imaginar o enlace entre dois pontos como uma tubulação. A seção transversal da tubulação representa a largura de banda e o comprimento, o retardo. Podemos dizer que o volume da tubulação define o produto largura de banda-retardo, conforme pode ser visto na Figura 3.33.

Figura 3.33 *Conceito do produto largura de banda-retardo*

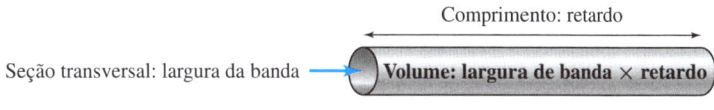

Jitter

Outro fator de desempenho relacionado ao retardo é o *jitter*. Podemos dizer, de modo grosseiro, que o *jitter* é um problema, caso pacotes de dados diferentes encontrem retardos diferentes e a aplicação que estiver usando os dados no receptor for sensível ao tempo (dados de áudio e vídeo, por exemplo). Se o retardo para o primeiro pacote for de 20 ms, para o segundo de 45 ms e para o terceiro de 40 ms, então a aplicação em tempo real que usa os pacotes tolera o *jitter*. Discutiremos o *jitter* de forma pormenorizada no Capítulo 29.

3.7 LEITURA RECOMENDADA

Para mais detalhes sobre os assuntos discutidos no presente capítulo, recomendamos os seguintes livros e sites. Os itens entre colchetes, [. . .], referem-se à lista de referências no final do texto.

Livros

Dados e sinais são abordados de forma elegante nos Capítulos 1 a 6 de [Pea92]. [Cou01] nos dá uma excelente visão sobre sinais em seu Capítulo 2. Informações mais avançadas podem ser encontradas em [Ber96]. [Hsu03] fornece uma excelente abordagem matemática sobre sinalização. Um estudo completo sobre a análise de Fourier pode ser encontrado em [Spi74]. Dados e sinais são discutidos no Capítulo 3 de [Sta04] e na Seção 2.1 de [Tan03].

3.8 TERMOS-CHAVE

amplitude máxima	freqüência fundamental
análise de Fourier	harmônica
analógico	Hertz (Hz)
atenuação	*jitter*
bits por segundo (bps)	largura de banda
canal passa-baixa	onda senoidal
canal passa-faixa	período
capacidade de Shannon	relação sinal/ruído (signal-to-noise) (SNR)
ciclo	retardo de processamento
comprimento de onda	ruído
dados analógicos	sinal
dados digitais	sinal analógico
decibel (dB)	sinal composto
digital	sinal digital
distorção	sinal não periódico
domínio da freqüência	sinal periódico
domínio do tempo	taxa de transferência
fase	taxa de transferência de Nyquist
freqüência	tempo de fila

tempo de propagação
tempo de transmissão
throughput

transmissão banda larga
transmissão banda-base
velocidade de propagação

3.9 RESUMO

- Os dados têm de ser transformados em sinais eletromagnéticos para serem transmitidos.
- Os dados podem ser analógicos ou digitais. Dados analógicos são contínuos e assumem valores contínuos. Dados digitais têm estados discretos e assumem valores discretos.
- Os sinais podem ser analógicos ou digitais. Sinais analógicos podem ter um número infinito de valores em um intervalo; os sinais digitais podem ter apenas um número limitado de valores.
- Em comunicação de dados, normalmente usamos sinais analógicos periódicos e sinais digitais não periódicos.
- Freqüência e período são os inversos um do outro.
- Freqüência é a taxa de mudança em relação ao tempo.
- Fase descreve a posição da forma de onda em relação ao instante 0.
- Uma onda senoidal completa no domínio do tempo pode ser representada por um único pico no domínio da freqüência.
- Uma onda senoidal de freqüência simples não é útil em comunicação de dados; precisamos enviar um sinal composto, um sinal formado de várias ondas senoidais simples.
- De acordo com a análise de Fourier, qualquer sinal composto é uma combinação de ondas senoidais simples com diferentes freqüências, amplitudes e fases.
- A largura de banda de um sinal composto é a diferença entre a maior e a menor freqüências contidas no sinal.
- Um sinal digital é um sinal analógico composto com largura de banda infinita.
- A transmissão banda-base de um sinal digital que preserve a forma do sinal digital é possível apenas se tivermos um canal passa-baixa de largura de banda infinita ou muito ampla.
- Se o canal disponível for um canal passa-faixa, não podemos enviar um sinal digital diretamente ao canal; temos de converter o sinal digital em sinal analógico antes da transmissão.
- Para um canal sem ruído, a fórmula de taxa de transferência de Nyquist define a taxa de transferência teórica máxima. Para um canal com ruído, precisamos usar a capacidade de Shannon para encontrar a taxa de transferência máxima.
- Atenuação, distorção e ruído podem prejudicar um sinal.
- Atenuação é a perda da energia de um sinal em virtude da resistência de um meio.
- Distorção é a alteração de um sinal devido às diferentes velocidades de propagação de cada uma das freqüências que formam um sinal.
- Ruído é a energia externa que causa danos a um sinal.
- O produto largura de banda-retardo define o número de bits capaz de preencher o enlace.

3.10 ATIVIDADES PRÁTICAS

Questões para Revisão

1. Qual é a relação entre período e freqüência?
2. O que mede a amplitude de um sinal? E a freqüência? E a fase?
3. Como um sinal composto pode ser decomposto em suas freqüências individuais?
4. Cite três tipos de perda na transmissão.
5. Cite as diferenças entre transmissão banda-base e transmissão banda larga.
6. Cite as diferenças entre um canal passa-baixa e um canal passa-faixa.
7. O que o teorema de Nyquist tem a ver com comunicações?
8. O que a capacidade de Shannon tem a ver com comunicações?
9. Por que os sinais ópticos usados em cabos de fibra óptica têm um comprimento de onda muito curto?
10. Podemos reconhecer se um sinal é periódico ou não simplesmente analisando seu gráfico de domínio da freqüência? Como?
11. O gráfico de domínio da freqüência de um sinal de voz é discreto ou contínuo?
12. O gráfico de domínio de freqüência de um sistema de alarme é discreto ou contínuo?
13. Enviamos um sinal de voz de um microfone para um gravador. Trata-se de uma transmissão banda-base ou de banda larga?
14. Enviamos um sinal digital de uma estação em uma LAN para outra estação de trabalho. Trata-se de uma transmissão banda-base ou de banda larga?
15. Modulamos vários sinais de voz e os enviamos pelo ar. Trata-se de uma transmissão banda-base ou de banda-larga?

Exercícios

16. Dadas as freqüências a seguir, calcule os períodos correspondentes.
    a. 24 Hz
    b. 8 MHz
    c. 140 kHz
17. Dados os períodos seguintes, calcule as freqüências correspondentes.
    a. 5 s
    b. 12 μs
    c. 220 ns
18. Qual é o deslocamento de fase para as seguintes situações:
    a. Uma onda senoidal com amplitude máxima no instante zero
    b. Uma onda senoidal com amplitude máxima após ¼ de ciclo
    c. Uma onda senoidal com amplitude zero após ¾ de ciclo e crescente
19. Qual é a largura de banda de um sinal que pode ser decomposto em cinco ondas senoidais com freqüências em 0, 20, 50, 100 e 200 Hz? Todas as amplitudes máximas são idênticas. Desenhe a largura de banda.

20. Um sinal composto periódico com largura de banda de 2.000 Hz é composto por duas ondas senoidais. A primeira delas tem freqüência de 100 Hz e amplitude máxima de 20 V; a segunda tem amplitude máxima de 5 V. Desenhe a largura de banda.

21. Que sinal tem largura de banda mais ampla: uma onda senoidal com freqüência de 100 Hz ou uma onda senoidal de freqüência 200 Hz?

22. Qual é a taxa de transferência para cada um dos sinais a seguir:
    a. Um sinal no qual 1 bit dura 0,001 s
    b. Um sinal no qual 1 bit dura 2 ms
    c. Um sinal no qual 10 bits duram 20 μs

23. Um dispositivo envia dados a uma taxa de transferência de 1.000 bps.
    a. Quanto tempo ele leva para enviar 10 bits?
    b. Quanto tempo ele leva para enviar um único caractere (8 bits)?
    c. Quanto tempo ele leva para enviar um arquivo de 100.000 caracteres?

24. Qual é a taxa de transferência para o sinal da Figura 3.34?

Figura 3.34 *Exercício 24*

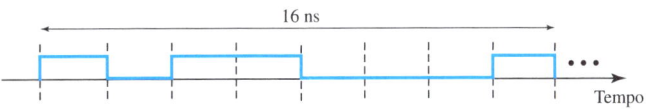

25. Qual é a freqüência do sinal na Figura 3.35?

Figura 3.35 *Exercício 25*

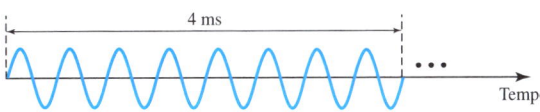

26. Qual é a largura de banda do sinal composto ilustrado na Figura 3.36?

Figura 3.36 *Exercício 26*

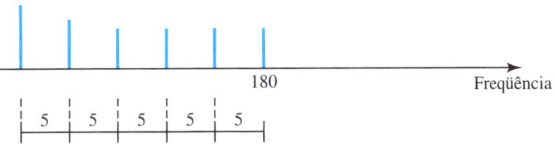

27. Um sinal composto periódico contém freqüências que vão de 10 a 30 kHz, cada um deles com amplitude de 10 V. Represente o espectro de freqüências.

28. Um sinal composto não periódico contém freqüências que vão de 10 a 30 kHz. A amplitude máxima é de 10 V para os sinais de maior e menor freqüência e de 30 V para o sinal de 20 kHz. Supondo que as amplitudes mudem gradualmente do mínimo para o máximo, represente o espectro de freqüências.

29. Um canal de TV possui largura de banda de 6 MHz. Se enviarmos um sinal digital usando um canal, quais serão as taxas de transferência, se usarmos uma harmônica, três harmônicas e cinco harmônicas?

30. Um sinal trafega do ponto A ao ponto B. No ponto A, a potência do sinal é de 100 W. No ponto B, a potência é de 90 W. Qual é a atenuação em decibéis?

31. A atenuação de um sinal é de –10 dB. Qual é a potência final do sinal se ele tinha, originalmente, 5 W?

32. Um sinal passou por três amplificadores em cascata, cada um dos quais com um ganho de 4 dB. Qual é o ganho total? Em quanto o sinal é amplificado?

33. Se a largura de banda do canal for de 5 kbps, quanto tempo ele levará para enviar um pacote de 100.000 bits por esse dispositivo?

34. A luz solar leva aproximadamente oito minutos para atingir a Terra. Qual é a distância entre o Sol e a Terra?

35. Um sinal tem um comprimento de onda igual a 1 μm no ar. Que distância a frente de onda pode percorrer durante 1.000 períodos?

36. Uma linha tem uma relação sinal/ruído igual a 1.000 e uma largura de banda de 4.000 kHz. Qual a taxa de dados máxima suportada por essa linha?

37. Medimos o desempenho de uma linha telefônica (4 kHz de largura de banda). Quando o sinal é 10 V, o ruído é 5 mV. Qual a taxa de dados máxima suportada por essa linha telefônica?

38. Um arquivo contém 2 milhões de bytes. Quanto tempo leva para se fazer o *download* desse arquivo em um canal de 56 kbps? E em um canal de 1 Mbps?

39. Um monitor de computador tem resolução de 1.200 por 1.000 pixels. Se cada pixel usar 1.024 cores, quantos bits seriam necessários para enviar o conteúdo completo de uma tela?

40. Um sinal com 200 miliwatts de potência passa por 10 dispositivos, cada um deles com um nível de ruído médio de 2 microwatts. Qual é a SNR? Qual é a SNR_{dB}?

41. Se a voltagem máxima de um sinal for 20 vezes a voltagem máxima do ruído, qual é a sua SNR? Qual é a SNR_{dB}?

42. Qual é a capacidade teórica de um canal em cada um dos seguintes casos:
    a. Largura de banda: 20 kHz $SNR_{dB} = 40$
    b. Largura de banda: 200 kHz $SNR_{dB} = 4$
    c. Largura de banda: 1 MHz $SNR_{dB} = 20$

43. Precisamos atualizar um canal com uma largura de banda mais ampla. Responda às seguintes questões:
    a. Qual será a taxa melhorada se dobrarmos a largura de banda?
    b. Qual será a taxa melhorada se dobrarmos a SNR?

44. Temos um canal com largura de banda 4 kHz. Se quisermos enviar dados a 100 kbps, qual será a SNR_{dB} mínima? Qual será a SNR?

45. Qual será o tempo de transmissão de um pacote enviado por uma estação se o comprimento do pacote for de 1 milhão de bytes e a largura de banda do canal for de 200 kbps?

46. Qual será o comprimento de um bit em um canal com velocidade de propagação de 2×10^8 m/s se a largura de banda do canal for
    a. 1 Mbps?
    b. 10 Mbps?
    c. 100 Mbps?

47. Quantos bits caberão em um enlace com 2 ms de retardo se a largura de banda do enlace for
    a. 1 Mbps?
    b. 10 Mbps?
    c. 100 Mbps?

48. Qual é o retardo total (latência) para um pacote de 5 milhões de bits que está sendo enviado em um enlace com 10 roteadores, cada um dos quais com um tempo de fila de 2 µs e tempo de processamento de 1 µs? O comprimento do enlace é 2.000 km. A velocidade da luz no interior do enlace é de 2×10^8 m/s. O enlace tem largura de banda de 5 Mbps. Que componente do retardo total é dominante? Qual deles é desprezível?

CAPÍTULO 4

Transmissão Digital

Uma rede de computadores é construída para enviar informações de um ponto a outro. Essas informações precisam ser convertidas em sinais digitais ou analógicos para a transmissão. Neste capítulo, discutiremos a primeira opção, conversão em sinais digitais; no Capítulo 5, veremos a segunda opção, conversão em sinais analógicos.

Discutimos as vantagens e desvantagens da transmissão digital em relação à transmissão analógica no Capítulo 3. Neste capítulo, mostraremos as estratégias e as técnicas utilizadas para transmitir dados em forma digital. Primeiro, trataremos das técnicas de **conversão digital-digital**, métodos que convertem dados digitais em sinais digitais. Em segundo lugar, veremos as técnicas de **conversão analógica-digital**, métodos que transformam um sinal analógico em um sinal digital. Finalmente, abordaremos os **modos de transmissão** de dados.

4.1 CONVERSÃO DIGITAL-DIGITAL

No Capítulo 3, discutimos sobre dados e sinais. Dissemos que os dados podem ser digitais ou analógicos. Dissemos ainda que os sinais que representam dados também podem ser digitais ou analógicos. Nesta seção, veremos como podemos representar dados digitais por meio de sinais digitais. A conversão envolve três técnicas: codificação de linha, codificação de blocos e mistura de sinais. A codificação de linha é sempre necessária; a codificação de blocos e a mistura de sinais não necessariamente.

Codificação de Linha

Codificação de linha é o processo de conversão de dados digitais em sinais digitais. Partimos do pressuposto de que os dados, na forma de texto, números, imagens, áudio ou vídeo, são armazenados na memória do computador como seqüências de bits (ver Capítulo 1). A codificação de linha converte uma seqüência de bits em um sinal digital. No emissor, os dados digitais são codificados em um sinal digital; no receptor, os dados digitais são recriados, reconvertendo-se o sinal digital. A Figura 4.1 ilustra o processo.

Características

Antes de discutirmos os diferentes métodos de codificação, tratamos de suas características comuns.

Figura 4.1 *Codificação de linha e decodificação*

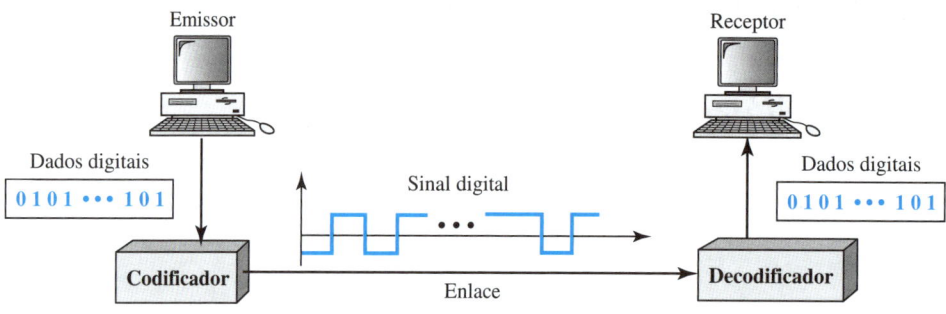

Elemento de Sinal *versus* Elemento de Dados Façamos a distinção entre um **elemento de dados** e um **elemento de sinal**. Em comunicação de dados, o objetivo é transmitir elementos de dados. Um elemento de dados é a menor entidade capaz de representar uma informação: trata-se do bit. Na comunicação de dados digitais, elementos de sinal transportam elementos de dados. Um elemento de sinal é a menor unidade (em termos de tempo) de um sinal digital. Em outras palavras, os elementos de dados são aquilo que precisamos transmitir; os elementos de sinal são aquilo que podemos transmitir. Os elementos de dados são transportados; os elementos de sinal são os portadores.

Definimos uma razão r, que é o número de elementos de dados transportados pelos elementos de sinal. A Figura 4.2 mostra várias situações com diferentes valores de r.

Figura 4.2 *Elemento de sinal* versus *elemento de dados*

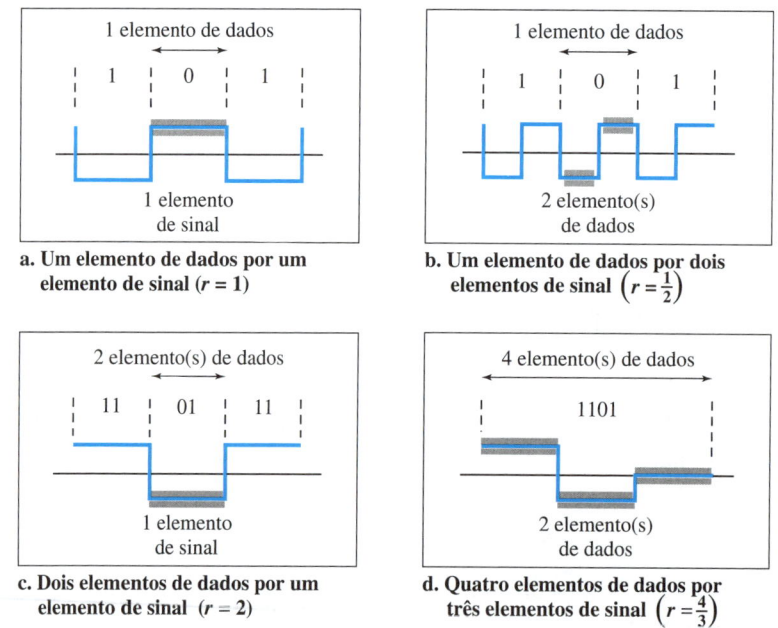

Na parte (a) da figura, um elemento de dados é transportado por um elemento de sinal ($r = 1$). Na parte (b) da figura, precisamos de dois elementos de sinal (duas transições) para transportar cada elemento de dados ($r = \frac{1}{2}$). Veremos mais adiante que um elemento de sinal extra é necessário para garantir sincronização. Na parte (c) da figura, um elemento de sinal transporta dois elementos de dados ($r = 2$). Finalmente, na parte (d), um grupo de 4 bits é transportado por um grupo de três elementos de sinal ($r = \frac{4}{3}$). Para cada método de codificação de linha que discutirmos, forneceremos o valor de r.

Talvez uma analogia possa ajudar. Suponha que cada elemento de dados seja uma pessoa que precise ser transportada de um local para outro. Podemos imaginar um elemento de sinal como um veículo capaz de transportar pessoas. Quando $r = 1$, significa que cada pessoa está dirigindo um veículo. Quando $r > 1$, significa que mais de uma pessoa está viajando em um veículo (uma carona, por exemplo). Também podemos ter o caso em que uma pessoa está dirigindo o carro que reboca um trailer ($r = \frac{1}{2}$).

Taxa de Dados *versus* Taxa de Sinal A **taxa de dados** define o número de elementos de dados (bits) enviados na forma de 1. A unidade é bits por segundo (bps). A **taxa de sinal** é o número de elementos de sinal enviados na forma de 1. A unidade é baud. Existem várias terminologias comuns usadas no jargão técnico. A taxa de dados é algumas vezes chamada **taxa de bits**; a taxa de sinal é muitas vezes denominada **taxa de pulsos**, **taxa de modulação** ou **taxa de transmissão**.

Nosso objetivo em comunicação de dados é aumentar a taxa de dados e, ao mesmo tempo, diminuir a taxa de sinal. Aumentar a taxa de produção de dados eleva a velocidade de transmissão; reduzir a taxa de sinal diminui as exigências em termos de largura de banda. Em nossa analogia de pessoas em um veículo, precisamos transportar mais pessoas em um número menor de veículos para evitar congestionamentos. Temos uma *largura de banda* limitada em nosso sistema de transporte.

Agora, precisamos considerar a relação entre taxa de dados e taxa de sinal (taxa de bits e taxa de transmissão). Essa relação, obviamente, depende do valor de r. Ela também depende do padrão de dados. Se tivermos um padrão de dados com todos os valores iguais a 1 ou todos 0, a taxa de sinal pode ser diferente de um padrão de dados no qual se alternam bits 1 e 0. Para encontrarmos uma fórmula para a relação, precisamos definir três situações: a pior, a melhor e a média. A pior situação é quando precisamos da taxa de sinal máxima; a melhor é quando precisamos da taxa de sinal mínima. Em comunicação de dados, normalmente, estamos interessados no caso intermediário (média). Podemos formular a relação entre taxa de dados e taxa de sinal como segue

$$S = c \times N \times \frac{1}{r} \quad \text{baud}$$

em que N é a taxa de dados (bps); c é o fator de caso, que varia para cada caso; S é o número de elementos de sinal (taxa de transmissão) e r é o fator definido previamente.

Exemplo 4.1

Um sinal transporta dados nos quais um elemento de dados é codificado como um elemento de sinal ($r = 1$). Se a taxa de bits for de 100 kbps, qual é o valor médio da taxa de transmissão se c estiver entre 0 e 1?

Solução

Supondo que o valor médio de c seja $\frac{1}{2}$. A taxa de transmissão é então

$$S = c \times N \times \frac{1}{r} = \frac{1}{2} \times 100.000 \times \frac{1}{1} = 50.000 = 50 \text{ kbaud}$$

Largura de Banda Discutimos, no Capítulo 3, que um sinal digital que transporta informações não é periódico. Também mostramos que a largura de banda de um sinal não periódico é contínua em um intervalo infinito. Entretanto, a maioria dos sinais digitais que encontramos na vida real tem uma largura de banda com valores finitos. Em outras palavras, a largura de banda é, teoricamente, infinita, mas muitos dos componentes têm amplitude tão pequena que podem ser ignorados. A largura de banda efetiva é finita. Daqui para a frente, quando falarmos de largura de banda de um sinal digital, precisamos nos lembrar que estamos falando sobre essa largura de banda efetiva.

> **Embora a largura de banda real de um sinal digital seja infinita, a largura de banda efetiva é finita.**

Podemos dizer que a taxa de transmissão, não a taxa de bits, determina a largura de banda necessária para um sinal digital. Se usarmos a analogia do transporte, o número de veículos afeta o tráfego, não o número de pessoas que estão sendo transportadas. Muitas mudanças no sinal significa injetar mais freqüências neste. (Lembre-se de que a freqüência significa mudança e mudança significa freqüência.) A largura de banda reflete o intervalo de freqüências de que precisamos. Existe uma relação entre a taxa de transmissão (taxa de sinal) e a largura de banda. Largura de banda é uma idéia complexa. Ao falarmos de largura de banda, definimos normalmente um intervalo de freqüências. Precisamos saber em que esse intervalo se encontra, bem como os valores da menor e da maior freqüências. Além disso, a amplitude (se não a fase) de cada componente é uma questão importante. Em outras palavras, precisamos de mais informações sobre a largura de banda que simplesmente seu valor; precisamos de um diagrama da largura de banda. Mostraremos a largura de banda para a maioria dos métodos de codificação aqui discutidos. Por enquanto, podemos dizer que a largura de banda (intervalo de freqüências) é proporcional à taxa de sinal (taxa de transmissão). A largura de banda mínima pode ser dada por

$$B_{mín} = c \times N \times \frac{1}{r}$$

Podemos calcular a taxa de dados máxima se a largura de banda do canal for dada.

$$N_{máx} = \frac{1}{c} \times B \times r$$

Exemplo 4.2

A taxa de dados máxima de um canal (ver Capítulo 3) é $N_{máx} = 2 \times B \times \log_2 L$ (definido pelo teorema de Nyquist). Isso está de acordo com a fórmula para $N_{máx}$?

Solução

Um sinal com L níveis pode, na verdade, transportar $\log_2 L$ bits por nível. Se cada nível corresponder a um elemento de sinal e supormos o caso médio ($c = \frac{1}{2}$), teremos então

$$N_{máx} = \frac{1}{c} \times B \times r = 2 \times B \times \log_2 L$$

Afastamento em Relação à Referência Inicial Ao decodificar um sinal digital, o receptor calcula a média efetiva de potência do sinal recebido. Essa média é chamada **referência inicial**.

A potência do sinal de entrada é comparada em relação a essa referência para determinar o valor do elemento de dados. Uma longa string de 0s ou 1s pode provocar uma mudança (desvio) na referência (afastamento em relação à referência inicial) tornando difícil para o receptor decodificar corretamente o sinal. Um bom método de codificação de linha precisa evitar o afastamento em relação à referência inicial.

Componentes DC   Quando o nível de voltagem de um sinal digital for constante por certo período, o espectro cria freqüências muito baixas (resultados da análise de Fourier). Essas freqüências em torno de zero, chamadas *componentes* DC (corrente contínua), constituem um problema para um sistema que não seja capaz de deixar passar baixas freqüências ou para um sistema que use acoplamento elétrico (por meio de um transformador). Por exemplo, uma linha telefônica não é capaz de deixar passar freqüências abaixo de 200 Hz. Da mesma forma, um link de longa distância poderá usar um ou mais transformadores para isolar eletricamente partes distintas de uma linha. Para tais sistemas, precisamos de uma estratégia para eliminar os **componentes DC**.

Auto-sincronização   Para interpretar corretamente os sinais recebidos do emissor, os intervalos de bits do receptor devem corresponder exatamente aos intervalos de bits do emissor. Se o clock do receptor for mais rápido ou mais lento, os intervalos de bits recebidos não coincidirão e pode ser que o receptor interprete os sinais de forma incorreta. A Figura 4.3 ilustra uma situação na qual o receptor tem uma duração de bits menor. O emissor envia 10110001, ao passo que o receptor recebe 110111000011.

Figura 4.3   *Efeito da falta de sincronismo*

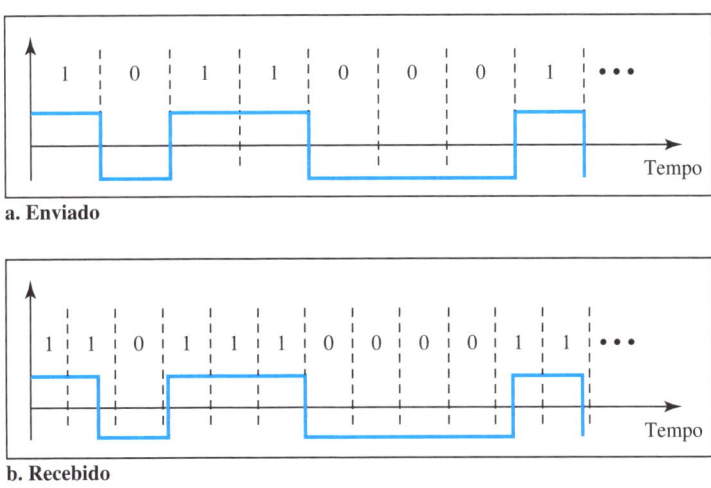

Um sinal digital **auto-sincronizado** inclui informações de sincronismo nos dados transmitidos. Isso pode ser obtido se existirem transições no sinal que alertem o receptor sobre o início, meio ou fim de um pulso. Se o clock do receptor estiver fora de sincronismo, essas transições poderão reinicializar o clock.

Exemplo 4.3

Em uma transmissão digital, o clock do receptor é de 0,1% mais rápido que o do emissor. Quantos bits extras por segundo o receptor recebe se a taxa de dados for de 1 kbps? E no caso de 1 Mbps?

Solução

A 1 kbps, o receptor recebe 1.001 bps em vez de 1.000 bps.

| 1.000 bits enviados | 1.001 bits recebidos | 1 bps a mais |

A 1 Mbps o receptor recebe 1.001.000 bps em vez de 1.000.000 bps.

| 1.000.000 bits enviados | 1.001.000 bits recebidos | 1.000 bps a mais |

Detecção de Erros Embutidos É desejável possuir recursos de detecção de erros embutidos no código gerado para detectar parte ou todos os erros ocorridos durante uma transmissão. Alguns métodos de codificação que discutiremos têm, até certo ponto, essa capacidade.

Imunidade a Ruído e Interferência Outra característica de código desejável é um código que seja imune a ruídos e outras interferências. Alguns métodos de codificação que iremos tratar apresentam essa capacidade.

Complexidade Um método complexo é mais dispendioso de implementar que um simples. Por exemplo, um método que use quatro níveis de sinal é mais difícil de interpretar que um com apenas dois níveis.

Métodos de Codificação de Linha

Podemos, de forma resumida, dividir os métodos de codificação de linha em cinco grandes categorias, conforme ilustrado na Figura 4.4.

Figura 4.4 *Métodos de codificação de linha*

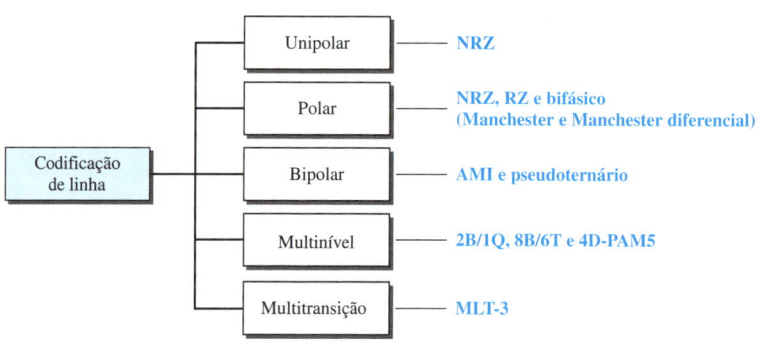

Existem vários métodos dentro de cada categoria. Precisamos estar familiarizados com todos os que são discutidos nesta seção para entender o restante do livro. Esta seção pode ser usada como referência para os métodos encontrados posteriormente.

Método Unipolar

Em um método unipolar, todos os níveis de sinal se encontram em um dos lados do eixo do tempo, acima ou abaixo dele.

NRZ (*Non-Return-to-Zero*, ou seja, Sem Retorno a Zero) Tradicionalmente, um método unipolar foi desenvolvido como um método **NRZ (sem retorno a zero)** no qual a voltagem positiva define o bit 1 e a voltagem zero define o bit 0. Ele é chamado NRZ porque o sinal não retorna a zero no meio do bit. A Figura 4.5 mostra um método NRZ unipolar.

Figura 4.5 *Método NRZ unipolar*

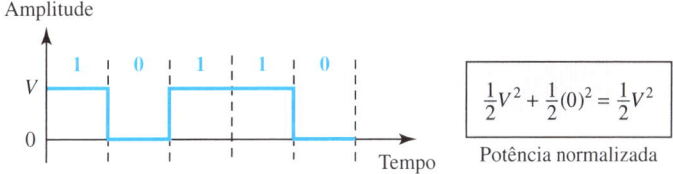

Comparado com seu equivalente polar (ver a seção seguinte), esse método custa muito caro. Como veremos em breve, a potência normalizada (potência necessária para enviar 1 bit por resistência unitária de linha) é o dobro da utilizada no NRZ polar. Por essa razão, esse método normalmente não é usado em comunicação de dados hoje em dia.

Métodos Polares

Em métodos polares, as voltagens se encontram em ambos os lados do eixo de tempo. Por exemplo, o nível de voltagem para 0 pode ser positivo e o nível de voltagem para 1 pode ser negativo.

NRZ (Sem Retorno a Zero) Na codificação **NRZ polar**, usamos dois níveis de amplitude de voltagem. Podemos ter duas versões de NRZ polar: NRZ-L e NRZ-I, conforme pode ser visto na Figura 4.6. A figura também mostra o valor de *r*, a taxa de transmissão média, e a largura de banda. Na primeira variante, NRZ-L (**NRZ-Level**), o nível da voltagem determina o valor do bit. Na segunda variante, NRZ-I (**NRZ-Invert**), a mudança ou falta de mudança no nível da voltagem determina o valor do bit a ser transmitido. Esse método não modifica o sinal de saída quando envia bit "0", e inverte o sinal do estado anterior quando enviando bit "1".

Figura 4.6 *Métodos NRZ-L e NRZ-I*

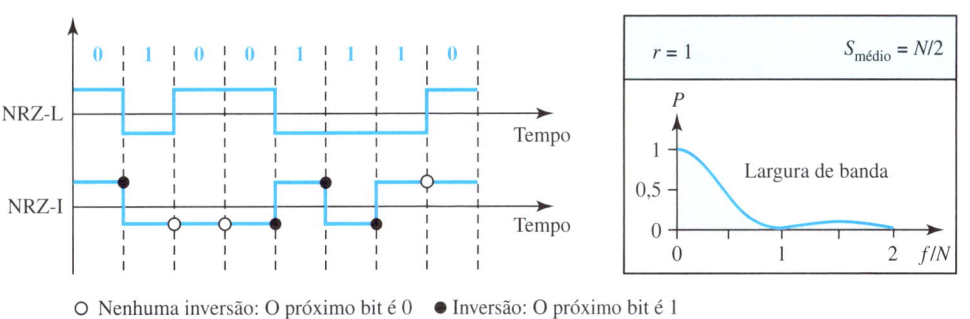

No NRZ-L, o nível de voltagem determina o valor do bit. No NRZ-I, a inversão ou a falta de inversão determina o valor do bit.

Comparemos esses dois métodos tomando como base os critérios previamente definidos. Embora o afastamento em relação à referência inicial seja um problema para ambas as variantes, ele é duplamente mais sério no NRZ-L. Se houver uma longa seqüência de 0s e 1s no NRZ-L, a potência média do sinal se torna distorcida. O receptor pode ter dificuldades em discernir o valor do bit. No NRZ-I, esse problema ocorre apenas para uma seqüência longa de 0s. Se, de alguma maneira, pudermos eliminar a longa seqüência de 0s, evitamos o afastamento em relação à referência inicial. Veremos rapidamente como isso pode ser feito.

O problema de sincronização (clocks do emissor e do receptor não sincronizados) também existe em ambos os métodos. Repetindo, esse problema é mais sério no NRZ-L que no NRZ-I. Embora uma longa seqüência de 0s possa provocar problemas em ambos os métodos, uma longa seqüência de 1s afeta apenas o NRZ-L.

Outro problema com o NRZ-L ocorre quando há uma mudança brusca de polaridade no sistema. Por exemplo, se um cabo de par trançado for o meio de transmissão, uma mudança na polaridade do cabo resulta em todos os 0s serem interpretados como 1s e todos os 1s serem interpretados como 0s. O NRZ-I não apresenta esse problema. Ambos os métodos têm uma taxa média de sinal igual a N/2 Bd.

Tanto o método NRZ-L quanto o NRZ-I apresentam a taxa média de sinal igual a *N*/2 Bd.

Tratemos da largura de banda. A Figura 4.6 também ilustra a largura de banda normalizada para ambas as variantes. O eixo vertical mostra a densidade de potência (a potência para cada 1 Hz de largura de banda); o eixo horizontal indica a freqüência. A largura de banda revela um problema sério para esse tipo de codificação. O valor da densidade de potência é muito alto em torno das freqüências próximas a zero. Isso significa que existem componentes DC que carregam um nível muito elevado de energia. Na realidade, grande parte da energia está concentrada nas freqüências entre 0 e *N*/2. Isso significa que, embora a taxa média de sinal seja *N*/2, a energia não está distribuída de forma homogênea entre as duas metades.

Tanto o método NRZ-L quanto o NRZ-I apresentam problemas de componentes DC.

Exemplo 4.4

Um sistema usa o método NRZ-I para transferir dados a 10 Mbps. Qual é a taxa média de sinal e a largura de banda mínima?

Solução

A taxa média de sinal é $S = N/2 = 500$ kbauds. A largura de banda mínima para essa taxa de transmissão média é $B_{min} = S = 500$ kHz.

Retorno a Zero (ZR) O principal problema na codificação NRZ ocorre quando os clocks do emissor e do receptor não estão sincronizados. O receptor não sabe quando um bit terminou e o próximo bit está começando. Uma solução seria o método **RZ** (*return-to-zero*, ou seja, **retorno a zero**) que usa três valores: positivo, negativo e zero. No método RZ, o sinal muda não entre bits, mas sim durante o bit. Na Figura 4.7, podemos ver que o sinal vai a 0 no meio de cada bit. Ele permanece aí até o início do próximo bit. A principal desvantagem da codificação RZ é que ela requer duas mudanças de sinal para codificar um bit e, portanto, ocupa maior largura de banda. O mesmo problema que mencionamos, uma mudança repentina de polaridade resultando em todos os 0s serem interpretados como 1s e todos os 1s serem interpretados como 0s ainda persiste aqui, mas, o problema de componentes DC não existe mais. Outro problema é a complexidade: o método RZ usa três níveis de voltagem, que é mais complexo de criar e distinguir. Como conseqüência de todas essas deficiências, esse método não é mais utilizado hoje em dia. Em vez dele, usa-se os métodos Manchester e Manchester diferencial, que apresentam melhor desempenho (e serão apresentados a seguir).

Figura 4.7 *Método RZ polar*

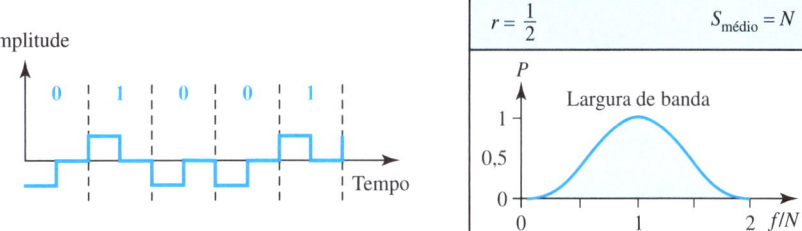

Bifásico: Manchester e Manchester Diferencial   Os conceitos do método RZ (transição no meio do bit) e do método NRZ-L são combinados no método **Manchester**. Na codificação Manchester, a duração do bit é dividida em duas metades. A voltagem permanece em um nível durante a primeira metade e se desloca para o outro nível na segunda metade. A transição no meio do bit fornece sincronismo. Por outro lado, o método **Manchester diferencial** combina os conceitos dos métodos RZ e NRZ-I. Existe sempre uma transição no meio do bit, mas os valores são determinados no início dele. Se o próximo bit for 0, ocorre uma transição; caso o bit seguinte seja 1, não ocorre nenhuma transição. A Figura 4.8 ilustra os métodos de codificação Manchester e Manchester diferencial.

Figura 4.8 *Bifásico polar: métodos Manchester e Manchester diferencial*

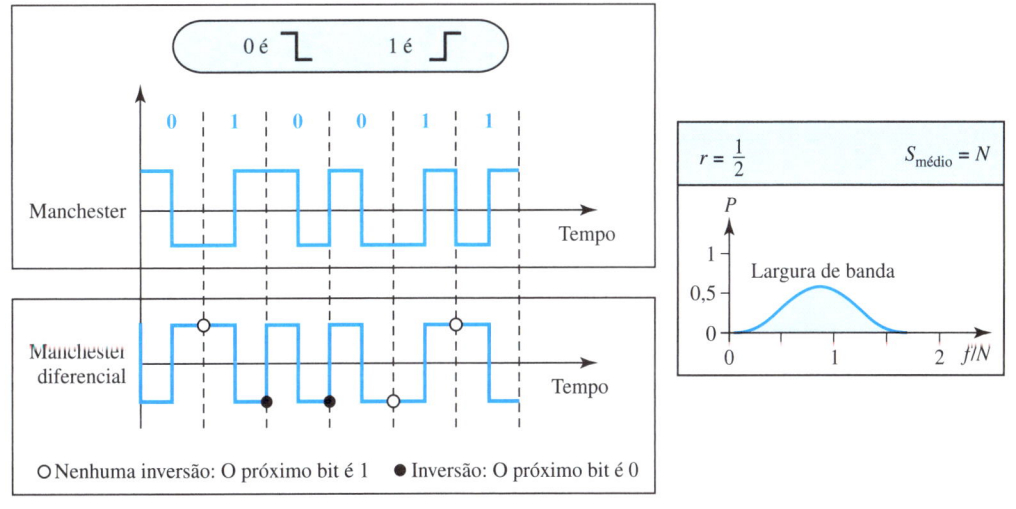

Nas codificações Manchester e Manchester diferencial, a transição no meio do bit é usada para sincronização.

O método Manchester resolve vários problemas associados ao NRZ-L e o método Manchester diferencial resolve diversos problemas associados ao NRZ-I. Em primeiro lugar, não existe afastamento em relação à referência inicial. Não existe nenhum componente DC, pois cada bit tem uma contribuição positiva e negativa em termos de voltagem. O único inconveniente é a taxa de sinal. A taxa de sinal para os métodos Manchester e Manchester diferencial é o dobro do NRZ. A razão para isso é que sempre existe uma transição no meio do bit e talvez uma transição no final de cada bit. A Figura 4.8 indica os métodos de codificação Manchester e Manchester diferencial. Observe que os métodos Manchester e Manchester diferencial também são denominados **bifásicos**.

> **A largura de banda mínima requerida para os métodos Manchester e Manchester diferencial é o dobro do NRZ.**

Métodos Bipolares

Na codificação **bipolar** (algumas vezes denominada *binária multinível*), existem três níveis de voltagem: positivo, negativo e zero. O nível de voltagem para um elemento de dados se encontra em zero, ao passo que o nível de voltagem para o outro elemento fica alternando entre valores positivos e negativos.

> **Na codificação bipolar, usamos três níveis: positivo, zero e negativo.**

AMI e Pseudoternário A Figura 4.9 mostra duas variações de codificação bipolar: AMI e pseudoternária. Um método de codificação bipolar comum é o chamado **AMI — inversão de marca alternada** (*alternate mark inversion*). No termo *inversão de marca alternada*, a palavra *marca* provém da telegrafia e significa 1. Portanto, AMI significa inversão de 1 alternado. Uma voltagem neutra zero representa o 0 binário. Os 1s binários são representados alternando-se voltagens positivas e negativas. Uma variante da codificação AMI é denominada **pseudoternária**, na qual o bit 1 é codificado como uma voltagem zero e o bit 0 é codificado como voltagens alternadas positiva e negativa.

Figura 4.9 *Métodos bipolares: AMI e pseudoternário*

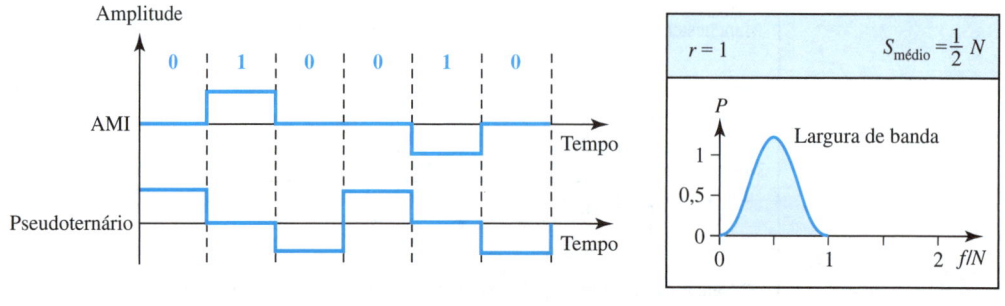

O método bipolar foi desenvolvido como alternativa para o método NRZ. O método bipolar tem a mesma taxa de sinal do NRZ, mas não existem componentes DC. O método NRZ tem a maior parte de sua energia concentrada próxima à freqüência zero, o que o torna inadequado para a transmissão de dados por meio de canais com baixo desempenho em torno dessa freqüência.

A concentração de energia na codificação bipolar é em torno da freqüência $N/2$. A Figura 4.9 mostra a concentração típica de energia para um método bipolar.

Poderíamos perguntar: mas por que não temos componentes DC na codificação bipolar? Podemos responder a essa pergunta usando transformadas de Fourier, mas, também podemos pensar de forma intuitiva. Se tivermos uma longa seqüência de bits 1s, o nível de voltagem alternará entre valores positivos e negativos; ele não será constante. Portanto, não existe nenhum componente DC. Para uma longa seqüência de bits 0s, a voltagem permanece constante, no entanto, sua amplitude será zero, que é o mesmo que não ter nenhum componente DC. Em outras palavras, uma seqüência que cria uma voltagem constante zero não tem componente DC.

O método AMI é usado comumente para comunicações de longa distância. Entretanto, ele apresenta problemas de sincronização quando uma longa seqüência de 0s estiver presente nos dados. Posteriormente, ainda neste capítulo, veremos como as técnicas de mistura de sinais podem solucionar esse problema.

Métodos Multinível

O desejo de aumentar a velocidade de dados ou diminuir a largura de banda necessária resultou na criação de muitos métodos alternativos. O objetivo é aumentar o número de bits por baud codificando-se um padrão de m elementos de dados em um padrão de n elementos de sinal. Temos apenas dois tipos de elementos de dados (0s e 1s), o que significa que um grupo de m elementos de dados pode produzir uma combinação de 2^m padrões de dados. Podemos ter diferentes tipos de elementos de sinal permitindo diferentes níveis de sinal. Se tivermos L níveis diferentes, podemos então produzir L^n combinações de padrões de sinal. Se $2^m = L^n$, então cada padrão de dados é codificado em um padrão de sinal. Se tivermos $2^m < L^n$, os padrões de dados ocuparão apenas um subconjunto dos padrões de sinal. Esse subconjunto pode ser desenvolvido cuidadosamente, de modo a evitar o afastamento em relação à referência inicial, fornecendo sincronização e detecção de erros ocorridos durante a transmissão de dados. A codificação de dados não é possível se $2^m > L^n$, pois parte dos padrões de dados não poderá ser codificada.

Os desenvolvedores de códigos classificaram esse tipo de codificação como *mBnL*, em que m é o comprimento do padrão binário, B significa dados binários, n é o comprimento do padrão de sinal e L é o número de níveis de sinalização. Normalmente, é usada uma letra no lugar de L: B (binário) para $L = 2$, T (ternário) para $L = 3$ e Q (quaternário) para $L = 4$. Note que as duas primeiras letras definem o padrão de dados e as duas seguintes estabelecem o padrão de sinal.

Em métodos *mBnL*, um padrão de *m* elementos de dados é codificado como um padrão de *n* elementos de sinal, em que $2^m \leq L^n$.

2B1Q O primeiro método *mBnL* que discutiremos, **dois binários, um quaternário** (**2B1Q**), usa padrões de dados de tamanho 2 e codifica os padrões de 2 bits como um elemento de sinal pertencente a um sinal de quatro níveis. Nesse tipo de codificação, temos: $m = 2$, $n = 1$ e $L = 4$ (quaternário). A Figura 4.10 mostra um exemplo de um sinal 2B1Q.

A taxa média de sinal de 2B1Q é $S = N/4$. Isso significa que, usando 2B1Q, podemos enviar dados duas vezes mais rápido que utilizando NRZ-L. Entretanto, o método 2B1Q usa quatro níveis de sinal diferentes, o que significa que o receptor tem de decodificar quatro limiares diferentes. A redução na largura de banda tem seu preço. Nesse método, não existe nenhum padrão de sinal redundante, pois $2^2 = 4^1$.

Como veremos no Capítulo 9, o 2B1Q é usado na tecnologia DSL (*Digital Subscriber Line*), para oferecer uma conexão de alta velocidade para a Internet através de linhas telefônicas convencionais.

Figura 4.10 *Multinível: método 2B1Q*

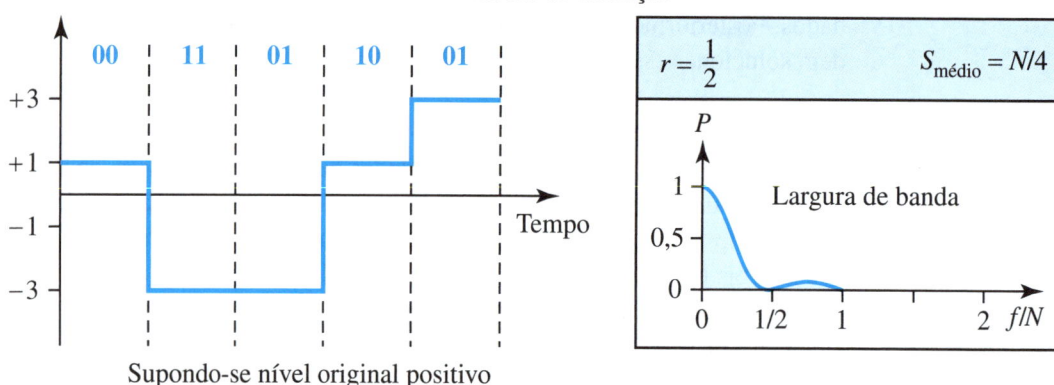

8B6T   Um método muito interessante é o **oito binário, seis ternário** (**8B6T**). Esse código é usado em cabos 100BASE-4T, como veremos no Capítulo 13. A idéia é codificar um padrão de 8 bits como um padrão de seis elementos de sinal, em que o sinal tem três níveis (ternário). Nesse tipo de método, podemos ter $2^8 = 256$ padrões de dados diferentes e $3^6 = 478$ padrões de sinal diferentes. A tabela de mapeamento é mostrada no Apêndice D. Existem $478 - 256 = 222$ elementos de sinal redundantes que fornecem sincronismo e detecção de erros. Parte da redundância também é utilizada para fornecer equilíbrio DC. Cada padrão de sinal tem peso 0 ou valores +1 DC. Isso significa que não existe nenhum padrão com peso –1. Para tornar todo o fluxo equilibrado em termos DC, o emissor controla o peso. Se dois grupos de peso 1 forem encontrados, o primeiro será enviando como ele é, enquanto o próximo será totalmente invertido para dar peso –1.

A Figura 4.11 mostra um exemplo de três padrões de dados codificados como padrões de três sinais. Os três níveis possíveis de sinal são representados como –, 0 e +. O primeiro padrão de 8 bits 00010001 é codificado como o padrão de sinal –0–0++ com peso 0; o segundo padrão de 8 bits 01010011 é codificado como –+–++0 e peso +1. O terceiro padrão de bits deve ser codificado como +--+0+ com peso +1. Para criar equilíbrio DC, o emissor inverte o sinal real. O receptor pode reconhecer facilmente que se trata de um padrão invertido, pois o peso é –1. O padrão é invertido antes da decodificação.

Figura 4.11 *Multinível: método 8B6T*

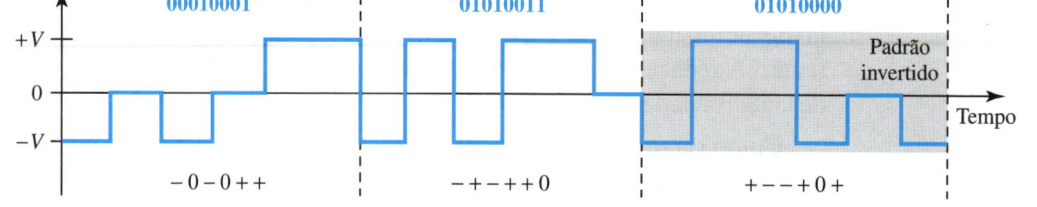

A taxa média de sinal do método é, teoricamente, $S_{médio} = \frac{1}{2} \times N \times \frac{6}{8}$; na prática, a largura de banda mínima é muito próxima de $6N/8$.

4D-PAM5 O último método de sinalização que trataremos nessa categoria é a chamada **modulação de amplitude de pulso com cinco níveis e quatro dimensões** (**4D-PAM5**). O 4D significa que os dados são enviados através de quatro fios ao mesmo tempo. Ele usa cinco níveis de voltagem como $-2, -1, 0, 1$ e 2. Entretanto, um nível, o nível 0, é usado apenas para detecção antecipada de erros (a ser discutida no Capítulo 10). Se assumirmos que o código é unidimensional, os quatro níveis criam algo similar ao método 8B4Q. Em outras palavras, uma palavra de 8 bits é convertida em um elemento de sinal de quatro níveis diferentes. A pior taxa de sinal para essa versão imaginária de uma dimensão é $N \times 4/8$ ou $N/2$.

A técnica foi desenvolvida para enviar dados através de quatro canais (quatro fios). Isso significa que a taxa de sinal pode ser reduzida para $N/8$, um feito significativo. Todos os 8 bits podem ser alimentados simultaneamente em um único fio e enviados usando um único elemento de sinal. A questão aqui é que os quatro elementos de sinal formam um grupo de sinais que são enviados simultaneamente em uma configuração de quatro dimensões. A Figura 4.12 ilustra uma implementação imaginária unidimensional e uma implementação real de quatro dimensões. LANs na casa dos gigabits (ver o Capítulo 13) usam essa técnica para enviar dados de 1 Gbps através de quatro cabos de cobre capazes de transmitir até 125 Mbauds. Esse método tem grande redundância no padrão de sinal, pois 2^8 padrões de dados equivalem a $4^4 = 256$ padrões de sinais. Os padrões de sinal extras podem ser usados para outros fins como detecção de erros.

Figura 4.12 *Multinível: método 4D-PAM5*

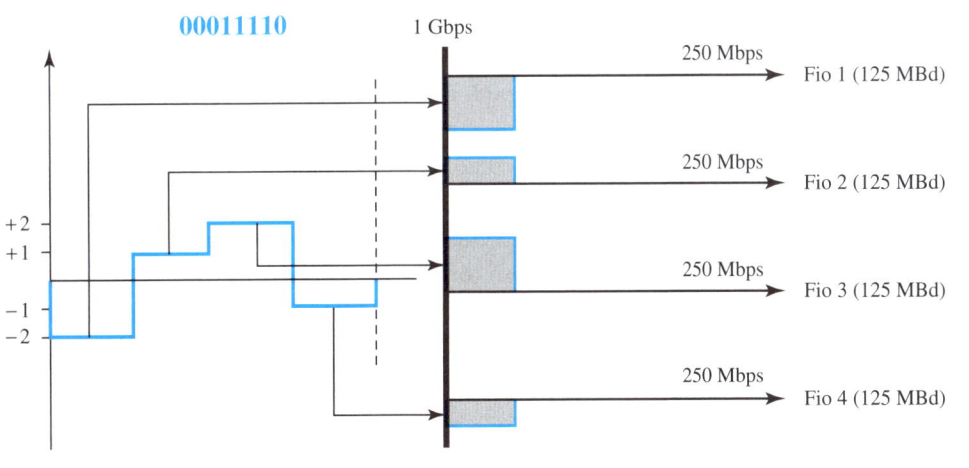

Transmissão Multilinha: MLT-3

Os métodos NRZ-I e Manchester diferencial são classificados como codificação diferencial, mas usam duas regras de transição para codificar dados binários (nenhuma inversão, inversão). Se tivermos um sinal com mais de dois níveis, podemos elaborar um método de codificação diferencial com mais de duas regras de transição. O MLT-3 é um deles. O método **MLT-3** (**transmissão multilinha de três níveis**) usa três níveis (+V, 0 e –V) e três regras de transição para mudar de nível.

1. Se o próximo bit for 0, não existe nenhuma transição.
2. Se o próximo bit for 1 e o nível atual não for 0, o nível seguinte será 0.
3. Se o próximo bit for 1 e o nível atual for 0, o nível seguinte será o oposto do último nível não-zero.

O comportamento do MLT-3 pode ser mais bem descrito pelo diagrama de estados, expostos na Figura 4.13. Os três níveis de voltagem (–V, 0 e +V) são mostrados por três estados (ovais). A transição de um estado (nível) a outro é mostrada por linhas de conexão. A Figura 4.13 também indica dois exemplos de um sinal MLT-3.

Figura 4.13 *Multitransição: método MLT-3*

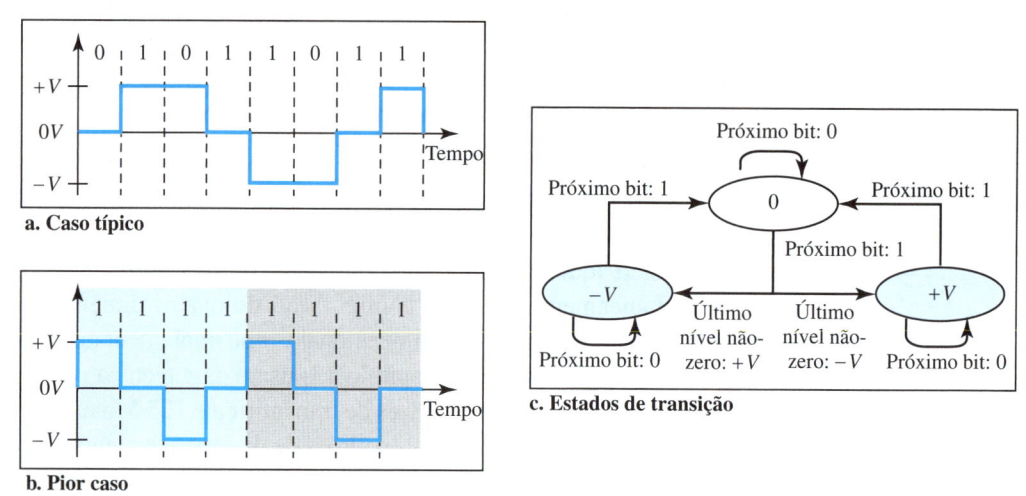

Alguém talvez esteja se perguntando por que precisamos usar o MLT-3, um método que mapeia um bit a um elemento de sinal. A taxa de sinal é a mesma do método NRZ-I, mas com maior complexidade (três níveis e regras de transição complexa). O que acaba acontecendo é que a forma do sinal nesse método ajuda a reduzir a largura de banda necessária. Vejamos o pior cenário, uma seqüência de 1s. Nesse caso, o padrão do elemento de sinal +V0 –V0 é repetido a cada 4 bits. Um sinal não periódico mudou para um sinal periódico com o período igual a quatro vezes a duração do bit. Essa situação de pior caso pode ser simulada como um sinal analógico com uma freqüência de um quarto da taxa de bits. Em outras palavras, a taxa de sinal para o MLT-3 é um quarto da taxa de bits. Isso torna o MLT-3 uma escolha perfeita para quando precisamos enviar 100 Mbps em um fio de cobre que não seja capaz de suportar mais de 32 MHz (freqüências acima desse nível criam emissões eletromagnéticas). O método MLT-3 e as LANs serão discutidos no Capítulo 13.

Resumo dos Métodos de Codificação de Linha

A Tabela 4.1 sumariza as características dos diferentes métodos discutidos.

Tabela 4.1 *Sumário dos métodos de codificação de linha*

Categoria	Método	Largura de Banda (média)	Características
Unipolar	NRZ	$B = N/2$	Oneroso, sem auto-sincronização em caso de longas seqüências de 0s ou 1s, DC
Unipolar	NRZ-L	$B = N/2$	Sem auto-sincronização em caso de longas seqüências de 0s ou 1s, DC
	NRZ-I	$B = N/2$	Sem auto-sincronização para longas seqüências de 0s, DC
	Bifásico	$B = N$	Auto-sincronização, sem componentes DC, grande largura de banda

Tabela 4.1 *Sumário dos métodos de codificação de linha (continuação)*

Categoria	Método	Largura de Banda (média)	Características
Bipolar	AMI	$B = N/2$	Sem auto-sincronização para longas seqüências de 0s, DC
Multinível	2B1Q	$B = N/4$	Sem auto-sincronização para longas seqüências de bits duplos longos
	8B6T	$B = 3N/4$	Auto-sincronização, sem DC
	4D-PAM5	$B = N/8$	Auto-sincronização, sem DC
Multilinha	MLT-3	$B = N/3$	Sem auto-sincronização para longas seqüências de 0s

Codificação de Blocos

Precisamos de redundância para garantir sincronismo e para fornecer algum tipo de detecção de erros inerentes. A codificação de blocos pode fornecer essa redundância e melhorar o desempenho da codificação de linha. Em geral, a **codificação de blocos** muda um bloco de *m* bits em um bloco de *n* bits, em que *n* é maior que *m*. A codificação de blocos é conhecida como técnica de codificação *mB/nB*.

> **A codificação de blocos é normalmente conhecida como codificação *mB/nB*; ela substitui cada grupo de *m* bits por um grupo de *n* bits.**

A barra na codificação de blocos (por exemplo, 4B/5B) distingue a codificação de blocos da codificação multinível (por exemplo, 8B6T), que é escrita sem a barra. A codificação de blocos normalmente envolve três etapas: divisão, substituição e combinação. Na etapa de divisão, uma seqüência de bits é dividida em grupos de *m* bits. Por exemplo, na codificação 4B/5B, a seqüência de bits original é dividida em grupos de 4 bits. O âmago da codificação de blocos é a etapa de substituição. Nessa etapa, substituímos um grupo de *m* bits por um grupo de *n* bits. Por exemplo, na codificação 4B/5B substituímos um grupo de 4 bits por um grupo de 5 bits. Finalmente, os grupos de *n* bits são combinados para formar um fluxo de dados. O novo fluxo tem mais bits que os bits originais. A Figura 4.14 mostra o procedimento.

Figura 4.14 *Conceito de codificação de blocos*

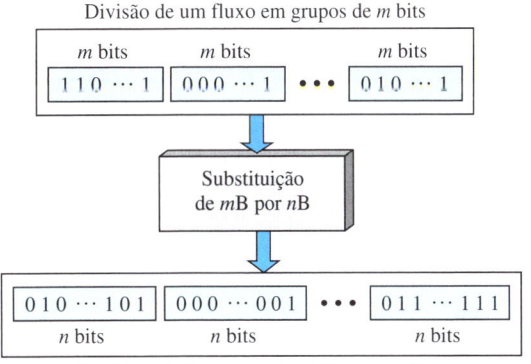

4B/5B

O método de codificação **quatro binário, cinco binário** (**4B/5B**) foi desenvolvido para ser utilizado em combinação com o NRZ-I. Relembre que o NRZ-I tem excelente taxa de sinal, metade do bifásico, mas apresenta problemas de sincronização. Uma longa seqüência de 0s pode fazer que o clock do receptor perca o sincronismo. Uma solução é alterar o fluxo de bits, anterior à codificação com NRZ-I, de modo que ele não transmita um longo fluxo de 0s. O método 4B/5B atinge esse objetivo. O fluxo codificado em blocos não tem mais de três 0s consecutivos, como veremos a seguir. No receptor, o sinal digital codificado NRZ-I é, primeiro, decodificado em um fluxo de bits e, então, decodificado para eliminar redundâncias. A Figura 4.15 ilustra a idéia.

Figura 4.15 *Uso da codificação de blocos 4B/5B com o método de codificação de linha NRZ-I*

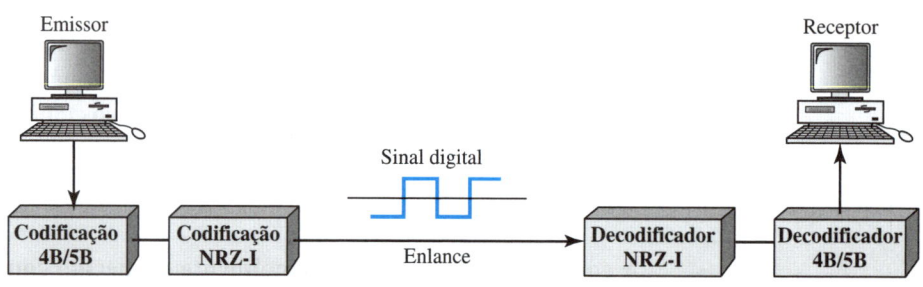

Na codificação 4B/5B, a saída de 5 bits que substitui a entrada de 4 bits não tem mais de um zero não significativo (bit esquerdo) e não mais de dois zeros à direita (bits direitos). Portanto, quando diferentes grupos são combinados para formar uma nova seqüência, jamais existem mais de três 0s consecutivos. (Observe que o NRZ-I não tem problemas com seqüências de 1s). A Tabela 4.2 mostra os pares correspondentes usados na codificação 4B/5B. Note que as duas primeiras colunas apresentam o par correspondente entre um grupo de 4 bits e um grupo de 5 bits. Um grupo de 4 bits pode ter apenas 16 combinações diferentes ao passo que um grupo de 5 bits pode ter 32 combinações diferentes. Isso significa que existem 16 grupos que não são usados na codificação 4B/5B. Alguns desses grupos não utilizados são reaproveitados para fins de controle; os demais não são usados. Entretanto fornecem mecanismos de detecção de erros. Se chegar uma mensagem com um grupo de 5 bits que pertença à parte não utilizada da tabela, o receptor sabe que ocorreu um erro na transmissão.

Tabela 4.2 *Códigos de mapeamento do método 4B/5B*

Seqüência de Dados	Seqüência Codificada	Seqüência de Controle	Seqüência Codificada
0000	11110	Q (Quiet)	00000
0001	01001	I (Ocioso)	11111
0010	10100	H (Parada)	00100
0011	10101	J (Delimitador de início)	11000
0100	01010	K (Delimitador de início)	10001
0101	01011	T (Delimitador de fim)	01101

Tabela 4.2 *Códigos de mapeamento do método 4B/5B (continuação)*

Seqüência de Dados	Seqüência Codificada	Seqüência de Controle	Seqüência Codificada
0110	01110	S (Set)	11001
0111	01111	R (Reset)	00111
1000	10010		
1001	10011		
1010	10110		
1011	10111		
1100	11010		
1101	11011		
1110	11100		
1111	11101		

A Figura 4.16 traz um exemplo de substituição na codificação 4B/5B. A codificação 4B/5B soluciona o problema de sincronização superando uma das deficiências do NRZ-I. Entretanto, precisamos lembrar que ela aumenta a taxa de sinal do NRZ-I. Os bits redundantes acrescentam 25% em termos de bauds. Mesmo assim, o resultado é melhor que o método bifásico, que tem taxa de sinal duas vezes superior ao do NRZ-I. No entanto, a codificação de blocos 4B/5B não soluciona o problema de componentes DC do NRZ-I. Se componentes DC forem inaceitáveis, precisamos usar a codificação bifásica ou bipolar.

Figura 4.16 *Substituição na codificação de blocos 4B/5B*

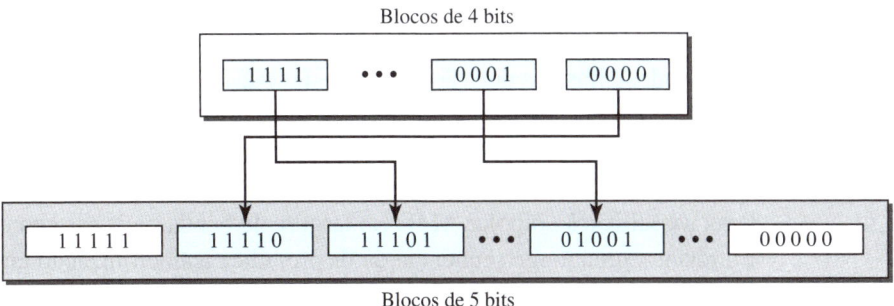

Exemplo 4.5

Precisamos enviar dados a uma taxa de 1 Mbps. Qual é a largura de banda mínima necessária usando uma combinação de codificação 4B/5B com NRZ-I ou Manchester?

Solução

Em primeiro lugar, a codificação de blocos 4B/5B aumenta a taxa de bits para 1,25 Mbps. A largura de banda mínima usando o método NRZ-I é $N/2$ ou 625 kHz. O método Manchester precisa de uma largura de banda mínima de 1 MHz. A primeira opção necessita de uma largura de banda menor, mas apresenta problemas com componentes DC; a segunda opção requer largura de banda maior, mas não apresenta problemas com componentes DC.

8B/10B

A codificação **oito binário, dez binário (8B/10B)** é similar à codificação 4B/5B, exceto pelo fato de que agora um grupo de 8 bits de dados vai ser substituído por um código de 10 bits. Ela fornece maior capacidade de detecção de erros que a codificação 4B/5B. A codificação de blocos 8B/10B é, na verdade, uma combinação da codificação 5B/6B e 3B/4B, conforme mostrado na Figura 4.17.

Figura 4.17 *Codificação de blocos 8B/10B*

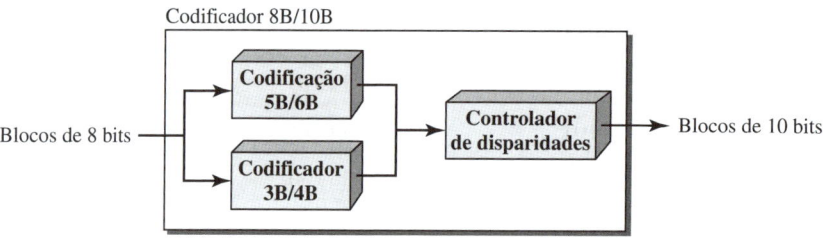

Os 5 bits mais significativos de um bloco de 10 bits são injetados no codificador 5B/6B; os 3 bits menos significativos são injetados em um codificador 3B/4B. Essa divisão é feita para simplificar a tabela de mapeamento. Para enviar uma longa seqüência de bits 0s ou 1s, o código usa um controlador de disparidades que verifica o excesso de 0s em relação a 1s (ou vice-versa). Se os bits no bloco atual criarem uma disparidade que contribua para a disparidade anterior (em qualquer uma das direções), então cada bit no código será complementado (0 é transformado em 1 e 1 é transformado em 0). A codificação tem $2^{10} - 2^8 = 768$ grupos redundantes que podem ser usados para verificação de disparidade e detecção de erros. Em geral, essa técnica é superior ao método 4B/5B por apresentar melhores recursos embutidos de detecção de erros e sincronização.

Mistura de Sinais

Os métodos bifásicos que são convenientes para enlaces dedicados entre estações em uma LAN não são eficientes para comunicação de longa distância em razão da necessidade de uma maior largura de banda. A combinação da codificação de blocos com a codificação de linha NRZ também não é eficiente para codificação de longa distância, devido a componentes DC. Por outro lado, a codificação bipolar AMI tem largura de banda mais estreita e não cria componentes DC. Entretanto, uma longa seqüência de 0s prejudica a sincronização entre emissor/receptor. Se encontrarmos uma maneira de evitar uma longa seqüência de 0s no fluxo original, podemos usar a codificação bipolar AMI também para longas distâncias. Estamos buscando uma técnica que não aumente o número de bits e forneça efetivamente sincronização. Procuramos uma solução que substitua longos pulsos de nível zero por uma combinação de outros níveis para fornecer sincronismo. Uma solução é a chamada **mistura de sinais**. Modificamos parte da regra AMI de forma a incluir a mistura de sinais, conforme mostrado na Figura 4.18. Note que a mistura de sinais, ao contrário da codificação de blocos, é realizada simultaneamente com a codificação. O sistema precisa injetar os pulsos necessários com base nas regras definidas de mistura de sinais. Duas técnicas comuns de mistura de sinais são a B8ZS e a HDB3.

B8ZS

A técnica **B8ZS (bipolar com substituição de oito zeros)** é usada comumente na América do Norte. Nessa técnica, oito voltagens consecutivas de nível zero são substituídas pela seqüência **000VB0VB**.

Figura 4.18 *AMI usada com mistura de sinais*

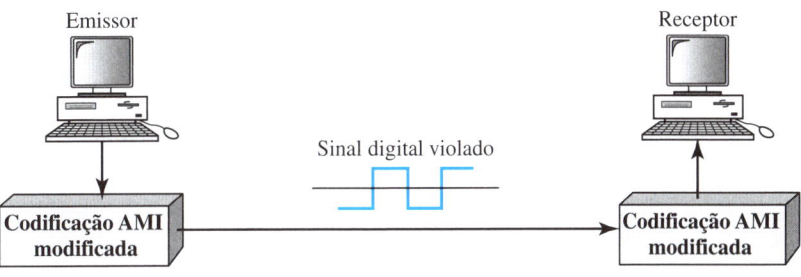

O V nessa seqüência representa *violação*; trata-se de uma voltagem não-zero que quebra uma regra AMI de codificação (polaridade oposta em relação à anterior). O B na seqüência representa *bipolar*, o que significa um nível de voltagem não-zero de acordo com a regra AMI. Existem dois casos, conforme mostrado na Figura 4.19.

Figura 4.19 *Dois casos de técnica de mistura de sinais B8ZS*

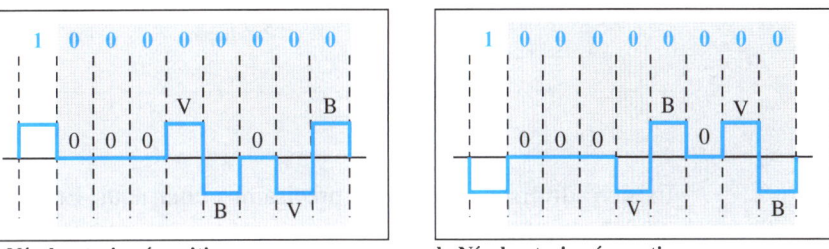

Observe que a mistura de sinais nesse caso não altera a taxa de bits. Da mesma forma, a técnica equilibra os níveis de voltagem positivo e negativo (dois positivos e dois negativos), o que significa que o equilíbrio DC é mantido. Note que a substituição pode mudar a polaridade de 1 pois, após a substituição, o AMI precisa seguir suas regras.

O B8ZS substitui oito zeros consecutivos por 000VB0VB.

Vale a pena citar mais uma questão. A letra V (violação) ou B (bipolar) é relativa. O V significa a mesma polaridade da polaridade do pulso não-zero anterior; B significa polaridade oposta à polaridade do pulso não-zero anterior.

HDB3

O método **HDB3** (**alta densidade bipolar com três zeros**) é usado geralmente fora da América do Norte. Nessa técnica, que é mais conservadora que a B8ZS, quatro voltagens consecutivas de nível zero são substituídas por uma seqüência de **000V** ou **B00V**. O motivo para duas substituições diferentes é manter o número par de pulsos não-zero após cada substituição. As duas regras podem ser assim declaradas:

1. Se o número de pulsos não-zero após a última substituição for ímpar, o padrão de substituição será 000V, o que torna o número total de pulsos não-zero par.

2. Se o número de pulsos não-zero após a última substituição for par, o padrão de substituição será B00V, o que torna o número total de pulsos não-zero par.

A Figura 4.20 mostra um exemplo.

Figura 4.20 *Situações diversas na técnica de mistura de sinais HDB3*

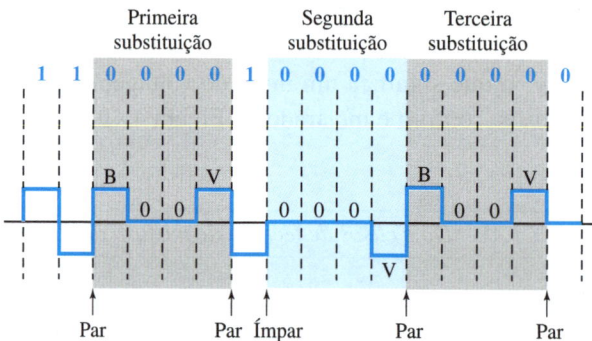

Existem diversos pontos que precisamos citar aqui. Em primeiro lugar, antes da primeira substituição, o número de pulsos não-zero é par e, portanto, a primeira substituição será B00V. Após essa substituição, a polaridade do bit 1 é mudada devido ao método AMI; após cada substituição, ele deve seguir sua própria regra. Após esse bit, precisamos de outra substituição, que é 000V, pois temos apenas um pulso não-zero (ímpar) após a última substituição. A terceira substituição é B00V, porque não existem pulsos não-zero após a segunda substituição (par).

> A técnica HDB3 substitui quatro zeros consecutivos por
> 000V ou B00V dependendo do número de pulsos não-zero
> após a última substituição.

4.2 CONVERSÃO ANALÓGICA-DIGITAL

As técnicas descritas na Seção 4.1 convertem dados digitais em sinais digitais. Algumas vezes, entretanto, temos um sinal analógico como aquele criado por um microfone ou câmera. Vimos no Capítulo 3 que um sinal digital é superior a um sinal analógico. A tendência é converter sinais analógicos em dados digitais. Nesta seção, descreveremos duas técnicas, modulação por código de pulso e modulação delta. Após os dados digitais serem criados (digitalização), podemos usar uma das técnicas descritas na Seção 4.1 para converter dados digitais em sinal digital.

Pulse Code Modulation (PCM)

A técnica mais comum para converter sinais analógicos em dados digitais (**digitalização**) é denominada **PCM** (**modulação por código de pulso**, do inglês **Pulse Code Modulation**). Um codificador PCM possui três processos, conforme pode ser visto na Figura 4.21.

Figura 4.21 *Componentes de um codificador PCM*

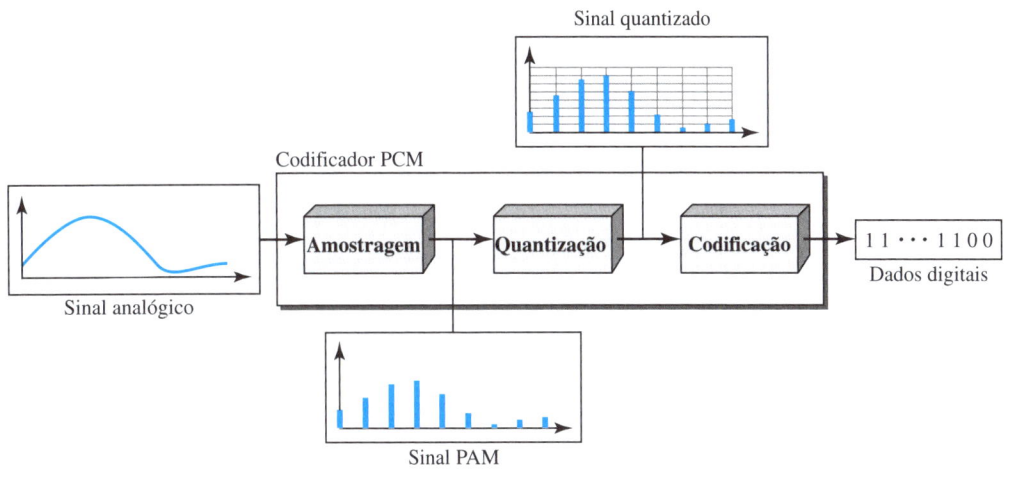

1. O sinal analógico é amostrado.
2. O sinal amostrado é quantizado.
3. Os valores quantizados são codificados na forma de fluxos de bits.

Amostragem

A primeira etapa no PCM é a **amostragem**. O sinal analógico é amostrado a cada T_s segundos, em que T_s é o intervalo ou período de amostragem. O inverso do intervalo de amostragem é denominado taxa ou freqüência de amostragem e é representado por f_s, em que $f_s = 1/T_s$. Existem três métodos de amostragem — ideal, natural e topo plano — conforme mostrado na Figura 4.22.

Na amostragem ideal, os pulsos do sinal analógico são amostrados em intervalos de T_s segundos. Trata-se de um método de amostragem ideal que não é de fácil implementação. Na amostragem natural, uma chave de alta velocidade é ativada somente no pequeno período da amostragem. O resultado é uma seqüência de amostras que retenha o formato do sinal analógico. Entretanto, o método de amostragem mais comum, chamado **amostragem e retenção temporária**, cria amostras do tipo topo plano usando um circuito eletrônico.

O processo de amostragem é, algumas vezes, conhecido como **PAM** (**modulação por amplitude de pulso** — *Pulse Amplitude Modulation*). Precisamos, porém, nos lembrar que o resultado da amostragem ainda é um sinal analógico com valores não-inteiros.

Taxa de amostragem Uma consideração importante é a taxa ou freqüência de amostragem. Quais são as restrições sobre T_s? Essa questão foi elegantemente resolvida por Nyquist. De acordo com o **teorema de Nyquist**, para reproduzir um sinal analógico original, uma condição necessária é que a **taxa de amostragem** seja pelo menos o dobro da freqüência mais elevada contida no sinal original.

Figura 4.22 *Três métodos de amostragem diferentes para PCM*

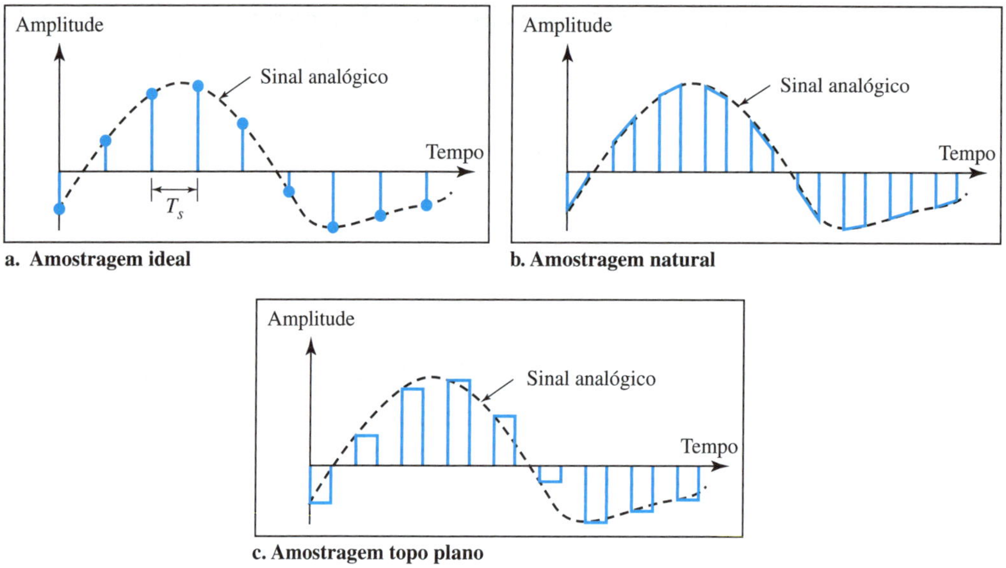

a. Amostragem ideal

b. Amostragem natural

c. Amostragem topo plano

> **De acordo com o teorema de Nyquist, a taxa de amostragem deve ser pelo menos o dobro da freqüência mais elevada contida no sinal.**

Nesse ponto, precisamos explicar o teorema com mais detalhes. Primeiro, podemos amostrar um sinal somente se este tiver largura de banda limitada. Em outras palavras, um sinal com uma largura de banda infinita não pode ser amostrado. Em segundo lugar, a taxa de amostragem tem de ser pelo menos duas vezes maior que a maior freqüência presente no sinal, e não a largura de banda. Se o sinal analógico for passa-baixa, a largura de banda e a maior freqüência terão o mesmo valor. Se o sinal analógico for passa-faixa, o valor da largura de banda será menor que o valor da maior freqüência. A Figura 4.23 mostra o valor da taxa de amostragem para dois tipos de sinais.

Figura 4.23 *Taxa de amostragem de Nyquist para sinais passa-baixa e passa-faixa*

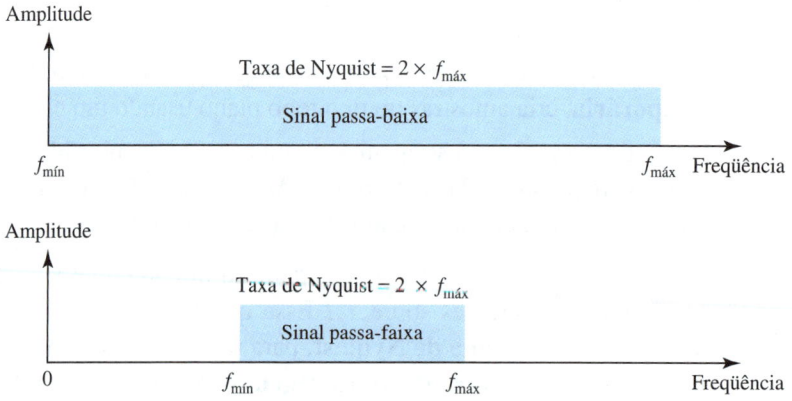

Exemplo 4.6

Para um exemplo intuitivo do teorema de Nyquist, façamos a amostragem de uma onda senoidal simples em três taxas de amostragem: $f_s = 4f$ (o dobro da taxa de Nyquist), $f_s = 2f$ (a taxa de Nyquist) e $f_s = f$ (metade da taxa de Nyquist). A Figura 4.24 demonstra a amostragem e a recuperação posterior do sinal.

Figura 4.24 *Recuperação de uma onda senoidal amostrada para diferentes taxas de amostragem*

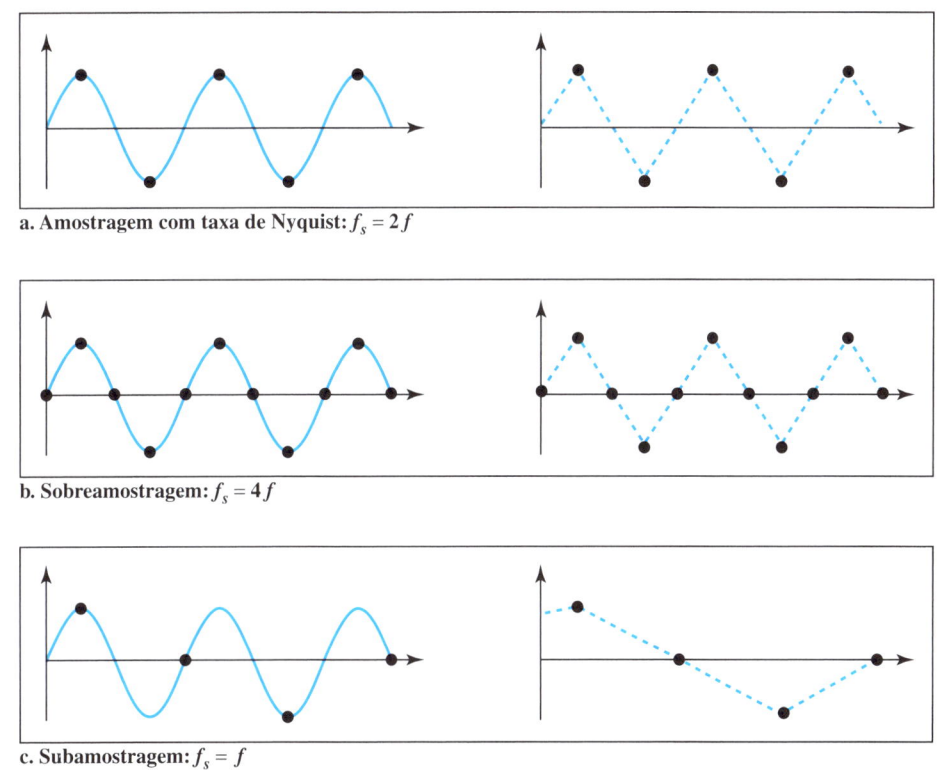

a. Amostragem com taxa de Nyquist: $f_s = 2f$

b. Sobreamostragem: $f_s = 4f$

c. Subamostragem: $f_s = f$

Pode-se observar que, na taxa de Nyquist, podemos criar uma boa aproximação da onda senoidal original (item a). A sobreamostragem no item (b) também pode criar a mesma aproximação, mas é redundante e desnecessária. A amostragem abaixo da taxa de Nyquist (item c) não produz um sinal parecido com a onda senoidal original.

Exemplo 4.7

Como um exemplo interessante, vejamos o que acontece se amostrarmos um evento periódico como a revolução do ponteiro de um relógio. O segundo ponteiro do relógio tem um período de 60 s. De acordo com o teorema de Nyquist, precisamos amostrar o ponteiro (tirar uma foto e enviá-la) a cada 30 s ($T_s = \frac{1}{2}T$ ou $f_s = 2f$). Na Figura 4.25(a) os pontos amostrados, em ordem, são 12, 6, 12, 6, 12 e 6. O receptor das amostras não é capaz de informar se o relógio está andando para a frente ou para trás. No item (b), fazemos uma amostragem com o dobro da taxa de Nyquist (a cada 15 s). Os pontos de amostragem, na ordem, são 12, 3, 6, 9 e 12. O relógio está andando para a frente. No item (c), amostramos abaixo da taxa de Nyquist ($T_s = \frac{3}{4}T$ ou $f_s = \frac{4}{3}f$). Os pontos de amostragem são, na ordem, 12, 9, 6, 3 e 12. Embora o relógio esteja se movimentando para a frente, o receptor imagina que o relógio esteja se movimentando para trás.

Figura 4.25 *Amostragem de um relógio com apenas um ponteiro*

a. Amostragem na taxa de Nyquist: $T_s = \frac{1}{2}T$

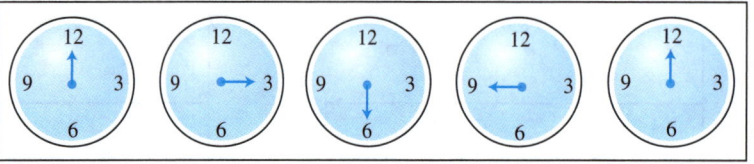

b. Sobreamostragem (acima da taxa de Nyquist): $T_s = \frac{1}{4}T$

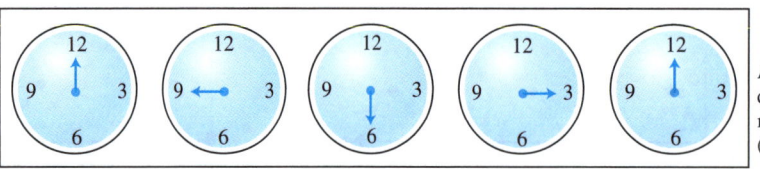

c. Subamostragem (abaixo da taxa de Nyquist): $T_s = \frac{3}{4}T$

Exemplo 4.8

Outro exemplo relacionado com o Exemplo 4.7 é a rotação aparentemente para trás das rodas de um carro em movimento em um filme. Isso pode ser explicado pela subamostragem. Um filme produzido a 24 quadros por segundo. Se uma roda estiver girando a mais de 12 vezes por segundo, a subamostragem cria a impressão de uma rotação para trás.

Exemplo 4.9

As companhias telefônicas digitalizam voz assumindo uma freqüência de 4.000 Hz. A taxa de amostragem é, portanto, 8.000 amostras por segundo.

Exemplo 4.10

Um sinal passa-baixa complexo tem largura de banda igual a 200 kHz. Qual é a taxa de amostragem mínima para esse sinal?

Solução

A largura de banda de um sinal passa-baixa se encontra entre 0 e f, em que f é a maior freqüência contida no sinal. Conseqüentemente, podemos amostrar esse sinal com o dobro da freqüência mais alta (200 kHz). A taxa de amostragem é, portanto, 400.000 amostras por segundo.

Exemplo 4.11

Um sinal passa-faixa complexo tem largura de banda igual a de 200 kHz. Qual é a taxa de amostragem mínima para esse sinal?

Solução

Nesse caso, não é possível encontrar a taxa de amostragem mínima, pois não sabemos em que a largura de banda inicia ou termina. Não sabemos qual é a maior freqüência contida no sinal.

Quantização

O resultado da amostragem é uma série de pulsos com valores de amplitude que se encontram entre as amplitudes máxima e mínima do sinal. O conjunto de amplitudes pode ser infinito, com valores não inteiros entre os dois limites. Esses valores não podem ser usados no processo de codificação. A seguir, estão listados os passos do processo de quantização:

1. Supondo que o sinal analógico original tenha amplitudes instantâneas entre $V_{mín}$ e $V_{máx}$.
2. Dividimos o intervalo em zonas L, cada uma delas com altura Δ (delta).

$$\Delta = \frac{V_{máx} - V_{mín}}{L}$$

3. Atribuímos valores quantizados de 0 a $(L-1)$ ao ponto médio de cada zona.
4. Aproximamos o valor da amplitude amostrada com os valores quantizados.

Como um exemplo simples, suponhamos que um sinal amostrado e as amplitudes da amostra se encontrem entre -20 a $+20$ V. Decidimos por ter oito níveis ($L = 8$). Isso significa que $\Delta = 5$ V. A Figura 4.26 mostra esse exemplo.

Figura 4.26 *Quantização e codificação de um sinal amostrado*

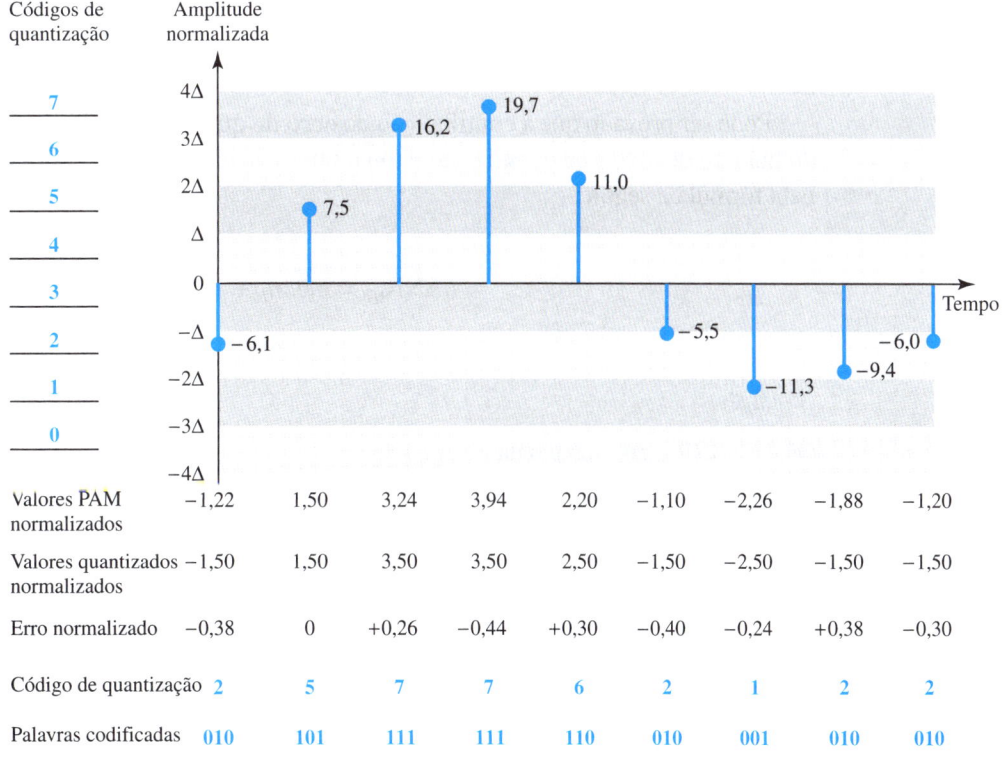

Apresentamos apenas nove amostras usando a amostragem ideal (para fins de simplificação). O valor na parte superior de cada amostra no gráfico indica a amplitude real. No gráfico, a primeira linha é o valor normalizado de cada amostra (amplitude real/Δ). O processo de quantização seleciona o valor de quantização do meio de cada zona. Isso significa que os valores quantizados normalizados (segunda linha) são diferentes das amplitudes normalizadas. A diferença é denominada *erro normalizado* (terceira linha). A quarta linha é o código de quantização de cada amostra baseada nos níveis de quantização na parte esquerda do gráfico. As palavras codificadas (quinta linha) são os produtos finais da conversão.

Níveis de Quantização   No exemplo anterior, mostramos oito níveis de quantização. A escolha de L e o número de níveis dependem do intervalo das amplitudes do sinal analógico e com que precisão devemos recuperar o sinal. Se a amplitude de um sinal flutuar entre dois valores apenas, precisamos somente de dois níveis; se o sinal, como a voz, tiver muitos níveis de amplitude, necessitamos de mais níveis de quantização. Na digitalização de áudio, opta-se, normalmente, por um valor de L igual a 256; em vídeo, geralmente esse valor está na casa de milhares. Escolher valores mais baixos de L aumenta o erro de quantização se houver muita flutuação no sinal.

Erro de Quantização   Uma questão importante é o erro criado no processo de quantização. (Posteriormente, veremos como isso afeta os modems de alta velocidade.) A quantização é um processo de aproximação. Os valores de entrada para o quantizador são os valores reais; os valores de saída são os valores aproximados. Os valores de saída são escolhidos para ser o valor intermediário na zona. Se o valor de entrada for igual ao valor intermediário, não existe nenhum erro de quantização; caso contrário, existe um erro. No exemplo anterior, a amplitude normalizada da terceira amostra é de 3,24, mas o valor quantizado normalizado é 3,50. Isso significa que existe um erro de +0,26. O valor do erro para qualquer amostra é menor que $\Delta/2$. Em outras palavras, temos $-\Delta/2 \leq$ erro $\leq \Delta/2$.

O erro de quantização muda a relação sinal-ruído (SNR – *Signal-to-noise ratio*) do sinal que, por sua vez, reduz a capacidade limite superior de acordo com Shannon.

Pode ser provado que a contribuição do **erro de quantização** para a SNR_{dB} do sinal depende do número de níveis de quantização L ou número de bits por amostra n_b, conforme demonstrado pela fórmula a seguir:

$$SNR_{dB} = 6{,}02n_b + 1{,}76 \text{ dB}$$

Exemplo 4.12

Qual é a SNR_{dB} no exemplo da Figura 4.26?

Solução

Podemos usar a fórmula para encontrar a quantização. Temos 8 níveis e 3 bits por amostra, de modo que $SNR_{dB} = 6{,}02(3) + 1{,}76 = 19{,}82$ dB. Aumentando-se o número de níveis, aumenta-se a SNR.

Exemplo 4.13

Uma linha telefônica convencional deve ter uma SNR_{dB} acima de 40. Qual é o número mínimo de bits por amostra?

Solução

Podemos calcular o número de bits como segue

$$\text{SNR}_{\text{dB}} = (6{,}02 n_b + 1{,}76) \text{ dB} = 40 \implies \text{dB } n = 6{,}35$$

As companhias telefônicas normalmente atribuem 7 ou 8 bits por amostra.

Quantização Uniforme *versus* Não Uniforme Para muitas aplicações, a distribuição das amplitudes instantâneas no sinal analógico não é uniforme. Mudanças na amplitude normalmente ocorrem mais freqüentemente nas amplitudes mais baixas que naquelas mais altas. Para esses tipos de aplicações é melhor usar zonas não uniformes. Em outras palavras, a altura de Δ não é fixa; ela é maior quando próxima das amplitudes mais baixas e menor quando próxima das amplitudes mais altas. A quantização não uniforme também pode ser obtida usando-se um processo chamado **compressão-expansão** e **expansão** (*companding and expanding — COMpressing-exPANDING and expanding*). O sinal é comprimido-expandido no emissor antes da conversão; ele é expandido no receptor após a conversão. Compressão-expansão significa reduzir a amplitude da voltagem instantânea para valores maiores; expansão é o processo oposto. A compressão-expansão dá maior peso a sinais fortes e menos peso aos sinais fracos. Podemos demonstrar que a quantização não uniforme apresenta melhor desempenho tanto pelo aumento do SNR quanto pela melhoria da qualidade percebida do PCM em relação ao PCM com quantificação uniforme.

Codificação

A última etapa no PCM é a codificação. Após cada amostra ter sido quantizada e o número de bits por amostra ser decidido, cada amostra pode ser modificada para uma palavra de código de n_b bits. Na Figura 4.26, as palavras codificadas são mostradas na última linha. O código de quantização 2 é codificado como 010; 5 é codificado como 101 e assim por diante. Note que o número de bits por amostra é determinado a partir do número de níveis de quantização. Se o número de níveis de quantização for L, o número de bits será $n_b = \log_2 L$. Em nosso exemplo, L é 8 e n_b é, portanto, 3. A taxa de bits pode ser encontrada a partir da fórmula

Taxa de bits = taxa de amostragem $\times$ número de bits por amostra = $f_s \times n_b$

Exemplo 4.14

Queremos digitalizar a voz humana. Qual é a taxa de bits, supondo-se 8 bits por amostra?

Solução

Normalmente, a voz humana contém freqüências que vão de 0 a 4.000 Hz. Portanto, a taxa de amostragem e a taxa de bits são calculadas como segue:

$$\text{Taxa de amostragem} = 4.000 \times 2 = 8.000 \text{ amostras/s}$$
$$\text{Taxa de bits} = 8.000 \times 8 = 64.000 \text{ bps} = 64 \text{ kbps}$$

Recuperação do Sinal Original

A recuperação do sinal original requer um decodificador PCM. Esse decodificador usa, em primeiro lugar, circuitos para converter as palavras codificadas em um pulso que retenha a amplitude até o próximo pulso. Após o sinal em degraus ser completado, ele passa através de um filtro passa-baixa para suavizar o sinal em degraus, transformando-o em um sinal analógico. O filtro tem a mesma freqüência de corte do sinal original no emissor. Se o sinal tiver sido amostrado a uma taxa de amostragem de Nyquist ou maior e se houver níveis de quantização suficientes, o sinal original será recriado. Note que os valores máximo e mínimo do sinal original podem ser obtidos usando-se amplificação. A Figura 4.27 mostra o processo simplificado.

Figura 4.27 *Componentes de um decodificador PCM*

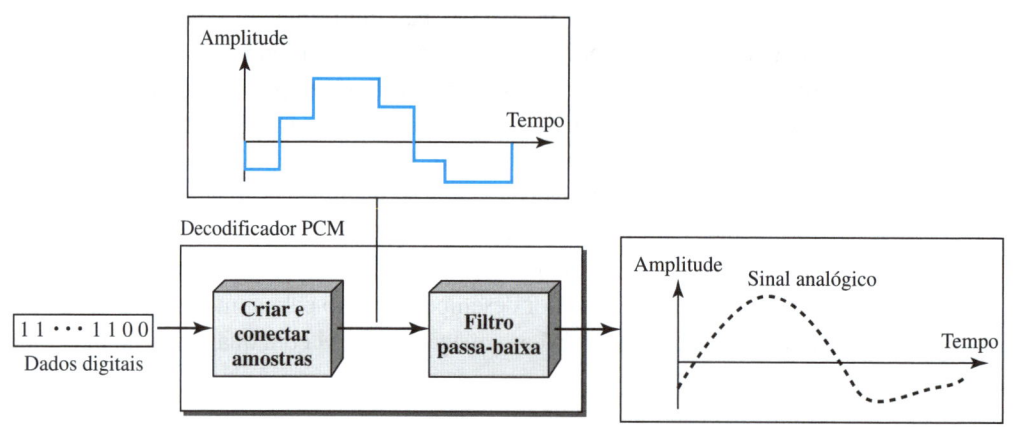

Largura de Banda PCM

Suponha que seja dada a largura de banda de um sinal analógico passa-baixa. Se digitalizarmos o sinal, qual será a nova largura de banda mínima do canal capaz de passar esse sinal digitalizado? Dissemos que a largura de banda mínima de um sinal codificado de linha é $B_{mín} = c \times N \times (1/r)$. Substituindo-se o valor de N nessa fórmula, temos

$$B_{mín} = c \times N \times \frac{1}{r} = c \times n_b \times f_s \times \frac{1}{r} = c \times n_b \times 2 \times B_{analógica} \times \frac{1}{r}$$

Quando $1/r = 1$ (para um sinal NRZ ou bipolar) e $c = (1/2)$ (a situação média), a largura de banda mínima fica

$$B_{mín} = n_b \times B_{analógica}$$

Isso significa que a largura de banda mínima de um sinal digital é n_b vezes maior que a largura de banda do sinal analógico. Esse é o preço que pagamos pela digitalização.

Exemplo 4.15

Temos um sinal analógico passa-baixa de 4 kHz. Se enviarmos o sinal analógico, precisamos de um canal com uma largura de banda mínima de 4 kHz. Se digitalizarmos o sinal e enviarmos 8 bits por amostra, precisamos de um canal com largura de banda mínima de 8×4 kHz = 32 kHz.

Taxa de Dados Máxima de um Canal

No Capítulo 3, discutimos o teorema de Nyquist, que nos fornece a taxa de dados de um canal como $N_{máx} = 2 \times B \times \log_2 L$. Podemos deduzir essa taxa do teorema de amostragem de Nyquist usando os seguintes argumentos:

1. Supomos que o canal disponível seja passa-baixa com largura de banda B.
2. Supomos que o sinal digital que queremos enviar tenha L níveis, em que cada nível seja um elemento de sinal. Isso significa que $r = 1/\log_2 L$.
3. Passamos primeiro o sinal digital através de um filtro passa-baixa para cortar as freqüências acima de B Hz.
4. Tratamos o sinal resultante como um sinal analógico e o amostramos a $2 \times B$ amostras por segundo e o quantizamos usando L níveis. Níveis adicionais de quantização são inúteis, pois o sinal tem, originalmente, L níveis.
5. A taxa de bits resultante é $N = f_s \times n_b = 2 \times B \times \log_2 L$. Essa é a largura de banda máxima; se o fator de caso c aumentar, a taxa de dados será reduzida.

$$N_{máx} = 2 \times B \times \log_2 L \text{ bps}$$

Largura de Banda Mínima Necessária

O argumento anterior pode nos dar a largura de banda mínima se a taxa de dados e o número de níveis de sinal forem fixos. Podemos dizer que

$$B_{mín} = \frac{N}{2 \times \log_2 L} \text{ Hz}$$

Modulação Delta (DM)

O PCM é uma técnica muito complexa. Outras técnicas foram desenvolvidas para reduzir a complexidade do PCM. A mais simples delas é a *modulação delta* (*DM – Delta Modulation*). O PCM acha o valor da amplitude do sinal para cada amostra; a DM encontra a variação a partir da amostra anterior. A Figura 4.28 ilustra o processo. Note que não existe nenhuma palavra codificada nesse caso; os bits são enviados um após o outro.

Figura 4.28 *O processo de modulação delta*

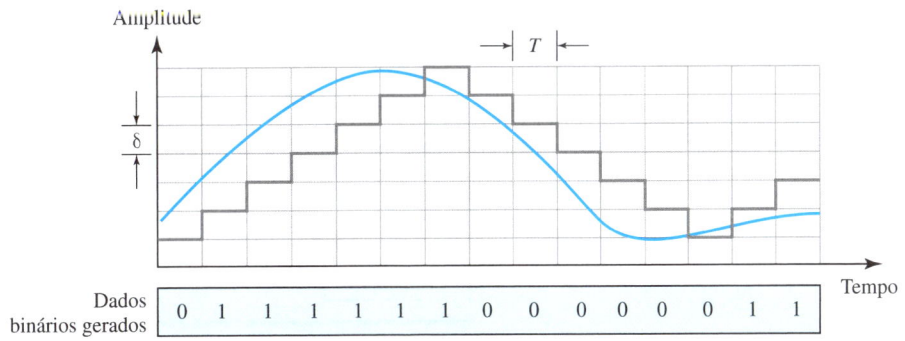

Modulador

O modulador é usado no lado do emissor para criar um fluxo de bits a partir de um sinal analógico. O processo registra as pequenas mudanças positivas ou negativas, denominadas δ. Se o delta for positivo, o processo registra 1; caso seja negativo, o processo registra 0. Entretanto, o processo precisa de uma base em relação a qual o sinal analógico possa ser comparado. Dessa forma, o modulador DM constrói um segundo sinal que lembra uma escadaria. Encontrar a mudança resume-se a comparar o sinal de entrada com o sinal em forma de escada gradualmente construído. A Figura 4.29 mostra um diagrama do processo.

Figura 4.29 *Componentes de uma modulação delta*

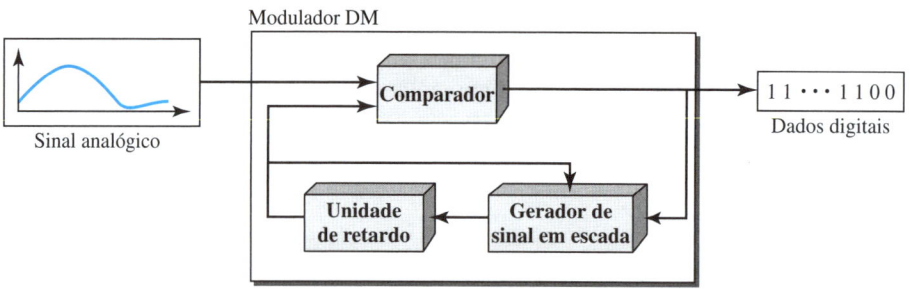

O modulador, a cada intervalo de amostragem, compara o valor do sinal analógico com o último valor do sinal em forma de escada. Se a amplitude do sinal analógico for maior, o bit seguinte nos dados digitais será 1; caso contrário, será 0. No entanto, a saída do comparador também cria a escada em si. Se o bit seguinte for 1, o gerador de sinal em escada desloca o último ponto do sinal em forma de escada δ para cima; se o bit seguinte for 0, ele o desloca δ para baixo. Observe que precisamos de uma unidade de retardo para reter a função de geração de escada por um período entre duas comparações.

Demodulador

O demodulador pega os dados digitais e, usando o gerador de sinal em escada e a unidade de retardo, cria o sinal analógico. O sinal analógico, porém, precisa passar através de um filtro passa-baixa para suavização. A Figura 4.30 ilustra o diagrama esquemático.

Figura 4.30 *Componentes da demodulação delta*

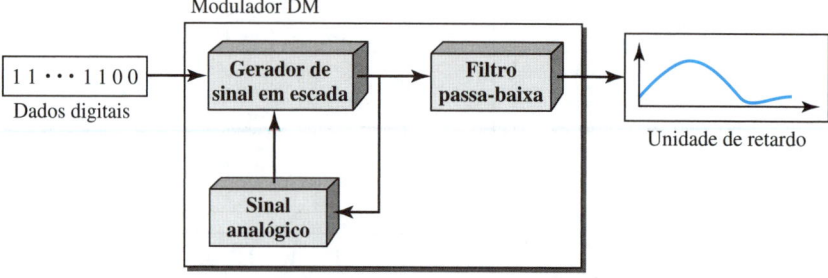

Modulação Delta Adaptativa

Pode-se obter melhor desempenho, se o valor de δ não for fixo. Na **modulação delta adaptativa** (*Adaptative DM*), o valor de δ muda de acordo com a amplitude do sinal analógico.

Erro de Quantização

É óbvio que a DM não é perfeita. O erro de quantização é sempre introduzido no processo. O erro de quantização na modulação delta (DM) é, entretanto, muito menor que na modulação PCM.

4.3 MODOS DE TRANSMISSÃO

Quando consideramos a transmissão de dados de um dispositivo a outro, é de interesse fundamental a fiação, e é de interesse primário, quando levamos em conta o fluxo de dados. Enviamos 1 bit por vez ou agrupamos bits em grupos maiores e, nesse caso, como? A transmissão de dados binários por um enlace pode ser realizada em modo paralelo ou em modo serial. No modo paralelo, vários bits são enviados a cada pulso de clock. No modo serial, somente 1 bit é enviado a cada pulso de clock. Embora haja apenas uma maneira de enviar dados paralelos, existem três subclasses de transmissão serial: assíncrona, síncrona e isócrona (ver Figura 4.31).

Figura 4.31 *Transmissão de dados e modos*

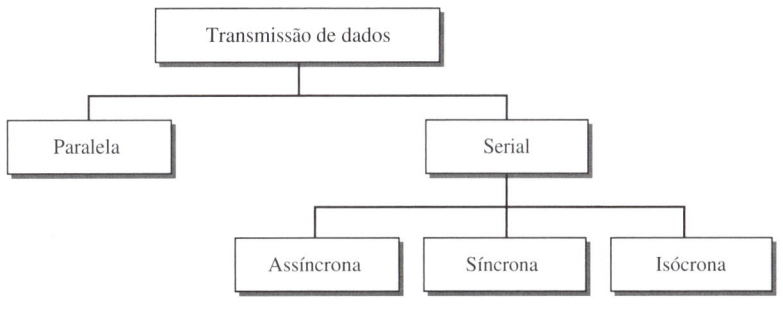

Transmissão Paralela

Dados binários, formados de bits 1 e 0, podem ser organizados em grupos de *n* bits cada. Os computadores produzem e consomem dados em grupos de bits de forma muito similar à que concebemos e usam a linguagem falada na forma de palavras em vez de letras. Por meio do agrupamento, podemos enviar dados em blocos de *n* bits por vez, em vez de 1 único bit. Isso é chamado **transmissão paralela**.

O mecanismo para a transmissão paralela é conceitualmente simples: Use *n* fios para enviar *n* bits por vez. Dessa maneira, cada bit tem seu próprio fio e todos os *n* bits de um grupo podem ser transmitidos a cada pulso de clock de um dispositivo a outro. A Figura 4.32 mostra como a transmissão paralela funciona quando *n* = 8. Normalmente, os oito fios são agrupados em um cabo com um conector em cada ponta.

A vantagem da transmissão paralela é a velocidade de transmissão. Com todo o restante igual, a transmissão paralela pode aumentar a velocidade de transferência por um fator de *n* em relação à transmissão serial.

Figura 4.32 *Transmissão paralela*

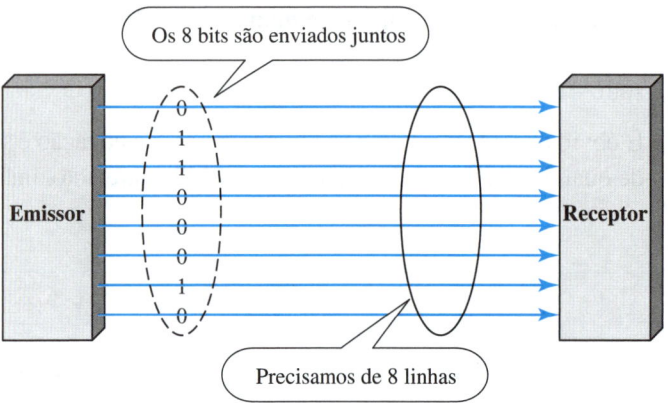

Mas existe uma desvantagem significativa: custo. A transmissão paralela requer n linhas de comunicação (fios no exemplo) apenas para transmitir o fluxo de dados. Como isso é caro, normalmente a transmissão paralela é limitada a distâncias curtas.

Transmissão Serial

Na **transmissão serial**, um bit segue o outro; portanto, precisamos de apenas um canal de comunicação em vez de n canais para transmitir dados entre dois dispositivos comunicantes (ver Figura 4.33).

Figura 4.33 *Transmissão serial*

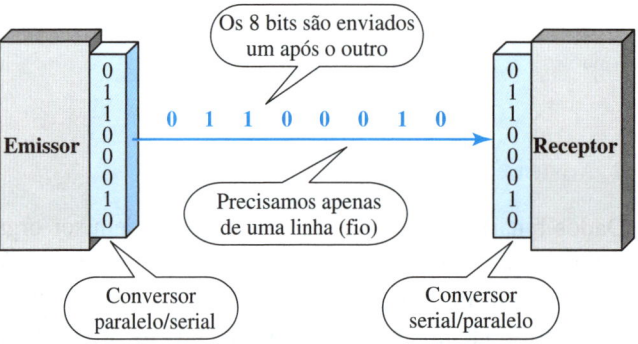

A vantagem da transmissão serial em relação à paralela é que, com apenas um canal de comunicação, a transmissão serial reduz o custo de transmissão em relação à paralela por um fator de aproximadamente n.

Já que a comunicação dentro dos dispositivos é paralela, são necessários dispositivos de conversão na interface entre o emissor e a linha (paralela-para-serial) e entre a linha e o receptor (serial-para-paralelo).

A transmissão serial ocorre em uma de três maneiras: assíncrona, síncrona e isócrona.

Transmissão Assíncrona

A **transmissão assíncrona** é assim chamada porque o intervalo de tempo entre mensagens não é importante. Em vez disso, as informações são recebidas e convertidas em padrões estabelecidos. Desde que esses padrões sejam seguidos, o dispositivo receptor pode recuperar as informações sem se preocupar com o ritmo no qual elas sejam enviadas. Os padrões se baseiam em agrupamentos do fluxo de bits em bytes. Cada grupo, normalmente de 8 bits, é enviado pelo enlace como uma unidade. O sistema emissor trata cada grupo de forma independente, transmitindo-o ao enlace toda vez que estiver pronto, sem se preocupar com a temporização.

Sem sincronização, o receptor não é capaz de usar o *timing* para prever quando o próximo grupo chegará. Portanto, para alertar o receptor sobre a chegada de um novo grupo, é acrescentado um bit extra ao início de cada byte. Esse bit, normalmente um 0, é denominado *start bit* (**bit de início**). Que o receptor saiba que o byte foi finalizado, 1 ou mais bits adicionais são anexados ao final do byte. Esses bits, geralmente 1s, são chamados *stop bits* (**bits de parada**). Por esse método, cada byte possui um tamanho mínimo de pelo menos 10 bits, dos quais 8 bits são informações e 2 bits ou mais são sinalização para o receptor. Além disso, a transmissão de cada byte pode então ser seguida por um intervalo de duração variável. Esse intervalo pode ser representado por um canal ocioso ou então por um fluxo de bits com paradas adicionais.

> **Na transmissão assíncrona, enviamos 1 bit de start (0) no início e 1 ou mais bits de stop (1s) no final de cada byte. Pode haver um intervalo entre cada byte.**

Os bits de start e de stop alertam o receptor sobre o início e o final de cada byte e permitem que ele se sincronize com o fluxo de dados. Esse mecanismo é denominado *assíncrona*, pois, no nível de byte, o emissor e o receptor não têm de ser sincronizados. Mas, dentro de cada byte, o receptor ainda deve ser sincronizado com o fluxo de bits que chega. Ou seja, é necessária certa sincronização, contudo apenas para a duração de um byte simples. O dispositivo receptor ressincroniza na chegada de cada novo byte. Quando o receptor detecta um bit de start, ele configura um timer e inicia a contagem de bits à medida que eles chegam. Após *n* bits, o receptor procura um bit de stop. Assim que detecta o bit de stop, ele aguarda até detectar o próximo bit de start.

> **Assíncrono aqui significa "assíncrono no nível de byte", mas os bits ainda são sincronizados; suas durações são as mesmas.**

A Figura 4.34 apresenta uma ilustração esquemática da transmissão assíncrona. Neste exemplo, os bits de início são 0s, os bits de parada são 1s e o intervalo é representado por uma linha ociosa em vez de bits de parada adicionais.

O acréscimo de bits de stop e de start e a inserção de intervalos no fluxo de bits tornam a transmissão assíncrona mais lenta que outras formas de transmissão que podem operar sem a adição das informações de controle. No entanto, é mais barato e eficaz, duas vantagens que a tornam uma opção atraente para situações como comunicação de baixa velocidade. Por exemplo, a conexão de um teclado a um computador é uma aplicação ideal para a transmissão assíncrona. Um usuário digita um caractere por vez, digita de forma extremamente lenta em termos de processamento de dados e deixa intervalos de tempo imprevisíveis entre cada caractere.

Figura 4.34 *Transmissão assíncrona*

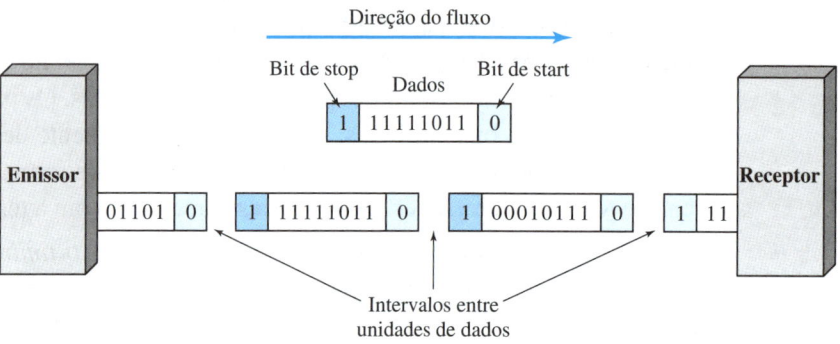

Transmissão Síncrona

Na **transmissão síncrona**, o fluxo de bits é combinado em "frames" mais longos, que podem conter vários bytes. Cada byte, entretanto, é introduzido no enlace de transmissão sem um intervalo entre ele e o próximo. Fica a cargo do receptor separar o fluxo de bits em bytes para fins de decodificação. Em outras palavras, os dados são transmitidos na forma de uma string ininterrupta de 1s e 0s e o receptor separa essa string em bytes, ou caracteres, que ela precise para reconstruir as informações.

> **Na transmissão síncrona enviamos bits um após o outro sem bits de start ou de stop ou intervalos. É de responsabilidade do receptor agrupar os bits.**

A Figura 4.35 fornece uma ilustração esquemática da transmissão síncrona. Representamos as divisões entre os bytes. Na realidade, essas divisões não existem; o emissor alinha seus dados na forma de uma longa string. Se o emissor quiser enviar dados em "rajadas" separadas, os intervalos entre "rajadas" têm de ser preenchidos com uma seqüência especial de 0s e 1s que signifique *ocioso*. O receptor conta os bits à medida que eles chegam e os agrupa em unidades de 8 bits.

Figura 4.35 *Transmissão síncrona*

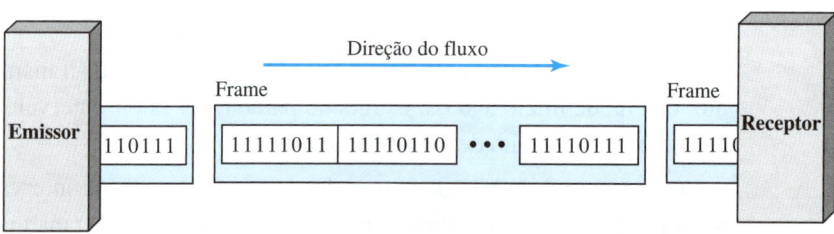

Sem os intervalos e os bits de parada e de início, não existe nenhum mecanismo embutido para auxiliar o dispositivo receptor a ajustar seu fluxo intermediário de sincronização de bits. Portanto, o *timing* se torna muito importante, pois a precisão das informações recebidas é completamente dependente da habilidade do dispositivo receptor em manter uma contagem precisa dos bits à medida que eles chegam.

A vantagem da transmissão síncrona é a velocidade. Sem nenhum bit ou intervalo extra para introduzir no lado emissor e para remover no lado receptor e, por extensão, menos bits para transmitir pelo enlace, a transmissão síncrona é mais rápida que a transmissão assíncrona. Por essa razão, é muito útil para as aplicações de alta velocidade, como a transmissão de dados de um computador a outro. A sincronização de bytes é obtida na camada de enlace de dados.

Precisamos enfatizar uma questão aqui. Embora não haja nenhum intervalo entre caracteres na transmissão serial síncrona, podem existir intervalos irregulares entre frames.

Isócrona

Em áudio e vídeo em tempo real, no qual retardos desiguais entre frames não são aceitáveis, a transmissão síncrona falha. Por exemplo, imagens de TV são transmitidas a uma taxa de 30 imagens por segundo; elas têm de ser visualizadas na mesma taxa. Se cada imagem for enviada usando um ou mais frames, não podem existir atrasos entre os frames. Para esse tipo de aplicação, somente a sincronização entre caracteres não é suficiente; o fluxo inteiro de bits deve ser sincronizado. A **transmissão isócrona** garante que os dados cheguem a uma taxa fixa.

4.4 LEITURA RECOMENDADA

Para mais detalhes sobre os assuntos discutidos neste capítulo, recomendamos os seguintes livros. Os itens entre colchetes [. . .] referem-se à lista de referências bibliográficas no final do texto.

Livros

A conversão digital para digital é discutida no Capítulo 7 de [Pea92], Capítulo 3 de [Cou01] e na Seção 5.1 de [Sta04]. A amostragem é discutida nos Capítulos 15, 16, 17 e 18 de [Pea92], no Capítulo 3 de [Cou01] e na Seção 5.3 de [Sta04]. O livro [Hsu03] fornece uma excelente abordagem matemática para modulações e amostragens. Material mais avançado pode ser encontrado em [Ber96].

4.5 TERMOS-CHAVE

2B1Q (dois binário, um quaternário)

4B/5B (quatro binário, cinco binário)

4D-PAM5 (modulação por amplitude de pulso com cinco níveis e quatro dimensões)

8B/10B (oito binário, dez binário)

8B6T (oito binário, seis ternário)

afastamento em relação à referência inicial

AMI (inversão de marca alternada)

amostragem

auto-sincronização

B8ZS (bipolar com substituição de oito zeros)

bifásico

binário multinível

bipolar

codificação de blocos

codificação de linha

componentes DC

compressão-expansão e expansão

conversão analógica-digital

conversão digital-digital

digitalização

elemento de sinal

elementos de dados

erro de quantização

HDB3 (alta densidade bipolar com três zeros)
Manchester
Manchester diferencial
mistura de sinais
MLT-3 (transmissão multilinha de três níveis)
modos de transmissão
modulação delta (DM)
modulação delta adaptativa
NRZ (sem retorno a zero)
NRZ-I (NRZ-Invert)
NRZ-L (NRZ-Level)
PAM (modulação por amplitude de pulso)
PCM (modulação por código de pulso)
polar
pseudoternário
quantização
referência inicial

RZ (retorno a zero)
start Bit (bit de início)
stop Bit (bit de parada)
taxa de amostragem
taxa de bits
taxa de dados
taxa de modulação
taxa de pulsos
taxa de sinal
taxa de transmissão
teorema de Nyquist
transmissão assíncrona
transmissão isócrona
transmissão paralela
transmissão serial
transmissão síncrona
unipolar

4.6 RESUMO

❏ A conversão digital-digital envolve três técnicas: codificação de linha, codificação de blocos e mistura de sinais.

❏ Codificação de linha é o processo de converter dados digitais em sinais digitais.

❏ Podemos dividir, de forma grosseira, os métodos de codificação de linha em cinco amplas categorias: unipolar, polar, bipolar, multinível e multitransição.

❏ A codificação de blocos fornece redundância para garantir sincronização e detecção de erros inerente. A codificação de blocos é normalmente conhecida como codificação *mB/nB*; ela substitui cada grupo de *m* bits por um grupo de *n* bits.

❏ A mistura de sinais fornece sincronização sem aumentar o número de bits. Duas técnicas comuns de mistura de sinais são o B8ZS e o HDB3.

❏ A técnica mais comum para converter um sinal analógico em dados digitais (digitalização) é denominada modulação por código de pulso (PCM — *Pulse Code Modulation*).

❏ A primeira etapa no PCM é a amostragem. O sinal analógico é amostrado a cada T_s segundos, em que T_s é o intervalo ou período de amostragem. O inverso do intervalo de amostragem é denominado *taxa* ou *freqüência de amostragem* e é representado por f_s, em que $f_s = 1/T_s$. Existem três métodos de amostragem — ideal, natural e topo plano.

❏ De acordo com o *teorema de Nyquist*, para reproduzir o sinal analógico original, uma condição necessária é que a *taxa de amostragem* seja pelo menos o dobro da maior freqüência contida no sinal original.

❏ Foram desenvolvidas outras técnicas de amostragem para reduzir a complexidade do PCM. A mais simples delas é a *modulação delta*. O PCM encontra o valor da amplitude do sinal em cada amostra; a DM detecta a variação em relação à amostra anterior.

- Embora haja apenas uma maneira de enviar dados paralelos, existem três subclasses de transmissão serial: síncrona, assíncrona e isócrona.

- Na transmissão assíncrona enviamos 1 start bit (bit de início) (0) no início e 1 ou mais stop bits (bits de parada) (1) no final de cada byte.

- Na transmissão síncrona enviamos bits um após o outro sem bits adicionais de start ou de stop ou intervalos. É de responsabilidade do receptor agrupar os bits.

- O modo isócrono fornece sincronização para o fluxo inteiro de bits. Em outras palavras, ele garante que os dados cheguem a uma taxa fixa.

4.7 ATIVIDADES PRÁTICAS

Questões para Revisão

1. Enumere três técnicas de conversão digital-digital.
2. Faça a distinção entre um elemento de sinal e um elemento de dados.
3. Faça a distinção entre taxa de dados e taxa de sinal.
4. Defina afastamento em relação à referência inicial e seu efeito sobre a transmissão digital.
5. Defina componente DC e seu efeito sobre a transmissão digital.
6. Defina as características de um sinal auto-sincronizado.
7. Enumere cinco métodos de codificação de linha discutidos neste livro.
8. Defina codificação de blocos e diga qual é o seu propósito.
9. Defina mistura de sinais e diga qual é o seu propósito.
10. Compare e contraste PCM e DM.
11. Quais são as diferenças entre transmissão paralela e serial?
12. Enumere três técnicas diferentes de transmissão serial e explique suas diferenças.

Exercícios

13. Calcule o valor da taxa de sinal para cada caso apresentado na Figura 4.2, se a taxa de dados for de 1 Mbps e $c = 1/2$.

14. Em uma transmissão digital, o clock do emissor é 0,2% mais rápido que o clock do receptor. Quantos bits extras por segundo o emissor enviará se a taxa de dados for de 1 Mbps?

15. Desenhe o gráfico do método NRZ-L, usando cada um dos fluxos de dados seguintes, supondo que o último nível de sinal tenha sido positivo. A partir dos gráficos, estime a largura de banda para esse método usando o número médio de mudanças no nível de sinal. Compare sua estimativa com a entrada correspondente na Tabela 4.1.

    a. 00000000
    b. 11111111
    c. 01010101
    d. 00110011

16. Repita o Exercício 15 para o método NRZ-I.

17. Repita o Exercício 15 para o método Manchester.
18. Repita o Exercício 15 para o método Manchester diferencial.
19. Repita o Exercício 15 para o método 2B1Q, usando, porém, os seguintes fluxos de dados.
    a. 0000000000000000
    b. 1111111111111111
    c. 0101010101010101
    d. 0011001100110011
20. Repita o Exercício 15 para o método MLT-3, porém use os seguintes fluxos de dados:
    a. 00000000
    b. 11111111
    c. 01010101
    d. 00011000
21. Encontre o fluxo de dados de 8 bits para cada caso representado na Figura 4.36.

Figura 4.36 *Exercício 21*

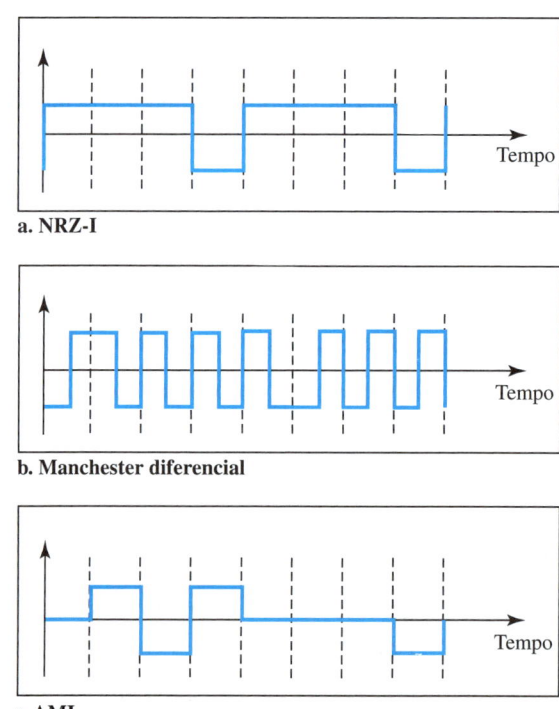

a. NRZ-I

b. Manchester diferencial

c. AMI

22. Um sinal NRZ-I tem uma taxa de dados de 100 kbps. Usando a Figura 4.6, calcule o valor da energia normalizada (P) para as freqüências de 0 Hz, 50 Hz e 100 kHz.
23. Um sinal Manchester tem uma taxa de dados de 100 kbps. Usando a Figura 4.8, calcule o valor da energia normalizada (P) para as freqüências de 0 Hz, 50 Hz e 100 kHz.
24. O fluxo de entrada para um codificador de blocos 4B/5B é 0100 0000 0000 0000 0000 0001. Responda às seguintes questões:
    a. Qual é o fluxo de saída?

b. Qual é o comprimento da seqüência consecutiva de 0s mais longa na entrada?

c. Qual é o comprimento da seqüência consecutiva de 0s mais longa na saída?

25. Quantas seqüências de código inválidas (não utilizadas) podemos ter na codificação 5B/6B? E na codificação 3B/4B?

26. Qual é o resultado da mistura na seqüência 11100000000000, usando uma das seguintes técnicas de mistura de sinais? Suponha que o último nível de sinal não-zero tenha sido positivo.

   a. B8ZS.

   b. HDB3 (o número de pulsos não-zero é ímpar após a última substituição).

27. Qual a taxa de amostragem de Nyquist para cada um dos sinais a seguir?

   a. Um sinal passa-baixa com largura de banda igual a 200 kHz?

   b. Um sinal passa-faixa com largura de banda igual a 200 kHz, se a freqüência mais baixa for 100 kHz?

28. Fizemos a amostragem de um sinal passa-baixa com largura de banda de 200 kHz usando 1.024 níveis de quantização.

   a. Calcule a taxa de bits do sinal digitalizado.

   b. Calcule o SNR_{dB} para esse sinal.

   c. Calcule a largura de banda PCM desse sinal.

29. Qual é a taxa de produção de dados máxima de um canal com largura de banda 200 kHz, se usarmos quatro níveis de sinalização digital?

30. Um sinal analógico tem largura de banda de 20 kHz. Se fizermos a amostragem desse sinal e o enviarmos através de um canal de 30 kbps, qual será a SNR_{dB}?

31. Temos um canal banda-base com 1 MHz de largura de banda. Qual é a taxa de dados para esse canal, se usarmos um dos seguintes métodos de codificação de linha?

   a. NRZ-L.

   b. Manchester.

   c. MLT-3.

   d. 2B1Q.

32. Queremos transmitir 1.000 caracteres, cada caractere codificado como 8 bits.

   a. Encontre o número de bits transmitidos para transmissão síncrona.

   b. Encontre o número de bits transmitidos para transmissão assíncrona.

   c. Encontre o porcentual de redundância em cada caso.

CAPÍTULO 5

Transmissão Analógica

No Capítulo 3, vimos as vantagens e desvantagens da transmissão digital em relação à transmissão analógica. Vimos que, embora a transmissão digital seja muito desejável, é preciso um canal passa-baixa. Vimos também que a transmissão analógica é a única opção, caso tenhamos um canal passa-faixa. A transmissão digital foi discutida no Capítulo 4; agora discutiremos a transmissão analógica.

Converter dados digitais em um sinal analógico passa-faixa é tradicionalmente denominado conversão digital-analógica. Converter um sinal analógico passa-baixa em um sinal analógico passa-faixa é, tradicionalmente, denominado conversão analógica-analógica. Neste capítulo, discutiremos esses dois tipos de conversão.

5.1 CONVERSÃO DIGITAL-ANALÓGICA

Conversão digital-analógica é o processo de mudar uma das características de um sinal analógico baseado nas informações de dados digitais. A Figura 5.1 apresenta a relação entre as informações digitais, o processo de modulação digital-analógico e o sinal analógico resultante.

Figura 5.1 *Conversão digital-analógica*

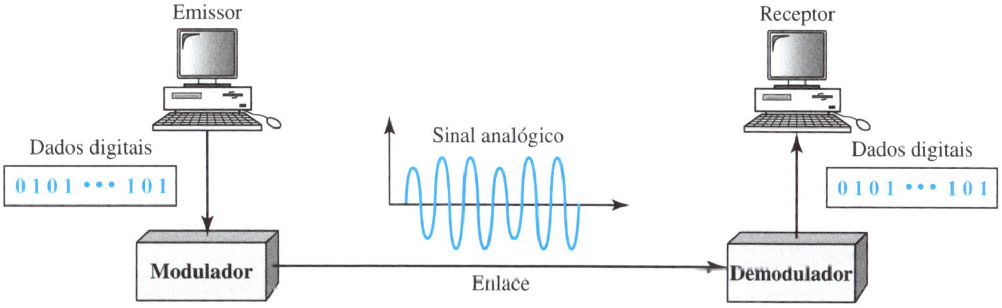

Conforme discutido no Capítulo 3, uma onda senoidal é definida por três características: amplitude, freqüência e fase. Quando variamos qualquer uma dessas características, criamos uma versão diferente da mesma onda. Portanto, ao alterar uma característica, simples de um sinal elétrico, podemos usá-lo para representar dados digitais. Qualquer uma das três características pode ser alterada, oferecendo pelo menos três mecanismos para modular dados digitais em sinal analógico: **ASK** (*amplitude shift keying*, ou seja, modulação por **chaveamento de amplitude**), **FSK** (*frequency shift keying*, ou seja, modulação por **chaveamento de freqüência**) e **PSK** (*phase shift keying*, ou seja, modulação por **chaveamento de fase**). Além desses, existe um quarto mecanismo (o mais eficiente) que combina a mudança tanto da amplitude quanto da fase, denominado **QAM** (**quadrature amplitude modulation**, ou seja, **modulação por amplitude da quadratura**). O QAM é a forma mais eficiente dessas opções e é o mecanismo comumente usado hoje em dia (ver Figura 5.2).

Figura 5.2 *Tipos de conversão digital-analógica*

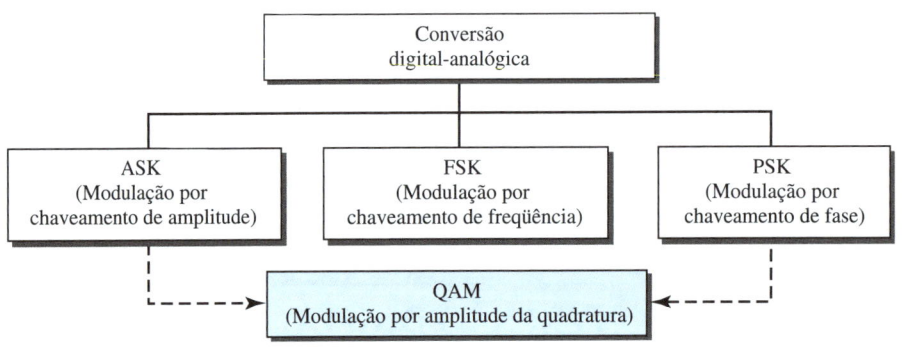

Aspectos da Conversão Digital-Analógica

Antes de discutirmos métodos específicos de modulação digital-analógica, precisamos rever duas questões básicas: taxa de bits e taxa de transmissão, bem como sinal da portadora.

Elemento de Dados versus Elemento de Sinal

No Capítulo 4, discutimos o conceito de elemento de dados *versus* elemento de sinal. Definimos um elemento de dados como a menor informação a ser trocada, o bit. Também definimos um elemento de sinal como a menor unidade de um sinal a ser transmitida pelo meio físico. Embora continuemos a usar os mesmos termos neste capítulo, veremos que a natureza dos elementos de sinal é um pouco diferente na transmissão analógica.

Taxa de Dados versus Taxa de Sinal

Podemos definir taxa de dados (taxa de bits) e taxa de sinal (taxa de transmissão) da mesma forma que fizemos para a transmissão digital. A relação entre elas é

$$S = N \times \frac{1}{r} \quad \text{baud}$$

em que N é a taxa de dados (bps) e r é o número de elementos de dados transportados em um elemento de sinal. O valor de r na transmissão analógica é $r = \log_2 L$, em que L é o tipo de elemento de sinal, e não o nível. Será utilizada a mesma nomenclatura para simplificar as comparações.

> **Taxa de bits é o número de bits por segundo. Taxa de transmissão é o número de elementos de sinal por segundo. Na transmissão analógica de dados digitais, a taxa de transmissão é menor que ou igual à taxa de bits.**

A mesma analogia usada no Capítulo 4 para taxa de bits e taxa de transmissão se aplica aqui. No transporte, um baud equivale a um veículo e um bit é análogo a um passageiro. Precisamos maximizar o número de pessoas por veículo para reduzir o tráfego.

Exemplo 5.1

Um sinal analógico transporta 4 bits por elemento de sinal. Se forem enviados 1.000 elementos de sinal por segundo, encontre a taxa de bits.

Solução

Nesse caso, $r = 4$, $S = 1.000$ e N é desconhecida. Podemos encontrar o valor de N a partir de

$$S = N \times \frac{1}{r} \quad \text{ou} \quad N = S \times r = 1.000 \times 4 = 4.000 \text{ bps}$$

Exemplo 5.2

Um sinal analógico tem uma taxa de bits de 8.000 bps e uma taxa de transmissão de 1.000 bauds. Quantos elementos de dados são transportados por elemento de sinal? Quantos elementos de sinal precisamos?

Solução

Nesse exemplo, $S = 1.000$, $N = 8.000$ e r e L são desconhecidos. Encontramos primeiro o valor de r e depois o valor de L.

$$S = N \times \frac{1}{r} \Rightarrow r = \frac{N}{S} = \frac{8.000}{1.000} = 8 \text{ bits/baud}$$

$$r = \log_2 L \Rightarrow L = 2^r = 2^8 = 256$$

Largura de Banda

A largura de banda necessária para a transmissão analógica de dados digitais é proporcional à taxa de sinal, exceto para o FSK, no qual a diferença entre os sinais da portadora precisa ser acrescentada. Discutiremos a largura de banda para cada uma das técnicas.

Sinal da Portadora

Na transmissão analógica, o dispositivo emissor produz um sinal de alta freqüência, que atua como uma base para o sinal modulador (sinal contendo as informações a serem transmitidas). Esse sinal de base é chamado **sinal da portadora** ou freqüência da portadora. O dispositivo receptor é sintonizado na freqüência do sinal da portadora que ele espera receber do emissor. Informações digitais mudam então o sinal da portadora, modificando uma ou mais de suas características (amplitude, freqüência ou fase). Esse tipo de modificação é denominado modulação (Modulação por chaveamento).

Chaveamento de Amplitude

No mecanismo de chaveamento de amplitude, a amplitude do sinal da portadora é modificada para criar elementos de sinal. Tanto a freqüência quanto a fase permanecem inalteradas enquanto a amplitude muda.

ASK Binário (Bask)

Embora possamos ter vários níveis (tipos) de elementos de sinal, cada um com uma amplitude diferente, o ASK é normalmente implementado usando apenas dois níveis. Isso é conhecido como chaveamento de amplitude binário ou OOK (*chaveamento liga-desliga*). A amplitude máxima de um nível de sinal é 0; a outra é a mesma que a amplitude da portadora. A Figura 5.3 fornece uma visão conceitual do ASK binário.

Figura 5.3 *Chaveamento de amplitude binário*

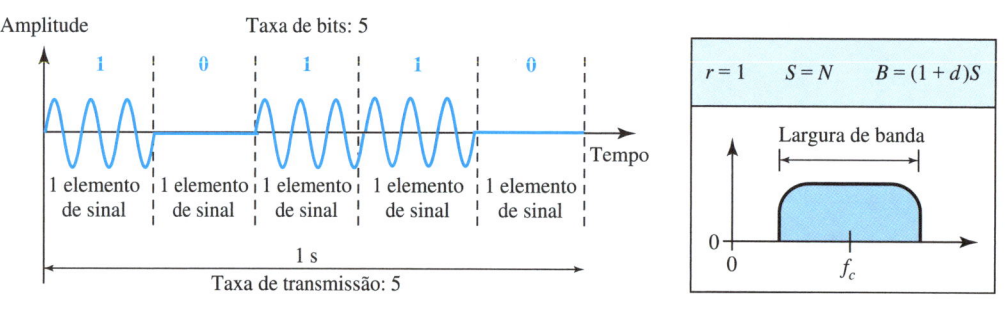

Largura de Banda para o ASK A Figura 5.3 também revela a largura de banda para o ASK. Embora o sinal da portadora seja apenas uma onda senoidal simples, o processo de modulação produz um sinal composto não periódico. Esse sinal, conforme discutido no Capítulo 3, tem um conjunto de freqüências contínuo. Conforme esperado, a largura de banda é proporcional à taxa de sinal (taxa de transmissão). Entretanto, normalmente existe outro fator envolvido, chamado d, o qual depende dos processos de modulação e filtragem. O valor de d está situado entre 0 e 1. Isso significa que a largura de banda pode ser expressa conforme mostrado a seguir, em que S é a taxa de sinal, e B é a largura de banda.

$$B = (1 + d) \times S$$

A fórmula mostra que a largura de banda necessária tem um valor mínimo igual a S e um valor máximo igual a $2S$. O ponto mais importante aqui é a localização da largura de banda. O ponto médio da largura de banda é em que f_c, a freqüência da portadora, se localiza. Isso significa que, se tivermos um canal passa-faixa disponível, podemos selecionar a freqüência do sinal da portadora (f_c), de modo que o sinal modulado ocupe essa largura de banda. Isso é, de fato, a vantagem mais importante da conversão digital-analógica. Podemos deslocar a largura de banda resultante para endereçar aquilo que está disponível.

Implementação Este livro não aborda a discussão completada implementação ASK. Entretanto, os conceitos simples por trás de sua implementação podem nos ajudar a mais bem entender o conceito em si. A Figura 5.4 mostra como podemos implementar de forma simples o ASK binário.

Se os dados digitais forem apresentados como um sinal digital NRZ unipolar (ver Capítulo 4) com uma voltagem máxima de 1V e voltagem mínima de 0 V, a implementação pode ser realizada multiplicando-se o sinal digital NRZ pelo sinal da portadora proveniente de um oscilador. Quando

Figura 5.4 *Implementação do ASK binário*

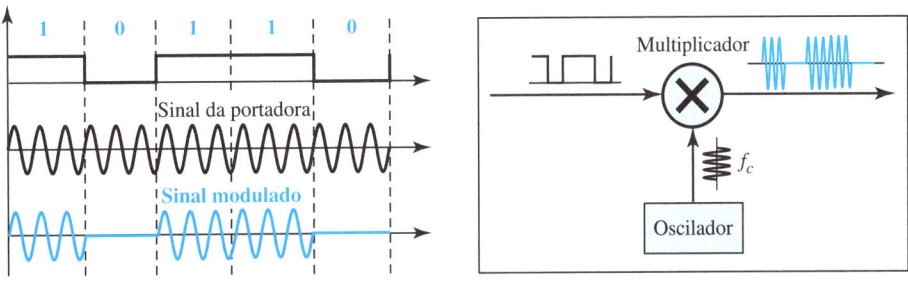

a amplitude do sinal NRZ for 1, a amplitude resultante será igual à da portadora; quando a amplitude do sinal NRZ for 0, a amplitude resultante será zero.

Exemplo 5.3

Temos uma largura de banda disponível de 100 kHz que varia de 200 a 300 kHz. Qual é a freqüência da portadora e a taxa de bits se modularmos nossos dados usando ASK com $d = 1$?

Solução

O ponto médio da largura de banda se localiza em 250 kHz. Isso significa que a freqüência da portadora deve estar em $f_c = 250$ kHz. Podemos usar a fórmula da largura de banda para encontrar a taxa de bits (com $d = 1$ e $r = 1$).

$$B = (1 + d) \times S = 2 \times N \times \frac{1}{r} = 2 \times N = 100 \text{ kHz} \quad \Rightarrow \quad N = 50 \text{ kbps}$$

Exemplo 5.4

Em comunicação de dados, geralmente usamos links *full-duplex* que permitem a comunicação em ambas as direções. Precisamos dividir a largura de banda em duas partes, com duas freqüências de portadora diferentes, conforme pode ser observado na Figura 5.5. A figura mostra as posições das duas freqüências de portadora e suas larguras de banda. A largura de banda disponível para cada direção agora é de 50 kHz, que nos permite uma taxa de dados de 25 kbps em cada direção.

Figura 5.5 *Largura de banda do ASK* full-duplex *usado no Exemplo 5.4*

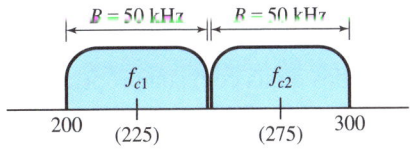

ASK Multinível

Na discussão anterior, apresentamos o ASK binário que usa apenas dois níveis de amplitude. Podemos ter ASK multinível, que utiliza mais de dois níveis de amplitude. Podemos usar 4,

8, 16 ou mais amplitudes diferentes para o sinal e modular os dados usando 2, 3, 4 ou mais bits por vez. Nesses casos, $r = 2$, $r = 3$, $r = 4$ e assim por diante. Embora não seja implementado com o ASK puro, ele é implementado com QAM (conforme veremos posteriormente).

Modulação por Chaveamento de Freqüência

Na modulação por chaveamento de freqüência, a freqüência do sinal da portadora é modificada para representar os dados. A freqüência do sinal modulado é constante para a duração de um elemento de sinal, mas pode mudar para o elemento de sinal seguinte, caso o elemento de dados mude. Tanto a amplitude máxima como a fase permanecem inalteradas para qualquer elemento de sinal.

FSK Binário (BFSK)

Uma maneira de imaginarmos o FSK binário (ou BFSK) é considerar duas freqüências de portadora. Na Figura 5.6, selecionamos duas, f_1 e f_2. Usamos a primeira portadora se o elemento de dados for 0; utilizamos a segunda se o elemento de dados for 1. Entretanto, note que se trata de um exemplo irreal usado apenas para fins de demonstração. Normalmente, as freqüências de portadora são muito altas e a diferença entre elas é muito pequena.

Figura 5.6 *Modulação por chaveamento de freqüência binária*

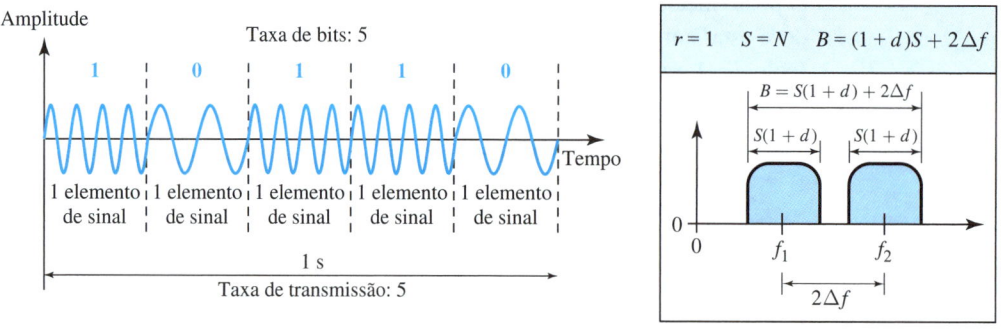

Conforme mostra a Figura 5.6, o ponto médio da primeira largura de banda é f_1 e o ponto médio da outra é f_2. Tanto f_1 como f_2 se encontram Δf afastadas do ponto médio entre as duas faixas. A diferença entre as duas freqüências é de $2\Delta f$.

Largura de banda para o BFSK A Figura 5.6 também mostra a largura de banda do FSK. Novamente, os sinais de portadora são ondas senoidais simples, mas a modulação cria um sinal composto não periódico de freqüências contínuas. Podemos imaginar o FSK como dois sinais ASK, cada um dos quais com sua própria freqüência de portadora (f_1 ou f_2). Se a diferença entre as duas freqüências for $2\Delta f$, então a largura de banda necessária será

$$B = (1 + d) \times S + 2\Delta f$$

Qual deve ser o valor mínimo de $2\Delta f$? Na Figura 5.6, escolhemos um valor maior que $(1 + d)S$. Pode-se demonstrar que o valor mínimo deve ser pelo menos S para uma operação apropriada de modulação e demodulação.

Exemplo 5.5

Temos uma largura de banda disponível de 100 kHz variando entre 200 a 300 kHz. Qual deve ser a freqüência da portadora e a taxa de bits se modularmos os dados usando FSK com $d = 1$?

Solução

Esse problema é similar ao Exemplo 5.3, mas a modulação ocorre pelo FSK. O ponto médio da largura de banda se encontra em 250 kHz. Supondo que $2\Delta f$ seja 50 kHz; isso significa que

$$B = (1 + d) \times S + 2\Delta f = 100 \implies 2S = 50 \text{ kHz} \quad S = 25 \text{ kbauds} \quad N = 25 \text{ kbps}$$

Comparado com o Exemplo 5.3, podemos ver que a taxa de bits para o ASK é de 50 kbps, ao passo que a taxa de bits para o FSK é de 25 kbps.

Implementação Existem duas implementações possíveis de BFSK: coerente e não-coerente. No BFSK não-coerente, pode existir descontinuidade na fase quando um elemento de sinal termina e o próximo se inicia. No BFSK coerente, a fase continua através da fronteira entre os dois elementos de sinal. O BFSK não-coerente pode ser implementado tratando-se o BFSK como duas modulações ASK e usando duas freqüências de portadora. O BFSK coerente pode ser implementado usando-se um *oscilador controlado por tensão* (VCO) que muda sua freqüência de acordo com a tensão de entrada. A Figura 5.7 mostra a idéia simplificada por trás da segunda implementação. A entrada para o oscilador é o sinal NRZ unipolar. Quando a amplitude do NRZ for zero, o oscilador mantém sua freqüência regular; quando a amplitude for positiva, a freqüência é aumentada.

Figura 5.7 *Implementação do BFSK*

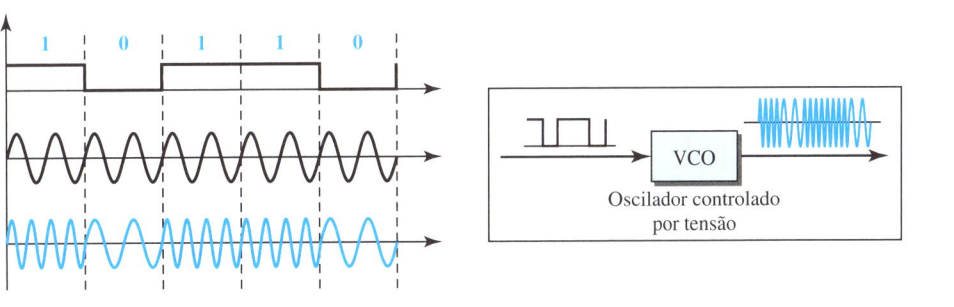

FSK Multinível

A modulação multinível (MFSK) não é incomum no método FSK. Podemos utilizar mais de duas freqüências. Poderíamos, por exemplo, usar quatro freqüências diferentes, f_1, f_2, f_3 e f_4 para enviar 2 bits por vez. Para enviar 3 bits por vez, necessitamos usar 8 freqüências, e assim por diante. Entretanto, precisamos lembrar que as freqüências devem estar separadas por $2\Delta f$ entre si. Para a operação apropriada do modulador e do demodulador, pode ser demonstrado que o valor mínimo de $2\Delta f$ deve ser S. Podemos demonstrar que a largura de banda com $d = 0$ é

$$B = (1 + d) \times S + (L - 1)2\Delta f \implies B = L \times S$$

Exemplo 5.6

Precisamos enviar dados de 3 em 3 bits a uma taxa de bits de 3 Mbps. A freqüência da portadora é de 10 MHz. Calcule o número de níveis (freqüências diferentes), a taxa de transmissão e a largura de banda.

Solução

Podemos ter $L = 2^3 = 8$. A taxa de transmissão é $S = 3$ MHz/3 = 1.000 Mbauds. Isso significa que as freqüências de portadora devem estar afastadas de 1 MHz entre si ($2\Delta f = 1$ MHz). A largura de banda é $B = 8 \times 1.000 = 8.000$. A Figura 5.8 mostra a alocação de freqüências e as larguras de banda.

Figura 5.8 *Largura de banda do MFSK usado no Exemplo 5.6*

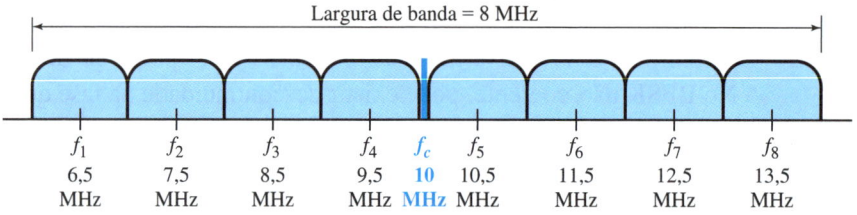

Modulação por Chaveamento de Fase

Na modulação por chaveamento de fase, a fase da portadora é modificada para representar dois ou mais elementos de sinal. Tanto a amplitude máxima como a freqüência permanecem constantes à medida que a fase muda. Hoje em dia, o PSK é mais comum que o ASK ou FSK. Veremos, porém, veremos em breve, que o QAM, que combina o ASK e o PSK, é o método mais empregado na modulação digital-analógica.

PSK Binário (BPSK)

O PSK mais simples é o PSK binário, no qual temos apenas dois elementos de sinal, um com fase 0° e o outro com fase 180°. A Figura 5.9 fornece uma visão conceitual do PSK. O PSK binário é tão simples quanto o ASK binário, no entanto, com uma grande vantagem — ele é menos

Figura 5.9 *Modulação por chaveamento de fase binária*

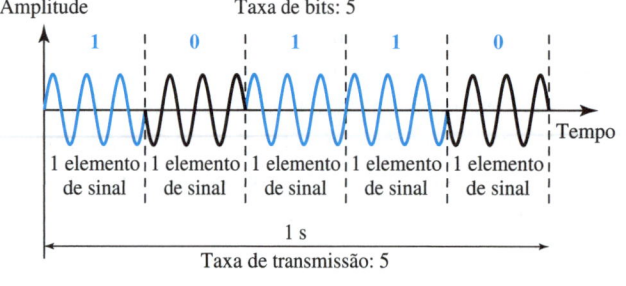
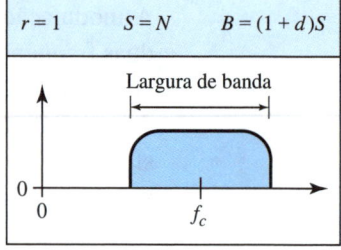

suscetível a ruídos. No ASK, o critério para detecção de bits é a amplitude do sinal; no PSK, é a fase. O ruído pode alterar mais facilmente a amplitude que a fase. Em outras palavras, o PSK é menos suscetível a ruídos que o ASK. O PSK é superior ao FSK porque não precisamos de dois sinais de portadora.

Largura de Banda A Figura 5.9 também exibe a largura de banda do BPSK. A largura de banda é a mesma que para o ASK binário, embora, menor que aquela para o BFSK. Nenhuma largura de banda é desperdiçada para separar dois sinais de portadora.

Implementação A implementação do BPSK é tão simples quanto a do ASK. A razão para tal é que o elemento de sinal com fase 180° pode ser visto como o complemento do elemento de sinal com fase 0°. Isso nos dá uma pista de como implementar o BPSK. Usamos o mesmo conceito adotado para o ASK, mas com um sinal NRZ polar em vez de um sinal NRZ unipolar, conforme pode ser visto na Figura 5.10. O sinal NRZ polar é multiplicado pela freqüência da portadora; o bit 1 (tensão positiva) é representado por uma fase iniciando em 0°; o bit 0 (tensão negativa) é representado por uma fase iniciando em 180°.

Figura 5.10 *Implementação do BPSK*

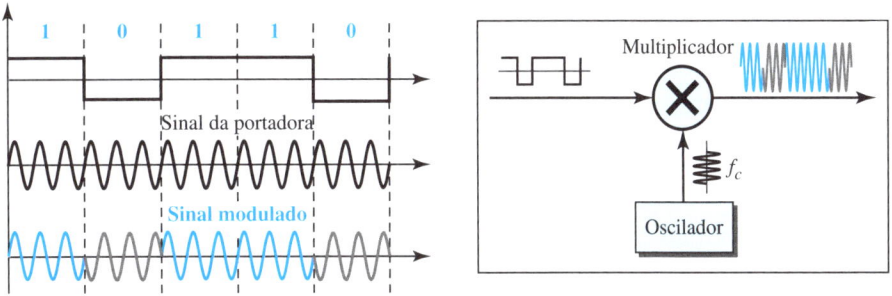

PSK por Quadratura (QPSK)

A simplicidade do BPSK levou os projetistas a usarem 2 bits por vez para cada elemento de sinal, diminuindo, portanto, a taxa de transmissão e, eventualmente, a largura de banda necessária. O método é denominado PSK por quadratura ou QPSK, pois usa duas modulações BPSK separadas; uma em fase, enquanto a outra em quadratura (fora de fase). Os bits que chegam passam, primeiro, por uma conversão serial-paralela que envia um bit para um modulador e o próximo para o outro modulador. Se a duração de cada bit do sinal de entrada for T, a duração de cada bit enviado para o gerador BPSK correspondente será $2T$. Isso significa que o bit para cada sinal BPSK tem metade da freqüência do sinal original. A Figura 5.11 ilustra a idéia.

Os dois sinais compostos criados por multiplicador são ondas senoidais com a mesma freqüência, mas com fases diferentes. Ao serem adicionados, o resultado é outra onda senoidal com uma das quatro possíveis fases: 45°, –45°, 135° e –135°. Existem quatro tipos de elementos de sinal no sinal de saída ($L = 4$) e, portanto, podemos enviar 2 bits por elemento de sinal ($r = 2$).

Figura 5.11 *O QPSK e sua implementação*

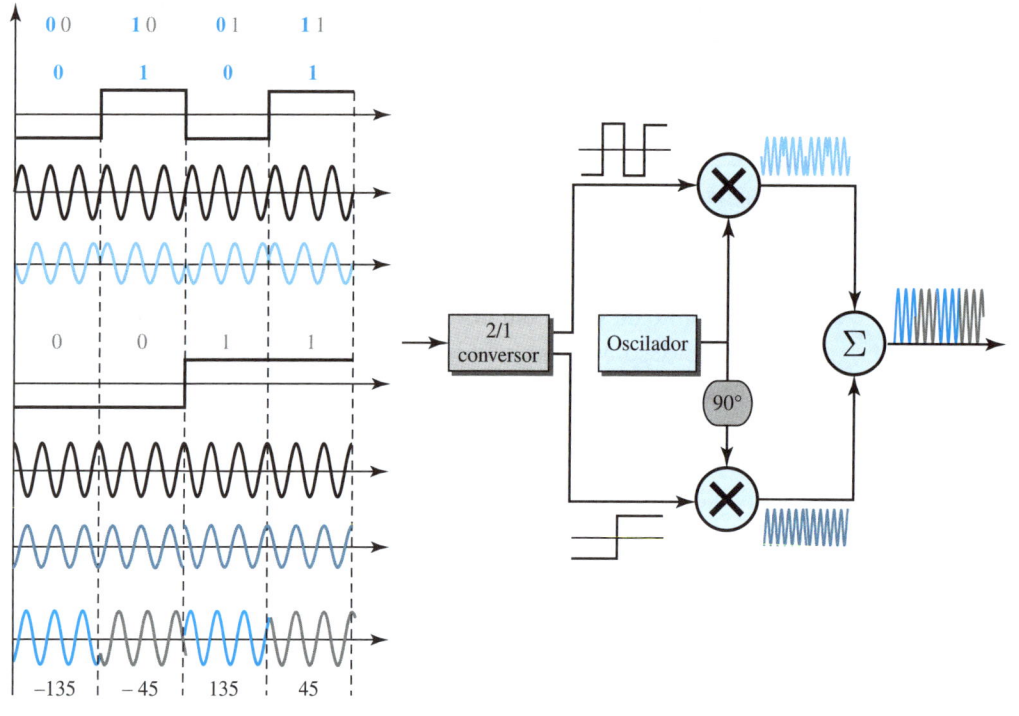

Exemplo 5.7

Encontre a largura de banda para um sinal transmitido a 12 Mbps em QPSK. O valor de $d = 0$.

Solução

Para o QPSK, 2 bits são transportados para cada elemento de sinal. Isso significa que $r = 2$. Portanto, a taxa de sinal (taxa de transmissão) é $S = N \times (1/r) = 6$ Mbauds. Com um valor de $d = 0$, temos $B = S = 6$ MHz.

Diagrama de Constelação

Uma **diagrama de constelação** pode ajudar a definir a amplitude e a fase de um elemento de sinal, particularmente quando estivermos usando duas portadoras (uma em fase e a outra em quadratura). O diagrama é útil quando estivermos lidando com QAM, PSK ou ASK multinível (ver a próxima seção). Em um diagrama de constelação, um tipo de elemento de sinal é representado como um ponto. O bit ou a combinação de bits que ele é capaz de transportar normalmente é escrito próximo a ele.

O diagrama tem dois eixos. O eixo horizontal X está relacionado com a portadora em fase, ao passo que o eixo vertical Y está relacionado com a portadora em quadratura. Para cada ponto no diagrama, podemos deduzir quatro tipos de informação. A projeção do ponto sobre o eixo X define a amplitude máxima da componente em fase; a projeção do ponto sobre o eixo Y define a amplitude máxima da componente em quadratura. O comprimento da reta (vetor) que conecta o ponto à origem é a amplitude máxima do elemento de sinal (combinação dos componentes X e Y). O ângulo que a linha faz com o eixo X representa a fase do elemento de sinal. Todas as informações de que precisamos podem ser facilmente encontradas em um diagrama de constelação, ilustrado na Figura 5.12.

Figura 5.12 *Conceito de um diagrama de constelação*

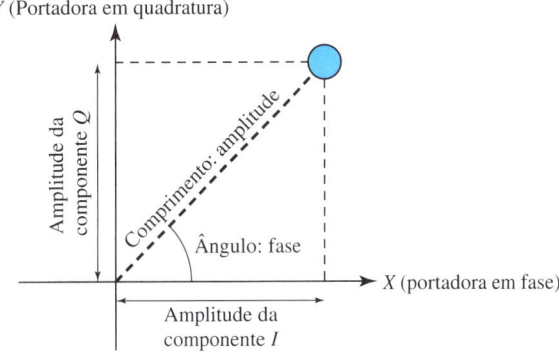

Exemplo 5.8

Mostre o diagrama de constelação para um sinal ASK (OOK), BPSK e QPSK.

Solução

A Figura 5.13 ilustra os três diagramas de constelação.

Figura 5.13 *Três diagramas de constelação*

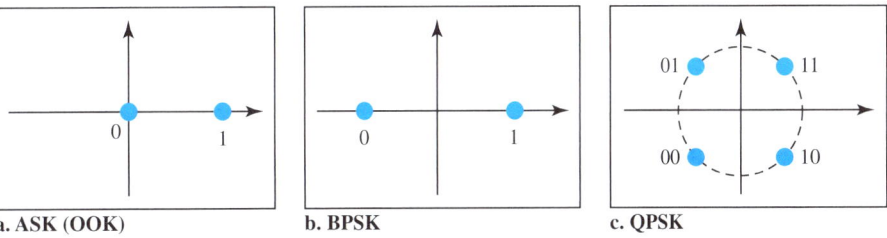

a. ASK (OOK) b. BPSK c. QPSK

Analisemos separadamente cada caso:

a. Para o ASK, estamos usando apenas uma portadora em fase. Portanto, os dois pontos devem estar sobre o eixo X. O binário 0 tem uma amplitude de 0 V; o binário 1 tem uma amplitude de 1 V (por exemplo). Os pontos estão localizados na origem e na unidade 1.

b. O BPSK também usa apenas uma portadora em fase. Entretanto, utilizamos um sinal NRZ polar para modulação. Ele cria dois tipos de dados de elementos de sinal, um com amplitude 1 e outro com amplitude −1. Isso pode ser afirmado em outros termos: o BPSK cria dois elementos de sinal diferentes, um com amplitude 1 V e em fase e outro com amplitude 1 V e 180° fora de fase.

c. O QPSK usa duas portadoras, uma em fase e outra em quadratura. O ponto representando 11 é composto por dois elementos de sinal combinados, ambos com amplitude de 1 V. Um elemento é representado por uma portadora em fase e o outro por uma portadora em quadratura. A amplitude do elemento de sinal final enviado para esse elemento de dados de 2 bits é $2^{1/2}$ e a fase é 45°. O argumento é similar para os outros três pontos. Todos os elementos de sinal têm amplitude de $2^{1/2}$, mas, suas fases são diferentes (45°, 135°, −135° e −45°). Obviamente, poderíamos ter optado por uma amplitude da portadora de $1/(2^{1/2})$ para tornar as amplitudes finais iguais a 1 V.

Modulação por Amplitude de Quadratura

O PSK é limitado pela capacidade do equipamento para distinguir pequenas diferenças na fase. Esse fator limita sua taxa de bits potencial. Até então, estávamos alterando apenas uma das três características de uma onda senoidal por vez; mas, o que aconteceria se alterássemos duas ao mesmo tempo? Por que não combinar o ASK e o PSK? A idéia de usar duas portadoras, uma em fase e a outra em quadratura com diferentes níveis de amplitude para cada portadora é o conceito que está por trás do **QAM** (**modulação por amplitude de quadratura**).

> **A modulação por amplitude de quadratura é uma combinação do ASK e do PSK.**

As possíveis variações do QAM são inúmeras. A Figura 5.14 exibe alguns desses métodos. A Figura 5.14 (a) mostra o método QAM mais simples, 4-QAM (quatro tipos de elementos de sinal diferentes) usando um sinal NRZ unipolar para modular cada portadora. Esse é o mesmo mecanismo que usamos para o ASK (OOK). O item (b) revela outro método 4-QAM utilizando NRZ polar. No entanto, isso é exatamente o mesmo que o QPSK. O item (c) mostra outro 4-QAM no qual usamos um sinal com dois níveis positivos para modular cada uma das duas portadoras. Finalmente, a Figura 5.14 (d) aponta uma constelação 16-QAM de um sinal com oito níveis, quatro positivos e quatro negativos.

Figura 5.14 *Diagramas de constelação para alguns exemplos de QAMs*

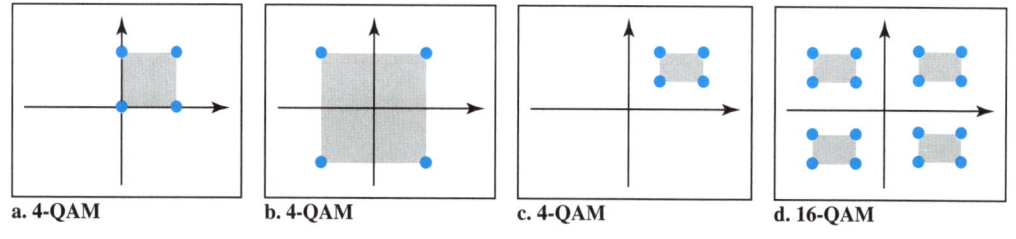

a. 4-QAM   b. 4-QAM   c. 4-QAM   d. 16-QAM

Largura de Banda para o QAM

A largura de banda mínima necessária para a transmissão QAM é a mesma que aquela necessária para a transmissão ASK e PSK. O QAM apresenta as mesmas vantagens do PSK em relação ao ASK.

5.2 CONVERSÃO ANALÓGICA-ANALÓGICA

A conversão analógica-analógica, ou modulação analógica, é a representação de informações analógicas por um sinal analógico. Poder-se-ia questionar: por que precisamos modular um sinal analógico; afinal, ele já é analógico. A modulação é necessária quando o meio físico for passa-faixa por natureza ou se houver disponibilidade de apenas um canal passa-faixa. Um exemplo é o rádio. O governo atribui uma largura de banda estreita para cada estação. O sinal analógico produzido pelas estações em separado é um sinal passa-baixa, todos no mesmo intervalo. Para podermos ouvir diferentes estações, cada um dos sinais passa-baixa precisa ser deslocado para um intervalo de freqüências diferente.

SEÇÃO 5.2 CONVERSÃO ANALÓGICA-ANALÓGICA

A **conversão analógica-analógica** pode ser realizada por três processos: **AM** (**amplitude modulation**, ou seja, **modulação em amplitude**), **FM** (**frequency modulation**, ou seja, **modulação em freqüência**) e **PM** (**phase modulation**, ou seja, **modulação em fase**). As modulações FM e PM normalmente são classificadas em uma mesma categoria (ver Figura 5.15).

Figura 5.15 *Tipos de modulação analógica-analógica*

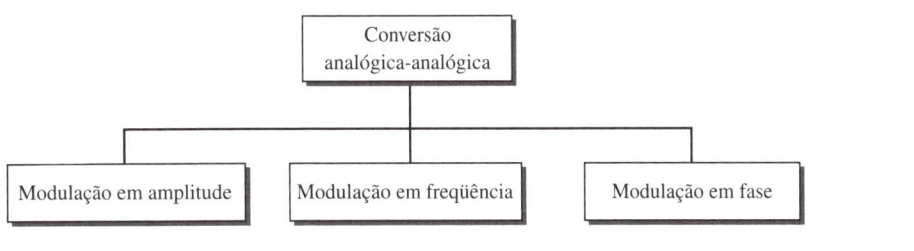

Modulação em Amplitude

Na transmissão AM, o sinal da portadora é modulado de forma que sua amplitude varie com as variações de amplitude do sinal modulador. A freqüência e a fase da portadora permanecem inalteradas; somente a amplitude muda para acompanhar as variações nas informações. A Figura 5.16 mostra como funciona esse conceito. O sinal modulador é o envelope da portadora.

Figura 5.16 *Modulação em amplitude*

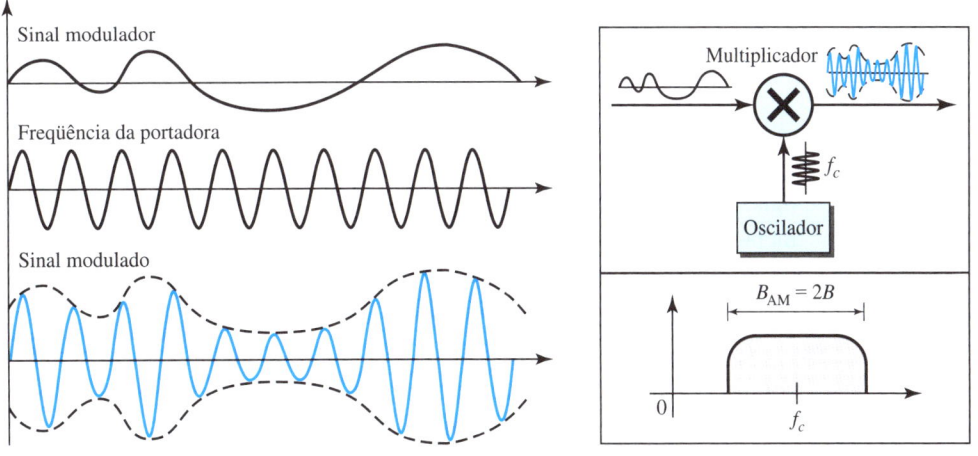

Conforme mostra a Figura 5.16, o AM é implementado normalmente usando-se um simples multiplicador, pois a amplitude do sinal da portadora precisa ser modificada de acordo com a amplitude do sinal modulador.

Largura de Banda do AM

A Figura 5.16 também mostra a largura de banda de um sinal AM. A modulação cria uma largura de banda que é o dobro da largura de banda do sinal modulador e cobre um intervalo cujo centro é a freqüência da portadora. Entretanto, os componentes do sinal acima e abaixo da freqüência da portadora transportam exatamente as mesmas informações. Por essa razão, algumas implementações descartam metade do sinal e reduzem a largura de banda pela metade.

> **A largura de banda total necessária para o AM pode ser determinada a partir da largura de banda do sinal de áudio: $B_{AM} = 2B$.**

Alocação-Padrão de Largura de Banda para uma Rádio AM

A largura de banda de um sinal de áudio (voz e música) é normalmente de 5 kHz. Conseqüentemente, uma estação de rádio AM precisa de uma largura de banda de 10 kHz. De fato, a FCC (Federal Communications Commission) dos Estados Unidos autoriza o uso de 10 kHz para cada estação AM.

As estações AM podem usar freqüências de portadora dentro do intervalo de 530 a 1.700 kHz (1,7 MHz). Entretanto, a freqüência de portadora de cada estação deve estar afastada em relação às estações vizinhas de cada lado em pelo menos 10 kHz (Largura de banda AM) para evitar interferência. Se uma estação usa uma freqüência de portadora de 1.100 kHz, a freqüência de portadora da próxima estação não pode ser menor que 1.110 kHz (ver Figura 5.17).

Figura 5.17 *Alocação de bandas para o AM*

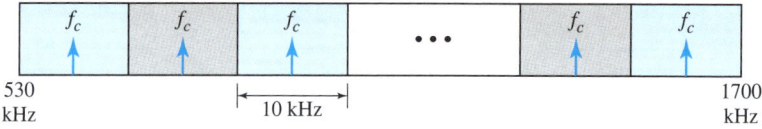

Modulação em Freqüência (*Frequency Modulation*)

Em transmissões FM, a freqüência do sinal da portadora é modulada para acompanhar as mudanças no nível de tensão (amplitude) do sinal modulador. A amplitude máxima e a fase do sinal da portadora permanecem inalterados, mas à medida que a amplitude do sinal modulador muda, a freqüência da portadora muda de forma correspondente. A Figura 5.18 mostra as relações entre o sinal modulador, o sinal da portadora e o sinal FM resultante.

Como ilustra a Figura 5.18, o FM é normalmente implementado usando-se um oscilador controlado por tensão, assim como no FSK. A freqüência do oscilador muda de acordo com a tensão de entrada que é a amplitude do sinal modulador.

Largura de Banda do FM

A Figura 5.18 também mostra a largura de banda de um sinal FM. É difícil determinar a largura de banda real de forma exata. Entretanto, pode-se demonstrar empiricamente que ela é várias vezes aquela do sinal analógico de entrada ou $2(1 + \beta)B$, em que β é um fator que depende da técnica de modulação, cujo valor padrão é 4.

> **A largura de banda total necessária para o FM pode ser determinada a partir da largura de banda de um sinal de áudio: $B_{FM} = 2(1 + \beta)B$.**

Figura 5.18 Modulação em freqüência

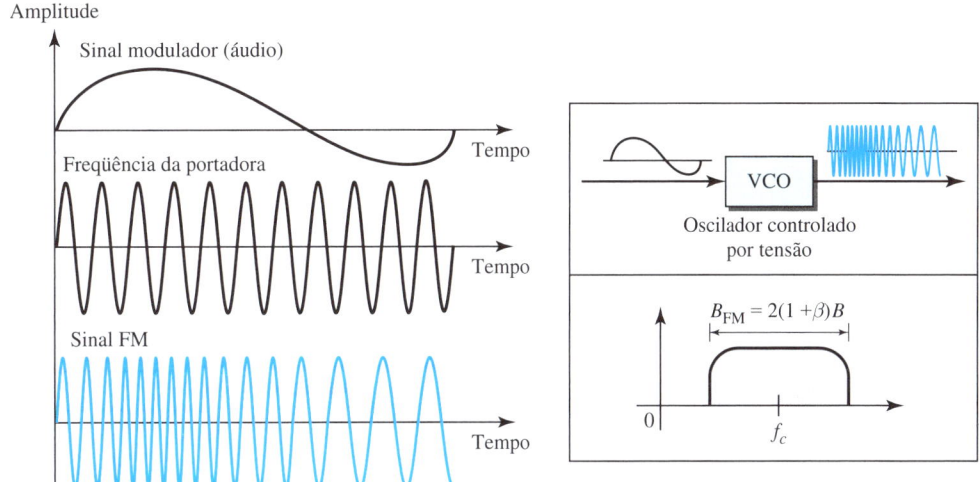

Alocação de Largura de Banda-Padrão para Rádios FM

A largura de banda para a transmissão de um sinal de áudio (voz e música) em estéreo é quase 15 kHz. O FCC autoriza 200 kHz (0,2 MHz) para cada estação. Isso significa $\beta = 4$ com alguma faixa de proteção extra. As estações FM podem ter freqüências de portadora entre 88 e 108 MHz. As estações têm de estar separadas pelo menos por 200 kHz para impedir que suas larguras de banda se sobreponham. Para criar ainda mais privacidade, a FCC exige que, em cada área, sejam usadas apenas alocações de largura de banda alternadas. As demais permanecem não utilizadas para impedir a possibilidade de duas estações interferirem entre si. Dado o intervalo de 88 a 108 MHz, existem 100 possíveis larguras de banda FM em uma área, das quais 50 podem operar a qualquer momento. A Figura 5.19 ilustra esse conceito.

Figura 5.19 Alocação de banda FM

Modulação em Fase (*Phase Modulation*)

Na transmissão PM, a fase do sinal da portadora é modulada para acompanhar as mudanças no nível de tensão (amplitude) do sinal modulador. A amplitude e a freqüência máxima do sinal da portadora permanecem inalterados, mas à medida que a amplitude do sinal modulador muda, também muda a fase da portadora. Pode ser demonstrado matematicamente (ver o Apêndice C) que a modulação PM pode ser implementada da mesma forma que o FM, com uma diferença. No FM, a mudança instantânea na freqüência da portadora é proporcional à amplitude do sinal modulador; no PM, a mudança instantânea na freqüência da portadora é proporcional à derivada da amplitude do sinal modulador. A Figura 5.20 mostra as relações do sinal modulador, o sinal da portadora e o sinal PM resultante.

Figura 5.20 *Modulação em fase*

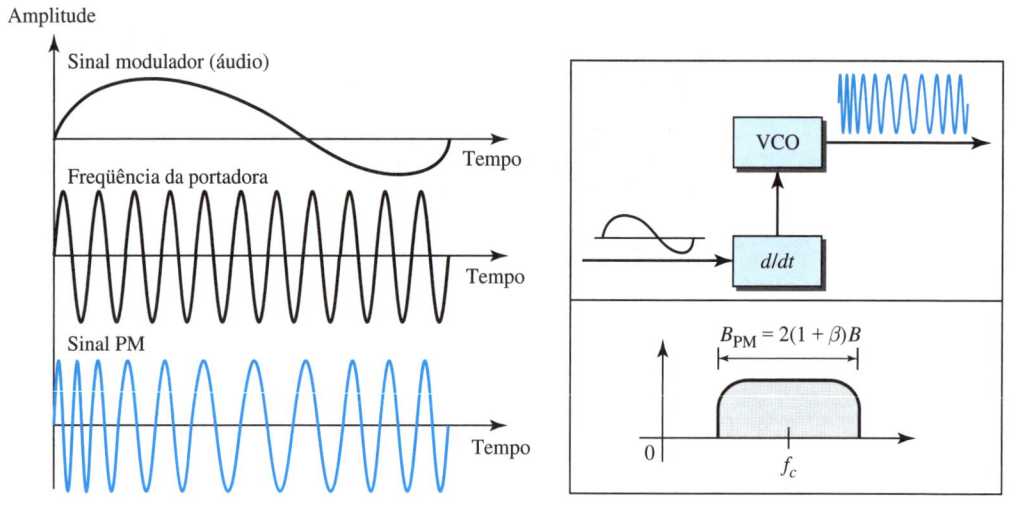

Como pode ser visto na Figura 5.20, o PM é implementado geralmente usando-se um oscilador controlado por tensão juntamente com um derivador. A freqüência do oscilador muda de acordo com a derivada da tensão de entrada, o qual é a amplitude do sinal modulador.

Largura de Banda do PM

A Figura 5.20 também apresenta a largura de banda para um sinal PM. É difícil determinar a largura de banda real de forma exata, porém pode-se demonstrar empiricamente que ela é várias vezes aquela do sinal analógico. Embora a fórmula mostre a mesma largura de banda para FM e PM, o valor de β é menor no caso do PM (por volta de 1 para banda estreita e 3 para banda larga).

> **A largura de banda total necessária para PM pode ser determinada a partir da largura de banda e amplitude máxima do sinal modulador: $B_{PM} = 2(1 + \beta)B$.**

5.3 LEITURA RECOMENDADA

Para mais detalhes sobre os assuntos discutidos neste capítulo, recomendamos os seguintes livros. Os itens entre colchetes [. . .], referem-se à lista de referências bibliográficas no final do texto.

Livros

A conversão digital-analógica será discutida no Capítulo 14 de [Pea92], no Capítulo 5 de [Cou01] e na Seção 5.2 de [Sta04]. A conversão analógica-analógica a ser discutida nos Capítulos 8 a 13 de [Pea92], no Capítulo 5 de [Cou01] e na Seção 5.4 de [Sta04]. [Hsu03] fornece uma excelente abordagem matemática para todos os assuntos discutidos neste capítulo. Material mais avançado pode ser encontrado em [Ber96].

5.4 TERMOS-CHAVE

AM (modulação em amplitude)

ASK (modulação por chaveamento de amplitude)

conversão analógica-analógica

conversão digital-analógica

diagrama de constelação

FM (modulação em freqüência)

FSK (modulação por chaveamento de freqüência)

PM (modulação em fase)

PSK (modulação por chaveamento de fase)

QAM (modulação por amplitude de quadratura)

sinal da portadora

5.5 RESUMO

❑ A conversão digital-analógica é o processo pelo qual se modifica uma das características de um sinal analógico com base nas informações contidas nos dados digitais.

❑ A conversão digital-analógica pode ser conseguida de diversas maneiras: ASK (modulação por chaveamento de amplitude), FSK (modulação por chaveamento de freqüência) e PSK (chaveamento por deslocamento de fase). O QAM (modulação por amplitude de quadratura) combina os métodos ASK e PSK.

❑ Na modulação por chaveamento de amplitude, a amplitude do sinal da portadora é modificada para criar elementos de sinal. Tanto a freqüência como a fase permanecem inalterados, ao passo que a amplitude varia.

❑ Na modulação por chaveamento de freqüência, a freqüência do sinal da portadora é modificada para representar dados. A freqüência do sinal modulado é constante na duração de um elemento de sinal, mas muda para o elemento de sinal seguinte se o elemento de dados mudar. Tanto a amplitude máxima quanto a fase permanecem inalterados para todos os elementos de sinal.

❑ Na modulação por chaveamento de fase, a fase da portadora é modificada para representar dois ou mais elementos de sinal diferentes. A amplitude máxima e a freqüência permanecem inalterados à medida que a fase muda.

❑ Um diagrama de constelação mostra a amplitude e a fase de um elemento de sinal, sendo particularmente útil quando usamos duas portadoras (uma em fase e a outra em quadratura).

❑ *Quadrature Amplitude Modulation* (QAM) (modulação por amplitude de quadratura), é uma combinação dos métodos ASK e PSK. O QAM usa duas portadoras, uma em fase e a outra em quadratura, com diferentes níveis de amplitude para cada portadora.

❑ A conversão analógica-analógica permite a representação de informações analógicas por um sinal analógico. A conversão é necessária quando o meio físico for passa-faixa por natureza ou se estiver disponível apenas uma única largura de banda passa-faixa.

❑ A conversão analógica-analógica pode ser obtida de três formas: *Amplitude Modulation* (AM) (modulação em amplitude), *Frequency Modulation* (FM) (modulação em freqüência) e *Phase Modulation* (PM) (modulação em fase).

❑ Na transmissão AM, o sinal da portadora é modulado de modo que sua amplitude varie com as mudanças de amplitude do sinal modulador. A freqüência e a fase da portadora permanecem inalteradas; apenas a amplitude muda para acompanhar as variações nas informações.

❑ Na transmissão FM, a freqüência do sinal da portadora é modulada para acompanhar as mudanças no nível de tensão (amplitude) do sinal modulador. A amplitude máxima e a fase do sinal da portadora permanecem inalteradas; mas, à medida que a amplitude do sinal das informações muda, a freqüência da portadora muda de acordo.

❑ Na transmissão PM, a fase do sinal da portadora é modulada para acompanhar as variações no nível de tensão (amplitude) do sinal modulador. A amplitude máxima e a freqüência do sinal da portadora permanecem inalteradas, mas, à medida que a amplitude do sinal das informações muda, a fase da portadora muda de acordo.

5.6 ATIVIDADES PRÁTICAS

Questões para Revisão

1. Defina transmissão analógica.
2. Defina sinal de portadora e seu papel na transmissão analógica.
3. Defina conversão digital-analógica.
4. Que características de um sinal analógico são modificadas para representar o sinal digital em cada uma das seguintes conversões digital-analógicas?
    a. ASK
    b. FSK
    c. PSK
    d. QAM
5. Qual das quatro técnicas de conversão digital-analógica (ASK, FSK, PSK ou QAM) é mais suscetível a ruído? Defenda sua resposta.
6. Defina diagrama de constelação e seu papel na transmissão analógica.
7. Quais são as duas componentes de um sinal quando o sinal é representado em um diagrama de constelação? Qual componente é representada no eixo horizontal? E no eixo vertical?
8. Defina conversão analógica-analógica.
9. Que características de um sinal analógico são modificadas para representar o sinal analógico passa-baixa em cada uma das seguintes conversões analógica-analógica?
    a. AM
    b. FM
    c. PM
10. Qual das três técnicas de conversão analógica-analógica (AM, FM ou PM) é a mais suscetível a ruído? Defenda sua resposta.

Exercícios

11. Calcule a taxa de transmissão para a taxa de bits e tipo de informação dados.
    a. 2.000 bps, FSK
    b. 4.000 bps, ASK
    c. 6.000 bps, QPSK
    d. 36.000 bps, 64-QAM

12. Calcule a taxa de bits para a taxa de transmissão e o tipo de modulação dados.
    a. 1.000 bauds, FSK
    b. 1.000 bauds, ASK
    c. 1.000 bauds, BPSK
    d. 1.000 bauds, 16-QAM
13. Qual é o número de bits por baud para as seguintes técnicas?
    a. ASK com quatro amplitudes diferentes
    b. FSK com oito freqüências diferentes
    c. PSK com quatro fases diferentes
    d. QAM com uma constelação de 128 pontos
14. Desenhe o diagrama de constelação para as seguintes técnicas:
    a. ASK com o valor de amplitude máxima de 1 e 3
    b. BPSK com o valor de amplitude máxima 2
    c. QPSK com o valor de amplitude máxima 3
    d. 8-QAM com dois valores diferentes de amplitude máxima, 1 e 3, e quatro fases diferentes
15. Desenhe o diagrama de constelação para os seguintes casos. Encontre a amplitude máxima para cada caso e defina o tipo de modulação (ASK, FSK, PSK ou QAM). Os números entre parênteses definem os valores de I e Q, respectivamente.
    a. Dois pontos em (2, 0) e (3, 0).
    b. Dois pontos em (3, 0) e (–3, 0).
    c. Quatro pontos em (2, 2), (–2, 2), (–2, –2) e (2, –2).
    d. Quatro pontos em (0, 2) e (0, –2).
16. Quantos bits por baud podemos enviar em cada um dos seguintes casos, se a constelação do sinal tiver um dos seguintes números de pontos?
    a. 2
    b. 4
    c. 16
    d. 1.024
17. Qual é a largura de banda necessária para os seguintes casos, se precisarmos enviar 4.000 bps? Suponha $d = 1$.
    a. ASK
    b. FSK com $2\Delta f = 4$ kHz
    c. QPSK
    d. 16-QAM
18. A linha telefônica tem largura de banda de 4 kHz. Qual é o número máximo de bits que podemos enviar usando cada uma das técnicas a seguir? Suponha $d = 0$.
    a. ASK
    b. QPSK
    c. 16-QAM
    d. 64-QAM
19. Uma empresa possui um meio de transmissão com largura de banda de 1 MHz (passa-baixa). E precisa criar 10 canais separados independentes, cada um dos quais capaz de

enviar pelo menos 10 Mbps. A empresa decidiu usar a tecnologia QAM. Qual é o número mínimo de bits por baud para cada canal? Qual é o número de pontos no diagrama de constelação para cada canal? Suponha d = 0.

20. Uma empresa de comunicação a cabo usa um dos canais da TV a cabo (com largura de banda de 6 MHz) para fornecer comunicação digital a seus assinantes. Qual é a taxa de dados disponível para cada assinante se a companhia usa a técnica 64-QAM?

21. Encontre a largura de banda para as seguintes situações, considerando-se que precisarmos modular um canal de voz de 5 kHz.

    a. AM

    b. FM ($\beta = 5$)

    c. PM ($\beta = 1$)

22. Encontre o número total de canais na banda correspondente alocado pela FCC.

    a. AM

    b. FM

CAPÍTULO 6

Utilização da Largura de Banda: Multiplexação e Espalhamento

Na vida real, temos links com largura de banda limitada. O emprego racional dessa largura de banda tem sido, e será, um dos principais desafios da comunicação eletrônica. Entretanto, o significado de *racional* pode depender da aplicação. Algumas vezes, precisamos combinar vários canais de baixa largura de banda para fazermos uso de um único canal com uma largura de banda maior. Outras vezes, precisamos expandir a largura de banda de um canal para atingir objetivos como privacidade e imunidade a interferências. Neste capítulo, iremos explorar essas duas amplas categorias de utilização da largura de banda: multiplexação e espalhamento. Na multiplexação, nosso objetivo é a eficiência; iremos combinar vários canais em um só. No espalhamento, nossos objetivos são privacidade e imunidade a interferências; iremos expandir a largura de banda de um canal para inserir redundância, que é necessária para atingir essas metas.

> **A utilização da largura de banda é o uso racional da largura de banda disponível para atingir objetivos específicos.**
> **A eficiência pode ser atingida pela multiplexação; a privacidade e a imunidade a interferências podem ser obtidas pelo espalhamento.**

6.1 MULTIPLEXAÇÃO

Toda vez que a largura de banda de um meio de transmissão conectando dois dispositivos for maior que a necessidade de largura de banda dos dispositivos, o link pode ser compartilhado. **Multiplexação** é o conjunto de técnicas que permite a transmissão simultânea de vários sinais por meio de um único link de dados. À medida que o uso de dados e de telecomunicações aumenta, o mesmo acontece com o tráfego. Podemos resolver esse aumento do tráfego de dados adicionando links individuais sempre que for necessário um novo canal, ou então instalar links com largura de banda maior e utilizá-los para transportar vários sinais simultaneamente. Conforme iremos apresentar no Capítulo 7, a tecnologia atual disponibiliza meios físicos com ampla largura de banda, como: fibra óptica, circuitos de microondas terrestres e via satélite. Cada um deles disponibiliza uma largura de banda bem acima daquela necessária para a transmissão típica de sinais. Se a largura de banda de um link for maior que a necessidade de largura de banda dos dispositivos a ele conectados, a largura de banda não utilizada será desperdiçada. Um sistema eficiente maximiza a utilização de todos os recursos; a largura de banda é um dos recursos mais preciosos que temos em comunicação de dados.

Em um sistema multiplexado, *n* linhas compartilham a largura de banda de um link. A Figura 6.1 mostra o formato básico de um sistema multiplexado. As linhas à esquerda direcionam seus fluxos de transmissão para um **multiplexador** (**MUX**), que os combina em um fluxo agregado único (vários-para-um). No lado receptor, o fluxo agregado alimenta um **demultiplexador** (**Demux**), que separa o fluxo agregado de volta em suas componentes de transmissão originais (uma-para-várias) e os direciona para suas linhas correspondentes. Na figura, a palavra **link** se refere ao caminho físico. A palavra **canal** se refere à parte de um link que transporta uma transmissão entre um dado par de linhas. Um link pode ter vários (*n*) canais.

Figura 6.1 *Divisão de um link em canais*

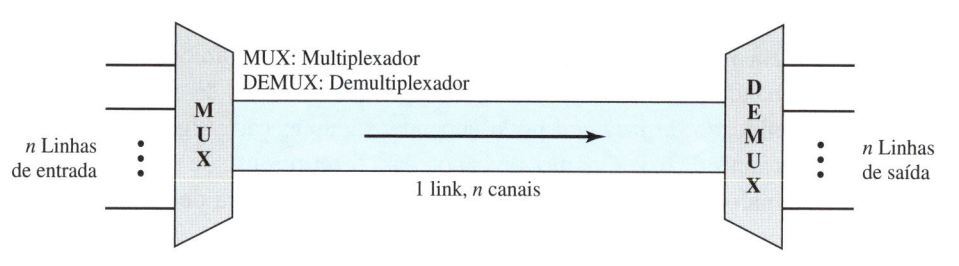

Existem três técnicas básicas de multiplexação: multiplicação por divisão de freqüência, multiplexação por divisão de comprimento de onda e multiplexação por divisão de tempo. As duas primeiras são técnicas desenvolvidas para sinais analógicos; a terceira para sinais digitais (ver Figura 6.2).

Figura 6.2 *Categorias de multiplexação*

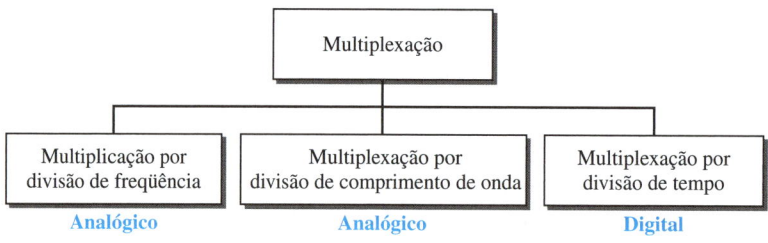

Embora alguns livros considerem o CDMA (*Carrier Division Multiple Access*) como uma quarta categoria de multiplexação, discutiremos o CDMA como um método de acesso (ver Capítulo 12).

Multiplexação por Divisão de Freqüência

O **FDM** (**multiplexação por divisão de freqüência** do inglês Frequency Division Multiplexing) é uma técnica analógica que pode ser utilizada quando a largura de banda de um link (em Hertz) for maior que a largura de banda combinada do conjunto de sinais a serem transmitidos. No FDM, os sinais gerados por dispositivo emissor vão modular freqüências de portadora diferentes. Esses sinais modulados são então combinados em um único sinal composto que pode ser transportado pelo link. As freqüências de portadora são separadas de uma largura de banda suficiente para acomodar o sinal modulado. Esses intervalos de largura de banda são os canais através dos quais os diversos sinais trafegam. Os canais podem ser separados por faixas de largura de banda não utilizadas — **bandas de proteção** — para impedir que os sinais se sobreponham.

A Figura 6.3 apresenta uma visão conceitual do FDM. Nessa ilustração, o meio físico de transmissão é dividido em três partes, cada um dos quais representando um canal que transporta uma transmissão.

Figura 6.3 *Multiplexação por divisão de freqüência*

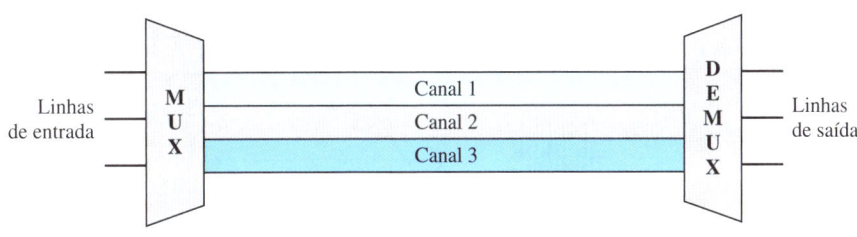

Consideramos o FDM como uma técnica de multiplexação analógica; entretanto, isso não significa que o FDM não possa ser utilizado para combinar fontes emissoras de sinais digitais. Um sinal digital pode ser convertido em sinal analógico (com as técnicas discutidas no Capítulo 5) antes do FDM ser empregado para multiplexá-lo.

FDM é uma técnica de multiplexação analógica que combina sinais analógicos.

Processo de Multiplexação

A Figura 6.4 apresenta uma ilustração conceitual do processo de multiplexação. Cada fonte gera um sinal em um intervalo de freqüências similar. Dentro do multiplexador, esses sinais similares modulam freqüências de portadora diferentes (f_1, f_2 e f_3). Os sinais modulados resultantes são, então, combinados em um único sinal composto que é enviado por um link de comunicação que tem largura de banda suficiente para acomodá-lo.

Figura 6.4 *Processo FDM*

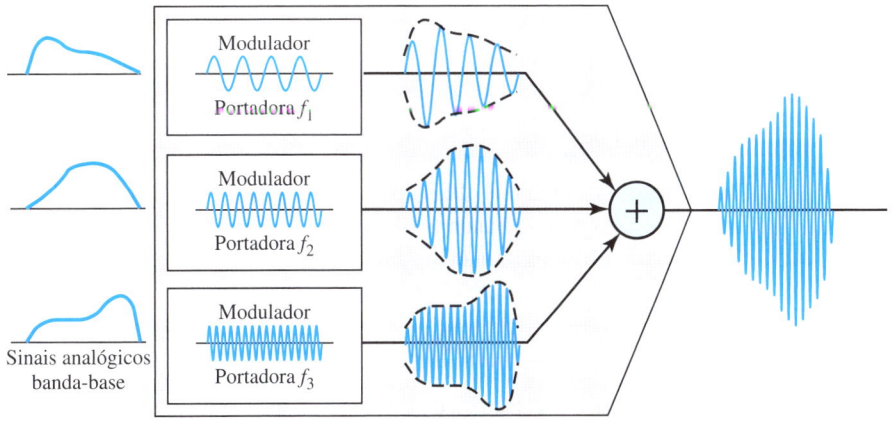

Processo de Demultiplexação

O demultiplexador usa uma série de filtros para separar o sinal multiplexado em seus sinais componentes constituintes. Os sinais individuais são, então, passados para um demodulador que os separa de suas portadoras e os passa para as linhas de saída. A Figura 6.5 apresenta uma ilustração conceitual do processo de demultiplexação.

Figura 6.5 *Exemplo de demultiplexação FDM*

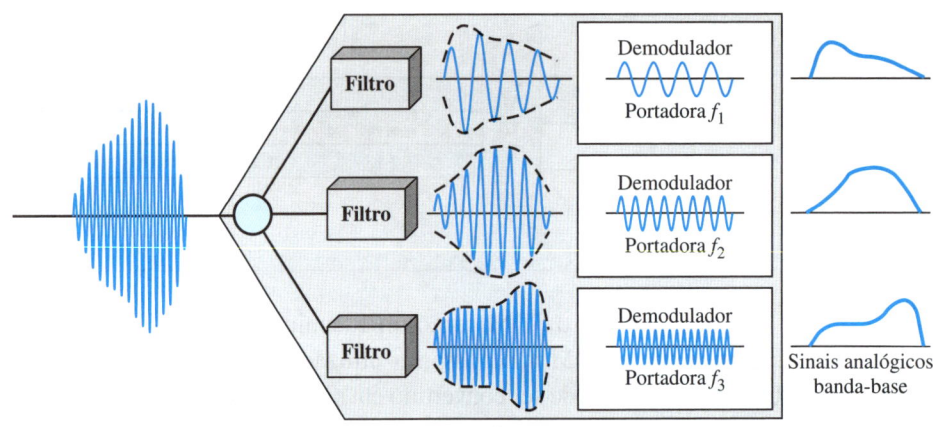

Exemplo 6.1

Suponha que um canal de voz ocupe uma largura de banda de 4 kHz. Precisamos combinar três canais de voz em um link com uma largura de banda de 12 kHz, de 20 a 32 kHz. Mostre a configuração, usando o domínio de freqüências. Suponha que não existam bandas de proteção.

Solução

Deslocamos (modulamos) cada um dos três canais de voz para uma largura de banda diferente, como pode ser visto na Figura 6.6. Usamos a largura de banda de 20 a 24 kHz para o primeiro canal, a largura de banda de 24 a 28 kHz para o segundo canal e 28 a 32 kHz para o terceiro. Em seguida, os combinamos conforme mostrado na Figura 6.6. No receptor, cada canal recebe o sinal inteiro; usando um filtro, o receptor separa seu próprio sinal. O primeiro canal utiliza um filtro que deixa passar freqüências de 20 a 24 kHz e rejeita (descarta) quaisquer outras freqüências. O segundo canal usa um filtro que deixa passar freqüências entre 24 a 28 kHz e o terceiro canal emprega um filtro que deixa passar freqüências entre 28 a 32 kHz. Ao final, cada canal desloca a freqüência do sinal original para iniciar do zero.

Exemplo 6.2

Cinco canais, cada um dos quais com uma largura de banda de 100 kHz, devem ser multiplexados juntos. Qual é a largura de banda total mínima do link, se há a necessidade de uma banda de proteção de 10 kHz entre os canais para evitar interferências?

Solução

Para cinco canais, precisamos pelo menos de quatro bandas de proteção. Isso significa que a largura de banda total é no mínimo de $5 \times 100 + 4 \times 10 = 540$ kHz, como pode ser observado na Figura 6.7.

Figura 6.6 *Exemplo 6.1*

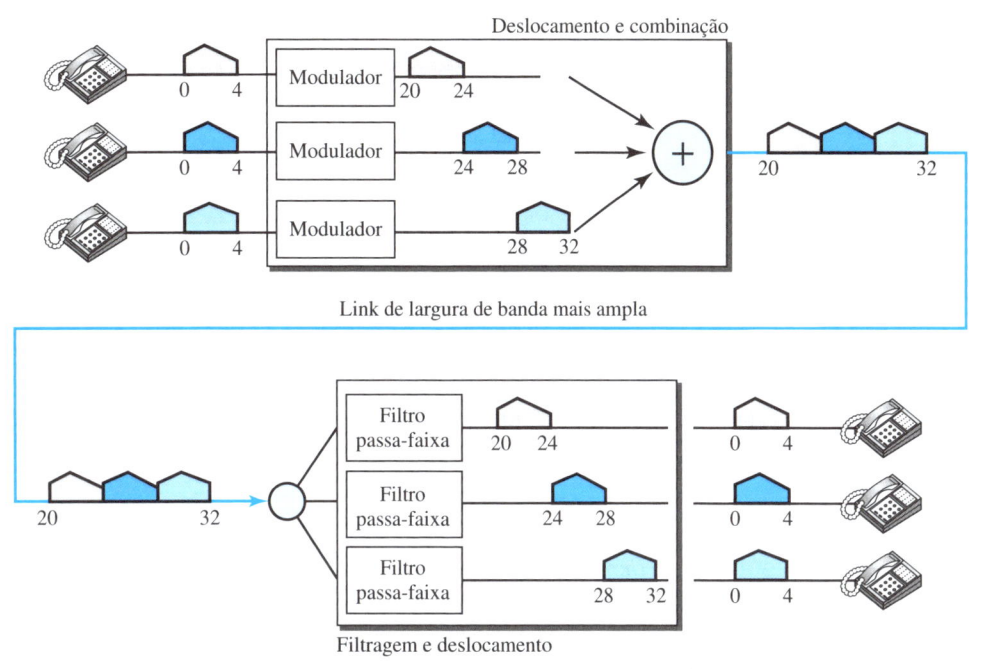

Figura 6.7 *Exemplo 6.2*

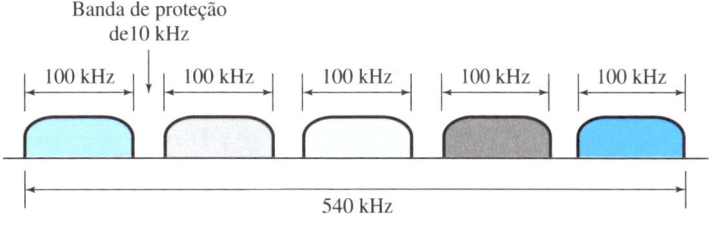

Exemplo 6.3

Quatro canais de dados (digitais), cada um dos quais transmitindo a 1 Mbps, usam um canal de satélite de 1 MHz. Projete uma configuração apropriada usando FDM.

Solução

O canal de satélite é analógico. Então, vamos dividi-lo em quatro canais, cada um deles com uma largura de banda de 250 kHz. Cada canal digital de 1 Mbps é modulado de tal forma que cada 4 bits vá modular 1 Hz. Uma solução seria a modulação 16-QAM. A Figura 6.8 mostra uma possível configuração.

O Sistema de Portadora Analógica

Para maximizar a eficiência de suas infra-estruturas, as companhias telefônicas têm, tradicionalmente, multiplexado sinais de linhas de baixa largura de banda em linhas com maior largura de banda. Dessa forma, muitas linhas comutadas ou alugadas podem ser combinadas em um número menor de canais, mas com maior largura de banda. Para linhas analógicas, o FDM é tipicamente utilizado.

Figura 6.8 *Exemplo 6.3*

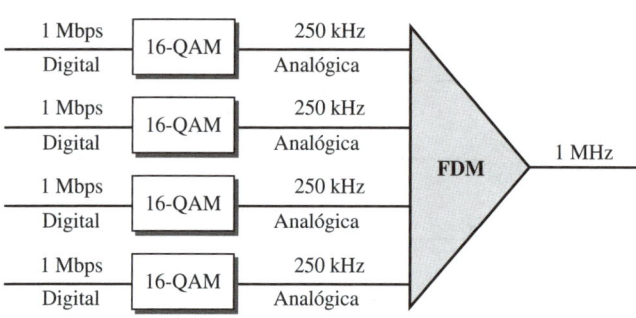

Um desses sistemas hierárquicos usados pela AT&T é formado por grupos, supergrupos, grupos mestre e grupos jumbo (ver Figura 6.9).

Figura 6.9 *Hierarquia analógica*

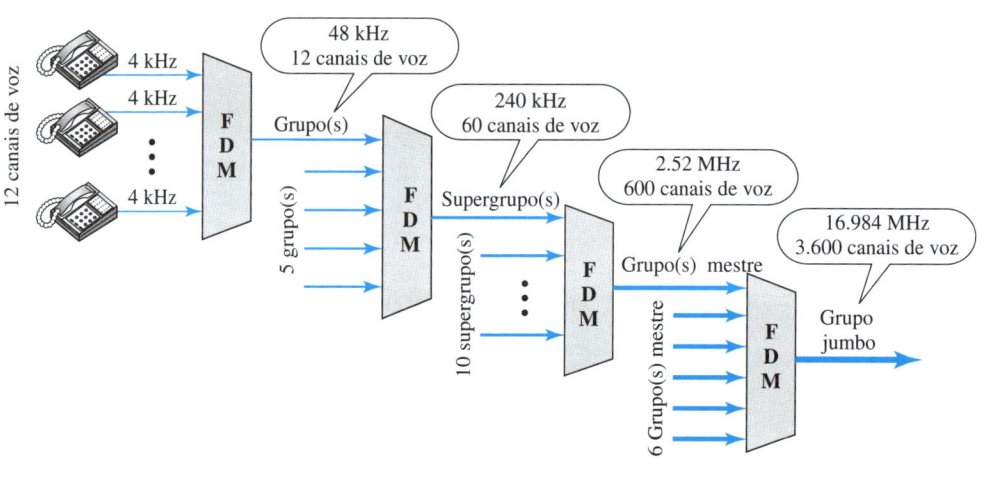

Nessa **hierarquia analógica**, 12 canais de voz são multiplexados em uma linha de maior largura de banda para criar um grupo. Um **grupo** tem 48 kHz de largura de banda e comporta 12 canais de voz.

No nível seguinte, até cinco grupos podem ser multiplexados para criar um sinal composto denominado **supergrupo**. Um supergrupo tem uma largura de banda de 240 kHz e suporta até 60 canais de voz. Os supergrupos podem ser formados por até cinco grupos ou então 60 canais de voz independentes.

No nível seguinte, 10 supergrupos são multiplexados para criar um **grupo mestre**. Um grupo mestre tem de ter uma largura de banda de 2,40 MHz, mas a necessidade de bandas de proteção entre os supergrupos aumenta a largura de banda necessária para 2,52 MHz. Os grupos mestre suportam até 600 canais de voz.

Finalmente, seis grupos mestre podem ser combinados em um **grupo jumbo**. Um grupo jumbo deve ter 15,12 MHz (6 × 2,52 MHz); entretanto, essa largura de banda é aumentada para 16,984 MHz para implementar bandas de proteção entre os grupos mestre.

Outras Aplicações do FDM

Uma aplicação muito comum do FDM é a transmissão de rádio AM e FM. O rádio usa o ar como meio de transmissão. Uma faixa especial de freqüências de 530 a 1.700 KHz é reservada para rádios AM. Todas as estações de rádio precisam compartilhar essa faixa. Conforme discutido no Capítulo 5, cada estação AM precisa de 10 kHz de largura de banda. Cada estação usa uma freqüência de portadora diferente, o que significa que ela está deslocando seu sinal e multiplexando. O sinal que vai pelo ar é uma combinação de sinais. Um receptor recebe todos esses sinais, mas filtra (por sintonia) apenas aquele desejado. Sem multiplexação apenas uma estação AM poderia transmitir por meio do link comum, o ar. No entanto, precisamos estar cientes de que, na sintonia manual, a multiplexação e demultiplexação é física. Conforme veremos no Capítulo 12, em comunicação de dados, a multiplexação é implementada na camada de enlace de dados.

A situação é semelhante na transmissão FM. O FM, porém, tem uma faixa de freqüências reservadas mais ampla, que vai de 88 a 108 MHz. Cada estação apresenta uma largura de banda de 200 kHz.

Outro uso comum do FDM é na transmissão televisiva. Cada canal de TV tem sua própria largura de banda de 6 MHz.

A primeira geração de telefones celulares (ainda em operação) também usa FDM. Para cada usuário, são alocados dois canais de 30 kHz, um para envio de voz e outro para recepção. O sinal de voz, com largura de banda de 3 kHz (de 300 a 3.330 kHz), é modulado usando-se FM. Lembre-se de que um sinal FM tem largura de banda 10 vezes maior que a do sinal modulador, o que significa que cada canal tem 30 kHz (10 x 3) de largura de banda. Portanto, cada usuário recebe, da estação-base, uma largura de banda de 60 kHz em um intervalo de freqüências disponível no momento da chamada.

Exemplo 6.4

O AMPS (*Advanced Mobile Phone System*, ou seja, Sistema Avançado de Telefonia Móvel) usa duas faixas. A primeira, de 824 a 849 MHz, é utilizada para transmissão, e a de 869 a 894 MHz é usada para recepção. Cada usuário tem uma largura de banda de 30 kHz em cada direção. A voz de 3 kHz é modulada usando-se FM, criando 30 kHz de sinal modulado. Quantas pessoas podem usar seus celulares ao mesmo tempo?

Solução

Cada faixa tem 25 MHz. Se dividirmos 25 MHz por 30 kHz, obteremos 833,33. Na realidade, a faixa é dividida em 832 canais. Destes, 42 canais são usados para controle, ou seja, restam 790 canais disponíveis para usuários de telefones celulares. O AMPS é discutido de forma detalhada no Capítulo 16.

Implementação

O FDM pode ser implementado de uma forma muito simples. Em muitos casos, como na transmissão de rádio e TV, não existe a necessidade de um multiplexador ou demultiplexador físico. Desde que as estações concordem em enviar suas transmissões para o ar usando diferentes freqüências de portadora, a multiplexação é obtida naturalmente. Em outros casos, como no sistema de telefonia celular, uma estação-base precisa alocar uma freqüência de portadora ao usuário do telefone. Não existe largura de banda suficiente em uma célula para alocar, de forma permanente, largura de banda a todos os usuários de celulares. Quando um usuário desliga, sua largura de banda é alocada a outra chamada.

Multiplexação por Divisão de Comprimento de Onda

O **WDM** (**multiplexação por divisão de comprimento de onda** do inglês Wave Division Multiplexing) foi desenvolvido para permitir a utilização da alta capacidade de transmissão de dados

dos cabos de fibra óptica. A taxa de transmissão de dados de um cabo de fibra óptica é muito maior que a taxa de transmissão de cabos metálicos. Usar um cabo de fibra óptica para uma única linha desperdiça largura de banda. A multiplexação permite que combinemos várias linhas de diversos usuários em um único circuito.

O WDM é conceitualmente igual ao FDM, exceto pelo fato de a multiplexação e a demultiplexação envolverem sinais ópticos transmitidos através de canais de fibra óptica. A idéia é a mesma: combinar vários sinais de diferentes freqüências. A diferença é que as freqüências são muito altas.

A Figura 6.10 apresenta uma visão conceitual de um multiplexador e de um demultiplexador WDM. Faixas de luz muito estreitas de diferentes fontes são combinadas para formar uma faixa mais larga de luz. No receptor, os sinais são separados pelo demultiplexador.

Figura 6.10 *Multiplexação por divisão de comprimento de onda*

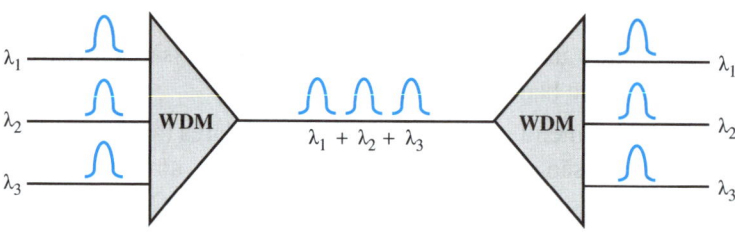

WDM é uma técnica de multiplexação analógica para combinar sinais ópticos.

Embora a tecnologia WDM seja muito complexa, a idéia básica é muito simples. Queremos combinar várias fontes de luz em uma única fonte luminosa no multiplexador e fazer o inverso no demultiplexador. A combinação e a divisão de fontes luminosas são facilmente tratadas por um prisma. Recordando conceitos da física básica, um prisma desvia um feixe de luz baseado no ângulo de incidência e na freqüência. Usando essa técnica, um multiplexador pode ser construído para combinar vários feixes de luz de entrada, cada um dos quais contendo uma faixa estreita de freqüências, em um único feixe de saída com uma faixa de freqüências mais ampla. Podemos, também, construir um demultiplexador para fazer o processo inverso. A Figura 6.11 ilustra o conceito.

Figura 6.11 *O uso de prismas na multiplexação e demultiplexação por divisão de comprimento de onda*

Uma aplicação típica do WDM é em redes Sonet, nas quais várias linhas de fibra óptica são multiplexadas e demultiplexadas. Discutiremos sobre Sonet no Capítulo 17.

Um novo método, denominado **WDM denso (DWDM)**, é capaz de multiplexar um número muito grande de canais, espaçando-os muito próximos entre si. Dessa forma, obtém-se uma eficiência ainda maior.

Multiplexação por Divisão de Tempo

O **TDM** (**multiplexação por divisão de tempo** do inglês, Time Division Multiplexing) é um processo digital que permite que várias conexões compartilhem um link de maior largura de banda. Em vez de compartilhar parte da largura de banda, como acontece no FDM, o que é compartilhado aqui é o tempo. Cada conexão ocupa uma fração de tempo no link. A Figura 6.12 dá uma visão conceitual do TDM. Note que um único link é usado, assim como no FDM; nesse caso, entretanto, os canais de entrada compartilham o tempo de transmissão no link em vez da freqüência. Na figura, porções dos sinais 1, 2, 3 e 4 ocupam o link seqüencialmente.

Figura 6.12 *TDM*

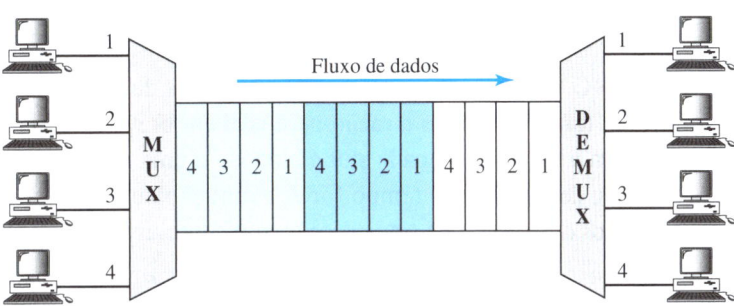

Observe que, na Figura 6.12, estamos preocupados apenas com a multiplexação e não com a comutação. Isso significa que todos os dados em uma mensagem da fonte 1 sempre vão para um destino específico, seja ele 1, 2, 3 ou 4. A entrega é fixa e invariável, diferentemente da comutação.

Também precisamos nos recordar de que o TDM é, em princípio, uma técnica de multiplexação digital. Dados digitais de diferentes fontes são combinados em um único link compartilhado no tempo. Mas, isso não significa que as fontes analógicas não possam ser utilizadas; os dados analógicos podem ser amostrados, convertidos em dados digitais e então multiplexados usando-se o TDM.

> **TDM é uma técnica de multiplexação digital que combina vários canais de baixa taxa de transmissão em um único canal de alta taxa.**

Podemos dividir o TDM em dois tipos distintos: síncrono e estatístico. Discutiremos, primeiro, o **TDM síncrono**, e depois mostraremos em que difere o **TDM estatístico**. No TDM síncrono, cada conexão de entrada aloca uma porção fixa do tempo de saída mesmo que não esteja transmitindo dados.

Time Slots e Frames

No TDM síncrono, o fluxo de dados de cada conexão de entrada é dividido em unidades, em que cada entrada ocupa um time slot de entrada. Uma unidade pode ser de 1 bit, um caractere ou um bloco de dados. Cada unidade de entrada gera uma unidade de saída e ocupa um time slot de saída. Entretanto, a duração de um time slot de saída é *n* vezes mais curta que a duração de um time slot de entrada. Se um time slot de entrada for *T* s, o time slot de saída é *T/n* s, em que *n* é o número de conexões. Em outras palavras, uma unidade na conexão de saída tem uma duração mais curta; trafega mais rápido. A Figura 6.13 mostra um exemplo de TDM síncrono em que *n* é 3.

Figura 6.13 *Multiplexação por divisão de tempo síncrono*

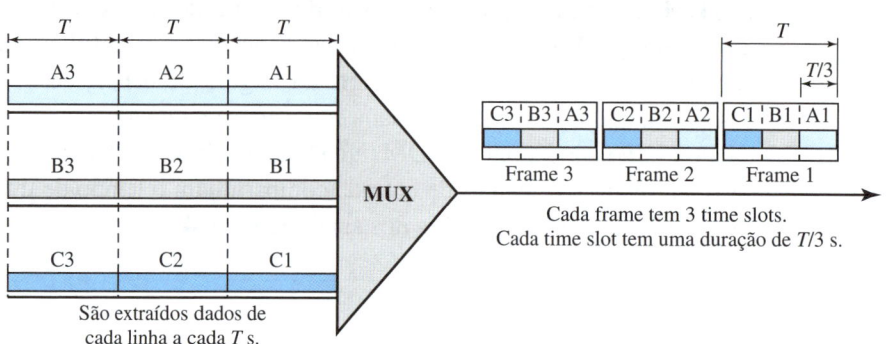

No TDM síncrono, uma série de unidades de dados de cada conexão de entrada é coletada em um frame (veremos a razão para isso em breve). Se tivermos n conexões, um frame é dividido em n time slots e cada slot é alocado a uma unidade, uma para cada linha de entrada. Se a duração da unidade de tempo for T, a duração de cada slot é T/n e a duração de cada frame é T (a menos que um frame transporte alguma outra informação, conforme veremos daqui a pouco).

A taxa de dados do link de saída tem de ser n vezes a taxa de dados de uma conexão para garantir o fluxo de dados. Na Figura 6.13, a taxa de dados do link é três vezes a taxa de dados de uma conexão; da mesma forma, a duração de uma unidade em uma conexão é três vezes aquela do time slot (duração de uma unidade no link). Na figura, representamos os dados antes da multiplexação como três vezes o tamanho dos dados após a multiplexação. Isso é apenas para transmitir a idéia de que cada unidade é três vezes mais longa em duração antes da multiplexação que depois dela.

> **No TDM síncrono, a taxa de dados do link é n vezes mais rápida e a duração da unidade é n vezes mais curta.**

Os time slots são agrupados em frames. Um frame consiste em um ciclo completo de time slots, com um slot dedicado a cada um dos dispositivos emissores. Em um sistema com n linhas de entrada, cada frame tem n slots, com cada slot alocado para transportar dados de uma linha de entrada específica.

Exemplo 6.5

Na Figura 6.13, a taxa de dados de cada conexão de entrada é de 3 kbps. Se 1 bit for multiplexado por vez (uma unidade é 1 bit), qual a duração de: (a) cada time slot de entrada; (b) cada time slot de saída; e (c) cada frame?

Solução

Podemos responder às perguntas como segue:

a. A taxa de dados de cada conexão de entrada é de 1 kbps. Isso significa que a duração de um bit é igual a 1/1.000 s, ou seja, 1 ms. A duração de um time slot de entrada é de 1 ms (a mesma que a duração dos bits).

b. A duração de cada time slot de saída é de um terço do time slot de entrada. Isso significa que a duração de um time slot de saída é de 1/3 ms.

c. Cada frame transporta três time slots de saída. Portanto, a duração de um frame é $3 \times 1/3$ ms ou 1 ms. A duração de um frame é a mesma de uma unidade de entrada.

Exemplo 6.6

A Figura 6.14 mostra um multiplexador TDM síncrono com um fluxo de dados em cada entrada e um fluxo de dados na saída. A unidade de dados é de 1 bit. Encontre: (a) a duração dos bits de entrada; (b) a duração dos bits de saída; (c) a taxa de bits de saída; e (d) a taxa de frames de saída.

Figura 6.14 *Exemplo 6.6*

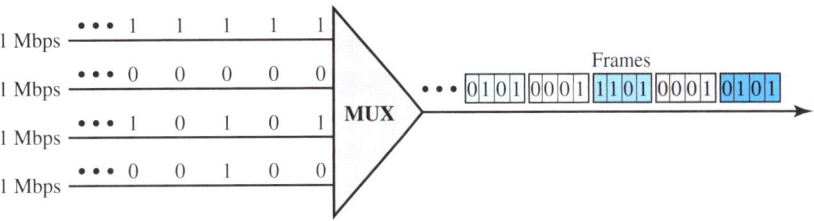

Solução

Podemos responder às perguntas como segue:

a. A duração dos bits de entrada é o inverso da taxa de bits: 1/1 Mbps = 1 µs.

b. A duração dos bits de saída é um quarto da duração dos bits de entrada, ou seja, 1/4 µs.

c. A taxa de bits de saída é o inverso da duração dos bits de saída, 1/4 µs ou 4 Mbps. Isso também pode ser deduzido do fato de que a taxa de saída deve ser quatro vezes mais rápida que a taxa de entrada; portanto, a taxa de saída = 4 × 1 Mbps = 4 Mbps.

d. A taxa de frames é sempre a mesma que a taxa de entrada. Portanto, a taxa de frames é de 1.000.000 frames por segundo. Como estamos enviando 4 bits em cada frame, podemos verificar o resultado da questão anterior multiplicando a taxa de frames pelo número de bits por frame.

Exemplo 6.7

Quatro conexões de 1 kbps são multiplexadas juntas. A unidade de multiplexação é de 1 bit. Descubra: (a) a duração de 1 bit antes da multiplexação; (b) a taxa de transmissão do link; (c) a duração de um time slot; e (d) a duração de um frame.

Solução

Podemos responder às questões anteriores como segue:

a. A duração de 1 bit antes da multiplexação é 1/1 kbps ou 0,001 s (1 ms).

b. A taxa do link é quatro vezes a taxa de uma conexão, ou seja, 4 kbps.

c. A duração de cada time slot é um quarto da duração de cada bit antes da multiplexação, ou 1/4 ms, ou 250 µs. Note que também podemos calcular isso a partir da taxa de dados do link, 4 kbps. A duração de bits é o inverso da taxa de dados, ou 1/4 kbps, ou 250 µs.

d. A duração de um frame é sempre a mesma que a duração de uma unidade antes da multiplexação, ou 1 ms. Também podemos calcular isso de outra maneira. Cada frame, nesse caso, tem quatro time slots. Portanto, a duração de um frame é quatro vezes 250 µs, ou 1 ms.

Interleaving

O TDM pode ser visualizado como duas chaves comutadoras de alta rotação, uma do lado da multiplexação e a outra do lado da demultiplexação. As chaves são sincronizadas e giram na mesma velocidade, mas em direções opostas. No lado da multiplexação, à medida que a chave abre diante de uma conexão, essa conexão tem a oportunidade de enviar uma unidade de dados pelo link. Esse processo é denominado ***interleaving***. No lado da demultiplexação, à medida que uma chave abre diante de uma conexão, ela tem a oportunidade de receber uma unidade do link.

A Figura 6.15 mostra o processo de interleaving para a conexão mostrada na Figura 6.13. Nessa figura, supomos que não esteja envolvida nenhuma comutação e que os dados da primeira conexão do lado do multiplexador se dirijam diretamente para a primeira conexão no demultiplexador. Discutiremos a comutação no Capítulo 8.

Figura 6.15 *Interleaving*

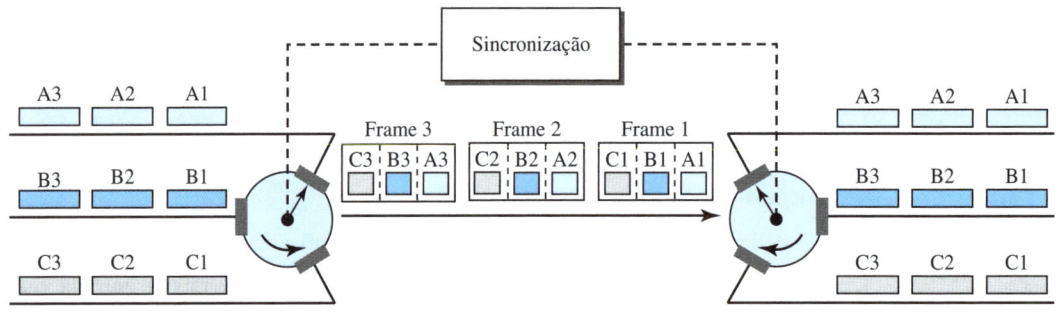

Exemplo 6.8

Quatro canais são multiplexados usando TDM. Se cada canal de entrada enviar 100 bytes e multiplexarmos 1 byte por canal, mostre o frame trafegando pelo link, o seu tamanho, a sua duração, a sua taxa e a taxa de bits para o link.

Solução

O multiplexador é indicado na Figura 6.16. Cada frame carrega 1 byte de cada canal; o tamanho de cada canal é, portanto, 4 bytes, ou 32 bits. Como cada canal envia 100 bytes/s e um frame carrega 1 byte de cada canal, a taxa de frames tem de ser 100 frames por segundo. A duração de um frame é, portanto, 1/100 s. O link transporta 100 frames por segundo e já que cada um contém 32 bits, a taxa de bits é de 100 × 32, ou 3.200 bps. Isso é, na verdade, quatro vezes a taxa de bits de cada canal, que é de 100 × 8 = 800 bps.

Figura 6.16 *Exemplo 6.8*

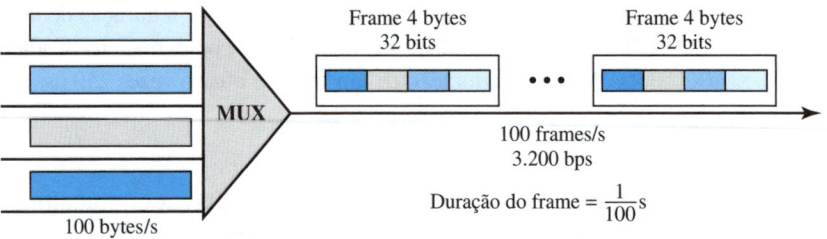

Exemplo 6.9

Um multiplexador combina quatro canais de 100 kbps usando um time slot de 2 bits. Mostre a saída com quatro entradas arbitrárias. Qual é a taxa de frames? Qual é a sua duração? Qual é a taxa de bits? Qual é a duração de bits?

Solução

A Figura 6.17 aponta a saída para quatro entradas arbitrárias. O link transporta 50.000 frames por segundo já que cada um contém 2 bits por canal. A duração do frame é, portanto, 1/50.000 s ou 20 μs. A taxa de frames é 50.000 frames por segundo e cada um transporta 8 bits; a taxa de bits é de 50.000 × 8 = 400.000 bits ou 400 kbps. A duração de bits é de 1/400.000 s ou 2,5 μs. Note que a duração do frame é oito vezes a duração de bits, pois cada um transporta 8 bits.

Figura 6.17 *Exemplo 6.9*

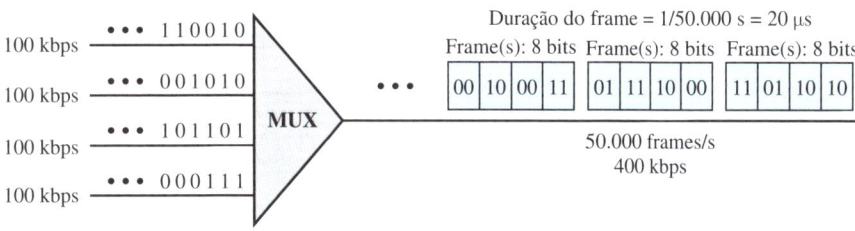

Slots Vazios

O TDM síncrono não é tão eficiente quanto poderia ser. Se uma fonte não tiver dados a serem enviados, o slot correspondente no frame de saída fica vazio. A Figura 6.18 mostra um caso no qual uma das linhas de entrada não está transmitindo dados e um time slot na outra linha de entrada tem dados descontínuos.

Figura 6.18 *Slots vazios*

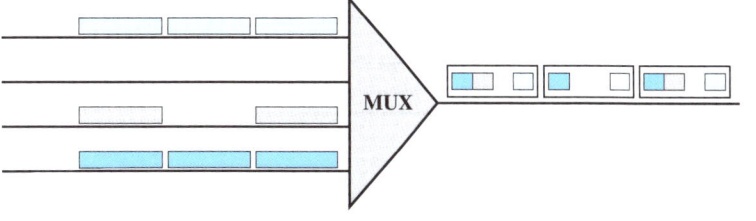

O primeiro frame de saída tem três slots preenchidos, o segundo apresenta dois slots preenchidos e o terceiro contém três slots preenchidos. Nenhum frame está lotado. Veremos, na próxima seção, que o TDM estatístico pode melhorar a eficiência eliminando slots vazios do frame.

Gerenciamento da Taxa de Dados

Um problema associado ao TDM síncrono é como tratar disparidades nas taxas de dados de entrada. Em toda nossa discussão até agora, sempre supusemos que as taxas de dados de todas as linhas de entrada eram iguais. Entretanto, se as taxas de dados não forem as mesmas, três estratégias, ou uma combinação delas, podem ser usadas. Denominamos tais estratégias **multiplexação multinível**, **alocação de múltiplos slots** e **inserção de pulsos**.

Multiplexação Multinível   A multiplexação multinível é uma técnica que pode ser utilizada quando a taxa de dados de uma linha de entrada for um múltiplo das demais. Na Figura 6.19, temos, por exemplo, duas entradas de 20 kbps e três entradas de 40 kbps. As duas primeiras linhas de entrada podem ser multiplexadas juntas, fornecendo uma taxa de dados igual às três últimas. Um segundo nível de multiplexação criará uma saída multiplexada de 160 kbps.

Figura 6.19 *Multiplexação multinível*

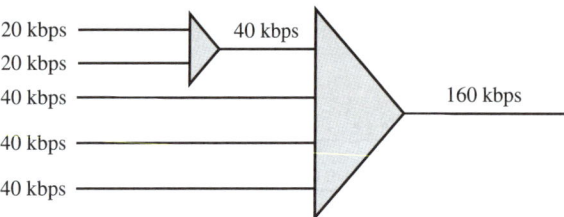

Alocação de Múltiplos Slots   Algumas vezes, é mais eficiente alocar mais de um slot em um frame a uma única linha de entrada. Nesse caso, poderíamos, por exemplo, ter uma linha de entrada com uma taxa de dados múltipla de outra entrada. Na Figura 6.20, a linha de entrada com taxa de dados de 50 kbps possui dois slots alocados na saída. Inserimos um conversor serial-paralelo na linha para criar duas entradas a partir de uma.

Figura 6.20 *Multiplexação de múltiplos slots*

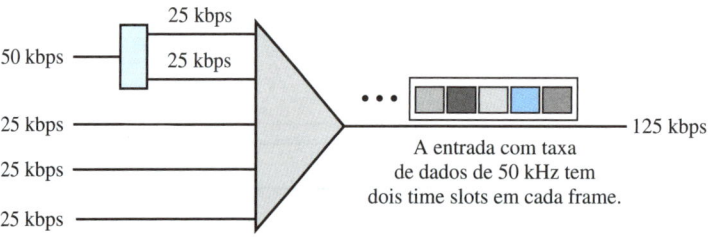

Inserção de Pulsos   Às vezes, as taxas de bits das entradas de um multiplexador não são iguais nem múltiplos inteiros entre si. Portanto, nenhuma das duas técnicas descritas anteriormente podem ser utilizadas. Uma solução seria fazer que a taxa de dados de entrada mais elevada fosse a taxa de dados dominante, e então, inserir bits fictícios nas outras linhas de entrada com taxas menores. Isso aumentará as taxas de transmissão das linhas, igualando suas velocidades de transmissão. Esta técnica é denominada inserção de pulsos, preenchimento de bits ou inserção de bits. A idéia é mostrada na Figura 6.21. São inseridos pulsos fictícios (*pulse stuffing*) na linha de entrada de 46 kbps de forma a aumentar sua taxa de transmissão para 50 kbps. Agora, o circuito está preparado para a multiplexação.

Figura 6.21 *Inserção de pulsos*

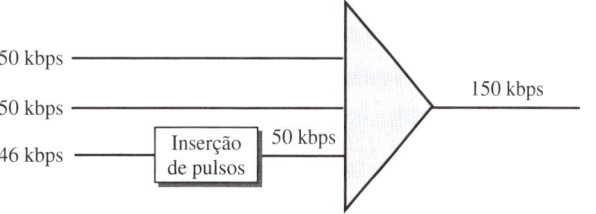

Sincronização de Frames

A implementação do TDM não é tão simples quanto a do FDM. A sincronização entre o multiplexador e o demultiplexador é um problema importante. Se o multiplexador e o demultiplexador não estiverem sincronizados, um bit pertencente a um canal pode eventualmente ser recebido pelo canal incorreto. Por essa razão, um ou mais bits de sincronização são inseridos no início de cada frame. Esses bits, denominados **bits de sincronização**, seguem um padrão, frame por frame, que permite ao demultiplexador sincronizar-se com o fluxo de entrada, de modo a ser capaz de separar os slots de forma precisa. Na maioria dos casos, essas informações de sincronização são constituídas de 1 bit por frame, alternando entre 0 e 1, conforme exposto na Figura 6.22.

Figura 6.22 *Bits de sincronização*

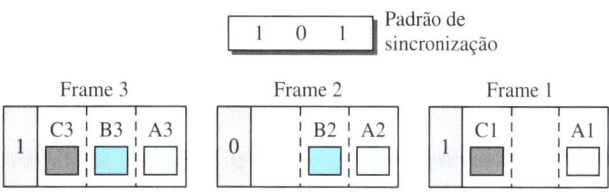

Exemplo 6.10

Temos quatro fontes, cada uma das quais criando 250 caracteres por segundo. Se a unidade de interleaving for de 1 caractere e se for acrescentado 1 bit de sincronização a cada frame, encontre: (a) a taxa de dados de cada fonte; (b) a duração de cada caractere em cada fonte; (c) a taxa de frames; (d) a duração de cada frame; (e) o número de bits em cada frame; e (f) a taxa de dados do link.

Solução

Podemos responder às questões dadas da seguinte forma:

a. A taxa de dados de cada fonte é de $250 \times 8 = 2.000$ bps = 2 kbps.

b. Cada fonte envia 250 caracteres por segundo; portanto, a duração de 1 caractere é 1/250 s, ou 4 ms.

c. Cada frame tem 1 caractere de cada fonte, o que significa que o link precisa enviar 250 frames por segundo para manter a taxa de transmissão de cada fonte.

d. A duração de cada frame é de 1/250 s, ou 4 ms. Note que a duração de cada frame é a mesma que a de cada caractere proveniente de cada fonte.

e. Cada frame transporta 4 caracteres e 1 bit extra de sincronização. Isso significa que cada frame tem um comprimento de 4 × 8 + 1 = 33 bits.

f. O link envia 250 frames por segundo e cada um contém 33 bits. Isso significa que a taxa de dados do link é de 250 × 33, ou 8.250 bps. Note que a taxa de bits do link é maior que as taxas de bits combinadas dos quatro canais. Se adicionarmos as taxas de bits dos quatro canais, obteremos 8.000 bps. Como trafegam 250 frames por segundo e cada um contém 1 bit extra para sincronização, precisamos acrescentar 250 à soma para obter 8.250 bps.

Exemplo 6.11

Dois canais, um com uma taxa de bits de 100 kbps, e outro, com uma taxa de bits de 200 kbps, devem ser multiplexados. Como isso pode ser conseguido? Qual é a taxa de frames? Qual é a duração dos frames? Qual é a taxa de bits do link?

Solução

Podemos alocar um time-slot ao primeiro canal e dois time-slots ao segundo canal. Cada frame carrega 3 bits. A taxa de frames é de 100.000 frames por segundo, pois ele transporta 1 bit do primeiro canal. A duração do frame é de 1/100.000 s, ou 10 ms. A taxa de bits é de 100.000 frames/s × 3 bits por frame, ou 300 kbps. Note que como cada frame transporta 1 bit do primeiro canal, a taxa de bits para o primeiro canal é preservada. A taxa de bits para o segundo canal também é preservada, porque cada frame carrega 2 bits do segundo canal.

Serviço de Sinal Digital

As companhias telefônicas implementam o TDM por meio de uma hierarquia de sinais digitais denominada **serviço de sinal digital** (**DS**) ou **hierarquia digital**. A Figura 6.23 mostra as taxas de dados suportadas por nível.

Figura 6.23 *Hierarquia digital*

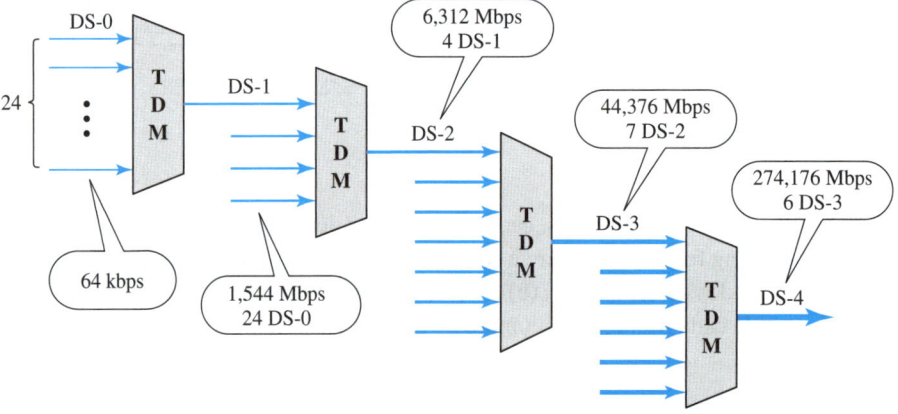

- Um serviço **DS-0** é composto por um único canal digital de 64 kbps.
- **DS-1** é um serviço de 1,544 Mbps; 1,544 Mbps equivale a 24 vezes 64 kbps mais 8 kbps de overhead. Ele pode ser usado como um serviço único para transmissão em 1,544 Mbps ou então para multiplexar 24 canais DS-0 ou para transportar qualquer outra combinação desejada pelo usuário, que se encaixe dentro da capacidade de 1,544 Mbps.
- **DS-2** é um serviço de 6,312 Mbps; 6,312 Mbps equivale a 96 vezes 64 kbps mais 168 kbps de overhead. Ele pode ser usado como um serviço único para transmissões em 6,312 Mbps ou

então para multiplexar quatro canais DS-1, 96 canais DS-0 ou uma combinação desses tipos de serviço.

❏ **DS-3** é um serviço de 44,376 Mbps; 44,376 Mbps equivale a 672 vezes 64 kbps mais 1,368 Mbps de overhead. Ele pode ser usado como um serviço único para transmissão em 44,376 Mbps ou então para multiplexar sete canais DS-2, 28 canais DS-1, 672 canais DS-0 ou uma combinação desses tipos de serviço.

❏ **DS-4** é um serviço de 274,176 Mbps; 274,176 Mbps equivale a 4.032 vezes 64 kbps mais 16,128 Mbps de overhead. Ele pode ser usado para multiplexar seis canais DS-3, 42 canais DS-2, 168 canais DS-1, 4.032 canais DS-0 ou uma combinação desses tipos de serviço.

Linhas T

DS-0, DS-1 e assim por diante são os nomes dos serviços. Para implementá-los, as companhias telefônicas nos Estados Unidos usam **linhas T** (T-1 a T-4). São linhas com capacidades adequadas precisamente às taxas de dados dos serviços DS-1 a DS-4 (ver Tabela 6.1). Até então, estão disponíveis comercialmente apenas as linhas T-1 e T-3.

Tabela 6.1 *Serviços DS e taxas de linhas T*

Serviço	Linha	Taxa (Mbps)	Canais de Voz
DS-1	T-1	1,544	24
DS-2	T-2	6,312	96
DS-3	T-3	44,736	672
DS-4	T-4	274,176	4.032

Uma linha T-1 é usada para implementar o serviço DS-1; T-2 é usada para implementar DS-2 e assim por diante. Como pode ser observado na Tabela 6.1, o DS-0 não é, na verdade, oferecido como um serviço, mas foi definido como base para fins de referência.

Linhas T para Transmissão Analógica

As linhas T são linhas digitais projetadas para a transmissão de dados digitais, áudio ou vídeo. Entretanto, elas também podem ser usadas para a transmissão analógica (conexões de telefones convencionais), desde que os sinais analógicos sejam primeiro amostrados, e, então, multiplexados (PCM).

A possibilidade de usar linhas T como portadoras analógicas abriu uma nova geração de serviços para as companhias telefônicas. No passado, quando uma organização quisesse 24 linhas telefônicas separadas, ela teria de estender 24 cabos de par trançado da companhia para a central telefônica (Você se lembra daqueles filmes antigos mostrando um executivo superatarefado com 10 telefones sobre a mesa? Ou os antigos aparelhos telefônicos com um cabo grosso saindo deles? Esses cabos continham um conjunto de linhas.) Hoje em dia, a mesma organização pode combinar as 24 linhas de entrada em uma única linha T-1 e estender apenas linhas T-1 até a central. A Figura 6.24 mostra como 24 canais de voz podem ser multiplexados em uma única linha T-1. (Consulte o Capítulo 5 para codificação PCM.)

O Frame T-1 Conforme observado, o DS-1 exige 8 kbps de overhead. Para entender como esse overhead é calculado, precisamos examinar o formato de um frame de 24 canais de voz.

O frame usado em uma linha T-1 tem, normalmente, 193 bits divididos em 24 time-slots de 8 bits cada, mais 1 bit extra de sincronização ($24 \times 8 + 1 = 193$); (ver Figura 6.25). Em outras palavras,

Figura 6.24 *Linha T-1 para multiplexação de linhas telefônicas*

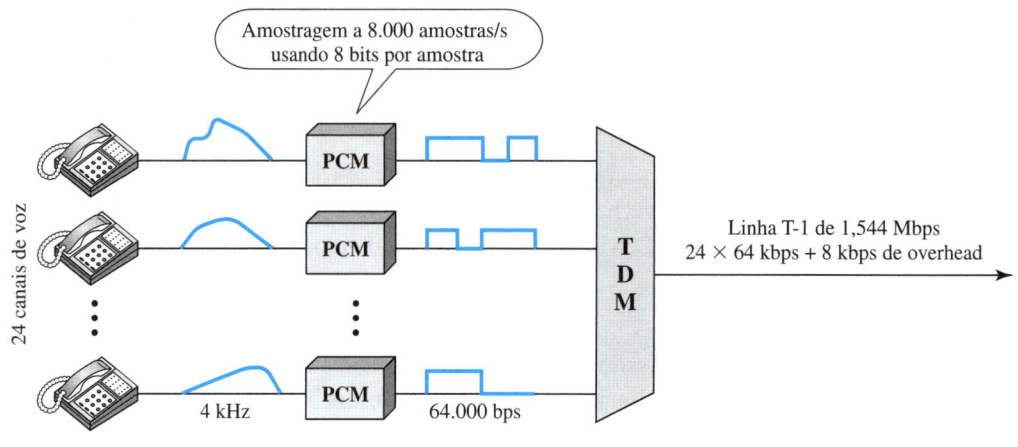

Figura 6.25 *Estrutura de frames T-1*

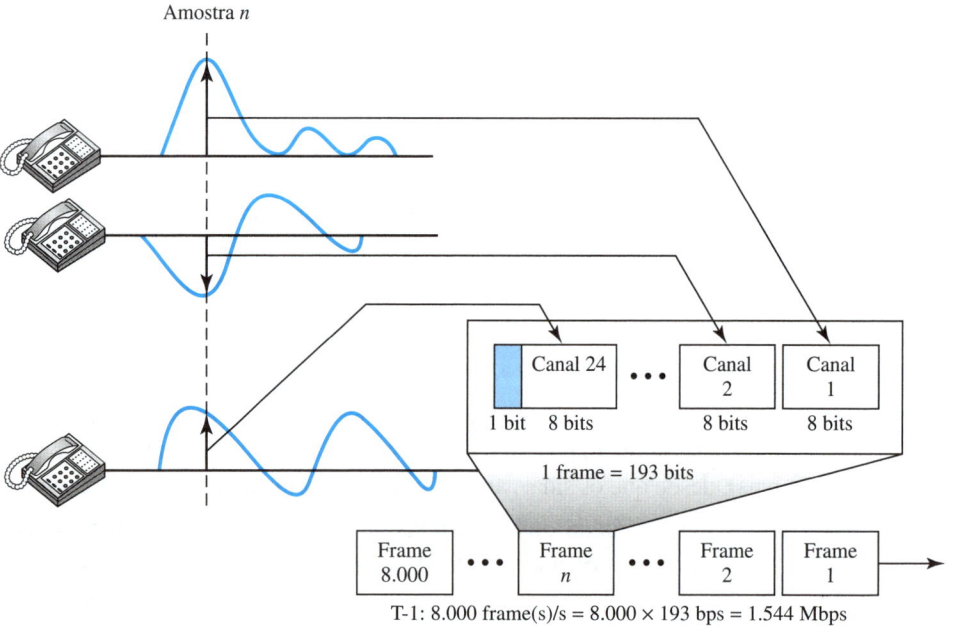

cada time-slot contém um segmento de sinal de cada canal; 24 segmentos são intercalados em um frame. Se uma linha T-1 transportar 8.000 frames, a taxa de dados será de 1,544 Mbps (193 × 8.000 = 1,544 Mbps) — a capacidade da linha.

Linhas E

Os europeus usam uma versão das linhas T chamadas **linhas E**. Os dois sistemas são conceitualmente idênticos, mas suas capacidades diferem: a Tabela 6.2 mostra as linhas E e suas capacidades.

Tabela 6.2 *Taxas de linhas E*

Linha	Taxa (Mbps)	Canais de Voz
E-1	2,048	30
E-2	8,448	120
E-3	34,368	480
E-4	139,264	1920

Outras aplicações do TDM Síncrono

Algumas companhias telefônicas celulares de segunda geração usam TDM síncrono. Por exemplo, a versão digital da telefonia celular divide a largura de banda disponível em faixas de 30 kHz. Para cada faixa, o TDM é utilizado de modo que seis usuários possam compartilhar uma mesma banda. Isso significa que cada faixa de 30 kHz agora é formada por seis time-slots e os sinais de voz digitalizados dos usuários são inseridos nesses slots. Usando TDM, o número de usuários de telefone em cada área agora é seis vezes maior. Discutiremos a telefonia celular de segunda geração no Capítulo 16.

Multiplexação Estatística por Divisão de Tempo

Conforme vimos na seção anterior, no TDM síncrono, cada entrada tem um slot reservado no frame de saída. Isso pode ser ineficiente quando algumas linhas de entrada não tiverem nenhum dado para enviar. Na multiplexação estatística por divisão de tempo, slots são alocados dinamicamente para aumentar a eficiência da largura de banda. Somente quando uma linha de entrada tiver uma quantidade de dados que valha a pena ser enviada, ela receberá um slot no frame de saída. Na multiplexação estatística, o número de slots em cada frame é menor que o número de linhas de entrada. O multiplexador verifica cada linha de entrada em um sistema de rodízio; ele aloca um slot para uma linha de entrada quando a linha tiver dados a serem enviados; caso contrário, ela pula a linha e verifica a próxima.

A Figura 6.26 traz um exemplo de TDM síncrono e outro de TDM estatístico. No primeiro, alguns slots estão vazios, pois a linha correspondente não tem dados a serem enviados. No último, entretanto, nenhum slot é deixado vazio, já que existem dados a serem enviados por alguma linha de entrada.

Endereçamento

A Figura 6.26 também mostra uma grande diferença entre slots no TDM síncrono e no TDM estatístico. Um slot de saída no TDM síncrono é totalmente ocupado por dados; no TDM estatístico, um slot necessita transportar dados e endereço de destino. No TDM síncrono, não há nenhuma necessidade de endereçamento; a sincronização e as relações pré-designadas entre as entradas e saídas servem como endereço. Sabemos, por exemplo, que a entrada 1 sempre vai para a saída 2. Se o multiplexador e o demultiplexador forem sincronizados, isso é garantido. Na multiplexação estatística, não existe relação fixa entre as entradas e saídas, pois não há nenhum slot pré-designado ou reservado. Precisamos incluir o endereço do receptor dentro de cada slot para mostrar onde ele deve ser entregue. O endereçamento em sua forma mais simples pode ser de n bits para definir N linhas de saída diferentes, sendo $n = \log_2 N$. Por exemplo, para oito linhas de saída distintas, precisamos de um endereço de 3 bits.

Figura 6.26 *Comparação de slots no TDM*

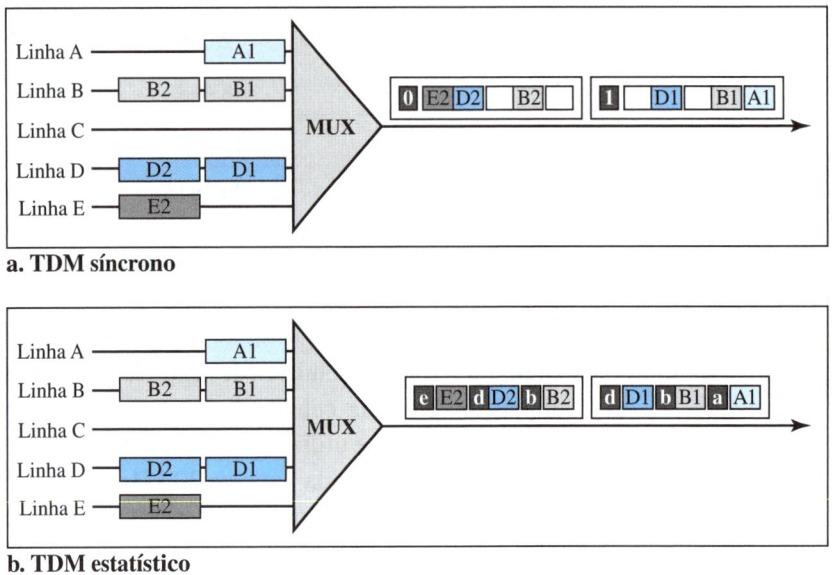

Tamanho do Slot

Já que no TDM estatístico, um slot carrega tanto dados como endereço, a proporção entre o tamanho dos dados e do endereço tem de ser razoável para tornar a transmissão eficiente. Por exemplo, seria ineficiente enviar 1 bit por slot como dados, quando o endereço for de 3 bits. Isso significaria overhead de 300%. No TDM estatístico, um bloco de dados normalmente tem muitos bytes, ao passo que o endereço tem poucos bytes.

Nenhum Bit de Sincronização

Existe outra diferença entre o TDM síncrono e o estatístico, mas, desta vez, encontra-se no nível de frame. Os frames no TDM estatístico não precisam ser sincronizados; portanto, não precisamos de bits de sincronização.

Largura de Banda

No TDM estatístico, a capacidade do link normalmente é menor que a soma das capacidades de cada canal. Os projetistas do TDM estatístico definem a capacidade do link tomando como base as estatísticas de carga de cada canal. Se, em média, apenas x% dos slots de entrada são preenchidos, a capacidade do link reflete isso. Obviamente, durante momentos de pico, alguns slots têm de esperar para serem transmitidos.

6.2 ESPALHAMENTO ESPECTRAL

A multiplexação combina sinais de várias fontes para atingir a máxima eficiência de largura de banda; disponível de um link é dividida entre as várias fontes. No **espalhamento espectral** (SS — *Spread Spectrum*) também combinamos sinais de diferentes fontes para se encaixarem em uma largura de banda de maior capacidade. No entanto, nossos objetivos são ligeiramente diferentes. O espalhamento espectral foi projetado para ser utilizado em aplicações wireless (sem fio) para ambientes de redes LANs e WANs. Nesses tipos de aplicação temos algumas preocupações que suplantam a otimização de largura de banda. Em aplicações sem fio, todas as estações usam o ar (ou o vácuo) como seu meio de transmissão. As estações devem ser capazes de compartilhar esse meio sem estarem suscetíveis a interceptação da comunicação de dados e interferências por um intruso mal-intencionado (em operações militares, por exemplo).

Para atingir esses objetivos, as técnicas de espalhamento espectral adicionam redundância; elas espalham o espectro original necessário de cada estação. Se a largura de banda necessária para cada estação for B, o espalhamento espectral vai expandi-lo para B_{ss} de modo que $B_{ss} \gg B$. A largura de banda expandida possibilita que a fonte envolva sua mensagem em um envelope protetor, permitindo uma transmissão mais segura. Uma analogia seria o envio de um presente delicado e muito caro. Podemos inserir o presente em uma caixa especial para impedir que ele seja danificado durante o transporte e podemos usar um serviço de entrega de alta qualidade para garantir a segurança da entrega do pacote.

A Figura 6.27 ilustra a idéia do espalhamento espectral, que consegue atingir seus objetivos pelos seguintes princípios:

1. A largura de banda alocada a cada estação precisa ser, pelo menos, maior que aquela necessária. Isso possibilita redundância.
2. O espalhamento da largura de banda original B para a nova largura de banda B_{ss} deve ser feita por um processo que seja independente do sinal original. Em outras palavras, o processo de espalhamento ocorre após o sinal ter sido criado pela fonte.

Figura 6.27 *Espalhamento espectral*

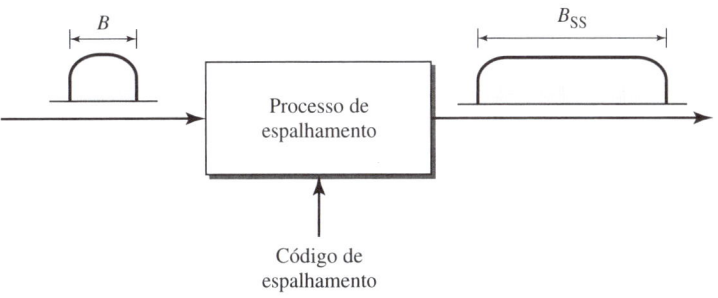

Após o sinal ser criado pela fonte, o processo de espalhamento usa um código de espalhamento e espalha as freqüências ao longo da largura de banda. A figura mostra a largura de banda original B e a nova largura de banda alargada B_{ss}. O código de espalhamento é uma série de números que parecem aleatórios, mas, na realidade, faz parte de um padrão.

Existem duas técnicas para o espalhamento da largura de banda: espalhamento espectral por saltos de freqüência (**frequency hopping spread spectrum** — FHSS) espalhamento espectral de seqüência direta (**direct sequence spread spectrum** — DSSS).

Espalhamento Espectral por Saltos de Freqüência (FHSS)

A técnica **FHSS** espalhamento espectral por saltos de freqüência usa M diferentes freqüências de portadora que são moduladas pelo sinal de origem. Em dado instante, o sinal modula uma freqüência de portadora; no momento seguinte, o sinal modula outra freqüência de portadora.

Embora a modulação seja feita utilizando apenas uma freqüência de portadora por vez, são usadas M freqüências ao longo de um ciclo. A largura de banda ocupada por uma fonte após o espalhamento é $B_{FHSS} \gg B$.

A Figura 6.28 mostra o layout geral do FHSS. Um **gerador de código pseudoaleatório** (*pseudorandom code generator*, chamado **ruído pseudoaleatório** (*pseudorandom noise — PN*), cria um padrão de k-bits para cada **período de transição em uma freqüência T_h**. A tabela de freqüências usa o padrão para encontrar a freqüência a ser usada para esse período de transição e o passa para o sintetizador de freqüências. O sintetizador de freqüências cria um sinal de portadora nessa freqüência e o sinal da fonte modula o sinal da portadora.

Figura 6.28 *FHSS (Espelhamento espectral por salto de freqüência)*

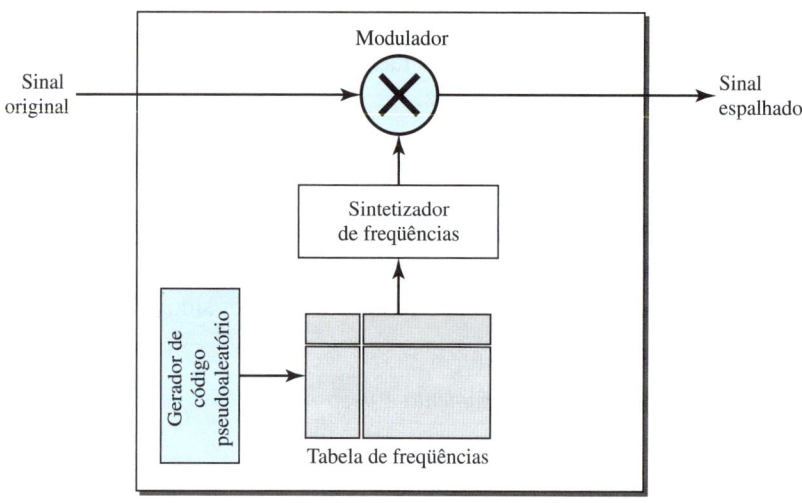

Supondo que tenhamos decidido por oito saltos com oito freqüências. Esse número é muito baixo para aplicações reais e será usado apenas para fins ilustrativos. Nesse caso, M é 8 e k é 3. O gerador de código pseudoaleatório criará uma sequência de oito padrões diferentes de 3 bits. Estes são associados a oito freqüências distintas na tabela de freqüências (ver Figura 6.29).

Figura 6.29 *Seleção de freqüências no FHSS*

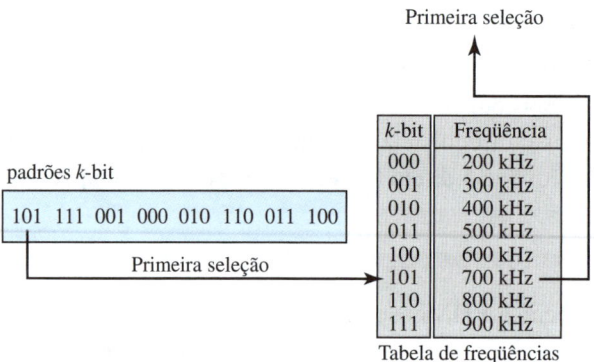

A seqüência e o padrão para essa estação são 101, 111, 001, 000, 010, 011, 100. Note que o padrão é pseudoaleatório e repetido a cada oito saltos. Isso significa que, no salto 1, o padrão é 101. A freqüência selecionada é 700 kHz; o sinal da fonte modula essa freqüência de portadora. O segundo padrão *k* bit escolhido é 111, que seleciona a portadora de 900 kHz; o oitavo padrão é 100, a freqüência é 600 kHz. Após oito saltos, o padrão se repete, iniciando novamente a partir de 101. A Figura 6.30 ilustra como o sinal muda ciclicamente de portadora em portadora. Partimos do pressuposto de que a largura de banda do sinal original seria de 100 kHz.

Figura 6.30 *Ciclos FHSS*

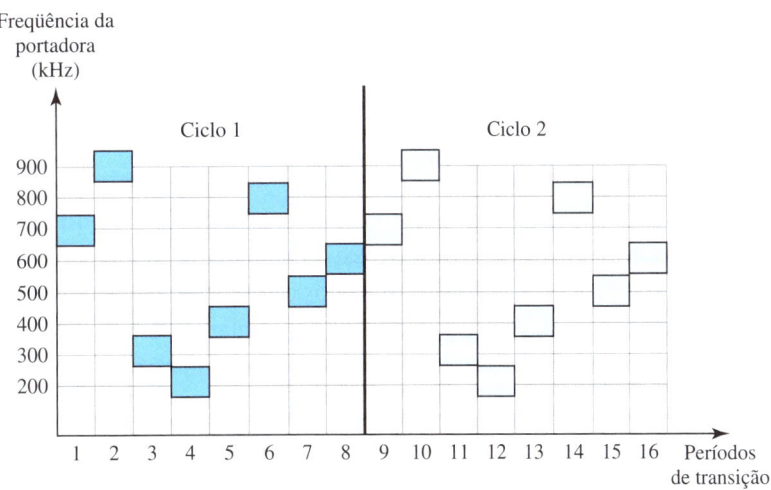

Pode ser demonstrado que esse esquema é capaz de atingir os objetivos mencionados anteriormente. Se existirem muitos padrões de *k* bits e o período de transição for curto, emissor e receptor podem ter privacidade. Se um intruso tentar interceptar o sinal transmitido, ele poderá acessar apenas um pequeno trecho de dados, pois não sabe a seqüência de espalhamento para se adaptar rapidamente ao período de transição seguinte. Esse método também tem um efeito antiinterferência. Um emissor mal-intencionado poderia ser capaz de enviar ruídos para interferir no sinal por um período de transição (aleatoriamente), mas não em todos.

Compartilhamento da Largura de Banda

Se o número de freqüências de transição for *M*, podemos multiplexar até *M* canais utilizando a largura de banda B_{SS}. Isso se deve ao fato de uma estação usar apenas uma freqüência em cada período de transição; *M* – 1 outras freqüências podem ser usadas por outras *M* – 1 estações. Em outras palavras, *M* estações diferentes podem compartilhar a largura de banda B_{SS} se for usada uma técnica de modulação apropriada, como o FSK múltiplo (MFSK). O FHSS é similar ao FDM, conforme mostrado na Figura 6.31.

A Figura 6.31 apresenta um exemplo de quatro canais usando FDM e quatro canais usando FHSS. No FDM, cada estação usa 1/*M* da largura de banda, mas a alocação é fixa; no FHSS, cada estação usa 1/*M* da largura de banda; entretanto, a alocação muda de salto em salto.

Figura 6.31 *Compartilhamento da largura de banda*

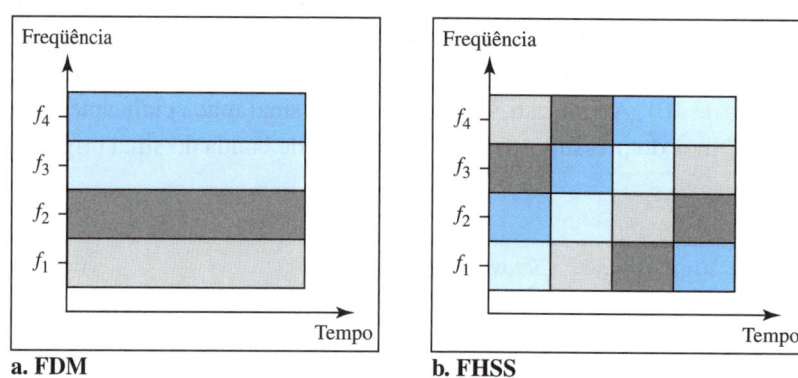

a. FDM
b. FHSS

Direct Sequence Spread Spectrum

A **técnica de espalhamento espectral de seqüência direta** (*direct sequence spread spectrum* — **DSSS**), também permite o espalhamento da banda passante do sinal original, mas o processo é diferente. No DSSS, substituímos cada bit de dados por um código de espalhamento de *n* bits. Em outras palavras, para cada bit é assinalado um código de *n* bits, denominado chips, em que a taxa de chip é *n* vezes a da taxa de bits. A Figura 6.32 ilustra o conceito do DSSS.

Figura 6.32 *DSSS*

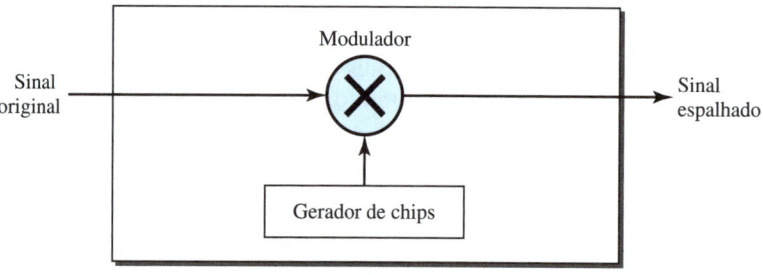

Como um exemplo, vamos considerar a seqüência utilizada em uma rede LAN sem fio, a famosa **seqüência de Barker** (*Barker sequence*) em que *n* é igual a 11. Vamos assumir que o sinal original e o chips no gerador chip utilizam a codificação polar NRZ. A Figura 6.33 ilustra o chips e o resultado da multiplicação dos dados originais pelo chips obtendo o sinal espalhado.

Na Figura 6.33, o código de espalhamento é chips 11 que utiliza o padrão 10110111000 (nesse caso). Se a taxa original de sinalização for *N*, a taxa de sinal espalhada é 11*N*. Isso significa que a largura de banda necessária para um sinal espalhado é 11 vezes maior que a largura de banda do sinal original. O espalhamento do sinal pode prover privacidade se um intruso não conhece o código de espalhamento. Também provê imunidade contra interferências quando a estação utiliza códigos diferentes.

Figura 6.33 *Exemplo de DSSS*

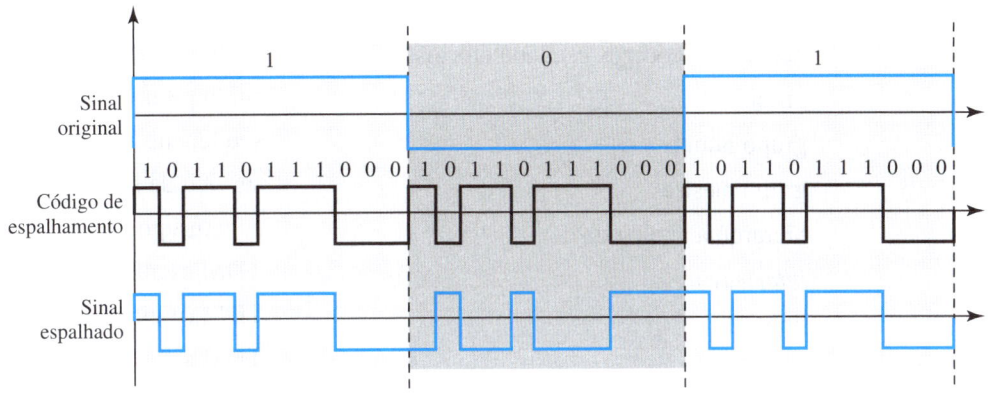

Compartilhamento da Largura de Banda

Podemos compartilhar a largura de banda no DSSS como fizemos no FHSS? A resposta é não e sim. Se usarmos um código de espalhamento que propague sinais (de estações diferentes) que não podem ser combinados e separados, não é possível compartilharmos a largura de banda. Por exemplo, conforme veremos no Capítulo 14, algumas LANs sem fio usam DSSS, e a largura de banda total, após o espalhamento, não pode ser compartilhada. Entretanto, se usarmos um tipo especial de código de seqüência que permita a combinação e a separação de sinais propagados, poderemos compartilhar a largura de banda. Como veremos no Capítulo 16, um código de espalhamento especial nos permite o uso do DSSS em telefonia celular e o compartilhamento da largura de banda entre vários usuários.

6.3 LEITURA RECOMENDADA

Para mais detalhes sobre os assuntos discutidos neste capítulo, recomendamos os seguintes livros. Os itens entre colchetes [. . .] correspondem à lista de referências bibliográficas no final do texto.

Livros

A multiplexação é discutida elegantemente no Capítulo 19 de [Pea92]. O livro [Cou01] fornece uma excelente visão do TDM e do FDM nas Seções 3.9 a 3.11. Material mais avançado pode ser encontrado em [Ber96]. A multiplexação é discutida no Capítulo 8 de [Sta04]. Uma excelente visão de espalhamento espectral pode ser encontrada na Seção 5.13 de [Cou01] e no Capítulo 9 de [Sta04].

6.4 TERMOS-CHAVE

bandas de proteção
bits de sincronização
canal
chip
demultiplexador (Demux)

DSSS (técnica espalhamento espectral de seqüência direta)
DWDM (WDM denso)
enxerto inserção de pulsos
espectro de difusão espalhamento espectral (SS)

FDM (multiplexação por divisão de freqüência)
FHSS (espalhamento espectral por saltos de freqüência)
gerador de códigos pseudoaletórios
grupo
grupo jumbo
grupo mestre
hierarquia analógica
interleaving
linha E
linha T
link
multiplexação
multiplexação de múltiplos intervalos

multiplexação multinível
multiplexador (MUX)
período de permanência transição em uma freqüência
ruído pseudoaletório (PN)
seqüência de Barker
serviço de sinal digital (DS)
supergrupo
TDM estatístico
TDM (multiplexação por divisão de tempo)
TDM síncrono
WDM (multiplexação por divisão de comprimento de onda)

6.5 RESUMO

❑ Utilização da largura de banda é o uso da largura de banda disponível para atingir objetivos específicos. A eficiência pode ser alcançada usando-se a multiplexação: podem-se obter privacidade e imunidade a interferências pelo uso do espalhamento espectral.

❑ Multiplexação é o conjunto de técnicas que permitem a transmissão simultânea de vários sinais por um único link de dados. Em um sistema multiplexado, *n* linhas compartilham a largura de banda de um link. A palavra link se refere ao caminho físico. A palavra canal se refere à parte do link que transporta uma transmissão.

❑ Existem três técnicas básicas de multiplexação: multiplexação por divisão de freqüência, multiplexação por divisão de comprimento de onda e multiplexação por divisão de tempo. As duas primeiras são técnicas desenvolvidas para sinais analógicos, ao passo que a terceira é para sinais digitais.

❑ FDM (multiplexação por divisão de freqüência) é uma técnica analógica que pode ser utilizada quando a largura de banda de um link (em Hertz) é maior que as larguras de bandas somadas dos sinais a serem transmitidos.

❑ A WDM (multiplexação por divisão de comprimento de onda) foi projetada para usar a alta capacidade de largura de banda das fibras ópticas. WDM é uma técnica de multiplexação analógica para combinar sinais ópticos.

❑ TDM (multiplexação por divisão de tempo) é um processo digital que permite que várias conexões compartilhem a largura de banda ampla de um link. TDM é uma técnica de multiplexação digital para combinar vários canais de taxa de transmissão baixa em um único canal de alta velocidade.

❑ Podemos dividir o TDM em duas categorias distintas: síncrono ou estatístico. No TDM síncrono, cada conexão de entrada tem uma alocação fixa na saída, mesmo que não esteja enviando dados. No TDM estatístico, time-slots são alocados dinamicamente, aumentando a eficiência de uso da largura de banda.

❑ No espalhamento espectral (SS), combinamos sinais de várias fontes que compartilham uma largura de banda mais ampla. O espalhamento espectral foi desenvolvido para ser utilizado em aplicações sem fio nas quais as estações têm de estar aptas a compartilhar o meio de transmissão sem estarem sujeitas a interceptação de uma escuta e sem estar sujeito a interferências provocadas por um intruso mal-intencionado.

- A técnica FHSS (espalhamento espactral por salto de freqüência), usa *M* freqüências de portadora diferentes, que são moduladas pelo sinal da fonte. Em um dado instante, o sinal modula uma freqüência de portadora; no instante seguinte, o sinal modula outra freqüência de portadora.
- A técnica DSSS (espalhamento espectral de seqüência direta) expande a largura de banda de um sinal, substituindo cada bit de dado por um código de espalhamento de *n* bits. Em outras palavras, é atribuído um código de *n* bits a cada bit, denominado chips.

6.6 ATIVIDADES PRÁTICAS

Questões para Revisão

1. Descreva os objetivos da multiplexação.
2. Enumere as três técnicas principais de multiplexação citadas neste capítulo.
3. Faça a distinção entre link e canal na multiplexação.
4. Qual(is) das três técnicas de multiplexação é(são) usada(s) para combinar sinais analógicos? Qual(is) das três técnicas de multiplexação é(são) usada(s) para combinar sinais digitais?
5. Defina hierarquia analógica usada por companhias telefônicas e cite os diferentes níveis da hierarquia.
6. Defina hierarquia digital usada por companhias telefônicas e cite os diferentes níveis da hierarquia.
7. Qual das três técnicas de multiplexação é comum para links de fibra óptica? Explique a razão.
8. Faça a distinção entre TDM multinível, TDM de múltiplos slots e TDM com inserção de bits.
9. Faça a distinção entre TDM síncrono e TDM estatístico.
10. Defina espalhamento espectral e seu objetivo. Cite duas técnicas de espalhamento espectral discutidas neste capítulo.
11. Defina FHSS e explique como é implementado o espalhamento da largura de banda.
12. Defina DSSS e explique como é implementado o espalhamento da largura de banda.

Exercícios

13. Suponha que um canal de voz ocupe uma largura de banda de 4 kHz. Precisamos multiplexar 10 canais de voz com bandas de proteção de 500 Hz usando FDM. Calcule a largura de banda necessária.
14. Precisamos transmitir 100 canais de voz digitalizados, usando um canal passa-faixa de 20 kHz. Qual deve ser a relação bits/Hz se não estivermos usando nenhuma banda de proteção?
15. Na hierarquia analógica da Figura 6.9, encontre o overhead (largura de banda extra por banda de proteção ou controle) em cada nível hierárquico (grupo, supergrupo, grupo mestre e grupo jumbo).
16. Precisamos usar TDM síncrono e combinar 20 fontes digitais, cada um das quais com 100 kbps. Cada time-slot de saída carrega 1 bit de cada fonte digital, mas nenhum bit extra é adicionado a cada frame para sincronização. Responda às seguintes questões:

    a. Qual é o tamanho de um frame de saída em bits?

b. Qual é a taxa de frames de saída?

c. Qual é a duração de um frame de saída?

d. Qual é a taxa de dados de saída?

e. Qual é a eficiência do sistema (razão de bits úteis em relação ao total de bits).

17. Repita o Exercício 16 em que agora cada time-slot de saída carrega 2 bits de cada fonte.

18. Temos 14 fontes, cada uma das quais criando 500 caracteres de 8 bits por segundo. Já que apenas algumas dessas fontes estão ativas em dado momento, usamos o TDM estatístico para combinar essas fontes por meio da intercalação de caracteres. Cada frame transporta 6 time-slots por vez, mas precisamos acrescentar quatro endereços de 4 bits a cada um desses intervalos. Responda o seguinte:

    a. Qual é o tamanho de um frame de saída em bits?

    b. Qual é a taxa de frames de saída?

    c. Qual é a duração de um frame de saída?

    d. Qual é a taxa de dados de saída?

19. Dez fontes, seis com taxa de bits de 200 kbps e quatro de 400 kbps são combinadas usando-se TDM multinível sem emprego de bits de sincronização. Responda às seguintes perguntas sobre o estágio final da multiplexação:

    a. Qual é o tamanho em bits de um frame?

    b. Qual é a taxa de frames?

    c. Qual é a duração de um frame?

    d. Qual é a taxa de dados?

20. Quatro canais, dois com taxa de bits de 200 kbps e dois de 150 kbps, são multiplexados usando-se TDM com múltiplos slots sem o emprego de bits de sincronização. Responda o seguinte:

    a. Qual é o tamanho em bits de um frame?

    b. Qual é a taxa de frames?

    c. Qual é a duração de um frame?

    d. Qual é a taxa de dados?

21. Dois canais, um com taxa de bits de 190 kbps e outra com 180 kbps, devem ser multiplexados usando TDM com inserção de bits sem o emprego de bits de sincronização. Responda o seguinte:

    a. Qual é o tamanho em bits de um frame?

    b. Qual é a taxa de frames?

    c. Qual é a duração de um frame?

    d. Qual é a taxa de dados?

22. Responda o seguinte em relação a uma linha T-1:

    a. Qual é a duração de um frame?

    b. Qual é o overhead (número de bits extras por segundo)?

23. Mostre o conteúdo dos cinco frames de saída de um multiplexador TDM síncrono que combine quatro fontes enviando os seguintes caracteres. Note que os caracteres são enviados na mesma ordem em que são digitados. A terceira fonte é silenciosa.

    a. Mensagem da fonte 1: HELLO

    b. Mensagem da fonte 2: HI

c. Mensagem da fonte 3:
d. Mensagem da fonte 4: BYE

24. A Figura 6.34 mostra um multiplexador em um sistema TDM síncrono. Cada slot de saída tem comprimento de apenas 10 bits (3 bits extraídos de cada entrada mais 1 bit de sincronização). Qual é o fluxo de saída? Os bits chegam no multiplexador conforme mostrado pelas setas.

Figura 6.34 *Exercício 24*

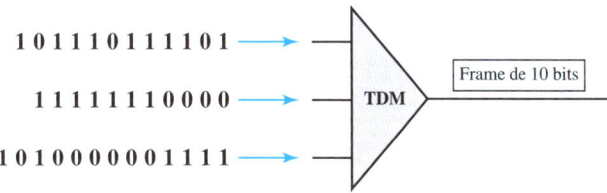

25. A Figura 6.35 mostra um demultiplexador TDM síncrono. Se o slot de entrada tiver 16 bits de comprimento (nenhum bit de sincronização), qual é o fluxo de bits em cada saída? Os bits chegam no demultiplexador conforme mostrado pelas setas.

Figura 6.35 *Exercício 25*

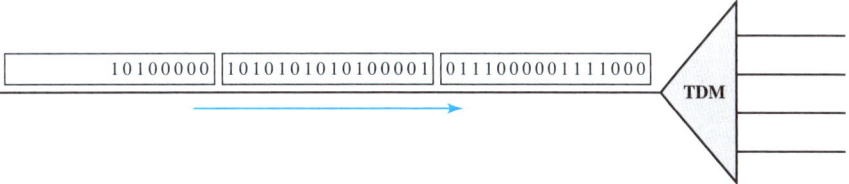

26. Responda às perguntas a seguir sobre hierarquia digital da Figura 6.23:
    a. Qual é o overhead (número de bits extras) no serviço DS-1?
    b. Qual é o overhead (número de bits extras) no serviço DS-2?
    c. Qual é o overhead (número de bits extras) no serviço DS-3?
    d. Qual é o overhead (número de bits extras) no serviço DS-4?

27. Qual é o número mínimo de bits em uma seqüência PN se usarmos FHSS com uma largura de banda de canal de $B = 4$ kHz e $B_{SS} = 100$ kHz?

28. Um sistema FHSS usa uma seqüência PN de 4 bits. Se a taxa de bits do PN for 64 bits por segundo, responda o seguinte:
    a. Qual é o número total de saltos possíveis?
    b. Qual é o tempo necessário para encerrar um ciclo completo de PN?

29. Um gerador de números pseudoaleatórios usa a seguinte fórmula para criar uma série aleatória:

$$N_{i+1} = (5 + 7N_i) \bmod 17 - 1$$

Na qual N_i define o número aleatório atual e N_{i+1} estabelece o número aleatório seguinte. O termo *mod* significa o valor do resto ao dividir $(5 + 7N_i)$ por 17.

30. Temos um meio digital com uma taxa de dados de 10 Mbps. Quantos canais de voz de 64 kbps podem ser transportados por esse meio, se usarmos DSSS com a seqüência de Barker?

CAPÍTULO 7

Meios de Transmissão

Discutimos muitas questões relacionadas com a camada física nos Capítulos 3 a 6. Neste capítulo, discutiremos os meios de transmissão de dados. Meios de transmissão estão, na verdade, localizados abaixo da camada física e são diretamente controlados por ela. Poderíamos dizer que os meios de transmissão pertencem à camada zero. A Figura 7.1 mostra a posição dos meios de transmissão em relação à camada física.

Figura 7.1 *Meio de transmissão e a camada física*

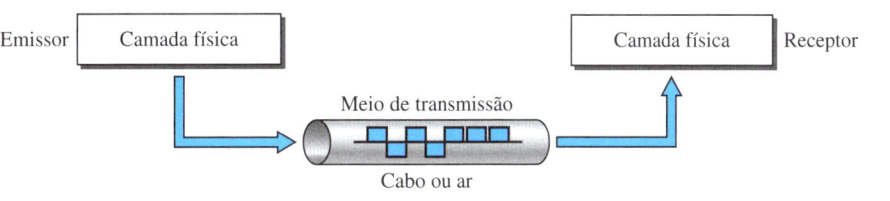

Um **meio de transmissão**, em termos gerais, pode ser definido como qualquer coisa capaz de transportar informações de uma origem a um destino. Por exemplo, o meio de transmissão para duas pessoas conversando durante um jantar é o ar que também pode ser usado para transmitir uma mensagem por meio de sinais de fumaça ou um código de sinais. Para uma mensagem escrita, o meio de transmissão poderia ser um carteiro, um caminhão ou um avião.

Em comunicação de dados, a definição de informações e meios de transmissão é mais específica. O meio de transmissão geralmente pode ser o espaço livre, um cabo metálico ou um cabo de fibra óptica. A informação normalmente é um sinal, resultado da conversão de dados.

O uso das comunicações em longa distância usando sinais elétricos começou com a invenção do telégrafo, por Morse, no século XIX. A comunicação era lenta e dependente de um meio metálico.

Ampliar o alcance da voz humana tornou-se possível quando foi inventado o telefone, em 1869. A comunicação telefônica na época também precisava de um meio metálico para transportar sinais elétricos resultantes da conversão da voz humana. Entretanto, a comunicação não era confiável em razão da baixa qualidade dos fios. As linhas eram ruidosas e a tecnologia era rudimentar.

A comunicação sem fio começou em 1895, quando Hertz foi capaz de transmitir sinais de alta freqüência. Mais tarde, Marconi concebeu um método para enviar mensagens pelo telégrafo atravessando o oceano Atlântico.

Avançamos muito. Mídias metálicas foram inventadas (cabos coaxiais e de par trançado, por exemplo). O advento das fibras ópticas possibilitou aumento incrível na taxa de dados. O espaço livre (ar, vácuo e água) está sendo usado mais eficientemente em parte por causa das tecnologias (como modulação e multiplexação) discutidas nos capítulos anteriores.

Conforme discutido no Capítulo 3, tanto os computadores quanto outros dispositivos de telecomunicações usam sinais para representar dados. Esses sinais são transmitidos de um dispositivo a outro na forma de energia eletromagnética, que é propagada pelos meios de transmissão.

Energia eletromagnética significa uma combinação de campos magnético e elétrico vibrando uns em relação aos outros, por exemplo: energia elétrica, ondas de rádio, luz infravermelha, luz visível, luz ultravioleta e raios X, gama e cósmicos. Cada um desses constitui uma parte do **espectro eletromagnético**. Nem todas as faixas de freqüência do espectro são atualmente utilizáveis em telecomunicações. Para melhor aproveitamento dos meios de transmissão, o número e o tipo desses meios são limitados.

Em telecomunicações, meios de transmissão são divididos em duas amplas categorias: guiados e não guiados. Entre os meios de transmissão guiados temos: cabos de par trançado, cabos coaxiais e cabos de fibra óptica. O meio de transmissão não guiado, sem fios, é o espaço livre. A Figura 7.2 mostra essa taxonomia.

Figura 7.2 *Classes de meios de transmissão*

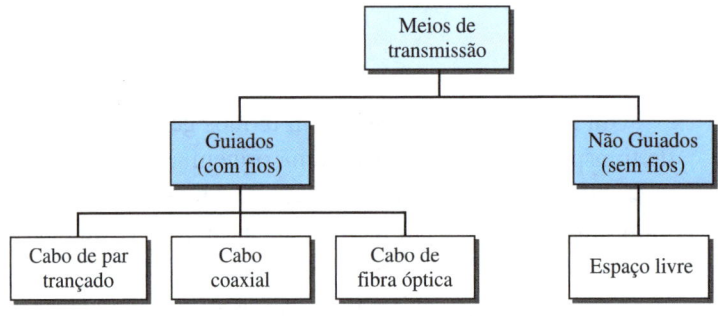

7.1 MEIOS DE TRANSMISSÃO GUIADOS

Entre os **meios de transmissão guiados**, que são aqueles que requerem um condutor físico para interligar um dispositivo a outro, temos: **cabo de par trançado**, **cabo coaxial** e **cabo de fibra óptica**. Um sinal trafegando por qualquer um desses meios é direcionado e contido por limites físicos do meio. Cabos de par trançado e coaxiais usam condutores metálicos (cobre) que aceitam e transportam sinais na forma de corrente elétrica. A **fibra óptica** é um cabo que aceita e transporta sinais na forma de luz.

Cabo de Par Trançado

Um cabo de par trançado é formado por dois condutores (normalmente, cobre), cada qual revestido por um material isolante plástico, trançados juntos, conforme exposto na Figura 7.3.

Figura 7.3 *Cabo de par trançado*

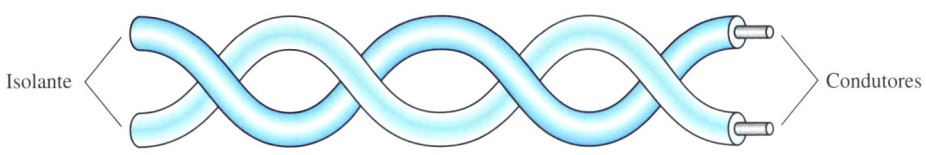

Um dos fios é usado para transportar sinais elétricos para o receptor e o outro, apenas como uma terra de referência. O receptor utiliza a diferença de potencial entre os dois fios para determinar a amplitude do sinal elétrico.

Além do sinal enviado pelo emissor por um dos fios, interferências (ruído) e linha cruzada podem afetar ambos os fios e gerar sinais indesejados.

O efeito desses sinais indesejados não é o mesmo se dois fios forem paralelos ou se ambos se encontrarem em locais diferentes em relação às fontes de ruído e de linha cruzada (por exemplo, se um deles se encontrar mais próximo e o outro mais afastado). Isso resulta da diferença de potencial percebida pelo receptor. Ao trançar-se pares de cabos, mantém-se um equilíbrio. Suponha, por exemplo, em uma trança, que um fio esteja mais próximo da fonte de ruído e o outro se encontre mais afastado; na próxima trança, ocorre o inverso. O trançado torna mais provável que ambos os fios sejam igualmente afetados por interferências externas (ruído ou linha cruzada). Isso significa que o receptor, que calcula a diferença entre os dois sinais, não perceberá nenhum sinal indesejado. Os sinais indesejados são, em sua maioria, cancelados. Da discussão anterior fica claro que o número de tranças por unidade de comprimento (por exemplo, polegadas) tem grande efeito sobre a qualidade do cabo.

Cabo de Par Trançado Blindado versus Não Blindado

O cabo de par trançado mais comumente usado em comunicação é chamado **UTP** (**cabo de par trançado não blindado**, do inglês *unshield twisted pair*). A IBM também produziu uma versão de cabo de par trançado para seu uso denominado **STP** (**cabo de par trançado blindado**). O cabo STP tem uma folha de metal ou uma capa de malha trançada que reveste cada par de condutores isolados. Embora a cobertura metálica aumente a qualidade do cabo, impedindo a penetração de ruídos ou linha cruzada, ele se torna mais denso e mais caro. A Figura 7.4 mostra a diferença entre cabos UTP e STP. Nossa discussão se concentra, basicamente, no UTP, pois o STP é raramente usado fora de ambientes IBM.

Categorias

A EIA (*Electronic Industries Association* — Associação das Indústrias Eletrônicas) desenvolveu diversos padrões que classificam os cabos de par trançado em sete categorias. Essas categorias são determinadas pela qualidade do cabo, na qual 1 representa a qualidade mais baixa e 7 a mais alta. Cada categoria EIA é adequada para usos específicos. A Tabela 7.1 mostra estas categorias.

Conectores

O conector UTP mais comum é o **RJ45** (em que RJ significa *registered jack*), conforme pode ser visto na Figura 7.5. O RJ45 é um conector chaveado, significando que ele só pode ser inserido de uma única forma.

Figura 7.4 *Cabos UTP e STP*

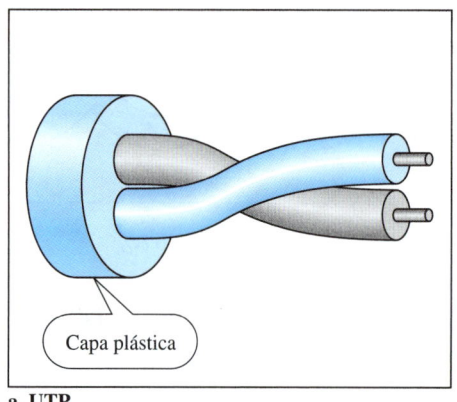
a. UTP

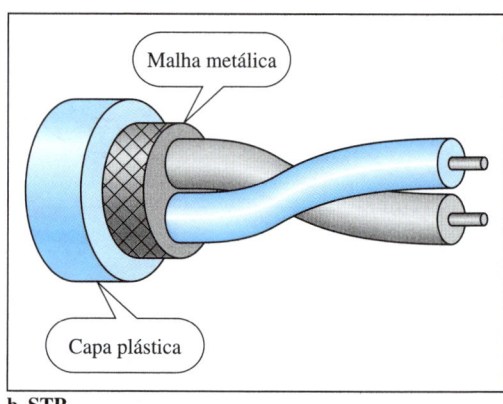
b. STP

Tabela 7.1 *Categorias de cabos de par trançado*

Categoria	Especificação	Taxa de Dados (Mbps)	Uso
1	Cabo de par trançado usado em telefonia	< 0,1	Telefonia
2	Cabo de par trançado não blindado usado originalmente em linhas T	2	Linhas T-1
3	CAT 2 aperfeiçoado para uso em redes locais LANs	10	LANs
4	CAT 3 aperfeiçoado para uso em redes Token Ring	20	LANs
5	O fio do cabo é, normalmente, AWG 24 com um invólucro e revestimento externo	100	LANs
5E	Extensão da categoria 5 que inclui recursos adicionais para reduzir interferências eletromagnéticas e linha cruzada	125	LANs
6	Uma nova categoria com componentes casados provenientes do mesmo fabricante. O cabo tem de ser testado à taxa de dados de 200 Mbps.	200	LANs
7	Algumas vezes, denominado SSTP (*shielded screen twisted-pair*). Cada par é envolto individualmente por uma folha metálica helicoidal e depois por uma blindagem de folha metálica, além da cobertura externa. A blindagem diminui o efeito de linha cruzada e aumenta a taxa de dados.	600	LANs

Desempenho

Uma maneira de medir o desempenho de cabos de par trançado é comparar sua atenuação *versus* freqüência e distância. Um cabo de par trançado é capaz de transmitir em ampla faixa de freqüências. Entretanto, conforme mostrado na Figura 7.6, a atenuação, medida em decibéis por quilômetro (dB/km), aumenta de forma abrupta para freqüências acima de 100 kHz. Observe que **bitola** é uma medida da espessura do fio.

Figura 7.5 *Conector UTP*

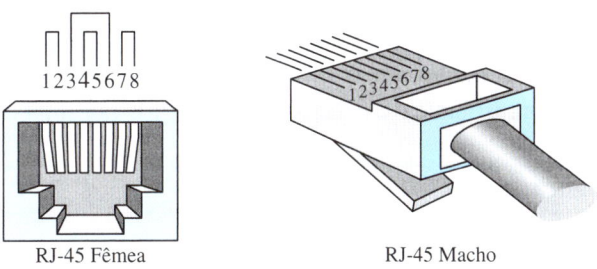

Figura 7.6 *Desempenho do UTP*

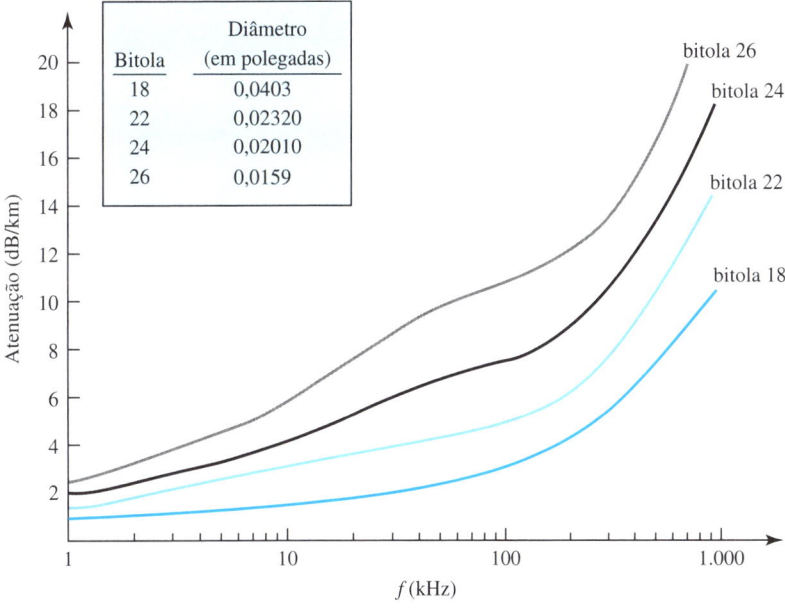

Aplicações

Os cabos de par trançado são usados em linhas telefônicas para a transmissão de voz e de dados. O *loop* local — a última milha que conecta os assinantes ao prédio da central telefônica — consiste normalmente em cabos de par trançado não blindados. Trataremos das redes de telefonia no Capítulo 9.

As linhas DSL, que são usadas pelas companhias telefônicas para prover conexões de alta velocidade e alta taxa de dados, usam a capacidade de largura de banda elevada dos cabos de par trançado não blindados. Discutiremos a tecnologia DSL no Capítulo 9.

Redes locais, como 10Base-T e 100Base-T, também usam cabos de par trançado. Abordaremos esses tipos de redes no Capítulo 13.

Cabo Coaxial

O cabo coaxial (ou *coax*) transporta sinais de faixas de freqüência mais altas que as do cabo de par trançado, em parte pelo fato de que os dois meios de transmissão são construídos de forma bem diferente. Em vez de termos dois fios, o cabo coaxial apresenta um núcleo condutor central de fio torcido ou sólido (normalmente, cobre) envolto em um revestimento isolante que, por sua vez, é revestido por um condutor externo de folha de metal, uma capa ou uma combinação de ambos. O invólucro metálico externo serve tanto como uma blindagem contra ruídos como um segundo condutor que completa o circuito. Esse condutor externo também é revestido por uma cobertura isolante e o cabo todo é protegido por uma cobertura plástica (ver Figura 7.7).

Figura 7.7 *Cabo coaxial*

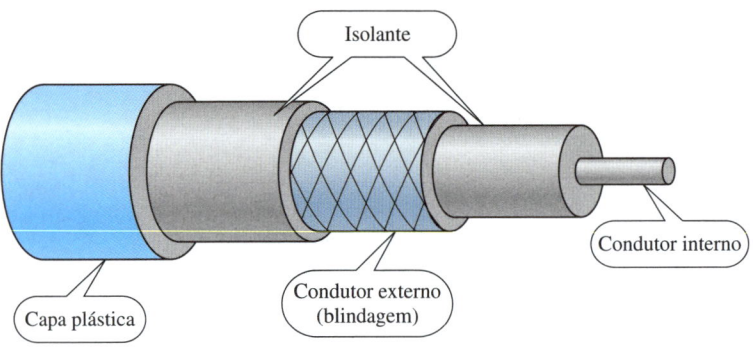

Padrões de Cabos Coaxiais

Os cabos coaxiais são classificados em categorias de acordo com seus índices **RG** (*radio government*). Cada índice RG representa um conjunto exclusivo de especificações físicas, incluindo a bitola do fio condutor interno, a espessura e o tipo do isolante interno, a construção da blindagem e o tamanho e tipo do revestimento externo. Cada cabo definido por um índice RG é adaptado para uma função especializada, conforme mostrado na Tabela 7.2.

Tabela 7.2 *Categorias de cabos coaxiais*

Categoria	Impedância	Uso
RG-59	75 Ω	TV a cabo
RG-58	50 Ω	Ethernet fina
RG-11	50 Ω	Ethernet grossa

Conectores de Cabos Coaxiais

Para conectar cabos coaxiais a dispositivos, precisamos de conectores coaxiais. O tipo mais comum de conector usado atualmente é o conector **BNC** (*Bayone-Neil-Concelman*). A Figura 7.8 mostra três tipos populares desses conectores: o conector BNC, o conector T BNC e o terminador BNC.

O conector BNC é usado para conectar a extremidade de um cabo coaxial a um dispositivo, por exemplo, um aparelho de TV. O conector T BNC é empregado em redes Ethernet (ver Capítulo 13) para ramificar uma conexão a um computador ou outro dispositivo. O terminador BNC é utilizado no final do cabo para impedir a reflexão do sinal.

Figura 7.8 *Conectores BNC*

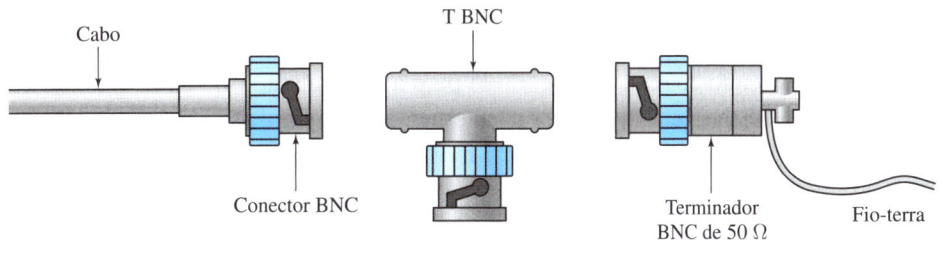

Desempenho

Conforme fizemos com os cabos de par trançado, podemos medir o desempenho de um cabo coaxial. Notamos na Figura 7.9 que a atenuação é muito maior nos cabos coaxiais que em cabos de par trançado. Em outras palavras, embora o cabo coaxial tenha uma largura de banda muito maior, o sinal enfraquece rapidamente e requer o uso freqüente de repetidores.

Figura 7.9 *Desempenho de cabos coaxiais*

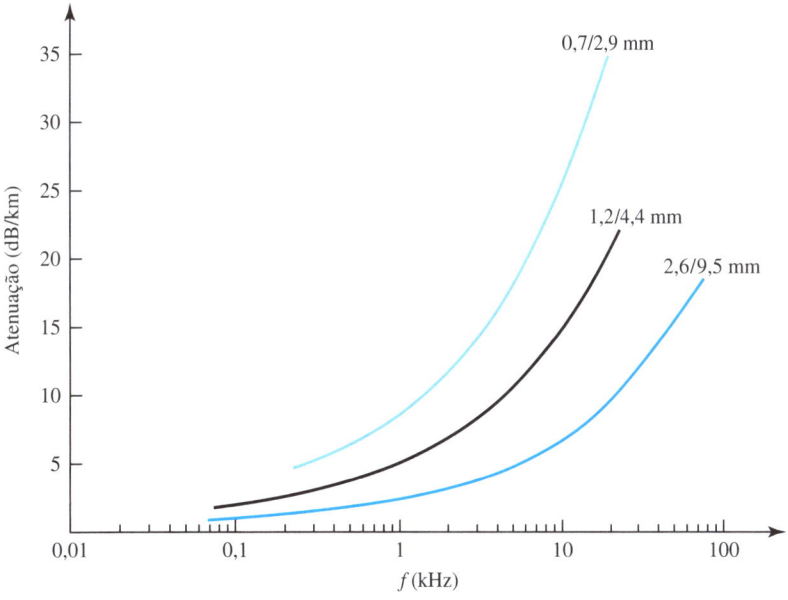

Aplicações

O cabo coaxial foi bastante usado em redes de telefonia analógica nas quais uma única rede coaxial era capaz de transportar 10.000 sinais de voz. Mais tarde, ele foi usado em redes de telefonia digital em que um único cabo coaxial era capaz de transportar dados digitais à velocidade de até 600 Mbps. No entanto, os cabos coaxiais em redes de telefonia foram amplamente substituídos por cabos de fibra ótica.

As redes de TV a cabo (ver Capítulo 9) também utilizam cabos coaxiais. Em uma rede de TV a cabo tradicional, toda a rede é implantada com cabo coaxial. Posteriormente, entretanto, os provedores de TV a cabo substituíram boa parte da mídia por cabos de fibra óptica; redes híbridas usam cabo coaxial apenas nas extremidades da rede, próximo às residências dos consumidores. A TV a cabo usa o cabo coaxial RG-59.

Outra aplicação comum do cabo coaxial é nas redes LANs Ethernet tradicionais (ver Capítulo 13). Em razão de sua largura de banda elevada e, conseqüentemente, da taxa de dados elevada, o cabo coaxial foi escolhido para a transmissão digital de sinais nas primeiras LANs Ethernet. A Ethernet 10Base-2, ou Ethernet de cabo fino, usa o cabo coaxial RG-58 com conectores BNC para transmitir dados a 10 Mbps com um alcance de 185 m. A Ethernet 10Base5, ou Ethernet de cabo grosso, utiliza o cabo RG-11 (cabo coaxial grosso) para transmitir a 10 Mbps com alcance de 5.000 m. A Ethernet de cabo grosso usa conectores especiais.

Cabo de Fibra Óptica

Um cabo de fibra óptica é construído sobre uma estrutura de vidro ou plástico e transmite sinais na forma de luz. Para compreender o funcionamento da fibra óptica, precisamos, primeiro, explorar alguns aspectos da natureza da luz.

A luz trafega em linha reta desde que esteja se movimentando em um meio físico uniforme. Se um raio de luz trafegando por um meio de repente passar para outro meio (de densidade diferente), ele muda de direção. A Figura 7.10 mostra como um raio de luz muda de direção quando passa de um meio mais denso para outro menos denso.

Figura 7.10 *Desvio da luz*

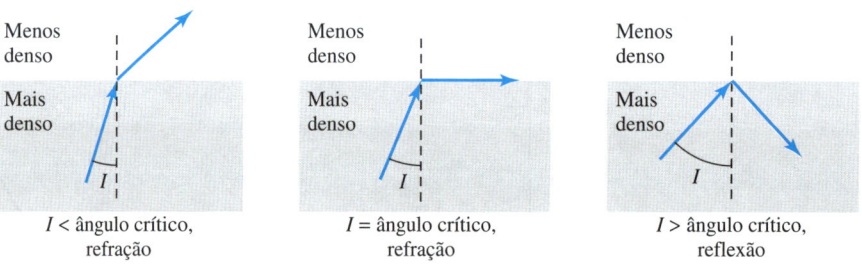

Conforme mostra a figura, se o **ângulo de incidência** *I* (ângulo que o raio faz com a reta perpendicular à interface entre os dois meios) for menor que o **ângulo crítico**, o raio de luz **refrata** e se desloca mais próximo da superfície. Se o ângulo de incidência for igual ao ângulo crítico, a luz faz um desvio ao longo da interface. Se o ângulo de incidência for maior que o ângulo crítico, o raio **reflete** (muda de direção) e trafega novamente no meio mais denso. Note que o ângulo crítico é uma propriedade do meio físico e seu valor difere de um meio para outro.

As fibras ópticas usam a reflexão para guiar a luz por um canal. Um **núcleo** de vidro ou plástico é revestido por uma **casca** de vidro ou plástico menos denso. A diferença na densidade dos dois materiais tem de ser tal que um fluxo de luz deslocando-se através do núcleo seja refletido pela casca em vez de ser refratado nele (ver Figura 7.11).

Modos de Propagação

A tecnologia atual suporta dois modos (multimodo e monomodo) para a propagação da luz ao longo de canais ópticos, cada um dos quais exigindo fibras ópticas com características físicas diferentes. O multimodo pode ser implementado de duas formas: índice degrau e índice gradual (ver Figura 7.12).

Figura 7.11 *Fibra óptica*

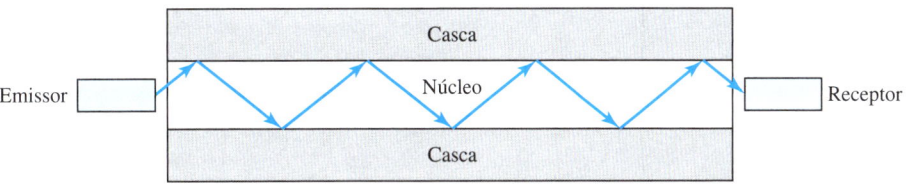

Figura 7.12 *Modos de propagação*

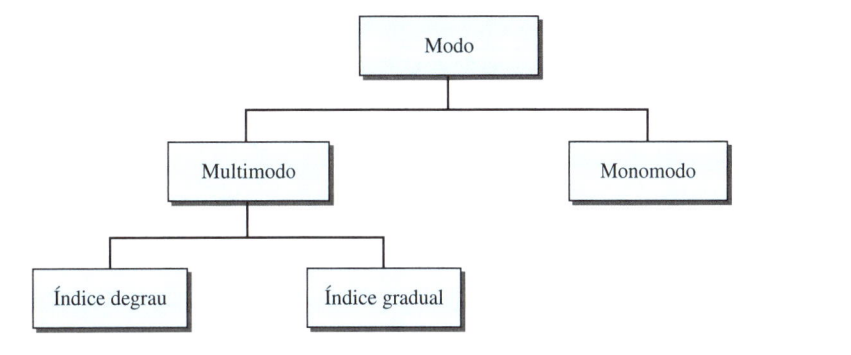

Multimodo Multimodo é assim chamado, pois os múltiplos fluxos de uma fonte de luz se deslocam ao longo do núcleo usando caminhos diferentes. A movimentação do fluxo dentro do cabo depende da estrutura do núcleo, conforme mostrado na Figura 7.13.

Na **fibra multimodo com índice degrau**, a densidade do núcleo permanece constante do centro para as bordas. Um fluxo de luz se desloca por essa densidade constante em linha reta até atingir a interface do núcleo e a casca. Na interface, há uma mudança abrupta em virtude da densidade menor; isso altera o ângulo de movimentação do fluxo. O termo *índice degrau* refere-se à abruptude dessa mudança, que contribui para a distorção do sinal à medida que ele trafega pela fibra.

Um segundo tipo de fibra, chamado **fibra multimodo com índice gradual**, diminui essa distorção do sinal através do cabo. A palavra *índice* gradual aqui se refere ao índice de refração. Como vimos anteriormente, o índice de refração está relacionado com a densidade. Uma fibra com índice gradual, portanto, é uma fibra com densidades variáveis. A densidade é mais alta no centro do núcleo e diminui gradualmente em sua borda. A Figura 7.13 mostra o impacto dessa densidade variável na propagação dos fluxos de luz.

Monomodo O modo monomodo utiliza fibras de índice degrau e uma fonte de luz extremamente focalizada que limita os fluxos a um pequeno intervalo de ângulos, todos próximos da horizontal. A **fibra monomodo** é fabricada com um diâmetro de núcleo muito menor que a da fibra multimodo e com densidade substancialmente menor (índice de refração). A diminuição na densidade resulta em um ângulo crítico próximo de 90°, que faz que a propagação dos fluxos ocorra praticamente na horizontal. Nesse caso, a propagação de fluxos diferentes é praticamente idêntica e os retardos são desprezíveis. Todos os fluxos chegam "juntos" no destino e podem ser recombinados com pequena distorção do sinal (ver Figura 7.13).

Figura 7.13 *Modos*

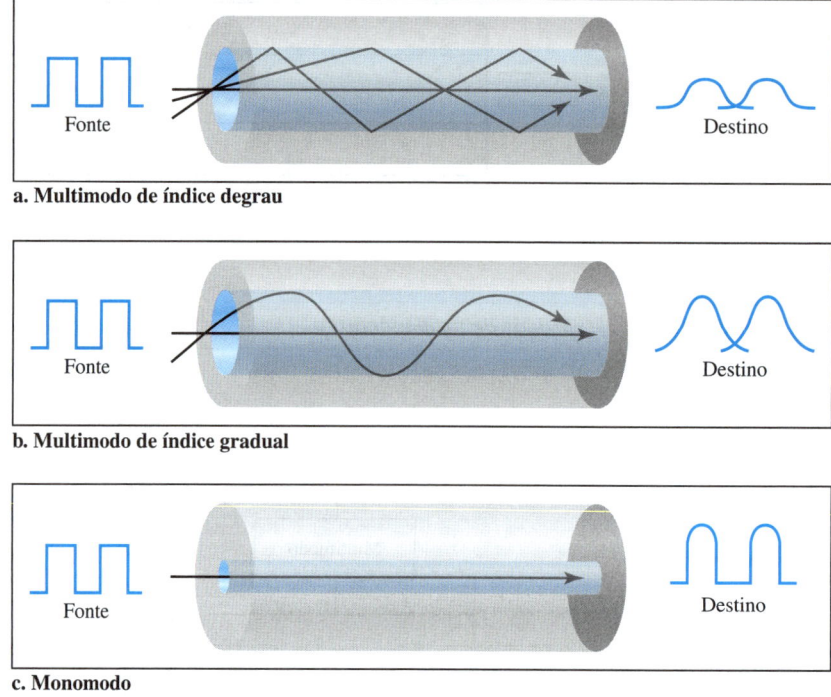

a. Multimodo de índice degrau

b. Multimodo de índice gradual

c. Monomodo

Tamanhos de Fibras

As fibras ópticas são categorizadas pela razão entre o diâmetro de seus núcleos e o diâmetro de suas cascas, ambos expressos em micrômetros. Os tamanhos mais comuns são mostrados na Tabela 7.3. Note que o último tamanho apresentado está disponível somente para fibras monomodo.

Tabela 7.3 *Tipos de fibras*

Tipo	Núcleo (μm)	Diâmetro da Casca (μm)	Modo
50/125	50	125	Multimodo, índice gradual
62,5/125	62	125	Multimodo, índice gradual
100/125	100	125	Multimodo, índice gradual
7/125	7	125	Monomodo

Composição dos Cabos

A Figura 7.14 mostra a composição de um cabo de fibra óptica típico. O invólucro externo é fabricado em PVC ou, então, em Teflon. Dentro do invólucro, temos fibras de Kevlar para reforçar a estrutura do cabo. Kevlar é um material muito resistente, usado na fabricação de coletes à prova de bala. Abaixo do Kevlar, temos outro revestimento plástico para proteger a fibra. A fibra óptica se encontra no centro do cabo, formada pela casca e pelo núcleo.

Conectores para Cabos de Fibra Óptica

Existem três tipos de conectores para cabos de fibra óptica, conforme exposto na Figura 7.15.

Figura 7.14 *Construção da fibra*

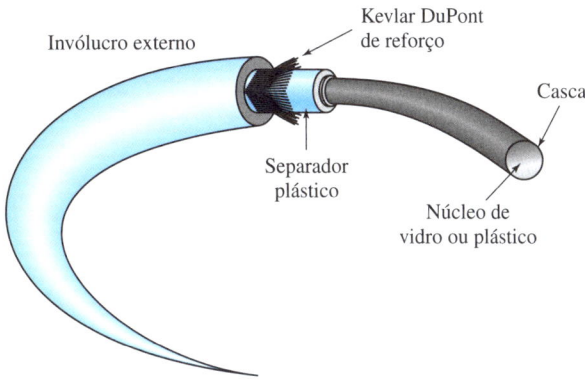

Figura 7.15 *Conectores para cabos de fibra óptica*

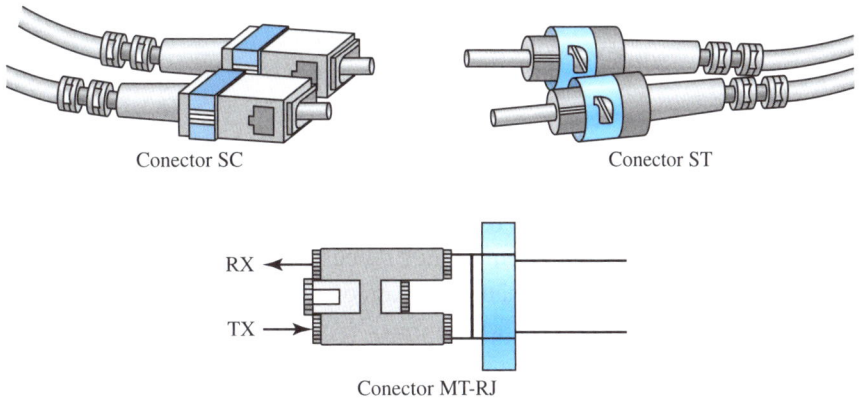

O **conector SC** (**canal de assinante**) é usado em TV a cabo. Ele utiliza um sistema de travamento empurra/puxa. O **conector ST** (**ponta reta**) é empregado para conectar o cabo de fibra óptica aos dispositivos de rede. Ele usa um sistema de travamento baioneta, que é mais confiável que o empurra/puxa, utilizado no conector SC. O **MT-RJ** é um conector que é do mesmo tamanho do RJ45.

Desempenho

O gráfico de atenuação *versus* comprimento de onda da Figura 7.16 mostra um fenômeno muito interessante em cabos de fibra óptica. A atenuação é mais plana que nos cabos coaxiais e par trançado. O desempenho é tal que precisamos de menos (na realidade, dez vezes menos) repetidores quando usamos cabos de fibra óptica.

Aplicações

O cabo de fibra óptica é normalmente encontrado em *backbones* de redes por apresentar excelente relação entre ampla largura de banda e custo. Hoje em dia, com o WDM (multiplexação por divisão de comprimento de onda), podemos transferir dados à velocidade de até 1.600 Gbps. A rede Sonet tratada no Capítulo 17 utiliza um *backbone* desses.

Figura 7.16 *Desempenho de fibras ópticas*

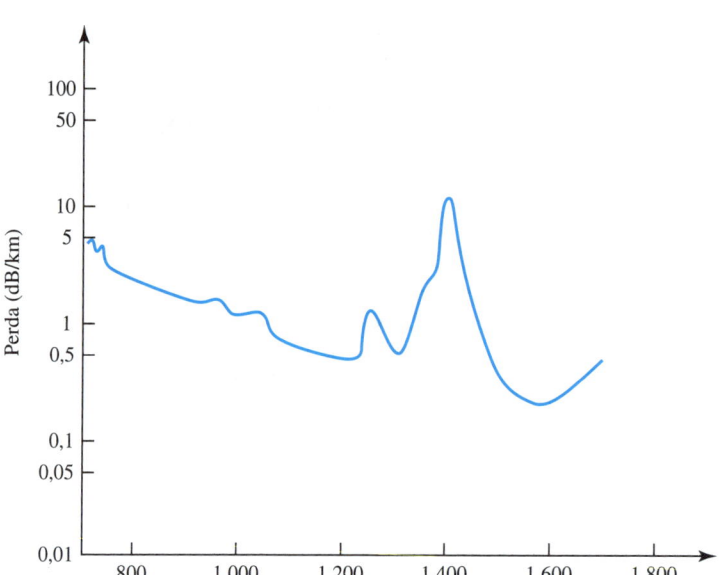

Algumas empresas de TV a cabo usam uma combinação de fibra óptica e cabo coaxial, criando, portanto, uma rede híbrida. A fibra óptica é utlizada na estrutura do *backbone* ao passo que o cabo coaxial é responsável pela conexão com as residências dos assinantes. Essa é uma configuração eficaz em termos de custos já que requisitos de largura de banda estreita na residência do assinante não justificam o emprego de fibra óptica.

Redes locais, como 100Base-FX (Fast Ethernet) e 100Base-X, também usam cabos de fibra óptica.

Vantagens e Desvantagens do Uso de Fibra Óptica

Vantagens O cabo de fibra óptica apresenta uma série de vantagens em relação ao cabo metálico (par trançado ou coaxial).

- **Largura de banda mais ampla.** O cabo de fibra óptica pode suportar larguras de banda muito maiores (e, conseqüentemente, maiores velocidades) que o cabo de par trançado ou coaxial. Atualmente, as taxas de dados e a utilização de largura de banda através de cabos de fibra óptica não são limitadas pelo meio de transmissão, mas sim pelas tecnologias de geração e recepção de sinais disponíveis.

- **Menor atenuação do sinal.** A distância de transmissão por fibra óptica é significativamente maior que a de qualquer outro meio de transmissão guiado. Um sinal pode percorrer 50 km sem precisar de regeneração. No caso de cabos coaxiais ou de par trançado, precisamos de repetidores a cada 5 km.

- **Imunidade à interferência eletromagnética.** Ruídos eletromagnéticos não são capazes de afetar os cabos de fibra óptica.

- **Resistência a materiais corrosivos.** O vidro é mais resistente a materiais corrosivos que o cobre.

- **Peso leve.** Os cabos de fibra óptica são muito mais leves que os cabos de cobre.

❑ **Maior imunidade à interceptação.** Os cabos de fibra óptica são mais imunes à interceptação que os cabos de cobre. Os cabos de cobre criam efeitos antena que podem ser facilmente interceptados.

Desvantagens   Existem algumas desvantagens no uso de fibra óptica.

❑ **Instalação e manutenção.** O cabo de fibra óptica é uma tecnologia relativamente nova. Sua instalação e sua manutenção exigem mão-de-obra especializada, que não se encontra com facilidade.

❑ **Propagação unidirecional da luz.** A propagação da luz é unidirecional. Se precisarmos de comunicação bidirecional, serão necessários dois cabos de fibra óptica.

❑ **Custo.** O cabo e as interfaces são relativamente mais caros que outros meios de transmissão guiados. Se a demanda por largura de banda não for alta, muitas vezes o uso de fibra óptica não pode ser justificado.

7.2 MEIOS DE TRANSMISSÃO NÃO GUIADOS

Os **meios de transmissão** não guiados transportam ondas eletromagnéticas sem o uso de um condutor físico. Esse tipo de comunicação é, muitas vezes, conhecido como **comunicação sem fio**. Os sinais são normalmente transmitidos pelo espaço livre e, portanto, ficam disponíveis a qualquer um que tenha um dispositivo capaz de recebê-los.

A Figura 7.17 mostra o mapeamento do espectro eletromagnético, que vai dos 3 kHz aos 900 THz, usado para a comunicação sem fio.

Figura 7.17   *Espectro eletromagnético para a comunicação sem fio*

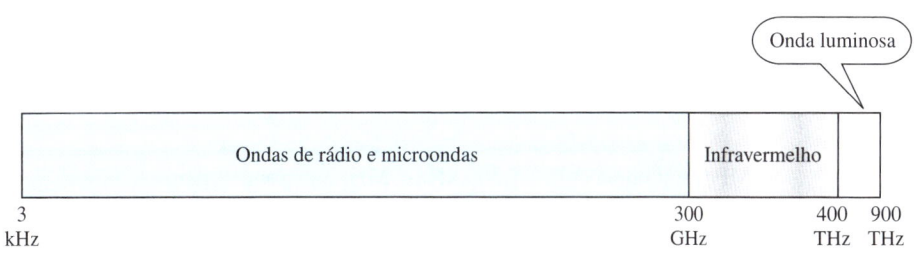

Os sinais não guiados podem trafegar da origem ao destino de diversas maneiras: propagação terrestre, propagação ionosférica e propagação em linha de visada, conforme pode ser observado na Figura 7.18.

Na **propagação terrestre**, as ondas de rádio trafegam pela parte mais baixa da atmosfera, próximo à Terra. Esses sinais de baixa freqüência se propagam em todas as direções a partir da antena transmissora e seguem a curvatura do planeta. O alcance máximo depende do nível de potência do sinal: quanto maior a potência, maior a distância. Na **propagação ionosférica**, as ondas de rádio de alta freqüência são irradiadas para cima atingindo a ionosfera (a camada da atmosfera onde partículas existem na forma de íons) onde são refletidas de volta para a Terra. Esse tipo de transmissão permite maior alcance com menor potência de saída. Na **propagação em linha de visada**, sinais de freqüência muito alta são transmitidos em linha reta de uma antena para outra. As antenas têm de ser unidirecionais, voltadas umas

Figura 7.18 *Métodos de propagação*

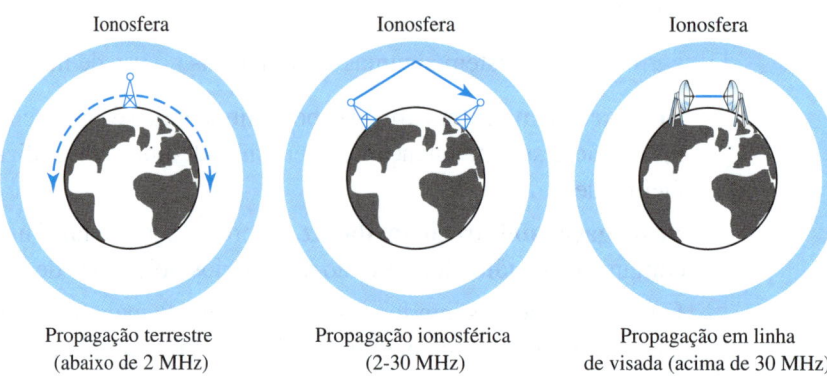

para as outras e também altas o suficiente ou próximas o bastante para não serem afetadas pela curvatura da Terra. A propagação em linha de visada é capciosa, pois as transmissões de rádio não podem ser completamente focalizadas.

A seção do espectro eletromagnético definida como ondas de rádio e microondas é dividida em oito faixas, denominadas *bandas*, cada uma das quais regulamentada por órgãos governamentais. Essas bandas são classificadas de VLF (*freqüências muito baixas*) a EHF (*freqüências extremamente altas*). A Tabela 7.4 enumera essas bandas, seus intervalos, métodos de propagação e algumas aplicações.

Tabela 7.4 *Bandas*

Banda	Intervalo	Propagação	Aplicação
VLF (freqüência muito baixa)	3-30 kHz	Terrestre	Radionavegação de longo alcance
LF (baixa freqüência)	30-300 kHz	Terrestre	Radiofaróis e localizadores de navegação
MF (freqüência média)	300 kHz-3 MHz	Ionosférica	Rádio AM
HF (alta freqüência)	3-30 MHz	Ionosférica	Faixa do cidadão (CB), comunicações de aeronaves e navios
VHF (freqüência muito alta)	30-300 MHz	Ionosférica e linha de visada	TV VHF, rádio FM
UHF (freqüência ultra-elevada)	300 MHz-3 GHz	Linha de visada	TV UHF, telefones celulares, pagers, satélites
SHF (freqüência super-alta)	3-30 GHz	Linha de visada	Comunicação via satélite
EHF (freqüência extremamente alta)	30-300 GHz	Linha de visada	Radar, satélites

Podemos dividir a transmissão sem fio em três grandes grupos: ondas de rádio, microondas e ondas infravermelhas (ver Figura 7.19).

Figura 7.19 *Ondas para transmissão sem fio*

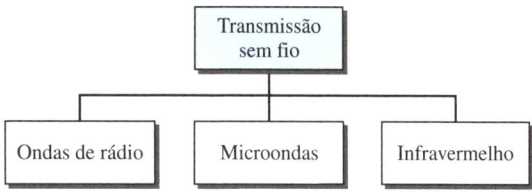

Ondas de Rádio

Embora não haja uma demarcação clara entre ondas de rádio e microondas, as ondas eletromagnéticas que vão de 3 kHz a 1 GHz são normalmente chamadas **ondas de rádio**; ondas que vão de 1 a 300 GHz são denominadas **microondas**. Entretanto, o comportamento das ondas, e não o de suas freqüências, é o melhor critério para a classificação.

As ondas de rádio, em sua maior parte, são omnidirecionais. Quando uma antena transmite ondas de rádio, elas se propagam em todas as direções. Isso significa que as antenas transmissoras e receptoras não têm de estar alinhadas. A propriedade omnidirecional apresenta, porém, uma desvantagem. As ondas de rádio transmitidas por uma antena podem causar interferência no sinal de outra antena, que pode, eventualmente, enviar sinais usando a mesma freqüência ou banda.

As ondas de rádio, particularmente aquelas que se propagam no modo ionosférico, podem percorrer grandes distâncias. Isso torna as ondas de rádio um ótimo candidato a transmissões de longa distância, como o rádio AM.

As ondas de rádio, particularmente aquelas de baixa e média freqüências, são capazes de penetrar paredes. Essa característica pode, ao mesmo tempo, ser uma vantagem e uma desvantagem. Ela é vantajosa, pois, por exemplo, um rádio AM é capaz de receber ondas dentro de um prédio. É uma desvantagem, porque não podemos isolar a comunicação para apenas dentro ou fora de um prédio. A banda das ondas de rádio é relativamente estreita, abaixo de 1 GHz, comparada com a banda das microondas. Quando essa banda é dividida em sub-bandas, estas também são estreitas, levando a uma baixa taxa de dados para comunicações digitais.

Quase toda a largura de banda é regulamentada por órgãos governamentais (por exemplo, a FCC nos Estados Unidos). A utilização de qualquer trecho de banda requer autorização dessas autoridades.

Antena Omnidirecional

As ondas de rádio são transmitidas por **antenas omnidirecionais,** que enviam sinais em todas as direções. Com base no comprimento de onda, na potência e na finalidade da transmissão, podemos ter vários tipos de antenas. A Figura 7.20 mostra um exemplo de antena omnidirecional.

Aplicações

As características omnidirecionais das ondas de rádio as tornam úteis para todas as aplicações que transmitem sinais em *broadcast*. Nesse caso, apenas um transmissor envia o sinal e muitos receptores podem recebê-lo. Rádios AM e FM, televisão, radionavegação marítima, telefones sem fio e *pagers* são exemplos de *broadcast*.

Figura 7.20 *Antena omnidirecional*

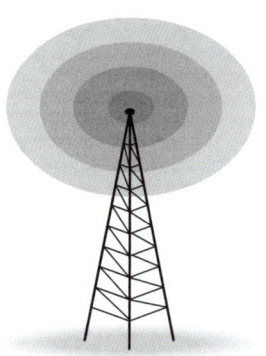

As ondas de rádio são usadas para comunicação em *broadcast*, como rádio, televisão e sistemas de *pager*.

Microondas

As ondas eletromagnéticas com freqüências entre 1 e 300 GHz são denominadas microondas.

As microondas são unidirecionais. Quando uma antena transmite ondas na faixa de microondas, elas têm um foco estreito. Isso significa que as antenas transmissoras e receptoras precisam estar alinhadas. A propriedade unidirecional tem uma vantagem evidente. Um par de antenas pode ser alinhado sem provocar interferência em outro par de antenas alinhadas. A seguir, apresentamos algumas características da propagação de microondas:

❏ A propagação de microondas é do tipo linha de visada. Já que as torres com antenas montadas precisam estar em visão direta uma da outra, as torres que se encontram muito distantes precisam ser muito altas. A curvatura da terra, bem como outros obstáculos não possibilitam que duas torres baixas se comuniquem via microondas. Normalmente, são necessários repetidores para comunicação em longa distância.

❏ As microondas com freqüência muito alta não conseguem passar por paredes. Essa característica é uma desvantagem no caso em que os receptores se encontrarem dentro de prédios.

❏ A banda de microondas é relativamente ampla, quase 299 GHz. Portanto, podemos atribuir larguras de banda mais largas e obter velocidade maior.

❏ O uso de certos trechos da banda exige autorização de órgãos governamentais.

Antena Unidirecional

As microondas utilizam **antenas unidirecionais** que enviam sinais em uma única direção. São usados dois tipos de antenas para comunicações: a antena parabólica e o captador direcional (ver Figura 7.21).

Uma **antena parabólica** se baseia na geometria de uma parábola: Toda reta paralela à linha de simetria (linha de visada) reflete a curva em ângulos tais que todas as retas interceptam um ponto comum chamado foco. A antena parabólica funciona como um funil, capturando ampla

Figura 7.21 *Antenas unidirecionais*

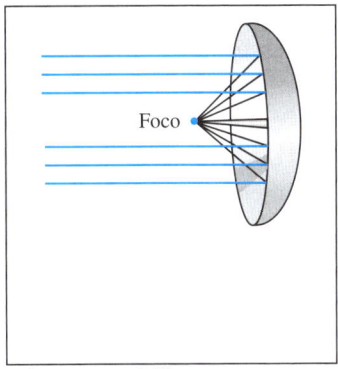
a. Antena parabólica

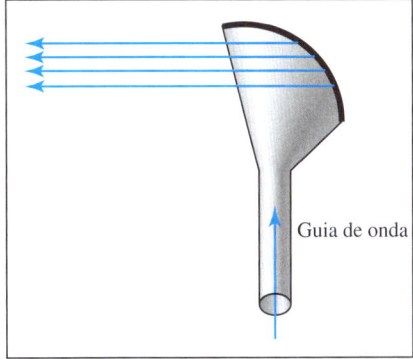
b. Captador direcional

gama de ondas e as direcionando a um ponto comum. Dessa maneira, podemos recuperar uma parte maior do sinal do que seria possível com um receptor de ponto único.

As transmissões que partem são difundidas por um captador direcional apontado para a antena parabólica. As microondas atingem a parabólica e são defletidas para fora em um caminho inverso ao da recepção.

Um **captador direcional** se parece com uma concha gigante. As transmissões que partem são difundidas para cima por uma haste (que relembra o cabo de uma concha) e defletidas para fora pela parte superior curvada em uma série de fluxos paralelos estreitos. As transmissões recebidas são coletadas pelo captador direcional da antena, em uma maneira similar à antena parabólica, e são defletidas para baixo por dentro da haste.

Aplicações

As microondas, devido às suas características unidirecionais, são muito úteis quando se precisa de comunicação unicast (um para um) entre o transmissor e o receptor. Elas são usadas em telefonia celular (Capítulo 14), redes via satélite (Capítulo 16) e LANs sem fio (Capítulo 14).

As microondas são usadas para comunicação unicast, como telefonia celular, redes via satélite e LANs sem fio.

Infravermelho

As **ondas infravermelhas**, com freqüências que vão dos 300 GHz aos 400 THz (comprimento de onda de 1 mm a 770 nm), podem ser usadas para comunicação em curta distância. As ondas infravermelhas, tendo freqüências mais altas, não conseguem ultrapassar paredes. Essa característica vantajosa evita interferência entre um sistema e outro; um sistema de comunicação de curto alcance em uma sala não é afetado por outro sistema na sala ao lado. Quando usamos nosso controle remoto (infravermelho), não interferimos com o controle remoto de nossos vizinhos. Entretanto, essa mesma característica torna os sinais infravermelhos inúteis para comunicação de longa distância. Além disso, não podemos usar ondas infravermelhas fora de um prédio, pois os raios solares contêm ondas infravermelhas que podem interferir na comunicação.

Aplicações

A banda infravermelha, quase 400 THz, apresenta excelente potencial para a transmissão de dados. Uma largura de banda assim ampla pode ser usada para transmitir dados digitais com taxa de dados muito alta. A *Infrared Data Association* (IrDa), uma associação para o patrocínio do uso de ondas infravermelhas, estabeleceu padrões para o uso desses sinais na comunicação entre dispositivos como teclado, mouse, PC e impressora. Por exemplo, alguns fabricantes fornecem uma porta especial chamada **porta IrDA** que permite que um teclado sem fio se comunique com um PC. O padrão definia, originalmente, uma taxa de dados de 75 kbps para uma distância de até 8 m. O padrão recente define uma velocidade de 4 Mbps.

Os sinais infravermelhos definidos pela IrDA são transmitidos pela linha de visada direta; a porta IrDA no teclado precisa apontar para o PC de modo que a transmissão ocorra.

Sinais infravermelhos podem ser usados para comunicação em curta distância em uma área fechada usando propagação em linha de visada.

7.3 LEITURA RECOMENDADA

Para mais detalhes sobre os assuntos discutidos neste capítulo, recomendamos os seguintes livros e sites. Os itens entre colchetes [. . .] correspondem à lista de referências bibliográficas no final do texto.

Livros

Os meios de transmissão são abordados na Seção 3.8 de [GW04], no Capítulo 4 de [Sta04] e na Seção 2.2 e 2.3 de [Tan03]. O livro [SSS05] fornece uma excelente abordagem sobre meios de transmissão.

7.4 TERMOS-CHAVE

ângulo crítico
ângulo de incidência
antena parabólica
antenas omnidirecionais
antenas unidirecionais
bitola
cabo coaxial
cabo de fibra óptica
cabo de par trançado
cabo de par trançado não blindado (UTP)
comunicação sem fio
conector BNC (Bayone-Neil-Concelman)
conector SC (canal do assinante)
conector ST (ponta reta)

captador direcional
casca
espectro eletromagnético
fibra monomodo
fibra multimodo de índice degrau
fibra multimodo de índice gradual
fibra óptica
índice RG (*radio government*)
meio de transmissão
meios de transmissão guiados
meios de transmissão não guiados
microondas
MT-RJ
núcleo

ondas de rádio	propagação terrestre
ondas infravermelhas	reflexão
porta IrDA	refração
propagação em linha de visada	STP (cabo de par trançado blindado)
propagação ionosférica	

7.5 RESUMO

❏ Os meios de transmissão são classificados abaixo da camada física do modelo ISO/OSI.

❏ Um meio de transmissão guiado requer um condutor físico para interligação entre um dispositivo e outro. Cabos de par trançado, coaxiais e fibras ópticas são os tipos mais populares de meios de transmissão guiados.

❏ Um cabo de par trançado é formado por dois fios de cobre, revestidos com material isolante e trançados juntos. Os cabos de par trançado são usados nas comunicações em voz e dados.

❏ Um cabo coaxial é formado por um condutor central e uma blindagem. Os cabos coaxiais podem transportar sinais de freqüência mais alta que os cabos de par trançado. Os cabos coaxiais são usados em redes de TV a cabo e LANs Ethernet tradicionais.

❏ Os cabos de fibra óptica são compostos por um núcleo interno de plástico ou vidro envolto por uma casca, todos revestidos por um invólucro externo. Os cabos de fibra ótica transportam sinais de dados na forma de luz. O sinal se propaga ao longo do núcleo central por reflexão. A transmissão por fibra óptica está se tornando cada vez mais popular em razão de sua imunidade a ruídos, baixa atenuação e elevada largura de banda. Os cabos de fibra óptica são utilizados em *backbones* de redes, redes de TV a cabo e redes Ethernet rápidas.

❏ Os meios de transmissão não guiados (espaço livre) transportam ondas eletromagnéticas sem o uso de um condutor físico.

❏ Os dados, em comunicação sem fio, podem ser transmitidos pela propagação terrestre, ionosférica e em linha de visada. As ondas eletromagnéticas transmitidas sem fio podem ser classificadas em ondas de rádio, microondas ou infravermelho. As ondas de rádio são omnidirecionais; as microondas e o infravermelho são unidirecionais. As microondas são usadas, atualmente, em telefonia celular, comunicação via satélite e LANs sem fio.

❏ As ondas infravermelhas são utilizadas atualmente, para a comunicação em curta distância, por exemplo, entre um PC e um dispositivo periférico. Elas também podem ser usadas em redes LANs internas.

7.6 ATIVIDADES PRÁTICAS

Questões para Revisão

1. Qual é a classificação dos meios de transmissão no modelo OSI ou Internet?
2. Cite as duas principais categorias de meios de transmissão.
3. Como os meios de transmissão guiados diferem dos meios de transmissão não guiados?
4. Quais são as três principais classes de meios de transmissão guiados?
5. Qual é a importância do trançado em cabos de par trançado?
6. O que é refração? E reflexão?

7. Qual o propósito da casca em uma fibra óptica?
8. Cite as vantagens da fibra óptica em relação ao par trançado e ao cabo coaxial.
9. Como a propagação ionosférica difere da propagação em linha de visada?
10. Qual é a diferença entre ondas omnidirecionais e unidirecionais?

Exercícios

11. Usando a Figura 7.6, preencha a tabela a seguir com os valores de atenuação (em dB) de um cabo UTP bitola 18 para as freqüências e distâncias solicitadas.

    Tabela 7.5 *Atenuação para um cabo UTP bitola 18*

Distância	dB a 1 kHz	dB a 10 kHz	dB a 100 kHz
1 km			
10 km			
15 km			
20 km			

12. Use o resultado do Exercício 11 para inferir como a largura de banda de um cabo UTP decresce com o aumento da distância.

13. Se a potência no início de um cabo UTP bitola 18 de 1 km for 200 mW, qual a potência no final do cabo para as freqüências de 1 kHz, 10 kHz e 100 kHz? Use o resultado do Exercício 11.

14. Usando a Figura 7.9 preencha a tabela a seguir com os valores de atenuação (em dB) de um cabo coaxial 2,6/9,5 mm para as freqüências e distâncias indicadas.

    Tabela 7.6 *Atenuação para um cabo coaxial 2,6/9,5 mm*

Distância	dB a 1 kHz	dB a 10 kHz	dB a 100 kHz
1 km			
10 km			
15 km			
20 km			

15. Use o resultado do Exercício 14 para inferir como a largura de banda de um cabo coaxial decresce com o aumento da distância.

16. Se a potência no início de um cabo coaxial 2,6/9,5 mm de 1 km for 200 mW, qual é a potência no final do cabo para as freqüências de 1 kHz, 10 kHz e 100 kHz? Use o resultado do Exercício 14.

17. Calcule a largura de banda da luz para as seguintes faixas de comprimento de onda (suponha que a velocidade de propagação seja 2×10^8 m/s):

    a. 1.000 a 1.200 mm
    b. 1.000 a 1.400 mm

18. Os eixos horizontais das Figuras 7.6 e 7.9 representam freqüências. O eixo horizontal na Figura 7.16 representa comprimento de onda. Explique a razão. Se a velocidade de propagação em uma fibra óptica for 2×10^8 m, você poderia modificar as unidades no eixo horizontal para freqüência? As unidades do eixo vertical também deveriam ser mudadas? E a curva, também deveria ser mudada?

19. Usando a Figura 7.16 preencha a tabela a seguir com os valores de atenuação (em dB) de um cabo de fibra óptica para o comprimento de onda e as distâncias indicadas.

Tabela 7.7 *Atenuação para um cabo coaxial de fibra óptica*

Distância	dB a 800 nm	dB a 1.000 nm	dB a 1.200 nm
1 km			
10 km			
15 km			
20 km			

20. Um sinal luminoso trafega através de uma fibra óptica. Qual o retardo no sinal se o comprimento do cabo de fibra óptica for de 10 m, 100 m e 1 km (suponha uma velocidade de propagação de 2×10^8 m)?

21. Um feixe de luz se desloca de um meio físico a outro de menor densidade. O ângulo crítico é de 60°. Temos refração ou reflexão para cada um dos ângulos incidentes a seguir? Mostre o desvio do raio luminoso em cada caso.

    a. 40°
    b. 60°
    c. 80°

CAPÍTULO 8

Comutação

Uma rede é um conjunto de dispositivos conectados. Toda vez que tivermos vários dispositivos, temos o problema de como conectá-los para tornar possível a comunicação um a um. Uma solução seria criar uma conexão ponto a ponto entre todos os pares possíveis de dispositivos (uma topologia de malha) ou entre um dispositivo central e todos os demais dispositivos (uma topologia estrela). Esses métodos, entretanto, não são práticos e há um desperdício quando aplicado a redes muito grandes. O número e o comprimento dos links exigem uma infra-estrutura maior não eficiente em termos de custos e a maioria desses links ficaria ociosa a maior parte do tempo. Outras topologias que empregam conexões multiponto, por exemplo, barramento, são descartadas em decorrência das distâncias entre os dispositivos e o número total de dispositivos, os quais aumentam acima das capacidades das mídias e dos equipamentos.

Uma solução mais apropriada é a **comutação**. Uma rede comutada é formada por uma série de nós interligados, chamados **comutadores**. Os comutadores são dispositivos capazes de criar conexões temporárias entre dois ou mais dispositivos conectados ao comutador. Em uma rede comutada, parte dos nós são diretamente conectados aos sistemas finais (computadores ou telefones, por exemplo). Outros são utilizados apenas para roteamento. A Figura 8.1 mostra uma rede comutada.

Figura 8.1 *Rede comutada*

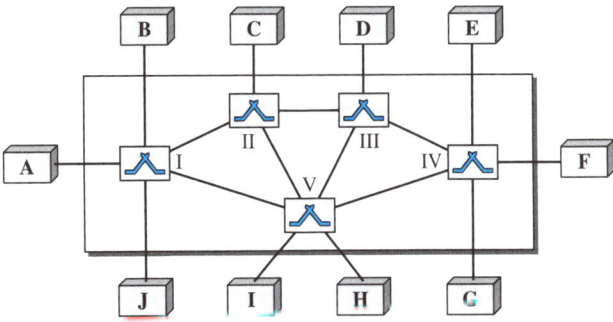

Os **sistemas finais** (dispositivos de comunicação) são identificados como A, B, C, D e assim por diante e os comutadores são identificados como I, II, III, IV e V. Cada comutador é conectado a vários links.

Tradicionalmente, três métodos de comutação têm sido importantes: comutação de circuitos, comutação de pacotes e comutação de mensagens. Os dois primeiros são comumente usados hoje em dia. O terceiro vem sido retirado paulatinamente do mercado de comunicações, mas ainda tem aplicações de rede. Podemos, então, dividir as redes de hoje em três grandes categorias: as redes de comutação de circuitos, de comutação de pacotes e de comutação de mensagens. As redes de comutação de pacotes ainda podem ser divididas em duas subcategorias — as redes de circuitos virtuais e redes de datagrama — conforme mostrado na Figura 8.2.

Figura 8.2 *Taxonomia das redes comutadas*

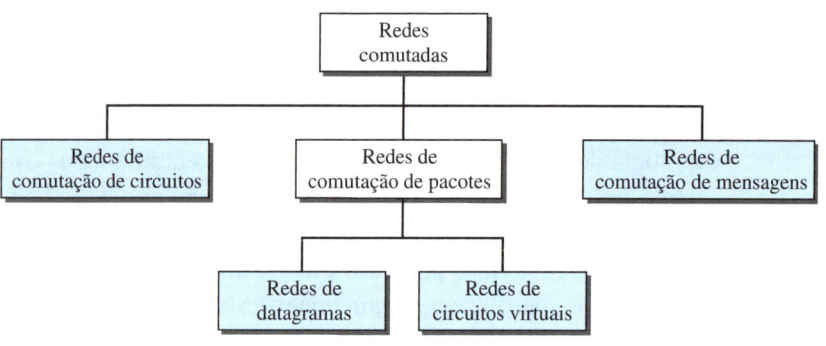

Podemos dizer que as redes de circuitos virtuais têm algumas características comuns com as redes de comutação de circuitos e de datagramas. Portanto, discutiremos primeiro as redes de comutação de circuitos, em seguida, as redes de datagramas e, finalmente, as redes de circuito virtual.

Hoje em dia, a tendência na comutação de pacotes é combinar redes de datagramas e de circuitos virtuais. As redes direcionam o primeiro pacote baseadas no conceito de endereçamento de datagramas, mas, em seguida, criam uma rede de circuitos virtuais para o restante dos pacotes provenientes da mesma origem e que estão indo para o mesmo destino. Veremos algumas dessas redes em capítulos futuros.

Na comutação de mensagens, cada comutador armazena a mensagem inteira e posteriormente a encaminha para o comutador seguinte. Embora não vejamos a comutação de mensagens nas camadas inferiores, ela ainda é usada em algumas aplicações como correio eletrônico (e-mail). Não discutiremos esse tópico no livro.

8.1 REDES DE COMUTAÇÃO DE CIRCUITOS

Uma **rede de comutação de circuitos** é formada por um conjunto de comutadores conectados por links físicos. Uma conexão entre duas estações é realizada por uma rota dedicada, formada por um ou mais links. Entretanto, cada conexão usa apenas um canal dedicado de cada link. Cada link é normalmente dividido em n canais por meio de FDM ou TDM, conforme já discutido no Capítulo 6.

> **Uma rede de comutação de circuitos é formada por um conjunto de comutadores conectados por links físicos nos quais cada link é dividido em n canais.**

A Figura 8.3 mostra uma rede de comutação de circuitos com quatro comutadores e quatro links. Cada link é dividido em n ($n = 3$, nesse caso) canais por meio do emprego de FDM ou TDM.

Figura 8.3 *Uma rede de comutação de circuitos trivial*

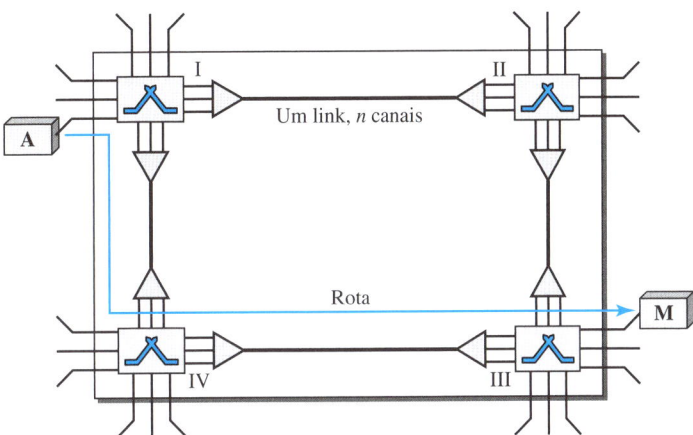

Mostramos explicitamente os símbolos de multiplexação para enfatizar a divisão do link em canais, muito embora ela possa ser incluída implicitamente na estrutura de comutação.

Os sistemas finais, como computadores ou telefones, são diretamente conectados a um comutador. Mostramos apenas dois sistemas finais para fins de simplificação. Quando o sistema final A precisa se comunicar com o sistema final M, o sistema A precisa solicitar uma conexão a M que deve ser aceita por todos os comutadores, inclusive pelo próprio M. Esse processo é chamado **fase de estabelecimento da conexão**; um circuito (canal) é reservado em cada link e a combinação de circuitos ou canais define a rota dedicada. Após ser estabelecida uma rota dedicada, formada por circuitos conectados (canais), é que pode ocorrer a **transferência de dados**. Após todos os dados terem sido transmitidos, os circuitos são desfeitos.

Nesse momento, precisamos enfatizar vários pontos:

- A comutação de circuitos ocorre na camada física.
- Antes da comunicação iniciar, as estações devem fazer uma reserva de recursos a serem utilizados durante a comunicação. Esses recursos, como canais (largura de banda em FDM e *time-slots* em TDM), buffers de comutação, tempo de processamento de comutação e portas de entrada/saída de comutação devem permanecer dedicados durante toda a duração da transferência de dados até a **fase de encerramento da conexão**.
- Dados transferidos entre duas estações não são empacotados (transferência do sinal na camada física). Os dados são um fluxo contínuo enviado pela estação de origem e recebido pela estação de destino, embora possa haver períodos de silêncio.
- Nenhuma informação adicional de endereçamento é necessária durante a transferência de dados. Os comutadores direcionam os dados situados na banda ocupada (no FDM) ou no *time-slot* (no TDM). Obviamente, existe endereçamento de uma extremidade à outra configurado durante a fase de estabelecimento da conexão, como será visto em breve.

Na comutação de circuitos, os recursos precisam ser reservados durante a fase de estabelecimento da conexão; os recursos permanecem dedicados por toda a duração da transferência de dados até a fase de encerramento da conexão.

Exemplo 8.1

Como um exemplo trivial, usemos uma rede de comutação de circuitos para conectar oito telefones em uma área restrita. A comunicação será realizada por meio de canais de voz de 4 kHz. Partimos do pressuposto de que cada link usa FDM para conectar, no máximo, dois canais de voz. A largura de banda de cada link é então 8 kHz. A Figura 8.4 mostra a situação. O telefone 1 é conectado ao telefone 7; o 2 ao 5; o 3 ao 8 e o 4 ao 6. Logicamente, a situação pode mudar quando novas conexões forem estabelecidas. O comutador controla as conexões.

Figura 8.4 *Rede de comutação de circuitos usada no Exemplo 8.1*

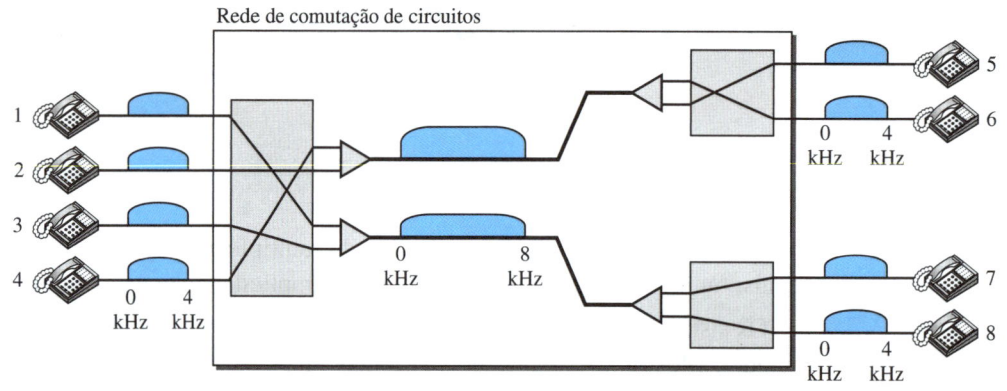

Exemplo 8.2

Como outro exemplo, consideremos uma rede de comutação de circuitos que conecta computadores em dois escritórios distantes de uma empresa privada. Os escritórios são conectados usando-se uma linha T-1 alugada de um provedor de serviços de comunicação. Existem dois comutadores 4 × 8 (quatro entradas e oito saídas) nessa rede. Em cada comutador, quatro portas de saída são injetadas nas portas de entrada para possibilitar a comunicação entre os computadores do próprio escritório. As outras quatro portas de saída são utilizadas para a comunicação entre os dois escritórios. A Figura 8.5 ilustra a situação.

Figura 8.5 *Rede de comutação de circuitos usada no Exemplo 8.2*

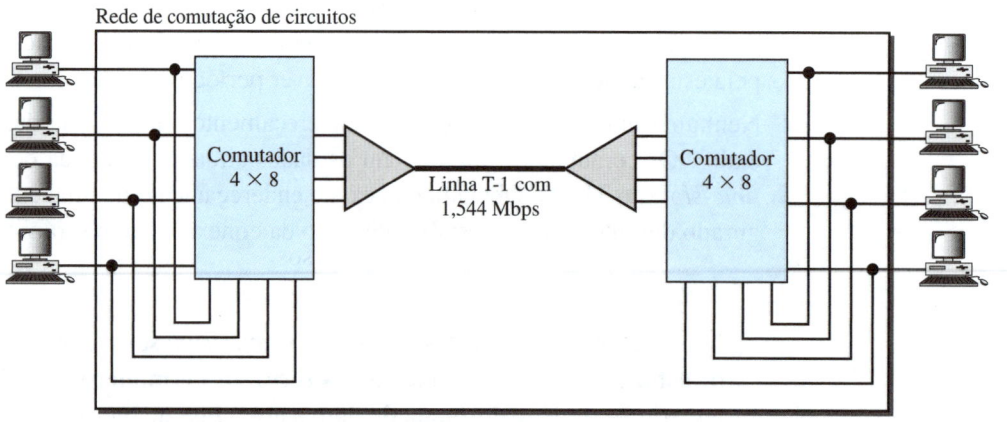

Três Fases

A comunicação real em uma rede de comutação de circuitos requer três fases: estabelecimento da conexão, transferência de dados e encerramento da conexão.

Fase de Estabelecimento da Conexão

Antes das duas partes (ou várias partes, em uma teleconferência) poderem se comunicar, é preciso estabelecer um circuito dedicado (combinação de canais em links). Os sistemas finais são conectados formalmente a comutadores por linhas dedicadas; portanto, o estabelecimento da conexão significa criar canais dedicados entre os comutadores. Por exemplo, na Figura 8.3, quando o sistema A precisa se conectar ao sistema M, ele envia uma solicitação de estabelecimento de conexão que inclui o endereço do sistema M, ao comutador I. O comutador I estabelece um canal entre ele e o comutador IV, que pode ser dedicado para esse fim. O comutador I envia, então, uma solicitação ao comutador IV, que estabelece um canal dedicado entre ele próprio e o comutador III. O comutador III informa o sistema M da intenção do sistema A naquele momento.

Na etapa seguinte do estabelecimento de uma conexão, é preciso que seja enviado um sinal de confirmação do sistema M para o sistema A na direção oposta. Apenas após o sistema A receber essa confirmação, a conexão é estabelecida.

Observe que o endereçamento de uma extremidade à outra é necessário para criar uma conexão entre os dois sistemas finais. Estes podem ser, por exemplo, os endereços dos computadores alocados pelo administrador em uma rede TDM, ou números de telefone em uma rede FDM.

Fase de Transferência de Dados

Após o estabelecimento do circuito dedicado (canais), as duas partes podem transferir dados.

Fase de Encerramento da Conexão

Quando uma das partes precisa se desconectar, é enviado um sinal a cada um dos comutadores para a liberação dos recursos alocados.

Eficiência

Pode-se argumentar que as redes de comutação de circuitos não são tão eficientes como os outros dois tipos de redes, pois os recursos estão alocados durante toda a duração da conexão. Esses recursos ficam indisponíveis para outras conexões. Em uma rede de telefonia geralmente as pessoas terminam a comunicação quando acabam sua conversa. Entretanto, em redes de computadores, um computador pode estar conectado a outro computador, mesmo que não haja nenhuma atividade por um longo período. Nesse caso, fazer que recursos sejam dedicados significa que outras conexões serão privadas desses recursos.

Retardo

Embora uma rede de comutação de circuitos normalmente apresente baixa eficiência, o retardo nesse tipo de rede é mínimo. Durante a transferência de dados, estes não sofrem atrasos significativos em cada comutador; os recursos são alocados enquanto a conexão durar. A Figura 8.6 mostra o conceito de retardo em uma rede de comutação de circuitos quando estão envolvidos apenas dois comutadores.

Conforme ilustra a Figura 8.6, não existe nenhum tempo de espera em cada um dos comutadores. O retardo total se deve ao tempo necessário para estabelecer a conexão, transferir os dados e encerrar o circuito. O retardo provocado pelo estabelecimento da conexão é a soma de

Figura 8.6 *Retardo em uma rede de comutação de circuitos*

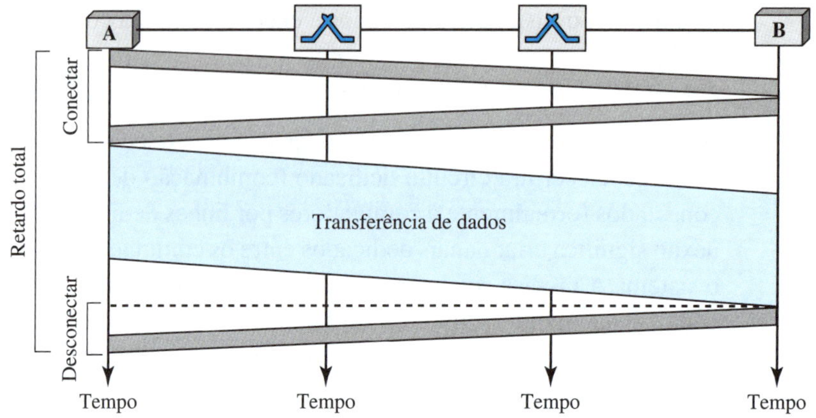

quatro partes: tempo de propagação da solicitação do computador de origem (inclinação do primeiro retângulo cinza), tempo de transferência do sinal de solicitação (altura do primeiro retângulo cinza), tempo de propagação da confirmação do computador de destino (inclinação do segundo retângulo cinza) e tempo de transferência do sinal da confirmação (altura do segundo retângulo cinza). O retardo decorrente da transferência de dados é a soma de dois trechos: tempo de propagação (inclinação do retângulo colorido) e tempo de transferência dos dados (altura do retângulo colorido), que podem ser muito longos. O terceiro retângulo mostra o tempo necessário para desfazer o circuito. Mostramos o caso no qual o receptor solicita a desconexão, o que cria o retardo máximo.

Tecnologia de Comutação de Circuitos em Redes de Telefonia

Conforme veremos no Capítulo 9, as companhias telefônicas optaram previamente pelo método de comutação de circuitos na camada física; hoje em dia, a tendência é utilizar outras técnicas de comutação. Por exemplo, o número de telefone é usado como endereço global e um sistema de sinalização (denominado SS7) é usado nas fases de estabelecimento e encerramento da conexão.

> **A comutação na camada física na rede telefônica tradicional usa o método de comutação de circuitos.**

8.2 REDES DE DATAGRAMAS

Em comunicação de dados, precisamos enviar mensagens de um sistema final a outro. Se a mensagem tiver de passar por uma rede de comutação de pacotes, ela precisará ser dividida em pacotes de tamanho fixo ou variável. O tamanho do pacote é determinado pela rede e pelo protocolo em uso.

Na comutação de pacotes não existe uma alocação fixa de recursos para um pacote. Isso significa que não há nenhuma largura de banda reservada nos links e não existe tempo de processamento predefinido para cada pacote. Os recursos são alocados sob demanda. A alocação é feita segundo um esquema no qual o primeiro que chega é o primeiro a ser atendido (FIFO). Quando um comutador recebe um pacote, independentemente de sua origem ou destino, este deve aguardar, se houver, outros pacotes em processamento. Como acontece com outros sistemas em nosso dia-a-dia, essa falta de reserva pode provocar atraso. Por exemplo, se não fizermos uma reserva em um restaurante, pode ser que tenhamos de esperar.

Em uma rede de comutação de pacotes não existe reserva de recursos; os recursos são alocados sob demanda.

Em uma **rede de datagramas**, cada pacote é tratado independentemente dos demais. Mesmo que um pacote faça parte de uma transmissão de múltiplos pacotes, a rede o trata como se ele existisse isoladamente. Os pacotes nesse método são conhecidos como **datagramas**.

A comutação de datagramas é realizada normalmente na camada de rede. Discutiremos brevemente as redes de datagramas em comparação com as redes de comutação de circuitos e de circuitos virtuais. Na Parte 4 deste livro, nos aprofundaremos no assunto.

A Figura 8.7 mostra como a abordagem de pacotes é usada para entregar quatro pacotes provenientes da estação A para a estação X. Os comutadores em uma rede de datagramas são tradicionalmente chamados roteadores. É por essa razão que usamos um símbolo diferente para os comutadores nesta figura.

Figura 8.7 *Uma rede de datagramas com quatro comutadores (roteadores)*

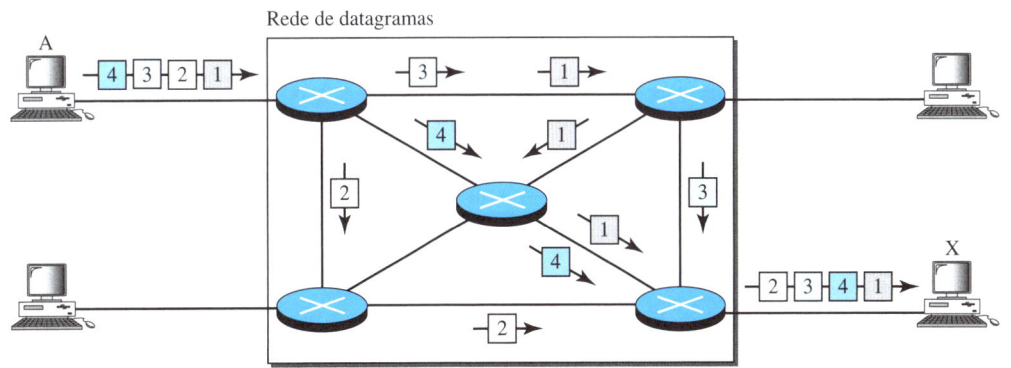

Nesse exemplo, todos os quatro pacotes (ou datagramas) pertencem à mesma mensagem, mas podem trafegar por caminhos diferentes para atingir seus destinos. É por isso que os links podem ser envolvidos no transporte de pacotes de outras fontes e não terem a largura de banda necessária disponível para transferir todos os pacotes de A para X. Essa abordagem pode fazer que os datagramas de uma transmissão cheguem a seu destino fora de ordem com retardos diferentes entre os pacotes. Pacotes também podem ser perdidos ou abortados em razão da falta de recursos. Na maioria dos protocolos, é de responsabilidade de um protocolo de camada superior reordenar os datagramas e verificar se existe alguma perdida antes de passá-los à aplicação.

As redes de datagramas são, algumas vezes, conhecidas como **redes sem conexão**. O termo *sem conexão* significa, nesse caso, que o roteador (comutador de pacotes) não mantém informações sobre o estado da conexão. Não há as fases de estabelecimento e encerramento da conexão. Cada pacote é tratado igualmente por um comutador independentemente de sua origem ou destino.

Tabela de Roteamento

Se não há fases de estabelecimento e encerramento de uma conexão, como os pacotes são direcionados para seus destinos em uma rede de datagramas? Nesse tipo de rede, cada roteador (ou comutador de pacotes) tem uma tabela de roteamento que se baseia no endereço de destino. As tabelas de roteamento são dinâmicas e são atualizadas periodicamente. Os endereços de destino e as portas de saída de encaminhamento correspondentes são registrados nessas tabelas. Esse processo é diferente da tabela de uma rede de comutação de circuitos na qual cada entrada é criada quando a fase de estabelecimento de conexão é completada, e é eliminada quando a fase de encerramento da conexão é terminada. A Figura 8.8 mostra a tabela de roteamento para um roteador.

Figura 8.8 *Tabela de roteamento em uma rede de datagramas*

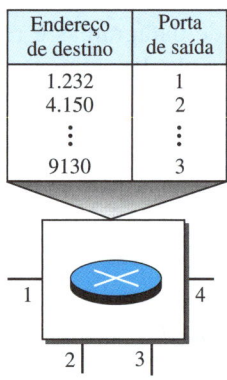

**Um roteador em uma rede de datagramas usa uma tabela
de roteamento que se baseia no endereço de destino.**

Endereço de Destino

Cada pacote em uma rede de datagramas carrega um cabeçalho contendo, entre outras informações, o endereço de destino do pacote. Quando o roteador recebe o pacote, esse endereço de destino é examinado; a tabela de roteamento é consultada para encontrar a porta correspondente por meio da qual o pacote deve ser encaminhado. Esse endereço, diferentemente daquele em uma rede de circuitos virtuais, permanece o mesmo durante toda a jornada do pacote.

**O endereço de destino no cabeçalho de um pacote em uma rede de
datagramas permanece o mesmo durante toda a jornada do pacote.**

Eficiência

A eficiência de uma rede de datagramas é melhor que a de uma rede de comutação de circuitos; os recursos são alocados apenas quando há pacotes a serem transferidos. Se uma fonte precisa enviar um pacote e existe um retardo de alguns minutos antes do outro pacote ser enviado, os recursos podem ser realocados a outros pacotes de outras fontes durante esses minutos.

Retardo

Pode haver um retardo maior em uma rede de datagramas que em uma rede de circuitos virtuais. Embora não haja as fases de estabelecimento e de encerramento da conexão, cada pacote pode passar por uma espera em um roteador antes de ser encaminhado. Além disso, já que nem todos os pacotes em uma mensagem passam necessariamente pelos mesmos roteadores, o retardo não é uniforme para todos os pacotes de uma mensagem. A Figura 8.9 apresenta um exemplo de retardo em uma rede de datagramas para um único pacote.

Figura 8.9 *Retardo em uma rede de datagramas*

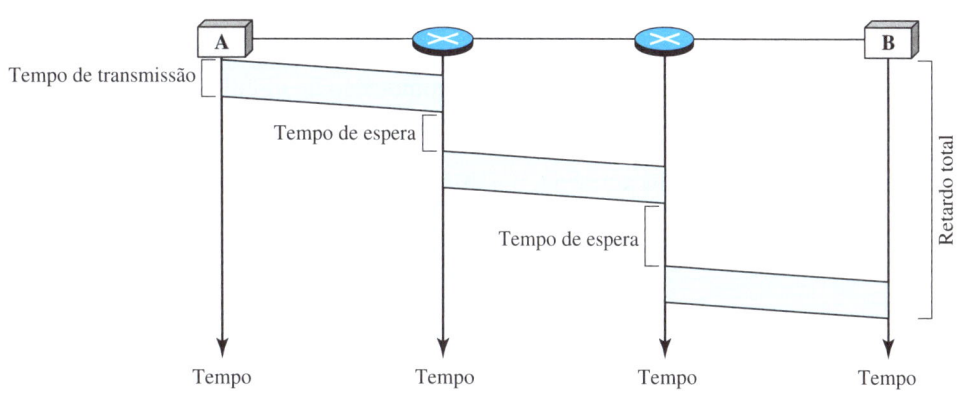

O pacote passa por dois roteadores. Existem três tempos de transmissão ($3T$), três retardos de propagação (inclinação 3τ das retas) e dois tempos de espera ($w_1 + w_2$). Ignoramos o tempo de processamento em cada roteador. O retardo total fica então

$$\text{Retardo total} = 3T + 3\tau + w_1 + w_2$$

Redes de Datagramas na Internet

Como veremos nos próximos capítulos, a Internet optou pela metodologia de datagramas para a comutação na camada de rede. Ela usa os endereços universais definidos na camada de rede para direcionar pacotes da origem ao destino.

> **A comutação na Internet é realizada usando-se a metodologia de datagramas para a comutação de pacotes na camada de rede.**

8.3 REDE DE CIRCUITOS VIRTUAIS

Uma **rede de circuitos virtuais** é o cruzamento entre uma rede de comutação de circuitos e uma rede de datagramas. Ela apresenta características de ambas.

1. Assim como na rede de comutação de circuitos, existem as fases de estabelecimento e encerramento da conexão, além da fase de transferência de dados.

2. Os recursos podem ser alocados durante a fase de estabelecimento da conexão, como em uma rede de comutação de circuitos, ou sob demanda, como em uma rede de datagramas.

3. Como ocorre em uma rede de datagramas, os dados são empacotados e cada pacote carrega um endereço no cabeçalho. O endereço no cabeçalho, porém, tem uma jurisdição local (ele define qual deve ser o (switch) seguinte e o canal no qual o pacote deve ser transportado), e não uma jurisdição de uma extremidade a outra. O leitor pode estar se perguntando como os comutadores (switches) intermediários sabem para onde enviar o pacote se não existe um endereço de destino final carregado no pacote. A resposta ficará clara quando discutirmos os identificadores de circuitos virtuais na próxima seção.

4. Assim como acontece em uma rede de comutação de circuitos, todos os pacotes seguem a mesma rota estabelecida durante a conexão.

5. Uma rede de circuitos virtuais é normalmente implementada na camada de enlace de dados, ao passo que uma rede de comutação de circuitos é implementada na camada física e uma rede de datagramas, na camada de rede. Mas, isso pode vir a sofrer alterações no futuro.

A Figura 8.10 apresenta um exemplo de uma rede de circuitos virtuais. A rede tem switches que possibilitam o tráfego das origens aos destinos. Uma origem ou destino pode ser um computador, um comutador de pacotes, uma *bridge* ou qualquer outro dispositivo que conecte outras redes.

Figura 8.10 *Rede de circuitos virtuais*

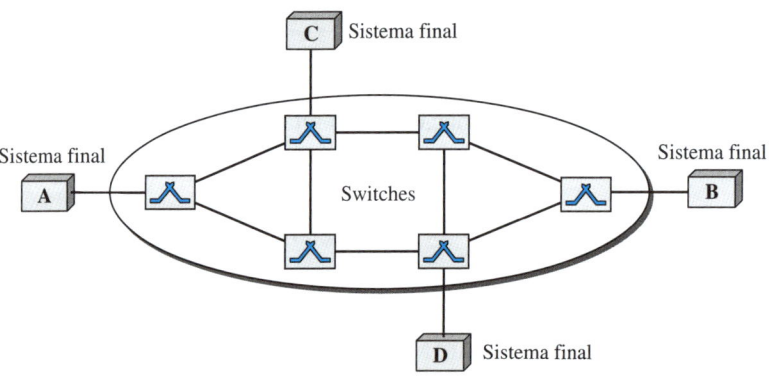

Endereçamento

Em uma rede de circuitos virtuais estão envolvidos dois tipos de endereçamento: global e local (identificador de circuitos virtuais).

Endereçamento Global

Uma fonte ou destino precisa ter um endereço global — que possa ser único no escopo da rede ou internacionalmente, caso a rede faça parte de uma rede internacional. Entretanto, veremos que um endereço global em redes de circuitos virtuais é usado somente para criar um identificador de circuitos virtuais, conforme discutiremos a seguir.

Identificador de Circuitos Virtuais

O identificador que é realmente usado para transferência de dados é chamado **identificador de circuitos virtuais** (**VCI**). Um VCI, diferentemente de um endereço global, é um pequeno número dentro do âmbito dos switches; ele é usado por um frame entre dois switches. Quando um frame chega a um switch, ele tem um VCI; quando ele o deixa, terá um VCI diferente. A Figura 8.11 mostra como o VCI em um frame de dados muda de switch para switch. Note que um VCI não precisa ser um número grande já que cada switch pode usar seu próprio conjunto exclusivo de VCIs.

Figura 8.11 *Identificador de circuitos virtuais*

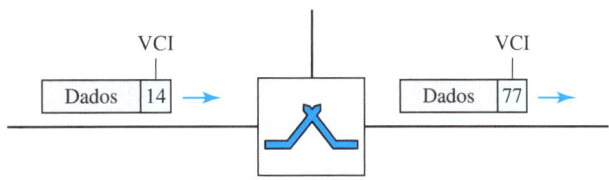

Três Fases

Assim como em uma rede de comutação de circuitos, uma origem e um destino precisam passar por três fases em uma rede de circuitos virtuais: estabelecimento da conexão, transferência de dados e encerramento da conexão. Na fase de estabelecimento da conexão, a origem e o destino usam seus endereços globais para ajudar os switches a criar entradas na tabela para cada conexão. Na fase de encerramento da conexão, a origem e o destino avisam os switches para eliminar a entrada correspondente. A transferência de dados ocorre entre essas duas fases. Primeiro, discutiremos a fase de transferência de dados, que é mais simples e objetiva; em seguida, falaremos das fases de estabelecimento e de encerramento da conexão.

Fase de Transferência de Dados

Para transferir um frame de uma origem ao seu destino, todos os switches precisam ter uma tabela de entradas para seu circuito virtual. Essa tabela, em sua forma mais simples, tem quatro colunas. Isso significa que o switch armazena quatro tipos de informação para cada circuito virtual que já está configurado. Mostraremos posteriormente como os comutadores criam suas tabelas de entradas mas, para o momento, partimos do pressuposto de que cada switch tenha uma tabela com entradas para todos os circuitos virtuais ativos. A Figura 8.12 exibe um circuito destes e sua tabela correspondente.

A Figura 8.12 aponta um frame chegando na porta 1 com um VCI igual a 14. Quando o frame chega, o switch procura em sua tabela para encontrar a porta 1 com VCI 14. Quando encontrado, o comutador sabe mudar o VCI para 22 e enviar o pacote pela porta 3.

A Figura 8.13 mostra como um frame de origem A atinge o destino B e como seu VCI muda durante a viagem. Cada switch muda o VCI e encaminha o frame.

A fase de transferência de dados fica ativa até a origem enviar todos seus frames ao destino. O procedimento no switch é o mesmo para cada frame de uma mensagem. O processo cria um circuito virtual, não um circuito real, entre a origem e o destino.

Fase de Estabelecimento da Conexão

Na fase de estabelecimento da conexão, um switch cria uma entrada para cada circuito virtual. Suponha, por exemplo, que a origem A precise criar um circuito virtual para B. São necessárias duas etapas: solicitação de estabelecimento de conexão e reconhecimento deste.

Figura 8.12 *Switch e tabelas em uma rede de circuitos virtuais*

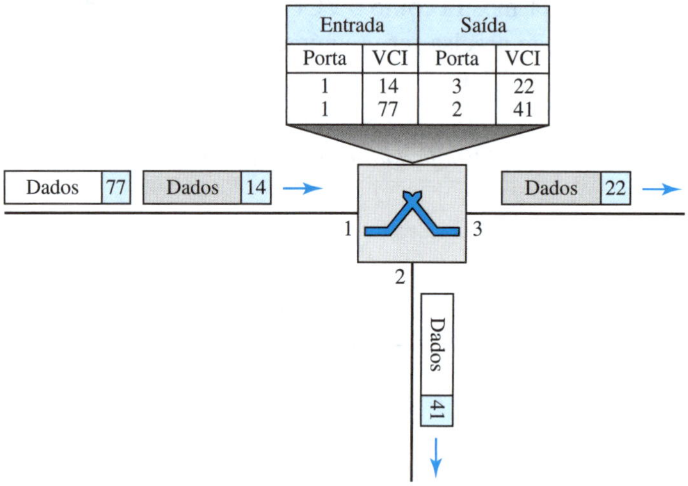

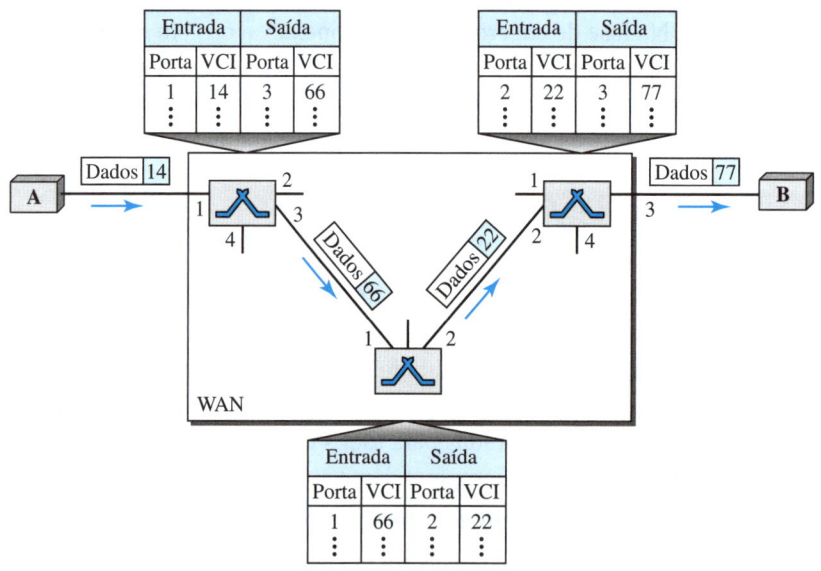

Figura 8.13 *Transferência de dados da origem ao destino em uma rede de circuitos virtuais*

Solicitação de Estabelecimento de Conexão Um frame de solicitação de estabelecimento de conexão é enviado da origem ao destino. A Figura 8.14 mostra o processo.

   a. A origem A envia um pacote de estabelecimento de conexão para o switch 1.
   b. O switch 1 recebe o frame de solicitação de estabelecimento de conexão. Ele sabe que um frame que vai de A a B será encaminhado pela porta 3. Como o switch obteve essa informação é uma questão que será vista em capítulos futuros. O switch, na fase de estabelecimento da conexão, atua como um comutador de pacotes; ele tem uma tabela de roteamento que é diferente da tabela de comutação. Por enquanto, vamos supor que ele conheça a porta de saída. O switch cria uma entrada em sua tabela para esse circuito virtual, mas ele é

capaz apenas de preencher três das quatro colunas. O switch designa a porta de entrada (1) e escolhe um VCI de entrada disponível (14) e a porta de saída (3). Ele ainda não conhece o VCI de saída que será encontrado durante a fase de confirmação. O switch encaminha então o frame pela porta 3 para o switch 2.

Figura 8.14 *A solicitação de estabelecimento de conexão em uma rede de circuitos virtuais*

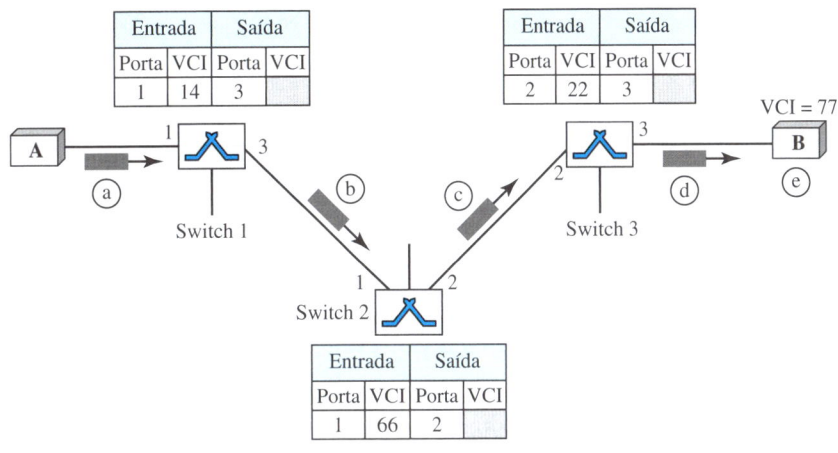

c. O switch 2 recebe o frame de solicitação de estabelecimento de conexão. Os mesmos eventos ocorridos no switch 1 acontecem aqui; são completadas três colunas da tabela: nesse caso, porta de entrada (1), VCI de entrada (66) e porta de saída (2).

d. O switch 3 recebe o frame de solicitação de estabelecimento de conexão. Novamente, são preenchidas três colunas: porta de entrada (2), VCI de entrada (22) e porta de saída (3).

e. O destino B recebe o frame de estabelecimento de conexão e se estiver pronto para receber frames de A, ele atribuirá um VCI, nesse caso, 77, aos frames que chegam de A. Esse VCI faz que o destino saiba que os frames são provenientes de A e não de outras fontes.

Confirmação Um frame especial, denominado pacote de confirmação, completa as entradas nas tabelas de comutação. A Figura 8.15 ilustra o processo.

a. O destino envia uma confirmação ao switch 3. A confirmação carrega os endereços globais de origem e de destino de modo que o switch sabe qual entrada na tabela deve ser completada. O pacote também carrega o VCI 77, escolhido pelo destino como VCI de entrada para pacotes provenientes de A. O comutador 3 usa esse VCI para preencher a coluna de VCI de saída para essa entrada. Note que 77 é o VCI de entrada para o destino B, porém o VCI de saída para o switch 3.

b. O switch 3 envia uma confirmação ao switch 2 que contém seu VCI de entrada na tabela, escolhido na etapa anterior. O switch 2 usa esse como VCI de saída na tabela.

c. O switch 2 envia uma confirmação ao switch 1 que contém seu VCI de entrada na tabela, escolhido na etapa anterior. O switch 1 usa esse como VCI de saída na tabela.

d. Finalmente, o switch 1 envia uma confirmação para a origem A que contém seu VCI de entrada na tabela, escolhido na etapa anterior.

e. A origem usa esse como VCI de saída para os pacotes de dados a serem enviados ao destino B.

Figura 8.15 *Confirmação do estabelecimento de conexão em uma rede de circuitos virtuais*

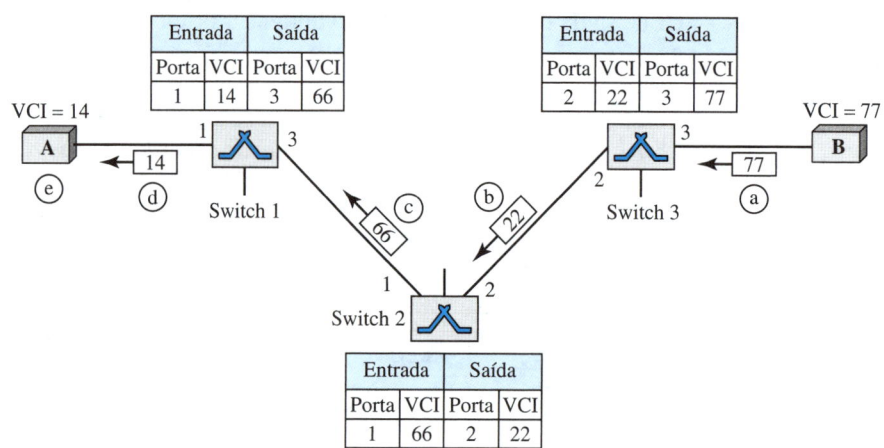

Fase de Encerramento da Conexão

Nessa fase, a origem A, após encaminhar todos os frames para B, envia um frame especial denominado *solicitação de encerramento da conexão*. O destino B responde com um frame de confirmação do encerramento da conexão. Todos os switches eliminam a entrada correspondente de suas tabelas.

Eficiência

Conforme dito anteriormente, a reserva de recursos em uma rede de circuitos virtuais pode ser feita durante o estabelecimento da conexão, ou então, sob demanda durante a fase de transferência de dados. No primeiro caso, o retardo para cada frame é o mesmo; no segundo caso, cada frame pode vir a encontrar retardos diferentes. Há uma grande vantagem em uma rede de circuitos virtuais, mesmo se a alocação de recursos for sob demanda. A origem pode verificar a disponibilidade dos recursos, sem realmente reservá-los. Considere uma família que queira jantar em determinado restaurante. Embora exista a possibilidade de o restaurante não aceitar reservas (preenchimento das mesas conforme a demanda), ainda assim a família pode telefonar e descobrir o tempo de espera por uma mesa. Isso pode poupar a ela tempo e esforço.

> **Na comutação de circuitos virtuais, todos os pacotes pertencentes à mesma origem e destino trafegam pela mesma rota; mas, pode ser que os pacotes cheguem ao destino com retardos diferentes, caso a alocação de recursos seja feita sob demanda.**

Retardo em Redes de Circuitos Virtuais

Em uma rede de circuitos virtuais existe um retardo que ocorre uma vez para o estabelecimento da conexão e outro para o encerramento da conexão. Se os recursos forem alocados durante a fase de estabelecimento da conexão, não há nenhum tempo de espera para pacotes individuais. A Figura 8.16 mostra o retardo para um pacote que passa por dois switches em uma rede de circuitos virtuais.

O pacote passa por dois switches (roteadores). Há três tempos de transmissão ($3T$), três tempos de propagação (3τ), transferência de dados representada pelas inclinações das retas, um

Figura 8.16 *Retardo em uma rede de circuitos virtuais*

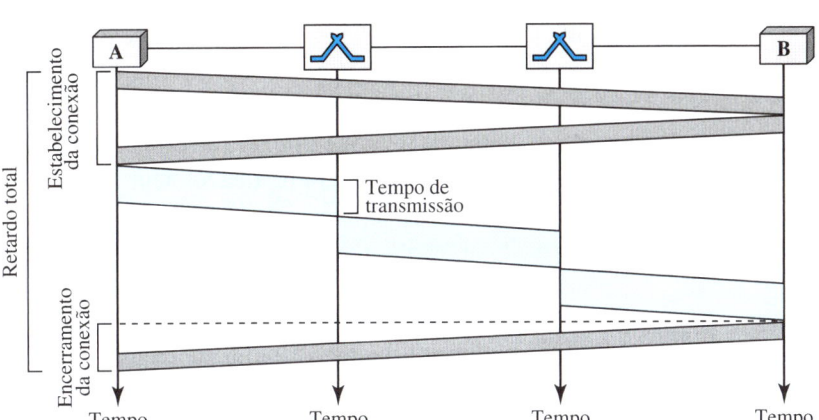

retardo de estabelecimento da conexão (que inclui transmissão e propagação em duas direções) um retardo de encerramento da conexão (que inclui a transmissão e a propagação em uma direção). Ignoramos o tempo de processamento em cada switch. O tempo de retardo total é

$$\text{Retardo total} = 3T + 3\tau + \text{retardo para estabelecimento da conexão} + \text{retardo para encerramento da conexão}$$

Tecnologia de Comutação de Circuitos em WANs

Conforme veremos no Capítulo 18, as redes de circuitos virtuais são usadas por WANs comutadas, como redes ATM e frame relay. A camada de enlace dessas tecnologias é bem adequada à tecnologia de circuitos virtuais.

A comutação de dados na camada de enlace em uma WAN comutada é normalmente implementada usando-se técnicas de circuitos virtuais.

8.4 ESTRUTURA DE UM COMUTADOR

Usamos comutadores em redes de comutação de circuitos e redes de comutação de pacotes. Nesta seção, discutiremos as estruturas dos comutadores utilizados em cada um desses tipos de rede.

Estrutura dos Comutadores de Circuitos

A comutação de circuitos atualmente pode usar dois tipos de tecnologias: comutadores por divisão de espaço ou comutadores por divisão de tempo.

Comutadores por Divisão de Espaço

Na **comutação por divisão de espaço**, as rotas no circuito são separadas umas das outras em termos espaciais. Essa tecnologia foi originalmente desenvolvida para uso em redes analógicas, mas, atualmente, é empregada tanto em redes analógicas como digitais. Ela evoluiu por uma longa história de vários projetos.

Comutador Crossbar Um **comutador crossbar** (comutador de barra cruzada) conecta n entradas a m saídas em uma matriz, usando microchaves eletrônicas (transistores) em cada **ponto de cruzamento** (veja Figura 8.17). A principal limitação dessa arquitetura é o número de pontos de cruzamento necessários. Conectar n entradas a m saídas, utilizando um comutador crossbar, requer $n \times m$ pontos de cruzamento. Por exemplo, para conectar 1.000 entradas a 1.000 saídas precisamos de um comutador com 1.000.000 de pontos de cruzamento. Um comutador com esse número de pontos de cruzamento é impraticável. Um comutador desses também seria ineficiente, pois estatísticas demonstram que, na prática, menos de 25% dos pontos de cruzamento estão em uso em um dado momento. O restante está ocioso.

Figura 8.17 *Comutador crossbar com três entradas e três saídas*

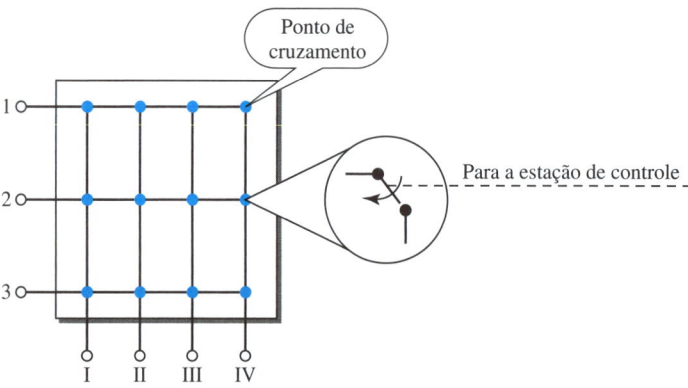

Comutador Multiestágio A solução para as limitações do comutador crossbar é o **comutador multiestágio**, que combina comutadores crossbar em vários (normalmente, três) estágios, conforme mostrado na Figura 8.18. Em um comutador crossbar simples, apenas uma linha ou coluna (uma rota) está ativa para qualquer conexão. Portanto, precisamos de $N \times N$ pontos de cruzamento. Se pudermos ter várias rotas dentro do comutador, poderemos diminuir o número de pontos de cruzamento. Cada ponto de cruzamento no estágio intermediário pode ser acessado por vários pontos de cruzamento no primeiro ou terceiro estágios.

Figura 8.18 *Comutador multiestágio*

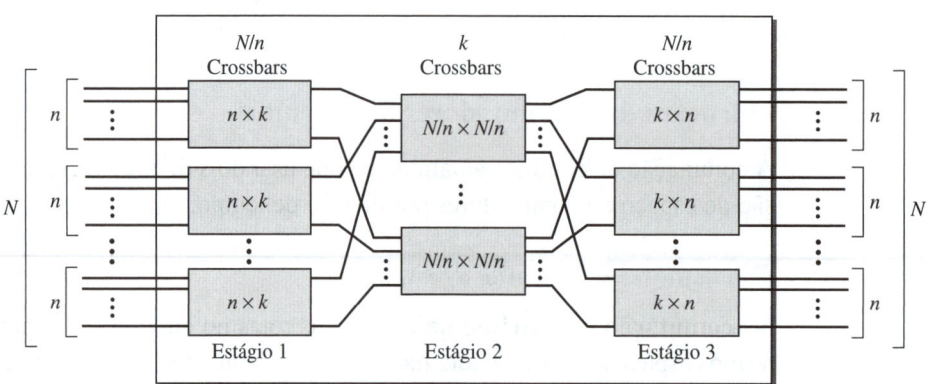

Para projetar um comutador de três estágios, empregue as etapas indicadas a seguir:

1. Divida *N* linhas de entrada em grupos, cada um dos quais com *n* linhas. Para cada grupo, use um crossbar de dimensão $n \times k$, em que *k* é o número de crossbars no estágio intermediário. Em outras palavras, o primeiro estágio tem *N/n* crossbars de $n \times k$ pontos de cruzamento.
2. Use *k* crossbars, cada um dos quais com dimensão $(N/n) \times (N/n)$ no estágio intermediário.
3. Use *N/n* crossbars, cada um dos quais com dimensão $k \times n$ no terceiro estágio.

Podemos calcular o número total de pontos de cruzamento como segue:

$$\frac{N}{n}(n \times k) + k\left(\frac{N}{n} \times \frac{N}{n}\right) + \frac{N}{n}(k \times n) = 2kN + k\left(\frac{N}{n}\right)^2$$

Em um comutador de três estágios, o número total de pontos de cruzamento é

$$2kN + k\left(\frac{N}{n}\right)^2$$

que é muito menor que o número de pontos de cruzamento em um comutador de um estágio (N2).

Exemplo 8.3

Projete um comutador 200×200 de três estágios ($N = 200$) com $k = 4$ e $n = 20$.

Solução

No primeiro estágio, temos *N/n* ou dez crossbars, cada um deles com dimensão 20×4. No segundo estágio, obtemos quatro crossbars, cada um deles com dimensão 10×10. No terceiro estágio, temos dez crossbars de 4×20. O número total de pontos de cruzamento é $2kN + k(N/n)^2$, ou seja, 2.000 pontos de cruzamento. Isso representa 5% do número de pontos de cruzamento em um comutador de um estágio ($200 \times 200 = 40.000$).

O comutador multiestágio do Exemplo 8.3 apresenta um inconveniente — **bloqueio** durante períodos de tráfego intenso. A idéia central da comutação multiestágio é compartilhar os pontos de cruzamento nos crossbars do estágio intermediário. O compartilhamento pode provocar falta de disponibilidade se os recursos forem limitados e todos os usuários quiserem uma conexão ao mesmo tempo. Bloqueio se refere ao número de vezes em que uma entrada não consegue ser conectada a uma saída em razão da inexistência de uma rota disponível entre elas — todas as chaves intermediárias possíveis estão ocupadas.

Em um comutador de um estágio, esse fenômeno não ocorre, pois cada combinação de entrada e saída tem seu ponto de cruzamento próprio; sempre existe uma rota. (Casos em que duas entradas estiverem tentando contatar a mesma saída não contam. Essa rota não é bloqueada, simplesmente a saída está ocupada.) No comutador multiestágio descrito no Exemplo 8.3, porém, apenas quatro das primeiras 20 entradas podem usar o comutador de cada vez, apenas quatro das 20 segundas entradas podem usar o comutador de cada vez e assim por diante. O pequeno número de crossbars no estágio intermediário cria bloqueio.

Em grandes sistemas, como aqueles com 10.000 entradas e saídas, o número de estágios pode ser aumentado para reduzir o número de pontos de cruzamento necessários. No entanto, à medida que o número de estágios aumenta, a probabilidade da ocorrência de bloqueios também se eleva. Muitas pessoas passam pela experiência de bloqueio em sistemas de telefonia pública, quando o número de telefonemas para verificar se parentes que estão na trilha de um desastre natural (um furacão, por exemplo) estão bem, ultrapassa de longe a carga normal do sistema.

Clos investigou a condição de não existir bloqueio em comutadores multiestágios e chegou à seguinte fórmula: em um comutador sem bloqueio, o número de comutadores de estágio intermediário tem de ser pelo menos $2n - 1$. Ou seja, precisamos ter $k \geq 2n - 1$.

Note que o número de pontos de cruzamento ainda é menor que em um comutador de um único estágio. Precisamos agora reduzir ao mínimo possível o número de pontos de cruzamento com um N fixo usando o critério de Clos. Podemos calcular a derivada da equação em relação a n (a única variável) e encontrar o valor de n que torna o resultado zero. Esse n tem de ser igual ou maior que $(N/2)1/2$. Nesse caso, o número total de pontos de cruzamento é maior ou igual a $4N [(N/2)1/2 - 1]$. Em outras palavras, o número mínimo de pontos de cruzamento de acordo com o critério de Clos é proporcional a $N^{3/2}$.

> **De acordo com o critério de Clos:**
> $n = (N/2)^{1/2}$
> $k > 2n - 1$
> **Número total de pontos de cruzamento** $\geq 4N [(2N)^{1/2} - 1]$

Exemplo 8.4

Redesenhe o comutador anterior 200×200 de três estágios usando o critério de Clos com um número mínimo de pontos de cruzamento.

Solução

Façamos que $n = (200/2)^{1/2}$ ou $n = 10$. Calculamos, então, $k = 2n - 1 = 19$. No primeiro estágio, temos 200/10 ou 20 crossbars, cada um com 10×19 pontos de cruzamento. No segundo estágio, obtemos 19 crossbars, cada um deles com 10×10 pontos de cruzamento. No terceiro estágio, temos 20 crossbars, cada um deles com 19×10 pontos de cruzamento. O número total de pontos de cruzamento é, portanto, $20(10 \times 19) + 19(10 \times 10) + 20(19 \times 10) = 9.500$. Se usássemos um comutador de um estágio, precisaríamos de $200 \times 200 = 40.000$ pontos de cruzamento. O número de pontos de cruzamento nesse comutador de três estágios é 24% daquele de um comutador de um estágio. É necessário um número maior de pontos que no Exemplo 8.3 (5%). O número extra de pontos de cruzamento é necessário para evitar o fenômeno do bloqueio.

Um comutador multiestágio que usa o critério de Clos e um número mínimo de pontos de cruzamento ainda requer um número enorme de pontos de cruzamento. Por exemplo, para termos um comutador de 100.000 entradas/saídas, precisaríamos obter perto de 200 milhões de pontos de cruzamento (em vez de 10 bilhões). Isso significa que se uma companhia telefônica tiver de fornecer um comutador para conectar 100.000 telefones em uma cidade, ela precisaria de 200 milhões de pontos de cruzamento. Esse número pode ser reduzido se aceitarmos o fenômeno do bloqueio. Atualmente, as companhias telefônicas usam comutação por divisão de tempo ou uma combinação de comutadores por divisão de tempo e espaço, como veremos em breve.

Comutadores por Divisão de Tempo

A **comutação por divisão de tempo** usa o método TDM (multiplexação por divisão de tempo) dentro de um comutador. A tecnologia mais popular é a chamada **TSI (Time-slot Interchange – intercâmbio de *time-slots*)**.

Intercâmbio de *Time-Slots* A Figura 8.19 indica um sistema que conecta quatro linhas de entrada a quatro linhas de saída. Imagine que cada linha de entrada queira enviar dados a uma linha de saída de acordo com o esquema a seguir:

$1 \longrightarrow 3 \quad 2 \longrightarrow 4 \quad 3 \longrightarrow 1 \quad 4 \longrightarrow 2$

Figura 8.19 *Intercâmbio de time-slots*

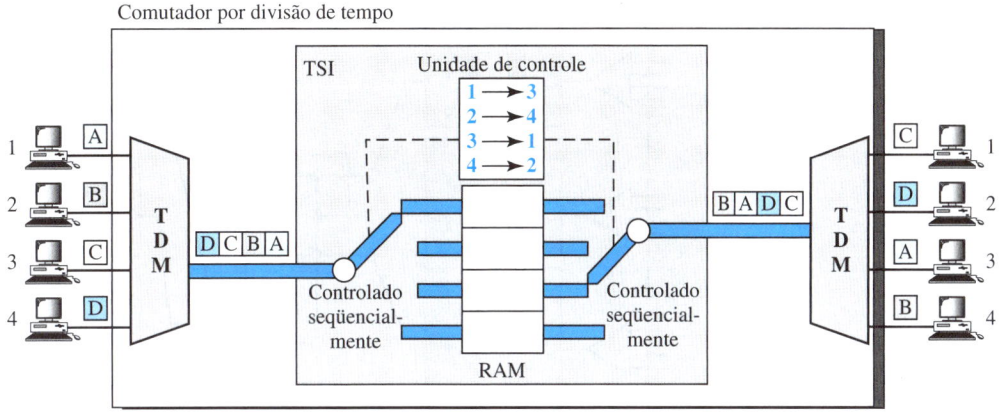

A figura combina um multiplexador TDM, um demultiplexador TDM e um estágio TSI com uma RAM (memória de acesso aleatório) de várias posições de memória. O tamanho de cada posição é igual ao de um *time-slot* simples. O número de posições é igual ao número de entradas (na maioria dos casos, o número de entradas é igual ao de saídas). A RAM vai sendo preenchida por dados que chegam de tempos em tempos na ordem recebida. Os slots são, então, enviados em uma ordem baseada nas decisões de uma unidade de controle.

Combinação de Comutadores por Divisão de Tempo e Espaço

Quando comparamos a comutação por divisão de tempo e espaço, surgem alguns pontos interessantes. A vantagem da comutação por divisão de espaço é o fato de ela ser instantânea. Sua desvantagem é o número de pontos de cruzamento necessários para torná-la aceitável em termos de bloqueio.

A vantagem da comutação por divisão de tempo é o fato de ela não precisar de nenhum ponto de cruzamento. Sua desvantagem, no caso da TSI, é que o processamento de cada conexão cria retardos. Cada time-slot tem de ser armazenado na RAM, em seguida recuperado e passado adiante.

Em uma terceira opção, combinamos as tecnologias por divisão de tempo e de espaço para tirar proveito do que há de melhor em ambas. Combinar essas duas tecnologias resulta em comutadores que são otimizados tanto física (número de pontos de cruzamento) quanto temporalmente (tempo de retardo). Os comutadores multiestágio desse tipo podem ser desenhados como **comutadores TST** (**tempo-espaço-tempo**).

A Figura 8.20 ilustra um comutador TST simples formado por dois estágios temporais e um espacial, com 12 entradas e 12 saídas. Em vez de um comutador com divisão de tempo, ele divide as entradas em três grupos (de quatro entradas cada) e os direciona a três comutadores TSI de intercâmbio de *time-slot*. O resultado é que o retardo médio cai a um terço daquele que seria resultante do uso de um comutador com intercâmbio de *time-slot* para 12 entradas.

O último estágio é uma imagem espelhada do primeiro estágio. O estágio intermediário é um comutador (crossbar) por divisão de espaço que conecta os grupos TSI para possibilitar a conectividade entre todos os pares possíveis de entrada e saída (por exemplo, para conectar a entrada 3 do primeiro grupo à saída 7 do segundo grupo).

Figura 8.20 *Comutador TST*

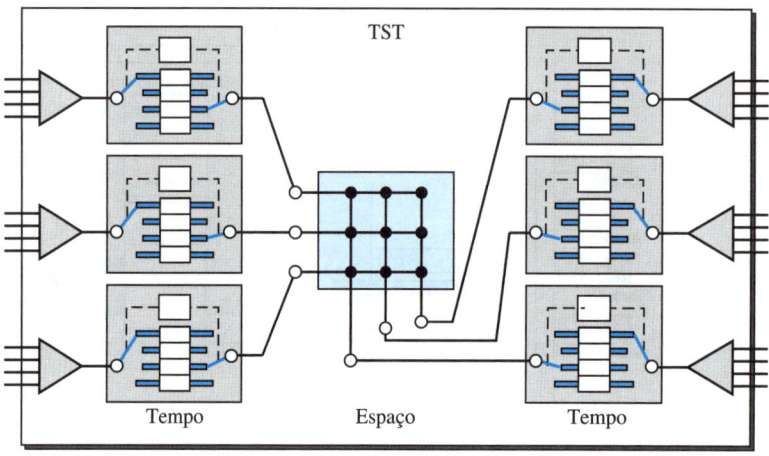

Estrutura dos Comutadores de Pacotes

Um comutador usado em uma rede de comutação de pacotes tem uma estrutura diferente daquela de um comutador utilizado em uma rede de comutação de circuitos. Podemos dizer que um comutador de pacotes tem quatro componentes: **portas de entrada**, **portas de saída**, o **processador de roteamento** e a **estrutura de comutação**, conforme mostrado na Figura 8.21.

Figura 8.21 *Componentes de um comutador de pacotes*

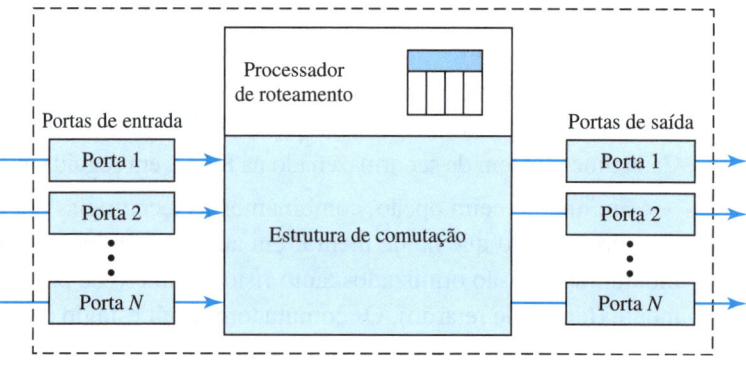

Portas de Entrada

Uma porta de entrada realiza as funções da camada física e de enlace de dados do comutador de pacotes. Os bits são construídos a partir do sinal recebido. O pacote é desencapsulado a partir do frame. Erros são detectados e corrigidos. Além de um processador de camada física e de um processador de camada de enlace, a porta de entrada tem buffers (filas) para reter o pacote antes de ele ser direcionado à estrutura de comutação. A Figura 8.22 mostra um diagrama esquemático de uma porta de entrada.

Figura 8.22 *Porta de entrada*

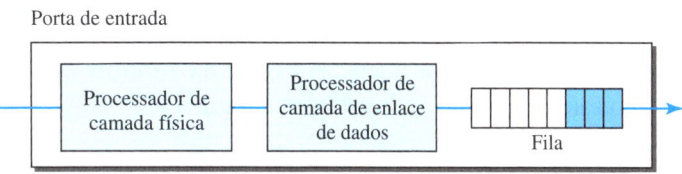

Porta de Saída

A porta de saída realiza as mesmas funções da porta de entrada, mas na ordem inversa. Em primeiro lugar, os pacotes que saem são colocados em fila, depois o pacote é encapsulado em um frame e, finalmente, as funções da camada física são aplicadas ao frame para criar o sinal a ser enviado na linha. A Figura 8.23 apresenta um diagrama esquemático de uma porta de saída.

Figura 8.23 *Porta de saída*

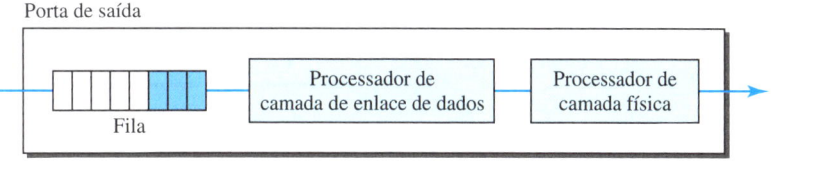

Processador de Roteamento

O processador de roteamento executa as funções da camada de rede. O endereço de destino é usado para encontrar o endereço do próximo nó e, ao mesmo tempo, o número da porta de saída pela qual o pacote será enviado. Essa atividade é, algumas vezes, conhecida como **pesquisa em tabela**, pois o processador de roteamento pesquisa a tabela de roteamento. Nos comutadores de pacotes mais modernos, essa função do processador de roteamento está sendo transferida para as portas de entrada para facilitar e agilizar o processo.

Estrutura de Comutação

A tarefa mais difícil em um comutador de pacotes é transferir o pacote da fila de entrada para a fila de saída. A velocidade com a qual essa tarefa é realizada afeta o tamanho da fila de entrada/saída e o retardo total na entrega do pacote (latência). No passado, quando um comutador de pacotes era, na verdade, um computador dedicado, a memória ou o barramento do computador eram utilizados como estrutura de comutação. A porta de entrada armazenava o pacote na memória; a porta de saída recuperava o pacote da memória. Atualmente, os comutadores de pacotes são mecanismos especializados que usam uma série de estruturas de comutação. Discutiremos brevemente algumas dessas estruturas.

Comutador Crossbar O tipo de estrutura de comutação mais simples é o comutador crossbar, visto na seção anterior.

Comutador Banyan Uma abordagem mais realista que o comutador crossbar é o **comutador banyan** (que leva o nome da árvore do figo-da-índia). Trata-se de um comutador multiestágio com microchaves em cada estágio, que direciona os pacotes com base na porta de saída representada como uma string binária. Para n entradas e n saídas, temos $\log_2 n$ estágios com $n/2$ microchaves em cada estágio. O primeiro estágio direciona o pacote baseado no bit de ordem mais alta da string binária. O segundo estágio direciona o pacote baseado no segundo bit de ordem mais alta e assim por diante. A Figura 8.24 mostra um comutador banyan com oito entradas e oito saídas. O número de estágios é $\log_2(8) = 3$.

Figura 8.24 *Um comutador banyan*

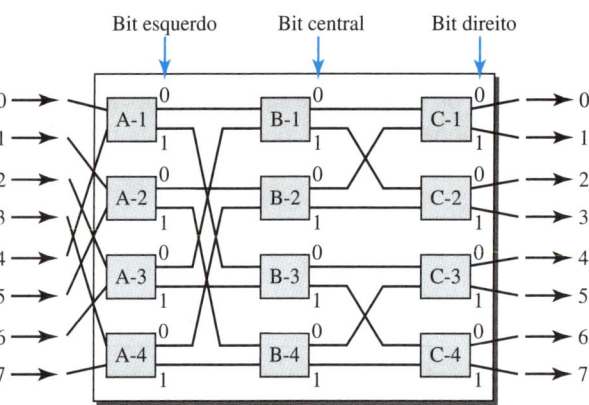

A Figura 8.25 mostra a operação. No item (a), um pacote chegou na porta de entrada 1 e tem de ir para a porta de saída 6 (110 em números binários). A primeira microchave (A-2) encaminha o pacote com base no primeiro bit (1), a segunda microchave (B-4) encaminha o pacote com base no segundo bit (1) e a terceira microchave (C-4) encaminha o pacote com base no terceiro bit (0). No item (b), um pacote chega na porta de entrada 5 e deve ir para a porta de saída 2 (010 em números binários). A primeira microchave (A-2) encaminha o pacote baseada no primeiro bit (0), a segunda microchave (B-2) encaminha o pacote baseada no segundo bit (1) e a terceira microchave (C-2) encaminha o pacote baseada no terceiro bit (0).

Figura 8.25 *Exemplos de roteamento em um comutador banyan*

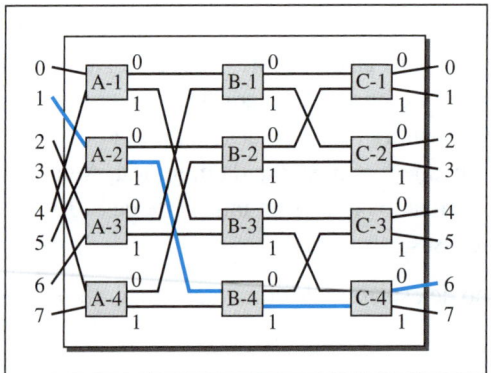
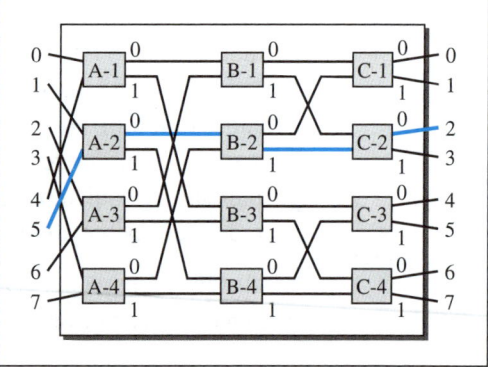

a. Entrada 1 enviando uma célula para a saída 6 (110) b. Entrada 5 enviando uma célula para a saída 2 (010)

Figura 8.26 *Comutador batcher-banyan*

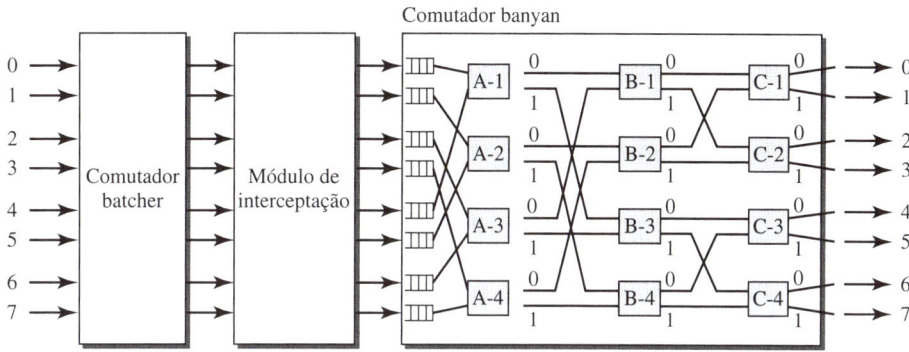

Comutador Batcher-Banyan O problema do comutador banyan é a possibilidade de colisão interna mesmo quando dois pacotes não estejam se dirigindo para a mesma porta de saída. Podemos solucionar isso ordenando os pacotes que chegam baseados em suas portas de destino.

K. E. Batcher projetou um comutador que vem antes do comutador banyan e ordena os pacotes que chegam de acordo com seus destinos finais. A combinação é denominada **comutador Batcher-Banyan**. O comutador de ordenação usa técnicas de fusão por hardware, mas não trataremos de seus detalhes aqui. Normalmente, outro módulo de hardware, denominado **interceptação**, é colocado entre o comutador Batcher e o comutador banyan (ver Figura 8.26). O módulo de interceptação impede que pacotes duplicados (pacotes com o mesmo destino de saída) passem simultaneamente para o comutador banyan. É permitido apenas um pacote para cada destino a cada pulso; se existir mais de um, eles devem esperar pelo próximo pulso.

8.5 LEITURA RECOMENDADA

Para mais detalhes sobre os assuntos discutidos neste capítulo, recomendamos os seguintes livros e sites. Os itens entre colchetes [. . .] referem-se à lista de referências bibliográficas no final do texto.

Livros

A comutação é discutida no Capítulo 10 de [Sta04] e nos Capítulos 4 e 7 de [GW04]. A comutação de circuitos é discutida de forma detalhada no livro [BEL00].

8.6 TERMOS-CHAVE

bloqueio

comutação

comutação de circuitos

comutação por divisão de espaço

comutação por divisão de tempo

comutador banyan

comutador Batcher-Banyan

comutador crossbar

comutador multiestágio

comutador TST (tempo-espaço-tempo)

comutadores

datagramas

estrutura de comutação
fase de encerramento da conexão
fase de estabelecimento de conexão
identificador de circuitos virtuais (VCI)
intercâmbio de *time-slot* (TSI)
interceptação
pesquisa em tabela
ponto de cruzamento
portas de entrada

portas de saída
processador de roteamento
rede de circuitos virtuais
rede de comutação de circuitos
rede de comutação de pacotes
rede de datagramas
sistemas finais
transferência de dados

8.7 RESUMO

❏ Uma rede comutada é formada por uma série de nós interligados, denominados comutadores. Tradicionalmente, existem três métodos importantes de comutação: comutação de circuitos, comutação de pacotes e comutação de mensagens.

❏ Podemos dividir as redes atuais em três grandes categorias: redes comutadas por circuitos, redes comutadas por pacotes e redes comutadas por mensagens. As redes comutadas por pacotes também podem ser divididas em duas subcategorias: redes de circuitos virtuais e redes de datagramas.

❏ Uma rede de comutação de circuitos é formada por uma série de comutadores conectados por links físicos, na qual cada link é dividido em n canais. A comutação de circuitos ocorre na camada física. Na comutação de circuitos, os recursos precisam ser reservados durante a fase de estabelecimento da conexão; os recursos permanecem dedicados por toda a duração da fase de transferência de dados até a fase de encerramento da conexão.

❏ Na comutação de pacotes não existe uma prévia alocação de recursos para um pacote. Isso significa que não há nenhuma largura de banda reservada nos links nem tempo de processamento reservado para cada pacote. Os recursos são alocados sob demanda.

❏ Em uma rede de datagramas, cada pacote é tratado de forma independente dos demais. Pacotes nessa abordagem são conhecidos como datagramas. Não existe a fase de estabelecimento e de encerramento da conexão.

❏ Uma rede de circuitos virtuais é uma mescla entre uma rede de comutação de circuitos e uma rede de datagramas. Ela apresenta características de ambas as redes.

❏ A comutação de circuitos usa uma das seguintes técnicas: comutação por divisão de espaço ou comutação por divisão de tempo.

❏ Os pacotes em uma rede de comutação de pacotes têm uma estrutura diferente de uma rede de comutação de circuitos. Podemos dizer que um comutador de pacotes tem quatro tipos de componentes: portas de entrada, portas de saída, processador de roteamento e estrutura de comutação.

8.8 ATIVIDADES PRÁTICAS

Questões para Revisão

1. Descreva a necessidade de comutação e defina um comutador.
2. Enumere os três métodos tradicionais de comutação. Qual é o mais comum deles hoje em dia?

3. Quais são as duas abordagens para comutação de pacotes?

4. Compare e diferencie uma rede de comutação de circuitos e uma rede de comutação de pacotes.

5. Qual é o papel do campo de endereço em um pacote trafegando por uma rede de datagramas?

6. Qual é o papel do campo de endereço em um pacote trafegando por uma rede de circuitos virtuais?

7. Compare os comutadores por divisão de tempo e espaço.

8. O que é TSI e qual seu papel na comutação por divisão de tempo?

9. Defina bloqueio em uma rede comutada.

10. Enumere os quatro componentes principais de um comutador de pacotes e suas funções.

Exercícios

11. Uma rota em uma rede de comutação de circuitos tem taxa de dados de 1 Mbps. É necessária a troca de 1.000 bits para as fases de estabelecimento e de encerramento da conexão. A distância entre as duas partes comunicantes é de 5.000 km. Responda às seguintes perguntas, se a velocidade de propagação for 2×10^8 m/s:

    a. Qual é o retardo total se os 1.000 bits de dados são trocados durante a transferência de dados?

    b. Qual é o retardo total se 100.000 bits de dados são trocados durante a fase de transferência de dados?

    c. Qual é o retardo total se 1.000.000 bits de dados são trocados durante a fase de transferência de dados?

    d. Qual é o retardo por 1.000 bits de dados para cada um dos casos anteriores? Faça uma comparação entre eles. O que você pode concluir?

12. Cinco datagramas de igual tamanho pertencentes à mesma mensagem partem para o destino um após o outro. Entretanto, eles trafegam por diferentes caminhos, conforme mostrado na Tabela. 8.1.

    Tabela 8.1 *Exercício 12*

Datagrama	Comprimento da Rota	Comutadores Visitados
1	3.200 km	1, 3, 5
2	11.700 km	1, 2, 5
3	12.200 km	1, 2, 3, 5
4	10.200 km	1, 4, 5
5	10.700 km	1, 4, 3, 5

    Partimos do pressuposto de que os retardos de cada comutador (incluindo o tempo de espera e de processamento) sejam, respectivamente, de 3, 10, 20, 7 e 20 m. Supondo que a velocidade de propagação seja de 2×10^8 m/s, encontre a ordem em que os datagramas chegam ao destino e o retardo para cada um deles. Ignore quaisquer outros retardos na transmissão.

13. A transmissão de informações em qualquer rede envolve o endereçamento de uma extremidade a outra e algumas vezes o endereçamento local (como o VCI). A Tabela 8.2 mostra os tipos de redes e o mecanismo de endereçamento usado em cada uma.

Tabela 8.2 *Exercício 13*

Tipo de Rede	Estabelecimento da Conexão	Transferência de Dados	Encerramento
Comutação de circuitos	De uma extremidade a outra		De uma extremidade a outra
Datagramas		De uma extremidade a outra	
Circuitos virtuais	De uma extremidade a outra	Local	De uma extremidade a outra

Responda às seguintes perguntas:

a. Por que uma rede de comutação de circuitos precisa de endereçamento de uma extremidade a outra durante as fases de estabelecimento e de encerramento da conexão? Por que não existe nenhum endereço durante a fase de transferência de dados para esse tipo de rede?

b. Por que uma rede de datagramas precisa de endereçamento de uma extremidade a outra apenas durante a fase de transferência, mas nenhum endereço é necessário durante as fases de estabelecimento e encerramento da conexão?

c. Por que uma rede de circuitos virtuais precisa de endereços de uma extremidade a outra durante todas as três fases?

14. Mencionamos que dois tipos de rede, de datagramas e de circuitos virtuais, precisam de uma tabela de roteamento ou de comutação para encontrar a porta de saída a partir da qual as informações referentes a um destino devem ser enviadas, mas uma rede de circuitos virtuais não tem necessidade de tal tabela. Dê a razão para essa diferença.

15. Uma entrada na tabela de comutação de uma rede de circuitos virtuais é criada normalmente durante a fase de estabelecimento da conexão e removida durante a fase de encerramento da conexão. Em outras palavras, as entradas nesse tipo de rede refletem as conexões ativas, a atividade na rede. Por outro lado, as entradas em uma tabela de roteamento de uma rede de datagramas não dependem das conexões ativas; elas mostram a configuração da rede e como qualquer pacote deve ser encaminhado a um destino final. As entradas podem permanecer iguais mesmo se não houver nenhuma atividade na rede. As tabelas de roteamento, porém, são atualizadas se houver mudanças na rede. Você conseguiria explicar a razão para essas duas características distintas? Podemos dizer que um circuito virtual é uma rede *orientada a conexões* e uma rede de datagramas é uma rede *sem conexões* em decorrência das características dadas anteriormente?

16. O número mínimo de colunas em uma rede de datagramas é 2; o número mínimo de colunas em uma rede de circuitos virtuais é 4. Você conseguiria explicar a razão? Essa diferença está relacionada com o tipo de endereços carregados nos pacotes de cada rede?

17. A Figura 8.27 destaca um comutador (roteador) em uma rede de datagramas. Encontre a porta de saída para os pacotes com os seguintes endereços de destino:

    Pacote 1: 7.176

    Pacote 2: 1.233

    Pacote 3: 8.766

    Pacote 4: 9.144

18. A Figura 8.28 mostra um comutador em uma rede de circuitos virtuais.

Figura 8.27 *Exercício 17*

Endereço de destino	Porta de saída
1233	3
1456	2
3255	1
4470	4
7176	2
8766	3
9144	2

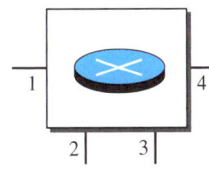

Figura 8.28 *Exercício 18*

Entrada		Saída	
Porta	VCI	Porta	VCI
1	14	3	22
2	71	4	41
2	92	1	45
3	58	2	43
3	78	2	70
4	56	3	11

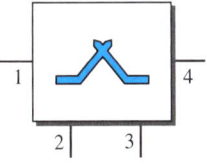

Encontre a porta de saída e o VCI de saída para pacotes com os seguintes endereços de porta de entrada e VCI de entrada:

Pacote 1: 3, 78

Pacote 2: 2, 92

Pacote 3: 4, 56

Pacote 4: 2, 71

19. Responda às seguintes perguntas:

    a. Uma tabela de roteamento em uma rede de datagramas pode ter duas entradas com o mesmo endereço de destino? Justifique.

    b. Uma tabela de comutação em uma rede de circuitos virtuais pode ter duas entradas com o mesmo número de porta de entrada? E com o mesmo número de porta de saída? E com os mesmos VCIs de entrada? E com os mesmos VCIs de saída? E com os mesmos valores de entrada (porta, VCI)? E com os mesmos valores de saída (porta, VCI)?

20. É evidente que um roteador ou comutador precisa fazer pesquisa para encontrar informações na tabela correspondente. A pesquisa em uma tabela de roteamento para uma rede de datagramas se baseia no endereço de destino; a pesquisa em uma tabela de comutação em uma rede de circuitos virtuais se baseia na combinação de porta de entrada e VCI de entrada. Explique a razão e defina como essas tabelas devem ser ordenadas (classificadas) com base nesses valores.

21. Considere um comutador crossbar $n \times k$ com n entradas e k saídas.

    a. Podemos dizer que o comutador atua como um multiplexador se $n > k$?

    b. Podemos dizer que o comutador atua como um multiplexador se $n < k$?

22. Precisamos de um comutador por divisão de espaço de três estágios com $N = 100$. Usamos dez crossbars no primeiro e terceiro estágios e quatro crossbars no estágio intermediário.

    a. Desenhe o diagrama de configuração.
    b. Calcule o número total de pontos de cruzamento.
    c. Ache o número possível de conexões simultâneas.
    d. Encontre o número possível de conexões simultâneas se usarmos um único comutador crossbar (100×100).
    e. Encontre o fator de bloqueio, a razão entre o número de conexões nos itens (c) e (d).

23. Repita o Exercício 22 usando 6 crossbars no estágio intermediário.

24. Redesenhe a configuração do Exercício 22 usando o critério de Clos.

25. Precisamos de um comutador por divisão de espaço de 1.000 entradas e saídas. Qual é o número total de pontos de cruzamento em cada um dos seguintes casos?

    a. Utilizando um único crossbar.
    b. Usando um comutador multiestágio com base no critério de Clos.

26. Precisamos de um comutador TST de três estágios com $N = 100$. Usamos dez TSIs no primeiro e terceiro estágios e quatro crossbars no estágio intermediário.

    a. Desenhe o diagrama de configuração.
    b. Calcule o número total de pontos de cruzamento.
    c. Calcule o número total de posições de memória necessárias para os TSIs.

CAPÍTULO 9

O Uso de Redes Telefônicas e a Cabo na Transmissão de Dados

As redes telefônicas foram criadas originalmente para a comunicação via sinais de voz. A necessidade de adicionalmente transmitir dados digitais resultou na invenção do modem discado. Com o advento da Internet veio a necessidade de efetuar downloads e uploads em alta velocidade; o modem discado era simplesmente muito lento. Para tanto, as companhias telefônicas implementaram uma nova tecnologia, o DSL (*Digital Subscriber Line*). Embora os modems discados ainda existissem, a tecnologia DSL fornece acesso muito mais rápido à Internet utilizando a rede telefônica convencional. Neste capítulo, discutiremos a estrutura básica de uma rede telefônica. Em seguida, veremos como os modems discados e a tecnologia DSL usam essas redes para acessar a Internet.

As redes de TV a cabo foram criadas, originalmente, para fornecer acesso para assinantes que tinham dificuldades em receber sinais de TV em conseqüência de obstáculos naturais, como montanhas. Mais tarde, a rede a cabo tornou-se popular perante um público que desejava um sinal de TV de melhor qualidade. Além disso, as redes a cabo permitiram a interligação de estações transmissoras e localidades remotas via conexões por microondas. A TV a cabo também encontrou um bom mercado como provedor de acesso à Internet, usando parte dos canais originalmente destinados a vídeo para a transmissão de dados digitais. Ao final, discutiremos a estrutura básica das redes de TV a cabo e como os cable modems são capazes de fornecer conexão de alta velocidade à Internet.

9.1 REDE TELEFÔNICA

As redes telefônicas utilizam a tecnologia de comutação de circuitos. A rede telefônica teve seu início no final da década de 1890. Toda a rede, conhecida como **POTS** (*plain old telephone system*), era, originalmente, um sistema puramente analógico, usando sinais analógicos para a transmissão de voz. Com o advento da era dos computadores, a rede, na década de 1980, começou a transportar dados, além da voz. Durante a última década, a rede telefônica passou por diversas transformações tecnológicas. Hoje em dia, é uma combinação de digital e analógica.

Principais Componentes

A rede telefônica, conforme ilustrado na Figura 9.1, é formada por três componentes principais: *loop* local (linha do assinante), troncos e centrais de comutação. A rede telefônica implementa vários níveis hierárquicos de comutação: **centrais locais**, **centrais** *tandem* e **centrais regionais**.

Figura 9.1 Sistema telefônico

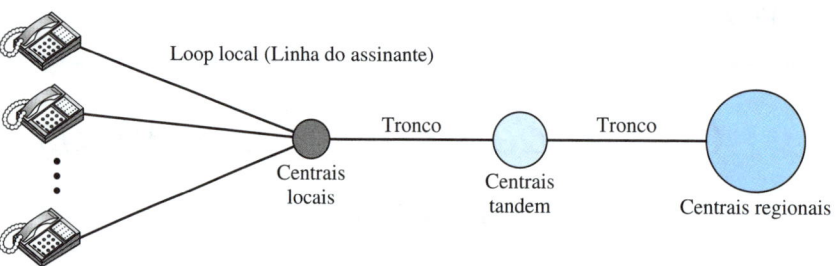

Loop *Local*

Um dos componentes da rede telefônica é o ***loop* local** (linha do assinante), um cabo de par trançado que conecta o telefone do assinante à central telefônica mais próxima, denominada central local. O *loop* local, quando usado para voz, disponibiliza uma largura de banda de 4.000 Hz (4 kHz). É interessante examinar a relação entre o número do telefone e a linha do assinante (*loop* local). Os quatro primeiros dígitos do número de um telefone definem a central local e os quatro dígitos seguintes, o número da linha do assinante.

Troncos

Troncos são meios de transmissão que interconectam centrais telefônicas. Um tronco normalmente permite a transmissão, via multiplexação de centenas ou milhares de canais telefônicos. Geralmente, a interconexão entre centrais telefônicas é implementada por meio de fibras ópticas ou links via satélite.

Centrais de Comutação

Para evitar a necessidade de ter um link físico permanente entre dois assinantes quaisquer, a operadora telefônica utiliza comutadores localizados dentro da **central de comutação**. Um comutador conecta várias linhas de assinantes (*loops* locais) e/ou troncos, possibilitando a interconexão entre diferentes assinantes.

LATAs

Após a quebra do monopólio das telecomunicações em 1984 (ver Apêndice E), os Estados Unidos foram divididos em mais de 200 **áreas de transporte de acesso local** (LATA — *Local-Access Transport Areas*). O número de LATAs tem aumentado desde essa época. Uma LATA pode abranger uma pequena ou uma grande área metropolitana. É provável que um pequeno Estado norte-americano tenha uma única LATA; já um grande Estado pode ter várias LATAs. Os limites de uma LATA podem, eventualmente, ultrapassar as fronteiras de um Estado: parte dela pode estar em um Estado e o restante em outro Estado.

Serviços Intra-LATA

Os serviços oferecidos pelas **operadoras telefônicas** comuns dentro de uma LATA são denominados serviços *intra-LATA*. A operadora que cuida desses serviços é conhecida como **LEC** (*local exchange carrier* — operadora telefônica local). Antes do Telecommunications Act, de 1996 (ver Apêndice E), os serviços intra-LATA eram concedidos a uma única operadora. Tratava-se, portanto, de um monopólio. Após 1996, mais de uma operadora poderia fornecer serviços dentro de uma LATA. A operadora que prestasse serviços antes de 1996 se tornaria a proprietária do sistema de cabeamento (*loop* local), chamada **ILEC** (*incumbent local exchange carrier*

— operadora telefônica local incumbida). As novas operadoras de comunicações que receberam autorização para prestar serviços são denominadas **CLECs** (**competitive local exchange carrier**, — concessionárias telefônicas locais concorrentes). Para evitar os custos com um novo cabeamento, foi determinado que as ILECs continuariam a prestar serviços telefônicos convencionais e que as CLECs forneceriam outros tipos de serviços, como telefonia móvel, ligações interurbanas dentro de uma LATA e assim por diante. A Figura 9.2 mostra uma LATA e suas centrais de comutação.

> **Serviços intra-LATA são fornecidos por operadoras telefônicas locais. Desde 1996, existem dois tipos de LECs: operadoras telefônicas locais incumbidas (ILEC) e operadoras telefônicas locais concorrentes (CLEC).**

Figura 9.2 *Centrais de comutação em uma LATA*

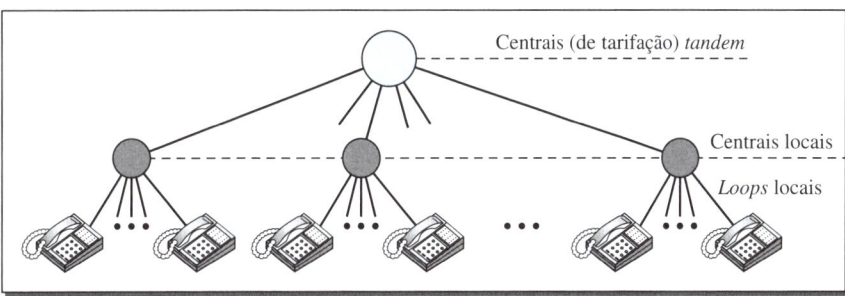

A comunicação dentro de uma LATA é de incumbência das centrais locais e das centrais tandem. Uma ligação que pode ser complementada usando-se apenas centrais locais é considerada de menor tarifação. Uma ligação que necessite passar por uma central tandem conjugada (central de tarifação intra-LATA) terá uma tarifação maior.

Serviços Inter-LATAs

Os serviços entre LATAs ficavam a cargo das **IXCs** (*interchange carriers*). Essas concessionárias, algumas vezes chamadas **operadoras de longa distância**, fornecem serviços de comunicação para assinantes em LATAs diferentes. Após o Ato de 1996 (ver Apêndice E), esses serviços poderiam ser prestados por qualquer concessionária, inclusive aquelas que já ofereciam serviços intra-LATA. O campo está totalmente aberto. Entre as principais operadoras dos Estados Unidos que fornecem serviços inter-LATAs, temos a AT&T, MCI, WorldCom, Sprint e Verizon.

As IXCs são operadoras de longa distância que fornecem, em geral, serviços de comunicação de dados e de telefonia. Uma ligação telefônica estabelecida por uma IXC normalmente é digitalizada; essas operadoras utilizam vários tipos de redes para o fornecimento do serviço.

Pontos de Presença

Conforme discutido anteriormente, os serviços intra-LATA podem ser fornecidos por várias LECs (uma ILEC e possivelmente mais de uma CLEC). Também dissemos que os serviços inter-LATAs podem ser prestados por várias IXCs. Como essas operadoras interagem? A resposta é: por meio de uma central de comutação chamada **POP** (*point of presence* — ponto de presença). Cada IXC que quiser fornecer serviços inter-LATAs dentro de uma LATA deve ter um POP nessa LATA. As LECs que oferecem serviços dentro da LATA têm de fornecer conexões de modo que cada assinante possa ter acesso a todos os POPs. A Figura 9.3 ilustra o conceito.

Figura 9.3 *POPs (Pontos de presença)*

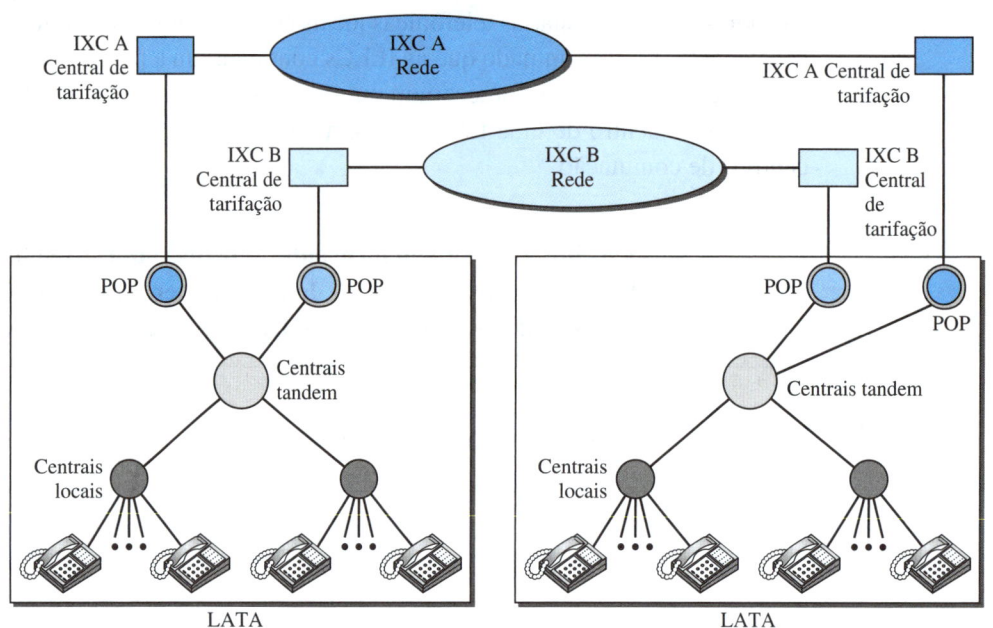

Um assinante que precise estabelecer uma chamada com outro assinante é conectado primeiro a uma central local e, depois, diretamente ou, por uma central tandem, a um POP. A ligação agora vai do POP de uma IXC (aquela que o assinante escolheu) na LATA de origem para o POP da mesma IXC na LATA de destino. A ligação passa pela central de tarifação da IXC e é encaminhada pela rede da própria IXC.

Sinalização

As redes telefônicas, em seus primórdios, usavam uma rede de comutação de circuitos com links dedicados (a multiplexação ainda não havia sido inventada) para transferir sinais de voz. Conforme vimos no Capítulo 8, uma rede de comutação de circuitos precisa das fases de estabelecimento e de encerramento de conexão para estabelecer e encerrar rotas entre as duas partes comunicantes. No início, essa tarefa era realizada por telefonistas. A sala das telefonistas era um centro na qual todos os assinantes estavam conectados. Um assinante que quisesse conversar com outro assinante tirava o fone do gancho, o que fazia que tocasse uma campainha na central telefônica. A telefonista, após falar com o assinante que fez a chamada e obter dele a informação da pessoa com quem ele desejava falar, conectava as duas partes usando um fio com dois plugues conectando-os às duas tomadas correspondentes. Era criado assim um circuito dedicado. Uma das partes, após a conversação ter terminado, informava a telefonista para desconectar o circuito. Esse tipo de sinalização é denominado **sinalização *in-band***, pois o mesmo circuito é utilizado tanto para sinalização como para comunicação de voz.

Posteriormente, o sistema de comutação se tornou automático. Foram inventados os telefones decádicos que enviavam sinais elétricos, na forma de pulsos, definindo cada dígito de um número de telefone com vários dígitos. Os comutadores nas companhias telefônicas usavam os sinais digitais para estabelecer uma conexão entre quem fazia a chamada e aquele que receberia a ligação. Foram utilizados tanto a tecnologia de sinalização *in-band* quanto a ***out-of-band***. Na sinalização *in-band*, o canal de voz de 4 kHz também era compartilhado para a transmissão de sinalização. E na sinalização *out-of-band*, parte da largura de banda do canal de voz era dedicada para sinalização; a largura de banda de voz e a largura de banda de sinalização eram separadas.

À medida que as redes telefônicas evoluíram para redes mais complexas, aumentava a importância do sistema de sinalização. Exigia-se que este realizasse outras tarefas, como:

1. Fornecer sinais de linha, de chamada e de ocupado ao terminal telefônico do assinante
2. Transferir números de telefones entre centrais
3. Manter e monitorar a chamada
4. Registrar informações para tarifação
5. Manter e monitorar o status do equipamento na rede telefônica
6. Fornecer outras funções como identificação de chamadas, correio de voz e assim por diante

Essas tarefas cada vez mais complexas resultaram na implementação de uma rede dedicada de sinalização. Isso significa que atualmente uma rede telefônica é composta de duas redes: rede de sinalização e rede para a transferência de dados de usuários.

Nas redes telefônicas modernas, as tarefas de transferência de dados e de sinalização são separadas: a transferência de dados é feita por uma rede e a sinalização, por outra.

Entretanto, precisamos enfatizar uma questão. Embora as duas redes sejam distintas, isso não significa que haja links físicos separados em todos os pontos; as duas redes podem usar canais distintos de um mesmo link em partes do sistema.

Rede de Transferência de Dados

A rede de transferência de dados, capaz de transportar informação multimídia hoje em dia é, em sua maior parte, uma rede de comutação de circuitos, embora possa também ser uma rede de comutação de pacotes. Ela segue os mesmos tipos de protocolos e modelos que as demais redes discutidas neste livro.

Rede de Sinalização

A rede de sinalização, que é nossa principal preocupação no momento, é uma rede de comutação de pacotes, de arquitetura similar ao modelo OSI, ou modelo Internet, discutidos no Capítulo 2. A natureza da sinalização a torna mais compatível a uma rede de comutação de pacotes com diferentes camadas. Por exemplo, as informações necessárias para transmitir o endereço de um telefone podem ser facilmente encapsuladas em um pacote com outras informações de endereçamento e controle de erros. A Figura 9.4 mostra um diagrama simplificado de uma rede telefônica na qual as duas redes são separadas.

O telefone ou computador do usuário é conectado a **SPs** (*signal points* — pontos de sinalização). O link entre o aparelho telefônico e o SP é comum para as duas redes. A rede de sinalização usa nós denominados **STPs** (*signal transport ports* — portas de transporte de sinalização), que recebem e encaminham mensagens de sinalização. A rede de sinalização também inclui um **SCP** (*service control point* — ponto de controle de serviços), que controla toda a operação da rede. Outros sistemas, como um banco de dados centralizado, podem ser incluídos para fornecer informações armazenadas sobre toda a rede de sinalização.

Signaling System Seven (SS7)

O protocolo atual utilizado nas redes de sinalização é chamado **SS7** (*Signaling System Seven*). Ele é muito semelhante ao modelo Internet de cinco camadas estudado no Capítulo 2, mas as camadas têm nomes diferentes, conforme mostrado na Figura 9.5.

Figura 9.4 As redes de transferência de dados e de sinalização

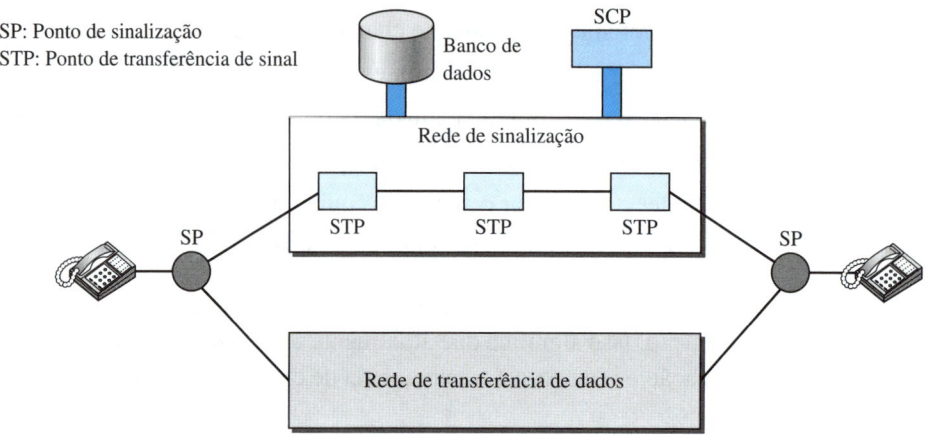

Figura 9.5 Camadas no SS7

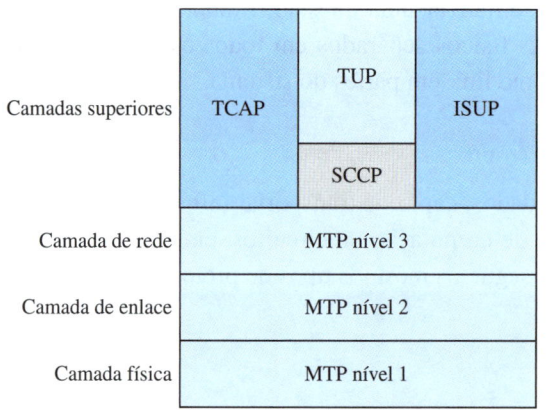

MTP: *Message transport port*
SCCP: *Signaling connection control point*
TCAP: *Transaction capabilities application port*
TUP: *Telephone user port*
ISUP: *ISDN user port*

Camada Física: MTP Nível 1   A camada física no SS7 denominada **MTP** (*message transport port* — porta de transporte de mensagens) de **nível 1** usa várias especificações de camada física como T-1 (1,544 Mbps) e DC0 (64 kbps).

Camada de Enlace: A camada MTP Nível 2 provê serviços típicos de uma camada de enlace, como o empacotamento, inserindo endereços de origem e de destino no cabeçalho do pacote e CRC para verificação de erros.

Camada de rede: MTP Nível 3   A camada **MTP nível 3** provê conectividade de uma extremidade a outra, utilizando datagramas para a comunicação. Os roteadores e os comutadores encaminham pacotes de sinalização da origem ao destino.

Camada de transporte: SCCP   O **SCCP** (*signaling connection control point* — ponto de controle da conexão de sinalização) é usado para serviços especiais, como o processamento de chamadas 0800.

Camadas Superiores: TUP, TCAP e ISUP   Existem três protocolos nas camadas superiores. O **TUP** (*telephone user port* — porta do usuário do telefone) é responsável por estabelecer chamadas de voz. Ele recebe os dígitos discados e encaminha as chamadas. O **TCAP** (*transaction*

capabilities application port — porta de aplicações com capacidades de transação) fornece chamadas a procedimentos remotos que possibilitam que um programa aplicativo em um computador chame um procedimento em outro computador. O **ISUP** (*ISDN user port* — porta de usuário ISDN) pode substituir o TUP no fornecimento de serviços similares para uma rede ISDN.

Serviços Fornecidos por Redes Telefônicas

As companhias telefônicas oferecem dois tipos básicos de serviços: analógico e digital.

Serviços Analógicos

No princípio, as companhias telefônicas ofereciam a seus assinantes somente serviços analógicos. Esses serviços ainda existem hoje em dia. Podemos classificá-los em **serviços analógicos comutados** e **serviços analógicos alugados**.

Serviços Analógicos Comutados Este é o serviço de discagem mais comumente disponibilizado em um telefone residencial. O sinal na linha do assinante é analógico e a largura de banda geralmente está na faixa de 0 a 4.000 Hz. Um serviço de chamada local é normalmente fornecido mediante uma taxa mensal fixa, embora, em algumas LATAs, a concessionária cobre por chamada ou por um conjunto de chamadas. A lógica por trás de uma tarifa não-fixa é fornecer serviços mais baratos para aqueles clientes que não fazem muitas chamadas. Uma chamada com tarifa extra (ou interurbana) pode ser intra-LATA ou inter-LATA. Se a LATA for geograficamente muito grande, uma chamada pode vir a passar por uma central tandem (central de tarifação) e o assinante pagará uma taxa adicional pela ligação. As chamadas inter-LATA são conhecidas como longa distância e são cobradas como tal.

Outro serviço é o chamado 0800. Se um assinante (normalmente, uma empresa) precisar fornecer ligações gratuitas a outros assinantes (em geral, clientes), ele pode solicitar o **serviço 0800**. Nesse caso, a ligação é gratuita para aquele que faz a chamada, mas é paga por aquele que é chamado. Uma empresa contrata esse tipo de serviço para encorajar seus clientes a fazerem ligações. A tarifa é mais barata que a chamada interurbana normal.

O **serviço WATS** (*wide area telephone service* — serviços de telefonia de longa distância) é o oposto do serviço 0800. No caso anterior, as chamadas dos assinantes eram pagas por uma empresa (chamadas entrantes); nesse caso, as chamadas que saem são pagas pela empresa (saintes). Esse serviço é uma alternativa mais barata para as chamadas convencionais; as tarifas se baseiam no número de chamadas. O serviço pode ser especificado para chamadas saintes a um mesmo Estado, para vários Estados ou para todo o país, com tarifas cobradas de acordo com cada caso.

Os **serviços 0900** são similares ao serviço 0800, no sentido de serem chamadas que chegam de um assinante. Entretanto, diferentemente do serviço 0800, a chamada é paga por aquele que faz a chamada e normalmente é muito mais cara que uma chamada convencional de longa distância. A razão para tal é que a concessionária cobra *duas* tarifas: a primeira é a tarifa de longa distância e a segunda é a tarifa paga ao que recebe a chamada para cada ligação.

Serviço Analógico Alugado Um **serviço analógico alugado** oferece aos clientes a oportunidade de alugar uma linha, algumas vezes denominada *linha dedicada*, que fica permanentemente conectada a outro cliente. Embora a conexão ainda passe pelos comutadores da rede telefônica, os assinantes têm a sensação de ser uma linha dedicada, pois o comutador está sempre fechado; a discagem não é necessária.

Serviços Digitais

Recentemente, as companhias telefônicas começaram a oferecer **serviços digitais** a seus assinantes. Os serviços digitais são menos suscetíveis a ruídos e a outras formas de interferência que os serviços analógicos.

Os dois serviços digitais mais comuns nos Estados Unidos são o serviço comutado 56 e o **DDS** (*digital data services* — serviço de dados digitais). Já tratamos dos serviços digitais de alta velocidade — as linhas T — no Capítulo 6. Os demais serviços serão abordados aqui neste capítulo.

Serviço Comutado 56   O **serviço comutado 56** é a versão digital de uma linha comutada analógica. Trata-se de um serviço digital comutado que possibilita taxas de transmissão de dados de até 56 kbps. Para a comunicação por intermédio desse serviço, ambas as partes devem ser assinantes. Alguém com serviço telefônico normal que faz uma ligação não pode se conectar a um telefone ou computador com serviço comutado 56 mesmo que aquele que faz a chamada esteja usando um modem. Em suma, os serviços analógicos e digitais representam dois domínios completamente diferentes para as companhias telefônicas. Pelo fato de a linha em um serviço comutado 56 já ser digital, os assinantes não precisam de modems para a transmissão de dados digitais. Entretanto, eles precisam de um dispositivo adicional denominado **DSU** (*digital service unit*).

Serviço Digital de Dados   O **DDS** (*Digital data service*) é a versão digital de uma linha analógica alugada; trata-se de uma linha digital alugada com taxa de transmissão de dados máxima de 64 kbps.

9.2   MODEMS DISCADOS

As linhas telefônicas convencionais são capazes de transportar freqüências entre 300 a 3.300 Hz, totalizando uma largura de banda de 3.000 Hz. Toda a largura de banda é usada para a transmissão de voz, em que altos níveis de interferência e distorção podem ser aceitos sem perda de inteligibilidade. No entanto, conforme vimos anteriormente, os sinais de dados exigem alto grau de precisão para garantir integridade. Portanto, para fins de segurança, as extremidades dessa faixa de freqüência não são usadas para comunicação de dados. Em geral, podemos dizer que a largura de banda para sinais de dados tem de ser menor que a largura de banda requerida para sinais de voz. A largura de banda efetiva de uma linha telefônica utilizada para transmissão de dados é de 2.400 Hz, compreendendo a faixa de 600 a 3.000 Hz. Observe que, hoje em dia, algumas linhas telefônicas são capazes de proporcionar uma largura de banda maior que as linhas convencionais. No entanto, o projeto dos modems se baseia na capacidade original das linhas convencionais (ver Figura 9.6).

Figura 9.6   *Largura de banda de uma linha telefônica*

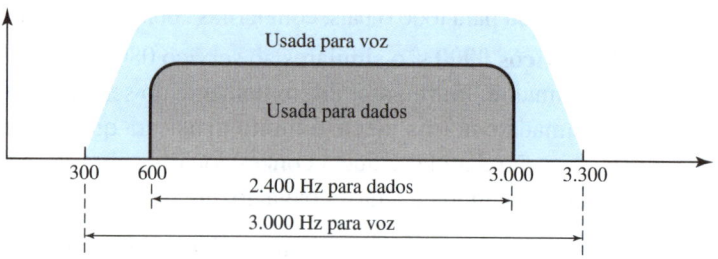

O termo **modem** é uma palavra composta, que se refere às duas entidades funcionais que formam o dispositivo: *mo*dulador de sinais e *dem*odulador de sinais. O **modulador** cria um sinal analógico passa-faixa a partir de dados binários. O **demodulador** recupera os dados binários a partir do sinal modulado.

Modem **significa modulador/demodulador.**

A Figura 9.7 ilustra a relação entre modems e links de comunicação. O computador à esquerda envia um sinal digital à parte moduladora do modem; os dados são enviados na forma de um sinal analógico pela rede telefônica. O modem da direita recebe o sinal analógico, faz a demodulação através de um demodulador e transmite os dados ao computador da direita. A comunicação pode ser bidirecional, o que significa que o computador da direita é capaz de transmitir, simultaneamente, dados ao computador da esquerda, usando os mesmos processos de modulação/demodulação.

Figura 9.7 *Modulação/demodulação*

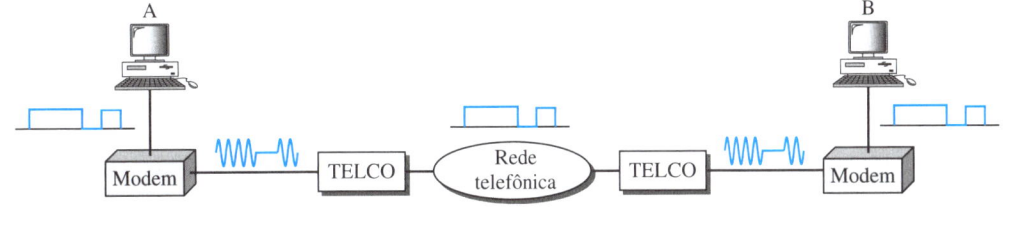

Padrões de Modems

Hoje em dia, muitos dos modems mais populares se baseiam nos padrões da **série V** publicados pelo ITU-T.

V.32 e V.32bis

Os modems **V.32** usam uma técnica conjugada de codificação e modulação denominada *trellis-coded modulation*. *Trellis* é basicamente a modulação QAM com um bit adicional de redundância. O fluxo de dados é dividido em segmentos de 4 bits. Entretanto, em vez de transmitir um quadribit (padrão de 4 bits), é transmitido um *pentabit* (padrão de 5 bits). O valor do bit extra é calculado a partir dos valores dos bits de dados. O bit extra é usado para a detecção de erros.

O padrão V.32 utiliza a modulação QAM-32 com uma taxa de transmissão de 2.400 bauds. Apenas 4 bits do pentabit transmitidos representam dados, portanto, a taxa de dados resultante é 4 × 2.400 = 9.600 bps. O diagrama de constelação e a largura de banda são mostrados na Figura 9.8.

O modem **V.32bis** foi o primeiro dos padrões ITU-T a suportar taxas de transmissão de 14.400 bps. O V.32bis usa modulação QAM-128 (7 bits/baud com 1 bit redundante de controle de erros) à velocidade de 2.400 bauds (2.400 × 6 = 14.400 bps).

Uma característica adicional fornecida pelo V.32bis é a inclusão do recurso automático de *fall-back* e de *fall-forward*, que permitem que o modem ajuste sua velocidade para mais ou para menos, dependendo da qualidade da linha ou sinal. O diagrama de constelação e a largura de banda também são exibidos na Figura 9.8.

V.34bis

Os modems **V.34bis** podem transmitir dados à taxa de bits de 28.000 bps em uma constelação de 960 pontos ou a uma taxa de bits de 33.600 bps em uma constelação de 1.664 pontos.

Figura 9.8 *Diagrama de constelação e largura de banda para modems V.32 e V.32bis*

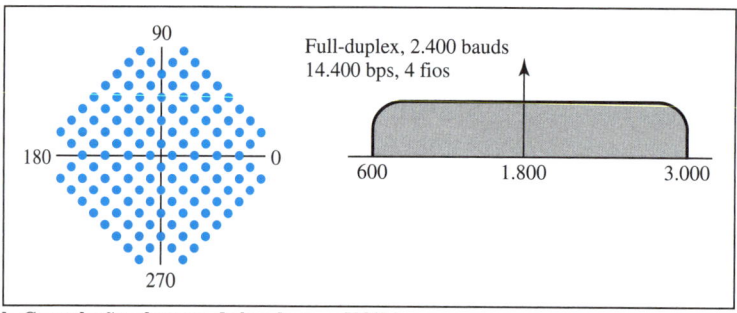

a. Constelação e largura de banda para o V.32

b. Constelação e largura de banda para V.32bis

V.90

Os modems tradicionais estão limitados à taxa de dados de 33,6 kbps, conforme determinado pela capacidade de Shannon (ver Capítulo 3). Entretanto, modems **V.90** estão disponíveis no mercado, com taxa de bits de 56.000 bps; são os chamados **modems 56K**. Estes modems podem ser usados apenas se uma das partes estiver utilizando sinalização digital (por exemplo, por meio de um provedor de acesso à Internet). Eles são assimétricos, no sentido que a velocidade de downloading (fluxo de dados do provedor Internet para o PC) atinge, no máximo, 56 kbps, ao passo que a velocidade de uploading (fluxo de dados do PC para o provedor Internet) pode ser no máximo de 33,6 kbps. Esse tipo de modem viola o princípio da capacidade de Shannon? Não, na direção de downloading, a relação sinal-ruído (SNR) é maior, pois não existem erros de quantização (ver Figura 9.9).

No **uploading**, o sinal analógico ainda tem de ser amostrado na central telefônica local. Nessa direção, ruídos de quantização (conforme estudado no Capítulo 4) são introduzidos no sinal, o que reduz o SNR e limita a velocidade a 33,6 kbps.

Entretanto, na direção de **downloading** não existe amostragem. O sinal não é afetado pelo ruído de quantização e não está sujeito à limitação da capacidade de Shannon. A taxa de dados máxima no sentido de uploading ainda é de 33,6 kbps, mas a taxa de dados no sentido do downloading agora é de 56 kbps.

Poderíamos questionar como chegamos ao número 56 kbps. As companhias telefônicas fazem amostragem a uma taxa de 8.000 vezes por segundo com 8 bits por amostra. Um dos bits em cada amostra é usado para fins de controle, o que significa que cada amostra é de 7 bits. A velocidade é, portanto, 7 × 8.000, ou seja, 56.000 bps ou 56 kbps.

Figura 9.9 *Processos de uploading e de downloading em modems de 56K*

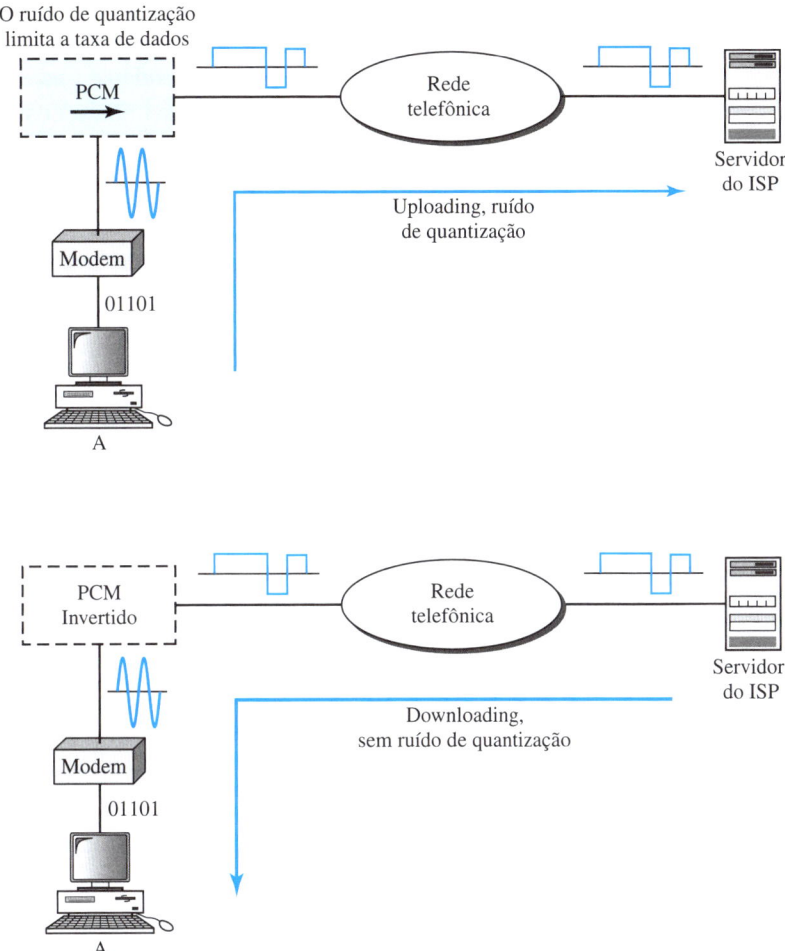

V.92

O padrão V.92 é superior ao padrão **V.90**. Esses modems são capazes de auto-ajustar sua velocidade e caso a relação sinal-ruído permita, eles podem fazer o upload de dados à velocidade de 48 kbps. A velocidade de downloading continua a ser de 56 kbps. O modem tem algumas características adicionais importantes. Por exemplo, é capaz de interromper momentaneamente a conexão com a Internet quando uma chamada estiver chegando. Essa característica está disponível somente se, na linha do assinante, estiver habilitado o serviço de chamadas em espera.

9.3 LINHA DIGITAL DE ASSINANTE

Após os modems tradicionais atingirem sua velocidade máxima, as companhias telefônicas desenvolveram uma nova tecnologia alternativa, o DSL, para oferecer velocidade de acesso mais rápida à Internet. A tecnologia **DSL** (*Digital Subscriber Line* — linha digital de assinante) é uma das mais promissoras para o suporte de comunicação digital em alta velocidade através de linhas telefônicas convencionais existentes. DSL é um conjunto de tecnologias, cada uma das quais diferindo pela primeira letra (ADSL, VDSL, HDSL e SDSL). O conjunto é normalmente chamado de xDSL, em que x pode ser substituído por uma das letras: A, V, H ou S.

ADSL

A primeira tecnologia desse conjunto é o **DSL assimétrico** (**ADSL**), que, assim como um modem de 56K, oferece maior velocidade (taxa de bits) no sentido do downstream (da Internet para a residência) que no sentido de upstream (da residência para a Internet). É por esta razão que ela é chamada assimétrica. Diferentemente da assimetria nos modems de 56k, os projetistas do ADSL dividiram a largura de banda disponível na linha do assinante de forma não homogênea (assimétrica). O serviço não é adequado para clientes comerciais que necessitam de banda larga simétrica em ambos os sentidos.

> O ADSL é uma tecnologia de comunicação assimétrica desenvolvida
> para usuários residenciais; ela não é perfeitamente adequada para empresas.

Utilização dos Loops Locais Existentes

Um ponto interessante é que o ADSL pode utilizar os *loops* locais existentes (as linhas de assinantes convencionais). Então, como o ADSL atinge uma velocidade que jamais havia sido alcançada pelos modems tradicionais? A resposta é que o *loop* local de par trançado é, na verdade, capaz de suportar larguras de banda de até 1,1 MHz, mas um filtro instalado na central telefônica, onde cada *loop* local é terminado, limita a largura de banda a 4 kHz (o que é suficiente para a comunicação de voz). Nesse caso, quando o filtro é removido, os 1,1 MHz ficam disponíveis para comunicação de dados e voz.

> Os *loops* locais existentes são capazes de suportar larguras de banda de até 1,1 MHz.

Tecnologia Adaptativa

Infelizmente, 1,1 MHz é a largura de banda teórica máxima suporta nos *loops* locais. Fatores como a distância entre a residência e a central de comutação, tamanho do cabo, sinalização utilizada e assim por diante afetam o tamanho da largura de banda disponível. Os projetistas da tecnologia ADSL estavam cientes desse problema e usaram uma tecnologia adaptativa que testa as condições e disponibilidade de largura de banda da linha antes de estabelecer uma taxa de dados. Portanto, a taxa de dados do ADSL não é fixa; ela muda tomando como base a condição e o tipo de cabo utilizado na linha do assinante.

> O ADSL é uma tecnologia adaptativa. O sistema usa uma taxa
> de dados que se adapta à qualidade da linha do assinante.

Discrete Multitone Technique

A técnica de codificação de linha padronizada para o ADSL é denominada **DMT** (*Discrete Multitone Technique*) que combina as modulações QAM e FDM. Não existe um método preestabelecido para divisão da largura de banda de um sistema. Cada sistema deve decidir sobre a divisão da largura de banda. Normalmente, uma largura de banda disponível de 1,104 MHz é dividida em 256 canais. Cada canal usa uma largura de banda de 4,312 kHz, conforme pode ser visto na Figura 9.10. A Figura 9.11 mostra como a largura de banda é dividida para os seguintes casos:

❑ **Voz**. O canal 0 é reservado para comunicações de voz.

Figura 9.10 Discrete multitone technique

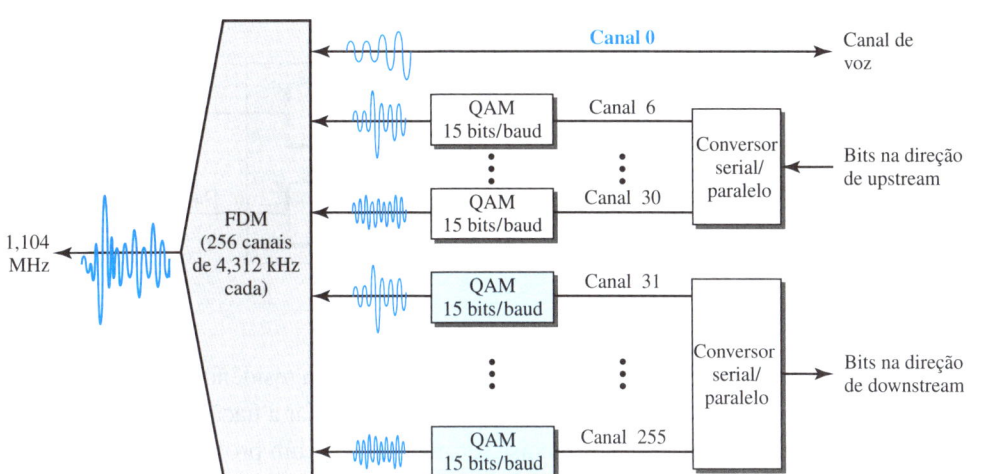

Figura 9.11 Divisão da largura de banda no ADSL

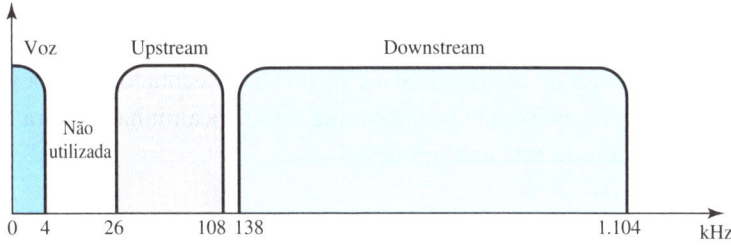

- **Ociosa**. Os canais 1 a 5 não são usados e fornecem uma banda de proteção para comunicações de voz e de dados.

- **Controle e dados na direção upstream**. Os canais 6 a 30 (25 canais) são usados tanto para transferência de dados na direção de upstream quanto para controle. Um canal é utilizado para controle, enquanto os outros 24 canais são empregados para transferência de dados. Se existirem 24 canais, cada um dos quais usando 4 kHz (dos 4,312 kHz disponíveis) com modulação QAM, temos 24 × 4.000 × 15 ou uma largura de banda total de 1,44 MHz, na direção de upstream. Entretanto, na prática, a taxa de dados é normalmente abaixo de 500 kbps, pois parte das portadoras, quando o nível de ruído é alto, não podem ser utilizadas. Em outras palavras, alguns dos canais não podem ser empregados.

- **Controle e dados na direção de downstream**. Os canais 31 a 255 (225 canais) são usados para transferência de dados e controle na direção de downstream. Um canal é utilizado para controle ao passo que os demais 224 são usados para transmissão de dados. Se existem 224 canais, podemos teoricamente atingir até 224 × 4.000 × 15, ou seja, 13,4 Mbps. Entretanto, normalmente a velocidade fica abaixo dos 8 Mbps, porque parte das freqüências das portadoras é descartada, quando o nível de ruído é elevado. Em outras palavras, alguns dos canais podem vir a não ser utilizados.

Instalação no Cliente: Modem ADSL

A Figura 9.12 mostra um **modem ADSL** instalado no cliente. A linha do assinante é conectada a um splitter que separa o tráfego de dados e de voz. O modem ADSL modula e demodula os dados, usando DMT, e cria canais separados para suportar o downstream e o upstream.

Figura 9.12 *Modem ADSL*

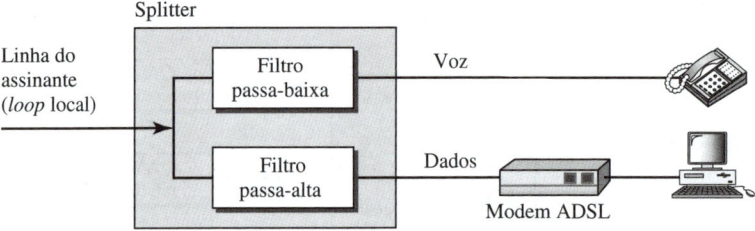

Observe que o splitter precisa ser instalado na residência do cliente, geralmente por um técnico da companhia telefônica. A linha de voz pode usar a fiação de telefone existente na residência; contudo, a linha de dados precisa ser instalada por um profissional. Tudo isso torna a linha ADSL cara. Veremos que existe uma tecnologia alternativa, denominada ADSL Universal (ou ADSL Lite).

Instalações na Operadora Telefônica: DSLAM

Nas instalações da operadora telefônica, a situação é diferente. Em vez de um modem ADSL, um equipamento denominado **DSLAM** (*Digital Subscriber Line Access Multiplexer* — multiplexador de acessos DSL) é instalado, executando funções similares ao modem ADSL. Além disso, ele empacota os dados que serão encaminhados para a Internet (Provedor ISP). A Figura 9.13 mostra esta configuração.

Figura 9.13 *DSLAM*

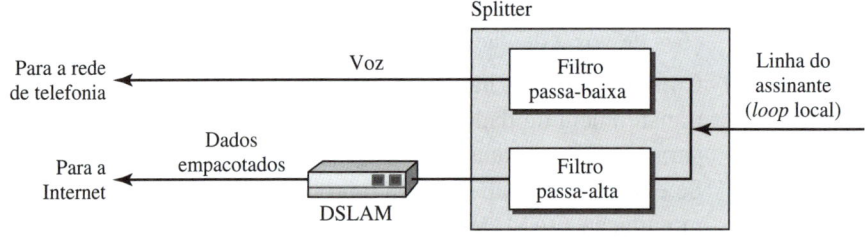

ADSL Lite

A necessidade de colocar splitters nas instalações do assinante e de uma nova fiação para a linha de dados pode ser dispendiosa e impraticável o suficiente para que a maioria dos assinantes desista desse tipo de instalação. Uma nova versão da tecnologia ADSL, chamada **ADSL Lite** (ou ADSL Universal ou ainda ADSL sem splitters) está à disposição para esse tipo de cliente. Essa tecnologia possibilita que um modem ASDL Lite seja conectado diretamente a uma tomada de telefone e conectado ao computador. O processo de separação de dados e de voz é realizado nas instalações da companhia telefônica, utilizando-se splitters. O ADSL Lite usa 256 portadoras DMT com modulação de 8 bits (em vez de 15 bits). Entretanto, algumas das portadoras podem estar indisponíveis, em virtude de erros criados pela mistura com o sinal de voz. A velocidade máxima do downstream é de 1,5 Mbps e de 512 kbps para upstream.

HSDL

O **HDSL** (*High-bit-rate Digital Subscriber Line* — linha digital de assinante de alta velocidade) foi desenvolvido como alternativa para as linhas T-1 (1,544 Mbps). Uma linha T-1 usa a codificação AMI (*alternate mark inversion*) que é muito suscetível à atenuação em altas freqüências. Isso limita o comprimento de uma linha T-1 a 3.200 pés (1 km). Para distâncias maiores é necessário adicionar repetidores, o que implica maiores custos.

O HDSL usa a codificação 2B1Q (ver Capítulo 4) que é menos suscetível à atenuação. Pode-se obter velocidade de 1,544 Mbps (algumas vezes, até 2 Mbps) sem repetidores para distâncias de até 12.000 pés (3,86 km). O HDSL usa dois pares trançados (um par em cada direção) para transmissão full-duplex.

SDSL

O **SDSL** (*Symmetric Digital Subscriber Line* — linha digital de assinante simétrica) é uma versão em par trançado do HDSL. Ela fornece comunicação simétrica full-duplex suportando até 768 kbps em cada direção. O SDSL, que proporciona comunicação simétrica, pode ser considerada como uma alternativa ao ADSL. O ADSL fornece comunicação assimétrica, com velocidade de downstream muito maior que a de upstream. Embora esse recurso atenda às necessidades da maioria dos assinantes residenciais, ele não é adequado para empresas que enviam e recebem dados em grandes quantidades em ambas as direções.

VDSL

A **VDSL** (*Very High-bit-rate Digital Subscriber Line* — linha digital de assinante de altíssima velocidade), é uma abordagem alternativa, muito similar à do ADSL, que pode utilizar-se de cabo coaxial, fibra óptica ou par trançado para curtas distâncias. A técnica de modulação utilizada é a DMT. Ele fornece uma gama de taxas de bits (de 25 a 55 Mbps) para a comunicação na direção de upstream a distâncias de 3.000 a 10.000 pés. A velocidade de downstream normalmente é de 3,2 Mbps.

Resumo

A Tabela 9.1 mostra um resumo das tecnologias DSL. Note que as velocidades e as distâncias são aproximadas e podem variar de uma instalação para outra.

Tabela 9.1 *Resumo das tecnologias DSL*

Tecnologia	Velocidade de Downstream	Velocidade de Upstream	Distância (pés)	Pares Trançados	Código de Linha
ADSL	1,5 a 6,1 Mbps	16 a 640 kbps	12.000	1	DMT
ADSL Lite	1,5 Mbps	500 kbps	18.000	1	DMT
HDSL	1,5 a 2 Mbps	1,5 a 2 Mbps	12.000	2	2B1Q
SDSL	768 kbps	768 kbps	12.000	1	2B1Q
VDSL	25 a 55 Mbps	3,2 Mbps	3.000 a 10.000	1	DMT

9.4 REDES DE TV A CABO

A **rede de TV a cabo** iniciou sua operação como um provedor de serviços de vídeo que, posteriormente, passou a oferecer serviços de acesso à Internet. Nesta seção, falaremos das redes de TV a cabo em si; na Seção 9.5, discutiremos como essa rede pode ser usada para prover acesso de alta velocidade à Internet.

Redes de TV a Cabo Tradicionais

A **TV a cabo** começou a retransmitir sinais de vídeo no final dos anos 1940, para locais onde a recepção era difícil ou inexistente. Ela era denominada **CATV** (*Community Antenna TV* — antena de TV comunitária), pois uma antena no topo de uma montanha ou edifício alto recebia os sinais das estações de TV e os retransmitia, via cabos coaxiais, para a comunidade. A Figura 9.14 mostra um diagrama esquemático de uma rede de TV a cabo tradicional.

Figura 9.14 *Rede de TV a cabo tradicional*

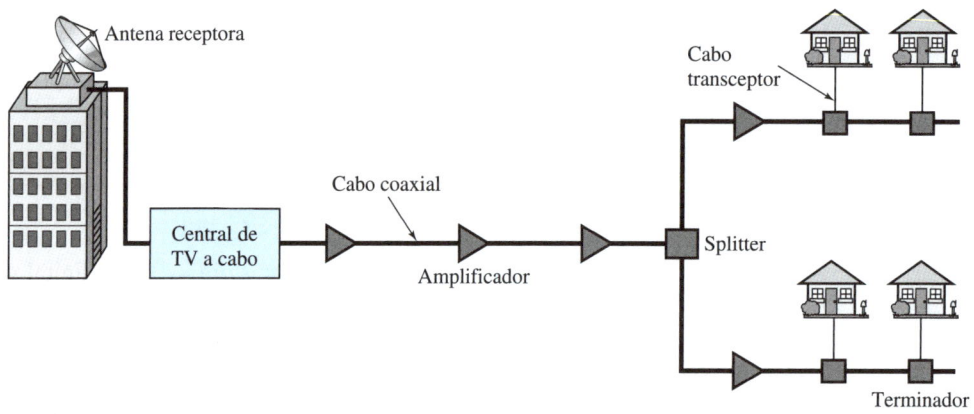

A central de TV a cabo, chamada ***head end***, recebe sinais de vídeo das estações transmissoras e retransmite os sinais nos cabos coaxiais. Os sinais ficam mais fracos à medida que a distância aumenta e, portanto, é necessária a instalação de amplificadores pela rede para regenerar e amplificar os sinais. Podiam existir até 35 amplificadores entre o *head end* e a casa do assinante. Na outra ponta, splitters dividiam o cabo e terminadores e cabos transceptores estabeleciam a conexão com as residências dos assinantes.

O sistema de TV a cabo tradicional usava cabo coaxial de ponta a ponta. Por causa da atenuação dos sinais e do emprego de grande número de amplificadores, a comunicação na rede tradicional era unidirecional (uma só direção). Os sinais de vídeo eram transmitidos no sentido de downstream, do *head end* para as casas dos assinantes.

> **A comunicação na rede de TV a cabo tradicional é unidirecional.**

Rede HFC (*Hybric Fyber-Coaxial*)

A segunda geração das redes de TV a cabo é denominada **redes HFC** (*Hybric Fyber-Coaxial*). Elas utilizam uma combinação de fibra óptica e cabo coaxial. O meio de transmissão usado na comunicação entre a central de TV a cabo e o receptor, denominado **nó óptico**, é a fibra óptica; do nó óptico para a vizinhança e dentro da casa do assinante ainda é utilizado o cabo coaxial. A Figura 9.15 mostra o diagrama esquemático de uma rede HFC.

Figura 9.15 *Rede HFC (*Hybrid fiber-*coaxial)*

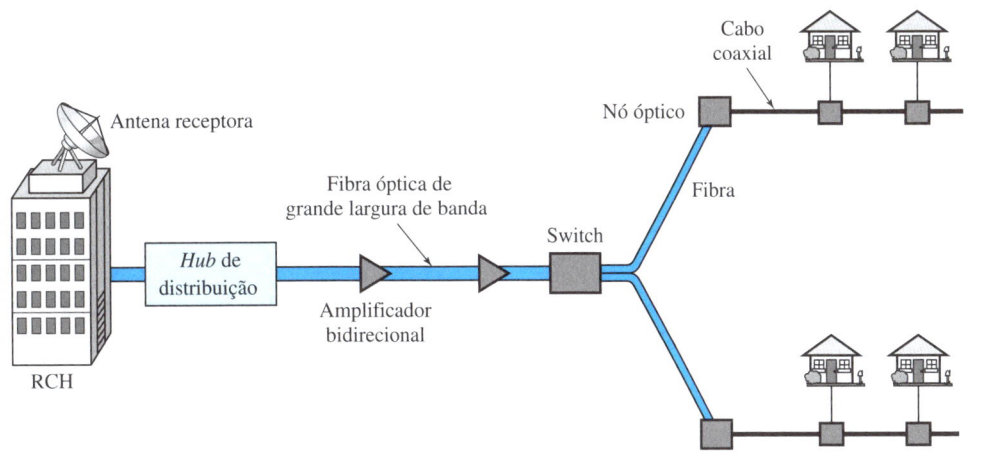

A **RCH** (*Regional cable head* — central regional de cabos) tem capacidade para atender a 400.000 assinantes. As RCHs alimentam os **hubs de distribuição**, cada um dos quais atende a 40.000 assinantes. O *hub* de distribuição desempenha um papel importante na nova infra-estrutura. A modulação e a distribuição de sinais são realizadas nesses equipamentos; os sinais são, então, transmitidos para os nós ópticos através de cabos de fibra óptica. O nó óptico converte os sinais analógicos de modo que o mesmo sinal será enviado a cada um dos cabos coaxiais interligados. Cada cabo coaxial pode conectar até 1.000 assinantes. O emprego de cabos de fibra óptica reduz o número de amplificadores a oito, ou menos.

Um motivo para passar da infra-estrutura tradicional para a híbrida é a de tornar a rede bidirecional (ambos os sentidos).

A comunicação em uma rede de TV a cabo HFC pode ser bidirecional.

9.5 TV A CABO PARA TRANSFERÊNCIA DE DADOS

As empresas de TV a cabo atualmente concorrem com as companhias telefônicas no fornecimento de acesso de alta velocidade à Internet para clientes residenciais. A tecnologia DSL possibilita conexões de alta velocidade para assinantes residenciais através da linha telefônica convencional do assinante. Entretanto, a tecnologia DSL utiliza os cabos de par trançado não blindados existentes, que são muito suscetíveis a interferências. Isso impõe ao DSL um limite máximo na taxa de dados. Uma solução alternativa para usuários residenciais é a utilização da rede de TV a cabo. Nesta seção, discutimos brevemente essa tecnologia.

Largura de Banda

Mesmo em um sistema HFC, a última parte da rede, do nó óptico às instalações dos assinantes, ainda utiliza cabo coaxial. Esse cabo coaxial tem uma largura de banda que varia de 5 a

750 MHz (aproximadamente). Para fornecer acesso à Internet, as empresas de TV a cabo dividiram a largura de banda disponível em três faixas: vídeo, dados na direção de downstream e dados na direção de upstream, como ilustrado na Figura 9.16.

Figura 9.16 *Divisão da banda passante em um cabo coaxial utilizado por uma CATV*

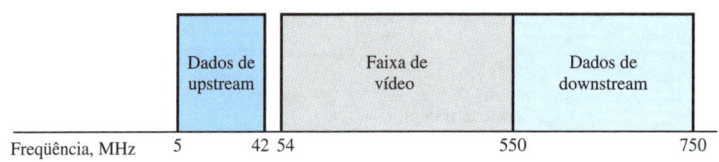

Banda para Vídeo na Direção de Downstream

A **largura de banda de vídeo na direção de downstream** ocupa freqüências que vão de 54 a 550 MHz. Considerando-se que cada canal de TV ocupa 6 MHz, isso pode acomodar mais de 80 canais.

Banda de Dados na Direção de Downstream

Os dados na direção de downstream (da Internet para a residência do assinante) ocupam faixas de freqüências superiores, de 550 a 750 MHz. Essa faixa também é dividida em canais de 6 MHz.

Modulação   A **banda de dados na direção de downstream** usa a técnica de modulação QAM-64 (ou possivelmente QAM-256).

> **Os dados na direção de downstream são modulados usando-se a técnica de modulação QAM-64.**

Taxa de Dados   No QAM-64 são usados 6 bits/baud. Um bit é usado para correção de erros; restam, portanto, 5 bits de dados por baud. O padrão especifica 1 Hz para cada baud; isso significa que, teoricamente, os dados na direção de downstream podem ser recebidos a 30 Mbps (5 bits/Hz x 6 MHz). O padrão estabelece o uso de apenas 27 Mbps. Entretanto, quando o *cable modem* é conectado a um computador através de um cabo 10Base-T (ver o Capítulo 13), a taxa máxima de transmissão é de 10 Mbps.

> **A velocidade teórica máxima de downstream é de 30 Mbps.**

Largura de Banda para Dados na direção de Upstream

Os dados na direção de upstream (da residência do assinante para a Internet) ocupam uma faixa de freqüências mais baixa, de 5 a 42 MHz. Essa faixa também é dividida em canais de 6 MHz.

Modulação   A **banda de dados na direção de upstream** utiliza freqüências mais baixas, as quais são mais suscetíveis a ruídos e interferências. Por essa razão, a técnica QAM não é empregada para essa faixa de freqüências. A melhor solução é o QPSK.

> **Dados na direção de upstream são modulados usando-se a técnica de modulação QPSK.**

Taxa de dados No QPSK são usados 2 bits/baud. O padrão especifica 1 Hz para cada baud; isso significa que, teoricamente, os dados na direção de upstream podem ser transmitidos à taxa máxima de 12 Mbps (2 bits/Hz x 6 MHz). Entretanto, a taxa de dados normalmente é inferior a 12 Mbps.

A velocidade teórica para a transmissão de dados na direção de upstream é de 12 Mbps.

Compartilhamento

Tanto a banda passante de upstream como downstream são compartilhadas pelos assinantes.

Compartilhamento na Direção de Upstream

A largura de banda de dados para upstream é de 37 MHz. Isso significa que apenas seis canais de 6 MHz podem ser usados para upstream. Cada assinante deve utilizar um desses canais para a transmissão de seus dados. A questão é: "Como seis canais podem ser compartilhados em uma área com 1.000, 2.000 ou até mesmo 100.000 assinantes?" A solução é a utilização da tecnologia de multiplexação. A largura de banda é dividida em canais FDM; esses canais são compartilhados entre os assinantes de uma mesma região. A companhia de cabo aloca um canal, estática ou dinamicamente, para um grupo de assinantes. Se um assinante quiser enviar dados, ele disputará o acesso ao canal com outros assinantes que querem fazer o mesmo; o assinante tem, então, de aguardar até que o canal esteja disponível.

Compartilhamento na Direção de Downstream

Temos uma situação semelhante no downstream. A largura da banda para downstream suporta o máximo de 33 canais de 6 MHz. Um provedor de Internet via cabo tem mais de 33 assinantes; conseqüentemente, cada canal deve ser compartilhado por um grupo de assinantes. Nesse caso, temos uma situação de *multicasting*. Se existirem dados para qualquer um dos assinantes do grupo, esses dados são enviados pelo canal a cada um dos assinantes do grupo. Mas como cada assinante também tem um endereço registrado junto ao provedor, o *cable modem* compara o endereço transportado nos dados com o endereço designado pelo provedor. Se o endereço coincidir, os dados serão preservados; caso contrário, serão descartados.

CM e CMTS

Para usar uma rede a cabo para transmissão de dados, precisamos de dois dispositivos-chave: um **CM** (*Cable Modem*) e um **CMTS** (*Cable Modem Termination System*).

CM

O *Cable Modem* (**CM**) é instalado na residência do assinante. Ele é similar a um modem ADSL. A Figura 9.17 indica sua localização.

CMTS

O *Cable Modem Termination System* (**CMTS**) é instalado dentro do *hub* de distribuição pela companhia de TV a cabo. Ele recebe dados da Internet e os repassa a um dispositivo combinador que os envia ao assinante. O CMTS também recebe dados do assinante e os passa para a Internet. A Figura 9.18 mostra a localização do CMTS.

Figura 9.17 Cable Modem *(CM)*

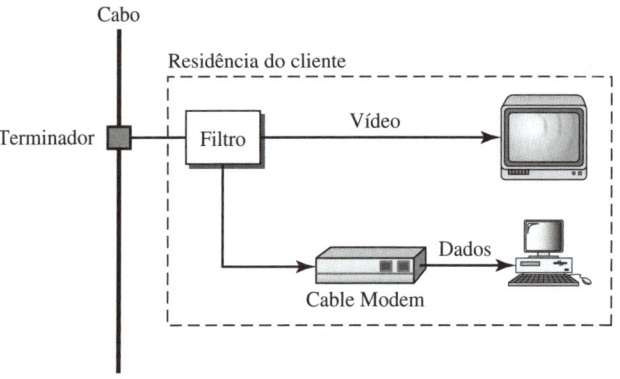

Figura 9.18 Cable Modem Termination System *(CMTS)*

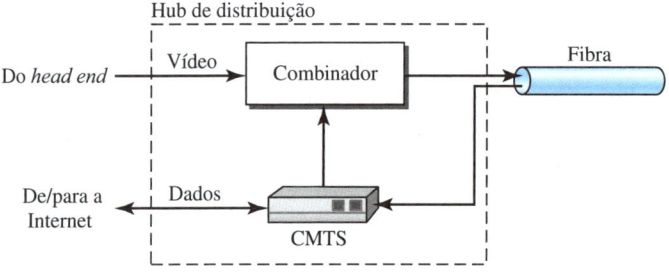

Métodos de Transmissão de Dados: DOCSIS

Durante as últimas décadas, foram desenvolvidos vários métodos para estabelecer padrões de transmissão de dados por meio de uma rede HFC. O método predominante atual foi desenvolvido pela MCNS (*Multimedia Cable Network System*) e é denominado **DOCSIS** (*Data Over Cable System Interface Specification*). O DOCSIS define todos os protocolos necessários para transportar dados de um CMTS para um CM.

Comunicação na Direção de Upstream

A seguir, apresentamos uma versão bastante simplificada do protocolo definido pela DOCSIS para a comunicação de dados na direção de upstream. Ela descreve as etapas que devem ser seguidas por um *Cable Modem*:

1. O CM verifica periodicamente os canais de downstream disponíveis por intermédio de um pacote enviado pelo CTMS. Esse pacote solicita a qualquer CM novo que se anuncie em certo canal de upstream.
2. O CMTS envia um pacote para o CM, definindo seus canais alocados de downstream e upstream.
3. O CM inicia então um processo, denominado ***ranging***, que determina a distância entre o CM e o CMTS. Esse processo é necessário para a sincronização de todos os CMs e CMTSs e para a definição dos minislots a serem usados para o compartilhamento dos canais de upstream.

Veremos essa questão de compartilhamento quando discutirmos os protocolos de contenção no Capítulo 12.

4. O CM envia um pacote para o ISP, solicitando seu endereço de Internet.
5. O CM e o CMTS trocam então alguns pacotes entre si para estabelecer parâmetros de segurança que são necessários para acesso a uma rede pública como uma TV a cabo.
6. O CM envia seu identificador exclusivo para o CMTS.
7. A comunicação pode ser iniciada no canal de upstream estabelecido; o CM pode disputar os minislots para envio de seus dados.

Comunicação na Direção de Downstream

Na direção de downstream, a comunicação é muito mais simples. Não existe contenção porque há apenas um emissor. O CMTS envia pacotes com o endereço do CM receptor usando o canal alocado de downstream.

9.6 LEITURA RECOMENDADA

Para mais detalhes sobre os assuntos discutidos neste capítulo, recomendamos os seguintes livros. Os itens entre colchetes [. . .] correspondem à lista de referências no final do texto.

Livros

O livro [Cou01] fornece uma interessante discussão sobre sistemas telefônicos, tecnologia DSL e CATV no Capítulo 8. [Tan03] trata dos sistemas telefônicos e tecnologia DSL na Seção 2.5 e CATV na Seção 2.7. [GW04] discute os sistemas telefônicos na Seção 1.1.1 e padrões de modems na Seção 3.7.3. Material mais completo sobre banda larga residencial (DSL e CATV) pode ser encontrado em [Max99].

9.7 TERMOS-CHAVE

ADSL Lite
banda de dados na direção de upstream
Cable modem (CM)
CATV (antena de TV comunitária)
centrais locais
central de comutação
central regional
central *tandem*
CLEC (competitive local exchange carrier)
CMTS (cable modem termination system)
companhias telefônicas
DDS (digital data services)

demodulador
DMT (*discrete multitone technique*)
DOCSIS (data over cable system interface specification)
downloading
DSL assimétrico (ADSL)
DSL (digital subscriber line)
DSLAM (digital subscriber line access multiplexer)
DSL simétrico (SDSL)
faixa de dados para download
HDSL (DSL de alta velocidade)

head end

hub de distribuição

ILEC (incumbent local exchange carrier)

ISUP (ISDN user port)

IXC (interchange carrier)

largura de banda de vídeo

LATA (local access transport area)

LEC (local exchange carrier)

loop local (linha do assinante)

modem

modem 56K

modem ADSL

modulador

nível MTP (message transport port)

nó de fibra

operadoras de longa distância

POP (ponto de presença)

POTS (plain old telephone system)

ranging

RCH (regional cable head)

rede de TV a cabo

rede HFC (hybrid fiber-coaxial)

SCCP (signaling connection control point)

SCP (service control point)

séries V

serviço 0800

serviço 0900

serviço analógico alugado

serviço analógico comutado

serviço comutado 56

serviço digital

sinalização *in-band*

sinalização *out-of-band*

SP (signal point)

SS7 (*signaling system seven*)

STP (signal transport port)

TCAP (transaction capabilities application port)

tronco

TUP (telephone user port)

uploading

WATS services (wide-area telephone service)

V.32

V.32bis

V.34bis

V.90

V.92

VDSL (DSL de altíssima velocidade)

9.8 RESUMO

❑ O telefone, que é referido como POTS (*plain old telephone system* — rede tradicional de telefones analógicos), era originalmente um sistema analógico. Durante a última década, a rede telefônica passou por muitas transformações tecnológicas. A rede atual é uma combinação de digital e analógica.

❑ A rede telefônica é constituída por três componentes principais: loops locais (linhas dos assinantes), troncos e centrais de comutação. Ela implementa vários níveis de centrais de comutação como centrais locais, centrais tandem e centrais regionais.

❑ Os Estados Unidos estão divididos em diversas LATAs (*local access transport area*). Os serviços oferecidos dentro de uma LATA são denominados serviços intra-LATA. A operadora que cuida desses serviços é chamada LEC (*local exchange carrier*). Os serviços INTER-LATAs são de responsabilidade das IXCs (*interexchange carrier*).

- Na sinalização *in-band*, o mesmo circuito é usado tanto para sinalização como para a transmissão de dados. Na sinalização *out-of-band*, parte da largura de banda é usada para sinalização e outra parte para transmissão de dados. O protocolo usado para sinalização na rede telefônica é denominado SS7 (*signaling system 7*).

- As companhias telefônicas nos Estados Unidos oferecem dois tipos básicos de serviços: analógicos e digitais. Podemos classificar os serviços analógicos em serviços analógicos comutados e serviços analógicos alugados. Os dois serviços digitais mais comuns são o serviço comutado 56 e o serviço de dados digitais (DDS).

- A transferência de dados usando o loop local da rede telefônica (linha do assinante) era realizada, tradicionalmente, via um modem discado. O termo *modem* é uma palavra composta que se refere às duas entidades funcionais que formam o dispositivo: um modulador de sinais e um demodulador de sinais.

- A maior parte dos modems disponíveis atualmente se baseiam nos padrões da série V. O modem V.32 tem taxa de dados de 9.600 bps. O modem V.32bis suporta em 14.400 bps. Os modems V.90, denominados modems 56K, com velocidade de downloading de 56 kbps e de 33,6 kbps para o uploading são muito comuns. O padrão acima do V.90 é chamado V.92. Esses modems são capazes de auto-ajustar sua velocidade e, se o ruído assim permitir, podem realizar o uploading de dados a 48 kbps.

- As companhias telefônicas desenvolveram outra tecnologia, a linha digital de assinante (DSL, *digital subscriber line*), para oferecer acesso mais rápido à Internet. A tecnologia DSL é um conjunto de tecnologias, cada uma das quais diferindo pela primeira letra (ADSL, VDSL, HDSL e SDSL). ADSL (DSL Assimétrico) fornece uma velocidade maior no sentido de downstream que no sentido de upstream. O HDSL (DSL de alta velocidade) foi desenvolvido como alternativa para a linha T-1 (1,544 Mbps). O SDSL (DSL Simétrico) é uma versão de par trançado do HDSL. AO VDSL (DSL de altíssima velocidade) é uma abordagem alternativa similar ao ADSL.

- A CATV (antena de TV comunitária) foi desenvolvida, originalmente, para fornecer serviços de vídeo para a comunidade. O sistema de TV a cabo tradicional utilizava cabo coaxial de ponta a ponta. A segunda geração das redes a cabo é denominada *hybrid fiber-coaxial* (HFC). Essa rede usa uma combinação de fibra óptica e cabo coaxial.

- As empresas de TV a cabo estão disputando com as companhias telefônicas os clientes residenciais que desejam acesso de alta velocidade à Internet. Para usar uma rede a cabo para a transmissão de dados, precisamos de dois dispositivos-chave: um *cable modem* (CM) e um *cable modem transmission system* (CMTS).

9.9 ATIVIDADES PRÁTICAS

Questões para Revisão

1. Quais são os três componentes principais de uma rede telefônica?
2. Cite alguns níveis hierárquicos de comutação de uma rede telefônica.
3. O que é LATA? O que são serviços intra-LATA e inter-LATAs?
4. Descreva a sinalização SS7 e sua relação com a rede telefônica.
5. Quais são os principais serviços fornecidos pelas companhias telefônicas nos Estados Unidos?
6. O que é a tecnologia de modem discado? Enumere alguns dos padrões atuais discutidos neste capítulo e dê suas velocidades.

7. O que é a tecnologia DSL? Quais são os serviços fornecidos pelas companhias telefônicas que usam DSL? Faça a distinção entre um modem DSL e um DSLAM.
8. Compare e mostre as diferenças entre uma rede de TV a cabo tradicional e uma rede híbrida de fibra-coaxial (HFC).
9. Qual é a taxa de transferência de dados alcançada, utilizando-se canais CATV?
10. Mostre as diferenças entre um CM e um CMTS.

Exercícios

11. Usando a discussão sobre comutação de circuitos do Capítulo 8, explique por que esse tipo de comutação foi escolhido para as redes telefônicas.
12. No Capítulo 8, discutimos as três fases envolvidas na comunicação em uma rede de comutação de circuitos. Associe essas fases com as fases para estabelecer uma chamada telefônica entre dois assinantes.
13. No Capítulo 8, vimos que uma rede de comutação de circuitos precisa de endereçamento de uma extremidade à outra durante as fases de estabelecimento e encerramento da conexão. Defina endereçamento de uma extremidade à outra em uma rede telefônica quando duas partes se comunicam.
14. Quando temos uma conversação telefônica internacional, algumas vezes percebemos certo retardo. Você saberia explicar o motivo?
15. Desenhe um gráfico de barras para comparar as diferentes velocidades de downloading de modems comuns.
16. Desenhe um gráfico de barras para comparar as diferentes velocidades de downloading de implementações comuns da tecnologia DSL (use taxas de dados mínimas).
17. Calcule o tempo mínimo necessário para fazer o download de um milhão de bytes de dados usando cada uma das seguintes tecnologias.
    a. Modem V.32
    b. Modem V.32bis
    c. Modem V.90
18. Repita o Exercício 17 usando diferentes implementações de DSL (considere as velocidades mínimas).
19. Repita o Exercício 17 usando um *cable modem* (considere as velocidades mínimas).
20. Que tipo de topologia é empregada quando clientes de uma área utilizam modems DSL para transferência de dados? Explique.
21. Que tipo de topologia é utilizada quando clientes de uma área empregam *cable modems* para transferência de dados? Explique.

PARTE 3

Camada de Enlace de Dados

Objetivos

A camada de enlace de dados transforma a camada física, um recurso de transmissão bruto, em um link responsável pela comunicação de dados nó-a-nó (*hop-to-hop*). Entre as responsabilidades específicas da camada de enlace temos o framing, *endereçamento, controle de fluxo*, *controle de erros* e *controle de acesso ao meio de transmissão*. A camada de enlace divide o fluxo de bits recebidos da camada de rede em unidades de dados gerenciáveis denominadas frames. A camada de enlace acrescenta um cabeçalho ao frame para definir os endereços do emissor e do receptor. Se a velocidade com que os dados podem ser absorvidos pelo receptor for menor que a velocidade na qual os dados são produzidos no emissor, a camada de enlace impõe mecanismos de controle de fluxo para evitar que o receptor fique sobrecarregado. A camada de enlace também acrescenta confiabilidade à camada física adicionando mecanismos de detecção e retransmissão de frames corrompidos, duplicados ou perdidos. Quando dois ou mais dispositivos são conectados a um mesmo link, os protocolos da camada de enlace são necessários para determinar qual dispositivo terá o controle sobre o link em dado momento.

Na Parte 3 do livro, discutiremos, inicialmente, os serviços fornecidos pela camada de enlace. Em seguida, discutiremos a implementação destes serviços em redes locais (LANs). Finalmente, veremos como as redes de longa distância (WANs) utilizam-se destes serviços.

A Parte 3 do livro é dedicada à camada de enlace e aos serviços por ela fornecidos.

Capítulos

Esta parte consiste de nove capítulos: Capítulos 10 ao 18.

Capítulo 10

O Capítulo 10 discute a detecção e a correção de erros. Embora a qualidade dos dispositivos e dos meios de transmissão tenha melhorado durante a última década, ainda precisamos implementar a verificação e a correção de erros para a maioria das aplicações.

Capítulo 11

O Capítulo 11, controle do enlace, apresenta os mecanismos de controle de fluxo e de erros. Este capítulo discute alguns protocolos que foram projetados para interfacear e prover serviços de enlace de dados à camada de rede.

Capítulo 12

O Capítulo 12 é dedicado ao controle de acesso, tarefas da camada de enlace de dados relacionadas com o uso da camada física.

Capítulo 13

Este capítulo introduz as redes locais de computadores interligados por fios. Uma LAN através de fios, vista como um link, utiliza em grande parte os serviços das camadas física e de enlace de dados. Dedicamos este capítulo à discussão sobre redes Ethernet e sua evolução, uma tecnologia predominante hoje em dia.

Capítulo 14

Este capítulo introduz as redes locais sem fio (Wireless LAN). A LAN sem fio é uma tecnologia crescente na Internet. Dedicamos um capítulo a este tópico.

Capítulo 15

Após discutirmos as LANs com fios e sem fio, mostramos como elas podem ser conectadas entre si através do uso de dispositivos de conexão.

Capítulo 16

Este é o primeiro capítulo sobre redes de longa distância (WANs). Iniciamos com as WANs sem fio e, em seguida, partimos para as redes via satélite e de telefonia móvel.

Capítulo 17

Para demonstrar a operação de uma WAN de alta velocidade que pode ser usada como *backbone* para outras WANs ou para a Internet, optamos por dedicar todo o Capítulo 17 à REDE SONET, uma rede de longa distância que usa tecnologia de fibra óptica.

Capítulo 18

Este capítulo conclui nossa discussão sobre redes de longa distância. São discutidas aqui duas WANs comutadas: Frame Relay e ATM.

CAPÍTULO 10

Detecção e Correção de Erros

As redes de computadores devem ser capazes de transferir dados de um dispositivo a outro com precisão. Para a maior parte das aplicações, uma rede deve garantir que os dados recebidos sejam idênticos àqueles enviados. Em qualquer instante, dados transmitidos de um nó ao nó seguinte, podem ser corrompidos no caminho. Diversos fatores podem alterar um ou mais bits de uma mensagem. Algumas aplicações exigem mecanismos eficientes para a detecção e correção de **erros**.

**Os dados podem ser corrompidos durante uma transmissão.
Algumas aplicações exigem que os erros sejam detectados e corrigidos.**

Algumas aplicações são capazes de tolerar certo nível reduzido de erros. Por exemplo, erros aleatórios em transmissões de áudio e vídeo podem ser toleráveis, mas, quando transferimos texto, esperamos alto grau de precisão.

10.1 INTRODUÇÃO

Iremos discutir, inicialmente, as questões relacionadas, direta ou indiretamente, à detecção e à correção de erros.

Tipos de erros

Toda vez que uma cadeia de bits flui de um ponto a outro de uma rede de computadores, eles estão sujeitos a alterações imprevisíveis por causa das **interferências**. Essas interferências podem modificar as características do sinal. Em um erro de bit, um 0 passa a ser 1 e um 1 passa a ser 0. Em um erro em rajada, vários bits são corrompidos. Por exemplo, uma rajada de 1/100 s de ruídos impulsivos em uma transmissão com uma taxa de dados de 1.200 bps poderia alterar todos os 12 bits de informação ou parte deles.

Erro de Bit

O termo *erro de bit* significa que apenas 1 bit de determinada unidade de dados (por exemplo, um byte, caractere ou pacote) foi alterado de 1 para 0 ou de 0 para 1.

> **Em um erro de bit, apenas 1 bit na unidade de dados é alterado.**

A Figura 10.1 mostra o efeito do erro de bit sobre uma unidade de dados. Para compreender o impacto desse problema, imagine que cada grupo de 8 bits seja um caractere ASCII com um bit 0 adicionado à esquerda. Na Figura 10.1, o caractere 00000010 (ASCII *STX*) foi enviado, significando *início de texto* (*start of text*), mas, foi recebido 00001010 (ASCII *LF*), significando *avanço de linha* (*line feed*). (Para mais informações sobre o código ASCII, ver o Apêndice A.)

Figura 10.1 *Erro de bit*

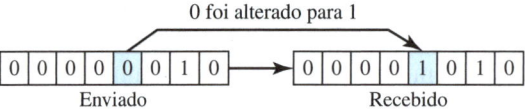

Os erros de bit são o tipo de erro de menor probabilidade de ocorrência em uma transmissão de dados serial. Para compreender isso, imagine que dados são enviados a 1 Mbps. Isso significa que a duração de cada bit é de apenas 1/1.000.000 s, ou seja, 1 µs. Para que ocorra um erro em um único bit, o ruído deve ter uma duração de 1 µs, o que é muito raro na prática; normalmente os ruídos duram muito mais que isso.

Erros em Rajada

O termo **erros em rajada** significa que 2 ou mais bits na unidade de dados foram corrompidos.

> **Um erro em rajada significa que 2 ou mais bits na unidade de dados foram corrompidos.**

A Figura 10.2 ilustra o efeito de um erro em rajada sobre uma unidade de dados. Nesse caso, foi enviado 0100010001000011, mas o recebido foi, na realidade, 0101110101100011. Observe que um erro em rajada não significa, necessariamente, que os erros ocorrem em bits consecutivos. O comprimento da rajada é medido do primeiro bit corrompido até o último. Pode ser que alguns bits entre estes não tenham sido corrompidos.

Figura 10.2 *Erro em rajada de comprimento 8*

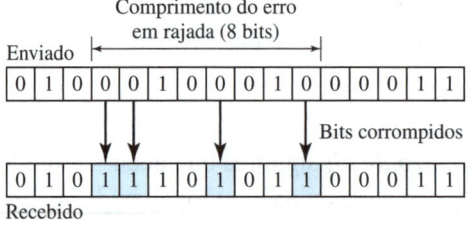

É mais provável a ocorrência de erros em rajada que a ocorrência do erro de bit. Normalmente, a duração do ruído é maior que a duração de 1 bit, o que significa que quando o ruído afeta os dados, ele afeta um conjunto de bits. O número de bits afetados depende da taxa de transmissão de dados e da duração do ruído. Por exemplo, se estivermos enviando dados a 1 kbps, um ruído de 1/100 s pode afetar 10 bits; se estivermos enviando dados a 1 Mbps, o mesmo ruído pode afetar 10.000 bits.

Redundância

O conceito mais importante na detecção e correção de erros é a **redundância**. Para sermos capazes de detectar ou corrigir erros, precisamos enviar alguns bits extras redundantes junto com os dados. Esses bits redundantes são acrescentados pelo emissor e posteriormente retirados pelo receptor. Sua presença possibilita que o receptor detecte ou corrija bits corrompidos.

Para detectar ou corrigir erros, precisamos enviar bits extras (redundantes) juntos com os dados.

Detecção *versus* Correção

Corrigir erros em uma transmissão de dados é muito mais difícil que a detecção. Na **detecção de erros**, estamos apenas verificando se ocorreu algum erro. A resposta é um simples sim ou não. Nem mesmo estamos interessados na quantidade. Para nós, o erro em um único bit provoca o mesmo efeito que um erro em um bloco de bits, ou seja, a mensagem está corrompida.

Na **correção de erros**, precisamos saber o número exato de bits que foram corrompidos e, mais importante, sua localização na mensagem. O número de erros e o tamanho da mensagem são fatores essenciais. Se precisarmos corrigir um único erro em uma unidade de dados de 8 bits, podemos considerar oito localizações possíveis de erro; se precisarmos corrigir dois erros em uma unidade de dados de mesmo tamanho, teremos de considerar 28 possibilidades. Pode-se imaginar a dificuldade do receptor para corrigir dez erros em uma unidade de dados de 1.000 bits.

Correção Antecipada de Erros *versus* Retransmissão

Existem dois métodos principais de correção de erros. Na **correção antecipada de erros** (*Forward Error Correction*), o receptor tenta adivinhar a mensagem pelo uso de bits redundantes. Isso é possível, como veremos mais tarde, se a quantidade de erros for pequena. Na correção de erros por **retransmissão** o receptor detecta a ocorrência de um erro e solicita ao emissor para reenviar a mensagem. O reenvio é repetido até a mensagem chegar no receptor livre de erros (normalmente, nem todos os erros podem ser detectados).

Códigos de Erros

A redundância pode ser implementada por meio de vários métodos de codificação. O emissor adiciona bits redundantes por meio de um processo que crie uma relação entre os bits redundantes e os bits de dados reais. O receptor verifica essas relações entre os dois conjuntos de bits para detectar ou corrigir os erros. A razão entre os bits redundantes e os bits de dados reais, bem como a eficiência do processo, são fatores determinantes em qualquer esquema de codificação. A Figura 10.3 mostra o conceito geral de codificação.

Podemos dividir os códigos de erros em duas categorias amplas: **códigos de blocos** e **códigos convolucionais**. Neste livro, iremos nos concentrar apenas nos códigos de bloco, pois os códigos convolucionais são mais complexos e estão fora do escopo deste livro.

Figura 10.3 *A estrutura de um codificador e decodificador*

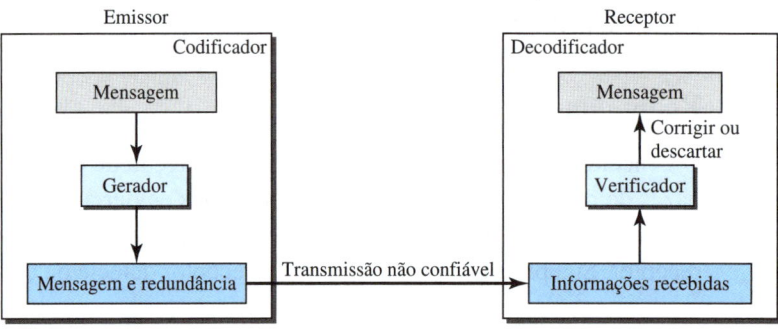

> Neste livro, nos concentraremos nos códigos de blocos;
> deixaremos os códigos convolucionais para textos mais avançados.

Aritmética Modular

Antes de encerrarmos essa seção, vamos discutir brevemente um conceito básico da computação e essencial para a correção e detecção de erros: a aritmética modular. Nosso intento aqui não é o de nos aprofundarmos na matemática deste tópico; apresentaremos apenas as informações necessárias para dar uma base aos materiais que serão discutidos neste capítulo.

Na **aritmética modular**, utilizamos apenas um intervalo limitado de inteiros. Definimos um limite superior, denominado **módulo** N. Em seguida, usamos somente os inteiros de 0 a $N - 1$, inclusive. Esse é o módulo aritmético N. Por exemplo, se o módulo for 12, usamos só os inteiros de 0 a 11, inclusive. Um exemplo de módulo aritmético é nosso sistema horário (relógio). Ele se baseia no módulo aritmético 12, substituindo o número 12 por 0. Em um sistema de módulo N, quando um número for maior que N, ele é dividido por N e o resto é o resultado. Se ele for negativo, são acrescentados tantos Ns quanto necessários para torná-lo positivo. Consideremos novamente o sistema horário (relógio). Se iniciarmos um trabalho às 11 horas da manhã e ele levar cinco horas, podemos dizer que o trabalho deve ser encerrado às 16 horas ou podemos dizer que ele será finalizado às 4 horas da tarde (a diferença entre 16 e 12 é 4).

> No módulo aritmético N, usamos apenas os inteiros no intervalo 0 a $N - 1$, inclusive.

A adição e a subtração no módulo aritmético são simples. Não existe o vai um quando adicionamos dois dígitos em uma coluna. Também não existe o vem um quando subtraímos um dígito de outro em uma coluna.

Módulo Aritmético 2

De nosso particular interesse é o módulo aritmético 2. Nessa aritmética, o módulo N é igual a 2. Podemos usar apenas 0 e 1. As operações nessa aritmética são muito simples. O quadro a seguir mostra como podemos somar ou subtrair 2 bits.

| Soma: | $0 + 0 = 0$ | $0 + 1 = 1$ | $1 + 0 = 1$ | $1 + 1 = 0$ |
| Subtração: | $0 - 0 = 0$ | $0 - 1 = 1$ | $1 - 0 = 1$ | $1 - 1 = 0$ |

Observe, no exemplo anterior, que a adição e a subtração produzem os mesmos resultados. Nessa aritmética, usamos a operação XOR (OU exclusivo) tanto para a adição como para a subtração. O resultado de uma operação XOR é 0 se ambos os bits forem iguais; o resultado é 1 se os dois bits forem diferentes. A Figura 10.4 ilustra esta operação.

Figura 10.4 *Operação XOR em dois bits simples e em duas palavras*

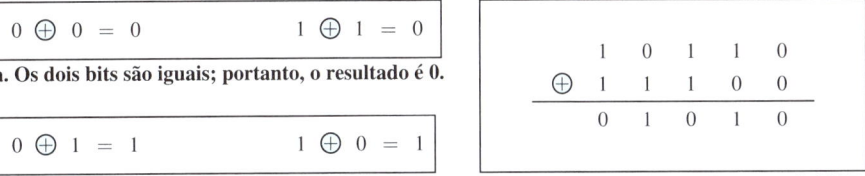

Outro Módulo Aritmético

Também usaremos o módulo aritmético N ao longo do livro. O princípio é o mesmo; utilizamos números entre 0 e $N - 1$. Se o módulo não for 2, a adição e a subtração são distintas. Se obtivermos um resultado negativo, adicionamos múltiplos de N suficientes para torná-lo positivo.

10.2 CÓDIGOS DE BLOCOS

Nos códigos de blocos, uma mensagem é dividida em blocos, cada um deles com k bits, denominados **palavras de dados** (*datawords*). Adicionamos r bits redundantes a cada bloco para obter o comprimento $n = k + r$. Os blocos resultantes de n bits são chamados **palavras de código** (*codewords*). Como os r bits extras são escolhidos ou calculados é algo que discutiremos mais adiante. Por enquanto, o importante é saber que temos um conjunto de palavras de dados, cada um dos quais com tamanho k e um conjunto de palavras de código, cada um dos quais de tamanho n. Com k bits, podemos criar uma combinação de 2^k palavras de dados; com n bits, podemos criar uma combinação de 2^n palavras de código. Já que $n > k$, o número de palavras de código possíveis é maior que o número de palavras de dados. O processo de codificação de blocos é uma relação de um-para-um; a mesma palavra de dados é sempre codificada como a mesma palavra de código. Isso significa que temos $2^n - 2^k$ palavras de código não usadas. Chamamos tais palavras inválidas ou ilegais. A Figura 10.5 mostra a situação.

Figura 10.5 *Palavras de dados e palavras de código no código de blocos*

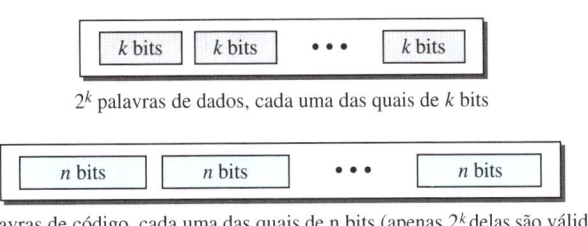

Exemplo 10.1

A codificação de blocos 4B/5B discutida no Capítulo 4 é um bom exemplo de codificação. Na codificação 4B/5B, $k = 4$ e $n = 5$. Conforme já visto, temos $2^k = 16$ palavras de dados e $2^n = 32$ palavras de código. Vimos que 16 das 32 palavras de código são usadas para a transmissão de mensagens e o restante, para outros fins ou então não são usadas.

Detecção de Erros

Como os erros podem ser detectados usando-se os códigos de blocos? Se as duas condições a seguir forem atendidas, o receptor poderá detectar uma mudança na palavra de código original.

1. O receptor tem (ou pode encontrar) uma lista de palavras de código válida.
2. A palavra de código original mudou para uma palavra inválida.

A Figura 10.6 ilustra o papel dos códigos de blocos na detecção de erros.

Figura 10.6 *Processo de detecção de erros na codificação de blocos*

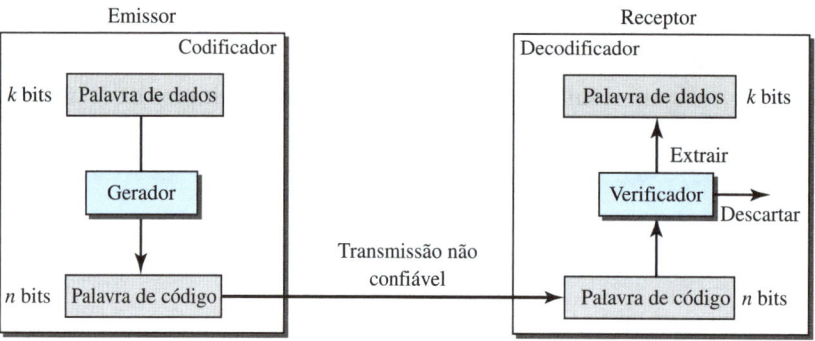

O emissor cria palavras de código a partir das palavras de dados usando um gerador que aplica as regras e os procedimentos de codificação (a ser discutido posteriormente). Cada palavra de código transmitida ao receptor pode, eventualmente, ser corrompida durante a transmissão. Se a palavra de código for a mesma que uma das palavras de código válidas, a palavra é aceita; a palavra de dados correspondente será extraída para uso. Se ela não for válida, é descartada. Entretanto, se a palavra de código for corrompida durante a transmissão, mas a palavra recebida ainda coincidir com uma palavra de código válida, o erro permanece sem ser detectado. Esse tipo de codificação é capaz de detectar apenas erros únicos. Dois ou mais erros podem ficar sem serem detectados.

Exemplo 10.2

Supondo que $k = 2$ e $n = 3$. A Tabela 10.1 apresenta uma lista de palavras de dados e palavras de código. Posteriormente, veremos como derivar uma palavra de código a partir de uma palavra de dados.

Tabela 10.1 *Exemplo de codificação para detecção de erros (Exemplo 10.2)*

Palavras de dados	Palavras de código
00	000
01	011
10	101
11	110

Supondo que o emissor codifique a palavra de dados 01 como 011 e a envie ao receptor. Considere os seguintes casos:

1. O receptor recebe 011. Trata-se de uma palavra de código válida. O receptor extrai então a palavra de dados 01 dela.

2. A palavra de código é corrompida durante a transmissão e é recebido 111 (o bit mais à esquerda foi corrompido). Esta não é uma palavra de código válida, portanto a palavra de dados será descartada.

3. A palavra de código é corrompida durante a transmissão e 000 é recebido (os dois bits da direita estão corrompidos). Esta é uma palavra de código válida. O receptor extrai incorretamente a palavra de dados 00. Os dois bits corrompidos tornaram o erro indetectável.

Um código de detecção de erros é capaz de detectar apenas os tipos de erros para os quais ele foi projetado; outros tipos de erros podem permanecer indetectáveis.

Correção de Erros

Conforme dito anteriormente, a correção de erros é muito mais difícil que a detecção de erros. Na detecção de erros, o receptor precisa saber apenas se a palavra de código recebida é correta ou inválida; na correção de erros, o receptor precisa encontrar (ou adivinhar) a palavra de código que foi originalmente transmitida. Podemos dizer que precisamos de mais bits redundantes para a correção de erros que para a detecção de erros. A Figura 10.7 mostra o papel da codificação de blocos na correção de erros. Podemos ver que a idéia é a mesma que para a detecção de erros, mas as funções de verificação são muito mais complexas.

Figura 10.7 *Estrutura do codificador e decodificador na correção de erros*

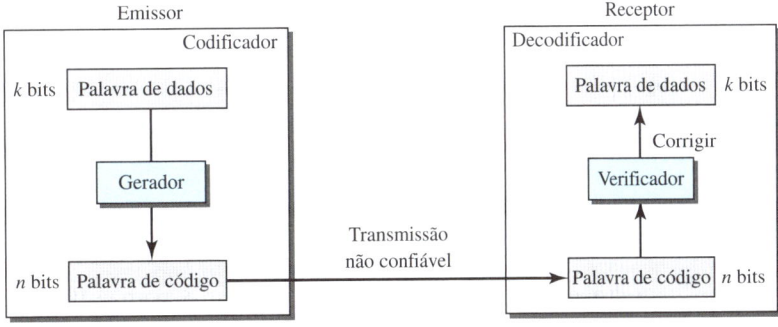

Exemplo 10.3

Acrescentemos mais bits redundantes ao Exemplo 10.2 para ver se o receptor consegue corrigir um erro sem saber o que realmente foi enviado. Adicionamos 3 bits redundantes à palavra de dados de 2 bits para formar palavras de código de 5 bits. Repetindo, posteriormente, mostraremos como escolher os bits redundantes. Por enquanto, concentremo-nos no conceito de correção de erros. A Tabela 10.2 mostra as palavras de dados e palavras de código.

Suponha que a palavra de dados seja 01. O emissor consulta a tabela (ou usa um algoritmo) para criar a palavra de código 01011. A palavra de código é corrompida durante a transmissão síncrona e é recebido 01001 (erro no segundo bit da direita para a esquerda). Primeiro, o receptor descobre que a palavra de código recebida não existe na tabela. Isso significa que ocorreu um erro. (A detecção deve vir antes da correção). O receptor, supondo que haja apenas 1 bit corrompido, usa a seguinte estratégia para adivinhar a palavra de dados correta.

Tabela 10.2 *Código de correção de erros (Exemplo 10.3)*

Palavra de dados	Palavra de código
00	00000
01	01011
10	10101
11	11110

1. Comparando a palavra de código recebida com a primeira palavra de código da tabela (01001 *versus* 00000), o receptor decide que a primeira palavra de código não é aquela que foi enviada, pois há dois bits diferentes.
2. Pela mesma razão, a palavra de código original não pode ser a terceira ou quarta na tabela.
3. A palavra de código original tem de ser a segunda da tabela, porque esta é a única que difere da palavra de código recebida em 1 bit. O receptor substitui 01001 por 01011 e consulta a tabela para encontrar a palavra de dados 01.

Distância de Hamming

Um dos mais importantes conceitos associados à codificação para controle de erros é a idéia da distância de Hamming. A **distância de Hamming** entre duas palavras (do mesmo tamanho) é o número de diferenças entre os bits alinhados correspondentes. A distância de Hamming entre duas palavras x e y será descrita como $d(x, y)$.

A distância de Hamming pode ser facilmente encontrada se aplicarmos a operação XOR ($\oplus$) entre duas palavras e contarmos o número de 1s do resultado. Note que a distância de Hamming é um valor maior que zero.

A distância de Hamming entre duas palavras é o número de diferenças entre bits correspondentes.

Exemplo 10.4

Encontremos a distância de Hamming entre dois pares de palavras.

1. A distância de Hamming $d(000, 011)$ é 2, pois $000 \oplus 011$ é 011 (dois 1s).
2. A distância de Hamming $d(10101, 11110)$ é 3, porque $10101 \oplus 11110$ é 01011 (três 1s).

Distância de Hamming Mínima

Embora o conceito de distância de Hamming seja o ponto central ao lidarmos com detecção de erros e códigos de correção, a medida que é usada para o projeto de um algoritmo de correção e detecção de erros é a distância de Hamming mínima. Em um conjunto de palavras, a **distância de Hamming mínima** é a menor distância de Hamming entre todos os pares possíveis. Usamos $d_{mín}$ para definir a distância de Hamming mínima em um esquema de codificação. Para encontrar esse valor, encontramos a distância de Hamming entre todas as palavras e selecionamos a menor delas.

A distância de Hamming mínima é a menor distância de Hamming entre todos os pares possíveis em um conjunto de palavras.

Exemplo 10.5

Encontre a distância de Hamming mínima para o esquema de codificação apresentado na Tabela 10.1.

Solução

Primeiro, encontramos todas as distâncias de Hamming.

$$d(000, 011) = 2 \qquad d(000, 101) = 2 \qquad d(000, 110) = 2 \qquad d(011, 101) = 2$$
$$d(011, 110) = 2 \qquad d(101, 110) = 2$$

A $d_{mín}$, neste caso, é 2.

Exemplo 10.6

Encontre a distância de Hamming mínima para o esquema de codificação apresentado na Tabela 10.2.

Solução

Inicialmente encontramos todas as distâncias de Hamming.

$$d(00000, 01011) = 3 \qquad d(00000, 10101) = 3 \qquad d(00000, 11110) = 4$$
$$d(01011, 10101) = 4 \qquad d(01011, 11110) = 3 \qquad d(10101, 11110) = 3$$

A $d_{mín}$, nesse caso, é 3.

Três Parâmetros

Antes de continuarmos nossa discussão, precisamos mencionar que qualquer esquema de codificação precisa definir pelo menos três parâmetros: o tamanho n da palavra de código, o tamanho k da palavra de dados e a distância de Hamming mínima $d_{mín}$. Um esquema de codificação C é escrito na forma $C(n, k)$ com uma expressão distinta para $d_{mín}$. Por exemplo, podemos denominar nosso primeiro esquema de codificação $C(3, 2)$ com $d_{mín} = 2$ e nosso segundo esquema de codificação $C(5, 2)$ com $d_{mín} = 3$.

Distância de Hamming e Erro

Antes de explorarmos os critérios para detecção e correção de erros, vejamos a relação entre a distância de Hamming e erros que ocorrem durante uma transmissão. Quando uma palavra de código é corrompida durante a transmissão, a distância de Hamming entre as palavras de código enviadas e recebidas é o número de bits afetados pelo erro. Em outras palavras, a distância de Hamming entre a palavra de código recebida e a transmitida é o número de bits que são corrompidos durante a transmissão. Por exemplo, se a palavra de código transmitida for 00000 e o outro lado receber 01101, 3 bits estão incorretos e a distância de Hamming entre os dois é $d(00000, 01101) = 3$.

Distância Mínima para Detecção de Erros

Precisamos encontrar agora a distância de Hamming em um código que nos permita estar aptos a detectar até s erros. Se ocorrerem s erros durante uma transmissão, a distância de Hamming entre as palavras de código transmitida e a recebida é s. Se nosso código tem por objetivo detectar até s erros, então a distância mínima entre os códigos válidos deve ser $s + 1$, de modo que a palavra de código recebida não vá coincidir com uma palavra de código válida. Em outras palavras, se a distância mínima entre todas as palavras de código for $s + 1$, a palavra de código recebida não poderá ser confundida erroneamente com outra palavra de código válida. As distâncias não são suficientes ($s + 1$) para o receptor aceitá-la como válido. O erro será detectado. Precisamos esclarecer uma questão aqui. Embora um código com $d_{mín} = s + 1$ talvez seja capaz de detectar mais de um erro em alguns casos especiais, apenas *s* ou menos erros podem ser detectados de forma garantida.

> **Para garantir a correção de até *s* erros em todos os casos, a distância de Hamming mínima em um código de blocos deve ser $d_{mín} = s + 1$.**

Exemplo 10.7

A distância de Hamming mínima para nosso primeiro esquema de codificação (Tabela 10.1) é 2. Esse código garante a detecção de apenas um único erro. Se, por exemplo, a terceira palavra de código (101) for enviada e ocorrer um erro, a palavra de código recebida não vai coincidir com nenhuma palavra de código válida. Se, entretanto, ocorrerem dois erros, a palavra de código recebida talvez possa coincidir com uma palavra de código válida e os erros não serão detectados.

Exemplo 10.8

Nosso segundo esquema de codificação de blocos (Tabela 10.2) tem $d_{mín} = 3$. Esse código é capaz de detectar até dois erros. Repetindo, observamos que quando qualquer uma das palavras de código válidas for transmitida, dois erros criam uma palavra de código que não se encontra na tabela de palavras de código válidas. O receptor não pode ser enganado. Contudo, algumas combinações de três erros podem corromper uma palavra de código válida gerando uma outra palavra de código também válida. O receptor vai aceitar a palavra de código recebida e os erros não serão detectados.

Podemos analisar geometricamente. Suponhamos que a palavra de código transmitida *s* se encontre no centro de um círculo de raio *s*. Todas as palavras de código recebidas que são criadas por 1 a *s* erros são pontos dentro do círculo ou no perímetro do círculo. Todas as demais palavras de código válidas devem estar fora do círculo, conforme mostrado na Figura 10.8.

Figura 10.8 *Conceito geométrico de encontrar $d_{mín}$ na detecção de erros*

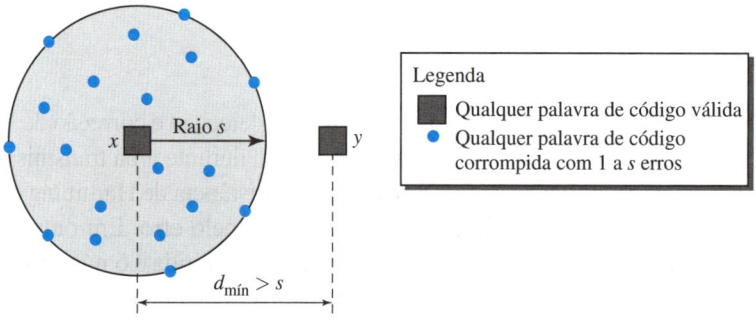

Na Figura 10.8, $d_{mín}$ tem de ser um inteiro maior que *s*; isto é, $d_{mín} = s + 1$.

Distância Mínima para Correção de Erros

A correção de erros é mais complexa que a detecção de erros; ela envolve uma decisão. Quando uma palavra de código recebida não for igual a uma palavra de código válida, o receptor precisa decidir qual palavra de código válida foi realmente transmitida. A decisão se baseia no conceito de território, uma área exclusiva que circunvizinha a palavra de código. Cada palavra de código válida possui seu próprio território.

Usamos uma abordagem geométrica para definir cada território. Partimos do pressuposto de que cada palavra de código válida tenha um território circular de raio *t* e que a palavra de código válida se encontre no centro. Suponha, por exemplo, que uma palavra de código x com t bits corrompidos ou menos. Então, essa palavra de código corrompida se localiza dentro do perímetro desse círculo ou sobre ele. Se o receptor receber uma palavra de código que pertença a esse território, ele decide que a palavra de código original é aquela no centro. Observe que havíamos suposto a ocorrência de até t erros apenas; caso contrário, a decisão pode ser incorreta. A Figura 10.9 ilustra essa interpretação geométrica. Alguns textos usam uma esfera para mostrar a distância entre todos os códigos de blocos válidos.

Figura 10.9 *Conceito geométrico para encontrar $d_{mín}$ na correção de erros*

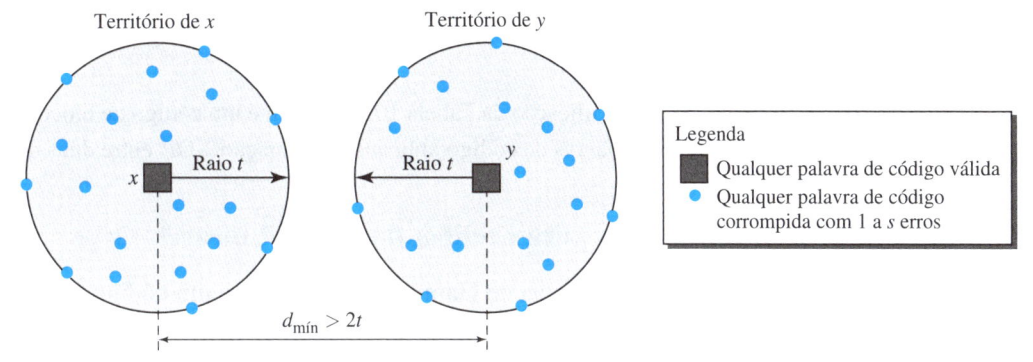

Na Figura 10.9, $d_{mín} > 2t$; já que o próximo incremento inteiro é 1, podemos dizer que $d_{mín} = 2t + 1$.

Para garantir a correção de até t erros para todos os casos, a distância de Hamming mínima em um código de blocos deve ser $d_{mín} = 2t + 1$.

Exemplo 10.9

Um esquema de codificação tem uma distância de Hamming $d_{mín} = 4$. Qual é a capacidade de detecção e de correção de erros desse esquema?

Solução

Esse código garante a detecção de até três erros ($s = 3$), mas é capaz de corrigir apenas 1 erro. Em outras palavras, se esse código for usado para correção de erros, parte de sua capacidade é desperdiçada. Os códigos de correção de erros devem ter uma distância mínima ímpar (3, 5, 7, . . .).

10.3 CÓDIGOS DE BLOCOS LINEARES

Quase todos os códigos de blocos usados hoje em dia pertencem a um subconjunto denominado **códigos de blocos lineares**. O uso de códigos de blocos não-lineares para detecção e correção de erros não é tão difundido, pois sua estrutura torna complicada a análise teórica e a implementação. Iremos, portanto, nos concentrar em códigos de blocos lineares.

A definição formal de códigos de blocos lineares requer o conhecimento de álgebra abstrata (particularmente, campos de Galois), que está fora do escopo deste livro. Portanto, iremos dar uma definição informal ao conceito. Para nossos fins, um código de blocos linear é um código no qual a operação OU exclusiva (soma de módulo 2) de duas palavras de código válidas cria outra palavra de código válida.

> **Em um código de blocos linear, a aplicação da operação OU exclusivo (XOR) em quaisquer duas palavras de código válidas cria outra palavra de código válida.**

Exemplo 10.10

Vejamos se os dois códigos que definimos nas Tabelas 10.1 e 10.2 pertencem à classe de códigos de blocos lineares.

1. O esquema de codificação da Tabela 10.1 é um código de bloco linear, pois o resultado da aplicação da operação XOR entre duas palavras de código válidas quaisquer cria outra palavra de código válida. Por exemplo, a aplicação da operação XOR entre a segunda e a terceira palavras de código cria uma quarta.

2. O esquema de codificação da Tabela 10.2 também é um código de blocos linear. Podemos criar todas as quatro palavras de código aplicando a operação XOR entre duas outras palavras de código.

Distância Mínima para Códigos de Blocos Lineares

É fácil encontrar a distância de Hamming mínima para um código de blocos linear. A distância de Hamming mínima é o número de bits 1s na palavra de código válida não-zero com o menor número de 1s.

Exemplo 10.11

Em nosso primeiro código (Tabela 10.1), o número de bits 1s nas palavras de código não-zero são 2, 2 e 2. Portanto, a distância de Hamming mínima é $d_{mín} = 2$. Em nosso segundo código (Tabela 10.2), os números de 1s nas palavras de código não-zero são 3, 3 e 4. Portanto, nesse código, temos $d_{mín} = 3$.

Alguns Códigos de Blocos Lineares

Mostraremos, a seguir, alguns códigos de blocos lineares. Esses códigos são triviais, pois podemos encontrar facilmente os algoritmos de codificação e de decodificação e verificar seus desempenhos.

Código de Verificação de Paridade Simples

Talvez o código de detecção de erros mais popular seja o **código de verificação de paridade simples**. Nesse código, uma palavra de dados de k bits é transformada em uma palavra de código de n bits, em que $n = k + 1$. O bit extra, denominado bit de paridade, é selecionado para tornar par o número total de bits 1s na palavra de código. Embora algumas implementações especifiquem um número ímpar de bits 1s, discutiremos o caso par. A distância de Hamming mínima para esta categoria é $d_{mín} = 2$, o que significa que este é um código de detecção de erros de bit (um só bit); ele não é capaz de corrigir erros.

> **O código de verificação de paridade simples é um código de detecção de erros de bit no qual $n = k + 1$ com $d_{mín} = 2$.**

Nosso primeiro código (Tabela 10.1) é um código de verificação de paridade, em que $k = 2$ e $n = 3$. O código na Tabela 10.3 também é um código de verificação de paridade, em que $k = 4$ e $n = 5$.

A Figura 10.10 mostra a estrutura de um codificador (no emissor) e um decodificador (no receptor).

O codificador usa um gerador que pega uma cópia de uma palavra de dados de 4 bits (a_0, a_1, a_2 e a_3) e gera um bit de paridade r_0. Os bits da palavra de dados e o **bit de paridade** criam uma palavra de código de 5 bits. O bit de paridade que é adicionado torna par o número de bits 1s na palavra de código.

Tabela 10.3 *Código de verificação de paridade simples C(5,4)*

Palavras de dados	Palavras de código	Palavras de dados	Palavras de código
0000	00000	1000	10001
0001	00011	1001	10010
0010	00101	1010	10100
0011	00110	1011	10111
0100	01001	1100	11000
0101	01010	1101	11011
0110	01100	1110	11101
0111	01111	1111	11110

Figura 10.10 *Codificador e decodificador para um código de verificação de paridade simples*

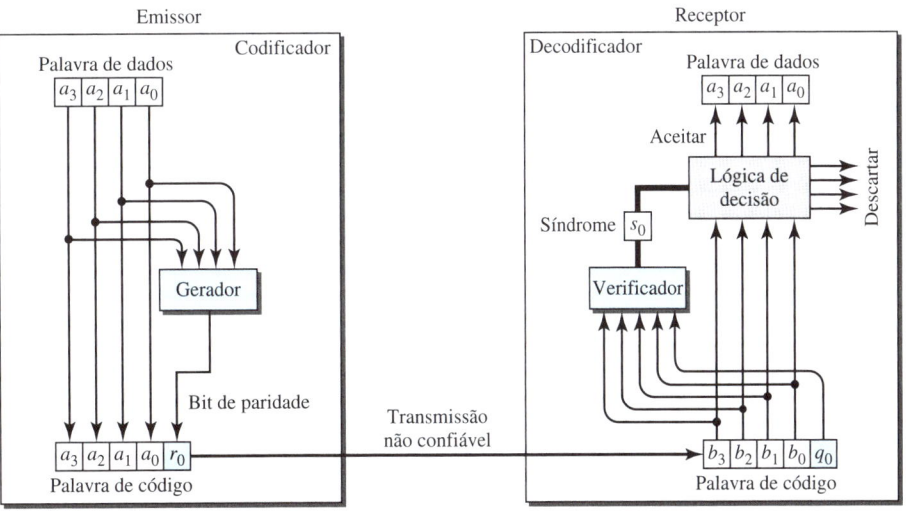

Isso é feito normalmente adicionando-se os 4 bits da palavra de dados (módulo 2); o resultado é o bit de paridade. Em outras palavras,

$$r_0 = a_3 + a_2 + a_1 + a_0 \quad \text{(módulo 2)}$$

Se o número de 1s for par, o resultado será 0; se o número de 1s for ímpar, o resultado será 1. Em ambos os casos, o número total de 1s na palavra de códigos é par.

O emissor envia a palavra de código, que pode ser corrompida durante a transmissão. O receptor recebe uma palavra de 5 bits. O verificador no receptor faz a mesma coisa que o gerador no emissor, com uma exceção: a adição é feita em todos os 5 bits. O resultado, que é denominado **síndrome**, é de apenas 1 bit. A síndrome é 0 quando o número de 1s na palavra de código recebida for par; caso contrário, ela é 1.

$$s_0 = b_3 + b_2 + b_1 + b_0 + q_0 \quad \text{(módulo 2)}$$

A síndrome é passada para o analisador de lógica de decisão. Se a síndrome for 0, não existem erros na palavra de código recebida; a parte de dados da palavra de código recebida é aceita como uma palavra de dados válida; se a síndrome for 1, a parte de dados da palavra de código recebida é descartada. A palavra de dados não é criada.

Exemplo 10.12

Analisemos alguns cenários de transmissão. Suponha que o emissor envie a palavra de dados 1011. A palavra de código criada a partir dessa palavra de dados é 10111, que é enviada ao receptor. Vamos examinar cinco casos:

1. Não há ocorrência de erro; a palavra de código recebida é 10111. A síndrome é 0. É criada a palavra de dados 1011.

2. Um erro de bit altera a_1. A palavra de código recebida será 10011. A síndrome é 1. Não é criada nenhuma palavra de dados.

3. Um erro de bit altera r_0. A palavra de código recebida é 10110. A síndrome é 1. Não é criada nenhuma palavra de dados. Observe que, embora nenhum dos bits da palavra de dados esteja corrompido, não é criada nenhuma palavra de dados, pois o código não é suficientemente sofisticado para indicar a posição do bit corrompido.

4. Um erro altera r_0 e um segundo erro altera a_3. A palavra de código recebida é 00110. A síndrome é 0. A palavra de dados 0011 é criada no receptor. Note que aqui a palavra de dados é criada de forma incorreta devido ao valor da síndrome. O decodificador de verificação de paridade simples não é capaz de detectar um número par de erros. Os erros se cancelam entre si e dão à síndrome um valor 0.

5. Três bits — a_3, a_2 e a_1 — são modificados por erros. A palavra de código recebida é 01011. A síndrome é 1. A palavra de dados não é criada. Isso mostra que a verificação de paridade simples, que garante a detecção de erros de bit, também pode encontrar qualquer número ímpar de erros.

O código de verificação de paridade simples é capaz de detectar um número ímpar de erros.

Um método mais eficiente é a **verificação de paridade bidimensional**. Nesse método, a palavra de dados é organizada em uma tabela (linhas e colunas). Na Figura 10.11, os dados a serem enviados, 5 bytes de 7 bits, são colocados em linhas separadas. Para cada linha e cada coluna, é calculado 1 bit de verificação de paridade. A tabela toda é, então, enviada ao receptor, que encontra a síndrome para cada linha e cada coluna. Conforme demonstra a Figura 10.11, a verificação de paridade bidimensional pode detectar até três erros ocorridos em qualquer ponto da tabela (as setas apontam para as posições de síndromes não-zero criadas). Entretanto, erros que afetam 4 bits talvez não sejam detectados.

Códigos de Hamming

Discutiremos agora uma categoria de códigos de correção de erros denominada **códigos de Hamming**. Esses códigos foram desenvolvidos originalmente com $d_{mín} = 3$, o que significa que podem detectar até dois erros ou corrigir um único erro. Embora existam alguns códigos de Hamming capazes de corrigir mais de um erro, nossa discussão se limitará ao código de correção de erros de bit.

Encontremos, inicialmente, a relação entre n e k em um código de Hamming. Precisamos escolher um inteiro $m >= 3$. Os valores de n e k são, então, calculados a partir de m como $n = 2^m - 1$ e $k = n - m$. O número de bits de verificação é $r = m$.

Todos os códigos de Hamming discutidos neste livro têm $d_{mín} = 3$.
A relação entre m e n nesses códigos é $n = 2^m - 1$.

Por exemplo, se $m = 3$, então $n = 7$ e $k = 4$. Este é um código de Hamming $C(7, 4)$ com $d_{mín} = 3$. A Tabela 10.4 mostra as palavras de dados e as palavras de código para esse código.

Figura 10.11 *Código de verificação de paridade bidimensional*

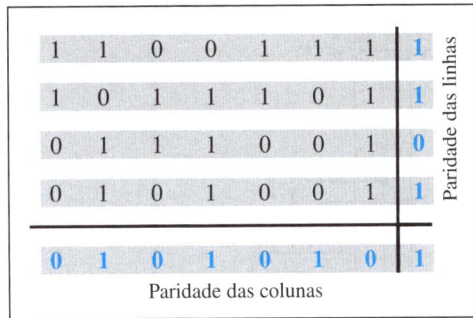

a. Matriz de paridades de linhas e colunas

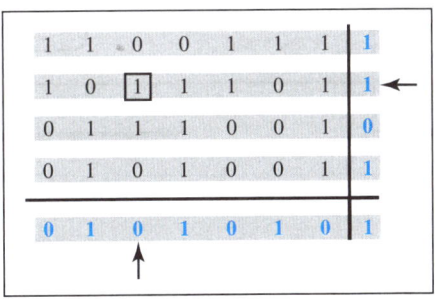

b. Um erro afeta duas paridades

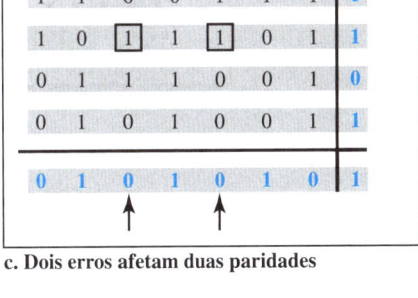

c. Dois erros afetam duas paridades

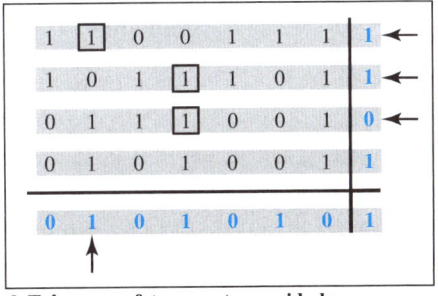

d. Três erros afetam quatro paridades

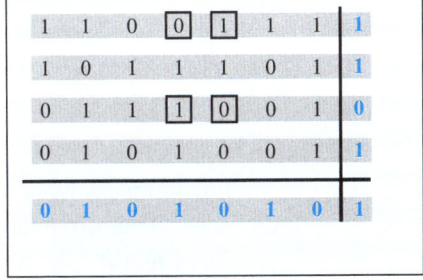

e. Não é possível detectar quatro erros

Tabela 10.4 *Código de Hamming C(7, 4)*

Palavras de dados	Palavras de código	Palavras de dados	Palavras de código
0000	0000000	1000	1000110
0001	0001101	1001	1001011
0010	0010111	1010	1010001
0011	0011010	1011	1011100
0100	0100011	1100	1100101
0101	0101110	1101	1101000
0110	0110100	1110	1110010
0111	0111001	1111	1111111

A Figura 10.12 mostra a estrutura do codificador e do decodificador para esse exemplo.

Figura 10.12 *Estrutura do codificador e do decodificador para um código de Hamming*

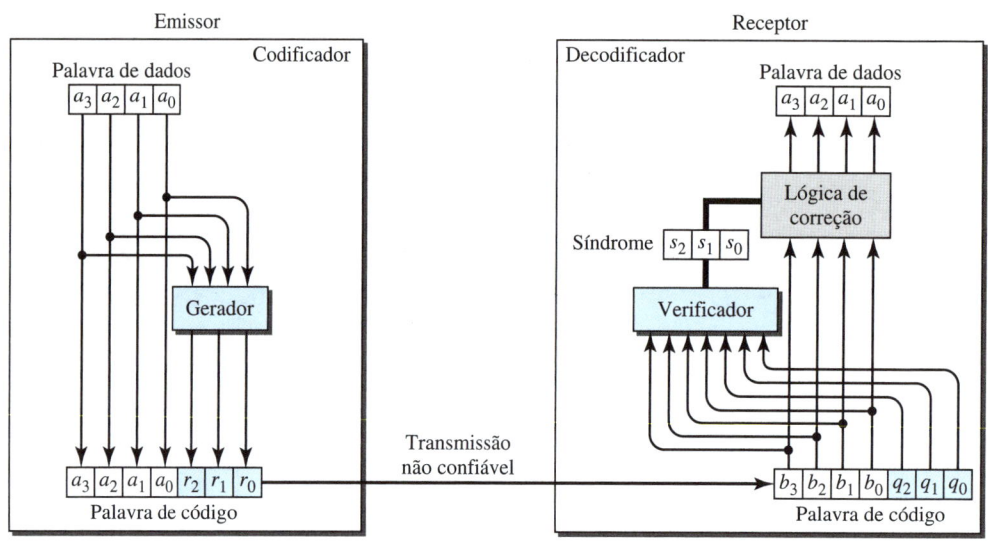

No emissor, uma cópia de uma palavra de dados de 4 bits alimenta o gerador que, por sua vez, cria três bits de verificação de paridade: r_0, r_1 e r_2, conforme mostrado a seguir:

$$r_0 = a_2 + a_1 + a_0 \quad \text{(módulo 2)}$$
$$r_1 = a_3 + a_2 + a_1 \quad \text{(módulo 2)}$$
$$r_2 = a_1 + a_0 + a_3 \quad \text{(módulo 2)}$$

Em outras palavras, cada um dos bits de paridade faz a verificação de 3 dos 4 bits da palavra de dados. O número total de 1s em cada combinação de 4 bits (3 bits de palavra de dados e 1 bit de paridade) tem de ser par. Não estamos dizendo que essas três equações são únicas; quaisquer três equações que envolvam 3 dos 4 bits na palavra de dados e criem equações independentes são válidas (uma combinação de dois não é capaz de criar o terceiro).

O verificador no decodificador cria uma síndrome de 3 bits ($s_2 s_1 s_0$) no qual cada bit representa a verificação de paridade em 4 dos 7 bits da palavra de código recebida:

$$s_0 = b_2 + b_1 + b_0 + q_0 \quad \text{(módulo 2)}$$
$$s_1 = b_3 + b_2 + b_1 + q_1 \quad \text{(módulo 2)}$$
$$s_2 = b_1 + b_0 + b_3 + q_2 \quad \text{(módulo 2)}$$

As equações usadas pelo verificador são as mesmas utilizadas pelo gerador com os bits de paridade adicionados do lado direito da equação. A síndrome de 3 bits cria oito padrões de bits diferentes (000 a 111) que pode representar oito condições diferentes. Essas condições definem desde a ausência de erros até um erro em 1 dos 7 bits da palavra de código recebida, conforme mostrado na Tabela 10.5.

Tabela 10.5 *Decisão lógica feita pelo analisador de lógica de correção do decodificador*

Síndrome	000	001	010	011	100	101	110	111
Erro	Nenhum	q_0	q_1	b_2	q_2	b_0	b_3	b_1

Perceba que o gerador não está preocupado com os quatro casos com fundo cinza indicados na Tabela 10.5, pois não existem erros ou então há apenas um erro no bit de paridade. Nos outros quatro casos, 1 dos bits deve ser invertido (de 0 para 1 ou de 1 para 0) para encontrar a palavra de dados correta.

Os valores de síndrome da Tabela 10.5 se baseiam no cálculo de bits de síndrome. Por exemplo, se q_0 estiver com erro, s_0 é o único bit afetado; conseqüentemente, a síndrome é 001. Se b_2 estiver com erro, s_0 e s_1 são os bits afetados; portanto, a síndrome é 011. De modo similar, se b_1 apresentar erro, todos os 3 bits de síndrome são afetados e a síndrome é 111.

Precisamos enfatizar duas questões aqui. Em primeiro lugar, se ocorrerem dois erros durante a transmissão, a palavra de dados criada talvez não seja a correta. Em segundo, se quisermos usar o código anterior para a detecção de erros, precisamos de um projeto diferente.

Exemplo 10.13

Tracemos o trajeto de três palavras de dados desde a origem até seu destino:

1. A palavra de dados 0100 se torna a palavra de código 0100011. A palavra de código 0100011 é recebida. A síndrome calculada é 000 (nenhum erro), a palavra de dados final é 0100.
2. A palavra de dados 0111 se torna a palavra de código 0111001. A palavra de código 0011001 é recebida. A síndrome é 011. De acordo com a Tabela 10.5, b_2 apresenta erro. Após inverter b_2 (de 1 para 0), a palavra de dados final fica 0111.
3. A palavra de dados 1101 se torna a palavra de código 1101000. A palavra de código 0001000 é recebida (dois erros). A síndrome é 101, o que significa que b_0 apresenta erro. Após inverter b_0, obtemos 0000, a palavra de dados incorreta. Isto mostra que nosso código não é capaz de corrigir dois erros.

Exemplo 10.14

Precisamos de uma palavra de dados de pelo menos 7 bits. Calcule os valores de k e n que satisfaçam essa exigência.

Solução

Precisamos fazer que $k = n - m$ seja maior ou igual a 7 ou $2^m - 1 - m \geq 7$.

1. Se configurarmos $m = 3$, o resultado é $n = 2^3 - 1$ e $k = 7 - 3$, ou 4, o que não é aceitável.
2. Se configurarmos $m = 4$, então $n = 2^4 - 1 = 15$ e $k = 15 - 4 = 11$, que satisfaz a condição. Portanto, o código é $C(15, 11)$. Existem métodos para tornar a palavra de dados de um tamanho específico, mas sua discussão e implementação estão fora do escopo deste livro.

Desempenho

Um código de Hamming é capaz de corrigir um erro de bit ou detectar dois erros. Entretanto, existe uma maneira de fazê-lo detectar um erro em rajada, conforme mostrado na Figura 10.13.

O segredo é dividir um erro em rajada em várias palavras de código, atribuindo um erro para cada uma. Em comunicação de dados, normalmente enviamos um pacote ou um frame de dados. Para fazer que o código de Hamming responda a um erro em rajada de tamanho N, precisamos criar N palavras de código a partir de nosso frame. Em seguida, em vez de enviar uma palavra de código por vez, dispomos as palavras de código em uma tabela e enviamos os bits da

Figura 10.13 *Correção de erros em rajada utilizando o código de Hamming*

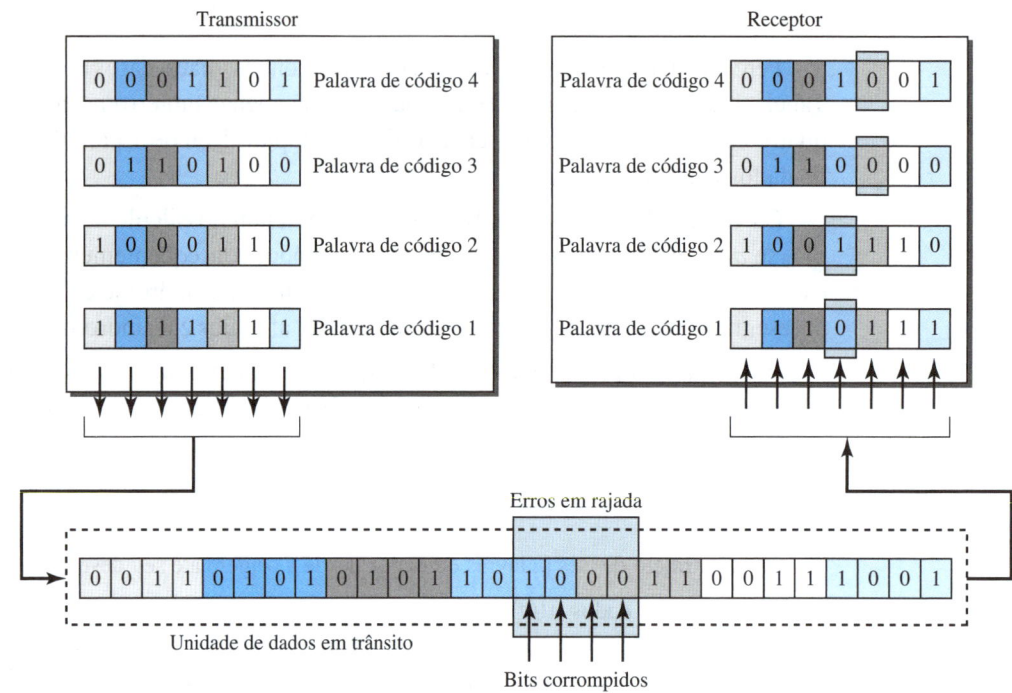

tabela uma coluna por vez. A Figura 10.13 mostra que, quando um erro em rajada de tamanho 4 corrompe o frame, apenas 1 bit de cada palavra de código é corrompido. O bit corrompido em cada palavra de código pode ser facilmente corrigido no receptor.

10.4 CÓDIGOS CÍCLICOS

Códigos cíclicos são códigos de blocos lineares especiais com uma propriedade extra. Em um **código cíclico**, se uma palavra de código for deslocada ciclicamente (em rotação), o resultado é outra palavra de código. Por exemplo, se 1011000 for uma palavra de código válida, ao executarmos um deslocamento cíclico para a esquerda, então 0110001 também será uma palavra de código válida. Nesse caso, se chamarmos os bits na primeira palavra de a_0 até a_6 e os bits na segunda palavra b_0 a b_6, poderemos deslocar os bits pela seguinte equação:

$$b_1 = a_0 \quad b_2 = a_1 \quad b_3 = a_2 \quad b_4 = a_3 \quad b_5 = a_4 \quad b_6 = a_5 \quad b_0 = a_6$$

Na equação mais à direita, o último bit da primeira palavra é deslocado ciclicamente e se torna o primeiro bit da segunda palavra.

CRC — *Cyclic Redundant Check*

Podemos criar códigos cíclicos para a correção de erros. Entretanto, o conhecimento teórico necessário está fora do escopo de nosso livro. Na presente seção, discutiremos apenas a categoria de códigos cíclicos, denominada **CRC** (*Cyclic Redundant Check*), que é amplamente usada em redes LANs e WANs.

A Tabela 10.6 apresenta um exemplo de código CRC. Podemos observar tanto as propriedades lineares quanto cíclicas desse código.

Tabela 10.6 *Código CRC de C(7, 4)*

Palavras de dados	Palavras de código	Palavras de dados	Palavras de código
0000	0000000	1000	1000101
0001	0001011	1001	1001110
0010	0010110	1010	1010011
0011	0011101	1011	1011000
0100	0100111	1100	1100010
0101	0101100	1101	1101001
0110	0110001	1110	1110100
0111	0111010	1111	1111111

A Figura 10.14 mostra um projeto possível para o codificador e decodificador.

Figura 10.14 *Codificador e decodificador CRC*

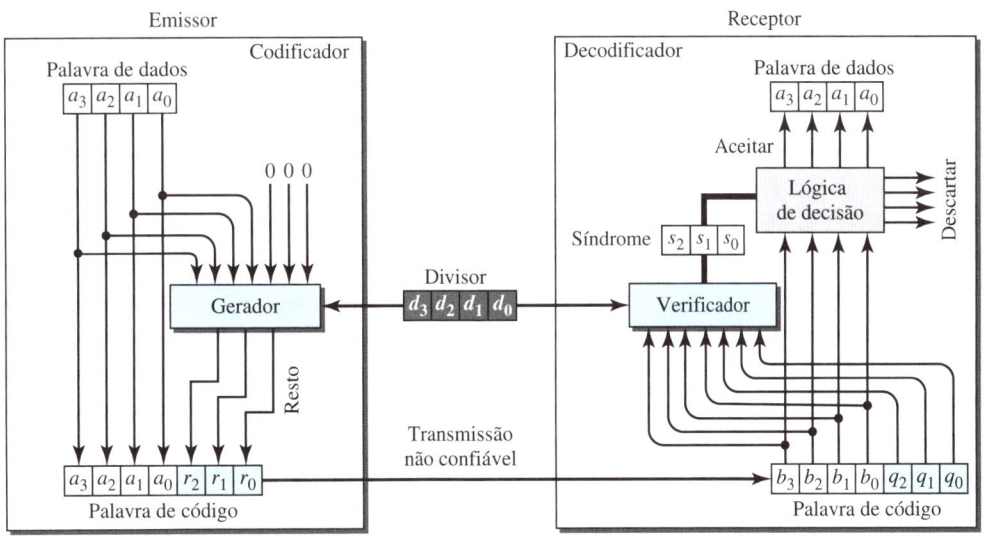

No codificador, a palavra de dados tem k bits (4, neste caso) e a palavra de código tem n bits (7, nesse caso). O tamanho da palavra de dados é aumentado adicionando-se $n - k$ (3, nesse caso) 0s ao lado direito da palavra. O resultado de n bits alimenta o gerador. O gerador usa um divisor de tamanho $n - k + 1$ (4, nesse caso), predefinido e estabelecido por ambas as partes. O gerador divide a palavra de dados aumentada pelo divisor (divisão de módulo 2). O quociente da divisão é descartado; o resto ($r_2 r_1 r_0$) é anexado à palavra de dados para criar a palavra de código.

O decodificador recebe a palavra de código possivelmente corrompida. Uma cópia de todos os n bits é alimentada no verificador, que é uma réplica do gerador. O resto produzido pelo verificador é uma síndrome de $n - k$ (3, nesse caso) bits que alimenta o analisador lógico de decisão. O analisador tem uma função simples. Se os bits de síndrome forem todos 0s, os 4 bits mais à esquerda da palavra de código são aceitos como palavras de dados (interpretado como não sendo um erro); caso contrário, os 4 bits são descartados (erro).

Codificador

Examinemos com mais cuidado o codificador. O codificador pega a palavra de dados e a incrementa com um número $n - k$ de bits 0s. Em seguida, ele divide a palavra de dados resultante pelo divisor, conforme mostrado na Figura 10.15.

Figura 10.15 *Divisão no codificador CRC*

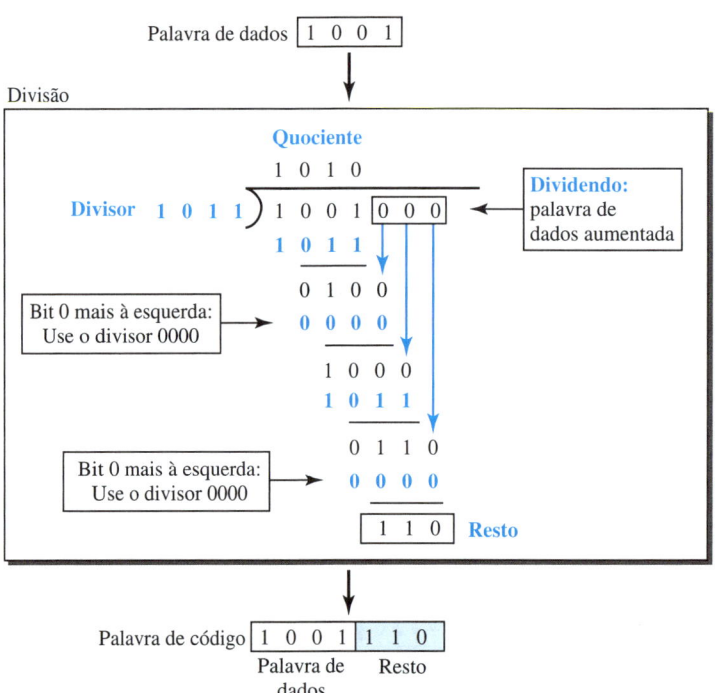

O processo de divisão binária de módulo 2 é similar ao processo de divisão de números decimais. Entretanto, conforme mencionado no início do capítulo, a adição e a subtração utilizam a operação XOR.

Como na divisão decimal, o processo é realizado passo a passo. Em cada etapa, aplica-se a operação XOR entre uma cópia do divisor e os 4 bits do dividendo. O resultado da operação XOR, de 3 bits (nesse caso), é reutilizada na etapa seguinte após ser baixado 1 bit extra para torná-lo com um comprimento de 4 bits. Há uma questão importante a ser realçada nesse tipo de divisão. Se o bit mais à esquerda do dividendo (ou a parte usada em cada etapa) for 0, a etapa não poderá usar o divisor normal; precisamos usar um divisor alternativo formado por todos os bits iguais a 0s.

Quando todos os bits remanescentes terminam de ser baixados, temos o resultado. O resto de 3 bits forma os bits de verificação (r_2, r_1 e r_0). Eles são anexados à palavra de dados para criar a palavra de código.

Decodificador

A palavra de código pode ser corrompida durante sua transmissão. O decodificador realiza o mesmo processo de divisões sucessivas do codificador. O resto da divisão é a síndrome. Se a síndrome for formada completamente por 0s, não existem erros; a palavra de dados é separada da palavra de código recebida e aceita. Caso contrário, tudo é descartado. A Figura 10.16 expõe os dois casos: a figura da esquerda exibe o valor da síndrome quando não há ocorrência de erro; a síndrome é 000. A parte direita da figura mostra o caso no qual ocorre um único erro. A síndrome não é formada completamente por 0s (ela é 011).

Figura 10.16 *Divisões sucessivas no decodificador CRC para dois casos*

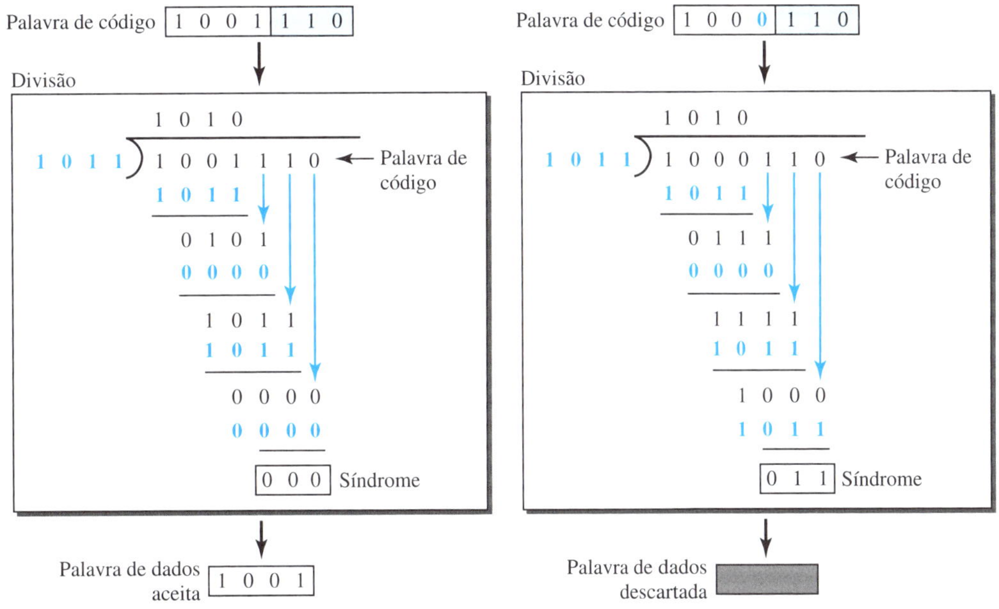

Divisor

Você pode estar imaginando por que foi escolhido o divisor 1011. Posteriormente, ainda neste capítulo, apresentaremos alguns critérios, em geral, porém, ele envolve uma certa dose de álgebra abstrata.

Implementação no Hardware

Uma das vantagens de um código cíclico é que o codificador e o decodificador podem ser implementados em um hardware específico por meio de dispositivos eletrônicos. Uma implementação de hardware aumenta a velocidade do processo de cálculo dos bits de síndrome e de verificação. Na seção a seguir, iremos mostrar, passo a passo, o processo. A seção é, entretanto, opcional e não afeta a compreensão do restante do capítulo.

Divisor

Consideremos, primeiro, o divisor. Precisamos notar os seguintes pontos:

1. São aplicadas, repetidamente, operações XOR entre o divisor e parte do dividendo.

2. O divisor tem $n - k + 1$ bits que são predefinidos ou, então, é formado completamente por 0s. Em outras palavras, os bits não mudam de uma palavra de dados para outra. Em nosso exemplo anterior, os bits do divisor eram 1011 ou então 0000. A escolha se baseava no bit mais à esquerda dos bits de dados aumentados que faziam parte da operação XOR.

3. Um exame mais cuidadoso mostra que são necessários apenas $n - k$ bits do divisor na operação XOR. O bit mais à esquerda não é necessário, pois o resultado da operação é sempre 0; não interessa o valor desse bit. A razão para tal é que as entradas para a operação XOR são ambas 0s ou ambas 1s. No exemplo anterior apenas 3 bits, e não 4, são realmente usados na operação XOR.

Usando esses pontos, é possível construir um divisor fixo (*hardwired*) que pode ser usado para um código cíclico, caso saibamos o padrão da divisão. A Figura 10.17 mostra um projeto desses para nosso exemplo anterior. Também mostramos os dispositivos XOR usados para a operação.

Figura 10.17 *Projeto de hardware de um divisor de CRC*

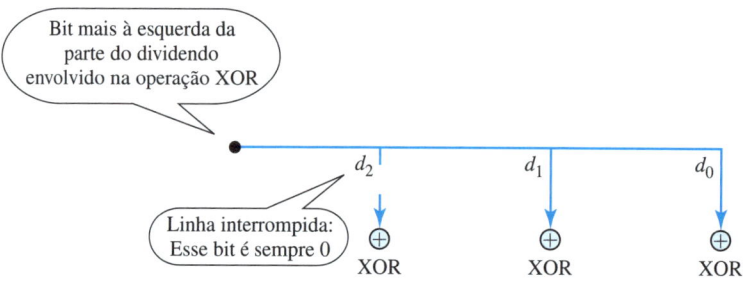

Observe que, se o bit mais à esquerda da parte do dividendo a ser usada nessa etapa for 1, os bits do divisor ($d_2 d_1 d_0$) serão 011; se o bit mais à esquerda for 0, os bits do divisor serão 000. O projeto oferece a escolha adequada tomando como base o bit mais à esquerda.

Palavra de Dados Aumentada

Em nosso processo de divisão manual da Figura 10.15, mostramos que a palavra de dados aumentada permanecia fixa em uma posição, com os bits do divisor se deslocando para a direita, 1 bit em cada etapa. Os bits do divisor são alinhados com parte da palavra de dados aumentada. Agora que nosso divisor é fixo, precisamos, em vez de deslocar para a esquerda os bits da palavra de dados aumentada (direção oposta), alinhar os bits do divisor com a parte apropriada. Não há necessidade de armazenar os bits da palavra de dados aumentada.

Resto

Em nosso exemplo anterior, o resto tem um comprimento de 3 bits ($n - k$ bits em termos genéricos). Podemos usar três **registradores** (dispositivos de armazenamento de um único bit) para armazenar esses bits. Para encontrar o resto final da divisão, precisamos modificar nosso processo de divisão. A seguir, apresentamos um processo passo a passo que pode ser usado para simular o procedimento de divisão sucessiva em hardware (ou até mesmo em software):

1. Partimos do pressuposto de que o resto é originalmente composto apenas por 0s (000, em nosso exemplo).

2. A cada pulso de clock (chegada de 1 bit de uma palavra de dados aumentada), repetimos as duas ações a seguir:

   a. Usamos o bit mais à esquerda para tomar a decisão sobre o padrão do divisor (011 ou 000).

   b. Aplica-se uma operação XOR entre os outros 2 bits do resto e o bit seguinte da palavra de dados aumentada (total de 3 bits) com o divisor de 3 bits para criar o próximo resto.

A Figura 10.18 mostra esse simulador. Note, porém, note que este não é o projeto final, haverá melhorias e simplificações adicionais.

Figura 10.18 *Simulação da divisão no codificador CRC*

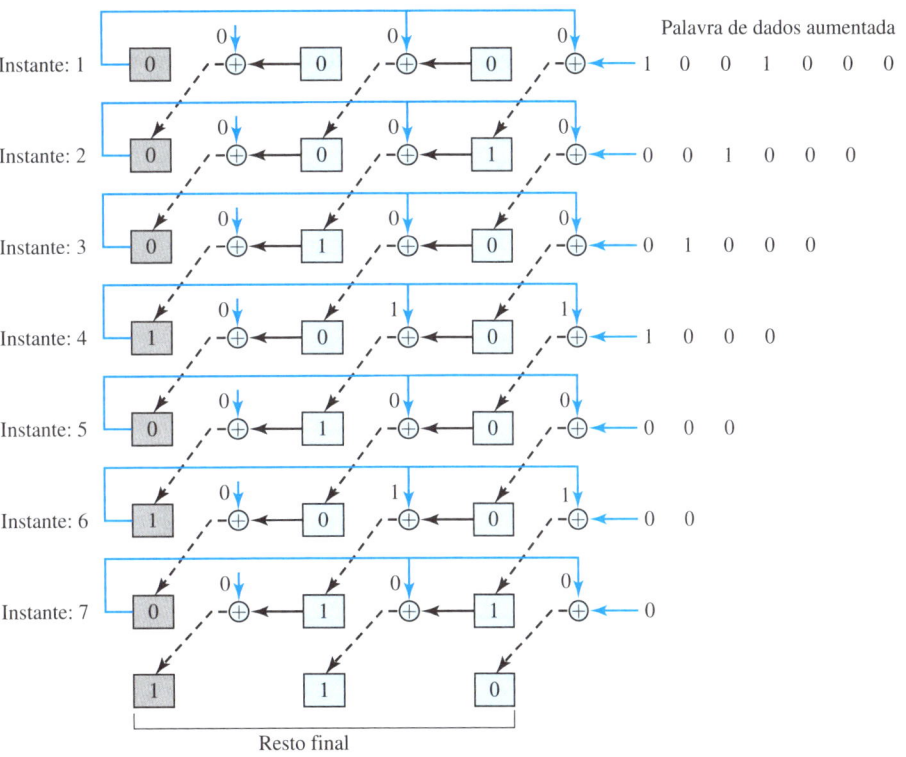

A cada pulso de clock, mostrado como instantes diferentes, um dos bits da palavra de dados aumentada é usado no processo de cálculo XOR. Se examinarmos cuidadosamente o projeto, temos um total de sete etapas, ao passo que, no método manual tradicional, tínhamos quatro etapas. As três primeiras etapas foram adicionadas para tornar cada etapa igual e para tornar o projeto de cada etapa também igual. As etapas 1, 2 e 3 empurram os 3 primeiros bits para os registradores de resto; as etapas 4, 5, 6 e 7 são iguais ao projeto manual. Note que os valores no registrador de resto nas etapas 4 a 7 coincidem exatamente com os valores do projeto manual. O resto final também é o mesmo.

O objetivo do projeto anterior é apenas para fins de demonstração. Na prática, ele necessita de simplificação. Primeiro, não precisamos preservar os valores intermediários dos bits do resto; necessitamos apenas dos bits finais. Portanto, somente de três registradores em vez de 24. Após as operações XOR, não precisamos dos valores dos bits do resto anterior. Da mesma forma, não são necessários 21 dispositivos XOR; dois são suficientes, pois a saída de uma operação XOR, na qual um dos bits é 0, simplesmente é o valor do outro bit. Esse outro bit pode ser usado como saída. Com essas modificações, o projeto se torna mais simples e muito mais barato, conforme mostrado na Figura 10.19.

Figura 10.19 *O projeto de um codificador CRC empregando registradores de deslocamento*

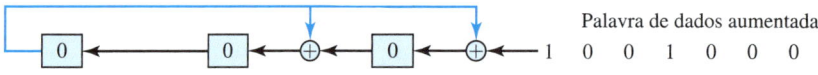

Precisamos, porém, fazer que os registradores sejam registradores de deslocamento. Um registrador de deslocamento de 1 bit armazena um bit pela duração de um período de clock. A cada novo pulso de clock, o registrador de deslocamento aceita o bit em sua porta de entrada, armazena o novo bit e o exibe na porta de saída. O conteúdo e a saída permanecem os mesmos até chegar um novo pulso de clock. Quando conectamos em cascata diversos registradores de deslocamento de 1 bit o efeito é como se o conteúdo do registrador estivesse se deslocando.

Projeto Geral

O projeto geral de um codificador e decodificador CRC é mostrado na Figura 10.20.

Figura 10.20 *Projeto geral do codificador e decodificador de um código CRC*

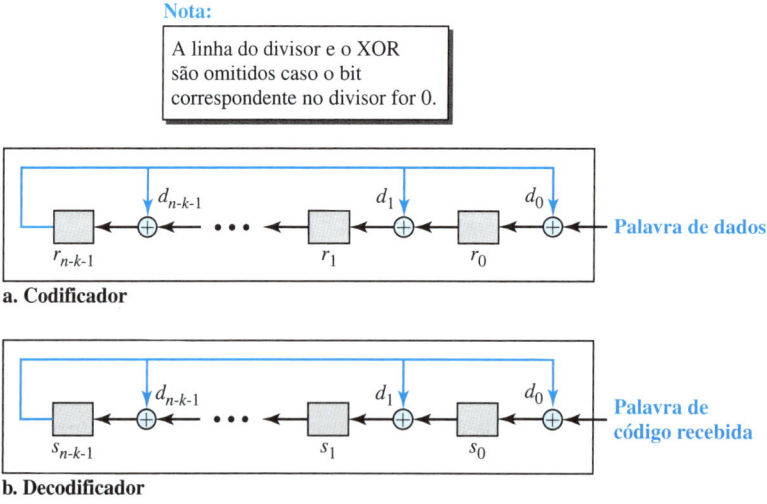

Note que temos $n - k$ registradores de deslocamento de 1 bit tanto no codificador como no decodificador. Temos até $n - k$ dispositivos XOR, mas os divisores normalmente possuem vários 0s em seus padrões, o que reduz o número de dispositivos. Observe também que, em vez de palavras de dados aumentadas, mostramos a própria palavra de dados como entrada, pois após todos os bits da palavra de dados serem alimentados no codificador, os bits extras, que são todos 0s, não têm efeito algum sobre o XOR mais à direita. O processo precisa passar por outras $n - k$ etapas antes de os bits de verificação estarem prontos. Esse fato é um dos pontos fracos desse projeto. Foram desenvolvidos esquemas alternativos que permitem eliminar esse tempo de espera (os bits de verificação prontos após *k* etapas); no entanto, deixamos este como um tópico de pesquisa para o leitor. No decodificador, entretanto, toda a palavra de código tem de alimentar o decodificador antes da síndrome estar pronta.

Polinômios

A maneira correta de compreender códigos cíclicos é representá-los na forma de polinômios. Repetindo, esta seção é opcional.

Um padrão de bits 0s e 1s pode ser representado na forma de um **polinômio** com coeficientes 0 e 1. A potência de cada termo mostra a posição do bit; o coeficiente mostra o valor do bit. A Figura 10.21 apresenta um padrão binário e sua representação polinomial. Na Figura 10.21a, mostramos como transformar um padrão binário em um polinômio; na Figura 10.21b, mostramos como um polinômio pode ser reduzido eliminando-se todos os termos com coeficientes zero e substituindo x^1 por x e x^0 por 1.

Figura 10.21 *Um polinômio para representar uma palavra binária*

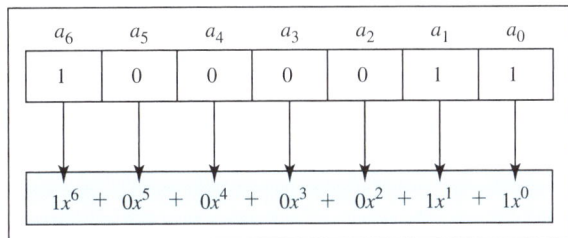
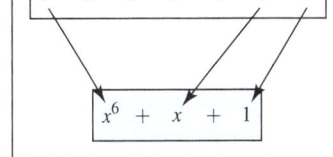

a. Padrão binário e polinômio   b. Forma reduzida

A Figura 10.21 apresenta um benefício imediato; um padrão de 7 bits pode ser substituído por três termos. O benefício é ainda maior quando temos um polinômio como $x^{23} + x^3 + 1$. Nesse caso, o padrão termos polinomiais é de 24 bits de comprimento (três 1s e vinte e um 0s), ao passo que no polinômio temos apenas três termos.

Grau do Polinômio

O grau de um polinômio é definido pelo grau da maior potência contida no polinômio. Por exemplo, o grau do polinômio $x^6 + x + 1$ é 6. Note que o grau de um polinômio é 1 menos o número de bits do padrão. O padrão de bits, nesse caso, tem 7 bits.

Adição e Subtração de Polinômios

A adição e a subtração de polinômios em matemática são feitas adicionando-se ou subtraindo-se os coeficientes dos termos de mesma potência. Em nosso caso, os coeficientes são apenas 0s e 1s e a adição será realizada no módulo 2. Isso tem duas conseqüências. Primeiro, a adição e a subtração são realizadas da mesma forma. Segundo, a adição e a subtração são realizadas combinando-se termos e eliminando-se pares de termos idênticos. Por exemplo, somar $x^5 + x^4 + x^2$ e $x^6 + x^4 + x^2$ dá simplesmente $x^6 + x^5$. Os termos x^4 e x^2 são eliminados. Note, porém, que se somarmos, por exemplo, três polinômios e obtivermos x^2 três vezes, eliminamos dois deles e preservamos o terceiro.

Multiplicação e Divisão de Termos

Nessa aritmética, multiplicar um termo por outro é muito simples; basta adicionarmos potências. Por exemplo, $x^3 \times x^4$ é igual a x^7. Para dividir, simplesmente subtraímos a potência do segundo termo da potência do primeiro termo. Por exemplo, x^5/x^2 é igual a x^3.

Multiplicação entre Dois Polinômios

Multiplicar um polinômio por outro é feito termo a termo. Cada termo do primeiro polinômio deve ser multiplicado por todos os termos do segundo polinômio. O resultado, obviamente, é então simplificado, e pares de termos iguais são eliminados. Eis um exemplo:

$$(x^5 + x^3 + x^2 + x)(x^2 + x + 1)$$
$$= x^7 + x^6 + x^5 + x^5 + x^4 + x^3 + x^4 + x^3 + x^2 + x^3 + x^2 + x$$
$$= x^7 + x^6 + x^3 + x$$

Divisão entre Dois Polinômios

A divisão de polinômios é, conceitualmente, o mesmo que a divisão binária vista para um codificador. Dividimos o primeiro termo do dividendo pelo primeiro termo do divisor para obter o primeiro termo do quociente. Multiplicamos o termo do quociente pelo divisor e subtraímos o resultado do dividendo. Repetimos o processo até que o grau do dividendo seja menor que o grau do divisor. Posteriormente, ainda neste capítulo, mostraremos um exemplo de divisão.

Deslocamento

Um padrão binário pode ser normalmente deslocado de certo número de bits para a esquerda ou para a direita. Deslocar para a esquerda significa acrescentar 0s extras como bits mais à direita; deslocar para a direita significa eliminar alguns bits mais à direita. O deslocamento para a esquerda é obtido multiplicando-se cada termo do polinômio por x^m, em que m é o número de bits deslocados; o deslocamento para a direita é obtido dividindo-se cada termo do polinômio por x^m. A seguir, é apresentado um exemplo de deslocamento para a esquerda e para a direita. Note que não temos potências negativas na representação polinomial.

Deslocamento de 3 bits para a esquerda:	10011 fica 10011000	$x^4 + x + 1$ fica $x^7 + x^4 + x^3$
Deslocamento de 3 bits para a direita:	10011 fica 10	$x^4 + x + 1$ fica x

Quando aumentamos a palavra de dados no codificador da Figura 10.15, na realidade, estamos deslocando os bits para a esquerda. Note também que, quando encadeamos dois padrões de bits, deslocamos o primeiro polinômio para a esquerda, em seguida, adicionamos o segundo polinômio.

Codificador de Código Cíclico Usando Polinômios

Agora que discutimos as operações polinomiais, mostraremos a criação de uma palavra-código a partir de uma palavra de dados. A Figura 10.22 apresenta uma versão polinomial da Figura 10.15. Podemos ver que o processo é mais curto. A palavra de dados 1001 é representada por $x^3 + 1$. O divisor 1011 é representado por $x^3 + x + 1$. Para encontrar a palavra de dados aumentada, deslocamos para a esquerda a palavra de dados de 3 bits (multiplicando por x^3). O resultado é $x^6 + x^3$. A divisão é simples. Dividimos o primeiro termo do dividendo, x^6, pelo primeiro termo do divisor, x^3. O primeiro termo do quociente é então x^6/x^3, ou x^3. Em seguida, multiplicamos x^3 pelo divisor e subtraímos (de acordo com nossa definição anterior de subtração) o resultado do dividendo. O resultado é x^4, com grau maior que o grau do divisor; continuamos a dividir até que o grau do resto seja menor que o grau do divisor.

Figura 10.22 *Divisão CRC usando polinômios*

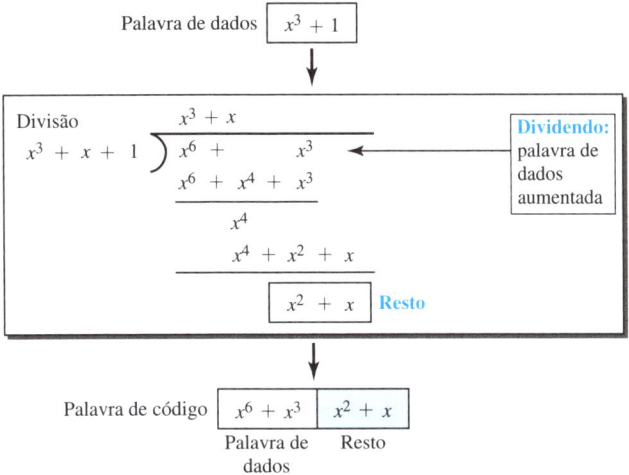

Nota-se, nesse caso, que uma representação polinomial pode simplificar muito a operação de divisão, pois não são necessárias as duas etapas envolvendo divisores contendo apenas 0s (Obviamente, é possível argumentar que a etapa de divisão contendo apenas 0s também poderia ser eliminada na divisão binária). Em uma representação polinomial, normalmente o divisor é conhecido como **polinômio gerador** $t(x)$.

O divisor em um código cíclico é denominado polinômio gerador ou simplesmente gerador.

Análise de Códigos Cíclicos

Podemos analisar um código cíclico para encontrar suas capacidades usando polinômios. Definimos os seguintes polinômios, em que $f(x)$ é um polinômio com coeficientes binários.

Palavra de dados: $d(x)$ Palavra de código: $c(x)$ Gerador: $g(x)$
Síndrome: $s(x)$ Erro: $e(x)$

Se $s(x)$ não for zero, então um ou mais bits estão corrompidos. Entretanto, se $s(x)$ for zero, não existem bits corrompidos ou o decodificador falhou na detecção de erros.

Em um código cíclico,
1. Se $s(x) \neq 0$, um ou mais bits estão corrompidos.
2. Se $s(x) = 0$,
   a. Nenhum bit foi corrompido ou, então,
   b. Alguns bits estão corrompidos, mas o decodificador falhou na detecção de erros.

Em nossa análise, queremos encontrar os critérios que devem estar associados ao polinômio gerador $g(x)$ para detectar os tipos de erros que queremos que sejam detectados. Encontremos uma relação entre a palavra de código transmitida, o erro, a palavra de código recebida e o polinômio gerador. Podemos dizer

$$\text{Palavra de código recebida} = c(x) + e(x)$$

Resumindo, a palavra de código recebida é a soma da palavra de código transmitida mais o erro. O receptor divide a palavra de código recebida por $g(x)$ para obter a síndrome. Podemos escrever isso como

$$\frac{\text{Palavra de código recebida}}{g(x)} = \frac{c(x)}{g(x)} + \frac{e(x)}{g(x)}$$

O primeiro termo do lado direito da igualdade tem resto igual a zero (de acordo com a definição de palavra de código). Portanto, a síndrome é, na verdade, o resto do segundo termo da equação do lado direito. Se esse termo tiver resto igual a zero (síndrome = 0), $e(x)$ é 0 ou $e(x)$ é divisível por $g(x)$. Não precisamos nos preocupar com o primeiro caso (não há erro); o segundo caso é mais importante. Erros que são divisíveis por $g(x)$ não são detectados.

Em um código cíclico, erros $e(x)$ que são divisíveis por $g(x)$ não são detectados.

Mostremos alguns erros específicos e vejamos como eles podem ser detectados por um polinômio $g(x)$ bem projetado.

Erro de Bit

Qual deve ser a estrutura de $g(x)$ para garantir a detecção de erros de um único bit? Um erro de bit pode ser definido como $e(x) = x^i$, em que i é a posição do bit. Se for detectado um erro em um único bit, então x^i não será divisível por $g(x)$ (note que ao dizermos *não divisível*, queremos dizer que existirá um resto). Se $g(x)$ tiver pelo menos dois termos (que normalmente é o caso) e o coeficiente de x^0 não for zero (o bit mais à direita é 1), então $e(x)$ não pode ser dividido por $g(x)$.

Se o polinômio gerador tiver mais de um termo e o coeficiente de x^0 for 1, todos os erros de bit poderão ser detectados.

Exemplo 10.15

Qual dos seguintes valores de $g(x)$ garante que um erro de bit será detectado? Para cada caso, qual é o erro que não pode ser detectado?

a. $x + 1$

b. x^3

c. 1

Solução

a. Nenhum x^i pode ser divisível por $x + 1$. Em outras palavras, $x^i/(x + 1)$ sempre tem um resto. Portanto, a síndrome não é zero. Qualquer erro de bit pode ser detectado.

b. Se i for igual ou maior que 3, x^i é divisível por $g(x)$. O resto de x^i/x^3 é zero e o receptor é levado erroneamente a acreditar que não existem erros, embora possa existir algum. Observe que, nesse caso, o bit corrompido deve se encontrar na posição 4 ou superior. Todos os erros de um único bit nas posições de 1 a 3 são detectados.

c. Todos os valores de i tornam x^i divisível por $g(x)$. Nenhum erro de bit pode ser capturado. Além disso, $g(x)$ é inútil, pois significa que a palavra de código é apenas a palavra de dados expandida com $n - k$ zeros.

Dois Erros Isolados de um Único Bit

Agora, imagine que haja dois erros isolados de um único bit. Sob quais condições esse tipo de erro pode ser detectado? Podemos defini-lo como $e(x) = x^j + x^i$. Os valores de i e j definem as posições dos erros e a diferença $j - i$ estabelece a distância entre os dois erros, como mostra a Figura 10.23.

Figura 10.23 *Representação de dois erros isolados de um único bit usando polinômios*

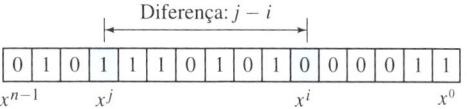

Podemos escrever $e(x) = x^i (x^{j-i} + 1)$. Se $g(x)$ tiver mais de um termo e um deles for x^0, ele não será capaz de dividir x^i, conforme visto na seção anterior. Portanto, se $g(x)$ deve dividir $e(x)$, ele deve dividir $x^{j-i} + 1$. Em outras palavras, $g(x)$ não é capaz de dividir $x^t + 1$, em que t se encontra entre 0 e $n - 1$. Entretanto, $t = 0$ é insignificante e $t = 1$ é necessário, conforme veremos mais adiante. Isso significa que t deve estar entre 2 e $n - 1$.

> **Se um polinômio gerador não for capaz de dividir $x^t + 1$ (t entre 0 e $n - 1$), então todos os erros duplos isolados poderão ser detectados.**

Exemplo 10.16

Encontre a eficiência dos polinômios geradores a seguir com relação à capacidade de detecção de dois erros isolados de um único bit.

a. $x + 1$
b. $x^4 + 1$
c. $x^7 + x^6 + 1$
d. $x^{15} + x^{14} + 1$

Solução

a. Essa é uma péssima escolha para um gerador. Quaisquer dois erros próximos entre si não poderão ser detectados.

b. Esse gerador não é capaz de detectar dois erros que estejam distantes quatro posições entre si. Os dois erros podem estar em qualquer posição, mas se a distância entre eles for 4, não serão detectados.

c. Essa é uma boa opção para esse fim.

d. Esse polinômio não é capaz de dividir um erro do tipo $x^t + 1$ se t for menor que 32.768. Isso significa que uma palavra de código com dois erros isolados que estiverem próximos entre si ou até 32.768 bits de distância poderá ser detectada por esse gerador.

Número Ímpar de Erros

Um polinômio gerador com um fator $x + 1$ é capaz de detectar todos os números ímpares de erros. Isso significa que precisamos tornar $x + 1$ um fator em qualquer polinômio gerador. Note que não estamos dizendo que o gerador em si deveria ser $x + 1$; estamos dizendo que deve ter o fator $x + 1$. Se ele for apenas $x + 1$, não será capaz de capturar dois erros isolados adjacentes (veja a seção anterior). Por exemplo, $x^4 + x^2 + x + 1$ é capaz de detectar todos os erros de número ímpar já que ele pode ser escrito como um produto dos dois polinômios $x + 1$ e $x^3 + x^2 + 1$.

> **Um polinômio gerador que contenha o fator $x + 1$ é capaz de detectar todos os erros de numeração ímpar.**

Erros em Rajada

Vamos estender agora a nossa análise para o erro em rajada, que é o mais importante de todos. Um erro em rajada pode ser definido como na forma $e(x) = (x^j + ... + x^i)$. Note que existe uma diferença entre um erro em rajada e dois erros isolados de um único bit. O primeiro pode ter dois ou mais termos, o segundo, apenas dois termos. Podemos colocar em evidência o fator comum x^i e escrever o erro como $x^i (x^{j-i} + ... + 1)$. Se nosso gerador for capaz de detectar um único erro (condição mínima para um polinômio gerador), então ele não é capaz de dividir x^i. Devemos nos preocupar com aqueles polinômios geradores que dividem $(x^{j-i} + ... + 1)$. Em outras palavras, o resto de $(x^{j-i} + ... + 1)/(x^r + ... + 1)$ não pode ser zero. Observe que o denominador é o polinômio gerador. Podemos ter três casos:

1. Se $j - i < r$, o resto jamais pode ser zero. Podemos escrever $j - i = L - 1$, em que L é o comprimento do erro. Portanto, $L - 1 < r$ ou $L < r + 1$ ou $L \leq r$. Isso significa que todos os erros em rajada são menores ou iguais ao número de bits de verificação r que serão detectados.

2. Em alguns raros casos, se $j - i = r$ ou $L = r + 1$, a síndrome é 0 e o erro não é detectado. Pode-se provar que nesses casos a probabilidade de erro em rajada não detectado de comprimento $r + 1$ é igual a $(1/2)^{r-1}$. Se, por exemplo, nosso gerador for $x^{14} + x^3 + 1$, no qual $r = 14$, um erro em rajada de comprimento $L = 15$ pode passar como não detectado com probabilidade de $(1/2)^{14-1}$ ou quase 1 em 10.000.

3. Em alguns raros casos, se $j - i > r$ ou $L > r + 1$, a síndrome é 0 e o erro não é detectado. Pode-se provar que, nesses casos, a probabilidade de erro em rajada não detectado de comprimento maior que $r + 1$ é $(1/2)^r$. Se, por exemplo, nosso polinômio gerador for $x^{14} + x^3 + 1$, no qual $r = 14$, um erro em rajada de comprimento maior que 15 pode passar como não detectado com probabilidade de $(1/2)^{14}$ ou quase 1 em 16.000 casos.

> ❏ Todos os erros com $L \leq r$ serão detectados.
> ❏ Todos os erros com $L = r + 1$ serão detectados com probabilidade $1 - (1/2)^{r-1}$.
> ❏ Todos os erros com $L > r + 1$ serão detectados com probabilidade $1 - (1/2)^r$.

Exemplo 10.17

Encontre a eficiência dos polinômios geradores a seguir em relação à capacidade de detecção de erros em rajada de diferentes comprimentos.

a. $x^6 + 1$

b. $x^{18} + x^7 + x + 1$

c. $x^{32} + x^{23} + x^7 + 1$

Solução

a. O polinômio gerador é capaz de detectar todos os erros em rajada de comprimento menor ou igual a 6 bits; de cada 100 erros em rajada com comprimento 7, três passarão sem ser detectados; de cada 1.000 erros em rajada de comprimento 8 ou maior, dezesseis passarão sem ser detectados.

b. Esse polinômio gerador é capaz de detectar todos os erros em rajada com comprimento menor ou igual a 18 bits; de 1 milhão de erros em rajada com comprimento 19, oito passarão sem ser detectados; de 1 milhão de erros de comprimento 20, quatro ou maior escaparão.

c. Esse polinômio gerador é capaz de detectar todos os erros em rajada com comprimento menor ou igual a 32 bits; de 10 bilhões de erros em rajada com comprimento 33, cinco passarão sem ser detectados; de 10 bilhões de erros de comprimento 34 ou maior, três escaparão.

Resumo

Podemos resumir os critérios de eficiência de um bom polinômio gerador:

Um bom polinômio gerador precisa apresentar as seguintes características:
1. **Ter pelo menos dois termos.**
2. **O coeficiente do termo x^0 deve ser 1.**
3. **Não deve ser divisível por $x^t + 1$, para t entre 2 e $n - 1$.**
4. **Ter o fator $x + 1$.**

Polinômios-padrão

A Tabela 10.7 mostra os principais padrões de polinômios usados por protocolos populares de rede na geração de CRC.

Tabela 10.7 *Polinômios-padrão*

Nome	Polinômio	Aplicação
CRC-8	$X^8 + x^2 + x + 1$	Cabeçalho ATM
CRC-10	$X^{10} + x^9 + x^5 + x^4 + x^2 + 1$	ATM AAL
CRC-16	$X^{16} + x^{12} + x^5 + 1$	HDLC
CRC-32	$X^{32} + x^{26} + x^{23} + x^{22} + x^{16} + x^{12} + x^{11} + x^{10} + x^8 + x^7 + x^5 + x^4 + x^2 + x + 1$	LANs

Vantagens dos Códigos Cíclicos

Vimos que os códigos cíclicos apresentam bom desempenho na detecção de erros de bit, erros duplos, número ímpar de erros e erros em rajada. Eles podem ser facilmente implementados em hardware e software. Isso tornou os códigos cíclicos bons candidatos para muitas implementações de protocolos de redes de computadores.

Outros Códigos Cíclicos

Os códigos cíclicos vistos nesta seção são muito simples. Os bits de verificação e síndromes podem ser calculados por meio de álgebra simples. Existem, entretanto, polinômios mais poderosos que se baseiam em álgebra abstrata envolvendo os campos de Galois. Esses estão fora do escopo deste livro. Um dos mais interessantes é o **código de Reed-Solomon**, usado hoje em dia para a detecção e correção de erros.

10.5 CHECKSUM

O último método de detecção de erros que iremos analisar é denominado *checksum*, comumente utilizado na Internet por vários protocolos, mas não na camada de enlace de dados. Entretanto, iremos discuti-lo brevemente nesta seção, para completar o assunto sobre a verificação de erros.

Assim como os códigos cíclicos e códigos lineares, o *checksum* se baseia no conceito de redundância. Vários protocolos ainda usam o *checksum* para a detecção de erros, como veremos nos capítulos posteriores, embora a tendência seja substituí-lo pelo CRC. Isso significa que o CRC também é usado em outras camadas, não somente na camada de enlace.

Conceito

O conceito do *checksum* é simples. Vamos ilustrá-lo mediante alguns exemplos.

Exemplo 10.18

Suponha que necessitemos transmitir uma lista com cinco números de 4 bits. Além de enviar esses números, iremos enviar também a soma deles. Por exemplo, se o conjunto de números for (7, 11, 12, 0, 6), então iremos transmitir (7, 11, 12, 0, 6, **36**), em que 36 é a soma dos números originais. O receptor somará os cinco números e comparará o resultado com sua soma calculada. Se as duas forem idênticas, o receptor supõe que não ocorreu erro na transmissão, aceita os cinco números e descarta a soma. Caso contrário, um erro foi detectado em algum ponto e os dados serão descartados.

Exemplo 10.19

Podemos facilitar o trabalho do receptor se enviarmos o negativo (complemento) da soma, denominada *checksum*. Nesse caso, enviamos (7, 11, 12, 0, 6, **−36**). O receptor pode somar todos os números recebidos (inclusive a soma de verificação). Se o resultado for 0, ele supõe que não existem erros; caso contrário, um erro foi detectado.

Complemento de Um

O exemplo anterior tem um inconveniente importante. Todos os nossos dados podem ser escritos como uma palavra de 4 bits (eles são menores que 15), exceto o *checksum*. Uma solução é usar a aritmética de **complemento um**. Nessa aritmética, podemos representar números sem sinal entre 0 e $2^n - 1$, usando apenas n bits.[1] Se o número tiver mais de n bits, os bits extras mais à esquerda precisam ser adicionados aos n bits mais à direita (*wrapping*). Na aritmética de complemento um, um número negativo pode ser representado invertendo-se todos os bits (transformando 0 em 1 e 1 em 0). Isso é o mesmo que subtrair o número por $2^n - 1$.

Exemplo 10.20

Como podemos representar o número 21 na aritmética de complemento um, usando apenas quatro bits?

---

[1] Embora o complemento um possa representar números positivos como negativos, aqui estamos interessados apenas na representação sem sinal.

Solução

O número 21 em binário é **1**0101 (ele precisa de 5 bits). Podemos deslocar ciclicamente (*wrap*) o bit mais à esquerda e adicioná-lo aos quatro bits mais à direita. Temos (0101 + **1**) = 0110 ou 6.

Exemplo 10.21

Como podemos representar o número –6 na forma de complemento um, usando apenas quatro bits?

Solução

Na aritmética de complemento um, o negativo ou complemento de um número é encontrado invertendo-se todos os bits 6 positivo é 0110; o complemento de 6 é 1001. Considerando apenas números sem sinal, o resultado é 9. Em outras palavras, o complemento de 6 é 9. Outra maneira de encontrar o complemento de um número na aritmética de complemento um é subtrair o número por $2^n - 1$ (16 – 1, nesse caso).

Exemplo 10.22

Refaçamos o Exercício 10.19 usando aritmética de complemento um. A Figura 10.24 mostra o processo no emissor e no receptor. O emissor inicializa o *checksum* em 0 e soma todos os dados e o *checksum* (o *checksum* é considerado um dado e é apresentado em negrito). O resultado é 36. Entretanto, 36 não pode ser expresso em 4 bits. Os dois bits extras são deslocados ciclicamente (*wrapped*) e adicionados à soma para criar o valor 6 (de soma deslocada ciclicamente). Na figura mostramos os detalhes em binário. A soma é, então, complementada, resultando no valor 9 para o *checksum* (15 – 6 = 9). O emissor agora envia seis itens de dados ao receptor, incluindo o *checksum* 9. O receptor segue o mesmo procedimento que o emissor. Ele soma todos os dados (inclusive o *checksum*); o resultado é 45. A soma é deslocada ciclicamente (*wrapped*) e se torna 15. A soma deslocada ciclicamente é complementada e se torna 0. Já que o valor do novo *checksum* é 0, isso significa que os dados não foram corrompidos. O receptor despreza o *checksum* e preserva os demais dados. Se o *checksum* não for zero, todo o pacote é descartado.

Figura 10.24

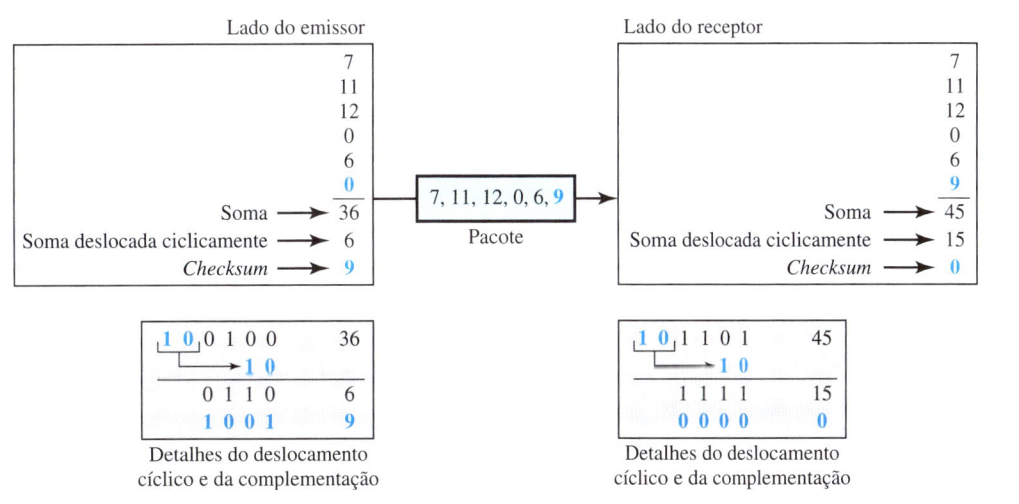

Uso do *Checksum* na Internet

Tradicionalmente, a Internet vem usando o *checksum* de 16 bits. O emissor calcula o *checksum* a partir das seguintes etapas:

CAPÍTULO 10 DETECÇÃO E CORREÇÃO DE ERROS

Lado do emissor:

1. A mensagem é dividida em palavras de 16 bits.
2. O valor do *checksum* é inicializado em 0.
3. Todas as palavras, inclusive o *checksum*, são somadas usando-se a adição de complemento um.
4. A soma é complementada e se torna o *checksum*.
5. O *checksum* é enviado junto com os dados.

O receptor usa as etapas a seguir para a detecção de erros.

Lado do receptor:

1. A mensagem (inclusive o *checksum*) é dividida em palavras de 16 bits.
2. Todas as palavras são somadas usando-se a adição de complemento um.
3. A soma é complementada e se torna o novo *checksum*.
4. Se o valor do *checksum* for 0, a mensagem é aceita; caso contrário, ela é rejeitada.

A natureza do *checksum* (tratando palavras como números e somando-as e complementando-as) é adequada para uma implementação em software. É possível escrevermos programas curtos para calcular o *checksum* no emissor ou para verificar a validade de uma mensagem no receptor.

Exemplo 10.23

Vamos calcular o *checksum* para um texto de 8 caracteres ("Forouzan"). O texto precisa ser dividido em palavras de 2 bytes (16 bits). Usando o código ASCII (ver o Apêndice A), podemos transformar cada byte em um número hexadecimal de 2 dígitos. Por exemplo, F é representado como 0x46 e 'o' é representado por 0x6F. A Figura 10.25 mostra como o *checksum* é calculado no emissor e no receptor. Na parte A da figura, o valor da soma parcial para a primeira coluna é 0x36. Preservamos o bit mais à direita (6) e inserimos o dígito mais à esquerda (3) como vai um na segunda coluna. O processo é repetido para cada coluna. No Apêndice B, é apresentada uma revisão sobre números hexadecimais.

Figura 10.25

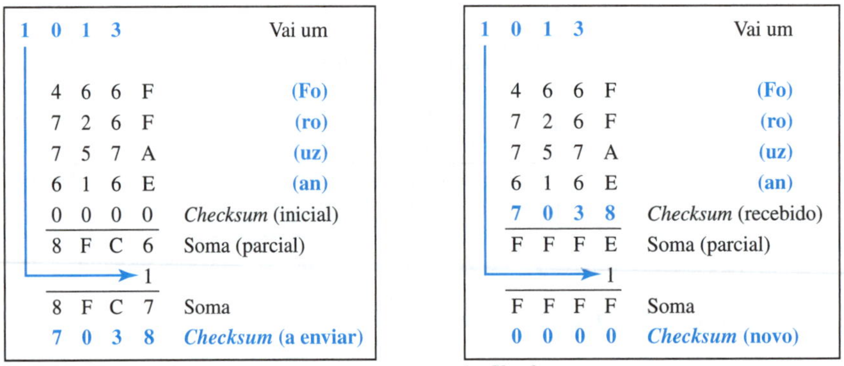

```
  1  0  1  3           Vai um              1  0  1  3           Vai um

  4  6  6  F           (Fo)                4  6  6  F           (Fo)
  7  2  6  F           (ro)                7  2  6  F           (ro)
  7  5  7  A           (uz)                7  5  7  A           (uz)
  6  1  6  E           (an)                6  1  6  E           (an)
  0  0  0  0   Checksum (inicial)          7  0  3  8   Checksum (recebido)
  8  F  C  6   Soma (parcial)              F  F  F  E   Soma (parcial)
          → 1                                      → 1
  8  F  C  7   Soma                        F  F  F  F   Soma
  7  0  3  8   Checksum (a enviar)         0  0  0  0   Checksum (novo)

   a. Checksum no emissor                   b. Checksum no receptor
```

Note que, se existir qualquer dado corrompido, o resultado final do *checksum* recalculado pelo receptor não será formado exclusivamente por 0s. Propomos essa questão como exercício.

Desempenho

O *checksum* tradicional usa um pequeno número de bits (16) para detectar erros em uma mensagem de qualquer tamanho (algumas vezes milhares de bits). Ele, porém, ele não é tão conveniente quanto o CRC em termos de eficiência na verificação de erros. Por exemplo, se o valor de uma palavra for incrementado e o valor de outra palavra for diminuído pelo mesmo valor, os dois erros não poderão ser detectados, pois a soma e o *checksum* permanecerão idênticos. Da mesma forma que, se os valores de várias palavras forem incrementados, mas se a mudança total for múltipla de 65535, a soma e o *checksum* serão alterados, o que significa que erros não serão detectados. Fletcher e Adler propuseram o conceito de totais de verificação com pesos, nos quais cada palavra é multiplicada por um número (seu peso) que está diretamente relacionado com sua posição no texto. Isso elimina o primeiro problema mencionado. Entretanto, a tendência na Internet, particularmente no projeto de novos protocolos, é o de substituir o *checksum* pelo CRC.

10.6 LEITURA RECOMENDADA

Para mais detalhes sobre os assuntos discutidos neste capítulo, recomendamos os seguintes livros e sites. Os itens entre colchetes [. . .] referem-se à lista de referências no final do texto.

Livros

Existem inúmeros livros de excelente qualidade dedicados à codificação de erros. Entre eles, recomendamos [Ham80], [Zar02], [Ror96] e [SWE04].

RFCs

Uma discussão sobre o uso do *checksum* na Internet pode ser encontrada na RFC 1141.

10.7 TERMOS-CHAVE

bit de paridade
bit de verificação
checksum
códigos convolucionais
código cíclico
códigos de bloco
códigos de blocos lineares
códigos de Hamming
código de Reed-Solomon
código de verificação de paridade simples
complemento um
correção antecipada de erros

correção de erros
CRC (*cyclic redundant check*)
detecção de erros
distância de Hamming
distância de Hamming mínima
erros
erro de bit
erros em rajada
interferências
matemática modular
módulo
palavra de código

palavra de dados
polinômio
polinômio gerador
redundância
registrador de deslocamento

registradores
retransmissão
síndrome
verificação de paridade bidimensional

10.8 RESUMO

❑ Os dados podem ser corrompidos durante sua transmissão. Algumas aplicações exigem que os erros sejam detectados e corrigidos.

❑ Em um erro de bit, apenas um bit na unidade de dados é corrompido. Erros em rajada significam que dois ou mais bits na unidade de dados foram corrompidos.

❑ Para detectar ou corrigir erros, precisamos enviar bits extras (redundantes) junto com os dados.

❑ Existem dois métodos principais de correção de erros: correção antecipada e correção por retransmissão.

❑ Podemos dividir os métodos de codificação em duas grandes categorias: *códigos de blocos* e *códigos convolucionais*.

❑ Na codificação, utilizamos a aritmética de módulo 2. Operações nessa aritmética são muito simples; tanto a adição como a subtração fornecem os mesmos resultados. Podemos utilizar a operação XOR (OU exclusivo) tanto para a adição quanto para a subtração.

❑ Na codificação de blocos, dividimos uma mensagem em blocos, cada um dos quais com k bits, denominados palavras de dados. Adicionamos r bits redundantes a cada bloco da mensagem para fazer que seu comprimento seja $n = k + r$. O novo bloco resultante de n bits é denominado palavra de código.

❑ Na codificação de blocos, os erros podem ser detectados usando-se uma das duas condições a seguir:

  a. O receptor tem (ou pode encontrar) uma lista de palavras de código válidas.

  b. A palavra de código original foi corrompida tornando-se em uma palavra de código inválida.

❑ A distância de Hamming entre duas palavras é o número de diferenças existentes entre bits correspondentes. A distância de Hamming mínima é a menor distância entre todos os pares possíveis de um conjunto de palavras.

❑ Para garantir a detecção de até s erros, para todos os casos possíveis, a distância de Hamming mínima em um código de blocos deve ser $d_{mín} = s + 1$. Para garantir a correção de até t erros, para todos os casos possíveis, a distância de Hamming mínima em um código de blocos deve ser $d_{mín} = 2t + 1$.

❑ Em um código de blocos linear, a aplicação da operação XOR (OU exclusivo) entre quaisquer duas palavras de código válidas cria outra palavra de código válida.

❑ Um código de verificação de paridade é um código de detecção de erros de um único bit no qual $n = k + 1$ com $d_{mín} = 2$. Um código de verificação de paridade simples é capaz de detectar um número ímpar de erros.

❑ Todos os códigos de Hamming discutidos neste livro têm $d_{mín} = 3$. A relação entre m e n nesses códigos é $n = 2m - 1$.

❑ Os códigos cíclicos são códigos de blocos lineares especiais com uma propriedade extra. Em um código cíclico, se uma palavra de código válida for deslocada ciclicamente (rotação), o resultado é outra palavra de código válida.

❑ Uma categoria de códigos cíclicos denominada *Cyclic Redundant Check* (CRC) é usada em redes LANs e WANs.

❑ Um padrão de 0s e 1s pode ser representado na forma de um polinômio com coeficientes 0 e 1.

❑ Tradicionalmente, a Internet usa o *checksum* de 16 bits, que utiliza a aritmética de *complemento um*. Nessa aritmética, podemos representar números sem sinais entre 0 e $2^n - 1$ usando apenas n bits.

10.9 ATIVIDADES PRÁTICAS

Questões para Revisão

1. Em que diferem um erro de bit e um erro em rajada?
2. Discuta o conceito de redundância na detecção e na correção de erros.
3. Aponte as diferenças entre correção antecipada de erros e correção de erros por retransmissão.
4. Qual é a definição de código de blocos linear? Qual é a definição de código cíclico?
5. O que é distância de Hamming? Qual é a distância de Hamming mínima?
6. Como a verificação de paridade simples está relacionada com a verificação de paridade bidimensional?
7. No CRC, mostre a relação entre as seguintes entidades (tamanho significa o número de bits):
   a. O tamanho da palavra de dados e da palavra de código
   b. O tamanho do divisor e o resto
   c. O grau do polinômio gerador e o tamanho do divisor
   d. O grau do polinômio gerador e o tamanho do resto
8. Que tipo de aritmética é usada para adicionar dados no cálculo do *checksum*?
9. Que tipo de erro não é detectável pelo *checksum*?
10. O valor do *checksum* pode ser formado somente por 0s (binário)? Justifique sua resposta. O valor pode ser formado somente por 1s (em binário)? Justifique sua resposta.

Exercícios

11. Qual é o efeito de uma rajada de ruído de 2 ms sobre os dados transmitidos nas seguintes velocidades?
    a. 1.500 kbps
    b. 12 kbps
    c. 100 kbps
    d. 100 Mbps
12. Aplique a operação XOR (símbolo ⊕) para os seguintes pares de padrões:
    a. (10001) ⊕ (10000)
    b. (10001) ⊕ (10001) (O que se pode inferir a partir do resultado?)
    c. (10011) ⊕ (00000) (O que se pode inferir a partir do resultado?)
    d. (10011) ⊕ (11111) (O que se pode inferir a partir do resultado?)

13. Na Tabela 10.1, o emissor envia a palavra de dados 10. Um erro em rajada de 3 bits corrompe a palavra de código. O receptor consegue detectar o erro? Justifique sua resposta.

14. Na Tabela 10.2, o emissor envia a palavra de dados 10. Se um erro de rajada de 3 bits corromper os primeiros três bits da palavra de código, o receptor detecta o erro? Justifique sua resposta.

15. Qual a distância de Hamming para cada uma das seguintes palavras de código:
    a. d (10000, 00000)
    b. d (10101, 10000)
    c. d (11111, 11111)
    d. d (000, 000)

16. Encontre a distância de Hamming mínima para os seguintes casos:
    a. Detecção de dois erros.
    b. Correção de dois erros.
    c. Detecção de 3 erros ou correção de 2 erros.
    d. Detecção de 6 erros ou correção de 2 erros.

17. Usando o código da Tabela 10.2, qual a palavra de dados se uma das seguintes palavras de código for recebida?
    a. 01011
    b. 11111
    c. 00000
    d. 11011

18. Demonstre que o código representado na Tabela 10.8 não é um código linear. É preciso encontrar apenas um caso que viole a linearidade.

Tabela 10.8 *Tabela para o Exercício 18*

Palavra de dados	Palavra de código
00	00000
01	01011
10	10111
11	11111

19. Embora possa ser provado matematicamente que um código de verificação de paridade simples é um código linear, use o teste da linearidade manual para cinco pares de palavras de código da Tabela 10.3 para provar parcialmente esse fato.

20. Demonstre que o código de Hamming $C(7, 4)$ da Tabela 10.4 é capaz de detectar erros de dois bits, mas não necessariamente erros de três bits testando o código nos seguintes casos. O caractere "∇" no erro em rajada significa sem ocorrência de erros; o caractere "**E**" significa um erro.
    a. Palavra de dados: 0100   Erro em rajada: ∇**EE**∇∇∇
    b. Palavra de dados: 0111   Erro em rajada: **E**∇∇∇∇**E**
    c. Palavra de dados: 1111   Erro em rajada: **E**∇**E**∇∇∇**E**
    d. Palavra de dados: 0000   Erro em rajada: **EE**∇**E**∇∇∇

21. Demonstre que o código de Hamming C(7, 4) da Tabela 10.4 é capaz de corrigir erros de um bit mas não mais pelo teste do código nos seguintes casos. O caractere "∇" no erro em rajada significa sem ocorrência de erros; o caractere "**E**" significa um erro.

    a. palavra de dados: 0100   Erro em rajada: **E**∇∇∇∇∇∇

    b. palavra de dados: 0111   Erro em rajada: ∇**E**∇∇∇∇∇

    c. palavra de dados: 1111   Erro em rajada: **E**∇∇∇∇∇**E**

    d. palavra de dados: 0000   Erro em rajada: **EE**∇∇∇∇**E**

22. Embora possa ser provado que o código da Tabela 10.6 é linear e, ao mesmo tempo cíclico, use apenas dois testes para provar parcialmente esse fato:

    a. Teste a propriedade cíclica da palavra de código 0101100.

    b. Teste a propriedade linear das palavras de código 0010110 e 1111111.

23. Precisamos de uma palavra de dados de pelo menos 11 bits. Encontre os valores de k e n no código de Hamming $C(n, k)$ com $d_{\text{mín}} = 3$.

24. Aplique as seguintes operações nos polinômios correspondentes:

    a. $(x^3 + x^2 + x + 1) + (x^4 + x^2 + x + 1)$

    b. $(x^3 + x^2 + x + 1) - (x^4 + x^2 + x + 1)$

    c. $(x^3 + x^2) + (x^4 + x^2 + x + 1)$

    d. $(x^3 + x^2 + x + 1)/(x^2 + 1)$

25. Responda às seguintes perguntas:

    a. Qual é a representação polinomial de 101110?

    b. Qual é o resultado do deslocamento de 101110 três bits para a esquerda?

    c. Repita o item b usando polinômios.

    d. Qual o resultado do deslocamento de 101110 quatro bits para a direita?

    e. Repita o item d usando polinômios.

26. Qual dos seguintes geradores CRC garantem a detecção de erro de bit?

    a. $x^3 + x + 1$

    b. $x^4 + x^2$

    c. 1

    d. $x^2 + 1$

27. Referindo-se ao polinômio CRC-8 da Tabela 10.7, responda às seguintes questões:

    a. Ele detecta um erro de bit? Justifique sua resposta.

    b. Ele detecta um erro em rajada de tamanho 6? Justifique sua resposta.

    c. Qual é a probabilidade de detectar-se um erro em rajada de tamanho 9?

    d. Qual é a probabilidade de detectar-se um erro em rajada de tamanho 15?

28. Referindo-se ao polinômio CRC-32 da Tabela 10.7, responda às seguintes questões:

    a. Ele detecta um erro de bit? Justifique sua resposta.

    b. Ele detecta um erro em rajada de tamanho 16? Justifique sua resposta.

    c. Qual é a probabilidade de detectar-se um erro em rajada de tamanho 33?

    d. Qual é a probabilidade de detectar-se um erro em rajada de tamanho 55?

29. Supondo-se paridade par, encontre o bit de paridade para cada uma das seguintes unidades de dados.
    a. 1001011
    b. 0001100
    c. 1000000
    d. 1110111

30. Dada a palavra de dados 1010011110 e o divisor 10111,
    a. Mostre a geração da palavra de código no emissor (usando divisão binária).
    b. Mostre a verificação da palavra de código no receptor (suponha a inexistência de erros).

31. Repita o Exercício 30 usando polinômios.

32. Um emissor precisa enviar os quatro dados a seguir: 0x3456, 0xABCC, 0x02BC e 0xEEEE. Responda o seguinte:
    a. Calcule o *checksum* no emissor.
    b. Calcule o *checksum* no receptor, caso não haja nenhum erro.
    c. Calcule o *checksum* no receptor, se o segundo item de dados for alterado para 0xABCE.
    d. Calcule o *checksum* no receptor, se o segundo item for alterado para 0xABCE e o terceiro item for alterado para 0x02BA.

33. Esse problema mostra um caso especial no tratamento do *checksum*. Um emissor tem dois dados para enviar: 0x4567 e 0xBA98. Qual é o valor do *checksum*?

CAPÍTULO 11

Controle do Enlace de Dados

As duas principais funções da camada de enlace de dados são o controle do enlace de dados e o controle de acesso ao meio de transmissão. A primeira delas, o controle do enlace de dados, trata do projeto e procedimentos para comunicação entre dois nós adjacentes: comunicação confiável de um nó a outro. Discutiremos essa funcionalidade neste capítulo. A segunda função da camada de enlace é o controle de acesso ao meio de transmissão, ou seja, como compartilhar um enlace físico (link) de dados. Trataremos dessa funcionalidade no Capítulo 12.

Entre as funções do **controle do enlace de dados**, temos a montagem e a delimitação de frames (framing) e a implementação de mecanismos de controle de fluxo e de erros por meio de protocolos de comunicação de dados implementados via software, os quais possibilitam uma transmissão confiável dos frames entre os nós. Neste capítulo, iremos discutir os conceitos de framing (montagem e delimitação de frames), ou como organizar os bits que são transmitidos pela camada física. Em seguida, discutiremos o controle de fluxo e de erros. Um subconjunto deste tópico, técnicas para detecção e correção de erros, já foi abordado no Capítulo 10.

Para implementar uma comunicação confiável entre nós adjacentes, necessitamos dos protocolos da camada de enlace. Cada protocolo é um conjunto de regras que pode ser implementado por software e deve ser executado pelos dois nós envolvidos na comunicação de dados no nível da camada de enlace. Abordaremos cinco protocolos: dois para canais sem ruído (ideais) e três para canais com ruído (reais). Os da primeira categoria não são realmente implementados em redes de computadores, mas fornecem uma base teórica para compreender os protocolos da segunda categoria.

Após discutirmos o projeto dos cinco protocolos, mostraremos como um protocolo orientado a bit é implementado na prática, usando como exemplo o HDLC (*High Level Data Link Control*). Também falaremos a respeito de um protocolo popular orientado a byte, denominado PPP (*Point to Point Protocol*), protocolo ponto a ponto.

11.1 FRAMING

Transmitir dados na camada física significa transmitir bits na forma de sinal de uma origem a um destino. A camada física gera a sincronização de bits para garantir que o emissor e o receptor utilizem uma mesma base de tempo para a temporização dos bits.

Por outro lado, a camada de enlace precisa empacotar bits em frames de modo que cada frame seja distinguível um do outro. Nosso sistema de correio pratica uma espécie de framing. O simples ato de colocar uma carta em um envelope separa uma informação da outra; o envelope serve como um delimitador. Além disso, cada envelope define os endereços do remetente e do destinatário, já que o sistema postal é um serviço de transporte do tipo vários-para-vários (*many-to-many*).

O **framing**, na camada de receptor de dados, separa uma mensagem, de uma origem a um destino, de outras mensagens a outros destinos, acrescentando o endereço do emissor e do destino. O endereço do receptor define para onde o pacote deve ser encaminhado; o endereço do emissor ajuda o receptor a confirmar o recebimento do pacote.

Embora uma mensagem inteira possa ser empacotada em um único frame, normalmente isso não é feito. Uma razão para tal é que um frame muito grande torna os controles de fluxo e de erros ineficientes. Quando uma mensagem é transportada em um frame muito grande, até mesmo um erro em um único bit pode exigir a retransmissão de toda a mensagem. Quando uma mensagem é dividida em frames menores, um erro de bit afeta apenas esse frame pequeno.

Framing de Tamanho Fixo

Os frames podem ser de tamanho fixo ou variável. Na **montagem de frames de tamanho fixo** não existe a necessidade de definir os limites dos frames; o tamanho do frame em si já é usado como delimitador. Um exemplo desse tipo é uma rede WAN ATM, que usa frames de tamanho fixo denominados células. Trataremos do ATM no Capítulo 18.

Framing de Tamanho Variável

O tema principal deste capítulo se refere à **montagem de frames de tamanho variável**, predominante em redes locais. Em um framing de tamanho variável, precisamos de métodos eficientes para definir o final de um frame e o início do seguinte. Historicamente, foram usadas duas abordagens para este fim: método orientado a caractere e método orientado a bit.

Protocolos Orientados a Caractere

Em um **protocolo orientado a caractere**, os dados a serem transmitidos são caracteres de 8 bits de um sistema de codificação como o ASCII (ver Apêndice A). O cabeçalho, que normalmente carrega os endereços de origem e de destino, bem como outras informações de controle e o trailer que transporta bits redundantes para detecção e correção de erros, também é formado por múltiplos de 8 bits. Para separar um frame do seguinte, é acrescentado um **flag** de 8 bits (1 byte) no início e no final de um frame. O flag, composto por caracteres especiais específicos por protocolo, sinaliza o início ou o final de um frame. A Figura 11.1 mostra o formato de um frame em um protocolo orientado a caractere.

Figura 11.1 *Um frame em um protocolo orientado a caractere*

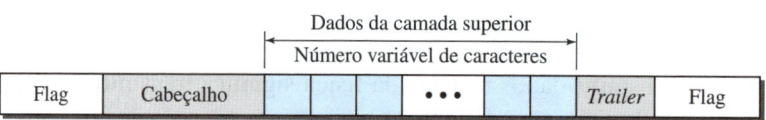

Protocolos orientados a caractere eram muito populares na época em que havia apenas troca de texto entre camadas de enlace de dados. Podia-se escolher como flag qualquer caractere não utilizado na comunicação de texto. Hoje em dia, porém, enviamos outros tipos de informação, como imagens, áudio e vídeo. Qualquer padrão usado como flag também poderia ser parte da informação. Se isso acontecesse, o receptor, ao encontrar esse padrão no meio dos dados, poderia pensar que o final do frame havia sido atingido. Para resolver esse problema, foi acrescentada uma estratégia conhecida como **byte-stuffing** (inserção de byte) durante a montagem de frames em protocolos orientados a caractere. Na inserção de byte (ou de caractere), um byte especial é acrescentado à seção de dados do frame quando existe um caractere com o mesmo padrão do flag. Na seção de dados é inserido um byte extra. Esse byte é normalmente denominado **caractere escape (ESC)**, que tem um padrão de bits predefinido. Toda vez que o receptor encontrar o caractere ESC, ele o elimina da seção de dados e trata o caractere seguinte como um dado e não como um flag delimitador.

Embora a inserção de byte com o caracter escape permita a presença do flag na seção de dados do frame, ela acarreta outro problema. O que acontece se o texto contiver um ou mais caracteres escape seguidos de um flag? O receptor elimina o caractere escape, mas preserva o flag, o que é interpretado incorretamente como fim de frame. Para solucionar essa questão, os caracteres escape que fazem parte do texto também devem ser marcados por outro caractere escape. Em outras palavras, se o caractere escape fizer parte do texto, é acrescentado outro escape extra para mostrar que o segundo faz parte do texto. A Figura 11.2 ilustra a situação.

Figura 11.2 *Inserção e eliminação de bytes*

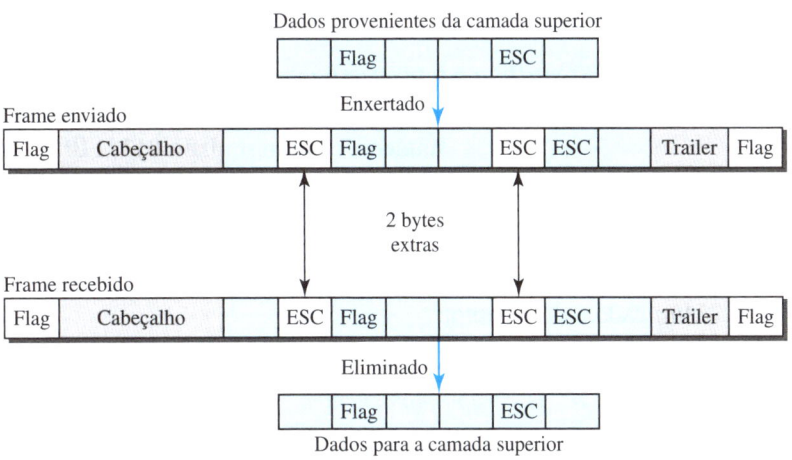

***Byte-stuffing* é o processo de acrescentar 1 byte extra toda vez que existir um flag ou caractere escape no texto.**

Os protocolos orientados a caractere apresentam outro problema nas comunicações de dados. Os sistemas atuais de codificação universal, como o Unicode, possuem caracteres de 16 e 32 bits, que são conflitantes com os caracteres de 8 bits. Podemos dizer que, em geral, a tendência é ir no sentido dos protocolos orientados a bit, que discutiremos em seguida.

Protocolos Orientados a Bit

Em um **protocolo orientado a bit**, a seção de dados de um frame é uma seqüência de bits a ser interpretada, pela camada superior, como texto, imagem, áudio, vídeo e assim por diante. Entretanto, além dos cabeçalhos (e possíveis *trailers*), ainda precisamos de um delimitador para separar um frame do outro. A maioria dos protocolos usa um flag especial com um padrão de 8 bits 01111110 como delimitador para definir o início e o final de um frame, conforme mostrado na Figura 11.3.

Figura 11.3 *Um frame em um protocolo orientado a bit*

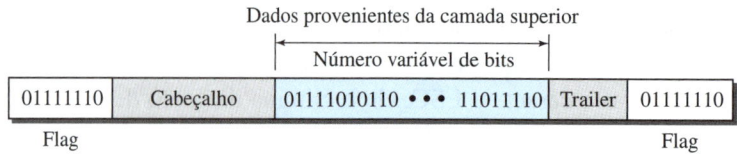

O flag pode criar o mesmo tipo de problema visto nos protocolos orientados a byte. Isto é, se o padrão de flag aparecer no meio dos dados, precisamos informar de alguma maneira ao receptor que não se trata do fim do frame. Fazemos isso enxertando 1 único bit (em vez de 1 byte) para impedir que o padrão se pareça com um flag. A estratégia se chama ***bit-stuffing***, inserção de bit. Na inserção de bit, se forem encontrados 1 bit 0 e cinco bits 1s consecutivos, será acrescentado um bit 0 extra. Esse bit extra enxertado é eliminado dos dados no final pelo receptor. Note que o bit extra é acrescentado após 0 seguido por cinco 1s, independentemente do valor do bit seguinte. Isso garante que a seqüência do campo de flag não apareça inadvertidamente no frame.

> ***Bit-stuffing*** é o processo de acrescentar um bit 0 toda vez que, nos dados, aparecerem cinco 1s consecutivos após 0 de modo que o receptor não confunda o padrão 0111110 com um flag.

A Figura 11.4 ilustra a inserção de bits no emissor e sua eliminação no receptor. Observe que, sempre que tivermos 0 seguido de cinco bits 1s, inseriremos logo após um bit 0. O bit 0 será eliminado pelo receptor.

Figura 11.4 *Inserção e eliminação de bits*

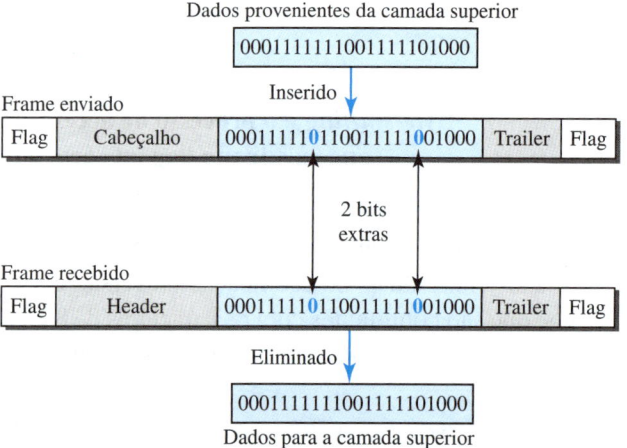

Isso significa que, se o padrão de bits parecido com o do flag, 01111110, aparecer no meio dos dados, ele mudará para 011111010 (bit inserido) e não será confundido com um flag pelo receptor. O flag real 01111110 não é inserido pelo emissor e será reconhecido como tal pelo receptor.

11.2 CONTROLES DE FLUXO E ERROS

A comunicação de dados requer pelo menos dois dispositivos operando em conjunto, um para enviar e outro para receber informação. Mesmo um arranjo básico desses dispositivos requer uma grande dose de coordenação para que ocorra uma troca de dados inteligível. As responsabilidades mais importantes da camada de enlace são o **controle de fluxo** e o **controle de erros**. Juntas, essas funções são conhecidas como **controle do enlace de dados**.

Controle de Fluxo

O controle de fluxo coordena a quantidade de dados que pode ser enviada antes de receber uma confirmação, e é uma das tarefas mais importantes da camada de enlace. Na maioria dos protocolos, o controle de fluxo é um conjunto de procedimentos que informa ao emissor qual a quantidade máxima de dados que ele pode transmitir antes de receber uma confirmação por parte do receptor. Não se deve permitir um fluxo de dados que sobrecarregue o receptor. Qualquer dispositivo receptor tem uma capacidade limitada de processar dados que chegam e uma quantidade limitada de memória para armazená-los. O dispositivo receptor deve ser capaz de informar ao emissor antes de esses limites serem atingidos e solicitar que o emissor envie um número menor de frames ou pare a transmissão temporariamente. Os dados que chegam devem ser verificados e processados antes de serem utilizados. A velocidade de tal processamento normalmente é menor que a velocidade de transmissão. Por essa razão, cada dispositivo receptor tem uma área de memória, denominada *buffer*, reservada para armazenar dados que chegam, até que eles sejam processados. Se o buffer começar a ficar cheio, o receptor tem de ser capaz de informar ao emissor para parar a transmissão, até que ele seja capaz novamente de receber mais dados.

Controle de fluxo é um conjunto de procedimentos usado para controlar a quantidade de dados que o emissor pode enviar antes de receber confirmação dos dados transmitidos.

Controle de Erros

O controle de erros refere-se tanto à detecção quanto à correção de erros. Ele possibilita que o receptor informe ao emissor sobre quaisquer frames perdidos ou corrompidos durante a transmissão e coordena a retransmissão desses frames pelo emissor. Na camada de enlace, a expressão *controle de erros* corresponde, basicamente, aos métodos de detecção de erros e de retransmissão. Geralmente o controle de erros na camada de enlace é implementado de forma simples: toda vez que um erro for detectado, os frames especificados são retransmitidos. Esse processo é chamado **ARQ** (*Automatic Repeat Request* — solicitação de repetição automática).

O controle de erros na camada de enlace se baseia na solicitação de repetição automática que é a retransmissão dos dados.

11.3 PROTOCOLOS

Vejamos agora como a camada de enlace pode combinar framing, controle de fluxo e controle de erros para garantir a entrega de dados de um nó a outro. Os protocolos são comumente implementados via software usando uma das linguagens de programação comum. Para tornar nossa discussão independente de uma linguagem de programação, escrevemos cada protocolo em uma versão de pseudocódigo, que se concentra em sua maior parte no procedimento em vez de se aprofundar nos detalhes das regras da linguagem.

Dividimos a discussão dos protocolos naqueles que podem ser usados para canais sem ruído (isentos de erros) e naqueles que podem ser usados em canais com ruído (que geram erros). Os protocolos da primeira categoria não podem ser usados na vida prática, mas servem como base para a compreensão dos protocolos para canais com ruído. A Figura 11.5 mostra essa classificação.

Figura 11.5 *Taxonomia dos protocolos discutidos neste capítulo*

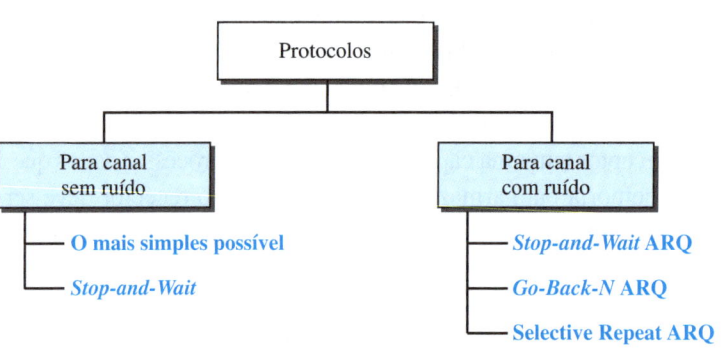

Existe uma diferença entre os protocolos aqui discutidos e aqueles usados em redes de computadores reais. Todos os protocolos que discutiremos são unidirecionais, no sentido de que os frames de dados trafegam de um nó, chamado emissor, para outro nó, denominado receptor. Embora frames especiais, conhecidos como **ACK** (**Acknowledgment**, confirmação) e **NAK** (**Negative Acknowledgment** — confirmação negativa), possam fluir na direção oposta para fins de controles de fluxo e de erro, o fluxo de dados é apenas em uma direção.

Em uma rede real, os protocolos de enlace são implementados como bidirecionais; os dados fluem em ambas as direções. Nesses protocolos, informações de controle de fluxo e de erros como ACKs e NAKs são incluídas nos frames de dados em uma técnica denominada **piggybacking**. Como os protocolos bidirecionais são mais complexos que os unidirecionais, optamos por iniciar nossa discussão pelos protocolos unidirecionais. Se você for capaz de entender os protocolos unidirecionais, a explicação poderá ser estendida aos protocolos bidirecionais. Deixamos essa extensão como exercício.

11.4 CANAIS SEM RUÍDO

Suponhamos, em primeiro lugar, que temos um canal ideal no qual nenhum frame é perdido, duplicado ou corrompido. Introduziremos dois protocolos para esse tipo de canal. O primeiro é um protocolo que não usa controle de fluxo; o segundo é um que o utiliza. Obviamente, nenhum deles possui controle de erros, já que partimos do pressuposto de que se trata de um **canal** perfeito, **sem ruído**.

O Protocolo mais Simples Possível

Nosso primeiro protocolo, designado o **Protocolo mais Simples Possível,** por falta de outro nome qualquer, não implementa controles de erros e fluxo. Como outros protocolos que discutiremos neste capítulo, trata-se de um protocolo unidirecional no qual os frames de dados trafegam apenas em uma direção — do emissor para o receptor. Estamos supondo que o receptor possa tratar imediatamente qualquer frame recebido com um tempo de processamento suficientemente pequeno para ser considerado desprezível. A camada de enlace do receptor processa imediatamente o cabeçalho do frame e repassa o pacote de dados para sua camada de rede, que também é capaz de aceitar o pacote imediatamente. Em outras palavras, o receptor jamais ficará sobrecarregado com frames que chegam.

Projeto

Não há necessidade de controle de fluxo nesse esquema. A camada de enlace no emissor recebe dados de sua camada de rede, monta e delimita um frame a partir dos dados e o envia. A camada de enlace no receptor recebe um frame de sua camada física, extrai os dados do frame e os entrega à camada de rede. As camadas de enlace do emissor e do receptor implementam serviços de transmissão de dados para suas camadas de rede. As camadas de enlace usam os serviços fornecidos por suas camadas físicas (como sinalização, multiplexação e assim por diante) para a transmissão física dos bits. A Figura 11.6 ilustra o projeto do Protocolo Mais Simples Possível.

Figura 11.6 *O projeto do protocolo mais simples possível sem nenhum controle de fluxo e de erros*

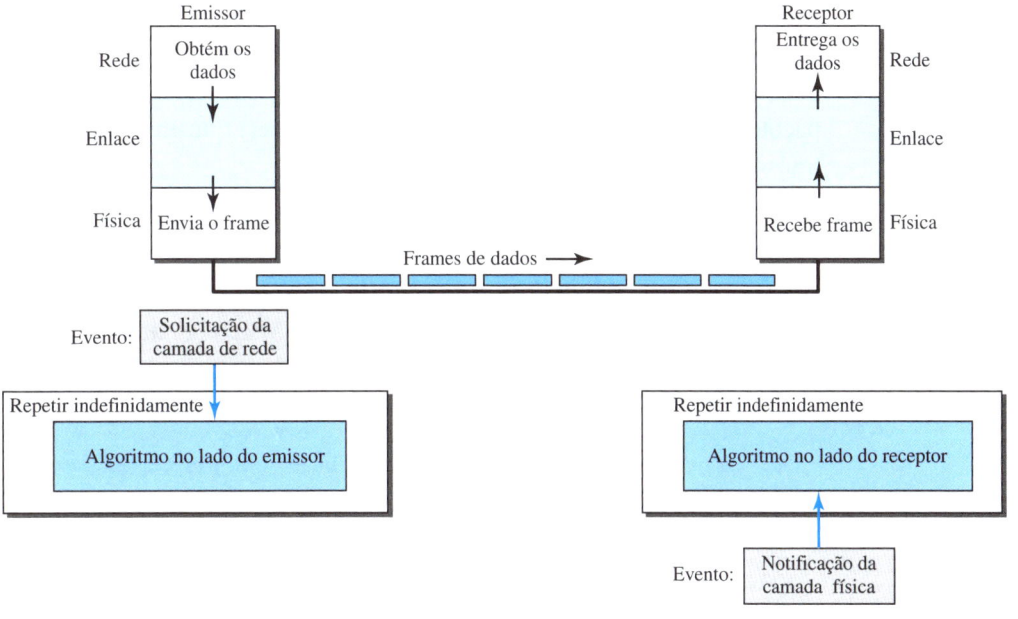

Precisamos explicar com mais detalhes o pseudocódigo usado por ambas as camadas de enlace. O emissor não pode enviar um pacote de dados até que sua camada de rede tenha um pacote de dados a enviar. O receptor não pode entregar um pacote de dados à sua camada de rede até que um frame tenha sido recebido. Caso o protocolo seja implementado como um processo de software, precisamos introduzir o conceito de **eventos** nesse protocolo. O processo no emissor está constantemente em execução; não acontece nada até que haja uma solicitação da camada de rede. O processo no receptor também está constantemente em execução, mas nada acontece até a chegada de uma notificação da camada física. Ambos os processos estão constantemente em execução, pois eles não sabem quando os eventos correspondentes ocorrerão.

Algoritmo

O Algoritmo 11.1 ilustra o pseudocódigo no lado do emissor.

Algoritmo 11.1 *Algoritmo no emissor para o Protocolo mais Simples Possível*

```
1  while(true)                    // Repetir indefinidamente
2  {
3    WaitForEvent();              // Fica inativo até a ocorrência de um evento
4    if(Event(RequestToSend))     // Existe um pacote a ser enviado
5    {
6       GetData();
7       MakeFrame();
8       SendFrame();              // Envia o frame
9    }
10 }
```

Análise O algoritmo implementa um loop infinito, o que significa que as linhas 3 a 9 são repetidas indefinidamente. O algoritmo é dirigido por eventos, ou seja, ele fica *adormecido* (linha 3) até que um evento o *desperte* (linha 4). Isso significa que pode haver um tempo indefinido entre a execução das linhas 3 e 6. Quando ocorre um evento, uma solicitação da camada de rede, as linhas 6 a 8 são executadas. O programa repete então o *loop* e adormece novamente na linha 3 até a ocorrência de um evento. Escrevemos um pseudocódigo para o processo principal. Não mostramos nenhum detalhe para os módulos GetData, MakeFrame e SendFrame. GetData() pega um pacote da camada de rede, MakeFrame() acrescenta cabeçalho e flags delimitadores ao pacote de dados para criar um frame e SendFrame() transmite o frame pela camada física para transmissão.

O Algoritmo 11.2 exibe o pseudocódigo no lado do receptor.

Algoritmo 11.2 *Algoritmo no receptor para o Protocolo mais Simples Possível*

```
1  while(true)                         // Repete indefinidamente
2  {
3    WaitForEvent();                   // Fica inativo até a ocorrência de um evento
4    if(Event(ArrivalNotification))    // Chegou um Frame de dados
5    {
6       ReceiveFrame();
7       ExtractData();
8       DeliverData();                 // Entrega dados à camada de rede
9    }
10 }
```

Análise Esse algoritmo apresenta o mesmo formato do Algoritmo 11.1 exceto pelo sentido dos frames e dados ser voltado para cima. O evento aqui é a chegada de um frame de dados. Após a ocorrência do evento, a camada de enlace recebe o frame da camada física usando o processo ReceiveFrame(), extrai os dados do frame pelo processo ExtractData() e entrega os mesmos para a camada de rede usando o processo DeliverData(). Aqui, também temos um algoritmo dirigido por eventos, pois ele não sabe quando um novo frame de dados chegará.

Exemplo 11.1

A Figura 11.7 mostra um exemplo de comunicação usando esse protocolo. Ele é muito simples. O emissor envia uma seqüência de frames sem mesmo pensar no receptor. Para enviar três frames, ocorrem três eventos no lado do emissor e três eventos no lado do receptor. Note que os frames de dados são indicados por retângulos inclinados; a altura do retângulo define a diferença no tempo de transmissão entre o primeiro e o último bit do frame.

Figura 11.7 *Diagrama de fluxo de dados para o Exemplo 11.1*

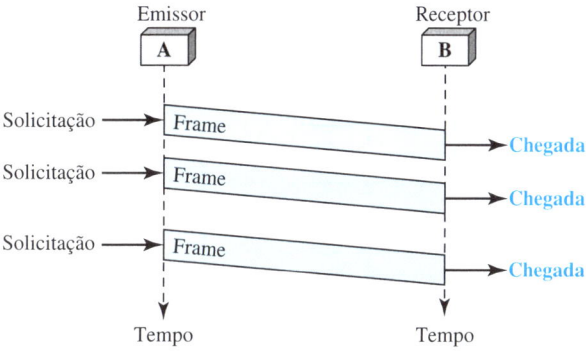

Protocolo Stop-and-Wait

Se os frames de dados chegarem ao receptor de forma mais rápida que possam ser processados, os frames têm de ser armazenados em memória até serem usados. Normalmente, o receptor não tem espaço de armazenamento suficiente, especialmente se estiver recebendo dados de várias fontes simultaneamente. Isso pode resultar no descarte de frames ou em negação de serviço. Para evitar que o receptor fique sobrecarregado com frames em excesso, precisamos, de alguma forma, informar o emissor para diminuir o ritmo da transmissão. Deve existir interação entre o receptor e o emissor (*feedback*).

O protocolo que discutiremos agora é denominado **Protocolo Stop-and-Wait**, pois o emissor envia um frame, aguarda até receber confirmação do receptor (OK para prosseguir) e então envia o próximo frame. Ainda temos comunicação unidirecional para os frames de dados, mas frames ACK auxiliares (*tokens* simples de confirmação) trafegam na outra direção. Acrescentamos o controle de fluxo ao nosso protocolo anterior.

Projeto

A Figura 11.8 ilustra o mecanismo. Comparando-se essa figura com a Figura 11.6, podemos notar o tráfego no canal direto (do emissor para o receptor) e do canal inverso. A qualquer momento, há um frame de dados no canal direto ou um frame ACK no canal inverso. Precisamos, então, de um link half-duplex.

Algoritmos

O Algoritmo 11.3 é implementado no lado do emissor.

Figura 11.8 *Projeto do Protocolo* Stop-and-Wait

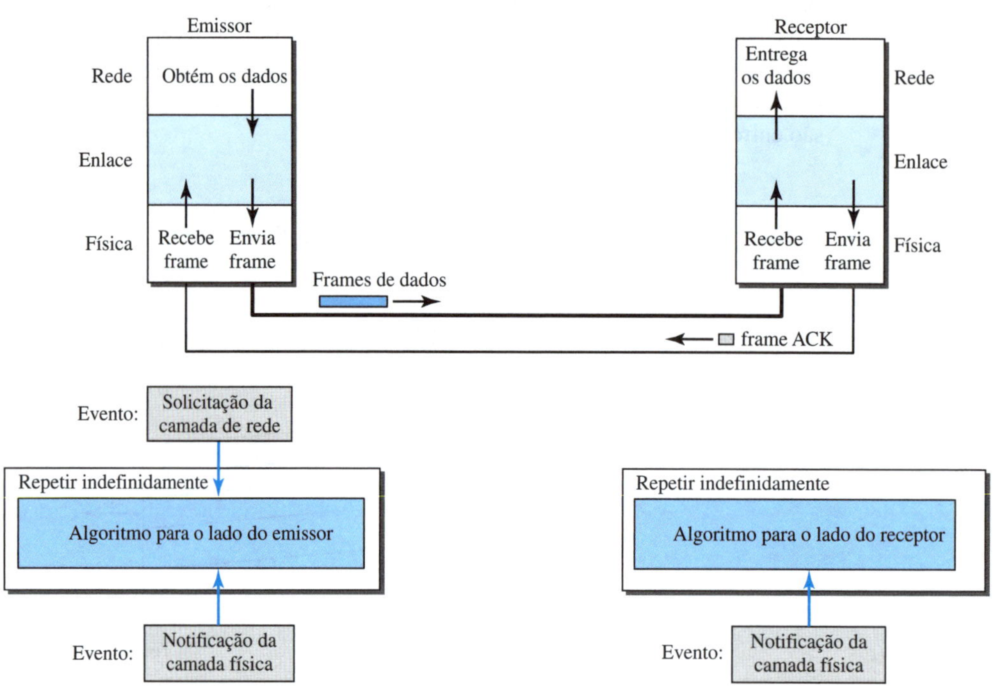

Algoritmo 11.3 *Algoritmo para o Protocolo Stop-and-Wait no emissor*

```
1  while(true)                    // Repete indefinidamente
2  canSend = true                 // Permite que o primeiro frame parta
3  {
4     WaitForEvent();             // Fica inativo até a ocorrência de um
                                  evento
5     if(Event(RequestToSend) AND canSend)
6     {
7        GetData();
8        MakeFrame();
9        SendFrame();             // Envia o frame de dados
10       canSend = false;         // Não pode enviar até a chegada de um ACK
11    }
12    WaitForEvent();              // Fica inativo até a ocorrência de um
                                   evento
13    if(Event(Arrival            // Chegou uma confirmação (ACK)
       Notification)
14    {
15       ReceiveFrame();          // Recebe o frame ACK
16       canSend = true;
17    }
18 }
```

Análise Aqui ocorrem dois eventos: uma solicitação da camada de rede ou uma notificação de chegada da camada física. As respostas a esses eventos devem se alternar. Ou seja, após um frame ser enviado, o algoritmo tem de ignorar qualquer outra solicitação da camada de rede até que o frame anterior seja confirmado. Sabemos que dois eventos de chegada não podem acontecer um após o outro, pois o canal é isento de erros e não duplica os frames. As solicitações da camada de rede, entretanto, podem acontecer uma após a outra sem um evento de chegada entre elas. Precisamos, de alguma forma, impedir o envio imediato do frame de dados. Embora existam vários métodos, usamos uma variável simples denominada *canSend*, que pode assumir os valores falso ou verdadeiro. Quando um frame é enviado, a variável fica em falso para indicar que uma nova solicitação da rede não pode ser enviada até que *canSend* seja verdadeira. Quando for recebido um ACK, *canSend* fica no estado verdadeiro para permitir o envio do próximo frame.

O Algoritmo 11.4 mostra o pseudocódigo para o lado do receptor.

Algoritmo 11.4 *Algoritmo para o Protocolo* **Stop-and-Wait** *no receptor*

```
1  while(true)                        // Repete indefinidamente
2    }
3    WaitForEvent();                  // Fica inativo até a ocorrência de um
                                      evento
4    if(Event(ArrivalNotification))   // Chegou um frame de dados
5    {
6        ReceiveFrame();
7        ExtractData();
8        Deliver(data);               // Entrega os dados para a camada de
                                      rede
9        SendFrame();                 // Enviar um frame ACK
10   }
11 }
```

Análise Esse algoritmo é muito parecido com o Algoritmo 11.2, com uma diferença. Após chegar um frame de dados, o receptor envia um frame ACK (linha 9) para confirmar o recebimento e permitir ao emissor o envio do frame seguinte.

Exemplo 11.2

A Figura 11.9 mostra um exemplo de comunicação usando esse protocolo. Ele é muito simples. O emissor envia um frame e aguarda confirmação do receptor. Quando um ACK chega, o emissor envia o próximo frame. Observe que o envio de dois frames no protocolo envolve o emissor em quatro eventos e o receptor em dois.

Figura 11.9 *Diagrama de fluxo de dados para o Exemplo 11.2*

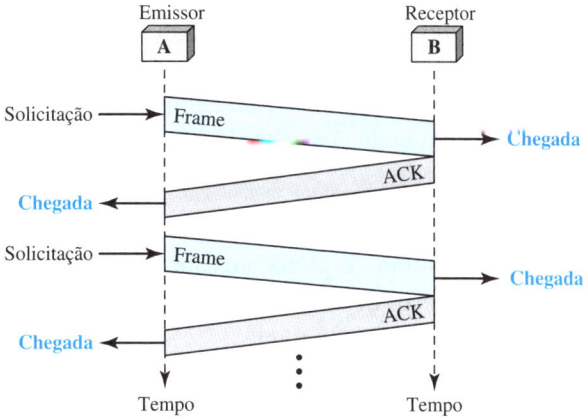

11.5 CANAIS COM RUÍDO

Embora o Protocolo *Stop-and-Wait* nos dê uma boa idéia de como acrescentar controle de fluxo ao protocolo anterior, os canais sem ruído não existem na prática. Podemos ignorar o erro (como fazemos algumas vezes) ou precisamos acrescentar um esquema de controle de erros em nossos protocolos. Na presente seção, falaremos de três protocolos que usam controle de erros.

Stop-and-Wait com Solicitação de Repetição Automática

Nosso primeiro protocolo, denominado **Stop-and-Wait Automatic Repeat Request**, *Stop-and-Wait* com Solicitação de Repetição Automática (***Stop-and-Wait* ARQ**) acrescenta um mecanismo simples de controle de erros ao Protocolo *Stop-and-Wait*. Vejamos como esse protocolo detecta e corrige erros.

Para detectar e corrigir frames corrompidos, precisamos acrescentar bits de redundância ao nosso frame de dados (ver Capítulo 10). Quando o frame chega no receptor, ele é verificado e, se estiver corrompido, é descartado. A detecção de erros nesse protocolo é manifestada pela ausência de confirmação do receptor (silêncio).

Frames perdidos são mais difíceis de ser tratados que aqueles corrompidos. Em nosso protocolo anterior não havia nenhuma maneira de identificar um frame. O frame recebido poderia ser aquele correto, uma duplicata ou, então, um frame fora de ordem. A solução é numerá-los. Quando o receptor recebe um frame de dados que está fora de ordem, isso significa que os frames anteriores foram perdidos ou então duplicados.

Nesse protocolo, os frames perdidos e corrompidos precisam ser reenviados. Se o receptor não responder quando um erro for detectado, como o emissor saberá qual frame deve reenviar? Para remediar esse problema, o emissor preserva uma cópia do frame enviado. Ao mesmo tempo, ele dispara um timer. Se o tempo se esgotar e não houver um ACK para o frame enviado, esse frame será reenviado, a cópia será mantida e o timer reiniciado. Já que o protocolo usa o mecanismo *stop-and-wait*, há apenas um frame que precisa de um ACK, muito embora várias cópias do mesmo frame possam existir na rede.

> **A correção de erros no *Stop-and-Wait* ARQ é implementada preservando-se uma cópia do frame enviado e retransmitindo o frame quando o timer se esgotar.**

Visto que um frame de ACK também pode ser corrompido ou perdido, ele precisa de bits de redundância e um número de seqüência. O frame ACK, neste protocolo, tem um campo específico para número de seqüência. Nesse protocolo, o emissor simplesmente descarta um frame ACK corrompido ou o ignora caso esteja fora de ordem.

Números de Seqüência

Conforme discutimos, o protocolo especifica quais frames precisam ser numerados. Isso é feito usando-se **números de seqüência**. É acrescentado um campo ao frame de dados para armazenar o número de seqüência do frame.

Uma consideração importante é o intervalo dos números de seqüência. Uma vez que queremos minimizar o tamanho do frame, devemos encontrar o menor intervalo que forneça uma comunicação inequívoca. Obviamente, os números de seqüência podem ser deslocados ciclicamente.

Se, por exemplo, decidirmos que o campo tem comprimento de m bits, os números de seqüência iniciam em 0, vão até $(2^m - 1)$ e, em seguida, são repetidos.

Raciocinemos para ver o intervalo de números de seqüência que precisamos. Suponha que tenhamos usado x como número de seqüência; precisamos usar apenas $x + 1$ após isto. Não há necessidade de $x + 2$. Para demonstrar, suponha que o emissor tenha enviado o frame com numeração x. Podem ocorrer três coisas.

1. O frame chega intacto ao receptor; o receptor envia uma confirmação. A confirmação chega ao emissor, fazendo com que ele envie o frame seguinte de número $x + 1$.
2. O frame chega intacto ao receptor; o receptor envia uma confirmação, mas esta é perdida ou corrompida. O emissor reenvia o frame (com numeração x) após o tempo se esgotado. Perceba que o frame aqui é uma duplicata. O receptor pode reconhecer esse fato, pois estava esperando o frame $x + 1$; no entanto, recebeu o frame x.
3. O frame é corrompido ou jamais chega ao receptor; o emissor reenvia o frame (com numeração x) após o tempo se esgotar.

Podemos ver que há necessidade dos números de seqüência x e $x + 1$, pois, assim, o receptor poderá distinguir entre o caso 1 e o caso 2. Contudo, não há necessidade alguma de um frame ser numerado como $x + 2$. No caso 1, o frame pode ser numerado novamente como x, porque os frames x e $x + 1$ foram confirmados e não existe ambigüidade em nenhum dos lados. Nos casos 2 e 3, o novo frame é $x + 1$ e não $x + 2$. Se forem necessários apenas x e $x + 1$, podemos fazer que $x = 0$ e $x + 1 = 1$. Isso significa que a seqüência é 0, 1, 0, 1, 0 e assim por diante. Esse padrão lhe é familiar? Trata-se da aritmética de módulo 2 vista no Capítulo 10.

**No *Stop-and-Wait* ARQ usamos números de seqüência para numerar os frames.
Os números de seqüência se baseiam na aritmética de módulo 2.**

Números de Confirmação

Já que os números de seqüência devem ser adequados tanto para frames de dados como para frames ACK, usaremos a seguinte convenção. Os números de confirmação sempre anunciam o número de seqüência do próximo frame esperado pelo receptor. Por exemplo, se o frame 0 tiver chegado intacto, o receptor envia um frame ACK com confirmação 1 (significando que o frame 1 é esperado em seguida). Se o frame 1 tiver chegado intacto, o receptor enviará um frame ACK com confirmação 0 (significando que o frame 0 é aguardado).

No *Stop-and-Wait* ARQ o número de confirmação sempre anuncia em aritmética de módulo 2, o número de seqüência do próximo frame esperado.

Projeto

A Figura 11.10 mostra o projeto do Protocolo *Stop-and-Wait* ARQ. O dispositivo emissor mantém uma cópia do último frame transmitido até receber uma confirmação desse frame. Um frame de dados usa o seqNo (número de seqüência); um frame ACK usa o ackNo (número de confirmação). O emissor tem uma variável de controle que chamamos S_n (emissor, próximo frame a enviar), que armazena o número de seqüência do próximo frame a ser enviado (0 ou 1).

Figura 11.10 *Projeto do Protocolo* Stop-and-Wait AR*Q*

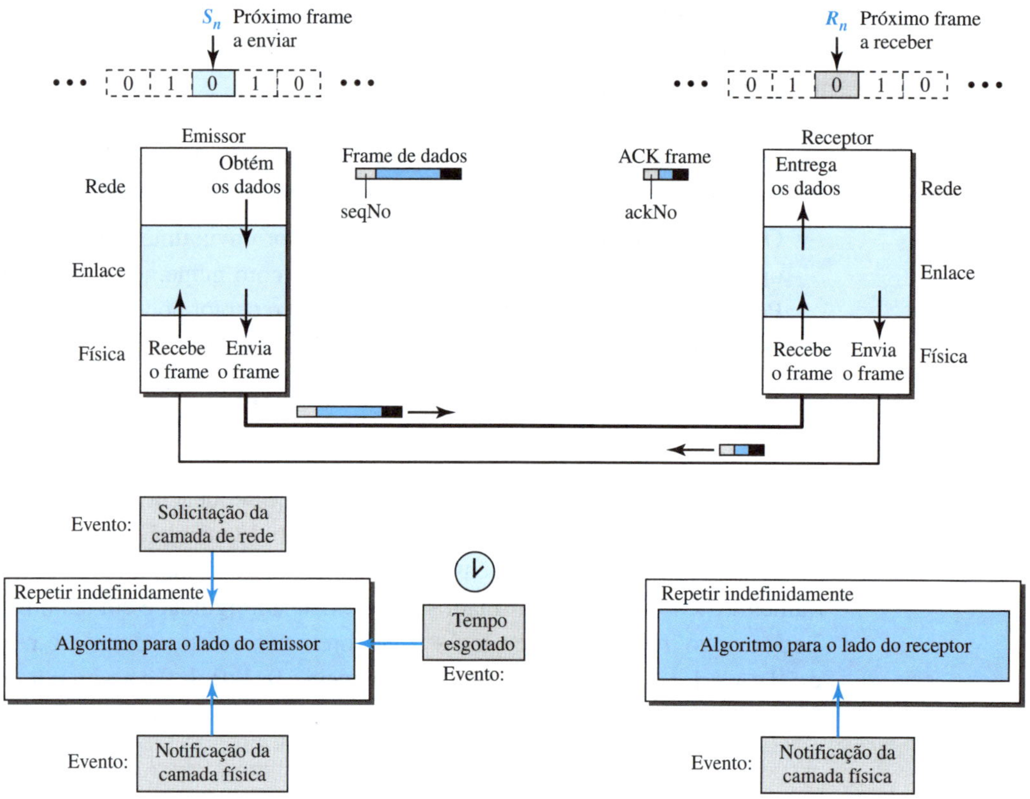

O receptor tem uma variável de controle que denominamos R_n (receptor, próximo frame esperado), que armazena o número do próximo frame esperado. Quando um frame é enviado, o valor de S_n é incrementado (módulo 2), o que significa que se ele for 0, vira 1 e vice-versa. Quando um frame é recebido, o valor de R_n é incrementado (módulo 2), o que significa que se ele for 0, vira 1 e vice-versa. Podem ocorrer três eventos no lado do emissor; já no lado do receptor só pode ocorrer um evento. A variável S_n aponta para o número de seqüência do frame enviado, mas ainda não confirmado; R_n aponta para o número de seqüência do frame esperado.

Algoritmos

O Algoritmo 11.5 destina-se ao lado do emissor.

Algoritmo 11.5 *Algoritmo no emissor para o Protocolo* Stop-and-Wait *ARQ*

```
1  Sn = 0                // O frame 0 deve ser enviado primeiro
2  canSend = true;       // Permite que a primeira solicitação parta
3  while(true)           // Repete indefinidamente
4  {
5    WaitForEvent();     // Fica inativo até a ocorrência de um evento
```

Algoritmo 11.5 *Algoritmo no emissor para o Protocolo* **Stop-and-Wait** *ARQ (continuação)*

```
 6   if(Event(RequestToSend) AND canSend)
 7   {
 8      GetData();
 9      MakeFrame(Sn);              // O seqNo é Sn
10      StoreFrame(Sn);             // Preserva cópia do Frame
11      SendFrame(Sn);              // Envia o Frame
12      StartTimer();
13      Sn = Sn + 1;
14      canSend = false;
15   }
16   WaitForEvent();                // Fica inativo
17   if(Event(ArrivalNotification)  // Chegou uma confirmação (ACK)
18   {
19      ReceiveFrame(ackNo);        // Recebe o frame ACK
20      if(not corrupted AND ackNo == Sn) // ACK válido
21      {
22         Stoptimer();
23         PurgeFrame(Sn-1);        // Não é necessária cópia
24         canSend = true;
25      }
26   }
27
28   if(Event(TimeOut)              // Time-out (tempo esgotado)
29   {
30    StartTimer();
31    ResendFrame(Sn-1);            // Reenvia uma cópia do frame
32   }
33 }
```

Análise Em primeiro lugar, notamos a presença de S_n, o número de seqüência do próximo frame a ser enviado. Essa variável é inicializada uma vez (linha 1) e incrementada toda vez que um frame for enviado (linha 13) em preparação para o frame seguinte. No entanto, já que se trata de aritmética de módulo 2, os números de seqüência são 0, 1, 0, 1 e assim por diante. Note que os processos no primeiro evento (*SendFrame* e *PurgeFrame*) usam S_n definindo o frame já enviado. Precisamos de um buffer para armazenar este frame até que tenhamos certeza de que ele chegou intacto. A linha 10 mostra que, antes de o frame ser enviado, ele é armazenado. A cópia é utilizada para o reenvio de um frame corrompido ou perdido. Ainda estamos usando a variável canSend para impedir que a camada de rede faça uma solicitação antes que o frame anterior seja recebido intacto. Se o frame não for corrompido e o ackNo do frame ACK coincidir com o número de seqüência do próximo frame a ser enviado, paramos o timer e deletamos a cópia do frame de dados que foi armazenada na memória. Caso contrário, simplesmente ignoramos esse evento e aguardamos pela ocorrência do próximo. Após cada frame ser enviado, é iniciado o timer. Quando o timer esgotar o tempo (linha 28) o frame é reenviado e o timer é reiniciado.

O Algoritmo 11.6 mostra o procedimento para o receptor.

Algoritmo 11.6 *Algoritmo no receptor para o Protocolo* **Stop-and-Wait** *ARQ*

```
1  Rn = 0;                // Frame 0 esperado chegar primeiro
2  while(true)
3  {
4     WaitForEvent();     // Fica inativo até a ocorrência de um evento
```

Algoritmo 11.6 *Algoritmo no receptor para o Protocolo Stop-and-Wait ARQ (continuação)*

```
5    if(Event(ArrivalNotification))     // Chegada de um frame de dados
6    {
7       ReceiveFrame();
8       if(corrupted(frame));
9          sleep();
10      if(seqNo == Rn)                  // Frame de dados válido
11      {
12       ExtractData();
13        DeliverData();                 // Envia os dados
14        Rn = Rn + 1;
15      }
16       SendFrame(Rn);                  // Envia uma ACK
17   }
18 }
```

Análise Esse algoritmo é notadamente diferente do Algoritmo 11.4. Primeiro, todos os frames de dados que chegam e que estão corrompidos são ignorados. Se o seqNo do frame esperado (R_n) for igual ao do frame recebido, o frame é aceito, os dados são entregues à camada de rede e o valor R_n é incrementado. Entretanto, há uma sutileza aqui. Mesmo se o número de seqüência do frame de dados não coincidir com o próximo frame esperado, um ACK será enviado ao emissor. Este, porém, apenas reconfirma o ACK anterior em vez de confirmar o frame recebido. Isso é feito porque o receptor supõe que o ACK anterior pode ter sido perdido; o receptor envia um frame ACK duplicado. O ACK retransmitido poderia solucionar o problema antes do timer se esgotar.

Exemplo 11.3

A Figura 11.11 mostra um exemplo do *Stop-and-Wait* ARQ. O Frame 0 é enviado e confirmado. O frame 1 é perdido e reenviado após o tempo esgotar. O frame 1 reenviado é confirmado e o timer pára. O frame 0 é enviado e confirmado, mas a confirmação é perdida. O emissor não tem a mínima idéia se o frame ou a confirmação foram perdidos; portanto, após o tempo expirar, ele reenvia o frame 0, que é confirmado.

Eficiência

O *Stop-and-Wait* ARQ discutido na seção anterior é muito ineficiente se nosso canal for *espesso* e *longo*. Por *espesso* queremos dizer que nosso canal tem uma largura de banda ampla; por *longo* queremos dizer que o retardo de ida-e-volta é alto. O produto desses dois fatores é denominado **produto largura de banda-retardo**, já discutido no Capítulo 3. Podemos imaginar o canal como um duto. O produto largura de banda–retardo é então a vazão do duto em bits. O duto está sempre lá. Se não o usarmos, somos ineficientes. O produto largura de banda-retardo é uma medida do número de bits que podemos enviar a partir de nosso sistema enquanto aguardamos notícias do receptor.

Exemplo 11.4

Suponha que, em um sistema *Stop-and-Wait* ARQ, a largura de banda da linha é 1 Mbps e 1 bit leva 20 ms para fazer uma viagem de ida-e-volta. O que é o produto largura de banda-retardo? Se os frames de dados do sistema tiverem 1.000 bits de comprimento, qual é a porcentagem de utilização do link?

Solução

O produto largura de banda-retardo é

$$(1 \times 10^6) \times (20 \times 10^{-3}) = 20.000 \text{ bits}$$

Figura 11.11 *Diagrama de fluxo de dados para o Exemplo 11.1*

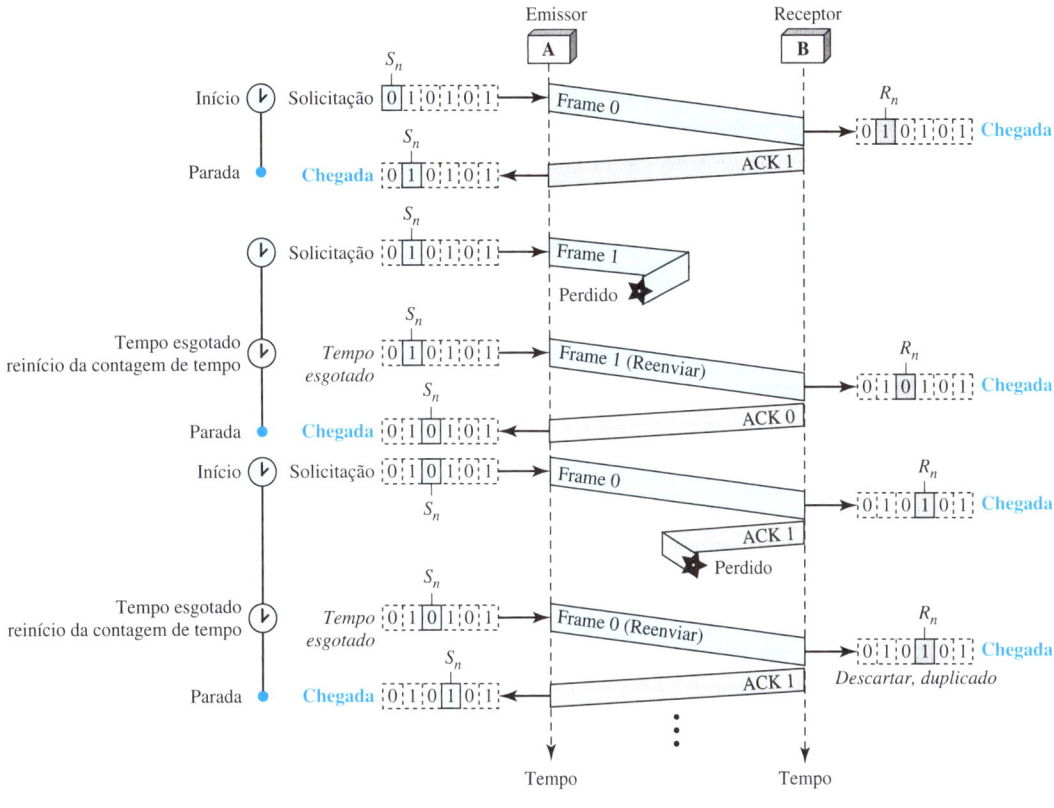

O sistema é capaz de enviar 20.000 bits durante o tempo que leva para os dados irem do emissor ao receptor e depois fazer o caminho inverso. Entretanto, o sistema enviou apenas 1.000 bits. Podemos dizer que a utilização do link é de apenas 1.000/20.000, ou seja, 5%. Por essa razão, o uso do *Stop-and-Wait* ARQ desperdiça a capacidade de um link, com uma largura de banda elevada ou retardo longo.

Exemplo 11.5

Qual é a porcentagem de utilização do link no Exemplo 11.4 se tivermos um protocolo capaz de enviar até 15 frames antes de parar e se preocupar com as confirmações?

Solução

O produto largura de banda–retardo ainda é 20.000 bits. O sistema pode enviar até 15 frames ou 15.000 bits durante a viagem de ida e volta. Isso significa que a utilização é de 15.000/20.000, ou 75%. Obviamente, se houver frames corrompidos, a porcentagem de utilização será muito menor, pois os frames terão que ser reenviados.

Pipelining

Em redes e outras áreas, uma tarefa normalmente é iniciada antes da tarefa anterior ter terminado. Isso é conhecido como **pipelining**. Não existem mecanismos de pipelining no *Stop-and-Wait* ARQ, pois precisamos esperar o frame chegar ao destino e ser confirmado antes do próximo frame poder ser enviado. Entretanto, o *pipelining* será aplicado aos próximos dois protocolos, porque vários frames podem ser enviados antes de recebermos notícias sobre os frames anteriores. O *pipelining* aumenta a eficiência da transmissão quando o número de bits em transição for grande em relação ao produto largura de banda-retardo.

Go-Back-N com Solicitação de Repetição Automática

Para aumentar a eficiência da transmissão (encher o duto), vários frames devem estar em transição enquanto aguardam confirmação. Ou seja, precisamos permitir que mais de um frame seja transmitido para manter o canal ocupado enquanto o emissor aguarda confirmação. Nesta seção, trataremos de um protocolo que pode atingir esse objetivo; na próxima seção, discutiremos um segundo protocolo.

O primeiro é denominado **Go-Back-N com Solicitação de Repetição Automática** (a lógica para o nome ficará clara mais à frente). Nesse protocolo, podemos enviar vários frames antes de receber confirmações; preservamos uma cópia desses frames até que as confirmações cheguem.

Números de Seqüência

Os frames de uma estação emissora são numerados em seqüência. Entretanto, como precisamos incluir o número de seqüência de cada frame no cabeçalho, necessitamos estabelecer um limite. Se o cabeçalho do frame permitir m bits para o número de seqüência, os números de seqüência vão de 0 a $2^m - 1$. Se, por exemplo, m for 4, os números de seqüência vão de 0 a 15, inclusive. Entretanto, podemos repetir a seqüência. Portanto, os números de seqüência são

> 0, 1, 2, 3, 4, 5, 6, 7, 8, 9, 10, 11, 12, 13, 14, 15, 0, 1, 2, 3, 4, 5, 6, 7, 8, 9, 10, 11, ...

Em outras palavras, os números de seqüência são módulo 2^m.

> **No Protocolo *Go-Back-N*, os números de seqüência são módulo 2^m, no qual m é o tamanho, em bits, do campo número de seqüência.**

Janela Deslizante

Nesse protocolo (e no seguinte), **janela deslizante (*sliding window*)** é um conceito abstrato que define o intervalo dos números de seqüência que são gerenciados tanto no emissor quanto no receptor. Em outras palavras, o emissor e o receptor precisam lidar apenas com parte dos possíveis números de seqüência. O intervalo que cabe ao emissor cuidar é o da **janela deslizante de transmissão**; o intervalo que deve ser cuidado pelo receptor é a chamada **janela deslizante de recepção**. Falaremos a respeito desses dois intervalos.

A janela de transmissão é um retângulo imaginário cobrindo os números de seqüência dos frames de dados que podem se encontrar em trânsito. Em cada posição da janela, alguns desses números de seqüência definem os frames que foram enviados; outros definem aqueles que podem ser ainda enviados. O tamanho máximo da janela é $2^m - 1$ por motivos que veremos adiante. Neste capítulo, utilizaremos um tamanho fixo e com valor máximo, mas, veremos em capítulos futuros que alguns protocolos podem usar um tamanho de janela variável. A Figura 11.12 mostra uma janela deslizante de tamanho 15 ($m = 4$).

A qualquer instante, a janela divide os possíveis números de seqüência em quatro regiões. A primeira delas, da extremidade esquerda para a parede esquerda da janela, define os números de seqüência pertencentes aos frames que já foram confirmados. O emissor não se preocupa

Figura 11.12 *Janela de transmissão para o* Go-Back-N *ARQ*

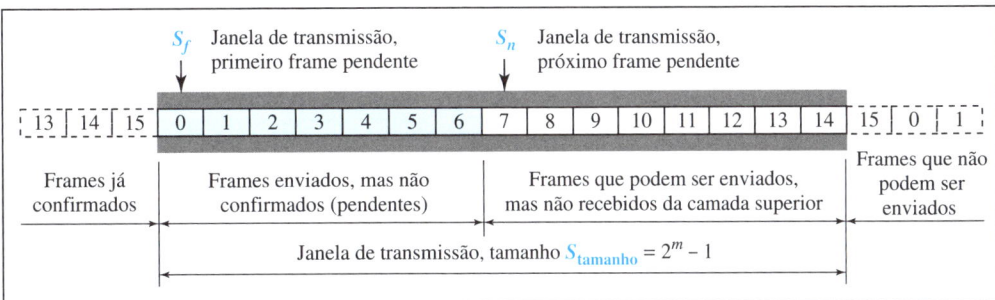

a. Janela de transmissão antes de deslizar

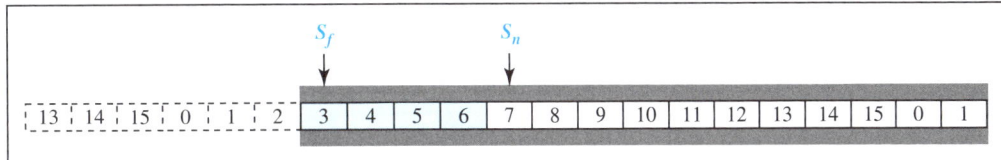

b. Janela de transmissão após deslizar

com esses frames e não preserva nenhuma cópia deles. A segunda região, colorida na Figura 11.12a, define o intervalo de números de seqüência pertencentes aos frames que foram enviados e estão em estado de desconhecido. O emissor precisa aguardar para descobrir se esses frames foram recebidos ou perdidos. Estes são denominados frames pendentes. O terceiro intervalo, na cor branca da figura, define o intervalo dos números de seqüência para frames que podem ser enviados; entretanto, os pacotes de dados correspondentes ainda não foram recebidos da camada de rede. Finalmente, a quarta região define os números de seqüência que não podem ser usados até que a janela deslize, como veremos a seguir.

A própria janela é uma abstração; três variáveis definem seu tamanho e sua posição a qualquer momento. Chamamos essas variáveis de S_f (janela de transmissão, primeiro frame pendente), S_n (janela de transmissão, próximo frame a ser enviado) e $S_{tamanho}$ (janela de transmissão, tamanho). A variável S_f estabelece o número de seqüência que será atribuído ao próximo frame a ser enviado. Finalmente, a variável $S_{tamanho}$ define o tamanho da janela que, em nosso caso, é fixo.

A janela de transmissão é um conceito abstrato que define um retângulo imaginário de tamanho $2^m - 1$ com três variáveis: S_f, S_n e $S_{tamanho}$

A Figura 11.12b mostra como uma janela de transmissão pode deslizar uma ou mais posições para a direita quando chega uma confirmação da outra extremidade. Como veremos em breve, as confirmações neste protocolo são cumulativas, o que significa que um frame ACK pode confirmar mais de um frame de dados. Na Figura 11.12b, os frames 0, 1 e 2 foram confirmados de modo que a janela deslizou três posições para a direita. Note que o valor de S_f é 3, pois o frame 3 é, no momento, o frame pendente.

A janela de transmissão pode deslizar (deslocar-se) uma ou mais posições quando da chegada de uma confirmação válida.

A janela de recepção certifica-se de que os frames de dados foram corretamente recebidos e que as confirmações foram corretamente enviadas. O tamanho da janela de recepção é sempre 1. O receptor está sempre procurando a chegada de um frame específico. Qualquer frame que chegue fora de ordem é descartado e precisa ser reenviado. A Figura 11.13 mostra a janela de recepção.

Figura 11.13 *Janela de recepção para o* Go-Back-N *ARQ*

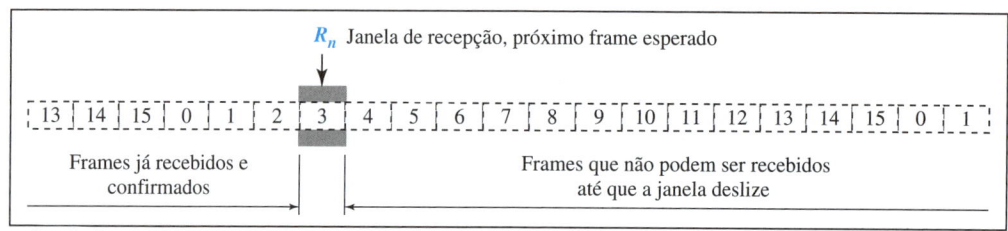

a. Janela de recepção

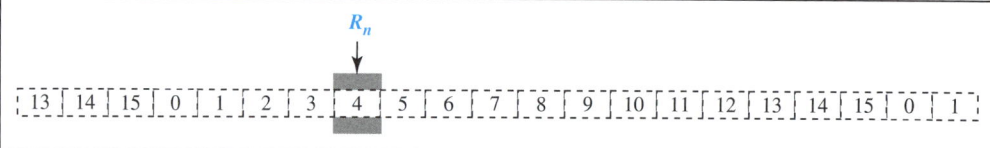

b. Janela de recepção após deslizar

> **A janela de recepção é um conceito abstrato que define um retângulo imaginário de tamanho 1 com uma única variável denominada R_n. A janela desliza quando da chegada de um frame correto; o deslocamento ocorre uma posição por vez.**

Perceba que precisamos apenas de uma variável R_n (janela de recepção, próximo frame esperado) para definir essa abstração. Os números de seqüência à esquerda da janela pertencem aos frames já recebidos e confirmados; os números de seqüência à direita dessa janela definem os frames que não podem ser recebidos. Qualquer frame recebido com um número de seqüência nessas duas regiões é descartado. Apenas um frame com número de seqüência coincidente com o valor de R_n é aceito e confirmado.

A janela de recepção também se desloca, mas uma posição por vez. Quando um frame correto é recebido (e tenha sido recebido apenas um frame por vez), a janela se desloca.

Timers

Embora possa existir um timer para cada frame enviado, em nosso protocolo usaremos apenas um. A razão para tal é que o timer para o primeiro frame pendente sempre tem seu tempo esgotado primeiro; enviamos todos os frames pendentes quando o tempo desse timer esgota.

Confirmação

O receptor envia uma confirmação positiva se um frame tiver chegado intacto e na ordem. Se um frame for corrompido ou recebido fora de ordem, o receptor permanece em silêncio e descartar todos os frames seguintes até receber aquele que está aguardando. O silêncio do receptor faz expirar o timer do frame não confirmado no lado do emissor. Isso, por sua vez, faz que o emissor volte atrás e reenvie todos os frames pendentes, iniciando a partir daquele que o timer expirou. O receptor não tem de confirmar cada frame recebido. Ele pode enviar uma confirmação cumulativa para vários frames.

Reenvio de um Frame

Quando o timer expira, o emissor reenvia todos os frames pendentes. Suponha, por exemplo, que o emissor já tenha enviado o frame 6, mas o timer para o frame 3 se esgota. Isso significa que o frame 3 não foi confirmado; o emissor volta atrás e envia novamente os frames 3, 4, 5 e 6. É por isso que esse protocolo é denominado *Go-Back-N* ARQ.

Projeto

A Figura 11.14 mostra o projeto para esse protocolo. Conforme pode ser observado, vários frames podem estar em trânsito no sentido da transmissão e várias confirmações no sentido inverso. A idéia é similar ao *Stop-and-Wait* ARQ; a diferença é que a janela de transmissão possibilita que tenhamos tantos frames em transição quanto o número de slots existentes na janela de transmissão.

Figura 11.14 *Projeto do protocolo* Go-Back-N *ARQ*

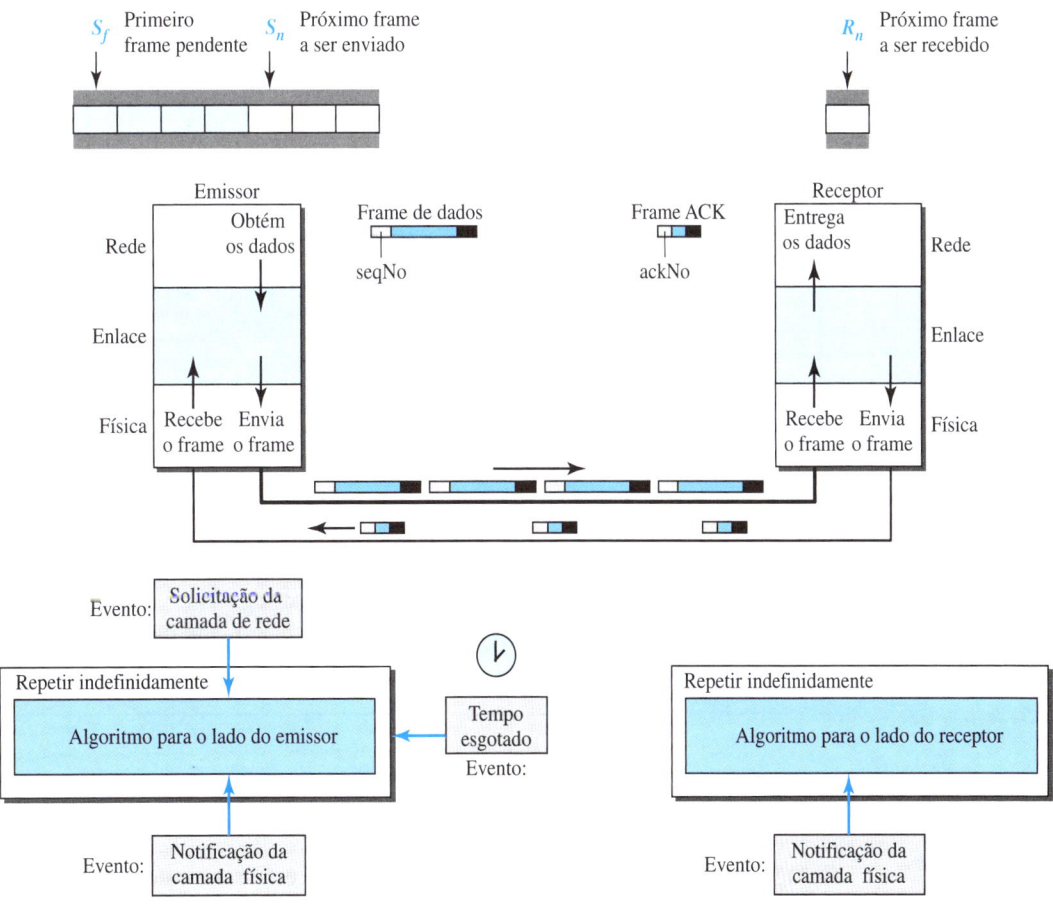

Tamanho da Janela de Transmissão

Agora podemos demonstrar por que o tamanho da janela de transmissão deve ser menor que 2^m. Como exemplo, façamos $m = 2$, ou seja, o tamanho da janela pode ser $2^m - 1$, ou 3. A Figura 11.15 compara um tamanho de janela 3 com um tamanho de janela 4. Se o tamanho da janela fosse 3 (menor que 2^2) e todas as três confirmações fossem perdidas, o tempo do timer do frame 0 se esgotaria e todos os três frames seriam reenviados. O receptor agora está esperando receber o frame 3, e não o frame 0; portanto, o frame 0, duplicado, é corretamente descartado. Por outro lado, se o tamanho da janela for 4 (igual a 2^2) e todas as confirmações forem perdidas, o emissor enviará uma duplicata do frame 0. Entretanto, desta vez, o receptor está aguardando o frame 0 e, portanto, aceita o frame 0, não como uma duplicata, mas sim como o primeiro frame do ciclo seguinte. Isso está incorreto.

Figura 11.15 *Tamanho da janela para o* Go-Back-N *ARQ*

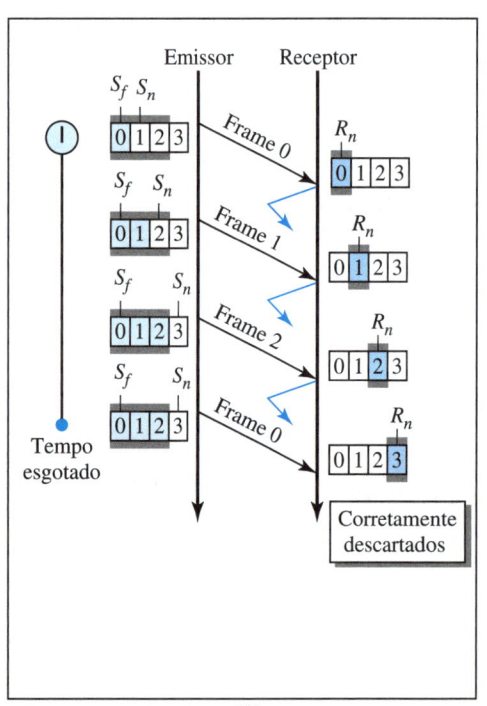

a. Tamanho da janela $< 2^m$

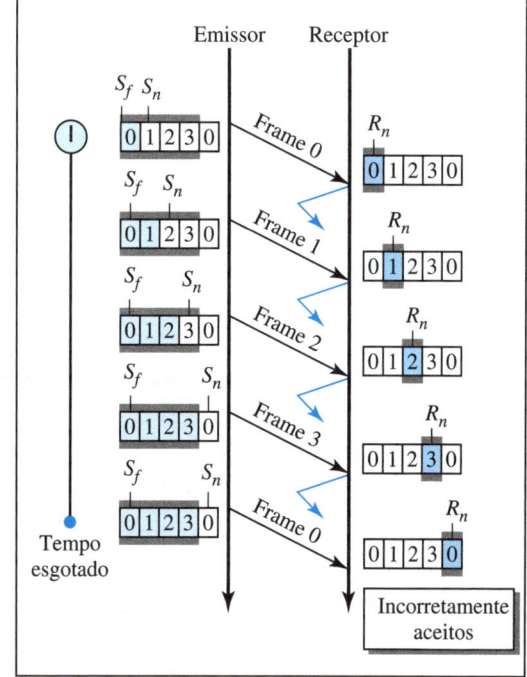

b. Tamanho da janela $= 2^m$

> **No *Go-Back-N* ARQ, o tamanho da janela de transmissão tem de ser menor que 2^m; o tamanho da janela da recepção é sempre 1.**

Algoritmos

O Algoritmo 11.7 mostra o pseudocódigo para o emissor neste protocolo.

Algoritmo 11.7 *Algoritmo no emissor para o Protocolo* **Go-Back-N** *ARQ*

```
1   S_w = 2^m - 1;
2   S_f = 0;
3   S_n = 0;
4
5   while (true)                              // Repetir indefinidamente
6   {
7    WaitForEvent();
8     if(Event(RequestToSend))                // Um pacote a ser enviado
9     {
10       if(S_n-S_f >= S_w)                   // Se a janela estiver repleta
11           Sleep();
12       GetData();
13       MakeFrame(S_n);
14       StoreFrame(S_n);
15       SendFrame(S_n);
16       S_n = S_n + 1;
17       if(timer not running)
18           StartTimer();
19    }
20
21    if(Event(ArrivalNotification))          // Chegada do ACK
22    {
23       Receive(ACK);
24       if(corrupted(ACK))
25           Sleep();
26       if((ackNo>S_f)&&(ackNo<=S_n))        // Se for um ACK válido
27       While(S_f <= ackNo)
28         {
29          PurgeFrame(S_f);
30          S_f = S_f + 1;
31         }
32       StopTimer();
33    }
34
35    if(Event(TimeOut))                      // O tempo do timer esgotou
36    {
37     StartTimer();
38     Temp = S_f;
39     while(Temp < S_n);
40     {
41       SendFrame(S_f);
42       S_f = S_f + 1;
43     }
44   }
45 }
```

Análise Primeiro, esse algoritmo inicia três variáveis. Ao contrário do *Stop-and-Wait* ARQ, esse protocolo permite várias solicitações da camada de rede sem a necessidade da ocorrência de outros eventos; precisamos simplesmente estar certos de que a janela não esteja repleta (linha 12). Em nossa metodologia, se a janela estiver repleta, a solicitação é simplesmente ignorada e a camada de rede precisa tentar novamente. Algumas implementações usam outros métodos como habilitar ou desabilitar a camada de rede. O tratamento do evento de chegada de um ACK é mais complexo que no protocolo anterior. Se recebermos um ACK corrompido, o ignoramos. Se o ackNo pertencer a um dos frames pendentes, usamos um loop para limpar os buffers e deslocar a parede esquerda da janela para a direita. O evento tempo esgotado também é mais complexo. Primeiro inicializamos um novo timer. Em seguida, reenviamos todos os frames pendentes.

O Algoritmo 11.8 mostra o pseudocódigo para o receptor.

Algoritmo 11.8 *Algoritmo no receptor para o Protocolo* **Go-Back-N** *ARQ*

```
1   Rn = 0;
2
3   While (true);                         // Repete indefinidamente
4   {
5     WaitForEvent();
6
7     if(Event(ArrivalNotification))      // Chegada do frame de dados
8     {
9        Receive(Frame);
10       if(corrupted(Frame))
11           Sleep();
12       if(seqNo == Rn)                  // Se for o frame esperado
13       {
14          DeliverData();                // Entrega os dados
15          Rn = Rn + 1;                  // Desliza a janela
16          SendACK(Rn);
17       }
18    }
19  }
```

Análise Esse algoritmo é simples. Ignoramos todos os frames corrompidos ou fora de ordem. Se chegar um frame com o número de seqüência esperado, entregamos os dados, atualizamos o valor de R_n e enviamos um ACK com o ackNo do próximo frame esperado.

Exemplo 11.6

A Figura 11.6 traz um exemplo do *Go-Back-N*. Trata-se de um exemplo para o caso no qual o canal de transmissão é confiável, mas o canal de recepção não o é. Nenhum frame de dados é perdido; no entanto, alguns ACKs sofrem atraso e um é perdido. O exemplo também ilustra como as confirmações cumulativas podem ser úteis caso sofram atraso ou sejam perdidas.

Após a inicialização, sete eventos ocorrem no lado emissor. Os eventos de solicitação são disparados pela existência de dados na camada de rede; os eventos de chegada são disparados por confirmações da camada física. Não existe nenhum evento do tipo tempo expirado, pois todos os frames pendentes são confirmados antes do timer esgotar. Observe que, embora o ACK 2 seja perdido, o ACK 3 serve tanto como ACK 2 quanto como ACK 3.

Existem quatro eventos no receptor, todos disparados pela chegada de frames provenientes da camada física.

Figura 11.16 *Diagrama de fluxo de dados para o Exemplo 11.6*

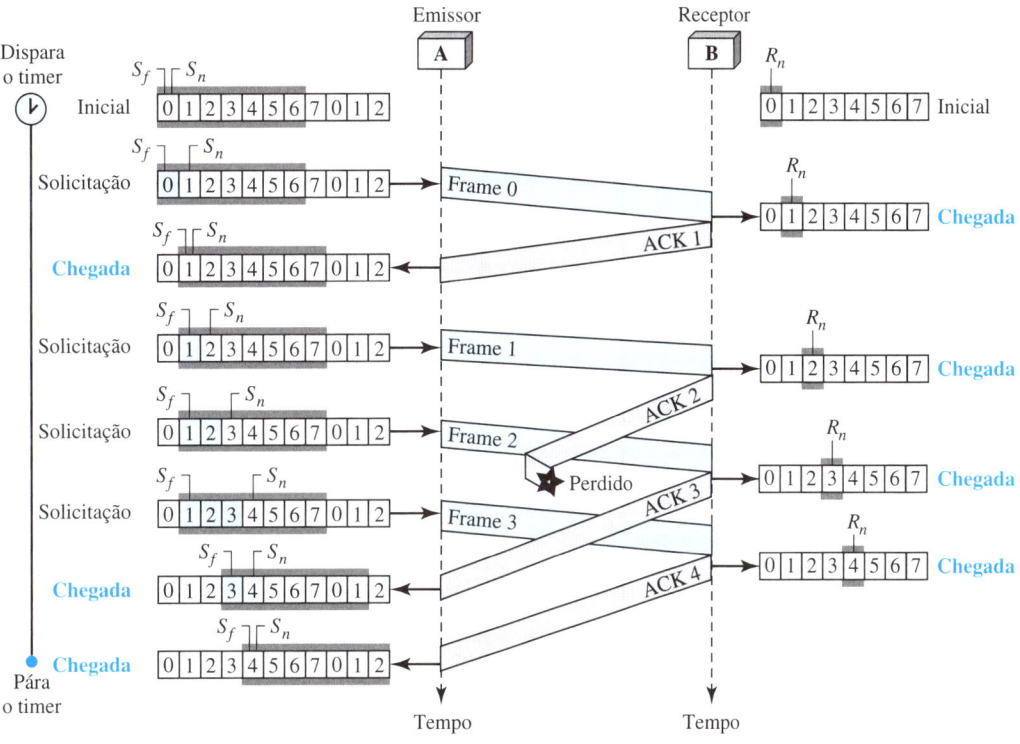

Exemplo 11.7

A Figura 11.17 mostra o que acontece quando um frame é perdido. Os frames 0, 1, 2 e 3 são enviados. Entretanto, o frame 1 é perdido. O receptor recebe os frames 2 e 3, mas eles são descartados, porque são recebidos fora de ordem (o frame 1 era o esperado). O emissor não recebe nenhuma confirmação sobre os frames 1, 2 ou 3. Finalmente, o tempo de seu timer esgota. O emissor envia todos os frames pendentes (1, 2 e 3), pois ele não sabe o que está acontecendo de errado. Note que o reenvio dos frames 1, 2 e 3 é a resposta a um único evento. Enquanto o emissor estiver respondendo a esse evento, ele não pode aceitar o disparo de outros eventos. Isso significa que, quando chega o ACK 2, o emissor ainda está ocupado em enviar o frame 3. A camada física tem de esperar até que esse evento seja completado e a camada de enlace de dados retorne ao seu estado "dormente". Colocamos uma linha vertical para indicar o retardo. O mesmo ocorre com o ACK 3; entretanto, quando da chegada do ACK 3, o emissor está ocupado em responder ao ACK 2. Acontece o mesmo quando da chegada do ACK 4. Note que, antes do segundo timer expirar, todos os frames pendentes foram enviados e o timer é parado.

Go-Back-N ARQ versus *Stop-and-Wait*

É possível que o leitor tenha notado certa similaridade entre o *Go-Back-N* ARQ e o *Stop-and-Wait* ARQ. Podemos dizer que o protocolo *Stop-and-Wait* ARQ é, na verdade, um caso particular do *Go-Back-N* ARQ em que existem apenas dois números possíveis de seqüência e o tamanho da janela de transmissão é 1. Em outras palavras, $m = 1$, $2^m - 1 = 1$. No *Go-Back-N* ARQ, dizemos que a adição é módulo 2^m; no *Stop-and-Wait* ARQ ela é 2, que é o mesmo que 2^m quando $m = 1$.

Figura 11.17 *Diagrama de fluxo de dados para o Exemplo 11.7*

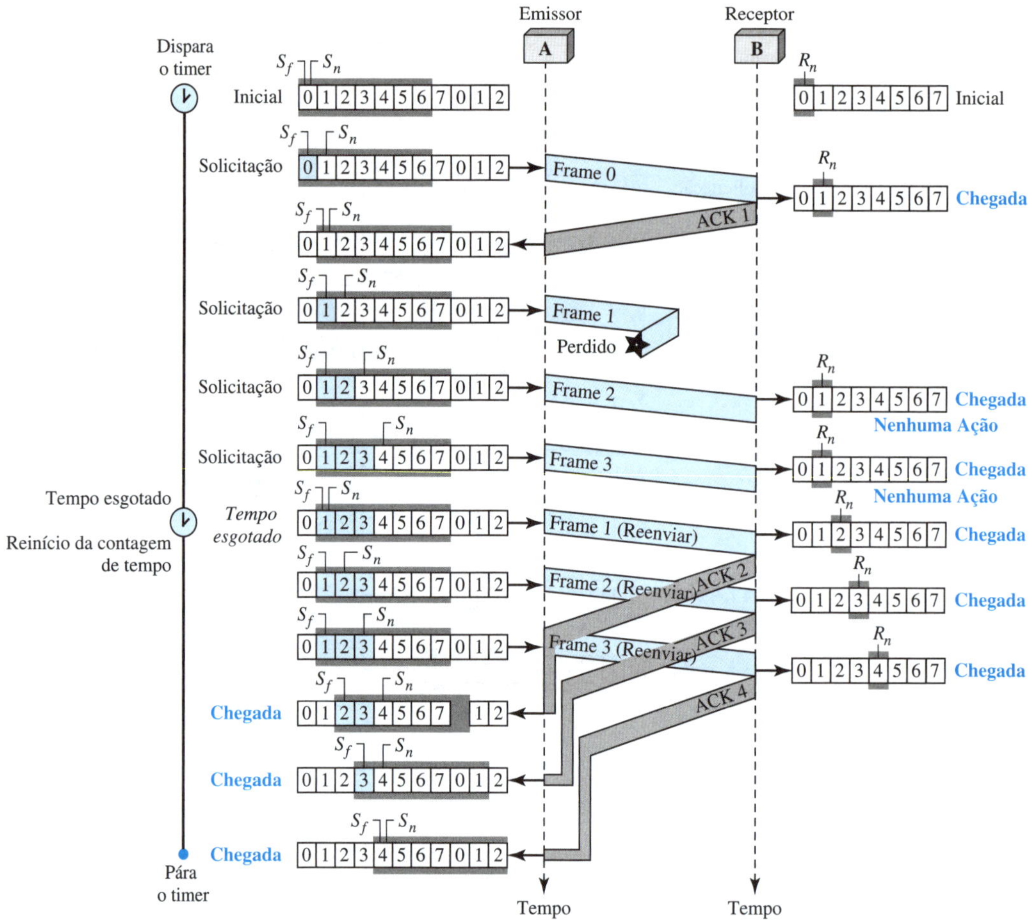

> O *Stop-and-Wait* ARQ é um caso particular do *Go-Back-N* ARQ, em que o tamanho da janela de transmissão é 1.

Selective Repeat Automatic Repeat Request

O *Go-Back-N* ARQ simplifica o processo no lado do receptor. O receptor controla apenas uma variável e não há necessidade de armazenar frames fora de ordem nos buffers; eles são simplesmente descartados. Esse protocolo porém, é muito ineficiente para um enlace com ruído. Em um enlace com ruído, um frame tem grande probabilidade de ser corrompido, o que resulta no reenvio de vários frames. Essa retransmissão consome largura de banda e diminui a velocidade de transmissão. Para enlaces com ruído existem outros mecanismos disponíveis que não requerem o reenvio de *N* frames quando apenas um está corrompido; apenas o frame corrompido é reenviado. Esse mecanismo é denominado *Selective Repeat ARQ*. Embora seja mais eficiente para enlaces com ruído, o processamento no receptor é mais complexo.

Janelas

O Protocolo de Repetição Seletiva também usa duas janelas: uma janela de transmissão e outra de recepção. Entretanto, existem diferenças entre as janelas neste protocolo e aquelas do *Go-Back-N*. Em primeiro lugar, o tamanho da janela de transmissão é muito menor; ela é 2^{m-1}. A razão para tal será discutida mais tarde. Em segundo lugar, a janela de recepção é do mesmo tamanho da janela de transmissão.

O tamanho máximo da janela de transmissão é de 2^{m-1}. Se, por exemplo, $m = 4$, os números de seqüência vão de 0 a 15. No entanto, o tamanho da janela é de apenas 8 (no protocolo *Go-Back-N* seria 15). O tamanho menor da janela significa menor eficiência no preenchimento do duto, mas o fato de que há menos frames duplicados pode compensar isso. O protocolo usa as mesmas variáveis já apresentadas para o *Go-Back-N*. Mostramos a janela de Repetição Seletiva de transmissão na Figura 11.18 para enfatizar seu tamanho. Compare-a com a Figura 11.12.

Figura 11.18 *Janela de Transmissão para o* Selective Repeat *ARQ*

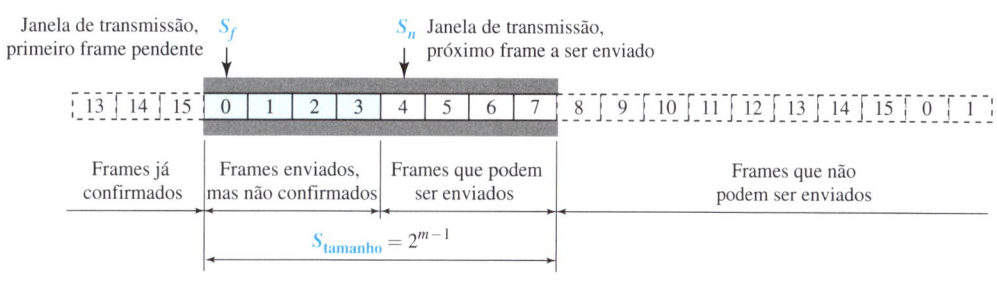

A janela de recepção na Repetição Seletiva é totalmente diferente daquela do *Go-Back-N*. Primeiro, o tamanho da janela de recepção é o mesmo da janela de transmissão (2^{m-1}). O Protocolo de Repetição Seletiva permite tantos frames fora de ordem quanto possam caber na janela de recepção e possam ser lá armazenados até que um conjunto de frames na ordem correta seja entregue para a camada de rede. Como os tamanhos das janelas de transmissão e de recepção são os mesmos, todos os frames em uma janela de transmissão podem chegar fora de ordem e ficarem armazenados até ser entregues. Precisamos, entretanto, mencionar que o receptor jamais entrega pacotes fora de ordem para a camada de rede. A Figura 11.19 mostra a janela de recepção neste protocolo. Os *slots* coloridos dentro da janela definem frames que

Figura 11.19 *Janela de recepção para o* Selective Repeat *ARQ*

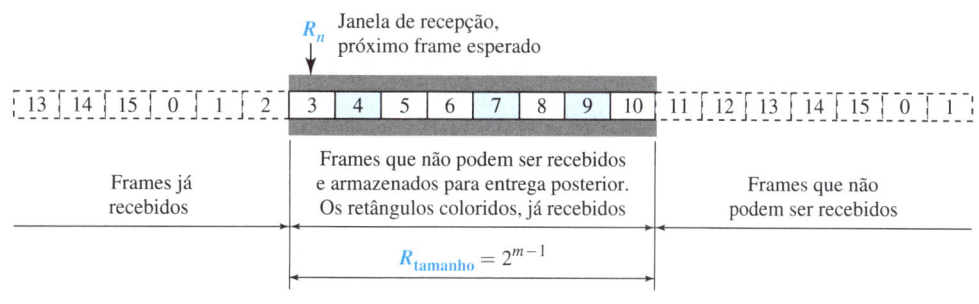

chegaram fora de ordem e estão aguardando que outros frames vizinhos cheguem antes de efetuar sua entrega à camada de rede.

Projeto

O projeto, nesse caso, é até certo ponto semelhante àquele descrito para o protocolo *Go-Back-N*, só que mais complicado, conforme mostrado na Figura 11.20.

Figura 11.20 *Projeto do Protocolo* Selective Repeat *ARQ*

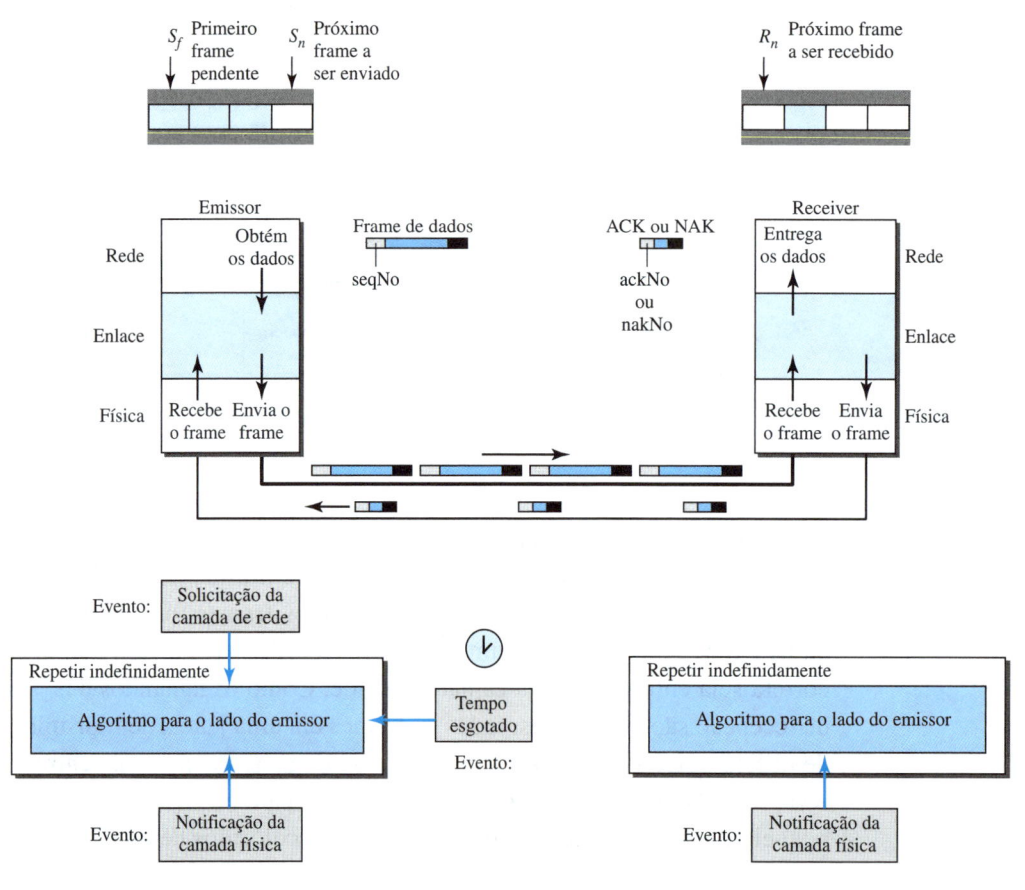

Tamanho das Janelas

Agora, podemos demonstrar por que o tamanho das janelas de transmissão e de recepção tem de ser no máximo a metade de 2^m. Como exemplo, façamos $m = 2$, significando que o tamanho da janela é $2^m/2$ ou 2. A Figura 11.21 compara um tamanho de janela 2 com um tamanho de janela 3.

Se o tamanho da janela for 2 e todas as confirmações forem perdidas, o timer para o frame 0 esgota e o frame 0 é reenviado. Portanto, a janela do receptor está esperando agora o frame 2,

Figura 11.21 *Selective Repeat ARQ, tamanho da janela.*

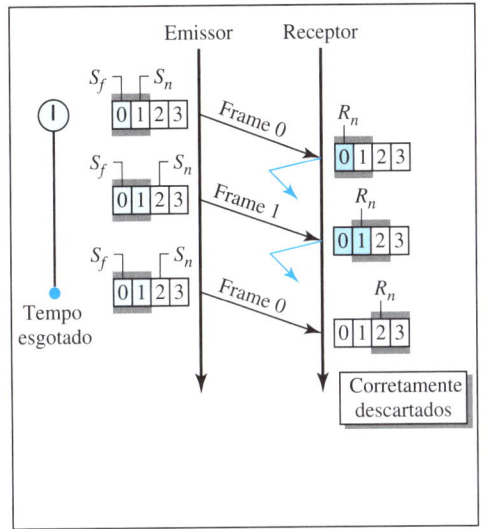
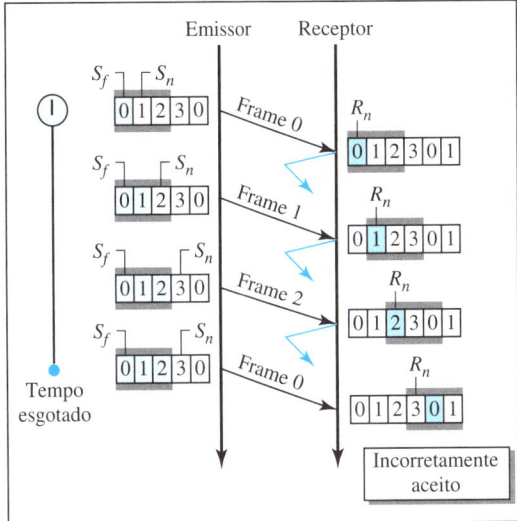

a. Tamanho da janela = 2^{m-1}

b. Tamanho da janela > 2^{m-1}

não o frame 0, e, portanto, está correto descartar essa cópia duplicada. Quando o tamanho da janela for 3 e todas as confirmações forem perdidas, o emissor reenvia uma cópia do frame 0. Desta vez, porém, a janela do receptor espera receber o frame 0 (0 faz parte da janela) e, dessa forma, aceita o frame 0 não como uma duplicata, mas como o primeiro frame do ciclo seguinte. Essa atitude está claramente equivocada.

No Protocolo Selective Repeat ARQ o tamanho das janelas do emissor e do receptor tem de ser, no máximo, a metade de 2^m.

Algoritmo

O Algoritmo 11.9 apresenta o pseudocódigo para o emissor.

Algoritmo 11.9 *Algoritmo Selective Repeat ARQ no emissor*

```
1   S_w = 2^{m-1} ;
2   S_f = 0;
3   S_n = 0;
4
5   while (true)                        // Repetir indefinidamente
6   {
7       WaitForEvent();
8       if(Event(RequestToSend))        // Há um pacote a ser enviado
9       {
```

Algoritmo 11.9 *Algoritmo Selective Repeat ARQ no emissor (continuação)*

```
10        if(Sn-Sf >= Sw)                    // Se a janela estiver repleta
11            Sleep();
12        GetData();
13        MakeFrame(Sn);
14        StoreFrame(Sn);
15        SendFrame(Sn);
16        Sn = Sn + 1;
17        StartTimer(Sn);
18     }
19
20     if(Event(ArrivalNotification))        // Chegada do ACK
21     {
22        Receive(frame);                    // Recebe ACK ou NAK
23        if(corrupted(frame))
24            Sleep();
25        if (FrameType == NAK)
26           if (nakNo between Sf and Sn)
27           {
28           resend(nakNo);
29           StartTimer(nakNo);
30           }
31     if (FrameType == ACK)
32        if (ackNo between Sf and Sn)
33        {
34           while(sf < ackNo)
35           {
36           Purge(sf);
37           StopTimer(sf);
38           Sf = Sf + 1;
39           }
40        }
41     }
42
43     if(Event(TimeOut(t)))                 // O timer se esgota
44     {
45      StartTimer(t);
46      SendFrame(t);
47     }
48  }
```

Análise O tratamento do evento solicitação é similar àquele do protocolo anterior, exceto pelo fato de que um timer é disparado para cada um dos frames enviados. O evento chegada é mais complexo nesse caso. Pode chegar um frame ACK ou NAK. Se chegar um frame NAK válido, simplesmente reenviamos o frame correspondente. Se chegar um ACK válido, usamos um loop para limpar os buffers, parar o timer correspondente e deslocar a parede esquerda da janela. O evento tempo expirado é mais simples nesse caso; apenas o frame que tem seu tempo esgotado é reenviado.

O Algoritmo 11.10 mostra o pseudocódigo para o receptor.

Algoritmo 11.10 *Selective Repeat no receptor*

```
1  Rn = 0;
2  NakSent = false;
3  AckNeeded = false;
4  Repeat(for all slots)
5     Marked(slot) = false;
6
7  while (true)                                  // Repetir indefinidamente
8  {
9    WaitForEvent();
10
11   if(Event(ArrivalNotification))              // Chegada do frame de dados
12   {
13      Receive(Frame);
14      if(corrupted(Frame))&& (NOT NakSent)
15      {
16       SendNAK(Rn);
17       NakSent = true;
18       Sleep();
19      }
20      if(seqNo <> Rn)&& (NOT NakSent)
21      {
22       SendNAK(Rn);
23       NakSent = true;
24       if ((seqNo in window)&&(!Marked(seqNo))
25        {
26         StoreFrame(seqNo)
27         Marked(seqNo)= true;
28         while(Marked(Rn))
29         {
30          DeliverData(Rn);
31          Purge(Rn);
32          Rn = Rn + 1;
33          AckNeeded = true;
34         }
35         if(AckNeeded);
36          {
37           SendAck(Rn);
38           AckNeeded = false;
39           NakSent = false;
40          }
41       }
42      }
43   }
44  }
```

Análise Neste caso precisamos inicializar mais variáveis de inicialização. De modo a não sobrecarregar o outro lado com NAKs, usamos uma variável denominada NakSent. Para saber quando precisamos enviar um ACK, utilizamos uma variável denominada AckNeeded. Ambas são iniciadas como falsas. Também usamos um conjunto de variáveis para marcar os *slots* na janela de recepção assim que o frame correspondente tiver chegado e for armazenado. Se recebermos um frame corrompido e um NAK ainda não tiver sido enviado, enviamos um NAK para informar o outro lado de que não recebemos o frame esperado. Se o frame não estiver corrompido e o número de seqüência estiver na janela, armazenamos o frame e marcamos o *slot*. Se frames contíguos, iniciando em R_n, tiverem sido marcados, entregamos seus dados para a camada de rede e deslocamos a janela. A Figura 11.22 ilustra esta situação.

Figura 11.22 *Entrega dos dados no Selective Repeat ARQ*

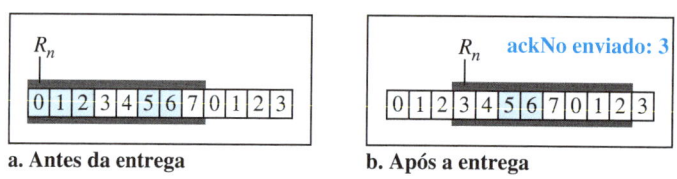

a. Antes da entrega   b. Após a entrega

Exemplo 11.8

Este exemplo é similar ao Exemplo 11.3, no qual o frame 1 é perdido. Mostramos como a Repetição Seletiva se comporta neste caso. A Figura 11.23 ilustra a situação.

Figura 11.23 *Diagrama de Fluxo de dados para o Exemplo 11.8*

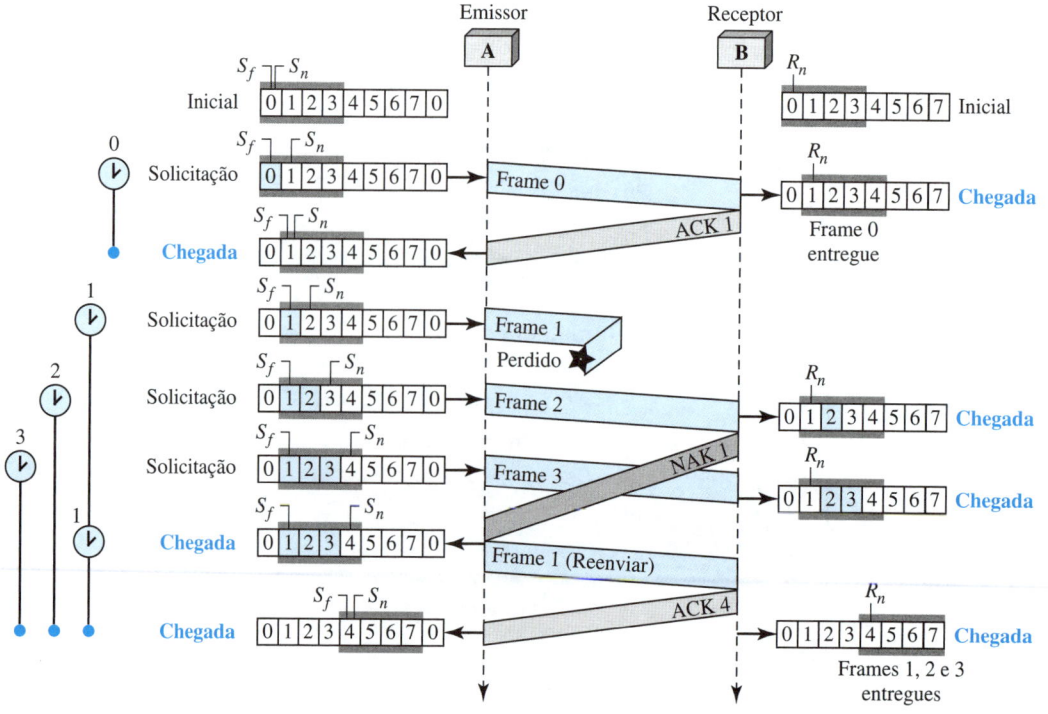

Uma diferença fundamental está no número de timers. Aqui, cada frame enviado ou reenviado precisa de um timer, significando que os timers necessitam ser numerados (0, 1, 2 e 3). O timer para o frame 0 é disparado na primeira solicitação, mas é interrompido quando da chegada do ACK para esse frame. O timer para o frame 1 se inicia na segunda solicitação, reinicia quando chega um NAK e finalmente pára quando da chegada do último ACK. Os demais timers iniciam quando os frames correspondentes são enviados e param no último evento de chegada.

No lado do receptor, precisamos fazer a distinção entre aceitação de um frame e sua entrega à camada de rede. Na segunda chegada, o frame 2 é recebido, armazenado e marcado (*slot* colorido), mas não pode ser entregue, pois está faltando o frame 1. Na próxima chegada, o frame 3 é recebido, marcado e armazenado, mas ainda nenhum dos frames pode ser entregue. Somente na última chegada, quando finalmente chega uma cópia do frame 1, os frames 1, 2 e 3 podem ser entregues à camada de rede. Há duas condições para a entrega de frames à camada de rede: primeiro, deve ter chegado um conjunto de frames consecutivos. Em segundo lugar, o conjunto deve começar do início da janela. Após a primeira chegada, havia apenas um frame e ele começava do início da janela. Após a última chegada, há três frames e o primeiro começa do início da janela.

Outro ponto importante é que um NAK é enviado após a segunda chegada, mas não após a terceira, embora ambas as situações pareçam a mesma. A razão é que o protocolo não quer congestionar a rede com NAKs desnecessários, bem como com frames reenviados sem necessidade. O segundo NAK ainda seria o NAK1 para informar o emissor para reenviar o frame 1; isso já foi feito. O primeiro NAK enviado é relembrado (usando-se a variável nakSent) e não é enviado novamente até que a janela se desloque. Um NAK é enviado uma vez para cada posição de janela e define o primeiro *slot* desta.

O próximo ponto se refere aos ACKs. Note que são enviados apenas dois ACKs. O primeiro reconhece apenas o primeiro frame; o segundo reconhece três frames. Na Repetição Seletiva, os ACKs são enviados quando os dados são entregues à camada de rede. Se os dados pertencentes a n frames forem entregues de uma só vez, apenas um ACK é enviado para todos eles.

Piggybacking

Todos os três protocolos vistos nesta seção são unidirecionais: os frames de dados trafegam apenas em uma direção, embora informações de controle, como frames ACK e NAK, possam trafegar na outra direção. Na vida real, frames de dados trafegam normalmente em ambas as direções: do nó A para o nó B e do nó B para o nó A. Isso significa que as informações de controle também precisam fluir em ambas as direções. Uma técnica chamada **piggybacking** é utilizada para melhorar a eficiência dos protocolos bidirecionais. Quando um frame está transmitindo dados de A para B, ele também transmite informações de controle sobre frames que chegaram de B (ou de frames perdidos); quando um frame está transmitindo dados de B para A, ele também pode transmitir informações de controle sobre os frames que chegaram de A (ou de frames perdidos).

Na Figura 11.24, ilustramos o projeto de um protocolo *Go-Back-N* ARQ usando *piggybacking*. Observe que cada nó agora tem duas janelas: uma de transmissão e uma de recepção. Ambas precisam usar um timer. Ambas estão envolvidas em três tipos de eventos: solicitação, chegada e tempo expirado (time-out). Entretanto, o evento de chegada aqui é complicado; quando um frame chega, o lado receptor precisa tratar as informações de controle e os dados contidos no próprio frame. Essas duas preocupações têm de ser tratadas em um mesmo evento, o evento chegada. O evento solicitação usa apenas a janela de transmissão em cada um dos lados; o evento chegada precisa usar ambas as janelas.

Um ponto importante sobre o *piggybacking* é que ambos os lados devem usar o mesmo algoritmo. Esse algoritmo é complexo, pois precisa combinar dois eventos de chegada em um único. Deixamos essa tarefa como exercício.

Figura 11.24 *Projeto do* piggybacking *no* Go-Back-N *ARQ*

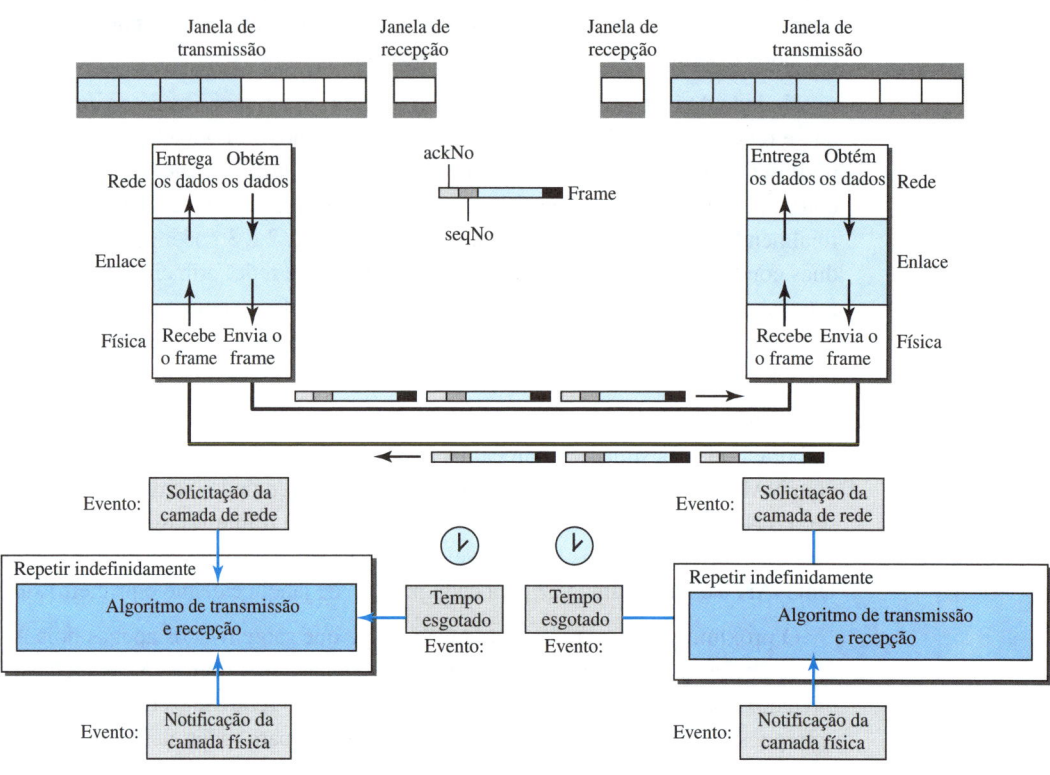

11.6 HDLC

HDLC (*High-Level Data Link Control*) é um protocolo orientado a bit para comunicação de dados utilizando links ponto a ponto ou multiponto. Ele implementa o mecanismo ARQ que vimos neste capítulo.

Configurações e Modos de Transferência

O HDLC provê dois modos de transferência que podem ser usados em diferentes configurações: o **NRM** (*normal response mode* — modo de resposta normal) e o **ABM** (*asynchronous balanced mode* — modo assíncrono balanceado).

Modo de Resposta Normal

No modo de resposta normal (NRM), a configuração das estações não é balanceada. Temos uma estação primária e várias estações secundárias. Uma **estação primária** é capaz de enviar comandos, ao passo que uma **estação secundária** pode apenas responder a esses comandos. O modo NRM é usado tanto em enlaces ponto a ponto como multiponto, conforme mostra a Figura 11.25.

Figura 11.25 *Normal Response Mode*

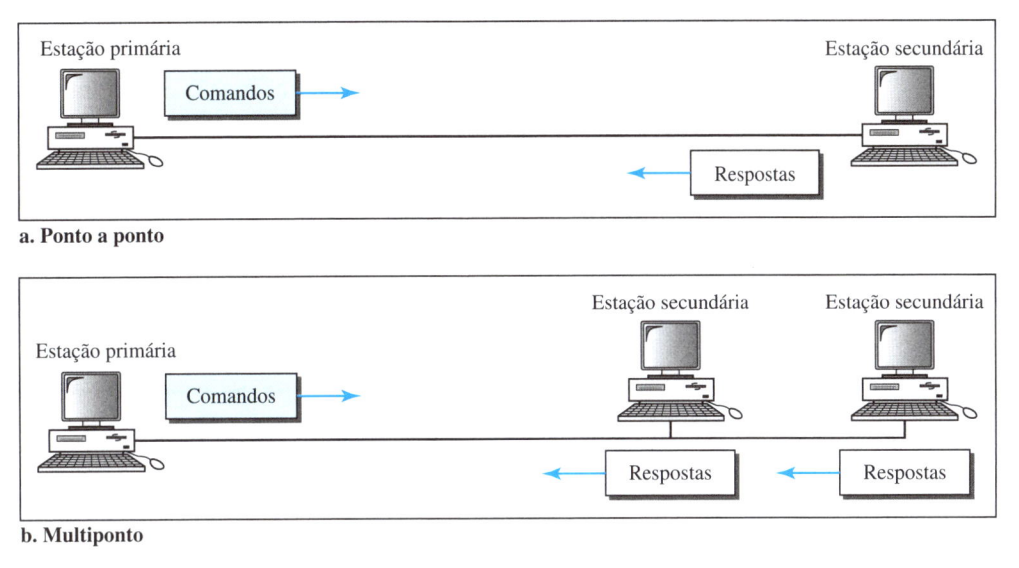

Modo Assíncrono Balanceado

No modo assíncrono balanceado (ABM), a configuração das estações é balanceada. O enlace deve ser ponto a ponto e cada estação pode funcionar como primária e/ou secundária (atuando aos pares), conforme mostrado na Figura 11.26. Este é o modo mais comumente utilizado hoje em dia.

Figura 11.26 *Modo Assíncrono Balanceado*

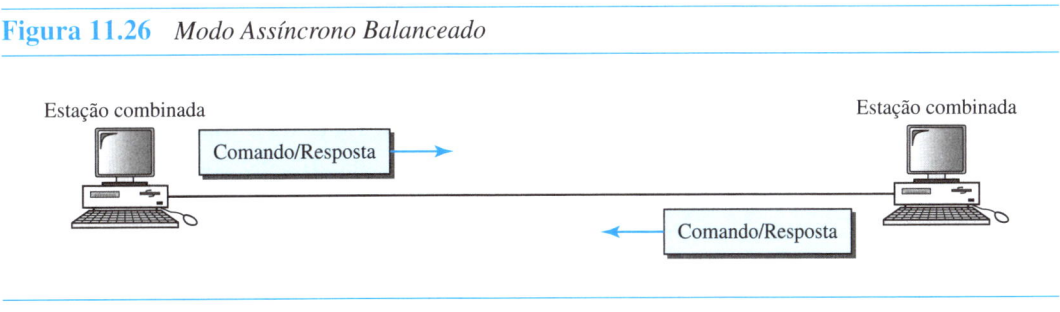

Frames

A fim de prover a flexibilidade necessária para suportar todas as opções possíveis de modos e configurações que acabamos de descrever, o HDLC define três tipos de frames: **frames de informação (I-frames)**, **frames de supervisão (S-frames)** e **frames não numerados (U-frames)**. Cada tipo de frame serve como um envelope para encapsular a transmissão de um tipo de mensagem diferente. Os I-frames são usados para transportar dados de usuário e informações de controle relacionadas com dados de usuário (*piggybacking*). Os S-frames são usados apenas para transportar informações de controle. Os U-frames são reservados para gerenciamento do sistema. As informações transportadas pelos U-frames se destinam a gerenciar o enlace em si.

Formato do Frame

No HDLC, cada frame pode conter até seis campos, conforme mostrado na Figura 11.27: um campo de flag de inicialização, um campo de endereço, um campo de controle, um campo de informações, um campo de FCS (*Frame Check Sequence*) e um campo de flag de finalização. Em transmissões com vários frames, o flag de finalização de um frame pode servir como flag de inicialização para o frame seguinte.

Figura 11.27 *Frames HDLC*

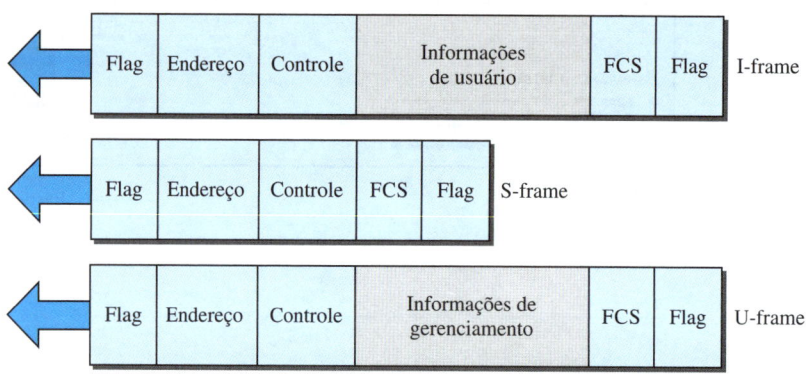

Campos

Vejamos agora cada um dos campos e sua utilização nos diferentes tipos de frames.

- **Campo de flag**. O campo de flag de um frame HDLC é uma seqüência de 8 bits com o padrão de bits 01111110, que identifica o início e o fim de um frame e serve como padrão para sincronização do receptor.

- **Campo de endereço**. O segundo campo de um frame HDLC contém o endereço da estação secundária. Se uma estação primária criou o frame, ele contém o endereço *para*. Se o frame foi criado por uma estação secundária, ele contém um endereço *de*. Um **campo de endereço** pode ter um comprimento de 1 byte ou vários bytes, dependendo da configuração da rede. Um byte pode identificar até 128 estações (1 bit é usado para outro fim). Grandes redes exigem campos de endereço com vários bytes. Se o campo de endereço tiver apenas 1 byte, o último bit é sempre 1. Se o endereço tiver mais de 1 byte, todos os bytes, exceto o último, terminarão com 0; apenas o último byte terminará com 1. Finalizar cada byte intermediário com 0 sinaliza ao receptor que mais bytes no campo de endereço estão por vir.

- **Campo de controle**. O campo de controle é um segmento de 1 ou 2 bytes usado para controle de fluxo e de erros em um frame. A interpretação dos bits nesse campo depende do tipo de frame. Trataremos desse campo adiante e descreveremos seu formato para cada tipo de frame.

- **Campo de informações**. O campo de informações contém os dados de usuário da camada de rede ou informações de gerenciamento. Seu comprimento pode variar de uma rede para outra.

- **Campo FCS**. O FCS (*Frame Check Sequence*) é o campo utilizado para detecção de erros em frames HDLC. Ele pode conter um CRC ITU-T de 2 ou 4 bytes.

Campo de Controle

O campo de controle determina o tipo de frame e define sua funcionalidade. Discutiremos o formato desse campo com mais detalhes. O formato é específico para cada tipo de frame, conforme mostrado na Figura 11.28.

Figura 11.28 *Formato do campo de controle para diferentes tipos de frames*

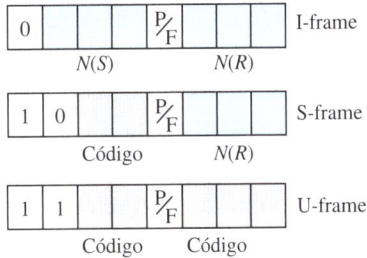

Campo de Controle para I-Frames

Os I-frames são projetados para transportar dados de usuário provenientes da camada de rede. Além disso, eles podem incluir informações de controles de fluxo e erro (*piggybacking*). Os subcampos no campo de controle são usados para estabelecer essas funções. O primeiro bit define o tipo. Se o primeiro bit do campo de controle for 0, isso significa que o frame será um I-frame. Os 3 bits seguintes, denominados $N(S)$, definem o número de seqüência do frame. Observe que, com 3 bits, podemos estipular um número de seqüência entre 0 e 7; no entanto, no formato estendido, no qual o campo de controle tem 2 bytes, esse campo é maior. Os últimos 3 bits, denominados $N(R)$, correspondem ao número de confirmação quando é usado *piggybacking*. O único bit entre $N(S)$ e $N(R)$ é chamado bit P/F. O campo P/F é um único bit com um duplo propósito. Ele tem significado somente quando estiver ativo (bit = 1) e pode significar *poll* ou *final*. Ele significa *poll* quando o frame é enviado de uma estação primária para uma secundária (nesse caso, o campo de endereço contém o endereço do receptor). Ele significa *final* quando o frame é enviado de uma estação secundária para uma estação primária (nesse caso, o campo de endereço contém o endereço do emissor).

Campo de Controle para S-Frames

Os frames de supervisão são usados para controles de fluxo e erros toda vez que o *piggybacking* é impossível ou inapropriado (por exemplo, quando a estação não tiver nenhum dado próprio a enviar ou então precisar enviar um comando ou resposta que não seja uma confirmaçao). Os S-frames não têm campo de informação. Se os 2 primeiros bits do campo de controle forem 10, isso significa que o frame é um S-frame. Os últimos 3 bits, chamados $N(R)$, correspondem ao número de confirmação (ACK) ou número de confirmação negativa (NAK) dependendo do tipo de S-frame. Os 2 bits denominados código são usados para definir o tipo de S-frame em si. Com 2 bits, podemos ter quatro tipos de S-frames, conforme descrito a seguir:

- **Receive Ready (RR).** Se o valor do subcampo código for 00, trata-se de um S-frame RR. Esse tipo de frame confirma o recebimento correto de um frame ou um grupo de frames. Nesse caso, o valor do campo $N(R)$ define o número de confirmação.

❑ **Receive not ready** (**RNR**). Se o valor do subcampo código for 10, trata-se de um S-frame RNR. Esse tipo é um frame RR com funções adicionais. Ele confirma o recebimento correto de um frame ou grupo de frames e anuncia que o receptor está ocupado e não pode receber mais frames. Ele atua como uma espécie de mecanismo de controle de congestionamento solicitando ao emissor que diminua a velocidade de entrega dos dados. O valor de $N(R)$ é o número da confirmação.

❑ **Reject** (**REJ**). Se o valor do subcampo código for 01, trata-se de um S-frame REJ. Ele é um frame NAK, mas não como aquele usado no Selective Repeat ARQ. É um NAK que pode ser utilizado no *Go-Back-N* ARQ para melhorar a eficiência do processo, informando ao emissor, antes de o timer deste expirar, que o último frame foi perdido ou danificado. O valor de $N(R)$ é o número de confirmação negativa.

❑ **Selective Reject** (**SREJ**). Se o valor do subcampo código for 11, trata-se de um S-frame SREJ. Ele é um frame NAK usado no Selective Repeat ARQ. Observe que o protocolo HDLC usa o termo rejeição seletiva em vez de repetição seletiva. O valor de $N(R)$ é o número de confirmação negativa.

Campo de Controle para U-Frames

Os frames não numerados são usados para a troca de informações de gerenciamento e controle entre os dispositivos conectados. Diferentemente dos S-frames, os U-frames contêm um campo de informações, mas que somente podem ser utilizados para informações de gerenciamento do sistema e não para dados de usuário. Assim como ocorre com os S-frames, grande parte das informações transportadas pelos U-frames está contida em códigos incluídos no campo de controle. Os códigos U-frame se dividem em duas seções: um prefixo de 2 bits antes do bit P/F e um sufixo de 3 bits após o bit P/F. Juntos, esses dois segmentos (5 bits) podem ser usados para criar até 32 tipos diferentes de U-frames. Alguns dos mais comuns são apresentados na Tabela 11.1.

Tabela 11.1 *Códigos de controle U-frame de comandos e respostas*

Código	Comando	Resposta	Significado
00 001	SNRM		*Set Normal Response Mode*. Ativa o modo de resposta normal
11 011	SNRME		*Set Normal Response Mode, extended*. Ativa o modo de resposta normal estendido
11 100	SABM	DM	*Set Asynchronous Balanced Mode or* disconnect mode. Ativa o modo assíncrono balanceado ou modo de desconexão
11 110	SABME		*Set Asynchronous Balanced Mode, extended*. Ativa o modo assíncrono balanceado estendido
00 000	UI	UI	*Unnumbered Information*. Informações não numeradas
00 110		UA	Unnumbered Acknowledgment. Reconhecimento não numerado
00 010	DISC	RD	Disconnect or Request Disconnect. Desconectar ou solicitar desconexão
10 000	SIM	RIM	*Set initialization mode or request information mode*. Ativa o modo de inicialização ou modo de solicitação de informações
00 100	UP		Unnumbered Poll
11 001	RSET		Reset
11 101	XID	XID	Exchange ID
10 001	FRMR	FRMR	Frame Reject

Exemplo 11.9: Conexão/Desconexão

A Figura 11.29 mostra como os U-frames podem ser usados para o estabelecimento e liberação de conexões. O nó A solicita uma conexão enviando um frame SABM (*Set Asynchronous Balanced Mode*); o nó B retorna uma resposta positiva com um frame UA (*Unnumbered Acknowledgment*). Após essas duas trocas de informações, os dados podem ser transferidos entre os dois nós (não mostrado na figura). Após terminar o processo de transferência de dados, o nó A envia um frame DISC (*disconnect*) para liberar a conexão; isso é confirmado pelo nó B, que responde com um UA (*Unnumbered Acknowledgment*).

Figura 11.29 *Exemplo de conexão e desconexão*

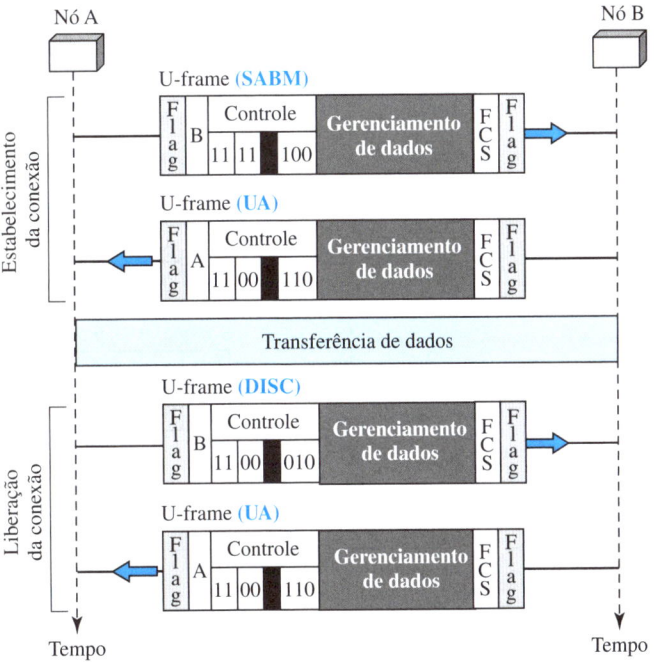

Exemplo 11.10: **Piggybacking** *sem Erro*

A Figura 11.30 ilustra uma troca de informações usando *piggybacking*. O nó A inicia a troca de informações enviando um I-frame numerado com 0 seguido por outro I-frame numerado com 1. O nó B responde e confirma ambos os frames (*piggyback*) em um I-frame próprio. O primeiro I-frame do nó B também é numerado com 0 [campo $N(S)$] e contém 2 em seu campo $N(R)$, confirmando o recebimento dos frames 1 e 0 de A e indicando que ele está aguardando a chegada do frame 2 em seguida. O nó B transmite o segundo e terceiro I-frames (numerados com 1 e 2) antes de aceitar mais frames do nó A. A informação $N(R)$, portanto, não foi alterada: os frames 1 e 2 de B indicam que o nó B ainda está esperando a chegada do frame 2 de A. O nó A envia todos os seus dados. Portanto, ele não pode mais responder com uma confirmação em um I-frame (*piggyback*) e envia um S-frame em seu lugar. O código RR indica que A continua pronto para receber outros frames. O número 3 no campo $N(R)$ informa a B que os frames 0, 1 e 2 foram aceitos e que A agora está aguardando o frame número 3.

Figura 11.30 *Exemplo de* piggybacking *sem erro*

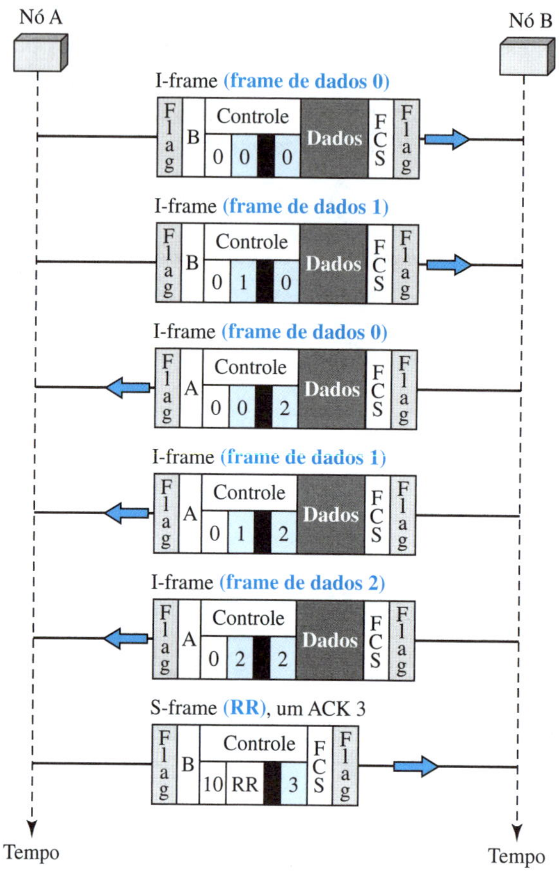

Exemplo 11.11: **Piggybacking** *com Erro*

A Figura 11.31 mostra uma troca de informações na qual um frame de dados é perdido. O nó B envia três frames de dados (0, 1 e 2), mas o frame 1 é perdido. Quando o nó A recebe o frame 2, ele o descarta e envia um frame REJ para o frame 1. Note que o protocolo que está sendo usado é *Go-Back-N* com o uso especial de um frame REJ como um frame NAK. O frame NAK faz duas coisas nesse caso: ele confirma o recebimento do frame 0 e declara que o frame 1 e quaisquer frames seguintes devem ser reenviados. O nó B, após receber o frame REJ, reenvia os frames 1 e 2. O nó A confirma o recebimento enviando um frame RR (ACK) com o número de confirmação 3.

11.7 PROTOCOLO PONTO A PONTO

Embora o HDLC seja um protocolo genérico que possa ser usado tanto para configurações ponto a ponto como para multiponto, um dos protocolos mais comuns de acesso ponto a ponto é o **PPP** (***Point to Point Protocol***). Hoje em dia, milhões de usuários da Internet que precisam conectar seus computadores pessoais ao servidor de um provedor de acesso à Internet usam o PPP. A maioria desses usuários tem um modem convencional; eles estão conectados à Internet por uma linha telefônica que fornece os serviços de camada física. Mas, para controlar e administrar a

Figura 11.31 *Exemplo de* piggybacking *com erro*

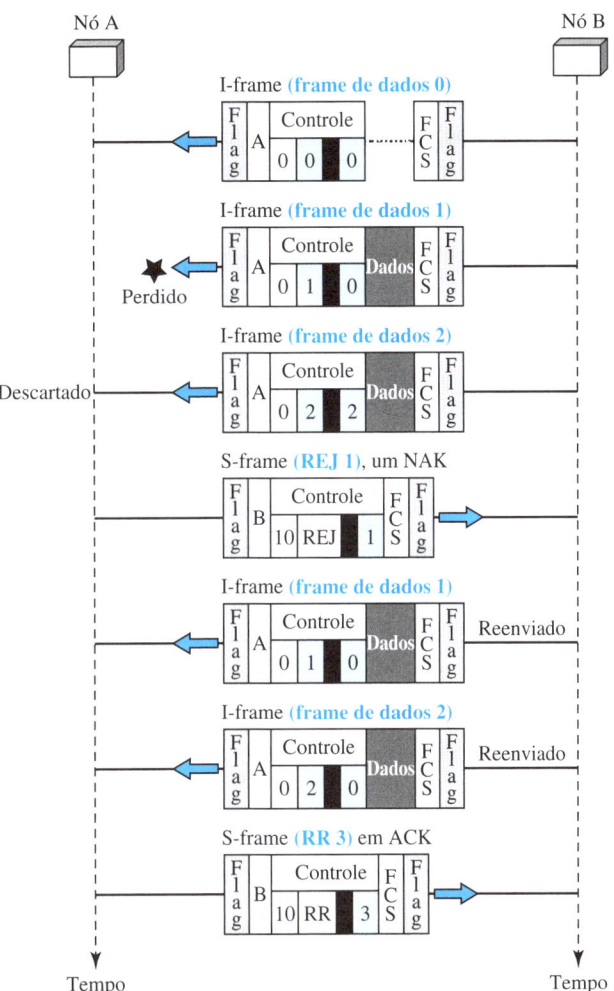

transferência de dados, há a necessidade de um protocolo ponto a ponto na camada de enlace de dados. O PPP é o mais comum.

O PPP fornece vários serviços:

1. O PPP define o formato do frame a ser trocado entre os dispositivos.
2. O PPP estipula como os dois dispositivos podem negociar o estabelecimento da conexão e da troca de dados.
3. O PPP estabelece como dados da camada de rede são encapsulados em frames PPP.
4. O PPP define como os dois dispositivos podem se autenticar.
5. O PPP oferece vários serviços de rede suportando uma série de protocolos de camada de rede.
6. O PPP provê conexões para vários tipos de enlaces físicos (links).
7. O PPP fornece a configuração do endereço de rede. Isso é particularmente útil quando um usuário doméstico precisa de um endereço de rede temporário para se conectar à Internet.

Por outro lado, para manter a simplicidade do PPP, vários serviços não são fornecidos por esse protocolo:

1. O PPP não oferece controle de fluxo. Um emissor pode enviar vários frames, um após o outro, sem proteger o receptor de uma possível sobrecarga.
2. O PPP implementa um mecanismo de controle de erros muito elementar: um campo CRC. Se o frame estiver corrompido, ele é descartado silenciosamente; o protocolo da camada superior precisa cuidar do problema. A falta de controle de erros e numeração de seqüência pode fazer que um pacote seja recebido fora de ordem.
3. O PPP não oferece um mecanismo de endereçamento sofisticado para tratar frames em configuração multiponto.

Framing

O PPP é um protocolo orientado a byte. O framing é implementado de acordo com a discussão sobre protocolos orientados a byte no início deste capítulo.

Formato dos Frames

A Figura 11.32 mostra o formato de um frame PPP. A descrição de cada campo é apresentada a seguir:

Figura 11.32 *Formato de frames PPP*

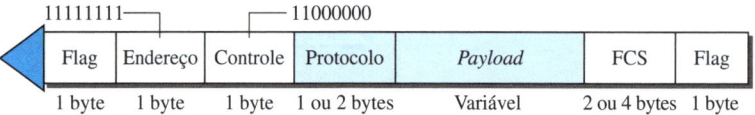

- **Flag**. Um frame PPP inicia e termina com um flag de 1 byte no padrão 01111110. Embora esse padrão seja o mesmo usado no HDLC, existe uma grande diferença. O PPP é um protocolo orientado a byte; o HDLC é um protocolo orientado a bit. O flag é tratado como um byte, como iremos explicar posteriormente.
- **Endereço**. O campo de endereço neste protocolo é um valor constante e configurado como 11111111 (endereço de *broadcast*). Durante a negociação (discutida mais à frente), as duas partes podem concordar em omitir esse byte.
- **Controle**. Esse campo é fixado em um valor constante 11000000 (imitando frames não numerados do HDLC). Conforme veremos mais tarde, o PPP não oferece mecanismos de controle de fluxo. O controle de erros também se limita à detecção de erros. Isso significa que esse campo não é realmente necessário e, novamente, as duas partes podem vir a concordar, durante a negociação, em omitir esse byte.
- **Protocolo**. O campo protocolo pode transportar dados de usuário ou outra informação. Em breve, veremos detalhadamente esse campo. Seu comprimento-padrão é 2 bytes, mas as duas partes podem concordar em usar apenas 1 byte.
- **Campo de *payload***. Esse campo carrega dados de usuário ou outras informações que veremos em breve. O campo de dados é uma seqüência de bytes seu tamanho máximo padrão é de 1.500 bytes; mas isso pode ser modificado durante a negociação. No campo de dados são inseridos bytes (*byte stuffing*) sempre que o padrão do flag aparecer. Como não existe um campo definindo o tamanho do campo de dados, é preciso inserir bytes caso o tamanho seja menor que o valor-padrão máximo ou o valor negociado máximo.
- **FCS**. O FCS (*Frame Check Sequence*) é simplesmente um CRC-padrão de 2 ou 4 bytes.

Inserção de Byte (Byte Stuffing)

A semelhança entre o PPP e o HDLC termina no formato do frame. O PPP, como visto anteriormente, é um protocolo orientado a byte totalmente diferente do HDLC. Como um protocolo orientado a byte, o flag no PPP é um byte e um ESC precisa ser inserido toda vez que ele aparecer na seção de dados do frame. O byte ESC é a sequência 01111101, significando que sempre que o padrão parecido com o flag aparecer nos dados, esse byte extra é inserido para informar ao receptor que o byte seguinte não é um flag.

> **O PPP é um protocolo orientado a byte que usa inserção de byte (*byte styffing*), sendo o byte ESC igual a 01111101.**

Fases de Transição

Uma conexão PPP passa por diferentes fases que podem ser mostradas em um **diagrama de transição de fases** (ver Figura 11.33).

Figura 11.33 *Fases de transição*

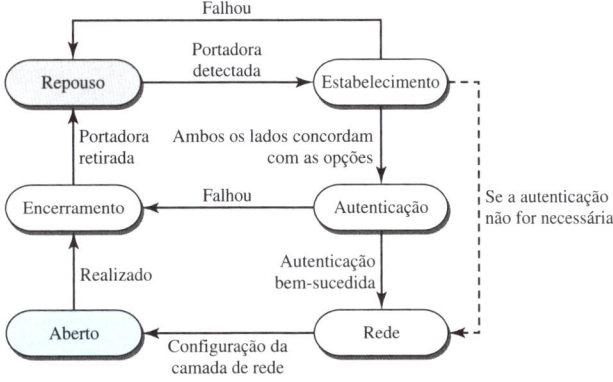

- **Repouso**. Na fase de repouso o enlace não está sendo usado. Não existe portadora ativa (na camada física) e a linha está em repouso.
- **Estabelecimento**. Quando um dos nós inicia a comunicação, a conexão entra nessa fase. As opções são negociadas entre as duas partes. Se for bem-sucedida, o sistema vai para a fase de autenticação (caso esta seja necessária) ou diretamente para a fase de rede. Pacotes LCP (Link Control Protocol), a ser discutido brevemente, são trocados com essa finalidade. Vários pacotes podem ser trocados aqui.
- **Autenticação**. A fase de autenticação é opcional; os dois nós podem decidir, durante a fase de estabelecimento, por pular essa fase. Entretanto, se optarem por prosseguir com a autenticação, enviam vários pacotes de autenticação, a serem discutidos posteriormente. Se o resultado for bem-sucedido, a conexão vai para a fase de rede; caso contrário, vai para a fase de encerramento.
- **Rede**. Na fase de rede, ocorre a negociação e configuração dos protocolos da camada de rede. O PPP especifica que os dois nós estabeleçam um acordo no nível de camada de rede antes que os dados possam ser trocados. O motivo para tal é que o PPP pode suportar inter-

face com vários protocolos de camada de rede. Se um nó estiver usando vários protocolos simultaneamente na camada de rede, o nó receptor precisa saber de qual protocolo receberá os dados.

❑ **Aberto**. Na fase aberto, ocorre a transferência de dados. Quando uma conexão atinge essa fase, a troca de pacotes de dados pode ser iniciada. A conexão permanece nessa fase até uma das extremidades querer encerrar a conexão.

❑ **Encerramento**. Na fase de encerramento, a conexão é encerrada. São trocados vários pacotes entre as duas extremidades para terminação do enlace físico (link).

Multiplexação

Embora o PPP seja um protocolo da camada de enlace, ele usa outro conjunto de protocolos para estabelecer o enlace físico (link), autenticar as partes envolvidas e transportar dados da camada de rede. Três conjuntos de protocolos definidos fazem do PPP um protocolo robusto: o LCP (*Link Control Protocol*), dois APs (*Authentication Protocol*) e vários NCPs (*Network Control Protocol*). A qualquer momento um pacote PPP pode transportar dados proveniente desses protocolos em seu campo de dados, como pode ser visto na Figura 11.34. Note que há um LCP, dois APs e vários NCPs. Os dados também podem vir de várias camadas de rede diferentes.

Figura 11.34 *Multiplexação no PPP*

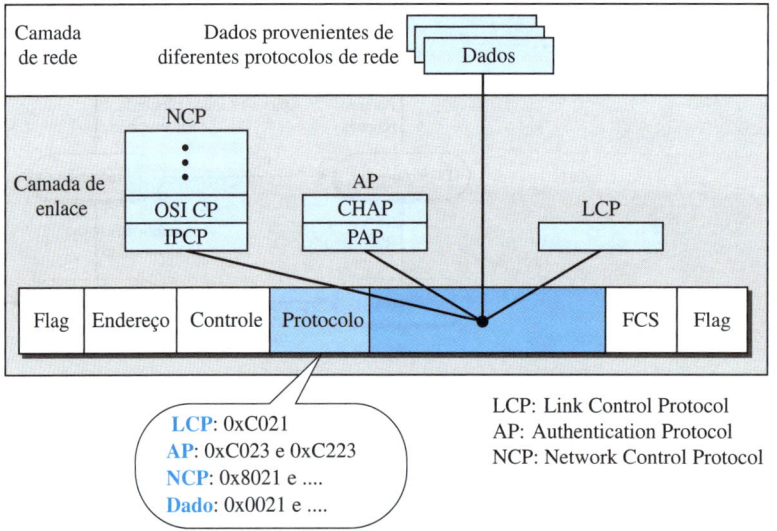

Link Control Protocol

O **LCP** (***Link Control Protocol***) é responsável por estabelecer, manter, configurar e encerrar enlaces físicos (links). Também oferece mecanismos de negociação para configurar opções entre as duas extremidades. Ambas as extremidades do enlace devem chegar a um acordo sobre as opções antes que o enlace seja estabelecido. Ver Figura 11.35.

Todos os pacotes LCP são transportados no campo de *payload* do frame PPP com o campo de protocolo configurado com C021 em hexadecimal (0xC021).

O campo código define o tipo de pacote LCP. Existem 11 tipos de pacotes, conforme mostrado na Tabela 11.2.

Figura 11.35 *Pacote LCP encapsulado em um frame*

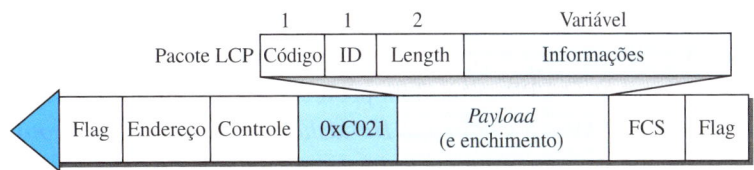

Tabela 11.2 *Pacotes LCP*

Código	Tipo de Pacote	Descrição
0x01	Configure-request	Contém a lista de opções propostas e seus valores
0x02	Configure-ack	Aceita todas as opções propostas
0x03	Configure-nak	Anuncia que certas opções não são aceitáveis
0x04	Configure-reject	Anuncia que determinadas opções não são reconhecidas
0x05	Terminate-request	Solicita encerrar a conexão física (enlace)
0x06	Terminate-ack	Aceita a solicitação de encerramento
0x07	Code-reject	Anuncia um código desconhecido
0x08	Protocol-reject	Anuncia um protocolo desconhecido
0x09	Echo-request	Um tipo de mensagem de alô para verificar se o outro lado está ativo
0x0A	Echo-reply	A resposta a uma mensagem de solicitação de eco
0x0B	Discard-request	Uma solicitação para descartar o pacote

Há três categorias de pacotes. A primeira delas, que engloba os quatro primeiros tipos de pacote, é usada para a configuração de um enlace durante a fase de estabelecimento. A segunda categoria, formada pelos pacotes do tipo 5 e 6, é utilizada para o encerramento do enlace durante a fase de encerramento. Os cinco últimos pacotes são empregados para monitoramento e depuração de erros.

O campo ID armazena um valor utilizado tanto para solicitação quanto para resposta. Uma extremidade insere um valor nesse campo, que será copiado no pacote de resposta. O campo (comprimento) define o comprimento de todo o pacote LCP. O campo informações contém informações como as opções necessárias para alguns pacotes LCP.

Existem muitas opções que podem ser negociadas entre as duas extremidades. As opções são inseridas no campo de informações dos pacotes de configuração. Nesse caso, o campo informações é dividido em três: tipo de opção, comprimento da opção e dados da opção. Apresentamos algumas das opções mais comuns na Tabela 11.3.

Tabela 11.3 *Opções mais comuns*

Opção	Padrão
Unidade de recebimento máxima (tamanho do campo *payload*)	1.500
Protocolo de autenticação	Nenhum
Compressão do campo protocolo	Desligado
Compressão dos campos protocolo e endereço	Desligado

Protocolos de Autenticação

A autenticação desempenha uma função muito importante no PPP, pois foi desenvolvida para uso em enlaces discados, em que a verificação da identidade do usuário é essencial. **Autenticação** significa validar a identidade de um usuário que precisa acessar um conjunto de recursos. O PPP criou dois protocolos para autenticação: o *Password Authentication Protocol* — PAP e o *Challenge Handshake Authentication Protocol* — CHAD. Observe que esses protocolos são usados durante a fase de autenticação.

PAP   O **PAP** (*Password Authentication Protocol*) provê procedimentos simples de autenticação por um processo de duas etapas:

1. O usuário que deseja acessar um sistema envia uma identificação de autenticação (normalmente o nome do usuário) e uma senha.
2. O sistema verifica a validade da identificação e da senha e aceita ou rejeita a conexão.

A Figura 11.36 mostra os três tipos de pacotes usados pelo PAP e como eles são trocados na realidade. Quando um frame PPP estiver transportando qualquer pacote PAP, o valor do campo protocolo é 0xC023. Os três pacotes PAP são: *Authenticate Request* (solicitação de autenticação), *Authenticate-ack* (autenticação aceita) e *Authenticate-nak* (autenticação negada). O primeiro pacote é utilizado pelo usuário para enviar o nome e a senha deste. O segundo é usado pelo sistema para permitir o acesso. O terceiro é usado pelo sistema para negar o acesso.

Figura 11.36   *Pacotes PAP encapsulados em um frame PPP*

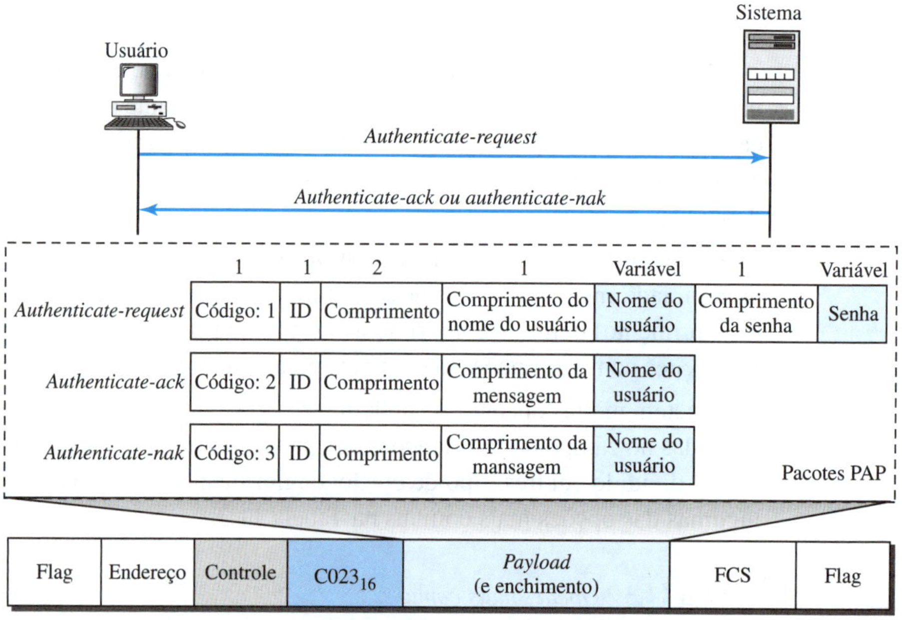

CHAP   O **CHAP** (*Challenge Handshake Authentication Protocol*) é um protocolo de autenticação de três etapas com *handshake*, que oferece maior segurança que o PAP. Nesse método, a senha é mantida secreta; ela jamais é enviada on-line.

1. O sistema envia ao usuário um pacote *Challenge* contendo um valor de confrontação, normalmente alguns bytes.
2. O usuário aplica uma função predefinida, que pega o valor de confrontação e a senha do usuário e cria um resultado. O usuário envia o resultado para o sistema em um pacote de resposta.
3. O sistema faz o mesmo. Ele aplica a mesma função à senha do usuário (conhecida do sistema) e o valor de confrontação para criar um resultado. Se o resultado criado for o mesmo que o resultado recebido no pacote de resposta, é concedido o acesso; caso contrário, é negado. O CHAP é mais seguro que o PAP, especialmente se o sistema mudar continuamente o valor de confrontação. Mesmo que o invasor descubra o valor de confrontação e o resultado, a senha ainda é secreta. A Figura 11.37 mostra os pacotes e como eles são usados.

Figura 11.37 *Pacotes CHAP encapsulados em um frame PPP*

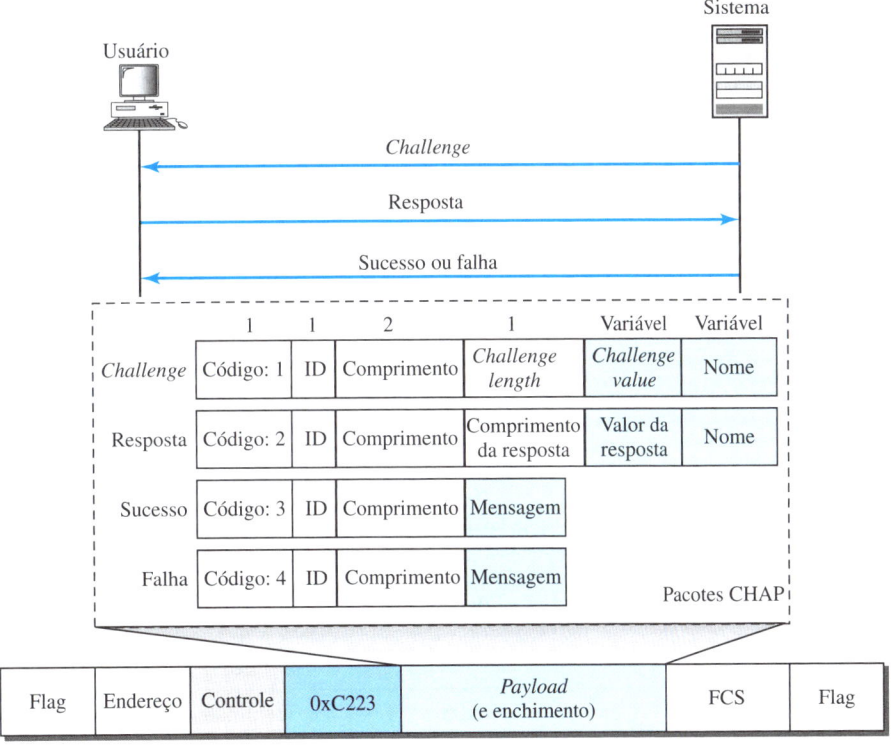

Os pacotes CHAP são encapsulados em frames PPP com o valor do campo protocolo igual a C223 em hexadecimal. Há quatro tipos de pacotes CHAP: *challenge, resposta, sucesso e falha*. O primeiro deles é usado pelo sistema para enviar o valor de confrontação (Challeng value). O segundo é utilizado pelo usuário para retornar o resultado do cálculo. O terceiro é empregado para informar a permissão de acesso ao sistema. E, finalmente, o quarto pacote é usado para informar negação de acesso ao sistema.

Network Control Protocols (Protocolos de Controle de Rede)

O PPP é um protocolo que suporta múltiplas redes. Ele pode transportar pacotes de dados da de diferentes protocolos de camada de rede, definidos pela Internet, OSI, Xerox, DECnet, Apple-Talk, Novel e assim por diante.

Para tanto, o PPP definiu um Protocolo de Controle de Rede (NCP) específico para cada um dos protocolos de rede suportados. Por exemplo, o IPCP (*Internet Protocol Control Protocol*) configura o enlace para transportar pacotes de dados IP. O CP da Xerox faz o mesmo para pacotes de dados do protocolo Xerox e assim por diante. Note que nenhum dos pacotes NCP transporta dados da camada de rede, apenas configuram a interface do PPP com a camada de rede para os dados que chegam.

IPCP Um dos protocolos NCP é o **IPCP** (*Internet Protocol Control Protocol*). Esse protocolo configura o enlace físico (link), para transportar pacotes IP na Internet. O IPCP é de particular interesse para nós. O formato de um pacote IPCP é mostrado na Figura 11.38. Note que o valor do campo protocolo em hexadecimal é 8021.

Figura 11.38 *Pacote IPCP encapsulado em um frame PPP*

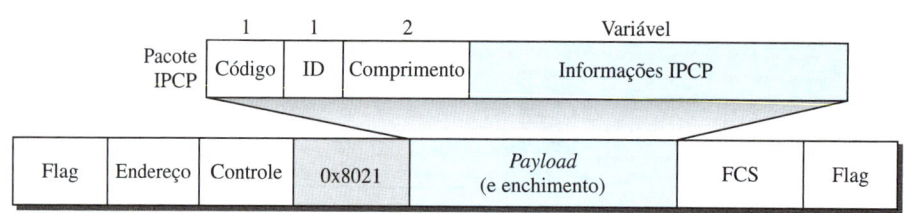

O IPCP define sete tipos de pacotes, diferenciados por seus valores de código, conforme mostrado na Tabela 11.4.

Tabela 11.4 *Valor de código para pacotes IPCP*

Código	Pacote IPCP
0x01	Configure-request
0x02	Configure-ack
0x03	Configure-nak
0x04	Configure-reject
0x05	Terminate-request
0x06	Terminate-ack
0x07	Code-reject

Outros Protocolos Existem outros protocolos NCP para outros protocolos de camada de rede. O protocolo de controle de camada de rede do modelo OSI tem um valor de campo de protocolo igual a 8023; o NS IDP Control Protocol da Xerox tem um valor de campo de protocolo igual a 8025 e assim por diante. O valor do código e o formato dos pacotes para esses outros protocolos são os mesmos daqueles expostos na Tabela 11.4.

Dados da Camada de Rede

Após a configuração da conexão com a camada de rede ter sido completada por um dos protocolos NCP, os usuários podem trocar pacotes de dados com a camada de rede. Aqui, novamente, existem diferentes campos de protocolo para as diferentes camadas de rede. Por exemplo, se o PPP estiver transportando dados da camada de rede IP, o valor do campo é 0021 (observe que os três dígitos mais à direita são os mesmos para o IPCP). Se o PPP estiver transportando dados da camada de rede OSI, o valor do campo de protocolo é 0023, e assim por diante. A Figura 11.39 mostra o formato de um frame PPP encapsulando IP.

Figura 11.39 *Datagrama IP encapsulado em um frame PPP*

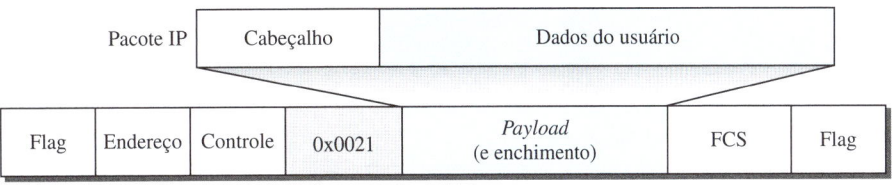

PPP Multilink

O PPP foi desenvolvido originalmente para suportar enlaces físicos (links) ponto a ponto de um só canal. A disponibilidade de vários canais em um único enlace ponto a ponto motivou o desenvolvimento do PPP Multilink. Nesse caso, um frame PPP lógico é dividido em vários frames PPP. Um segmento de um frame lógico é transportado no campo de *payload* ("carga útil") de um frame PPP real, conforme mostrado na Figura 11.40. Para demonstrar que o frame PPP real está transportando um fragmento de um frame PPP lógico, o campo protocolo é configurado com 0x003d. Essa nova facilidade adiciona complexidade. Por exemplo, é necessário acrescentar número de seqüência ao frame PPP real para mostrar a posição de um fragmento no frame lógico.

Figura 11.40 *PPP Multilink*

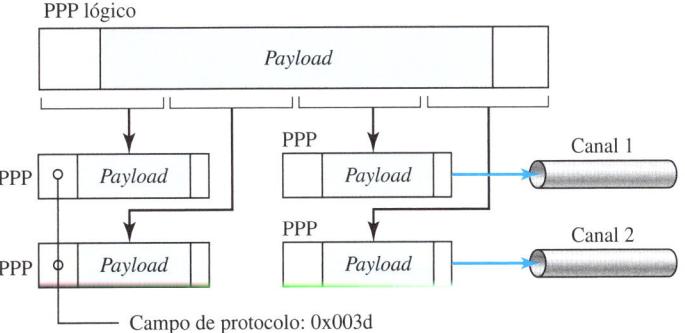

Exemplo 11.12

Passemos pelas fases que são seguidas por um pacote da camada de rede à medida que ele é transmitido por uma conexão PPP. A Figura 11.41 apresenta as etapas. Para fins de simplicidade, supomos um movimento unidirecional de dados do usuário para o sistema (por exemplo, o envio de um e-mail por meio de um ISP).

Figura 11.41 *Um exemplo*

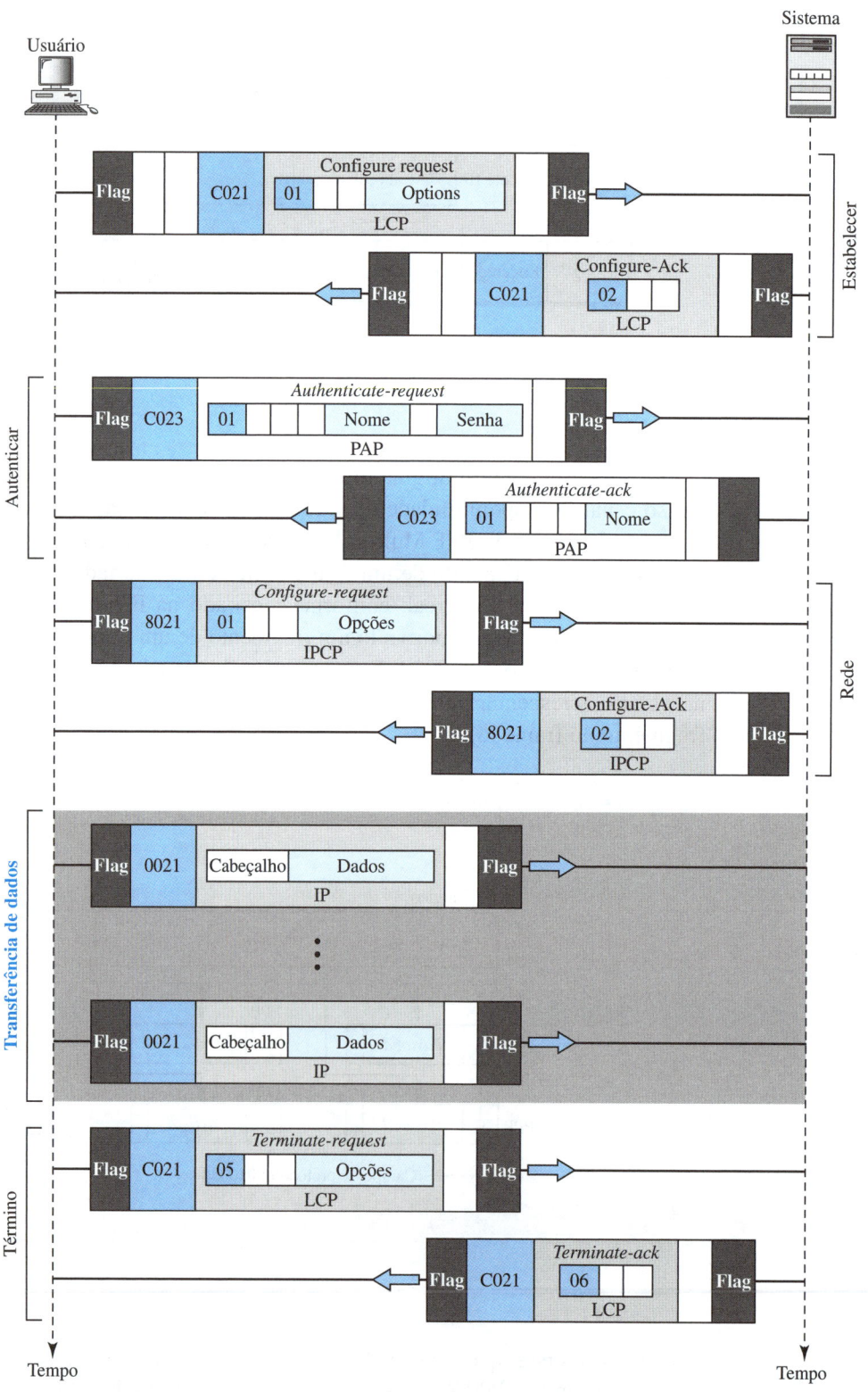

Os dois primeiros frames mostram o estabelecimento da conexão. Escolhemos duas opções (não mostradas na figura): uso do PAP para autenticação e supressão dos campos de controle de endereço. Os frames 3 e 4 são para autenticação. Os frames 5 e 6 configuram a interface com a camada de rede usando IPCP.

Os vários frames seguintes mostram que alguns pacotes IP são encapsulados frames PPP. O sistema (receptor) pode usar vários protocolos de camada de rede, mas ele sabe que os dados que chegam devem ser entregues ao protocolo IP, pois o protocolo NCP configurado antes da transferência de dados era o IPCP.

Após a transferência de dados, o usuário solicita o término da conexão apenas, que é confirmado pelo sistema. Obviamente, o usuário ou o sistema poderia ter optado por terminar a conexão IPCP da camada de rede e manter a camada de enlace operando, caso ele quisesse executar outro protocolo NCP.

O exemplo é trivial, mas destaca as similaridades dos pacotes LCP, AP e NCP. Ele também mostra os valores do campo protocolo e números de código para protocolos particulares.

11.8 LEITURA RECOMENDADA

Para mais detalhes sobre os assuntos discutidos neste capítulo, recomendamos os seguintes livros e sites. Os itens entre colchetes, [...], correspondem à lista de referências no final do texto.

Livros

Uma discussão sobre controle do enlace de dados pode ser encontrada em [GW04], no Capítulo 3 de [Tan03], no Capítulo 7 de [Sta04], no Capítulo 12 de [Kes97] e no Capítulo 2 de [PD03]. Material mais avançado pode ser encontrado em [KMK04].

11.9 TERMOS-CHAVE

ABM (modo assíncrono balanceado)
ACK (confirmação)
ARQ (solicitação de repetição automática)
canal com ruído
canal sem ruído
CHAP (*Challenge Handshake Authentication Protocol*)
controle de erros
controle de fluxo
controle do enlace de dados
ESC (caractere escape)
estação primária
estação secundária
evento
fase de transição

flag
frames de tamanho fixo
frames de tamanho variável
framing (montagem e delimitação de frames)
HDLC (*High-Level Data Link Control*)
I-frame (frame de informação)
inserção de bit (*bit stuffing*)
inserção de byte (*byte stuffing*)
IPCP (*Internet Protocol Control Protocol*)
janela deslizante
janela deslizante de recepção
janela deslizante de transmissão
LCP (*Link Control Protocol*)
NAK (confirmação negativa)
NRM (*Normal Response Mode*)

número de seqüência
PAP (*Password Authentication Protocol*)
piggybacking
pipelining
PPP (*Point-to-point protocol*)
produto largura de banda-retardo
protocolo *Go-Back-N* ARQ
Protocolo Mais Simples Possível

protocolo orientado a bit
protocolo orientado a caractere
protocolo *Stop-and-Wait*
protocolo *Stop-and-Wait* ARQ
Selective Repeat ARQ
S-frame (frame de supervisão)
U-frame (frame não numerado)

11.10 RESUMO

- ❑ O controle do enlace de dados trata do projeto e dos procedimentos para uma comunicação segura entre dois nós adjacentes: comunicação nó a nó.

- ❑ O framing na camada de enlace separa uma mensagem de uma origem para um destino ou de outras mensagens vindas de outras origens para outros destinos.

- ❑ Os frames podem ser de tamanho fixo ou variável. No framing de tamanho fixo, não há necessidade de definir os limites dos frames; no framing de tamanho variável, precisamos de um delimitador (flag) para definir o limite de dois frames.

- ❑ O framing de tamanho variável usa duas categorias de protocolos: orientados a byte (ou a caractere) e orientado a bit. Em um protocolo orientado a byte, a seção de dados de um frame é uma seqüência de bytes; num protocolo orientado a bit, a seção de dados de um frame é uma seqüência de bits.

- ❑ Em protocolos orientados a byte (ou orientados a caractere), usamos inserção de byte (*byte stuffing*): um byte especial adicionado à seção de dados do frame quando existe um caractere com o mesmo padrão do flag.

- ❑ Nos protocolos orientados a bit, usamos a inserção de bit (*bit stuffing*); um 0 extra é acrescentado à seção de dados do frame quando há uma seqüência de bits com o mesmo padrão do flag.

- ❑ O controle de fluxo se refere a um conjunto de procedimentos usados para restringir a quantidade de dados que o emissor pode enviar antes de aguardar por uma confirmação do receptor. Controle de erros se refere aos métodos de detecção e correção de erros.

- ❑ Para um canal sem ruído, discutimos dois protocolos: o Protocolo Mais Simples Possível e o Protocolo *Stop-and-Wait*. O primeiro deles não implementa controle de fluxo nem de erros. No Protocolo mais Simples Possível, o emissor envia seus frames um após o outro sem nenhuma consideração com o receptor. No protocolo *Stop-and-Wait*, o emissor envia um frame, pára até receber uma confirmação do receptor e então envia o frame seguinte.

- ❑ Para um canal com ruído, discutimos três protocolos: *Stop-and-Wait* ARQ, *Go-Back-N* e *Selective Repeat* ARQ. O protocolo *Stop-and-Wait* ARQ acrescenta um mecanismo simples de controle de erros ao protocolo *Stop-and-Wait*. No protocolo *Go-Back-N* ARQ, podemos enviar vários frames antes de receber confirmações, melhorando a eficiência da transmissão. No Protocolo Selective Repeat ARQ evitamos retransmissões desnecessárias reenviando apenas os frames que estão corrompidos.

- ❑ Tanto o protocolo *Go-Back-N* como o Selective Repeat ARQ usam janela deslizante. No *Go-Back-N* ARQ, se m for o número de bits para o número de seqüência, então o tamanho da janela de transmissão deve ser menor que 2^m; o tamanho da janela de recepção é sempre 1.

No Selective Repeat ARQ, o tamanho das janelas de transmissão e de recepção deve ser no máximo metade de 2^m.

❑ É usada uma técnica denominada *piggybacking* para aumentar a eficiência dos protocolos bidirecionais. Quando um frame estiver transmitindo dados de A para B, ele também poderá transmitir informações de controle sobre os frames provenientes de B; quando um frame estiver transmitindo dados de B para A, ele também poderá transmitir informações de controle sobre os frames provenientes de A.

❑ O HDLC (*High-Level Data Link Control*) é um protocolo orientado a bit para comunicação em links ponto a ponto e multiponto. Entretanto, o protocolo mais comum para acesso ponto a ponto é o PPP (*Point to Point Protocol*), que é um protocolo orientado a byte.

11.11 ATIVIDADES PRÁTICAS

Questões para Revisão

1. Descreva brevemente os serviços fornecidos pela camada de enlace.
2. Defina framing e a razão para sua utilização.
3. Compare e aponte as diferenças entre protocolos orientados a byte e orientados a bit. Que categoria foi popular no passado (explique a razão)? Qual categoria é popular agora (explique o motivo)?
4. Compare e aponte as diferenças entre inserção de byte (*byte-stuffing*) e inserção de bit (*bit-stuffing*). Qual técnica é usada em protocolos orientados a byte? Qual técnica é empregada nos protocolos orientados a bit?
5. Compare e aponte as diferenças entre controle de fluxo e controle de erro.
6. Quais foram os dois protocolos discutidos neste capítulo para canais sem ruído?
7. Quais foram os três protocolos discutidos neste capítulo para canais com ruído?
8. Explique a razão para passar do protocolo *Stop-and-Wait* ARQ para o Protocolo *Go-Back-N* ARQ.
9. Compare e aponte as diferenças entre o Protocolo *Go-Back-N* ARQ com o Selective Repeat ARQ.
10. Compare e aponte as diferenças entre o HDLC e o PPP. Qual deles é orientado a byte e qual é orientado a bit?
11. Defina *piggybacking* e sua utilidade.
12. Qual dos protocolos descritos neste capítulo utiliza *pipelining*?

Exercícios

13. Insira bytes para os dados da Figura 11.42.

Figura 11.42 *Exercício 13*

| ESC | | Flag | | | ESC | ESC | ESC | | Flag | |

14. Insira bits para os dados da Figura 11.43.

Figura 11.43 *Exercício 14*

0001111111001111101000111111111111000011111

15. Projete dois algoritmos simples para inserção de bytes. O primeiro acrescenta bytes no emissor e o segundo elimina bytes no receptor.

16. Projete dois algoritmos simples para inserção de bits. O primeiro insere bits no emissor; o segundo elimina bits no receptor.

17. Um emissor envia uma série de pacotes ao mesmo destino usando números de seqüência de 5 bits. Se o número de seqüência começa com 0, qual é o número de seqüência após enviar 100 pacotes?

18. Utilizando números de seqüência de 5 bits, qual é o tamanho máximo das janelas de transmissão e recepção para cada um dos protocolos a seguir?

    a. *Stop-and-Wait* ARQ

    b. *Go-Back-N* ARQ

    c. Selective Repeat ARQ

19. Projete um algoritmo bidirecional para o Protocolo Mais Simples Possível utilizando *piggybacking*. Note que ambas as partes precisam usar o mesmo algoritmo.

20. Projete um algoritmo bidirecional para o Protocolo *Stop-and-Wait* empregando *piggybacking*. Observe que ambas as partes precisam usar o mesmo algoritmo.

21. Projete um algoritmo bidirecional para o Protocolo *Stop-and-Wait* ARQ usando *piggybacking*. Veja que ambas as partes precisam usar o mesmo algoritmo.

22. Projete um algoritmo bidirecional para o Protocolo *Go-Back-N* ARQ utilizando *piggybacking*. Note que ambas as partes precisam usar o mesmo algoritmo.

23. Projete um algoritmo bidirecional para o Protocolo Selective Repeat ARQ usando *piggybacking*. Observe que ambas as partes precisam usar o mesmo algoritmo.

24. A Figura 11.44 mostra um diagrama de estados para simular o comportamento do *Stop-and-Wait* ARQ no lado do emissor.

Figura 11.44 *Exercício 24*

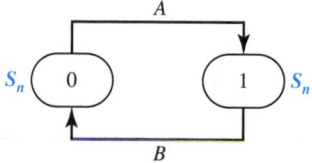

Os estados possuem um valor S_n (0 ou 1). As setas mostram as transições. Explique os eventos que provocam as duas transições identificadas como A e B.

25. A Figura 11.45 mostra um diagrama de estados para simular o comportamento do *Stop-and-Wait* ARQ no lado do receptor.

Figura 11.45 *Exercício 25*

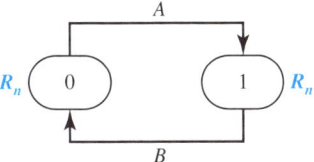

Os estados possuem um valor R_n (0 ou 1). As setas mostram as transições. Explique os eventos que provocam as duas transições identificadas como A e B.

26. No *Stop-and-Wait* ARQ, podemos combinar os diagramas de estados do emissor e do receptor dos Exercícios 24 e 25. Um estado define os valores combinados de R_n e S_n. Isso significa que podemos ter quatro estados, cada um deles definidos por (x, y), em que x define o valor de S_n e y define o valor de R_n. Em outras palavras, podemos ter os quatro estados mostrados na Figura 11.46. Explique os eventos que provocam as quatro transições identificadas como A, B, C e D.

Figura 11.46 *Exercício 26*

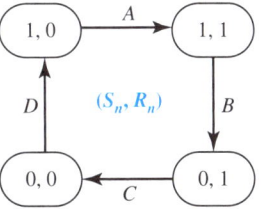

27. O timer de um sistema usando o Protocolo *Stop-and-Wait* ARQ tem um tempo de expiração de 6 ms. Desenhe um diagrama de fluxo similar ao da Figura 11.11 para quatro frames, se o retardo de ida-e-volta é 4 ms. Suponha que nenhum frame de dados ou de controle seja perdido ou danificado.

28. Repita o Exercício 27, se o tempo de expiração for de 4 ms e o retardo de ida-e-volta for igual a 6.

29. Repita o Exercício 27 caso o primeiro frame (frame 0) seja perdido.

30. Um sistema usa o Protocolo *Stop-and-Wait* ARQ. Se cada pacote transporta 1.000 bits de dados, quanto tempo leva para enviar 1 milhão de bits de dados, se a distância entre o emissor e o receptor for de 5.000 km e a velocidade de propagação for de 2×10^8 m/s? Ignore os atrasos de transmissão, a espera e o processamento. Supomos que nenhum frame de dados ou de controle seja perdido ou danificado.

31. Repita o Exercício 30, usando o Protocolo *Go-Back-N* ARQ com uma janela de tamanho 7. Ignore o *overhead* devido ao cabeçalho e ao trailer.

32. Repita o Exercício 30, usando o Protocolo Selective Repeat ARQ com uma janela de tamanho 4. Ignore o *overhead* devido ao cabeçalho e ao trailer.

CAPÍTULO 12

Acesso Múltiplo

No Capítulo 11, tratamos do controle do enlace de dados, um mecanismo que fornece um enlace físico (link) de comunicação confiável. Nos protocolos descritos até então, partimos do pressuposto de que existe um enlace (ou canal) dedicado disponível entre o emissor e o receptor. Essa hipótese pode ser verdadeira ou não. Se, de fato, tivermos um enlace dedicado, como acontece ao estabelecermos uma conexão com a Internet usando PPP como protocolo de controle de enlace, então a hipótese é verdadeira e não precisamos de nada mais.

Por outro lado, se usarmos nosso celular para ligar a outro celular, o canal (a faixa de freqüências alocada pela companhia telefônica) não é dedicado. Uma pessoa a poucos metros de distância de nós pode estar usando o mesmo canal para conversar com sua amiga.

Podemos considerar a camada de enlace como duas subcamadas. A subcamada superior é responsável pelo controle do enlace de dados, ao passo que a subcamada inferior é responsável por controlar o acesso a meios físicos compartilhados. Se o canal for dedicado, não precisamos dessa última subcamada. A Figura 12.1 mostra essas duas subcamadas da camada de enlace de dados.

Figura 12.1 *Camada de enlace de dados dividida em duas subcamadas orientadas a funcionalidades*

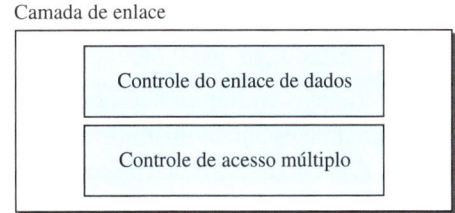

Veremos no Capítulo 13 que, na realidade, o IEEE fez essa divisão para LANs. A subcamada superior que é responsável pelos controles de fluxo e erros é denominada *Logical Link Control* (LLC); a subcamada inferior que é, em grande parte, responsável pelo controle de acesso múltiplo é conhecida como *Media Access Control* (MAC).

Quando nós ou estações são conectados e usam um enlace comum, chamado enlace multiponto ou *broadcast*, precisamos de um protocolo de acesso múltiplo para coordenar o acesso ao meio físico (link). O problema de controlar o acesso ao meio de transmissão é similar às regras para ter a palavra em uma reunião. Os procedimentos garantem que o direito a se manifestar seja respeitado e, da mesma forma, que duas pessoas não falem ao mesmo tempo, não interrompam a quem está com a palavra, não monopolizem a discussão e assim por diante.

A situação é semelhante para redes multiponto. Foram concebidos diversos protocolos formais para lidar com o acesso a um enlace compartilhado. Estes são classificados em três grupos. Os protocolos pertencentes a cada grupo são mostrados na Figura 12.2.

Figura 12.2 *Taxonomia dos protocolos de acesso múltiplo discutidos neste capítulo*

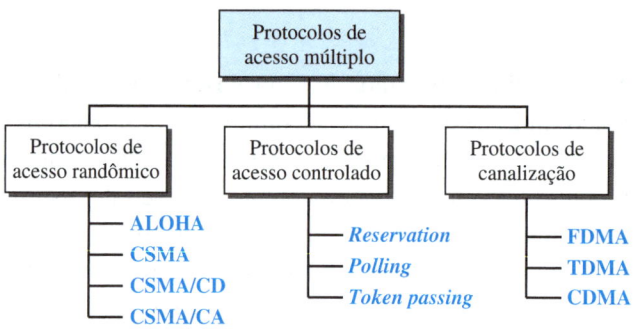

12.1 ACESSO RANDÔMICO

Nos métodos de **acesso randômicos** ou de **contenção**, nenhuma estação é superior a outra e ninguém exerce controle sobre o outro. Nenhuma estação permite ou proibe outra estação de enviar dados. A cada instante, uma estação que tenha dados a enviar usa um procedimento definido pelo protocolo para tomar uma decisão sobre enviar ou não esses dados. Essa decisão depende do estado do meio de transmissão (livre ou ocupado). Em outras palavras, cada estação pode transmitir quando desejar, sob a condição de que ela siga os procedimentos predefinidos, inclusive testar o estado em que o meio de transmissão se encontra no momento.

Duas características conferem seu nome a esse método. Primeiro, não existe um momento programado para uma estação transmitir. A ocupação do meio para a transmissão é aleatória entre as estações. É por isso que esses métodos são denominados *acesso randômico*. Em segundo lugar, nenhuma regra especifica qual estação deve ser a próxima a transmitir. As estações concorrem entre si para ganhar acesso ao meio de transmissão. É por essa razão que esses métodos também são chamados métodos de *contenção*.

No método de acesso randômico, cada estação tem o direito de acesso ao meio sem ser controlada por qualquer outra estação. Contudo, se mais de uma estação tentar enviar dados, ocorre um conflito no acesso — **colisão** — e os frames são destruídos ou então modificados. Para evitar conflitos no acesso ou para solucioná-los quando de sua ocorrência, cada estação segue um procedimento que responde às seguintes questões:

❑ Quando a estação pode ter acesso ao meio de transmissão?
❑ O que a estação pode fazer caso o meio esteja ocupado?
❑ Como a estação pode determinar se a transmissão foi bem-sucedida ou não?
❑ O que a estação pode fazer caso exista um conflito no acesso?

Os métodos de acesso randômicos, vistos neste capítulo, evoluíram a partir de um protocolo muito interessante, conhecido como ALOHA, que usava um procedimento muito simples, denominado *multiple access* (**MA**). O método foi aperfeiçoado com o acréscimo de um procedimento que força as estações a "escutarem" a rede antes de transmitir. Isso era chamado *carrier sense multiple access* (CSMA). Esse método mais tarde evoluiu para outros dois métodos paralelos: **CSMA/CD** (*carrier sense multiple access with collision detection*) e **CSMA/CA** (*carrier sense multiple access with collision avoidance*). O CSMA/CD informa à estação o que fazer quando é detectada uma colisão. Já o CSMA/CA tenta evitar a ocorrência de colisões.

ALOHA

O **ALOHA**, o primeiro dos métodos de acesso randômico, foi desenvolvido na Universidade do Havaí, no início dos anos 1970. Ele foi concebido para uma LAN via rádio (sem fio), mas pode ser usado em qualquer meio de transmissão compartilhado.

É óbvio que existe a possibilidade de colisões nessa rede. O meio é compartilhado entre diversas estações. Quando uma estação envia dados, pode ser que outra também tente ao mesmo tempo. Os dados das duas estações colidem e se tornam corrompidos.

ALOHA Puro

O protocolo ALOHA original é denominado **ALOHA puro**. Trata-se de um protocolo simples, mas, elegante. A idéia é que cada estação envie um frame toda vez que tiver um para enviar. Entretanto, já que há apenas um canal a ser compartilhado, existe a possibilidade de colisão entre frames de estações diferentes. A Figura 12.3 fornece um exemplo de colisões de frames no protocolo ALOHA puro.

Figura 12.3 *Frames em uma rede ALOHA puro*

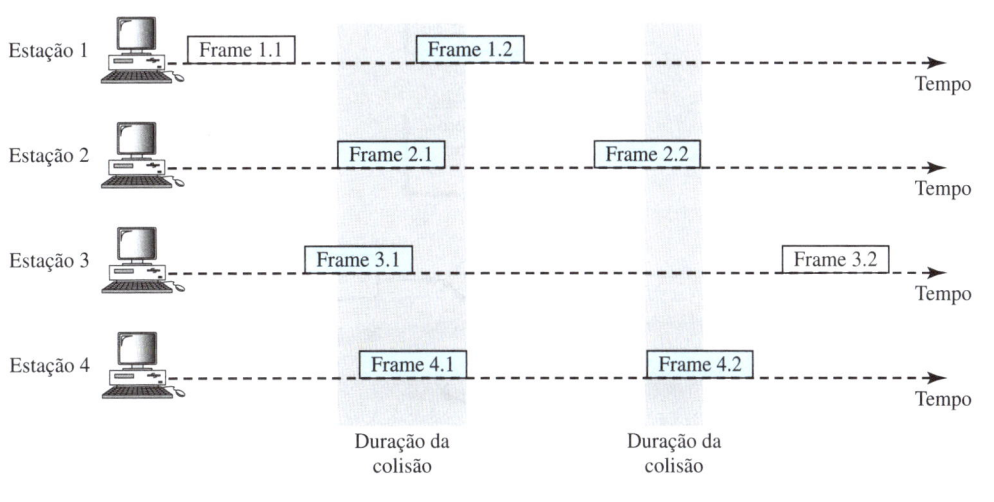

Temos quatro estações que disputam (hipótese irreal) entre si o acesso ao canal compartilhado. A figura mostra que cada estação envia dois frames; há um total de oito no meio de transmissão compartilhado. Alguns colidem, pois vários frames estão disputando o acesso ao canal compartilhado (contenção). A Figura 12.3 mostra que apenas dois frames sobrevivem: o frame 1.1 da estação 1 e o frame 3.2 da estação 3. Precisamos mencionar que, mesmo se um bit de um frame coexistir no canal com outro bit de outro frame, ocorre uma colisão e ambos os frames serão corrompidos.

Fica evidente que precisamos reenviar os frames que foram corrompidos durante a transmissão. O protocolo ALOHA puro depende das confirmações do receptor. Quando uma estação envia um frame ela, espera que o receptor envie uma confirmação. Se a confirmação não chegar após o *time-out* ter esgotado, a estação parte do pressuposto de que o frame (ou a confirmação) foi corrompido e o reenvia.

Uma colisão envolve duas ou mais estações. Se todas tentarem reenviar seus frames após o *time-out* ter esgotado, os frames colidirão novamente. O ALOHA puro estabelece que, quando o *time-out* esgota, cada estação deve esperar por um certo tempo randômico antes de tentar reenviar o frame. Essa aleatoriedade ajudará a evitar mais colisões. Chamamos esse tempo de T_B (*back-off time*).

O ALOHA puro possui um segundo método para impedir o congestionamento do canal com frames retransmitidos. Após um número máximo de tentativas de retransmissão $K_{máx}$, uma estação deve desistir e tentar mais tarde. A Figura 12.4 ilustra o procedimento para o ALOHA puro com base na estratégia descrita anteriormente.

Figura 12.4 *Procedimento para o protocolo ALOHA puro*

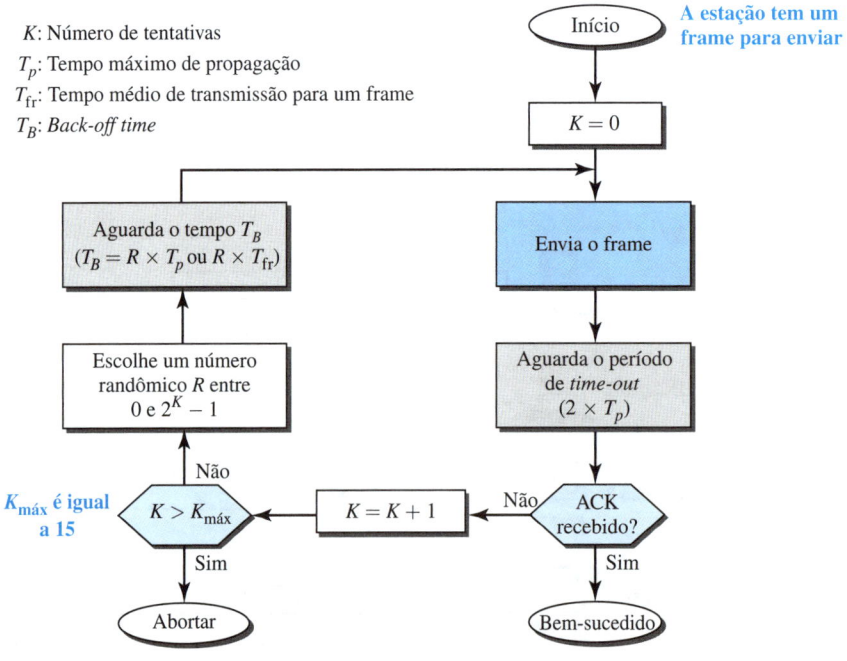

O período do *time-out* é igual ao maior atraso possível de propagação ida-e-volta (*round-trip delay*), que é o dobro do tempo necessário para enviar um frame entre as duas estações mais afastadas ($2 \times T_p$). O *back-off* time T_B é um valor randômico que normalmente depende de K (o número de tentativas de transmissões malsucedidas). A fórmula para T_B depende da implementação. Uma fórmula comum é o **binary exponential back-off** (recuo exponencial binário). Neste método, para cada transmissão, um multiplicador no intervalo 0 a $2^K - 1$ é escolhido randomicamente e multiplicado por T_p (tempo máximo de propagação) ou T_{fr} (tempo médio necessário para enviar um frame) para encontrar T_B. Note que, nesse procedimento, o intervalo dos números randômicos aumenta após cada colisão. Normalmente escolhe-se um valor de $K_{máx}$ igual a 15.

Exemplo 12.1

As estações em uma rede sem fio com protocolo ALOHA distam, no máximo, 600 km entre si. Se supusermos que os sinais se propagam a 3×10^8 m/s, chegamos a $T_p = (600 \times 10^3) / (3 \times 10^8) = 2$ ms. Assim, podemos encontrar o valor de T_B para diferentes valores de K.

a. Para $K = 1$, o intervalo é $\{0, 1\}$. A estação precisa gerar um número randômico com valor 0 ou 1. Isso significa que T_B é igual a 0 ms (0×2) ou então 2 ms (1×2), dependendo do valor de K (variável randômica).

b. Para $K = 2$, o intervalo é $\{0, 1, 2, 3\}$. Isso quer dizer que T_B pode ser 0, 2, 4 ou 6 ms, baseando-se no resultado da variável randômica.

c. Para $K = 3$, o intervalo é $\{0, 1, 2, 3, 5, 6, 7\}$. Isso significa que T_B pode ser 0, 2, 4, ..., 14 ms, baseando-se no resultado da variável randômica.

d. Precisamos mencionar que, se $K > 10$, normalmente adota-se o valor 10.

Tempo de Vulnerabilidade Encontremos o período, **tempo de vulnerabilidade**, no qual exista a possibilidade de ocorrência de colisões. Partimos do pressuposto de que as estações enviam frames de comprimento fixo com cada frame levando T_{fr} segundos para sua transmissão. A Figura 12.5 mostra o tempo de vulnerabilidade para a estação A.

Figura 12.5 *Tempo de vulnerabilidade para o protocolo ALOHA puro*

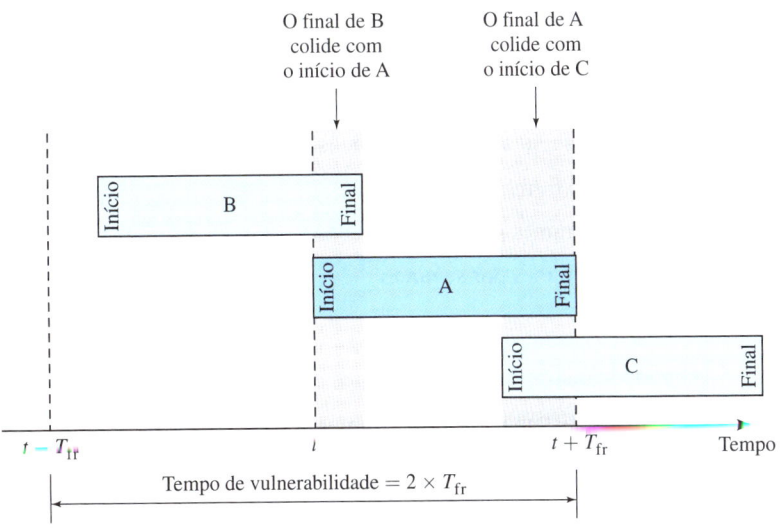

A estação A envia um frame no instante t. Imagine agora que a estação B tenha enviado um frame entre $t - T_{fr}$ e t. Isso leva a uma colisão entre os frames das estações A e B. O final do frame de B colide com o início do frame de A. Suponha, por outro lado, que a estação C envie um frame entre os instantes t e $t + T_{fr}$. Nesse caso, há uma colisão entre os frames da estação A e C. O início do frame de C colide com o final do frame de A.

Observando a Figura 12.5, vemos que o tempo de vulnerabilidade, durante o qual existe a possibilidade da ocorrência de uma colisão no protocolo ALOHA puro, é o dobro do tempo de transmissão do frame.

> **Tempo de vulnerabilidade para o protocolo ALOHA puro = $2 \times T_{fr}$**

Exemplo 12.2

Uma rede com protocolo ALOHA puro transmite frames de 200 bits em um canal compartilhado de 200 kbps. Qual é a exigência para tornar o frame livre de colisão?

Solução

O tempo médio de transmissão de frames T_{fr} é igual a 200 bits/200 kbps, ou seja, 1 ms. O tempo de vulnerabilidade é 2×1 ms = 2 ms. Isso significa que nenhuma estação poderá enviar frames nem iniciar sua transmissão 1 ms antes que essa estação inicie sua transmissão.

Throughput Chamemos G o número médio de frames gerados pelo sistema durante o tempo de transmissão de um frame. Pode-se provar, então, que o número médio de transmissões bem-sucedidas para o ALOHA puro é $S = G \times e^{-2G}$. O *throughput* máximo, $S_{máx}$, é 0,184, para $G = \frac{1}{2}$. Em outras palavras, se metade de um frame for gerado durante dois períodos de transmissão de frame, então 18,4% desses frames atingirão seu destino de maneira bem-sucedida. Conseqüentemente, se uma estação gera apenas um frame nesse tempo de vulnerabilidade (e nenhuma outra estação gera um frame durante esse período), o frame atingirá seu destino com sucesso.

> **O *throughput* para o ALOHA puro é $S = G \times e^{-2G}$.**
> **O *throughput* máximo, $S_{máx} = 0,184$, quando $G = (1/2)$.**

Exemplo 12.3

Uma rede ALOHA puro transmite frames de 200 bits em um canal compartilhado de 200 kbps. Qual será o *throughput* se o sistema (todas as estações juntas) gerar

   a. 1.000 frames por segundo
   b. 500 frames por segundo
   c. 250 frames por segundo

Solução

O período de transmissão de frames é igual a 200/200 kbps, ou seja, 1 ms.

   a. Se o sistema cria 1.000 frames por segundo, isso significa 1 frame por milissegundo. A carga é 1. Nesse caso, $S = G \times e^{-2G}$ ou $S = 0,135$ (13,5%). Ou seja, o *throughput* é igual a $1.000 \times 0,135 = 135$ frames. Apenas 135 frames em 1.000 têm chance de sobreviver.
   b. Se o sistema cria 500 frames por segundo, isso significa (1/2) frame por milissegundo. A carga é (1/2). Nesse caso $S = G \times e^{-2G}$ ou $S = 0,184$ (18,4%). Isso quer dizer que o *throughput* é igual a $500 \times 0,184 = 92$ frames. Apenas 92 frames em 500 têm chance de sobreviver. Observe que este é o caso de *throughput* máximo, em termos percentuais.
   c. Se o sistema cria 250 frames por segundo, isso significa (1/4) frame por milissegundo. A carga é (1/4). Nesse caso $S = G \times e^{-2G}$ ou $S = 0,152$ (15,2%). Isso significa que o *throughput* é igual a $250 \times 0,152 = 38$ frames. Apenas 38 frames em 250 têm chance de sobreviver.

Slotted ALOHA

O protocolo ALOHA puro tem um tempo de vulnerabilidade igual a $2 \times T_{fr}$. Isso acontece porque não existe nenhuma regra que defina quando a estação poderá enviar. Uma estação pode enviar assim que outra tiver iniciado ou um pouco antes de outra estação ter finalizado. O *slotted* ALOHA foi inventado para aumentar a eficiência do ALOHA puro.

No ***Slotted* ALOHA**, dividimos o tempo em slots de T_{fr} segundos e forçamos as estações a transmitir somente no início de cada time slot. A Figura 12.6 traz um exemplo de colisões de frames no *slotted* ALOHA.

Figura 12.6 *Frames em uma rede* slotted *ALOHA*

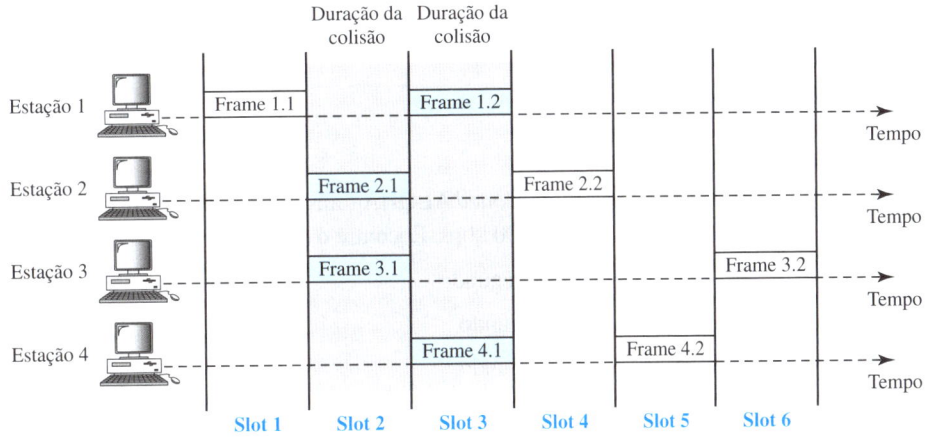

Como é permitido a uma estação transmitir apenas no início sincronizado do time slot, se uma estação perder essa oportunidade, deverá aguardar até o início do próximo time slot. Isto quer dizer que a estação que começou a transmitir no início de seu time slot já terminou de enviar seu frame. Obviamente, ainda existe a possibilidade de colisão, caso duas estações tentem transmitir no início do mesmo time slot. Entretanto, o tempo de vulnerabilidade agora é reduzido pela metade, igual a T_{fr}. A Figura 12.7 ilustra essa situação.

A Figura 12.7 mostra que o tempo de vulnerabilidade para o *slotted* ALOHA é metade daquele para o ALOHA puro.

O tempo de vulnerabilidade para o *slotted* ALOHA é igual a T_{fr}

Throughput Pode-se provar que o número médio de transmissões bem-sucedidas para o *slotted* ALOHA é $S = G \times e^{-G}$. O *throughput* máximo $S_{máx}$ é 0,368, quando $G = 1$. Em outras palavras, se um frame for gerado durante um período de transmissão de frame, então 36,8% desses frames atingem seu destino com sucesso. Esse resultado é esperado, pois o tempo de vulnerabilidade é igual ao tempo de transmissão de frames. Conseqüentemente, se uma estação gera apenas um frame nesse período de vulnerabilidade (e nenhuma outra estação gera um frame durante esse período), o frame atingirá seu destino com êxito.

O *throughput* para o protocolo *slotted* ALOHA é $S = G \times e^{-G}$.
O *throughput* máximo $S_{máx} = 0,368$ quando G = 1.

Figura 12.7 *Tempo de vulnerabilidade para o protocolo* slotted *ALOHA*

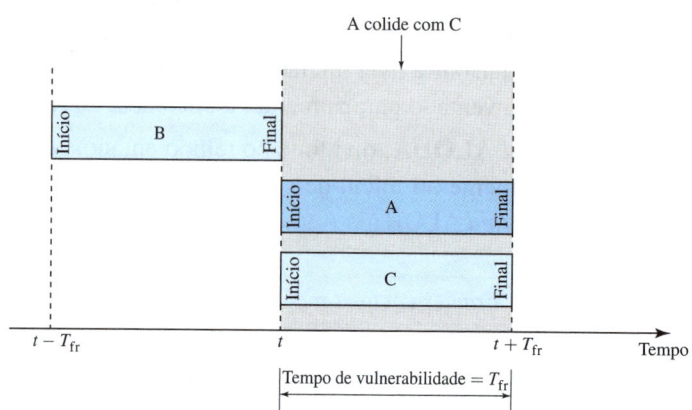

Exemplo 12.4

Uma rede com protocolo *slotted* ALOHA transmite frames de 200 bits usando um canal compartilhado de largura de banda igual a 200 kbps. Encontre o *throughput* se o sistema (todas as estações juntas) gerarem

a. 1.000 frames por segundo

b. 500 frames por segundo

c. 250 frames por segundo

Solução

Essa situação é semelhante à anterior, exceto pelo fato de a rede estar utilizando protocolo *slotted* ALOHA em vez de ALOHA puro. O tempo de transmissão do frame é de 200/200 kbps ou 1 ms.

a. Nesse caso $G = 1$. Portanto, $S = G \times e^{-G}$ ou $S = 0,368$ (36,8%). Isso significa que o *throughput* é igual a $1.000 \times 0,0368 = 368$ frames. Apenas 368 frames em 1.000 têm chance de sobreviver. Observe que este é o caso de *throughput* máximo, em termos percentuais.

b. Aqui $G = \frac{1}{2}$. Nesse caso, $S = G \times e^{-G}$ ou $S = 0,303$ (30,3%). Isso significa que o *throughput* é igual a $500 \times 0,0303 = 151$. Apenas 151 frames em 500 têm chance de sobreviver.

c. Agora $G = \frac{1}{4}$. Nesse caso, $S = G \times e^{-G}$ ou $S = 0,195$ (19,5%). Isso significa que o *throughput* é igual a $250 \times 0,195 = 49$. Apenas 49 frames em 250 têm chance de sobreviver.

CSMA (Carrier Sense Multiple Access)

Para diminuir a probabilidade de colisão e, portanto, aumentar o desempenho, foi criado o método CSMA. A chance de colisão pode ser reduzida se uma estação "escutar" a rede antes de tentar usá-la. O **CSMA** (*Carrier Sense Multiple Access*) exige que cada estação "escute", primeiramente, a rede (ou verifique o estado do meio de transmissão) antes de iniciar uma transmissão. Em outras palavras, o CSMA se baseia no princípio "escutar antes de transmitir" ou "ouvir antes de conversar".

O CSMA pode reduzir a possibilidade de colisão mas não pode eliminá-la. A razão para tal é mostrada na Figura 12.8, um modelo de tempo e espaço de uma rede CSMA. As estações são interligadas a um canal compartilhado (em geral um meio de transmissão dedicado).

A possibilidade de colisão ainda existe em conseqüência do retardo de propagação; quando uma estação envia um frame, leva certo tempo (embora muito curto) para que o primeiro bit chegue em cada estação e para cada estação detectar sua chegada. Em outras palavras, uma es-

Figura 12.8 *Modelo tempo/espaço de colisão no CSMA*

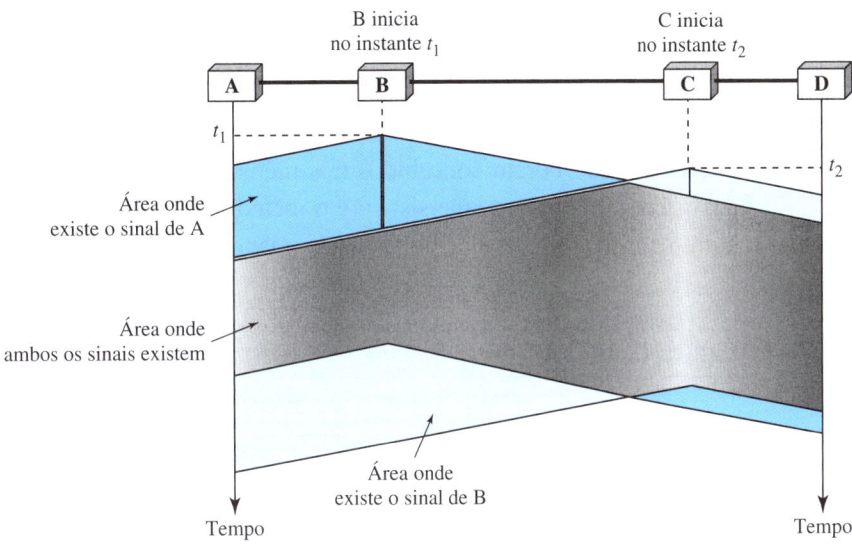

tação pode "escutar" a rede e constatar que ela se encontra ociosa, apenas porque o primeiro bit enviado por outra estação ainda não foi recebido.

No instante t_1, a estação B "escuta" a rede e constata que ela está ociosa e, portanto, envia um frame. No instante t_2 ($t_2 > t_1$), a estação C "escuta" a rede e constata que ela se encontra ociosa, pois, nesse momento, os primeiros bits da estação B ainda não chegaram à estação C. A estação C também envia um frame. Os dois sinais colidem e ambos os frames são destruídos.

Tempo de Vulnerabilidade

O tempo de vulnerabilidade para o CSMA é igual ao **tempo de propagação** T_p, necessário para um sinal se propagar de uma extremidade do meio de transmissão a outra. Quando uma estação transmite um frame, e qualquer outra estação tenta fazer o mesmo durante esse tempo, ocorrerá uma colisão. No entanto, se o primeiro bit do frame atingir a outra ponta do meio de transmissão, todas as estações já terão detectado o bit e não iniciarão uma transmissão. A Figura 12.9 mostra

Figura 12.9 *Tempo de vulnerabilidade no CSMA*

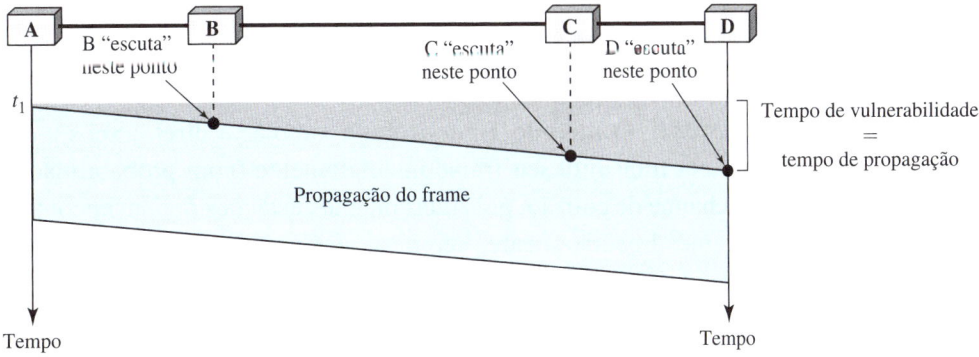

a pior situação. A estação A, que se encontra mais à esquerda, envia um frame no instante t_1, que atinge a estação D, mais à direita no instante $t_1 + T_p$. A área cinza mostra a área vulnerável no tempo e no espaço.

Métodos de Persistência

O que uma estação deve fazer se o canal estiver ocupado? O que uma estação faz se o canal estiver ocioso? Foram concebidos três métodos para responder a essas questões: o método 1-persistent, o método nonpersistent e o método p-persistent. A Figura 12.10 revela o comportamento dos três métodos de persistência quando uma estação encontra um canal ocupado.

Figura 12.10 *Comportamento dos três métodos de persistência*

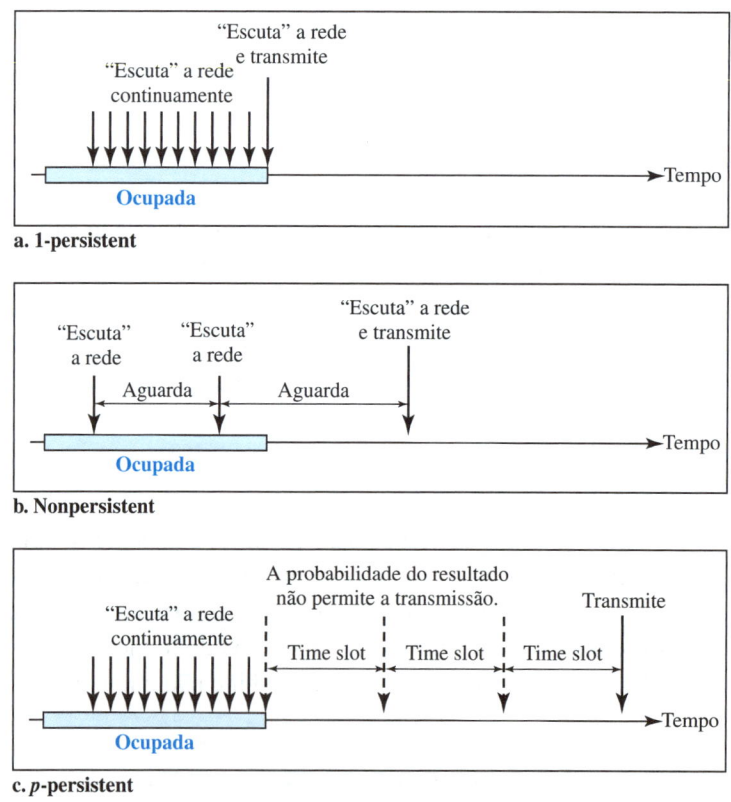

A Figura 12.11 mostra os fluxogramas para esses métodos.

1-Persistent O **método 1-persistent** é simples e direto: após a estação encontrar a linha ociosa, ela transmite seu frame imediatamente (com probabilidade 1). Esse método tem a maior chance de colisão, pois duas ou mais estações podem encontrar a linha ociosa e enviar seus frames imediatamente. Veremos, no Capítulo 13, que a Ethernet usa esse método.

Nonpersistent No **método *nonpersistent***, uma estação que possui um frame para ser enviado "escuta" a linha. Se ela estiver ociosa, a estação o envia imediatamente. Caso contrário, deve aguardar um certo tempo randômico e, em seguida, "escuta" a linha novamente. O método

Figura 12.11 *Fluxograma para os três métodos de persistência*

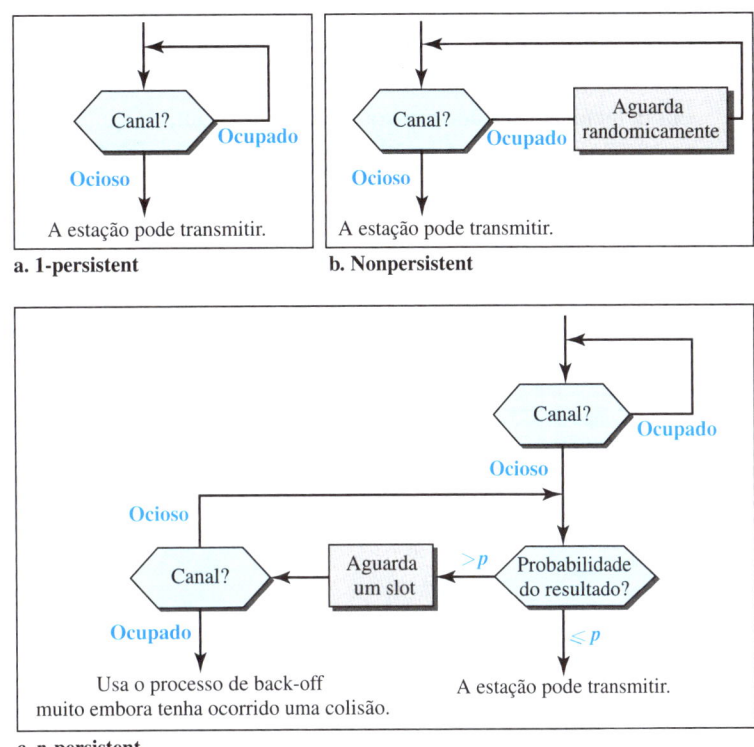

nonpersistent reduz a chance de colisão, pois é pouco provável que duas ou mais estações aguardarão o mesmo tempo e tentarão retransmitir simultaneamente. Entretanto, esse método reduz a eficiência da rede, porque o meio de transmissão permanece ocioso mesmo quando existem estações com frames a serem transmitidos.

p-Persistent O **método *p-persistent*** é usado se o canal tiver time slots com duração igual ou maior que o tempo máximo de propagação. O *p-persistent* combina as vantagens das outras duas estratégias. Ele reduz a chance de colisão e aumenta a eficiência. Nesse método, após a estação encontrar a linha ociosa, ela segue as etapas descritas:

1. Com probabilidade p, a estação transmite seu frame.
2. Com probabilidade $q = 1 - p$, a estação aguarda o início do próximo time slot e verifica a linha novamente.
   a. Se a linha estiver ociosa, ela volta para a etapa 1.
   b. Se a linha estiver ocupada, ela age como se tivesse ocorrido uma colisão e usa o procedimento de *back-off*.

CSMA/CD (*Carrier Sense Multiple Access with Collision Detection*)

O método CSMA não especifica o procedimento a ser seguido após uma colisão. O *Carrier Sense Multiple Access with Collision Detection* (CSMA/CD) estende o algoritmo CSMA para tratar colisões.

Nesse método, a estação monitora continuamente o meio de transmissão após ela transmitir um frame para verificar se a transmissão foi bem-sucedida. Caso tenha sido, a estação finaliza. Caso contrário, porém, há uma colisão e o frame é retransmitido.

Para melhor compreender o CSMA/CD, vejamos os primeiros bits transmitidos por duas estações envolvidas em uma colisão. Embora cada estação continue a enviar bits no frame até ela detectar a colisão, mostramos o que acontece quando os primeiros bits colidem. Na Figura 12.12, as estações A e C estão envolvidas na colisão.

Figura 12.12 *Colisão do primeiro bit no CSMA/CD*

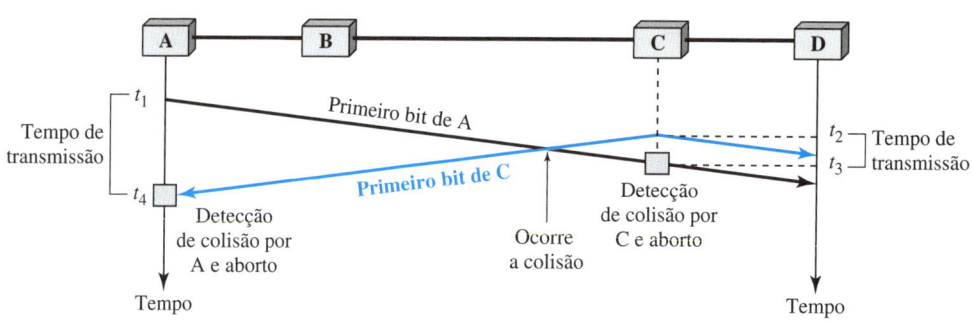

No instante t_1, a estação A executou seu procedimento de persistência e começa a enviar os bits de seu frame. No instante t_2, a estação C ainda não detectou o primeiro bit enviado por A. A estação C executa seu procedimento de persistência e começa a enviar os bits em seu frame, que se propagam tanto para a esquerda como para a direita. A colisão ocorre algum tempo depois de t_2. A estação C detecta uma colisão no instante t_3 quando recebe o primeiro bit do frame de A. A estação C aborta a transmissão imediatamente (ou após um curto intervalo, mas, supomos imediatamente). A estação A detecta a colisão no instante t_4 ao receber o primeiro bit do frame C; ela também aborta a transmissão imediatamente. Observando a figura, vemos que A transmite durante o intervalo $(t_4 - t_1)$ e C durante $(t_3 - t_2)$. Posteriormente mostraremos que, para o protocolo funcionar, o comprimento de qualquer frame dividido pela taxa de bits neste protocolo deve ser maior que qualquer uma destas duas durações anteriores. No instante t_4, a transmissão do frame de A, embora incompleta, é abortada; no instante t_3, a transmissão do frame de B, embora incompleta, é abortada.

Agora que conhecemos as durações das duas transmissões, podemos mostrar um gráfico mais completo na Figura 12.13.

Tamanho Mínimo do Frame

Para que o CSDMA/CD funcione corretamente precisamos implementar uma restrição no tamanho do frame. Antes de enviar o último bit do frame, a estação transmissora tem de ser capaz de detectar uma colisão, caso realmente exista alguma, e interromper a transmissão. Isso é necessário porque a estação, após transmitir todo o frame, não mantém uma cópia deste e não monitora a linha em termos de detecção de colisão. Conseqüentemente, o tempo de transmissão do frame, T_{fr}, deve ser pelo menos duas vezes o tempo máximo de propagação, T_p. Para entender o motivo para tal, imaginemos o pior caso. Se as duas estações envolvidas em uma colisão estiverem afastadas entre si à máxima distância, o sinal da primeira leva T_p s para atingir a segunda e o efeito da colisão leva outros T_p s para chegar a primeira. Portanto, é preciso que a primeira estação ainda esteja transmitindo após $2T_p$.

Figura 12.13 *Colisão e interrupção de transmissão no CSMA/CD*

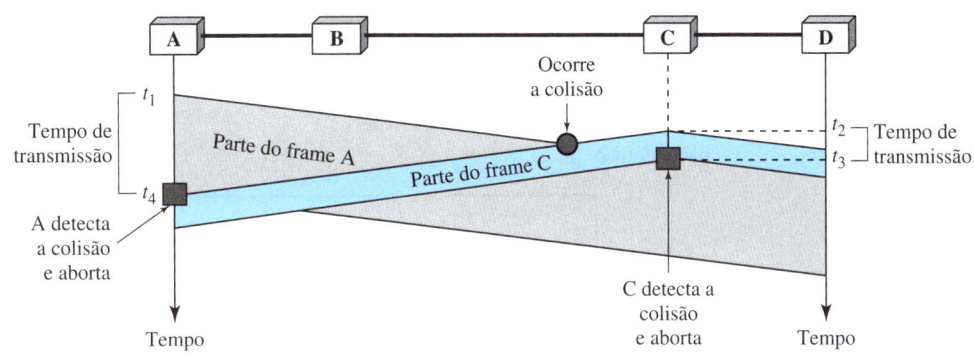

Exemplo 12.5

Uma rede usando CSMA/CD possui largura de banda de 10 Mbps. Se o tempo máximo de propagação (inclusive atrasos nos dispositivos e ignorando-se o tempo necessário para enviar um sinal de interferência, como veremos posteriormente) for de 25,6 µs, qual o tamanho mínimo do frame?

Solução

O tempo de transmissão do frame é $T_{fr} = 2 \times T_p = 51{,}2$ µs. Isso significa que, na pior das hipóteses, uma estação precisa transmitir por período de 51,2 µs para detectar a colisão. O tamanho mínimo do frame é 10 Mbps $\times$ 51,2 µs = 512 bits ou 64 bytes. Este é, na realidade, o tamanho mínimo de um frame Ethernet-padrão, como veremos no Capítulo 13.

Procedimento

Vejamos agora o fluxograma para o CSMA/CD na Figura 12.14. Ele é semelhante ao do protocolo ALOHA, mas existem algumas diferenças.

A primeira delas é o acréscimo do método de persistência. Precisamos "escutar" o canal antes de enviar o frame, usando um dos métodos de persistência discutidos previamente (nonpersistent, 1-persistent, *p*-persistent). O quadro correspondente pode ser substituído por um dos métodos mostrados na Figura 12.11.

A segunda diferença está na transmissão de frames. No ALOHA, transmitimos primeiro o frame inteiro e depois aguardamos uma confirmação. No CSMA/CD, a transmissão e a detecção de colisão são um processo contínuo. Não é necessário transmitir o frame inteiro para depois deletar uma colisão. A estação transmite e recebe contínua e simultaneamente (usando duas portas distintas). Usamos um loop para mostrar que a transmissão é um processo contínuo. Monitoramos constantemente, de modo a detectar uma das duas condições: se a transmissão foi encerrada ou então se foi detectada uma colisão. Qualquer um dos eventos pára a transmissão. Quando saímos do loop, se não foi detectada uma colisão, isso significa que a transmissão foi completada; o frame inteiro foi transmitido. Caso contrário, ocorreu uma colisão.

A terceira diferença está na transmissão de um curto **sinal de interferência** (*jamming signal*) que reforça a colisão no caso de outras estações não a terem detectado.

Nível de Energia

Podemos dizer que o nível de energia em um canal pode assumir três valores: zero, normal e anormal. No nível zero, o canal está ocioso. No nível normal, uma estação foi bem-sucedida na

Figura 12.14 *Fluxograma para o CSMA/CD*

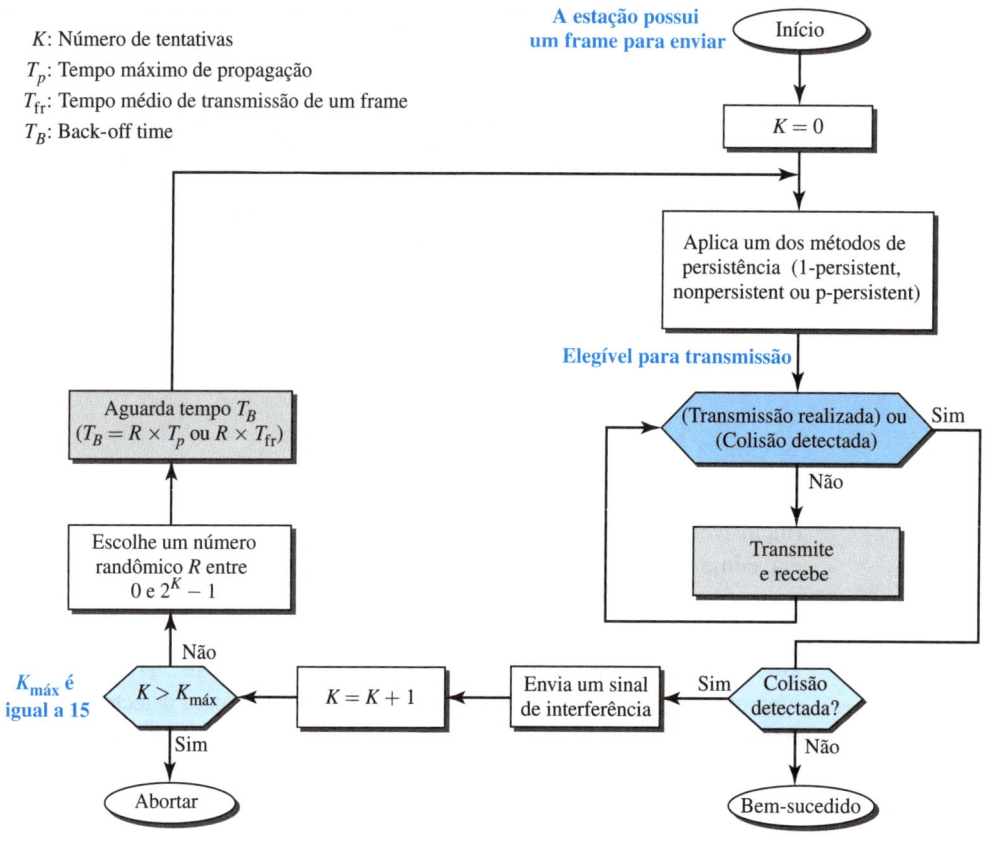

ocupação do canal e está transmitindo seu frame. No nível anormal, existe uma colisão e o nível de energia é o dobro do nível normal. Uma estação que possui um frame a ser transmitido ou está transmitindo um frame precisa monitorar o nível de energia para determinar se o canal está ocioso, ocupado ou em colisão. A Figura 12.15 ilustra a situação.

Figura 12.15 *Nível de energia durante a transmissão, ociosidade ou colisão*

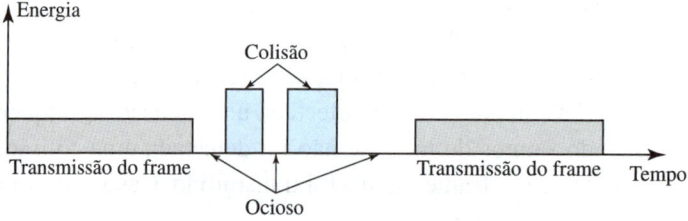

Throughput

O *throughput* do CSMA/CD é maior que o do ALOHA puro ou do *slotted* ALOHA. O *throughput* máximo ocorre em um valor diferente de *G* e está associado ao método de persistência selecionado e ao valor de p na abordagem p-persistent. Para o método 1-persistent, o *throughput* máximo está em torno de 50%, quando G = 1. Para o método nonpersistent, o *throughput* máximo pode chegar a 90%, quando G se encontra entre 3 e 8.

CSMA/CA (Carrier Sense Multiple Access with Collision Avoidance)

O conceito básico do CSMA/CD é a capacidade de uma estação, enquanto transmite, detectar uma colisão. Quando não existe nenhuma colisão, a estação recebe um sinal: seu próprio sinal. Quando há uma colisão, a estação recebe dois sinais: seu próprio sinal e o sinal transmitido por uma segunda estação. Para fazer a distinção entre esses dois casos, o sinal da segunda estação precisa adicionar uma quantidade de energia significativa àquela já criada pela primeira estação.

Em uma rede com fios, o sinal recebido tem praticamente o mesmo nível de energia que o sinal enviado, pois o comprimento do cabo é pequeno ou então existem repetidores que amplificam a energia entre o emissor e o receptor. Isso significa que, em uma colisão, a energia detectada praticamente dobra.

Entretanto, em uma rede sem fio, grande parte da energia é perdida durante a transmissão. O sinal recebido tem muito pouca energia. Conseqüentemente, uma colisão poderia acrescentar apenas 5% a 10% de energia adicional. Isso não é suficiente para a detecção eficaz de colisões.

Precisamos evitar colisões em redes sem fio, pois elas não podem ser detectadas. O *Carrier Sense Multiple Access with Collision Avoidance* (CSMA/CA) foi criado para esse tipo de rede. As colisões são evitadas por meio do emprego de três estratégias: *interframe space* (espaçamento entre frames), *contention window* (janela de contenção) e *acknowledgments* (confirmações), conforme mostrado na Figura 12.16.

Figura 12.16 *Timing no CSMA/CA*

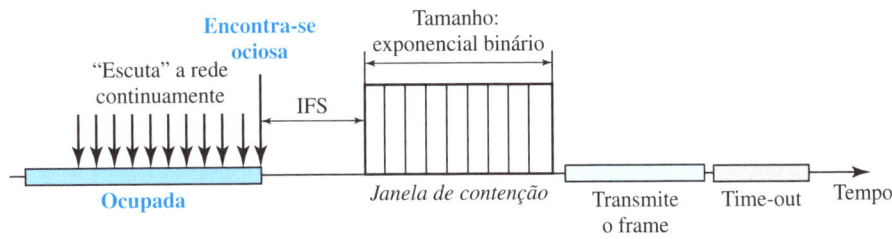

Interframe Space (IFS)

Primeiro, as colisões são evitadas postergando a transmissão mesmo que o canal se encontre ocioso. Quando um canal se encontra ocioso, a estação não envia dados imediatamente. Ela aguarda por certo período, denominado **interframe space** (espaçamento entre frames) ou **IFS**. Muito embora possa parecer que o canal esteja ocioso, quando ele é "escutado", uma estação distante pode já ter iniciado sua transmissão. O sinal da estação distante ainda não atingiu essa estação. Se após o período IFS o canal ainda estiver ocioso, a estação poderá transmitir, mas ainda precisa aguardar um tempo igual ao tempo de contenção (descrito a seguir). A variável

IFS também pode ser usada para priorizar estações ou tipos de frame. Por exemplo, uma estação a qual é atribuído um IFS menor tem maior prioridade.

No CSMA/CA, o IFS também pode ser usado para definir a prioridade de uma estação ou frame.

Contention Window

A janela de contenção (*contention window*) pode ser definida como um intervalo de tempo dividido em slots. Uma estação que já se encontra pronta para transmitir escolhe um número randômico de slots para seu tempo de espera. O número de slots na janela muda de acordo com a estratégia de recuo exponencial binário (*binary exponential back-off*). Isso quer dizer que ela é configurada para um slot na primeira vez e, em seguida, vai dobrando cada vez que a estação não é capaz de detectar um canal ocioso após o período IFS. Isso é semelhante ao método *p*-persistent, exceto pelo fato de um resultado randômico definir o número de slots tomados pela estação que está aguardando. Um ponto interessante sobre a janela de contenção é que a estação precisa "escutar" o canal após cada *time slot*. Se, entretanto, a estação constatar que o canal está ocupado, ela não reinicia o processo; simplesmente pára o timer e o reinicia quando percebe que o canal está ocioso. Isso dá prioridade à estação com o maior tempo de espera.

No CSMA/CA, se a estação constatar que o canal está ocupado, ela não reinicia o timer da janela de contenção; ela pára o timer e o reinicia quando o canal passar a ocioso.

Acknowledgments (Confirmações)

Mesmo com todas essas precauções, ainda podem ocorrer colisões, provocando a destruição de dados. Além disso, talvez os dados possam ser corrompidos durante a transmissão. A confirmação positiva e o timer de time-out podem ajudar a garantir que o receptor tenha recebido o frame.

Procedimento

A Figura 12.17 ilustra esse processo. Observe que o canal precisa ser "escutado" antes e após o IFS. O canal também precisa ser "escutado" durante o tempo de contenção. Em cada time slot da janela de contenção, o canal é "escutado". Se for constatado que ele se encontra ocioso, o timer continua; se o canal estiver ocupado, o timer é interrompido e continua após o canal se tornar ocioso novamente.

O CSMA/CA e as Redes sem Fio

O CSMA/CA foi desenvolvido basicamente para ser utilizada em redes sem fio. No entanto, o procedimento já descrito não é suficientemente sofisticado para tratar determinadas questões relacionadas com redes sem fio, como terminais ocultos ou terminais expostos. Veremos como essas questões são resolvidas expandindo o algoritmo do protocolo com recursos de *handshaking*. O emprego do CSMA/CA em redes sem fio será discutido no Capítulo 14.

Figura 12.17 *Fluxograma do CSMA/CA*

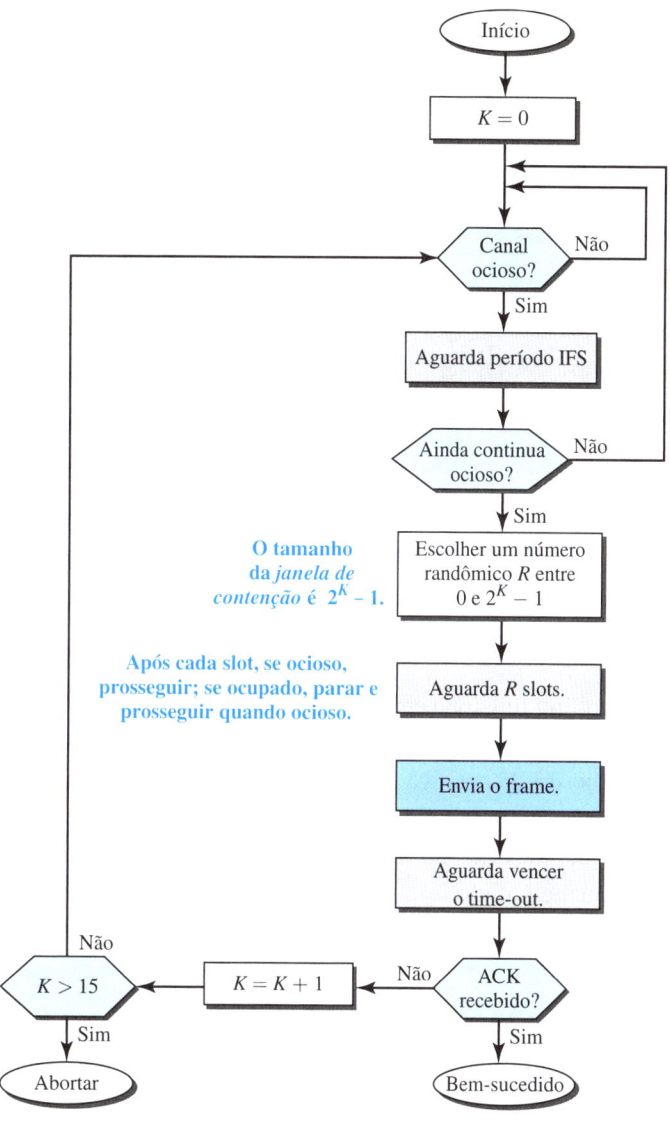

12.2 ACESSO CONTROLADO

No **acesso controlado**, as estações fazem uma consulta entre si para saber qual delas tem autorização para transmitir. Uma estação não pode transmitir a menos que tenha sido autorizada por outras. Discutiremos três métodos populares de acesso controlado.

Reservation

No método *reservation*, uma estação precisa fazer uma reserva antes de enviar dados. O tempo é dividido em intervalos. Em cada intervalo, um frame de reserva precede os frames de dados enviados naquele intervalo.

Se existirem *N* estações no sistema, existirão exatamente *N* minislots de reserva no frame de reserva. Cada minislot pertence a uma estação. Quando uma estação precisa enviar um frame de dados, ela assinala uma reserva no minislot dedicado a ela. As estações que fizeram reservas podem enviar seus frames de dados logo após o frame de reserva.

A Figura 12.18 ilustra uma situação com cinco estações e um frame de reserva com cinco minislots. No primeiro intervalo, apenas as estações 1, 3 e 4 fizeram reservas. No segundo intervalo, apenas a estação 1 fez reserva.

Figura 12.18 *Método de acesso reservation*

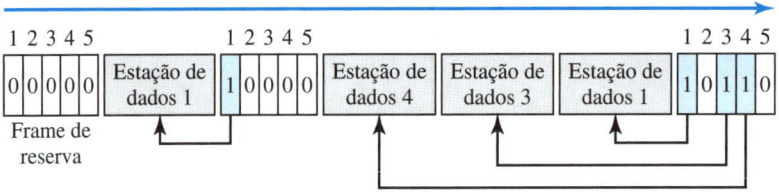

Polling

O **polling** funciona em topologias nas quais um dispositivo é designado como **estação primária** e os demais como **estações secundárias**. Todas as trocas de dados têm de ser feitas por intermédio do dispositivo primário mesmo quando o destino final for um dispositivo secundário. O dispositivo primário, controla o acesso ao enlace; os dispositivos secundários seguem suas instruções. Cabe ao dispositivo primário determinar qual dispositivo tem permissão para usar o canal em dado instante. O dispositivo primário, portanto, sempre é o iniciador de uma seção (ver Figura 12.19).

Figura 12.19 *Funções de select e polling em um método de acesso polling*

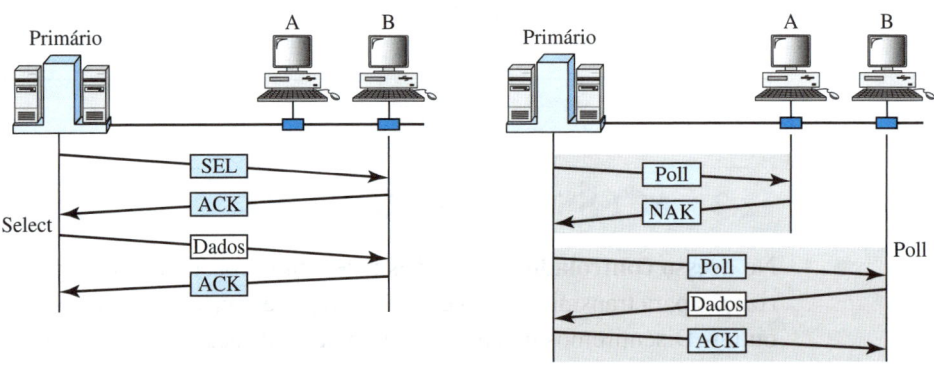

Se o primário quiser receber dados, ele pergunta aos secundários se estes têm algo para transmitir; isso é chamado função polling. Se o primário quiser enviar dados, ele diz ao secundário para ficar pronto para recebê-los; isso é denominado função select.

Select

A função *Select* é usada sempre que o dispositivo primário tiver algo para transmitir. Lembre-se de que o primário controla o enlace. Se o primário não estiver enviando nem recebendo dados, ele sabe que o enlace está disponível.

Se tiver algo para enviar, o dispositivo primário transmite os dados. Contudo, o que ele não sabe é se o dispositivo de destino está ou não preparado para receber os dados. Portanto, o primário deve alertar o secundário sobre a transmissão que está por vir e aguardar uma confirmação do estado pronto do secundário. Antes de enviar os dados, o primário cria e transmite um frame de select (SEL), um de seus campos inclui o endereço do dispositivo secundário pretendido.

Polling

A função *polling* é usada pelo dispositivo primário para solicitar dados dos dispositivos secundários. Quando o primário estiver pronto para receber dados, ele tem de perguntar (poll ou varredura) a cada um dos dispositivos (um por vez) se estes têm algo para transmitir. Quando o primeiro secundário é interrogado, ele responde com um frame NAK, se não tiver nada para transmitir, ou então com dados (na forma de um frame de dados), caso tenha algo a transmitir. Se a resposta for negativa (um frame NAK), então o primário interroga o secundário seguinte da mesma maneira até encontrar um com dados a serem enviados. Quando a resposta é positiva (um frame de dados é enviado pela estação secundária), o primário lê o frame e retorna uma confirmação (frame ACK), confirmando seu recebimento.

Token Passing

No método **token-passing**, as estações em uma rede são organizadas em um anel lógico. Em outras palavras, para cada estação existe um *antecessor* e um *sucessor*. O antecessor é a estação que se encontra logicamente antes dentro do anel; o sucessor é a estação que se encontra depois no anel. A estação atual é aquela que está acessando o canal no momento. O direito será passado ao sucessor quando a estação atual não tiver mais dados a enviar.

Mas como o direito de acesso ao canal é passado de uma estação a outra? Nesse método, um pacote especial, denominado **token**, circula pelo anel. A posse do token dá à estação o direito de acessar o canal e enviar seus dados. Quando uma estação tiver dados a enviar, ela aguarda até receber o token de seu antecessor. Em seguida, retém o token e transmite seus dados. Quando a estação não tiver mais dados a serem enviados, ela libera o token, passando-o à estação seguinte no anel. A estação não pode enviar dados até receber o token novamente na próxima rodada. Nesse processo, quando uma estação receber o token e não tiver mais dados a enviar, ela simplesmente repassa o token para a próxima estação.

O gerenciamento de tokens é essencial para esse método de acesso. As estações têm de ser limitadas no tempo que podem ficar de posse do token. O token deve ser monitorado para garantir que não seja perdido ou destruído. Se, por exemplo, uma estação que estiver retendo o token em seu poder falhar, o token desaparecerá da rede. Outra função do gerenciamento de tokens é atribuir prioridades às estações e aos tipos de dados transmitidos. E, finalmente, é necessário o gerenciamento de tokens, para fazer que estações de baixa prioridade liberem-no para as de maior prioridade.

Anel Lógico

Em uma rede token-passing, as estações não precisam estar conectadas fisicamente em anel; o anel pode ser um anel lógico. A Figura 12.20 mostra quatro tipos diferentes de topologias físicas capazes de criar um anel lógico.

Figura 12.20 *Anel lógico e topologia física no método de acesso token-passing*

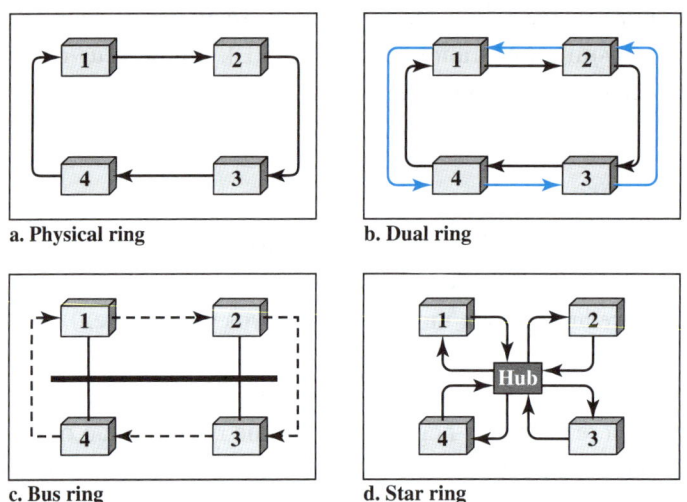

Na topologia physical ring (anel físico), quando uma estação envia o token à sucessora, ela não pode ser vista pelas demais estações; a sucessora é a próxima da fila. Isso significa que o token não tem o endereço da próxima sucessora. O problema dessa topologia é que, se um dos enlaces — o meio de transmissão entre duas estações adjacentes — falhar, o sistema inteiro falhará.

A topologia dual ring (anel duplo) usa um segundo anel (auxiliar) que opera no sentido inverso ao anel principal. O segundo anel é apenas para emergências (como se fosse um estepe de um carro). Se um dos enlaces do anel principal falhar, o sistema reconfigura automaticamente os dois anéis para formar um anel temporário. Após ser restabelecido, o enlace com problemas o anel auxiliar fica ocioso novamente. Note que, para que essa topologia funcione, cada estação precisa ter duas portas de transmissão e duas portas de recepção. As redes Token Ring de alta velocidade denominadas FDDI (*Fiber Distributed Data Interface*) e CDDI (*Copper Distributed Data Interface*) usam essa topologia.

Na topologia bus ring (anel-barramento), também denominada token bus, as estações são interligadas a um único cabo denominado barramento. Entretanto, elas formam um anel lógico, pois cada estação conhece o endereço de sua sucessora (e também de sua antecessora, para fins de gerenciamento de tokens). Quando uma estação tiver terminado de transmitir seus dados, ela libera o token, inserindo o endereço de sua sucessora. Apenas a estação cujo endereço coincide com o endereço de destino obtém o token para acessar o meio de transmissão compartilhado. Redes locais Token Bus, padronizadas pelo IEEE, usam essa topologia.

Na topologia star ring (anel-estrela), a topologia física é uma estrela. No entanto, existe um *hub* que atua como concentrador. A fiação dentro do *hub* forma o anel; as estações são conectadas a ele por meio de dois pares de fios. Essa topologia torna a rede menos suscetível a falhas, pois se um enlace apresentar problemas, esse será removido do anel lógico pelo *hub*, e o restante das estações continuarão operando normalmente. A adição e a retirada de estações do anel também é facilitada. Essa topologia ainda é usada na LAN Token Ring desenvolvida pela IBM.

12.3 CANALIZAÇÃO

Canalização é um método de acesso múltiplo no qual a largura de banda disponível de um enlace é compartilhada no tempo, em freqüência ou por código, entre diferentes estações. Nesta seção, discutiremos três métodos de canalização: FDMA, TDMA e CDMA.

> **Veremos a aplicação de todos esses métodos no Capítulo 16 quando discutirmos os sistemas de telefonia celular.**

Frequency-Division Multiple Access (FDMA)

No **FDMA** (*Frequency-Division Multiple Access*), a largura de banda disponível é dividida em faixas de freqüência. É alocada uma faixa a cada estação para envio de seus dados. Em outras palavras, cada faixa de freqüência é reservada a determinada estação e a ela pertencerá durante todo o tempo. Cada estação também utiliza um filtro passa-faixa para restringir as freqüências do transmissor. Para evitar interferências entre estações, as faixas de freqüência alocadas são separadas, umas das outras, por pequenas *bandas de proteção*. A Figura 12.21 ilustra o conceito de FDMA.

Figura 12.21 *FDMA (Frequency-Division Multiple Access)*

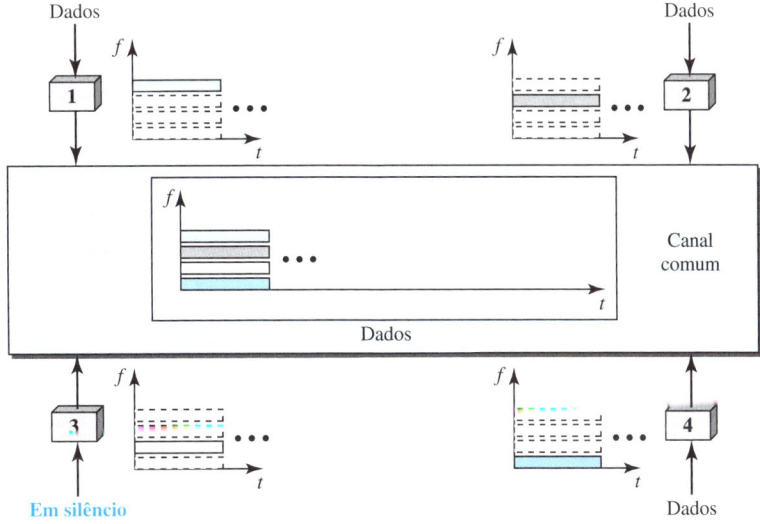

> **No FDMA, a largura de banda disponível do canal comum é dividida em faixas de freqüência que são separadas por bandas de proteção.**

O FDMA especifica uma faixa de freqüência predeterminada para todo o período da comunicação. Isso significa que segmentos de dados (um fluxo de dados contínuo que não pode ser empacotado) podem ser usados facilmente com o FDMA. Veremos no Capítulo 16 como esse recurso pode ser utilizado em sistemas de telefonia celular.

Precisamos enfatizar que, embora o FDMA e o FDM pareçam conceitualmente similares, existem diferenças entre eles. O FDM, como vimos no Capítulo 6, é uma técnica de multiplexação implementada no nível da camada física que combina as cargas de canais de largura de banda estreita e as transmite usando um canal de ampla largura de banda. Os canais que são combinados são passa-baixa. O multiplexador modula os sinais, os combina e cria um sinal passa-faixa. A largura de faixa de cada canal é deslocada pelo multiplexador.

Por outro lado, o FDMA é um método de acesso da camada de enlace de dados. A camada de enlace em cada estação informa sua camada física para criar um sinal passa-faixa a partir dos dados a ela passados. O sinal tem de ser criado na faixa alocada. Não existe um multiplexador físico na camada física. Os sinais criados em cada estação são automaticamente filtrados (passa-faixa). Eles são misturados quando enviados para o canal comum.

Time-Division Multiple Access (TDMA)

No **TDMA** (*Time-Division Multiple Access*), as estações compartilham a largura de banda do canal no tempo. É alocado um time slot para cada estação, durante o qual ela pode enviar dados. Cada estação transmite seus dados em seu time slot atribuído. A Figura 12.22 ilustra o conceito em que se baseia o TDMA.

Figura 12.22 *TDMA (Time-division Multiple Access)*

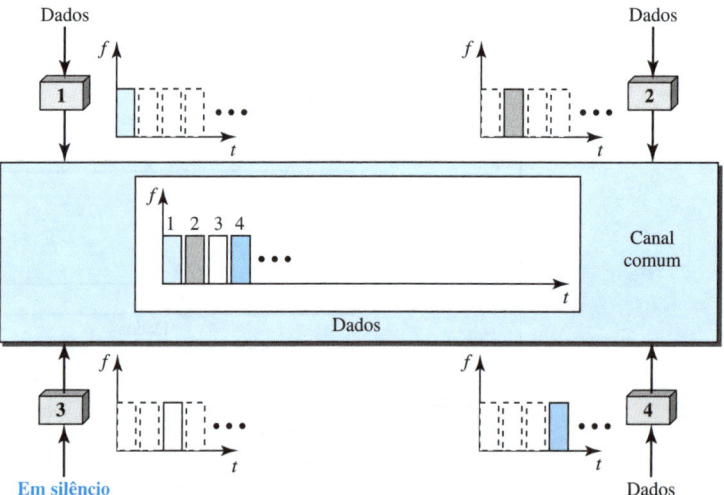

O principal problema do TDMA está na sincronização entre as diferentes estações. Cada estação precisa saber o início e a posição de seu slot. Isso pode ser difícil devido a atrasos de propagação introduzidos no sistema, caso as estações se espalhem em uma área muito extensa. Para compensar esses atrasos, podemos inserir *tempos de proteção*. Normalmente, a sincronização é implementada pela adição de bits de sincronização (comumente conhecidos como bits de preâmbulo) no início de cada slot.

**No TDMA, a largura de banda é apenas um canal
compartilhado entre diferentes estações.**

Também precisamos enfatizar que, embora o TDMA e o TDM se pareçam conceitualmente, existem diferenças entre eles. O TDM, conforme vimos no Capítulo 6, é uma técnica da camada física que combina os dados dos canais mais lentos e os transmite usando um canal mais rápido. O processo usa um multiplexador físico que intercala unidades de dados de cada canal.

Por outro lado, o TDMA é um método de acesso da camada de enlace de dados. A camada de enlace em cada estação diz à sua camada física para usar o time slot alocado. Fisicamente não existe um multiplexador na camada física.

Code-Division Multiple Access (CDMA)

O **CDMA** (*Code-Division Multiple Access*) foi concebido várias décadas atrás. Recentes avanços na tecnologia eletrônica finalmente tornaram possível sua implementação. O CDMA difere do FDMA, pois somente um canal ocupa a largura de banda inteira do enlace. Ele difere do TDMA porque todas as estações podem enviar dados simultaneamente; não há compartilhamento de tempo.

No CDMA, um canal transporta simultaneamente todas as transmissões.

Analogia

Façamos a princípio uma analogia. O CDMA significa simplesmente comunicação com códigos diferentes. Por exemplo, em uma sala grande com várias pessoas, duas delas podem conversar em inglês se nenhuma das demais entender o idioma. Outras duas pessoas podem conversar em chinês se somente essas duas compreenderem a língua chinesa e assim por diante. Em outras palavras, o canal comum, neste caso o espaço da sala, pode facilmente permitir a comunicação entre várias duplas, mas em línguas (códigos) diferentes.

Conceito

Suponha que tenhamos quatro estações 1, 2, 3 e 4 conectadas ao mesmo canal. Os dados da estação 1 são d_1, da estação 2 são d_2 e assim por diante. O código atribuído à primeira estação é c_1, à segunda c_2 e assim por diante. Supomos que os códigos atribuídos tenham duas propriedades.

1. Se multiplicarmos cada código por outro, temos 0.
2. Se multiplicarmos cada código por si mesmo, obtemos 4 (o número de estações).

Com essas duas propriedades em mente, vejamos como as quatro estações descritas antes podem enviar dados usando o mesmo canal comum, conforme mostrado na Figura 12.23.

A estação 1 multiplica (um tipo especial de multiplicação, como veremos) seus dados por seu código para obter $d_1 \times c_1$. A estação 2 multiplica seus dados por seu código para obter $d_2 \times c_2$ etc. Os dados que vão no canal são a soma de todos esses termos, conforme mostrado

Figura 12.23 *Conceito simples de comunicação com códigos*

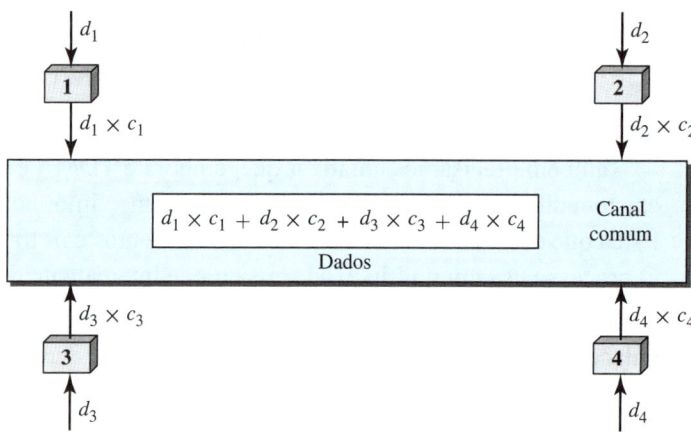

no quadro da Figura 12.23. Qualquer estação que quiser receber dados de uma das outras três estações multiplica os dados no canal pelo código do emissor. Suponha, por exemplo, que as estações 1 e 2 estejam conversando entre si. A estação 2 quer ouvir o que a estação 1 está dizendo. Ela multiplica os dados no canal por c_1, o código da estação 1.

Como $(c_1 \times c_1)$ é 4, mas $(c_2 \times c_1)$, $(c_3 \times c_1)$ e $(c_4 \times c_1)$ são todos iguais a 0, a estação 2 divide o resultado por 4 para obter dados da estação 1.

$$\text{dados} = (d_1 \times c_1 + d_2 \cdot c_2 + d_3 \times c_3 + d_4 \times c_4) \cdot c_1$$
$$= d_1 \times c_1 \times c_1 + d_2 \times c_2 \times c_1 + d_3 \times c_3 \times c_1 + d_4 \times c_4 \times c_1 = 4 \times d_1$$

Chip code

O CDMA se baseia na teoria da criptografia. É atribuído um código a cada estação, que é uma seqüência de números denominada chip ou bit-code, como mostra a Figura 12.24. Os códigos são aplicáveis ao exemplo anterior.

Figura 12.24 *Seqüências de chips*

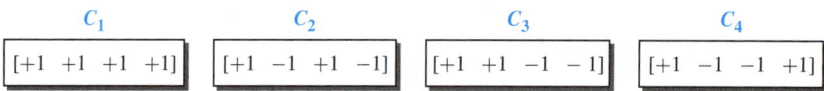

Posteriormente, ainda neste capítulo, veremos como escolher essas seqüências. Por enquanto, precisamos saber que não são escolhidas ao acaso; elas foram cuidadosamente selecionadas. Elas são chamadas **seqüências ortogonais** e apresentam as seguintes propriedades:

1. Cada seqüência é composta por N elementos, em que N é o número de estações.

2. Se multiplicarmos uma seqüência por um número, cada elemento da seqüência é multiplicado por esse número. Isso é denominado de multiplicação de uma seqüência por um escalar. Por exemplo,

$$2 \times [+1\ +1\ -1] = [+2\ +2\ -2\ -2]$$

3. Se multiplicarmos duas seqüências iguais, elemento por elemento e somarmos os resultados, obteremos N, em que N é o número de elementos em cada seqüência. Isso é conhecido como **produto interno** de duas seqüências iguais. Por exemplo,

$$[+1\ +1\ -1\ -1] \times [+1\ +1\ -1\ -1] = 1 + 1 + 1 + 1 = 4$$

4. Se multiplicarmos duas seqüências diferentes, elemento por elemento, e somarmos os resultados, obteremos 0. Isso se chama produto interno de duas seqüências diferentes. Por exemplo,

$$[+1\ +1\ -1\ -1] \times [+1\ +1\ +1\ +1] = 1 + 1 - 1 - 1 = 0$$

5. Somar duas seqüências significa somar os elementos correspondentes. O resultado será outra seqüência. Por exemplo,

$$[+1\ +1\ -1\ -1] + [+1\ +1\ +1\ +1] = [+2\ +2\ 0\ 0]$$

Representação de Dados

Seguimos essas regras para a codificação dos dados. Se uma estação precisar enviar um bit 0, ela o codifica como -1; se ela precisar transmitir um bit 1, ela o codifica como $+1$. Quando uma estação está ociosa, ela não envia nenhum sinal, que é interpretado como 0. Estas regras são mostradas na Figura 12.25.

Figura 12.25 *Representação de dados no CDMA*

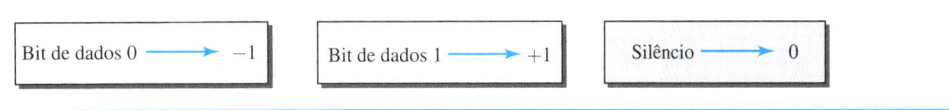

Codificação e Decodificação

Como um exemplo simples, mostraremos como quatro estações de trabalho compartilham o enlace durante um intervalo de 1 bit. O procedimento pode ser facilmente repetido para outros intervalos adicionais. Iremos assumir que as estações 1 e 2 estão enviando um bit 0 e o canal 4 está enviando um bit 1. A estação 3 está em silêncio. Os dados no emissor são traduzidos para $-1, -1, 0$ e $+1$. Cada estação multiplica o número correspondente por seu chip (sua seqüência ortogonal), que é exclusiva para cada estação. O resultado é uma nova seqüência que será transmitida no canal comum. Para fins de simplificação, partimos do pressuposto de que todas as estações transmitem as seqüências resultantes ao mesmo tempo. A Figura 12.26 ilustra a situação.

Imagine agora que a estação 3, que dissemos que está em silêncio, esteja ouvindo a estação 2. A estação 3 multiplica a totalidade dos dados no canal pelo código chip da estação 2 que é $[+1\ -1\ +1\ -1]$, para obter

$$[-1\ -1\ -3\ +1] \times [+1\ -1\ +1\ -1] = -4/4 = -1 \longrightarrow \text{bit 1}$$

Figura 12.26 *Compartilhamento do canal no CDMA*

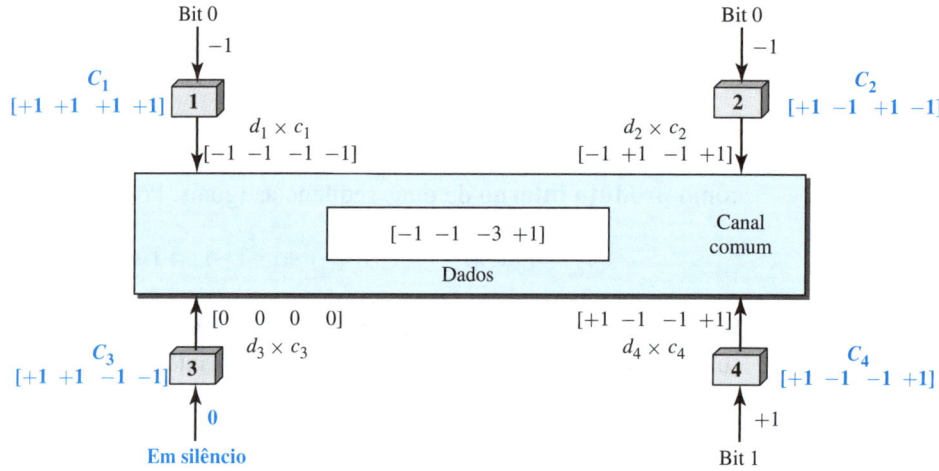

Nível de Sinal

O processo pode ser melhor compreendido se mostrarmos o sinal digital produzido pela estação e os dados recuperados no destino (ver Figura 12.27). A figura mostra os sinais correspondentes para cada estação (usando NRZ-L para fins de simplificação) e o nível de sinal resultante que se encontra no canal comum.

Figura 12.27 *Sinal digital criado por quatro estações no CDMA*

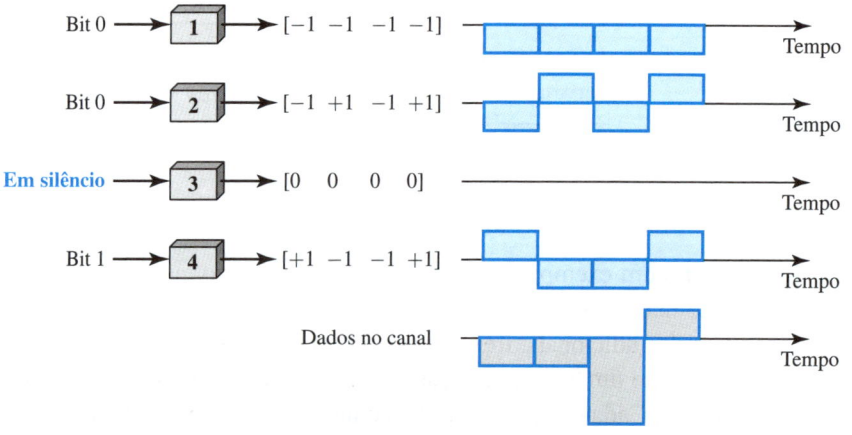

A Figura 12.28 mostra como a estação 3 é capaz de decodificar os dados enviados pela estação 2 usando o código chip da estação 2. Os dados totais no canal são multiplicados (operação de produto interno) pelo sinal que representa o código chip da estação 2 para obter um novo sinal. A estação, em seguida, integra e adiciona a área sob o sinal, para obter o valor −4, que é dividido por 4 e interpretado como bit 0.

Figura 12.28 *Decodificação do sinal composto para um canal no CDMA*

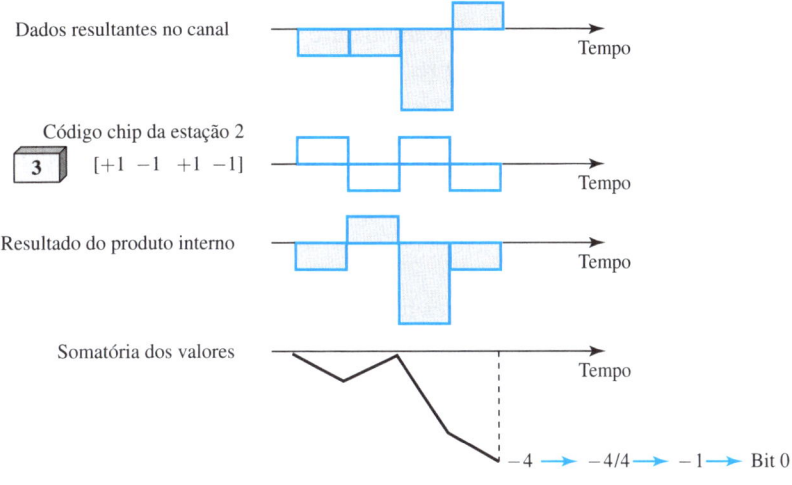

Geração de Seqüências

Para gerar seqüências de chips, usamos a **tabela de Walsh**, que é uma tabela bidimensional com um número igual de linhas e colunas, conforme mostrado na Figura 12.29.

Figura 12.29 *Regra e exemplos para a criação de tabelas de Walsh*

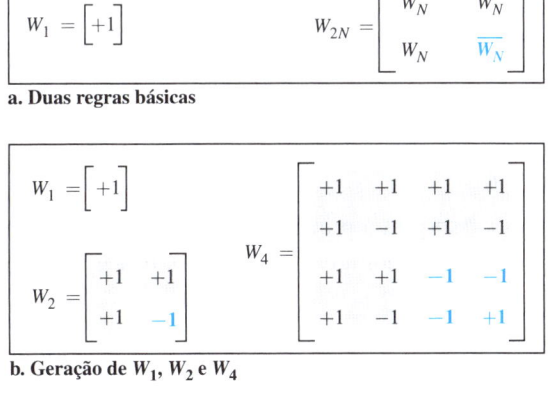

Na tabela de Walsh, cada linha corresponde a uma seqüência de chip. W_1, para a seqüência de 1-chip, tem uma linha e uma coluna. Podemos escolher –1 ou +1 para o chip para essa tabela trivial (optamos por +1). De acordo com Walsh, se conhecermos a tabela para N seqüências W_N, podemos criar a tabela para $2N$ seqüências W_{2N} conforme mostrado na Figura 12.29. W_N com a barra sobreposta $\overline{W_N}$ significa o complemento de W_N, em que cada +1 é alterado para –1 e vice-versa. A Figura 12.29 também mostra como podemos criar W_2 e W_4 a partir de W_1. Após selecionarmos W_1, W_2 pode ser obtido a partir de quatro W_1s, sendo o último elemento complemento de W_1. Após W_2 ser gerado, W_4 pode ser construído a partir de quatro W_2, com pelo menos um complemento de W_2. Obviamente, W_8 é composto por quatro W_4 e assim por diante. Note que, após W_N ter sido criado, é atribuído a cada estação um chip (bit-code) correspondente a cada linha da tabela.

Algo que precisamos enfatizar é que o número de seqüências N precisa ser uma potência de 2. Em outras palavras, precisamos ter $N = 2^m$.

O número de seqüências em uma tabela de Walsh precisa ser $N = 2^m$.

Exemplo 12.6

Encontre os chips para uma rede com

a. Duas estações

b. Quatro estações

Solução

Podemos usar as linhas de W_2 e W_4 na Figura 12.29:

a. Para uma rede de duas estações, temos [+1 +1] e [+1 −1].

b. Para uma rede de quatro estações, temos [+1 +1 + 1 +1], [+1 −1 +1 −1 −1], [+1+1−1−1] e [+1 −1 −1 +1].

Exemplo 12.7

Qual é o número de seqüências se tivermos 90 estações em nossa rede?

Solução

O número de seqüências precisa ser 2^m. Precisamos escolher $m = 7$, pois $N = 2^7$ ou 128. Podemos então usar 90 das seqüências como chips.

Exemplo 12.8

Prove que uma estação receptora pode obter os dados enviados por determinado emissor se ela multiplicar todos os dados no canal pelo código chip do emissor e então dividi-lo pelo número de estações.

Solução

Provemos isso para a primeira estação, usando nosso exemplo anterior de quatro estações. Podemos dizer isso pelos dados no canal $D = (d_1 \times c_1 + d_2 \times c_2 + d_3 \times c_3 + d_4 \times c_4)$. O receptor que quiser obter os dados enviados pela estação 1 multiplica estes dados por c_1.

$$\begin{aligned}
D \times c_1 &= (d_1 \times c_1 + d_2 \times c_2 + d_3 \times c_3 + d_4 \times c_4) \times c_1 \\
&= d_1 \times c_1 \times c_1 + d_2 \times c_2 \times c_1 + d_3 \times c_3 \times c_1 + d_4 \times c_4 \times c_1 \\
&= d_1 \times N + d_2 \times 0 + d_3 \times 0 + d_4 \times 0 \\
&= d_1 \times N
\end{aligned}$$

Quando dividimos o resultado por N, obtemos d_1.

12.4 LEITURA RECOMENDADA

Para mais detalhes sobre os assuntos discutidos neste capítulo, recomendamos os seguintes livros. Os itens entre colchetes [...] correspondem à lista de referências no final do texto.

Livros

O acesso múltiplo é discutido no Capítulo 4 de [Tan03], Capítulo 16 de [Sta04], Capítulo 6 de [GW04] e Capítulo 8 de [For03]. Material mais avançado pode ser encontrado em [KMK04].

12.5 TERMOS-CHAVE

acesso controlado
acesso randômico
ALOHA
ALOHA puro
binary exponential back-off
canalização
CDMA (*code-division multiple access*)
colisão
contenção
CSMA (*Carrier Sense Multiple Access*)
CSMA/CA (*Carrier Sense Multiple Access With Collision Avoidance*)
CSMA/CD (*Carrier Sense Multiple Access With Collision Detection*)
estação primária
estações secundárias
FDMA (*Frequency-Division Multiple Access*)

IFS (*Interframe Space*)
jamming signal (sinal de interferência)
MA (*Multiple Access*)
método 1-*persistent*
método *nonpersistent*
método *p-persistent*
polling
produto interno
reservation
seqüências ortogonais
slotted ALOHA
tabela de Walsh
TDMA (*Time-Division Multiple Access*)
tempo de propagação
tempo de vulnerabilidade
token
token-passing

12.6 RESUMO

❏ Podemos considerar a camada de enlace de dados como duas subcamadas. A subcamada superior é responsável pelo controle do enlace de dados e a inferior pelo controle de acesso ao meio de transmissão compartilhado.

❏ Muitos protocolos formais foram concebidos para tratar do acesso a um canal compartilhado. Podemos classificá-lo em três grupos: protocolos de acesso randômico, protocolos de acesso controlado e protocolos de canalização.

❏ Nos métodos de acesso randômicos ou de contenção, nenhuma estação é superior a outra e nenhuma delas tem o controle sobre as demais.

❏ O ALOHA permite o acesso múltiplo (MA) a um meio compartilhado. Há possibilidades de colisões nesse arranjo. Quando uma estação envia dados, outra pode tentar fazer o mesmo ao mesmo tempo. Os dados das duas estações colidem e se tornam corrompidos.

❏ Para minimizar a probabilidade de colisão e, conseqüentemente, aumentar o desempenho, foi criado o método CSMA. A probabilidade de colisão pode ser reduzida se uma estação "escutar" a rede antes de tentar usá-la. O CSMA (*Carrier Sense Multiple Access*) requer que cada estação primeiro "escute" a rede antes de transmitir. Podem ser concebidos três métodos para detecção de portadora: 1-*persistent*, *nonpersistent* e *p-persistent*.

❑ O CSMA/CD (*Carrier Sense Multiple Access With Collision Detection*) estende o algoritmo CSMA para tratar colisões. Nesse método, uma estação monitora continuamente o meio de transmissão após enviar um frame para verificar se a transmissão foi bem-sucedida. Em caso positivo, a estação finaliza. Se, entretanto, ocorrer uma colisão, o frame é reenviado.

❑ Para evitar colisões em redes sem fio, foi inventado o CSMA/CA (*Carrier Sense Multiple Access With Collision Avoidance*). As colisões são evitadas por meio do emprego de três estratégias: *interframe space* (espaçamento entre frames), *contention window* (janela de contenção) e *acknowledgments* (confirmações).

❑ No acesso controlado, as estações fazem consultas entre si para descobrir qual delas tem autorização para transmitir. Uma estação não pode transmitir a menos que tenha sido autorizada por outras. Vimos três métodos populares de controle de acesso: *reservation* (reservas), *polling* e *token-passing* (passagem de *token*).

❑ No método de acesso *reservation* (por reservas), uma estação precisa fazer uma reserva antes de enviar seus dados. O tempo é dividido em intervalos. Em cada intervalo, um frame de reserva precede os frames de dados enviados naquele intervalo.

❑ No método *polling*, todas as trocas de dados têm de ser feitas pelo dispositivo primário, mesmo quando o destino final for um dispositivo secundário. O dispositivo primário controla o enlace: os dispositivos secundários seguem suas instruções.

❑ No método *token-passing*, as estações em uma rede são organizadas em um anel lógico. Cada estação tem uma antecessora e uma sucessora. Um pacote especial denominado token circula pelo anel.

❑ Canalização é um método de acesso múltiplo, no qual a largura de banda disponível em um canal é compartilhada no tempo, na freqüência ou por um código criptográfico, entre estações diferentes. Discutimos três protocolos de canalização: FDMA, TDMA e CDMA.

❑ No FDMA (*Frequency-Division Multiple Access*), a largura de banda disponível é dividida em faixas de freqüência. É alocada uma faixa a cada estação para transmissão de dados. Em outras palavras, cada faixa de freqüência é reservada para uma estação específica e a ela pertence por todo o tempo.

❑ No TDMA (*Time-Division Multiple Access*), as estações compartilham a largura de banda do canal no tempo. É alocado um time slot a cada estação, durante o qual ela pode enviar dados. Cada estação transmite seus dados no time slot que lhe é alocado.

❑ No CDMA (*Code-Division Multiple Access*), as estações usam códigos diferentes para implementar o acesso múltiplo. O CDMA se baseia na teoria da criptografia e usa seqüências de números denominadas chips. As seqüências são geradas usando-se códigos ortogonais como as tabelas de Walsh.

12.7 ATIVIDADES PRÁTICAS

Questões para Revisão

1. Enumere três categorias de protocolos de acesso múltiplo discutidos neste capítulo.
2. Defina acesso randômico e cite três protocolos desta categoria.

3. Defina acesso controlado e enumere três protocolos desta categoria.

4. Defina canalização e cite três protocolos desta categoria.

5. Explique por que colisões constituem problemas para os protocolos de acesso randômico, mas não para os protocolos de acesso controlado ou de canalização.

6. Compare e mostre as diferenças entre um protocolo de acesso randômico e um protocolo de acesso controlado.

7. Compare e mostre as diferenças entre um protocolo de acesso randômico e um protocolo de canalização.

8. Compare e mostre as diferenças entre um protocolo de acesso controlado e um protocolo de canalização.

9. É necessário um protocolo de acesso múltiplo quando usamos a linha do assinante da companhia telefônica para acessar a Internet? Por quê?

10. É preciso um protocolo de acesso múltiplo quando usamos um link de TV a cabo para acessar a Internet? Por quê?

Exercícios

11. Temos uma rede usando protocolo ALOHA puro com 100 estações. Se $T_{fr} = 1$ μs, qual é o número de frames/s que cada estação pode transmitir para atingir a eficiência máxima?

12. Repita o Exercício 11 para um *slotted* ALOHA.

13. Uma centena de estações em uma rede usando ALOHA puro compartilham um link de 1 Mbps. Se os frames são de 1.000 bits de comprimento, encontre o *throughput* se cada estação estiver enviando dez frames por segundo.

14. Repita o Exercício 13 para um *slotted* ALOHA.

15. Em uma rede CDMA/CD com taxa de dados de 10 Mbps, constatou-se que o tamanho mínimo de um frame para a correta operação do processo de detecção de colisões é 512 bits. Qual deveria ser o tamanho mínimo do frame se aumentássemos a taxa de dados para 100 Mbps? E para 1 Gbps? E para 10 Gbps?

16. Em uma rede CDMA/CD com taxa de dados de 10 Mbps, constatou-se que a distância máxima entre qualquer par de estações deve ser de 2.500 m para a correta operação do mecanismo de detecção de colisões. Qual deve ser a distância máxima se aumentarmos a taxa de dados para 100 Mbps? E para 1 Gbps? E para 10 Gbps?

17. Na Figura 12.12, a taxa de dados é de 10 Mbps, a distância entre a estação A e C é de 2.000 m e a velocidade de propagação é de 2×10^8 m/s. A estação A começa a transmitir um frame longo no instante $t_1 = 0$; a estação C começa a transmitir um frame longo no instante $t_2 = 3$ μs. O tamanho do frame é suficientemente longo para garantir a detecção de colisão por ambas as estações. Encontre:

    a. O instante em que a estação C ouve a colisão (t_3).
    b. O instante em que a estação A ouve a colisão (t_4).
    c. O número de bits que a estação A enviou antes de detectar a colisão.
    d. O número de bits que a estação C enviou antes de detectar a colisão.

18. Repita o Exercício 17 para uma taxa de dados de 100 Mbps.

19. Calcule a tabela de Walsh W_8 a partir de W_4 na Figura 12.29.

20. Recrie as tabelas W_2 e W_4 da Figura 12.29 usando $W_1 = [-1]$. Compare as tabelas recriadas com aquelas da Figura 12.29.

21. Comprove as terceira e quarta propriedades ortogonais de chips Walsh para W_4 na Figura 12.29.

22. Comprove as terceira e quarta propriedades ortogonais de chips Walsh para W_4 recriada do Exercício 20.
23. Repita a situação representada nas Figuras 12.27 e 12.28 se tanto a estação 1 como a 3 estiverem silenciosas.
24. Uma rede com uma estação primária e quatro secundárias usa polling. O tamanho de um frame de dados é de 1.000 bytes. O tamanho dos frames de poll, ACK e NAK é de 32 bytes cada. Cada estação possui cinco frames para transmitir. Qual é o total de bytes trocados se não existir nenhuma limitação no número de frames que uma estação pode enviar em resposta a um poll?
25. Repita o Exercício 24 se cada estação for capaz de enviar apenas um frame em resposta a um poll.

Atividades de Pesquisa

26. Você consegue explicar por que o tempo de vulnerabilidade no ALOHA depende de T_{fr}, mas no CSMA depende de T_p?
27. Ao analisar o protocolo ALOHA, usamos apenas um parâmetro: o tempo. Ao avaliar o CSMA, utilizamos dois parâmetros: tempo e espaço. Você consegue explicar o motivo?

CAPÍTULO 13

LANs com Fio: Ethernet

No Capítulo 1, vimos que uma rede local (LAN) é uma rede de computadores projetada para a cobertura de uma área geográfica limitada, como um prédio ou um campus. Embora uma LAN possa ser usada como uma rede isolada para conectar computadores em uma organização com a finalidade de compartilhar recursos computacionais, a maioria das LANs hoje em dia também é ligada a uma rede de longa distância (WAN) ou à Internet.

O mercado de redes LANs viu várias tecnologias passarem, como Ethernet, Token Ring, Token Bus, FDDI e LANs ATM. Algumas dessas tecnologias sobreviveram por um tempo, mas a Ethernet é, sem dúvida a tecnologia dominante.

Neste capítulo, discutiremos, primeiro, de forma breve, o padrão 802 do IEEE, projetado para regulamentar a fabricação e a interconectividade entre diferentes LANs. Em seguida, nos concentraremos nas LANs Ethernet.

Ainda que a Ethernet tenha evoluído consideravelmente durante as últimas décadas ao longo de quatro gerações, o conceito principal permaneceu o mesmo. A Ethernet evoluiu para atender às necessidades do mercado e para fazer uso de novas tecnologias.

13.1 PADRÕES IEEE

Em 1985, a Computer Society do IEEE iniciou um projeto, denominado **Projeto 802**, com a finalidade de estabelecer padrões que permitissem a intercomunicação entre equipamentos de uma série de fabricantes. O Projeto 802 não procura substituir nenhuma parte do modelo OSI ou Internet. Ele é, na verdade, uma maneira de especificar funções conjuntas de camada física e camada de enlace para os principais protocolos de redes LAN.

O padrão foi adotado pela ANSI (American National Standards Institute). Em 1987, a ISO (International Organization for Standardization) também o aprovou como um padrão internacional, com a denominação de ISO 8802.

A relação do padrão 802 com o modelo OSI tradicional é ilustrada na Figura 13.1. O IEEE subdividiu a camada de enlace em duas subcamadas: **LLC** (*Logical Link Control*) e **MAC** (*Media Access Control*). O IEEE também criou vários padrões de camada física para diversos protocolos LAN.

Figura 13.1 *Padrão IEEE para LANs*

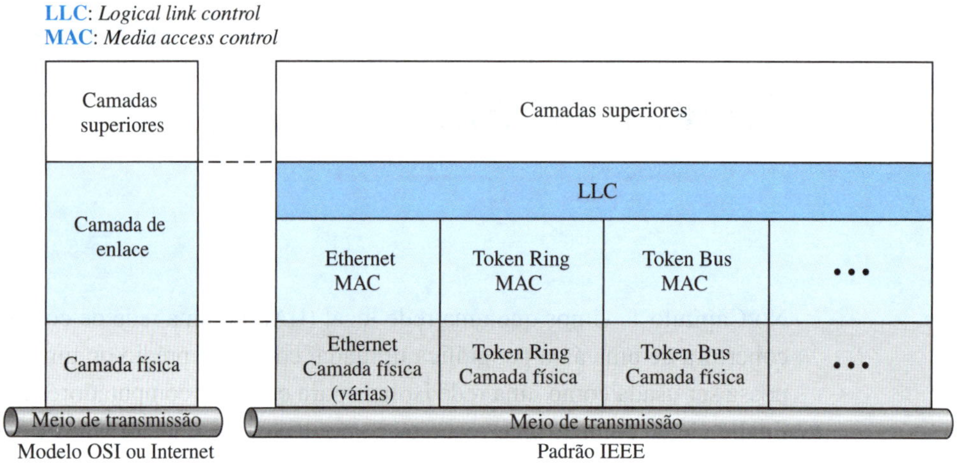

LLC: *Logical link control*
MAC: *Media access control*

Camada de Enlace

Conforme mencionado anteriormente, a camada de enlace no padrão IEEE se divide em duas subcamadas: LLC e MAC.

Logical Link Control (LLC)

No Capítulo 11, discutimos o controle de enlace de dados. Dissemos que o controle de enlace tratava do framing, do controle de fluxo e do controle de erros. No padrão IEEE 802, o controle de fluxo, o controle de erros e parte das tarefas de framing estão reunidas em uma única subcamada denominada *logical link control*. O framing é tratado tanto pela subcamada LLC como pela subcamada MAC.

O LLC provê um protocolo único para o controle do enlace de dados de todas as LANs IEEE. Dessa forma, o LLC é diferente da subcamada de controle de acesso ao meio de transmissão (MAC), que fornece protocolos específicos para os diferentes tipos de LANs. Um único protocolo LLC é capaz de fornecer acesso e interconexão entre diferentes LANs, pois torna transparente a subcamada MAC. A Figura 13.1 mostra o protocolo LLC atendendo a vários protocolos MAC.

Framing O LLC define um PDU (*Protocol Data Unit*) similar ao do HDLC. O cabeçalho contém um campo de controle como no HDLC; esse campo é usado para controle de fluxo e de erros. Os outros dois campos do cabeçalho definem o protocolo da camada superior na origem e no destino que se utiliza do LLC. Esses campos são chamados **DSAP (*Destination Service Access Point*)** e **SSAP (*Source Service Access Point*)**. Os demais campos, típicos de protocolos de enlace, como o HDLC, foram deslocados para a subcamada MAC. Em outras palavras, um frame definido no HDLC é dividido em um PDU na subcamada LLC e em um frame na subcamada MAC, conforme mostrado na Figura 13.2.

Motivações para o LLC O propósito da existência do LLC é o de fornecer controles de fluxo e de erros para os protocolos das camadas superiores que necessitem efetivamente desses tipos de serviços. Por exemplo, se uma ou diversas LANs forem usadas em um sistema isolado, pode ser utilizado o LLC para fornecer controles de fluxo e de erros aos protocolos da camada de

Figura 13.2 *Frame HDLC comparado com frames LLC e MAC*

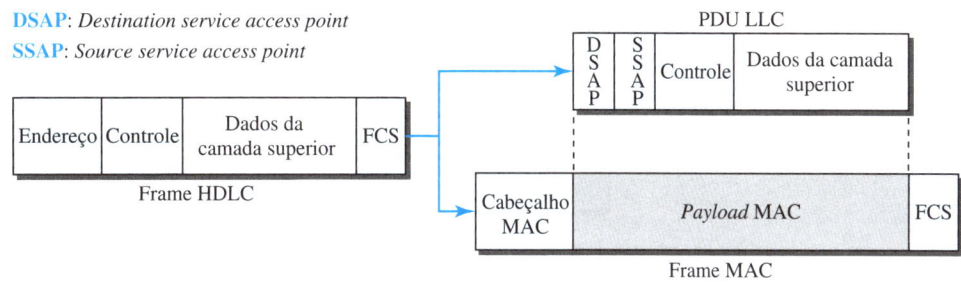

aplicação. Entretanto, a maioria dos protocolos das camadas superiores, como o IP (discutido no Capítulo 20), não usam os serviços do LLC. Assim, encerraremos aqui nossa discussão sobre o LLC.

Media Access Control (MAC)

No Capítulo 12, falamos sobre os métodos de acesso múltiplo, inclusive acesso randômico, acesso controlado e canalização. O padrão IEEE 802 criou uma subcamada denominada *media access control* (controle de acesso ao meio de transmissão) que define métodos de acesso específicos para cada rede LAN. Ele define, por exemplo, o CSMA/CD como método de acesso para LANs Ethernet e o *token-passing* para LANs Token Ring e Token Bus. Conforme discutido na seção anterior, parte da função de framing também é tratada pela camada MAC.

Em contraste com a subcamada LLC, a subcamada MAC contém uma série de módulos distintos; cada um deles define o método de acesso e o formato de framing específico para o protocolo LAN correspondente.

Camada Física

A camada física é dependente da implementação e do tipo de meio físico usado. O IEEE define especificações detalhadas para cada implementação de rede LAN. Embora, por exemplo, haja apenas uma subcamada MAC para o Ethernet-padrão, existem especificações distintas de camada física para cada uma das implementações Ethernet, conforme veremos adiante.

13.2 ETHERNET-PADRÃO

A Ethernet original foi criada em 1976 no Parc (Palo Alto Research Center) da Xerox. A partir daí, evoluiu ao longo de quatro gerações: **Ethernet-padrão**[1] (10 Mbps), **Fast Ethernet** (100 Mbps), **Gigabit Ethernet** (1 Gbps) e **10 Gigabit Ethernet** (10 Gbps), conforme mostrado na Figura 13.3. Discutiremos, brevemente, todas essas gerações, começando pela primeira, a Ethernet-padrão (ou tradicional).

---

[1] A Ethernet definiu alguns protocolos de 1 Mbps, mas estes não perduraram.

Figura 13.3 *Evolução da Ethernet ao longo de quatro gerações*

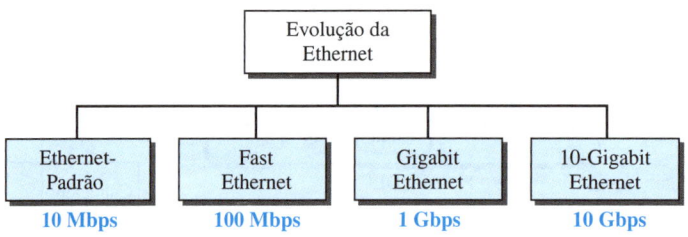

Subcamada MAC

Na Ethernet-padrão, a subcamada MAC é responsável pela implementação do método de acesso. Ela também encapsula dados provenientes da camada superior em frames e, em seguida, os repassa para a camada física.

Formato do Frame

O frame Ethernet contém sete campos: preâmbulo, SFD, endereço de destino, endereço de origem, comprimento ou tipo de PDU, Dados e preenchimento e CRC. A Ethernet não dispõe de mecanismos para o reconhecimento de frames recebidos, tornando-a um meio conhecido como não confiável. As confirmações têm de ser implementadas nas camadas superiores. O formato de um frame MAC é exposto na Figura 13.4.

Figura 13.4 *Frame MAC 802.3*

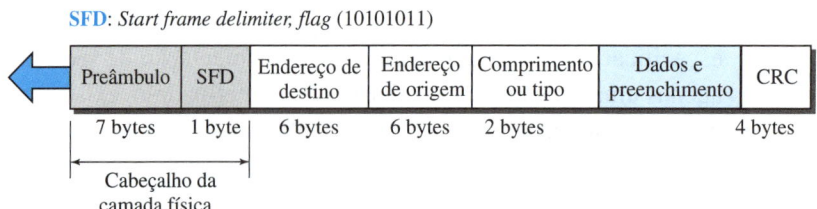

- **Preâmbulo**. O primeiro campo de um frame MAC 802.3 contém 7 bytes (56 bits) compostos por bits 0s e 1s alternados que alertam o receptor sobre o frame que está chegando e o habilita a sincronizar seu clock de entrada. O padrão de 56 bits possibilita que as estações até percam alguns bits do início do frame. O **preâmbulo** é, na realidade, adicionado à camada física e, formalmente, não faz parte do frame.

- **SFD** (*Start Frame Delimiter*). O segundo campo (1 byte: 10101011) anuncia o início de um frame. O SFD (delimitador de início de frame) alerta a estação ou estações que esta é a última oportunidade para sincronização. Os dois últimos bits são 11 e avisam o receptor que o próximo campo será o endereço de destino.

- **Endereço de Destino** (*DA – Destination Address*). O campo DA tem 6 bytes de comprimento e contém o endereço físico da estação (ou estações) de destino que receberão o pacote. Falaremos rapidamente sobre endereçamento.

- **Endereço de Origem** (*SA – Source Address*). O campo SA também tem 6 bytes e contém o endereço físico do emissor do pacote. Falaremos rapidamente sobre esse endereçamento.

- **Comprimento ou tipo**. Esse campo é definido como o campo de tipo ou de comprimento. A Ethernet-padrão usava esse campo para definir o protocolo da camada superior encapsulado pelo frame MAC. O padrão IEEE o usa como campo de comprimento para definir o número de bytes no campo dos dados. Ambos os empregos são comuns hoje em dia.

- **Dados**. Esse campo transporta dados encapsulados provenientes dos protocolos das camadas superiores. Ele tem um mínimo de 46 bytes e um máximo de 1.500 bytes, como veremos posteriormente.

- **CRC**. Este último campo contém informações para a detecção de erros, nesse caso, um CRC-32 (ver Capítulo 10).

Comprimento do Frame

O padrão Ethernet impôs restrições tanto nos comprimentos mínimo como máximo de um frame, conforme pode ser visto na Figura 13.5.

Figura 13.5 *Comprimentos mínimo e máximo de um frame*

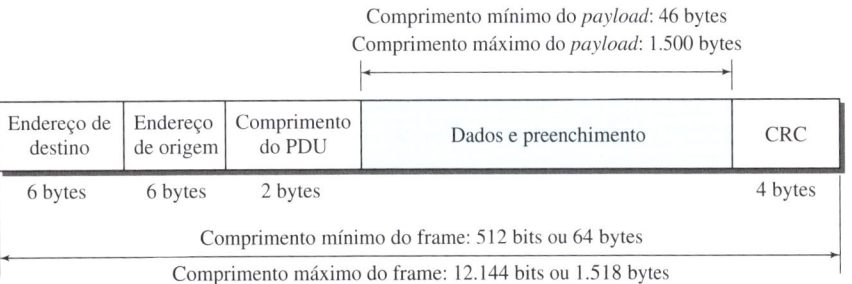

A restrição de comprimento mínimo é necessária para a operação correta do CSMA/CD, conforme veremos em breve. Um frame Ethernet precisa ter um comprimento mínimo de 512 bits, ou 64 bytes. Parte desse comprimento destina-se ao cabeçalho e ao *trailer*. Se contarmos 18 bytes para o cabeçalho e *trailer* (6 bytes de endereço de origem, 6 bytes de endereço de destino, 2 bytes de comprimento ou tipo e 4 bytes de CRC), então o comprimento mínimo do campo de dados da camada superior é 64 – 18 = 46 bytes. Se o pacote da camada superior for menor que 46 bytes, é implementado um mecanismo de preenchimento automático (*padding*) para comple-tar a diferença.

O padrão define o comprimento máximo de um frame (sem os campos de preâmbulo e SFD) como 1.518 bytes. Se subtrairmos os 18 bytes do cabeçalho e *trailer*, o comprimento máximo do campo de dados (*payload*) será de 1.500 bytes. As restrições de comprimento máximo se justificam em duas razões históricas. Primeiro, o preço das memórias era muito alto quando a Ethernet foi lançada: uma restrição de comprimento máximo ajudava a reduzir o tamanho da área de *buffers*. Em segundo lugar, a restrição de comprimento máximo impede que uma estação monopolize o meio compartilhado, impedindo outras estações de enviarem seus dados.

> **Comprimento de um frame Ethernet:**
> **Mínimo: 64 bytes (512 bits)** **Máximo: 1.518 bytes (12.144 bits)**

Endereçamento

Cada estação em uma rede Ethernet (por exemplo, um PC, uma estação de trabalho ou uma impressora) tem seu próprio **NIC** (*Network Interface Card*). O NIC (adaptador de rede) é instalado dentro da estação e pré-configurado, de fábrica, com um endereço físico de 6 bytes. Conforme mostrado na Figura 13.6, o endereço Ethernet tem 6 bytes (48 bits), normalmente escritos na **notação hexadecimal**, com um sinal de dois pontos entre os bytes.

Figura 13.6 *Exemplo de endereço Ethernet na notação hexadecimal*

$$06:01:02:01:2C:4B$$

6 bytes = 12 dígitos hexadecimais = 48 bits

Endereços Unicast, Multicast e Broadcast Um endereço de origem sempre é um endereço unicast — o frame provém apenas de uma única estação. O endereço de destino, porém, pode ser unicast, multicast ou broadcast. A Figura 13.7 mostra como distinguir um endereço unicast de um endereço multicast. Se o bit menos significativo do primeiro byte em um endereço de destino for 0 (número par), o endereço é unicast; caso contrário (número ímpar), ele é multicast.

Figura 13.7 *Endereços unicast e multicast*

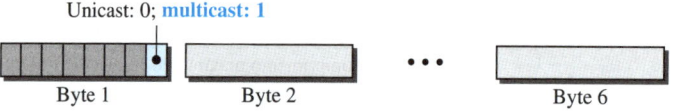

> **O bit menos significativo do primeiro byte define o tipo de endereço.**
> **Se o bit for 0, o endereço é unicast; caso contrário, ele é multicast.**

Um endereço de destino unicast define apenas um receptor; a relação entre o emissor e o receptor é um-para-um. Um endereço de destino multicast estabelece um grupo de receptores; a relação entre o emissor e os receptores é de um-para-vários.

O endereço de *broadcast* é um caso especial do endereço multicast; os receptores são todas as estações da LAN. Um endereço de destino broadcast é formado por quarenta e oito bits 1s.

> **O endereço de destino broadcast é um caso especial do endereço**
> **multicast, no qual todos os bits são 1s.**

Exemplo 13.1

Defina o tipo dos endereços de destino seguintes:

  a. 4A:30:10:21:10:1A
  b. 47:20:1B:2E:08:EE
  c. FF:FF:FF:FF:FF:FF

Solução

Para encontrar o tipo de endereço, precisamos analisar o segundo dígito hexadecimal do primeiro byte a partir da esquerda. Se ele for par, o endereço é unicast. Se ele for ímpar, o endereço é multicast. Se todos os dígitos forem F, o endereço é broadcast. Conseqüentemente, temos o seguinte:

  a. Trata-se de um endereço unicast, pois A em binário equivale a 1010 (par).
  b. Refere-se a um endereço multicast, porque 7 em binário é 0111 (ímpar).
  c. Corresponde a um endereço de *broadcast*, já que todos os dígitos são F.

A maneira pela qual os endereços são transmitidos pela linha é diferente daquela pela qual eles são escritos em notação hexadecimal. A transmissão é da esquerda para a direita, byte por byte; entretanto, para cada byte, o bit menos significativo é transmitido primeiro e o bit mais significativo é enviado por último. Isso quer dizer que o bit que define um endereço como unicast ou multicast chega primeiro no receptor.

Exemplo 13.2

Mostre como o endereço 47:20:1B:2E:08:EE é transmitido pela linha.

Solução

O endereço é enviado da esquerda para a direita, byte por byte; para cada byte, ele é transmitido da direita para a esquerda, bit por bit, conforme mostrado a seguir:

⟵ 1110 0010   00000100   11011000   01110100   00010000   01110111

Método de Acesso: CSMA/CD

A Ethernet-padrão usa o método CSMA/CD 1-persistent (ver Capítulo 12).

Slot time   Em uma rede Ethernet, o tempo de *round trip* (ida-e-volta) para um frame trafegar de uma extremidade de uma rede de comprimento máximo até a outra extremidade, mais o tempo necessário para enviar a seqüência de interferência (*jamming sequence*) é denominado de slot time.

Slot time = tempo de *round trip* (ida-e-volta) + tempo necessário
para transmitir a seqüência de interferência.

O slot time na Ethernet é definido em bits. Ele é o tempo necessário para uma estação transmitir 512 bits. Isso significa que o tempo real do slot time depende da taxa de dados; para a Ethernet tradicional de 10 Mbps, ele é de 51,2 μs.

Slot time e Colisão   A opção pelo tempo de slot time de 512 bits não foi por acaso, mas escolhido de forma a permitir o funcionamento adequado do CSMA/CD. Para compreender a situação, consideremos dois casos.

No primeiro deles, suponhamos que o emissor envie um frame com no mínimo 512 bits. Antes do emissor poder transmitir o frame inteiro, o sinal trafega pela rede e atinge a extremidade da rede. Se houver outro sinal na extremidade da rede (pior caso), ocorre uma colisão. O emissor tem a oportunidade de abortar a transmissão do frame e de enviar uma seqüência de interferência que informa às demais estações sobre a colisão. O tempo de *round trip* mais o tempo necessário para enviar a seqüência de interferência deve ser menor que o tempo necessário para o emissor transmitir o frame de comprimento mínimo (512 bits). O emissor precisa estar ciente da colisão antes que seja tarde demais, isto é, antes de ele ter transmitido o frame inteiro.

No segundo caso, o emissor envia um frame maior que o tamanho mínimo (entre 512 bits e 1.518 bytes). Nesse caso, se a estação tiver enviado os primeiros 512 bits e não tiver escutado uma colisão, é garantido que a colisão jamais ocorrerá durante a transmissão do restante do frame. A razão é que o sinal atingirá a extremidade em um tempo menor que a metade do slot time. Se todas as estações seguirem o protocolo CSMA/CD, elas já perceberam a existência do sinal (portadora) na rede e se abstêm de transmitir. Se enviarem um sinal na linha antes da metade do slot time esgotado, significa que ocorreu uma colisão e o emissor perceberá isso. Em outras palavras, uma colisão pode ocorrer apenas durante a primeira metade do slot time e, caso ela realmente ocorra, poderá ser percebida pelo emissor durante o slot time. Isso significa que, após o emissor transmitir os primeiros 512 bits, é certo que a colisão não acontecerá no decorrer da transmissão desse frame. O meio de transmissão está de posse do emissor e nenhuma outra estação vai usá-lo. Em outras palavras, o emissor precisa escutar uma colisão apenas durante o tempo em que os primeiros 512 bits são transmitidos.

Obviamente, todas essas hipóteses são inválidas, caso uma estação não siga o protocolo CSMA/CD. Nesse caso, não temos uma colisão; temos uma estação corrompida.

Slot time e Comprimento Máximo da Rede Há uma relação entre o slot time e o comprimento máximo de uma rede (domínio de colisões). Ela depende da velocidade de propagação do sinal em determinado meio. Na maioria dos meios de transmissão, o sinal se propaga a 2×10^8 m/s (dois terços da velocidade de propagação no ar). Para a Ethernet tradicional, calculamos como segue:

$$\text{Comprimento Máximo} = \text{Velocidade de Propagação} \times \frac{\text{SlotTime}}{2}$$
$$\text{Comprimento Máximo} = (2 \times 10^8) \times (51,2 \times 10^{-6}/2) = 5.120 \text{ m}$$

Logicamente, precisamos considerar os tempos de retardo em repetidores e interfaces e o tempo necessário para transmitir a seqüência de interferência. Estes reduzem o comprimento máximo de uma rede Ethernet tradicional para 2.500 m, apenas 48% do cálculo teórico.

$$\text{Comprimento Máximo} = 2.500 \text{ m}$$

Camada Física

A Ethernet-padrão define várias implementações de camada física; as quatro mais comuns são apresentadas na Figura 13.8.

Codificação e Decodificação

Todas as implementações-padrão usam sinalização digital (banda-base) a 10 Mbps. No emissor, os dados são convertidos em sinal digital, usando o método Manchester; no receptor, o sinal recebido é interpretado como codificação Manchester e decodificado em dados. Conforme vimos

Figura 13.8 *Categorias de Ethernet-Padrão*

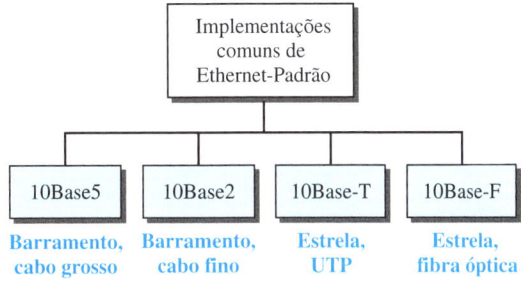

no Capítulo 4, a codificação Manchester é auto-síncrona, fornecendo transição de sinal a cada intervalo de bits. A Figura 13.9 mostra o método de codificação para a Ethernet-padrão.

Figura 13.9 *Codificação em uma implementação Ethernet-Padrão*

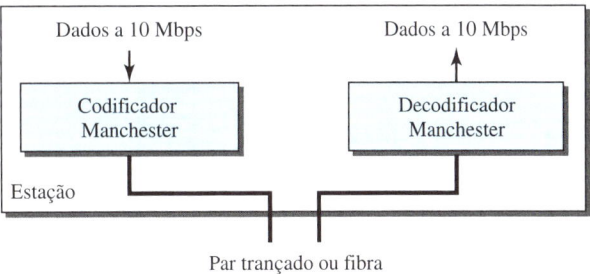

10Base5: Thick Ethernet

A primeira implementação Ethernet chama-se **10Base5**, **Thick Ethernet** (Ethernet de cabo grosso) ou **Thicknet**. Este nome deriva do diâmetro do cabo utilizado, que é aproximadamente do tamanho de uma mangueira de jardim e muito rígido para ser dobrado com as mãos. O 10Base5 foi a primeira especificação Ethernet a usar uma topologia em barramento com um **transceptor** (transmissor/receptor) externo conectado por meio de uma derivação a um cabo coaxial grosso. A Figura 13.10 representa o diagrama esquemático de uma implementação 10Base5.

Figura 13.10 *Implementação 10Base5*

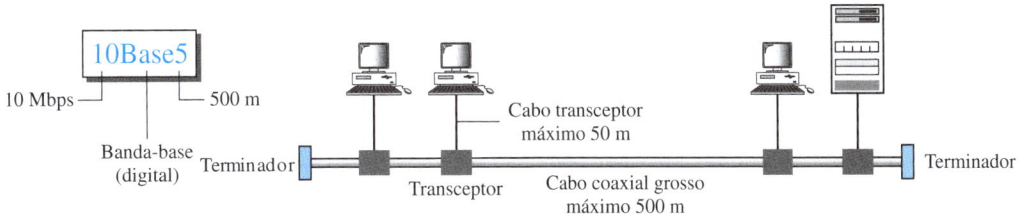

O transceptor é responsável pela transmissão, recepção e detecção de colisões. O **transceptor** é conectado à estação por um cabo transceptor que fornece caminhos distintos para transmissão e recepção. Isso significa que a colisão pode acontecer apenas no cabo coaxial.

O comprimento máximo do cabo coaxial não pode exceder a 500 m, caso contrário, ocorre uma degradação excessiva do sinal. Se for necessário um comprimento superior a 500 m, até cinco segmentos, cada um dos quais de no máximo 500 m, podem ser interligados por repetidores. Os repetidores serão discutidos no Capítulo 15.

10Base2: Thin Ethernet

A segunda implementação é chamada **10Base2**, **Thin Ethernet** (Ethernet de cabo fino) ou **Cheapernet**. O 10Base2 também usa uma topologia em barramento, mas o cabo é muito mais fino e flexível. Pode ser dobrado para passar muito próximo da estação. Nesse caso, o transceptor normalmente faz parte do adaptador de rede (NIC) que é instalado dentro da estação. A Figura 13.11 mostra o diagrama esquemático de uma implementação 10Base2.

Figura 13.11 *Implementação 10Base2*

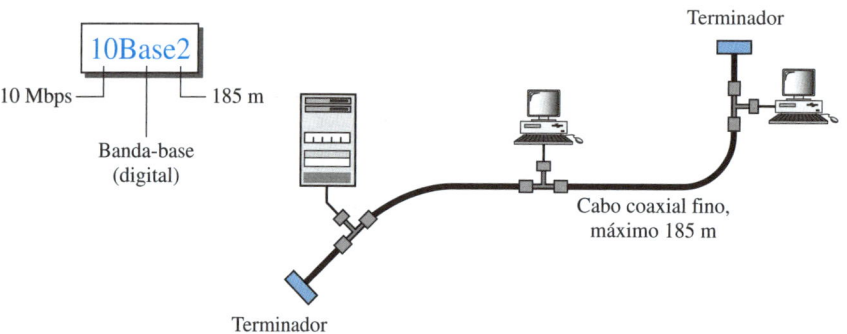

Observe que, nesse caso, a colisão ocorre no cabo coaxial fino. Essa implementação é mais eficiente em termos de custo que a 10Base5 pois o cabo coaxial fino é mais barato que o coaxial grosso, e as conexões em T são mais baratas que as derivações. A instalação também é mais simples, uma vez que o cabo coaxial fino é muito flexível. Entretanto, o comprimento de cada segmento não pode ultrapassar 185 m (próximo dos 200 m) em razão do alto grau de atenuação do cabo coaxial fino.

10Base-T: Twisted-Pair Ethernet

A terceira implementação é chamada de **10Base-T** ou **Twisted-Pair Ethernet** (Ethernet de Par Trançado). O 10Base-T usa uma topologia física em estrela. As estações são interligadas a um *hub* por intermédio de dois pares de fios trançados, conforme exposto na Figura 13.12.

Note que os dois pares de fios trançados criam dois caminhos (um para transmissão e outro para recepção) entre a estação e o *hub*. Qualquer colisão ocorre no *hub*. Comparativamente com as implementações 10Base5 ou 10Base2, podemos ver que o *hub*, na verdade, substitui o cabo coaxial no que diz respeito a colisões. O comprimento máximo do cabo de par trançado é definido em 100 m, para diminuir o efeito da atenuação no par trançado.

Figura 13.12 *Implementação 10Base-T*

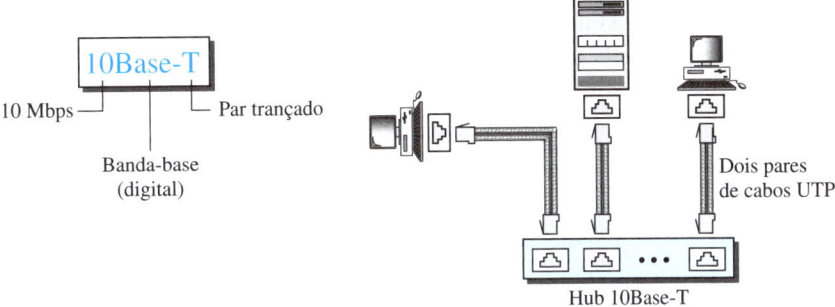

10Base-F: Fiber Ethernet

Embora existam vários tipos de redes Ethernet de 10 Mbps com fibra óptica, a mais comum é denominada **10Base-F**. A 10Base-F usa uma topologia em estrela para conectar estações a um hub, usando dois cabos de fibra óptica, como mostra a Figura 13.13.

Figura 13.13 *Implementação 10Base-Fx*

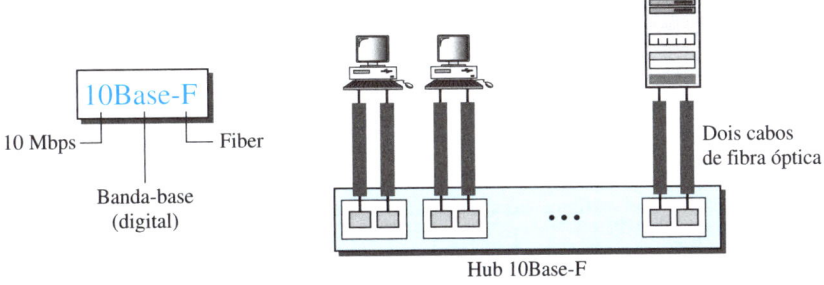

Resumo

A Tabela 13.1 apresenta um sumário das implementações Ethernet-Padrão.

Tabela 13.1 *Sumário das implementações Ethernet-Padrão*

Características	10Base5	10Base2	10Base-T	10Base-F
Mídia	Cabo coaxial grosso	Cabo coaxial fino	2 UTP	2 Fibras
Comprimento máximo	500 m	185 m	100 m	2.000 m
Codificação de linha	Manchester	Manchester	Manchester	Manchester

13.3 EVOLUÇÃO DO PADRÃO

A Ethernet-padrão de 10 Mbps passou por várias mudanças antes de suportar velocidades mais altas. Essas mudanças abriram, na verdade, um caminho de evolução da Ethernet para torná-la compatível com LANs de alta velocidade de transmissão de dados. Discutiremos algumas dessas mudanças nesta seção.

Ethernet com Bridges

A primeira etapa na evolução da Ethernet foi a segmentação de uma LAN por meio de **bridges**. As bridges têm dois efeitos sobre uma LAN Ethernet: aumentam a largura de banda e separam os domínios de colisão. Falaremos das bridges no Capítulo 15.

Aumentando a Largura de Banda

Em uma rede Ethernet sem bridges, a capacidade total (10 Mbps) é compartilhada entre todas as estações com frames a serem enviados; as estações compartilham a largura de banda da rede. Se apenas uma estação tiver frames a serem enviados, esta se beneficia da capacidade total (10 Mbps). Mas, se mais de uma estação precisar usar a rede, a capacidade é compartilhada. Por exemplo, se duas estações tiverem uma grande quantidade de frames a serem enviados, provavelmente vão se alternar no uso. Quando uma estação estiver transmitindo, a outra se abstém de transmitir. Podemos dizer que, nesse caso, cada estação em média, transmite a uma velocidade de 5 Mbps. A Figura 13.14 ilustra a situação.

Figura 13.14 *Largura de banda compartilhada*

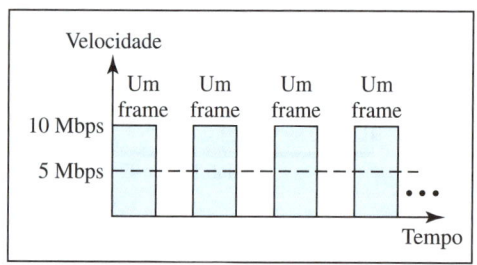
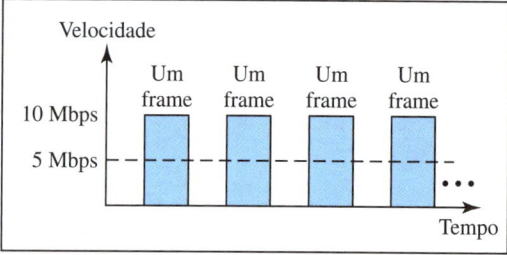

a. Primeira estação b. Segunda estação

A bridge, conforme veremos no Capítulo 15, pode ajudar nesse caso. Uma bridge segmenta uma rede em duas ou mais. Em termos de largura de banda, cada rede é independente. Por exemplo, na Figura 13.15, uma rede com 12 estações é dividida em duas redes, cada uma delas com seis estações. Agora, cada rede tem capacidade de 10 Mbps. A capacidade de 10 Mbps em cada segmento agora é compartilhada entre seis estações (na verdade, sete, porque a bridge também atua como uma estação em cada segmento), e não 12 estações. Em uma rede com tráfego pesado, cada estação tem à sua disposição, teoricamente, 10/6 Mbps em vez de 10/12 Mbps, supondo que o tráfego não esteja passando pela bridge.

Fica óbvio que, se segmentarmos ainda mais a rede, podemos ganhar mais largura de banda em cada segmento. Se, por exemplo, usarmos uma bridge de quatro portas, cada estação terá disponível agora 10/3 Mbps, que é quatro vezes mais que uma rede sem o uso de bridges.

Figura 13.15 *Uma rede com e sem bridge*

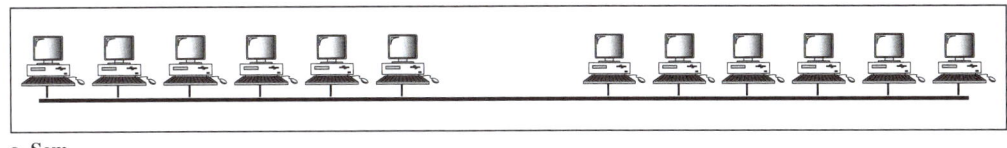

a. Sem

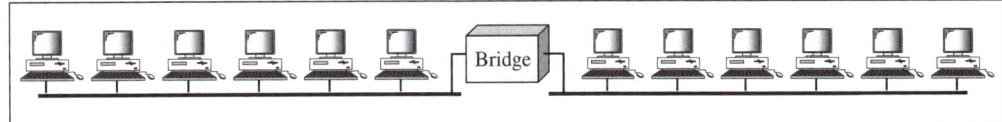

b. Com

Separação dos Domínios de Colisão

Outra vantagem de uma bridge é a separação dos **domínios de colisão**. A Figura 13.16 mostra os domínios de colisão de uma rede com e sem bridge. Podemos observar que o domínio de colisão se torna muito menor e a probabilidade de colisões é bastante reduzida. Sem o uso da bridge, 12 estações disputam o acesso ao meio de transmissão; com o uso da bridge apenas três estações disputam o acesso ao meio.

Figura 13.16 *Domínios de colisão em uma rede sem o uso de bridge e em outra rede com bridge*

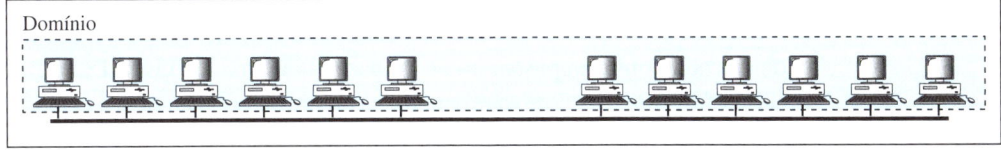

a. Sem

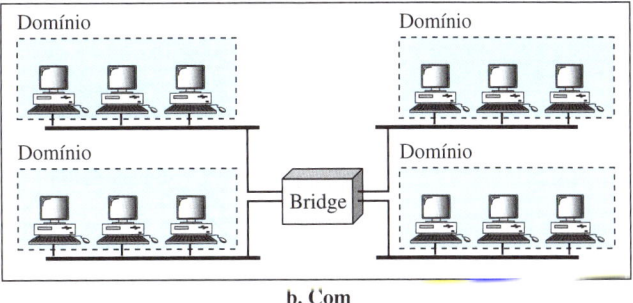

b. Com

Switched Ethernet

A idéia de uma LAN com bridges pode ser estendida a uma switched LAN (LAN interligada por Switchs). Em vez de termos duas a quatro redes, por que não ter N redes, em que N seja o número de estações na LAN? Em outras palavras, se podemos ter uma bridge com várias portas, por que não ter um switch com N portas?

Dessa maneira, a largura de banda é compartilhada apenas entre a estação e o switch (5 Mbps cada). Além disso, o domínio de colisão é dividido em N domínios.

Um **switch** de camadas é uma bridge com N portas mais uma sofisticação adicional que lhe permite a manipulação mais rápida dos frames. A evolução de uma rede Ethernet com uso bridges para uma **switched Ethernet** foi um grande passo que abriu caminho para uma Ethernet ainda mais rápida, conforme veremos. A Figura 13.17 mostra uma rede switched Ethernet.

Figura 13.17 *Switched Ethernet*

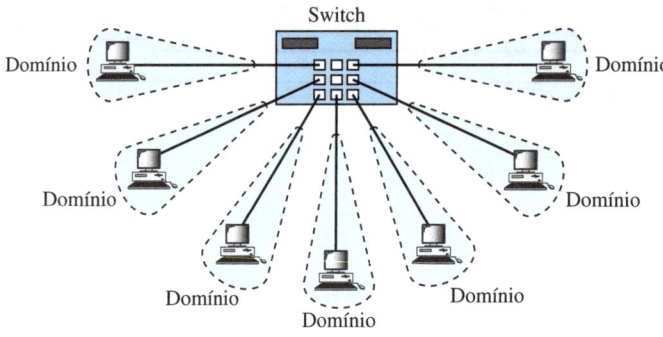

Ethernet Full-Duplex

Uma das limitações das implementações 10Base5 e 10Base2 é que a comunicação é half-duplex (no 10Base-T é sempre full-duplex); uma estação pode tanto transmitir como receber, mas não pode fazer as duas coisas ao mesmo tempo. O próximo passo na evolução seria passar de switched Ethernet para **switched Ethernet full-duplex**. O modo full-duplex aumenta a capacidade de cada domínio, passando de 10 para 20 Mbps. A Figura 13.18 ilustra uma rede Switched Ethernet full-duplex. Note que, em vez de usar um enlace entre a estação e o switch, nesse caso, são utilizados dois enlaces: um para transmissão e outro para recepção.

Figura 13.18 *Switched Ethernet full-duplex*

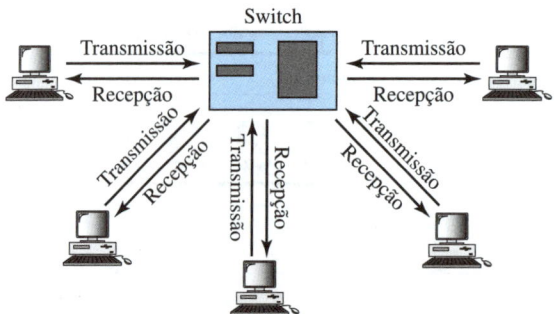

Sem Necessidade do CSMA/CD

No switched Ethernet full-duplex, não há necessidade do CSMA/CD. Em uma rede switched Ethernet full-duplex, cada estação está conectada ao switch por dois enlaces separados e dedicados. Cada estação ou switch é capaz de transmitir e receber de forma independente, sem se preocupar com colisões. Cada enlace é uma rota dedicada ponto a ponto entre a estação e o switch. Não há necessidade de detecção de portadora, bem como de detecção de colisões. A tarefa da camada MAC se torna muito mais fácil. As funcionalidades de detecção de portadora e de colisões da subcamada MAC podem ser desativadas.

MAC Control

A Ethernet-padrão foi desenvolvida como um protocolo não orientado a conexões na subcamada MAC. Não há controle explícito de fluxo ou de erros para informar ao emissor que o frame chegou ao seu destino sem erro. Quando o receptor recebe o frame, ele não envia nenhum sinal de confirmação, positivo ou negativo, ao emissor.

Para oferecer mecanismos de controle de fluxo e de erros no switched Ethernet full-duplex, uma nova subcamada, denominada MAC control, foi acrescentada entre a subcamada LLC e a subcamada MAC.

13.4 FAST ETHERNET

O Fast Ethernet (Ethernet-rápida) foi desenvolvido para concorrer com outros protocolos de LAN, tais como o FDDI (ou Fiber Channel, como às vezes é denominado). O IEEE criou o Fast Ethernet sob a padronização 802.3u. O Fast Ethernet é compatível com as versões anteriores da Ethernet-padrão, mas é capaz de transmitir dados dez vezes mais rápido, a uma velocidade de 100 Mbps. Os objetivos do Fast Ethernet podem ser sintetizados como segue:

1. Aumentar a taxa de dados para 100 Mbps.
2. Torná-lo compatível com a Ethernet-padrão.
3. Manter o mesmo endereço de 48 bits.
4. Manter o mesmo formato de frame.
5. Manter os mesmos comprimentos máximo e mínimo de um frame.

Subcamada MAC

Uma consideração importante na evolução da Ethernet, de 10 para 100 Mbps, foi manter inalterada a subcamada MAC. Entretanto, foi tomada decisão de abandonar a topologia em barramento e manter apenas a topologia em estrela. Para a topologia em estrela, existem duas opções, como vimos anteriormente: half-duplex e full-duplex. No modo half-duplex, as estações são conectadas por meio de um hub; no full-duplex a conexão é implementada por intermédio de um switch com *buffers* em cada porta.

O método de acesso é o mesmo (CSMA/CD) para o modo half-duplex; já para o Fast Ethernet full-duplex, não há necessidade do CSMA/CD. No entanto, as implementações preservam o CSMA/CD, para manter compatibilidade com as versões anteriores da Ethernet-padrão.

Autonegociação

Um novo recurso acrescentado ao Fast Ethernet é denominado **autonegociação**. Ele dá às estações e aos hubs/switchs ampla gama de recursos. A autonegociação permite que dois dispositivos negociem o modo ou a taxa de dados da operação, e foi concebida particularmente para os seguintes propósitos:

410 CAPÍTULO 13 LANs COM FIO: ETHERNET

❑ Para permitir que dispositivos incompatíveis se conectem entre si. Por exemplo, um dispositivo com capacidade máxima de 10 Mbps pode se comunicar com um dispositivo de 100 Mbps (que pode funcionar a uma velocidade mais baixa).

❑ Para permitir que um dispositivo tenha várias capacidades.

❑ Para permitir que uma estação possa sondar as capacidades de um hub/switch.

Camada Física

A camada física no Fast Ethernet é mais complexa que na Ethernet-padrão. Discutiremos brevemente alguns recursos dessa camada.

Topologia

O Fast Ethernet foi desenvolvido para conectar duas ou mais estações entre si. Se existirem apenas duas estações, elas podem ser conectadas ponto a ponto. Três ou mais estações precisam ser conectadas em uma topologia estrela com um hub ou um switch no seu centro, conforme pode ser observado na Figura 13.19.

Figura 13.19 *Topologia Fast Ethernet*

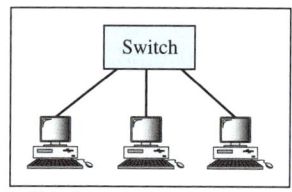

a. Ponto a ponto   b. Estrela

Implementação

A implementação da camada física no Fast Ethernet pode ser classificada como de dois fios ou de quatro fios. A implementação de dois fios pode utilizar cabos UTP categoria 5 (100Base-TX) ou cabo de fibra óptica (100Base-FX). A implementação de quatro fios foi concebida apenas para cabos UTP categoria 3 (100Base-T4). Veja na Figura 13.20.

Figura 13.20 *Implementações do Fast Ethernet*

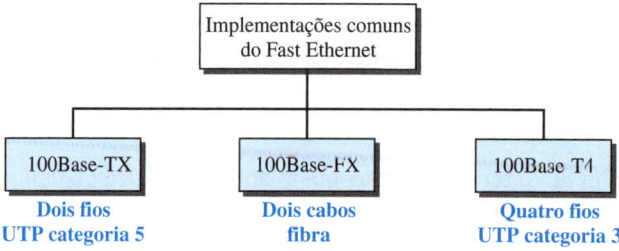

Codificação

A codificação Manchester precisa de uma largura de banda de 200 Mbauds para uma taxa de dados de 100 Mbps, o que a torna inadequada para uma mídia como a do cabo de par trançado. Por essa razão, os projetistas do Fast Ethernet procuraram um método de codificação/decodificação alternativo. Contudo, constatou-se que um mesmo método não teria bom desempenho para todas as três implementações. Conseqüentemente, foram escolhidos três métodos de codificação diferentes (veja na Figura 13.21).

Figura 13.21 *Métodos de codificação para implementações de Fast Ethernet*

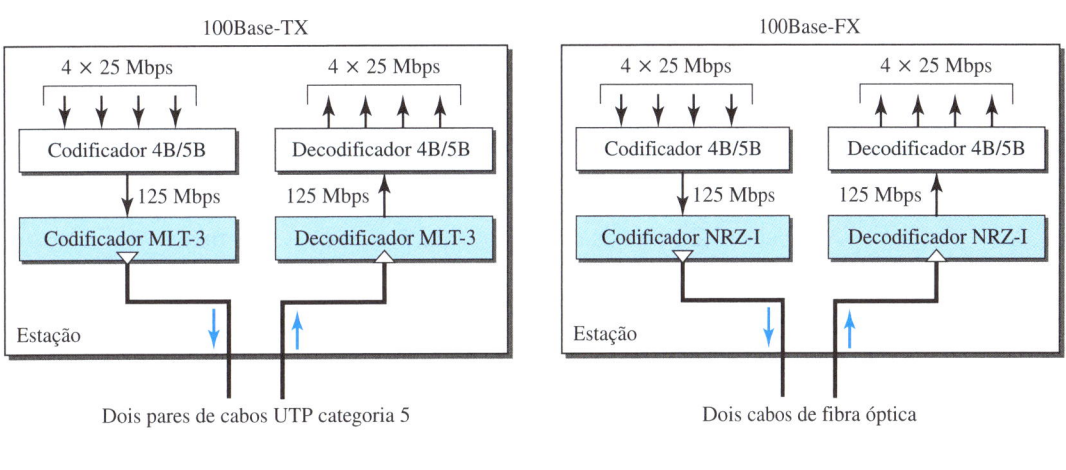

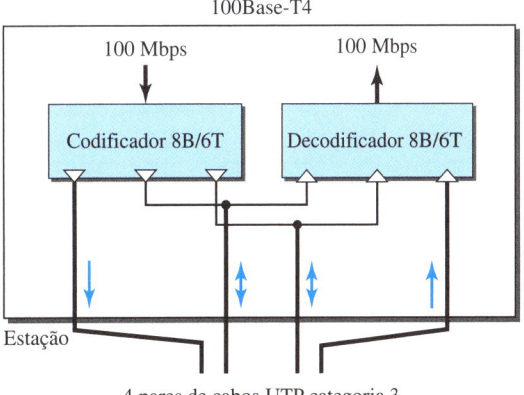

O **100Base-TX** usa dois pares de cabos de par trançado (UTP categoria 5 ou então STP). Para tal implementação, o método MLT-3 foi selecionado, já que possui melhor desempenho de largura de banda (ver Capítulo 4). Entretanto, já que o MLT-3 não é um método de codificação de linha auto-sincronizado, a codificação de blocos 4B/5B é usada para fornecer sincronização de bits, evitando a ocorrência de uma longa seqüência de 0s e 1s (ver Capítulo 4). Isso cria uma taxa de dados de 125 Mbps, alimenta o codificador MLT-3.

O **100Base-FX** usa dois cabos de fibra óptica. A fibra óptica é capaz de lidar facilmente com exigências de elevada largura de banda com emprego de métodos de codificação simples. Os projetistas do 100Base-FX escolheram o método de codificação NRZ-I (ver Capítulo 4) para sua implementação. Entretanto, o NRZ-I apresenta problemas de sincronização de bits para longas seqüências de 0s (ou 1s, baseado na codificação), como vimos no Capítulo 4. Para superar esse problema, os projetistas optaram pela codificação de blocos 4B/5B, conforme descrito no

100Base-TX. A codificação de blocos aumenta a taxa de bits de 100 para 125 Mbps, que pode ser facilmente manipulada por cabos de fibra óptica.

Uma rede 100Base-TX pode fornecer uma velocidade de 100 Mbps, mas ela requer o emprego de cabos UTP categoria 5 ou cabos STP. Isso não é eficiente em termos de custos para edifícios onde o cabeamento de par trançado para voz (categoria 3) já está instalado. Um novo padrão, chamado **100Base-T4**, foi desenvolvido para aproveitar cabos UTP categoria 3 ou superior. A implementação usa quatro pares de cabos UTP para transmissão a 100 Mbps. A codificação/decodificação no 100Base-T4 é mais complexa. Como essa implementação usa cabos UTP categoria 3, cada par trançado não pode suportar mais que 25 Mbauds. Nesse projeto, um par chaveia entre transmissão e recepção. No entanto, três pares de cabos UTP categoria 3 são capazes de suportar apenas 75 Mbauds (25 Mbauds cada). Precisamos usar um método de codificação que converta 100 Mbps em um sinal de 75 Mbauds. Conforme vimos no Capítulo 4, o 8B/6T satisfaz essa exigência. No 8B/6T, oito elementos de dados são codificados como seis elementos de sinal. Isso significa que 100 Mbps usa apenas (6/8) × 100 Mbps, ou seja, 75 Mbauds.

Resumo

A Tabela 13.2 sintetiza as implementações de Fast Ethernet.

Tabela 13.2 *Sumário das implementações de Fast Ethernet*

Características	100Base-TX	100Base-FX	100Base-T4
Mídia	UTP Cat 5 ou STP	Fibra óptica	UTP Cat 3
Número de cabos	2	2	4
Comprimento máximo	100 m	100 m	100 m
Codificação de blocos	4B/5B	4B/5B	
Codificação de linha	MLT-3	NRZ-I	8B/6T

13.5 GIGABIT ETHERNET

A necessidade de uma taxa de dados ainda mais alta resultou no projeto do protocolo Gigabit Ethernet (1.000 Mbps). O comitê do IEEE o denominou Padrão 802.3z. Os objetivos do projeto Gigabit Ethernet podem ser sintetizados como segue:

1. Aumentar a taxa de dados para 1 Gbps.
2. Torná-lo compatível com a Ethernet-Padrão e o Fast Ethernet.
3. Usar o mesmo endereço de 48 bits.
4. Usar o mesmo formato de frame.
5. Manter os mesmos comprimentos máximo e mínimo de um frame.
6. Suportar autonegociação conforme definido no Fast Ethernet.

Subcamada MAC

Uma importante consideração na evolução da Ethernet foi manter inalterada a subcamada MAC. Entretanto, para atingir uma velocidade de 1 Gbps, isso não era mais possível. O Gigabit Ethernet tem duas abordagens distintas para acesso ao meio de transmissão: half-duplex e full-duplex.

Quase todas as implementações de Gigabit Ethernet seguem a abordagem full-duplex. Entretanto, discutiremos brevemente a abordagem half-duplex para mostrar que o Gigabit Ethernet pode ser compatível com as gerações anteriores.

Modo Full-Duplex

No modo full-duplex, existe um switch central conectado a todos os computadores ou outros switch's. Nesse modo, cada switch tem *buffers* em cada porta de entrada, nas quais os dados são armazenados até serem transmitidos. Não ocorrem colisões neste modo, conforme discutimos anteriormente. Isso significa que o CSMA/CD não é usado. A falta de colisão possibilita que o comprimento máximo do cabo seja determinado pela atenuação de sinal no cabo e não pelo processo de detecção de colisões.

No modo full-duplex do Gigabit Ethernet, não existem colisões; o comprimento máximo do cabo é determinado pela atenuação do sinal no cabo.

Modo Half-Duplex

O Gigabit Ethernet também pode ser usado no modo half-duplex, embora isso seja raro. Neste caso, um switch pode ser substituído por um hub, que atua como um cabo comum, onde poderiam ocorrer colisões. A abordagem half-duplex usa CSMA/CD. No entanto, como vimos anteriormente, o comprimento máximo da rede neste método é dependente do tamanho mínimo do frame. Foram definidos três métodos: tradicional, Carrier Extension e Frame Bursting.

Tradicional   No método tradicional, mantemos o comprimento mínimo do frame em 512 bits, como definido na Ethernet tradicional. Contudo, como o comprimento de um bit no Gigabit Ethernet é 1/100 menor que no Ethernet de 10 Mbps, o slot time para o Gigabit Ethernet é de 512 bits × 1/1.000 µs, ou seja, 0,512 µs. Um slot time reduzido significa que uma colisão deve ser detectada 100 períodos antes. Isso quer dizer que o comprimento máximo da rede é de 25 m. Esse comprimento pode ser adequado se todas as estações se encontrarem em uma mesma sala, mas talvez não seja suficiente para conectar computadores em um escritório.

Carrier Extension   Para possibilitar uma rede mais extensa, devemos aumentar o comprimento mínimo de um frame. O *carrier extension* (extensão da portadora) estabelece o comprimento mínimo de um frame igual a 512 bytes (4.096 bits). Isso significa que o comprimento mínimo é oito vezes maior. Esse método força uma estação a acrescentar bits de extensão (preenchimento) em qualquer frame que seja menor que 4.096 bits. Assim, o comprimento máximo da rede pode ser aumentado oito vezes, atingindo até 200 m, o que dá uma distância de 100 m do *hub* para uma estação.

Frame Bursting   O método carrier extension (extensão de portadora) é muito ineficiente se tivermos uma série de frames curtos a serem enviados; frames transportando dados redundantes. Para melhorar a eficiência da rede, foi proposta a técnica de *frame bursting*. Em vez de acrescentar uma extensão a cada frame, são enviados vários frames. Para fazer que esses vários frames se pareçam com um único frame, são acrescentados preenchimentos (inserção de bits) entre eles (o mesmo que o usado para o método carrier extension) de modo que o canal não fica ocioso. Em outras palavras, o método "engana" outras estações, fazendo-as pensar que foi transmitido um único grande frame.

Camada Física

A camada física no Gigabit Ethernet é mais complexa que a da Ethernet-Padrão ou do Fast Ethernet. Trataremos brevemente de algumas características dessa camada.

Topologia

O Gigabit Ethernet foi concebido para conectar duas ou mais estações. Se existirem apenas duas, elas podem ser conectadas ponto a ponto. Três ou mais precisam ser conectadas em topologia estrela com um hub ou um switch no seu centro. Outra possibilidade é de interligar vários switches entre si, como mostrado na Figura 13.22.

Figura 13.22 *Topologias Gigabit Ethernet*

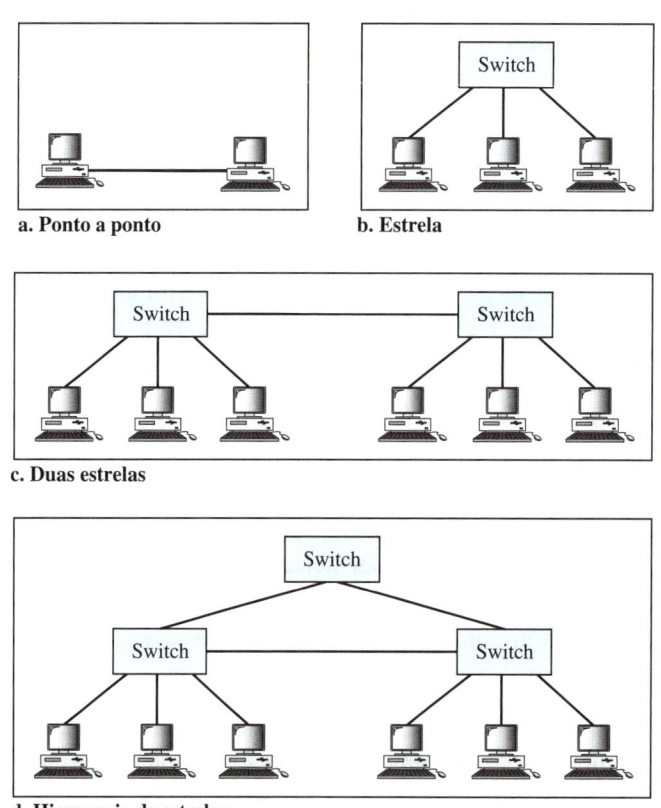

Implementação

A implementação do Gigabit Ethernet pode ser classificada em uma implementação com dois ou quatro fios. A implementação de dois fios usa cabo de fibra óptica (**1000Base-SX**, **ondas curtas** ou **1000Base-LX**, **ondas longas**) ou STP (**1000Base-CX**). A versão de quatro fios usa cabos de pares trançados categoria 5 (**1000Base-T**). Em outras palavras, temos quatro formas possíveis de implementar uma rede Gigabit Ethernet. Conforme pode ser visto na Figura 13.23. O 1000Base-T foi desenvolvido para suportar usuários que já possuem infra-estrutura de cabeamento cat 5, anteriormente utilizados para serviços de telefonia ou Fast Ethernet.

Figura 13.23 *Implementações de Gigabit Ethernet*

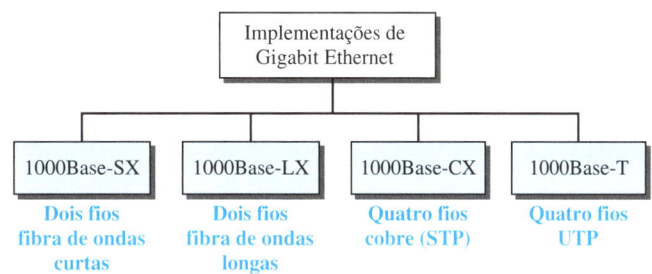

Codificação

A Figura 13.24 mostra os métodos de codificação/decodificação para as quatro implementações.

Figura 13.24 *Métodos de codificação para implementações Gigabit Ethernet*

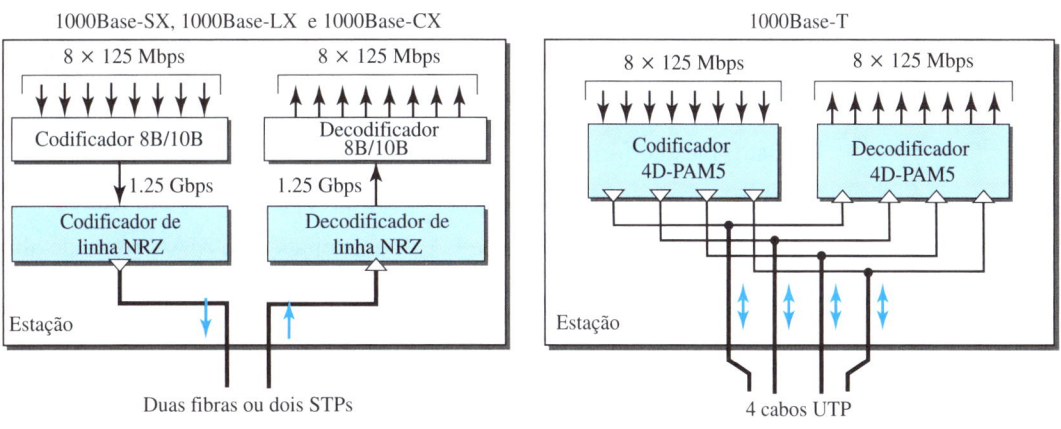

O Gigabit Ethernet não pode usar o método de codificação Manchester, pois ele precisa de uma largura de banda muito elevada (2 Gbauds). As implementações com dois fios usam o método NRZ, mas o NRZ não se auto-sincroniza de maneira adequada. Para a sincronização de bits, particularmente nessas altas velocidades, é usada a codificação de blocos 8B/10B, discutida no Capítulo 4.

Essa codificação de blocos impede longas seqüências de 0s e 1s no fluxo de dados. No entanto, o fluxo resultante passa a ser de 1,25 Gbps. Observe que nessa implementação, um fio (fibra ou STP) é usado para transmissão e o outro para recepção.

Na implementação com quatro fios não é possível termos 2 fios para entrada e 2 para saída, porque cada fio precisaria transportar 500 Mbps, o que excede a capacidade do UTP categoria 5. Como solução, a codificação 4D-PAM5, discutida no Capítulo 4, é usada para reduzir a largura de banda. Portanto, todos os quatro fios estão envolvidos tanto na entrada como na saída; cada fio transporta 250 Mbps, que é a capacidade adequada para cabos UTP categoria 5.

Resumo

A Tabela 13.3 sintetiza as implementações de Gigabit Ethernet.

Tabela 13.3 *Sumário das implementações de Gigabit Ethernet*

Características	1000Base-SX	1000Base-LX	1000Base-CX	1000Base-T
Mídia	Fibra óptica ondas curtas	Fibra óptica ondas longas	STP	UTP Cat 5
Número de cabos	2	2	2	4
Comprimento máximo	550 m	5.000 m	25 m	100 m
Codificação de blocos	8B/10B	8B/10B	8B/10B	
Codificação de linha	NRZ	NRZ	NRZ	4D-PAM5

10 Gigabit Ethernet

O comitê do IEEE criou o padrão 10 Gigabit Ethernet e o denominou padrão 802.3ae. Os objetivos do projeto 10 Gigabit Ethernet podem ser sintetizados como segue:

1. Aumentar a taxa de dados para 10 Gbps.
2. Torná-lo compatível com Ethernet-Padrão, Fast Ethernet e Gigabit Ethernet.
3. Usar o mesmo endereço de 48 bits.
4. Usar o mesmo formato de frame.
5. Manter os mesmos comprimentos máximo e mínimo de um frame.
6. Possibilitar a interconexão de LANs existentes com MAN (rede de abrangência metropolitana) ou WAN (rede de longa distância).
7. Tornar a Ethernet compatível com outras tecnologias, tais como Frame Relay e ATM (ver Capítulo 18).

Subcamada MAC

O 10 Gigabit Ethernet opera apenas no modo full-duplex, o que significa que não existe a necessidade de contenção; o CSMA/CD não é usado no 10 Gigabit Ethernet.

Camada Física

A camada física no 10 Gigabit Ethernet foi desenvolvida para uso com cabos de fibra óptica em grandes distâncias. São três as implementações mais comuns: **10GBase-S**, **10GBase-L** e **10GBase-E**. A Tabela 13.4 exibe uma síntese das implementações 10 Gigabit Ethernet.

Tabela 13.4 *Sumário das implementações 10 Gigabits*

Características	10GBase-S	10GBase-L	10GBase-E
Mídia	Ondas curtas 850 nm multimodo	Ondas longas 1.310 nm monomodo	Estendida 1.550 nm monomodo
Comprimento máximo	300 m	10 km	40 km

13.6 LEITURA RECOMENDADA

Para mais detalhes sobre os assuntos discutidos neste capítulo, recomendamos os seguintes livros. Os itens entre colchetes, [...], correspondem à lista de referências no final do texto.

Livros

A Ethernet é discutida no Capítulos 10, 11 e 12 de [For03], no Capítulo 5 de [Kei02], na Seção 4.3 de [Tan03] e nos Capítulos 15 e 16 de [Sta04]. [Spu00] é um livro sobre Ethernet. Uma discussão completa sobre o padrão Gigabit Ethernet pode ser encontrada em [KCK98] e [Sau98]. O Capítulo 2 de [Izz00] faz uma excelente comparação entre as diferentes gerações da Ethernet.

13.7 TERMOS-CHAVE

1000Base-CX	DSAP (*Destination Service Access Point*)
1000Base-LX	ethernet-padrão
1000Base-SX	fast Ethernet
1000Base-T	Frame bursting
100Base-FX	Gigabit Ethernet
100Base-T4	LLC (*Logical Link Control*)
100Base-TX	MAC (*Media Acces Control*)
10Base2	NIC (*Network Interface Card*)
10Base5	notação hexadecimal
10Base-F	preâmbulo
10Base-T	project 802
10GBase-E	SSAP (*Source Service Access Point*)
10GBase-L	switch
10GBase-S	Switched Ethernet
10 Gigabit Ethernet	Switched Ethernet Full-duplex
autonegociação	Thick Ethernet (Ethernet de cabo grosso)
bridges	thicknet
carrier extension	Thin Ethernet (Ethernet de cabo fino)
cheapernet	transceptor
domínio de colisão	Twisted-pair Ethernet (Ethernet de par trançado)

13.8 RESUMO

- Ethernet é o protocolo para redes locais mais amplamente usado.
- O padrão IEEE 802.3 define o CSMA/CD 1-persistent como o método de acesso da primeira geração de Ethernet 10 Mbps.
- A camada de enlace no padrão Ethernet é formada pelas subcamadas LLC e MAC.

- A subcamada MAC é responsável pela implementação do método de acesso CSMA/CD e pelo framing.
- Cada estação em uma rede Ethernet tem um endereço de 48 bits exclusivo, pré-configurado de fábrica no adaptador de rede (NIC).
- O comprimento mínimo de um frame Ethernet 10 Mbps é de 64 bytes; o máximo é de 1.518 bytes.
- As implementações mais comuns de Ethernet 10 Mbps são 10Base5 (cabo grosso), 10Base2 (cabo fino), 10Base-T (par trançado) e 10Base-F (fibra óptica).
- A implementação Ethernet 10Base5 utiliza cabo coaxial grosso. A 10Base2 usa cabo coaxial fino. A 10Base-T emprega quatro cabos de pares trançados que conectam cada estação a um hub comum. O 10Base-F usa cabo de fibra óptica.
- Uma bridge pode ampliar a largura de banda e separar os domínios de colisão de uma LAN Ethernet.
- Um switch possibilita que cada estação em uma LAN Ethernet tenha largura de banda dedicada a seu dispor.
- O modo full-duplex dobra a capacidade de cada domínio e elimina a necessidade do CSMA/CD.
- O Fast Ethernet tem uma taxa de dados de 100 Mbps.
- No Fast Ethernet, a autonegociação permite que dois dispositivos negociem o modo ou a taxa de dados da operação.
- As implementações mais comuns de Fast Ethernet são 100Base-TX (dois pares de fios de par trançados), 100Base-FX (dois cabos de fibra óptica) e 100Base-T4 (quatro pares de cabos de par trançados categoria UTP 3 ou mais elevada).
- O Gigabit Ethernet possui uma taxa de dados de 1.000 Mbps.
- Entre os métodos de acesso do Gigabit Ethernet, temos o modo half-duplex, usando CSMA/CD tradicional (seu uso não é comum) e o modo full-duplex (método mais popular).
- As implementações mais comuns de Gigabit Ethernet são 1000Base-SX (dois cabos de fibra óptica e uma fonte de laser de ondas curtas), 1000Base-LX (dois cabos de fibra ótica e uma fonte laser de ondas longas) e 1000Base-T (quatro pares trançados).
- O padrão Ethernet mais recente é o 10 Gigabit Ethernet que opera a 10 Gbps. As três implementações mais comuns são 10GBase-S, 10GBase-L e 10GBase-E. Essas implementações usam cabos de fibra óptica no modo full-duplex.

13.9 ATIVIDADES PRÁTICAS

Questões para Revisão

1. Como o campo de preâmbulo difere do campo SFD?
2. Qual é o propósito de um adaptador de rede (NIC)?
3. Qual é a diferença entre os endereços de unicast, multicast e broadcast?
4. Quais são as vantagens de dividir uma LAN Ethernet com uma bridge?
5. Qual é a relação entre um swtich e uma bridge?

6. Por que não há necessidade do CSMA/CD em uma LAN Ethernet full-duplex?
7. Compare as taxas de dados das redes Ethernet-Padrão, Fast Ethernet, Gigabit Ethernet e 10 Gigabits.
8. Quais são as implementações mais comuns da Ethernet-Padrão?
9. Quais são as implementações mais comuns da Fast Ethernet?
10. Quais são as implementações mais comuns da Gigabit Ethernet?
11. Quais são as implementações mais comuns da 10 Gigabit Ethernet?

Exercícios

12. Qual é o equivalente hexadecimal do endereço Ethernet a seguir?

    01011010 00010001 01010101 00011000 10101010 00001111

13. Como o endereço Ethernet 1A:2B:3C:4D:5E:6F é transmitido na linha em termos binários?
14. Se um endereço de destino Ethernet for 07:01:02:03:04:05, qual é o tipo desse endereço (unicast, multicast ou broadcast)?
15. O endereço 43:7B:6C:DE:10:00 foi mostrado como endereço de origem em um frame Ethernet. O receptor descartou o frame. Por quê?
16. Uma subcamada MAC Ethernet recebe 42 bytes de dados da camada superior. Quantos bytes de preenchimento (*padding*) devem ser acrescentados aos dados?
17. Uma subcamada MAC Ethernet recebe 1.510 bytes de dados da camada superior. Os dados podem ser encapsulados em um frame? Em caso negativo, quantos frames precisam ser enviados? Qual é o tamanho dos dados em cada frame?
18. Qual é a proporção dos dados úteis em relação ao pacote inteiro para o menor frame Ethernet? E para o maior frame?
19. Suponha que o comprimento de um cabo 10Base5 seja de 2.500 m. Se a velocidade de propagação em um cabo coaxial grosso for de 200.000.000 m/s, quanto tempo leva para um bit trafegar do início até o final da rede? Suponha que haja um retardo de 10 μs no equipamento.
20. A taxa de dados do 10Base5 é de 10 Mbps. Quanto tempo leva para ser criado o menor frame? Demonstre seus cálculos.

CAPÍTULO 14

LANs sem Fio (Wireless LANs)

A comunicação sem fio é uma das tecnologias que mais cresce nos dias atuais. A demanda pela conexão de dispositivos sem o uso de cabos aumenta vertiginosamente. As **Wireless LANs** (WLANs — LANs sem fio) podem ser encontradas em *campi* universitários, em edifícios comerciais e em vários órgãos do setor público.

Neste capítulo, nos concentraremos nas duas principais tecnologias wireless para LANs: o padrão IEEE 802.11, algumas vezes denominado wireless Ethernet, e o Bluetooth, uma tecnologia para pequenas redes LAN sem fio (WLAN). Embora ambas as tecnologias precisem de várias camadas de software para operar, nos concentraremos principalmente nas camadas física e de enlace de dados.

14.1 IEEE 802.11

O IEEE definiu as especificações para a implementação de redes LAN sem fio (WLAN), sob a recomendação **IEEE 802.11** que abrange as camadas física e de enlace.

Arquitetura

O padrão define dois tipos de serviços: o *Basic Service Set* (BSS) e o *Extended Service Set* (ESS).

Basic Service Set (BSS)

O IEEE 802.11 define o **BSS** (*Basic Service Set*) como a base de uma rede LAN sem fio (WLAN). Uma BSS é formada por estações wireless fixas ou móveis e, opcionalmente, por uma estação-base central conhecida como **AP** (*Access Point*). A Figura 14.1 mostra dois exemplos de configuração de BSS desse padrão.

Uma BSS sem um AP é uma rede isolada e independente que não pode transmitir dados para outras BSSs. Essa arquitetura é denominada *arquitetura ad hoc*. Nessa arquitetura, as estações podem formar uma rede sem a necessidade de um AP; são capazes de se localizar e concordar entre si em fazer parte de uma BSS. Uma BSS com um AP é chamada rede de *infra-estrutura*.

Uma BSS sem um AP é denominada rede *ad hoc*; já uma BSS com AP recebe o nome de rede de infra-estrutura.

Figura 14.1 *Basic Service Sets (BSSs)*

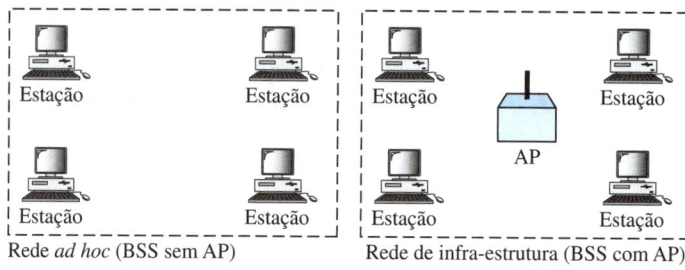

Extended Service Set (ESS)

Uma **Extended Service Set** (**ESS**) é formada por duas ou mais BSSs com APs. Nesse caso, as BSSs são conectadas por meio de um *sistema de distribuição* que normalmente é uma LAN com fio. O sistema de distribuição interliga as BSSs via APs. O IEEE 802.11 não restringe o sistema de distribuição; ele pode ser qualquer tipo de rede LAN padrão IEEE, por exemplo, uma Ethernet. Note que uma ESS é composta por dois tipos de estação: móveis e fixas. As estações móveis são as comuns de uma BSS. As estações fixas são aquelas especiais, do tipo AP, que são interconectadas por uma LAN com fio. A Figura 14.2 traz um exemplo de ESS.

Figura 14.2 *Extended Service Sets (ESSs)*

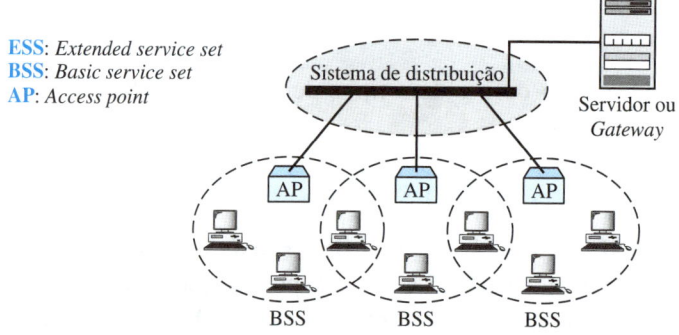

Quando as BSSs estão conectadas, as estações dentro do raio de alcance de uma BSS podem se comunicar entre si sem o uso do AP. Entretanto, a comunicação entre duas estações em BSSs diferentes em geral ocorre por intermédio dos APs. A idéia é similar à comunicação em uma rede celular, se considerarmos cada BSS uma célula e cada AP uma estação de rádio base. Observe que uma estação móvel pode pertencer a mais de uma BSS ao mesmo tempo.

Tipos de Estação

O IEEE 802.11 define três tipos de estação dependendo de sua capacidade de **mobilidade** em uma rede Wireless LAN (WLAN): **sem transição**, **transição inter-BSS** e **transição inter-ESS**. Uma estação do tipo sem transição é fixa (não pode se movimentar) ou pode se movimentar apenas dentro da BSS. Uma estação com mobilidade de transição inter-BSS pode se movimentar de uma BSS a outra, mas essa movimentação fica confinada ao interior de um mesmo ESS. Uma estação com mobilidade de transição inter-ESS pode se movimentar de um ESS para outro. Entretanto, o padrão IEEE 802.11 não assegura que a comunicação será contínua durante a transição entre ESSs.

Subcamada MAC

O padrão IEEE 802.11 estabelece duas subcamadas MAC: a DCF (*Distributed Coordination Function*) e a PCF (*Point Coordination Function*). A Figura 14.3 mostra a relação entre as duas subcamadas MAC, a subcamada LLC e a camada física. Trataremos das implementações da camada física posteriormente neste mesmo capítulo; por ora, iremos nos concentrar na subcamada MAC.

Figura 14.3 *Subcamadas MAC no padrão IEEE 802.11*

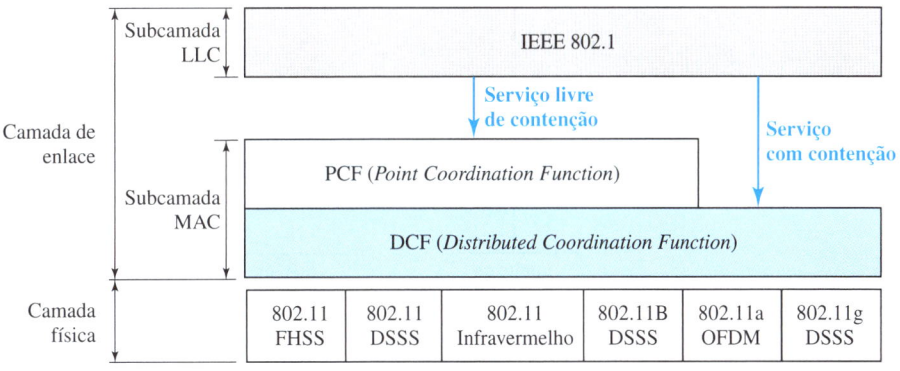

Distributed Coordination Function (DCF)

Um dos protocolos definidos pelo IEEE na subcamada MAC é denominado **Distributed Coordination Function** (**DCF**). O DCF usa o CSMA/CA (conforme definido no Capítulo 12) como método de acesso ao meio físico. As LANs sem fio (WLANs) não são capazes de implementar o CSMA/CD por três razões:

1. Para a detecção de colisões, uma estação tem de ser capaz de transmitir dados e receber, simultaneamente, sinais de colisão. Isso pode significar aumento nos custos das estações e maiores exigências de largura de banda.
2. Talvez a colisão não seja detectada por todas as estações em uma rede, porque algumas podem estar ocultas. Trataremos desse problema mais adiante, ainda neste capítulo.
3. A distância entre as estações pode ser grande. O enfraquecimento do sinal poderia impedir que uma estação em uma extremidade da rede detectasse uma colisão na outra ponta.

Fluxo de Processos A Figura 14.4 mostra o fluxo de processos para o CSMA/CA quando implementado em um ambiente de LANs sem fio (WLANs). Iremos explicar as etapas sucintamente.

Seqüência de Eventos no Tempo: Troca de Frames A Figura 14.5 ilustra a troca de dados e frames de controle ao longo do tempo.

Figura 14.4 *Fluxograma para o CSMA/CA*

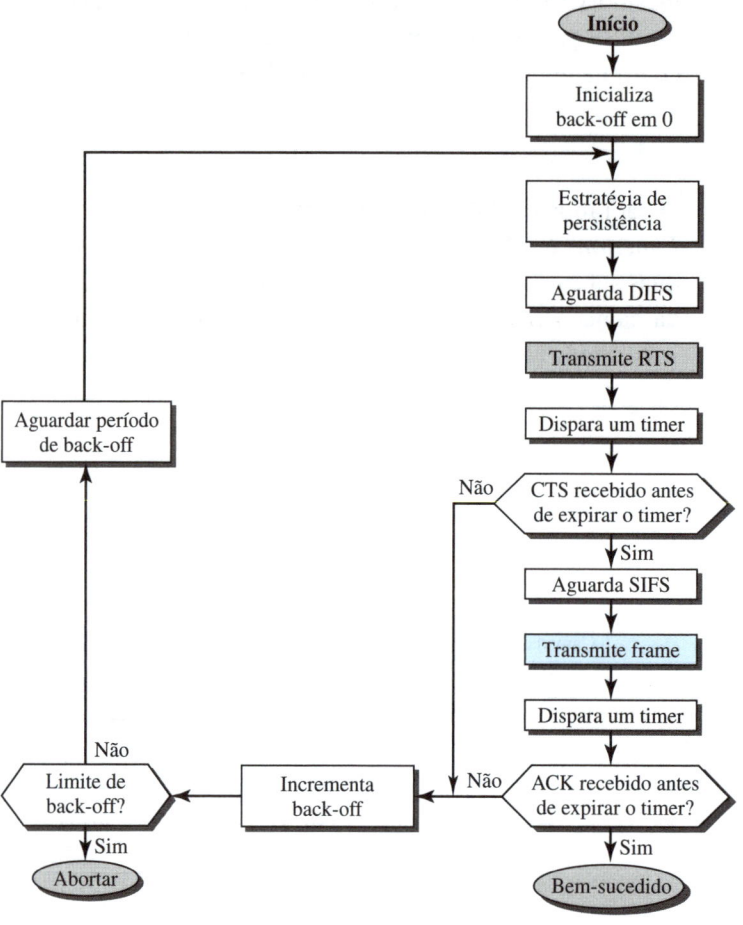

Figura 14.5 *CSMA/CA e NAV*

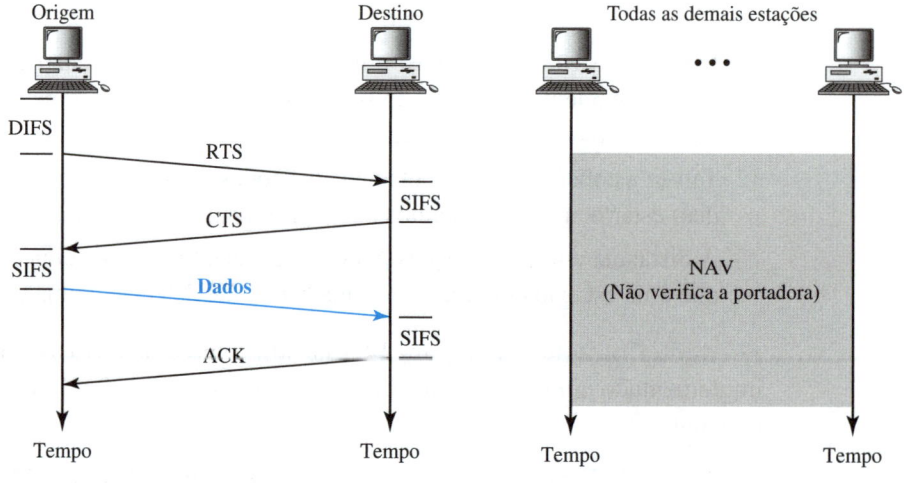

1. Antes de transmitir um frame, a estação de origem "escuta" o meio de transmissão, verificando o nível de energia na freqüência da portadora.
   a. O canal usa a estratégia de persistência com back-off até que o canal esteja livre.
   b. Após constatar que o canal está livre, a estação espera por um período denominado *Distributed Interframe Space* (**DIFS**); em seguida a estação inicia a transmissão de um frame de controle chamado RTS (*Request to Send*).
2. Após receber o RTS e aguardar um curto período, denominado *Short Interframe Space* (**SIFS**), a estação de destino envia um frame de controle, denominado CTS (*Clear to Send*), para a estação de origem. Esse frame de controle indica que a estação de destino está pronta para receber dados.
3. A estação de origem envia os frames de dados após aguardar um período igual a SIFS.
4. A estação de destino, após aguardar um curto período igual a SIFS, envia uma ACK (confirmação) para indicar que o frame de dados foi recebido com sucesso. É necessária a confirmação nesse protocolo, pois a estação de origem não tem nenhum outro meio para certificar a chegada bem-sucedida de seus dados no destino. Por outro lado, a falta de colisão no CSMA/CA pode ser considerada uma indicação, para a origem, de que os dados chegaram ao destino.

Network Allocation Vector   Como as demais estações postergam o envio de seus dados, no caso de uma estação estar controlando o acesso ao meio de transmissão? Em outras palavras, como é realizado o *collision avoidance* nesse protocolo? O segredo é um recurso chamado NAV.

Quando uma estação envia um frame RTS, ela inclui quanto tempo será necessário ocupar o canal. As estações que são afetadas por essa transmissão inicializam um timer, denominado *Network Allocation Vector* (**NAV**), que mostra quanto tempo deve passar antes de essas estações verificarem se o canal está livre. Cada vez que uma estação acessa o sistema e envia um frame RTS, outras estações inicializam seu NAV. Em outras palavras, cada estação, antes de "escutar" o meio físico para ver se ele se encontra livre, verifica primeiro seu timer NAV. A Figura 14.5 fornece o conceito do NAV.

Colisão durante o *Handshaking*   O que acontece se ocorrer uma colisão durante o período em que os frames de controle RTS ou CTS estão em trânsito, normalmente denominado **período de handshaking**? Duas ou mais estações podem tentar enviar frames RTS ao mesmo tempo. Esses frames de controle podem, às vezes, colidir. Entretanto, como não existem mecanismos para a detecção de colisões, o emissor supõe que ocorreu uma colisão, caso ele não tenha recebido um frame CTS do receptor. A estratégia back-off é implementada e o emissor tentará outra vez.

Point Coordination Function (PCF)

PCF (*Point Coordination Function*) é um método de acesso opcional e mais complexo, que pode ser implementado em redes de infra-estrutura (não em uma rede *ad hoc*). Ele é implementado sobre o DCF e usado, em grande parte, para transmissão de dados sensíveis a atrasos.

O PCF implementa um método de acesso centralizado por meio de polling, livre de contenção. O AP faz varredura (pooling) em todas as estações, capazes de serem varridas. As estações são varridas uma após a outra, enviando para o AP quaisquer dados que possuam.

Para dar prioridade ao PCF em relação ao DCF, um conjunto adicional de temporizadores entre frames foi definido: PIFS e SIFS. O SIFS é o mesmo que o do DCF, mas o PIFS (PCF IFS) é mais curto que o DIFS. Isso significa que, se, simultaneamente, uma estação quiser usar apenas o DCF e um AP quiser usar PCF, o AP tem prioridade.

Em decorrência da prioridade do PCF em relação ao DCF, as estações que usam apenas DCF talvez não consigam acessar o meio de transmissão. Para impedir isso, um **intervalo de repetição** foi desenvolvido para cobrir tanto o tráfego livre de contenção (PCF) como o tráfego baseado em contenção (DCF). O intervalo de repetição, que é repetido continuamente, inicia com um frame de controle especial, denominado *beacon frame* — frame de sinalização. Quando as estações escutam o frame de sinalização, elas iniciam seu timer NAV para completar a duração do período livre de contenção de um intervalo de repetição. A Figura 14.6 apresenta um exemplo de um intervalo de repetição.

Figura 14.6 *Exemplo de intervalo de repetição*

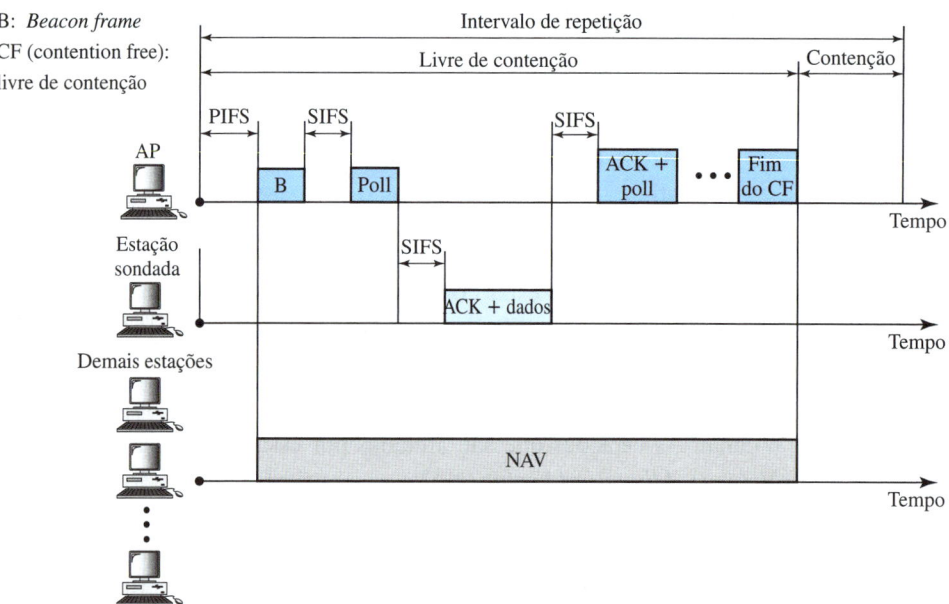

Durante o intervalo de repetição, o PC (*Point Controller*) pode enviar um frame de poll, receber dados, transmitir um ACK, receber um ACK ou realizar qualquer combinação dessas ações (o 802.11 usa *piggybacking*). Ao final do período livre de contenção, o PC envia um frame CF end (fim do período livre de contenção) para permitir que as outras estações baseadas em conteção possam utilizar o meio de transmissão.

Fragmentação

Um ambiente wireless (sem fio) apresenta alto nível de ruídos; um frame corrompido tem de ser retransmitido. O protocolo, portanto, recomenda a fragmentação — a divisão de um frame grande em frames pequenos. É mais eficaz retransmitir um frame pequeno que um grande.

Formato dos Frames

Um frame na subcamada MAC é composta por nove campos, conforme ilustrado na Figura 14.7.

❑ **Frame Control (FC).** O campo FC tem 2 bytes de comprimento que definem o tipo de frame e algumas informações de controle. A Tabela 14.1 descreve os subcampos. Discutiremos cada tipo de frame posteriormente, ainda neste capítulo.

Figura 14.7 *Formato do frame*

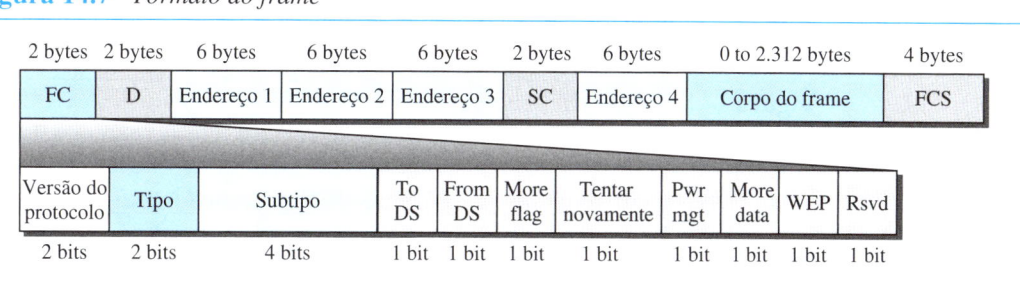

Tabela 14.1 *Subcampos do campo FC*

Campo	Explicação
Versão do protocolo	A versão atual é 0
Tipo	Define o tipo de informação transportada: gerenciamento (00), controle (01) ou dados (10)
Subtipo	Define o subtipo para cada tipo de frame (ver Tabela 14.2)
To DS	A ser definido posteriormente
From DS	A ser definido posteriormente
More Flag	Quando ativado (1), significa mais fragmentos
Tentar novamente	Quando ativado (1), significa frame retransmitido
Pwr mgt	Quando ativado (1), significa que a estação está no modo de gerenciamento de energia
More data	Quando ativado (1), significa que a estação tem mais dados a serem transmitidos
WEP	*Wired equivalent privacy*. Quando ativado (1), significa está ativo o modo de privacidade equivalente a uma rede com fio (criptografia implementada)
Rsvd	Reservado

❏ **D**. Em todos os tipos de frames, exceto um, esse campo define a duração da transmissão que é usada para configurar o valor do timer NAV. Em um frame de controle, esse campo define o ID dos frames.

❏ **Endereços**. Há quatro campos de endereço, cada um deles com 6 bytes de comprimento. O significado de cada campo de endereço depende do valor dos subcampos *To DS* e *From DS* e será discutido posteriormente.

❏ **SC (Controle de seqüência)**. Esse campo define o número de seqüência do frame, sendo utilizado para controle de fluxo.

❏ **Corpo do frame**. Esse campo, que pode ter de 0 a 2.312 bytes, contém informações, dependendo do tipo e do subtipo de frame definidos no campo FC.

❏ **FCS**. O campo FCS tem 4 bytes de comprimento e contém uma seqüência CRC-32 para detecção de erros.

Tipos de frames

O padrão IEEE 802.11 estabelece três categorias de frames para redes LAN sem fio: gerenciamento, controle e dados.

Frames de Gerenciamento Os frames de gerenciamento são usados para iniciar a comunicação entre as estações e os APs (*Access Points*).

Frames de Controle Frames de controle são usados para acessar o canal e confirmar frames. A Figura 14.8 mostra o formato.

Figura 14.8 *Frames de controle*

Para frames de controle o valor do campo type é 01; os valores possíveis do campo subtype são indicados na Tabela 14.2.

Tabela 14.2 *Valores possíveis para o campo subtype em frames de controle*

Subtipo	Significado
1011	*Request to send* (RTS)
1100	*Clear to send* (CTS)
1101	*Acknowledgement* (ACK)

Frames de Dados Frames de dados são usados para transportar dados e informações de controle.

Mecanismo de Endereçamento

O mecanismo de endereçamento padronizado pelo IEEE 802.11 especifica endereços para quatro casos possíveis, definidos pelo valor dos flags *To DS* e *From DS* do campo FC. Cada flag pode assumir o valor 0 ou 1, resultando quatro situações distintas. A interpretação dos quatro endereços (endereços 1 a 4) de um frame MAC depende do valor desses flags, conforme mostrado na Tabela 14.3.

Tabela 14.3 *Endereços*

To DS	From DS	Endereço 1	Endereço 2	Endereço 3	Endereço 4
0	0	Destino	Origem	ID da BSS	N/A
0	1	Destino	AP transmissor	Origem	N/A
1	0	AP receptor	Origem	Destino	N/A
1	1	AP receptor	AP transmissor	Destino	Origem

Note que o endereço 1 é sempre o endereço do próximo dispositivo. O endereço 2 é sempre o do dispositivo anterior. O 3 é o da estação de destino final, caso ele não esteja definido pelo endereço 1. O endereço 4 é o da estação de origem original, caso não seja o mesmo do endereço 2.

❑ **Caso 1: 00** Nesse caso, *To DS* = 0 e *From DS* = 0. Isso significa que o frame não será encaminhado para um sistema de distribuição (*To DS* = 0) e não provirá de um sistema de distribuição (*From DS* = 0). O frame vai de uma estação em uma BSS para outra sem passar por um sistema de distribuição. O frame ACK deve ser enviado ao emissor original. Os endereços são mostrados na Figura 14.9.

Figura 14.9 *Mecanismos de endereçamento*

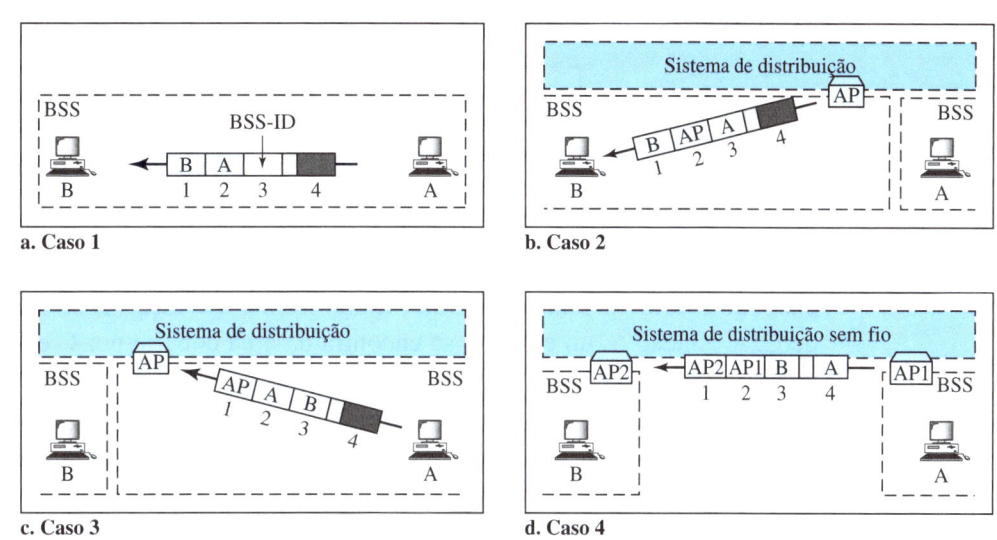

- **Caso 2: 01** Nesse caso, *To DS* = 0 e *From DS* = 1. Isso significa que o frame provém de um sistema de distribuição (*From DS* = 1). O frame está vindo de um AP e indo para uma estação. O ACK deve ser enviado ao AP. Os endereços são mostrados na Figura 14.9. Observe que o endereço 3 contém o endereço da estação emissora original do frame (em outra BSS).

- **Caso 3: 10** Nesse caso, *To DS* = 1 e *From DS* = 0. Isso significa que o frame está indo para um sistema de distribuição (*To DS* = 1). O frame está indo de uma estação para um AP. O ACK deve ser enviado à estação original. Os endereços são mostrados na Figura 14.9. Note que o endereço 3 contém o endereço do destino final do frame (em outra BSS).

- **Caso 4: 11** Nesse caso, *To DS* = 1 e *From DS* = 1. Esse é o caso no qual o sistema de distribuição também é wireless (sem fio). O frame vai de um AP para outro AP em um sistema de distribuição sem fio. Não precisamos definir endereços se o sistema de distribuição for uma LAN cabeada, pois o frame, nesses casos, terá o formato-padrão de um frame LAN com fio (Ethernet, por exemplo). Nesse caso, precisamos de quatro endereços que vão definir o emissor original, o destino final e dois APs intermediários. A Figura 14.9 ilustra a situação.

Problemas com Estações Ocultas e Expostas

Na seção anterior, mencionamos sobre problemas relacionados com estações ocultas e expostas. Agora, é chegado o momento de discutir esses problemas e seus efeitos.

Problema da Estação Oculta A Figura 14.10 exemplifica o problema da estação oculta. A estação B tem um alcance de transmissão mostrado pela oval esquerda (esfera no espaço); cada estação nesse raio pode ouvir qualquer sinal transmitido pela estação B. A estação C

Figura 14.10 *O problema da estação oculta*

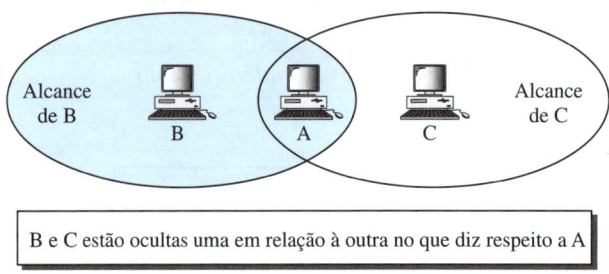

apresenta um alcance de transmissão mostrado pela oval direita (esfera no espaço); qualquer estação nesse raio de alcance pode ouvir qualquer sinal transmitido por C. A estação C se encontra fora do alcance de B; da mesma forma, a estação B se encontra fora do alcance de C. A estação A, no entanto, se encontra na área coberta por C e B; ela é capaz de ouvir qualquer sinal transmitido por B ou C.

Suponha que a estação B esteja transmitindo dados para a estação A. No meio dessa transmissão, a estação C também tem dados a transmitir para a estação A. Porém, a estação C se encontra fora do alcance de B e as transmissões de B não conseguem atingir C. Conseqüentemente, C pensa que o meio de transmissão está livre. A estação C envia seus dados para A, que resulta uma colisão em A, pois essa estação está recebendo dados tanto de B como de C. Nesse caso, podemos dizer que as estações B e C estão ocultas entre si no que diz respeito a A. Estações ocultas reduzem a capacidade de transmissão da rede em decorrência do aumento de colisões.

A solução para o problema da estação oculta é o emprego de frames de *handshake* (RTS e CTS) que vimos anteriormente. A Figura 14.11 mostra que um frame RTS proveniente de B chega em A, mas não em C. Entretanto, como B e C estão dentro do alcance de A, um frame CTS, que contenha a duração da transmissão de dados de B para A, atinge C. A estação C sabe que alguma estação oculta está usando o canal e pára de transmitir até que seja cumprido o período de transmissão.

> **O frame CTS de handshake no CSMA/CA pode evitar colisões mesmo que exista uma estação oculta.**

Figura 14.11 *Emprego do handshaking para evitar problemas com estações ocultas*

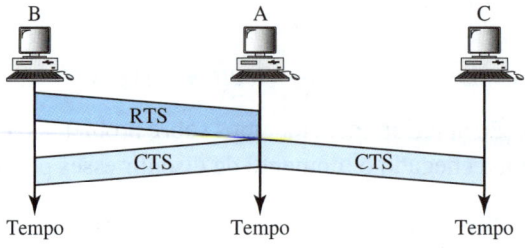

Problema da Estação Exposta Consideremos agora a situação inversa da anterior; o problema da estação exposta. Aqui, uma estação deixa de usar um canal quando ele está, na verdade, disponível. Na Figura 14.12, a estação A está transmitindo para a estação B. A estação C tem dados a enviar para a estação D, que podem ser enviados sem interferir na transmissão de A para B. Entretanto, a estação C está exposta à transmissão de A; ela ouve o que A está transmitindo e, portanto, abstém-se de transmitir. Em outras palavras, C é cautelosa demais e desperdiça a capacidade do canal.

Figura 14.12 *Problema da estação exposta*

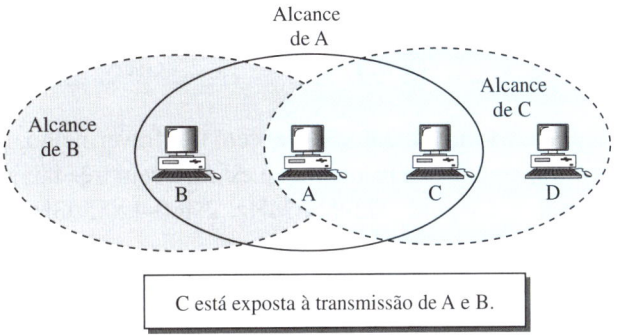

As mensagens de *handshaking* RTS e CTS não podem ajudar nesse caso, apesar do que você possa estar imaginando. A estação C ouve o RTS de A, mas não ouve o CTS de B. A estação C, após ouvir o RTS de A, aguarda por um tempo, de modo que o CTS de B chegue a A; em seguida, ela envia um RTS a D para indicar que precisa se comunicar com D. Tanto a estação A como a estação B podem ouvir esse RTS, mas a estação A se encontra no estado de transmissão e não no estado de recepção. A estação B, entretanto, responde com um CTS. O problema está aí. Se a estação A tiver iniciado a transmissão de seus dados, a estação C não será capaz de ouvir a estação D por causa da colisão; ela não poderá enviar seus dados a D permanece exposta até que A termine de transmitir seus dados, conforme ilustrado na Figura 14.13.

Figura 14.13 *Emprego de* handshaking *no problema da estação exposta*

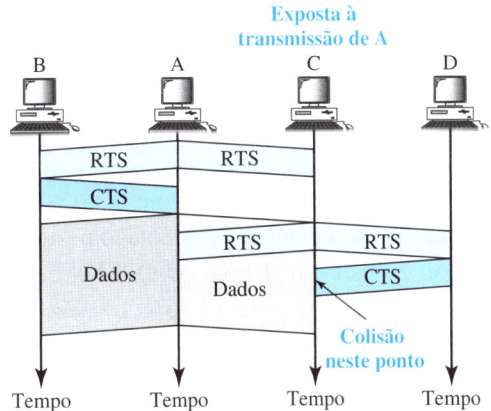

Camada Física

Neste tópico, iremos apresentar seis especificações de camada física para a transmissão de dados em redes LANs sem fio (WLANs), como pode ser observado na Tabela 14.4.

Tabela 14.4 *Camadas físicas*

IEEE	Técnica	Banda	Modulação	Velocidade (Mbps)
802.11	FHSS	2,4 GHz	FSK	1 e 2
	DSSS	2,4 GHz	PSK	1 e 2
		Infravermelho	PPM	1 e 2
802.11a	OFDM	5,725 GHz	PSK ou QAM	6 a 54
802.11b	DSSS	2,4 GHz	PSK	5,5 e 11
802.11g	OFDM	2,4 GHz	Diferente	22 e 54

Todas as implementações, exceto o infravermelho, operam na faixa de freqüências *ISM* (*industrial, científica e médica*) que estabelecem três faixas de freqüências não licenciadas nos três intervalos a seguir: 902-928 MHz, 2,400-4,835 GHz e 5,725-5,850 GHz, como mostrado na Figura 14.14.

Figura 14.14 *Faixa de freqüências ISM (industrial, científica e médica)*

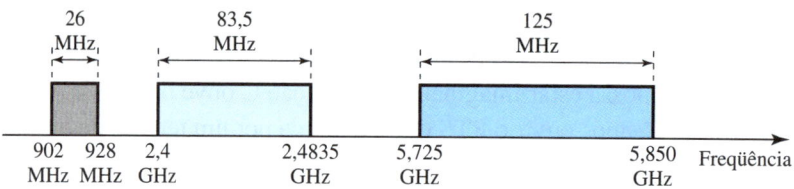

IEEE 802.11 FHSS

O IEEE 802.11 FHSS usa o método de espalhamento espectral por saltos de freqüência FHSS (*Frequency Hopping Spread Spectrum*) conforme previamente discutido no Capítulo 6. O FHSS usa a faixa ISM de 2,4 GHz. Essa faixa de freqüências é dividida em 79 subfaixas de 1 MHz (e bandas de proteção entre as faixas). Um gerador de números pseudo-aleatórios seleciona a seqüência de saltos. A técnica de modulação nessa especificação é o FSK de dois níveis, ou então o FSK de quatro níveis com 1 ou 2 bits/baud, o que resulta a taxa de dados total de 1 ou 2 Mbps, conforme mostra a Figura 14.15.

IEEE 802.11 DSSS

O IEEE 802.11 DSSS usa o método de espalhamento espectral de seqüência direta DSSS (*Direct Sequence Spread Spectrum*) conforme visto no Capítulo 6. O DSSS usa a faixa de freqüências ISM de 2,4 GHz. A técnica de modulação nesta especificação é o PSK a 1 Mbauds/s. O sistema permite 1 ou 2 bits/baud (BPSK ou QPSK), que resulta a taxa de dados total de 1 ou 2 Mbps, conforme mostrado na Figura 14.16.

IEEE 802.11 Infravermelho

O IEEE 802.11 infravermelho usa luz infravermelha na faixa de 800 a 950 nm. A técnica de modulação é denominada **PPM** (*Pulse Position Modulation*). Para uma velocidade de 1 Mbps,

Figura 14.15 *Camada física no IEEE 802.11 FHSS*

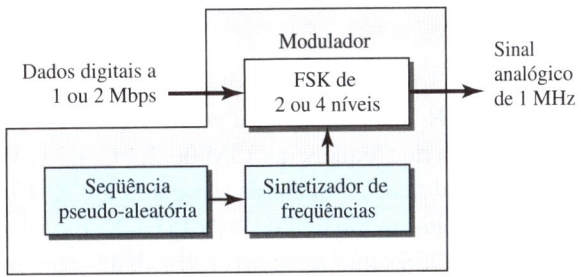

Figura 14.16 *Camada física no IEEE 802.11 DSSS*

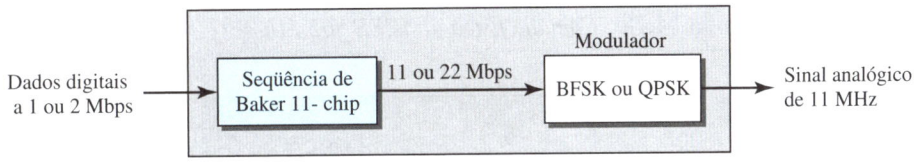

uma seqüência de 4 bits é, em primeiro lugar, associada a uma seqüência de 16 bits, na qual apenas um bit é configurado em 1 e o restante é configurado em 0. Para uma taxa de dados de 2 Mbps, uma seqüência de 2 bits é associada, inicialmente, a uma seqüência de 4 bits, na qual apenas um bit é configurado em 1 e o restante é configurado em 0. As seqüências associadas são, em seguida, convertidas em sinais ópticos; a presença de luz define bit 1 e a ausência de luz define bit 0. Ver Figura 14.17.

Figura 14.17 *Camada física no IEEE 802.11 infravermelho*

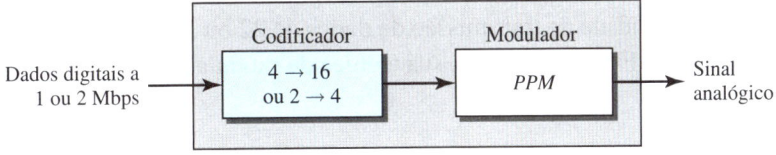

IEEE 802.11a OFDM

O IEEE 802.11a OFDM utiliza o método ortogonal de multiplexação por divisão de freqüência **OFDM** (*Orthogonal Frequency-Division Multiplexing*) para a geração de sinais na faixa de freqüências ISM de 5 GHz. O OFDM é semelhante ao FDM discutido anteriormente no Capítulo 6, com uma importante diferença. Todas as subfaixas são usadas simultaneamente por uma mesma estação de origem em dado instante. As estações disputam entre si o acesso ao meio físico de transmissão na camada de enlace de dados. Toda a banda passante é dividida em 52 subfaixas, sendo 48 delas para transmissão de 48 grupos de bits por vez e quatro subfaixas para informações de controle. O método é similar ao ADSL, conforme vimos no Capítulo 9. Dividir a faixa de freqüências em subfaixas reduz os efeitos da interferência. Se as subfaixas forem usadas randomicamente, a segurança também é aumentada.

O OFDM usa PSK e QAM para modulação. As velocidades típicas para transmissão de dados são 18 Mbps (PSK) e 54 Mbps (QAM).

IEEE 802.11b DSSS

O IEEE 802.11b DSSS utiliza o método de espalhamento espectral de seqüência direta de alta velocidade **HR-DSSS** (*High-bit rate Direct Sequence Spread Spectrum*) para a geração de sinais na faixa de freqüências ISM de 2,4 GHz. O HR-DSSS é similar ao DSSS, exceto pelo método de codificação, que é denominado **CCK** (*Complementary Code Keying*). O CCK codifica 4 ou 8 bits em um único símbolo CCK. Para ser compatível com as versões anteriores do DSSS, o HR-DSSS define quatro velocidades para transmissão de dados: 1, 2, 5,5 e 11 Mbps. As duas primeiras usam as mesmas técnicas de modulação do DSSS original. A versão de 5,5 Mbps usa o BPSK para transmitir a 1,375 Mbaud/s com codificação CCK de 4 bits. A versão de 11 Mbps usa QPSK para transmitir a 1,375 Mbaud/s com codificação CCK de 8 bits. A Figura 14.18 mostra as técnicas de modulação para esse padrão.

Figura 14.18 *Camada física no IEEE 802.11b*

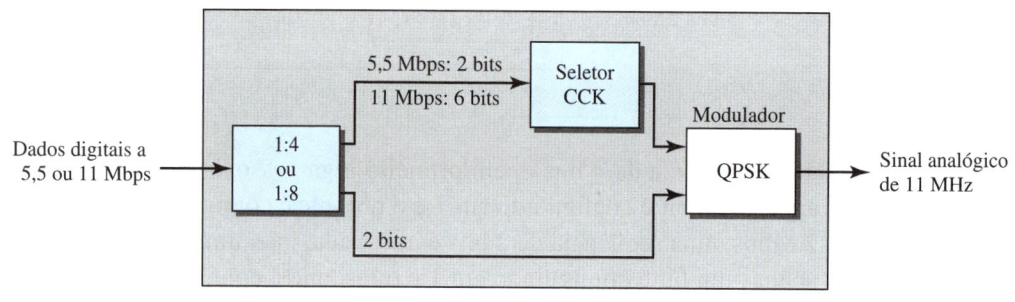

IEEE 802.11g

Essa nova especificação estabelece procedimentos para a correção antecipada de erros e o método OFDM na faixa de freqüências ISM de 2,4 GHz. Essa técnica de modulação atinge uma velocidade de transmissão de dados de 22 ou 54 Mbps. Ela é compatível com versões anteriores do IEEE 802.11b, mas sua técnica de modulação é o OFDM.

14.2 BLUETOOTH

Bluetooth é uma tecnologia para redes LANs sem fio (WLANs) desenvolvida para conectar diversos tipos de dispositivos de diferentes funções, como telefones, notebooks, computadores (desktop e laptop), câmeras, impressoras, cafeteiras e assim por diante. Uma rede Bluetooth é uma rede *ad hoc*, o que significa que é formada espontaneamente; os dispositivos, algumas vezes chamados de *gadgets*, se localizam e criam uma rede chamada piconet. Uma LAN Bluetooth pode até mesmo ser conectada à Internet se um dos *gadgets* tiver essa capacidade. Por natureza, uma LAN Bluetooth não pode ser grande. Se existirem muitos *gadgets* tentando se conectar, — se configurará uma situação caótica.

A tecnologia Bluetooth tem várias aplicações. Dispositivos periféricos, como mouse ou teclado sem fio, podem se comunicar com um computador desktop através desta tecnologia. Dispositivos de monitoramento podem se comunicar com sensores em uma UTI de um hospital. Dispositivos de segurança domésticos podem usar esta tecnologia para interligar diversos sensores espalhados à central de monitoramento de segurança. Participantes de um congresso poderiam sincronizar seus computadores pessoais com o computador do palestrante.

A tecnologia Bluetooth foi originalmente desenvolvida pela Ericsson Company. Ela recebeu esse nome em homenagem a Harald Blaatand, rei da Dinamarca (940-981) que uniu a Dinamarca e a Noruega. *Blaatand* foi traduzido para o inglês como *Bluetooth*.

Hoje em dia, a tecnologia Bluetooth está baseada na implementação de um protocolo especificado pelo padrão IEEE 802.15, que define uma PAN (*Personal-Area Network*) sem fio operável em uma área do tamanho de uma sala ou de um hall.

Arquitetura

O padrão Bluetooth define dois tipos de redes: piconets e scatternet.

Piconets

Uma rede Bluetooth é denominada ***piconet*** ou uma pequena rede. Uma piconet pode ter até oito estações, uma das quais é chamada **primária**,[†] as demais são chamadas **secundárias**. Todas as estações secundárias sincronizam seus clocks e seqüências de saltos com a primária. Note que, em uma piconet, podemos ter apenas uma estação primária. A comunicação entre primária e secundárias pode ser um-para-um (ponto a ponto) ou um-para-vários (multiponto). A Figura 14.19 apresenta uma piconet.

Figura 14.19 *Piconet*

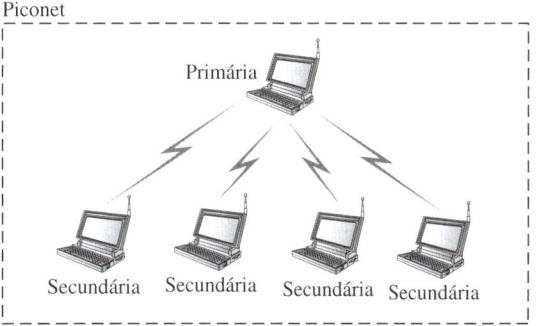

Embora uma piconet possa interligar simultaneamente no máximo sete secundárias, outras oito estações secundárias podem ser adicionadas, mas estas devem estar no *estado estacionado*. Uma secundária que se encontra no estado estacionado permanece sincronizada com a primária; no entanto, não pode fazer parte da comunicação até deixar o estado estacionado. Como apenas oito estações podem estar ativas ao mesmo tempo em uma piconet, retirar uma estação do estado estacionado significa que uma estação ativa tem de ir para o estado estacionado.

Scatternet

Redes piconets podem ser combinadas para formar o que é chamado ***scatternet***. Uma estação secundária de uma piconet pode ser a primária de outra piconet. Essa estação pode receber

---

[†]Em referências bibliográficas, algumas vezes usam-se os termos *mestre* e *escravo em vez de primária e secundária*. Preferimos o último.

mensagens da estação primária da primeira piconet (no qual atua como secundária) e, atuando como primária, pode enviar mensagens para as secundárias da segunda piconet. Uma estação pode pertencer a duas piconets. A Figura 14.20 mostra uma rede scatternet.

Figura 14.20 *Scatternet*

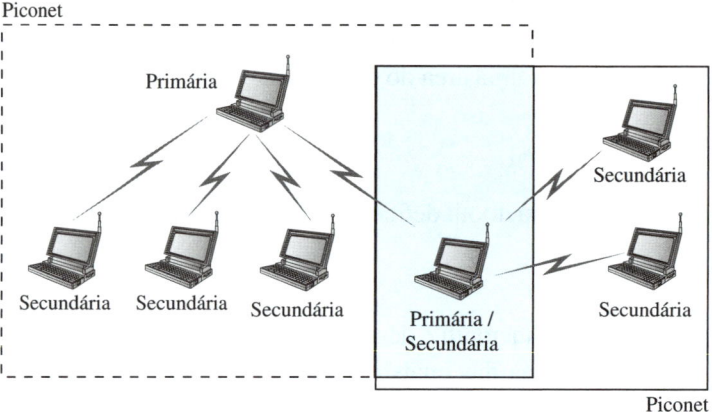

Dispositivos Bluetooth

Todo dispositivo Bluetooth tem um transmissor embutido na faixa de radiofreqüência de curto alcance. A taxa de dados atual é de 1 Mbps para a faixa de freqüências de 2,4 GHz. Isso significa que existem possibilidades reais de interferência entre as LANs IEEE 802.11b e as LANs Bluetooth.

Camadas no Bluetooth

O Bluetooth utiliza diversas camadas que não coincidem exatamente com aquelas do modelo Internet apresentado neste livro. A Figura 14.21 mostra essas camadas.

Figura 14.21 *Camadas no Bluetooth*

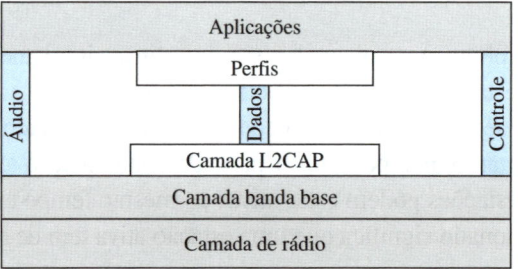

Camada de Rádio

A camada de rádio equivale, a grosso modo, à camada física do modelo Internet. Os dispositivos Bluetooth são de baixa potência e têm um alcance típico de 10 m.

SEÇÃO 14.2 BLUETOOTH

Faixa de Freqüências

O Bluetooth opera na faixa de freqüências ISM de 2,4 GHz divididas em 79 canais de 1 MHz cada.

FHSS

O Bluetooth usa o método de espalhamento espectral de saltos de freqüência **FHSS** (*Frequency Hopping Spread Spectrum*) na camada física para evitar interferências com outros dispositivos ou outras redes. O Bluetooth realiza 1.600 saltos de freqüência por segundo, o que significa que cada dispositivo muda sua freqüência de modulação 1.600 vezes por segundo. Um dispositivo usa uma freqüência por apenas 625 µs (1/1.600 s) antes de saltar para outra freqüência; o tempo de permanência em dada freqüência é de 625 µs.

Modulação

Para transformar bits em sinais, o Bluetooth usa uma versão sofisticada do FSK denominada GFSK (FSK com filtragem gaussiana; uma discussão sobre esse tópico está fora do escopo deste livro). O GFSK tem uma freqüência de portadora. O bit 1 é representado por um desvio de freqüência acima da portadora; o bit 0 é representado por um desvio de freqüência abaixo da portadora. As freqüências de cada canal, em megahertz, são definidas de acordo com a seguinte fórmula:

$$f_c = 2402 + n \qquad n = 0, 1, 2, 3, \ldots, 78$$

Neste exemplo, o primeiro canal usa a freqüência de portadora 2.402 MHz (2,402 GHz) e o segundo canal usa a freqüência de portadora 2.403 MHz (2,403 GHz).

Camada Banda Base

A camada banda base equivale, de modo grosseiro, à subcamada MAC das redes LANs. O método de acesso é o TDMA (ver Capítulo 12). As estações primária e secundárias se comunicam entre si por intermédio de time-slots. A duração de um time-slot é exatamente a do tempo de permanência, ou seja, 625 µs. Isso quer dizer que, durante o tempo em que uma freqüência é usada, um emissor envia um frame a uma estação secundária ou uma estação secundária envia um frame à primária. Note que a comunicação se dá apenas entre o primário e um secundário; os secundários não podem se comunicar diretamente entre si.

TDMA

O Bluetooth usa uma variação do TDMA (ver Capítulo 12) chamado **TDD-TDMA** (*Time-Division Duplexing* — **TDMA**). O TDD-TDMA implementa comunicação half-duplex na qual a estação secundária e o receptor transmitem e recebem dados, mas, não ao mesmo tempo; entretanto, a comunicação em cada sentido usa freqüências de saltos diferentes. Isso é similar a walkie-talkies, só que utilizando diferentes freqüências de portadora.

Comunicação com Único Secundário Se a piconet tiver apenas uma estação secundária, a operação TDMA é muito simples. O tempo é dividido em slots de 625 µs. O primário utilizará os slots pares (0, 2, 4, ...); o secundário usará os slots ímpares (1, 3, 5, ...). O TDD-TDMA permite que o primário e o secundário se comuniquem no modo half-duplex. No slot 0, o primário transmite e o secundário recebe; no slot 1, o secundário transmite e o primário recebe. O ciclo se repete continuamente. A Figura 14.22 ilustra o conceito.

Figura 14.22 *Comunicação com único secundário*

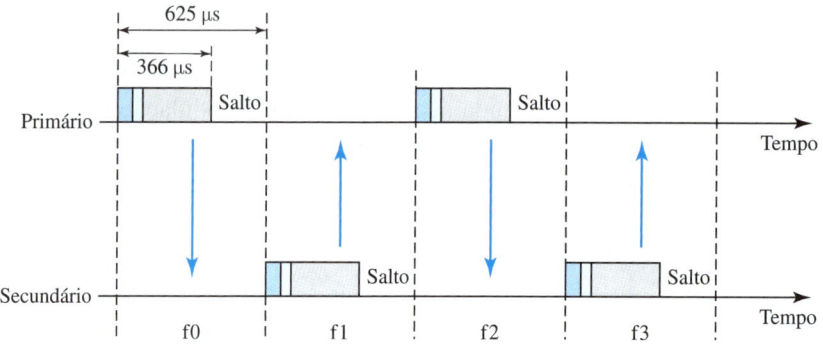

Comunicação com Vários Secundários O processo é um pouco mais complexo quando existe mais de um secundário na piconet. Enfatizando, o primário usa os slots pares, mas um secundário pode transmitir no slot ímpar seguinte somente se o pacote no slot anterior tiver sido endereçado a ele. Todos os secundários "escutam" a rede nos slots pares, mas, apenas um deles transmite no slot ímpar. A Figura 14.23 mostra a situação.

Figura 14.23 *Comunicação com vários secundários*

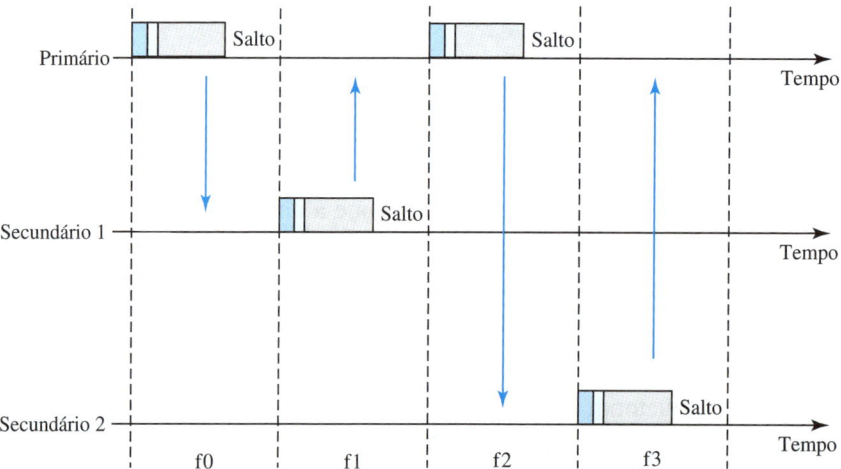

Vejamos a figura com mais detalhes.

1. No slot 0, o primário envia um frame para o secundário 1.
2. No slot 1, apenas o secundário 1 envia um frame ao primário, pois o frame anterior foi endereçado ao secundário 1; os demais secundários permanecem em silêncio.

3. No slot 2, o primário envia um frame ao secundário 2.
4. No slot 3, apenas o secundário 2 envia um frame ao primário, pois o frame anterior era endereçado ao secundário 2; os demais secundários permanecem em silêncio.
5. O ciclo prossegue.

Podemos dizer que esse método de acesso é similar a uma operação de poll/select com o uso de reservas. Quando o primário seleciona um secundário, ele também realiza o polling. O slot seguinte é reservado para a estação secundária, que recebeu o polling, transmitir seu frame. Se o secundário não tiver frames a transmitir, o canal permanece no estado livre.

Camadas Físicas

Dois tipos de enlaces podem ser criados entre um primário e um secundário: enlaces SCO e enlaces ACL.

SCO Um enlace **SCO** (*Synchronous Connection-Oriented*) é usado sempre que a latência (retardo na transmissão de dados) for mais importante que a integridade dos dados (entrega sem erros). Em um enlace SCO, é criado um enlace físico entre o primário e o secundário por meio da reserva de slots específicos em intervalos regulares. A unidade básica de conexão são dois slots, um em cada sentido. Se um pacote for corrompido, jamais será retransmitido. O SCO é usado para aplicações de áudio em tempo real, nas quais a latência entre frames é de extrema importância. Um secundário pode criar até três enlaces SCO com o primário, transmitindo áudio digitalizado (PCM) a 64 kbps em cada enlace.

ACL Um enlace **ACL** (*Asynchronous Connectionless Link*) é usado quando a integridade dos dados é mais importante que a latência. Nesse tipo de enlace, se um payload encapsulado no frame for corrompido, ele será retransmitido. Uma estação secundária retorna um frame ACL no próximo slot ímpar disponível se, e somente se, o slot anterior tiver sido endereçado a ela. O ACL pode usar um, três ou mais slots e pode atingir velocidade máxima de transmissão de dados de 721 kbps.

Formato do Frame

Um frame da camada banda base pode ser de um dos três tipos a seguir: 1-slot, 3-slot ou 5-slot. Cada slot, como dito anteriormente, tem uma duração de 625 μs. Entretanto, na troca de frames de um slot, são necessários 259 μs para implementar os mecanismos de controle de saltos. Isso significa que um frame de um único slot (1-slot) durará apenas 625 – 259, ou 366 μs. Para uma largura de banda de 1 MHz e 1 bit/Hz, o comprimento de um frame 1-slot é de 366 bits.

Um frame 3-slots ocupa três slots. Entretanto, já que 259 μs são usados para controle e saltos, o comprimento do frame é igual a 3 × 625 – 259 = 1.616 μs ou 1.616 bits. Um dispositivo que use frames 3-slots permanece no mesmo salto (na mesma freqüência de portadora) por três slots. Muito embora seja usado apenas um número de salto, os três números são consumidos. Isso quer dizer que o número do salto de cada frame é igual ao do primeiro slot do frame.

Um frame com cinco slots também necessita de 259 bits para controle de saltos, o que significa que o comprimento do frame é 5 × 625 – 259 = 2.866 bits.

A Figura 14.24 mostra o formato dos três tipos de frames.

A seguir, apresentamos uma descrição de cada campo:

❑ **Access Code** (código de acesso). Esse campo de 72 bits normalmente contém, além de bits de sincronização, a identificação da estação primária (ID), o qual permite diferenciar frames provenientes de diferentes piconets.

Figura 14.24 *Tipos de formato de um frame da camada banda base bluetooth*

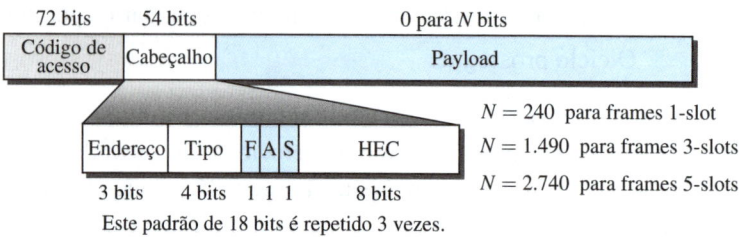

- **Cabeçalho**. Esse campo de 54 bits é um padrão de 18 bits que se repete por três vezes. Cada padrão contém os seguintes subcampos:

    1. **Endereço**. O subcampo de endereço, de 3 bits, pode definir até sete estações secundárias (de 1 a 7). Se o endereço for zero, ele é usado como endereço de broadcast para as comunicações da estação primária com todas as secundárias de uma mesma rede.
    2. **Tipo**. O subcampo tipo, de 4 bits, define o tipo de dados provenientes das camadas superiores. Falaremos desses tipos posteriormente.
    3. **F**. Esse subcampo de 1 bit destina-se ao controle de fluxo. Quando ativado (1), indica que o dispositivo está incapacitado de receber mais frames (o buffer está cheio).
    4. **A**. Esse subcampo de 1 bit destina-se à confirmação de mensagens. O Bluetooth usa o método ARQ *Stop-and-Wait*; nesse caso, 1 bit é suficiente para confirmação (ACK) de mensagens.
    5. **S**. Esse subcampo de 1 bit destina-se ao número de seqüência. O Bluetooth usa o método ARQ *Stop-and-wait*; neste caso, 1 bit é suficiente para o controle do número de seqüência.
    6. **HEC**. O subcampo HEC — *Header Error Control* (correção de erros do cabeçalho), de 8 bits, implementa a técnica de *checksum* para detectar erros em cada seção no cabeçalho de 18 bits.

    O cabeçalho possui três seções idênticas de 18 bits. O receptor compara essas três seções, bit por bit. Se cada um dos bits correspondentes for o mesmo, o bit é aceito. Caso contrário, prevalecerá a maior quantidade de ocorrências do bit. Essa é uma forma de correção de erros antecipada (somente para o cabeçalho). Esse controle de erros duplicado é necessário em decorrência de a natureza da comunicação, via aérea, ser muito suscetível a ruídos. Observe que não há retransmissão nessa subcamada.

- **Payload**. Esse subcampo pode ter de 0 a 2.740 bits de comprimento. Ele contém dados ou informações de controle provenientes das camadas superiores.

L2CAP

O *Logical Link Control and Adaptation Protocol* (**L2CAP**), equivale, grosso modo, à subcamada LLC das redes LANs. Ele é usado para troca de dados em um enlace ACL; os canais SCO não usam o L2CAP. A Figura 14.25 mostra o formato do pacote de dados nesse nível.

O campo length de 16 bits de comprimento define o tamanho dos dados, em bytes, provenientes das camadas superiores. Os dados podem ter até 65.535 bytes. O campo Channel ID (CID), identificação do canal, define um identificador exclusivo para cada canal virtual criado nesse nível (ver a seguir).

O L2CAP implementa funções específicas: multiplexação, segmentação e remontagem, qualidade de serviço (QoS) e gerenciamento de grupos.

Figura 14.25 *Formato do pacote de dados L2CAP*

2 bytes	2 bytes	0 para 65.535 bytes
Comprimento	ID do canal	Dados e controle

Multiplexação

O L2CAP pode implementar multiplexação de dados. No lado do emissor, ele aceita dados de um dos protocolos das camadas superiores, os agrupa em frames e os entrega para a camada banda base. No lado do receptor, ele aceita um frame da camada banda base, extrai os dados e os entrega para a camada superior de protocolo apropriada. Ele cria uma espécie de canal virtual, sobre o qual falaremos em capítulos posteriores, quando tratarmos de protocolos de mais alto nível.

Segmentação e Remontagem

O tamanho máximo do campo payload na camada banda base é de 2.774 bits, ou 343 bytes. Estão inclusos 4 bytes que definem o tipo do pacote e seu comprimento. Conseqüentemente, o tamanho do pacote proveniente da camada superior pode ter apenas 339 bytes. Entretanto, as camadas de aplicação algumas vezes precisam transmitir pacotes de dados maiores, que podem chegar a 65.535 bytes (um pacote da Internet, por exemplo). Portanto, a camada L2CAP fragmenta esses pacotes grandes em segmentos e acrescenta informação de controle adicional para definir a posição dos segmentos em relação ao pacote original. O L2CAP segmenta o pacote na origem e o remonta no destino.

QoS

O Bluetooth permite que as estações definam um nível de qualidade de serviços para a transmissão de seus dados. Trataremos de qualidade de serviços (QoS) no Capítulo 24. Por enquanto, basta saber que, se não estiver definido um nível de qualidade de serviços, o Bluetooth utilizará o padrão *best-effort* (o melhor serviço possível); ou seja, ele tentará fazer o máximo possível sob as condições de momento.

Gerenciamento de Grupos

Outra funcionalidade da camada L2CAP é permitir que dispositivos criem um tipo de endereçamento lógico exclusivo entre eles. Isso é similar ao multicasting. Por exemplo, dois ou três dispositivos secundários podem fazer parte de um grupo multicast para receber dados do primário.

Outras Camadas Superiores

O Bluetooth define vários protocolos para as camadas superiores que usam os serviços do L2CAP, esses protocolos são específicos para cada finalidade.

14.3 LEITURA RECOMENDADA

Para mais detalhes sobre os assuntos discutidos neste capítulo, recomendamos os seguintes livros. Os itens entre colchetes [...] correspondem à lista de referências bibliográficas no final do texto.

Livros

As redes sem fio e o Bluetooth são discutidos em vários livros, entre os quais o [Sch03] e [Gas02]. As LANs sem fio são discutidas no Capítulo 15 de [For03], Capítulo 17 de [Sta04], nos Capítulos 13 e 14 de [Sta02] e no Capítulo 8 de [Kei02]. O Bluetooth é discutido no Capítulo 15 de [Sta02] e no Capítulo 15 de [FOR03].

14.4 TERMOS-CHAVE

ACL (*Asynchronous Connectionless Link*)
AP (*Access Point*)
Bluetooth
BSS (*Basic Service Set*)
CCK (*Complementary Code Keying*)
DCF (*Distributed Coordination Function*)
DIFS (*Distributed Inter Frame Space*)
DSSS (*Direct Sequence Spread Spectrum*)
ESS (*Extended Service Set*)
FHSS (*Frequency Hopping Spread Spectrum*)
frame de sinalização (*beacon frame*)
HR-DSSS (*High-Rate Direct Sequence Spread Spectrum*)
IEEE 802.11
Intervalo de repetição
L2CAP (*Logical Link Control and Adaptation Protocol*)
Mobilidade de transição inter-BSS

Mobilidade de transição inter-ESS
Mobilidade sem transição
NAV (*Network Allocation Vector*)
OFDM (*Orthogonal Frequency Division Multiplexing*)
PCF (*Point Coordination Function*)
Período de *handshaking*
Piconet
PPM (*Pulse Position Modulation*)
primária
scatternet
SCO (*Synchronous Connection-Oriented*)
secundárias
SIFS (*Short Interframe Space*)
TDD-TDMA (*Time Division Duplexing TDMA*)
Wireless LAN (*WLANs*)

14.5 RESUMO

❑ O padrão IEEE 802.11 para LANs sem fio (*Wireless LANs* — WLANs) define dois tipos de serviços: *Basic Service Set* (BSS) e *Extended Service Set* (ESS).

❑ O método de acesso utilizado na subcamada MAC DCF (*Distributed Coordination Function*) é o CSMA/CA.

❑ O método de acesso utilizado na subcamada MAC PCF (*Point Coordination Function*) é o *polling* (varredura).

❑ O *Network Allocation Vector* (NAV) é um timer usado para evitar colisões (*collision avoidance*).

❑ O frame de uma camada MAC possui nove campos. O mecanismo de endereçamento permite incluir até quatro endereços por frame.

❑ As LANs sem fio (WLANs) usam frames de gerenciamento, de controle e de dados.

- O IEEE 802.11 define vários padrões de camadas físicas, com diferentes taxas de dados e técnicas de modulação.
- Bluetooth é uma tecnologia para LANs sem fio (WLANs) que interliga dispositivos (denominados *gadgets*) em uma área pequena.
- Uma rede Bluetooth é chamada piconet. Várias piconets juntas formam uma rede denominada scatternet.
- Uma rede Bluetooth é formada por um dispositivo primário e por até sete dispositivos secundários.

14.6 ATIVIDADES PRÁTICAS

Questões para Revisão

1. Qual é a diferença entre BSS e ESS?
2. Discuta os três tipos possíveis de mobilidade em uma LAN sem fio (WLAN).
3. Em que difere o OFDM do FDM?
4. Qual é o método de acesso utilizado nas LANs sem fio (WLANs)?
5. Qual é o propósito do NAV?
6. Compare uma piconet com uma scatternet.
7. Compare o modelo de rede em camadas do Bluetooth com o do modelo Internet.
8. Quais são os dois tipos de enlaces entre uma estação primária e uma secundária no Bluetooth?
9. Na comunicação com vários secundários, quem utiliza slots pares para transmissão de dados e quem utiliza slots ímpares?
10. Quanto tempo de um frame Bluetooth de único slot é utilizado para implementar o mecanismo de controle de saltos? E para um frame 3-slots? E para um 5-slots?

Exercícios

11. Compare e mostre as diferenças entre os métodos de acesso CSMA/CD e CSMA/CA.
12. Use a Tabela 14.5 para comparar e contrastar os campos do IEEE 802.3 e do IEEE 802.11.

Tabela 14.5 *Exercício 12*

Campos	Tamanho do campo IEEE 802.3	Tamanho do campo IEEE 802.11
Endereço de destino		
Endereço de origem		
Endereço 1		
Endereço 2		
Endereço 3		
Endereço 4		
FC		

Tabela 14.5 *Exercício 12 (continuação)*

Campos	Tamanho do campo IEEE 802.3	Tamanho do campo IEEE 802.11
D/ID		
SC		
Comprimento do PDU		
Dados e preenchimento		
Corpo do frame		
FCS (CRC)		

CAPÍTULO 15

Conexão de LANs, Redes Backbone e LANs Virtuais

Normalmente, as LANs não operam de forma isolada. Elas são conectadas entre si ou à Internet. Para interligar LANs, ou segmentos de LANs, usamos dispositivos de conexão, que podem operar em diferentes camadas da Arquitetura TCP/IP. Neste capítulo, abordamos apenas aqueles que operam nas camadas física e de enlace de dados; no Capítulo 19 trataremos daqueles que operam nas três primeiras camadas.

Após discutirmos alguns dispositivos de conexão, mostraremos como eles são empregados para criar redes backbone. Finalmente, falaremos sobre as redes locais virtuais (VLANs).

15.1 DISPOSITIVOS DE CONEXÃO

Nesta seção, dividimos os **dispositivos de conexão** em cinco categorias distintas, tomando como base a camada em que operam em uma rede, conforme ilustrado na Figura 15.1.

Figura 15.1 *Cinco categorias de dispositivos de conexão*

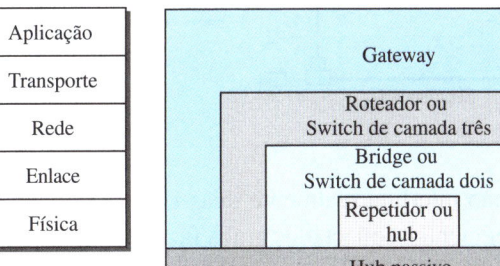

As cinco categorias contêm dispositivos de conexão que podem ser definidos como

1. Aqueles que operam abaixo da camada física, por exemplo, um hub.
2. Aqueles que operam na camada física (um repetidor ou um hub ativo).
3. Aqueles que operam nas camadas física e de enlace (uma bridge ou um Switch de camada dois).

4. Aqueles que operam nas camadas física, de enlace e de rede (um roteador ou um Switch de camada três).
5. Aqueles capazes de operar em todas as cinco camadas (um gateway).

Hubs Passivos

Um hub passivo é simplesmente um conector. Ele conecta os cabos provenientes de diferentes ramificações. Em uma LAN Ethernet com topologia estrela, um hub passivo é simplesmente um ponto onde os sinais provenientes de diferentes estações colidem; é o ponto de colisão. Esse tipo de hub faz parte dos meios de transmissão; sua posição na arquitetura TCP/IP é abaixo da camada física.

Repetidores

Um **repetidor** é um dispositivo que opera apenas na camada física. Sinais que transportam informações dentro de uma rede podem trafegar a uma distância fixa antes da atenuação colocar em risco a integridade dos dados. Um repetidor recebe um sinal e, antes de ele se tornar muito fraco ou corrompido, regenera o padrão de bits original. O repetidor encaminha então o sinal regenerado. Um repetidor pode estender o comprimento físico de uma LAN, como mostra a Figura 15.2.

Figura 15.2 *Um repetidor conectando dois segmentos de uma LAN*

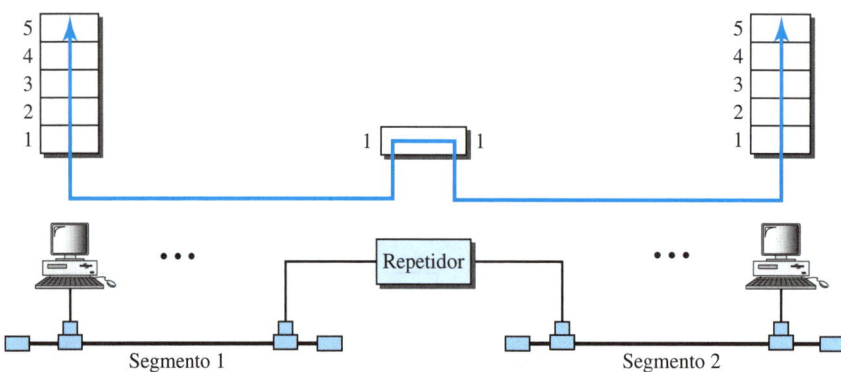

Um repetidor não interliga realmente duas LANs; ele conecta dois segmentos (trechos) da mesma LAN. Os segmentos conectados ainda fazem parte de uma única LAN. Um repetidor não é um dispositivo capaz de interligar duas LANs de protocolos diferentes.

Um repetidor conecta segmentos de uma LAN.

Um repetidor é capaz de superar a restrição de comprimento de redes Ethernet 10Base5. Nesse padrão, o comprimento do cabo é limitado a 500 m. Para estender esse comprimento, dividimos o cabo em segmentos e instalamos repetidores entre eles. Note que a rede inteira ainda é considerada uma LAN, mas as partes da rede separadas por repetidores são denominadas **segmentos**. O repetidor atua como um nó de duas portas, no entanto opera apenas na camada física. Quando recebe um frame de qualquer uma das portas, ele o regenera e o encaminha para a outra porta.

> **Um repetidor encaminha todos os frames; ele não tem capacidade de filtragem.**

É tentador comparar um repetidor a um amplificador; entretanto, a comparação não é precisa. Um **amplificador** não é capaz de fazer a distinção entre o sinal pretendido e o ruído; ele amplifica da mesma forma tudo o que nele for alimentado. Um repetidor não amplifica o sinal; ele o regenera. Ao receber um sinal fraco ou corrompido, ele cria uma cópia, bit a bit, do nível original.

> **Um repetidor é um regenerador, não um amplificador.**

A posição de um repetidor em um link é vital. Um repetidor tem de ser posicionado de forma que um sinal o atinja antes de qualquer ruído modificar o significado original de qualquer um de seus bits. Um pequeno ruído já é suficiente para alterar a precisão da tensão de um bit sem destruir sua identidade (veja a Figura 15.3). Se, entretanto, o bit corrompido trafegar muito além, o ruído acumulado pode alterar completamente seu significado. Nesse ponto, o nível de tensão original não é recuperável e o erro precisa ser corrigido. Um repetidor posicionado na linha antes da legibilidade do sinal ser perdida ainda pode ler o sinal suficientemente bem para determinar os níveis de tensão desejados e reproduzi-los em sua forma original.

Figura 15.3 *Função de um repetidor*

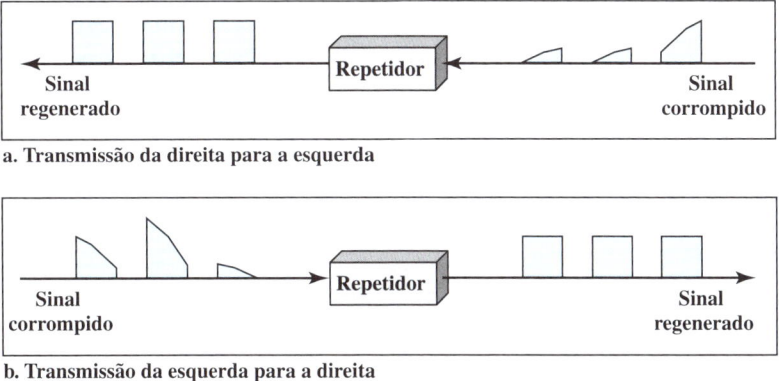

Hubs Ativos

Um **hub** ativo é, na verdade, um repetidor multiportas. Normalmente, é usado para criar conexões entres estações em uma topologia física em estrela. Vimos exemplos de hubs em algumas implementações Ethernet (10Base-T, por exemplo). Entretanto, os hubs também podem ser usados para criar vários níveis de hierarquia, conforme mostrado na Figura 15.4. O uso hierárquico dos hubs elimina a limitação de comprimento do 10Base-T (100 m).

Bridge

Uma **bridge** opera tanto na camada física quanto na de enlace de dados. Como um dispositivo da camada física, ela regenera o sinal que recebe. Ao atuar como um dispositivo da camada de enlace de dados, a bridge pode verificar os endereços (MAC) físicos (origem e destino) contidos no frame.

Figura 15.4 *Uma hierarquia de hubs*

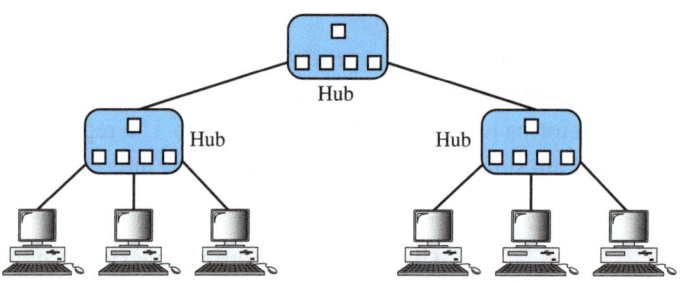

Filtragem

Alguém poderia perguntar: "Qual é a diferença, em termos de funcionalidade, entre uma bridge e um repetidor?" Uma bridge tem capacidade de **filtragem**. Ela é capaz de verificar o endereço de destino de um frame e decidir se este deve ser encaminhado ou descartado. Se o frame tiver de ser encaminhado, a decisão deve especificar a porta. Uma bridge tem uma tabela que associa endereços a portas.

> **Uma bridge tem uma tabela que é usada nas decisões de filtragem.**

Vamos dar um exemplo. Na Figura 15.5, duas LANs são interligadas por uma bridge. Se um frame destinado à estação 712B13456142 chega à porta 1, a bridge consulta sua tabela para descobrir a porta de partida. De acordo com sua tabela, os frames para 712B13456142 partem da porta 1; conseqüentemente, não há nenhuma necessidade de encaminhá-lo e o frame é descartado. Por outro lado, se um frame para 712B13456141 chegar na porta 2, a porta de partida é a porta 1 e o frame é encaminhado. No primeiro caso, a LAN 2 permanece livre de tráfego; no

Figura 15.5 *Uma ponte interligando duas LANs*

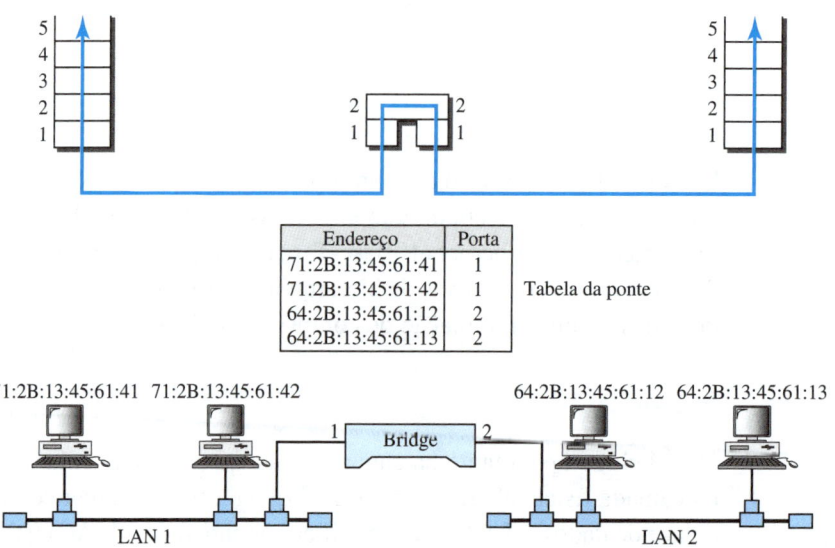

segundo, ambas as LANs estarão com tráfego. Em nosso exemplo, mostramos uma bridge de duas portas; na realidade, normalmente uma bridge apresenta um número maior de portas.

Note também que uma bridge não altera os endereços físicos contidos no frame.

Uma bridge não altera os endereços (MAC) físicos em um frame.

Bridges Transparentes

Em uma **bridge transparente** as estações desconhecem completamente a existência da bridge. Se uma bridge for acrescentada ou eliminada do sistema, a reconfiguração das estações é desnecessária. De acordo com a especificação IEEE 802.1d, um sistema equipado com bridges transparentes deve atender a três critérios:

1. Os frames devem ser encaminhados de uma estação a outra.
2. A tabela de encaminhamento é construída automaticamente tomando-se conhecimento da movimentação dos frames na rede.
3. Devem-se evitar os loops no sistema.

Encaminhamento Uma bridge transparente deve encaminhar os frames corretamente, como discutido na seção anterior.

Aprendizado As primeiras bridges tinham tabelas de encaminhamento estáticas. O administrador de sistemas tinha de introduzir, manualmente, cada entrada da tabela durante a configuração da bridge. Embora o processo fosse simples, não era prático. Se uma estação fosse acrescentada ou eliminada, a tabela deveria ser modificada manualmente. O mesmo era válido se o endereço MAC tivesse sido modificado, evento que não é raro. Por exemplo, adicionar uma nova placa de rede significa um novo endereço MAC.

Uma solução melhor que a tabela estática é uma tabela dinâmica que, automaticamente, associa endereços a portas. Para criar uma tabela dinâmica, precisamos de uma bridge que vá conhecendo e aprendendo, gradualmente, os movimentos dos frames. Para tanto, a bridge inspeciona os endereço de origem, bem como os de destino. O endereço de destino é utilizado para a decisão sobre encaminhamento (pesquisa em tabela); o endereço de origem é usado para acrescentar entradas à tabela e para fins de atualização. Examinemos mais de perto esse processo com o auxílio da Figura 15.6.

1. Quando a estação A envia um frame à estação D, a bridge não tem entrada nem para D nem para A. O frame parte de todas as três portas; ele "inunda" a rede. Entretanto, analisando os endereços de origem, a bridge toma conhecimento de que a estação A tem de estar localizada na LAN interligada à porta 1. Isso significa que os frames destinados à A, no futuro, devem ser enviados através da porta 1. A bridge acrescenta essa entrada à sua tabela. A tabela agora possui sua primeira entrada.

2. Quando a estação E envia um frame à estação A, a bridge tem uma entrada para A, de modo que ela encaminha o frame apenas para a porta 1. Não existe "inundação" de dados. Além disso, ela usa o endereço de origem do frame, E, para acrescentar uma segunda entrada à tabela.

3. Quando a estação envia um frame para C, a bridge não possui nenhuma entrada para C e, portanto, mais uma vez ela "inunda" a rede e acrescenta mais uma entrada à tabela.

4. O processo de aprendizado continua à medida que a bridge for encaminhando frames.

Figura 15.6 *Uma bridge que acumula dados e seu processo de aprendizado*

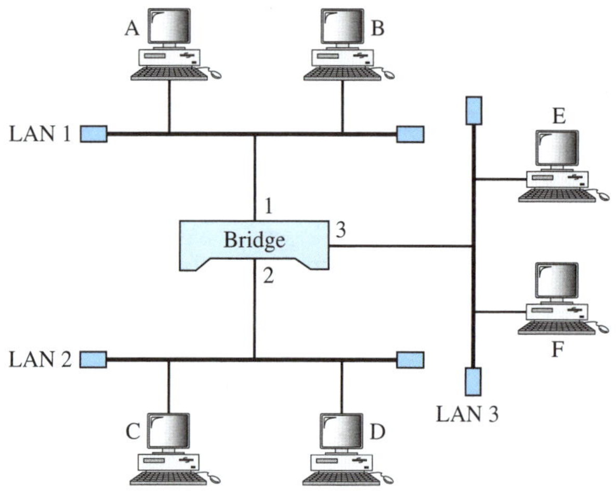

Endereço	Porta

a. Original

Endereço	Porta
A	1

b. Após A enviar um frame para D

Endereço	Porta
A	1
E	3

c. Após E enviar um frame para A

Endereço	Porta
A	1
E	3
B	1

d. Após B enviar um frame para C

Problema de Loops As bridges transparentes funcionam bem desde que não exista nenhuma bridge redundante no sistema. Entretanto, os administradores de redes gostam de ter bridges redundantes (mais de uma entre um par de LANs) para tornar o sistema mais confiável. Se uma bridge falhar, outra assume seu lugar até que aquela com problemas seja reparada ou substituída. A redundância pode criar loops no sistema, fato não desejável. A Figura 15.7 mostra um exemplo muito simples de um loop criado em um sistema com duas LANs conectadas por duas bridges.

1. A estação A envia um frame à estação D. As tabelas de ambas as bridges se encontram vazias. Ambas encaminham o frame e atualizam suas tabelas no endereço de origem A.

2. Agora, existem duas cópias do frame na LAN 2. A cópia enviada pela bridge 1 é recebida pela bridge 2, que não tem nenhuma informação sobre o endereço de destino D; ela "inunda" a rede. A cópia enviada pela bridge 2 é recebida pela bridge 1 e é enviada por falta de informação sobre D. Perceba que cada frame é tratado separadamente, pois as bridges, atuando como dois nós em uma rede compartilhando o meio de transmissão, usam um método de acesso como o CSMA/CD. As tabelas de ambas as bridges são atualizadas, mas ainda não existe nenhuma informação sobre o destino D.

3. Desta vez, temos duas cópias do frame na LAN 1. O passo 2 é repetido e ambas as cópias "inundam" a rede.

4. O processo continua assim por diante. Observe que as bridges também são repetidores e regeneram frames. Portanto, em cada iteração, há cópias recém-regeneradas dos frames.

Para resolver o problema de loops, a especificação da IEEE exige que as bridges usem o algoritmo spanning-tree para criar uma topologia sem a existência de loops.

Figura 15.7 *Problema do loop em uma bridge que acumula conhecimento*

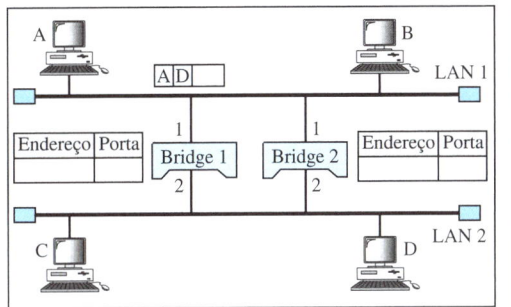
a. A estação A envia um frame para a estação D

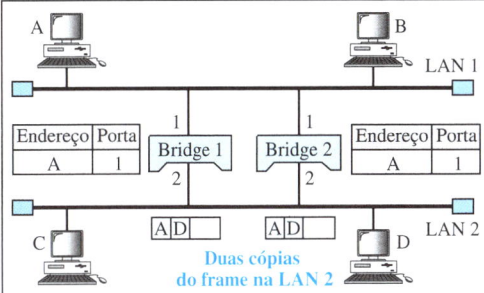
b. Ambas as bridges encaminham o frame

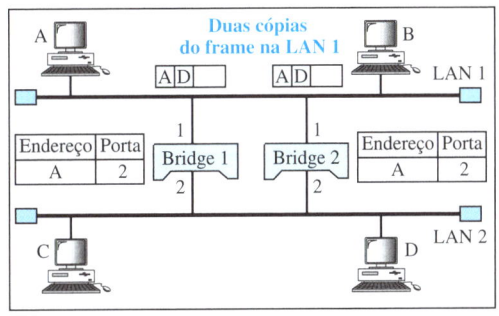
c. Ambas as bridges encaminham o frame

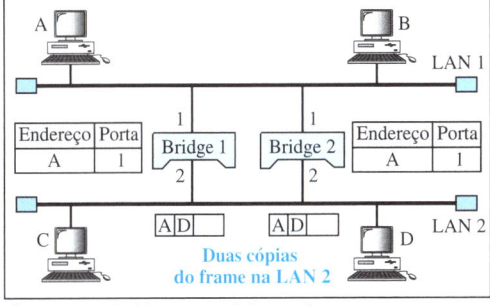
d. Ambas as bridges encaminham o frame

Spanning-tree

Na teoria dos gráficos, uma **spanning-tree** é um gráfico em que não existe nenhum loop. Em uma LAN com bridges, isso significa criar uma topologia na qual cada LAN pode ser alcançada a partir de qualquer outra LAN por meio de uma única rota (nenhum loop). Não podemos alterar a topologia física do sistema em virtude das conexões físicas entre os cabos e bridges, contudo podemos criar uma topologia lógica que se sobrepõe àquela física. A Figura 15.8 ilustra um sistema com quatro LANs e cinco bridges. Mostramos o sistema físico e sua representação na teoria dos gráficos. Embora alguns livros-texto representem as LANs como nós e as bridges como ramos de interconexão, no nosso caso tanto as LANs como as bridges são mostradas como nós. Os ramos de interconexão exibem a conexão de uma LAN a uma bridge e vice-versa. Para descobrir a spanning-tree, precisamos atribuir um custo (métrica) a cada ramo. A interpretação de custo é deixada para o administrador de redes. Ela pode ser a rota com o número mínimo de saltos (nós), a rota com o menor atraso ou a rota com a largura de banda máxima. Se duas portas tiverem o mesmo valor mais curto, o administrador de redes escolhe apenas uma. Optamos pelo número mínimo de nós. Entretanto, como veremos no Capítulo 22, a contagem de nós normalmente é 1, de uma bridge até a LAN, e 0 na direção oposta.

O processo para descobrir a spanning-tree envolve três etapas:

1. Toda bridge tem um identificador (ID) embutido (normalmente, o número de série, que é exclusivo). Cada bridge transmite esse ID de modo que todas as bridges saibam qual delas tem o menor ID. A bridge de menor ID é selecionada como bridge-*raiz* (raiz da árvore). Partimos do pressuposto de que a bridge B1 tem o menor ID. Ela é, portanto, selecionada como a bridge-raiz.

Figura 15.8 *Um sistema de LANs interconectadas e sua representação gráfica*

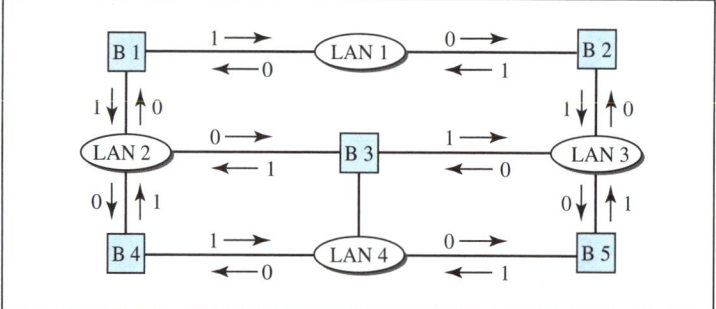

a. Sistema real

b. Representação gráfica com custo atribuído a cada ramo

2. O algoritmo tenta encontrar o caminho mais curto (uma rota com o custo mínimo) desde a bridge-raiz até qualquer outra bridge ou LAN. A rota mais curta pode ser encontrada examinando-se o custo total, desde a bridge-raiz até o destino. A Figura 15.9 mostra as rotas mais curtas.

3. A combinação das rotas mais curtas cria a menor árvore, que também é mostrada na Figura 15.9.

4. Com base na spanning-tree, marcamos as portas que fazem parte dela, as **portas de encaminhamento**, que conduzem um frame que a bridge recebe. Também marcamos aquelas portas que não fazem parte da spanning-tree, as **portas de bloqueio**, que barram os frames recebidos pela bridge. A Figura 15.10 ilustra os sistemas físicos das LANs com pontos de encaminhamento (linhas cheias) e portas de bloqueio (linhas pontilhadas).

Note que existe apenas uma única rota de qualquer LAN para qualquer outra LAN no sistema spanning-tree. Isso significa que existe apenas uma única rota de uma LAN para qualquer outra LAN. Não é criado nenhum loop. Você mesmo pode tirar a prova de que existe apenas uma única rota da LAN 1 para a LAN 2, LAN 3 ou LAN 4. Da mesma forma, existe apenas uma rota da LAN 2 para a LAN 1, LAN 3 ou LAN 4. O mesmo é válido para a LAN 3 e LAN 4.

Algoritmo Dinâmico Descrevemos o algoritmo da spanning-tree como se ele precisasse de entradas manuais. Isso não é verdadeiro. Cada bridge é equipada com um pacote de software que executa esse processo dinamicamente. As bridges enviam mensagens especiais entre si, denominadas **BPDUs (Bridge Protocol Data Units — Unidades de Dados de Protocolo de Bridge)**, para atualizar a spanning-tree. Esta é atualizada quando há uma mudança no sistema, por exemplo, uma falha em uma bridge ou a adição ou remoção das bridges.

Figura 15.9 *Encontrando as rotas mais curtas e a spanning-tree em um sistema de bridges*

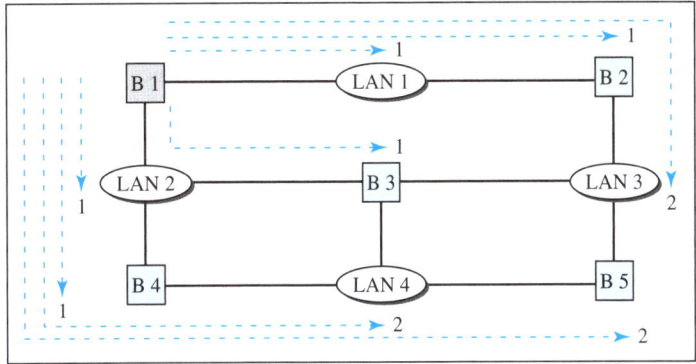

a. Rotas mais curtas

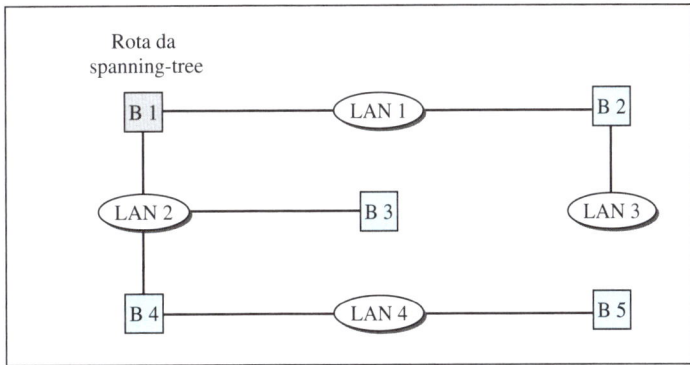

b. Spanning tree

Figura 15.10 *Portas de encaminhamento e de bloqueio após o emprego do algoritmo da spanning-tree*

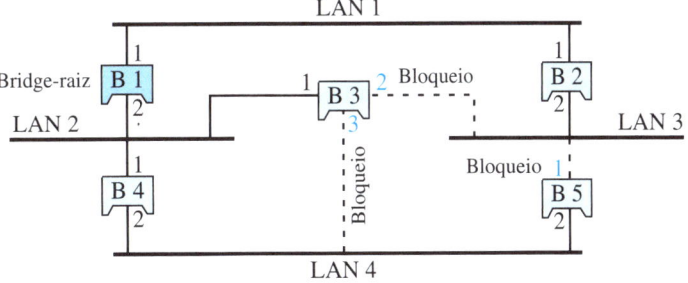

As portas 2 e 3 da bridge B3 são portas de bloqueio (nenhum frame é enviado a partir dessas portas).
A porta 1 da bridge B5 também é uma porta de bloqueio (nenhum frame é enviado a partir dessa porta).

Source routing Bridges

Outra maneira de evitar loops em um sistema com bridges redundantes é usar as ***source routing bridges*** (roteamento de origem). Entre as tarefas de uma bridge transparente, temos filtragem, encaminhamento e bloqueio de frames. Em um sistema que possui bridges de roteamento de fontes, essas tarefas são realizadas pela estação de origem e, até certo ponto, a estação de destino.

As portas 2 e 3 da bridge B3 são portas de bloqueio (nenhum frame é enviado a partir delas). A porta 1 da bridge B5 também é uma porta de bloqueio (nenhum frame é enviado a partir dela).

No source routing, uma estação transmissora define as bridges que o frame deve visitar. Os endereços dessas bridges são inclusos no frame. Em outras palavras, o frame contém não apenas os endereços de origem e de destino, como também os endereços de todas as bridges a serem visitadas.

A origem obtém esses endereços de bridge por meio do intercâmbio de frames especiais com o destino antes de enviar o frame de dados.

As bridges source routing foram projetadas pelo IEEE para serem usadas com LANs Token Ring. Essas LANs não são muito comuns hoje em dia.

Bridges Interligando LANs Diferentes

Teoricamente, uma bridge deveria ser capaz de interligar LANs usando protocolos diferentes na camada de enlace como uma LAN Ethernet para uma LAN sem fio. Entretanto, existem muitas questões a serem consideradas.

- **Formato dos frames**. Cada tipo de LAN tem seu próprio formato de frame (compare um frame Ethernet com um frame Wireless).
- **Tamanho máximo dos dados**. Se o tamanho de um frame que chega for muito grande para a LAN de destino, os dados têm de ser fragmentados em vários frames. Os dados precisam então ser remontados no destino. Entretanto, nenhum protocolo na camada de enlace possibilita a fragmentação e remontagem de frames. Veremos, no Capítulo 19, que isso é permitido na camada de rede. A bridge deve, portanto, descartar qualquer frame muito grande para seu sistema.
- **Taxa de dados**. Cada tipo de LAN tem sua própria taxa de dados. (Compare a taxa de dados de 10 Mbps de uma rede Ethernet com a taxa de dados de 1 Mbps de uma LAN sem fio.) A bridge precisa armazenar em buffers o frame para compensar essa diferença.
- **Ordem dos bits**. Cada tipo de LAN tem sua própria estratégia no envio de bits. Algumas enviam de início o bit mais significativo em um byte; outras enviam primeiro o bit menos significativo.
- **Segurança**. Algumas LANs, como as sem fio, implementam medidas de segurança na camada de enlace. Outras, como a Ethernet, não o fazem. A segurança normalmente envolve criptografia (ver o Capítulo 30). Quando uma bridge recebe um frame de uma LAN sem fio, ela precisa descriptografar a mensagem antes de encaminhá-la a uma LAN Ethernet.
- **Suporte multimídia**. Algumas LANs oferecem suporte a multimídia e uma qualidade de serviços necessária para este tipo de comunicação; outras não.

Switches de Camadas 2

Quando usamos o termo *Switch*, temos de tomar cuidado, pois um Switch pode significar duas coisas distintas. Devemos esclarecer o termo acrescentando o nível no qual o dispositivo opera. Podemos ter um Switch de camada 2 ou camada 3. Um **Switch de camada 3** é usado na camada de rede; ele é uma espécie de roteador. O **Switch de camada 2** opera nas camadas física e de enlace.

Um Switch de camada 2 é uma bridge, uma bridge com muitas portas e um projeto que permite melhor desempenho (mais rápido). Uma bridge com menos portas pode conectar entre si algumas LANs. Uma bridge com muitas portas tem a possibilidade de ser capaz de alocar uma única porta a cada estação, com cada estação em sua própria entidade independente. Isso significa que não existe tráfego de disputa (nenhuma colisão, como vimos na Ethernet).

Um Switch de camada 2, como o caso de uma bridge, realiza uma decisão de filtragem no endereço MAC do frame que ele recebeu. Entretanto, um Switch de camada 2 pode ser mais sofisticado. Ele pode ter um buffer para reter os frames para processamento ou ter um fator de comutação que encaminha os frames de forma mais rápida. Alguns novos Switches de camada 2, denominados Switches *cut-through*, foram desenvolvidos para encaminhar o frame assim que verificarem os endereços MAC no cabeçalho do frame.

Roteadores

Um **roteador** é um dispositivo de três camadas que direciona pacotes com base em seus endereços lógicos (endereçamento host-host). Um roteador geralmente interliga LANs e WANs na Internet e tem uma tabela de roteamento, que é usada para tomar decisões sobre a rota. As tabelas de roteamento normalmente são dinâmicas e são atualizadas usando-se os protocolos de roteamento. Trataremos de roteadores e roteamento com mais detalhes nos Capítulos 19 e 21. A Figura 15.11 mostra uma parte da Internet que usa roteadores para interligar LANs e WANs.

Figura 15.11 *Roteadores interligando LANs e WANs independentes*

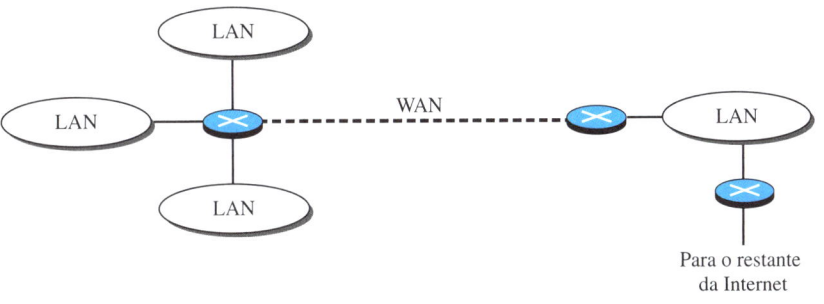

Switches de Camada 3

Um Switch de três camadas é um roteador, embora mais rápido e mais sofisticado. A estrutura de comutação em um Switch de camada 3 possibilita uma pesquisa de tabela e encaminhamento mais rápidos. Neste livro, usamos os termos *roteador* e *Switch de camada 3* de maneira intercambiável, quando a maioria da literatura faz uma distinção entre os dois.

Gateway

Um gateway normalmente é um computador que opera em todas as cinco camadas da arquitetura TCP/IP ou nas sete camadas do modelo OSI. Um gateway pega uma mensagem de aplicação, a lê e a interpreta. Isso significa que ela pode ser usada como um dispositivo de conexão entre duas internetworks que usam modelos diferentes. Por exemplo, uma rede desenvolvida para usar o modelo OSI pode ser conectada a outra rede utilizando a arquitetura TCP/IP. O gateway interligando os dois sistemas pode aceitar um frame à medida que ele chega do primeiro sistema, o transfere para a camada de aplicação do modelo OSI e elimina a mensagem.

Os gateways podem fornecer segurança. No Capítulo 32, veremos que o gateway é usado para filtrar mensagens indesejadas da camada de aplicação.

15.2 REDES BACKBONE

Alguns dispositivos discutidos neste capítulo podem ser usados para interligar LANs em uma rede backbone. Uma rede backbone permite que várias LANs sejam interligadas. Em uma rede backbone, nenhuma estação está conectada diretamente ao backbone; as estações fazem parte de uma LAN e o backbone interliga as LANs. O backbone é por si só uma LAN que usa um protocolo de rede como Ethernet; cada conexão ao backbone é por si só outra LAN.

Embora diversas arquiteturas diferentes possam ser usadas para um backbone, discutiremos apenas as duas mais comuns: o barramento e a estrela.

Backbone de Barramento

Em um **backbone de barramento**, a topologia do backbone é um barramento. O backbone em si pode usar um dos protocolos que suportam uma topologia de barramento como 10Base5 ou 10Base2.

> **Em um backbone de barramento, a topologia do backbone é um barramento.**

Os backbones de barramento são usados normalmente como um backbone de distribuição para interligar prédios diferentes em uma organização. Cada prédio pode compreender uma única LAN ou então outro backbone (normalmente, um backbone em estrela). Um bom exemplo de um backbone de barramento é aquele que interliga prédios de um ou vários andares em um campus. Cada prédio de um andar, em geral, tem apenas uma LAN. Cada prédio com vários andares possui um backbone (geralmente, uma estrela) que conecta cada LAN em um andar. Um backbone de barramento é capaz de interconectar essas LANs e backbones. A Figura 15.12 mostra um exemplo de um backbone baseado em bridges com quatro LANs.

Figura 15.12 *Backbone de barramento*

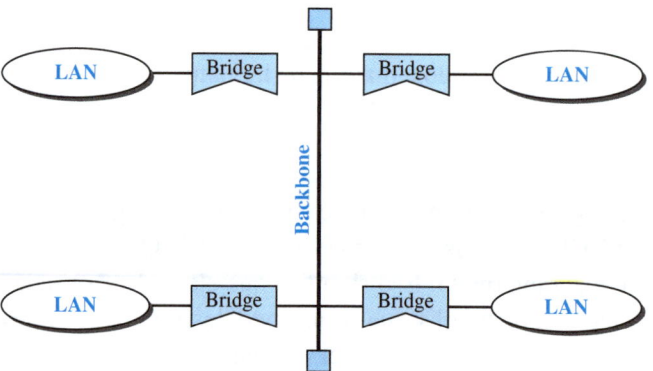

Na Figura 15.12, se uma estação em uma LAN precisar enviar um frame para outra estação na mesma LAN, a bridge correspondente bloqueia o frame; o frame jamais chega ao backbone. Entretanto, se uma estação precisar enviar um frame para outra LAN, a bridge passa o frame para o backbone, que é recebido pela bridge apropriada e é entregue para a LAN de destino. Cada bridge conectada ao backbone possui uma tabela que mostra as estações do lado da LAN da bridge. O bloqueio ou a entrega de um frame se baseia no conteúdo dessa tabela.

Backbone em Estrela

Num **backbone em estrela**, algumas vezes denominado backbone comutado ou colapsado, a topologia do backbone é uma estrela. Nessa configuração, o backbone é apenas um Switch (por isso é chamado, erroneamente, backbone colapsado) que interliga as LANs.

> **Em um backbone em estrela, a topologia do backbone
> é uma estrela; o backbone é apenas um Switch.**

A Figura 15.13 mostra um backbone em estrela. Note que, nessa configuração, o Switch realiza o serviço do backbone e, ao mesmo tempo, interliga as LANs.

Figura 15.13 *Backbone em estrela*

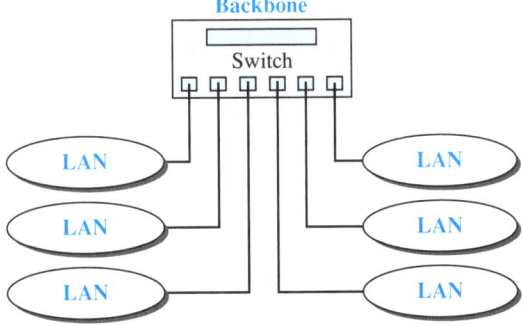

Os backbones em estrela são usados, na maior parte das vezes, como um backbone de distribuição dentro de um prédio. Em um prédio com vários andares, normalmente encontramos uma LAN que atende a cada andar. Um backbone em estrela interliga essas LANs. A rede backbone, que é um simples Switch, pode ser instalada no térreo ou no primeiro andar e cabos distintos podem ser estendidos do Switch para cada LAN. Se as LANs individuais tiverem uma topologia estrela, tanto os hubs (ou os Switches) podem ser instalados em um gabinete no andar correspondente ou todos podem ser instalados próximos ao Switch. Muitas vezes, encontramos um rack ou chassi em um piso inferior onde o Switch backbone e todos os hubs ou Switches são instalados.

Interligando LANs Remotas

Outra aplicação comum para uma rede backbone é interligar LANs remotas. Esse tipo de rede backbone é útil quando uma empresa possui vários escritórios com LANs e precisa interligá-los. A conexão pode ser feita por meio de bridges, algumas vezes, denominadas **bridges remotas**.

As bridges atuam como dispositivos de conexão interligando LANs e redes ponto-a-ponto como linhas telefônicas alugadas ou linhas ADSL. Nesse caso, o link ponto a ponto, é considerado uma LAN sem estações. O link ponto a ponto pode usar um protocolo como o PPP. A Figura 15.14 ilustra um backbone interligando LANs remotas.

Figura 15.14 *Interligação de LANs remotas com o emprego de bridges*

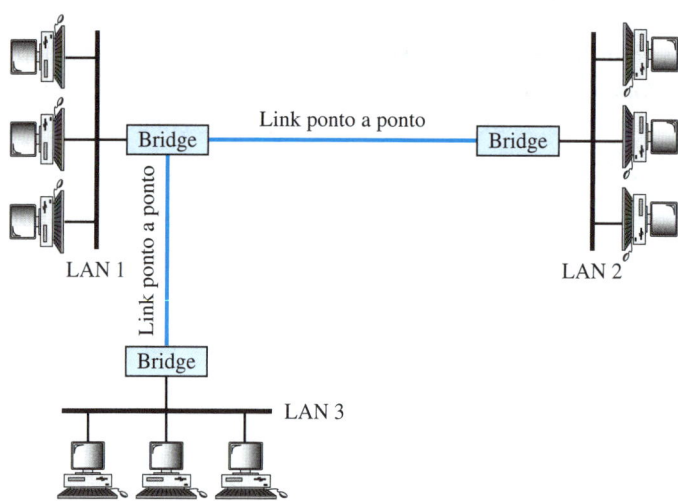

> Um link ponto a ponto atua como uma LAN em um
> backbone remoto, interligada por bridges remotas.

15.3 LANS VIRTUAIS

Uma estação é considerada parte de uma LAN se pertencer fisicamente a ela. O critério de participação é geográfico. O que acontece se precisarmos de uma conexão virtual entre duas estações pertencentes a duas LANs físicas diferentes? Podemos definir de forma grosseira uma **VLAN** (**Virtual Local Area Network — Rede Local Virtual**) como uma rede local configurada por software em vez de fiação física.

Usemos um exemplo para detalhar essa definição. A Figura 15.15 apresenta uma LAN comutada em uma empresa de engenharia na qual dez estações estão agrupadas em três LANs que são conectadas por um Switch. Os quatro primeiros engenheiros trabalham juntos formando o primeiro grupo, os três engenheiros seguintes trabalham como um segundo grupo e os três últimos como o terceiro grupo. A LAN é configurada para possibilitar esse arranjo.

Mas o que aconteceria se os administradores precisassem transferir dois engenheiros do primeiro grupo para o terceiro grupo, para acelerar o ritmo do projeto que está sendo realizado pelo terceiro grupo? A configuração da LAN precisaria ser modificada. Um técnico de redes teria de refazer a fiação. O problema se repete se, em uma outra semana, os dois engenheiros voltarem para seu grupo original. Em uma LAN comutada, mudanças no grupo de trabalho significam mudanças físicas na configuração da rede.

Figura 15.15 *Um Switch interligando três LANs*

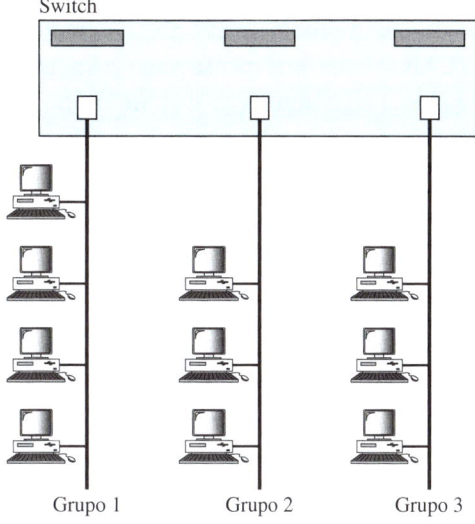

A Figura 15.16 mostra a mesma LAN comutada subdividida em VLANs. A idéia central da tecnologia VLAN é dividir uma LAN em segmentos lógicos, em vez de físicos. Uma LAN pode ser dividida em diversas LANs lógicas denominadas VLANs. Cada VLAN é um grupo de trabalho na organização. Se uma pessoa for transferida de um grupo para outro, não há nenhuma necessidade de alterar a configuração física. A participação em um grupo em VLANs é definida por software, não por hardware. Qualquer estação pode ser transferida logicamente para outra VLAN. Todos os membros pertencentes a uma VLAN podem receber mensagens de broadcast enviadas para essa VLAN em particular.

Figura 15.16 *Um Switch usando software VLAN*

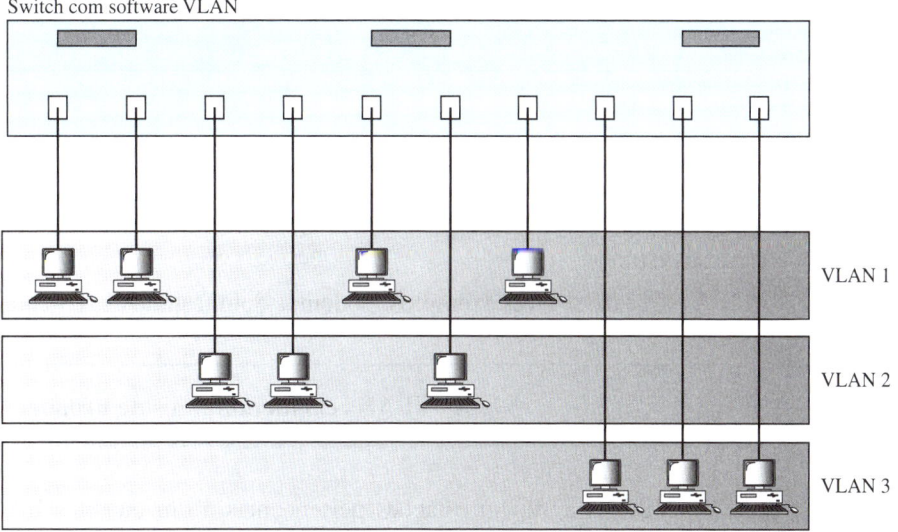

Isso quer dizer que se uma estação for transferida da VLAN 1 para a VLAN 2, ela recebe mensagens de broadcast enviadas para a VLAN 2, mas não recebe mais mensagens de broadcast enviadas para a VLAN 1.

É óbvio que o problema em nosso exemplo anterior pode ser facilmente solucionado pelo uso de VLANs. Transferir mensagens de um grupo para outro por intermédio de software é mais fácil que alterar a configuração da rede física.

A tecnologia VLAN até permite o agrupamento de estações conectadas a Switches distintos em uma VLAN. A Figura 15.17 exibe uma rede local backbone com dois Switches e três VLANs. Estações dos Switches A e B pertencem a cada VLAN.

Figura 15.17 *Dois Switches em um backbone usando software VLAN*

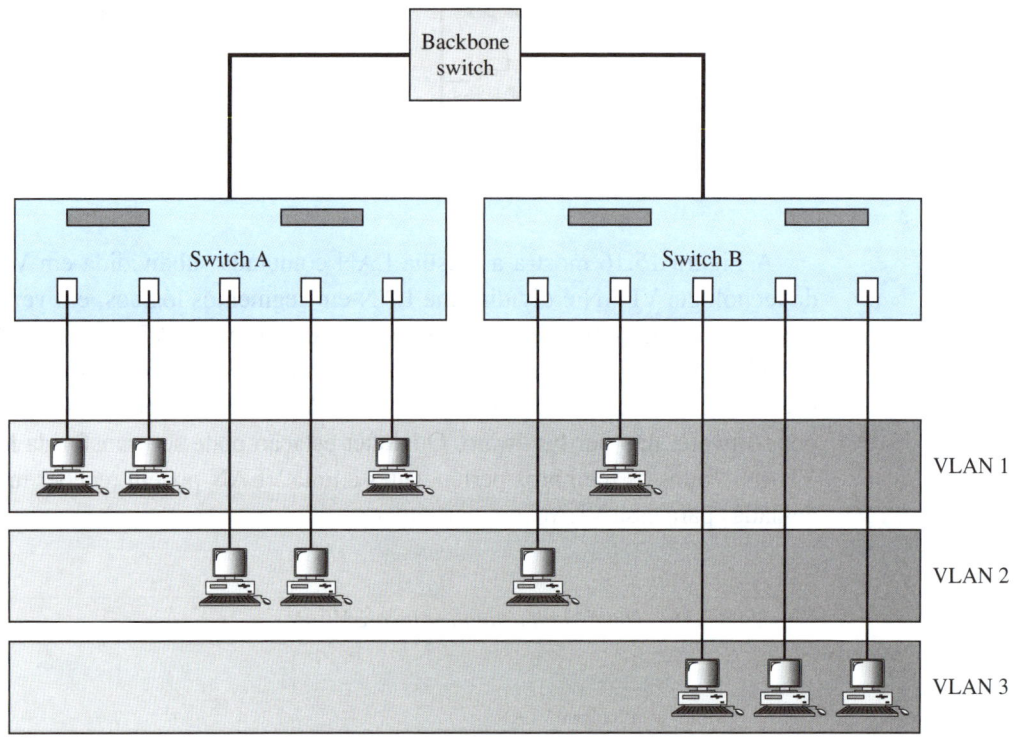

Essa é uma boa configuração para uma empresa com dois prédios separados. Cada prédio pode ter sua própria LAN comutada interligada a um backbone. Pessoas no primeiro e no segundo prédios podem fazer parte do mesmo grupo de trabalho, embora estejam conectadas a LANs físicas distintas.

A partir desses três exemplos, podemos definir uma VLAN característica:

As VLANs criam domínios de broadcast.

As VLANs agrupam estações pertencentes a um ou mais LANs físicas em domínios de broadcast. As estações em uma VLAN se comunicam entre si como se pertencessem a um segmento físico.

Participação

Que característica pode ser usada para agrupar estações em uma VLAN? Os fabricantes usam características distintas tais como números das portas, endereços MAC, endereços IP, endereços IP multicast ou uma combinação de duas ou mais delas.

Números das Portas

Alguns fabricantes usam os números de portas de Switches como uma característica para participação. Por exemplo, o administrador pode definir que estações conectadas às portas 1, 2, 3 e 7 pertencem à VLAN 1; estações conectadas às portas 4, 10 e 12 pertencem à VLAN 2 e assim por diante.

Endereços MAC

Alguns fornecedores usam endereços MAC de 48 bits como característica de participação em uma VLAN. Por exemplo, o administrador pode estipular que as estações com endereços MAC E21342A12334 e F2A123BCD341 pertencem à VLAN 1.

Endereços IP

Alguns fornecedores de VLANs usam o endereço IP de 32 bits (ver o Capítulo 19) como característica de participação. Por exemplo, o administrador pode estipular que as estações com endereços IP 181.34.23.67, 181.34.23.72, 181.34.23.98 e 181.34.23.112 pertencem à VLAN 1.

Endereços IP Multicast

Alguns fornecedores usam o endereço IP multicast (ver o Capítulo 19) como característica de participação. Multicast na camada IP agora é convertida em multicast na camada de enlace de dados.

Combinação

Recentemente, o software disponível de alguns fornecedores possibilita a combinação de todas essas características. O administrador pode escolher uma ou mais características ao instalar o software. Além disso, o software pode ser reconfigurado para alterar esses ajustes de configuração.

Configuração

Como as estações são agrupadas em VLANs diferentes? As estações são configuradas em uma das três maneiras a seguir: manual, semi-automática e automática.

Configuração Manual

Em uma configuração manual, o administrador de redes usa o software VLAN para alocar manualmente as estações em VLANs diferentes na configuração. A migração posterior de uma VLAN para outra também é feita manualmente. Note que essa não é uma configuração física; trata-se de uma configuração lógica. Aqui, o termo *manualmente* significa que o administrador digita os números das portas, os endereços IP ou outras características, utilizando o software VLAN.

Configuração Automática

Em uma configuração automática, as estações são conectadas ou desconectadas automaticamente de uma VLAN usando critérios definidos pelo administrador. Por exemplo, o administrador pode definir o número do projeto como critério para se tornar membro de um grupo. Quando um usuário altera o projeto ele automaticamente migra para uma nova VLAN.

Configuração Semi-automática

Uma configuração semi-automática é algo entre uma configuração manual e uma configuração automática. Normalmente, a inicialização é realizada manualmente e as migrações feitas automaticamente.

Comunicação entre Switches

Em um backbone multicomutado, cada Switch necessita saber não apenas qual estação pertence a qual VLAN, como também a associação das estações conectadas a outros Switches. Por exemplo, na Figura 15.17, o Switch A deve saber o estado de participação das estações conectadas ao Switch B e o Switch B tem de saber o mesmo em relação ao Switch A. Foram concebidos três métodos para esse fim: manutenção de tabelas, identificação de frames e multiplexação por divisão de tempo.

Manutenção de Tabelas

Nesse método, quando uma estação envia um frame de broadcast aos membros de seu grupo, o Switch cria uma entrada em uma tabela e registra a participação da estação no grupo. Os Switches enviam periodicamente suas tabelas entre si para fins de atualização.

Identificação de Frames

Nesse método, quando um frame está trafegando entre Switches, um cabeçalho extra é acrescentado ao frame MAC para definir a VLAN de destino. O frame de identificação é usado pelos Switches de recepção para determinar as VLANs que receberão a mensagem de broadcast.

TDM (Multiplexação por Divisão de Tempo)

Por esse método, a conexão (tronco) entre os Switches é dividida em canais compartilhados no tempo (ver TDM no Capítulo 6). Por exemplo, se o número total de VLANs em um backbone for cinco, cada tronco é dividido em cinco canais. O tráfego destinado à VLAN 1 trafega pelo canal 1, o tráfego destinado à VLAN 2 pelo canal 2 e assim por diante. O Switch receptor determina a VLAN de destino verificando o canal de onde veio o frame.

Padrão IEEE

Em 1996, o subcomitê IEEE 802.1 aprovou um padrão denominado 802.1Q que define o formato para identificação de frames. O padrão também estabelece o formato a ser usado em backbones multicomutados e permite o uso de equipamentos de diferentes fornecedores em VLANs. O IEEE 802.1Q abriu caminho para padronização adicional em outras questões relacionadas a VLANs. A maioria dos fabricantes já aceitou o padrão.

Vantagens

Existem diversas vantagens no uso de VLANs.

Redução de Custos e de Tempo

As VLANs podem reduzir o custo de migração de estações que são transferidas de um grupo a outro. A reconfiguração física leva tempo e é dispendiosa. Em vez de transferir fisicamente uma estação para outro segmento ou até mesmo para outro Switch, é muito mais fácil e rápido transferi-la via software.

Criação de Grupos de Trabalho Virtuais

As VLANs podem ser usadas para criar grupos de trabalho virtuais. Por exemplo, no ambiente de um campus, os professores que estão trabalhando no mesmo projeto podem enviar mensagens de broadcast entre si sem a necessidade de pertencer ao mesmo departamento. Isso pode reduzir o tráfego se a capacidade de multicast do IP for usada previamente.

Segurança

As VLANs fornecem uma medida extra de segurança. Pessoas pertencentes ao mesmo grupo podem enviar mensagens de broadcast com absoluta garantia de que os usuários nos demais grupos não receberão essas mensagens.

15.4 LEITURA RECOMENDADA

Para mais detalhes sobre os assuntos discutidos neste capítulo, recomendamos os seguintes livros e sites. Os itens entre colchetes [...] correspondem à lista de referências bibliográficas no final do texto.

Livros

Um livro dedicado a dispositivos de conexão é o [Per00]. Dispositivos de conexão e VLANs são discutidos na Seção 4.7 de [Tan03]. Switches, bridges e hubs são discutidos em [Sta03] e [Sta04].

Site

❏ IEEE 802 LAN/MAN Standards Committee

15.5 TERMOS-CHAVE

amplificador	bridge
backbone de barramento	porta de bloqueio
backbone em estrela	portas de encaminhamento
dispositivos de conexão	bridges remotas
filtragem	source routing bridges
hub	bridge transparente

rede local virtual (VLAN)
repetidor
roteador
segmentos

spanning-tree
Switch de camada 2
Switch de camada 3

15.8 RESUMO

- Um repetidor é um dispositivo de conexão que opera na camada física do modelo Internet. Um repetidor regenera um sinal, interliga segmentos de uma LAN e não tem nenhum recurso de filtragem.
- Uma bridge é um dispositivo de conexão que opera nas camadas física e de enlace de dados do modelo Internet.
- Uma bridge transparente é capaz de encaminhar e filtrar frames e construir automaticamente sua tabela de encaminhamento.
- As bridges podem usar o algoritmo spanning-tree para criar uma topologia sem loops.
- Uma LAN backbone possibilita que várias LANs sejam interligadas.
- Um backbone normalmente é um barramento ou uma estrela.
- Uma VLAN (rede local virtual) é configurada via software e não pela fiação física.
- A participação em uma VLAN pode se basear nos números das portas, em endereços MAC, endereços IP multicast ou uma combinação dessas características.
- As VLANs são eficientes em termos de custo e tempo, podem reduzir o tráfego na rede e fornecem uma medida de segurança extra.

15.7 ATIVIDADES PRÁTICAS

Questões para Revisão

1. Em que um repetidor difere de um amplificador?
2. Qual é o significado de dizer que uma bridge é capaz de filtrar tráfego? Por que a filtragem é importante?
3. O que é uma bridge transparente?
4. Como um repetidor estende o comprimento de uma LAN?
5. Como um hub se relaciona com um repetidor?
6. Qual é a diferença entre uma porta de encaminhamento e uma porta de bloqueio?
7. Qual é a diferença entre um backbone de barramento e um backbone em estrela?
8. Como uma VLAN pode poupar tempo e dinheiro para uma empresa?
9. Como uma VLAN fornece segurança adicional para uma rede?
10. Como uma VLAN reduz o tráfego de rede?
11. Qual é a base para participação em uma VLAN?

Exercícios

12. Complete a tabela da Figura 15.6 após cada estação ter enviado um pacote para outra estação.
13. Encontre a spanning-tree para o sistema da Figura 15.7.
14. Encontre a spanning-tree para o sistema da Figura 15.8 se a bridge B5 for eliminada.
15. Encontre a spanning-tree para o sistema da Figura 15.8 se a bridge B2 for eliminada.
16. Encontre a spanning-tree para o sistema da Figura 15.8 se a bridge B5 for escolhida como bridge-raiz.
17. Na Figura 15.6, estamos usando uma bridge. Poderíamos substituir essa bridge por um roteador? Explique as conseqüências.
18. Uma bridge usa uma tabela de filtragem; um roteador utiliza uma tabela de roteamento. Você consegue explicar a diferença?
19. Crie um sistema de três LANs com quatro bridges. As bridges (B1 a B4) interligam as LANs como segue:

    a. B1 interliga as LANs 1 e 2.
    b. B2 interliga as LANs 1 e 3.
    c. B3 interliga as LANs 2 e 3.
    d. B4 interliga as LANs 1, 2 e 3.

    Escolha B1 como bridge-raiz. Indique as portas de encaminhamento e de bloqueio após aplicar o procedimento da spanning-tree.

20. Qual deles tem mais overhead, uma bridge ou um roteador? Justifique sua resposta.
21. Qual deles tem mais overhead, um repetidor ou uma bridge? Justifique sua resposta.
22. Qual deles tem mais overhead, um roteador ou um gateway? Justifique sua resposta.

CAPÍTULO 16

WANs sem Fio: Redes de Telefonia Celular e via Satélite

Tratamos das LANs sem fio no Capítulo 14. A tecnologia sem fio também é usada na telefonia celular e em redes via satélite. Discutiremos a primeira neste capítulo, bem como exemplos de métodos de acesso de canalização (ver o Capítulo 12). Também veremos brevemente as redes via satélite, uma tecnologia que, enfim, será interligada à telefonia celular para acessar diretamente a Internet.

16.1 TELEFONIA CELULAR

A telefonia celular é projetada para estabelecer comunicação entre duas unidades móveis, denominadas MSs (**Mobile satitions** — **estações móveis**) ou entre uma unidade móvel e outra fixa, normalmente chamada unidade terrestre. Um provedor de serviços tem de ser capaz de localizar e rastrear uma unidade que faz chamada, alocar um canal à chamada e transferir o canal de uma estação rádio base a outra à medida que o usuário que faz a chamada deixa a área de cobertura.

Para permitir esse rastreamento, cada área de serviços celular é dividida em pequenas regiões chamadas células. Cada célula contém uma antena que é controlada por uma estação de rede com alimentação CA ou por energia solar, denominada estação rádio base (ERB). Por sua vez, cada estação rádio base é controlada por uma central de comutação conhecida como **MSC** (*Mobile Switching Center* — **central de comutação móvel**). A MSC coordena a comunicação entre todas as estações rádio base e a central telefônica. Trata-se de uma central computadorizada responsável pela conexão de ligações, registros de informações de chamadas e tarifação (ver a Figura 16.1).

O tamanho da célula não é fixo e pode ser aumentado ou diminuído, dependendo da população da região. O raio de cobertura típico de uma célula é de 1 a 20 km. Áreas densamente povoadas requerem células geograficamente menores para atender às exigências de tráfego que aquelas de áreas de menor densidade. Uma vez determinado, o tamanho da célula é otimizado para evitar interferência de sinais de células adjacentes. A potência de transmissão de cada célula é mantida baixa, de modo a evitar que seu sinal interfira nessas outras células.

Princípio da Reutilização de Freqüências

Em geral, células vizinhas não podem usar o mesmo conjunto de freqüências para comunicação, pois poderão gerar interferência para os usuários localizados próximos às fronteiras das células.

Figura 16.1 *Sistema celular*

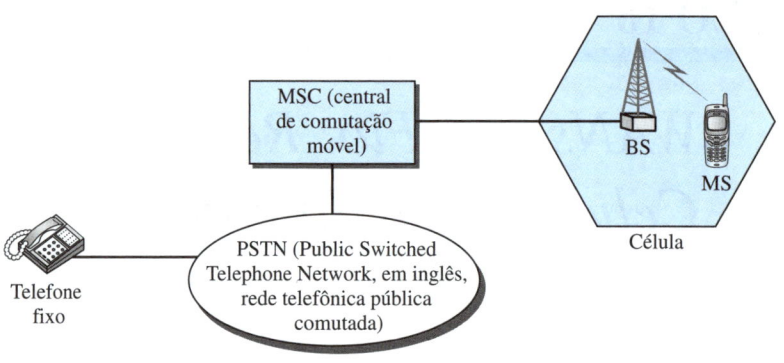

Entretanto, o conjunto de freqüências disponível é limitado e estas precisam ser reutilizadas. Um padrão de reutilização de freqüências é uma configuração de *N* células, com *N* sendo o **fator de reutilização**, no qual cada célula usa um conjunto de freqüências exclusivo. Quando o padrão é repetido, as freqüências podem ser reutilizadas. Existem vários padrões diferentes. A Figura 16.2 mostra dois deles.

Figura 16.2 *Padrões de reutilização de freqüências*

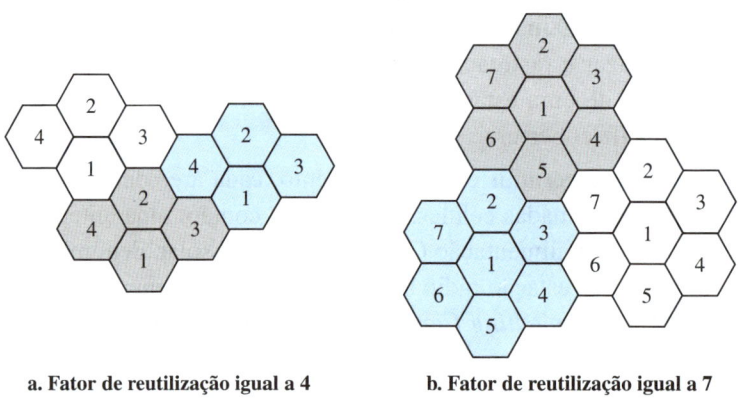

Os números nas células definem o padrão. As células com o mesmo número em um padrão podem usar o mesmo conjunto de freqüências. Chamamos essas células *células de reutilização*. Conforme ilustrado na Figura 16.2, em um padrão com fator de reutilização 4, apenas uma célula separa as células que usam o mesmo conjunto de freqüências. No padrão com fator de reutilização 7, duas células separam as células de reutilização.

Transmissão

Para fazer uma ligação de uma estação móvel, aquele que faz a chamada digita um código de sete ou 10 dígitos (um número de telefone) e pressiona o botão Send. A estação móvel rastreia então a banda, procurando um canal de configuração com um sinal forte e envia os dados (o número de telefone) para a estação rádio base mais próxima que utiliza esse canal. A estação rádio base retransmite os dados para a MSC. Esta envia os dados para a central telefônica. Se a parte chamada estiver disponível, é estabelecida uma conexão e o resultado é retransmitido de volta para a MSC. Neste ponto, a MSC aloca um canal de voz para a ligação e é estabelecida uma conexão. A estação móvel ajusta automaticamente sua sintonia para o novo canal e a comunicação pode ser iniciada.

Recepção

Quando um telefone celular é chamado, a central telefônica envia o número para a MSC, que procura a localização da estação móvel enviando sinais de consulta para cada célula, em um processo denominado *paging*. Assim que a estação móvel for encontrada, a MSC transmite um sinal de discagem e, quando a estação rádio base responder, aloca um canal de voz para a ligação, permitindo que a conversação possa ser iniciada.

Handoff (Passagem de Controle de Canais de Comunicação)

Pode ser que, durante a conversação, a estação móvel mude de uma célula para outra. Quando isso ocorre, o sinal pode ficar fraco. Para resolver esse problema, a MSC monitora o nível do sinal em intervalos de poucos segundos. Se o nível do sinal diminuir, a MSC procura por uma nova célula capaz de melhor acomodar a comunicação. A MSC muda então o canal, transportando a chamada (passa o controle do sinal de comunicação do canal antigo para um novo).

Hard Handoff Os primeiros sistemas usavam um *hard handoff*, no qual uma estação móvel comunica-se apenas com uma estação rádio base. Quando a MS se desloca de uma célula a outra, primeiro a comunicação precisa ser desfeita com a estação rádio base anterior antes que se possa estabelecer comunicação com a nova. Isso pode causar uma transição abrupta.

Soft Handoff Os novos sistemas usam *soft handoff*. Nesse caso, uma estação móvel pode se comunicar com duas estações rádio base ao mesmo tempo. Isso significa que, durante o *handoff*, uma estação móvel pode continuar com a nova estação rádio base antes de desfazer a ligação com a antiga.

Roaming

Um recurso da telefonia celular é o chamado *roaming*. *Roaming* significa, em princípio, que um usuário pode ter acesso à comunicação ou pode ser alcançado onde existe cobertura. Um provedor de serviços normalmente tem cobertura limitada. Os provedores de serviços vizinhos são capazes de oferecer uma cobertura estendida por meio de contratos de *roaming*. A situação é similar ao correio tradicional entre países. A tarifa para postagem de uma carta entre dois países pode ser dividida de comum acordo entre ambos.

Primeira Geração

A telefonia celular encontra-se agora na segunda geração e já com a terceira à vista. A primeira geração foi projetada para comunicação de voz usando sinais analógicos. Falaremos do sistema móvel de primeira geração usado na América do Norte, o AMPS.

AMPS

O **AMPS** (*Advanced Mobile Phone System*, em inglês, **sistema avançado de telefonia móvel**) é um dos sistemas líderes de mercado na América do Norte. Ele usa FDMA (ver o Capítulo 12) para separar canais em um link.

AMPS é um sistema de telefonia celular analógico que usa o FDMA.

Faixas de Freqüência O AMPS opera na faixa de freqüência ISM de 800 MHz. O sistema usa dois canais analógicos, um para comunicação no sentido direto (da estação rádio base para a estação móvel) e outro no sentido inverso (da estação móvel para a estação rádio base). A faixa entre 824 e 840 MHz é responsável pela comunicação no sentido inverso; a faixa de freqüências entre 869 e 894 MHz é responsável pela comunicação no sentido direto (ver a Figura 16.3).

Figura 16.3 *Faixas de freqüência para telefonia celular no sistema AMPS*

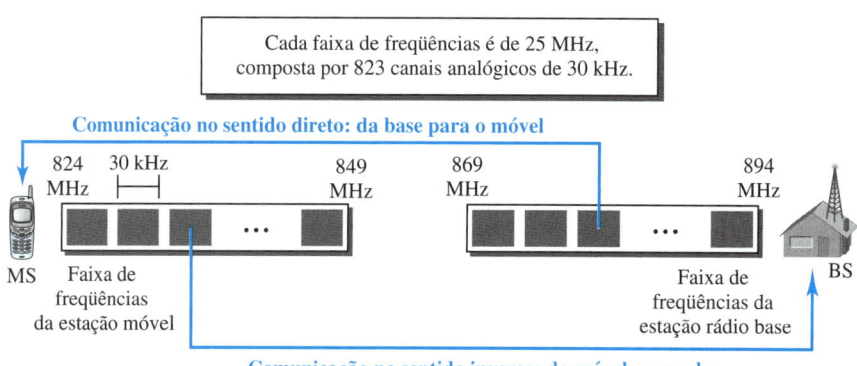

Cada faixa de freqüências é dividida em 832 canais. Entretanto, dois provedores podem compartilhar a mesma área, o que significa 416 canais para cada provedor. Desses 416 canais, 21 são usados para controle, restando 395 canais. O AMPS tem um fator de reutilização de freqüências igual a 7; isso significa que apenas um sétimo desses 395 canais de tráfego fica realmente disponível em uma célula.

Transmissão O AMPS usa FM e FSK para modulação. A Figura 16.4 mostra a transmissão no sentido inverso. Os canais de voz são modulados usando-se FM e os canais de controle utilizam FSK para criar sinais analógicos de 30 kHz. O AMPS usa FDMA para dividir cada faixa de freqüências de 25 MHz em canais de 30 kHz.

Segunda Geração

Para oferecer comunicação de voz de maior qualidade em sistemas móveis (sujeito a menos ruídos) foi criada a segunda geração da rede de telefonia celular. Enquanto a primeira geração foi projetada para comunicação de voz analógica, a segunda foi projetada em grande parte visando voz digitalizada. Houve a evolução de três sistemas principais na segunda geração, conforme mostrado na Figura 16.5. Discutiremos separadamente cada um desses sistemas.

Figura 16.4 *Faixa de freqüências para comunicação no sentido inverso no sistema AMPS*

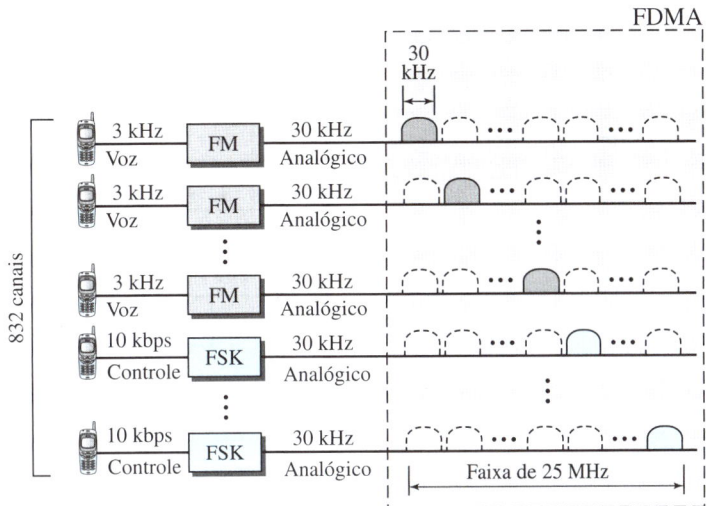

Figura 16.5 *Segunda geração de sistemas de telefonia celular*

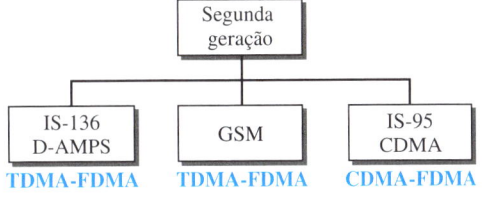

D-AMPS

O produto da evolução do sistema AMPS analógico para um sistema digital é o **D-AMPS** (**sistema AMPS digital**). O D-AMPS foi desenvolvido para ser compatível com o sistema AMPS anterior. Isso significa que, em uma célula, um telefone pode usar AMPS e outro, o D-AMPS. O D-AMPS foi definido primeiro pelo IS-54 (Interim Standard 54) e posteriormente revisado pela IS-136.

Faixas de freqüência Cada canal de voz é digitalizado utilizando-se uma técnica muito complexa de compressão e PCM.

Transmissão Um canal de voz é digitalizado para 7,95 kbps. Três canais de voz digital de 7,95 kbps são combinados usando-se TDMA. O resultado é formado por 48,6 kbps de dados digitais; grande parte deste é overhead. Como ilustrado na Figura 16.6, o sistema envia 25 frames por segundo, com 1.944 bits por frame. Cada frame dura 40 ms (1/25) e é dividido em seis slots compartilhados por três canais digitais; são destinados dois slots para cada canal.

Cada slot armazena 324 bits. Entretanto, apenas 159 bits provêm de voz digitalizada; 64 bits são para controle e 101 bits para correção de erros. Em outras palavras, cada canal descarta 159 bits de dados em cada um dos dois canais a ele alocados. O sistema acrescenta 64 bits de controle e 101 bits para correção de erros.

Figura 16.6 D-AMPS

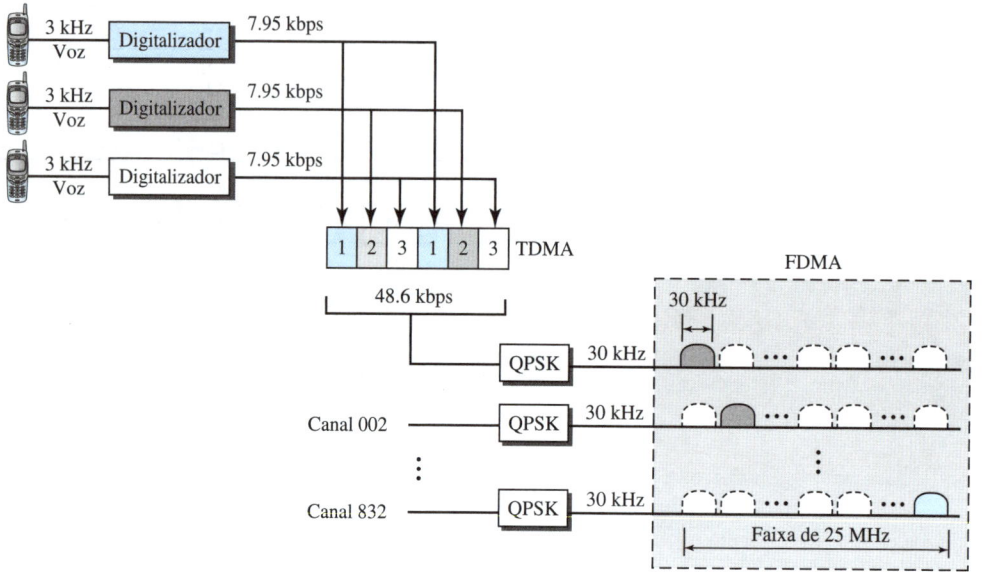

Os 48,6 kbps de dados digitais resultantes modulam uma portadora usando QPSK; o resultado é um sinal analógico de 30 kHz. Finalmente, os sinais analógicos de 30 kHz compartilham uma faixa de freqüências de 25 MHz (FDMA). O D-AMPS tem um fator de reutilização de freqüências igual a 7.

> O D-AMPS, ou IS-136, é um sistema de telefonia
> celular digital que usa TDMA e FDMA.

GSM

O **GSM** (*Global System for Mobile Communication* — **sistema global para comunicação móvel**) é um padrão europeu que foi desenvolvido para oferecer tecnologia de segunda geração comum para toda a Europa. O objetivo era o de substituir uma série de tecnologias de primeira geração incompatíveis entre si.

Faixas de Freqüência   O GSM usa duas faixas de freqüência para comunicação dúplex. Cada faixa tem largura de 25 MHz, deslocada no sentido dos 900 MHz, conforme ilustra a Figura 16.7. Cada banda se divide em 124 canais de 200 kHz separadas por bandas de guarda.

Figura 16.7 *Faixas de freqüência GSM*

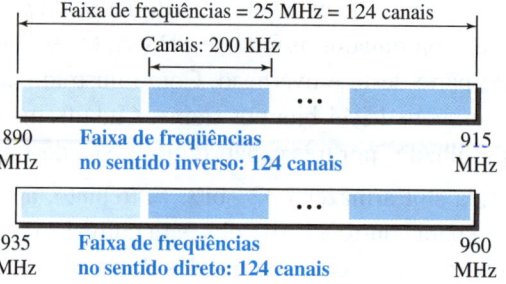

Transmissão A Figura 16.8 mostra um sistema GSM. Cada canal de voz é digitalizado e comprimido em um sinal digital de 13 kbps. Cada intervalo transporta 156,25 bits (ver a Figura 16.9). Oito intervalos compartilham um frame (TDMA). Vinte e seis frames também compartilham um frame múltiplo (TDMA). Podemos calcular a taxa de bits de cada canal como segue:

$$\text{Taxa de dados do canal} = (1/120 \text{ ms}) \times 26 \times 8 \times 156{,}25 = 270{,}8 \text{ kps}$$

Figura 16.8 *GSM*

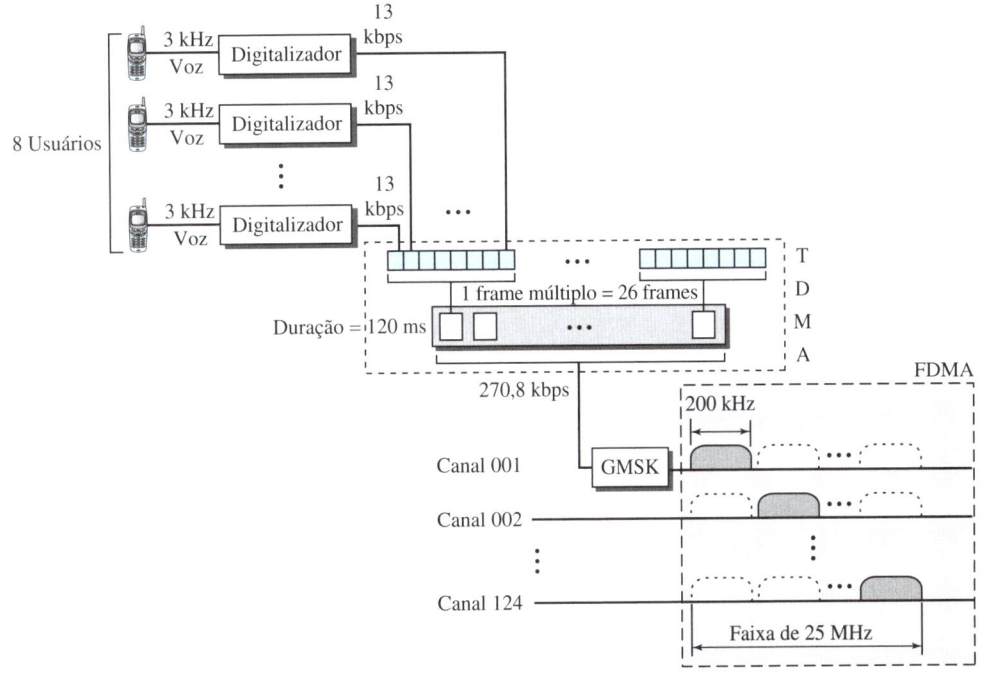

Cada canal digital de 270,8 kbps modula uma portadora usando GMSK (uma espécie de FSK usado principalmente em sistemas europeus); o resultado é um sinal analógico de 200 kHz. Finalmente, 124 canais analógicos de 200 kHz são combinados utilizando FDMA. O resultado é uma faixa de freqüências de 25 MHz. A Figura 16.9 mostra os dados dos usuários e de overhead em um frame múltiplo.

O leitor deve ter percebido a grande quantidade de overhead no TDMA. Os dados de usuário são apenas 65 bits por intervalo. O sistema acrescenta bits extras para correção de erros, a fim de transformá-los em 114 bits por intervalo. Para tal, são adicionados bits de controle para trazê-lo para 156,25 bits por intervalo. São encapsulados oito intervalos em um frame. Vinte e quatro frames e dois frames de controle formam um frame múltiplo. Um frame múltiplo apresenta uma duração de 120 ms. Entretanto, a arquitetura define efetivamente superframes e hiperframes que não acrescentam qualquer overhead; não falaremos sobre estes aqui.

Fator de Reutilização Em virtude da complexidade do mecanismo de correção de erros, o GSM permite um fator de reutilização baixo, igual a 3.

Figura 16.9 *Componentes de frames múltiplos*

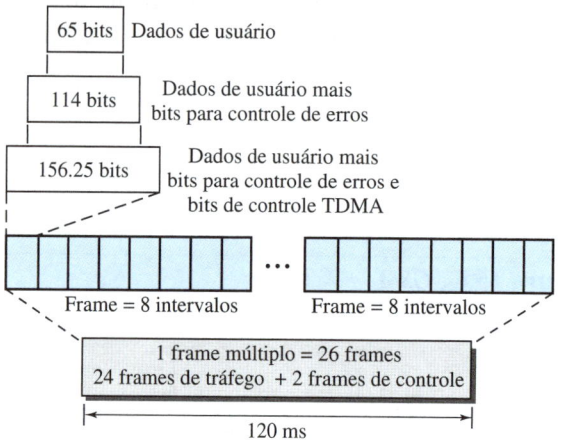

O GSM é um sistema de telefonia celular digital que usa TDMA e FDMA.

IS-95

Um dos padrões dominantes da segunda geração na América do Norte é o **IS-95** (**Interim Standard 95**). Ele se baseia no CDMA e DSSS.

Faixas de Freqüência e Canais O IS-95 usa duas faixas de freqüência para comunicação dúplex. As faixas podem ser divididas em 20 canais de 1,228 MHz separados por bandas de guarda. São alocados dez canais a cada provedor de serviços. O IS-95 pode ser usado em paralelo com o AMPS. Cada canal IS-95 equivale a 41 canais AMPS (41 × 30 kHz = 1,23 MHz).

Sincronização Todos os canais-base precisam ser sincronizados para uso do CDMA. Para oferecer sincronização, as bases usam os serviços de GPS (**Global Positioning System — sistema de posicionamento global**), um sistema via satélite que discutiremos na próxima seção.

Transmissão no Sentido Direto O IS-95 apresenta duas técnicas de transmissão diferentes: um para uso no sentido direto (da estação rádio base para a estação móvel) e outro para uso no sentido inverso (da estação móvel para a estação rádio base). No sentido direto, a comunicação entre a estação rádio base e as estações móveis é sincronizada; a base envia dados sincronizados para todas as móveis. A Figura 16.10 ilustra um diagrama simplificado para o sentido direto.

Cada canal de voz é digitalizado, produzindo dados a uma velocidade básica de 9,6 kbps. Após acrescentar correção de erros e repetição de bits, bem como *interleaving*, o resultado é um sinal de 19,2 ksps (kilosinais por segundo). Essa saída agora é codificada usando-se um sinal de 19,2 ksps. O sinal de codificação é produzido a partir de um gerador de códigos longos que utiliza o ESN (**Electronic Serial Number — número de série eletrônico**) da estação móvel e gera 2^{42} chips pseudoaleatórios, em que cada chip tem 42 bits. Note que os chips são gerados pseudoaleatoriamente, não aleatoriamente, pois o padrão se repete. A saída do gerador de códigos longos é alimentada em um dizimador que escolhe 1 bit entre 64 bits disponíveis. A saída do dizimador é usada para codificação. A codificação é utilizada para criar privacidade; o ESN é exclusivo para cada estação.

Figura 16.10 *Transmissão IS-95 no sentido direto*

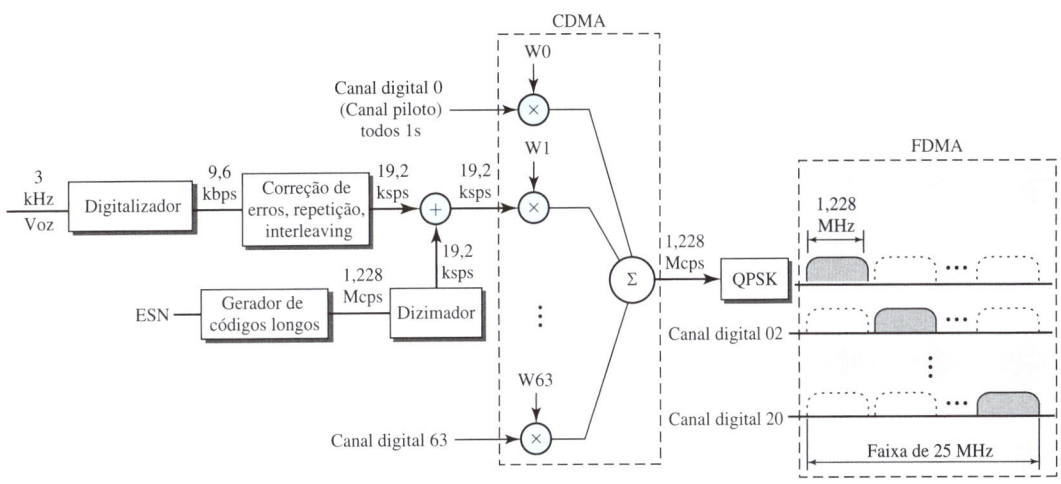

O resultado do misturador é combinado usando-se CDMA. Para cada canal de tráfego é selecionado um chip Walsh de 64 × 64 linhas. O resultado é um sinal de 1,228 Mcps (megachips por segundo).

$$19,2 \text{ ksps} \times 64 \text{ cps} = 1,228 \text{ Mcps}$$

O sinal é alimentado em um modulador QPSK para produzir um sinal de 1,228 MHz. A largura de banda resultante é deslocada apropriadamente, usando-se o FDMA. Um canal analógico cria 64 canais digitais, dos quais 55 são canais de tráfego (transportando voz digitalizada). São utilizados nove canais para controle e sincronização.

❏ O canal 0 é um canal piloto. Esse canal envia um fluxo contínuo de 1s para as estações móveis. O fluxo fornece sincronização de bits, serve como referência de fase para demodulação e possibilita que a estação móvel compare a intensidade do sinal das bases vizinhas para decisões de *handoff*.

❏ O canal 32 fornece informações sobre o sistema para a estação móvel.

❏ Os canais 1 a 7 são usados para *paging*, para enviar mensagens para um ou mais estações móveis.

❏ Os canais 8 a 31 e 33 a 63 são canais de tráfego transportando voz digitalizada da estação rádio base para a estação móvel correspondente.

Transmissão Inversa   O uso de CDMA no sentido direto é possível porque o canal piloto envia uma seqüência contínua de 1s para sincronizar transmissão. A sincronização não é usada no sentido inverso, pois precisamos de uma entidade para fazer isso, o que não é viável. Em vez do CDMA, os canais inversos usam DSSS (**Direct Sequence Spread Spectrum — espalhamento espectral de seqüências diretas**) visto no Capítulo 8. A Figura 16.11 exibe um diagrama simplificado para transmissão no sentido inverso.

Figura 16.11 *Transmissão inversa IS-95*

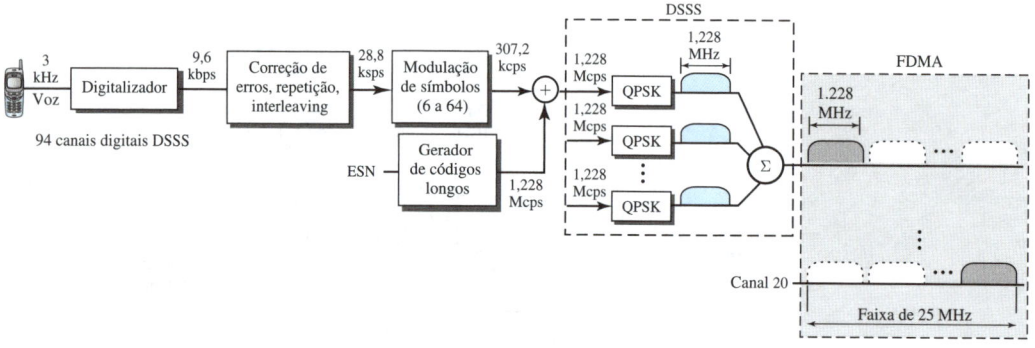

Cada canal de voz é digitalizado produzindo dados a uma velocidade de 9,6 kbps. Entretanto, após o acréscimo de bits de repetição e de correção de erros, além da *interleaving*, o resultado é um sinal de 28,8 kbps. A saída agora passa por um modulador de símbolos 6/64. Os símbolos são divididos em seis blocos de símbolos e cada bloco é interpretado como um número binário (de 0 a 63). O número binário é usado como índice para uma matriz Walsh 64 × 64 para a seleção de uma linha de chips. Note que esse procedimento não é CDMA, cada bit não é multiplicado pelos chips em uma linha. Cada bloco de seis símbolos é substituído por um código de 64 chips. Isso é feito para fornecer uma espécie de ortogonalidade; ela diferencia os fluxos dos chips das diferentes estações móveis. O resultado cria um sinal de 307,2 kcps ou (28,8/6) × 64.

Espalhamento é a próxima etapa; cada chip é desmembrado em 4. Outra vez o ESN da estação móvel cria um código longo de 42 bits a uma velocidade de 1,228 Mcps que é igual a 4 vezes 307,2. Após o espalhamento, cada sinal é modulado usando-se QPSK, que é ligeiramente diferente daquele utilizado no sentido direto; não entraremos em detalhes sobre esse aspecto. Observe que não existe nenhum mecanismo de acesso múltiplo nesse caso; todos os canais no sentido inverso transmitem seus sinais analógicos pelo ar, mas os chips corretos serão recebidos pela estação rádio base em razão do espalhamento.

Embora possamos criar $2^{42} - 1$ canais digitais no sentido inverso (em virtude do gerador de códigos longos), normalmente são usados 94 canais; 62 são de tráfego e 32 utilizados para ganhar acesso à estação rádio base.

> **IS-95 é um sistema de telefonia celular digital que usa CDMA/DSSS e FDMA.**

Dois Conjuntos de Taxa de Dados O IS-95 define dois conjuntos de taxa de dados, com quatro taxas diferentes em cada conjunto. O primeiro define 9.600, 4.800, 2.400 e 1.200 bps. Se, por exemplo, a velocidade selecionada for de 1.200 bps, cada bit é repetido oito vezes para fornecer uma velocidade de 9.600 bps. O segundo conjunto define 14.400, 7.200, 3.600 e 1.800 bps. Isso é possível reduzindo-se o número de bits usados para correção de erros. As taxas de bits em um conjunto estão relacionadas com a atividade do canal. Se o canal estiver silencioso, apenas 1.200 bits podem ser transferidos, o que aumenta o espalhamento repetindo-se cada bit oito vezes.

Fator de Reutilização de Freqüências Em um sistema IS-95, normalmente o fator de reutilização de freqüências é 1, pois a interferência das células vizinhas não é capaz de afetar a transmissão CDMA ou DSSS.

Soft Handoff   Cada estação transmite continuamente sinais usando seu canal piloto, o que significa que uma estação móvel é capaz de detectar o sinal piloto de sua célula e das células vizinhas. Isso permite a uma estação móvel realizar *soft handoff* em contraste com o *hard handoff*.

PCS

Antes de fecharmos a discussão sobre telefones celulares de segunda geração, expliquemos primeiro o termo geralmente usado em relação a essa geração: PCS. **PCS (Personal Communications System — sistema de comunicação pessoal**) não se refere a uma única tecnologia como o GSM, IS-136 ou IS-95. Trata-se de um nome genérico para um sistema comercial que oferece vários tipos de serviços de comunicação. As características comuns desses sistemas podem ser sintetizadas a seguir:

1. Eles podem usar qualquer tecnologia de segunda geração (GSM, IS-136 ou IS-95).
2. Eles utilizam a faixa de freqüências de 1.900 MHz, o que significa que uma estação móvel precisa de mais potência pelo fato de as freqüências maiores terem um alcance menor que aquelas mais baixas. Entretanto, já que a potência é limitada pela FCC, a estação rádio base e a estação móvel precisam estar próximas uma da outra (células menores).
3. Eles oferecem serviços de comunicação como SMS (**Short Message Service — serviço de mensagens curtas**) e acesso limitado à Internet.

Terceira Geração

A terceira geração de telefonia celular se refere a uma combinação de tecnologias que fornece uma série de serviços. Teoricamente, quando atingir sua maturidade, a terceira geração pode fornecer comunicação de voz, assim como de dados digitais. Usando um pequeno dispositivo portátil, uma pessoa poderia ser capaz de falar com qualquer outra pessoa do mundo com qualidade de voz similar àquela da rede de telefonia fixa existente. É possível baixar e assistir a filmes, baixar e ouvir músicas e navegar na Internet ou então jogar, estabelecer uma videoconferência e muito mais. Uma das características mais interessantes de um sistema de terceira geração é que o dispositivo portátil está sempre conectado; não é necessário discar um número para se conectar à Internet.

O conceito de terceira geração começou em 1992, quando a ITU emitiu uma especificação preliminar denominada **IMT-2000 (Internet Mobile Communication 2000 — comunicação Internet móvel 2000**). A especificação preliminar define alguns critérios para a tecnologia de terceira geração, conforme descrito a seguir:

❑ Qualidade de voz comparável àquela da rede pública de telefonia existente.

❑ Taxa de dados de 144 kbps para acesso em um veículo móvel (carro), 384 kbps para acesso à medida que o usuário caminha (pedestres) e 2 Mbps para usuários estacionários (escritórios ou residências).

❑ Suporte para serviços de dados com comutação de circuitos ou de pacotes.

❑ Uma faixa de freqüências de 2 GHz.

❑ Larguras de banda de 2 MHz.

❑ Interface com a Internet.

**O principal objetivo da telefonia celular de terceira geração
é fornecer comunicação pessoal universal.**

Interface de Rádio IMT-2000

A Figura 16.12 mostra as interfaces de rádio (padrões sem fio) adotados pela IMT-2000. Todas as cinco foram desenvolvidas a partir das tecnologias de segunda geração. As duas primeiras evoluíram a partir da tecnologia CDMA. A terceira com base em uma combinação de CDMA e TDMA. A quarta é uma evolução do TDMA e a última delas é provavelmente tanto do FDMA como TDMA.

Figura 16.12 *Interfaces de rádio IMT-2000*

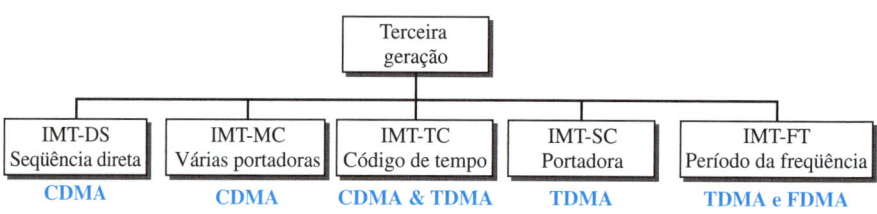

IMT-DS Essa abordagem utiliza uma versão do CDMA chamada CDMA banda larga ou W-CDMA. O W-CDMA usa uma largura de banda de 5 MHz. Ele foi desenvolvido na Europa e é compatível com o CDMA usado no IS-95.

IMT-MC Esse método foi desenvolvido na América do Norte e é conhecido como CDMA 2000. É uma evolução da tecnologia CDMA usada em canais IS-95. Ele combina o novo espalhamento espectral de banda larga (15 MHz) com o CDMA de banda estreita (1,25 MHz) do IS-95. É compatível com gerações anteriores do IS-95. Permite a comunicação em vários canais de 1,25 MHz (1, 3, 6, 9, 12 vezes) até 15 MHz. O uso de canais mais amplos permite que ele atinja uma velocidade de 2 Mbps definida para a terceira geração.

IMT-TC Esse padrão usa uma combinação de W-CDMA e TDMA. O padrão tenta atingir as metas estabelecidas pelo IMT-2000 acrescentando multiplexação TDMA ao W-CDMA.

IMT-SC Esse padrão usa apenas TDMA.

IMT-FT Esse padrão utiliza uma combinação de FDMA e TDMA.

16.2 REDES VIA SATÉLITE

Uma **rede via satélite** é uma combinação de nós, alguns dos quais são satélites, que fornecem comunicação de um ponto a outro na Terra. Um nó na rede pode ser um satélite, uma estação terrestre ou então o terminal ou telefone de um usuário final. Embora um satélite natural como a Lua possa ser usado como nó de retransmissão na rede, prefere-se o emprego de satélites artificiais, pois podemos instalar equipamentos eletrônicos no satélite para regenerar o sinal que perdeu intensidade durante seu trajeto. Outra restrição no emprego de satélites naturais são suas distâncias da Terra, que criam um longo retardo nas comunicações.

As redes via satélite são como redes celulares, já que dividem o planeta em células. Os satélites podem oferecer recursos de transmissão de/para qualquer ponto da Terra, não importando sua distância. Essa vantagem possibilita a disponibilização de comunicação de alto padrão em partes subdesenvolvidas do mundo sem exigir grandes investimentos em infraestrutura terrestre.

Órbitas

Um satélite artificial precisa de uma **órbita**, a rota na qual ele se desloca em torno da Terra. A órbita pode ser equatorial, inclinada ou polar, como mostra a Figura 16.13.

Figura 16.13 *Órbitas de satélites*

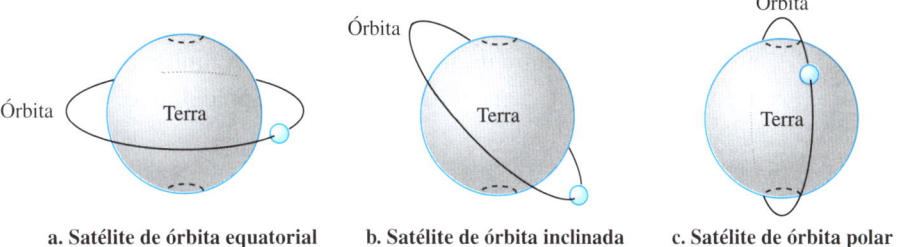

a. Satélite de órbita equatorial   b. Satélite de órbita inclinada   c. Satélite de órbita polar

O período de um satélite, o tempo necessário para um satélite realizar uma órbita completa em torno da Terra, é determinado pela lei de Kepler, que define o período como função da distância do satélite em relação ao centro da Terra.

Exemplo 16.1

Qual o período da lua de acordo com a lei de Kepler?

$$\text{Período} = C \times \text{distância}^{1,5}$$

Aqui, *C* é uma constante aproximadamente igual a 1/100. O período é medido em segundos e a distância em quilômetros.

Solução

A lua está localizada aproximadamente a 384.000 km da Terra. O raio da Terra é igual a 6.378 km. Aplicando-se a fórmula, obtemos

$$\text{Período} = \frac{1}{100}(384.000 + 6.378)^{1,5} = 2.439.090 \text{ s} = 1 \text{ mês}$$

Exemplo 16.2

De acordo com a lei de Kepler, qual é o período de um satélite localizado em uma órbita aproximadamente 35.786 km acima da Terra?

Solução

Aplicando-se a fórmula, temos

$$\text{Período} = \frac{1}{100}(35.786 + 6.378)^{1,5} = 86.579 \text{ s} = 24 \text{ h}$$

Isso significa que um satélite localizado a 35.786 km tem um período de 24 horas, que é o mesmo período de rotação da Terra. Um satélite destes é dito *estacionário* em relação à Terra. A órbita, como veremos, é chamada órbita geossíncrona.

Área de Cobertura

Os satélites processam microondas com antenas bidirecionais (linha de visada). Portanto, o sinal de um satélite normalmente se destina a uma área específica chamada **área de cobertura**. A potência do sinal no centro da área de cobertura é máxima. Ela diminui à medida que formos nos afastando do centro da área de cobertura. Os limites da área de cobertura são a posição onde o nível de potência se encontra em um limiar predefinido.

Três Categorias de Satélites

Tomando-se como base a posição da órbita, os satélites podem ser divididos em três categorias: **GEO** (*Geostationary Earth Orbit* — **geoestacionários**), **LEO** (*Low-Earth-Orbit*, em inglês, **baixa órbita terrestre**) e **MEO** (*Middle-Earth-Orbit* — **média órbita terrestre**). A Figura 16.14 ilustra essa taxonomia.

Figura 16.14 *Categorias de satélites*

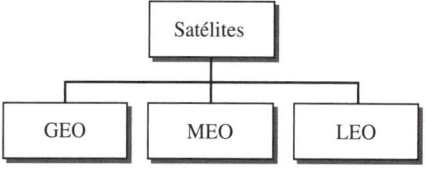

A Figura 16.15 mostra as altitudes dos satélites em relação à superfície da Terra. Existe apenas uma órbita, a uma altitude de 35.786 km para um satélite GEO. Os satélites MEO se localizam a altitudes entre 5.000 a 15.000 km. Já os satélites LEO normalmente se encontram a uma altitude inferior a 2.000 km.

Figura 16.15 *Altitudes das órbitas de satélites*

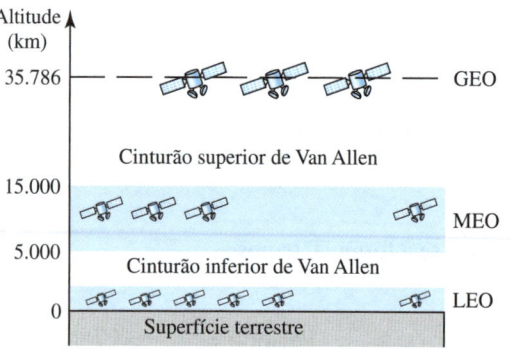

Uma das razões para termos órbitas diferentes é a existência de dois cinturões de Van Allen. Um cinturão de Van Allen é uma camada contendo partículas carregadas. Um satélite orbitando em um desses cinturões poderia ser completamente destruído pelas partículas carregadas energicamente. As órbitas MEO estão localizadas entre eles.

Faixas de Freqüências para Comunicação via Satélite

As freqüências reservadas para comunicação microondas via satélite estão na casa dos gigahertz (GHz). Cada satélite transmite e recebe em duas faixas distintas. A transmissão da Terra para o satélite é denominada **uplink**. Já a transmissão do satélite para a Terra é conhecida como **downlink**. A Tabela 16.1 fornece os nomes das faixas e freqüências para cada cobertura.

Tabela 16.1 *Faixas de freqüência para satélites*

Faixa	Downlink, GHz	Uplink, GHz	Largura de Banda, MHz
L	1,5	1,6	15
S	1,9	2,2	70
C	4,0	6,0	500
Ku	11,0	14,0	500
Ka	20,0	30,0	3.500

Satélites GEO

A propagação da linha de visada requer que antenas de transmissão e de recepção estejam captando a localização uma da outra durante todo o tempo (uma antena deve ter a outra visível). Por isso, um satélite que se desloca mais rápido ou mais devagar que a rotação da Terra é útil apenas por períodos curtos. Para garantir comunicação constante, o satélite tem de se deslocar à mesma velocidade da Terra de modo a permanecer fixo acima de determinado ponto. Tais satélites são denominados *geoestacionários*.

Como a velocidade orbital se baseia na distância em relação ao planeta, apenas uma órbita pode ser geoestacionária. Essa órbita ocorre no plano equatorial e se encontra aproximadamente a 22.000 milhas (35.410 km) da superfície da Terra.

No entanto, um satélite geoestacionário não é capaz de cobrir a Terra inteira. Um satélite em órbita tem um contato linha de visada com um grande número de estações, mas a curvatura da Terra ainda mantém grande parte do planeta fora de visão. São necessários pelo menos três satélites eqüidistantes entre si na órbita terrestre geoestacionária (GEO) para fornecer transmissão global completa. A Figura 16.16 apresenta três satélites, cada um deles a 120° do outro em órbita geossíncrona em torno da linha do Equador. A vista é a partir do Pólo Norte.

Satélites MEO

Os satélites **MEO** (**média órbita terrestre**) são posicionados entre os dois cinturões de Van Allen. Um satélite nessa órbita leva cerca de seis a oito horas para dar uma volta em torno da Terra.

GPS

Um exemplo de sistema de satélites MEO é o **GPS (Global Positioning System — sistema de posicionamento global**) construído e operado pelo Departamento de Defesa dos Estados Uni-

Figura 16.16 *Satélites em órbita geoestacionária*

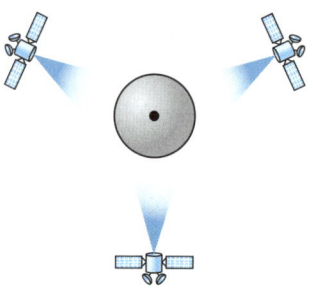

dos, orbitando a uma altitude de cerca de 18.000 km acima da Terra. O sistema é formado por 24 satélites e é usado para navegação marítima, terrestre e aérea, para fornecer horários e posições para veículos e embarcações. O GPS usa 24 satélites em seis órbitas, conforme ilustrado na Figura 16.17. As órbitas e as posições dos satélites em cada uma delas são planejadas de tal forma que, a qualquer momento, quatro satélites se encontram visíveis de qualquer ponto da Terra. Um receptor GPS tem um almanaque que informa a posição atual de cada satélite.

Figura 16.17 *Órbitas para satélites GPS*

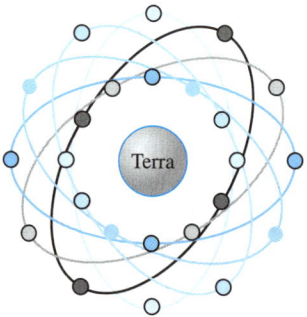

Trilaterização O GPS se baseia em um princípio chamado **trilaterização**.† Em um plano, se conhecermos nossa distância a partir de três pontos, saberemos exatamente onde nos encontramos. Digamos que nos encontremos a 10 quilômetros do ponto A, 12 do ponto B e 15 do ponto C. Se traçarmos três círculos com centros em A, B e C, temos de nos encontrar em algum ponto sobre o círculo A, em algum ponto sobre o círculo B e em algum ponto sobre o círculo C. Esses três círculos se encontram em um único ponto (se nossas distâncias estiverem corretas), — a posição em que nos encontramos. A Figura 16.18a ilustra o conceito.

No espaço tridimensional, a situação é diversa. Três esferas se encontram em dois pontos conforme mostrado na Figura 16.18b. Precisamos de pelo menos quatro esferas para encontrar nossa posição exata no espaço (longitude, latitude e altitude). Entretanto, se tivermos informações adicionais sobre nossa localização (se, por exemplo, soubermos que não nos encontramos dentro do oceano ou em algum ponto do espaço, três esferas são suficientes, pois um dos dois

---

† Os termos *trilaterização* e *triangulação* são normalmente intercambiáveis. Usamos a palavra trilaterização, que significa o emprego de três distâncias, em vez de **triangulação**, que pode significar o uso de três ângulos.

Figura 16.18 *Trilaterização num plano*

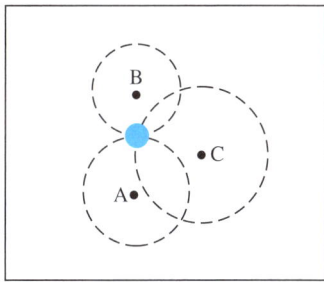
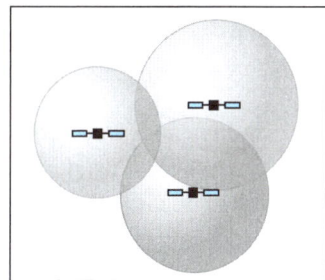

a. Trilaterização bidimensional   b. Trilaterização tridimensional

pontos, onde as esferas se encontram, é tão improvável que o outro pode ser escolhido sem hesitação.

Medindo Distâncias O princípio da trilaterização é capaz de encontrar nossa localização na terra se soubermos nossa distância a partir de três satélites e conhecermos a posição de cada um deles. A posição de cada satélite pode ser calculada por um receptor GPS (usando-se a trajetória predeterminada dos satélites). O receptor GPS precisa então descobrir sua distância a partir de pelo menos três satélites GPS (centros das esferas). A medição das distâncias é feita usando-se um princípio denominado raio de cobertura unidirecional. Por enquanto, vamos supor que todos os satélites GPS e o receptor na Terra estejam sincronizados. Cada um dos 24 satélites transmite, de forma síncrona, um sinal complexo, cada um dos quais com um padrão exclusivo. O computador no receptor mede o retardo entre os sinais dos satélites e sua cópia de sinais para determinar as distâncias em relação aos satélites.

Sincronização A discussão anterior baseou-se na hipótese de que os relógios dos satélites estavam sincronizados entre si e com o relógio do receptor. Os satélites usam relógios atômicos que são precisos e podem funcionar de forma síncrona entre si. Entretanto, o relógio do receptor normalmente é um relógio a quartzo (um relógio atômico custa mais de US$ 50 mil) e não há nenhuma maneira de sincronizá-lo com os relógios dos satélites. Existe uma diferença conhecida entre os relógios dos satélites e aquele do receptor que introduz uma diferença correspondente no cálculo da distância. Em razão dessa diferença, a distância é chamada *pseudocobertura*.

O GPS usa uma solução elegante para o problema da diferença nos relógios, reconhecendo que o valor da diferença é o mesmo para todos os satélites utilizados. O cálculo da posição se resume a descobrir quatro incógnitas: as coordenadas x_r, y_r, z_r do receptor e a diferença comum dos relógios dt. Para descobrir esses quatro valores desconhecidos, necessitamos de pelo menos quatro equações. Isso quer dizer que precisamos medir pseudocoberturas a partir de quatro satélites em vez de três. Se chamarmos as quatro pseudocoberturas de PR1, PR2, PR3 e PR4 e as coordenadas de cada satélite de x_i, y_i e z_i (para i = 1 a 4), podemos encontrar os quatro valores desconhecidos previamente citados usando as quatro equações a seguir (os quatro valores desconhecidos são indicados em cores):

$$PR_1 = [(x_1 - x_r)^2 + (y_1 - y_r)^2 + (z_1 - z_r)^2]^{1/2} + c \times dt$$
$$PR_2 = [(x_2 - x_r)^2 + (y_2 - y_r)^2 + (z_2 - z_r)^2]^{1/2} + c \times dt$$
$$PR_3 = [(x_3 - x_r)^2 + (y_3 - y_r)^2 + (z_3 - z_r)^2]^{1/2} + c \times dt$$
$$PR_4 = [(x_4 - x_r)^2 + (y_4 - y_r)^2 + (z_4 - z_r)^2]^{1/2} + c \times dt$$

As coordenadas usadas na fórmula dada anteriormente se encontram no frame de referência ECEF (**Earth-Centered Earth-Fixed — centrado e fixo na Terra**), significando que a origem do espaço de coordenadas se encontra no centro da Terra e o espaço de coordenadas gira com a Terra. Isso implica no fato de as coordenadas ECEF de um ponto fixo na superfície terrestre não mudarem.

Aplicação   O GPS é usado pelas forças armadas. Por exemplo, milhares de receptores GPS foram utilizados durante a Guerra do Golfo pela infantaria, veículos e helicópteros. Outra aplicação do GPS é na navegação. O motorista de um carro pode descobrir onde se encontra em um dado momento. Em seguida, ele pode consultar um banco de dados na memória do automóvel para ser orientado ao destino desejado. Em outras palavras, o GPS fornece a localização do carro e o banco de dados usa essas informações para descobrir um caminho para chegar ao destino desejado. Uma aplicação muito interessante é a sincronização de relógios. Como mencionado, o sistema de telefonia celular IS-95 usa GPS para criar sincronização de horários entre as estações-base.

Satélites LEO

Os satélites LEO (baixa órbita terrestre) apresentam órbitas polares. A altitude está entre 500 a 2.000 km, com um período de rotação de 90 a 120 min. O satélite tem velocidade de 20.000 a 25.000 km/h. Um sistema LEO geralmente tem um acesso tipo celular, semelhante ao sistema de telefonia celular. A área de cobertura normalmente tem um diâmetro de 8.000 km. Como os satélites LEO estão próximos da Terra, o retardo de propagação de tempo de uma volta completa, em geral, é menor que 20 ms, o que é aceitável para comunicação de áudio.

Um sistema LEO é composto por uma constelação de satélites que funcionam juntos como se fossem uma rede; cada satélite atua como um comutador. Os satélites que se encontram mais próximos uns dos outros são conectados por meio de ISLs (**InterSatellite Links — links intersatélites**). Um sistema móvel se comunica com o satélite por um UML (User Mobile Link — **link móvel de usuário**). Um satélite também pode se comunicar com uma estação terrestre (gateway) por intermédio de um GWL (Gateway Link — **link de gateway**). A Figura 16.19 ilustra uma rede de satélites LEO típica.

Figura 16.19   *Sistema de satélites LEO*

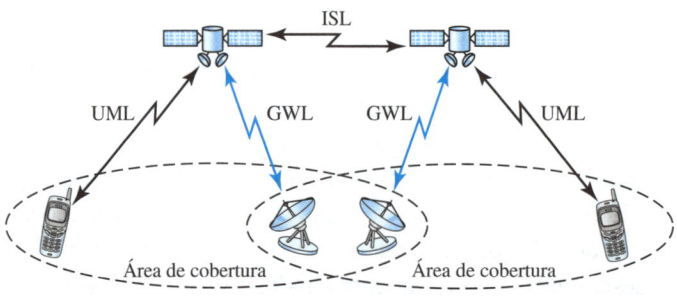

Os satélites LEO podem ser divididos em três categorias: LEOs pequenos, grandes e banda larga. Os LEOs pequenos operam abaixo de 1 GHz. São usados na maior parte das vezes em sistemas de mensagens de baixa velocidade. Os LEOs grandes operam entre 1 e 3 GHz. Os sistemas Globalstar e Iridium são exemplos de LEOs grandes. Os LEOs banda larga fornecem comunicação similar a redes de fibra óptica. O primeiro sistema LEO de banda larga foi o Teledesic.

Sistema Iridium

O conceito do sistema **Iridium**, uma rede de 77 satélites, foi iniciado pela Motorola em 1990. O projeto levou oito anos para se materializar. Durante esse período, o número de satélites foi reduzido. Finalmente, em 1998, o serviço foi iniciado com 66 satélites. O nome original, Iridium, veio do nome do 77º elemento químico; a designação mais apropriada seria Disprósio (o nome do 66º elemento).

O Iridium passou por momentos difíceis. O sistema foi interrompido em 1999 em decorrência de problemas financeiros; foi vendido e retomado em 2001 sob nova direção.

O sistema tem 66 satélites divididos em seis órbitas, com 11 satélites em cada órbita. As órbitas se encontram a uma altitude de 750 km. Os satélites em cada órbita estão separados entre si por aproximadamente 32º de latitude. A Figura 16.20 mostra um diagrama esquemático da constelação.

Figura 16.20 *Constelação Iridium*

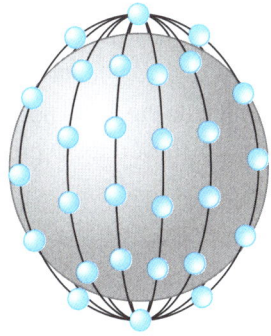

O sistema Iridium tem 66 satélites em seis órbitas LEO, cada uma das quais a uma altitude de 750 km.

Já que cada satélite possui 48 feixes de pontos, o sistema pode ter até 3.168 feixes. No entanto, parte dos feixes é desativada à medida que o satélite se aproxima do pólo. O número de feixes de pontos ativos em um dado momento é aproximadamente 2.000. Cada feixe de pontos cobre uma célula na Terra, o que significa que nosso planeta está dividido em aproximadamente 2.000 células (justapostas).

No sistema Iridium, a comunicação entre dois usuários se estabelece por meio de satélites. Quando um usuário liga para outro usuário, a chamada pode passar por vários satélites antes de atingir seu destino. Isso significa que a retransmissão é feita no espaço e que cada satélite precisa ser suficientemente sofisticado para executar a função de retransmissão. Essa estratégia elimina a necessidade de muitas estações terrestres.

O propósito geral do Iridium é fornecer comunicação global direta utilizando terminais portáteis (o mesmo conceito da telefonia celular). O sistema pode ser usado para voz, dados, *paging*, fax e até mesmo navegação. É capaz de fornecer conectividade entre usuários onde outros tipos de comunicação não seriam possíveis. O sistema oferece transmissão de dados e de voz na faixa de 2,4 a 4,8 kbps entre telefones portáteis. A transmissão ocorre na faixa de freqüências 1,616 a 1,6126 GHz. A comunicação entre satélites ocorre na faixa 23,18 a 23,38 GHz.

> O sistema Iridium foi desenhado para oferecer comunicação global direta de dados e voz usando terminais portáteis, um serviço similar à telefonia celular, mas em escala mundial.

Globalstar

O **Globalstar** é outro sistema de satélites LEO. Ele usa 48 satélites em seis órbitas polares, cada uma abrigando oito satélites. As órbitas se localizam a uma altitude de quase 1.400 km.

O sistema Globalstar é semelhante ao sistema Iridium; a principal diferença está no mecanismo de retransmissão. A comunicação entre dois usuários distantes no sistema Iridium requer a retransmissão entre vários satélites; a comunicação no Globalstar requer tantos satélites como estações terrestres, significando que as estações terrestres podem gerar sinais de maior intensidade.

Teledesic

O **Teledesic** é um sistema de satélites que oferece comunicação do tipo fibra óptica (canais de banda larga, baixa taxa de erros e retardo pequeno). Seu principal objetivo é oferecer acesso de banda larga à Internet. É chamada algumas vezes "Internet in the sky" (Internet nos céus).

O projeto foi iniciado em 1990 por Craig McCaw e Bill Gates; posteriormente, outros investidores se juntaram ao consórcio. O projeto está programado para ficar plenamente operacional no futuro próximo.

Constelação   O Teledesic dispõe de 288 satélites em 12 órbitas polares, cada uma abrigando 24 satélites. As órbitas se encontram a uma altitude de 1.350 km, conforme nos mostra a Figura 16.21.

Figura 16.21 *Teledesic*

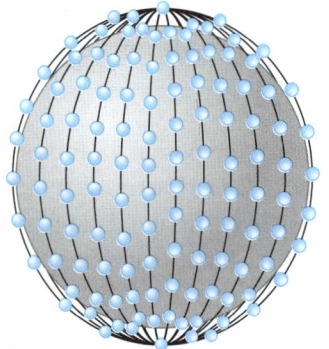

> O Teledesic possui 288 satélites em 12 órbitas LEO, cada uma das quais a uma altitude de 1.350 km.

Comunicação   O sistema fornece três tipos de comunicação. A comunicação intersatélite permite que oito satélites vizinhos se comuniquem entre si. Também é possível a comunicação entre um satélite e uma estação gateway terrestre. Os usuários podem se comunicar diretamente com a rede por meio de terminais. A Terra é dividida em dezenas de milhares de células. É alocado um intervalo de tempo a cada célula e o satélite foca seu feixe para a célula no intervalo de tempo correspondente. O terminal pode enviar dados durante seu intervalo de tempo. Um terminal recebe todos os pacotes destinados à célula, mas seleciona apenas aqueles destinados a seu endereço.

Faixas de Freqüências   A transmissão se dá nas bandas Ka.

Taxa de Dados   A taxa de dados é de ate 155 Mbps para uplink e de até 1,2 Gbps para downlink.

16.3   LEITURA RECOMENDADA

Para mais detalhes sobre os assuntos discutidos no presente capítulo, recomendamos os seguintes livros. Os itens entre colchetes, […], correspondem à lista de referências no final do texto.

Livros

As WANs sem fio são vistas de forma abrangente nos livros [Sta02], [Jam03], [AZ03] e [Sch03]. Os satélites de comunicação são discutidos na Seção 2.4 de [Tan03] e na Seção 8.5 de [Cou01]. O sistema de telefonia celular é discutido na Seção 2.6 de [Tan03] e na Seção 8.8 de [Cou01].

16.4   TERMOS-CHAVE

AMPS (sistema avançado de telefonia móvel)
Iridium
telefonia celular
LEO (baixa órbita terrestre)
D-AMPS (sistema AMPS digital)
MEO (média órbita terrestre)
downlink
MSC (central de comutação móvel)
área de cobertura
órbita
GEO (geoestacionário)
PCS (sistema de comunicação pessoal)
GPS (sistema de posicionamento global)

fator de reutilização
GSM (sistema global para comunicação móvel)
roaming
Globalstar
rede via satélites
Handoff (passagem de controle de canais de comunicação)
Teledesic
IS-95 (Interim Standard 95)
triangulação
IMT-2000 (comunicação Internet 2000)
trilaterização
uplink

16.5   RESUMO

❑ A telefonia celular oferece comunicação entre dois dispositivos. Um ou ambos podem ser móveis.

❑ Uma área de serviços celular é dividida em células.

❑ O sistema avançado de telefonia móvel (AMPS) é um sistema de telefonia celular de primeira geração.

- O D-AMPS (AMPS digital) é um sistema de telefonia celular de segunda geração que é uma versão digital do AMPS.
- O GSM (sistema global para comunicação móvel) é um sistema de telefonia celular de segunda geração usado na Europa.
- O IS-95 (Interim Standard) é um sistema de telefonia celular de segunda geração baseado em CDMA e DSSS.
- O sistema de telefonia celular de terceira geração oferecerá comunicação pessoal universal.
- Uma rede de satélites usa satélites para oferecer comunicação entre quaisquer pontos da Terra.
- Uma órbita terrestre geoestacionária (GEO) se encontra no plano equatorial e gira em fase em torno da Terra.
- Os satélites GPS (sistema de posicionamento global) são satélites MEO (média órbita terrestre) que fornecem informações de posição e de horário para veículos e embarcações.
- Os satélites Iridium são satélites LEO (baixa órbita terrestre) que fornecem serviços de comunicação de dados e voz para terminais portáteis.
- Os satélites Teledesic são satélites na baixa órbita terrestre que vão oferecer acesso de banda larga à Internet.

16.6 ATIVIDADES PRÁTICAS

Questões para Revisão

1. Qual é a relação entre uma estação rádio base e um centro de comutação móvel?
2. Quais são as funções de um centro de comutação móvel?
3. O que é melhor: um fator de reutilização pequeno ou alto? Justifique sua resposta.
4. Qual é a diferença entre *hard handoff* e *soft handoff*?
5. O que é AMPS?
6. Qual é a relação entre D-AMPS e AMPS?
7. O que é GSM?
8. Qual é a função do CDMA no IS-95?
9. Quais são os três tipos de órbitas?
10. Que tipo de órbita tem um satélite GEO? Justifique sua resposta.
11. O que é área de cobertura?
12. Qual é a relação entre os cinturões de Van Allen e os satélites?
13. Compare uplink com downlink.
14. Qual é o objetivo do GPS?
15. Qual é a principal diferença entre os sistemas Iridium e Globalstar?

Exercícios

16. Desenhe um padrão de células com fator de reutilização igual a 3.
17. Qual é o número máximo permitido de pessoas que fazem uma chamada em cada célula AMPS?

18. Qual é o número máximo de chamadas simultâneas em cada célula em um sistema IS-136 (D-AMPS), supondo que não haja nenhum canal de controle analógico?

19. Qual é o número máximo de chamadas simultâneas em cada célula em um GSM supondo que não haja nenhum canal de controle analógico?

20. Qual é o número máximo de pessoas que fazem chamadas em cada célula em um sistema IS-95?

21. Descubra a eficiência do AMPS em termos de chamadas simultâneas por megahertz de largura de banda. Em outras palavras, encontre o número de chamadas que podem ser usadas em uma alocação de largura de banda de 1 MHz.

22. Repita o Exercício 21 para o D-AMPS.

23. Repita o Exercício 21 para o GSM.

24. Repita o Exercício 21 para o IS-95.

25. Descubra a relação entre um canal de voz de 3 kHz e um canal modulado de 30 kHz em um sistema que usa AMPS.

26. Quantos intervalos são enviados a cada segundo em um canal usando D-AMPS? Quantos intervalos são enviados por usuário em 1s?

27. Use a fórmula de Kepler para verificar a precisão de dado período e altitude para um satélite GPS.

28. Utilize a fórmula de Kepler para verificar a precisão de certo período e altitude para um satélite Tridium.

29. Use a fórmula de Kepler para verificar a precisão de um dado período e altitude para um satélite Globalstar.

CAPÍTULO 17

SONET/SDH

Neste capítulo, introduzimos um tipo de WAN (rede de longa distância), a SONET, que é utilizada como uma rede de transporte para conduzir informações de outras WANs. Discutiremos, em primeiro lugar, a SONET como protocolo e, em seguida, mostraremos como as redes SONET podem ser construídas a partir dos padrões definidos no protocolo.

A largura de banda dos cabos de fibra óptica são compatíveis com as tecnologias de hoje que utilizam altas taxas de transferência de dados (como videoconferência) e, ao mesmo tempo, compatíveis com um grande número de tecnologias com velocidades menores. Por essa razão, a importância da fibra óptica cresce em conjunto com o desenvolvimento das tecnologias que requerem altas taxas de dados ou larguras de banda amplas para transmissão. Com sua importância, veio a necessidade de padronização. Os Estados Unidos (ANSI) e a Europa (ITU-T) responderam definindo padrões que, embora independentes, são fundamentalmente semelhantes e, em última instância, compatíveis. O padrão ANSI é denominado **SONET (Synchronous Optical Network — rede óptica síncrona)**. O padrão ITU-T é chamado **SDH (Synchronous Digital Hierarchy — hierarquia digital síncrona)**.

> A SONET foi desenvolvida pela ANSI; a SDH foi desenvolvida pela ITU-T.

SONET/SDH é um padrão de rede síncrona que usa multiplexação TDM síncrona. Todos os clocks no sistema estão sujeitos a um clock-mestre.

17.1 ARQUITETURA

Introduziremos, inicialmente, a arquitetura de um sistema SONET: sinais, dispositivos e conexões.

Sinais

A SONET define uma hierarquia de níveis de sinalização elétrica denominados **STS (Synchronous Transport Signals — sinais de transporte síncronos)**. Cada nível STS (STS-1 a STS-192) suporta uma certa taxa de dados, especificada em megabits por segundo (ver a Tabela 17.1). Os sinais ópticos correspondentes são chamados **OC (Optical Carriers — portadoras ópticas)**. A SDH especifica um sistema similar denominado **STM (Synchronous Transport Module — módulo de transporte síncrono)**. O STM destina-se a ser compatível com hierarquias européias existentes, como as linhas E e os níveis STS. Para esse fim, o nível STM mais baixo, STM-1, é definido como 155,520 Mbps, que é exatamente igual ao STS-3.

Tabela 17.1 Velocidades da SONET/SDH

STS	OC	Velocidade (Mbps)	STM
STS-1	OC-1	51,840	
STS-3	OC-3	155,520	STM-1
STS-9	OC-9	466,560	STM-3
STS-12	OC-12	622,080	STM-4
STS-18	OC-18	933,120	STM-6
STS-24	OC-24	1.244,160	STM-8
STS-36	OC-36	1.866,230	STM-12
STS-48	OC-48	2.488,320	STM-16
STS-96	OC-96	4.976,640	STM-32
STS-192	OC-192	9.953,280	STM-64

Uma rápida análise da Tabela 17.1 revela alguns pontos interessantes. Primeiro, o nível mais baixo nesta hierarquia tem uma taxa de dados igual a 51,840 Mbps, que é maior que aquela do serviço DS-3 (44,736 Mbps). Na realidade, o STS-1 é projetado para acomodar taxas de dados equivalentes àquelas do DS-3. A diferença na capacidade é fornecida para lidar com necessidades de overhead do sistema óptico.

Em segundo lugar, a taxa de STS-3 é exatamente igual a três vezes a velocidade de STS-1 e a velocidade de STS-9 é exatamente metade da velocidade da STS-18. Essas relações significam que 18 canais STS-1 podem ser multiplexados em um único STS-18, seis canais STS-3 podem ser multiplexados em um único canal STS-18 e assim por diante.

Dispositivos SONET

A Figura 17.1 mostra um link simples usando dispositivos SONET. A transmissão SONET depende de três dispositivos básicos: multiplexadores/demultiplexadores STS, regeneradores, terminais e multiplexadores inserir/retirar.

Multiplexador/Demultiplexador STS

Os multiplexadores/demultiplexadores STS marcam os pontos iniciais e finais de um link SONET. Eles fornecem a interface entre uma rede elétrica tributária e a rede óptica. Um **multiplexador STS** multiplexa sinais de várias fontes elétricas e cria o sinal OC correspondente. Um **demultiplexador STS** demultiplexa um sinal OC óptico em sinais elétricos correspondentes.

Regenerador

Os regeneradores ampliam o comprimento dos links. Um **regenerador** é um repetidor (ver o Capítulo 15) que trata um sinal óptico (OC-*n*) recebido, demodula-o no sinal elétrico (STS-*n*) correspondente, regenera o sinal elétrico e, finalmente, modula o sinal elétrico em seu sinal

Figura 17.1 *Uma rede simples usando equipamento SONET*

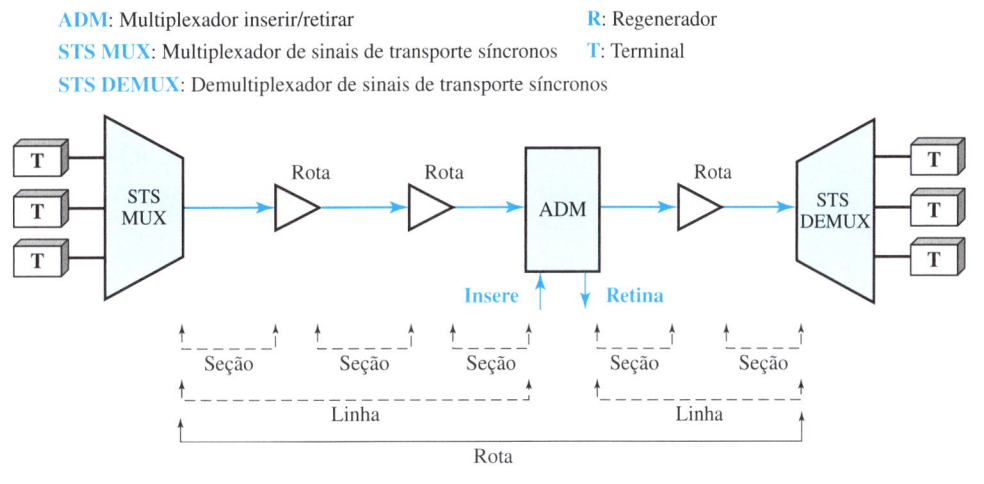

OC-n correspondente. Um regenerador SONET substitui parte das informações de overhead existentes (informações de cabeçalho) por novas informações.

Multiplexador inserir/retirar

Os multiplexadores inserir/retirar permitem a inserção e a extração de sinais. Um **ADM (Add/Drop Multiplexer — multiplexador inserir/retirar)** pode adicionar STSs provenientes de diferentes fontes em uma determinada rota ou podem eliminar um sinal desejado de uma rota e redirecioná-lo sem demultiplexar o sinal inteiro. Em vez de depender de timing e posições dos bits, os multiplexadores inserir/retirar usam informações de cabeçalho, como endereços e ponteiros, (descritos posteriormente nesta seção) para identificar fluxos individuais.

Na configuração simples, mostrada na Figura 17.1, uma série de sinais eletrônicos chegam a um multiplexador STS, onde são combinados em um único sinal óptico. Este é transmitido para um regenerador, no qual é recriado sem o ruído adquirido em trânsito. Os sinais regenerados de uma série de fontes chegam, em seguida, a um multiplexador inserir/retirar. O multiplexador inserir/retirar reorganiza esses sinais, se necessário, e os envia conforme orientado pelas informações nos quadros de dados. Esses sinais demultiplexados são enviados a outro regenerador e daí para o demultiplexador STS receptor, onde são transformados em formato utilizável pelos links receptores.

Terminais

Um terminal é um dispositivo que usa os serviços de uma rede SONET. Por exemplo, na Internet, pode ser um roteador que precisa enviar pacotes para outro roteador na outra ponta de uma rede SONET.

Conexões

Os dispositivos definidos na seção anterior são conectados usando-se *seções, linhas* e *rotas*.

Seções

Uma seção é o link óptico que interliga dois dispositivos vizinhos: multiplexador-multiplexador, multiplexador-regenerador ou regenerador-regenerador.

Linhas

Uma linha é a parte da rede entre dois multiplexadores: de um multiplexador STS a um multiplexador inserir/retirar, entre dois multiplexadores inserir/retirar ou entre dois multiplexadores STS.

Rotas

Uma rota é o trecho ponta a ponta da rede entre dois multiplexadores STS. Em uma SONET simples com dois multiplexadores STS ligados diretamente entre si, seção, linha e rota são a mesma coisa.

17.2 CAMADAS DO PADRÃO SONET

O padrão SONET inclui quatro camadas funcionais: fotônica, de seção, de linha e de rota. Elas correspondem tanto à camada física como à camada de link de dados (ver a Figura 17.2). Os cabeçalhos acrescentados ao quadro nas diversas camadas serão discutidos posteriormente, neste capítulo.

O SONET define quatro camadas: de rota, de linha, de seção e fotônica.

Figura 17.2 *Camadas do SONET em comparação com as camadas do modelo OSI ou Internet*

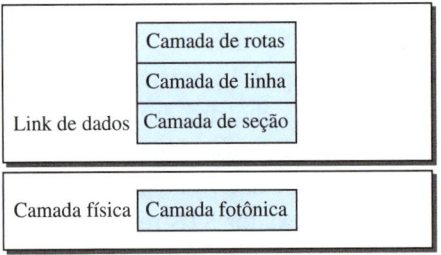

Camada de Rotas

A **camada de rotas** é responsável pela movimentação de um sinal, desde sua fonte óptica até seu destino óptico. Na fonte óptica, o sinal é transformado de uma forma eletrônica numa forma óptica, multiplexado com outros sinais e encapsulado num quadro. No destino óptico, o quadro recebido é demultiplexado e os sinais ópticos individuais são retornados às suas formas eletrônicas originais. O overhead da camada de rotas é adicionado nesta camada. Multiplexadores STS fornecem funções de camada de rotas.

Camada de Linha

A **camada de linha** é responsável pela movimentação de um sinal através de uma linha física. O overhead da camada de linha é acrescentado ao quadro nesta camada. Multiplexadores STS e multiplexadores inserir/retirar fornecem funções de camada de linha.

Camada de Seção

A **camada de seção** é responsável pelo movimento de um sinal através de uma seção física. Trata das funções de framing, mistura (codificação) e controle de erros. O overhead da camada de seção é acrescentado ao quadro nesta camada.

Camada Fotônica

A **camada fotônica** corresponde à camada física do modelo OSI, e inclui especificações físicas para o canal de fibra óptica, a sensibilidade do receptor, funções de multiplexação e assim por diante. O SONET usa codificação NRZ, com a presença de luz representando 1 e sua ausência representando 0.

Relações Dispositivo–Camada

A Figura 17.3 mostra a relação entre os dispositivos usados em uma transmissão SONET e as quatro camadas do padrão. Como se pode observar, um multiplexador STS é um dispositivo de quatro camadas. Um multiplexador inserir/retirar é um dispositivo de três camadas. Já um regenerador é um dispositivo de duas camadas.

Figura 17.3 *Relação dispositivo–camada no SONET*

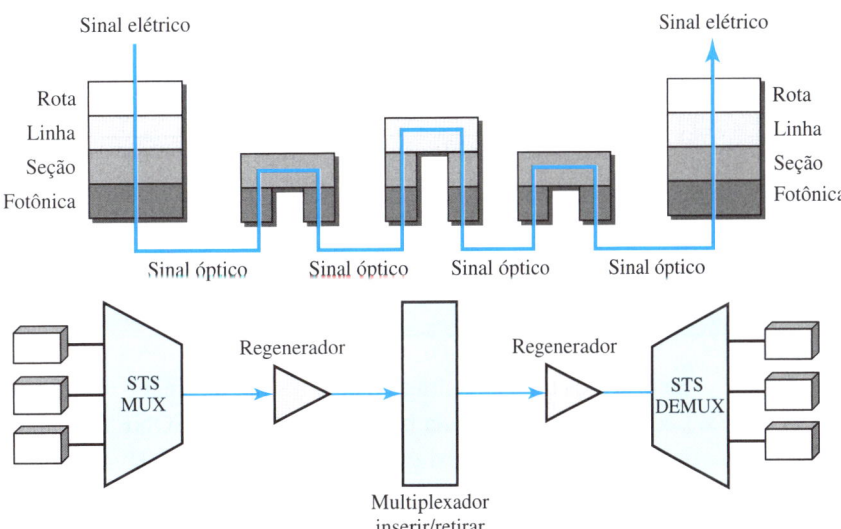

17.3 QUADROS NO SONET

Cada sinal de transferência síncrono STS-*n* é composto por 8 mil quadros. Cada quadro é uma matriz bidimensional de bytes com nove linhas por 90 × *n* colunas. Por exemplo, um quadro STS-1 é constituído de nove linhas por 90 colunas (810 bytes) e um quadro STS-3 de nove linhas por 270 colunas (2.430 bytes). A Figura 17.4 mostra o formato genérico de um quadro STS-1 e de um STS-*n*.

Figura 17.4 *Um quadro STS-1 e um quadro STS-n*

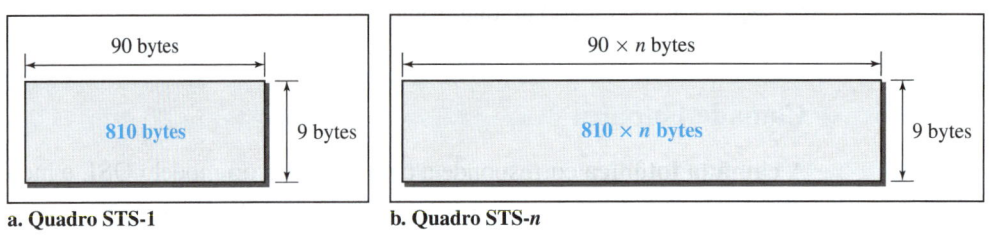

a. Quadro STS-1

b. Quadro STS-*n*

Transmissão de Bits, Bytes e Quadros

Um dos pontos interessantes em relação ao padrão SONET é que cada sinal STS-n é transmitido a uma velocidade fixa de 8 mil quadros por segundo. É a velocidade na qual a voz é digitalizada (ver o Capítulo 4). Para cada quadro, os bytes são transmitidos da esquerda para a direita, de cima para baixo. Para cada byte, os bits são transmitidos do mais significativo para o menos significativo (da esquerda para a direita). A Figura 17.5 mostra a ordem da transmissão de bytes e de quadros.

Figura 17.5 *Quadros STS-1 em transição*

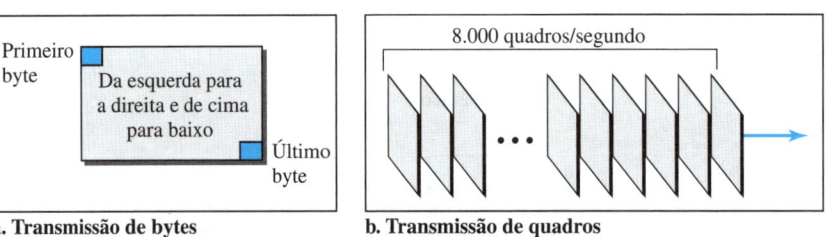

a. Transmissão de bytes

b. Transmissão de quadros

Um sinal STS-n do SONET é transmitido a 8 mil quadros por segundo.

Se fizermos uma amostragem de um sinal de sinal e usarmos 8 bits (1 byte) para cada amostra, podemos dizer que cada byte em um quadro SONET é capaz de transportar informações a partir de um canal de voz digitalizada. Em outras palavras, um sinal STS-1 pode suportar 774 canais de voz simultâneos (810 menos os bytes necessários para overhead).

Cada byte em um quadro do SONET é capaz de suportar um canal de voz digitalizada.

Exemplo 17.1

Encontre a taxa de dados de um sinal STS-1.

Solução

O STS-1, assim como outros sinais STS, transmite 8 mil quadros por segundo. Cada quadro STS-1 é composto de 9 por (1 × 90) bytes. Cada byte é composto por 8 bits. A taxa de dados é então

$$\text{Taxa de dados STS-1} = 8.000 \times 9 \times (1 \times 90) \times 8 = 51,840 \text{ Mbps}$$

Exemplo 17.2

Encontre a taxa de dados de um sinal STS-3.

Solução

O STS-3, assim como outros sinais STS, transmite 8 mil quadros por segundo. Cada quadro STS-3 é composto por 9 (3 × 90) bytes. Cada byte é composto por 8 bits. A taxa de dados fica então igual a

$$\text{Taxa de dados STS-3} = 8.000 \times 9 \times (3 \times 90) \times 8 = 155,52 \text{ Mbps}$$

Note que, no SONET, existe uma relação exata entre as taxas de dados de diferentes sinais STS. Poderíamos ter descoberto a taxa de dados de STS-3 usando a taxa de dados de STS-1 (multiplique essa última por 3).

> **No SONET, a taxa de dados de um sinal STS-n é n vezes a taxa de dados de um sinal STS-1.**

Exemplo 17.3

Qual a duração de um quadro STS-1? E de um quadro STS-3? E de um quadro STS-n?

Solução

No SONET, são transmitidos 8 mil quadros por segundo. Isso significa que a duração de um quadro STS-1, STS-3 ou STS-n é a mesma e igual a 1/8.000 s, ou seja, 125 μs.

> **No SONET, a duração de qualquer quadro é de 125 μs.**

Formato de Quadros STS-1

O formato básico de um quadro STS-1 é ilustrado na Figura 17.6. Como havíamos dito anteriormente, um quadro no SONET é uma matriz de nove linhas de 90 bytes (octetos) cada, para um total de 810 bytes.

As três primeiras colunas do quadro são usadas para overhead de seção e de linha. As três linhas superiores das três primeiras colunas são utilizadas para o **overhead de seção (SOH)**. As seis inferiores são o **overhead de linha (LOH)**. O restante do quadro é chamado SPE (**Synchronous Payload Envelope — envelope de carga útil síncrona**). Ele contém dados de usuário e **overhead de rotas (POH)** necessários no nível de dados de usuário. Falaremos sobre o formato do SPE em breve.

Overhead de Seção

O overhead de seção consiste de nove octetos. Os identificadores, funções e a organização destes octetos são mostrados na Figura 17.7.

Figura 17.6 *Overheads de quadros STS-1*

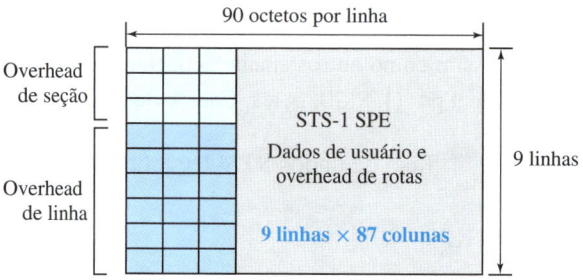

Figura 17.7 *Quadro STS-1: overhead de seção*

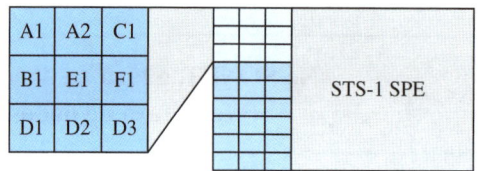

- **Bytes de alinhamento (A1 e A2).** Os bytes A1 e A2 são usados para formatação e sincronização e são denominados bytes de alinhamento. Eles alertam um receptor de que um quadro está chegando e fornecem ao receptor um padrão de bits predeterminado em relação ao qual se sincronizar. Os padrões de bits para esses dois bytes em hexadecimal são 0xF628. Os bytes servem como flag.

- **Byte de paridade de seção (B1).** O byte B1 destina-se à paridade entrelaçada de bits (BIP-8). Seu valor é calculado em relação a todos os bytes do quadro anterior. Em outras palavras, o i-ésimo bit desse byte é o bit de paridade calculado em relação a todos os i-ésimos bits do quadro STS-n anterior. O valor deste byte é preenchido apenas para o primeiro STS-1 em um quadro STS-n. Em outras palavras, embora um quadro STS-n tenha n B1 bytes, como veremos adiante, apenas o primeiro byte tem esse valor; o restante é preenchido com 0s.

- **Byte de identificação (C1).** O byte C1 carrega a identidade do quadro STS-1. Esse byte é necessário quando vários STS-1s são multiplexados para criar um STS de ordem mais alta (STS-3, STS-9, STS-12 etc.). As informações presentes nesse byte possibilitam que os vários sinais sejam reconhecidos facilmente por meio da demultiplexação. Por exemplo, em um sinal STS-3, o valor do byte C1 é 1 para o primeiro STS-1, 2 para o segundo e 3 para o terceiro.

- **Bytes de gerenciamento (D1, D2 e D3).** Os bytes D1, D2 e D3, juntos, formam um canal de 192 kbps ($3 \times 8.000 \times 8$) denominado canal de comunicação de dados. Esse canal é necessário para sinalização OA&M (operação, administração e manutenção).

- **Byte de ordem no cabo (E1).** O byte E1 é o byte de ordem no cabo. Esses bytes em quadros consecutivos, formam um canal de 64 kbps (8.000 quadros por segundo vezes 8 bits por quadro). Esse canal é usado para comunicação entre regeneradores ou entre terminais e regeneradores.

❑ **Byte do usuário (F1).** Os bytes F1 em quadros consecutivos formam um canal de 64 kbps que é reservado para necessidades do usuário no nível de seção.

> **O overhead de seção é recalculado para cada dispositivo SONET (regeneradores e multiplexadores).**

Overhead de Linha

O overhead de linha consiste de 18 bytes. Os identificadores, as funções e o arranjo desses bytes são mostrados na Figura 17.8.

Figura 17.8 *Quadro STS-1: overhead de linha*

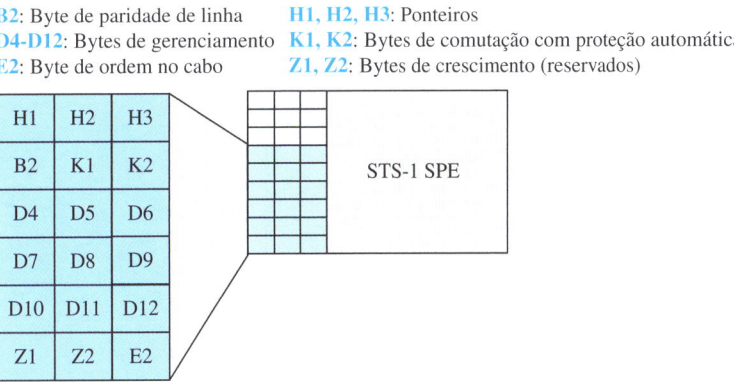

❑ **Byte de paridade de linha (B2).** O byte B2 é destinado à paridade entrelaçada de bits. Ele verifica os erros do quadro ao longo de uma linha (entre dois multiplexadores). Em um quadro STS-*n*, B2 é calculado para todos os bytes no quadro STS-1 anterior e inserido no byte B2 para este quadro. Em outras palavras, em um quadro STS-3, existem três bytes B2, cada um deles calculado para um quadro STS-1. Compare esse byte com B1 no overhead de seção.

❑ **Bytes de canais de comunicação de dados (D4 a D12).** Os bytes D (D4 a D12) de overhead de linha em quadros consecutivos formam um canal de 576 kbps que fornece o mesmo serviço que os bytes D1–D3 (OA&M), porém na linha em vez de no nível de seção (entre multiplexadores).

❑ **Byte de ordem no cabo (E2).** Os bytes E2 em quadros consecutivos formam um canal de 64 kbps que fornece as mesmas funções que o byte de ordem no cabo E1, mas no nível de linha.

❑ **Bytes de ponteiro (H1, H2 e H3).** Os bytes H1, H2 e H3 são ponteiros. Os dois primeiros bytes são usados para mostrar a diferença do SPE no quadro; o terceiro é utilizado para justificação. Ilustraremos o uso desses bytes posteriormente.

❑ **Bytes de comutação com proteção automática (K1 e K2)** Os bytes K1 e K2 em quadros consecutivos formam um canal de 128 kbps usado para detecção automática de problemas em equipamentos de terminação de linha. Neste capítulo, discutiremos mais à frente a APS (**Automatic Protection Switching** — comutação com proteção automática).

❑ **Bytes de crescimento (Z1 e Z2).** Os bytes Z1 e Z2 são reservados para uso futuro.

Envelope de Carga Síncrona

O **SPE (Synchronous Payload Envelope — envelope de carga útil síncrona)** contém os dados de usuário e o overhead relacionado a esses dados (overhead de rotas). Um SPE não se encaixa, necessariamente, em um quadro STS-1, e pode ser dividido entre dois quadros, como veremos em breve. Isso significa que o overhead de rotas, a coluna mais à esquerda de um SPE, não se alinha, necessariamente, com o overhead de seção ou de linha. Em primeiro lugar, deve-se acrescentar o overhead de rotas aos dados do usuário para criar um SPE e, em seguida, um SPE pode ser inserido em um ou dois quadros. O overhead de rotas consiste de 9 bytes. Os identificadores, as funções e o arranjo desses bytes são mostrados na Figura 17.9.

Figura 17.9 *Quadro STS-1: overhead de rotas*

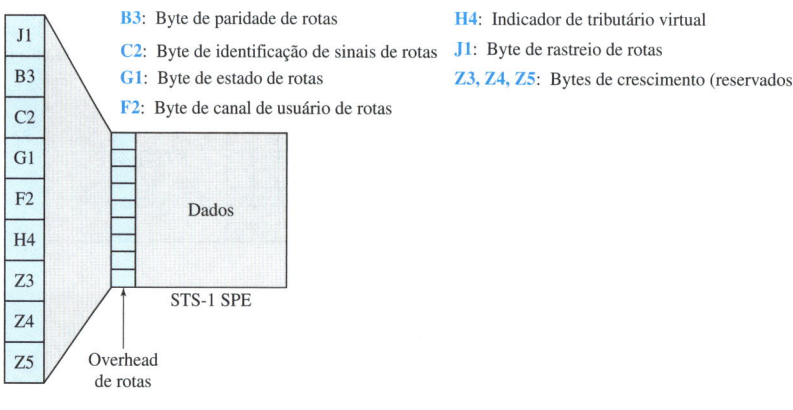

❑ **Byte de paridade de rotas (B3).** O byte B3 destina-se à paridade entrelaçada de bits, como os bytes B1 e B2, mas calculados em relação aos bits SPE. Na verdade, é calculado em relação ao SPE anterior no fluxo.

❑ **Byte de identificação de sinais de rotas (C2).** O byte C2 é o byte de identificação de rotas. É usado para reconhecer os diferentes protocolos usados nos níveis mais altos (como IP ou ATM) cujos dados estão sendo transportados no SPE.

❑ **Byte de canal de usuário de rotas (F2).** Os bytes F2 em quadros consecutivos, como os bytes F1, formam um canal de 64 kbps, reservado para as necessidades do usuário, mas no nível de rota.

❑ **Byte de estado de rotas (G1).** O byte G1 é enviado pelo receptor para informar, ao emissor, seu estado atual. É enviado no canal inverso quando a comunicação é dúplex. Veremos seu emprego, em redes lineares ou em anel, ainda neste capítulo.

❑ **Indicador de quadro múltiplo (H4).** O byte H4 é o indicador de quadro múltiplo. Ele indica cargas de dados que não podem se encaixar em um único quadro. Por exemplo, tributários virtuais podem ser combinados para formar um quadro que é maior que um quadro

SPE e precisa ser dividido em quadros diferentes. Os tributários virtuais serão discutidos na próxima seção.

- **Byte de rastreio de rotas (J1).** Os bytes J1 em quadros consecutivos formam um canal de 64 kbps usado para rastrear a rota. O byte J1 envia um string contínuo de 64 bytes para verificar a conexão. A escolha do string é deixada para o programa aplicativo. O receptor compara cada padrão com o anterior para garantir que nada esteja errado com a comunicação na camada de rotas.

- **Bytes de crescimento (Z3, Z4 e Z5).** Os bytes Z3, Z4 e Z5 são reservados para uso futuro.

O overhead de rotas é calculado apenas para fim a fim (nos multiplexadores STS).

Síntese do Overhead

A Tabela 17.2 compara e sintetiza os overheads usados em uma seção, linha e rota.

Tabela 17.2 *Velocidades no SONET/SDH*

Função de Bytes	Seção	Linha	Rota
Alinhamento	A1, A2		
Paridade	B1	B2	B3
Identificador	C1	C2	
OA&M	D1–D3	D4–D12	
Byte de ordem de cabo	E1		
Usuário	F1		F2
Estado			G1
Ponteiros		H1–H3	H4
Rastreio			J1
Tolerância a falhas		K1, K2	
Crescimento (reservado para o futuro)		Z1, Z2	Z3–Z5

Exemplo 17.4

Qual é taxa de dados do usuário de um quadro STS-1 (sem considerar os overheads)?

Solução

A parte referente a dados de usuários em um quadro STS-1 é formada por nove linhas e 86 colunas. Portanto, temos

$$\text{Taxa de dados de usuário STS-1} = 8.000 \times 9 \times (1 \times 86) \times 8 = 49{,}536 \text{ Mbps}$$

Encapsulamento

A discussão anterior revela que um SPE precisa ser encapsulado em um quadro STS-1. O encapsulamento pode criar dois problemas que são tratados de forma elegante pelo SONET usando ponteiros (H1 a H3). Discutimos o uso destes bytes nesta seção.

Offsetting

O SONET possibilita que um SPE abarque dois quadros; parte do SPE se encontra no primeiro quadro e parte no segundo. Isso pode acontecer quando um SPE encapsulado não está alinhado, em termos de tempo, com a passagem de quadros sincronizados. A Figura 17.10 ilustra essa situação. Os bytes SPE são divididos entre os dois quadros. O primeiro conjunto de bytes é encapsulado no primeiro quadro; o segundo conjunto é encapsulado no segundo quadro. A figura também mostra o overhead de rotas, que é alinhado com o overhead de seção/linha de qualquer quadro. A questão é: "Como um multiplexador SONET sabe onde o SPE inicia ou termina no quadro? A solução é o uso de H1 e H2 para definir o início do SPE; o final pode ser encontrado, pois cada SPE possui um número fixo de bytes. O SONET possibilita o offsetting apresenta de um SPE em relação a um quadro STS-1.

Figura 17.10 *Offsetting do SPE relativo aos limites do quadro*

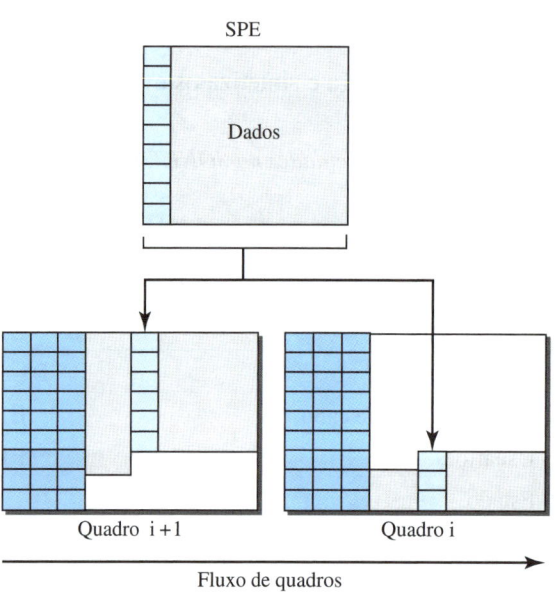

Para descobrir o início de cada SPE em um quadro, precisamos de dois ponteiros H1 e H2 no overhead de linha. Observe que esses ponteiros são localizados no overhead de linha, visto que o encapsulamento ocorre em um multiplexador. A Figura 17.11 mostra como esses 2 bytes

Figura 17.11 *O uso de ponteiros H1 e H2 para mostrar o início de um SPE em um quadro*

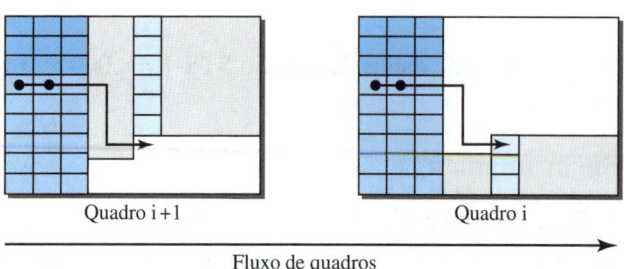

apontam para o início dos SPEs. Note que precisamos de 2 bytes para definir a posição de um byte num quadro; um quadro tem 810 bytes, que não podem ser definidos usando 1 byte.

Exemplo 17.5

Quais são os valores de H1 e H2 se um SPE iniciar no número de byte 650?

Solução

O número 650 pode ser expresso em quatro dígitos hexadecimais, por exemplo, 0x028A. Isso significa que o valor de H1 é 0x02 e o valor de H2 é 0x8A.

Justificativa

Suponha, agora, que a taxa de transmissão da carga útil do quadro seja ligeiramente diferente da taxa de transmissão do SONET. Primeiro, suponha que a velocidade dessa carga seja maior. Isso significa que, ocasionalmente, existe 1 byte extra que não pode se encaixar no quadro. Nesse caso, o SONET permite que esse byte extra seja inserido no byte H3. Novamente, suponha que a velocidade da carga útil seja menor. Isso significa que, às vezes, será necessário que 1 byte esteja vazio à esquerda no quadro. O SONET permite que esse byte seja o byte após o byte H3.

17.4 MULTIPLEXAÇÃO STS

No SONET, os quadros de menor velocidade podem ser multiplexados por divisão de tempo e de forma síncrona em um quadro de maior velocidade. Por exemplo, três sinais (canais) STS-1 podem ser combinados em um único sinal (canal) STS-3, quatro STS-3s podem ser multiplexados em um único STS-12, e assim por diante, conforme ilustra a Figura 17.12.

Figura 17.12 *Multiplexação/demultiplexação STS*

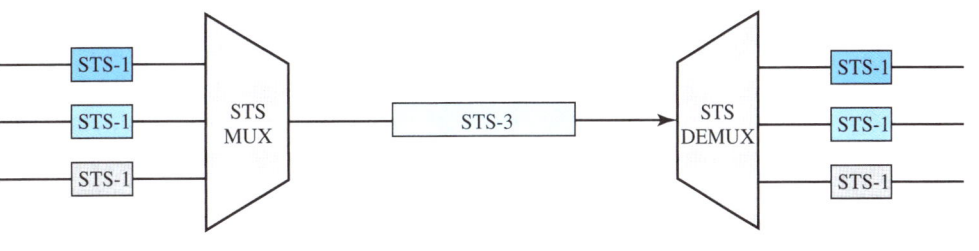

A multiplexação é TDM síncrona e todos os clocks da rede estão sujeitos a um clock mestre para se obter a sincronização.

No SONET, todos os clocks da rede estão sujeitos a um clock mestre.

É preciso mencionar que a multiplexação também pode ocorrer com taxas de dados mais altas. Por exemplo, quatro sinais STS-3 podem ser multiplexados em um sinal STS-12. Entretanto, os sinais STS-3 precisam ser, primeiro, demultiplexados em 12 sinais STS-1 e, em seguida, esses 12 sinais precisam ser multiplexados em um único sinal STS-12. O motivo para esse trabalho extra ficará claro após nossa discussão sobre intercalação de bytes.

Intercalação de Bytes

A multiplexação TDM síncrona no SONET é obtida pelo uso de intercalação de bytes. Por exemplo, quando três sinais STS-1 são multliplexados em um sinal STS-3, cada conjunto de 3 bytes no sinal STS-3 é associado a 1 byte de cada sinal STS-1. A Figura 17.13 ilustra essa situação.

Figura 17.13 *intercalação de bytes*

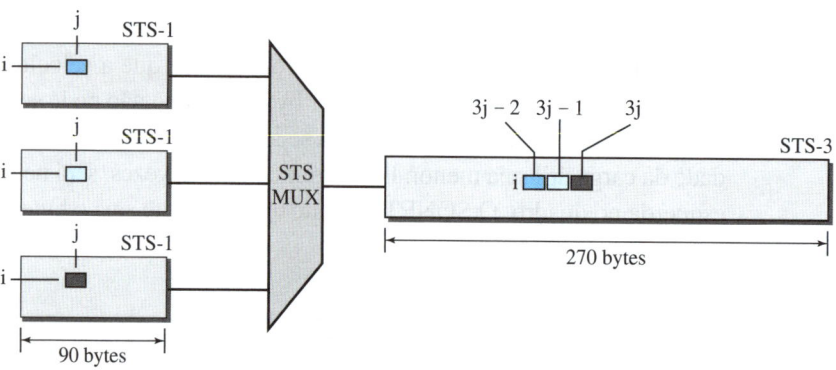

Observe que um byte em um quadro STS-1 mantém sua posição de linha, mas é deslocado para uma coluna diferente. O motivo é que, embora todos os quadros de sinal tenham o mesmo número de linhas (9), o número de colunas varia. O número de colunas em um quadro de sinal STS-n é n vezes o número de colunas em um quadro STS-1. Uma linha STS-n pode, portanto, acomodar todas as n linhas nos quadros STS-1.

A intercalação de bytes também preserva os overheads de seção e de linha correspondentes, conforme mostrado na Figura 17.14. Como ilustra a figura, os overheads de seção dos três quadros STS-1 são entrelaçados juntos para criar um overhead de seção para um quadro STS-1. O mesmo é válido para os overheads de linhas. Cada canal, entretanto, mantém os bytes correspondentes que são usados para controlar esse canal. Em outras palavras, as seções e linhas mantêm seus próprios bytes de controle para cada canal multiplexado. Esse interessante recurso permitirá o uso de multiplexadores inserir/retirar, como veremos em breve. Conforme mostra a figura, existem 3 bytes A1, um deles pertencente a cada um dos três sinais multiplexados. Existem também 3 bytes A2, três bytes B1 e assim por diante.

Nesse caso, a demultiplexação é mais fácil que na TDM estatística vista no Capítulo 6, pois o demultiplexador, no que diz respeito à função dos bytes, elimina o primeiro A1 e o atribui ao primeiro STS-1, elimina o segundo A1 e o atribui ao segundo STS-1, elimina o terceiro A1 e o atribui ao terceiro STS-1. Em outras palavras, o demultiplexador trata apenas da posição do byte, não de sua função.

O que dissemos sobre os overheads de seção e de linha não se aplica exatamente ao overhead de rotas. Isso porque ele faz parte dos SPE que podem ser, eventualmente, subdivididos em dois quadros STS-1. A intercalação de bytes, porém, é a mesma para a seção de dados dos SPEs.

Figura 17.14 *Quadro STS-3*

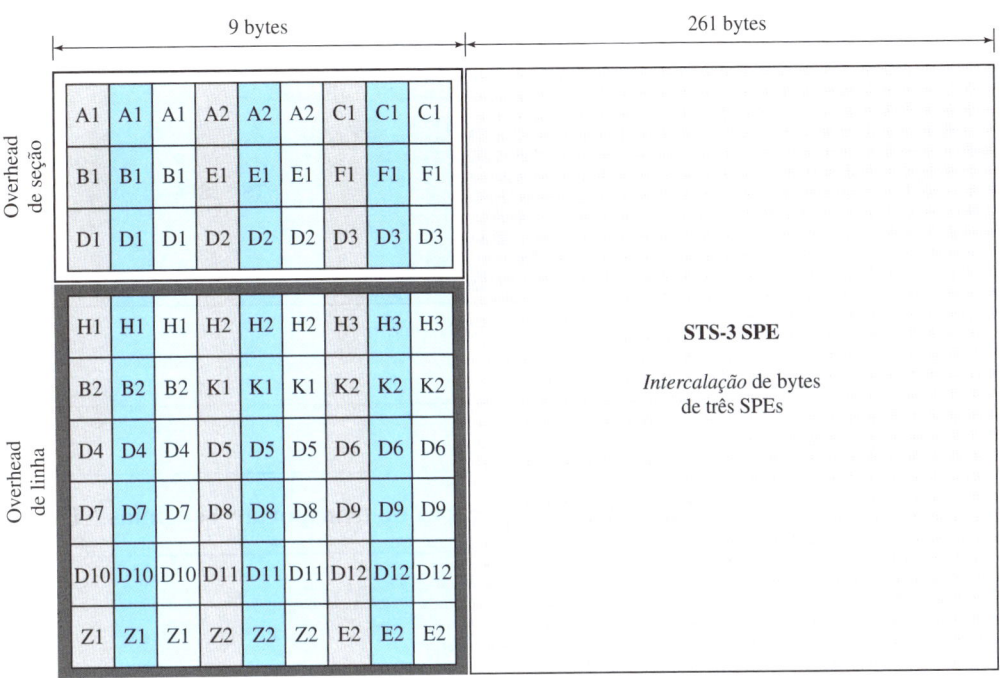

O processo de intercalação de bytes deixa um pouco mais complexa a multiplexação a taxas de dados mais altas. Como podemos multiplexar quatro sinais STS-3 em um único sinal STS-12? Isso pode ser feito em duas etapas: em primeiro lugar, os sinais STS-3 têm de ser demultiplexados para criar 12 sinais STS-1. Esses 12 sinais STS-1 são então multiplexados para criar um único sinal STS-12.

Sinal Concatenado

Na operação normal do SONET, um sinal STS-n é formado por *n* sinais STS-1 multiplexados. Algumas vezes, temos um sinal com uma taxa de dados maior que aquela que um STS-1 é capaz de suportar. Nesse caso, o SONET nos permite criar um sinal STS-n que não é considerado como *n* sinais STS-1; ele é um único sinal (canal) STS-n que não pode ser demultiplexado em *n* sinais STS-1. Para especificar que um sinal não pode ser demultiplexado, acrescenta-se o sufixo *c* (de concatenado) ao nome do sinal. Por exemplo, STS-3c é um sinal que não pode ser demultiplexado em três sinais STS-1. No entanto, precisamos estar cientes de que toda a carga útil em um sinal STS-3c é um SPE, o que significa que temos apenas uma coluna (9 bytes) de overhead de rotas. Nesse caso, os dados usados ocupam 260 colunas, conforme ilustra a Figura 17.15.

Sinais Concatenados Transportando Células ATM

Falaremos sobre ATM e células ATM no Capítulo 18. Uma rede ATM é uma rede de células na qual cada célula tem tamanho fixo de 53 bytes. O SPE de um sinal STS-3c pode ser uma portadora de células ATM. O SPE de um STS-3c é capaz de suportar $9 \times 260 = 2.340$ bytes, que pode acomodar cerca de 44 células ATM, cada uma com 53 bytes.

Figura 17.15 *Um sinal STS-3c concatenado*

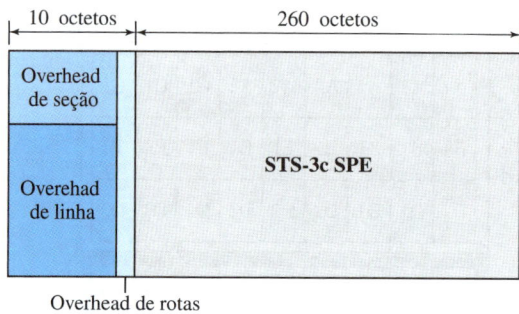

Um sinal STS-3c é capaz de transportar 44 células ATM como seu SPE.

Multiplexador Inserir/retirar

A multiplexação de vários sinais STS-1 em um único sinal STS-n é feita no multiplexador STS (na camada de rotas). A demultiplexação de um sinal STS-n em componentes STS-1 é realizada no demultiplexador STS. Nesse meio tempo, entretanto, o SONET usa multiplexadores inserir/retirar que podem substituir um sinal por outro. Precisamos que esse processo não seja o convencional, de demultiplexação/multiplexação. Um multiplexador inserir/retirar opera na camada de linhas. Um multiplexador inserir/retirar não cria overhead de seção, de linha ou de rotas. Ele quase atua como um comutador: elimina um sinal STS-1 e adiciona outro. O tipo de sinal na entrada e na saída de um multiplexador inserir/retirar é o mesmo (ambos STS-3 ou ambos STS-12, por exemplo). O multiplexador inserir/retirar (ADM) elimina apenas os bytes correspondentes e os substitui por bytes novos (inclusive os do overhead de seção e de linha). A Figura 17.16 mostra a operação de um ADM.

Figura 17.16 *Retirando e inserindo quadros STS-1 em um multiplexador inserir/retirar*

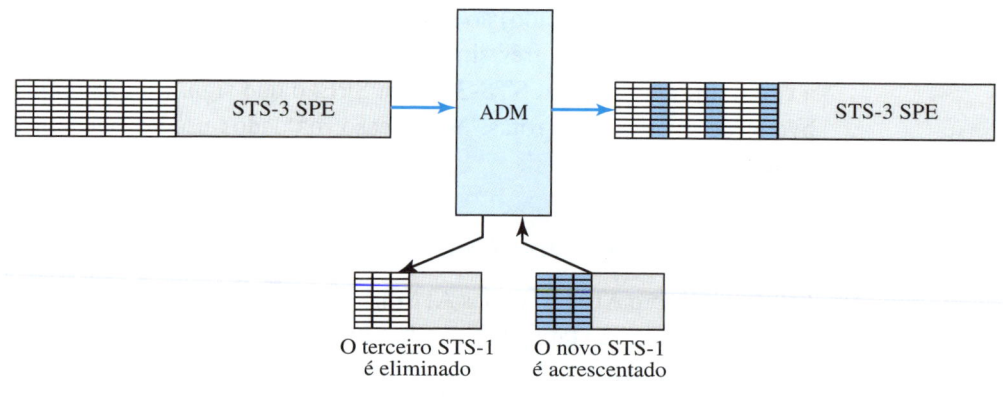

17.5 REDES SONET

Com o emprego de equipamentos SONET, podemos criar uma rede SONET que pode ser usada como um backbone de alta velocidade transportando informações de outras redes, como ATM (Capítulo 18) ou IP (Capítulo 20). Podemos, em termos gerais, dividir as redes SONET em três categorias: lineares, em anel e de malha, como mostra a Figura 17.17.

Figura 17.17 *Taxonomia das redes SONET*

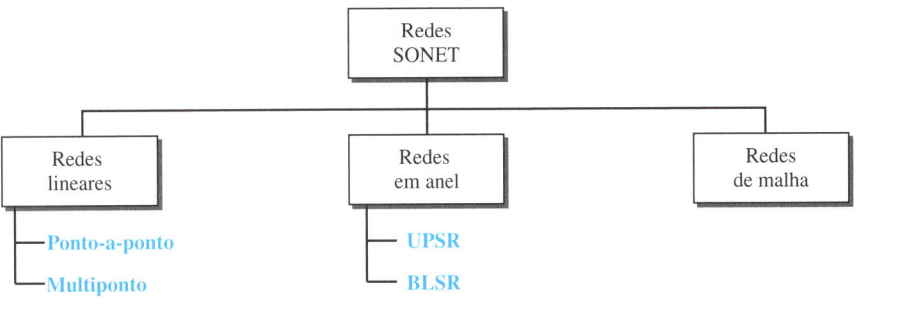

Redes Lineares

Uma rede SONET linear pode ser ponto-a-ponto ou multiponto.

Rede Ponto-a-Ponto

Normalmente, uma rede ponto-a-ponto é constituída por um multiplexador STS, um demultiplexador STS e nenhum regenerador, ou um pequeno número destes, sem o emprego de multiplexadores inserir/retirar, conforme nos mostra a Figura 17.18. O fluxo de sinais pode ser unidirecional ou bidirecional, embora a Figura 17.18 ilustre apenas o fluxo unidirecional para fins de simplicidade.

Figura 17.18 *Uma rede SONET ponto-a-ponto*

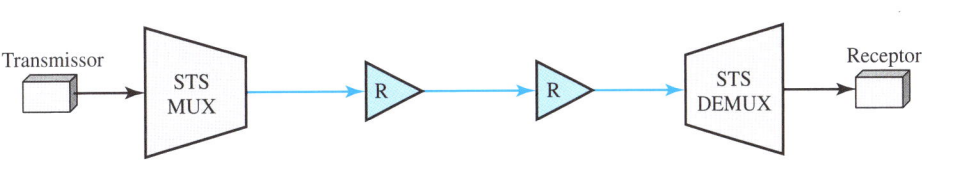

Rede Multiponto

Uma rede multiponto usa ADMs para possibilitar a comunicação entre vários terminais. Um ADM elimina o sinal pertencente ao terminal conectado a ele e acrescenta o sinal transmitido de outro terminal. Cada terminal é capaz de transmitir dados a um ou mais terminais depois dele. A Figura 17.19 mostra uma configuração unidirecional, na qual cada terminal pode enviar dados apenas para os terminais depois dele próprio, mas uma rede multiponto também pode ser bidirecional.

Figura 17.19 *Uma rede SONET multiponto*

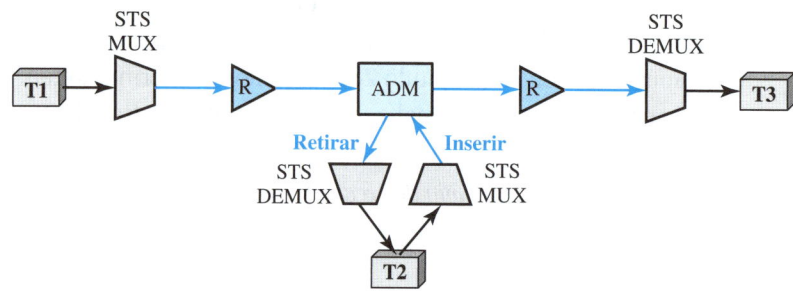

Na Figura 17.19, T1 pode enviar dados simultaneamente a T2 e T3. T2, entretanto, pode enviar dados apenas para T3. A figura mostra uma configuração muito simples; em situações normais, temos um número maior de ADMs e de terminais.

Comutação com Proteção Automática

Para criar proteção contra falhas em redes lineares, o SONET define a **APS (Automatic Protection Switching — comutação com proteção automática)**. Em redes lineares, a APS é definida na camada de linha, o que significa que a proteção é feita entre dois ADMs ou um par de multiplexadores/demultiplexadores STS. A idéia é fornecer redundância; uma linha (fibra óptica) redundante pode ser usada em caso de falha da principal. A principal é conhecida como linha operacional e a redundante como linha de proteção. Três configurações são comuns para proteção em canais lineares: um-mais-um, um-para-um e um-para-vários. A Figura 17.20 ilustra essas três configurações.

Figura 17.20 *Comutação com proteção automática em redes lineares*

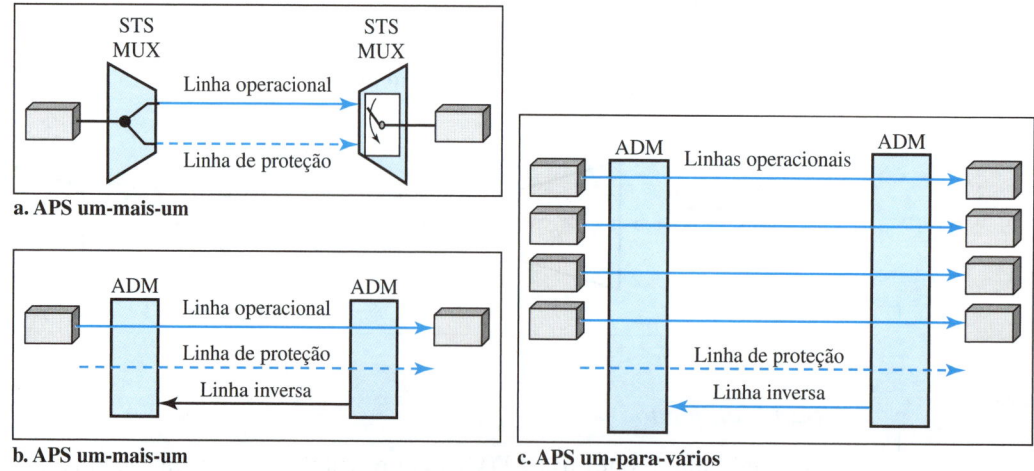

APS um-mais-um Nessa configuração, normalmente existem duas linhas: uma operacional e uma de proteção. Ambas estão ativas a todo instante. O multiplexador transmissor envia os mesmos dados usando ambas as linhas; o multiplexador receptor monitora a linha e escolhe aquela com melhor qualidade. Se uma delas falhar, ela perde seu sinal e, obviamente, a outra é selecionada no receptor. Embora a recuperação de falhas para esse método seja instantânea, ele é ineficiente, pois é necessário o dobro da largura de banda. Observe que a comutação um-mais-um é realizada na camada de rotas.

APS um-para-um   Neste método, que se parece com o um-mais-um, também há uma linha operacional e uma linha de proteção. Entretanto, os dados são normalmente enviados usando a linha operacional até que ela falhe. Nessa oportunidade, o receptor, utilizando o canal inverso, informa ao transmissor que use a linha de proteção em seu lugar. Obviamente, a recuperação de falhas é mais lenta que aquela do método um-mais, mas esse método é mais eficiente, já que a linha de proteção pode ser usada para transferência de dados quando não estiver sendo empregada para substituir a linha operacional. Note que a comutação um-para-um é realizada na camada de linha.

APS um-para-vários   Esse método é similar ao do um-para-um, exceto pelo fato de existir apenas uma linha de proteção para várias linhas operacionais. Quando ocorre uma falha em uma das linhas operacionais, a de proteção assume o controle até que apresenta falha seja reparada. Não é tão seguro como o método um-para-um, pois se mais de uma linha operacional falhar ao mesmo tempo, a linha de proteção poderá substituir apenas uma delas. Observe que o APS um-para-vários é realizado na camada de linha.

Redes em Anel

O uso de ADMs possibilita redes SONET em anel. Estas podem ser usadas tanto em uma configuração unidirecional como em uma bidirecional. Em cada caso, podemos adicionar anéis extras para tornar a rede auto-regenerativa, capaz de se recuperar por si só de uma falha na linha.

Anel de Comutação de Rotas Unidirecionais

Um **UPSR (Unidirectional Path Switching Ring — anel de comutação de rotas unidirecionais)** é uma rede unidirecional com dois anéis: um, que é usado como anel operacional, e o outro como de proteção. A idéia é similar ao método APS um-mais-um discutido em uma rede linear. O mesmo sinal flui por ambos os anéis, um no sentido horário e outro no anti-horário. É denominado UPSR porque o monitoramento é realizado na camada de rotas. Um nó recebe duas cópias elétricas dos sinais na camada de rotas, os compara e então escolhe aquele com melhor qualidade. Se parte de um anel entre dois ADMs falhar, o outro ainda pode garantir a continuidade do fluxo de dados. O UPSR, assim como o método um-mais-um, tem recuperação de falhas mais rápida, mas não é eficiente, pois precisamos ter dois anéis que fazem o mesmo trabalho de um. Metade da largura de banda é desperdiçada. A Figura 17.21 mostra uma rede UPSR.

Embora tenhamos optado por um transmissor e três receptores na figura, podem existir várias outras configurações. O transmissor usa uma conexão bidirecional para enviar dados para ambos os anéis ao mesmo tempo; o receptor utiliza comutadores seletivos para selecionar o anel com sinal de melhor qualidade. Usamos um multiplexador STS e três demultiplexadores STS para enfatizar que os nós operam na camada de rotas.

Anel de Comutação de Linhas Bidirecionais

Outra alternativa numa rede SONET em anel é o **BLSR (Bidirectional Line Switching Ring, — anel de comutação de linhas bidirecionais)**. Nesse caso, a comunicação é bidirecional, o que significa que precisamos dois anéis para linhas operacionais. Também necessitamos de dois anéis para linhas de proteção. Isso significa que o BLSR usa quatro anéis. A operação, entretan-

Figura 17.21 *Um anel de comutação de rotas unidirecionais*

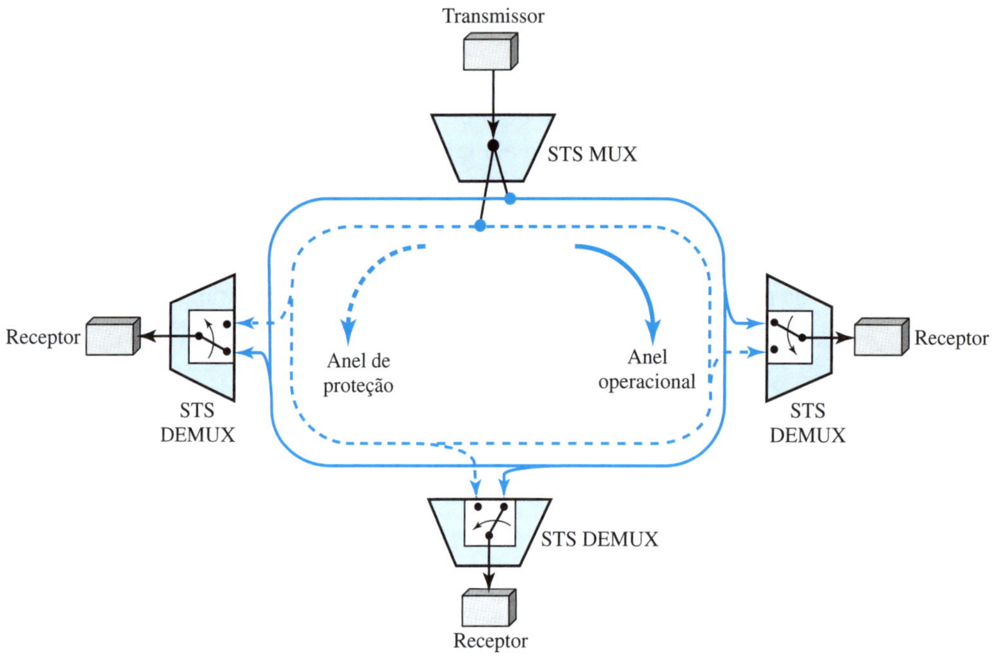

to, é similar a de um APS um-para-um. Se um anel operacional em uma direção entre dois nós falhar, o nó receptor pode usar o anel inverso para informar o nó anterior no sentido da falha, que utilize o anel de proteção. A rede pode recuperar-se em diversas situações de falha diferentes que não tratamos aqui. Note que a descoberta de uma falha no BLSR se dá na camada de linha, e não na camada de rotas. Os ADMs encontram a falha e informam os nós adjacentes para que usem os anéis de proteção. A Figura 17.22 mostra um anel BLSR.

Combinação de Anéis

As redes SONET de hoje usam uma combinação de anéis interconectados para gerar serviços em uma área extensa. Por exemplo, uma rede SONET poderia ter um anel regional, vários anéis locais e muitos anéis nas instalações para oferecer serviços a uma área ampla. Esses anéis podem ser UPSR, BLSR ou uma combinação de ambos. A Figura 17.23 ilustra o conceito de tal rede de longa distância em anel.

Redes de Malha

Um problema com as redes em anel é a falta de possibilidade de expansão. Quando o tráfego em um anel aumenta, precisamos atualizar não apenas as linhas, mas também os ADMs. Nessa situação, uma rede de malha com comutadores provavelmente oferecerá melhor desempenho. Um comutador em uma rede de malha é denominado conexão cruzada. Uma conexão cruzada, assim como outros comutadores vistos, tem portas de entrada e de saída. Em uma porta de entrada, o comutador pega um sinal OC-n, o transforma em um sinal STS-n, o demultiplexa nos sinais STS-1 correspondentes e envia cada sinal STS-1 para a porta de saída apropriada. Uma porta de saída pega sinais STS-1 provenientes de diferentes portas de entrada, os multiplexa em

Figura 17.22 *Um anel de comutação de linhas bidirecional*

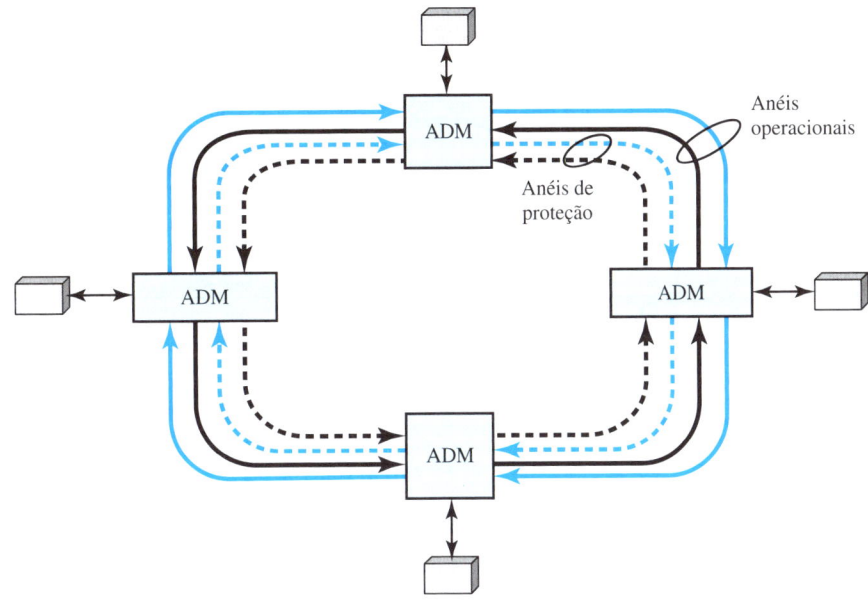

Figura 17.23 *Uma combinação de anéis numa rede SONET*

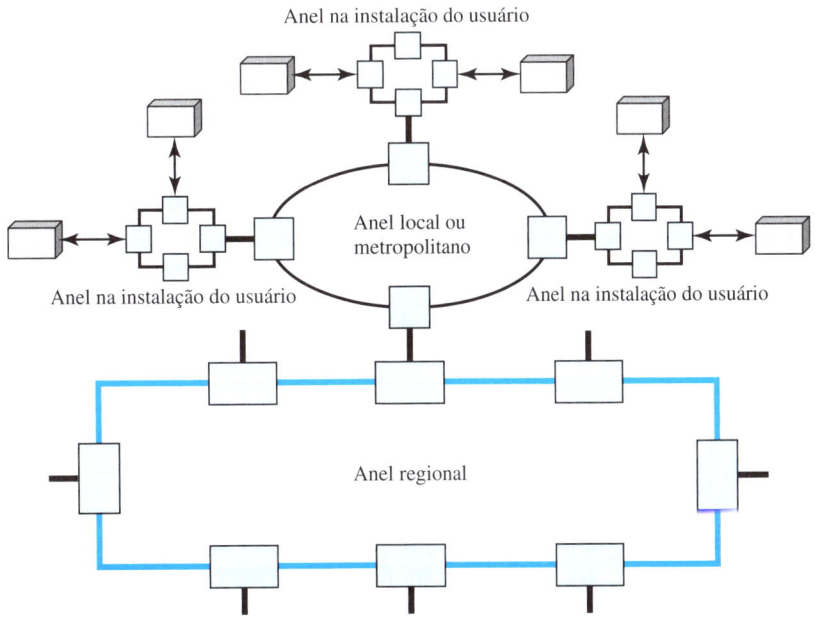

um sinal STS-n e cria um sinal OC-*n* para transmissão. A Figura 17.24 mostra uma rede SONET de malha e a estrutura de um comutador.

Figura 17.24 *Uma rede SONET de malha*

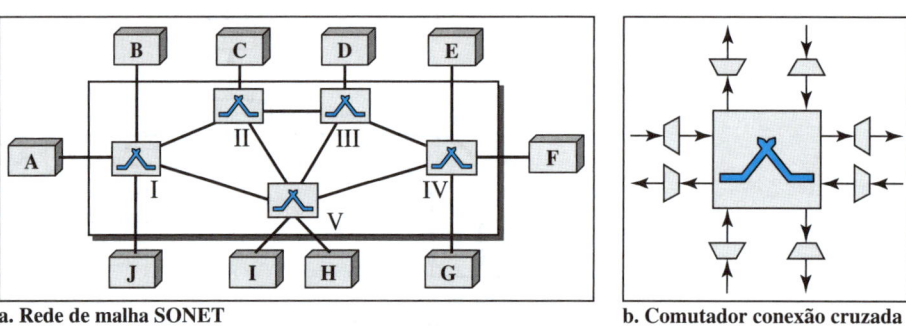

a. Rede de malha SONET

b. Comutador conexão cruzada

17.6 TRIBUTÁRIOS VIRTUAIS

As redes SONET são projetadas para suportar cargas úteis de transmissão em banda larga. As taxas de dados de hierarquia digital atuais (DS-1 a DS-3), entretanto, são mais lentas que a do STS-1. Para tornar uma rede SONET compatível com a hierarquia atual, o desenho de seus quadros inclui um sistema de **tributários virtuais VTs (Virtual Tributaries)**, em inglês (ver Figura 17.25). Um tributário virtual é uma carga útil parcial que pode ser inserida em um quadro STS-1 e combinada a outras cargas parciais para preencher o quadro. Em vez de usar todas as 86 colunas da carga útil de um quadro STS-1 para dados de uma fonte, podemos subdividir o SPE e chamar cada componente de VT.

Figura 17.25 *Tributários virtuais*

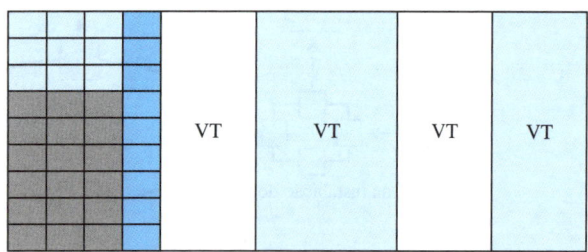

Tipos de VTs

Foram definidos quatro tipos de VTs para acomodar as hierarquias digitais existentes (ver a Figura 17.26). Note que o número de colunas permitido para cada tipo de VT pode ser determinado dobrando-se o número de identificação de tipo (VT1.5 usa três colunas, VT2 utiliza quatro colunas etc.).

- **VT1.5** acomoda o serviço DS-1 norte-americano (1,544 Mbps).
- **VT2** acomoda o serviço CEPT-1 europeu (2,048 Mbps).
- **VT3** acomoda o serviço DS-1C serviço (DS-1 fracionário, 3,152 Mbps).
- **VT6** acomoda o serviço DS-2 (6,312 Mbps).

Figura 17.26 *Tipos de tributários virtuais*

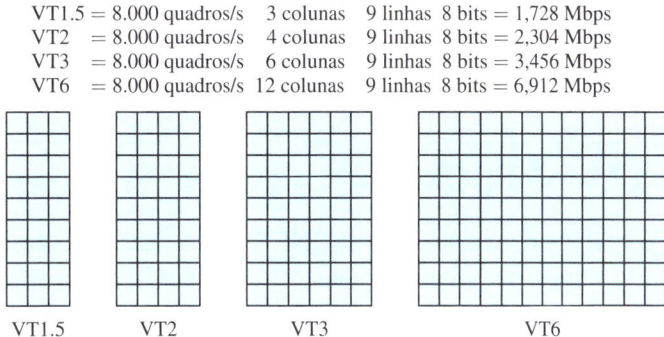

Quando dois ou mais tributários são inseridos em um único quadro STS-1, eles são entrelaçados, coluna por coluna. O SONET dispõe de mecanismos para identificar cada VT e separá-los, sem demultiplexar o fluxo inteiro. A discussão desses mecanismos e questões de controle relativas a estes estão fora da abrangência deste livro.

17.7 LEITURA RECOMENDADA

Para mais detalhes sobre os assuntos discutidos no presente capítulo, recomendamos os seguintes livros. Os itens entre colchetes […] correspondem à lista de referências bibliográficas no final do texto.

Livros

O SONET é discutido na Seção 2.5 de [Tan03], Seção 15.2 de [Kes97], Seções 4.2 e 4.3 de [GW04], Seção 8.2 de [Sta04] e Seção 5.2 de [WV00].

17.8 TERMOS-CHAVE

ADM (multiplexador inserir/retirar)
APS (comutação com proteção automática)
POH (overhead de rotas)
BLSR (anel de comutação de linhas bidirecionais)
camada fotônica
camada de linha
camada de rotas
camada de seção
demultiplexador STS
intercalação de bytes

linha
LOH (overhead de linha)
multiplexador STS
OC (portadora óptica)
regenerador
rota
SDH (hierarquia digital síncrona)
seção
SOH (overhead de seção)
SONET (rede óptica síncrona)
SPE (envelope de carga útil síncrona)

STM (módulo de transporte síncrono)
STS (sinais de transporte síncronos)
terminal

UPSR (anel de comutação de rotas unidirecionais)
VT (tributário virtual)

17.9 RESUMO

- Rede óptica síncrona (SONET) é um padrão desenvolvido pela ANSI para redes de fibra óptica: hierarquia digital síncrona (SDH) é um padrão similar desenvolvido pelo ITU-T.
- SONET definiu uma hierarquia de sinais chamada STSs (sinais de transporte síncronos). O SDH definiu uma hierarquia de sinais similar chamada STMs (módulos de transporte síncronos).
- Um sinal OC-n é a modulação óptica de um sinal STS-n (ou STM-n).
- O SONET define quatro camadas: rota, linha, seção e fotônica.
- O SONET é um sistema TDM síncrono no qual todos os clocks estão sujeitos a um clock mestre.
- Um sistema SONET pode usar os seguintes equipamentos:
    1. Multiplexadores STS
    2. Demultiplexadores STS
    3. Regeneradores
    4. Multiplexadores inserir/retirar
    5. Terminais
- O SONET transmite 8 mil quadros por segundo; cada quadro dura 125 μs.
- Um quadro STS-1 é composto por nove linhas e 90 colunas; um quadro STS-n é composto por nove linhas e $n \times 90$ colunas.
- Os STSs podem ser multiplexados para obter um novo STS com taxa de dados maior.
- As topologias de redes SONET podem ser lineares, em anel ou malha.
- Uma rede SONET linear pode ser tanto uma rede ponto-a-ponto como uma multiponto.
- Uma rede SONET em anel pode ser unidirecional ou bidirecional.
- Para tornar o SONET compatível com a hierarquia atual, o desenho de seus quadros inclui um sistema de tributários virtuais (VTs).

17.10 ATIVIDADES PRÁTICAS

Questões para Revisão

1. Qual é a relação entre SONET e SDH?
2. Qual é a relação entre STS e STM?
3. Em que um multiplexador STS difere de um multiplexador inserir/retirar, já que ambos podem adicionar sinais?
4. Qual é a relação entre sinais STS e sinais OC?

5. Qual é o objetivo dos ponteiros no overhead de linha?
6. Por que o SONET é chamado de rede síncrona?
7. Qual é a função de um regenerador SONET?
8. Quais são as quatro camadas SONET?
9. Discuta as funções de cada camada SONET.
10. O que é um tributário virtual?

Exercícios

11. Quais são as taxas de dados do STS-3, STS-9 e STS-12?
12. Mostre como os STS-9 podem ser multiplexados para criar um STS-36. Existe overhead extra envolvido nesse tipo de multiplexação?
13. Um fluxo de dados é transportado por quadros STS-1. Se a taxa de dados do fluxo for de 49,540 Mbps, quantos quadros STS-1 por segundo têm de permitir que seus bytes H3 transportem dados?
14. Um fluxo de dados é transportado por quadros STS-1. Se a taxa de dados do fluxo for de 49,530 Mbps, quantos quadros por segundo devem deixar um byte após o byte H3?
15. A Tabela 17.2 mostra que os bytes de overhead podem ser classificados como A, B, C, D, E, F, G, H, J, K e Z bytes.
    a. Por que não existe nenhum byte A no LOH ou POH?
    b. Por que não existe nenhum byte C no LOH?
    c. Por que não existe nenhum byte D no POH?
    d. Por que não existe nenhum byte E no LOH ou POH?
    e. Por que não existe nenhum byte F no LOH ou POH?
    f. Por que não existe nenhum byte G no SOH ou LOH?
    g. Por que não existe nenhum byte H no SOH?
    h. Por que não existe nenhum byte J no SOH ou LOH?
    i. Por que não existe nenhum byte K no SOH ou POH?
    j. Por que não existe nenhum byte Z no SOH?
16. Por que existem bytes B presentes em todos os três cabeçalhos?

CAPÍTULO 18

Redes de Circuitos Virtuais: Frame Relay e ATM

No Capítulo 8, tratamos das técnicas de comutação. Dissemos que existem três tipos: comutação de circuitos, comutação de pacotes e comutação de mensagens. Também mencionamos que a comutação de pacotes pode usar duas metodologias: a de circuitos virtuais e a de datagramas.

Neste capítulo, mostraremos como os circuitos virtuais podem ser usados nas redes de longa distância. Duas tecnologias WAN comuns usam a comutação de circuitos virtuais. Frame Relay é um protocolo de velocidade relativamente alta capaz de oferecer serviços não disponíveis de outras tecnologias WAN, como DSL, TV a cabo e linhas T. O ATM, como protocolo de alta velocidade, pode ser a supervia de comunicação ao empregar portadores de camada física como o SONET.

Em primeiro lugar, discutiremos o Frame Relay. Em seguida, trataremos do ATM em mais detalhes. Finalmente, mostraremos como a tecnologia ATM, que foi concebida originalmente como tecnologia WAN, também pode ser usada em LAN e LANs ATM.

18.1 FRAME RELAY

Frame Relay é uma rede de longa distância que utiliza circuitos virtuais, desenvolvida em resposta a demandas para um novo tipo de WAN no final dos anos 1980 e início dos anos 1990.

1. Antes do Frame Relay, algumas organizações usavam uma rede de comutação de circuitos virtuais chamada **X.25** que realizava comutação na camada de rede. Por exemplo, a Internet, que precisa de redes de longa distância para transportar seus pacotes de um lugar a outro, usava X.25. E embora o X.25 ainda seja utilizado pela Internet, está sendo substituído por outros tipos de WANs. Entretanto, o X.25 apresenta uma série de desvantagens:

    a. Ele tem uma taxa de dados abaixo de 64 kbps. Por volta dos anos 1990, havia uma necessidade de WANs de maior velocidade.

    b. Apresenta controle de erros e de fluxo abrangente, tanto na camada de enlace de dados como na camada de rede. Isso se devia ao fato de o X.25 ter sido desenvolvido nos anos 1970, quando os meios de transmissão disponíveis eram mais sujeitos a erros. O controle de erros e fluxo em ambas as camadas cria um grande overhead e diminui a velocidade das transmissões. O X.25 requer confirmações tanto para quadros da camada de enlace de dados como para pacotes da camada de rede que são enviados entre nós e entre fonte e destino.

c. Originalmente, o X.25 foi concebido para uso privado, e não para a Internet. Ele tem sua própria camada de rede. Isso significa que os dados de usuário são encapsulados nos pacotes da camada de rede do X.25. A Internet, porém, apresenta sua própria camada de rede, significando que se a rede mundial quiser usar o X.25, ela terá de entregar a este seu pacote da camada de rede, chamado datagrama, para fins de encapsulamento no pacote X.25. Isso duplica o overhead.

2. Desapontadas com o X.25, algumas organizações começaram a ter suas próprias WANs privadas, alugando linhas T-1 ou T-3 de provedores de serviços públicos. Essa abordagem também apresenta seus inconvenientes.

   a. Se uma organização tiver n filiais espalhadas em uma região, precisará de $n(n-1)/2$ linhas T-1 ou T-3. A companhia pagará por todas essas linhas, embora possa vir a usá-las apenas 10% do tempo, o que torna o processo muito oneroso.

   b. Os serviços fornecidos por linhas T-1 e T-3 supõem que o usuário tenha dados a uma velocidade fixa durante todo o tempo. Por exemplo, uma linha T-1 é concebida a um usuário que queira utilizá-la a uma velocidade constante de 1,544 Mbps. Esse tipo de serviço não é adequado para muitos usuários hoje em dia, que precisam enviar dados em rajadas. Assim, um usuário pode querer enviar dados a 6 Mbps por 2 s, 0 Mbps (nada) por 7 s e 3,44 Mbps por 1 s para um total de 15,44 Mbits durante um período de 10 s. Embora a velocidade de transmissão de dados média ainda seja de 1,544 Mbps, a linha T-1 não é capaz de aceitar esse tipo de exigência, pois foi concebida para uma taxa de dados constante, e não para dados em rajadas. Estes requerem a chamada largura de banda sob demanda. O usuário precisa de diferentes alocações de larguras de banda em momentos diferentes.

Em resposta às desvantagens citadas anteriormente foi desenvolvido o Frame Relay, uma rede de longa distância com as seguintes características:

1. Ela opera a uma velocidade mais alta (1,544 Mbps e, recentemente, 44,376 Mbps). Isto significa que ele pode ser usado facilmente, substituindo uma malha de linhas T-1 ou T-3.
2. Opera apenas nas camadas física e de enlace de dados. Portanto, pode ser facilmente utilizado como uma rede backbone para oferecer serviços a protocolos que já têm um protocolo de camada de rede, como a Internet.
3. Permite dados em rajadas.
4. Permite um tamanho de quadro de 9.000 bytes, capaz de acomodar todos os tamanhos de quadros de redes locais.
5. É mais barato que outras WANs tradicionais.
6. Apresenta detecção de erros apenas na camada de enlace de dados. Não existe controle de fluxo ou de erros. Não há nem mesmo uma política de retransmissão, caso um quadro venha a sofrer danos; é descartado em silêncio. O Frame Relay foi concebido dessa maneira para oferecer recursos de transmissão rápida para meios mais confiáveis e para aqueles protocolos com controle de erros e de fluxo nas camadas superiores.

Arquitetura

O Frame Relay oferece circuitos virtuais permanentes e circuitos virtuais comutados. A Figura 18.1 mostra um exemplo de uma rede Frame Relay conectada à Internet. Os roteadores são usados, como veremos no Capítulo 22, para conectar LANs e WANs à Internet. Nesta figura, a WAN Frame Relay é usada como um enlace na Internet global.

Figura 18.1 *Rede Frame Relay*

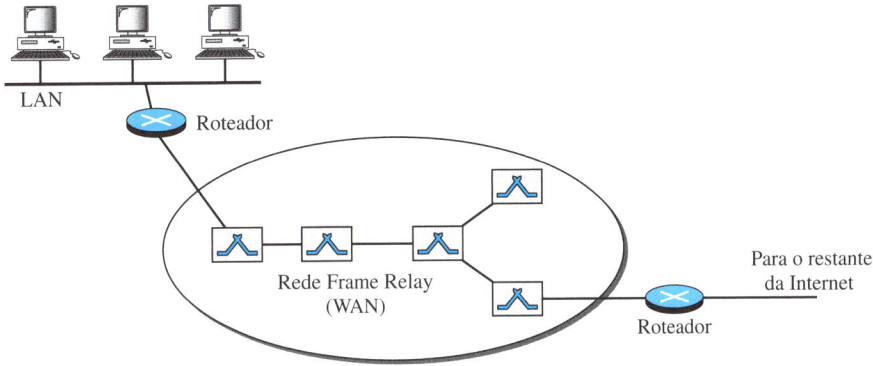

Circuitos Virtuais

O Frame Relay é uma rede de circuitos virtuais, e cada um destes é identificado por um número chamado **DLCI (Data Link Connection Identifier — identificador de conexão de enlace de dados)**.

Os VCIs no Frame Relay são chamados DLCIs.

Circuitos Virtuais Permanentes versus Comutados

Uma fonte e um destino podem optar por ter um **circuito virtual permanente (PVC — permanent virtual circuit)**. Neste caso, o estabelecimento da conexão é simples. A tabela de entradas correspondente é registrada para todos os switches pelo administrador (remota e eletronicamente, é claro). Um DLCI que sai é fornecido à fonte e um DLCI que chega é levado ao destino.

As conexões PVC apresentam dois inconvenientes. Primeiro, são caras, pois as duas partes pagam pela conexão todo o tempo, até mesmo quando ela não é usada. Em segundo lugar, é criada uma conexão de uma fonte a um único destino. Se uma fonte necessitar de conexões com vários destinos, vai precisar de um PVC para cada conexão. A abordagem alternativa seria o **circuito virtual comutado (SVC — switched virtual circuit)**, que cria uma conexão curta e temporária, existente apenas durante a transferência de dados entre a fonte e o destino. Um SVC requer fases de estabelecimento e término da conexão, como vimos no Capítulo 8.

Switches

Cada switch em uma rede Frame Relay apresenta uma tabela para direcionar quadros. A tabela associa uma combinação porta de entrada-DLCI com uma combinação porta de saída-DLCI, conforme descrito para redes de circuitos virtuais genéricas no Capítulo 8. A única diferença é que os VCIs são substituídos por DLCIs.

Camadas do Frame Relay

A Figura 18.2 exibe as camadas do Frame Relay. Ele tem apenas as camadas física e de enlace de dados.

Figura 18.2 *Camadas do Frame Relay*

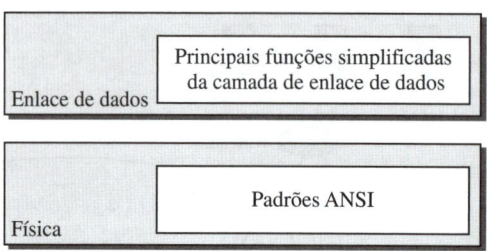

O Frame Relay opera apenas nas camadas física e de enlace de dados.

Camada Física

No Frame relay, não é definido nenhum protocolo específico para a camada física. Em vez disso, essa tarefa é deixada para que o implementador use o que estiver disponível. O Frame Relay suporta qualquer um dos protocolos reconhecidos pela ANSI.

Camada de Enlace de Dados

Na camada de enlace de dados, o Frame Relay usa um protocolo simples que não suporta controle de erros ou de fluxo, tento apenas um mecanismo de detecção de erros. A Figura 18.3 mostra o formato de um quadro do Frame Relay. O campo de endereço define o DLCI, bem como alguns bits usados para controlar congestionamento.

Figura 18.3 *Estrutura de quadros no Frame Relay*

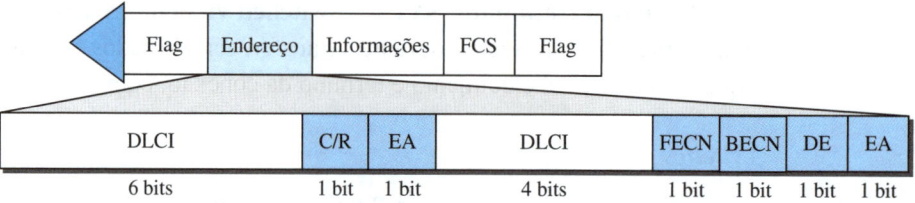

As descrições dos campos são as seguintes:

- **Campo de endereço (DLCI).** Os seis primeiros bits do primeiro byte formam a primeira parte do DLCI. A segunda parte do DLCI usa os quatro primeiros bits do segundo byte. Esses bits fazem parte do identificador de conexão de enlace de dados, de 10 bits, definido pelo padrão. Falaremos sobre endereçamento estendido no final desta seção.

❑ **C/R: Comando/resposta EA.** Endereço estendido FECN: Notificação de congestionamento explícito no sentido direto BECN: Notificação de congestionamento explícito no sentido inverso DE: Elegibilidade para descarte DLCI: Identificador de conexão de enlace de dados

❑ **Comando/resposta (C/R).** O bit C/R (comando/resposta) destina-se a permitir que camadas superiores identifiquem um quadro, seja como um comando ou como uma resposta. Não é usado pelo protocolo Frame Relay.

❑ **Endereço estendido (EA).** O bit EA (endereço estendido) indica se o byte atual é o byte final do endereço. Um EA igual a 0 significa que está por vir outro byte de endereço (o endereçamento estendido é discutido posteriormente). Um EA igual a 1 significa que o byte atual é o byte final.

❑ **Notificação de congestionamento explícito no sentido direto (FECN).** O bit **FECN** pode ser ativado por qualquer switch Frame Relay para indicar que o tráfego está congestionado. Dessa forma, o destino fica ciente de que deve esperar atraso ou perdas de pacotes. Discutiremos o uso desse bit ao tratarmos do controle de congestionamento no Capítulo 24.

❑ **Notificação de congestionamento explícito no sentido inverso (BECN).** O bit **BECN** é ativado (em quadros que trafegam no sentido oposto) para informar ao transmissor problemas de congestionamento na rede. Assim, a fonte fica sabendo que precisa desacelerar para prevenir a perda de pacotes. Discutiremos o uso desste bit ao tratarmos de controle de congestionamento no Capítulo 24.

❑ **Elegibilidade para descarte (DE).** O bit **DE** indica o nível de prioridade do quadro. Em situações emergenciais, os switches Frame Relay podem ter de descartar quadros para aliviar gargalos e evitar que a rede entre em colapso em virtude da sobrecarga. Quando ativo (DE 1), esse bit informa à rede que se livre desse quadro, caso exista congestionamento. Esse bit pode ser ativado pelo transmissor dos quadros (usuário) ou por qualquer outro switch da rede.

O Frame Relay não dispõe de controle de erros ou de fluxo; estes devem ser oferecidos pelos protocolos de camadas superiores.

Endereço Estendido

Para aumentar o alcance dos DLCIs, os endereços no Frame Relay foram estendidos a partir do endereço original de 2 bytes, para endereços de 3 ou 4 bytes. A Figura 18.4 mostra os diversos tipos de endereço. Note que o campo EA define o número de bytes; é o número 1 no último byte do endereço e 0 nos demais. Observe que nos formatos de 3 e 4 bytes, o bit anterior ao último bit é configurado para 0.

Figura 18.4 *Três formatos de endereço*

a. Endereço de dois bytes (DLCI de 10 bits)

DLCI		C/R	EA = 0
DLCI	FECN BECN	DE	EA = 1

b. Endereço de três bytes (DLCI de 16 bits)

DLCI		C/R	EA = 0
DLCI	FECN BECN	DE	EA = 0
DLCI		0	EA = 1

c. Endereço de quatro bytes (DLCI de 23 bits)

DLCI		C/R	EA = 0
DLCI	FECN BECN	DE	EA = 0
DLCI			EA = 0
DLCI		0	EA = 1

FRADs

Para lidar com quadros provenientes de outros protocolos, o Frame Relay usa um dispositivo chamado **FRAD — Frame relay assembler/disassember (montador/desmontador do Frame Relay)**. Um FRAD monta e desmonta quadros provenientes de outros protocolos para permitir que eles sejam transportados por quadros do Frame Relay. Um FRAD pode ser implementado como um dispositivo separado ou como parte de um switch. A Figura 18.5 mostra dois FRADs conectados a uma rede Frame Relay.

Figura 18.5 *FRAD*

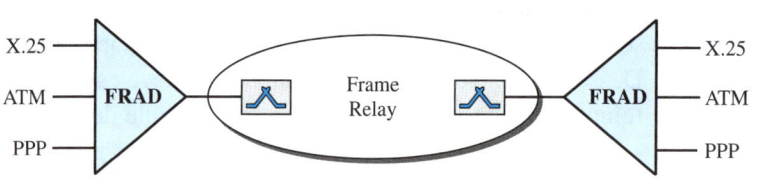

VOFR

As redes Frame Relay oferecem uma opção chamada **VOFR (*Voice Over Frame Relay* — voz sobre Frame Relay)** que transmite voz pela rede. A voz é digitalizada usando-se PCM e, em seguida, comprimida. O resultado é o envio de quadros de dados através da rede. Esse recurso permite a transmissão de voz em distâncias longas a custo baixo. Entretanto, note que a qualidade da voz não é tão boa quanto a da transmissão de voz por meio de uma rede de comutação de circuitos como a rede telefônica. Da mesma forma, o atraso variável mencionado anteriormente algumas vezes corrompe a voz em tempo real.

LMI

O Frame Relay foi concebido originalmente para fornecer conexões PVC. Não se previa, portanto, a existência de interfaces de controle ou gerenciamento. As **LMI (*Local Management Information* — informações de gerenciamento local)** são um protocolo adicionado recentemente ao protocolo Frame Relay para fornecer mais recursos de gerenciamento. Em particular, as LMI dispõem de

- Um mecanismo de autopreservação para verificar se os dados estão fluindo;
- Um mecanismo multicast para permitir que um sistema final local envie quadros para mais de um sistema final remoto;
- Um mecanismo para permitir que um sistema final verifique o estado de um switch (por exemplo, para ver se o switch está congestionado).

Controle de Congestionamento e Qualidade de Serviço

Um dos recursos interessantes do Frame Relay é o fato de ele fornecer **controle de congestionamento** e **qualidade de serviço (QoS)**. Não discutimos esses recursos ainda. No Capítulo 24, introduziremos esses dois aspectos importantes de redes e discutiremos como eles são implementados no Frame Relay e algumas outras redes.

18.2 ATM

O **ATM** (*Asynchronous Transfer Mode* — **modo de transferência assíncrona**) é um protocolo de **retransmissão de células** projetado pelo ATM Forum e adotado pelo ITU-T. A combinação do ATM e SONET permitirá uma interligação de alta velocidade de todas as redes do mundo. De fato, o ATM pode ser imaginado como uma "rodovia" da supervia de informações.

Objetivos do Projeto

Entre os desafios enfrentados pelos projetistas do ATM, seis se destacam.

1. O mais importante deles é a necessidade de um sistema de transmissão para otimizar o uso de meios de transmissão de alta velocidade, em particular a fibra óptica. Além de oferecer larguras de banda amplas, equipamentos e meios de transmissão são muito menos suscetíveis à degradação de ruídos. É necessária uma tecnologia para tirar proveito de ambos os fatores e, conseqüentemente, maximizar as taxas de dados.

2. O sistema tem de realizar uma interface com sistemas existentes e fornecer interconectividade de longa distância entre eles, sem diminuir sua eficácia ou exigir sua substituição.

3. O projeto deve ser implementado de uma forma barata, de modo que o custo não seja uma barreira à sua adoção. Se o ATM deve se tornar o backbone das comunicações internacionais, como pretendido, ele tem de estar disponível a baixo custo para todo usuário que desejá-lo.

4. O novo sistema deve estar apto a operar com e suportar as hierarquias de telecomunicações existentes (loops locais, provedores locais, operadoras de longa distância e assim por diante).

5. O novo sistema deve ser orientado a conexões para garantir entrega precisa e previsível.

6. Por último, mas não menos importante, o objetivo é transferir o maior número possível de funções para o hardware (para fins de velocidade) e eliminar o maior número possível de funções de software (novamente para fins de velocidade).

Problemas

Antes de discutirmos as soluções para essas exigências de projeto, vale a pena examinarmos alguns dos problemas associados a sistemas existentes.

Redes de Quadros

Antes do ATM, a comunicação de dados na camada de enlace de dados tem-se baseado na comutação de quadros e em redes de quadros. Protocolos diferentes usam quadros de tamanho e complexidade variáveis. À medida que as redes se tornaram mais complexas, as informações que têm de ser transportadas no cabeçalho ficaram mais extensas. O resultado são cabeçalhos cada vez maiores com relação ao tamanho da unidade de dados. Como resposta, alguns protocolos aumentaram o tamanho da unidade de dados para tornar o uso do cabeçalho mais eficiente (transmitir mais dados com o mesmo tamanho de cabeçalho). Infelizmente, campos de dados grandes criam desperdício. Se não houver muita informação para transmitir, grande parte do campo fica sem uso. Para melhorar a utilização, alguns protocolos fornecem tamanhos de quadros variáveis para os usuários.

Tráfego de Rede Misto

Como podemos imaginar, a variedade de tamanhos de quadros torna o tráfego imprevisível. Switches, multiplexadores e roteadores devem incorporar sistemas de software sofisticados para gerenciar os diferentes tamanhos de quadros. Será necessária a leitura de uma grande quantidade de informações de cabeçalho e cada bit contado e avaliado para garantir a integridade de cada quadro. A interconexão das diferentes redes de quadros é lenta e cara, na melhor das hipóteses, e impossível, no pior caso.

Outro problema é o de fornecimento de entrega com velocidade constante quando os tamanhos dos quadros são imprevisíveis e apresentam grande variação. Para se extrair o máximo da tecnologia de banda larga, o tráfego tem de ser multiplexado com divisão de tempo em rotas compartilhadas. Imagine o resultado da multiplexação de quadros de duas redes com exigências diferentes (e desenhos de quadros distintos) em um enlace (ver a Figura 18.6). O que acontece quando a linha 1 usar quadros grandes (normalmente, quadros de dados) e a linha 2 usar quadros muito pequenos (a norma para informações de áudio e vídeo)?

Figura 18.6 *Multiplexação usando tamanhos de quadros diferentes*

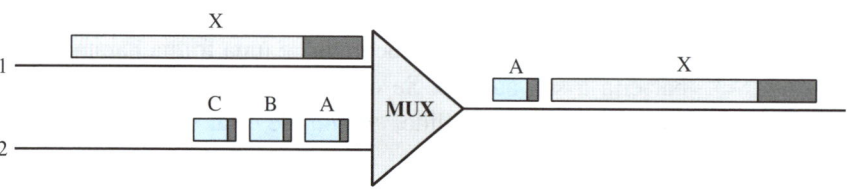

Se o quadro X gigantesco da linha 1 chegar no multiplexador um instante antes dos quadros da linha 2, o multiplexador colocará primeiro o quadro X na nova rota. Afinal de contas, mesmo que os quadros da linha 2 tenham prioridade, o multiplexador não tem nenhuma maneira de saber que deve ficar esperando por eles e, portanto, processa aquele quadro que chegou. Conseqüentemente, o quadro A deve aguardar o fluxo inteiro de bits X chegar em suas posições antes de poder prosseguir. Só o tamanho de X cria um atraso desproporcional para o quadro A. O mesmo desequilíbrio pode afetar todos os quadros da linha 2.

Como normalmente os quadros de áudio e vídeo não são pequenos, misturá-los com tráfego de dados convencional cria atrasos inaceitáveis desse tipo e inutilizam os enlaces de quadros compartilhados para informações de áudio e vídeo. O tráfego deve ir por rotas diferentes, de forma muito parecida com a do tráfego de trens e automóveis. Mas para utilizar completamente os enlaces de banda larga, precisamos ser capazes de transmitir todos os tipos de tráfego sobre os mesmos enlaces.

Redes de Células

Muitos dos problemas associados à interconexão de quadros são resolvidos adotando-se um conceito denominado rede de células. Uma célula é uma pequena unidade de dados de tamanho fixo. Em uma **rede de células**, que usa a **célula** como unidade básica para troca de dados, todos os dados são carregados em células idênticas, que podem ser transmitidas com total previsibilidade e uniformidade. Como quadros de tamanhos e formatos diferentes chegam à rede de células de uma rede tributária, eles são divididos em várias pequenas unidades de dados de igual comprimento e carregados nas células. As células são então multiplexadas com outras células e direcionadas através da rede de células. Como cada célula é do mesmo tamanho e todas são pequenas, os problemas associados a multiplexar quadros de diversos tamanhos são evitados.

Uma rede de células usa a célula como unidade básica para troca de dados. Uma célula é definida como um pequeno bloco de informações de tamanho fixo.

A Figura 18.7 mostra o multiplexador da Figura 18.6 com as duas linhas enviando células em vez de quadros. O quadro X foi segmentado em três células: X, Y e Z. Apenas a primeira célula da linha 1 consegue ser colocada no enlace antes da primeira célula da linha 2. As células das duas linhas são entrelaçadas de modo que nenhuma delas sofre um grande atraso.

Figura 18.7 *Multiplexação usando células*

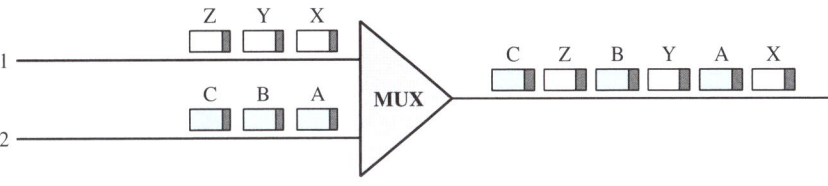

Uma segunda questão neste mesmo âmbito é que a alta velocidade dos enlaces, juntamente com o pequeno tamanho das células significa que, apesar do interleaving, células provenientes de cada linha chegam a seus respectivos destinos em uma aproximação de um fluxo contínuo (muito parecido com a sensação de vermos um filme como se fosse uma ação contínua quando, na realidade, ele é composto por uma série de fotogramas separados e inertes). Dessa forma, uma rede de células é capaz de lidar com transmissões em tempo real, como uma ligação telefônica, sem as partes perceberem a segmentação ou multiplexação em si.

TDM Assíncrona

O ATM usa multiplexação por divisão de tempo assíncrona — por isso, é chamado modo de transferência assíncrona — para multiplexar células provenientes de diversos canais. Ele usa intervalos de tamanho fixo (tamanho de uma célula). Os multiplexadores ATM preenchem um intervalo com uma célula de qualquer canal de entrada que possua uma célula; o intervalo é vazio, caso nenhum dos canais tenha uma célula para enviar.

A Figura 18.8 mostra como células de três entradas são multiplexadas. No primeiro instante de clock, o canal 2 não tem nenhuma célula (intervalo de entrada vazio) e, portanto, o multiplexador preenche o intervalo com uma célula do terceiro canal. Quando todas as células de todos os canais são multiplexadas, os intervalos de saída são vazios.

Figura 18.8 *Multiplexação ATM*

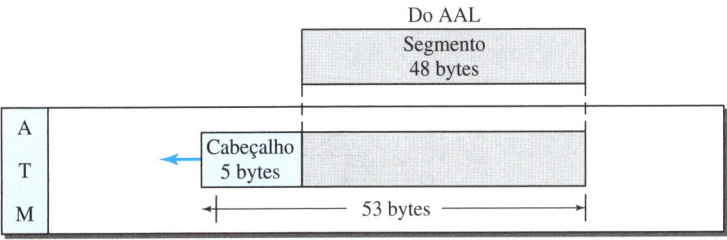

Arquitetura

O ATM é uma rede de comutação de células. Os dispositivos de acesso dos usuários, denominados pontos terminais, são conectados por uma **UNI (*User-to-Network Interface* — interface usuário-rede)** aos switches dentro da rede. Os switches são conectados por meio de **NNIS (*Network-to-Network Interfaces* — interfaces rede-rede)**. A Figura 18.9 mostra um exemplo de uma rede ATM.

Figura 18.9 *Arquitetura de uma rede ATM*

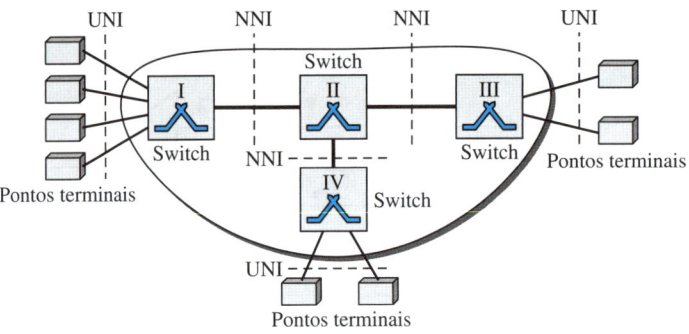

Conexão Virtual

A conexão entre dois pontos terminais é realizada por rotas de transmissão (TPs), rotas virtuais (VPs) e circuitos virtuais (VCs). Uma **TP (*transmission path* — rota de transmissão)** é a conexão física (fio, cabo, satélite e assim por diante) entre um ponto terminal e um switch ou entre dois switches. Imagine dois switches como se fossem duas cidades. Uma rota de transmissão é o conjunto de todas as estradas que interligam diretamente essas duas cidades.

Uma rota de transmissão é dividida em várias rotas virtuais. Uma **rota virtual (virtual path — VP)** fornece uma conexão ou um conjunto de conexões entre dois switches. Imagine uma rota virtual como uma rodovia que interliga duas cidades. Cada rodovia é uma rota virtual; o conjunto de todas as rodovias é a rota de transmissão.

As redes de células se baseiam em **circuitos virtuais (virtual circuits — VCs)**. Todas as células pertencentes a uma única mensagem seguem o mesmo circuito virtual e permanecem em sua ordem original até atingir seu destino. Imagine um circuito virtual como as pistas de uma rodovia (rota virtual). A Figura 18.10 mostra a relação entre rota de transmissão (uma conexão física), rotas virtuais (uma combinação de circuitos virtuais que são agrupados porque trechos de suas rotas são os mesmos) e circuitos virtuais que conectam logicamente dois pontos.

Figura 18.10 *TP, VPs, e VCs*

Para entender melhor o conceito de VPs e VCs, observe a Figura 18.11. Nela, oito pontos terminais estão se comunicando por meio de quatro VCs. Entretanto, os dois primeiros VCs parecem compartilhar a mesma rota virtual do switch I ao switch III e, portanto, é plausível juntar esses dois VCs para formarem uma única VP. Por outro lado, fica claro que os outros dois VCs compartilham a mesma rota do switch I ao switch IV e, por esse motivo, também é sensato combiná-los para formar uma VP.

Figura 18.11 *Exemplo de VPs e VCs*

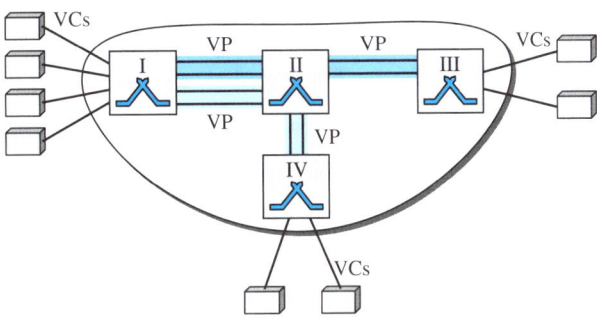

Identificadores Em uma rede de circuitos virtuais, para direcionar dados de um ponto terminal a outro, as conexões virtuais precisam ser identificadas. Para isso, os projetistas do ATM criaram um identificador hierárquico com dois níveis: **VPI (*Virtual Path Identifier* — identificador de rota virtual)** e **VCI (*Virtual-Circuit Identifier* — identificador de circuito virtual)**. O VPI define a VP específica, ao passo que o VCI estabelece determinado VC dentro da VP. O VPI é o mesmo para todas as conexões virtuais que são agrupadas (logicamente) em uma VP.

Note que uma conexão virtual é definida por um par de números: o VPI e o VCI.

A Figura 18.12 mostra os VPIs e VCIs para uma rota de transmissão. A idéia para dividir um identificador em duas partes ficará clara ao falarmos sobre roteamento em uma rede ATM.

Os comprimentos dos VPIs para UNIs e NNIs são diferentes. Em um UNI, o VPI tem 8 bits, ao passo que em um NNI, o VPI tem 12 bits. O comprimento do VCI é o mesmo em ambas as interfaces (16 bits). Podemos dizer, portanto, que uma conexão virtual é identificada por 24 bits em um UNI e por 28 bits em um NNI (ver a Figura 18.13).

O conceito todo de dividir um identificador de circuitos virtuais em duas partes é o de possibilitar o roteamento hierárquico. A maioria dos switches em uma rede ATM típica é direcionada usando-se VPIs. Os switches nos limites da rede, aqueles que interagem diretamente com dispositivos terminais, usam VPIs bem como VCIs.

Células

A unidade de dados básica em uma rede ATM é chamada célula. Ela tem apenas 53 bytes de comprimento com 5 bytes alocados ao cabeçalho e 48 bytes transportando a payload (dados de usuário podem ter comprimento menor que 48 bytes). Estudaremos de forma pormenorizada os

Figura 18.12 *Identificadores de conexão*

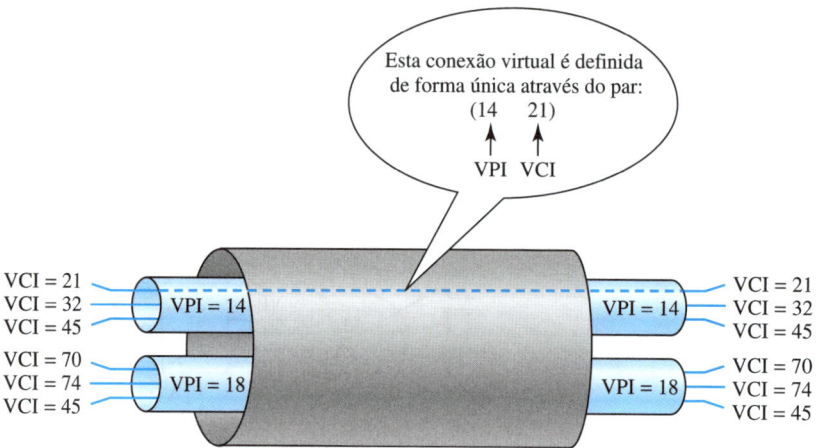

Figura 18.13 *Identificadores de conexões virtuais em UNIs e NNIs*

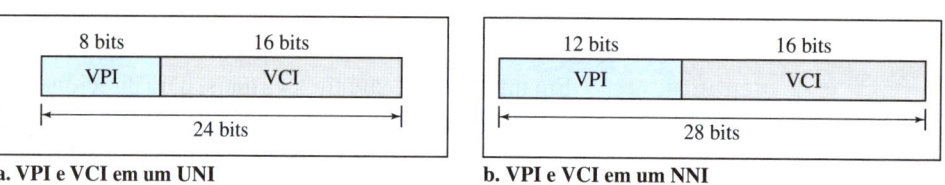

a. VPI e VCI em um UNI

b. VPI e VCI em um NNI

campos de uma célula. No momento, porém, basta dizer que a maior parte do cabeçalho é ocupada pelo VPI e pelo VCI que definem a conexão virtual por meio da qual uma célula poderia trafegar de um ponto terminal a um switch ou de um switch para outro. A Figura 18.14 mostra a estrutura da célula.

Figura 18.14 *Uma célula ATM*

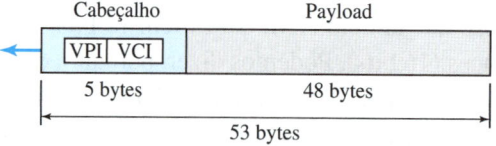

Estabelecimento e Liberação de Conexões

Como no Frame Relay, o ATM usa dois tipos de conexões: PVC e SVC.

PVC Uma conexão de circuitos virtuais permanentes é estabelecida entre dois pontos terminais pelo provedor de rede. Os VPIs e VCIs são definidos para conexões permanentes e os valores são introduzidos nas tabelas de cada switch.

SVC Em uma conexão com circuitos virtuais comutados, cada vez que um ponto terminal quiser estabelecer uma conexão com outro ponto terminal, deve ser estabelecido um novo circuito virtual. O ATM não é capaz de realizar essa tarefa sozinho e precisa dos endereços da camada de rede, bem como dos serviços de outro protocolo (como o IP). O mecanismo de sinalização do outro protocolo estipula uma solicitação de conexão usando os endereços da camada de rede dos dois pontos terminais. O mecanismo efetivamente utilizado depende do protocolo da camada de rede.

Comutação

O ATM usa switches para direcionar a célula de um ponto terminal de origem a um ponto terminal de destino. Um switch direciona a célula usando VPIs e VCIs. O roteamento requer o identificador inteiro. A Figura 18.15 mostra como um switch VPC direciona a célula. Uma célula com VPI igual a 153 e VCI igual a 67 chega na interface (porta) de switch 1. O switch verifica sua tabela de comutação, que armazena seis blocos de informação por linha: número de interface de chegada, VPI de chegada, VCI de chegada, número de interface de saída correspondente, o novo VPI e o novo VCI. O switch encontra a entrada com a interface 1, VPI 153 e VCI 67 e descobre que a combinação corresponde à interface de saída 3, VPI 14 e VCI 92. Ele altera o VPI e o VCI no cabeçalho para 14 e 92, respectivamente, e despacha a célula pela interface 3.

Figura 18.15 *Roteamento com um switch*

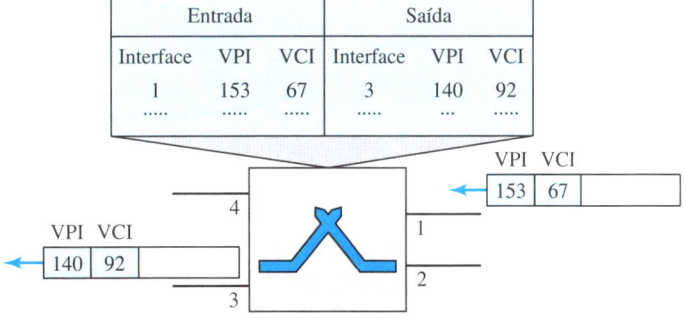

Estrutura de Comutação

A tecnologia de comutação criou muitos recursos interessantes para aumentar a velocidade dos switches na manipulação de dados. Já discutimos a estrutura de comutação no Capítulo 8.

Camadas do ATM

O padrão ATM define três camadas. De cima para baixo, a saber: a camada de adaptação de aplicação, a camada ATM e a camada física (consulte a Figura 18.16).

Os pontos terminais usam as três camadas, ao passo que os switches usam apenas as duas camadas inferiores (ver a Figura 18.17).

Camada Física

Assim como nas LANs sem fio e Ethernet, as células ATM podem ser transportadas por qualquer camada física.

Figura 18.16 *Camadas do ATM*

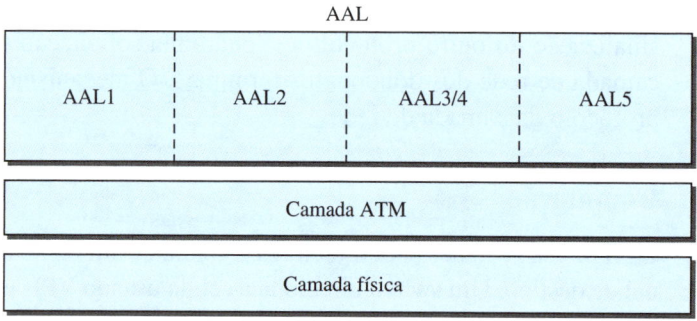

Figura 18.17 *Camadas do ATM em switches e dispositivos terminais*

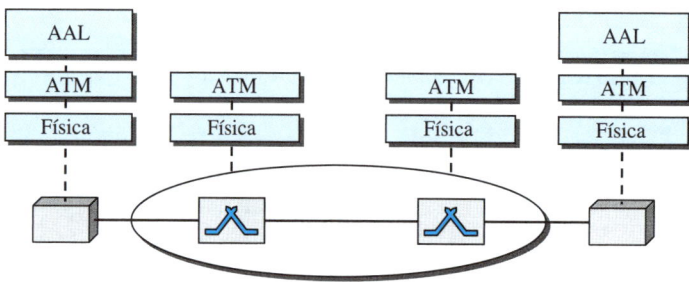

SONET O projeto original do ATM se baseava no *SONET* (ver Capítulo 17) como portadora da camada física. Há preferência pelo SONET por duas razões. Em primeiro lugar, sua alta taxa de dados da portadora reflete o desenho e a filosofia do ATM. Em segundo, os limites das células podem ser definidos claramente. Como vimos no Capítulo 17, o SONET especifica o uso de um ponteiro para estabelecer o início de um payload. Se o início da primeira célula ATM for definido, as células restantes do mesmo payload poderão ser facilmente identificadas, pois não existem intervalos entre elas. Basta contar 53 bytes para a frente para encontrar a seguinte.

Outras Tecnologias Físicas O ATM não limita a camada física ao SONET. Podem ser usadas outras tecnologias, mesmo sem fio. Entretanto, o problema dos limites de células tem de ser resolvido. Uma solução seria o receptor tentar descobrir o final da célula e aplicar o CRC ao cabeçalho de 5 bytes. Se não houver erro, o final da célula é encontrado com grande probabilidade de acerto. Conte 52 bytes para trás para encontrar o início dela.

Camada ATM

A **camada ATM** fornece serviços de roteamento, gerenciamento de tráfego, comutação e multiplexação. Ela processa o tráfego de saída aceitando segmentos de 48 bytes de todas as subcamadas AAL e transformando-as em células de 53 bytes pelo acréscimo de um cabeçalho de 5 bytes (ver a Figura 18.18).

Figura 18.18 *Camada ATM*

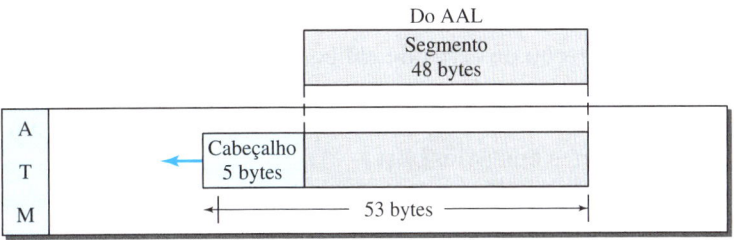

Formato do Cabeçalho O ATM usa dois formatos para esse cabeçalho, um para células UNI (interface usuário-rede) e outro para células NNI (interface rede-rede). A Figura 18.19 mostra esses cabeçalhos no formato byte a byte preferido pela ITU-T (cada linha representa um byte).

Figura 18.19 *Cabeçalhos ATM*

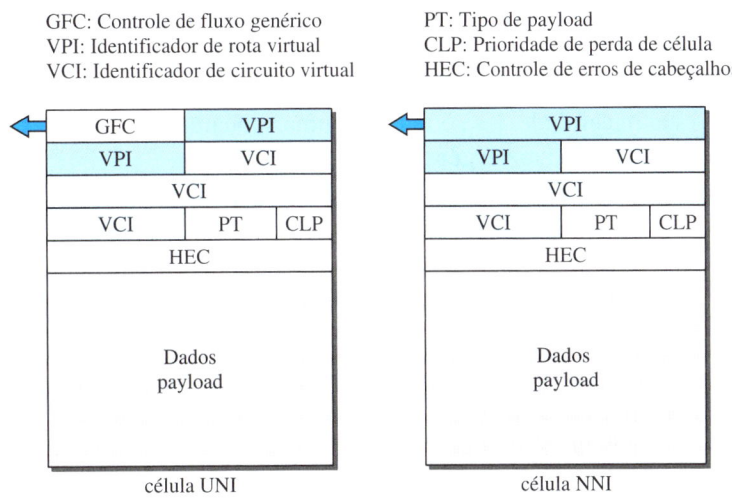

- **Controle de fluxo genérico (Generic Flow Control — GFC).** O campo GFC de 4 bits fornece controle de fluxo no nível UNI. A ITU-T determinou que esse grau de controle de fluxo não se dá, necessariamente, no nível NNI. Portanto, esses bits são adicionados ao VPI no cabeçalho NNI. Quanto mais longo for o VPI, mais rotas virtuais poderão ser definidas no nível NNI. O formato para esse VPI adicional ainda não foi determinado.
- **Identificador de rota virtual (VPI).** O VPI é um campo de 8 bits em uma célula UNI e um campo de 12 bits em uma célula NNI (ver acima).
- **Identificador de circuito virtual (VCI).** O VCI é um campo de 16 bits em ambos os quadros.
- **Tipo de payload (Payload tipe — PT).** No campo PT de 3 bits, o primeiro bit define o payload como dados de usuário ou informações de controle. A interpretação dos últimos 2 bits depende do primeiro bit.

❏ **Prioridade de perda de célula (CLP — Cell loss priority).** O campo CLP de 1 bit é fornecido para controle de congestionamento. A célula com seu bit CLP configurado em 1 deve ser retida enquanto existirem células com um CLP igual a 0. Trataremos do controle de congestionamento e da qualidade dos serviços em uma rede ATM no Capítulo 24.

❏ **Correção de erros de cabeçalhos (Header Error Corretion — HEC).** O HEC é um código computado para os 4 primeiros bytes do cabeçalho. Trata-se de um CRC com o divisor $x^8 + x^2 + x + 1$ que é utilizado para corrigir erros em um único bit e uma classe mais ampla de erros em vários bits.

Camada de Adaptação de Aplicação

A **AAL** (*Application Adaptation Layer* — **camada de adaptação de aplicação**) foi desenvolvida para possibilitar dois conceitos do ATM. Primeiro, o ATM deve aceitar qualquer tipo de payload, tanto quadros de dados como fluxos de bits. Um quadro de dados pode vir de um protocolo de camada superior que cria um quadro claramente definido para ser enviado a uma rede portadora, como o ATM. Um bom exemplo é a Internet. O ATM também deve transportar payload multimídia. Ele pode aceitar fluxos de bits contínuos e subdividi-los em blocos para serem encapsulados em uma célula na camada ATM. A AAL usa duas subcamadas para realizar essas tarefas.

Independentemente dos dados serem um quadro de dados ou um fluxo de bits, o payload precisa ser dividido em segmentos de 48 bytes para serem transportados por uma célula. No destino, esses segmentos precisam ser remontados para recriar o payload original. A AAL define uma subcamada, denominada **SAR (segmentation and reassembly — segmentação e remontagem)**, para tal. A segmentação se dá na fonte; a remontagem, no destino.

Antes dos dados serem segmentados pela SAR, eles precisam ser preparados para garantir sua integridade. Isso é feito por uma subcamada chamada **CS (*Convergence Sublayer* — subcamada de convergência)**.

O ATM define quatro versões da AAL: **AAL1**, **AAL2**, **AAL3/4** e **AAL5**. Embora discutamos todas, precisamos informar ao leitor que as comumente usadas hoje em dia são a AAL1 e a AAL5. A primeira é utilizada em comunicações para download de áudio e vídeo streaming; a segunda, em comunicação de dados.

AAL1 A AAL1 suporta aplicações que transferem informações em velocidades constantes, como vídeo e voz. Ela possibilita que o ATM se conecte a redes telefônicas digitais já existentes, como linhas T e canais de voz. A Figura 18.20 ilustra como um fluxo de bits de dados é fatiado em blocos de 47 bytes e encapsulado em células.

A subcamada CS divide o fluxo de bits em segmentos de 47 bytes e os passa para a subcamada SAR abaixo. Note que a subcamada CS não acrescenta um cabeçalho.

A subcamada SAR acrescenta 1 byte de cabeçalho e passa o segmento de 48 bytes para a camada ATM. O cabeçalho apresenta dois campos:

❏ **Número de seqüência (SN — Sequence Number).** Esse campo de 4 bits define um número de seqüência para ordenar os bits. O primeiro deles algumas vezes é usado para temporização, o que deixa 3 bits para seqüenciamento (módulo 8).

❏ **Proteção de número de seqüência (Sequence Number Protection — SNP).** O segundo campo de 4 bits protege o primeiro. Os 3 primeiros bits corrigem automaticamente o campo SN. O último é um bit de paridade que detecta erros em todos os 8 bits.

AAL2 Originalmente a AAL2 destinava-se ao suporte de um fluxo de bits de taxa de dados variável, mas foi redesenhada. Hoje, é usada para tráfego de baixa velocidade e tráfego de quadros curtos como áudio (comprimido ou não), vídeo ou fax. Um bom exemplo do uso da AAL2 é na telefonia celular. Ela possibilita a multiplexação de quadros curtos em uma célula.

Figura 18.20 AAL1

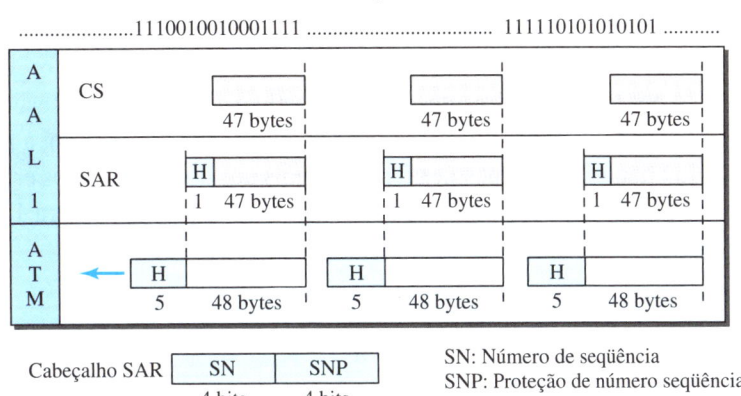

A Figura 18.21 ilustra o processo de encapsulamento de um quadro curto proveniente da mesma fonte (o mesmo usuário de um telefone celular) ou de diversas fontes (vários usuários de celulares) em uma célula.

Figura 18.21 AAL2

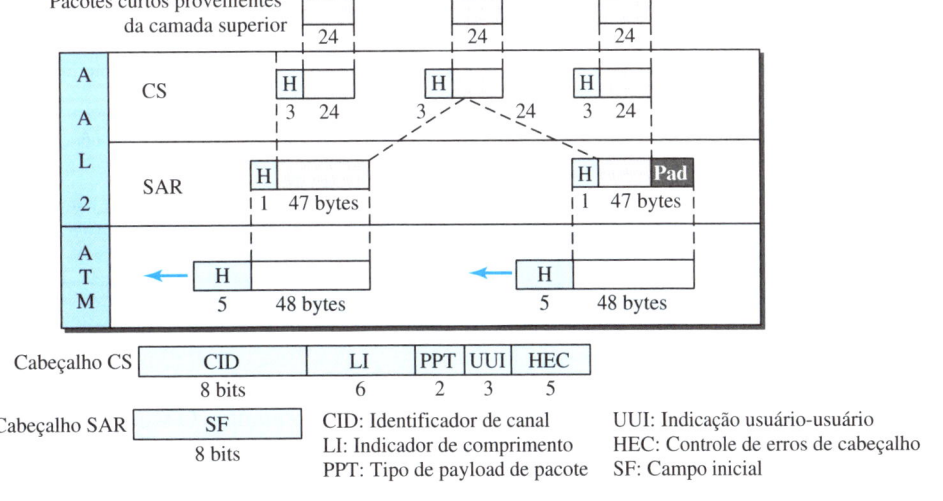

O overhead da camada CS é formado por cinco campos:

- **Identificador de canal (Channel Indetifier — CID).** O campo CID de 8 bits estipula o canal (usuário) do pacote curto.
- **Indicador de comprimento (Length indicator — LI).** O campo LI de 6 bits indica que parcela do pacote final se refere a dados.
- **Tipo de payload de pacotes (Packet payload type — PPT).** O campo PPT estabelece o tipo de pacote.

- **Indicador usuário-usuário (User-to-user indicator — UUI).** O campo UUI pode ser usado para usuários ponta a ponta.

- **Controle de erros de cabeçalho (Header error control — HEC).** Os últimos 5 bits são usados para corrigir erros no cabeçalho.

O único overhead na camada SAR é o campo inicial (SF) que define o offset do início do pacote.

AAL3/4 Inicialmente, a AAL3 destinava-se a suportar serviços de dados orientado a conexões e a AAL4 para suportar serviços sem conexão. Entretanto, à medida que foram evoluindo, ficou evidente que as questões fundamentais dos dois protocolos eram as mesmas. Foram, então, combinadas em um único formato chamado **AAL3/4**. A Figura 18.22 ilustra a subcamada AAL3/4.

Figura 18.22 *AAL3/4*

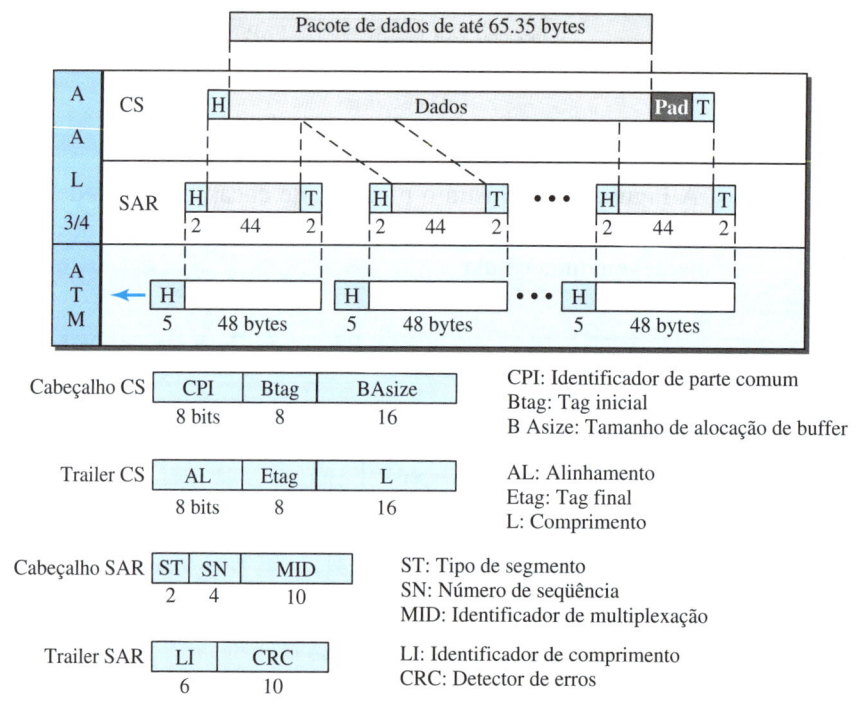

O cabeçalho e trailer da camada CS são formados por seis campos:

- **Identificador de parte comum (Common Part Identifier — CPI).** O CPI define como os campos subseqüentes devem ser interpretados. O valor atual é 0.

- **Tag inicial (Bein tag — Btag).** O valor desse campo é repetido em cada célula para identificar todas as células pertencentes ao mesmo pacote. O valor é o mesmo que do Etag (ver a seguir).

- **Tamanho de alocação de buffer (Buffer allocation size — BAsize).** O campo BA de 2 bytes informa ao receptor que tamanho de buffer é necessário para os dados que chegam.

- **Alinhamento (Alignment — AL).** O campo AL de 1 byte é incluso para fazer que o restante do trailer

- tenha 4 bytes de comprimento.

- **Tag final (Ending tag — Etag).** O campo ET de 1 byte serve como um flag de finalização. Seu valor é o mesmo do tag inicial.

- **Comprimento (Length — L).** O campo L de 2 bytes indica o comprimento da unidade de dados.

O cabeçalho e o trailer SAR são formados por cinco campos:

- **Tipo de segmentos (Segment type — ST).** O identificador de 2 bits especifica a posição do segmento na mensagem: início (00), meio (01) ou fim (10). Uma mensagem com um único segmento possui um ST igual a 11.
- **Número de seqüência (Sequence number — SN).** Esse campo é o mesmo que aquele definido anteriormente.
- **Identificador de multiplexação (Multiplexing identifier — MID).** O campo MID de 10 bits identifica células provenientes de diferentes fluxos de dados e multiplexados na mesma conexão virtual.
- **Indicador de comprimento (Length indicator — LI).** Esse campo define que parcela do pacote se refere a dados, e o não-preenchimento.
- **CRC.** Os últimos 10 bits do trailer formam um CRC para toda a unidade de dados.

AAL5 A AAL3/4 fornece mecanismos abrangentes de seqüenciamento e controle de erros que não são, necessariamente, para todas as aplicações. Para tais aplicações, os desenvolvedores do ATM providenciaram uma quinta subcamada AAL, chamada **SEAL** (*Simple and Efficient Adaptation Layer* — **camada de adaptação simples e eficiente**). A **AAL5** parte do pressuposto de que todas as células pertencentes a uma única mensagem trafegam seqüencialmente e que as funções de controle estão inclusas nas camadas superiores da aplicação transmissora. A Figura 18.23 ilustra a subcamada AAL5.

Figura 18.23 *AAL5*

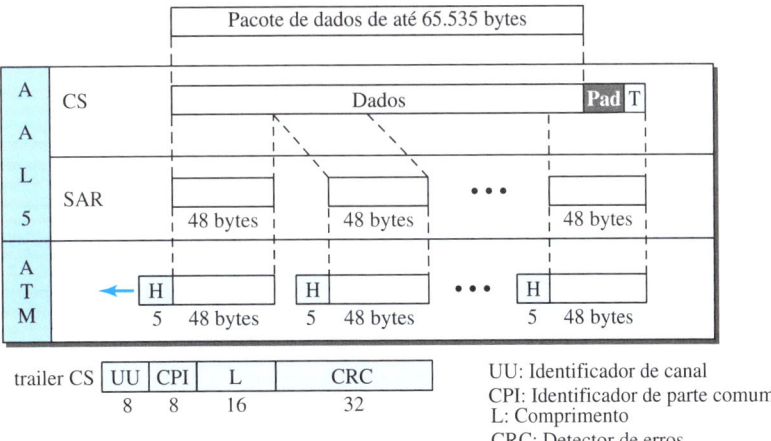

Os quatro campos de trailer na camada CS são

- **Usuário-usuário (User to user — UU).** Utilizado por usuários finais, conforme descrito anteriormente.
- **Identificador de parte comum (Common part identifier — CPI).** Igual ao definido anteriormente.
- **Comprimento (L).** O campo L de 2 bytes indica o comprimento dos dados originais.
- **CRC.** Os últimos 4 bytes destinam-se ao controle de erros em toda a unidade de dados.

Controle de Congestionamento e Qualidade dos Serviços

O ATM tem um controle de congestionamento e de qualidade dos serviços muito robusto sobre o qual falaremos no Capítulo 24.

18.3 LANS ATM

O ATM é fundamentalmente uma rede de longa distância (WAN ATM); entretanto, a tecnologia pode ser adaptada a redes locais (LANs ATM). As altas velocidades dessa tecnologia (155 e 622 Mbps) chamaram a atenção dos projetistas que buscavam velocidades cada vez maiores em LANs. Além disso, a tecnologia ATM apresentam várias vantagens que a tornam uma LAN ideal:

- ❑ Suporta diferentes tipos de conexões entre dois usuários finais, além de conexões temporárias e permanentes.
- ❑ A tecnologia ATM suporta comunicação multimídia com uma variedade de larguras de banda para diversas aplicações. Ela é capaz de garantir uma largura de banda de vários megabits por segundo para vídeo em tempo real. Também pode oferecer suporte para transferência de texto durante horários fora de pico.
- ❑ Uma LAN ATM pode ser facilmente adaptada para expansão em uma organização.

Arquitetura de LANs ATM

Hoje em dia, temos duas formas de incorporar tecnologia ATM em uma arquitetura LA: **criar uma LAN ATM pura** ou **antiga**. A Figura 18.24 mostra a taxonomia.

Figura 18.24 *LANs ATM*

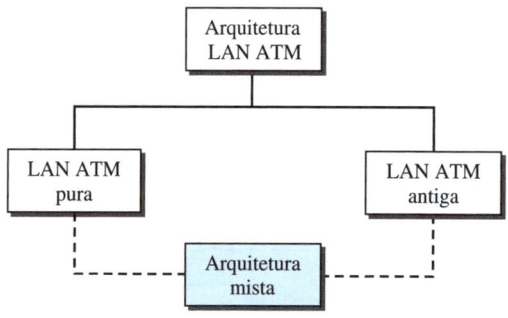

Arquitetura ATM Pura

Em uma LAN ATM pura, é usado um **switch ATM** para interligar as estações em uma LAN, exatamente da mesma forma que estações são conectadas a um switch Ethernet. A Figura 18.25 ilustra a situação.

Dessa maneira, as estações podem trocar dados de velocidades-padrão da tecnologia ATM (155 e 652 Mbps). Entretanto, a estação usa um identificador de rota virtual (VPI) e um identificador de circuito virtual (VCI), em vez de endereços de origem e de destino.

Essa metodologia apresenta um grande inconveniente. O sistema precisa ser construído desde o zero; as LANs existentes não podem ser atualizadas para LANs ATM puras.

Arquitetura LAN Antiga

Um segundo método é usar tecnologia ATM como backbone para interligar LANs tradicionais. A Figura 18.26 ilustra esta arquitetura, uma **LAN ATM antiga**.

Figura 18.25 *LAN ATM pura*

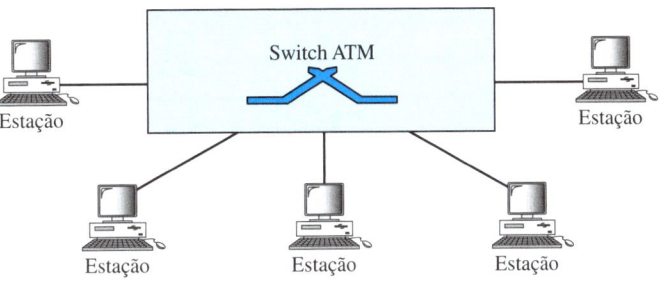

Figura 18.26 *LAN ATM antiga*

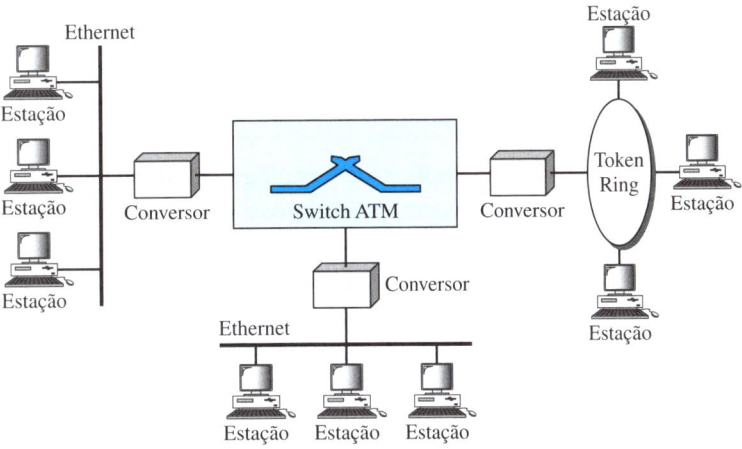

As estações na mesma LAN, dessa forma, podem trocar dados na velocidade e no formato de LANs tradicionais (Ethernet, Token Ring etc.). Quando, porém, duas estações em duas LANs distintas precisarem trocar dados, poderão passar por um dispositivo conversor que modifica o formato dos quadros. A vantagem nesse caso é que a saída de várias LANs pode ser multiplexada em conjunto para criar uma entrada de alta velocidade para o switch ATM. Existem várias questões que precisam ser resolvidas primeiro.

Arquitetura Mista

Provavelmente, a melhor solução seja mesclar as duas arquiteturas anteriores. Isso significa preservar as LANs existentes e, ao mesmo tempo, permitir que novas estações possam ser conectadas diretamente a um switch ATM. A **LAN de arquitetura mista** permite a migração gradual de LANs antigas para LANs ATM por meio da adição de mais estações diretamente conectadas ao switch. A Figura 18.27 ilustra essa arquitetura.

Repetindo, as estações em certa LAN podem trocar dados usando o formato e taxa de dados de determinada LAN. As estações conectadas diretamente ao switch ATM podem usar um quadro ATM para intercâmbio de dados. O problema, porém, é como uma estação em uma LAN

Figura 18.27 *LAN ATM de arquitetura mista*

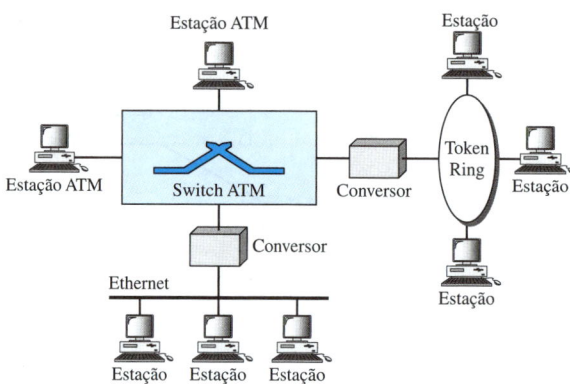

tradicional poderia se comunicar com uma estação diretamente conectada ao switch ATM ou vice-versa? Mostramos agora como o problema é solucionado.

Emulação de LANs (LANE)

À primeira vista, o emprego de tecnologia ATM em LANs parece ser uma boa idéia. No entanto, várias questões precisam ser resolvidas, conforme sintetizado a seguir:

❑ **Sem conexão *versus* orientada a conexões.** LANs tradicionais, como a Ethernet, são *protocolos sem conexão*. Uma estação envia pacotes de dados a outra estação toda vez que os pacotes estiverem prontos. Não existe nenhuma fase de *estabelecimento* ou *término de conexão*. Por outro lado, o ATM é um *protocolo orientado a conexões;* uma estação que deseja enviar células para outra estação deve primeiro estabelecer uma conexão e, após todas as células serem enviadas, encerrá-la.

❑ **Endereços físicos *versus* identificadores de circuitos virtuais.** Intimamente relacionado à primeira questão é a diferença no endereçamento. Um protocolo sem o estabelecimento de conexão, como a Ethernet, define a rota de um pacote por meio de *endereços de origem* e *de destino*. Entretanto, um protocolo orientado a conexões, como o ATM, estabelece a rota de uma célula por intermédio de identificadores de conexão virtual (VPIs e VCIs).

❑ **Entrega multicast e de broadcast.** As LANs tradicionais, como a Ethernet, podem transmitir pacotes *multicast*, bem como *de broadcast*; uma estação pode enviar pacotes a um grupo de estações ou para todas. Não existe nenhuma forma fácil de transmitir pacotes multicast ou de broadcast em uma rede ATM, embora estejam disponíveis conexões ponto-multiponto.

❑ **Interoperabilidade.** Em uma arquitetura mista, uma estação conectada a uma LAN antiga tem de ser capaz de se comunicar com uma estação diretamente conectada a um switch ATM.

Um método chamado **LANE (*Local-Area Network Emulation* — emulação de rede local)** soluciona os problemas mencionados anteriormente e possibilita que estações em uma arquitetura mista se comuniquem entre si. Esse método usa emulação. As estações podem utilizar um serviço sem conexão que emula um serviço orientado a conexões. As estações usam os endereços de origem e de destino para a conexão inicial a e, em seguida, utilizam endereçamento VPI e VCI.

O método possibilita que as estações usem endereços unicast, multicast e de broadcast. Finalmente, ele converte quadros usando um formato antigo para células ATM antes de eles serem enviados através do switch.

Modelo Cliente/Servidor

O LANE foi desenvolvido como um **modelo cliente/servidor** para tratar dos quatro problemas discutidos anteriormente. O protocolo usa um tipo de cliente e três tipos de servidores, conforme mostra a Figura 18.28.

Figura 18.28 *Cliente e servidores em uma LANE*

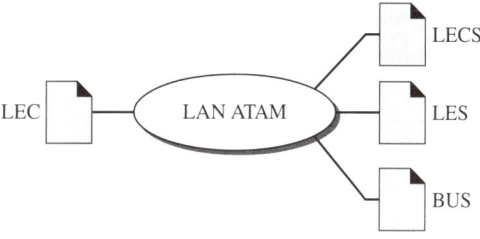

LEC

Todas as estações ATM têm software **LEC** (**LAN** *Emulation Client* — **cliente de emulação de LAN**) instalado sobre os três protocolos ATM. Os protocolos de camadas superiores não estão cientes da existência da tecnologia ATM. Eles enviam suas solicitações ao LEC para um serviço LAN como entrega sem conexão usando endereços MAC unicast, multicast ou de broadcast. O LEC, entretanto, apenas interpreta a solicitação e passa o resultado para os servidores.

LECS

O **LECS** (*LAN Emulation Configuration Server* — **servidor de configuração de emulação de LAN**) é usado para conexão inicial entre o cliente e a LANE. Ele está sempre aguardando receber o contato inicial. Tem um endereço ATM bem conhecido, que é familiar a todos os clientes de um sistema.

LES

O **Software LES** (*LAN Emulation Server* — **servidor de emulação de LAN**) é instalado no LES. Quando uma estação recebe um quadro para ser enviado a outra estação, usando um endereço físico, o LEC envia um quadro especial para o LES. O servidor cria um circuito virtual entre a estação de origem e a de destino. A estação de origem agora pode usar esse circuito virtual (e o identificador correspondente) para transmitir o quadro ou quadros ao destino.

Broadcast/Unknown Server

A multicast e a broadcast requerem o emprego de outro servidor denominado **BUS** (**Broadcast/Unknown Server** — **broadcast/servidor desconhecido**). Se uma estação precisar enviar um quadro para um grupo de estações ou para todas, primeiramente o quadro passa pelo BUS; este servidor apresenta conexões virtuais permanentes com todas as estações. O servidor cria cópias do quadro recebido e envia uma cópia a um grupo de estações ou para todas, simulando um processo de multicast ou de broadcast.

O servidor também pode entregar um quadro unicast transmitindo-o a todas as estações. Nesse caso o endereço de destino é desconhecido. Isso, algumas vezes, é mais eficiente que obter o identificador de conexão do LES.

Arquitetura Mista com Cliente/Servidor

A Figura 18.29 mostra clientes e servidores em uma LAN ATM de arquitetura mista. Na figura, estão conectados três tipos de servidores ao switch ATM (eles podem, na verdade, até fazer parte do switch). Também são mostrados dois tipos de clientes. As estações A e B, projetadas para transmitir e receber comunicação LANE, estão conectadas diretamente ao switch ATM. As estações C, D, E, F, G e H em LANs antigas tradicionais são conectadas ao switch por meio de um conversor. Esses conversores atuam com clientes LEC e se comunicam em nome de suas estações conectadas.

Figura 18.29 *Uma LAN ATM de arquitetura mista usando LANE*

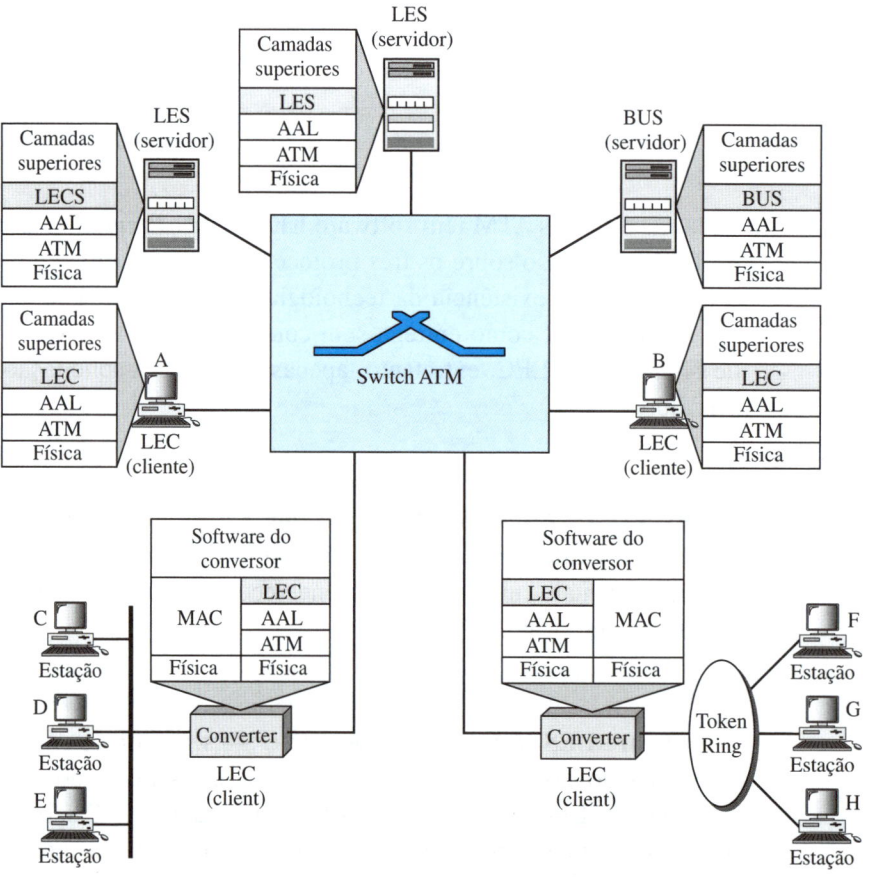

18.4 LEITURA RECOMENDADA

Para mais detalhes sobre os assuntos discutidos no presente capítulo, recomendamos os seguintes livros. Os itens entre colchetes [...] correspondem à lista de referências bibliográficas no final do texto.

Livros

Frame Relay e ATM são discutidos no Capítulo 3 de [Sta98]. As LANs ATM são vistas no Capítulo 14 de [For03]. O Capítulo 7 do livro [Kei02] também apresenta excelente discussão sobre LANs ATM.

18.5 TERMOS-CHAVE

AAL (camada de adaptação de aplicação)
AAL1
AAL2
AAL3/4
AAL5
ATM (modo de transferência assíncrona)
BECN (notificação de congestionamento explícito no sentido inverso)
BUS (broadcast/servidor desconhecido)
camada ATM
célula
controle de congestionamento
CS (subcamada de convergência)
dados "em rajadas"
DE (elegibilidade para descarte)
DLCI (identificador de conexão de enlace de dados)
FECN (notificação de congestionamento explícito no sentido direto)
FRAD (montador/desmontador do Frame Relay)
Frame Relay
LAN ATM antiga
LAN ATM pura
LAN de arquitetura mista
LANE (emulação de rede local)
largura de banda sob demanda
LEC (cliente de emulação de LAN)
LECS (servidor de configuração de emulação de LAN)
LES (servidor de emulação de LAN)
LMI (informações de gerenciamento local)
modelo cliente/servidor
NNI (interface rede-rede)
PVC (circuito virtual permanente)
qualidade dos serviços (QoS)
rede de células
retransmissão de células
SAR (segmentação e remontagem)
SEAL (camada de adaptação simples e eficiente)
SVC (circuito virtual comutado)
switch ATM
TP (rota de transmissão)
UNI (interface usuário-rede)
VCI (identificador de circuito virtual)
VCs (circuitos virtuais)
VOFR (voz sobre Frame Relay)
VP (rota virtual)
VPI (identificador de rota virtual)
X 25

18.6 RESUMO

❏ A comutação de circuitos virtuais é uma tecnologia da camada de enlace de dados na qual esses enlaces são compartilhados.
❏ Um identificador de circuito virtual (VCI) identifica um quadro entre dois switches.
❏ Um Fame Relay é uma tecnologia relativamente eficaz em termos de custo e de alta velocidade capaz de lidar com dados "em rajadas".

- No Frame Relay são usadas tanto conexões PVC como SVC.
- O identificador de conexão de enlace de dados (DLCI) identifica um circuito virtual no Frame Relay.
- O modo de transferência assíncrona (ATM) é um protocolo de retransmissão de células que, combinado com o SONET, possibilita conexões de alta velocidade.
- Uma célula é pequeno bloco de informações de tamanho fixo.
- O pacote de dados ATM é uma célula composta por 53 bytes (5 bytes de cabeçalho e 48 bytes de payload).
- O ATM elimina os atrasos variáveis associados a pacotes de tamanhos diferentes.
- O ATM é capaz de lidar com transmissão em tempo real.
- A interface usuário-rede (UNI) é uma interface entre um usuário e um switch ATM.
- A interface rede-rede (NNI) é uma interface entre dois switches ATM.
- No ATM, a conexão entre dois pontos terminais é realizada por rotas de transmissão (TPs), rotas virtuais (VPs) e circuitos virtuais (VCs).
- No ATM, a combinação de um identificador de rota virtual (VPI) e de um identificador de circuito virtual identifica uma conexão virtual.
- O padrão ATM define três camadas:
    a. A camada de adaptação de aplicação (AAL) aceita transmissões provenientes de serviços de camadas superiores e as associa a células ATM.
    b. A camada ATM oferece serviços de roteamento, gerenciamento de tráfego, comutação, e multiplexação.
    c. A camada física define o meio de transmissão, a transmissão de bits, a codificação e a conversão elétrica-óptica.
- A AAL se divide em duas subcamadas: subcamada de convergência (CS) e segmentação e remontagem (SAR).
- Existem quatro AALs distintas, cada uma delas para um tipo de dados específico:
    a. AAL1: para fluxo de dados com velocidade constante.
    b. AAL2: para pacotes curtos.
    c. AAL3/4: para comutação de pacotes convencional (metodologias dos circuitos virtuais ou de datagramas).
    d. AAL5: para pacotes que não exigem seqüenciamento nem mecanismo de controle de erros.
- A tecnologia ATM pode ser adotada para emprego em uma LAN (LAN ATM).
- Uma LAN ATM pura, um switch ATM interliga as estações.
- Em uma LAN ATM antiga, o backbone que conecta LANs tradicionais usa tecnologia ATM.
- Uma LAN ATM de arquitetura mista combina recursos de uma LAN ATM pura e de uma LAN ATM antiga.
- Emulação de rede local (LANE) é um modelo cliente/servidor que possibilita o uso de tecnologia ATM em LANs.
- O software LANE inclui os seguintes módulos: cliente de emulação de LAN (LECS), servidor de configuração de emulação de LANs (LECS), servidor de emulação de LAN (LES) e BUS (broadcast/servidor desconhecido).

18.7 ATIVIDADES PRÁTICAS

Questões para Revisão

1. Não existem números de seqüência no Frame Relay. Por quê?
2. Dois dispositivos podem ser conectados à mesma rede Frame Relay usando os mesmos DLCIs?
3. Por que o Frame Relay é a melhor solução para interligar LANs que as linhas T-1?
4. Compare um SVC com um PVC.
5. Discuta a camada física do Frame Relay.
6. Por que a multiplexação é mais eficiente se todas as unidades de dados são do mesmo tamanho?
7. Em que um NNI difere de um UNI?
8. Qual é a relação entre TPs, VPs e VCs?
9. Como uma conexão virtual ATM é identificada?
10. Cite as camadas do ATM e suas funções.
11. Quantas conexões virtuais podem ser definidas em um UNI? Quantas conexões virtuais podem ser definidas em um NNI?
12. Descreva brevemente as questões envolvidas no emprego da tecnologia ATM em LANs.

Exercícios

13. O campo de endereço de um quadro em uma rede Frame Relay é 1011000000010111. Qual seu DLCI (em números decimais)?
14. O campo de endereço de um quadro em uma rede Frame Relay é 101100000101001. Isso é válido?
15. Encontre o valor DLCI se os 3 primeiros bytes recebidos forem 7C 74 E1 em hexadecimal.
16. Descubra o valor do campo de endereço de 2 bytes em hexadecimal se o DLCI for 178. Suponha que não exista congestionamento.
17. Na Figura 18.30 é estabelecida uma conexão virtual entre A e B. Mostre o DLCI para cada enlace.

Figura 18.30 *Exercício 17*

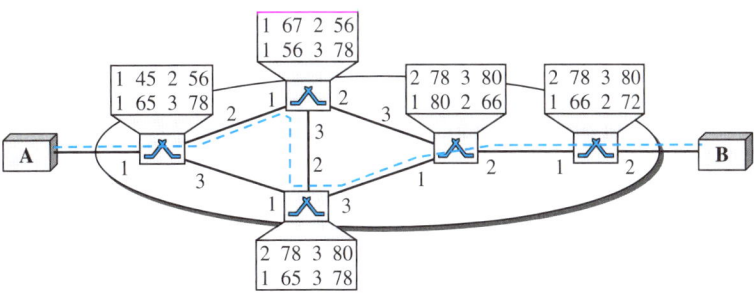

18. Na Figura 18.31 é estabelecida uma conexão virtual entre A e B. Mostre as entradas correspondentes nas tabelas de cada switch.

Figura 18.31 *Exercício 18*

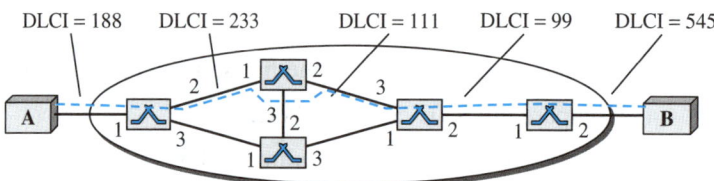

19. Uma camada AAL1 recebe dados a 2 Mbps. Quantas células são criadas por segundo pela camada ATM?

20. Qual é a eficiência total do ATM usando AAL1 (a razão entre bits recebidos e bits transmitidos)?

21. Se uma aplicação usa AAL3/4 e existem 47.787 bytes de dados entrando no CS, quantos bytes de preenchimento seriam necessários? Quantas unidades de dados conseguem passar do SAR para a camada ATM? Quantas células são produzidas?

22. Supondo-se que não seja empregado preenchimento, a eficiência do ATM usando AAL3/4 depende do tamanho do pacote? Justifique sua resposta.

23. Qual é o número mínimo de células resultantes de um pacote de entrada na camada AAL3/4? Qual o número máximo de células resultantes de um pacote de entrada?

24. Qual é o número mínimo de células resultantes de um pacote de entrada na camada AAL5? Qual é o número máximo de células resultantes de um pacote de entrada?

25. Explique por que o preenchimento é desnecessário na AAL1, mas necessário em outras AALs.

26. Usando AAL3/4, mostre a situação onde precisamos de _____ de preenchimento.
    a. 0 bytes (sem uso de preenchimento)
    b. 40 bytes
    c. 43 bytes

27. Usando AAL5, mostre a situação onde precisamos de _____ de preenchimento.
    a. 0 bytes (sem o uso de preenchimento)
    b. 40 bytes
    c. 47 bytes

28. Em uma célula de 53 bytes, quantos bytes pertencem ao usuário nas seguintes situações (suponha que não haja preenchimento)?
    a. AAL1
    b. AAL2
    c. AAL3/4 (nem a primeira nem a última célula)
    d. AAL5 (nem a primeira nem a última célula)

Atividades de Pesquisa

29. Pesquise sobre o protocolo I.150 que fornece controle de fluxo genérico para interface UNI.
30. O ATM usa o campo HEC (controle de erros em cabeçalhos) de oito bits para controlar erros nos primeiros quatro bytes (32 bits) do cabeçalho. O polinômio gerador é $x^8 + x^2 + x + 1$. Descubra como isso é feito.
31. Descubra o formato dos quadros LANE e compare-o com o formato do quadro Ethernet.
32. Pesquise sobre as diferentes etapas envolvidas na operação de uma LANE.

PARTE 4

Camada de Rede

Objetivos

A camada de rede é responsável pela entrega de um pacote, de sua origem até seu destino, possivelmente por meio de várias redes (links). Enquanto a camada de enlace de dados supervisiona a entrega do pacote entre dois sistemas na mesma rede (links), a camada de rede garante que cada um dos pacotes vá de seu ponto de origem até seu destino final.

A camada de rede é responsável pela entrega de pacotes individuais, da sua origem até seu destino.

A camada de rede acrescenta um cabeçalho que inclui os endereços lógicos do transmissor e do receptor do pacote proveniente da camada superior. Se um pacote trafega pela Internet, precisamos desse sistema de endereçamento para ajudar a distinguir a origem e o destino.

Quando redes ou links independentes são conectados entre si para criar uma *internetwork*, roteadores ou comutadores direcionam pacotes para seus destinos finais. Uma das funções da camada de rede é fornecer um mecanismo de roteamento.

Na Parte 4 deste livro, discutimos, primeiro, o endereçamento lógico (conhecido como endereçamento IP na Internet). Em seguida, trataremos dos principais protocolos, bem como de protocolos auxiliares responsáveis pelo controle da entrega de um pacote, da sua origem até seu destino.

A Parte 4 do livro é dedicada à camada de rede e aos serviços por ela fornecidos.

Capítulos

Esta parte consiste em quatro capítulos: Capítulos 19 a 22.

Capítulo 19

O Capítulo 19 discute endereçamento lógico ou IP. Discutimos, em primeiro lugar, o endereçamento com classes. Em seguida, descrevemos o novo endereço sem classes desenvolvido para resolver certos problemas inerentes ao endereço com classes. Um sistema de endereçamento completamente novo, IPv6, que provavelmente deve se tornar predominante no futuro próximo, também é visto aqui.

Capítulo 20

O Capítulo 20 é dedicado ao principal protocolo da camada de rede que supervisiona e controla a entrega de pacotes, da origem até seu destino. Esse protocolo é chamado Internet Protocol ou IP.

Capítulo 21

O Capítulo 21 destina-se a alguns protocolos auxiliares definidos na camada de rede, que ajudam o protocolo IP a realizar sua tarefa. Esses protocolos fazem o mapeamento de endereços (de lógico para físico ou vice-versa), a notificação de erros e facilitam a entrega de mensagens multicast.

Capítulo 22

A entrega e o roteamento de pacotes na Internet é uma questão muito delicada e importante. Dedicamos o Capítulo 22 para essa questão. De início, discutimos o mecanismo de entrega e roteamento. Depois, discutimos brevemente alguns protocolos de roteamento unicast e multicast, usados na Internet hoje em dia.

CAPÍTULO 19

Camada de Rede: Endereçamento Lógico

Como discutimos no Capítulo 2, a comunicação na camada de rede é host-host (computador-computador); um computador em algum ponto do mundo precisa se comunicar com outro computador em outra parte do planeta. Normalmente, os computadores se comunicam pela Internet. O pacote transmitido pelo computador transmissor pode passar por várias LANs ou WANs antes de atingir o computador de destino.

Para esse nível de comunicação, precisamos de um esquema de endereçamento global; nós o denominamos endereçamento lógico no Capítulo 2. Atualmente, usamos o termo **endereço IP** para indicar um endereço lógico na camada de rede do conjunto de protocolos TCP/IP.

Os endereços Internet têm 32 bits de comprimento; isso permite um máximo de 2^{32} endereços. São conhecidos como endereços IPv4 (IP versão 4) ou simplesmente endereços IP para evitar confusão.

A necessidade de mais endereços, além de outras preocupações em relação à camada IP, motivou um novo projeto da camada IP chamado nova geração do IP ou IPv6 (IP versão 6). Nessa versão, a Internet usa endereços de 128 bits que dão muito mais flexibilidade na alocação de endereços. São conhecidos como endereços IPv6 (IP versão 6).

Neste capítulo, tratamos, primeiro, dos endereços IPv4, que são usados atualmente na Internet. Em seguida falaremos sobre os endereços IPv6, que podem se tornar dominantes no futuro.

19.1 ENDEREÇOS IPv4

Um **endereço IPv4** é um endereço de 32 bits que define de forma *única* e *universal* a conexão de um dispositivo (por exemplo, um computador ou um roteador) à Internet.

Um endereço IPv4 tem 32 bits de comprimento.

Os endereços IPv4 são exclusivos no sentido de que cada endereço define uma, e somente uma, conexão com a Internet. Dois dispositivos na Internet jamais podem ter o mesmo endereço ao mesmo tempo. Veremos posteriormente que pelo uso de algumas estratégias, um endereço pode ser designado a um dispositivo por um determinado período e, em seguida, retirado e atribuído a um outro dispositivo.

Por outro lado, se um dispositivo que opera na camada de rede tiver *m* conexões com a Internet, ele precisa ter *m* endereços. Veremos, posteriormente, que um roteador é um dispositivo destes.

Os endereços IPv4 são universais no sentido que o sistema de endereçamento tem de ser aceito por qualquer host que queira se conectar à Internet.

> **Os endereços IPv4 são exclusivos e universais.**

Espaço de Endereços

Um protocolo como o IPv4, que define endereços, tem um **espaço de endereços**. Um espaço de endereços é o número total de endereços usados pelo protocolo. Se um protocolo usar N bits para definir um endereço, o espaço de endereços é 2^N, pois cada bit pode ter dois valores diferentes (0 ou 1) e N bits podem ter 2^N valores.

O IPv4 usa endereços de 32 bits, o que significa que o espaço de endereços é 2^{32}, ou seja, 4.294.967.296 (mais de 4 bilhões). Isso significa que, teoricamente, se não existisse nenhuma restrição, mais de 4 bilhões de dispositivos poderiam ser conectados à Internet. Veremos, em breve, que o número real é muito menor por causa das restrições impostas aos endereços.

> **O espaço de endereços do IPv4 é igual a 2^{32}, ou seja, 4.294.967.296.**

Notações

Existem duas notações predominantes para indicar um endereço IPv4: **notação binária** e **notação decimal pontuada**.

Notação Binária

Na notação binária, o endereço IPv4 é exibido como 32 bits. Cada octeto é geralmente conhecido como um byte. Portanto, é comum ouvirmos um endereço IPv4 referido como um endereço de 32 bits ou um endereço de 4 bytes. A seguir, temos um exemplo de um endereço IPv4 em notação binária:

```
01110101  10010101  00011101  00000010
```

Notação Decimal Pontuada

Para tornar o endereço IPv4 mais compacto e mais fácil de ser lido, os endereços Internet normalmente são escritos na forma decimal com um ponto decimal (dot) separando os bytes. A seguir, apresentamos a **notação decimal pontuada** do endereço anterior:

```
117.149.29.2
```

A Figura 19.1 ilustra um endereço IPv4 tanto na notação binária como na notação decimal pontuada. Observe que, pelo fato de cada byte (octeto) ser composto por 8 bits, cada número na notação decimal pontuada compreende um valor que vai de 0 a 255.

Figura 19.1 *Notação decimal pontuada e notação binária para um endereço IPv4*

Os sistemas de numeração são revistos no Apêndice B.

Exemplo 19.1

Passe os endereços IPv4 da notação binária a seguir para a notação decimal pontuada.

a. 10000001 00001011 00001011 11101111
b. 11000001 10000011 00011011 11111111

Solução

Substituímos cada grupo de 8 bits por seu número decimal equivalente (veja o Apêndice B) e acrescentamos pontos decimais para separação.

a. 129.11.11.239
b. 193.131.27.255

Exemplo 19.2

Passe os seguintes endereços IPv4 da notação decimal pontuada para a notação binária.

a. 111.56.45.78
b. 221.34.7.82

Solução

Substituímos cada número decimal por seu equivalente binário (veja o Apêndice B).

a. 01101111 00111000 00101101 01001110
b. 11011101 00100010 00000111 01010010

Exemplo 19.3

Encontre o erro, se realmente existir algum, nos seguintes endereços IPv4.

a. 111.56.045.78
b. 221.34.7.8.20
c. 75.45.301.14
d. 11100010.23.14.67

Solução

a. Não deve existir nenhum zero não significativo (045).
b. Não podem existir mais de quatro números em um endereço IPv4.
c. Cada número precisa ser menor ou igual a 255 (301 se encontra fora desse intervalo).
d. Uma mistura de notação binária e notação decimal pontuada não é permitida.

Endereçamento com Classes

O endereçamento IPv4, em seu início, usava o conceito de classes. Essa arquitetura é chamada **endereçamento com classes**. Embora esse método esteja se tornando obsoleto, falaremos rapidamente sobre ele aqui para mostrar o conceito por trás do endereçamento sem classes.

No endereçamento com classes, o espaço de endereços é dividido em cinco classes: A, B, C, D e E. Cada classe ocupa alguma parte do espaço de endereços.

> **No endereçamento com classes, o espaço de endereços é dividido em cinco classes: A, B, C, D e E.**

Podemos encontrar a classe de um endereço quando for dado o endereço, na notação binária ou na notação decimal pontuada. Se o endereço for dado em notação binária, alguns poucos bits, logo de início, podem nos informar imediatamente a classe do endereço analisado. Se o endereço for dado em notação decimal pontuada, o primeiro byte define a classe. Ambos os métodos são ilustrados na Figura 19.2.

Figura 19.2 *Encontrando as classes nas notações binária e decimal pontuada*

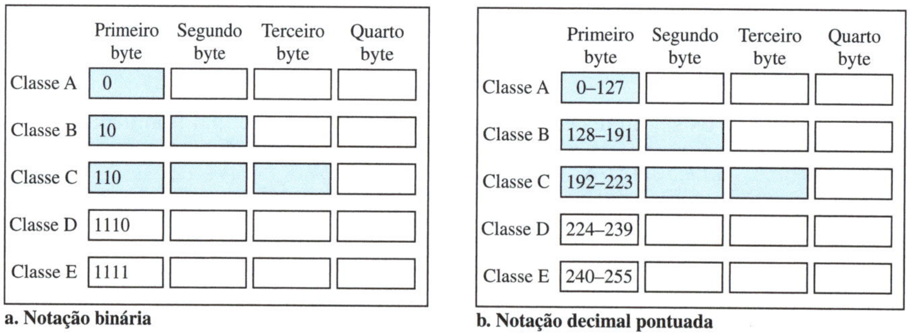

	Primeiro byte	Segundo byte	Terceiro byte	Quarto byte
Classe A	0			
Classe B	10			
Classe C	110			
Classe D	1110			
Classe E	1111			

a. Notação binária

	Primeiro byte	Segundo byte	Terceiro byte	Quarto byte
Classe A	0–127			
Classe B	128–191			
Classe C	192–223			
Classe D	224–239			
Classe E	240–255			

b. Notação decimal pontuada

Exemplo 19.4

Encontre a classe de cada um dos endereços a seguir.

a. **0**0000001 00001011 00001011 11101111
b. **110**00001 10000011 00011011 11111111
c. **14**.23.120.8
d. **252**.5.15.111

Solução

a. O primeiro bit é 0. Trata-se de um **endereço classe A**.
b. Os dois primeiros bits são 1; o terceiro bit é 0. Trata-se de um **endereço de classe C**.
c. O primeiro byte é 14 (entre 0 e 127); a classe é A.
d. O primeiro byte é 252 (entre 240 e 255); a classe é E.

Classes e Blocos

Um problema com o endereçamento com classes é que cada classe é dividida em um número fixo de blocos, cada bloco tendo um tamanho fixo, conforme mostrado na Tabela 19.1.

Tabela 19.1 *Número de blocos e tamanho dos blocos no endereçamento IPv4 com classes*

Classe	Número de Blocos	Tamanho do Bloco	Aplicação
A	128	16.777.216	Unicast
B	16.384	65.536	Unicast
C	2.097.152	256	Unicast
D	1	268.435.456	Multicast
E	1	268.435.456	Reservado

Examinemos a tabela. Anteriormente, quando uma organização solicitava um bloco de endereços, ela recebia um de classe A, B ou C. Os **endereços classe A** eram designados a grandes organizações com um grande número de hosts ou roteadores conectados. Os **endereços de classe B** destinavam-se às organizações de médio porte com dezenas de milhares de hosts ou roteadores conectados. Já os **endereços de classe C** destinavam-se a pequenas organizações com um pequeno número de hosts ou roteadores conectados.

Podemos notar uma falha nesse esquema. Um bloco em um endereço classe A é muito grande para praticamente qualquer organização. Isso significa que a maioria dos endereços na classe A era desperdiçada e não era usada. Um bloco na classe B também é muito grande, provavelmente muito grande para muitas das organizações que recebiam um bloco classe B. Um bloco na classe C, certamente, era muito pequeno para muitas organizações. Os **endereços classe D** foram projetados para multicast, como veremos em um capítulo futuro. Cada endereço nessa classe é usado para definir um grupo de hosts na Internet. Os provedores de Internet previram erroneamente a necessidade de 268.435.456 grupos. Isso jamais aconteceu e muitos endereços também foram desperdiçados nesse caso. E, finalmente, os **endereços classe E** eram reservados para uso futuro; apenas um pequeno número foi utilizado, resultando, mais uma vez, em desperdício de endereços.

No endereçamento com classes, grande parte dos endereços disponíveis era desperdiçada.

Netid e Hostid

No endereçamento com classes, um endereço IP na classe A, B ou C é dividido em **netid** e **hostid**. Essas partes são de comprimentos variáveis, dependendo da classe do endereço. A Figura 19.2 mostra alguns bytes netid e hostid. O netid está indicado em cores; o hostid, em branco. Observe que o conceito não se aplica às classes D e E.

Na classe A, um byte define o netid e três bytes definem o hostid. Na classe B, dois bytes definem o netid e dois bytes definem o hostid. Na classe C, três bytes definem o netid e um byte define o hostid.

Máscara

Embora o comprimento do netid e hostid (em bits) seja predeterminado no endereçamento com classes, também podemos usar uma **máscara** (chamada **máscara-padrão**), um número de 32 bits composto de 1s contíguos seguidos por 0s contíguos. As máscaras para as classes A, B e C são mostradas na Tabela 19.2. O conceito não se aplica às classes D e E.

Tabela 19.2 *Máscaras-padrão para endereçamento com classes*

Classe	Binária	Decimal Pontuada	CIDR
A	11111111 00000000 00000000 00000000	255.0.0.0	/8
B	11111111 11111111 00000000 00000000	255.255.0.0	/16
C	11111111 11111111 11111111 00000000	255.255.255.0	/24

A máscara pode nos ajudar a encontrar o netid e o hostid. Por exemplo, a máscara para o endereço de classe A tem oito números 1, que significa que os 8 primeiros bits de qualquer endereço na classe A definem o netid; os 24 bits seguintes definem o hostid.

A última coluna da Tabela 19.2 mostra a máscara na forma /n, em que n pode ser 8, 16 ou 24 no endereçamento com classes. Essa notação também é chamada notação barra ou notação **CIDR** (*Classless Interdomain Routing*, em inglês, *roteamento interdomínios sem classes*). A notação é usada no endereçamento sem classes, que discutiremos mais tarde. Introduzimos esse conceito aqui porque ele também pode ser aplicado ao endereçamento com classes. Mostraremos adiante como o endereçamento com classes é um caso especial do endereçamento sem classes.

Uso de Sub-redes

Durante a era do endereçamento com classes, foram introduzidas as **sub-redes**. Se uma organização recebesse um grande bloco de endereços de classe A ou B, poderia dividir os endereços em vários grupos contíguos e atribuir cada grupo para redes menores (chamadas **sub-redes**) ou, em casos raros, compartilhar parte dos endereços com os vizinhos. O uso de sub-redes aumenta a quantidade de bits 1 na máscara, como veremos posteriormente ao falarmos sobre endereçamento sem classes.

Uso de Super-redes

Chegou um momento em que os endereços de classe A e classe B se esgotaram; contudo, ainda havia imensa demanda por blocos de tamanho médio. O tamanho de um bloco de classe C com um número máximo de 256 endereços não satisfaz as necessidades da maioria das organizações. Mesmo uma organização de tamanho médio precisava de mais endereços. Uma solução era o **uso de super-redes**. Nelas, uma organização pode combinar vários blocos classe C para criar um espaço de endereços maior. Em outras palavras, várias redes são combinadas para criar uma **super-rede**. Uma organização pode se candidatar a um conjunto de blocos de classe C em vez de apenas um. Por exemplo, uma organização que precise de 1.000 endereços pode receber quatro blocos contíguos de classe C. A organização pode então usar esses endereços para criar uma super-rede. O uso de super-redes diminui de 1 na máscara. Por exemplo, se uma organização for agraciada com quatro endereços classe C, a máscara muda de /24 para /22. Veremos que o endereçamento sem classes eliminou a necessidade do uso de super-redes.

Esgotamento de Endereços

As falhas no método de endereçamento com classes combinada com o imenso crescimento da Internet levaram ao rápido esgotamento dos endereços disponíveis, embora o número de dispositivos na Internet seja muito menor que os 2^{32} espaços de endereços. Ficamos sem endereços de classe A e B, e um bloco de classe C é muito pequeno para a maioria das organizações de porte médio. Uma solução que reduziu o problema é a idéia de endereçamento sem classes.

> **O endereçamento com classes, que se tornou praticamente obsoleto, foi substituído pelo endereçamento sem classes.**

Endereçamento sem Classes

Para suplantar o esgotamento de endereços e oferecer acesso à Internet a um número maior de organizações, o **endereçamento sem classes** foi desenvolvido e implementado. Nesse método, não existem classes, mas os endereços ainda são concedidos em blocos.

Blocos de Endereços

No endereçamento sem classes, quando uma entidade, pequena ou grande, precisa ser conectada à Internet, lhe é concedido um bloco (intervalo) de endereços. O tamanho do bloco (o número de endereços) varia tomando como base a natureza e o tamanho da entidade. Por exemplo, um eletrodoméstico pode receber apenas dois endereços; uma grande organização, milhares de endereços. Um ISP (*Internet Service Provider*), ou provedor de acesso à Internet, pode receber milhares ou centenas de milhares de endereços com base no número de clientes que pretende atender.

Restrição Para simplificar a manipulação de endereços, os provedores de Internet impõem três restrições nos blocos de endereços sem classes:

1. Os endereços em um bloco devem ser contíguos, um após o outro.
2. O número de endereços em um bloco deve ser uma potência de 2 (1, 2, 4, 8, ...).
3. O primeiro endereço tem de ser igualmente divisível pelo número de endereços.

Exemplo 19.5

A Figura 19.3 exibe um bloco de endereços, tanto na notação binária como na decimal pontuada, concedido a uma pequena empresa que precisa de 16 endereços.

Figura 19.3 *Um bloco de 16 endereços concedido a uma pequena empresa*

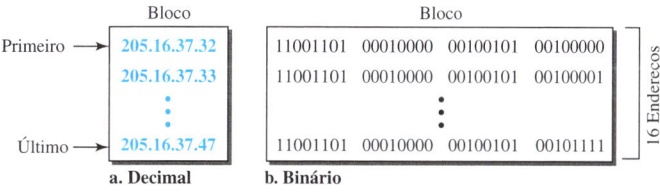

Podemos observar que as restrições se aplicam a esse bloco. Os endereços são contíguos. O número de endereços é uma potência de 2 ($16 = 2^4$), e o primeiro endereço é divisível por 16. O primeiro endereço, quando convertido em um número decimal, é 3.440.387.360 que, ao ser dividido por 16, resulta em 215.024.210. No Apêndice B, mostramos como encontrar o valor decimal de um endereço IP.

Máscara

Uma maneira melhor para definir um bloco de endereços é selecionar qualquer endereço no bloco e a máscara. Como discutido anteriormente, máscara é um número de 32 bits no qual os *n* bits mais à esquerda são bits 1 e os 32 – *n* bits mais à direita são bits 0. Entretanto, no endereçamento sem classes, a máscara para um bloco pode ter qualquer valor entre 0 e 32. É muito conveniente atribuir apenas o valor de *n* precedido por uma barra (notação CIDR).

> **No endereçamento IPv4, um bloco de endereços pode ser estabelecido como x.y.z.t /n, em que x.y.z.t define um dos endereços e o /n estipula a máscara.**

O endereço e a notação /n definem completamente o bloco inteiro (o primeiro e o último endereços e o número de endereços).

Primeiro Endereço O primeiro endereço no bloco pode ser encontrado configurando-se em 0 os 32 – *n* bits mais à direita na notação binária do endereço.

> **O primeiro endereço no bloco pode ser encontrado configurando-se em 0 os 32 – *n* bits mais à direita.**

Exemplo 19.6

Um bloco de endereços é concedido a uma pequena empresa. Sabemos que um dos endereços é 205.16.37.39/28. Qual é o primeiro endereço no bloco?

Solução

A representação binária do endereço dado é 11001101 00010000 00100101 0010**0111**. Se configurarmos em 0 os 32 – 28 bits mais à direita, obtemos 11001101 0001000 00100101 0010**000** ou 205.16.37.32. Este é, na verdade, o bloco mostrado na Figura 19.3.

Último Endereço O último endereço no bloco pode ser encontrado configurando-se em 1 os 32 – *n* bits mais à direita na notação binária do endereço.

> **O último endereço no bloco pode ser encontrado configurando-se em 1 os 32 – *n* bits mais à direita.**

Exemplo 19.7

Descubra o último endereço para o bloco do Exemplo 19.6.

Solução

A representação binária do endereço dado é 11001101 00010000 00100101 0010**0111**. Se configurarmos em 1 os 32 – 28 bits mais à direita, obtemos 11001101 00010000 00100101 0010**1111** ou 205.16.37.47. Isto é, na verdade, o bloco mostrado na Figura 19.3.

Número de Endereços O número de endereços no bloco é a diferença entre o último e o primeiro endereço. Ele pode ser facilmente encontrado aplicando-se a fórmula 2^{32-n}.

> **O número de endereços no bloco pode ser encontrado aplicando-se a fórmula 2^{32-n}.**

Exemplo 19.8

Encontre o número de endereços no Exemplo 19.6.

Solução

O valor de n é 28, o que significa que o número de endereços é 2^{32-28} ou 16.

Exemplo 19.9

Outra maneira de se encontrar o primeiro e último endereços, bem como o número de endereços, é representar a máscara como um número binário de 32 bits (ou hexadecimal de 8 dígitos). Isso é particularmente útil quando estamos escrevendo um programa para encontrar essas informações. No Exemplo 19.5, o /28 pode ser representado como 11111111 11111111 11111111 11110000 (vinte e oito 1s e quatro 0s). Descubra

a. O primeiro endereço
b. O último endereço
c. O número de endereços

Solução

a. O primeiro endereço pode ser encontrado aplicando-se a operação AND aos endereços dados com a máscara. Nesse caso, essa operação AND é realizada bit a bit. O resultado da operação AND entre 2 bits é 1 se ambos os bits forem iguais a 1 e 0 caso contrário.

Endereço:	11001101 00010000 00100101 00100111
Máscara:	11111111 11111111 11111111 11110000
Primeiro endereço:	11001101 00010000 00100101 00100000

b. O último endereço pode ser encontrado aplicando-se a operação OR aos endereços dados com o complemento da máscara. Nesse caso, a operação OR é realizada bit a bit. O resultado da aplicação da operação OR a 2 bits é 0 se ambos os bits forem iguais a 0, e 1 no caso contrário. O complemento de um número é encontrado transformando-se cada 1 em 0 e cada 0 em 1.

Endereço:	11001101 00010000 00100101 00100111
Complemento da máscara:	00000000 00000000 00000000 00001111
Último endereço:	11001101 00010000 00100101 00101111

c. O número de endereços pode ser encontrado complementando-se a máscara, interpretando-a como um número decimal e adicionando-se 1 a ela.

Complemento da máscara:	00000000 00000000 00000000 00001111
Número de endereços:	15 + 1 = 16

Endereços de Rede

Um conceito muito importante no endereçamento IP é o **endereço de rede**. Quando um bloco de endereços é concedido a uma organização, esta é livre para alocar os endereços aos dispositivos que precisarem ser conectados à Internet. O primeiro endereço na classe, porém, normalmente (mas nem sempre) é tratado com um endereço especial. É chamado endereço da rede e define a rede da organização. Ele estabelece a organização em si para o restante do mundo. Em um capítulo posterior, veremos que o primeiro endereço é aquele usado pelos roteadores para encaminhar à organização uma mensagem enviada de fora.

A Figura 19.4 ilustra uma organização que recebe um bloco de 16 endereços.

Figura 19.4 *Uma configuração de rede para o bloco 205.16.37.32/28*

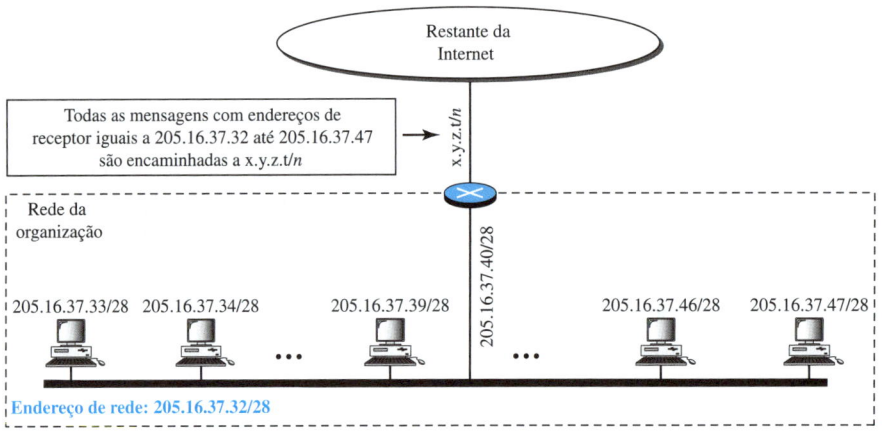

A rede da organização é conectada à Internet por meio de um roteador, que tem dois endereços. Um pertence ao bloco concedido; os demais pertencem à rede que se encontra do outro lado do roteador. Chamamos o segundo endereço de x.y.z.t/n, pois não sabemos nada a respeito da rede à qual ele está conectado no outro lado. Todas as mensagens destinadas a endereços no bloco da organização (205.16.37.32 a 205.16.37.47) são encaminhadas, direta ou indiretamente, a x.y.z.t/n. Dissemos direta ou indiretamente porque não conhecemos a estrutura da rede à qual o outro lado do roteador está conectado.

> **O primeiro endereço em um bloco normalmente não é atribuído
> a nenhum dispositivo; ele é usado para representar o endereço
> da rede que identifica uma organização para o restante do mundo.**

Hierarquia

Endereços IP, assim como outros endereços ou identificadores que encontramos hoje em dia, apresentam níveis de hierarquia. Por exemplo, uma rede telefônica na América do Norte possui três níveis de hierarquia. Os três dígitos mais à esquerda definem o código de área (DDD), os três dígitos seguintes definem a central telefônica e os quatro últimos estipulam a conexão do loop local (assinante) à central. A Figura 19.5 ilustra a estrutura de um número de telefone hierárquico.

Figura 19.5 *Hierarquia em uma rede telefônica da América do Norte*

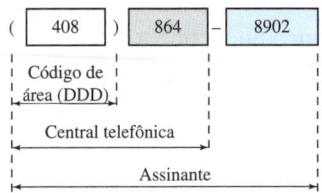

Hierarquia de Dois Níveis: Sem o Uso de Sub-Redes

Um endereço IP pode definir apenas dois níveis de hierarquia quando não são empregadas sub-redes. Os *n* bits mais à esquerda do endereço x.y.z.t/*n* designam a rede (rede da organização); os 32 – *n* bits mais à direita estabelecem o host particular (computador ou roteador) para a rede. Os dois termos comuns são prefixo e sufixo. O trecho do endereço que define a rede é chamado **prefixo**; a parte que estipula o host é chamada **sufixo**. A Figura 19.6 ilustra a estrutura hierárquica de um endereço IPv4.

Figura 19.6 *Dois níveis de hierarquia num endereço IPv4*

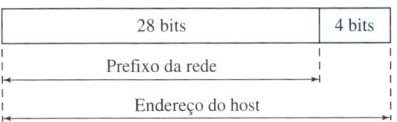

O prefixo é comum a todos os endereços numa rede; já o sufixo muda de um dispositivo para outro.

Cada endereço no bloco pode ser considerado como uma estrutura hierárquica de dois níveis: os *n* bits mais à esquerda (prefixo) definem a rede; os 32 – *n* bits mais à direita estabelecem o host.

Hierarquia de Três Níveis: Uso de Sub-Redes

Uma organização à qual é concedido um grande bloco de endereços talvez queira criar clusters de redes (denominados sub-redes) e dividir os endereços entre as diferentes sub-redes. O restante do mundo ainda enxerga a organização como uma entidade única; entretanto, internamente existem várias sub-redes. Todas as mensagens são enviadas para o endereço do roteador que conecta a organização com o restante da Internet; o roteador encaminha as mensagens para as sub-redes apropriadas. A organização, porém, precisa criar pequenos sub-blocos de endereços, cada um dos quais atribuídos a sub-redes específicas. A organização tem sua própria máscara; cada sub-rede também precisa ter a sua.

Suponha, por exemplo, que uma empresa receba o bloco 17.12.40.0/26, contendo 64 endereços. A empresa tem três escritórios e precisa dividir os endereços em três sub-blocos de 32, 16 e 16 endereços. Podemos descobrir as novas máscaras usando os seguintes argumentos:

1. Supondo que a máscara para a primeira sub-rede seja n1, então 2^{32-n1} tem de ser 32, o que significa que n1 = 27.
2. Supondo que a máscara para a segunda sub-rede seja n2, então 2^{32-n2} deve ser 16, significando que n2 = 28.
3. Supondo que a máscara para a terceira sub-rede seja n3, então 2^{32-n3} deve ser 16, significando que n3 = 28.

Isso tudo quer dizer que temos as máscaras 27, 28, 28 com a máscara da empresa sendo igual a 26. A Figura 19.7 ilustra uma configuração possível para a situação descrita anteriormente.

Figura 19.7 Configuração e endereços em uma rede dividida em sub-redes

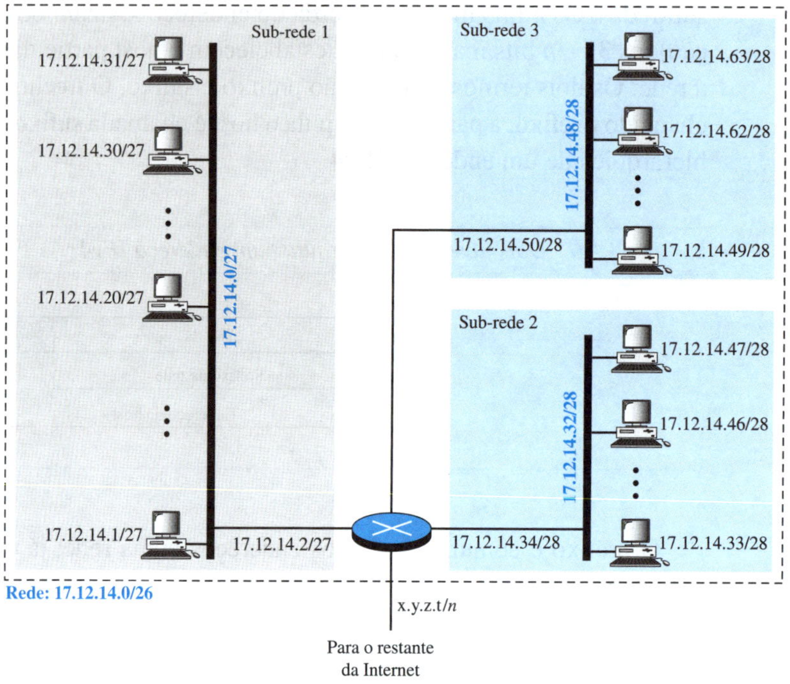

Vamos verificar se conseguimos descobrir os endereços de sub-rede a partir de um dos endereços na sub-rede.

a. Na sub-rede 1, o endereço 17.12.14.29/27 nos fornece o endereço de sub-rede quando aplicamos a máscara /27 pois

> Host: 00010001 00001100 00001110 000**11101**
> Máscara: /27
> Sub-rede: 00010001 00001100 00001110 00000000 → (17.12.14.0)

b. Na sub-rede 2, o endereço 17.12.14.45/28 nos fornece o endereço de sub-rede quando aplicamos a máscara /28 porque

> Host: 00010001 00001100 00001110 00101101
> Máscara: /28
> Sub-rede: 00010001 00001100 00001110 00100000 → (17.12.14.32)

c. Na sub-rede 3, o endereço 17.12.14.50/28 nos fornece o endereço de sub-rede quando aplicamos a máscara /28 uma vez que

> Host: 00010001 00001100 00001110 0011**0010**
> Máscara: /28
> Sub-rede: 00010001 00001100 00001110 00110000 → (17.12.14.48)

Observe que, aplicar a máscara de rede /26 a qualquer um dos endereços nos fornece o endereço de rede 17.12.14.0/26. Deixamos a comprovação disso para o leitor.

Podemos dizer que, pela divisão em sub-redes, podemos ter três níveis de hierarquia. Note que, em nosso exemplo, o comprimento do prefixo de sub-rede pode diferir para as sub-redes conforme mostrado na Figura 19.8.

Figura 19.8 *Hierarquia de três níveis em um endereço IPv4*

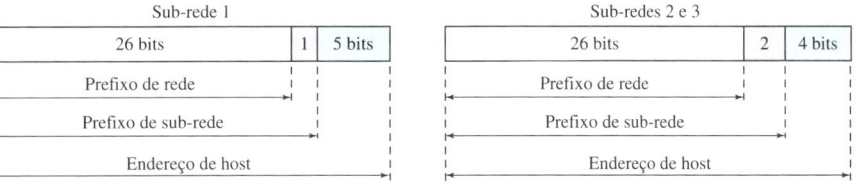

Mais Níveis de Hierarquia

A estrutura de endereçamento sem classes não restringe o número de níveis hierárquicos. Uma organização pode dividir o bloco de endereços concedido em sub-blocos. Cada sub-bloco pode, por seu lado, ser dividido em sub-blocos menores. E assim por diante. Um exemplo disso é visto nos ISPs (**Internet Service Provider** — *Provedor de Acesso à Internet*). Um ISP de cobertura nacional pode dividir um grande bloco de endereços que lhe foi concedido em blocos menores e atribuir cada um deles a um ISP regional. O ISP regional pode dividir o bloco recebido do ISP nacional em blocos menores e atribuir cada um deles a um ISP local. Um ISP local pode dividir o bloco recebido do ISP regional em blocos menores e alocar cada um deles a uma organização diferente. Finalmente, uma organização pode dividir o bloco recebido e criar várias sub-redes a partir dele.

Alocação de Endereços

A próxima questão no endereçamento sem classes é a alocação de endereços. Como os blocos são alocados? A responsabilidade final da alocação de endereços fica com uma autoridade mundial chamada Icann (**Internet Corporation for Assigned Names and Addresses** — *Corporação da Internet para Nomes e Endereços Designados*). Entretanto, a Icann normalmente não aloca endereços a organizações individuais. Ela atribui um grande bloco de endereços a um ISP. Cada ISP, por sua vez, divide seu bloco concedido em sub-blocos menores e concede os sub-blocos a seus clientes. Em outras palavras, um ISP recebe um grande bloco para ser distribuído a seus usuários de Internet. Isso é chamado **agregação de endereços**: muitos blocos de endereços são agregados em um único bloco e concedidos a um ISP.

Exemplo 19.10

Um ISP recebe um bloco de endereços iniciando em 190.100.0.0/16 (65.536 endereços). Esse ISP precisa distribuir esses endereços para três grupos de clientes, como segue:

a. O primeiro grupo apresenta 64 clientes; cada um deles precisa de 256 endereços.
b. O segundo grupo tem 128 clientes; cada um deles precisa de 128 endereços.
c. O terceiro grupo contém 128 clientes; cada um deles precisa de 64 endereços.

Projete os sub-blocos e descubra quantos endereços ainda estarão disponíveis após essas alocações.

Solução

A Figura 19.9 ilustra a situação.

Figura 19.9 *Exemplo de distribuição e alocação de endereços por um ISP*

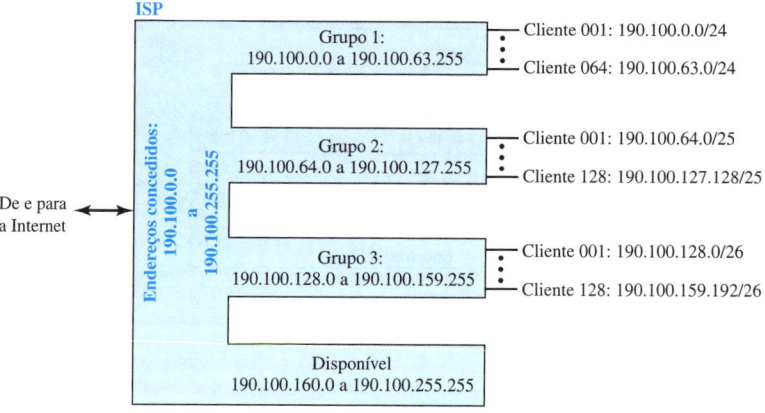

1. **Grupo 1**

    Para esse grupo, cada cliente precisa de 256 endereços. Isso significa que são necessários 8 bits ($\log_2 256$) para definir cada host. O comprimento do prefixo é, então, 32 − 8 = 24. Os endereços são

1.º Cliente:	190.100.0.0/24	190.100.0.255/24
2.º Cliente:	190.100.1.0/24	190.100.1.255/24
...		
64.º Cliente:	190.100.63.0/24	190.100.63.255/24
Total = 64 × 256 = 16.384		

2. **Grupo 2**

    Para esse grupo, cada cliente precisa de 128 endereços. Isso significa que são necessários 7 bits ($\log_2 128$) para definir cada host. O comprimento do prefixo é, então, 32 − 7 = 25. Os endereços são

1.º Cliente:	190.100.64.0/25	190.100.64.127/25
2.º Cliente:	190.100.64.128/25	190.100.64.255/25
...		
128º Cliente:	190.100.127.128/25	190.100.127.255/25
Total = 128 × 128 = 16.384		

3. **Grupo 3**

    Para esse grupo, cada cliente precisa de 64 endereços. Isso significa que são necessários 6 ($\log_2 64$) bits para cada host. O comprimento do prefixo é, então, 32 − 6 = 26. Os endereços são

1.º Cliente:	190.100.128.0/26	190.100.128.63/26
2.º Cliente:	190.100.128.64/26	190.100.128.127/26
...		
128.º Cliente:	190.100.159.192/26	190.100.159.255/26

Total = 128 × 64 = 8.192

Número de endereços concedidos para o ISP: 65.536

Número de endereços alocados pelo ISP: 40.960

Número de endereços disponíveis: 24.576

Tradução de Endereços de Rede (NAT)

O número de usuários domésticos e pequenas empresas que querem usar a Internet está sempre crescendo. No início, um usuário era conectado à Internet por meio de uma linha discada, o que significa que ela era conectada por um período específico. Um ISP com um bloco de endereços poderia alocar dinamicamente um endereço a esse usuário. Um endereço era alocado a um usuário quando era preciso. Entretanto, a situação agora é diferente. Os usuários domésticos e pequenas empresas podem ser conectados por uma linha ADSL ou um cable modem. Além disso, muitos não ficam satisfeitos com apenas um endereço; criaram pequenas redes com vários hosts e precisam de um endereço IP para cada host. Com a falta de endereços, isso se tornou um sério problema.

Uma solução rápida é a chamada **NAT** (*Network Address Translation* — **tradução de endereços de rede**). O NAT permite a um usuário ter internamente um grande conjunto de endereços e, externamente, um endereço ou então um pequeno conjunto de endereços. O tráfego interno pode usar o conjunto grande; já o tráfego externo, o conjunto pequeno.

Para separar os endereços usados internamente na residência ou empresa daqueles utilizados para a Internet, os provedores de Internet reservaram três conjuntos de endereços, denominados privados, mostrados na Tabela 19.3.

Tabela 19.3 *Endereços para redes privadas*

Intervalo			Total
10.0.0.0	a	10.255.255.255	2^{24}
172.16.0.0	a	172.31.255.255	2^{20}
192.168.0.0	a	192.168.255.255	2^{16}

Qualquer organização pode usar um endereço desse conjunto sem necessidade de permissão dos provedores de Internet. Todo mundo sabe que esses endereços reservados são para redes privadas. Eles são únicos dentro da empresa, mas não o são globalmente. Nenhum roteador encaminhará um pacote que tenha um deles como endereço de destino.

O site deve ter apenas uma única conexão para a Internet global por meio de um roteador que roda o software NAT. A Figura 19.10 descreve uma implementação simples do NAT.

Conforme ilustra a Figura 19.10, a rede privada usa endereços privados. O roteador que interliga a rede ao endereço global usa um endereço privado e um endereço global. A rede privada é transparente para o restante da Internet; o restante dela enxerga apenas o roteador NAT com o endereço 200.24.5.8.

Figura 19.10 *Uma implementação NAT*

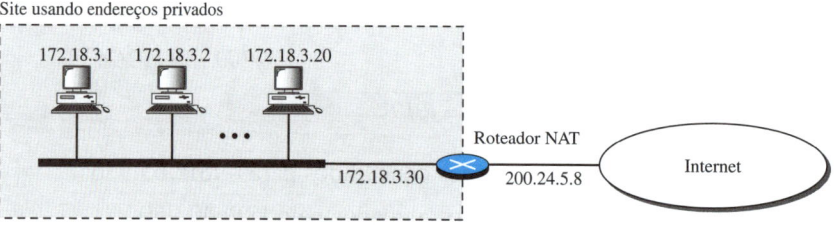

Tradução de Endereços

Todos os pacotes que saem passam pelo roteador NAT, que substitui o *endereço de origem* no pacote pelo endereço NAT global. Todos os pacotes que chegam também passam pelo roteador NAT, que substitui o *endereço de destino* no pacote (o endereço global do roteador NAT) pelo endereço privado correspondente. A Figura 19.11 traz um exemplo de tradução de endereços.

Figura 19.11 *Tradução de endereços (NAT)*

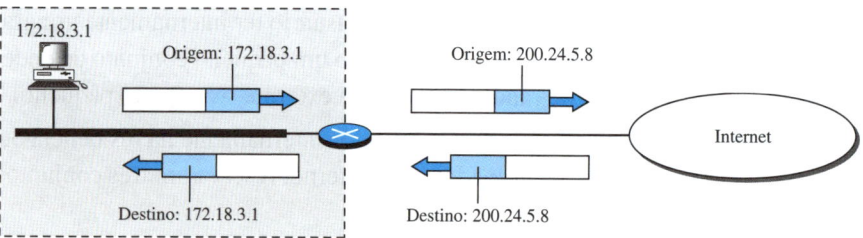

Tabela de Tradução

O leitor deve ter percebido que traduzir endereços de origem para pacotes que saem de um ponto é uma tarefa direta. Mas como um roteador NAT sabe o endereço de destino para um pacote proveniente da Internet? Podem existir dezenas ou centenas de endereços IP privados, cada um deles pertencente a um host específico. O problema é solucionado se o roteador NAT tiver uma tabela de tradução.

Uso de um Endereço IP Em sua forma mais simples, uma tabela de tradução apresenta apenas duas colunas: o endereço privado e o endereço externo (endereço de destino do pacote). Quando o roteador traduz o endereço de origem do pacote que sai, ele também anota o endereço de destino — para onde o pacote está indo. Quando a resposta vem do destino, o roteador usa o endereço de origem do pacote (como o endereço externo) para descobrir o endereço privado do pacote. A Figura 19.12 mostra o conceito. Note que os endereços que são modificados (traduzidos) são exibidos em cores.

Figura 19.12 *Tradução de endereços NAT*

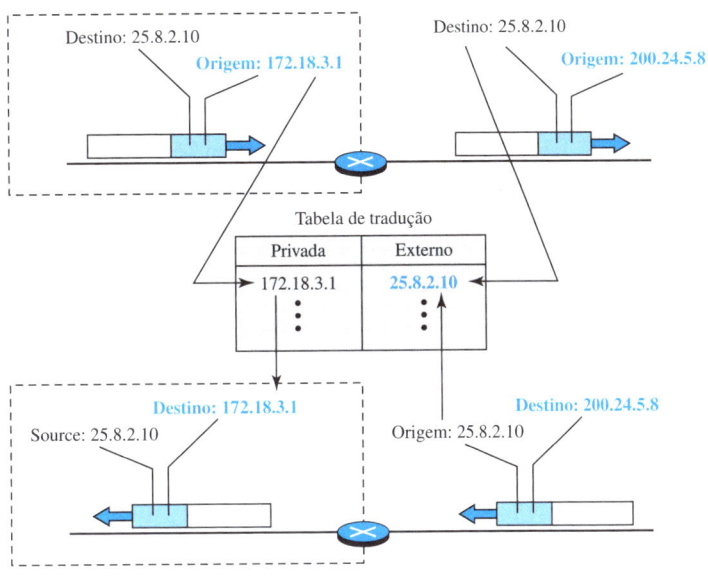

Nessa estratégia, a comunicação deve sempre ser iniciada pela rede privada. O mecanismo NAT descrito requer que a rede privada inicie a comunicação. Conforme veremos, o NAT é usado principalmente pelos ISPs que atribuem um único endereço a um cliente. O cliente, entretanto, pode ser membro de uma rede privada com vários endereços privados. Nesse caso, a comunicação com a Internet é sempre iniciada a partir do site do cliente, usando um programa-cliente como HTTP, Telnet ou FTP para acessar o programa correspondente no servidor. Por exemplo, quando um e-mail originário de um site não-cliente for recebido pelo servidor de e-mail do ISP, o e-mail é armazenado na caixa de entrada do cliente até ser lido. Uma rede privada não é capaz de rodar um programa de servidor para clientes fora de sua rede, caso ele esteja usando a tecnologia NAT.

Uso de um Pool de Endereços IP Já que o roteador NAT tem apenas um endereço global, apenas um host da rede privada poderá acessar o mesmo host externo. Para eliminar essa restrição, o roteador NAT usa um pool de endereços globais. Por exemplo, em vez de usar apenas um endereço global (200.24.5.8), o roteador NAT pode utilizar quatro endereços (200.24.5.8, 200.24.5.9, 200.24.5.10 e 200.24.5.11). Assim, quatro hosts da rede privada podem se comunicar com o mesmo host externo ao mesmo tempo, porque cada par de endereços definirá uma conexão. Entretanto, existem alguns inconvenientes. Nesse exemplo, podem ser feitas no máximo quatro conexões para o mesmo destino. Da mesma forma, nenhum host da rede privada pode acessar dois programas de servidor externo (por exemplo, HTTP e FTP) ao mesmo tempo.

Uso Simultâneo de Endereços IP e de Números de Portas Para possibilitar uma relação do tipo vários-para-vários entre hosts de redes privadas e programas de servidor externos, precisamos de mais informações na tabela de tradução. Suponha, por exemplo, que dois hosts com endereços 172.18.3.1 e 172.18.3.2 dentro de uma rede privada precisem acessar o servidor HTTP no host externo 25.8.3.2. Se a tabela de tradução tiver cinco colunas, em vez de duas, que inclui os números de porta de origem e de destino do protocolo da camada de transporte, a ambigüidade é eliminada. Discutiremos os números de portas no Capítulo 23. A Tabela 19.4 apresenta um exemplo de uma tabela destas.

Tabela 19.4 *Tabela de tradução de cinco colunas*

Endereço Privado	Porta Privada	Endereço Externo	Porta Externa	Protocolo de Transporte
172.18.3.1	1400	25.8.3.2	80	TCP
172.18.3.2	1401	25.8.3.2	80	TCP
...	...	...	...	...

Observe que, quando a resposta do HTTP retorna, a combinação de endereços de origem (25.8.3.2) e número de porta de destino (1400) define o host da rede privada para o qual a resposta deve ser encaminhada. Note também que, para essa tradução funcionar, os números de portas temporários (1400 e 1401) devem ser exclusivos.

NAT e ISP

Um ISP que atende clientes com linha discada pode usar a tecnologia NAT para conservar endereços. Suponha, por exemplo, que um ISP receba 1.000 endereços, mas tenha 100.000 clientes. É atribuído um endereço de rede privada a cada um dos clientes. O ISP traduz cada um dos 100.000 endereços de origem em pacotes que partem para um dos 1.000 endereços globais; ele traduz o endereço global de destino em pacotes que chegam para o endereço privado correspondente. A Figura 19.13 ilustra esse conceito.

Figura 19.13 *Um ISP e NAT*

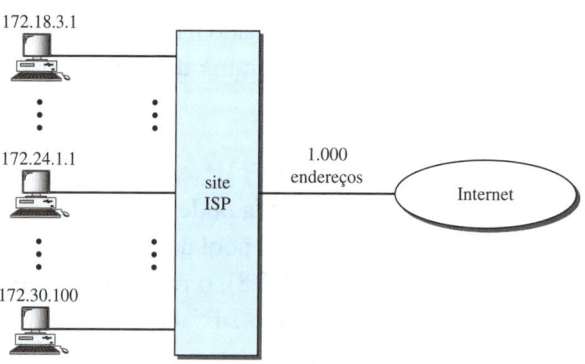

19.2 ENDEREÇOS IPv6

Apesar de todas as soluções de curto prazo, como endereçamento sem classes, DHCP (***Dynamic Host Configuration Protocol*** — **protocolo de configuração de host dinâmico**), discutido no Capítulo 21 e o NAT, o esgotamento de endereços ainda é um problema de longo prazo para a Internet. Esse e outros problemas no protocolo IP em si, como a falta de tratamento específico para transmissão de áudio e vídeo em tempo real e a criptografia e autenticação de dados para algumas aplicações, têm sido a motivação para o IPv6. Nesta seção, comparamos a estrutura de endereços do IPv6 com a do IPv4. No Capítulo 20, trataremos dos dois protocolos.

Estrutura

Um **endereço IPv6** é constituído de 16 bytes (octetos); ele tem 128 bits de comprimento.

Um endereço IPv6 tem 128 bits de comprimento.

Notação Hexadecimal com Dois-Pontos

Para tornar os endereços mais legíveis, o IPv6 especifica uma **notação hexadecimal com dois-pontos.** Nessa notação, 128 bits são divididos em oito seções, cada uma com 2 bytes de comprimento. Dois bytes em notação hexadecimal requerem quatro dígitos hexadecimais. Conseqüentemente, um endereço IPv6 é formado por 32 dígitos hexadecimais, no qual cada quatro dígitos são separados por dois-pontos (:), conforme ilustrado na Figura 19.14.

Figura 19.14 *Endereço IPv6 em notação binária e hexadecimal com dois-pontos*

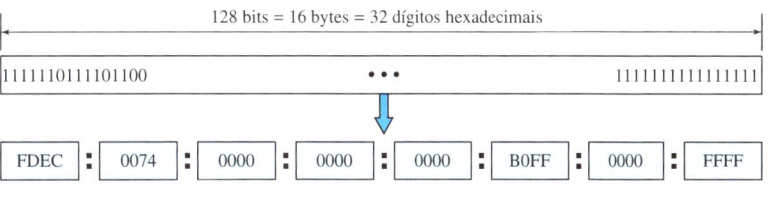

Abreviação

Embora o endereço IP, mesmo no formato hexadecimal, seja muito longo, muitos dos dígitos são zeros. Nesse caso, podemos abreviar o endereço. Os zeros não significativos de uma seção (quatro dígitos entre dois-pontos) podem ser omitidos. Apenas os zeros não significativos podem ser omitidos, e não os zeros significativos (veja a Figura 19.15).

Figura 19.15 *Endereços IPv6 na forma abreviada*

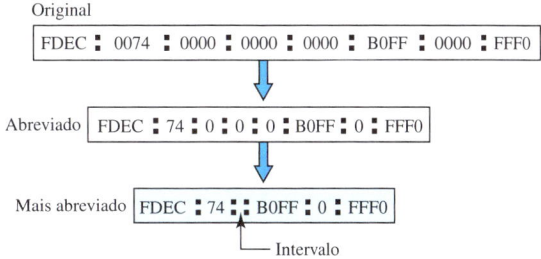

Usando-se essa forma de **abreviação,** 0074 pode ser escrito como 74, 000F como F e 0000 como 0. Observe que 3210 não pode ser abreviado. Outras formas de abreviações são possíveis se existirem seções consecutivas formadas somente por zeros. Podemos eliminar todos os zeros e substituí-los por um dois-pontos duplo. Note que esse tipo de abreviação é permitido apenas uma vez por endereço. Se existirem duas ocorrências de seções de zeros, apenas uma delas pode ser abreviada. A reexpansão do endereço abreviado é muito simples: devemos alinhar as partes não abreviadas e inserir zeros para obter o endereço original expandido.

Exemplo 19.11

Expanda o endereço 0:15::1:12:1213 para seu original.

Solução

Em primeiro lugar, precisamos alinhar o lado esquerdo dos dois-pontos com o lado esquerdo do padrão original e o lado direito dos dois-pontos com o direito do padrão original para descobrir quantos 0s precisamos a fim de substituir os dois-pontos.

```
xxxx:xxxx:xxxx:xxxx:xxxx:xxxx:xxxx:xxxx
  0:  15:                :   1:  12:1213
```

Isto significa que o endereço original é

```
0000:0015:0000:0000:0000:0001:0012:1213
```

Espaço de Endereços

O IPv6 tem um espaço de endereços muito maior; estão disponíveis 2^{128} endereços. Os projetistas do IPv6 dividiram o endereço em várias categorias. Alguns poucos bits mais à esquerda, o chamado *prefixo de tipo,* em cada endereço, definem sua categoria. O prefixo de tipo é variável em termos de comprimento, mas é projetado de tal forma que nenhum código seja idêntico à primeira parte de qualquer outro código. Dessa forma, não existe nenhuma ambigüidade; quando um endereço é dado, o prefixo de tipo pode ser determinado facilmente. A Tabela 19.5 exibe o prefixo para cada tipo de endereço. A terceira coluna mostra a fração de cada tipo de endereço relativo ao espaço de endereços inteiro.

Tabela 19.5 *Prefixos de tipos de endereços IPv6*

Tipo de Prefixo	Tipo	Fração
0000 0000	Reservado	1/256
0000 0001	Não atribuído	1/256
0000 001	Endereços NSAP	1/128
0000 010	Endereços IPX	1/128
0000 011	Não atribuído	1/128
0000 1	Não atribuído	1/32
0001	Reservado	1/16
001	Reservado	1/8
010	**Endereços unicast baseados em provedor**	**1/8**

Tabela 19.5 *Prefixos de tipos de endereços IPv6 (continuação)*

Tipo de Prefixo	Tipo	Fração
011	Não atribuído	1/8
100	Endereços unicast baseados geograficamente	1/8
101	Não atribuído	1/8
110	Não atribuído	1/8
1110	Não atribuído	1/16
1111 0	Não atribuído	1/32
1111 10	Não atribuído	1/64
1111 110	Não atribuído	1/128
1111 1110 0	Não atribuído	1/512
1111 1110 10	Endereços locais de links	1/1024
1111 1110 11	Endereços locais de sites	1/1024
1111 1111	Endereços multicast	1/256

Endereços Unicast

Um **endereço unicast** define um único computador. O pacote enviado a um endereço unicast deve ser entregue àquele computador específico. O IPv6 define dois tipos de endereços unicast: baseados geograficamente e em provedores. Discutiremos o segundo tipo aqui; o primeiro será deixado para uma definição futura. Os endereços baseados em provedores geralmente são usados por um host comum, como um endereço unicast. O formato do endereço é mostrado na Figura 19.16.

Figura 19.16 *Prefixos para endereços unicast que tomam como base os provedores*

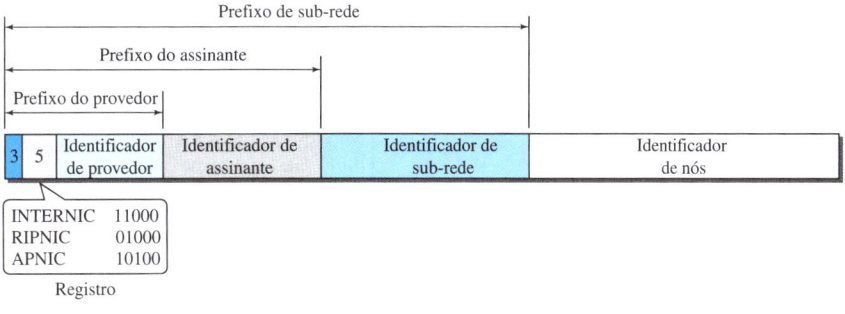

Os campos para endereços baseados em provedores são os seguintes:

- ❑ **Identificador de tipo.** Esse campo de 3 bits define o endereço como um endereço baseado em provedor.
- ❑ **Identificador de registro.** Este campo de 5 bits indica a agência que registrou o endereço. Atualmente, foram definidos três centros de registro. Internic (código 11000) é o centro para a América do Norte; Ripnic (código 01000) é o centro para registro na Europa; e Apnic (código 10100) destinado a países da Ásia e do Pacífico.

- **Identificador do provedor**. Esse campo de comprimento variável identifica o provedor de acesso à Internet (como um ISP). Recomenda-se um comprimento de 16 bits para esse campo.
- **Identificador do assinante**. Quando uma organização entra na Internet por meio de um provedor, lhe é atribuída uma identificação de assinante. Recomenda-se um comprimento de 24 bits para esse campo.
- **Identificador da sub-rede**. Cada assinante pode ter várias sub-redes diferentes e cada sub-rede pode ter um identificador. O identificador da sub-rede define uma sub-rede específica dentro do território do assinante. Recomenda-se um comprimento de 32 bits para esse campo.
- **Identificador do nó**. O último campo define a identidade do nó conectado a uma sub-rede. Recomenda-se um comprimento de 48 bits para esse campo para torná-lo compatível com o endereço de link (físico) de 48 bits usado pela Ethernet. No futuro, esse endereço de link provavelmente será o mesmo que o endereço físico do nó.

Endereços Multicast

São usados para definir um grupo de hosts em vez de apenas um. Um pacote enviado para um **endereço multicast** tem de ser entregue a cada membro do grupo. A Figura 19.17 ilustra o formato de um endereço multicast.

O segundo campo é um flag que define o endereço do grupo, seja ele permanente ou transitório. Um endereço de grupo permanente é definido pelos provedores de Internet e pode ser acessado a qualquer momento. Por outro lado, um endereço de grupo transitório é usado apenas temporariamente. Sistemas engajados em uma teleconferência, por exemplo, poderiam usar um endereço de grupo transitório. O terceiro campo define o escopo do endereço de grupo. Muitos escopos diferentes foram definidos, como mostra a Figura 19.17.

Figura 19.17 *Endereço multicast no IPv6*

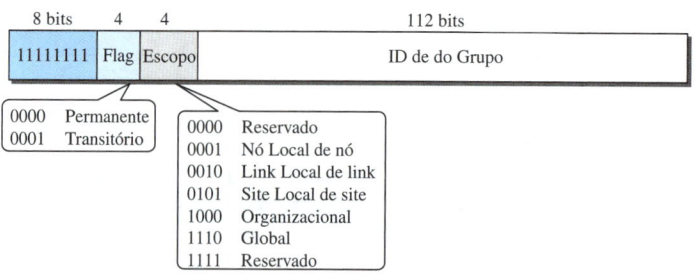

Endereços Anycast

O IPv6 também define endereços anycast. Um **endereço anycast**, assim como um endereço multicast, também define um grupo de nós. Entretanto, um pacote destinado a um endereço anycast é entregue apenas a um dos membros do grupo anycast, o mais próximo (aquele com a rota mais curta). Embora a definição de endereço anycast ainda seja discutível, um possível uso seria alocar um endereço anycast a todos os roteadores de um ISP que cobrem uma grande área lógica na Internet. Os roteadores fora do ISP entregam um pacote destinado ao ISP para o roteador do ISP mais próximo. Nenhum bloco é atribuído a endereços anycast.

Endereços Reservados

Outra categoria no espaço de endereços é o **endereço reservado**. Esses endereços começam com oito 0s (o prefixo de tipo é 0000 0000). Algumas poucas subcategorias são definidas nessa categoria, conforme ilustrado na Figura 19.18.

Figura 19.18 *Endereços reservados no IPv6*

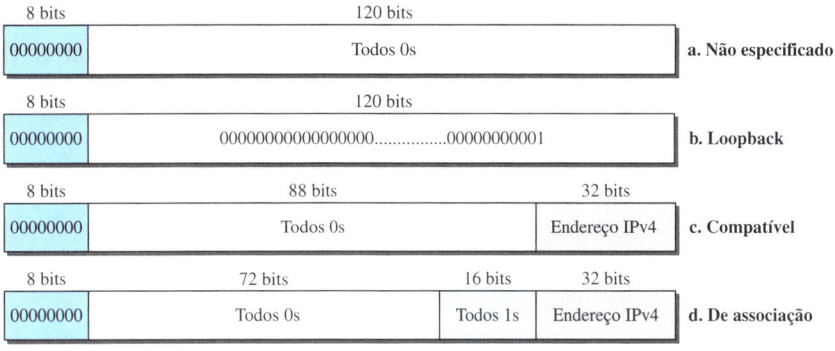

Um **endereço não especificado** é usado quando um host não conhece seu próprio endereço e envia uma solicitação para descobri-lo. O **endereço de loopback** é usado por um host para autodiagnóstico sem sair para a rede. Um **endereço compatível** é utilizado durante a transição do IPv4 para o IPv6 (veja o Capítulo 20). Ele é empregado quando um computador utilizando IPv6 quiser enviar uma mensagem a outro computador utilizando IPv6, mas a mensagem precisa passar por uma parte da rede que ainda está operando em IPv4. Um **endereço de associação** também é usado durante essa transição. Entretanto, ele é utilizado quando um computador que migrou para o IPv6 quiser enviar um pacote a um computador que ainda está usando o IPv4.

Endereços Locais

Esses endereços são usados quando uma organização quer utilizar o protocolo IPv6 sem estar conectada à Internet global. Em outras palavras, eles fornecem endereçamento para redes privadas. Ninguém fora da organização poderá enviar uma mensagem aos nós usando esses endereços. São definidos dois tipos de endereços para essa finalidade, como mostado na Figura 19.19.

Figura 19.19 *Endereços locais no IPv6*

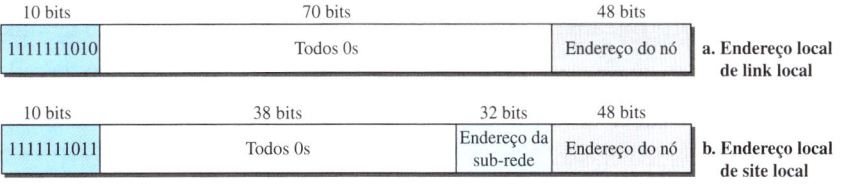

Um **endereço de link local** é usado em uma sub-rede isolada; um **endereço de site local** é utilizado em um site isolado com várias sub-redes.

19.3 LEITURA RECOMENDADA

Para mais detalhes sobre os assuntos discutidos no presente capítulo, recomendamos os seguintes livros e sites. Os itens entre colchetes [. . .] referem-se à lista de referências bibliográficas no final do texto.

Livros

Os endereços IPv4 são discutidos nos Capítulos 4 e 5 de [For06], Capítulo 3 de [Ste94], Seção 4.1 de [PD03], Capítulo 18 de [Sta04] e Seção 5.6 de [Tan03]. Os endereços IPv6 são tratados na Seção 27.1 de [For06] e Capítulo 8 de [Los04]. Uma excelente discussão sobre o NAT pode ser encontrada em [Dut01].

Sites

❑ www.ietf.org/rfc.html   Informações sobre RFCs

RFCs

Uma discussão sobre endereços IPv4 pode ser encontrada na maioria das RFCs relativas ao protocolo IPv4:

> 760, 781, 791, 815, 1025, 1063, 1071, 1141, 1190, 1191, 1624, 2113

Uma discussão sobre endereços IPv6 pode ser encontrada na maioria das RFCs relativas ao protocolo IPv6:

> 1365, 1550, 1678, 1680, 1682, 1683, 1686, 1688, 1726, 1752, 1826, 1883, 1884, 1886, 1887, 1955, 2080, 2373, 2452, 2463, 2465, 2466, 2472, 2492, 2545, 2590

Uma discussão sobre o NAT pode ser encontrada em

> 1361, 2663, 2694

19.4 TERMOS-CHAVE

agregação de endereços	endereço de agregação
CIDR (roteamento interdomínios sem classes)	endereço de link local
endereço anycast	endereço de rede
endereço classe A	endereço de site local
endereço classe B	endereço IP
endereço classe C	endereço IPv4
endereço classe D	endereço IPv6
endereço classe E	endereço multicast
endereço compatível	endereço não especificado

endereço reservado	netid
endereço unicast	notação binária
endereçamento com classes	notação decimal pontuada
endereçamento sem classes	notação hexadecimal com dois-pontos
espaço de endereços	prefixo
hostid	sub-redes
máscara	sufixo
máscara de sub-rede	super-rede
máscara de super-rede	uso de sub-redes
máscara-padrão	uso de super-redes
NAT (tradução de endereços de rede)	

19.5 RESUMO

❏ Na camada de rede, é necessário um sistema de identificação global que identifica de forma exclusiva todos os hosts e roteadores para a entrega de um pacote de host para host.

❏ Um endereço IPv4 tem 32 bits de comprimento e define de forma única e universal um host ou roteador na Internet.

❏ No endereçamento com classes, a parte do endereço IP que identifica a rede é chamada netid.

❏ No endereçamento com classes, a parte do endereço IP que identifica o host ou roteador na rede é denominada hostid.

❏ Um endereço IP define a conexão de um dispositivo com uma rede.

❏ Existem cinco classes de endereços IPv4. As classes A, B e C diferem no número de hosts permitidos por rede. A classe D se destina a multicast e a classe E é reservada.

❏ A classe de um endereço é facilmente determinada pelo exame do primeiro byte.

❏ Os endereços nas classes A, B ou C são usados, principalmente, para comunicação unicast.

❏ Os endereços da classe D são usados para comunicação multicast.

❏ O processo de sub-redes divide uma grande rede em várias redes menores, acrescentando um nível de hierarquia intermediário ao endereçamento IP.

❏ O processo de super-redes combina várias redes em uma única grande rede.

❏ No endereçamento sem classes, podemos dividir o espaço de endereços em blocos de comprimento variável.

❏ Existem três restrições no endereçamento sem classes:

   a. O número de endereços precisa ser uma potência de 2.

   b. A máscara precisa ser inclusa no endereço para definir o bloco.

   c. O endereço inicial tem de ser divisível pelo número de endereços do bloco.

❏ A máscara no endereçamento sem classes, notação CIDR, é expressa como o comprimento do prefixo (/n).

❏ Para encontrar o primeiro endereço de um bloco, configuramos em 0 os $32 - n$ bits mais à direita.

- Para encontrar o número de endereços de um bloco, calculamos 2^{32-n}, em que n é o comprimento do prefixo.
- Para encontrar o último endereço de um bloco, configuramos em 0 os $32 - n$ bits mais à direita.
- A divisão em sub-redes aumenta o valor de *n*.
- A autoridade mundial para alocação de endereços é a Icann. A Icann normalmente concede grandes blocos de endereços a ISPs que, por sua vez, concedem pequenos sub-blocos a clientes individuais.
- Os endereços IPv6 usam notação hexadecimal com dois-pontos (:) empregando os métodos de abreviação disponíveis.
- Existem três tipos de endereços no IPv6: unicast, anycast e multicast.
- Em um endereço IPv6, o campo de prefixo de tipo variável define o propósito ou o tipo de um endereço.

19.6 ATIVIDADES PRÁTICAS

Questões para Revisão

1. Qual é o número de bits de um endereço IPv4? Qual é o número de bits de um endereço IPv6?
2. Qual o significado de notação decimal pontuada no endereçamento IPv4? Qual é o número de bytes em um endereço IPv4 representado em notação decimal pontuada? O que representa a notação hexadecimal no endereçamento IPv6? Qual é o número de dígitos em um endereço IPv6 representado em notação hexadecimal?
3. Quais as diferenças entre endereçamento com classes e endereçamento sem classes no IPv4?
4. Cite as classes no endereçamento com classes e defina a aplicação de cada uma delas (unicast, multicast, broadcast ou reservada).
5. Explique por que a maioria dos endereços na classe A é desperdiçada. Explique por que uma empresa de médio ou grande porte não quer um bloco de endereços classe C.
6. Qual é o significado da máscara no endereçamento IPv4? O que é uma máscara-padrão no endereçamento IPv4?
7. O que representa o endereço de rede em um bloco de endereços? Como podemos descobrir o endereço de rede se um dos endereços de um bloco for dado?
8. Defina sucintamente o uso de sub-redes e de super-redes. Como a máscara de sub-rede e a máscara de super-rede diferem de uma máscara-padrão no endereçamento com classes?
9. Como podemos distinguir um endereço multicast no endereçamento IPv4? Como podemos fazer o mesmo no endereçamento IPv6?
10. O que é NAT? Como o NAT pode ajudar em abrandar o problema de esgotamento de endereços?

Exercícios

11. Qual é o espaço de endereços em cada um dos sistemas a seguir?
    a. Um sistema com endereços de 8 bits
    b. Um sistema com endereços de 16 bits
    c. Um sistema com endereços de 64 bits

12. Um espaço de endereços tem um total de 1.024 endereços. Quantos bits são necessários para representar um endereço?

13. Um espaço de endereços usa três símbolos (0, 1 e 2) para representar seus endereços. Se cada endereço for composto de dez símbolos, quantos endereços ficam disponíveis nesse sistema?

14. Converta os endereços IP a seguir, passando-os da notação decimal pontuada para a notação binária.

    a. 114.34.2.8

    b. 129.14.6.8

    c. 208.34.54.12

    d. 238.34.2.1

15. Converta os endereços IP a seguir, passando-os da notação binária para a notação decimal pontuada.

    a. 01111111 11110000 01100111 01111101

    b. 10101111 11000000 11111000 00011101

    c. 11011111 10110000 00011111 01011101

    d. 11101111 11110111 11000111 00011101

16. Descubra a classe dos seguintes endereços IP.

    a. 208.34.54.12

    b. 238.34.2.1

    c. 114.34.2.8

    d. 129.14.6.8

17. Descubra a classe dos seguintes endereços IP.

    a. 11110111 11110011 10000111 11011101

    b. 10101111 11000000 11110000 00011101

    c. 11011111 10110000 00011111 01011101

    d. 11101111 11110111 11000111 00011101

18. Descubra o netid e o hostid dos seguintes endereços IP.

    a. 114.34.2.8

    b. 132.56.8.6

    c. 208.34.54.12

19. Em um bloco de endereços, sabemos que o endereço IP de um host é 25.34.12.56/16. Quais são o primeiro (endereço de rede) e o último (endereço de broadcast) nesse bloco?

20. Em um bloco de endereços, sabemos que o endereço IP de um host é 182.44.82.16/26. Quais são o primeiro (endereço de rede) e o último endereço nesse bloco?

21. Uma organização recebe o bloco 16.0.0.0/8. O administrador quer criar 500 sub-redes de comprimento fixo.

    a. Encontre a máscara de sub-rede.

    b. Encontre o número de endereços em cada sub-rede.

    c. Encontre o primeiro e o último endereços na sub-rede 1.

    d. Encontre o primeiro e o último endereços na sub-rede 500.

22. Uma organização recebe o bloco 130.56.0.0/16. O administrador quer criar 1.024 sub-redes.

    a. Encontre a máscara de sub-rede.
    b. Encontre o número de endereços em cada sub-rede.
    c. Encontre o primeiro e o último endereços na sub-rede 1.
    d. Encontre o primeiro e o último endereços na sub-rede 1024.

23. Uma organização recebe o bloco 211.17.180.0/24. O administrador quer criar 32 sub-redes.

    a. Encontre a máscara de sub-rede.
    b. Encontre o número de endereços em cada sub-rede.
    c. Encontre o primeiro e o último endereços na sub-rede 1.
    d. Encontre o primeiro e o último endereços na sub-rede 32.

24. Escreva as seguintes máscaras em notação barra (/n).

    a. 255.255.255.0
    b. 255.0.0.0
    c. 255.255.224.0
    d. 255.255.240.0

25. Encontre o intervalo de endereços para os seguintes blocos.

    a. 123.56.77.32/29
    b. 200.17.21.128/27
    c. 17.34.16.0/23
    d. 180.34.64.64/30

26. É concedido a um ISP um bloco de endereços iniciando em 150.80.0.0/16. O ISP quer distribuir esses blocos a 2.600 clientes como segue:

    a. O primeiro grupo tem 200 empresas de médio porte; cada uma delas precisa de 128 endereços.
    b. O segundo grupo tem 400 pequenas empresas; cada uma delas precisa de 16 endereços.
    c. O terceiro grupo tem 2.000 residências; cada uma delas precisa de quatro endereços.

    Projete os sub-blocos e use a notação / para cada sub-bloco. Descubra quantos endereços ainda estão disponíveis após essas alocações.

27. Um ISP recebe um bloco de endereços iniciando em 120.60.4.0/22. O ISP quer distribuir estes blocos a cem organizações, cada uma delas recebendo apenas oito endereços. Projete os sub-blocos e use a notação / para cada sub-bloco. Descubra quantos endereços ainda se encontram disponíveis após essas alocações.

28. Um ISP tem um bloco de 1024 endereços. Ele precisa distribuir os endereços entre 1.024 clientes. Ele deve usar sub-redes? Justifique sua resposta.

29. Mostre a forma abreviada para os seguintes endereços.

    a. 2340:1ABC:119A:A000:0000:0000:0000:0000
    b. 0000:00AA:0000:0000:0000:0000:119A:A231
    c. 2340:0000:0000:0000:0000:119A:A001:0000
    d. 0000:0000:0000:2340:0000:0000:0000:0000

30. Mostre a forma original (não abreviada) dos seguintes endereços.

a. 0::0
b. 0:AA::0
c. 0:1234::3
d. 123::1:2

31. Qual é o tipo de cada um dos seguintes endereços?
    a. FE80::12
    b. FEC0::24A2
    c. FF02::0
    d. 0::01

32. Qual é o tipo de cada um dos seguintes endereços?
    a. 0::0
    b. 0::FFFF:0:0
    c. 582F:1234::2222
    d. 4821::14:22
    e. 54EF::A234:2

33. Mostre o prefixo de provedor (em notação hexadecimal com dois-pontos) de um endereço atribuído a um assinante se ele é registrado nos Estados Unidos com ABC1 como identificação de provedor.

34. Exiba em notação hexadecimal com dois-pontos o endereço IPv6
    a. Compatível com o endereço IPv4 129.6.12.34.
    b. Associado ao endereço IPv4 129.6.12.34.

35. Exiba em notação hexadecimal com dois-pontos
    a. O endereço de link local no qual o identificador de nó é 0::123/48.
    b. O endereço de site local no qual o identificador de nó é 0::123/48.

36. Exiba em notação hexadecimal com dois-pontos o endereço de multicast permanente usado em um ambiente de link local.

37. Um host tem o endereço 581E:1456:2314:ABCD::1211. Se a identificação do nó for de 48 bits, descubra o endereço da sub-rede ao qual o host está conectado.

38. Um site com 200 sub-redes tem o endereço de classe B 132.45.0.0. O site migrou recentemente para o IPv6 com o prefixo de assinante 581E:1456:2314::ABCD/80. Projete as sub-redes e defina os endereços de sub-rede, usando um identificador de sub-rede de 32 bits.

Atividades para Pesquisa

39. Encontre o bloco de endereços atribuído à sua empresa ou instituição.

40. Se você estiver usando um ISP para conectar seu computador doméstico à Internet, descubra o nome do seu ISP e o bloco de endereços a ele atribuído.

41. Algumas pessoas argumentam que podemos considerar o espaço inteiro de endereços como um único bloco no qual cada intervalo de endereços é um sub-bloco em relação a esse único bloco. Trabalhe esse conceito. O que aconteceria à divisão em sub-redes se aceitássemos esse conceito?

42. Sua escola ou empresa está usando endereço com classes? Em caso positivo, descubra a classe do endereço.

CAPÍTULO 20

Camada de Rede: IP

No modelo Internet, o principal protocolo de rede é o **Internet Protocol (IP)**. Neste capítulo, discutiremos primeiro o internetworking e questões relativas ao protocolo de camada de rede em geral.

Em seguida, falaremos sobre a versão atual do Internet Protocol, versão 4 ou IPv4. Isso nos leva à próxima geração desse protocolo, o IPv6, que pode se tornar o protocolo predominante no futuro próximo.

Finalmente, trataremos das estratégias de transição do IPv4 para o IPv6. Alguns leitores poderão perceber a ausência do IPv5, que é um protocolo experimental, embasado em grande parte no modelo OSI, que jamais se concretizou.

20.1 INTERNETWORKING

As camadas física e de enlace de dados de uma rede operam localmente. Juntas, essas duas camadas são responsáveis pela entrega de dados na rede de um nó para o seguinte, como mostrado na Figura 20.1.

Essa internetwork é composta por cinco redes: quatro LANs e uma WAN. Se o host A precisar enviar um pacote de dados para o host D, o pacote precisa ir primeiro de A a R1 (um switch ou roteador), em seguida, de R1 a R3 e, finalmente, de R3 para o host D. Dizemos que o pacote de dados passa por três links. Em cada link estão envolvidas duas interfaces de camadas físicas e duas camadas de enlace de dados.

Entretanto, existe um grande problema nesse caso. Quando os dados chegam na interface f1 de R1, como R1 fica sabendo que a interface f3 é a interface de saída? Não há nenhuma informação na camada de enlace de dados (ou na camada física) para auxiliar R1 a tomar a decisão correta. O frame também não transporta qualquer informação de roteamento. O frame contém o endereço MAC de A como origem e o endereço MAC de R1 como destino. Para uma LAN ou WAN, entregar significa transportar o frame por meio de um link e não além disso.

Necessidade da Camada de Rede

Para solucionar o problema de entrega por intermédio de vários links, foi desenvolvida a camada de rede (ou camada internetwork, como é denominada algumas vezes). A camada de rede é responsável pela entrega host-host e por encaminhar os pacotes pelos roteadores ou switches. A Figura 20.2 mostra a mesma internetwork com uma camada de rede acrescentada.

Figura 20.1 *Links entre dois hosts*

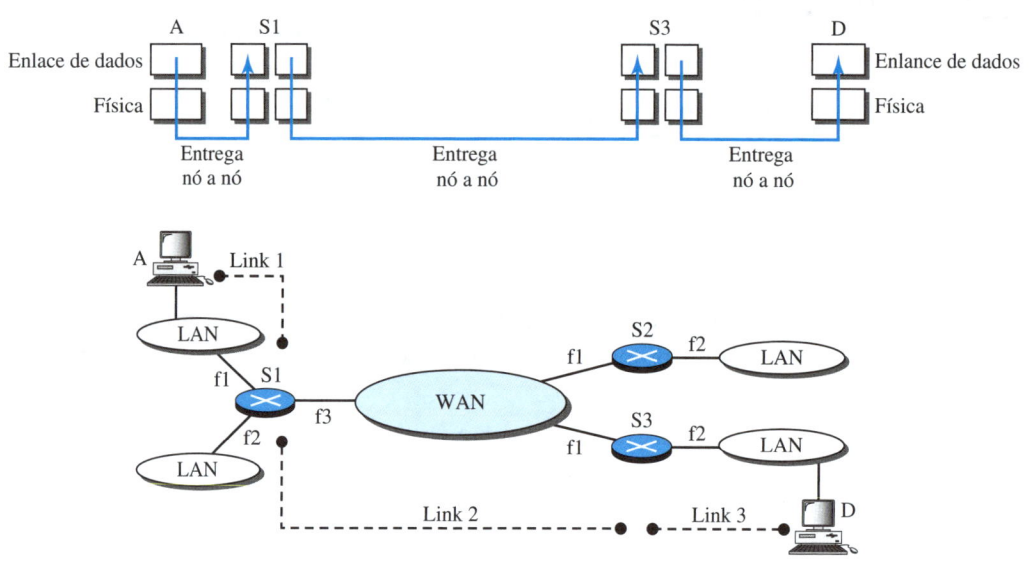

Figura 20.2 *Camada de rede numa internetwork*

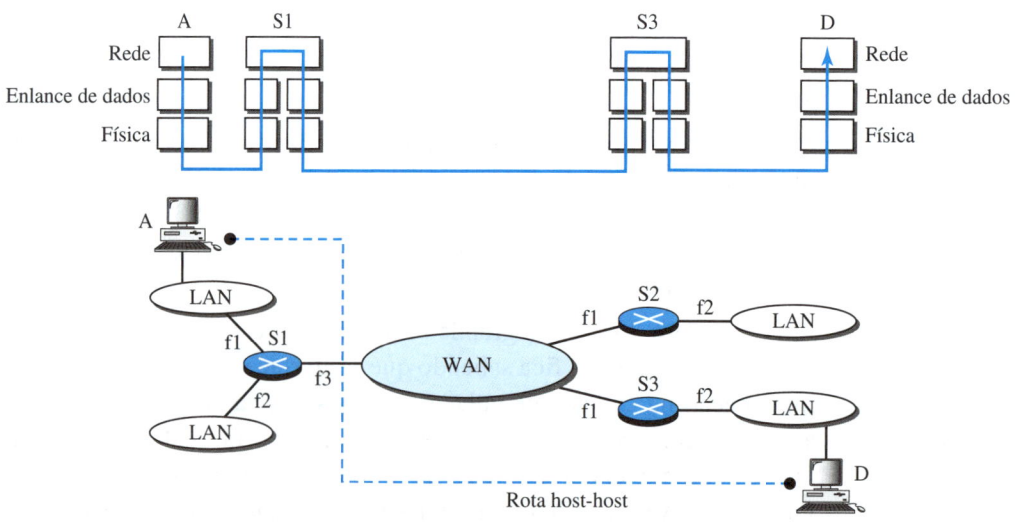

A Figura 20.3 ilustra o conceito geral do funcionamento da camada de rede atuando na origem, em um roteador e no destino. A camada de rede na origem é responsável pela criação de um pacote com dados provenientes de outro protocolo (como um protocolo de camada de transporte ou de um protocolo de roteamento). O cabeçalho do pacote contém, entre outras informações, os endereços lógicos da origem e do destino. A camada de rede é responsável por consultar sua tabela de rotas para encontrar informações de roteamento (como a interface de saída do pacote ou o endereço físico do nó seguinte). Se o pacote for muito grande, ele será fragmentado (a fragmentação será discutida posteriormente neste capítulo).

Figura 20.3 *Camada de rede na origem, roteador e destino*

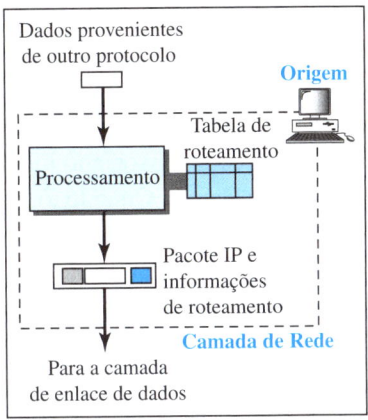
a. Camada de rede na origem

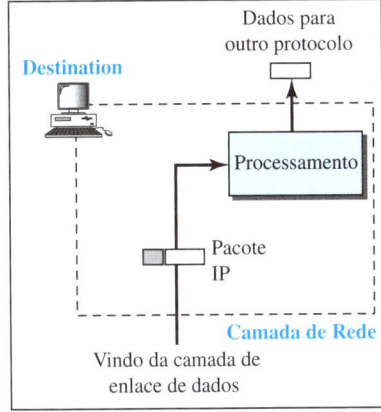
b. Camada de rede no destino

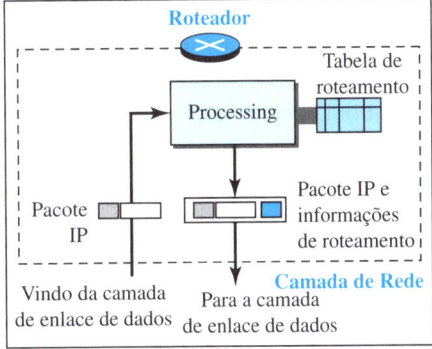
c. Camada de rede em num roteador

A camada de rede no switch ou roteador é responsável por encaminhar o pacote. Quando um pacote chega, o roteador ou switch consulta sua tabela de roteamento e descobre a interface a partir da qual o pacote tem de ser enviado. O pacote, após algumas alterações no cabeçalho, junto com as informações de roteamento, é passado novamente à camada de enlace de dados.

A camada de rede no destino é responsável pela verificação de endereços; ela se certifica que o endereço de destino do pacote é o mesmo que o endereço do host. Se o pacote for um fragmento, a camada de rede espera até que todos os fragmentos tenham chegado e então os remonta e entrega o pacote remontado para a camada de transporte.

Internet como uma Rede de Datagramas

A Internet, na camada de rede, é uma rede de comutação de pacotes. Vimos isso no Capítulo 8. Dizemos que, em geral, a comutação pode ser dividida em três grandes categorias: comutação de circuitos, comutação de pacotes e comutação de mensagens. A comutação de pacotes pode usar tanto o método de circuitos virtuais como o de datagramas.

A Internet optou pelo método de datagramas para a comutação na camada de rede. Ela usa os endereços universais definidos na camada de rede para direcionar pacotes, da origem ao destino.

A comutação na camada de rede na Internet usa a abordagem de datagramas para a comutação de pacotes.

Internet como uma Rede sem Conexão

A entrega de um pacote pode ser realizada usando-se um serviço de rede orientado a conexões ou um sem conexão. Em um **serviço orientado a conexões,** a origem estabelece primeiro uma conexão com o destino antes de iniciar o envio de um pacote. Quando a conexão é estabelecida, uma seqüência de pacotes de uma mesma origem para um mesmo destino podem ser enviados um após o outro. Nesse caso, existe uma relação direta entre os pacotes. São enviados por uma mesma rota e em ordem seqüencial. Um pacote é associado logicamente ao pacote que está trafegando antes dele e ao que está trafegando depois. Quando todos os pacotes de uma mensagem tiverem sido entregues, a conexão é encerrada.

Em um protocolo orientado a conexões, a decisão sobre a rota de uma seqüência de pacotes de iguais origem e endereço de destino é realizada apenas uma vez, quando a conexão é estabelecida. Os roteadores não recalculam a rota para cada pacote individual. Esse tipo de serviço é usado em uma metodologia de circuitos virtuais para a comutação de pacotes, como no Frame Relay e ATM.

No **serviço sem conexão,** o protocolo de camada de rede trata cada pacote de forma independente, em que cada pacote não apresenta nenhuma relação com qualquer outro pacote. Os pacotes em uma mensagem podem ou não trafegar pela mesma rota até seu destino. Esse tipo de serviço é usado na abordagem de datagramas para a comutação de pacotes. A Internet optou por esse tipo de serviço na camada de rede.

A razão para tal decisão é que a Internet é composta por tantas redes heterogêneas interligadas que é praticamente impossível criar uma conexão desde a origem até o destino sem conhecer previamente a natureza das redes.

A comunicação na camada de rede, na Internet, é sem conexão.

20.2 IPv4

O **IPv4 (Internet Protocol versão 4)** é o mecanismo de entrega usado pelos protocolos TCP/IP. A Figura 20.4 mostra a posição do IPv4 no conjunto de protocolos.

Figura 20.4 *Posição do IPv4 no conjunto de protocolos TCP/IP*

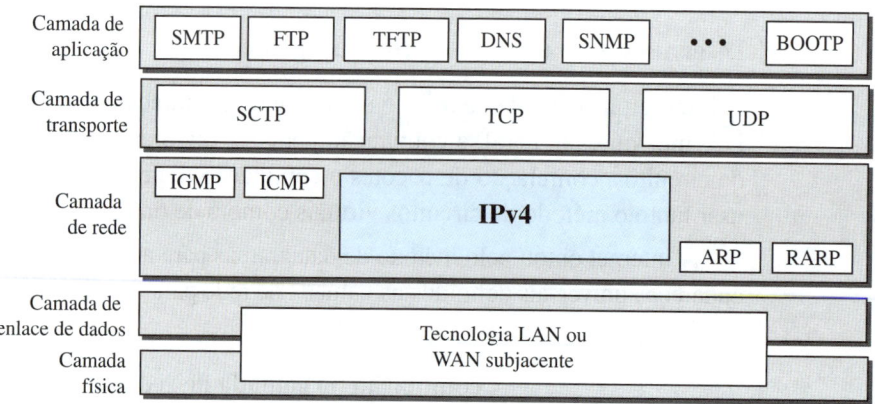

O IPv4 é um protocolo de datagramas sem conexão e não confiável — um **serviço de entrega best-effort**. O termo *best-effort* significa que o IPv4 não provê mecanismos de controle de erros ou de fluxo (exceto a detecção de erros no cabeçalho). O IPv4 pressupõe a falta de confiabilidade das camadas inferiores e faz o máximo para levar a transmissão até seu destino, mas sem garantias.

Se a confiabilidade for importante, o IPv4 deve ser usado em conjunto com um protocolo confiável de transporte como o TCP. Um exemplo de serviço de entrega best-effort comumente conhecido é o correio tradicional. O correio faz o máximo para entregar as correspondências, mas nem sempre é bem-sucedido. Se uma carta não registrada for perdida, fica a cargo do remetente ou do pretenso receptor descobrir o paradeiro dela e retificar o problema. O correio não acompanha todas as cartas e não notifica o remetente sobre eventuais perdas ou danos.

O IPv4 também é um protocolo sem conexão para redes de comutação de pacotes que usam a abordagem de datagramas (ver o Capítulo 8). Isso significa que cada datagrama é tratado de forma independente e que cada datagrama pode seguir uma rota diferente até seu destino. Isso implica uma situação na qual datagramas enviados por uma mesma origem a um mesmo destino podem chegar fora de ordem. Da mesma forma, alguns deles poderiam ser perdidos ou corrompidos durante a transmissão. Repetindo, o IPv4 depende de um protocolo de nível superior para tratar todos esses problemas.

Datagrama

Os pacotes na camada IPv4 são denominados **datagramas.** A Figura 20.5 mostra o formato de um datagrama do IPv4.

Figura 20.5 *Formato do datagrama no IPv4*

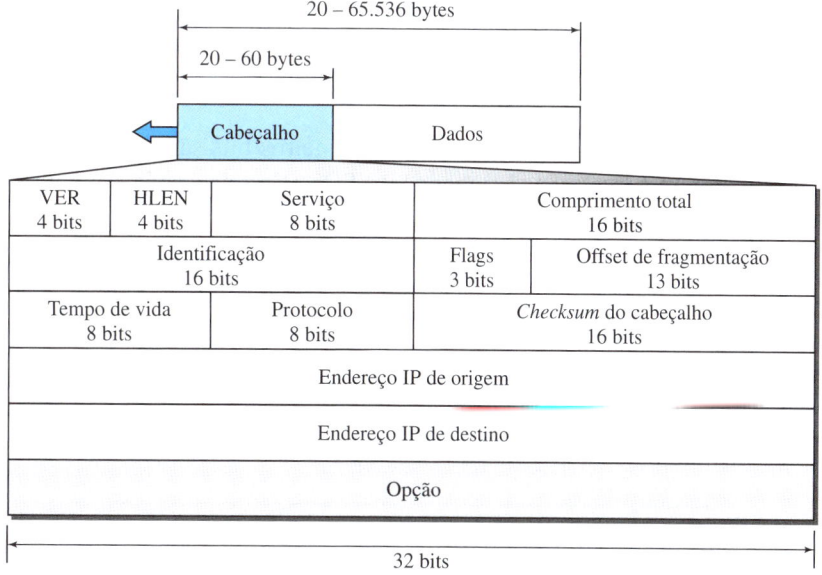

Um datagrama é um pacote de comprimento variável constituído de duas partes: cabeçalho e dados. O cabeçalho tem comprimento de 20 a 60 bytes e contém informações essenciais para o roteamento e a entrega. É comum no TCP/IP apresentar o cabeçalho em seções de 4 bytes. Uma breve descrição de cada campo se faz necessária.

- **Versão (VER)**. Esse campo de 4 bits define a versão do protocolo IPv4. Atualmente, a versão é 4. Entretanto, a versão 6 (ou IPng) poderá substituir completamente a versão 4 no futuro. Esse campo informa ao software IPv4 rodando na máquina em processamento que o datagrama tem o formato da versão 4. Todos os campos devem ser interpretados conforme especificado na quarta versão do protocolo. Se a máquina estiver usando alguma outra versão do IPv4, o datagrama é descartado em vez de ser interpretado incorretamente.

- **Comprimento do cabeçalho (HLEN)**. Esse campo de 4 bits define o comprimento total do cabeçalho do datagrama em palavras de 4 bytes. Este campo é necessário porque o comprimento do cabeçalho é variável (entre 20 a 60 bytes). Quando não existirem opções, o comprimento do cabeçalho é de 20 bytes e o valor desse campo é 5 (5 × 4 = 20). Quando o campo de opções se encontrar em seu tamanho máximo, seu valor é 15 (15 × 4 = 60).

- **Serviços**. O IETF mudou a interpretação e o nome deste campo de 8 bits. Esse campo, anteriormente denominação **tipo de serviço**, agora se chama **serviços diferenciados**. Mostramos ambas as interpretações na Figura 20.6.

Figura 20.6 *Tipo de serviço ou serviços diferenciados*

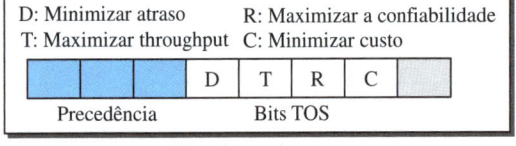
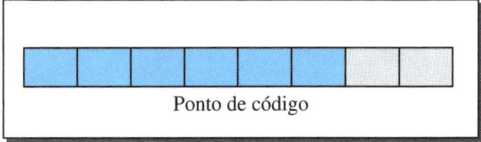

1. Tipo de Serviço

Nesta interpretação, os três primeiros bits são denominados bits de precedência. Os 4 bits seguintes são chamados bits **TOS (tipo de serviço)** e o último bit não é usado.

a. **Precedência** é um subcampo de três bits no intervalo que vai de 0 (000 em binário) a 7 (111 em binário). A precedência define a prioridade do datagrama em questões como congestionamento. Se um roteador estiver congestionado e precisar descartar alguns datagramas, aqueles de menor precedência serão descartados primeiro. Alguns datagramas na Internet são mais importantes que outros. Por exemplo, um datagrama usado para administração da rede é muito mais urgente e importante que um datagrama contendo informações opcionais para um grupo.

O subcampo de precedência fazia parte da versão 4, mas jamais foi usado.

b. **Bits TOS** é um subcampo de 4 bits, cada bit tendo um significado especial. Embora um bit possa ser 0 ou 1, um e somente um dos bits do subcampo pode ter o valor 1 em cada datagrama. Os padrões de bits e suas interpretações são apresentados na Tabela 20.1. Com apenas 1 bit ativo por vez, podemos ter até cinco tipos diferentes de serviço.

Tabela 20.1 *Tipos de serviço*

Bits TOS	Descrição
0000	Normal (padrão)
0001	Minimizar custo
0010	Maximizar confiabilidade
0100	Maximizar throughput
1000	Minimizar atraso

Os programas aplicativos podem solicitar um tipo de serviço específico. Os padrões para algumas aplicações são mostrados na Tabela 20.2.

Tabela 20.2 *Tipos de serviço padrão*

Protocolo	Bits TOS	Descrição
ICMP	0000	Normal
BOOTP	0000	Normal
NNTP	0001	Minimizar custo
IGP	0010	Maximizar confiabilidade
SNMP	0010	Maximizar confiabilidade
TELNET	1000	Minimizar atraso
FTP (dados)	0100	Maximizar throughput
FTP (controle)	1000	Minimizar atraso
TFTP	1000	Minimizar atraso
SMTP (comando)	1000	Minimizar atraso
SMTP (dados)	0100	Maximizar throughput
DNS (sobre UDP)	1000	Minimizar atraso
DNS (sobre TCP)	0000	Normal
DNS (zona)	0100	Maximizar throughput

Fica evidente, pela Tabela 20.2, que atividades interativas, atividades que exigem atenção imediata e atividades que exigem resposta imediata precisam de um atraso mínimo. Atividades que enviam grandes quantidades de dados requerem throughput máximo. Atividades de administração necessitam de confiabilidade máxima. Atividades de segundo plano precisam de custo mínimo.

2. **Serviços Diferenciados**

   Nessa interpretação, os seis primeiros bits formam o subcampo **codepoint** e os últimos 2 bits não são usados. O subcampo codepoint pode ser utilizado de duas formas diferentes.

   a. Quando os três bits mais à direita forem 0s, os 3 bits mais à esquerda são interpretados iguais aos bits de precedência da interpretação de tipo de serviço. Em outras palavras, ele é compatível com a interpretação antiga.

b. Quando os três bits mais à direita forem todos 0s, os seis bits definem 64 serviços com base na designação de prioridade dada pela Internet ou por autoridades locais, de acordo com a Tabela 20.3. A primeira categoria contém 32 tipos de serviços; a segunda e a terceira contêm, cada uma delas, 16 tipos. A primeira categoria (números 0, 2, 4, ..., 62) é designada pelas autoridades da Internet (IETF). A segunda categoria (3, 7, 11, 15, ..., 63) pode ser utilizada pelas autoridades locais (organizações). A terceira categoria (1, 5, 9, ..., 61) é temporária e pode ser usada para fins experimentais. Obseve que os números não são contíguos. Se fossem, a primeira categoria iria de 0 a 31, a segunda de 32 a 47 e a terceira de 48 a 63. Isso seria incompatível com a interpretação dos bits de TOS, pois XXX000 (que inclui 0, 8, 16, 24, 32, 40, 48 e 56) cairia em todas as três categorias. Em vez disso, nesse método de alocação todos esses serviços pertencem à categoria 1. Note que todas essas alocações ainda não foram finalizadas.

Tabela 20.3 *Valores dos codepoints*

Categoria	CodePoint	Autoridade Designadora
1	XXXXX0	Internet
2	XXXX11	Local
3	XXXX01	Temporário ou experimental

❑ **Comprimento total.** Trata-se de um campo de 16 bits que define o comprimento total (cabeçalho mais dados) de um datagrama IPv4 em bytes. Para descobrir o comprimento dos dados provenientes da camada superior, subtraia o comprimento do cabeçalho do comprimento total. O comprimento do cabeçalho pode ser encontrado multiplicando-se o valor do campo HLEN por 4.

> Comprimento dos dados = comprimento total − comprimento do cabeçalho

Já que o comprimento do campo é de 16 bits, o comprimento total de um datagrama IPv4 fica limitado a 65.535 ($2^{16} - 1$) bytes, dos quais 20 a 60 bytes formam o cabeçalho e o restante é destinado a dados provenientes da camada superior.

> **O campo de comprimento total define o comprimento total do datagrama incluindo o cabeçalho.**

Embora o tamanho de 65.535 bytes possa parecer grande, o tamanho do datagrama IPv4 pode vir a aumentar no futuro próximo à medida que novas tecnologias de transmissão permitam um throughput cada vez maior (largura de banda maior).

Ao tratarmos da fragmentação na próxima seção, veremos que algumas redes físicas não são capazes de encapsular um datagrama de 65.535 bytes em seus frames. O datagrama tem de ser fragmentado para conseguir transmitido por essas redes.

Poderíamos perguntar: "Mas afinal de contas, para que precisamos deste campo?" Quando uma máquina (roteador ou host) recebe um frame, ele elimina o cabeçalho e o trailer, processando apenas o datagrama. Por que incluir um campo extra que não é necessário? A resposta é que, em muitos casos, nós realmente não precisamos do valor desse campo. Entretanto, há ocasiões em que o datagrama não é a única coisa encapsulada em um frame;

pode ser que sejam acrescentados bits de preenchimento. Por exemplo, o protocolo Ethernet apresenta uma restrição mínima e máxima no tamanho dos dados que podem ser encapsulados em um frame (46 a 1.500 bytes). Se o tamanho de um datagrama IPv4 for menor que 46 bytes, serão acrescidos alguns bits de preenchimento para atender essa exigência. Nesse caso, quando uma máquina desencapsula o datagrama, precisa verificar o campo de comprimento total para determinar que parcela é realmente referente a dados e que parcela se refere a bits de preenchimento (ver a Figura 20.7).

Figura 20.7 *Encapsulamento de um pequeno datagrama em um frame Ethernet*

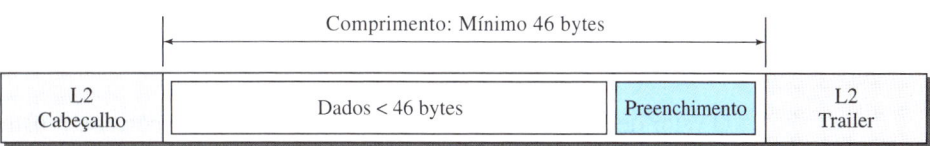

- **Identificação.** Esse campo é utlizado na fragmentação (a ser discutido na próxima seção).
- **Flags.** Esse campo é usado também na fragmentação (a ser discutido na próxima seção).
- **Offset de fragmentação.** Esse campo é usado na fragmentação (a ser discutido na próxima seção).
- **Tempo de vida.** Um datagrama tem uma vida útil limitada em sua transmissão por uma internet. Esse campo foi projetado originalmente para armazenar um registro de horas, que era reduzido pelos roteadores visitados. O datagrama era descartado quando o valor se tornava zero. Entretanto, para implementar esse método, todas as máquinas devem ter clocks sincronizados e devem saber quanto tempo leva para um datagrama ir de uma máquina a outra. Hoje em dia, esse campo é usado em grande parte para controlar o número máximo de saltos (roteadores) visitados pelo datagrama. Quando um host de origem envia o datagrama, ele armazena um número nesse campo. Esse valor é aproximadamente duas vezes o número máximo de rotas entre dois hosts quaisquer. Cada roteador que processa o datagrama reduz esse número em uma unidade. Se esse valor, após ser diminuído, for zero, o roteador descarta o datagrama.

  Esse campo é necessário, pois as tabelas de roteamento na Internet podem se tornar corrompidas. Um datagrama pode trafegar entre dois ou mais roteadores por um longo período sem jamais ser entregue ao host de destino. Esse campo limita a vida útil de um datagrama.

  Outro emprego desse campo é limitar intencionalmente a jornada de um pacote. Se, por exemplo, a origem quiser confinar o pacote à rede local, ela poderá configurar 1 nesse campo. Quando o pacote chegar ao primeiro roteador, esse valor é diminuído até 0 e o datagrama é descartado.

- **Protocolo.** Esse campo de 8 bits define o protocolo de nível superior que está utilizando os serviços da camada IPv4. Um datagrama IPv4 pode encapsular dados de vários protocolos superiores como o TCP, UDP, ICMP e IGMP. Esse campo especifica o protocolo de destino final para o qual o datagrama IPv4 será entregue. Em outras palavras, já que o protocolo IPv4 transporta dados de outros protocolos diferentes, o valor desse campo ajuda a camada de rede receptora a saber a qual protocolo pertencem os dados (ver a Figura 20.8).

Figura 20.8 *Campo de protocolo e dados encapsulados*

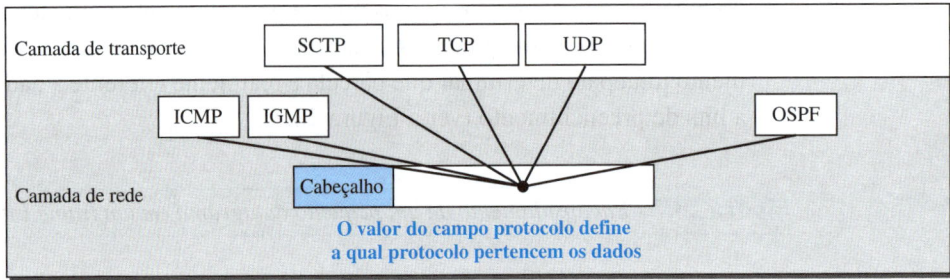

O valor desse campo para um protocolo de nível superior é mostrado na Tabela 20.4.

Tabela 20.4 *Valores de protocolo*

Valor	Protocolo
1	ICMP
2	IGMP
6	TCP
17	UDP
89	OSPF

- **Checksum.** O conceito de checksum e seu cálculo serão discutidos posteriormente, ainda neste capítulo.
- **Endereço de origem.** Esse campo de 32 bits define o endereço IPv4 de origem. Ele permanece inalterado durante o período em que o datagrama IPv4 trafega do host de origem ao host de destino.
- **Endereço de destino.** Este campo de 32 bits define o endereço IPv4 de destino. Ele permanece inalterado durante o período em que o datagrama IPv4 trafega do host de origem ao host de destino.

Exemplo 20.1

Um pacote IPv4 chegou com os 8 primeiros bits, conforme mostrado a seguir:

01000010

O receptor descarta o pacote. Por quê?

Solução

Existe um erro nesse pacote. Os 4 bits mais à esquerda (0100) mostram a versão do pacote, que é correta. Os 4 bits seguintes (0010) exibem um comprimento de cabeçalho inválido (2 × 4 = 8). O número mínimo de bytes no cabeçalho deve ser 20. Portanto, o pacote foi corrompido na transmissão.

Exemplo 20.2

Em um pacote IPv4, o valor de HLEN é 1000 em binário. Quantos bytes de opções estão sendo transportados por esse pacote?

Solução

O valor do HLEN é 8, o que significa que o número total de bytes no cabeçalho é 8 × 4, ou seja, 32 bytes. Os 20 primeiros bytes formam a base do cabeçalho, os 12 bytes seguintes são as opções.

Exemplo 20.3

Em um pacote IPv4, o valor de HLEN é 5 e o valor do campo comprimento total é 0x0028. Quantos bytes de dados estão sendo transportados por esse pacote?

Solução

O valor de HLEN é 5, que significa que o número total de bytes do cabeçalho é 5 × 4, ou seja, 20 bytes (nenhuma opção). O comprimento total é igual a 40 bytes, o que significa que o pacote está transportando 20 bytes de dados (40 − 20).

Exemplo 20.4

Um pacote IPv4 chegou com os primeiros dígitos hexadecimais, como mostrado a seguir:

$$0x45000028000100000102 \ldots$$

Quantos nós este pacote pode trafegar antes de ser eliminado? Os dados pertencem a qual protocolo de camada superior?

Solução

Para encontrar o campo tempo de vida (TTL), pulamos 8 bytes (16 dígitos hexadecimais). O campo tempo de vida é o nono byte, que é 01. Isso significa que o pacote pode trafegar por apenas um nó. O campo protocolo é o byte seguinte (02), o que significa que o protocolo de camada superior é o IGMP (ver a Tabela 20.4).

Fragmentação

Um datagrama pode trafegar por várias redes diferentes. Cada roteador desencapsula o datagrama IPv4 a partir do frame que ele recebe, o processa e então o encapsula em um outro frame. O formato e o tamanho do frame recebido dependem do protocolo usado pela camada física por meio do qual o frame acaba de passar. O formato e o tamanho do frame enviado dependem do protocolo usado pela camada física pela qual o frame vai trafegar. Se, por exemplo, um roteador interliga uma LAN a uma WAN, ele recebe um frame no formato da LAN e transmite um frame no formato da WAN.

Unidade de Transferência Máxima (MTU)

Cada protocolo da camada de enlace de dados tem seu próprio formato de frame. Um dos campos definidos no formato é o tamanho máximo do campo de dados. Em outras palavras, quando um datagrama é encapsulado em um frame, o tamanho total do datagrama tem de ser menor que esse tamanho máximo, que é definido pelas restrições impostas pelo hardware e software usados na rede (ver a Figura 20.9).

O valor do MTU depende do protocolo associado à camada física. A Tabela 20.5 mostra os valores para alguns protocolos.

Figura 20.9 *Unidade de transferência máxima (MTU)*

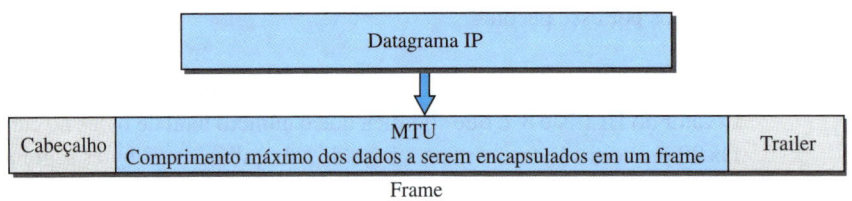

Tabela 20.5 *MTUs para alguns tipos de redes.*

Protocolo	MTU
HyperChannel	65.535
Token Ring (16 Mbps)	17.914
Token Ring (4 Mbps)	4.464
FDDI	4.352
Ethernet	1.500
X.25	576
PPP	296

Para tornar o protocolo IPv4 independente da rede física, os projetistas decidiram fazer que o comprimento máximo de um datagrama IPv4 fosse igual a 65.535 bytes. Isso torna a transmissão mais eficiente se usarmos um protocolo com um MTU desse tamanho. Entretanto, para outras redes físicas, temos de dividir o datagrama para tornar possível sua passagem por essas redes. Isso é denominado **fragmentação.**

A origem normalmente não fragmenta um pacote IPv4. A camada de transporte segmentará, em vez disso, os dados num tamanho que pode ser acomodado pelo IPv4 e a camada de enlace de dados em uso.

Quando um datagrama é fragmentado, cada fragmento possui seu próprio cabeçalho com a maioria dos campos repetidos, mas com alguns deles modificados. Um datagrama já fragmentado pode ser fragmentado outra vez, caso ele encontre uma rede com um MTU ainda menor. Em outras palavras, um datagrama pode ser fragmentado várias vezes antes de atingir seu destino final.

No IPv4, um datagrama pode ser fragmentado pelo host de origem ou por qualquer roteador na rota, ainda que haja uma tendência de limitar a fragmentação apenas na origem. A remontagem do datagrama, entretanto, é feita apenas pelo host de destino, pois cada fragmento se torna um datagrama independente. Embora o datagrama fragmentado possa trafegar por várias rotas diferentes, e nunca podemos controlar ou garantir qual rota um datagrama fragmentado pode tomar, todos os fragmentos pertencentes a um mesmo datagrama devem finalmente chegar ao host de destino. Portanto, faz sentido realizar a remontagem no destino final. Uma objeção ainda mais forte para remontar os pacotes durante a transmissão é a perda de eficiência por ela imposta.

Quando um datagrama é fragmentado, as partes necessárias do cabeçalho devem ser copiadas em todos os fragmentos. O campo de opção pode ou não ser copiado, como veremos na próxima seção. O host ou roteador que fragmenta um datagrama tem de alterar os valores de três campos:

flags, offset de fragmentação e comprimento total. O restante dos campos deve ser copiado. Obviamente, o valor do *checksum* deve ser recalculado independentemente da fragmentação.

Campos Relacionados à Fragmentação

Os campos que estão relacionados com a fragmentação e a remontagem de um datagrama IPv4 são os campos de identificação, flags e offset de fragmentação.

- **Identificação.** Esse campo de 16 bits identifica um datagrama proveniente de um host de origem. A combinação da identificação e do endereço de origem IPv4 definem de forma exclusiva um datagrama já que ele deixa o host de origem. Para garantir exclusividade, o protocolo IPv4 usa um contador que identifica os datagramas. O contador é inicializado em um número positivo. Quando o protocolo IPv4 envia um datagrama, ele copia o valor atual do contador para o campo de identificação e incrementa o contador em 1. Desde que o contador seja mantido na memória principal, a exclusividade será garantida. Quando um datagrama é fragmentado, o valor no campo de identificação é copiado para todos os fragmentos. Em outras palavras, todos os fragmentos têm o mesmo número de identificação, igual ao do datagrama original. O número de identificação ajuda o destino na remontagem do datagrama. Ele sabe que todos os fragmentos com o mesmo número de identificação devem ser montados em um único datagrama.

- **Flags.** Trata-se de um campo de 3 bits. O primeiro é reservado. O segundo é denominado bit de *não fragmentação*. Se seu valor for 1, a máquina não poderá fragmentar o datagrama. Se não puder passar o datagrama por meio de qualquer rede física disponível, ele descarta o datagrama e envia uma mensagem de erro ICMP ao host de origem (ver Capítulo 21). Se seu valor for 0, o datagrama pode ser fragmentado se necessário. O terceiro bit é chamado de bit *mais fragmentos*. Se seu valor for 1, significa que esse datagrama não é o último fragmento; existem mais fragmentos após este. Se seu valor for 0, significa que esse é o último ou único fragmento (ver a Figura 20.10).

Figura 20.10 *Flags usados na fragmentação*

D: Não fragmentar
M: Mais fragmentos

- **Offset de fragmentação.** Esse campo de 13 bits mostra a posição relativa desse fragmento em relação ao datagrama inteiro. É o offset dos dados no datagrama original medido em unidades de 8 bytes. A Figura 20.11 mostra um datagrama cujo tamanho dos dados é igual a 4.000 bytes, fragmentados em três partes.

Os bytes no datagrama original são numerados de 0 a 3.999. O primeiro fragmento transporta os bytes 0 a 1.399. O offset para esse datagrama é 0/8 = 0. O segundo fragmento transporta os bytes 1.400 a 2.799; o valor de offset para esse fragmento é 1.400/8 = 175. Finalmente, o terceiro fragmento transporta os bytes 2.800 a 3.999. O valor do offset para esse fragmento é 2.800/8 = 350.

Lembre-se de que o valor do offset é medido em unidades de 8 bytes. Isso é feito porque o comprimento do campo de offset tem apenas 13 bits e não pode representar uma seqüência

Figura 20.11 *Exemplo de fragmentação*

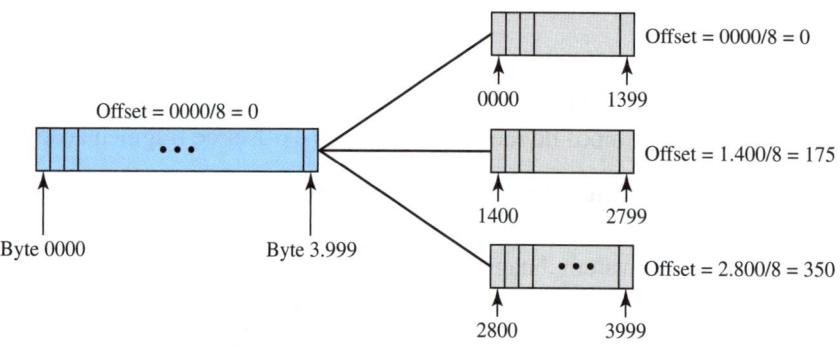

de bytes maior que 8.191. Isso força os hosts ou roteadores que fragmentam datagramas a escolher um tamanho de fragmento no qual o número do primeiro byte seja divisível por 8.

A Figura 20.12 mostra uma visão expandida dos fragmentos da Figura 20.11. Note que o valor do campo de identificação é o mesmo em todos os fragmentos. Observe o valor do campo flags com o bit *mais* ativo em todos os fragmentos, exceto o último. Da mesma forma, o valor do campo offset em cada fragmento é apresentado.

Figura 20.12 *Exemplo detalhado de fragmentação*

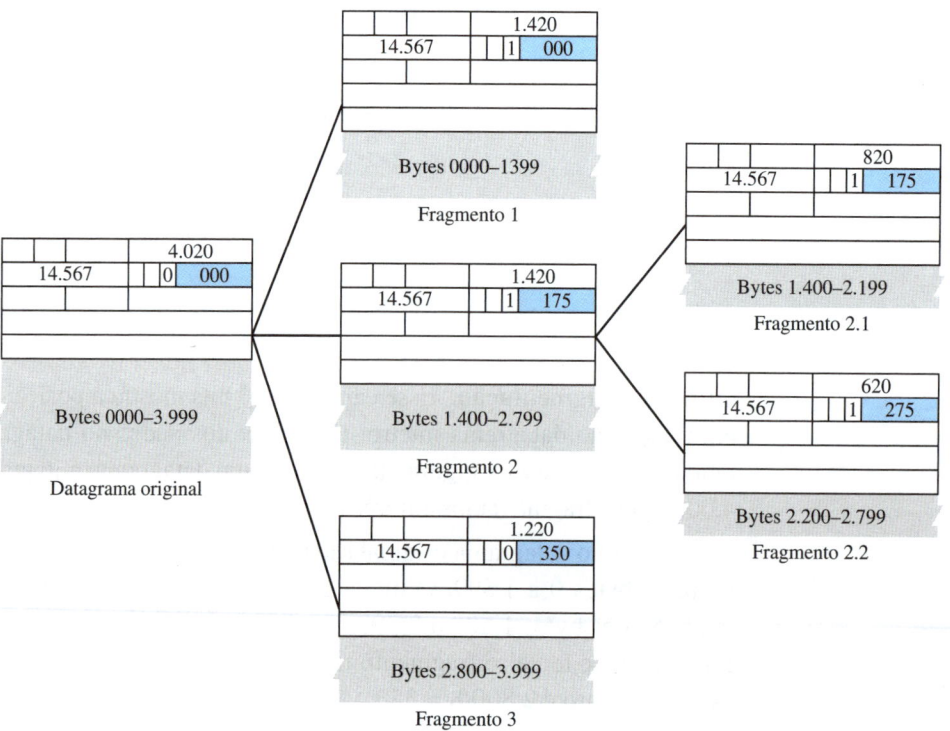

A figura também mostra o que acontece se o próprio fragmento for novamente fragmentado. Nesse caso, o valor do campo offset é sempre em relação ao datagrama original. Por exemplo, na figura, o segundo fragmento é divido posteriormente em dois fragmentos de 800 bytes e 600 bytes, porém o offset mostra sua posição relativa em relação aos dados originais.

Fica evidente que, mesmo se cada fragmento seguir uma rota diferente e chegar fora de ordem, o host de destino final terá condições de remontar o datagrama original a partir dos fragmentos recebidos (se nenhum deles for perdido) usando a seguinte estratégia:

1. O primeiro fragmento tem um campo de offset com valor igual a zero.
2. Dividir o comprimento do primeiro fragmento por 8. O segundo fragmento tem um valor de offset igual a esse resultado.
3. Dividir o comprimento total do primeiro e segundo fragmentos por 8. O terceiro fragmento tem um valor de offset igual a esse resultado.
4. Continuar o processo. O último fragmento tem um valor de bit *mais* igual a 0.

Exemplo 20.5

Um pacote chegou com o valor do bit *M* igual a 0. Trata-se do primeiro, do último ou de um fragmento intermediário? Podemos saber se o pacote foi fragmentado?

Solução

Se o bit *M* for 0, significa que não existem mais fragmentos; o fragmento em questão é o último deles. Entretanto, não podemos afirmar se o pacote original foi fragmentado ou não. Um pacote não-fragmentado é considerado o último fragmento.

Exemplo 20.6

Um pacote chegou com o valor do bit *M* igual a 1. Trata-se do primeiro, do último ou de um fragmento intermediário? Podemos saber se o pacote foi fragmentado?

Solução

Se o bit *M* for 1, significa que existe pelo menos mais um fragmento, que pode ser o primeiro ou algum intermediário, mas jamais o último deles. Não sabemos se é o primeiro ou um intermediário; precisamos de mais informações (o valor do offset de fragmentação). Ver o Exemplo 20.7.

Exemplo 20.7

Um pacote chegou com o valor do bit *M* igual a 1 e o valor do offset do fragmento igual a 0. Trata-se do primeiro, do último ou de um fragmento intermediário?

Solução

Como o bit *M* é 1, pode ser o primeiro fragmento ou algum intermediário. Como o valor do offset é igual a 0, trata-se do primeiro fragmento.

Exemplo 20.8

Chegou um pacote cujo valor do offset é 100. Qual é o valor do primeiro byte? Conhecemos o valor do último byte?

Solução

Para descobrir o valor do primeiro byte, multiplicamos o valor do offset por 8. Isso significa que o primeiro byte é 800. Não é possível determinarmos o último byte a menos que conheçamos o comprimento dos dados.

Exemplo 20.9

Chegou um pacote no qual o valor do offset é 100, o valor do HLEN, 5, e o valor do campo comprimento total, 100. Quais são os valores do primeiro e último bytes?

Solução

O valor do primeiro byte é $100 \times 8 = 800$. O comprimento total é de 100 bytes e o comprimento do cabeçalho é 20 bytes (5×4), o que significa que há 80 bytes de dados nesse datagrama. Se o valor do primeiro byte for 800, o último byte tem de ser 879.

Checksum

No Capítulo 10, discutimos a idéia geral por trás do checksum e como ele é calculado. A implementação do checksum no datagrama IPv4 segue os mesmos princípios. Primeiro, o valor do campo checksum é configurado em 0. Em seguida, o cabeçalho inteiro é dividido em seções de 16 bits e adicionados entre si. O resultado (soma) é complementado e inserido no campo *checksum*.

O *checksum* no datagrama IPv4 cobre apenas o cabeçalho, e não todos os dados. Há duas boas razões para isso. Em primeiro lugar, todos os protocolos de nível superior que encapsulam dados em um datagrama IPv4 têm um campo de *checksum* que cobre o pacote inteiro. Portanto, o *checksum* para um datagrama IPv4 não precisa verificar os dados encapsulados. Em segundo, o cabeçalho de um datagrama IPv4 muda a cada roteador visitado, mas não os dados. Portanto, o *checksum* inclui apenas a parte que se alterou. Se os dados forem inclusos, cada roteador terá de recalcular o *checksum* para o pacote inteiro, significando um aumento no tempo de processamento.

Exemplo 20.10

A Figura 20.13 mostra um exemplo de cálculo do checksum para um cabeçalho IPv4 sem opções. O cabeçalho é dividido em seções de 16 bits. Todas as seções são somadas e essa soma é complementada. O resultado é então inserido no campo checksum.

Opções

O cabeçalho do datagrama IPv4 é composto por duas partes: uma fixa e uma variável. A parte fixa tem 20 bytes de comprimento e já foi discutida na seção anterior. A parte variável engloba as opções que podem ter, no máximo, 40 bytes.

Opções, como o próprio nome indica, não são exigidas para um datagrama. Podem ser usadas para testes e depuração de redes. Embora as opções não sejam uma parte exigida do cabeçalho IPv4, o processamento de opções é requerido pelo software IPv4. Isso significa que todas as implementações devem ser capazes de tratar opções, caso estejam presentes no cabeçalho.

A discussão detalhada de cada opção está fora do escopo deste livro. Forneceremos a taxonomia das opções na Figura 20.14 e explicaremos brevemente a finalidade de cada uma delas.

No Operation

A **opção no operation** é uma opção de 1 byte usada como um "tapa-buraco" entre opções.

Figura 20.13 *Exemplo de cálculo de checksum no IPv4*

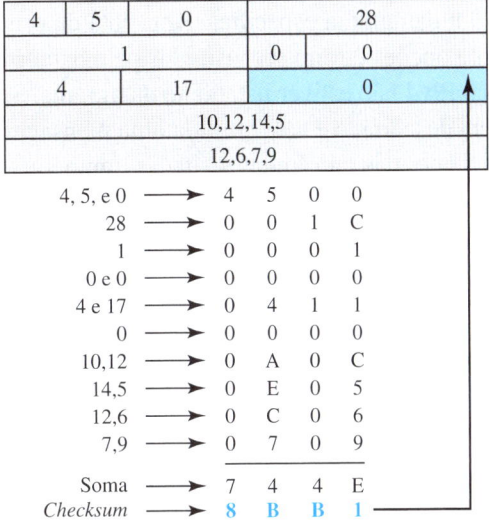

Figura 20.14 *Taxonomia das opções no IPv4*

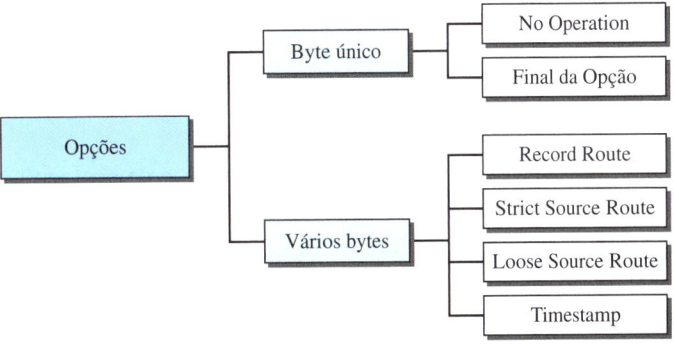

Final da Opção

A **opção Final da Opção** é uma opção de 1 byte usada para preenchimento inserida ao final do campo de opções. Ela, entretanto, pode ser usada apenas como última opção.

Record Route

A **opção Record Route** é usada para registrar os roteadores Internet que manipulam o datagrama. É capaz de listar até nove endereços de roteadores e pode ser usada para fins de depuração e administração.

Strict Source Route

A **opção Strict Source Route** é usada pela origem para predeterminar uma rota para o datagrama à medida que ele trafega pela Internet. A imposição de uma rota pela origem pode ser útil por vários motivos. O transmissor pode optar por uma rota com um tipo específico de serviço, como atraso mínimo ou throughput máximo. Por outro lado, poderia optar por uma rota que fosse mais segura ou mais confiável para o transmissor. Por exemplo, um transmissor pode escolher uma rota em que seu datagrama não trafegue pela rede de um concorrente.

Se um datagrama especificar uma rota de origem restrita, todos os roteadores definidos no campo de opções devem ser visitados pelo datagrama. Um roteador não deve ser visitado se seu endereço IPv4 não estiver listado no datagrama. Se este visitar um roteador que não faz parte da lista, será descartado e será emitida uma mensagem de erro. Se o datagrama chegar ao destino e parte das entradas não forem visitadas, também será descartado e será emitida uma mensagem de erro.

Loose Source Route

A **opção Loose Source Route** é similar à opção strict source route, mas é menos rígida. Cada roteador da lista tem de ser visitado, embora o datagrama possa visitar outros roteadores também.

Timestamp

A **opção timestamp** é usada para registrar a hora de processamento de um datagrama por um roteador. A hora é expressa em milissegundos a partir da meia-noite, horário universal ou hora do meridiano de Greenwich. Saber a hora em que um datagrama foi processado pode ajudar os usuários e os administradores de redes a acompanhar o comportamento dos roteadores na Internet. Podemos estimar o tempo que leva para um datagrama ir de um roteador a outro. Dissemos *estimar*, pois, embora todos os roteadores possam usar uma mesma hora universal, seus clocks internos talvez não estejam sincronizados.

20.3 IPv6

O protocolo de camada de rede no conjunto de protocolos TCP/IP é, atualmente, o IPv4 (Internetworking Protocol, versão 4). O IPv4 fornece comunicação host-host entre sistemas na Internet. Embora o IPv4 seja bem projetado, a comunicação de dados evoluiu desde o nascimento do IPv4 nos anos 1970. O IPv4 apresenta algumas deficiências (enumeradas abaixo) que o tornam inadequado para a Internet atual, que cresce de forma cada vez mais rápida.

❑ Apesar de todas as soluções de curto prazo, como divisão em sub-redes, endereço sem classes e NAT, o esgotamento de endereços ainda é um problema de longo prazo na Internet.

❑ A Internet deve acomodar transmissão de vídeo e áudio em tempo real. Esse tipo de transmissão requer estratégias de atraso mínimo e reserva de recursos não previstas no projeto original do IPv4.

❑ A Internet tem de permitir criptografia e autenticação de dados para algumas aplicações. Não são oferecidos recursos de criptografia ou autenticação no IPv4.

Para superar essas e outras deficiências, o **IPv6 (Internetworking Protocol, versão 6),** também conhecido como **IPng (Internetworking Protocol, próxima geração)**, foi proposto e agora é um padrão. No IPv6, o IP foi extensivamente modificado para acomodar o crescimento não previsto da Internet. O formato e o comprimento do endereço IP foram modificados juntamente com o formato do datagrama. Protocolos relacionados como o ICMP, também foram modificados. Outros protocolos da camada de rede, como ARP, RARP e IGMP, foram eliminados ou inclusos no protocolo ICMPv6 (ver Capítulo 21). Protocolos de roteamento, como o RIP e o OSPF (ver Capítulo 22), também foram ligeiramente modificados para acomodar essas alterações. Especialistas em comunicação prevêem que o IPv6 e seus protocolos relacionados vão, em breve, substituir a versão atual do IP. Na presente seção, falaremos, primeiro, do IPv6. Em seguida, exploraremos as estratégias usadas para a transição da versão 4 para a versão 6.

A adoção do IPv6 tem sido lenta. A razão para isso é que o motivo original para seu desenvolvimento, o esgotamento de endereços IPv4, tem sido remediado com estratégias de curto prazo, tais como o endereçamento sem classes e o NAT. Entretanto, o uso cada vez mais difundido da Internet e de novos serviços como IP móvel, telefonia IP e telefonia móvel com recursos de IP, talvez requeiram, no final das contas, a total substituição do IPv4 pelo IPv6.

Vantagens

O IP de próxima geração, ou IPv6, apresenta algumas vantagens em relação ao IPv4 que podem ser resumidas a seguir:

- **Maior espaço de endereços.** Um endereço IPv6 tem 128 bits de comprimento, conforme já discutido no Capítulo 19. Comparado com um endereço de 32 bits do IPv4, este representa um aumento enorme (2^{96}) no espaço de endereços.
- **Formato mais adequado do cabeçalho.** O IPv6 usa um novo formato de cabeçalho, no qual as opções são separadas do cabeçalho-base e inseridas, quando necessário, entre o cabeçalho-base e os dados da camada superior. Isso simplifica e acelera o processo de roteamento, pois grande parte das opções não precisam ser processadas pelos roteadores.
- **Novas opções.** O IPv6 acrescenta novas opções para possibilitar funcionalidades adicionais.
- **Espaço para expansão.** O IPv6 foi desenvolvido para permitir a extensão do protocolo, caso seja preciso suportar novas tecnologias ou aplicações.
- **Suporte para alocação de recursos.** No IPv6, o campo tipo de serviço foi eliminado, mas um mecanismo (denominado **flow label** — **rótulo de fluxo**) foi acrescentado para permitir que a origem solicite tratamento especial de um pacote. Esse mecanismo pode ser usado para suportar tráfego como áudio e vídeo em tempo real.
- **Melhor suporte à segurança.** As opções de criptografia e autenticação no IPv6 oferecem confidencialidade e integridade para os pacotes.

Formato dos Pacotes

Um pacote IPv6 é mostrado na Figura 20.15. Cada pacote é composto por um cabeçalho-base obrigatório seguido do payload. O payload consiste de duas partes: cabeçalhos de extensão opcionais e dados da camada superior. O cabeçalho-base ocupa 40 bytes, ao passo que os cabeçalhos de extensão e os dados da camada superior contêm até 65.535 bytes de informação.

Cabeçalho-Base

A Figura 20.16 mostra o **cabeçalho-base** com seus oito campos.

Estes campos são os seguintes:

- **Versão.** Um campo de 4 bits que define o número da versão do IP. Para IPv6, o valor é 6.
- **Prioridade.** O campo prioridade de 4 bits define a prioridade do pacote em situações de congestionamento de tráfego. Falaremos mais sobre esse campo posteriormente.

Figura 20.15 *Datagrama IPv6: cabeçalho e payload*

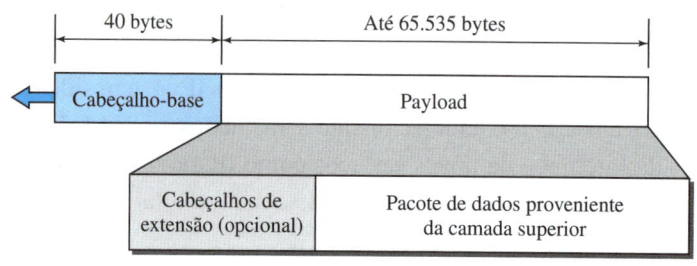

Figura 20.16 *Formato de um datagrama IPv6*

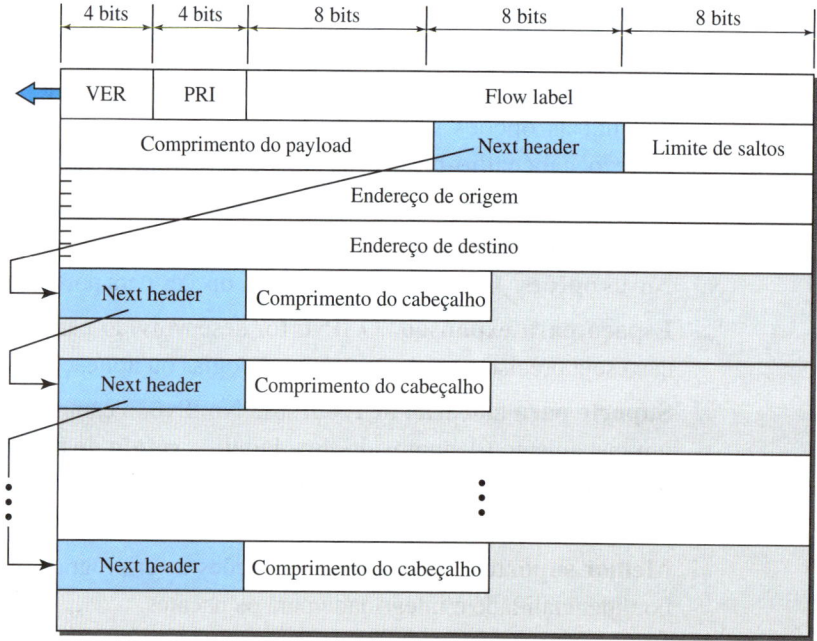

- **Flow Label.** É um campo de 3 bytes (24 bits) que se destina a oferecer tratamento especial para um determinado fluxo de dados. Falaremos desse campo adiante.
- **Comprimento do payload.** O campo comprimento do payload, de 2 bytes de comprimento define o comprimento do datagrama IP excluindo o cabeçalho-base.
- **Next Header.** É um campo de 8 bits que aponta para o próximo cabeçalho após o cabeçalho-base em um datagrama. O next header é um dos cabeçalhos de extensão opcionais usados pelo IP ou o cabeçalho de um pacote encapsulado como o UDP ou TCP. Cada cabeçalho de extensão também contém esse campo. A Tabela 20.6 mostra os valores para cabeçalhos Next header. Note que esse campo na versão 4 é denominado *protocolo*.
- **Limite de saltos.** Esse campo de 8 bits atende ao mesmo objetivo do campo TTL no IPv4.
- **Endereço de origem.** É um endereço Internet de 16 bytes (128 bits) que identifica a fonte de origem do datagrama.

Tabela 20.6 *Códigos next header no IPv6*

Código	Next Header
0	Opção Nó a nó
2	ICMP
6	TCP
17	UDP
43	Roteamento de origem
44	Fragmentação
50	Encrypted Security Payload
51	Autenticação
59	Nulo (next header inexistente)
60	Opção de destino

❑ **Endereço de destino.** É um endereço Internet de 16 bytes (128 bits) que normalmente identifica o endereço de destino final do datagrama. Entretanto, se for usado o roteamento de origem, esse campo contém o endereço do próximo roteador.

Prioridade

O campo prioridade em um pacote IPv6 define a prioridade de cada pacote em relação a outros pacotes de uma mesma origem. Por exemplo, se um de dois datagramas consecutivos tiver de ser descartado em virtude do congestionamento, aquele datagrama assinalado com **prioridade de pacote** menor será o eliminado. O IPv6 divide o tráfego em duas amplas categorias: controlado por congestionamento e não controlado por congestionamento.

Tráfego Controlado por Congestionamento   Se uma origem consegue se adaptar a um tráfego mais lento quando há congestionamento, o tráfego é chamado **tráfego controlado por congestionamento.** Por exemplo, o TCP, que usa o protocolo de janela deslizante, pode responder facilmente ao tráfego. Em um tráfego controlado por congestionamento, se entende que os pacotes poderão eventualmente chegar atrasados, fora de ordem ou serem perdidos. Dados controlados por congestionamento recebem prioridades de 0 a 7, conforme enumerados na Tabela 20.7. Prioridade 0 significa a menor prioridade; prioridade 7 é a maior.

Tabela 20.7 *Prioridades para tráfego controlado por congestionamento*

Prioridade	Significado
0	Nenhum tráfego específico
1	Dados de segundo plano
2	Tráfego de dados não atendido
3	Reservado
4	Tráfego de dados pesado atendido
5	Reservado
6	Tráfego interativo
7	Tráfego de controle

As descrições de prioridade são as seguintes:

- **Nenhum tráfego específico.** Prioridade igual a 0 é atribuída a um pacote quando o processo não define uma prioridade.

- **Dados de segundo plano.** Esse grupo (prioridade 1) define dados que normalmente são entregues em segundo plano. A entrega de notícias é um bom exemplo.

- **Tráfego de dados não atendido.** Se o usuário não estiver esperando (atendimento) dados a serem recebidos, será atribuída uma prioridade 2 ao pacote. E-mails pertencem a esse grupo. O receptor de um e-mail não sabe quando uma mensagem chegou. Além disso, um e-mail normalmente é armazenado antes de ser encaminhado. Um pequeno atraso tem pequenas consequências.

- **Tráfego de dados pesado atendido.** Um protocolo que transfere dados enquanto um usuário está aguardando (atendimento) pelo recebimento de dados (possivelmente com atraso) recebe uma prioridade igual a 4. FTP e HTTP pertencem a esse grupo.

- **Tráfego interativo.** Protocolos como TELNET, que precisam da interação do usuário, recebem o segundo nível mais alto de prioridade (6) nesse grupo.

- **Tráfego de controle.** Tráfego de controle recebe a maior prioridade (7). Protocolos de roteamento como o OSPF e o RIP e protocolos de gerenciamento como o SNMP apresentam essa prioridade.

Tráfego Não Controlado por Congestionamento   Este se refere a um tipo de tráfego com expectativa de atraso mínimo. A eliminação de pacotes é indesejável. A retransmissão, na maioria dos casos, é impossível. Em outras palavras, a origem não se adapta a situações de congestionamento. Áudio e vídeo em tempo real são exemplos desse tipo de tráfego.

Níveis de prioridade de 8 a 15 são atribuídos ao **tráfego não controlado por congestionamento.** Embora ainda não existam quaisquer atribuições-padrão particulares para esse tipo de dados, as prioridades normalmente se baseiam em quanto a qualidade dos dados recebidos é afetada pela eliminação de pacotes. Dados contendo menos redundância (como áudio ou vídeo de baixa fidelidade) podem receber maior prioridade (15). Dados contendo maior redundância (como áudio ou vídeo de alta fidelidade) recebem menor prioridade (8). Ver a Tabela 20.8.

Tabela 20.8 *Prioridades para tráfego não controlado por congestionamento*

Prioridade	Significado
8	Dados com maior redundância
...	...
15	Dados com menor redundância

Flow Label

Uma sequência de pacotes, enviada de determinada origem a certo destino, que precisa de tratamento especial por parte dos roteadores, é denominada de *fluxo* de pacotes. A combinação do endereço de origem com o valor do *rótulo de fluxo* (flow label) define de forma exclusiva um fluxo de pacotes.

Para um roteador, fluxo é uma sequência de pacotes que compartilham as mesmas características, como trafegar pela mesma rota, usar os mesmos recursos, ter o mesmo tipo de segurança e assim por diante. Um roteador que oferece suporte ao tratamento de rótulos de fluxo apresenta uma tabela de rótulos de fluxo. Essa tabela tem uma entrada para cada rótulo de fluxo ativo; cada entrada define os serviços solicitados pelo rótulo de fluxo correspondente. Quando o roteador recebe um pacote, ele consulta sua tabela de rótulos de fluxo para encontrar a entrada correspondente para o valor de rótulo de fluxo definido no pacote. Em seguida, fornece ao pacote os serviços mencionados na entrada. Entretanto, note que o rótulo de fluxo em si não fornece informações para as entradas de sua tabela; essas informações são fornecidas por outros meios, como as opções nó a nó ou outros protocolos.

Em sua forma mais simples, um rótulo de fluxo pode ser usado para acelerar o processamento de um pacote por um roteador. Quando um roteador recebe um pacote, em vez de consultar a tabela de roteamento e passar por um algoritmo de roteamento para definir o endereço do próximo nó, ele pode facilmente pesquisar o nó seguinte em uma tabela de rótulos de fluxo.

Em sua forma mais sofisticada, um rótulo de fluxo pode ser usado para suportar a transmissão de áudio e vídeo em tempo real. Áudio ou vídeo em tempo real, particularmente na forma digital, requer recursos como largura de banda elevada, grande quantidade de buffers, longo tempo de processamento e assim por diante. Um processo pode fazer uma reserva desses recursos para garantir que os dados em tempo real não sofrerão atraso em virtude da falta desses recursos. O uso de dados em tempo real e a reserva desses recursos requerem outros protocolos adicionais como o RTP (**Real-Time Protocol — protocolo em tempo real**) e o RSVP (**Resource Reservation Protocol — protocolo de reserva de recursos**) além do IPv6.

Para possibilitar o uso eficaz dos rótulos de fluxo, devem ser definidas três regras:

1. O rótulo de fluxo é atribuído a um pacote pelo host de origem. O rótulo de fluxo é um número aleatório entre 1 e $(2^{24} - 1)$. Uma origem não deve reutilizar um rótulo de fluxo para um novo fluxo enquanto o existente ainda estiver ativo.
2. Se um host não oferecer suporte a rótulos de fluxo, ele configura esse campo em zero. Se um roteador não oferecer suporte a rótulos de fluxo, ele simplesmente o ignora.
3. Todos os pacotes pertencentes a um mesmo fluxo têm uma mesma origem, o mesmo destino, a mesma prioridade e as mesmas opções.

Comparação entre os cabeçalhos IPv4 e IPv6

A Tabela 20.9 compara os cabeçalhos IPv4 e IPv6.

Tabela 20.9 *Comparação entre os cabeçalhos de pacotes IPv4 e IPv6*

Comparação
1. O campo de comprimento do cabeçalho é eliminado no IPv6, pois o comprimento do cabeçalho é fixo nessa versão.
2. O campo de tipo de serviço é eliminado no IPv6. Os campos de prioridade e de rótulo de fluxo, juntos, assumem a função do campo tipo de serviço.
3. O campo comprimento total é eliminado no IPv6 e substituído pelo campo de comprimento do payload.
4. Os campos de identificação, flag e offset são eliminados do cabeçalho-base no IPv6. Eles são inclusos no cabeçalho de extensão de fragmentação.
5. O campo TTL chama-se limite de saltos no IPv6.
6. O campo de protocolo é substituído pelo campo next header.
7. O checksum do cabeçalho é eliminado, pois o checksum já é calculado pelos protocolos de camada superior; portanto, ele não é necessário neste nível.
8. Os campos de opções do IPv4 são implementados como cabeçalhos de extensão no IPv6.

Cabeçalhos de Extensão

O comprimento do cabeçalho-base é fixo em 40 bytes. Entretanto, para dar maior funcionalidade ao datagrama IP, o cabeçalho-base pode ser seguido por até seis **cabeçalhos de extensão**. Muitos são opções no IPv4. Foram definidos, seis tipos de cabeçalhos de extensão como mostrado na Figura 20.17.

Figura 20.17 *Tipos de cabeçalho de extensão*

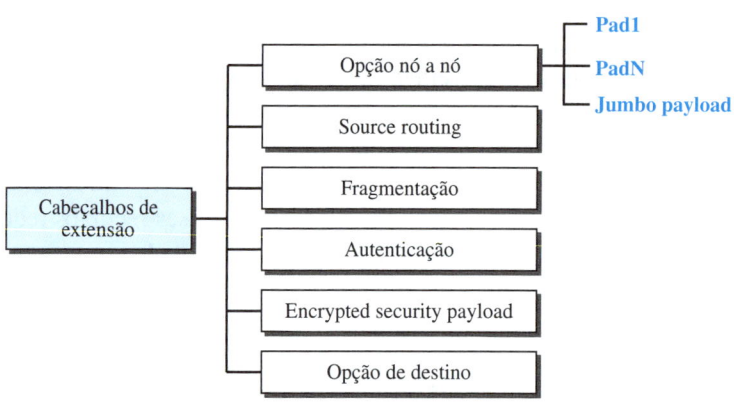

Opção Nó a Nó

A **opção nó a nó** é usada quando a origem precisa transmitir informações a todos os roteadores visitados pelo datagrama. Até agora, apenas três opções foram definidas: **Pad1, PadN** e **jumbo payload.** A opção Pad1 tem 1 byte de comprimento e é desenvolvida para fins de alinhamento. A PadN é similar, conceitualmente, a Pad1. A diferença é que PadN é usada quando 2 ou mais bytes são necessários para o alinhamento. A opção jumbo payload é utilizada para definir um payload maior que 65.535 bytes.

Source Routing O cabeçalho de extensão de source routing combina os conceitos de strict source route e loose source route das opções do IPv4.

Fragmentação

O conceito de **fragmentação** é o mesmo que no IPv4. Entretanto, o lugar onde ocorre a fragmentação difere. No IPv4, a origem ou um roteador são necessários para executar a fragmentação se o tamanho do datagrama for maior que o MTU da rede na qual o datagrama trafega. No IPv6, apenas a origem pode realizar fragmentação. Uma origem tem de usar uma **técnica de descoberta de MTU das rotas** para descobrir o menor MTU suportado por qualquer rede na rota. A origem realiza a fragmentação usando esse conhecimento.

Autenticação

O cabeçalho de extensão de **autenticação** tem dupla finalidade: valida a mensagem enviada e garante a integridade dos dados. Trataremos do cabeçalho de extensão ao falarmos sobre segurança de redes no Capítulo 31.

Encrypted Security Payload

O **ESP (Encrypted Security Payload)** é uma extensão que oferece confidencialidade e previne escutas. Discutiremos esse cabeçalho de extensão no Capítulo 31.

Opção Destino   A **opção destino** é usada quando a origem precisa passar informações apenas ao destino. Roteadores intermediários não têm permissão para acessar essas informações.

Comparação entre as Opções do IPv4 e os Cabeçalhos de Extensão do IPv6

A Tabela 20.10 compara as opções do IPv4 com os cabeçalhos de extensão do IPv6.

Tabela 20.10   *Comparação entre opções do IPv4 e cabeçalhos de extensão do IPv6*

Comparação
1. As opções no operation e final da opção do IPv4 são substituídas pelas opções Pad1 e PadN no IPv6.
2. A opção registrar rota não é implementada no IPv6, pois não era usada.
3. A opção timestamp não é implementada porque não era usada.
4. A opção source route é chamada cabeçalho de extensão de rota de origem no IPv6.
5. Os campos de fragmentação na seção cabeçalho-base do IPv4 foram transferidos para o cabeçalho de extensão de fragmentação no IPv6.
6. O cabeçalho de extensão de autenticação é novo no IPv6.
7. O cabeçalho de extensão ESP (Encrypted Security Payload) é novo no IPv6.

20.4   TRANSIÇÃO DO IPv4 PARA O IPv6

Em razão do número enorme de sistemas na Internet, a transição do IPv4 para o IPv6 não pode acontecer repentinamente. Levará um tempo considerável antes que todos os sistemas na Internet possam mudar do IPv4 para o IPv6. A transição deve ser suave para evitar quaisquer problemas entre os sistemas IPv4 e IPv6. Três estratégias foram concebidas pelo IETF para ajudar nessa transição (ver a Figura 20.18).

Figura 20.18   *Três estratégias de transição*

Pilha Dupla

Recomenda-se que todos os hosts, antes de migrarem completamente para a versão 6, implementem uma **pilha dupla** de protocolos. Em outras palavras, uma estação deve rodar o IPv4 e o IPv6 simultaneamente até que toda a Internet passe a usar o IPv6. Na Figura 20.19 há o layout de uma configuração de pilha dupla.

Figura 20.19 *Pilha dupla*

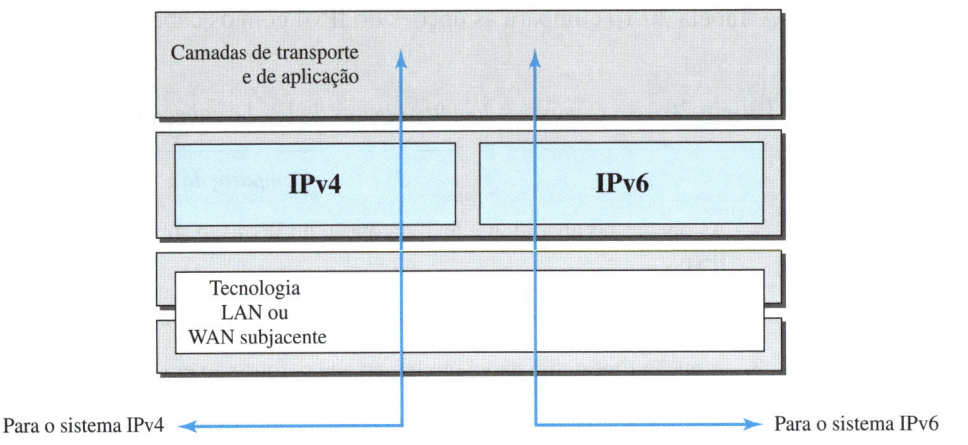

Para determinar qual versão usar ao enviar um pacote a um destino, o host de origem consulta o DNS. Se o DNS retornar um endereço IPv4, o host de origem transmite um pacote IPv4. Se o DNS retornar um endereço IPv6, o host de origem envia um pacote IPv6.

Tunelamento

Tunelamento é uma estratégia empregada quando dois computadores usando IPv6 querem se comunicar entre si e o pacote precisa passar por uma região que usa IPv4. Para passar por essa região, o pacote deve ter um endereço IPv4. Portanto, o pacote IPv6 é encapsulado em um pacote IPv4 quando entra nessa região e desencapsulado ao sair dela. É como se o pacote IPv6 passasse por um túnel em um lado e saísse do outro. Para tornar claro que o pacote IPv4 está transportando um pacote IPv6 como dados, o valor do protocolo é configurado em 41. O tunelamento é mostrada na Figura 20.20.

Figura 20.20 *Estratégia de tunelamento*

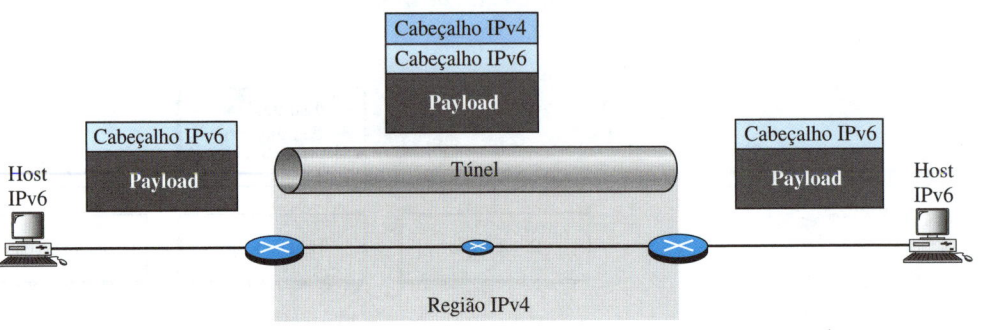

Tradução do Cabeçalho

A tradução do cabeçalho se faz necessária quando a maior parte da Internet tiver migrado para o IPv6, mas alguns sistemas ainda estiverem utilizando o IPv4. O transmissor quer usar o IPv6, mas o receptor não entende IPv6. O tunelamento não funciona nessa situação porque o pacote tem de estar no formato IPv4 para ser compreendido pelo receptor. Nesse caso, o formato do cabeçalho deve ser totalmente modificado pela da facilidade de tradução do cabeçalho. O cabeçalho do pacote IPv6 é convertido num cabeçalho IPv4 (ver a Figura 20.21).

Figura 20.21 *Estratégia de tradução de cabeçalho*

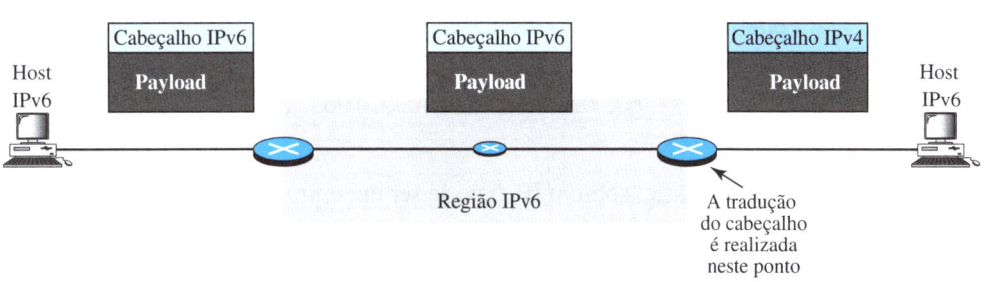

A tradução do cabeçalho usa um endereço associado para converter um endereço IPv6 em um endereço IPv4. A Tabela 20.11 enumera algumas regras usadas na tradução do cabeçalho de um pacote IPv6 em um cabeçalho de pacote IPv4.

Tabela 20.11 *Tradução de cabeçalho*

Procedimento para Tradução do Cabeçalho
1. O endereço associado IPv6 é convertido em um endereço IPv4 extraindo os 32 bits mais à direita.
2. O valor do campo de prioridade do IPv6 é descartado.
3. O campo tipo de serviço no IPv4 é configurado em zero.
4. O checksum do IPv4 é calculado e inserido no campo correspondente.
5. O rótulo de fluxo (flow label) do IPv6 é ignorado.
6. Cabeçalhos de extensão compatíveis são convertidos em opções e inseridos no cabeçalho IPv4. Alguns podem ser eliminados.
7. O comprimento do cabeçalho IPv4 é calculado e inserido no campo correspondente.
8. O comprimento total do pacote IPv4 é calculado e inserido no campo correspondente.

20.5 LEITURA RECOMENDADA

Para mais detalhes sobre os assuntos discutidos neste capítulo, recomendamos os seguintes livros e sites. Os itens entre colchetes [...] correspondem à lista de referências bibliográficas apresentadas no final do texto.

Livros

O IPv4 é discutido no Capítulo 8 de [For06], no Capítulo 3 de [Ste94], na Seção 4.1 de [PD03], no Capítulo 18 de [Sta04] e na Seção 5.6 de [Tan03]. O IPv6 é discutido no Capítulo 27 de [For06] e [Los04].

Sites

❏ www.ietf.org/rfc.html Informações sobre RFCs

RFCs

Pode-se encontrar uma discussão sobre o IPv4 nas seguintes RFCs:

> 760, 781, 791, 815, 1025, 1063, 1071, 1141, 1190, 1191, 1624, 2113

Uma discussão sobre o IPv6 pode ser encontrada nas seguintes RFCs:

> 1365, 1550, 1678, 1680, 1682, 1683, 1686, 1688, 1726, 1752, 1826, 1883, 1884, 1886, 1887, 1955, 2080, 2373, 2452, 2463, 2465, 2466, 2472, 2492, 2545, 2590

20.6 TERMOS-CHAVE

autenticação	offset de fragmentação
cabeçalho-base	opção destino
cabeçalhos de extensão	opção final da opção
codepoint	opção loose source route
comprimento do cabeçalho	opção nó a nó
datagramas	opção no operation
endereço de destino	opção record route
endereço de origem	opção strict source route
entrega best-effort	opção timestamp
ESP (Encrypted Security Payload)	pilha dupla
fragmentação	Pad1
Internet Protocol (IP)	PadN
Internet Protocol, próxima geração (IPng)	precedência
Internet Protocol versão 4 (IPv4)	prioridade de pacotes
Internet Protocol versão 6 (IPv6)	rótulo de fluxo (flow label)
jumbo payload	serviço orientado a conexões
limite de saltos	serviço sem conexão
MTU (unidade de transferência máxima)	serviços diferenciados
next header	técnica de descoberta do MTU das rotas

tempo de vida
tipo de serviço
TOS (tipo de serviço)

tradução do cabeçalho
tráfego não controlado por congestionamento
tunelamento

20.7 RESUMO

❏ O IPv4 é um protocolo não confiável e sem conexão responsável pela entrega da origem até o destino.

❏ Os pacotes na camada IPv4 são denominados datagramas. Um datagrama é formado por um cabeçalho (20 a 60 bytes) e dados. O comprimento máximo de um datagrama é de 65.535 bytes.

❏ MTU é o número máximo de bytes que um protocolo de enlace de dados pode encapsular. Os MTUs variam de protocolo para protocolo.

❏ Fragmentação é a divisão de um datagrama em unidades menores para suportar a compatibilização com o MTU de um protocolo de enlace de dados.

❏ O cabeçalho de um datagrama IPv4 é formado por uma seção fixa de 20 bytes e de opções variáveis com, no máximo, 40 bytes.

❏ A seção de opções do cabeçalho IPv4 é usada para propósitos de depuração e testes de rede.

❏ Cada uma das seis opções do IPv4 tem uma função específica. São elas: preenchimento entre opções para fins de alinhamento do cabeçalho, preenchimento, registro da rota trafegada pelo datagrama, seleção de uma rota obrigatória pelo transmissor (strict source route), seleção de determinados roteadores que devem ser visitados (loose source route) e registro de tempos de processamento nos roteadores (timestamp).

❏ O IPv6, a versão mais atual do Internet Protocol, possui um espaço de endereços de 128 bits, um formato de cabeçalho revisado, novas opções, possibilidades de extensão, suporte a alocação de recursos e melhorias nos mecanismos de segurança.

❏ Um datagrama IPv6 é composto por um cabeçalho-base e um payload.

❏ Cabeçalhos de extensão acrescentam funcionalidade a um datagrama IPv6.

❏ As três estratégias usadas para tratar da transição da versão 4 para a versão 6 são pilha dupla, tunelamento e tradução do cabeçalho.

20.8 ATIVIDADES PRÁTICAS

Questões para Revisão

1. Qual é a diferença entre a entrega de um frame em uma camada de enlace de dados e a entrega de um pacote na camada de rede?
2. Qual é a diferença entre serviços sem conexão e serviços orientados para a conexão? Que tipo de serviço é fornecido pelo IPv4? Que tipo de serviço é fornecido pelo IPv6?
3. Defina fragmentação e explique por que os protocolos IPv4 e IPv6 precisam fragmentar certos pacotes. Existe alguma diferença entre os dois protocolos nesse sentido?

4. Explique o procedimento para cálculo e verificação do checksum no protocolo IPv4. Qual parte de um pacote IPv4 é coberta pelo cálculo do checksum? Por quê? Estão inclusas opções no cálculo, se existentes?

5. Explique a necessidade de opções no IPv4 e enumere as opções mencionadas neste capítulo com uma breve descrição de cada uma delas.

6. Compare e mostre as diferenças entre os campos principais dos cabeçalhos do IPv4 e IPv6. Crie uma tabela que ilustre a presença ou ausência de cada campo.

7. Tanto o IPv4 como o IPv6 partem do pressuposto de que os pacotes podem ter prioridades ou precedências diferentes. Explique como cada protocolo trata essa questão.

8. Compare e mostre as diferenças entre as opções no IPv4 e os cabeçalhos de extensão no IPv6. Crie uma tabela que apresente a presença ou ausência de cada uma delas.

9. Explique o motivo para a eliminação do checksum no cabeçalho do IPv6.

10. Enumere três estratégias de transição para migração do IPv4 para o IPv6. Explique a diferença entre as estratégias de tunelamento e de pilha dupla durante o período de transição. Quando cada estratégia é usada?

Exercícios

11. Que campos do cabeçalho IPv4 mudam de roteador em roteador?

12. Calcule o valor do HLEN (no IPv4) se o comprimento total for de 1.200 bytes, onde 1.176 deles são referentes a dados provenientes da camada superior.

13. A Tabela 20.5 mostra os MTUs para vários protocolos diferentes. Os MTUs variam de 296 a 65.535. Quais seriam as vantagens de ter um MTU grande? Quais seriam as vantagens de ter um MTU pequeno?

14. Dado um datagrama fragmentado (no IPv4) com um offset igual a 120, como podemos determinar os valores do primeiro e último bytes?

15. O valor do comprimento do cabeçalho em um pacote IPv4 pode ser menor que 5? Quando ele é exatamente 5?

16. O valor do HLEN em um datagrama IPv4 é 7. Quantos bytes de opção estão presentes?

17. O tamanho do campo opção de um datagrama IPv4 é 20 bytes. Qual é o valor do HLEN? Qual é esse valor em binário?

18. O valor do campo comprimento total em um datagrama IPv4 é 36 e o valor do campo do comprimento do cabeçalho é 5. Quantos bytes de dados o pacote transporta?

19. Um datagrama IPv4 transporta 1.024 bytes de dados. Se não existir nenhuma informação de opção, qual o valor do campo comprimento do cabeçalho? Qual o valor do campo comprimento total?

20. Um host transmite 100 datagramas para outro host. Se o número de identificação do primeiro datagrama for 1024, qual é o número de identificação do último (no IPv4)?

21. Um datagrama IPv4 chega com offset de fragmentação igual a 0 e um bit *M* (bit mais fragmentos) igual a 0. Trata-se do primeiro fragmento, do intermediário ou do último?

22. Um fragmento IPv4 chegou com valor de offset igual a 100. Quantos bytes de dados foram enviados inicialmente pela origem, nesse fragmento, antes dos dados?

23. Um datagrama IPv4 chegou com as seguintes informações no cabeçalho (em hexadecimal):

    0x45 00 00 54 00 03 58 50 20 06 00 00 7C 4E 03 02 B4 0E 0F 02

    a. O pacote está corrompido?
    b. Existe alguma opção selecionada?
    c. O pacote está fragmentado?
    d. Qual é o tamanho dos dados?
    e. Por quantos roteadores a mais o pacote ainda é capaz de trafegar?
    f. Qual é o número de identificação do pacote?
    g. Qual é o tipo de serviço?

24. Em um datagrama IPv4, o bit *M* é 0, o valor de HLEN é 5, o valor do comprimento total é 200 e o valor do offset é 200. Qual é o valor do primeiro byte e do último byte nesse datagrama? Este é o último fragmento, o primeiro ou um intermediário?

Atividades de Pesquisa

25. Descubra por que existem dois protocolos de segurança (AH e ESP) no IPv6.

CAPÍTULO 21

Camada de Rede: Mapeamento de Endereços, Notificação de Erros e Multicasting

No Capítulo 20, discutimos o Internet Protocol (IP) como o principal protocolo da camada de rede. O IP foi desenvolvido como um protocolo de entrega best effort, mas lhe faltam alguns recursos, como controle de fluxo e de erros. Trata-se de um protocolo host-to-host que usa endereçamento lógico. Para fazer que o IP responda de forma mais eficiente a certas necessidades de internetworking de nossos dias, necessitamos do auxílio de outros protocolos.

Primeiro, precisamos que algum protocolo crie um mapeamento entre endereços lógicos e físicos. Os pacotes IP usam endereços lógicos (host-to-host). Esses pacotes, porém, devem ser encapsulados em frames, que requerem endereços físicos (nó-a-nó). Veremos que um protocolo denominado **ARP** (**Address Resolution Protocol — protocolo de resolução de endereço**) foi desenvolvido para esse fim. Algumas vezes, precisamos do mapeamento inverso — associar (mapear) um endereço físico a um endereço lógico como, por exemplo, ao fazer o boot de um computador sem disco (diskless) ou alugar um endereço IP para um host. Foram desenvolvidos três protocolos para essa finalidade: RARP, BOOTP e DHCP.

A falta de mecanismos de controle de erros e de fluxo no Internet Protocol (IP) acabou resultando em outro protocolo, o ICMP, que gera notificações de erros ao originador da mensagem. Ele informa sobre congestionamento e alguns outros tipos de erros na rede ou no host de destino.

O IP foi concebido originalmente para a entrega de pacotes unicast, de uma fonte para um destino. À medida que a Internet foi evoluindo, a necessidade de entrega de pacotes multicast, de uma fonte para vários destinos, aumentou muitíssimo. O IGMP dá ao IP a capacidade adicional de multicasting.

Neste capítulo, trataremos dos protocolos ARP, RARP, BOOTP, DHCP e IGMP com certo detalhamento. Discutiremos também o ICMPv6, que se tornará amplamente operacional à medida que o IPv6 estiver sendo implementado. O ICMPv6 combina os protocolos ARP, ICMP e IGMP em um único protocolo.

21.1 MAPEAMENTO DE ENDEREÇOS

Uma internet é composta por uma combinação de redes físicas interconectadas por dispositivos de conexão, por exemplo, roteadores. Um pacote partindo de um host de origem pode passar por várias redes físicas diferentes antes de finalmente atingir o host de destino. Os hosts e roteadores são reconhecidos no nível de rede por seus endereços lógicos (IP).

Entretanto, os pacotes passam por diversas redes físicas até alcançar esses hosts e roteadores. No nível físico, os hosts e roteadores são identificados por seus endereços físicos. Um **endereço físico** é um endereço local. Sua jurisdição é na rede local. Ele precisa ser localmente exclusivo, mas não necessariamente de forma universal exclusiva. É denominado *endereço físico* porque, normalmente (mas nem sempre), é implementado em hardware. Um exemplo de endereço físico é o endereço MAC de 48 bits do protocolo Ethernet, que é gravado na placa de rede (NIC — Network Interface Card) e instalado em um host ou roteador.

Endereço físico e endereço lógico são dois identificadores distintos. Precisamos dos dois porque uma rede física como a Ethernet pode ter, simultaneamente, mais que dois protocolos diferentes na camada de rede; por exemplo, o IP e o IPX (Novell). Da mesma forma, um pacote em uma camada de rede como o IP pode ter de passar por redes físicas diferentes, como Ethernet e LocalTalk (Apple).

Isso significa que a entrega de um pacote a um host ou roteador requer dois níveis de endereçamento: lógico e físico. Precisamos estar aptos a mapear um endereço lógico a seu endereço físico correspondente e vice-versa. Essas tarefas podem ser realizadas usando-se técnicas de mapeamento estático ou dinâmico.

O mapeamento estático envolve a criação de uma tabela que associa um endereço lógico a um endereço físico. Essa tabela é armazenada em cada máquina da rede. Cada máquina que conhece, por exemplo, o endereço IP de outra, mas não conhece seu endereço físico, pode pesquisar nessa tabela. Esse processo tem algumas limitações, pois os endereços físicos podem mudar por uma série de motivos:

1. Uma máquina troca seu NIC (Network Interface Card), resultando em um novo endereço físico.
2. Em certas redes LANs, como a LocalTalk, o endereço físico muda toda vez que o computador é ligado.
3. Um computador móvel pode mudar de uma rede física para outra, resultando em uma modificação de seu endereço físico.

Para implementar essas mudanças, uma tabela de mapeamento estático deve ser atualizada periodicamente. Esse overhead e retrabalho poderia afetar o desempenho da rede.

No **mapeamento dinâmico,** cada vez que uma máquina identifica um dos dois endereços (lógico ou físico), ela poderá usar um protocolo auxiliar para descobrir o outro endereço faltante.

Mapeamento entre Endereços Lógicos e Físicos: ARP

Sempre que um host ou roteador envia um datagrama IP a outro host ou roteador, o endereço lógico (IP) do receptor é conhecido. O endereço lógico (IP) é obtido por meio do DNS (ver o Capítulo 25), se o emissor for um host, ou será encontrado em uma tabela de roteamento (ver o Capítulo 22), se o emissor for um roteador. O datagrama IP, porém tem de ser encapsulado em um frame para poder ser transmitido pela rede física. Isso significa que o emissor precisa conhecer o endereço físico do receptor. O host ou roteador envia um pacote ARP Request (Solicitação ARP). Esse pacote inclui os endereços IP e físico do emissor e o endereço IP do receptor. Como o emissor não conhece o endereço físico do receptor, a consulta é transmitida em broadcast para toda a rede (ver a Figura 21.1).

Todos os hosts ou roteadores da rede recebem e processam o pacote ARP Request, mas apenas o receptor pretendido reconhece seu endereço IP e responde com um pacote ARP Reply (Resposta ARP). O pacote de resposta contém os endereços IP e físico do receptor. O pacote é transmitido (em unicast) diretamente ao solicitante, usando o endereço físico recebido no pacote de solicitação.

Figura 21.1 *Operação ARP*

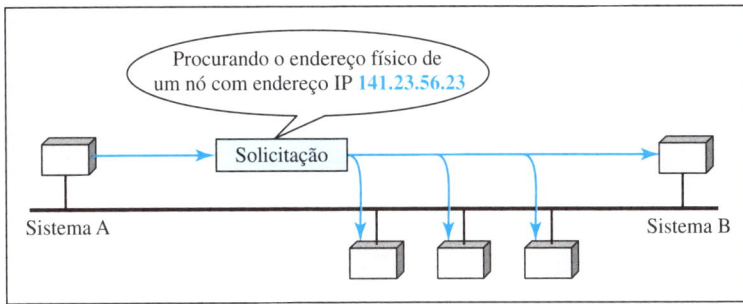

a. Uma solicitação ARP é transmitida (broadcast)

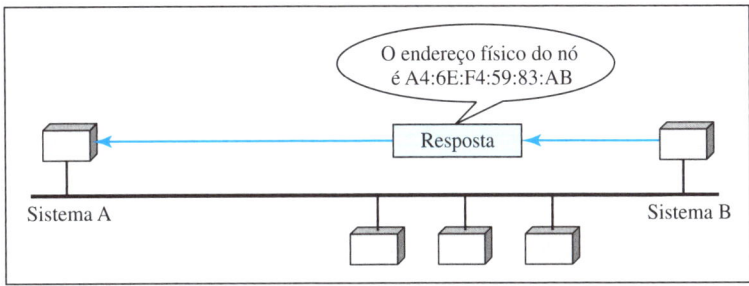

b. Uma resposta ARP é transmitida (unicast)

Na Figura 21.1a, o sistema da esquerda (A) tem um pacote que necessita ser entregue a outro sistema (B) com endereço IP 141.23.56.23. O sistema A precisa repassar o pacote para sua camada de enlace de dados para a entrega efetiva; no entanto, não conhece o endereço físico do receptor. Para tanto, ele usa os serviços do ARP para solicitar que o protocolo ARP que o transmita em broadcast um pacote ARP request, perguntando o endereço físico de um sistema cujo endereço IP é 141.23.56.23.

Esse pacote é recebido por todos os sistemas interconectados na rede física, mas apenas o sistema B responderá, conforme mostrado na Figura 21.1b. O sistema B envia um pacote ARP reply que inclui seu endereço físico. Agora, o sistema A poderá enviar todos os pacotes que tiver para esse destino, usando o endereço físico que recebeu.

Memória Cache

O uso do protocolo ARP se torna ineficiente caso o sistema A precise transmitir uma solicitação ARP em broadcast para cada pacote IP que precise enviar para o sistema B. Ele poderia ter transmitido o próprio pacote IP em broadcast. O ARP é mais eficiente caso a resposta ARP seja colocada em cache (mantida temporariamente em memória cache), pois um sistema normalmente envia vários pacotes para um mesmo destino. Um sistema que recebe uma resposta ARP armazena o mapeamento na memória cache e a mantém lá por 20 a 30 minutos, exceto quando o espaço no cache se esgota. Antes de transmitir uma solicitação ARP, o sistema verifica primeiro seu cache para ver se ele consegue localizar o mapeamento.

Formato de Pacote

A Figura 21.2 mostra o formato de um pacote ARP.

Figura 21.2 *Pacote ARP*

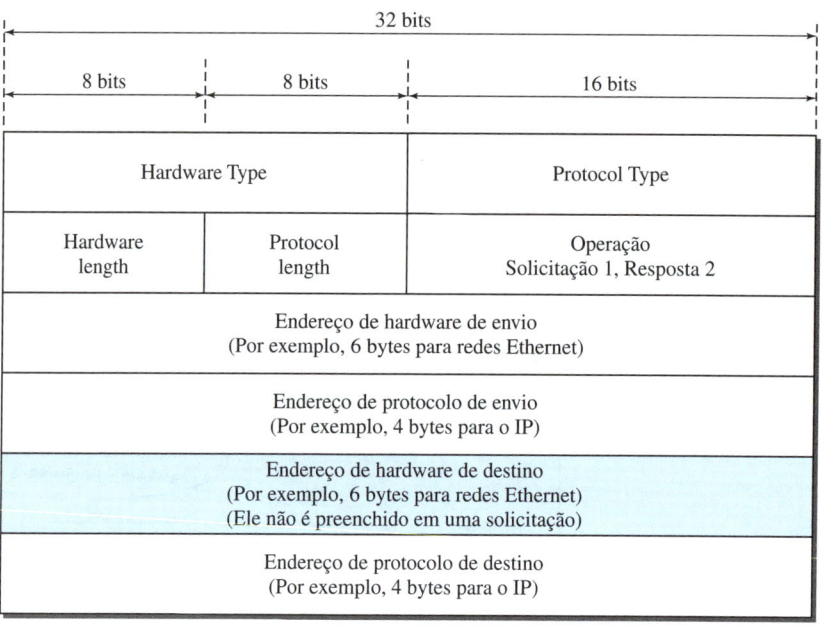

Os campos são os seguintes:

- **Hardware Type.** Trata-se de um campo de 16 bits que define o tipo de rede na qual ARP está rodando. Cada rede LAN recebe um número inteiro, conforme seu tipo. Por exemplo, para redes Ethernet é atribuído o tipo 1. O ARP pode ser usado genericamente em qualquer rede física.

- **Protocol type.** Refere-se a um campo de 16 bits que estabelece o protocolo. Por exemplo, o valor desse campo para o protocolo IPv4 é 0800_{16}. O ARP pode ser usado com qualquer protocolo de nível mais alto.

- **Hardware Length.** Corresponde a um campo de 8 bits que estipula o comprimento do endereço físico em bytes. Por exemplo, para redes Ethernet o valor é 6.

- **Protocol Length.** Trata-se de um campo de 8 bits que define o comprimento do endereço lógico, em bytes. Por exemplo, para o protocolo IPv4 esse valor é 4.

- **Operation.** Refere-se de um campo de 16 bits que indica o tipo de pacote a ser transmitido. São definidos dois tipos de pacotes: ARP Request (Solicitação ARP) (1) e ARP Reply (Resposta ARP) (2).

- **Sender Hardware Address.** Trata-se de um campo de comprimento variável que define o endereço físico do emissor. Por exemplo, para redes Ethernet, esse campo tem 6 bytes de comprimento.

- **Sender Protocol Address.** Corresponde a um campo de comprimento variável que estabelece o endereço lógico (por exemplo, IP) do emissor. Para o protocolo IP, esse campo tem 4 bytes de comprimento.

- **Target Hardware Address.** Trata-se de um campo de comprimento variável que estipula o endereço físico do destino. Por exemplo, para redes Ethernet esse campo tem 6 bytes de comprimento. Para uma mensagem ARP Request, esse campo é formado somente por 0s, pois o emissor não conhece o endereço físico de destino.

- **Target Protocol Address.** Trata-se de um campo de comprimento variável que define o endereço lógico (por exemplo, IP) do destino. Para o protocolo IPv4, esse campo tem 4 bytes de comprimento.

Encapsulamento

Um pacote ARP é encapsulado diretamente em um frame no nível de enlace de dados. Por exemplo, na Figura 21.3, um pacote ARP é encapsulado em um frame Ethernet. Observe que o campo "type" indica que os dados transportados pelo frame fazem parte de um pacote ARP.

Figura 21.3 *Encapsulamento de um pacote ARP*

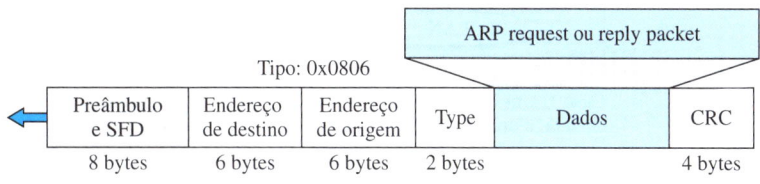

Operação

Vejamos como o ARP funciona em uma internet típica. Inicialmente, descrevemos as etapas envolvidas. Em seguida, discutiremos os quatro casos nos quais um host ou roteador precisa usar o ARP. Eis as etapas envolvidas em um processo ARP:

1. O emissor conhece o endereço IP do destino. Logo mais, veremos como o emissor obtém esse endereço.

2. O IP solicita ao ARP que crie uma mensagem ARP request (Solicitação ARP), preenchendo os campos de endereço físico do emissor, endereço IP do emissor e endereço IP do destino. O campo endereço físico do destino é preenchido com 0s.

3. A mensagem é passada para a camada de enlace de dados, onde é encapsulada em um frame usando o endereço físico do emissor como origem e o endereço físico de broadcast como e destino.

4. Todos os hosts ou roteadores recebem o frame. Como o frame contém um endereço de destino de broadcast, todas as estações processam a mensagem e a repassam para o ARP. Todas as máquinas, exceto aquela a que se destina o pacote, descartam-no. A máquina de destino reconhece seu endereço IP.

5. A máquina de destino responde com uma mensagem ARP reply (resposta ARP), contendo seu endereço físico. A mensagem é transmitida em unicast.

6. O emissor recebe a mensagem de resposta. Ele conhece o endereço físico da máquina de destino.

7. O datagrama IP, que transporta dados para a máquina de destino, agora é encapsulado em um frame e é transmitido (em unicast) para o destino.

Quatro Casos Diferentes

A seguir, apresentamos quatro casos diferentes nos quais os serviços do ARP podem ser usados (ver a Figura 21.4).

1. O emissor é um host e quer enviar um pacote para outro host da mesma rede. Nesse caso, o endereço lógico que deve ser associado a um endereço físico é o endereço IP de destino no cabeçalho do datagrama.

Figura 21.4 *Quatro casos usando ARP*

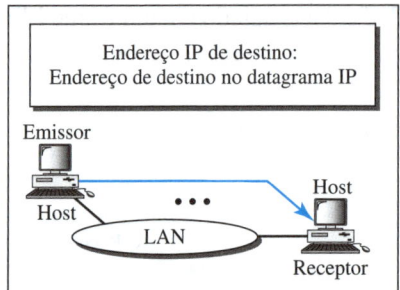

Caso 1. Um host tem um pacote para ser enviado a outro host da mesma rede.

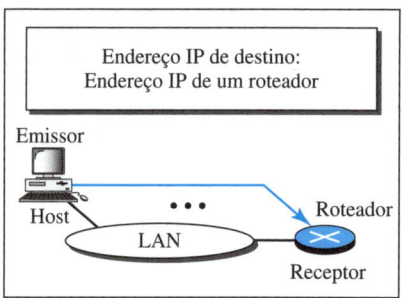

Caso 2. Um host deseja enviar um pacote a outro host em outra rede.
Ele precisa, primeiro, ser entregue a um roteador.

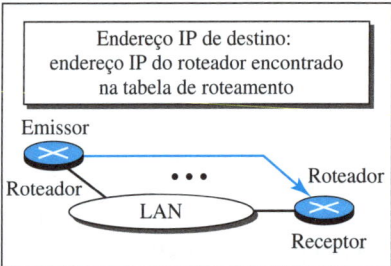

Caso 3. Um roteador recebe um pacote para ser enviado a um host de outra rede. Ele precisa, primeiro, ser entregue ao roteador apropriado.

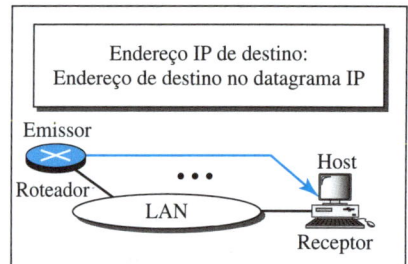

Caso 4. Um roteador recebe um pacote para ser enviado a um host da mesma rede.

2. O emissor é um host e deseja enviar um pacote a outro host em outra rede. Nesse caso, o host pesquisa sua tabela de roteamento e encontra o endereço IP do próximo nó (roteador) para esse destino. Se não tiver uma tabela de roteamento, ele procura o endereço IP do roteador-padrão. O endereço IP do roteador se torna o endereço lógico que deve ser associado a um endereço físico.

3. O emissor é um roteador que recebeu um datagrama destinado a um host de outra rede. Ele verifica sua tabela de roteamento e encontra o endereço IP do próximo roteador. O endereço IP do roteador seguinte se torna o endereço lógico, que será mapeado a um endereço físico.

4. O emissor é um roteador que recebeu um datagrama destinado a um host da mesma rede. O endereço IP de destino do datagrama se torna o endereço lógico que será mapeado a um endereço físico.

> **Uma solicitação ARP é transmitida em brodcast;
> uma resposta ARP é transmitida em unicast.**

Exemplo 21.1

Um host com endereço IP 130.23.43.20 e endereço físico B2:34:55:10:22:10 tem um pacote para ser enviado a outro host com endereço IP 130.23.43.25 e endereço físico A4:6E:F4:59:83:AB (que é desconhecido do primeiro host). Os dois hosts se encontram na mesma rede Ethernet. Mostre os pacotes ARP de solicitação e resposta (request/reply) encapsulados em frames Ethernet.

Solução

A Figura 21.5 mostra os pacotes ARP de solicitação e de resposta. Note que o campo de dados ARP, nesse caso, tem 28 bytes, e que os endereços individuais não se adéquam ao limite de 4 bytes. É por isso que não mostramos os limites normais de 4 bytes para esses endereços.

Figura 21.5 *Exemplo 21.1, solicitação e resposta ARP*

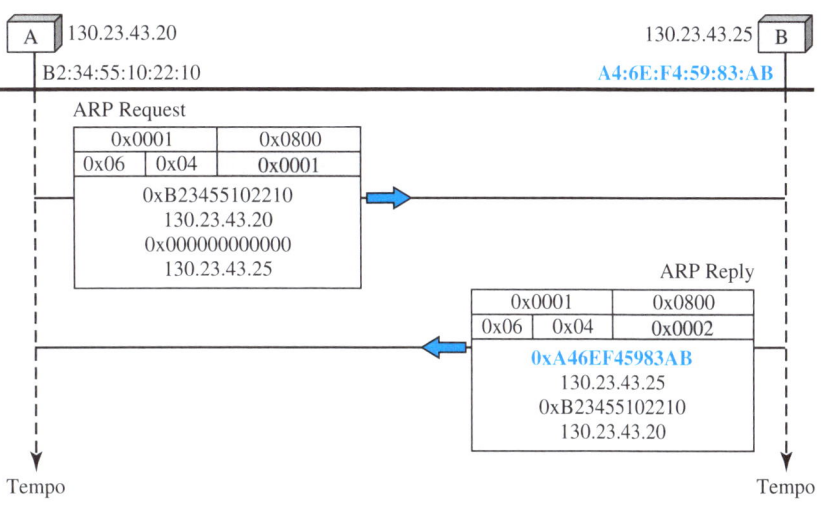

Proxy ARP

Uma técnica denominada Proxy ARP é usada para criar o efeito de sub-redes. O **Proxy ARP** é um ARP que atua em nome de um conjunto de hosts. Toda vez que um roteador, que roda Proxy ARP, recebe uma solicitação ARP à procura de um endereço IP de um de seus hosts, envia uma resposta ARP anunciando seu próprio endereço (físico) de hardware. Posteriormente, quando o roteador receber um pacote IP real, ele enviará esse pacote IP para o host ou roteador apropriado.

Vejamos um exemplo. Na Figura 21.6 o ARP instalado no host do lado direito responderá apenas a uma solicitação ARP com endereço IP de destino igual a 141.23.56.23.

Figura 21.6 *Proxy ARP*

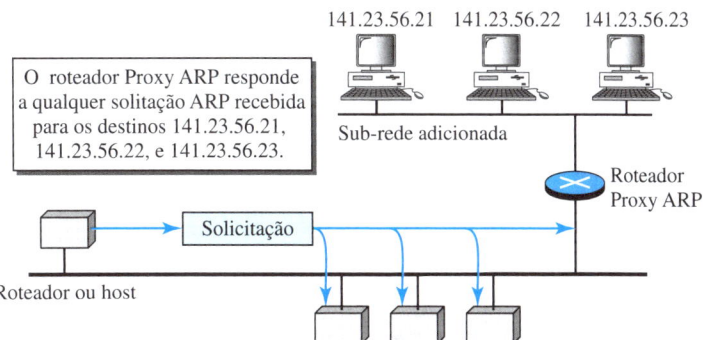

Por vezes, um administrador talvez tenha de criar sub-redes sem alterar o sistema inteiro para reconhecer os endereços de sub-rede. Uma solução seria acrescentar um roteador que roda Proxy ARP. Nesse caso, o roteador atua em nome de todos os hosts instalados nas sub-redes. Ao receber uma solicitação ARP com um endereço IP de destino coincidente com o endereço de um de seus "protegidos" (141.23.56.21, 141.23.56.22, ou 141.23.56.23), ele envia uma resposta ARP e anuncia seu endereço de hardware como o endereço de hardware de destino. Quando o roteador recebe o pacote IP, ele o encaminha ao host apropriado.

Mapeamento entre Endereços Físicos e Lógicos: RARP, BOOTP e DHCP

Existem ocasiões nas quais um host conhece seu endereço físico, mas precisa saber também seu endereço lógico. Isso pode ocorrer em dois casos:

1. Uma estação diskless acaba de ser iniciada. Ela conhece seu endereço físico ao verificar sua interface, mas não identifica seu endereço IP.
2. Uma organização não tem endereços IP suficientes para atribuir a cada estação; precisa atribuir endereços IP sob demanda. A estação pode enviar seu endereço físico e solicitar um empréstimo de curto prazo.

RARP

O RARP (Reverse Address Resolution Protocol — protocolo de resolução de endereço reverse) tem por finalidade mapear o endereço lógico de uma máquina a partir de seu endereço físico. Cada host ou roteador recebe um ou mais endereços lógicos (IP), que são exclusivos e independentes do endereço físico (de hardware) da máquina. Para criar um datagrama IP, um host ou roteador precisa saber seu(s) próprio(s) endereço(s) IP. O endereço IP de uma máquina normalmente é lido de seu arquivo de configuração armazenado em um arquivo em disco.

Entretanto, uma máquina sem disco pode ser iniciada a partir da memória ROM, que possui as informações mínimas necessárias para o boot. A ROM é instalada pelo fabricante. Ela não inclui o endereço IP, pois estes, em uma rede, são atribuídos logicamente e sob demanda por um administrador de redes.

A máquina pode obter seu endereço físico (lendo seu NIC, por exemplo), que é localmente exclusivo. Em seguida, pode usar seu endereço físico para obter um endereço lógico, utilizando o protocolo RARP. Para tanto, será criada e transmitida uma solicitação RARP (RARP Request) na rede local. Outra máquina da rede local que conheça todos os endereços IP responderá com uma resposta RARP (RARP Reply). A máquina solicitante deve estar rodando um programa RARP Client; a máquina que responde tem de estar rodando um programa RARP Server.

Existe um grave problema com o RARP: o broadcast pode ser transmitido exclusivamente no nível de enlace de dados. Um endereço físico de broadcast, todos os bits em 1s no caso de redes Ethernet, não ultrapassa os limites de uma rede local. Isso significa que se um administrador tiver várias redes ou várias sub-redes, ele precisa configurar um RARP Server para cada uma delas. Esta é a razão para o RARP estar praticamente obsoleto. Dois outros protocolos, o BOOTP e o DHCP, estão substituindo o RARP.

BOOTP

O BOOTP (Bootstrap Protocol) é um protocolo cliente/servidor desenvolvido para facilitar o mapeamento entre endereços físicos e endereços lógicos. O BOOTP é um protocolo de camada de aplicação. O administrador pode implementar o cliente e o servidor em uma mesma rede ou

SEÇÃO 21.1 MAPEAMENTO DE ENDEREÇOS

então em redes diferentes, como mostra a Figura 21.7. Mensagens BOOTP são encapsuladas em pacotes UDP e o próprio pacote UDP é encapsulado em um pacote IP.

Figura 21.7 *Cliente e servidor BOOTP na mesma rede ou em redes diferentes*

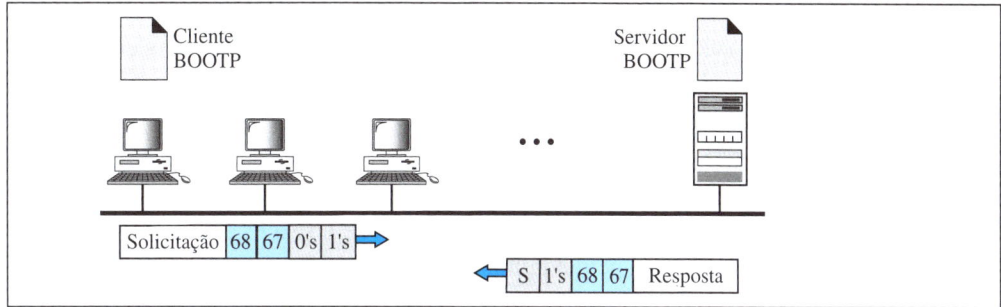

a. Cliente e servidor na mesma rede

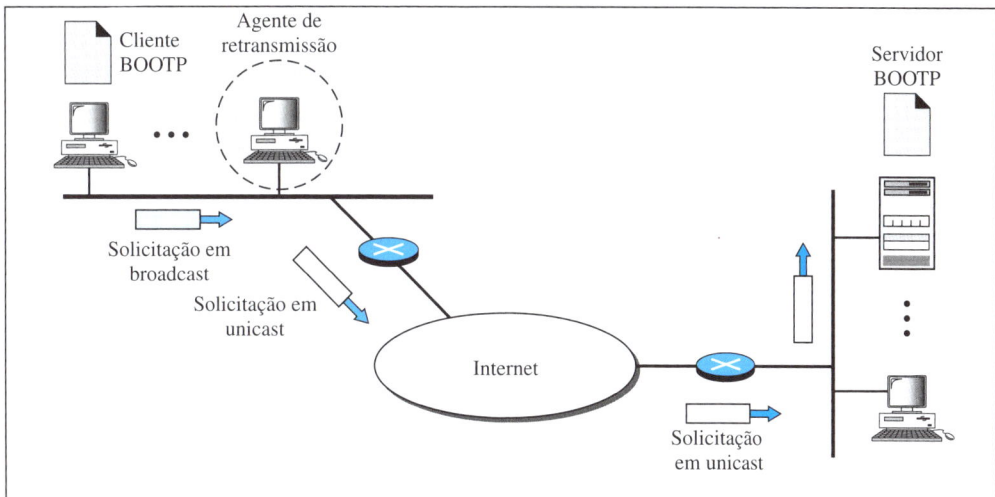

b. Cliente e servidor em redes diferentes

O leitor pode estar se perguntando como um cliente pode enviar um datagrama IP se ele não conhece nem seu próprio endereço IP (o endereço de origem) nem o endereço IP do servidor (o endereço de destino). A resposta é simples: o cliente envia uma mensagem com todos os bits iguais a 0 para identificar o endereço de origem e todos os bits iguais a 1 para identificar o endereço de destino.

Uma das vantagens do BOOTP em relação ao RARP é que o cliente e o servidor são processos da camada de aplicação. Como acontece com outros processos da camada de aplicação, um cliente pode se encontrar em uma rede e o servidor em outra, separados por várias outras redes. Entretanto, existe ainda um problema que deve ser resolvido. Uma solicitação BOOTP é transmitida com endereços de broadcast, pois o cliente não sabe o endereço IP do servidor. Um datagrama IP de broadcast não consegue passar por nenhum roteador. Para solucionar esse problema, é necessário um intermediário. Um dos hosts (ou um roteador que possa ser configurado para operar na camada de aplicação) pode ser usado como um retransmissor. O host, neste caso, é chamado relay agent (**agente de retransmissão**). O agente de retransmissão conhece o endereço unicast de um servidor BOOTP. Ao receber esse tipo de pacote, ele encapsula a mensagem em um datagrama unicast e retransmite a solicitação para o servidor BOOTP. O pacote, que está transportando um endereço de destino unicast, pode ser encaminhado por qualquer roteador até chegar ao servidor BOOTP. O servidor BOOTP sabe quando uma mensagem é proveniente de um agente de retransmissão, pois um dos campos da mensagem de solicitação define o endereço IP do agente de retransmissão. O agente de retransmissão, após receber a resposta, a encaminha ao cliente BOOTP.

DHCP

O BOOTP não é um **protocolo de configuração dinâmica**. Quando um cliente solicita seu endereço IP, o servidor BOOTP consulta uma tabela onde existe uma correspondência entre um endereço físico do cliente e seu endereço IP. Isso implica em preexistir uma vinculação entre o endereço físico e o endereço IP de um cliente. A vinculação é predeterminada.

Entretanto, o que acontece se um host mudar de uma rede física para outra? O que acontece se um host quiser um endereço IP temporário? O BOOTP não é capaz de lidar com essas situações, pois a vinculação entre endereços IP e físicos é estática e determinada em uma tabela até que seja alterada pelo administrador. O BOOTP é um protocolo de configuração estática.

O **DHCP (Dynamic Host Configuration Protocol — protocolo de configuração de host dinâmico)** foi desenvolvido para permitir a alocação de endereços estática e/ou dinâmica, que pode ser manual ou automática.

> **O DHCP permite a alocação estática e dinâmica de endereços, que pode ser manual ou automática.**

Alocação Estática de Endereços Nessa função, o DHCP atua como o BOOTP. Ele é compatível com as versões anteriores do BOOTP, o que significa que um host rodando o BOOTP client pode solicitar um endereço estático a um servidor DHCP. Este tem um banco de dados que mapeia estaticamente endereços físicos a endereços IP.

Alocação Dinâmica de Endereços O DHCP apresenta um segundo banco de dados com um pool de endereços IP disponíveis. Esse segundo banco de dados torna o DHCP dinâmico. Quando um cliente DHCP solicita um endereço IP temporário, o servidor DHCP verifica o pool de endereços IP disponíveis (não utilizados) e atribui um endereço IP por um período negociável.

Quando um cliente DHCP envia uma solicitação a um servidor DHCP, o servidor verifica, primeiro, seu banco de dados estático. Se existir uma entrada com o endereço físico solicitado no banco de dados estático, é retornado o endereço IP permanente do cliente. Por outro lado, se não existir uma entrada no banco de dados estático, o servidor seleciona um endereço IP a partir do pool de endereços disponíveis, atribuindo um endereço ao cliente e acrescentando uma entrada no banco de dados dinâmico.

O aspecto dinâmico do DHCP é necessário quando um host muda de uma rede para outra ou é conectado e desconectado de uma rede (como é o caso de um assinante de um provedor de serviços). O DHCP fornece endereços IP temporários por um período limitado.

Os endereços atribuídos a partir do pool são temporários. Um servidor DHCP emite uma **locação** por um tempo determinado. Quando ela expira, o cliente tem de parar de usar o endereço IP ou então renovar a locação. O servidor tem a opção de concordar ou não com essa renovação. Se o servidor não concordar, o cliente pára de usar o endereço.

Configuração Manual e Automática Um problema grave no protocolo BOOTP é que a tabela de mapeamento entre endereços IP e endereços físicos precisa ser configurada manualmente. Isso significa que, toda vez que ocorrer uma mudança em um endereço IP ou em um endereço físico, o administrador precisa reconfigurar manualmente as modificações. Por outro lado, o DHCP permite tanto a configuração manual como a automática. Os endereços estáticos são criados manualmente ao passo que os endereços dinâmicos fazem parte de um pool de endereços IP disponíveis.

21.2 ICMP

Como vimos no Capítulo 20, o IP fornece serviços não confiáveis de entrega de datagramas sem o uso de conexões virtuais (connectionless). Ele foi projetado dessa forma para utilizar os recursos da rede de forma mais eficiente. O protocolo IP oferece serviços de entrega best effort que possibilitam encaminhar um datagrama desde sua origem até seu destino final. Entretanto, ele apresenta duas deficiências: falta de controle de erros e falta de mecanismos de notificação de erros.

O protocolo IP não tem mecanismos de notificação ou de correção de erros. O que acontece quando algo dá errado? O que acontece se um roteador tiver de descartar um datagrama pelo fato de ele não conseguir encontrar um caminho até o destino final, ou pelo fato de o campo TTL (time-to-live) ter expirado? O que acontece se o host de destino final tiver de descartar todos os fragmentos de um datagrama por não ter recebido esses fragmentos dentro de um prazo predeterminado? Estes são alguns exemplos de situações nas quais ocorreram erros. O protocolo IP não apresenta mecanismos integrados para notificar erros ao host de origem dos dados.

O protocolo IP também não tem mecanismos que permitem realizar consultas de gerenciamento e de estado operacional dos hosts. Por vezes, um host precisa determinar se um roteador ou outro host está ativo. E, algumas vezes, um administrador de redes precisa de informações sobre outro host ou roteador.

O **ICMP (Internet Control Message Protocol — protocolo de mensagens de controle de Internet)** foi desenvolvido para suprir essas deficiências citadas anteriormente. É um protocolo auxiliar do protocolo IP.

Tipos de Mensagens

As mensagens ICMP dividem-se em duas grandes categorias: **mensagens de notificação de erro** e **mensagens de consulta.**

As mensagens de notificação de erros informam problemas que um roteador ou host (destino) podem vir a encontrar ao processar um pacote IP.

As mensagens de consulta, que ocorrem aos pares, ajudam os administradores de redes ou de hosts a obterem informações específicas sobre um roteador ou outro host. Por exemplo, os nós podem descobrir seus vizinhos. Da mesma forma, os hosts podem descobrir e obter informações sobre roteadores presentes em sua rede e os roteadores podem ajudar um nó a redirecionar suas mensagens.

Formato das Mensagens

Uma mensagem ICMP tem um cabeçalho de 8 bytes e uma seção de dados de tamanho variável. Embora o formato geral do cabeçalho seja diferente para cada tipo de mensagem, os 4 primeiros

Figura 21.8 *Formato geral de mensagens ICMP*

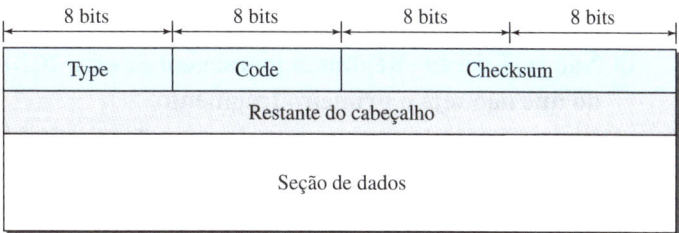

bytes são comuns a todos. Conforme mostra a Figura 21.8, o primeiro campo, ICMP type, define o tipo de mensagem. O campo 'Code' especifica o motivo para o tipo de mensagem determinada. O último campo comum é o *checksum* (a ser discutido posteriormente ainda neste capítulo). O restante do cabeçalho é específico para cada tipo de mensagem.

A seção de dados em mensagens de erros contém informações adicionais que permitem identificar o pacote original que apresentava o erro. Em mensagens de consulta, a seção de dados contém informações extras com base no tipo de consulta.

Notificação de Erros

Uma das principais responsabilidades do ICMP é notificar erros ocorridos durante o processo de roteamento de datagramas IP. Embora o avanço tecnológico esteja produzindo meios de transmissão cada vez mais confiáveis, os erros ainda existem e devem ser tratados. O IP, como discutido no Capítulo 20, é um protocolo não confiável. Isso significa que a verificação e o controle de erros não são de responsabilidade do IP. O ICMP foi projetado, em parte, para compensar esse ponto fraco. Entretanto, o ICMP não corrige erros — ele simplesmente os notifica ao originador da mensagem. A correção de erros é relevada para outros protocolos de nível mais alto. As mensagens de erro são sempre enviadas para o originador da mensagem, pois a única informação disponível em um datagrama sobre sua rota são os endereços IP de origem e de destino. O ICMP usa o endereço IP de origem para enviar a mensagem de erro para a origem (criador) do datagrama.

O ICMP sempre envia mensagens de erro para o originador da mensagem.

São tratados cinco tipos de erros: *destination unreachable* (destino inalcançável), *source quench* (contenção da fonte), *time-exceeded* (tempo esgotado), *parameter problems* (problemas de parâmetros) e *redirection* (redirecionamento) (ver a Figura 21.9).

Figura 21.9 *Mensagens de notificação de erros*

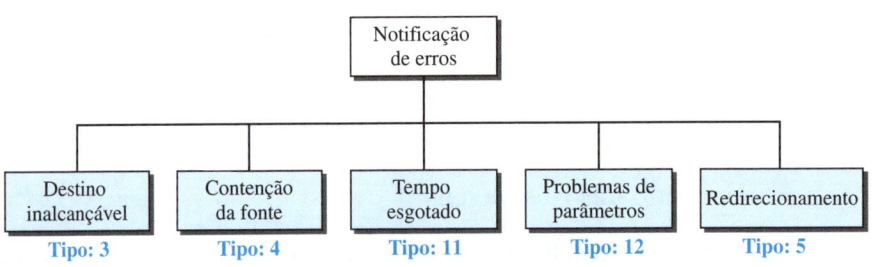

Os itens a seguir são pontos importantes sobre mensagens de erro ICMP:

❑ **Não será gerada nenhuma mensagem de erro ICMP adicional na resposta a um datagrama que já esteja transportando uma mensagem de erro ICMP.**

❑ **Não será gerada nenhuma mensagem de erro ICMP para um datagrama fragmentado que não seja o primeiro fragmento.**

❑ **Não será gerada nenhuma mensagem de erro ICMP para um datagrama com um endereço multicast.**

❑ **Não será gerada nenhuma mensagem de erro ICMP para um datagrama com endereço reservado como 127.0.0.0 ou 0.0.0.0**

Observe que todas as mensagens de erro contêm uma seção de dados que inclui o cabeçalho IP do datagrama original mais seus 8 primeiros bytes de dados. O cabeçalho original de um datagrama IP é acrescentado para fornecer ao originador da mensagem, que estará recebendo a mensagem de erro, informações sobre o datagrama em si. Os 8 bytes de dados são inclusos porque, como veremos no Capítulo 23, nos protocolos UDP e TCP, os 8 primeiros bytes fornecem informações sobre números de portas (UDP e TCP) e número de seqüência (TCP). Essas informações são necessárias para a origem informar aos protocolos superiores (TCP ou UDP) sobre o erro. O ICMP gera um pacote de dados de erros, que é então encapsulado em um datagrama IP (ver a Figura 21.10).

Figura 21.10 *Conteúdo do campo de dados para mensagens de erro*

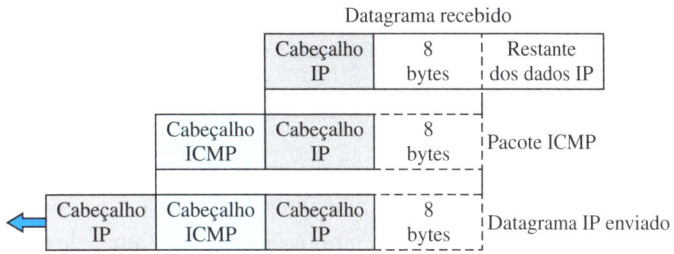

Destination Unreachable

Quando um roteador não puder encaminhar um datagrama ou um host não puder entregar um datagrama, este é descartado e o roteador ou o host envia uma **mensagem de destino inalcançável** de volta para o host originador da mensagem que iniciou o datagrama. Note que as mensagens de destino inalcançável podem ser criadas tanto por um roteador quanto pelo host de destino.

Source Quench

O protocolo IP é um protocolo sem conexão. Não existe comunicação entre o host de origem, que produz o datagrama, os roteadores, que o encaminham e o host de destino, que o processa. Uma das ramificações dessa ausência de comunicação é a falta de *controle de fluxo*. O IP não tem mecanismos de controle de fluxo embutidos no protocolo. A falta de controle de fluxo pode criar um problema grave na operação do IP: congestionamento. O host de origem jamais sabe se os roteadores ou o host de destino estão sobrecarregados com o processamento de datagramas. O host de origem nunca sabe se ele está produzindo datagramas mais rápido que o que pode ser roteado pelos roteadores ou processados pelo host de destino.

A falta de controle de fluxo pode provocar congestionamento em roteadores ou no host de destino. Um roteador ou um host tem uma fila de tamanho e capacidade limitada (buffer) para os datagramas que chegam e ficam aguardando serem roteados (no caso de um roteador) ou serem processados (no caso de um host). Se os datagramas forem recebidos muito mais rápido que podem ser roteados ou processados, o buffer vai estourar. Nesse caso, o roteador ou o host não tem outra escolha a não ser descartar parte dos datagramas. No ICMP, foi concebida uma mensagem de controle denominada **contenção da fonte** (source quench) para implementar uma espécie de controle de fluxo para datagramas IP. Quando um roteador ou host descarta um datagrama por causa de congestionamento, envia uma mensagem source quench para o originador do datagrama. Essa mensagem tem dois objetivos. Primeiro, informa a origem que o datagrama foi descartado. Segundo, alerta à origem sobre a existência de congestionamento em algum ponto do trajeto e que a origem deve desacelerar (frear) o envio de datagramas.

Time-Exceeded

A **mensagem time-exceeded (tempo esgotado)** é gerada em dois casos: como veremos no Capítulo 22, os roteadores usam tabelas de roteamento para descobrir o próximo nó (roteador seguinte) para o encaminhamento de um pacote. Se existirem erros em uma ou mais tabelas de roteamento, um pacote poderá ficar trafegando em loop ou em ciclo, indo de um roteador para o próximo ou então visitando uma série de roteadores indefinidamente (loop de roteamento). Como vimos no Capítulo 20, cada datagrama contém um campo denominado time-to-live (*tempo de vida*) que controla essa situação. Quando um datagrama visita um roteador, o valor desse campo é decrementado de uma unidade. Quando o valor de TTL chegar a 0, após vários decrementos, o roteador descartará o datagrama. Entretanto, após o datagrama ser descartado, o roteador envia uma mensagem de time-exceeded (tempo esgotado) para o originador do datagrama. Em segundo lugar, uma mensagem de time-exceeded também é gerada quando nem todos os fragmentos que formam uma mensagem chegam ao host de destino dentro de certo prazo.

Parameter Problem

Qualquer ambigüidade no cabeçalho de um datagrama pode provocar sérios problemas no tráfego de um datagrama pela Internet. Se um roteador ou o host de destino descobrir um valor ambíguo ou faltante em qualquer um dos campos de um datagrama, ele descartará o datagrama e enviará uma **mensagem Parameter Problem (problema com parâmetros)** de volta ao originador do datagrama.

Redirection

Quando um roteador precisa enviar um pacote destinado à outra rede, ele precisa saber o endereço IP do próximo roteador. O mesmo é válido se o emissor for um host. Tanto roteadores como hosts devem ter uma tabela de roteamento para identificar o endereço do roteador ou do roteador seguinte. Os próprios roteadores fazem parte de um processo de atualização das tabelas de roteamento, como veremos no Capítulo 22, e é pressuposto que estas sejam atualizadas periodicamente. O roteamento é dinâmico.

Entretanto, por motivos de eficiência, os hosts não fazem parte do processo de atualização de roteamento porque existem mais hosts que roteadores em uma internet. Atualizar dinamicamente as tabelas de roteamento produz um tráfego excedente inaceitável. Os hosts normalmente usam roteamento estático. Para um host, sua tabela de roteamento tem um número limitado de entradas. Em geral, ele conhece o endereço IP de apenas um roteador, o roteador-padrão (default gateway). Por essa razão, talvez possa enviar um datagrama, que é destinado a outra rede, para um roteador errado. Nesse caso, o roteador que recebe o datagrama o encaminhará para o roteador correto. Portanto, para atualizar a tabela de roteamento do host, ele envia uma mensagem de redirecionamento (redirection) ao host. Esse conceito de redirecionamento é mostrado na Figu-ra 21.11. O host A quer enviar um datagrama ao host B.

Figura 21.11 *O conceito de redirecionamento*

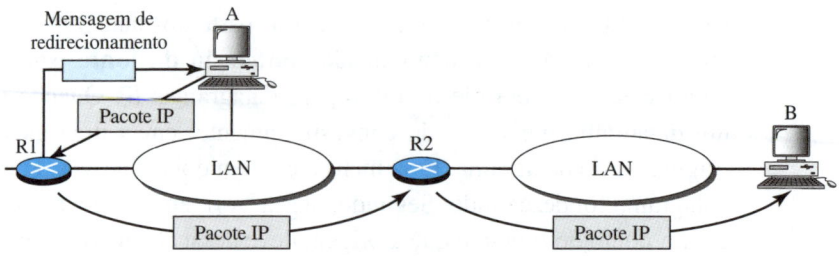

O roteador R2 é obviamente a melhor opção de roteamento, mas o host A não escolhe o roteador R2. O datagrama vai, em vez disso, para R1. O roteador R1, após consultar sua tabela, descobre que o pacote deveria ter ido para R2. Ele envia o pacote para R2 e, ao mesmo tempo, manda uma mensagem de redirecionamento para o host A. A tabela de roteamento do host A agora pode ser atualizada.

Consulta

Além das funções de notificação de erros, o ICMP é capaz de auxiliar no diagnóstico de alguns problemas na rede. Isso é implementado por intermédio de mensagens de consulta, um grupo de quatro pares diferentes de mensagens, conforme mostra a Figura 21.12. Nesse tipo de mensagens ICMP, um nó envia uma mensagem que é respondida em um formato específico pelo nó de destino. Uma mensagem de consulta é encapsulada em um pacote IP que, por sua vez, é encapsulado em um frame na camada de enlace de dados. Entretanto, nesse caso, nenhum byte do pacote IP original é incluso na mensagem, como mostrado na Figura 21.13.

Figura 21.12 *Mensagens de consulta*

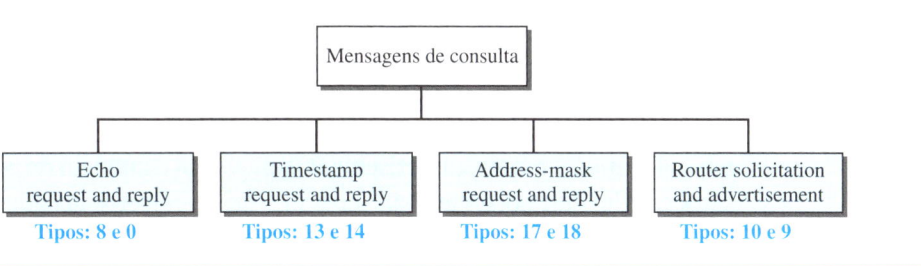

Figura 21.13 *Encapsulamento de mensagens de consulta ICMP*

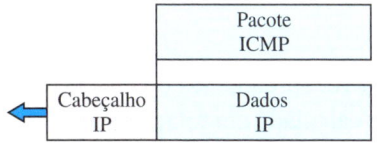

Eco-Request e Eco-Reply

As **mensagens de echo-request** e **echo-reply (solicitação de eco e resposta de eco)** foram projetadas para fins de diagnóstico de rede. Os administradores de redes e usuários utilizam esse par de mensagens para identificar problemas de conectividade na rede. A combinação das mensagens eco-request e echo-reply determinam se dois sistemas (hosts ou roteadores) podem se comunicar entre si. As mensagens de eco-request e echo-reply podem ser usadas para estabelecer se existe comunicação no nível do IP. Como as mensagens ICMP são encapsuladas em datagramas IP, o recebimento de uma mensagem Eco Reply por parte de uma máquina que enviou uma mensagem Eco-Request é prova de que os protocolos IP no emissor e no receptor estão se comunicando corretamente usando datagramas IP. Da mesma forma, ele é uma prova de que os roteadores intermediários estão recebendo, processando e roteando datagramas IP. Hoje em dia, a maioria dos sistemas dispõe de uma versão do comando *ping* que pode criar uma série de mensagens (em vez de apenas uma) eco-request e eco-reply, fornecendo informações estatísticas. Veremos o emprego desse programa no final do capítulo.

Timestamp Request and Reply

Duas máquinas (hosts ou roteadores) podem usar **mensagens timestamp request** e **timestamp reply (solicitação de timestamp** e **resposta de timestamp)** para determinar o tempo de ida e volta decorrido para um datagrama IP trafegar entre eles. Também pode ser usado para sincronizar os relógios (clocks) de duas máquinas.

Address-Mask Request and Reply

Um host talvez conheça seu endereço IP, mas é provável que não saiba a máscara de rede correspondente. Por exemplo, um host poderia saber que seu endereço IP é 159.31.17.24. No entanto, talvez não saiba que a máscara de rede correspondente é /24. Para obter sua máscara, um host envia uma mensagem address-mask request (**solicitação de máscara de endereço**) a um roteador na rede LAN. Se o host souber o endereço do roteador, envia para este a solicitação diretamente. Se não souber, transmite uma mensagem em broadcast. O roteador que recebe a mensagem address-mask request responde com uma **mensagem address-mask reply**, fornecendo a máscara de rede para o host. Esse mesmo procedimento pode ser utilizado também para obter o endereço de sub-rede a partir de um endereço IP completo.

Router Solicitation and Advertisement

Como discutido na seção sobre mensagens de redirecionamento, um host, que desejar enviar dados a outro host de outra rede, precisa saber o endereço dos roteadores conectados à sua própria rede. Da mesma forma, o host tem de saber se os roteadores estão ativos e funcionando. As **mensagens router-solicitation** e **router-advertisement (solicitação** e **anúncio de roteadores)** podem ajudar nessa situação. Um host pode transmitir uma mensagem router-solicitation (em broadcast ou multicast). O roteador ou roteadores que receberem a mensagem de solicitação transmitem em broadcast suas informações de roteamento usando a mensagem router-advertisement. Um roteador também pode enviar periodicamente mensagens router-advertisement, mesmo se nenhum outro host tiver solicitado. Note que, quando um roteador envia um anúncio, ele anuncia não apenas sua própria presença, mas também a presença de todos os roteadores na rede sobre a qual ele está ciente.

Checksum

No Capítulo 10, aprendemos o conceito e a idéia por trás do cálculo do *checksum*. No ICMP, o checksum é calculado em relação a uma mensagem inteira (cabeçalho e dados).

Exemplo 21.2

A Figura 21.14 mostra um exemplo de cálculo de *checksum* para uma mensagem simples de echo-request. Optamos, aleatoriamente, por um identificador igual a 1 e o número de seqüência, igual a 9.

Figura 21.14 *Exemplo de cálculo de* checksum

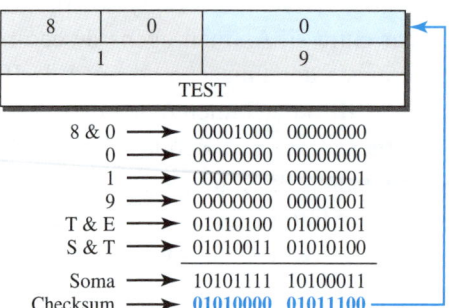

Uma mensagem é dividida em palavras de 16 bits (2 bytes). As palavras são adicionadas e o total da soma é complementado. Agora, o emissor pode colocar o valor calculado no campo de checksum.

Ferramentas de Debug

Existem várias ferramentas que podem ser usadas na Internet com finalidade de debug. Podemos determinar a conectividade de um host ou roteador. Podemos rastrear a rota de um pacote. Incluímos duas ferramentas que usam o ICMP para debug: *ping* e *traceroute*. Apresentaremos mais ferramentas em capítulos futuros após termos discutido os protocolos correspondentes.

Ping

Podemos usar o programa *ping* para saber se um host está ativo e respondendo. Aqui, iremos para demonstrar como ele utiliza pacotes ICMP.

Um host de origem envia mensagens ICMP eco-request (tipo: 8, código: 0); o destino, se "ativo", responde com mensagens ICMP echo-reply. O programa *ping* configura o campo "identifier-field" nas mensagem echo-request e echo-reply e inicia o número de seqüência a partir de 0; esse número é incrementado em 1 unidade cada vez que uma nova mensagem for enviada. Observe que o *ping* pode calcular o tempo total de viagem de ida e volta de uma solicitação. Para tanto, ele insere o horário de envio na seção de dados de uma mensagem. Quando o pacote chega, ele subtrai o horário de chegada do horário de partida para obter o tempo total da viagem de ida e volta (RTT — Round Trip Time).

Exemplo 21.3

Usamos o programa *ping* para testar a conectividade ao servidor fhda.edu. O resultado é mostrado a seguir:

$ ping fhda.edu
PING fhda.edu (153.18.8.1) 56 (84) bytes of data.
64 bytes from tiptoe.fhda.edu (153.18.8.1): icmp_seq=0   ttl=62   time=1,91 ms
64 bytes from tiptoe.fhda.edu (153.18.8.1): icmp_seq=1   ttl=62   time=2,04 ms
64 bytes from tiptoe.fhda.edu (153.18.8.1): icmp_seq=2   ttl=62   time=1,90 ms
64 bytes from tiptoe.fhda.edu (153.18.8.1): icmp_seq=3   ttl=62   time=1,97 ms
64 bytes from tiptoe.fhda.edu (153.18.8.1): icmp_seq=4   ttl=62   time=1,93 ms
64 bytes from tiptoe.fhda.edu (153.18.8.1): icmp_seq=5   ttl=62   time=2,00 ms
64 bytes from tiptoe.fhda.edu (153.18.8.1): icmp_seq=6   ttl=62   time=1,94 ms
64 bytes from tiptoe.fhda.edu (153.18.8.1): icmp_seq=7   ttl=62   time=1,94 ms
64 bytes from tiptoe.fhda.edu (153.18.8.1): icmp_seq=8   ttl=62   time=1,97 ms
64 bytes from tiptoe.fhda.edu (153.18.8.1): icmp_seq=9   ttl=62   time=1,89 ms
64 bytes from tiptoe.fhda.edu (153.18.8.1): icmp_seq=10   ttl=62   time=1,98 ms

--- fhda.edu ping statistics ---
11 packets transmitted, 11 received, 0% packet loss, time 10103ms
rtt min/avg/max = 1.899/1.955/2.041 ms

O programa *ping* envia mensagens com números de seqüência iniciando em 0. Para cada mensagem enviada, ele nos fornece o tempo RTT. O campo TTL (time-to-live) no datagrama IP que vai encapsular uma mensagem ICMP foi configurado em 62, o que significa que o pacote não pode trafegar por mais de 62 roteadores. No início, o *ping* define o número de bytes de dados como 56 e o número total de bytes como 84. É obvio que, se adicionarmos 8 bytes do cabeçalho ICMP e mais 20 bytes do cabeçalho IP com 56, o resultado será 84. Entretanto, observe que, em cada mensagem enviada, o *ping* define o número de bytes igual a 64. Este é o número total de bytes no pacote ICMP (56 + 8). O programa *ping* continua a enviar mensagens periodicamente, até o interrompermos por meio de uma tecla de interrupção (Ctrl + c, por exemplo). Após ser interrompido, ele imprime dados estatísticos das mensagens enviadas. Ele nos informa o número de pacotes enviados, o número de pacotes recebidos, o tempo total e os RTTs mínimo, máximo e médio. Alguns sistemas podem fornecer outras informações adicionais.

Traceroute

O programa ***traceroute***, no Unix, ou ***tracert***, no Windows, pode ser usado para rastrear a rota de um pacote da origem até o destino. No Capítulo 20, vimos uma aplicação do programa *traceroute* para simular as opções de liberar rota de origem (loose source route) e restringir a rota de origem (strict source route) de um datagrama IP. Neste capítulo, iremos usar esse programa em conjunto com mensagens ICMP. O programa usa, de forma inteligente e elegante, duas mensagens ICMP, time-exceeded e destination unreachable, para mapear a rota percorrida por um pacote. Trata-se de um programa de nível de aplicação que usa serviços UDP (ver o Capítulo 23). Mostremos a idéia do programa *traceroute* por intermédio da Figura 21.15.

Figura 21.15 *A operação do programa traceroute*

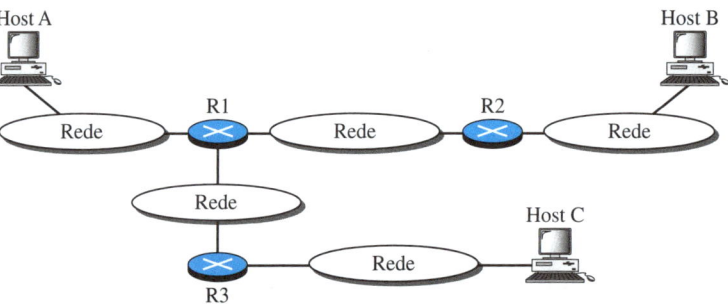

Dada a topologia, sabemos que um pacote proveniente do host A com destino ao host B passa pelos roteadores R1 e R2. Entretanto, em geral, não temos conhecimento dessa topologia. Poderiam existir várias rotas alternativas indo de A para B. O programa *traceroute* usa mensagens ICMP e o campo TTL (time-to-live) de um pacote IP para descobrir a rota.

1. O programa *traceroute* usa as seguintes etapas para descobrir o endereço do roteador R1 e o tempo de ida e volta (RTT) entre o host A e o roteador R1.

   a. A aplicação *traceroute* no host A envia um pacote ao destino B usando UDP; a mensagem é encapsulada em um pacote IP com o valor de TTL igual a 1. O programa grava o momento que o pacote foi enviado.

   b. O roteador R1 recebe o pacote e decrementa o valor de TTL para 0. Em seguida, ele descarta o pacote (pois TTL é 0). O roteador, entretanto, envia uma mensagem ICMP time-exceeded (tipo: 11, código: 0) para notificar que o valor de TTL é 0 e o pacote foi descartado.

   c. O programa *traceroute* recebe as mensagens ICMP e usa o endereço de destino do pacote IP encapsulando ICMP para descobrir o endereço IP do roteador R1. O programa também toma nota do horário em que o pacote chegou. A diferença entre esse horário e aquele da etapa anterior é o tempo de viagem de ida e volta (RTT).

O programa *traceroute* repete as etapas de 'a' a 'c' três vezes para obter um tempo médio de viagem de ida e volta mais preciso. O primeiro tempo de viagem pode ser muito maior que o segundo ou terceiro, pois leva algum tempo para o programa ARP descobrir o endereço físico do roteador R1. No caso da segunda e terceira viagens, o ARP já está de posse do endereço em seu cache.

2. O programa *traceroute* repete as etapas anteriores para descobrir o endereço do roteador R2 e o tempo de viagem de ida e volta entre o host A e o roteador R2. Entretanto, nessa etapa, o valor de TTL é configurado em 2. Portanto, o roteador R1 encaminha a mensagem, ao passo que o roteador R2 a descarta e envia uma mensagem ICMP time-exceeded.

3. O programa *traceroute* repete a etapa 2 para descobrir o endereço IP do host B e o tempo de viagem de ida e volta entre o host A e o host B. Quando o host B recebe o pacote, ele decrementa o valor de TTL, mas não descarta a mensagem, já que ela atingiu seu destino final. Então, como uma mensagem ICMP pode ser retornada ao host A? Aqui, o programa *traceroute* usa uma estratégia diferente. A porta de destino do pacote UDP é configurada com um valor que não é suportado pelo protocolo UDP. Quando o host B recebe o pacote, não é capaz de encontrar um programa aplicativo para processar a mensagem. Ele descarta o pacote e envia ao originador uma mensagem ICMP destination unreachable (tipo: 3, código: 3) para o host A. Perceba que essa situação não acontece no roteador R1 ou R2, pois um roteador não verifica o cabeçalho UDP. O programa *traceroute* registra o endereço de destino do datagrama IP que chegou e toma nota do tempo de viagem de ida e volta. Ao receber uma mensagem destination unreachable com valor de código igual a 3, o host A reconhece que a rota inteira foi mapeada e de que não há necessidade de enviar outros pacotes adicionais.

Exemplo 21.4

Usamos o programa *traceroute* para descobrir a rota do computador voyager.deanza.edu até o servidor fhda.edu. A seguir, temos o resultado:

```
$ traceroute fhda.edu
traceroute to fhda.edu    (153.18.8.1), 30 hops max, 38 byte packets
 1  Dcore.fhda.edu     (153.18.31.254)   0,995 ms   0,899 ms   0,878 ms
 2  Dbackup.fhda.edu   (153.18.251.4)    1,039 ms   1,064 ms   1,083 ms
 3  tiptoe.fhda.edu    (153.18.8.1)      1,797 ms   1,642 ms   1,757 ms
```

A linha não numerada após o comando indica que o destino é 153.18.8.1. O valor de TTL é de 30 roteadores. O pacote contém 38 bytes: 20 bytes de cabeçalho IP, 8 bytes de cabeçalho UDP e 10 bytes de dados de aplicativo. Os dados de aplicativo são usados pelo *traceroute* para acompanhar o trajeto dos pacotes.

A primeira linha mostra o primeiro roteador visitado. O roteador se chama Dcore.fhda.edu com endereço IP 153.18.31.254. O primeiro tempo de RTT foi de 0,995 ms, o segundo de 0,899 ms e o terceiro foi de 0,878 ms.

A segunda linha mostra o segundo roteador visitado. O roteador se chama Dbackup.fhda.edu com endereço IP 153.18.251.4. Os três tempos de RTT também são mostrados.

A terceira linha mostra o host de destino. Sabemos que este é o host de destino, pois não existem linhas adicionais. Ele é o servidor fhda.edu, mas é chamado tiptoe.fhda.edu com o endereço IP 153.18.8.1. Os três tempos de RTT também são apresentados.

Exemplo 21.5

Neste exemplo, rastreamos uma rota mais longa, a rota para xerox.com.

```
$ traceroute xerox.com
traceroute to xerox.com (13.1.64.93), 30 hops max, 38 byte packets
  1 Dcore.fhda.edu      (153.18.31.254)      0,622 ms    0,891 ms    0,875 ms
  2 Ddmz.fhda.edu       (153.18.251.40)      2,132 ms    2,266 ms    2,094 ms
  3 Cinic.fhda.edu      (153.18.253.126)     2,110 ms    2,145 ms    1,763 ms
  4 cenic.net           (137.164.32.140)     3,069 ms    2,875 ms    2,930 ms
  5 cenic.net           (137.164.22.31)      4,205 ms    4,870 ms    4,197 ms
   ....                  ....                 ....        ....        ....
 14 snfc21.pbi.net      (151.164.191.49)     7,656 ms    7,129 ms    6,866 ms
 15 sbcglobal.net       (151.164.243.58)     7,844 ms    7,545 ms    7,353 ms
 16 pacbell.net         (209.232.138.114)    9,857 ms    9,535 ms    9,603 ms
 17 209.233.48.223      (209.233.48.223)    10,634 ms   10,771 ms   10,592 ms
 18 alpha.Xerox.COM     (13.1.64.93)        11,172 ms   11,048 ms   10,922 ms
```

Aqui, há 17 nós entre a origem e o destino final. Note que alguns tempos de RTT parecem atípicos. Isso pode indicar que roteador está muito ocupado para processar o pacote imediatamente.

21.3 IGMP

O protocolo IP pode estar envolvido em dois tipos de comunicação: unicast e multicast. Unicast é a comunicação direta entre um emissor e um receptor. Trata-se de uma comunicação um-para-um. Entretanto, alguns processos precisam enviar simultaneamente uma mesma mensagem para um grupo de receptores. Isso é denominado de **multicast,** que é uma comunicação de um-para-vários. O multicast tem diversas aplicações. Por exemplo, vários acionistas podem ser informados ao mesmo tempo sobre mudanças no preço de determinada ação ou então agentes de viagem podem ser informados sobre o cancelamento de um vôo. Outras aplicações adicionais são o aprendizado a distância e o vídeo sob demanda (VoD).

O **IGMP (Internet Group Management Protocol — protocolo de gerenciamento de grupos de internet)** é um dos protocolos necessários, mas não suficientes (como veremos a seguir), que estão envolvidos em uma comunicação multicast. O IGMP é um protocolo auxiliar do protocolo IP.

Gerenciamento de Grupos

Para permitir a comunicação multicast na Internet, precisamos de roteadores capazes de rotear pacotes multicast. As tabelas de roteamento desses roteadores devem ser atualizadas usando-se um dos protocolos de roteamento multicast que veremos no Capítulo 22.

O IGMP não é um protocolo de roteamento multicast; é um protocolo que administra a **associação de grupos multicast**. Em qualquer rede, existe um ou mais roteadores multicast que roteiam pacotes multicast para hosts ou outros roteadores. O protocolo IGMP fornece aos **roteadores multicast** informações sobre a situação de associação de hosts (ou roteadores) conectados à rede.

Um roteador multicast pode rotear milhares de pacotes multicast em um único dia para diferentes grupos. Se um roteador não tiver conhecimento sobre a situação da associação dos hosts, ele tem de transmitir (em multicast) todos esses pacotes. Isso cria muito tráfego adicional na rede e consome muita largura de banda. Uma solução mais apropriada seria manter uma lista dos grupos presentes na rede para os quais existe pelo menos um membro associado. O IGMP ajuda um roteador multicast a criar e manter atualizada essa lista.

O IGMP é um protocolo de gerenciamento de grupos. Ele auxilia um roteador multicast a criar e manter atualizada uma lista de membros fiéis para cada interface do roteador.

Mensagens IGMP

O IGMP passou por duas versões. Falaremos sobre o IGMPv2, a versão atual. O IGMPv2 é consituído por três tipos de **mensagens**: *query, membership report* e *leave report*. Há dois tipos de mensagens de consulta: **geral** e **especial** (ver a Figura 21.16).

Figura 21.16 *Tipos de mensagem IGMP*

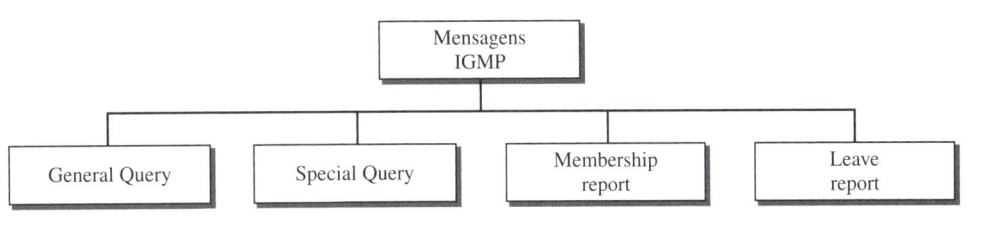

Formato das Mensagens

A Figura 21.17 mostra o formato de uma mensagem IGMP típica (versão 2).

Figura 21.17 *Formato de uma mensagem IGMP*

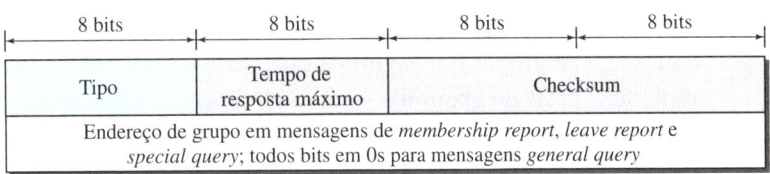

- **Type.** Esse campo de 8 bits define o tipo de mensagem, conforme mostrado na Tabela 21.1. O valor desse campo pode ser exibido tanto na notação binária como na hexadecimal.

Tabela 21.1 *Campo Type IGMP*

Type	Valor
General ou Special query	0x11 ou 00010001
Membership report	0x16 ou 00010110
Leave report	0x17 ou 00010111

- **Maximum Response Time.** Esse campo de 8 bits define o tempo máximo na qual uma consulta deve ser respondida. O valor é designado em décimos de segundo; por exemplo, se o valor for 100, significa 10 s. O valor é diferente de zero em uma mensagem de query; ele é fixado em zero nos outros dois tipos de mensagem. Veremos seu emprego em breve.

❑ **Checksum.** Trata-se de um campo de 16 bits contendo o valor calculado do checksum. O checksum é calculado em relação à mensagem de 8 bytes.

❑ **Group Address.** O valor desse campo é 0 para uma mensagem general query. Caso contrário, o valor desse campo define o endereço de groupid (endereço de multicast do grupo) para mensagens de special query, membership report e leave report.

Operação do IGMP

O IGMP opera localmente. Um roteador multicast conectado a uma rede apresenta uma lista de endereços de multicast dos diversos grupos com pelo menos um membro fiel associado àquela rede (ver a Figura 21.18).

Figura 21.18 *Operação IGMP*

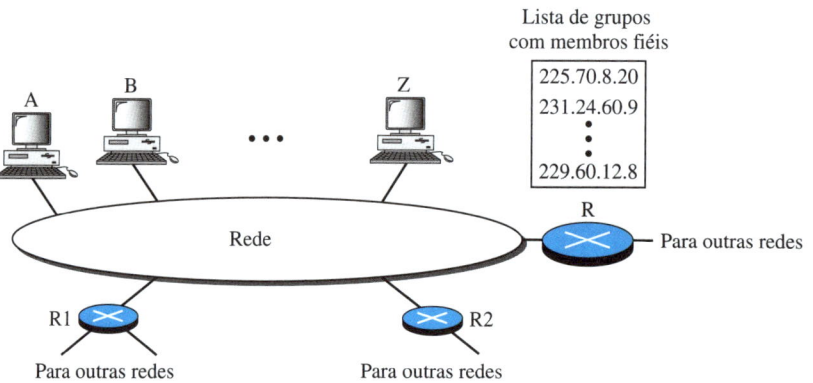

Para cada grupo, existe um roteador incumbido do roteamento dos pacotes multicast destinados àquele grupo. Isso significa que, se tivermos três roteadores multicast conectados a uma rede, suas listas de **groupids** serão mutuamente exclusivas. Por exemplo, na Figura 21.18, apenas o roteador R pode rotear pacotes com o endereço de multicast 225.70.8.20.

Um host ou um roteador multicast pode ter membros em um grupo. Quando um host tem associação, isso significa que um de seus processos (um programa de aplicação) pode receber pacotes multicast de algum grupo associado. Quando um roteador tem associação, isso significa que uma rede conectada a uma de suas outras interfaces recebe esses pacotes multicast. Dizemos que o host ou o roteador tem um *interesse* no grupo. Em ambos os casos, o host e o roteador mantêm uma lista de groupids e retransmitem seu interesse para o roteador de distribuição.

Por exemplo, na Figura 21.18, R é o roteador de distribuição. Existem outros dois roteadores multicast (R1 e R2), que, dependendo da lista de grupos mantida pelo roteador R, poderiam ser seus receptores nessa rede. Os roteadores R1 e R2 podem ser distribuidores para alguns desses grupos em outras redes, mas não nessa rede.

Associando-se a um Grupo

Um host ou roteador pode se associar a um grupo multicast. Um host mantém uma lista de processos que têm associação a um grupo. Quando um processo quiser se associar a um novo grupo, ele envia sua solicitação ao host.

O host acrescenta à sua lista o nome do processo e o nome do grupo que deseja associar. Se esta for a primeira entrada para esse grupo em particular, o host envia uma mensagem de membership report. Caso não seja a primeira entrada, não há necessidade de enviar uma mensagem membership report, considerando-se que o host seja membro do grupo; ele já está recebendo pacotes multicast desse grupo.

O protocolo foi projetado para enviar a mensagem membership report duas vezes, uma após a outra, dentro de curto intervalo de tempo. Dessa forma, se a primeira for perdida ou corrompida, a segunda a substitui.

No IGMP, uma mensagem membership report é enviada duas vezes, uma após a outra.

Abandonando um Grupo

Quando um host vê que nenhum processo está interessado em determinado grupo, envia uma mensagem leave report. De modo similar, quando um roteador vê que nenhuma das redes conectadas às suas interfaces está interessada em dado grupo, envia uma mensagem leave report para esse grupo.

Entretanto, quando um roteador multicast recebe uma mensagem leave report, ele não pode eliminar imediatamente esse grupo de sua lista, porque a solicitação veio de apenas um host ou roteador; pode ser que existam outros hosts ou roteadores que ainda estejam interessados em participar daquele grupo. Para certificar-se, o roteador envia uma mensagem special query e insere o número do groupid, ou o **endereço multicast,** do grupo. O roteador dá um tempo especificado para qualquer host ou roteador responder. Se, durante esse tempo, não for recebida nenhuma manifestação de interesse (membership report), o roteador supõe que não exista nenhum membro fiel na rede e elimina o grupo de sua lista.

Monitoramento de Associação

Um host ou roteador pode se associar a um grupo mandando uma mensagem membership report. Ele poderá abandonar um grupo enviando uma mensagem leave report. No entanto, encaminhar esses dois tipos de mensagens não é o suficiente. Considere a situação na qual existe apenas um host interessado em um grupo, mas o host está desligado ou eliminado do sistema. O roteador multicast jamais receberá uma mensagem leave report. Como é tratada essa situação? O roteador multicast é responsável pelo monitoramento de todos os hosts ou roteadores em uma rede LAN para ver se eles querem continuar com sua associação em um grupo.

O roteador envia, periodicamente (o padrão é a cada 125 s), uma mensagem general query (consulta geral). Nessa mensagem, o campo de endereço de grupo é fixado em 0.0.0.0. Isso significa que a consulta destina-se a todos os grupos no qual um host está envolvido, não apenas a um.

A mensagem general query não define um grupo específico.

O roteador espera uma resposta de cada grupo de sua lista; mesmo novos grupos podem responder. A mensagem de query apresenta um tempo máximo de resposta de 10 s (o valor do campo é, na verdade, 100, contudo, este se encontra em décimos de segundo). Quando um host ou roteador recebe uma mensagem general query, ele responde com uma mensagem membership report se estiver interessado em um grupo. Entretanto, se houver interesse comum (dois hosts, por exemplo, interessados no mesmo grupo), é enviada apenas uma resposta para esse grupo para evitar tráfego desnecessário. Esta é chamada resposta com atraso. Observe que a mensagem de consulta deve ser enviada apenas por um roteador (normalmente, denominado roteador de consulta), também para evitar tráfego desnecessário. Discutiremos essa questão rapidamente.

Resposta com Atraso

Para evitar tráfego desnecessário, o IGMP usa uma **estratégia de resposta com atraso**. Quando um host ou roteador recebe uma mensagem de query, ele não responde imediatamente; retarda sua resposta. Cada host ou roteador usa um número aleatório para criar um timer, que se expira entre 1 e 10 s. O tempo de time-out pode ser configurado em intervalos de 1 s ou menos. Para cada grupo da lista é ativado um valor de time-out. Por exemplo, pode ser que o timer para o primeiro grupo expire em 2 s, mas o timer para o terceiro grupo pode expirar em 5 s. Cada host ou roteador aguarda até que o tempo de seu timer expire antes de enviar uma mensagem membership report. Durante esse tempo de espera, se o timer de outro host ou roteador, para o mesmo grupo, expirar antes, esse host ou roteador enviará uma mensagem membership report. Como veremos em breve, pelo fato de a solicitação ser transmitida para todos, o host ou roteador que fica em estado de espera recebe o report e sabe que não há necessidade de enviar outro report duplicado para esse grupo; Como conseqüência, a estação que está aguardando cancela a mensagem e zera seu timer correspondente.

Exemplo 21.6

Imagine que tenhamos três hosts em uma rede, como mostrado na Figura 21.19.

Figura 21.19 *Exemplo 21.6*

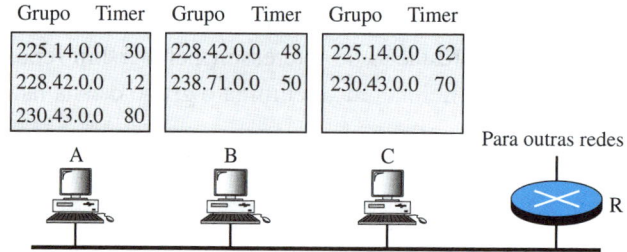

Uma mensagem de query foi recebida no instante 0; o tempo de atraso aleatório (em décimos de segundos) para cada grupo é mostrado com o endereço do grupo. Mostre a seqüência das mensagens report.

Solução

Os eventos ocorrem nesta seqüência:

a. **Instante 12:** O tempo do timer para 228.42.0.0 no host A se esgota e é enviada uma mensagem membership report, que é recebida pelo roteador e todos os hosts, inclusive o host B, que cancela seu timer para 228.42.0.0.

b. **Instante 30:** O tempo do timer para 225.14.0.0 no host A se esgota e é enviada uma mensagem membership report, que é recebida pelo roteador e todos os hosts, inclusive o host C, que cancela seu timer para 225.14.0.0.

c. **Instante 50:** O tempo do timer para 238.71.0.0 no host B se esgota e é enviada uma mensagem membership report, que é recebida pelo roteador e todos os hosts.

d. **Instante 70:** O tempo do timer para 230.43.0.0 no host C se esgota e é enviada uma mensagem membership report, que é recebida pelo roteador e todos os hosts, inclusive o host A, que cancela seu timer para 230.43.0.0.

Observe que, se cada host tiver enviado um report para cada grupo de sua lista, haveria sete reports; com essa estratégia, são enviados apenas quatro.

Roteador de Consulta

Mensagens de consulta podem gerar um número muito grande de respostas. Para evitar tráfego desnecessário, o IGMP designa um roteador como **roteador de consulta** de cada rede. Apenas esse designado envia uma mensagem de consulta e os demais permanecem passivos (eles recebem respostas e atualizam suas listas).

Encapsulamento

Uma mensagem IGMP é encapsulada em um datagrama IP que, por sua vez, é encapsulado em um frame. Ver a Figura 21.20.

Figura 21.20 *Encapsulamento de um pacote IGMP*

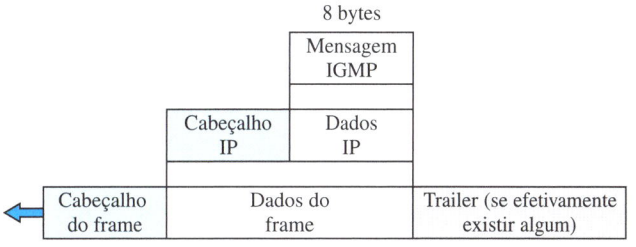

Encapsulamento na Camada de Rede

O valor do campo protocol é igual a 2 para o protocolo IGMP. Cada pacote IP contendo esse valor em seu campo de protocolo apresenta dados que devem ser entregues ao protocolo IGMP. Quando uma mensagem é encapsulada em um datagrama IP, o valor de TTL tem de ser igual a 1. Isso é necessário porque o domínio do IGMP é a rede local (LAN). Nenhuma mensagem IGMP deve trafegar além dos limites da LAN. Um valor de TTL igual a 1 garante que a mensagem não ultrapassará esses limites, já que seu valor é decrementado para 0 pelo roteador seguinte (default gateway) e, conseqüentemente, o pacote é descartado. A Tabela 21.2 mostra o endereço IP de destino para cada tipo de mensagem.

> **Um pacote IP que transporte um pacote IGMP
> tem um valor igual a 1 em seu campo TTL.**

Tabela 21.2 *Endereços IP de destino*

Tipo	Endereço IP de Destino
Query	224.0.0.1 Todos os sistemas nesta sub-rede
Membership Report	O endereço multicast do grupo
Leave Report	224.0.0.2 Todos os roteadores nesta sub-rede

Uma mensagem de consulta é transmitida (multicast) usando-se o endereço multicast 224.0.0.1 Todos os hosts e todos os roteadores receberão a mensagem. Uma mensagem membership report é transmitida (multicast) utilizando-se um endereço de destino igual ao endereço multicast relatado (groupid). Toda estação (host ou roteador), que recebe um pacote, pode determinar imediatamente (a partir do cabeçalho) o grupo para o qual um report foi enviado. Como discutido anteriormente, os timers para os reports correspondentes não enviados podem ser então cancelados. As estações não precisam abrir o pacote para descobrir o groupid. Esse endereço é duplicado no pacote; ele faz parte da própria mensagem e também de um campo específico no cabeçalho IP. A duplicação evita erros. Uma mensagem leave report é transmitida a todos usando-se o endereço multicast 224.0.0.2 (todos os roteadores nesta sub-rede) de modo que todos os roteadores recebam esse tipo de mensagem. Os hosts também recebem essa mensagem, mas a descartam.

Encapsulamento na Camada de Enlace de Dados

Na camada de rede, uma mensagem IGMP é encapsulada em um pacote IP e é tratada como um pacote IP. Entretanto, como os pacotes IP têm um endereço IP multicast, o protocolo ARP não consegue encontrar um endereço MAC (físico) correspondente para encaminhar o pacote na camada de enlace de dados. O que acontecerá em seguida dependerá se a camada de enlace de dados subjacente suporta ou não endereços físicos multicast.

Suporte a Endereços Físicos Multicast A maior parte das redes LAN oferece suporte a endereçamento físico multicast. A rede Ethernet é uma delas. Um endereço físico (endereço MAC) Ethernet tem seis octetos (48 bits) de comprimento. Se os 25 primeiros bits em um endereço Ethernet forem a seqüência binária 0000000100000000010111100, isso identifica um endereço físico multicast para o protocolo TCP/IP. Os 23 bits restantes podem ser usados para definir um grupo multicast. Para converter um endereço IP multicast em um endereço Ethernet, o roteador multicast extrai os 23 bits menos significativos de um endereço IP classe D e os insere em um endereço físico Ethernet multicast (ver a Figura 21.21).

Figura 21.21 *Mapeamento de endereços classe D com endereços físicos Ethernet*

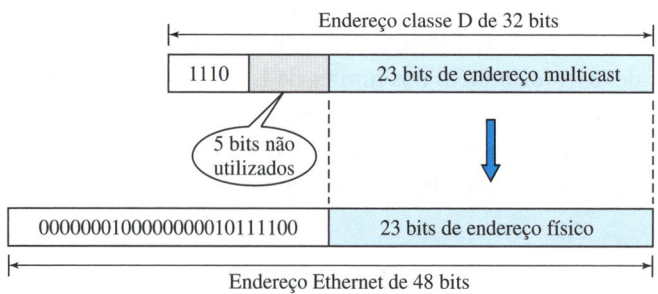

No entanto, o identificador de grupo multicast de um endereço IP classe D tem 28 bits de comprimento, ou seja, 5 bits não podem ser usados. Isso significa que 32 (2^5) endereços multicast no nível IP são mapeados a um único endereço multicast. Em outras palavras, o mapeamento é de vários-para-um, em vez de um-para-um. Se os 5 bits mais à esquerda do identificador de grupo de um endereço classe D não forem todos iguais a zero, talvez um host receba pacotes que não façam parte do grupo que ele está envolvido. Por esse motivo, o host deve verificar o endereço IP e descartar quaisquer pacotes que não pertençam a ele.

Outras redes LAN suportam o mesmo conceito, mas têm métodos de mapeamento diferentes.

**Um endereço físico Ethernet multicast se encontra no intervalo
01:00:5E:00:00:00   a   01:00:5E:7F:FF:FF.**

Exemplo 21.7

Converta o endereço IP multicast 230.43.14.7 em um endereço físico Ethernet multicast.

Solução

Podemos resolver esses exercícios em duas etapas:

a. Escrevemos os 23 bits mais à direita do endereço IP em hexadecimal. Isso pode ser feito transformando-se os 3 bytes mais à direita em hexadecimal e, depois, subtraindo-se 8 do dígito mais à esquerda, caso ele seja maior que ou igual a 8. Em nosso exemplo, o resultado é 2B:0E:07.

b. Adicionamos o resultado do item anterior ao endereço Ethernet multicast inicial, que é 01:00:5E:00:00:00. O resultado é

01:00:5E:2B:0E:07

Exemplo 21.8

Transforme o endereço IP multicast 238.212.24.9 em um endereço Ethernet multicast.

Solução

a. Os 3 bytes mais à direita em hexadecimal são D4:18:09. Precisamos subtrair 8 do dígito mais à esquerda, o que resultará em 54:18:09.

b. Adicionamos o resultado do item anterior ao endereço Ethernet multicast inicial. O resultado é

01:00:5E:54:18:09

Sem Suporte a Endereços Físicos Multicast   A maioria das redes WAN não oferece suporte a endereçamento físico multicast. Para enviar um pacote multicast por meio dessas redes, é usado um mecanismo denominado *tunelamento*. Nele, um pacote multicast é encapsulado em um pacote unicast e enviado por intermédio da rede; do outro lado, ele aparece como um pacote multicast (ver a Figura 21.22).

Figura 21.22   *Tunelamento*

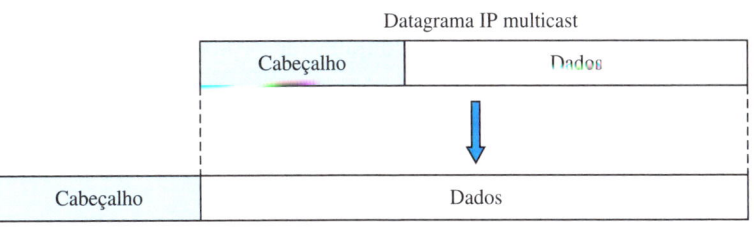

Utilitário Netstat

O utilitário *netstat* pode ser usado para encontrar endereços multicast suportados por uma interface.

Exemplo 21.9

Podemos usar o *netstat* com três opções: -n, -r e -a. A opção -n fornece versões numéricas dos endereços IP, a opção -r fornece a tabela de roteamento e a opção -a fornece todos os endereços (unicast e multicast). Note que estamos mostrando apenas os campos pertinentes à nossa discussão. "Gateway" estabelece o roteador, "Iface" define a interface.

$ netstat -nra
Kernel IP routing table

Destination	Gateway	Mask	Flags	Iface
153.18.16.0	0.0.0.0	255.255.240.0	U	eth0
169.254.0.0	0.0.0.0	255.255.0.0	U	eth0
127.0.0.0	0.0.0.0	255.0.0.0	U	lo
224.0.0.0	0.0.0.0	224.0.0.0	U	eth0
0.0.0.0	153.18.31.254	0.0.0.0	UG	eth0

Note que o endereço multicast é mostrado em cores. Qualquer pacote com endereço multicast de 224.0.0.0 a 239.255.255.255 é mascarado e entregue à interface Ethernet.

21.4 ICMPV6

No Capítulo 20, vimos o IPv6. Outro protocolo que foi modificado na versão 6 do conjunto de protocolos TCP/IP foi o ICMP (ICMPv6). Essa nova versão segue a mesma estratégia e finalidades da versão 4. O ICMPv6 foi modificado para torná-lo compatível com o IPv6. Além disso, alguns protocolos que eram independentes na versão 4 agora fazem parte do **ICMPv6 (Internet Control Message Protocol)**. A Figura 21.23 apresenta uma comparação entre a camada de rede da versão 4 com a da versão 6.

Figura 21.23 *Comparação entre as camadas de rede nas versões 4 e 6*

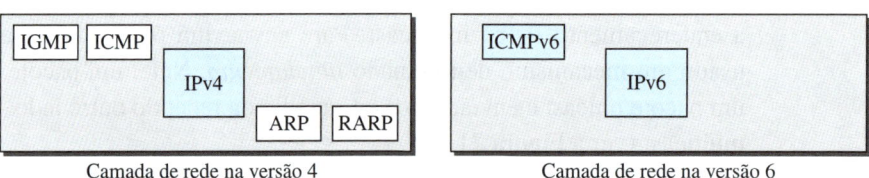

Os protocolos ARP e IGMP na versão 4 fazem parte da especificação ICMPv6. O protocolo RARP foi eliminado do conjunto de protocolos, pois raramente era usado, e o BOOTP tem a mesma funcionalidade.

Da mesma forma que no ICMPv4, dividimos mensagens ICMP em duas categorias. Entretanto, cada categoria apresenta mais tipos de mensagens que antes.

Notificação de Erros

Como visto em nossa discussão sobre a versão 4 do ICMP, uma das principais responsabilidades desse protocolo é notificar ao originador de uma mensagem a ocorrência de erros. São tratados cinco tipos de erros: *destination unreachable* (destino inalcançável), *packet too big* (pacote muito grande), *time-exceeded* (tempo esgotado), *parameter-problem* (problemas com parâmetros) e *redirection* (redirecionamento). O ICMPv6 gera um pacote de erro, que é então encapsulado em um datagrama IP. Este é entregue ao originador do datagrama com falha. A Tabela 21.3 compara as **mensagens de notificação de erros** do ICMPv4 com as do ICMPv6. A mensagem source-quench (contenção da fonte) foi eliminada na versão 6, porque os campos de prioridade e de rótulo de fluxo possibilitam que o roteador tenha controle sobre congestionamentos na rede e descarte mensagens menos prioritárias. Nessa versão, não é necessário informar ao emissor para desacelerar. A mensagem packet too big (pacote muito grande) foi acrescentada porque, no IPv6, a fragmentação é de responsabilidade do emissor. Se este não tomar uma decisão correta em relação ao tamanho de um pacote, o roteador não tem nenhuma escolha a não ser descartar o pacote e enviar uma mensagem de erro ao emissor.

Tabela 21.3 *Comparação entre mensagens de notificação de erro no ICMPv4 e ICMPv6*

Tipo de Mensagem	Versão 4	Versão 6
Destination Unreachable	Sim	Sim
Source Quench	Sim	Não
Packet too Big	Não	Sim
Time-Exceeded	Sim	Sim
Parameter Problem	Sim	Sim
Redirection	Sim	Sim

Destination Unreachable

O conceito por trás de uma **mensagem destination unreachable (destino inalcançável)** é exatamente o mesmo descrito para o ICMP versão 4.

Packet Too Big

Este é uma mensagem nova que foi acrescentada à versão 6. Se um roteador receber um datagrama que é maior que o tamanho do MTU (Maximmum Transmission Unit — Unidade Máxima de Transmissão) da rede pela qual o datagrama deve passar, acontecem duas coisas. Primeiro, o roteador descarta o datagrama e, em seguida, envia um pacote ICMP, notificando o erro ocorrido ao originador da mensagem — **mensagem packet too big**.

Time-Exceeded (*Tempo Esgotado*)

Essa mensagem é similar àquela da versão 4.

Parameter Problems (*Problema com Parâmetros*)

Essa mensagem é similar àquela correspondente a da versão 4.

Redirection (*Redirecionamento*)

O objetivo da **mensagem redirection** é o mesmo daquela descrita para a versão 4.

Query

Além da notificação de erros, o ICMP é capaz de auxiliar no diagnóstico de certos tipos problemas em uma rede. Isso é realizado pelas **mensagens de query (consulta)**. Foram definidos quatro grupos de mensagens diferentes: *echo request and reply* — solicitação e resposta de eco, **router solicitation and advertisement — solicitação e anúncio de roteador**, *neighbor* *solicitation and advertisement* — solicitação e anúncio de vizinhos e *group membership* — associação em grupos. A Tabela 21.4 mostra um quadro comparativo entre as mensagens de consulta nas versões 4 e 6. Foram eliminados dois conjuntos de mensagens de consulta do ICMPv6: solicitação e resposta de timestamp e solicitação e resposta de máscara de endereço. As mensagens de solicitação e resposta de timestamp foram eliminadas, porque já são implementadas por outros protocolos como o TCP e porque eles raramente eram usados no passado. As mensagens de solicitação e resposta da máscara de endereço foram eliminadas no IPv6, pois a seção de sub-rede de um endereço possibilita que o assinante use até $2^{32} - 1$ sub-redes. Entretanto, as definições de máscaras de sub-rede, conforme definidas no IPv4, não são mais aplicáveis aqui.

Tabela 21.4 *Comparação entre mensagens de consulta no ICMPv4 e ICMPv6*

Tipo de Mensagem	Versão 4	Versão 6
Solicitação e resposta de eco	Sim	Sim
Solicitação e resposta de timestamp	Sim	Não
Solicitação e resposta de máscara de endereço	Sim	Não
Solicitação e anúncio de roteador	Sim	Sim
Solicitação e anúncio de vizinhos	ARP	Sim
Associação em grupos	IGMP	Sim

Solicitação e Resposta de Eco

O conceito e o formato das mensagens de solicitação e resposta de eco são as mesmas da versão 4.

Solicitação e Anúncio de Roteador

A idéia por trás das mensagens de solicitação e anúncio de roteador é a mesma da versão 4.

Solicitação e Anúncio de Vizinhos

Como mencionado anteriormente, a camada de rede na versão 4 contém um protocolo independente chamado ARP (Address Resolution Protocol). Na versão 6, esse protocolo foi eliminado e suas funcionalidades foram incluídas no ICMPv6. A idéia é exatamente a mesma, mas o formato das mensagens mudou.

Associação em Grupos

Conforme vimos, a camada de rede na versão 4 contém um protocolo independente, denominado IGMP. Na versão 6, esse protocolo foi eliminado e suas funcionalidades foram incluídas no ICMPv6. O objetivo é exatamente o mesmo.

21.5 LEITURA RECOMENDADA

Para mais detalhes sobre os assuntos discutidos neste capítulo, recomendamos os seguintes livros e sites. Os itens entre colchetes [...] correspondem à lista de referências no final do texto.

Livros

O ARP e o RARP são discutidos no Capítulo 7 de [For06] e nos Capítulos 4 e 5 de [Ste94]. O ICMP é visto no Capítulo 9 de [For06] e no Capítulo 6 de [Ste94]. O IGMP é discutido no Capítulo 10 de [For06] e no Capítulo 13 de [Ste94]. BOOTP e DHCP são vistos no Capítulo 16 de [For06] e Capítulo 16 de [Ste94]. O ICMPv6 é discutido no Capítulo 27 de [For06].

Site

❏ www.ietf.org/rfc.html   Informações sobre RFCs

RFCs

Uma discussão sobre o ARP e RARP pode ser encontrada nas seguintes RFCs:

826, 903, 925, 1027, 1293, 1329, 1433, 1868, 1931, 2390

Uma discussão sobre o ICMP pode ser encontrada nas seguintes RFCs:

777, 792, 1016, 1018, 1256, 1788, 2521

Pode-se encontrar uma discussão sobre o IGMP nas RFCs a seguir:

966, 988, 1054, 1112, 1301, 1458, 1469, 1768, 2236, 2357, 2365, 2502, 2588

BOOTP e DHCP podem ser vistos nas RFCs a seguir:

951, 1048, 1084, 1395, 1497, 1531, 1532, 1533, 1534, 1541, 1542, 2131, 2132

21.6 TERMOS-CHAVE

ARP (Address Resolution Protocol)
agente de retransmissão
associação em grupos
BOOTP (bootstrap protocol)
DHCP (Dynamic Host Configuration Protocol)
endereço físico
endereço multicast
estratégia de resposta com atraso
general query message
groupid
mensagem de resposta de máscara de endereço

mensagem de solicitação de máscara de endereço
ICMP (Internet Control Message Protocol)
IGMP (Internet Group Management Protocol)
ICMPv6 (Internet Control Message Protocol, versão 6)
Leave Report
mapeamento dinâmico
mapeamento estático
Membership report
mensagem de consulta
mensagem de notificação de erros

mensagens de solicitação e anúncio de roteador

mensagem de solicitação e anúncio de vizinhos

mensagens de solicitação e resposta de eco

mensagens de solicitação e resposta de timestamp

mensagem destination unreachable (destino inalcançável)

mensagem packet-too-big

mensagem parameter problem (problema com parâmetros)

mensagem redirection (redirecionamento)

mensagem special query

mensagem source-quench

mensagem time-exceeded (tempo esgotado)

multicast

protocolo de configuração dinâmica

locação

proxy ARP

roteador de consulta

roteador multicast

RARP (Reverse Address Resolution Protocol)

traceroute

tunelamento

21.7 RESUMO

- A entrega de um pacote para um host ou roteador requer dois níveis de endereços: físico e lógico. Um endereço físico identifica um host ou roteador no nível físico.

- O mapeamento de um endereço lógico para um endereço físico pode ser estático ou dinâmico.

- O mapeamento estático envolve uma lista de correlação entre endereços lógicos e físicos; a manutenção da lista requer elevado nível de retrabalho.

- O protocolo ARP (Address Resolution Protocol) é um método de mapeamento dinâmico que resolve um endereço físico, dado um endereço lógico.

- No Proxy ARP, um roteador representa um conjunto de hosts. Quando uma solicitação ARP procura um endereço físico de qualquer host nesse conjunto, o roteador envia seu próprio endereço físico. Isso cria o efeito de sub-redes.

- O protocolo RARP (Reverse Address Resolution Protocol) realiza uma espécie de mapeamento dinâmico reverso, no qual dado endereço físico é associado a um endereço lógico.

- O ICMP pode enviar quatro pares de mensagens de consulta: solicitação e resposta de eco, solicitação e resposta de timestamp, solicitação e resposta de máscara de endereço e solicitação e anúncio de roteador.

- O checksum no ICMP é calculado usando-se tanto o campo de cabeçalho como o de dados de uma mensagem ICMP.

- Packet InterNet Groper (*ping*) é um programa aplicativo que usa os serviços do ICMP para testar se um host pode ser alcançado.

- Multicast é o envio simultâneo de uma mesma mensagem para mais de um receptor.

- O protocolo IGMP (Internet Group Management Protocol) auxilia roteadores multicast a criar e atualizar uma lista de membros fiéis associados a uma interface do roteador.

- Os três tipos de mensagens IGMP são: query message, membership report e leave report.

- Uma estratégia de resposta com atraso evita tráfego desnecessário em uma rede LAN.

- Uma mensagem IGMP é encapsulada em um datagrama IP.

- A maioria das redes LAN, inclusive a Ethernet, oferece suporte a endereçamento físico multicast.
- As WAN que não oferecem suporte a endereçamento físico multicast podem usar um mecanismo denominado tunelamento para o envio de pacotes multicast.
- O BOOTP e o DHCP (Dynamic Host Configuration Protocol) são aplicações cliente/servidor que entregam informações vitais sobre a rede tanto para computadores sem disco como para computadores no boot inicial.
- Uma solicitação BOOTP é encapsulada em um datagrama UDP de usuário.
- O BOOTP, um protocolo de configuração estática, usa uma tabela que mapeia endereços IP a endereços físicos.
- Um agente de retransmissão é um roteador que ajuda a enviar solicitações locais de BOOTP a servidores remotos.
- O DHCP é um protocolo de configuração dinâmica com dois bancos de dados: um deles é similar ao BOOTP e o outro é constituído por um pool de endereços IP disponíveis para designação temporária.
- Um servidor DHCP emite uma locação de um endereço IP a um cliente por determinado período.
- O ICMPv6, como a versão 4, notifica o originador de uma mensagem sobre a ocorrência de erros, trata de associações em grupos, atualiza tabelas específicas de roteador e de hosts e verifica a viabilidade de um host.

21.8 ATIVIDADES PRÁTICAS

Questões para Revisão

1. O tamanho de um pacote ARP é fixo? Justifique.
2. Qual é o tamanho de um pacote ARP quando o protocolo for o IPv4 e o hardware for Ethernet?
3. Qual é o tamanho de um frame Ethernet contendo um pacote ARP para a Questão 2?
4. Qual é o tamanho do endereço multicast para redes Ethernet?
5. Por que há uma restrição na geração de uma nova mensagem ICMPv4 em resposta a uma mensagem de erro ICMPv4?
6. Qual é o objetivo de incluir o cabeçalho IPv4 e os 8 primeiros bytes de dados de um datagrama IP em mensagens de notificação de erros no ICMPv4?
7. Dê um exemplo de uma situação na qual um host jamais receberia uma mensagem de redirecionamento.
8. Qual é o tamanho mínimo de um pacote ICMPv4? Qual é o tamanho máximo de um pacote ICMPv4?
9. Qual é o tamanho mínimo de um pacote IPv4 que transporta um pacote ICMPv4? Qual é o tamanho máximo?
10. Como podemos determinar se um pacote IPv4 está transportando outro pacote ICMPv4?
11. Qual é o tamanho mínimo de um frame Ethernet que transporta um pacote IPv4 que, por sua vez, transporta um pacote ICMPv4? Qual é seu tamanho máximo?
12. Por que não é necessário que uma mensagem ICMPv4 trafegue fora dos limites de sua própria rede local?

Exercícios

13. Um roteador com endereço IPv4 125.45.23.12 e endereço físico Ethernet 23:45:AB:4F:67:CD recebeu um pacote que deverá ser roteado para um host de destino com endereço IP 125.11.78.10. Mostre as entradas no pacote ARP request enviado pelo roteador. Suponha que não haja emprego de sub-redes.

14. Mostre as entradas no pacote ARP enviado em resposta para o Exercício 13.

15. Encapsule o resultado do Exercício 13 em um frame no nível de enlace de dados. Preencha todos os campos.

16. Encapsule o resultado do Exercício 14 em um frame no nível de enlace de dados. Preencha todos os campos.

17. O host A envia um datagrama para o host B. O host B jamais recebe o datagrama e o host A jamais recebe uma notificação de falha. Dê duas explicações diferentes sobre o que poderia ter acontecido.

18. Calcule o checksum para o seguinte pacote ICMP:

    Tipo: Solicitação de eco   Identificador da solicitação: 123   Número de seqüência: 25 Mensagem: Olá

19. Um roteador recebe um pacote IPv4 com endereço IP de origem 130.45.3.3 e endereço IP de destino 201.23.4.6. O roteador não consegue encontrar o endereço IP de destino em sua tabela de roteamento. Que mensagem ICMPv4 poderia ser enviada?

20. O TCP recebe um segmento com endereço de porta de destino 234. Ele faz uma verificação e não consegue encontrar uma porta correspondente para esse destino. Que mensagem ICMPv4 deveria ser enviada?

21. O endereço multicast de um grupo é 231.24.60.9. Qual será seu endereço Ethernet de 48 bits para uma LAN usando TCP/IP?

22. Se um roteador tiver 20 entradas em sua tabela de grupos, deveria enviar periodicamente 20 consultas diferentes ou apenas uma? Justifique sua resposta.

23. Se um host quiser continuar associado a cinco grupos de multicast, ele deveria enviar cinco mensagens membership report diferentes ou apenas uma?

24. Um roteador em uma rede Ethernet recebeu um pacote IP multicast com groupid 226.17.18.4. Quando o host verifica sua tabela de grupos multicast, ele encontra esse endereço. Mostre como o roteador envia um pacote aos destinatários por meio do encapsulamento do pacote IP em um frame Ethernet. Mostre todas as entradas do frame Ethernet. O endereço IP de saída do roteador é 185.23.5.6 e seu endereço físico de saída é 4A:22:45:12:E1:E2. O roteador precisa dos serviços ARP?

25. Um host com endereço IPv4 114.45.7.9 recebe uma consulta IGMP. Ao verificar sua tabela de grupos, não encontra nenhuma entrada. Que ação o host deveria tomar? Ele deveria enviar alguma mensagem?

26. Um host com endereço IPv4 222.5.7.19 recebe uma consulta IGMP. Ao verificar sua tabela de roteamento, encontra duas entradas em sua tabela: 227.4.3.7 e 229.45.6.23. Que ação o host deveria tomar? Deveria enviar alguma mensagem? Em caso positivo, de que tipo e quantas?

27. Para quantos endereços multicast o protocolo IPv4 oferece suporte em redes Ethernet? Qual é o número de endereços multicast suportados pelo protocolo IPv4? Qual é o tamanho do espaço de endereços perdido quando transformamos um endereço IPv4 multicast em um endereço Ethernet multicast?

28. Converta os seguintes endereços IPv4 multicast em endereços Ethernet multicast. Quantos deles especificam o mesmo endereço Ethernet?
    a. 224.18.72.8
    b. 235.18.72.8
    c. 237.18.6.88
    d. 224.88.12.8

Atividades de Pesquisa

29. Use o programa *ping* para testar seu próprio computador (loopback).
30. Use o programa *ping* para testar um host nacional.
31. Use o programa *ping* para testar um host internacional.
32. Use o aplicativo *traceroute* (ou *tracert*) para rastrear uma rota de seu computador para um computador em uma faculdade ou universidade.
33. Use o *netstat* para descobrir se seu servidor oferece suporte a endereçamento multicast.
34. O DHCP usa várias mensagens como DHCPREQUEST, DHCPDECLINE, DHCPACK, DHCPNACK e DHCPRELEASE. Descubra a finalidade dessas mensagens.

CAPÍTULO 22

Camada de Rede: Entrega, Encaminhamento e Roteamento

Este capítulo descreve a entrega, o encaminhamento e o roteamento de pacotes IP a seus destinos finais. **Entrega** refere-se à maneira pela qual um pacote é tratado pelas camadas subjacentes sob controle da camada de rede. **Encaminhamento** corresponde à maneira pela qual um pacote é entregue para a próxima estação. **Roteamento** diz respeito à maneira pela qual as tabelas de roteamento são criadas para auxiliar no encaminhamento.

Os protocolos de roteamento são usados para atualizar continuamente as tabelas de roteamento que são consultadas para encaminhamento e roteamento. Neste capítulo, também discutimos brevemente **protocolos de roteamento multicast** e unicast comumente utilizados.

22.1 ENTREGA

A camada de rede supervisiona o tratamento dos pacotes realizado pelas camadas físicas subjacentes. Definimos esse tratamento como a entrega de um pacote.

Entrega Direta *Versus* Indireta

A entrega de um pacote a seu destino final é realizada usando-se dois métodos de entrega diferentes, o direto e o indireto, conforme mostrado na Figura 22.1.

Entrega Direta

Na **entrega direta**, o destino final do pacote é um host conectado à mesma rede física que a do entregador. Uma entrega direta ocorre quando a origem e o destino do pacote se localizam na mesma rede física ou quando a entrega se dá entre o último roteador e o host de destino.

O remetente pode determinar facilmente se a entrega é direta. Ele é capaz de extrair o endereço de rede do destino (usando a máscara) e comparar esse endereço com os endereços das redes às quais ele está conectado. Se for encontrada alguma coincidência, a entrega é direta.

Entrega Indireta

Se o host de destino não se encontrar na mesma rede do entregador, o pacote é entregue de forma indireta. Em uma **entrega indireta**, o pacote vai de roteador em roteador até atingir aquele conectado à mesma rede física de seu destino final. Observe que uma entrega sempre envolve uma

Figura 22.1 *Entrega direta e indireta*

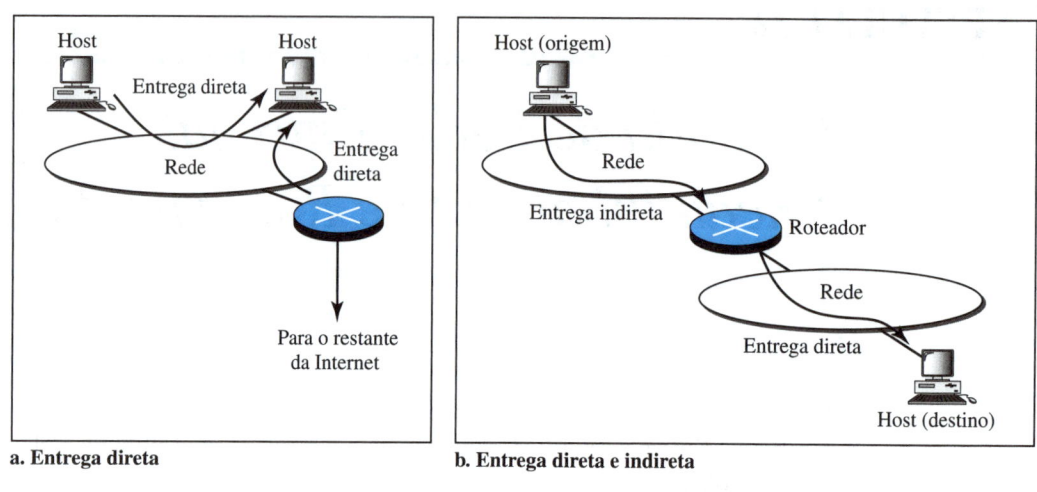

a. Entrega direta
b. Entrega direta e indireta

entrega direta, mas nenhuma ou algumas entregas indiretas. Note também que a última entrega sempre é direta.

22.2 ENCAMINHAMENTO

Encaminhamento significa colocar o pacote na rota para seu destino. Ele requer que um host ou um roteador tenha uma tabela de roteamento. Quando um host tiver um pacote a ser enviado ou quando um roteador tiver recebido um pacote a ser encaminhado, ele busca essa tabela para encontrar a rota para o destino final. Entretanto, essa solução simples é impossível, hoje em dia, em uma internetwork, como a Internet, pois o número de entradas necessário na tabela de roteamento tornaria ineficientes as pesquisas em tabelas.

Técnicas de Encaminhamento

Várias técnicas podem tornar administrável o tamanho da tabela de roteamento e também trata de questões como segurança. Discutiremos brevemente esses métodos.

Método do Próximo Salto Versus Método do Roteamento

Uma técnica para reduzir o conteúdo de uma tabela de roteamento é o chamado **método do próximo salto**, no qual a tabela de roteamento armazena apenas o endereço do próximo salto, em vez das informações sobre a rota completa (**método do roteamento**). As entradas de uma tabela de roteamento devem ser consistentes entre si. A Figura 22.2 mostra como as tabelas de roteamento podem ser simplificadas usando essa técnica.

Método de Rede Específica Versus Método de Host Específico

A segunda técnica para reduzir a tabela de roteamento e simplificar o processo de busca é o **método de rede específica**. Nesse caso, em vez de ter uma entrada para cada host de destino conectado à mesma rede física (**método do host específico**), temos apenas uma entrada que define o endereço da rede de destino em si. Em outras palavras, tratamos todos os hosts conec-

Figura 22.2 *Método das rotas versus método do próximo salto*

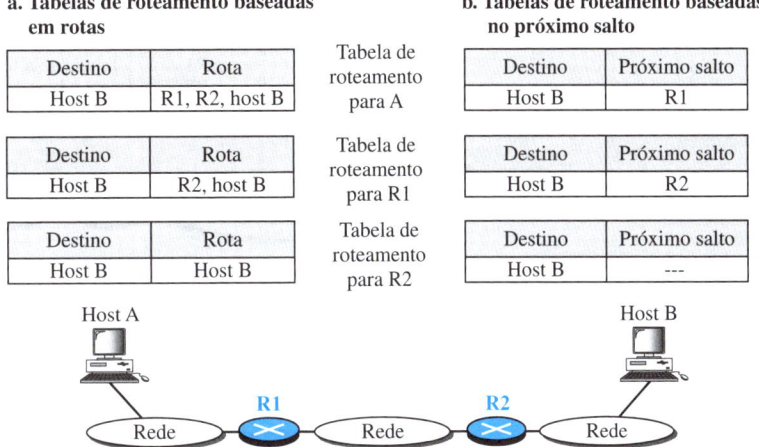

tados à mesma rede como uma única entidade. Por exemplo, se mil hosts estiverem conectados à mesma rede, existe apenas uma entrada na tabela de roteamento em vez de mil. A Figura 22.3 ilustra o conceito.

Figura 22.3 *Método gráfico do host específico versus método da rede específica*

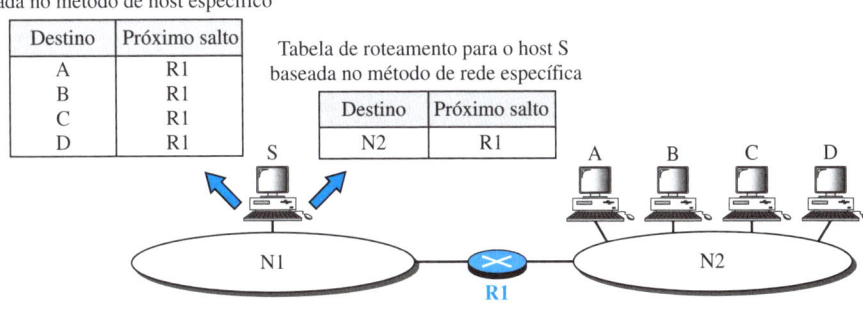

O roteamento de host específico é usado para fins como verificação da rota ou fornecimento de medidas de segurança.

Método-Padrão

Outra técnica para simplificar o roteamento é o chamado **método-padrão**. Na Figura 22.4, o host A está conectado a uma rede com dois roteadores. O roteador R1 direciona os pacotes a hosts conectados à rede N2. Entretanto, para o restante da Internet, é usado o roteador R2. Portanto, em vez de listar todas as redes na Internet inteira, o host A pode ter apenas uma entrada denominada *padrão* (normalmente definida como o endereço de rede 0.0.0.0).

Figura 22.4 *Método-padrão*

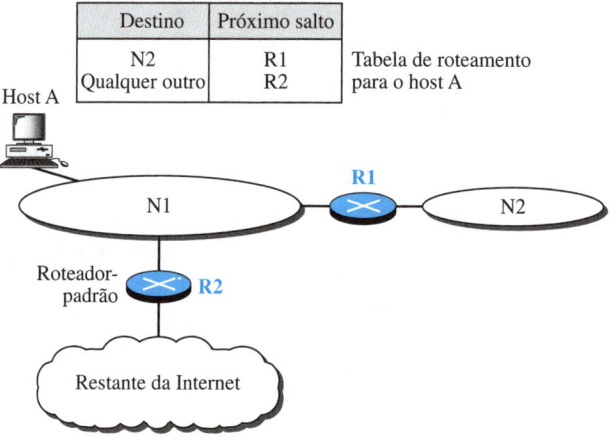

Processo de Encaminhamento

Suponhamos que os hosts e roteadores usem endereçamento sem classes, pois o endereçamento com classes pode ser tratado como um caso especial do endereçamento sem classes. No endereçamento sem classes, a tabela de roteamento precisa ter uma linha de informações para cada bloco envolvido. A tabela precisa ser pesquisada tomando-se como base o endereço de rede (o primeiro endereço no bloco). Infelizmente, o endereço de destino no pacote não dá nenhuma pista sobre o endereço de rede. Para resolver esse problema, precisamos incluir a máscara (/n) na tabela; precisamos ter uma coluna extra que inclua a máscara para o bloco correspondente. A Figura 22.5 mostra um módulo de encaminhamento simples para endereçamento sem classes.

Figura 22.5 *Módulo de encaminhamento simplificado em um endereço sem classes*

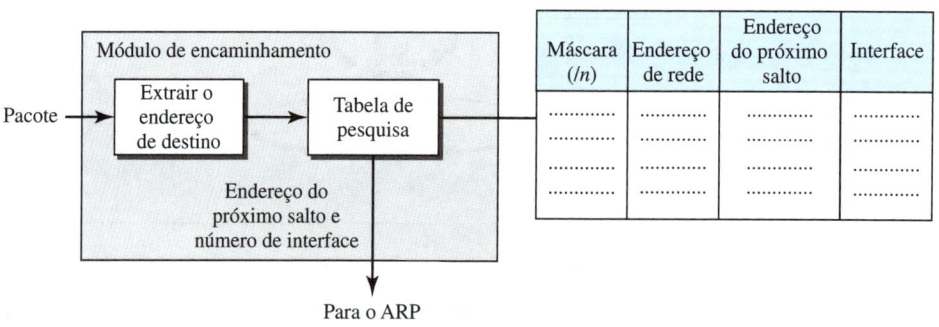

Observe que precisamos de pelo menos quatro colunas em nossa tabela de roteamento; normalmente, existem mais.

No endereçamento sem classes, precisamos de pelo menos quatro colunas em uma tabela de roteamento.

Exemplo 22.1

Construa uma tabela de roteamento para o roteador R1, usando a configuração da Figura 22.6.

Figura 22.6 *Configuração para o Exemplo 22.1*

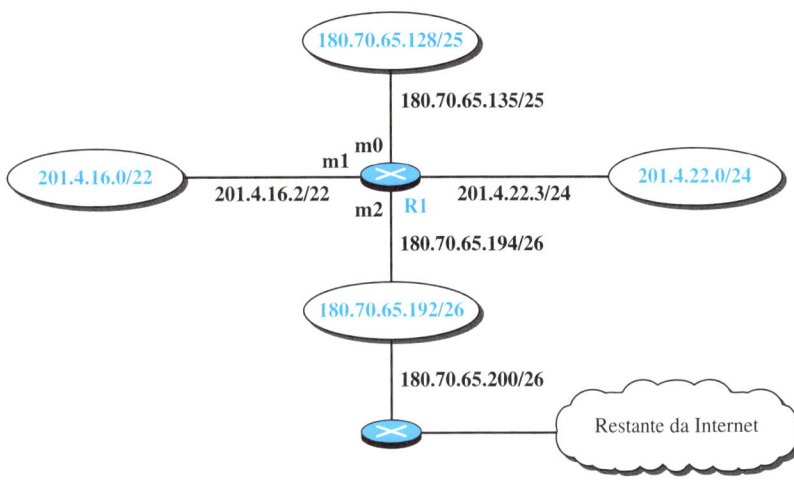

Solução

A Tabela 22.1 mostra a tabela correspondente.

Tabela 22.1 *Tabela de roteamento para o roteador R1 da Figura 22.6*

Máscara	Endereço de Rede	Próximo salto	Interface
/26	180.70.65.192	—	m2
/25	180.70.65.128	—	m0
/24	201.4.22.0	—	m3
/22	201.4.16.0	....	m1
Qualquer	Qualquer	180.70.65.200	m2

Exemplo 22.2

Ilustre o processo de encaminhamento, caso um pacote chegue em R1 na Figura 22.6 com o endereço de destino 180.70.65.140.

Solução

O roteador realiza as seguintes etapas:

1. A primeira máscara (/26) é aplicada ao endereço de destino. O resultado é 180.70.65.128, que não bate com o endereço de rede correspondente.

2. A segunda máscara (/25) é aplicada ao endereço de destino. O resultado é 180.70.65.128, que bate com o endereço de rede correspondente. O **endereço do próximo salto** (nesse caso, o endereço de destino do pacote) e o número de interface m0 são passados ao ARP para processamento adicional.

Exemplo 22.3

Ilustre o processo de encaminhamento, caso um pacote chegue em R1 na Figura 22.6 com o endereço de destino 201.4.22.35.

Solução

O roteador realiza as seguintes etapas:

1. A primeira máscara (/26) é aplicada ao endereço de destino. O resultado é 201.4.22.0, que não coincide com o endereço de rede correspondente (linha 1).
2. A segunda máscara (/25) é aplicada ao endereço de destino. O resultado é 201.4.22.0, que não coincide com o endereço de rede correspondente (linha 2).
3. A terceira máscara (/24) é aplicada ao endereço de destino. O resultado é 201.4.22.0, que não coincide com o endereço de rede correspondente. O endereço de destino do pacote e o número de interface m3 são passados ao ARP.

Exemplo 22.4

Ilustre o processo de encaminhamento, caso um pacote chegue em R1 na Figura 22.6 com o endereço de destino 18.24.32.78.

Solução

Desta vez, todas as máscaras são aplicadas, uma a uma, ao endereço de destino, mas não é encontrado nenhum endereço de rede coincidente. Ao chegar ao final da tabela, o módulo passa o endereço do próximo nó, 180.70.65.200, e o número de interface m2 para o ARP. Provavelmente este é um pacote de saída que precisa ser enviado, por meio do roteador-padrão, para algum outro lugar na Internet.

Agregação de Endereços

Quando usamos endereçamento sem classes, é provável que o número de entradas da tabela de roteamento vá aumentar. Isso porque o intento do endereçamento sem classes é o de dividir todo o espaço de endereços em blocos gerenciáveis. O tamanho maior da tabela resulta em um aumento do tempo necessário para pesquisar a tabela. Para atenuar o problema, foi desenvolvido o conceito de **agregação de endereços**. Na Figura 22.7, temos dois roteadores.

O roteador R1 é conectado às redes de quatro organizações que usam, cada uma delas, 64 endereços. O roteador R2 se encontra em algum ponto distante de R1. O roteador R1 apresenta uma tabela de roteamento mais longa, pois cada um dos pacotes tem de ser direcionado corretamente à organização apropriada. Por outro lado, o roteador R2 pode ter uma tabela de roteamento bem pequena. Para R2, qualquer pacote com destino 140.24.7.0 a 140.24.7.255 é enviado da interface m/0, independentemente do número da organização. Esse processo é denominado agregação de endereços, porque os blocos de endereços para as quatro organizações são agregados em um único bloco maior. O roteador R2 teria uma tabela de roteamento mais longa se cada organização tivesse endereços que não pudessem ser agregados em um bloco.

Observe que, embora o conceito de agregação de endereços seja similar ao de sub-redes, no primeiro caso, não temos um lugar-comum; a rede para cada organização é independente. Além disso, podemos ter vários níveis de agregação.

Correspondência com a Máscara Mais Longa

O que acontece se uma das organizações da Figura 22.7 não estiver geograficamente próxima às outras três? Por exemplo, se, por alguma razão, a organização 4 não puder ser interligada ao roteador R1, ainda podemos usar o conceito de agregação de endereços e, mesmo assim, atribuir o bloco 140.24.7.192/26 à organização 4?

Figura 22.7 *Agregação de endereços*

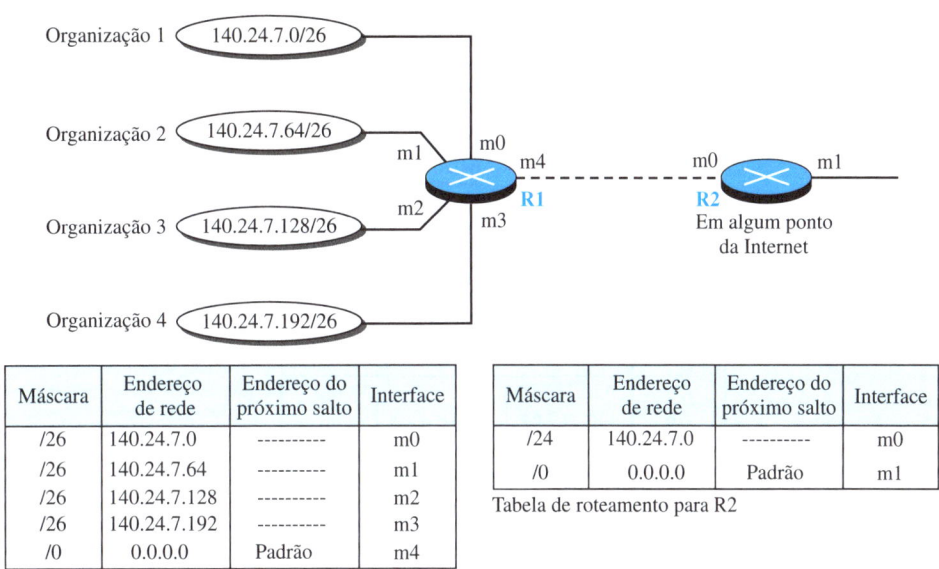

A resposta é sim, pois o roteamento no endereçamento sem classes usa outro princípio, o da **concordância com a máscara mais longa**. Esse princípio afirma que a tabela de roteamento é ordenada da máscara mais longa para a máscara mais curta. Em outras palavras, se existirem três máscaras /27, /26 e /24, a máscara /27 deve ser a primeira entrada, e /24, a última. Vejamos se esse princípio soluciona a situação na qual a organização 4 é separada das três outras organizações. A Figura 22.8 ilustra a situação.

Suponha que chegue um pacote para a organização 4 com endereço de destino 140.24.7.200. É aplicada a primeira máscara no roteador R2, fornecendo o endereço de rede 140.24.7.192. O pacote é direcionado corretamente da interface m1 e chega à organização 4. Se, entretanto, a tabela de roteamento não for armazenada primeiro com o prefixo mais longo, a aplicação da máscara /24 resultaria no roteamento incorreto do pacote para o roteador R1.

Roteamento Hierárquico

Para resolver o problema de gigantescas tabelas de roteamento, podemos criar nelas um sentido de hierarquia. No Capítulo 1, citamos que a Internet hoje em dia tem esse sentido. Dissemos que a Internet é dividida em ISPs nacionais e internacionais. Os ISPs nacionais se dividem em ISPs regionais e estes em ISPs locais. Se a tabela de roteamento tiver um sentido de hierarquia como a arquitetura da Internet, pode diminuir de tamanho.

Tratemos do caso de um ISP local. Pode ser-lhe atribuído um único, mas grande, bloco de endereços com prefixo de determinado comprimento. O ISP local pode dividir esse bloco em blocos menores de tamanhos diversos e pode atribuir-lhes a organizações e usuários individuais, sejam grandes como pequenos. Se o bloco atribuído ao ISP local iniciar com a.b.c.d/*n*, o ISP pode criar blocos iniciando com e.f.g.h/*m*, em que *m* pode variar para cada cliente, sendo ele maior que *n*.

Figura 22.8 *Concordância com a máscara mais longa*

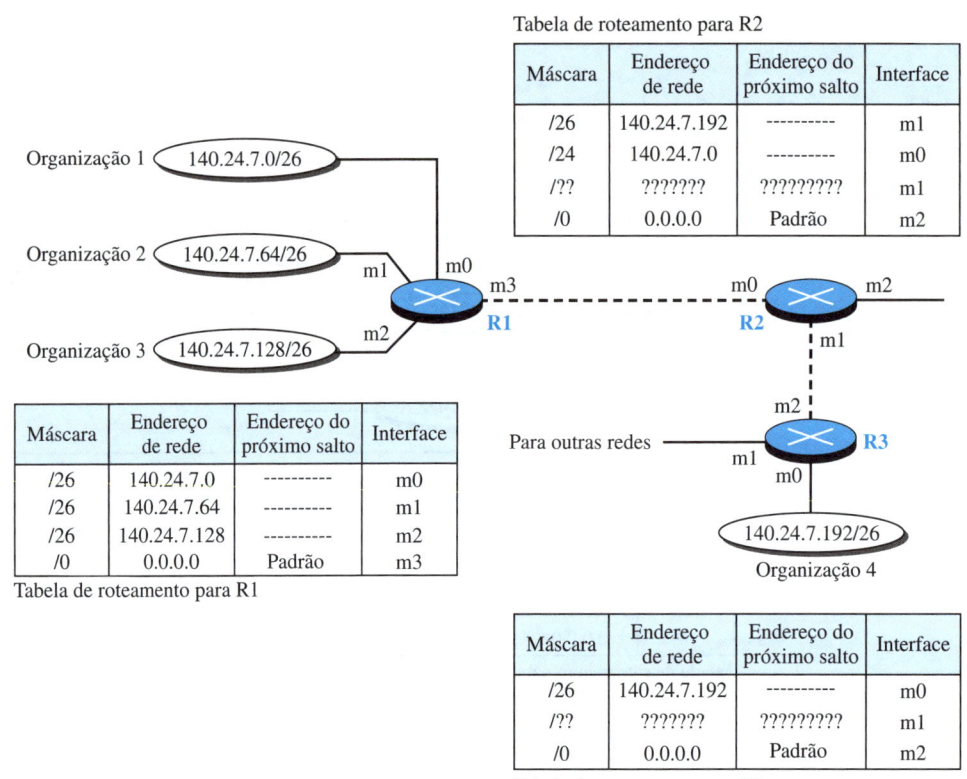

Como isso reduz o tamanho da tabela de roteamento? O restante da Internet não precisa estar ciente dessa divisão. Todos os clientes do ISP local são definidos como a.b.c.d/*n* para o restante da Internet. Todos os pacotes destinados a um dos endereços desse grande bloco são direcionados ao ISP local. Existe apenas uma entrada em cada roteador no mundo para todos esses clientes. Todos eles pertencem ao mesmo grupo. Obviamente, no interior do ISP local, o roteador deve reconhecer os sub-blocos e direcionar o pacote ao cliente de destino. Se um dos clientes for uma grande organização, também poderá criar outro nível de hierarquia por meio de sub-redes e dividindo esse sub-bloco em sub-blocos menores (ou subsub-blocos). No roteamento sem classes, os níveis de hierarquia são ilimitados, desde que sigamos as regras do endereçamento sem classes.

Exemplo 22.5

Como exemplo de **roteamento hierárquico**, consideremos a Figura 22.9. São concedidos a um ISP regional 16.384 endereços, iniciando em 120.14.64.0. O ISP regional decidiu dividir esse bloco em quatro sub-blocos, cada um dos quais com 4.096 endereços. Três desses sub-blocos são alocados a três ISPs locais; o segundo sub-bloco é reservado para uso futuro. Note que a máscara para cada bloco é /20, visto que o bloco original com máscara /18 é dividido em quatro blocos.

O primeiro ISP local dividiu seu sub-bloco em oito blocos menores e atribuiu cada um deles a um pequeno ISP. Cada um desses ISPs pequenos presta serviços a 128 residências (H001 a H128), cada uma das quais usando quatro endereços. Observe que a máscara para cada ISP pequeno agora é /23, uma vez que o bloco é dividido ainda mais, em oito blocos. Cada residência tem uma máscara igual a /30, pois uma residência tem apenas quatro endereços (2^{32-30} é igual a 4).

Figura 22.9 *Roteamento hierárquico com ISPs*

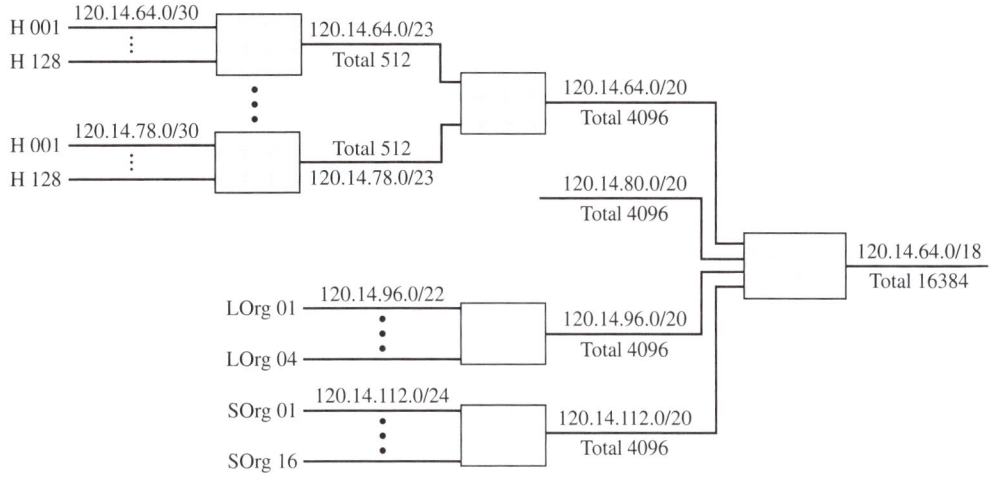

O segundo ISP local dividiu seu bloco em quatro e atribuiu os endereços a quatro grandes organizações (LOrg01 a LOrg04). Note que uma dessas grandes organizações tem 1.024 endereços e a máscara é /22.

O terceiro ISP local dividiu seu bloco em 16 blocos e alocou cada um a uma pequena organização (SOrg01 a SOrg16). Cada uma delas tem 256 endereços e a máscara é /24.

Há um sentido de hierarquia nessa configuração. Todos os roteadores da Internet enviam um pacote com endereço de destino 120.14.64.0 a 120.14.127.255 para o ISP regional.

O ISP regional envia cada pacote com endereço de destino 120.14.64.0 a 120.14.79.255 ao ISP1 local. O ISP1 local envia cada pacote com endereço de destino 120.14.64.0 a 120.14.64.3 à residência H001.

Roteamento Geográfico

Para reduzir ainda mais o tamanho da tabela de roteamento, precisamos estender o roteamento hierárquico para que este inclua o roteamento geográfico. Temos de dividir o espaço de endereços inteiro em alguns grandes blocos. Alocamos um bloco à América do Norte, outro à Europa, um bloco à Ásia, um à África e assim por diante. Os roteadores de ISPs fora da Europa terão apenas uma entrada para pacotes destinados à Europa em suas tabelas de roteamento. Os roteadores de ISPs fora da América do Norte terão uma única entrada para pacotes destinados à América do Norte em suas tabelas de roteamento. E o processo continua assim por diante.

Tabela de Roteamento

Vejamos agora as tabelas de roteamento. Um host ou um roteador apresenta uma tabela de roteamento com uma entrada para cada destino ou para uma combinação de destinos, a fim de direcionar pacotes IP. A tabela de roteamento pode ser tanto estática como dinâmica.

Tabela de Roteamento Estática

A **tabela de roteamento estática** contém informações introduzidas manualmente. O administrator introduz a rota para cada destino em uma tabela. Quando uma tabela é criada, não pode ser atualizada automaticamente quando existe uma mudança na Internet. Deve ser alterada de forma manual pelo administrador.

A tabela de roteamento estática pode ser usada em uma pequena internet que não muda com muita freqüência ou então em uma internet experimental para fins de diagnóstico. Não é uma estratégia recomendada usar uma tabela de roteamento estática em uma grande internet, como a Internet.

Tabela de Roteamento Dinâmica

Uma **tabela de roteamento dinâmica** é atualizada periodicamente usando-se um dos protocolos de roteamento dinâmico como o RIP, OSPF ou BGP. Toda vez que houver uma mudança na Internet, por exemplo, o desligamento de um roteador ou a quebra de um enlace, os protocolos de roteamento dinâmico atualizam automaticamente todas as tabelas nos roteadores (e, eventualmente, no host).

Os roteadores em uma grande internet, como a Internet, precisam ser atualizados de forma dinâmica para a entrega eficiente dos pacotes IP. Mais à frente, discutiremos em detalhes os três protocolos de roteamento dinâmico deste capítulo.

Formato

Como mencionado anteriormente, uma tabela de roteamento para endereçamento sem classes tem no mínimo quatro colunas. Entretanto, alguns dos roteadores atuais têm um número ainda maior de colunas. Devemos estar cientes de que o número de colunas depende do fabricante e nem todas podem ser encontradas em todos os roteadores. A Figura 22.10 mostra alguns campos comuns nos roteadores atuais.

Figura 22.10 *Campos de uso comum em uma tabela de roteamento*

Máscara	Endereço de rede	Endereço do próximo salto	Interface	Flags	Contagem de referência	Uso
………	………	………	………	………	………	………

- ❑ **Máscara.** Este campo define a máscara aplicada para a entrada.
- ❑ **Endereço de rede.** Este campo estabelece o endereço de rede para o qual o pacote é finalmente entregue. No caso de roteamento de host específico, estipula o endereço do host de destino.
- ❑ **Endereço do próximo salto.** Este campo define o endereço do roteador do próximo nó ao qual o pacote é entregue.
- ❑ **Interface.** Este campo mostra o nome da interface.
- ❑ **Flags.** Este campo define até cinco flags. Os flags são chaves liga/desliga que significam presença ou então ausência. Os cinco flags são U (operando), G (gateway), H (host específico), D (acrescentado por redirecionamento) e M (modificado por redirecionamento).
    a. **U (operando).** O flag U indica que o roteador está ligado e operando. Se esse flag não estiver presente, isso significa que o roteador não está ativo. O pacote não pode ser encaminhado e é descartado.
    b. **G (gateway).** O flag G significa que o destino se encontra em outra rede. O pacote é entregue ao roteador do próximo salto para entrega (entrega indireta). Quando este flag estiver faltando, significa que o destino faz parte desta rede (entrega direta).

c. **H (host específico).** O flag H indica que a entrada no campo de endereço de rede é um endereço de host específico. Quando estiver ausente, significa que o endereço é apenas o endereço de rede do destino.

d. **D (acrescentado por redirecionamento).** O flag D indica que as informações de roteamento para este destino foram acrescentadas à tabela de roteamento do host por uma mensagem de redirecionamento do ICMP. Discutimos redirecionamento e o protocolo ICMP no Capítulo 21.

e. **M (modificado por redirecionamento).** O flag M indica que as informações de roteamento para este destino foram modificadas por uma mensagem de redirecionamento do ICMP. Discutimos redirecionamento e o protocolo ICMP no Capítulo 21.

❏ **Contagem de referência.** Este campo fornece o número de usuários desta rota no momento. Por exemplo, se cinco pessoas ao mesmo tempo estiverem se conectando ao mesmo host deste roteador, o valor desta coluna será 5.

❏ **Use.** Este campo mostra o número de pacotes transmitidos por meio deste roteador para o destino correspondente.

Utilitários

Existem vários utilitários que podem ser usados para encontrar as informações de roteamento e o conteúdo de uma tabela de roteamento. Falaremos do *netstat* e do *ifconfig*.

Exemplo 22.6

Um utilitário que pode ser usado para descobrir o conteúdo de uma tabela de roteamento para um host ou roteador é o ***netstat*** no UNIX ou LINUX. A seguir, mostraremos a lista de conteúdo de um servidor-padrão. Usamos duas opções, r e n. A opção r indica que estamos interessados na tabela de roteamento e a opção n mostra que estamos buscando endereços numéricos. Note que esta é uma tabela de roteamento no caso de um host e não um roteador. Embora discutamos a tabela de roteamento para um roteador ao longo do capítulo, um host também precisa de uma tabela de roteamento.

$ netstat-rn
Kernel IP routing table

Destination	Gateway	Mask	Flags	Iface
153.18.16.0	0.0.0.0	255.255.240.0	U	eth0
127.0.0.0	0.0.0.0	255.0.0.0	U	lo
0.0.0.0	153.18.31.254	0.0.0.0	UG	eth0

Observe também que a ordem das colunas é diferente daquela que apresentamos. A coluna destino aqui define o endereço de rede. O termo *gateway* usado pelo UNIX é sinônimo de *roteador*. Essa coluna define, na verdade, o endereço do próximo nó. O valor 0.0.0.0 mostra que a entrega é direta. A última entrada apresenta um flag igual a G, significando que o destino pode ser atingido por meio de um roteador (roteador-padrão). *Iface* define a interface. O host tem apenas uma interface real, eth0, significando que a interface 0 está conectada a uma rede Ethernet. A segunda interface, lo, é, na verdade, uma interface de loopback virtual indicando que o host aceita pacotes com endereço de loopback 127.0.0.0.

Mais informações sobre endereço IP e endereço físico de um servidor podem ser encontradas usando-se o comando *ifconfig* na interface dada (eth0).

$ ifconfig eth0
eth0 Enlace encap:Ethernet HWaddr 00:B0:D0:DF:09:5D
inet addr:153.18.17.11 Bcast:153.18.31.255 Mask:255.255.240.0
. . .

A partir das informações anteriores, podemos deduzir a configuração do servidor, conforme mostrada na Figura 22.11.

Figura 22.11 *Configuração do servidor para o Exemplo 22.6*

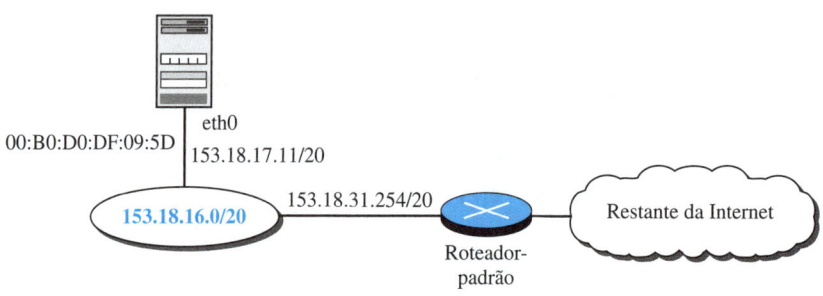

Note que o comando *ifconfig* nos dá o endereço IP e o endereço físico (hardware) da interface.

22.3 PROTOCOLOS DE ROTEAMENTO UNICAST

A tabela de roteamento pode ser tanto estática como dinâmica. Uma *tabela estática* apresenta entradas manuais. Por outro lado, uma *tabela dinâmica* é atualizada automaticamente quando existe uma mudança em algum ponto na internet. Atualmente, uma internet precisa de tabelas de roteamento dinâmicas, que precisam ser atualizadas assim que ocorrer uma mudança na internet. Por exemplo, elas precisam ser atualizadas quando um roteador está inativo e também toda vez que uma rota melhor tiver sido encontrada.

Os protocolos de roteamento foram criados em resposta à demanda por tabelas de roteamento dinâmicas. Um protocolo de roteamento é uma combinação de regras e procedimentos que possibilita aos roteadores na internet informarem as mudanças entre si. Ele permite que os roteadores compartilhem tudo o que souberem em relação à internet ou à sua vizinhança. O compartilhamento de informações permite que um roteador em São Francisco saiba sobre a falha de uma rede no Texas. Os protocolos de roteamento também incluem procedimentos para combinar informações recebidas de outros roteadores.

Otimização

Um roteador recebe um pacote de uma rede e o passa para outra. Normalmente, um roteador está conectado a várias redes. Ao receber um pacote, para qual rede deve passar o pacote? A decisão se baseia na otimização: qual dos caminhos disponíveis é o ótimo? Qual a definição do termo *ótimo*?

Uma abordagem seria atribuir um custo para passagem por uma rede. Chamamos esse custo **métrica**. Entretanto, a métrica atribuída a cada rede depende do tipo de protocolo. Alguns protocolos simples, como o **RIP (Routing Information Protocol — protocolo de informações de roteamento)**, tratam todas as redes da mesma forma. O custo de passagem por uma rede é o mesmo; é a contagem de um nó. Portanto, se um pacote passar por dez redes para chegar ao seu destino, o custo total será de dez contagens de nós.

Outros protocolos, como o **OSPF (Open Shortest Path First — primeira rota aberta mais curta)**, possibilita que o administrador atribua um custo para passagem através de uma rede com base no tipo de serviço necessário. Uma rota através de uma rede pode ter custos (métricas) diferentes. Por exemplo, se uma vazão máxima for o tipo de serviço desejado, um enlace via satélite tem uma métrica menor que a linha de fibra óptica. Por outro lado, se o retardo mínimo for o tipo de serviço desejado, uma linha de fibra óptica tem uma métrica menor que um enlace via satélite. Os roteadores usam tabelas de roteamento para ajudar na decisão pela melhor rota. O protocolo OSPF possibilita que cada roteador tenha várias tabelas de roteamento baseadas no tipo de serviço necessário.

Outros protocolos definem a métrica de uma forma totalmente diferente. No BGP (protocolo de gateway de borda), o critério é a política, que pode ser ativado pelo administrador. A política define que rotas devem ser escolhidas.

Roteamento Interdomínio e Intradomínio

Hoje em dia, uma internet pode ser tão grande que um protocolo de roteamento não é capaz de lidar com a tarefa de atualizar as tabelas de roteamento de todos os roteadores. Por essa razão, uma internet é dividida em sistemas autônomos. Um **sistema autônomo (AS)** é um grupo de redes e roteadores sob a regência de uma única administração. O roteamento dentro de um sistema autônomo é denominado **roteamento intradomínio**. O roteamento entre sistemas autônomos é conhecido como **roteamento interdomínio**. Cada sistema autônomo pode escolher um ou mais protocolos de roteamento intradomínio para tratar do roteamento dentro do sistema autônomo. Entretanto, apenas um protocolo de roteamento interdomínio trata do roteamento entre sistemas autônomos (ver a Figura 22.12).

Figura 22.12 *Sistemas autônomos*

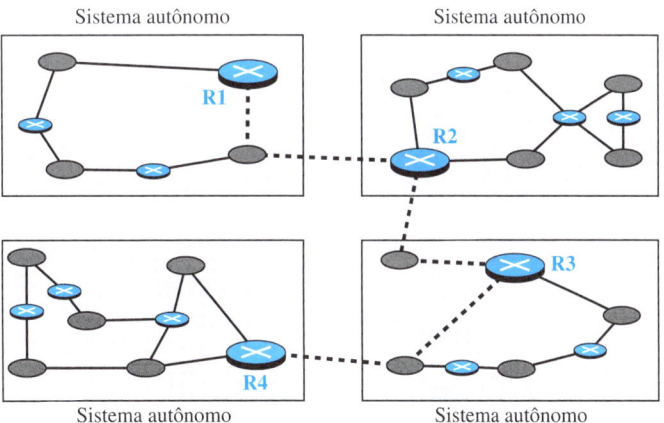

Existem vários protocolos de roteamento intradomínio e interdomínio em uso hoje em dia. Na presente seção, veremos apenas aqueles mais populares. Discutimos dois protocolos de roteamento interdomínio: vetor distância e estado do enlace. Também introduzimos um protocolo de roteamento interdomínio: vetor de rotas (ver a Figura 22.13).

RIP (protocolo de informações de roteamento) é uma implementação do protocolo vetor distância. **OSPF (primeira rota aberta mais curta)** é uma implementação do protocolo de estado de enlace. **BGP (protocolo de gateway de fronteira)** é uma implementação do protocolo vetor de rota.

Figura 22.13 *Protocolos de roteamento populares*

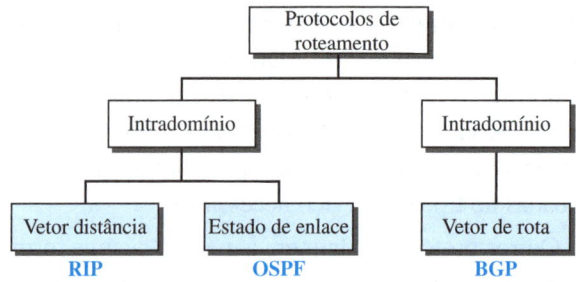

Roteamento Vetor Distância

No **roteamento vetor distância**, a rota de menor custo entre dois nós quaisquer é a rota com distância mínima. Nesse protocolo, como o próprio nome implica, cada nó mantém um vetor (tabela) de distâncias mínimas para todos os nós. A tabela em cada nó também orienta os pacotes para o nó desejado mostrando a próxima parada na rota (roteamento até o próximo salto).

Podemos imaginar os nós como cidades em uma região e as linhas como estradas interligando-as. Uma tabela pode indicar a um turista a distância mínima entre cidades.

Na Figura 22.14, mostramos um sistema de cinco nós com suas tabelas correspondentes.

Figura 22.14 *Tabelas de roteamento vetor distância*

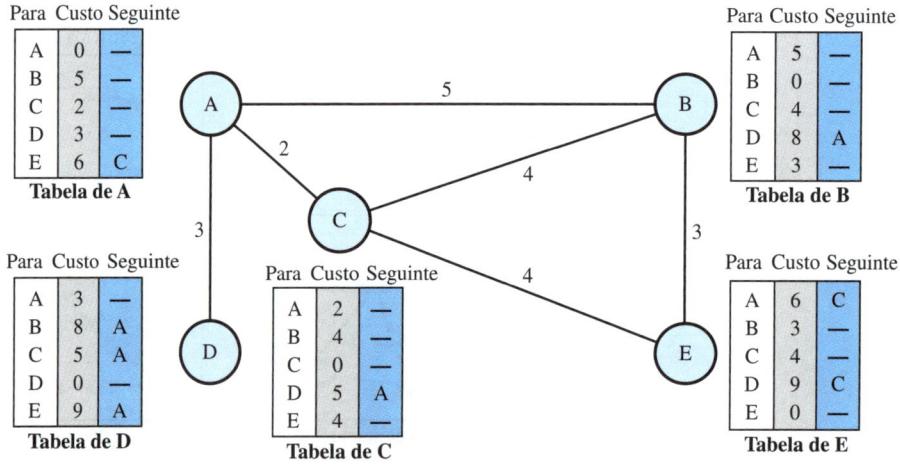

A tabela para o nó A mostra como podemos atingir qualquer nó a partir dele. Por exemplo, nosso menor custo para atingir o nó E é 6. A rota passa por C.

Inicialização

As tabelas na Figura 22.14 são estáveis; cada nó sabe como chegar a qualquer outro e o respectivo custo. No início, entretanto, este não é o caso. Cada nó tem conhecimento apenas da distância entre ele e seus **vizinhos imediatos**, aqueles conectados diretamente a ele. Portanto, por enquanto, partiremos do pressuposto de que cada nó pode enviar uma mensagem para os vizinhos imediatos e encontrar a distância entre ele próprio e seus vizinhos. A Figura 22.15 mostra as tabelas iniciais para cada nó. A distância para qualquer entrada que não seja um vizinho é marcada como infinita (inatingível).

Figura 22.15 *Inicialização das tabelas no roteamento vetor distância*

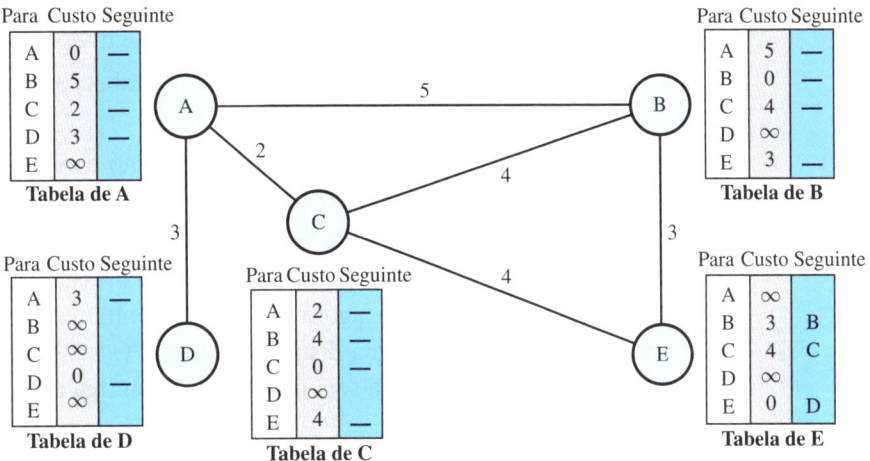

Compartilhamento

A idéia toda de roteamento com vetor distância é o compartilhamento de informações entre vizinhos. Embora o nó A não saiba nada sobre o nó E, o nó C sabe. Portanto, se o nó C compartilhar sua tabela de roteamento com A, o nó A também saberá como chegar ao nó E. Por outro lado, o nó C não sabe como chegar ao nó D, porém o nó A sabe. Se o nó A compartilhar sua tabela de roteamento com o nó C, o nó C também sabe como chegar ao nó D. Em outras palavras, os nós A e C, como vizinhos imediatos, podem melhorar suas tabelas de roteamento se ajudarem-se uns aos outros.

Existe apenas um problema. Quanto de cada tabela tem de ser compartilhada com cada vizinho? Um nó não está ciente da tabela de um vizinho. A melhor solução para cada nó é enviar sua tabela inteira ao vizinho e permitir que ele decida que parte usar e que parte descartar. Entretanto, a terceira coluna de uma tabela (próxima parada) não é útil para o vizinho. Quando este recebe uma tabela, essa coluna precisa ser substituída pelo nome do remetente. Se qualquer uma das linhas puder ser usada, o próximo salto será o remetente da tabela. Um nó, portanto, pode enviar as duas primeiras colunas de sua tabela para qualquer vizinho. Em outras palavras, compartilhamento aqui significa compartilhamento apenas das duas primeiras colunas.

No roteamento vetor distância, cada nó compartilha, periodicamente, sua tabela de roteamento com seus vizinhos imediatos e quando ocorre alguma mudança.

Atualização

Quando um nó recebe uma tabela de duas colunas de um vizinho, ela precisa atualizar sua tabela de roteamento. A atualização requer três etapas:

1. O nó receptor precisa adicionar o custo entre ele próprio e o nó emissor para cada valor da segunda coluna. A lógica é clara. Se o nó C disser que sua distância a um destino é x milhas e a distância entre A e C é y milhas, então a distância entre A e aquele destino, via C, é $x + y$ milhas.

2. O nó receptor acrescenta o nome do nó emissor a cada linha como terceira coluna se o nó receptor usar informações de qualquer linha. O nó emissor é o próximo salto em uma rota.

3. O nó receptor precisa comparar cada linha de sua tabela antiga com a linha correspondente da versão modificada da tabela recebida.

    a. Se a entrada do próximo salto for diferente, o nó receptor escolhe a linha com o custo menor. Se houver um empate, é preservada a antiga.

    b. Se a entrada do próximo salto for a mesma, o nó receptor escolhe a nova linha. Suponha, por exemplo, que o nó C tenha anunciado previamente uma rota para o nó X com distância 3. Suponha que agora não exista nenhuma rota entre C e X; o nó C agora anuncia essa rota com uma distância infinita. O nó A deve ignorar esse valor, muito embora sua entrada antiga seja menor. A rota antiga não existe mais. A nova rota uma distância infinita.

A Figura 22.16 mostra como o nó A atualiza sua tabela de roteamento após receber a tabela parcial do nó C.

Figura 22.16 *Atualização no roteamento vetor distância*

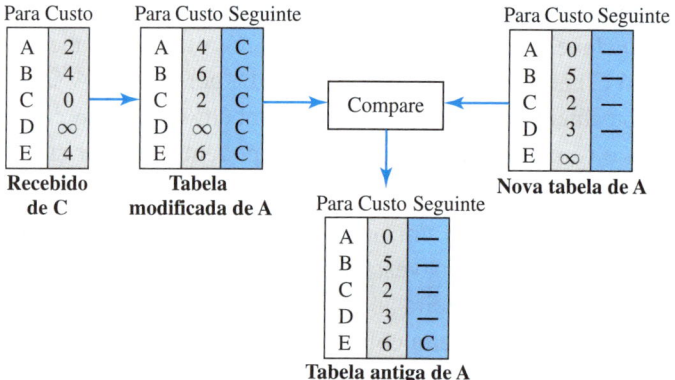

Existem diversos pontos que precisamos enfatizar aqui. Em primeiro lugar, como sabemos da matemática, ao adicionarmos qualquer número a infinito, o resultado ainda é infinito. Em segundo, a tabela modificada mostra como alcançar A de A via C. Se A precisa chegar a si próprio via C, precisaria ir até C e retornar, uma distância igual a 4. Em terceiro, o único benefício dessa atualização do nó A é a última entrada, como atingir E. Anteriormente, o nó A não sabia como chegar a E (distância infinita); agora ele sabe que o custo é 6 via C.

Cada nó pode atualizar sua tabela usando as tabelas recebidas dos demais nós. Em um curto período, se não ocorrer nenhuma mudança na própria rede, como uma falha em um enlace, cada nó atinge uma condição estável na qual o conteúdo de sua tabela permanece o mesmo.

Quando Compartilhar

A questão agora é, quando um nó deve enviar sua tabela de roteamento parcial (apenas duas colunas) a todos seus vizinhos imediatos? A tabela é enviada tanto periodicamente como quando ocorre uma mudança na tabela.

Atualização Periódica   Um nó envia sua tabela de roteamento, normalmente a cada 30 s, em uma atualização periódica. O período depende do protocolo que está usando roteamento vetor distância.

Atualização Imediata   Um nó envia sua tabela de roteamento de duas colunas a seus vizinhos toda vez que ocorrer alguma mudança em sua tabela de roteamento. Isso é chamado **atualização imediata**. A mudança pode resultar do seguinte:

1. Um nó recebe uma tabela de um vizinho, acarretando mudanças em sua própria tabela após a atualização.
2. Um nó detecta certas falhas nos enlaces vizinhos, o que resulta em uma mudança de distância para infinito.

Instabilidade de Loop de Dois Nós

Um problema com o roteamento vetor distância é a instabilidade, ou seja, que uma rede usando esse protocolo pode se tornar instável. Para compreender o problema, vamos examinar a situação representada na Figura 22.17.

Figura 22.17   *Instabilidade de dois nós*

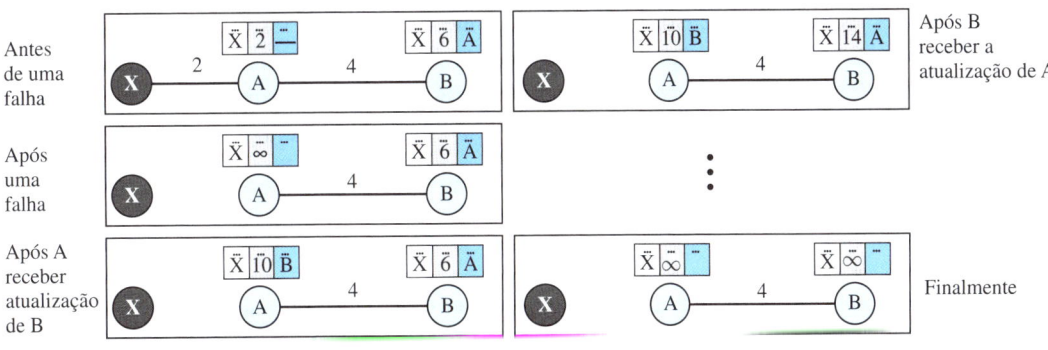

A Figura 22.17 mostra um sistema com três nós. Mostramos apenas as partes da tabela de roteamento necessárias para nossa discussão. No início, tanto o nó A quanto o B sabem como chegar ao nó X. De repente, porém, o enlace entre A e X falha. O nó A muda sua tabela. Se A puder enviar imediatamente sua tabela a B, está tudo bem. Entretanto, o sistema se torna instável, caso B envie sua tabela de roteamento para A antes de receber a tabela que pertence a A. O nó A recebe a atualização a atualização e, supondo que B tenha encontrado uma maneira de chegar a X, imediatamente atualiza sua tabela de roteamento. Com base na estratégia de atualização disparada, A envia sua nova atualização para B. Agora B pensa que algo mudou em torno de A e atualiza sua tabela de roteamento. O custo de atingir X aumenta gradualmente até que ele chegue a infinito. Nesse momento, tanto A quanto B sabem que X não pode ser alcançado. Entretanto, durante esse tempo, o sistema não é estável. O nó A pensa que a rota para X é via B; o nó B pensa que a rota para X é via A. Se A receber um pacote destinado a X, ele vai para B e então retorna a A. Similarmente, se B receber um pacote destinado a X, ele vai para A e retorna para B. Os pacotes ficam indo e vindo entre A e B, criando um problema de loop entre dois nós. Foram propostas algumas soluções para instabilidade desse tipo.

Definição de Infinito A primeira solução obvia é redefinir infinito para um número menor, como 100. Para nossa situação anterior, o sistema será estável em menos de 20 atualizações. Na realidade, a maioria das implementações do protocolo vetor distância define a distância entre cada nó igual a 1 e determina 16 como infinito. Entretanto, isso significa que o roteamento com vetor distância não pode ser usado em sistemas maiores. O tamanho da rede, em cada direção, não pode exceder 15 nós.

Split Horizon Outra solução é o chamado **Split Horizon**. Nessa estratégia, em vez de inundar a tabela por meio de cada interface, cada nó envia apenas parte de sua tabela por intermédio de cada interface. Se, de acordo com sua tabela, o nó B pensar que a rota ótima para chegar a X é via A, ele não precisa anunciar esta informação a A; a informação proveio de A (A já sabe disso). Pegar a informação do nó A, modificá-la e enviá-la de volta ao nó A cria a confusão. Em nossa situação, o nó B elimina a última linha de sua tabela de roteamento antes de enviá-la a A. Nesse caso, o nó A mantém o valor de infinito como distância até X. Posteriormente, quando o nó A envia sua tabela de roteamento para B, o nó B também corrige sua tabela de roteamento. O sistema se torna estável após a primeira atualização: tanto o nó A como o B sabem que X não pode ser atingido.

Split Horizon e Poison Reverse Usar a estratégia de Split Horizon apresenta um inconveniente. Normalmente, o protocolo vetor distância usa um temporizador e se não existir nenhuma notícia sobre uma rota, o nó elimina essa rota de sua tabela. Quando o nó B da situação anterior elimina a rota para X de seu anúncio para A, o nó A não é capaz de prever que isso se deve à estratégia de Split Horizon (a fonte de informações era A) ou pelo fato de B não ter recebido recentemente qualquer notícia sobre X. A estratégia de Split Horizon pode ser combinada com a estratégia **Poison Reverse**. O nó B ainda pode anunciar o valor para X. No entanto, se a fonte de informações for A, ele pode substituir a distância por infinito como um alerta: "Não use esse valor; o que eu sei sobre essa rota provém de você".

Instabilidade de Três Nós

A instabilidade de dois nós pode ser evitada usando-se a estratégia de Split Horizon combinada com o Poison Reverse. Entretanto, se a instabilidade for entre três nós, a estabilidade não pode ser garantida. A Figura 22.18 mostra o cenário.

Suponha, por exemplo, que após constatar que X não pode ser atingido, o nó A envie um pacote para B e C para informá-los da situação. O nó B atualiza imediatamente sua tabela, mas o pacote para C é perdido na rede e jamais chega a C. O nó C permanece sem saber nada e ainda pensa que existe uma rota para X via A com distância igual a 5. Após um tempo, o nó C envia sua tabela de roteamento para B, que inclui uma rota para X. O nó B é totalmente ludibriado nesse caso. Ele recebe informações sobre a rota para X de C e, de acordo com o algoritmo, ele atualiza sua tabela, indicando a rota para X via C com um custo igual a 8. Essas informações provêm de C, não de A e, portanto, após alguns instantes, o nó B talvez anuncie sua rota para A. Agora

Figura 22.18 *Instabilidade dos três nós*

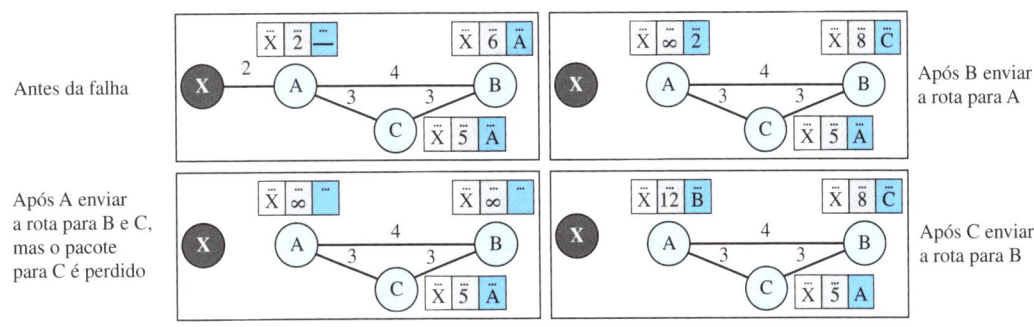

A é enganado e atualiza sua tabela para mostrar que A pode alcançar X via B com custo igual a 12. Obviamente, o loop continua; agora A anuncia a rota para X ao nó C, com custo ainda maior, mas não para B. O nó C anuncia então a rota para B com um custo maior. O nó B faz o mesmo para A. E assim por diante. O loop pára quando o custo em cada nó chegar a infinito.

RIP

O RIP (protocolo de informações de roteamento) é um protocolo de roteamento intradomínio usado dentro de um sistema autônomo. Trata-se de um protocolo muito simples baseado no roteamento vetor distância. Ele implementa diretamente o roteamento vetor distância com algumas considerações:

1. Em um sistema autônomo, estamos lidando com roteadores e redes (enlaces). Os roteadores têm tabelas de roteamento; as redes não.
2. O destino em uma tabela de roteamento é uma rede, significando que a primeira coluna define um endereço de rede.
3. A métrica usada pelo RIP é muito simples; a distância é definida como o número de enlaces (redes) para alcançar o destino. Por essa razão, a métrica no RIP é denominada **contagem de nós**.
4. O valor infinito é definido igual a 16, significando que qualquer rota em um sistema autônomo usando o RIP não pode ter mais que 15 nós.
5. A coluna próximo salto estabelece o endereço do roteador para o qual o pacote deve ser enviado a fim de atingir seu destino.

A Figura 22.19 apresenta um sistema autônomo com sete redes e quatro roteadores. Também são mostradas as tabelas de cada roteador. Examinemos a tabela de roteamento para R1. Essa tabela apresenta sete entradas para indicar como atingir cada rede no sistema autônomo. O roteador R1 está diretamente conectado às redes 130.10.0.0 e 130.11.0.0, significando que não há entradas para o próximo salto no caso dessas duas redes. Para enviar um pacote para uma das três redes na extrema esquerda, o roteador R1 precisa entregar o pacote para R2. A entrada do próximo salto para essas três redes é a interface do roteador R2 com endereço IP 130.10.0.1. Para enviar um pacote para essas duas redes na extrema direita, o roteador R1 precisa enviar o pacote para a interface do roteador R4 com endereço IP 130.11.0.1. As demais tabelas podem ser explicadas de forma similar.

Figura 22.19 *Exemplo de um domínio usando o RIP*

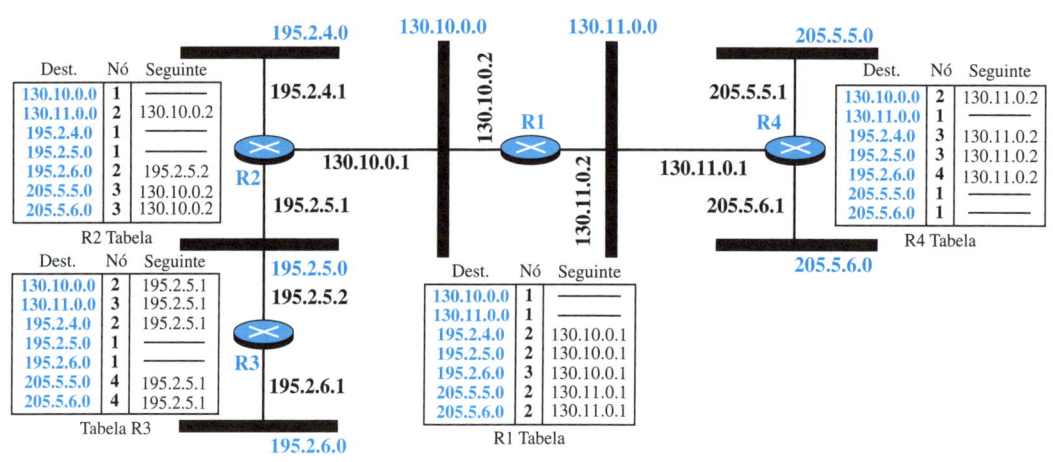

Roteamento de Estado do Enlace

O roteamento de estado enlace tem uma filosofia diferente daquela do roteamento vetor distância. Nele, se cada nó no domínio tiver toda a topologia do domínio — a lista dos nós e enlaces, como eles são interligados incluindo o tipo, custo (métrica) e condição dos enlaces (ativo ou inativo) — o nó poderá usar o **algoritmo de Dijkstra** para construir a tabela de roteamento. A Figura 22.20 ilustra o conceito.

Figura 22.20 *Conceito de roteamento de estado do enlace*

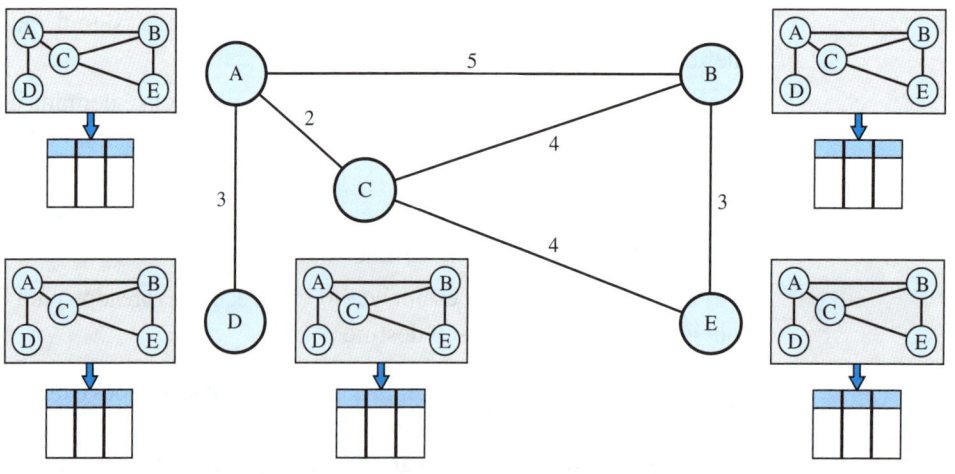

A figura mostra um domínio simples com cinco nós. Cada nó usa a mesma topologia para criar a tabela de roteamento, no entanto, a tabela de roteamento para cada nó é exclusiva, pois os cálculos se baseiam em interpretações diferentes da topologia. Isso é análogo ao mapa de uma cidade. Embora cada pessoa possa ter o mesmo mapa, cada uma delas precisa pegar um caminho diferente para chegar ao seu destino específico.

A topologia tem de ser dinâmica, representando o estado mais recente de cada nó e de cada enlace. Se existirem mudanças em qualquer ponto da rede (um enlace se encontra inativo, por exemplo), a topologia tem de ser atualizada para cada nó.

Como uma topologia comum pode ser dinâmica e armazenada em cada nó? Nenhum nó tem condições de saber a topologia no início ou após uma mudança em algum ponto da rede. O roteamento de estado do enlace se baseia na hipótese de que, embora o conhecimento global sobre a topologia não esteja claro, cada nó tem conhecimento parcial: ele sabe o estado (tipo, condição e custo) de seus enlaces. Em outras palavras, a topologia inteira pode ser compilada a partir do conhecimento parcial de cada nó. A Figura 22.21 mostra o mesmo domínio que na Figura 22.20, indicando a parte do conhecimento referente a cada nó.

Figura 22.21 *Conhecimento do estado de enlace*

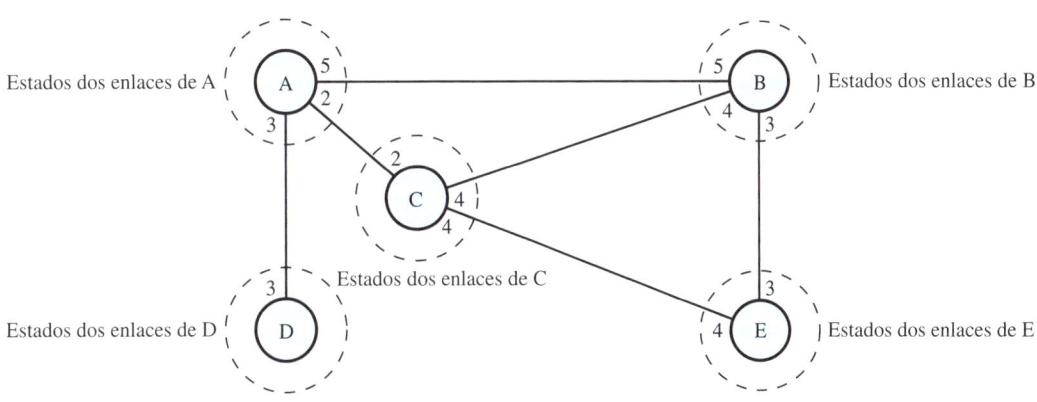

O nó A sabe que está conectado ao nó B com métrica 5, ao nó C com métrica 2 e ao nó D com métrica 3. O nó C sabe que está conectado ao nó A com métrica 2, ao nó B com métrica 4 e ao nó E com métrica 4. O nó D sabe que está conectado apenas ao nó A com métrica 3. E assim por diante. Embora haja uma superposição de conhecimento (informações), ela garante a criação de uma topologia comum — uma figura de todo o domínio para cada nó.

Construção de Tabelas de Roteamento

No **roteamento com estado dos enlaces**, são necessários quatro conjuntos de ações para garantir que cada nó tenha a tabela de roteamento mostrando o menor custo para ir desse nó para qualquer outro nó:

1. Criação dos estados dos enlaces por cada nó, denominado **LSP (Link State Packet — pacote de estado de enlace)**.
2. Disseminação de LSPs para cada um dos demais roteadores, a chamada **inundação**, de uma forma eficiente e confiável.
3. Formação de uma árvore de rota mais curta para cada nó.
4. Cálculo de uma tabela de roteamento com base na árvore de rota mais curta.

Criação do LSP (Link State Packet — pacote de estados dos enlaces) Um pacote de estado de enlace é capaz de transportar uma grande quantidade de informação. Por enquanto, entretanto, suporemos que transporta uma quantidade mínima de dados: a identidade do nó, a lista de enlaces, um número de seqüência e idade. Os dois primeiros, a identidade do nó e a lista de enlaces, são necessários para formar a topologia. A terceira, número de seqüência, facilita a inundação e faz a distinção entre novos e antigos LSPs. O quarto item, idade, impede que LSPs antigos permaneçam no domínio por um longo tempo. Os LSPs são gerados em duas ocasiões:

1. *Quando não existe nenhuma mudança na topologia do domínio.* O disparo de disseminação de LSPs é a principal maneira de informar rapidamente qualquer nó no domínio que atualize sua topologia.

2. *Periodicamente.* O período nesse caso é muito maior quando comparado ao roteamento vetor distância. Na realidade, não existe nenhuma necessidade efetiva para esse tipo de disseminação de LSPs. Ela é realizada para garantir que informações antigas sejam eliminadas do domínio. O temporizador ativado para disseminação periódica normalmente se encontra na faixa dos 60 min ou 2 h, dependendo da implementação. Um período mais longo garante que a inundação não crie muito tráfego na rede.

Inundação de LSPs Após um nó ter preparado um LSP, ele deve ser disseminado para todos os demais nós, não apenas para seus vizinhos. O processo é chamado inundação e se baseia no seguinte:

1. A criação do nó envia uma cópia do LSP para fora de cada interface.
2. Um nó que recebe um LSP o compara com a cópia que ele eventualmente possa ter. Se o LSP recém-chegado for mais antigo que aquele que ele tem (cuja constatação pode ser feita verificando-se o número de seqüência), ele descarta o LSP. Se for mais recente, o nó faz o seguinte:
   a. Descarta o LSP antigo e mantém o novo.
   b. Envia uma cópia deste a partir de cada interface, exceto daquela da qual o pacote chegou. Isso garante que a inundação pare em algum ponto no domínio (onde um nó apresenta apenas uma interface).

Formação da Árvore de Rota mais Curta: Algoritmo de Dijkstra Após receber todos os LSPs, cada nó terá uma cópia da topologia inteira. Entretanto, a topologia não é suficiente para descobrir o caminho mais curto para os demais nós; a **árvore de rota mais curta** é necessária.

Uma árvore é um gráfico de nós e enlaces; um dos nós é chamado raiz. Os demais podem ser alcançados a partir da raiz por meio de uma única rota. A árvore de rota mais curta é aquela na qual a rota entre a raiz e todos os demais nós é a mais curta. O que precisamos para cada nó é uma árvore de rota mais curta com aquele nó como raiz.

O **algoritmo de Dijkstra** cria uma árvore de rota mais curta a partir de um gráfico. O algoritmo divide os nós em dois conjuntos: provisórios e permanentes. Ele encontra os vizinhos de um nó atual, os torna provisórios, os examina e se eles forem aprovados pelos critérios estabelecidos, são transformados em permanentes. Podemos definir informalmente o algoritmo usando o fluxograma da Figura 22.22.

Apliquemos o algoritmo ao nó A de nosso gráfico-exemplo da Figura 22.23. Para encontrar o caminho mais curto em cada etapa, precisamos do custo acumulado da raiz para cada nó, que é mostrado próximo ao nó.

A seguir, são apresentadas as etapas. No final de cada etapa, mostramos os nós permanentes (círculos cheios) e os provisórios (círculos abertos) e as listas com os custos acumulados.

Figura 22.22 *Algoritmo de Dijkstra*

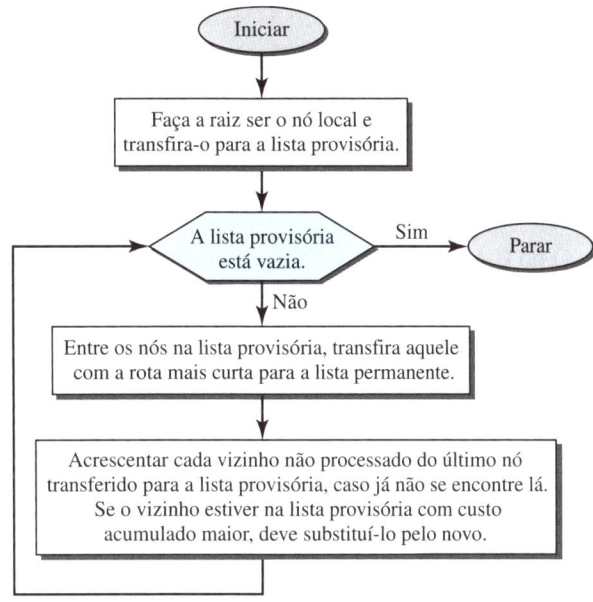

Figura 22.23 *Exemplo de formação da árvore de rota mais curta*

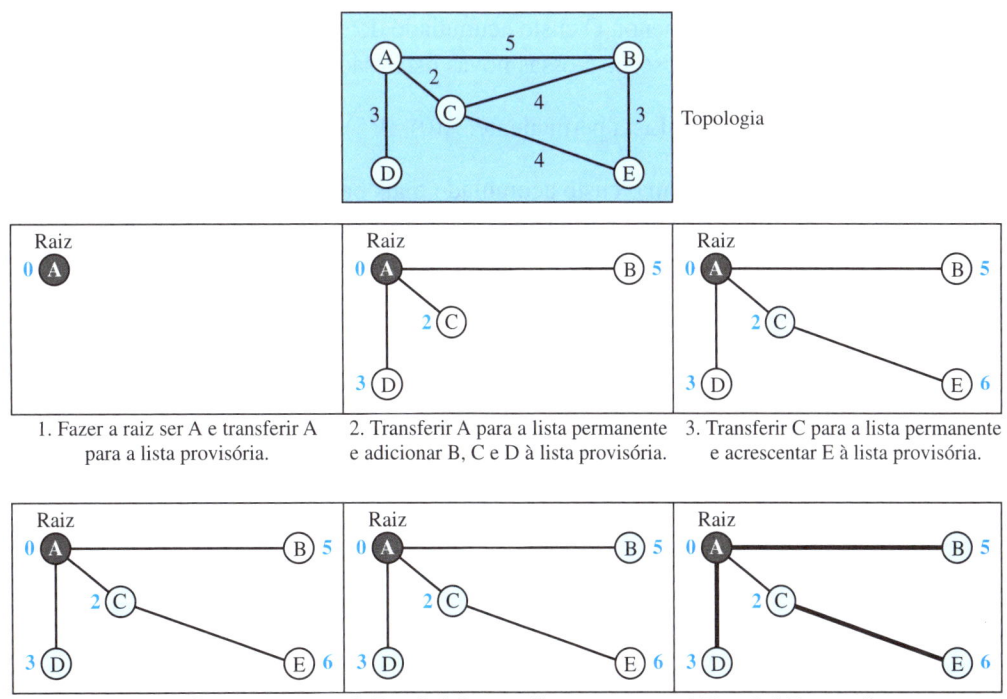

1. Fazemos que o nó A seja a raiz da árvore e o transferimos para a lista provisória. Nossas duas listas são

   Lista permanente: vazia   Lista provisória: A(0)

2. O nó A tem o custo acumulado mais baixo de todos os nós da lista provisória. Transferimos A para a lista permanente e acrescentamos todos seus vizinhos para a lista provisória. Nossas novas listas são

   Lista permanente: A(0)   Lista provisória: B(5), C(2), D(3)

3. O nó C tem o custo acumulado mais baixo de todos os nós da lista provisória. Transferimos C para a lista permanente. O nó C possui três vizinhos, mas o nó A já foi processado, o que torna apenas B e E seus vizinhos não processados. Entretanto, B já se encontra na lista provisória com custo acumulado igual a 5. O nó A também poderia atingir o nó B por meio de C com custo acumulado 6. Já que 5 é menor que 6, mantemos o nó B com custo acumulado 5 na lista provisória e não o substituímos. Nossas listas novas são

   Lista permanente: A(0), C(2)   Lista provisória: B(5), D(3), E(6)

4. O nó D tem o custo acumulado mais baixo de todos os nós da lista provisória. Transferimos D para a lista permanente. O nó D não apresenta nenhum vizinho não processado a ser acrescentado à lista provisória. Nossas novas listas são

   Lista permanente: A(0), C(2), D(3)   Lista provisória: B(5), E(6)

5. O nó B tem o custo acumulado mais baixo de todos os nós da lista provisória. Transferimos B para a lista permanente. Precisamos acrescentar todos os vizinhos não processados de B à lista provisória (este é apenas o nó E). Entretanto, E(6) já está na lista com um custo acumulado menor. O custo acumulado do nó E, como vizinho de B, é 8. Mantemos o nó E(6) na lista provisória. Nossas novas listas são

   Lista permanente: A(0), B(5), C(2), D(3)   Lista provisória: E(6)

6. O nó E tem o custo acumulado mais baixo de todos os nós da lista provisória. Transferimos E para a lista permanente. O nó E não tem nenhum vizinho. Agora a lista provisória está vazia. Paramos; nossa árvore de rota mais curta está pronta. As listas finais são

   Lista permanente: A(0), B(5), C(2), D(3), E(6)   Lista provisória: vazia

Cálculo da Tabela de Roteamento a partir da Árvore de Rota mais Curta   Cada nó usa o protocolo da árvore de rota mais curta para construir sua tabela de roteamento. A tabela de roteamento mostra o custo de se atingir cada nó a partir da raiz. A Tabela 22.2 mostra a tabela de roteamento para o nó A.

Tabela 22.2 *Tabela de roteamento para o nó A*

Nó	Custo	Roteador Seguinte
A	0	—
B	5	—
C	2	—
D	3	—
E	6	C

Compare a Tabela 22.2 com a da Figura 22.14. Tanto o roteamento vetor distância como o roteamento com estado dos enlaces acabam resultando na mesma tabela de roteamento para o nó A.

OSPF

A rota mais curta ou **protocolo OSPF** é um protocolo de roteamento intradomínio baseado no roteamento com estado dos enlaces. Seu domínio também é um sistema autônomo.

Áreas Para lidar com o roteamento de forma eficiente e oportuna, o OSPF divide um sistema autônomo em áreas. **Área** é um conjunto de redes, hosts e roteadores, todos contidos dentro de um sistema autônomo. Um sistema autônomo pode ser dividido em várias áreas diferentes. Todas as redes dentro de uma área devem ser interligadas.

Os roteadores dentro de uma área inundam-na com informações de roteamento. Na fronteira de uma área, roteadores especiais chamados **roteadores de fronteira de área** sintetizam as informações sobre a área e as enviam às demais. Entre aquelas dentro de um sistema autônomo, temos uma área especial denominada *backbone;* todas dentro de um sistema autônomo devem ser conectadas ao backbone. Em outras palavras, o backbone serve como área primária e as outras, como secundárias. Entretanto, isso não significa que os roteadores dentro de áreas não possam ser conectados entre si. Os roteadores dentro do backbone são denominados **roteadores de backbone**. Note que um roteador de backbone também pode ser um roteador de fronteira de área.

Se, devido a algum problema, a conectividade entre um backbone e uma área for rompida, o administrador deve criar um **enlace virtual** entre os roteadores para possibilitar a continuidade das funções do backbone como área primária.

Cada área apresenta uma identificação. A identificação de área do backbone é zero. A Figura 22.24 mostra um sistema autônomo e suas áreas.

Figura 22.24 *Áreas em um sistema autônomo*

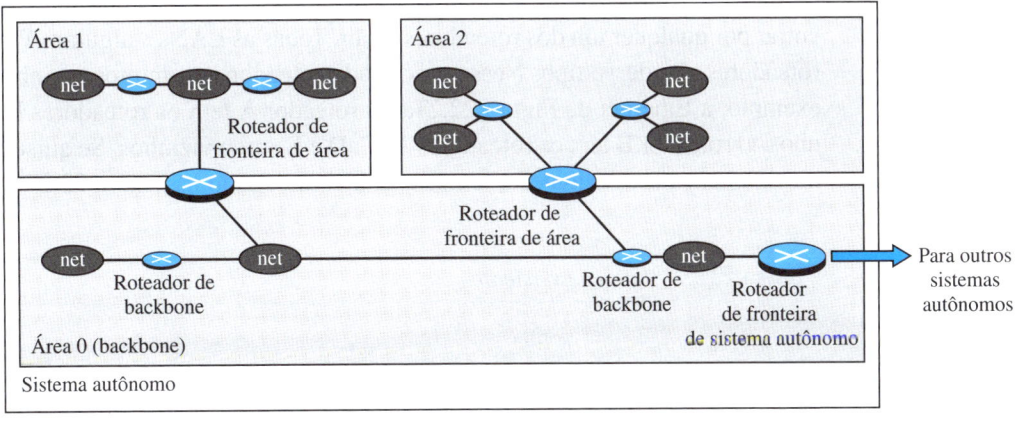

Métrica O protocolo OSPF possibilita que o administrador atribua um custo, chamado métrica, a cada rota. A métrica pode se basear em um tipo de serviço (retardo mínimo, vazão máxima e assim por diante). Na realidade, um roteador pode ter várias tabelas de roteamento, cada uma das quais com base em um tipo de serviço diferente.

Tipos de Enlaces Na terminologia do OSPF, uma conexão é denominada *enlace*. Foram definidos quatro tipos: ponto a ponto, transiente, stub e virtual (ver a Figura 22.25).

Figura 22.25 *Tipos de enlaces*

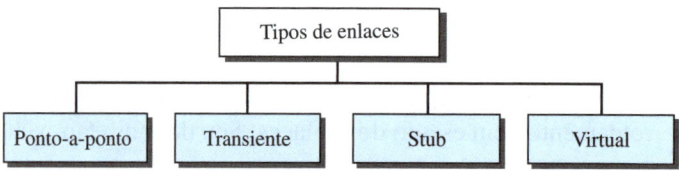

Um **enlace ponto-a-ponto** conecta dois roteadores sem qualquer outro host ou roteador entre eles. Em outras palavras, o propósito do enlace (rede) é apenas conectar os dois roteadores. Um exemplo desse tipo de enlace são dois roteadores interligados por uma linha telefônica ou uma linha T. Não há nenhuma necessidade se atribuir um endereço de rede. Graficamente, os roteadores são representados por nós e o enlace é representado por uma borda bidirecional interligando-os. As métricas, que normalmente são as mesmas, são mostradas nas duas extremidades, uma para cada direção. Em outras palavras, cada roteador tem apenas um vizinho do outro lado do enlace (ver a Figura 22.26).

Figura 22.26 *Enlace ponto a ponto*

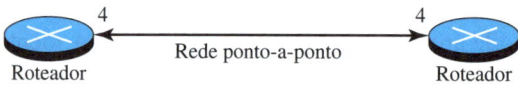

Um **enlace transiente** é uma rede com vários roteadores conectados a ele. Os dados podem entrar por qualquer um dos roteadores e sair. Todas as LANs e algumas WANs com dois ou mais roteadores são desse tipo. Nesse caso, cada roteador tem muitos vizinhos. Consideremos, por exemplo, a Ethernet da Figura 22.27a. O roteador A tem os roteadores B, C, D e E como vizinhos. O roteador B tem os roteadores A, C, D e E como vizinhos. Se quisermos mostrar a relação de vizinhança nessa situação, temos o gráfico mostrado na Figura 22.27b.

Figura 22.27 *Enlace transiente*

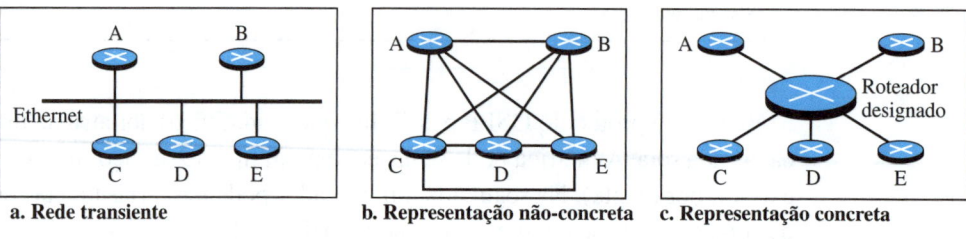

Isso não é nem eficiente nem concreto. Não é eficiente porque cada roteador precisa anunciar a vizinhança para quatro outros roteadores, para um total de 20 anúncios. Não é concreto porque não existe nenhuma rede única (enlace) entre cada par de roteadores, apenas uma rede que serve como via de passagem entre todos os cinco roteadores.

Para mostrar que cada roteador está conectado a cada um dos demais roteadores por uma única rede, a própria rede é representada por um nó. Entretanto, como uma rede não é uma máquina, ela não pode funcionar como um roteador. Um dos roteadores da rede assume essa responsabilidade e recebe um papel duplo; é um roteador verdadeiro e também um roteador designado. Podemos usar a topologia mostrada na Figura 22.27c para exibir as conexões de uma rede transiente.

Agora, cada roteador tem apenas um vizinho, o roteador designado (rede). Por outro lado, o roteador designado (a rede) tem cinco vizinhos. Podemos ver que o número de anúncios de vizinhos é reduzido de 20 para 10. Ainda assim, o enlace é representado como um lado bidirecional entre os nós. Entretanto, enquanto existe uma métrica a partir de cada nó para o roteador designado, não existe nenhuma métrica do roteador designado para qualquer outro nó. A razão é que o roteador designado representa a rede. Podemos atribuir apenas um custo a um pacote que está passando pela rede. Não podemos tributar isso duas vezes. Quando um pacote entra em uma rede, lhe atribuímos um custo; quando ele deixa a rede para ir para o roteador, não existe custo.

Um **enlace stub** é uma rede conectada apenas a um roteador. Os pacotes de dados entram pela rede através desse único roteador e deixam a rede por esse mesmo roteador. Trata-se de um caso especial da rede transiente. Podemos ilustrar essa situação usando o roteador como nó e usando o roteador designado para uma rede. Entretanto, o enlace é apenas unidirecional, do roteador para a rede (ver a Figura 22.28).

Figural 22.28 *Enlace stub*

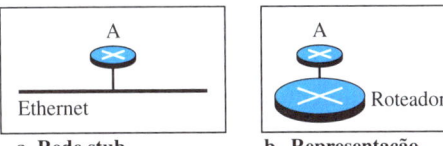

a. Rede stub   b. Representação

Quando o enlace entre dois roteadores é rompido, a administração pode criar um **enlace virtual** entre eles, usando um trajeto mais longo que provavelmente passa por vários roteadores.

Representação Gráfica Examinemos como um AS pode ser representado graficamente. A Figura 22.29 mostra um AS pequeno com sete redes e seis roteadores, duas delas ponto-a-ponto. Usamos símbolos como N1 e N2 para redes transientes e stub. Não há nenhuma necessidade de atribuir uma identidade a uma rede ponto-a-ponto. A figura também mostra a representação gráfica do AS conforme visto pelo OSPF.

Usamos nós quadrados para os roteadores e ovais para as redes (representadas por roteadores designados). Entretanto, o OSPF enxerga ambos como nós. Note que temos três redes stub.

Figura 22.29 *Exemplo de um AS e sua representação gráfica no OSPF*

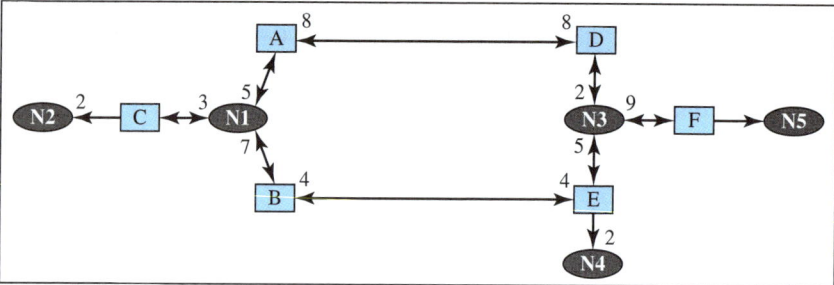

Roteamento Vetor Caminho

O roteamento vetor distância e de estado de enlace são ambos protocolos de roteamento intradomínios. Eles podem ser usados dentro de um sistema autônomo, mas não entre sistemas autônomos. Esses dois protocolos não são adequados para roteamento interdomínios, em grande parte devido à escalabilidade. Esses dois protocolos de roteamento se tornam difíceis de trabalhar quando o domínio de operação se torna muito grande. O roteamento com vetor distância está sujeito à instabilidade se existir um número um pouco maior de nós no domínio de operação. O roteamento com estado dos enlaces precisa de uma quantidade enorme de recursos para calcular as tabelas de roteamento. Ele também cria um tráfego muito pesado por causa da inundação. Há necessidade de um terceiro protocolo de roteamento que chamamos **roteamento vetor caminho**.

O roteamento vetor caminho provou ser útil para roteamento interdomínios. O princípio do roteamento vetor caminho é similar àquele do roteamento vetor distância. No roteamento vetor caminho, supomos que exista apenas um nó (podem existir mais; entretanto, um já é suficiente para nossa discussão conceitual) em cada sistema autônomo que atua em nome do sistema autônomo inteiro. A esse nó, designaremos **nó alto-falante**. Em um AS, ele cria a tabela de roteamento e o anuncia para os nós alto-falantes nos ASs vizinhos. A idéia é a mesma daquela do roteamento vetor distância, exceto que apenas os nós alto-falantes em cada AS podem se comunicar entre si. Entretanto, aquilo que é anunciado é diferente. Um nó alto-falante anuncia a rota, não a métrica dos nós, em seu sistema autônomo ou outros sistemas autônomos.

Inicialização

No início, cada nó alto-falante sabe apenas da possibilidade de alcançar os nós internos ao seu sistema autônomo. A Figura 22.30 mostra as tabelas iniciais para cada nó alto-falante em um sistema formado por quatro ASs.

Figura 22.30 Tabelas de roteamento iniciais no roteamento vetor caminho

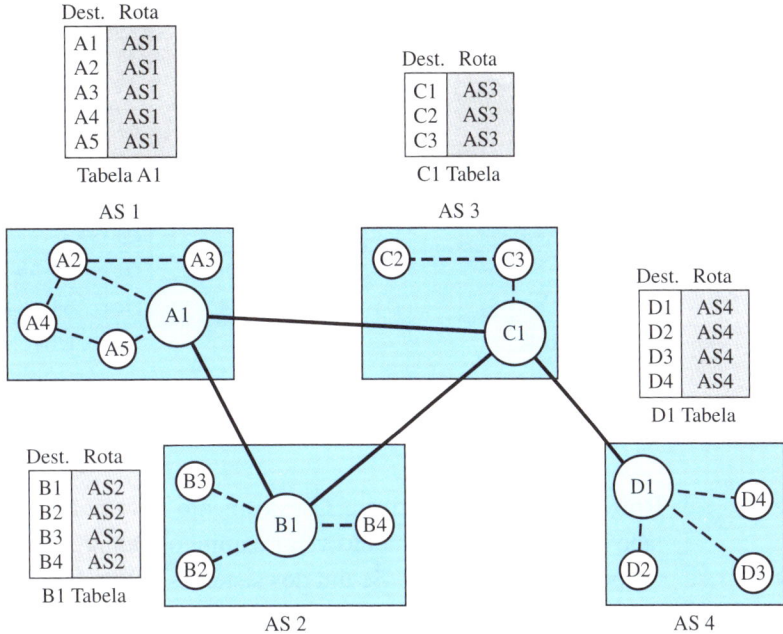

O nó A1 é o nó alto-falante para AS1, B1 para AS2, C1 para AS3 e D1 para AS4. O nó A1 cria uma tabela inicial que mostra que A1 a A5 se encontram em AS1 e podem ser alcançados por meio dele. O nó B1 anuncia que B1 a B4 estão localizados em AS2 e podem ser alcançados por B1. E assim por diante.

Compartilhamento Assim como no roteamento vetor distância, no roteamento vetor caminho, um alto-falante em um sistema autônomo compartilha sua tabela com os vizinhos imediatos. Na Figura 22.30, o nó A1 compartilha sua tabela com os nós B1 e C1. O nó C1 compartilha sua tabela com os nós D1, B1 e A1. O nó B1 compartilha sua tabela com C1 e A1. O nó D1 compartilha sua tabela com C1.

Atualização Quando um nó alto-falante recebe uma tabela de duas colunas de um vizinho, ele atualiza sua própria tabela acrescentando os nós que não se encontram em sua tabela de roteamento e acrescentando seu próprio sistema autônomo e o sistema autônomo que enviou a tabela. Após alguns instantes cada alto-falante tem uma tabela e sabe como atingir cada nó nos demais ASs. A Figura 22.31 mostra as tabelas para cada nó alto-falante após o sistema ser estabilizado.

De acordo com a figura, se o roteador A1 receber um pacote para os nós A3, ele sabe que a rota se encontra em AS1 (o pacote é residente); mas se ele receber um pacote para D1, sabe que o pacote deve ir de AS1 para AS2, e depois para AS3. A tabela de roteamento mostra todo o trajeto. Por outro lado, se o nó D1 em AS4 receber um pacote para o nó A2, ele sabe que deve passar por AS4, AS3 e AS1.

- ❑ **Prevenção de loops.** A instabilidade do roteamento vetor distância e a criação de loops podem ser evitadas no roteamento vetor caminho. Quando um roteador recebe uma mensagem, ele verifica se seu sistema autônomo se encontra na lista de rotas ao destino. Se esse estiver, o looping é envolvido e a mensagem, ignorada.

Figura 22.31 *Tabelas estabilizadas para três sistemas autônomos*

Dest.	Rota
A1	AS1
...	
A5	AS1
B1	AS1-AS2
...	
B4	AS1-AS2
C1	AS1-AS3
...	
C3	AS1-AS3
D1	AS1-AS2-AS4
...	
D4	AS1-AS2-AS4

A1 Tabela

Dest.	Rota
A1	AS2-AS1
...	
A5	AS2-AS1
B1	AS2
...	
B4	AS2
C1	AS2-AS3
...	
C3	AS2-AS3
D1	AS2-AS3-AS4
...	
D4	AS2-AS3-AS4

Tabela B1

Dest.	Rota
A1	AS3-AS1
...	
A5	AS3-AS1
B1	AS3-AS2
...	
B4	AS3-AS2
C1	AS3
...	
C3	AS3
D1	AS3-AS4
...	
D4	AS3-AS4

C1 Tabela

Dest.	Rota
A1	AS4-AS3-AS1
...	
A5	AS4-AS3-AS1
B1	AS4-AS3-AS2
...	
B4	AS4-AS3-AS2
C1	AS4-AS3
...	
C3	AS4-AS3
D1	AS4
...	
D4	AS4

D1 Tabela

❑ **Roteamento com políticas.** O roteamento com políticas pode ser facilmente implementado por meio do roteamento vetor caminho. Quando um roteador recebe uma mensagem, ele pode verificar a rota. Se um dos sistemas autônomos listados na rota for contrário à sua política, ele pode ignorar essa rota e esse destino. Ele não atualiza sua tabela de roteamento com essa rota e não envia essa mensagem a seus vizinhos.

❑ **Trajeto ótimo.** Qual o trajeto ótimo no roteamento vetor caminho? Buscamos um trajeto para um destino que seja o melhor para a organização que roda o sistema autônomo. Definitivamente, não podemos incluir a métrica nessa rota, pois cada sistema autônomo que for incluído nela pode usar um critério diverso para a métrica. Um sistema poderia usar, internamente, o RIP, que define a contagem de nós como métrica; outro poderia usar o OSPF com retardo mínimo estabelecido como métrica. O trajeto ótimo é aquele que se adequa à organização. Em nossa figura anterior, cada sistema autônomo poderia ter mais de um trajeto para um mesmo destino. Por exemplo, um trajeto de AS4 a AS1 pode ser AS4-AS3-AS2-AS1 ou então AS4-AS3-AS1. Para as tabelas, escolhemos aquele que tinha o menor número de sistemas autônomos, mas este nem sempre é o caso. Outros critérios, como segurança, garantia e confiabilidade, também poderiam ser aplicados.

BGP

BGP (protocolo de gateway de borda) é um protocolo de roteamento interdomínios que usa roteamento vetor caminho. Surgiu inicialmente em 1989 e passou por quatro versões.

Tipos de Sistemas Autônomos Conforme dito anteriormente, a Internet é dividida em domínios hierárquicos chamados sistemas autônomos. Por exemplo, uma grande empresa que administra sua própria rede e tem total controle sobre ela é um sistema autônomo. Um ISP local que fornece serviços a clientes locais é um sistema autônomo. Podemos dividir os sistemas autônomos em três categorias: stub, multirresidente e de trânsito.

❑ **AS stub.** Um AS stub apresenta apenas uma conexão com outro AS. O tráfego de dados interdomínios em um AS stub pode ser criado ou então terminado no AS. Os hosts no AS podem enviar tráfego de dados para outros ASs. Os hosts no AS podem receber dados provenientes dos hosts em outros ASs. Tráfego de dados, entretanto, não podem passar por um AS stub. Um AS stub é uma fonte ou então um sorvedouro. Um bom exemplo de um AS stub é uma pequena empresa ou um pequeno ISP local.

- **AS Multirresidente.** Um AS multirresidente apresenta mais de uma conexão com os demais ASs, mas ele ainda é apenas uma fonte ou sorvedouro para tráfego de dados. Ele pode receber tráfego de dados de mais de um AS. Pode enviar tráfego de dados para mais de um AS; contudo, não existe nenhum tráfego transiente. Ele não permite que os dados provenientes de um AS e indo para outro AS passem. Um bom exemplo de um AS multirresidente é uma grande empresa interligada a mais de um AS regional ou nacional que não permite tráfego transiente.

- **AS de trânsito.** Um AS de trânsito é um AS multirresidente que também permite tráfego transiente. Bons exemplos de ASs de trânsito são os ISPs nacionais e internacionais (Internet backbones).

Atributos de rotas   Em nosso exemplo anterior, falamos sobre uma rota para uma rede de destino. Essa rota foi apresentada como uma lista de sistemas autônomos, mas, na realidade, é uma lista de atributos. Cada atributo fornece alguma informação sobre a rota. A lista de atributos ajuda o roteador receptor a tomar uma decisão mais embasada ao aplicar sua política.

Os atributos se dividem em duas grandes categorias: conhecidos e opcionais. Um **atributo conhecido** é um que todo roteador BGP deve reconhecer. Um **atributo opcional** é um que não precisa ser reconhecido por todos os roteadores.

Os próprios atributos conhecidos são divididos em duas categorias: obrigatórios e arbitrários. Um *atributo conhecido obrigatório* é o que deve aparecer na descrição de uma rota. Um *atributo conhecido arbitrário* é o que tem de ser reconhecido por cada roteador, mas não é exigida sua inclusão em todas as mensagens de atualização. Um atributo conhecido obrigatório é o ORIGIN. Este define a fonte das informações de roteamento (RIP, OSPF e assim por diante). Outro atributo conhecido obrigatório é o AS_PATH. Este estabelece a lista de sistema autônomos por meio dos quais o destino pode ser alcançado. Outro atributo conhecido obrigatório é o NEXT-HOP, que define o próximo roteador para o qual o pacote de dados deve ser enviado.

Os atributos opcionais também podem ser subdivididos em duas categorias: transitivos e não-transitivos. Um *atributo opcional transitivo* é aquele que deve ser passado para o próximo roteador pelo roteador que não implementou esse atributo. Um *atributo opcional não-transitivo* é o que deve ser descartado, caso o roteador receptor não o tenha implementado.

Sessões BGP   A troca de informações de roteamento entre dois roteadores que usam o BGP ocorre em uma sessão. Uma sessão é uma conexão estabelecida entre dois BGP roteadores apenas para fins de troca de informações de roteamento. Para criar um ambiente confiável, o BGP usa os serviços de TCP. Em outras palavras, uma sessão no nível BGP, por exemplo, um programa aplicativo, é uma conexão no nível TCP. Entretanto, há uma diferença sutil entre uma conexão no TCP feita para BGP e outros programas aplicativos. Quando é criada uma conexão TCP para BGP, ela pode durar por um longo período, até que algo não usual aconteça. Por esse motivo, as sessões BGP são, algumas vezes, conhecidas como *conexões semipermanentes*.

BGP Externo e Interno   Se quisermos ser precisos, o BGP pode ter dois tipos de sessões: sessões BGP externas (E-BGP) e BGP internas (I-BGP). A sessão E-BGP é usada para troca de informações entre dois nós alto-falantes pertencentes a dois sistemas autônomos diferentes. Por outro lado, a sessão I-BGP é utilizada para troca de informações de roteamento entre dois roteadores dentro de um sistema autônomo. A Figura 22.32 ilustra esse conceito.

Figura 22.32 *Sessões BGP internas e externas*

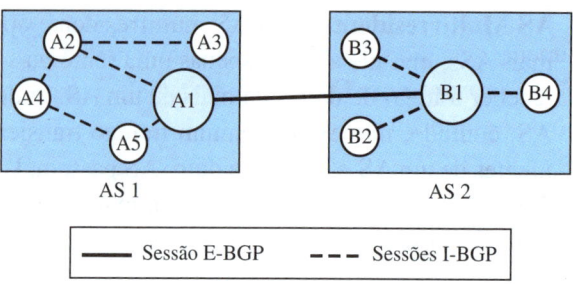

A sessão estabelecida entre AS1 e AS2 é uma sessão E-BGP. Os dois roteadores alto-falantes trocam as informações que conhecem sobre as redes na Internet. Entretanto, ambos precisam coletar informações de outros roteadores nos sistemas autônomos. Isso é feito pelas sessões I-BGP.

22.4 PROTOCOLOS DE ROTEAMENTO MULTICAST

Nesta seção, falamos sobre o multicast e os protocolos de roteamento multicast. Primeiro, definimos o termo m*ulticast* e o comparamos com unicast e broadcast. Discutiremos, brevemente, as aplicações da multicast. Finalmente, passaremos para o roteamento multicast e os objetivos e conceitos gerais relativos a ele. Também discutiremos alguns protocolos de roteamento multicast comumente usados na Internet hoje em dia.

Unicast, Multicast e Broadcast

A mensagem pode ser Unicast, Multicast ou Broadcast. Esclareçamos esses termos, já que eles se relacionam com a Internet.

Unicast

Na comunicação unicast, existem apenas uma origem e um destino. A relação entre a origem e o destino é um-para-um. Nesse tipo de comunicação, tanto o endereço de origem como o de destino, no datagrama IP, são os endereços unicast atribuídos aos hosts (ou interfaces de host, para ser mais exato). Na Figura 22.33, um pacote unicast parte da origem S1 e passa por

Figura 22.33 *Unicast*

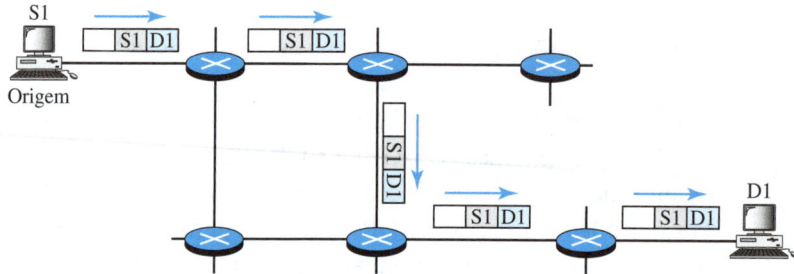

roteadores para chegar ao destino D1. Apresentamos as redes como um enlace entre os roteadores de modo a simplificar a figura.

Note que, no **unicast**, quando um roteador recebe um pacote, ele o encaminha por meio de apenas uma de suas interfaces (aquela pertencente ao caminho ótimo) conforme definido na tabela de roteamento. O roteador poderá descartar o pacote, caso não consiga encontrar o endereço de destino em sua tabela de roteamento.

> **No unicast, o roteador encaminha o pacote recebido
> por meio de apenas uma de suas interfaces.**

Multicast

Na comunicação multicast, existe uma origem e um grupo de destinos. A relação é um-para-vários. Nesse tipo de comunicação, o endereço de origem é um endereço unicast, mas o endereço de destino é um endereço de grupo, que define um ou mais destinos. O endereço de grupo identifica seus membros. A Figura 22.34 mostra o conceito por trás do **multicast**.

Figura 22.34 *Multicast*

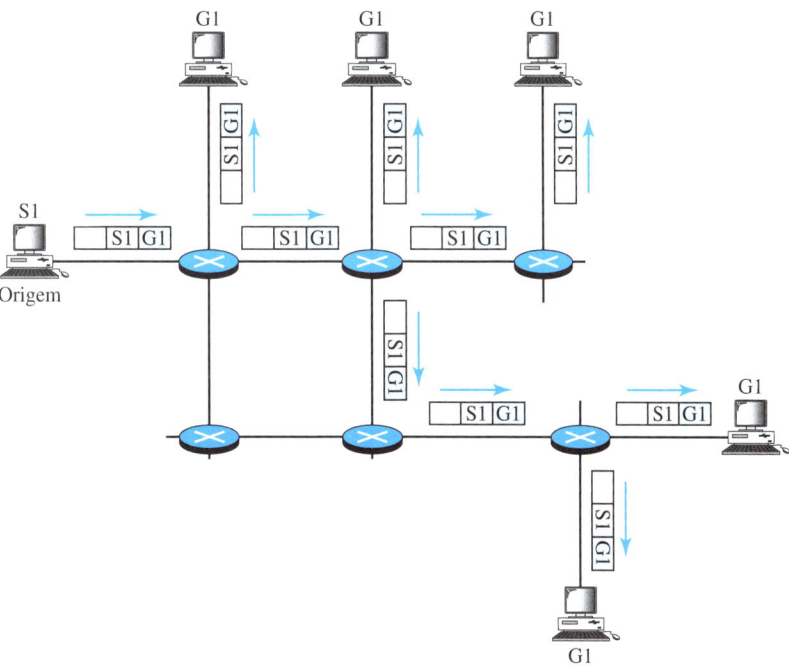

Um pacote multicast parte da origem S1 e vai para todos os destinos pertencentes ao grupo G1. Em multicast, quando um roteador recebe um pacote, poderá encaminhá-lo por meio de várias de suas interfaces.

> **Em multicast, o roteador pode encaminhar o pacote recebido
> por meio de várias de suas interfaces.**

Broadcast

Na comunicação broadcast, a relação entre a origem e o destino é um-para-todos. Existe apenas uma origem, mas todos os demais hosts são os destinos. A Internet não oferece explicitamente suporte à **broadcast** em virtude da quantidade enorme de tráfego que ela provocaria, bem como da largura de banda que seria necessária. Imagine o tráfego gerado na Internet se uma pessoa quisesse enviar uma mensagem a todo mundo que estivesse conectado à rede mundial.

Multicast Versus Unicast Múltiplo

Antes de encerrarmos esta seção, precisamos fazer a distinção entre multicast e unicast múltiplo. A Figura 22.35 ilustra ambos os conceitos.

Figura 22.35 *Multicast* versus *Unicast múltiplo*

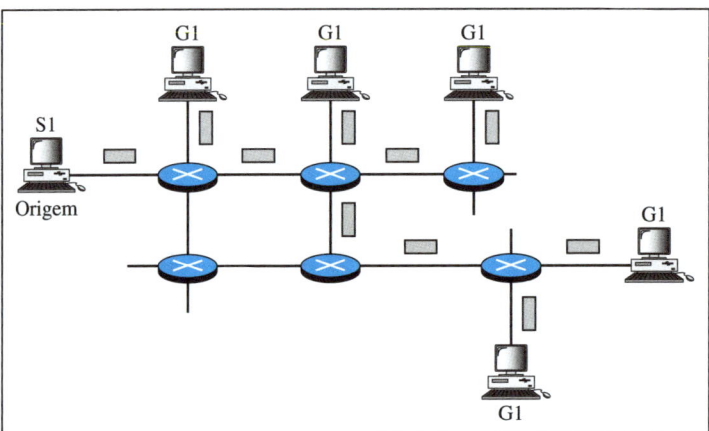

a. Multicast

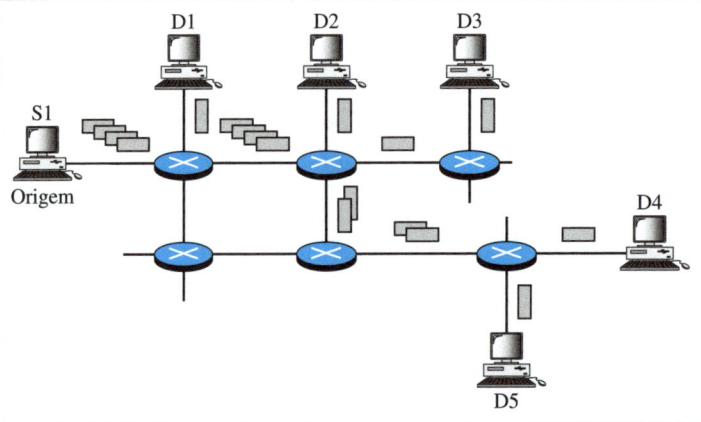

b. Unicast múltiplos

O multicast inicia com um único pacote partindo da origem, que é duplicado pelos roteadores. O endereço de destino em cada pacote é o mesmo para todas as duplicatas. Observe que apenas uma única cópia trafega entre quaisquer dois roteadores.

No **unicast múltiplo**, vários pacotes partem da origem. Se existirem cinco destinos, por exemplo, a origem envia cinco pacotes, cada um dos quais com um endereço de destino unicast diferente. Note que podem existir várias cópias trafegando entre dois roteadores. Por exemplo, quando uma pessoa envia uma mensagem de e-mail a um grupo de pessoas, isso é unicast múltiplo. O software de e-mail cria réplicas da mensagem, cada uma das quais com um endereço de destino diferente, e as envia uma por uma. Isso não é multicast; trata-se de unicast múltiplo.

Emulação de Multicast por Meio de Unicast

Você pode estar pensando: por que temos um mecanismo distinto para multicast, quando ele pode ser emulado por intermédio do unicast? Existem duas razões óbvias para isso.

1. O multicast é mais eficiente que o unicast múltiplo. Na Figura 22.35, podemos ver como o multicast requer menos largura de banda que o unicast múltiplo. No unicast múltiplo, alguns dos enlaces devem tratar várias cópias.

2. No unicast múltiplo, os pacotes são criados pela origem com um retardo relativo entre os pacotes. Se existirem mil destinos, o atraso entre o primeiro e o último pacote pode vir a ser inaceitável. No multicast, não ocorre atraso, pois apenas um pacote é criado pela origem.

A emulação de multicast por meio de unicast múltiplo não é eficiente e pode vir a criar grandes atrasos, particularmente em um grupo grande.

Aplicações

O multicast apresenta diversas aplicações hoje em dia, por exemplo, acesso a **bancos de dados distribuídos**, disseminação de informações, teleconferência e aprendizagem a distância.

Acesso a Bancos de Dados Distribuídos

A maioria dos grandes bancos de dados, atualmente, são distribuídos. Isto é, as informações são armazenadas em mais de um local, em geral, no momento de sua produção. O usuário que precisar acessar o banco de dados não conhece a localização das informações. A solicitação do usuário é multicast para todos os locais com bancos de dados e o local que tiver a informação solicitada responde.

Disseminação de Informações

Muitas vezes, as empresas precisam enviar informações a seus clientes. Se a natureza da informação for a mesma para cada cliente, ela pode ser multicast. Dessa maneira, uma empresa pode enviar uma mensagem capaz de atingir vários clientes. Por exemplo, uma atualização de software pode ser enviada a todos os compradores de determinado pacote de software.

Disseminação de Notícias

De forma similar, é possível disseminar as notícias facilmente por meio do multicast. Uma única mensagem pode ser encaminhada a todos aqueles interessados em determinado tópico. Por exemplo, conseguimos enviar os dados estatísticos de um campeonato de futebol aos editores de esportes de vários jornais.

Teleconferência

A **teleconferência** envolve multicast. Todos os indivíduos participantes de uma teleconferência precisam receber as mesmas informações ao mesmo tempo. Grupos temporários ou permanentes podem ser formados para essa finalidade. Por exemplo, é possível que um grupo de engenharia, que realiza reuniões todas as segundas-feiras pela manhã, tenha um grupo permanente, ao passo que o grupo que planeja as festas de fim de ano poderia formar um grupo temporário.

Aprendizagem a Distância

Outra área que cresce no emprego do multicast é a de **aprendizagem a distância**. Aulas dadas por um único professor podem ser recebidas por um grupo específico de alunos. Isso é especialmente conveniente para aqueles estudantes que enfrentam dificuldades para se deslocar até o campus para assistir às aulas.

Roteamento Multicast

Nesta seção, discutimos, inicialmente, o conceito de roteamento ótimo, comum em todos os protocolos de multicast. A seguir, damos uma visão geral dos protocolos de roteamento multicast.

Roteamento Ótimo: Árvores da Rota mais Curta

O processo de roteamento ótimo interdomínios resulta finalmente na descoberta da árvore da rota mais curta. A raiz da árvore é a origem e as folhas são os prováveis destinos. A rota desde a raiz a cada destino é a rota mais curta. Entretanto, o número e a formação de árvores nos roteamentos unicast e multicast são diferentes. Vejamos cada um deles separadamente.

Roteamento Unicast No roteamento unicast, quando um roteador recebe um pacote para ser encaminhado, ele precisa encontrar o caminho mais curto até o destino do pacote. O roteador consulta sua tabela de roteamento para esse destino em particular. A entrada do próximo salto correspondente ao destino é o ponto de partida da rota mais curta. O roteador conhece a rota mais curta para cada destino, o que significa que o roteador tem uma árvore da rota mais curta para atingir de forma otimizada todos os destinos. Em outras palavras, cada linha da tabela de roteamento é uma rota mais curta; a tabela de roteamento inteira é a árvore de rota mais curta. No roteamento unicast, cada roteador precisa apenas da árvore de rota mais curta para encaminhar um pacote; entretanto, cada roteador apresenta sua própria árvore de rota mais curta. A Figura 22.36 ilustra a situação.

A figura mostra os detalhes da tabela de roteamento e a árvore de rota mais curta para o roteador R1. Cada linha na tabela de roteamento corresponde a uma rota partindo da raiz para a rede correspondente. A tabela inteira representa a árvore de rota mais curta.

**No roteamento unicast, cada roteador no domínio tem
uma tabela que define uma árvore de rota mais curta para possíveis destinos.**

Roteamento Multicast Quando um roteador recebe um pacote multicast, a situação é diferente daquela quando ele recebe um pacote unicast. Um pacote multicast pode ter destinos em mais de uma rede. O encaminhamento de um único pacote a membros de um grupo requer uma árvore de rota mais curta. Se tivermos *n* grupos, poderíamos precisar de *n* árvores de rota mais curta. Podemos imaginar a complexidade do roteamento multicast. Foram usadas duas abordagens para resolver o problema: árvores baseadas na origem e árvores compartilhadas por grupos.

Figura 22.36 *Método da árvore baseada na origem*

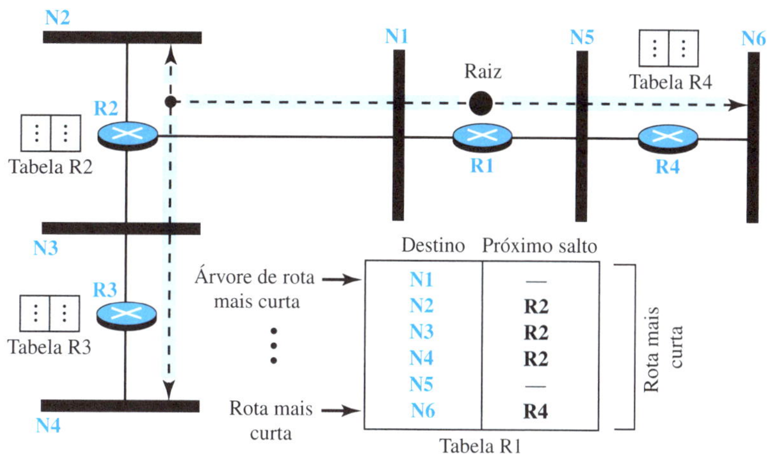

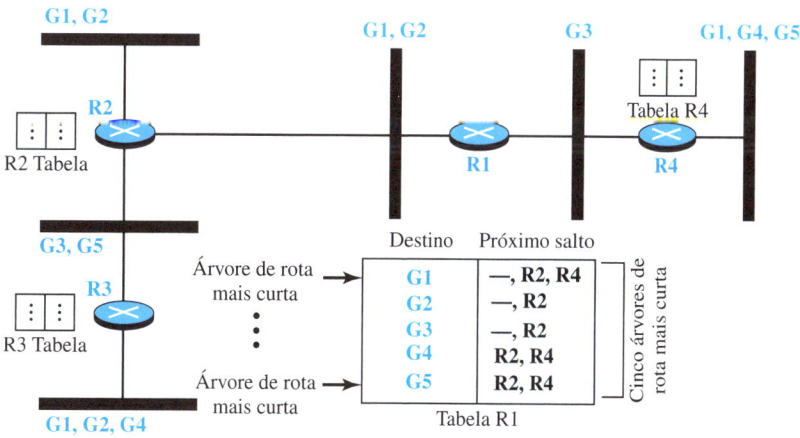

No roteamento multicast, cada roteador envolvido
precisa construir uma árvore de rota mais curta para cada grupo.

❑ **Árvores Baseadas na Origem.** Na metodologia de árvore baseada na origem, cada roteador precisa ter uma árvore de rota mais curta para cada grupo. A árvore de rota mais curta para um grupo define o próximo salto para cada rede que tem um ou mais membros fiéis para aquele grupo. Na Figura 22.37, partimos do pressuposto de que temos apenas cinco grupos no domínio: G1, G2, G3, G4 e G5. No momento, G1 tem membros assíduos em quatro redes, G2 em três, G3 em duas, G4 em duas e G5 em duas. Mostramos os nomes dos grupos com membros assíduos em cada rede. A Figura 22.37 também mostra a tabela de roteamento multicast para o roteador R1. Há uma árvore de rota mais curta para cada grupo; portanto, existem cinco árvores de rota mais curta para cinco grupos. Se o roteador R1 receber um pacote com endereço de destino G1, ele precisa enviar uma cópia do pacote para a rede

Figura 22.37 *Árvore de rota mais curta no roteamento unicast*

conectada, uma cópia para o roteador R2 e uma para o roteador R4, de modo que todos os membros de G1 possam receber uma cópia. Nesse método, se o número de grupos for *m*, cada roteador precisa ter *m* árvores de rota mais curta, uma para cada grupo. Podemos imaginar a complexidade da tabela de roteamento, caso tenhamos centenas ou milhares de grupos. Entretanto, mostraremos como diversos protocolos conseguem amenizar essa situação.

> **No método da árvore baseada na origem, cada roteador precisa ter uma árvore de rota mais curta para cada grupo.**

❑ **Árvore compartilhada por grupos.** No **método de árvore compartilhada por grupos**, em vez de cada roteador ter *m* árvores de rota mais curta, apenas um roteador designado, denominado núcleo central ou **roteador de ponto de encontro**, assume a responsabilidade de distribuir o tráfego multicast. O núcleo tem *m* árvores de rota mais curta em sua tabela de roteamento. O restante dos roteadores de domínio não apresenta nenhuma. Se um roteador receber um pacote multicast, ele o encapsula em um pacote unicast e o envia para o roteador de núcleo. O roteador de núcleo elimina o pacote multicast de sua cápsula e consulta sua tabela de roteamento para direcionar o pacote. A Figura 22.38 ilustra esse conceito.

Figura 22.38 *Método de árvore compartilhada por grupos*

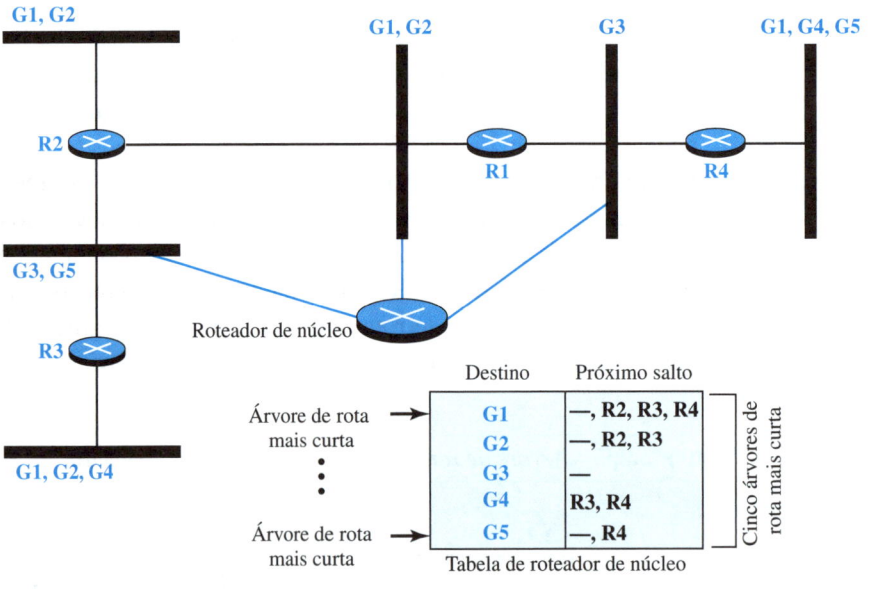

> **No método de árvore compartilhada por grupos, apenas o roteador de núcleo, que tem uma árvore de rota mais curta para cada grupo, é envolvido no processo de multicast.**

Protocolos de Roteamento

Durante as últimas décadas, surgiram vários protocolos de roteamento multicast. Alguns deles são extensões dos protocolos de roteamento unicast; outros são totalmente novos.

Discutiremos esses protocolos no restante deste capítulo. A Figura 22.39 mostra a taxonomia desles.

Figura 22.39 *Taxonomia dos protocolos multicast comumente utilizados*

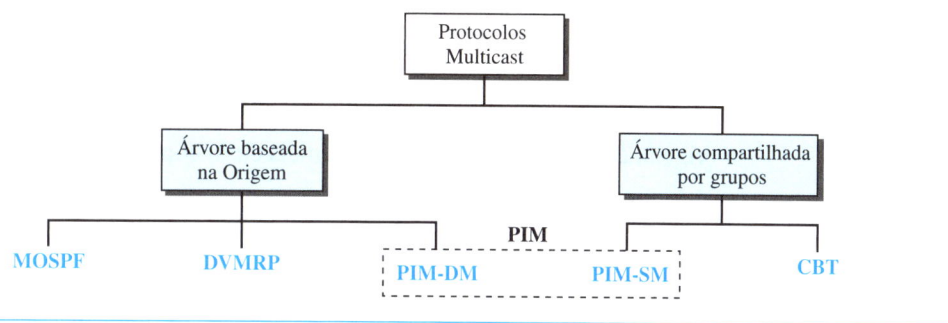

Roteamento com Estado dos Enlaces Multicast: MOSPF

Na presente seção, discutiremos, brevemente, o roteamento com estado dos enlaces multicast e sua implementação na Internet, o MOSPF.

Roteamento Multicast com Estados dos Enlaces Discutimos o roteamento unicast com estado dos enlaces na Seção 22.3. Dissemos que cada roteador cria uma árvore de rota mais curta empregando o algoritmo de Dijkstra. A tabela de roteamento é uma tradução da árvore de rota mais curta. O roteamento multicast com estado dos enlaces é uma extensão direta do roteamento unicast e usa um método da árvore baseada na origem. Embora o roteamento unicast seja bastante complexo, a extensão para roteamento multicast é bem simples e direta.

> **O roteamento multicast com estado dos enlaces
> usa o método da árvore baseada na origem.**

Lembre-se de que, no roteamento unicast, cada nó precisa anunciar o estado de seus enlaces. Para o roteamento multicast, um nó precisa revisar a interpretação do *estado*. Um nó anuncia todos os grupos que têm um membro assíduo no enlace. Eis o significado de estado: 'quais grupos se encontram ativos nesse enlace'. As informações sobre o grupo provêm do IGMP (ver o Capítulo 21). Cada roteador rodando IGMP solicita aos hosts do enlace que descubram o estado de associação.

Quando um roteador recebe todos esses LSPs, ele cria *n* (*n* é o número de grupos) topologias, a partir das quais *n* árvores de rota mais curta são construídas empregando-se o algoritmo de Dijkstra. Portanto, cada roteador apresenta uma tabela de roteamento que representa tantas árvores de rota mais curta quanto o número de grupos existentes.

O único problema desse protocolo são o tempo e espaço necessários para criar e salvar as diversas árvores de rota mais curta. A solução é criar as árvores apenas quando necessário. Quando um roteador recebe um pacote com um endereço de destino multicast, ele roda o algoritmo de Dijkstra para calcular a árvore de rota mais curta para aquele grupo. O resultado pode ser colocado em cache, no caso de existirem outros pacotes para aquele destino.

MOSPF O protocolo **MOSPF (Multicast Open Shortest Path First — primeira rota aberta mais curta por multicast)** é uma extensão do protocolo OSPF que usa roteamento multicast com estado dos enlaces para criar árvores baseadas na origem.

Esse protocolo requer um novo pacote de atualização de estado de enlace para associar o endereço unicast de um host ao endereço ou endereços de grupo que o host está patrocinando. Esse pacote é denominado LSA de associação em grupo. Dessa forma, podemos incluir na árvore apenas os hosts (usando seus endereços unicast) pertencentes a determinado grupo. Em outras palavras, construímos uma árvore contendo todos os hosts pertencentes a um grupo, mas usamos o endereço unicast do host no cálculo. Para fins de eficiência, o roteador calcula as árvores de rota mais curta sob demanda (ao receber o primeiro pacote multicast). Além disso, a árvore pode ser salva em memória cache para uso futuro pelo mesmo par origem/grupo. O MOSPF é um protocolo **orientado a dados**; a primeira vez que um roteador MOSPF vê um datagrama com um dado endereço de grupo e origem, ele constrói a árvore de rota mais curta com o algoritmo de Dijkstra.

Vetor Distância Multicast: DVMRP

Nesta seção, discutiremos brevemente o roteamento multicast vetor distância e sua implementação na Internet, o DVMRP.

Roteamento Multicast Vetor Distância O roteamento unicast vetor distância é muito simples; estendê-lo para oferecer suporte ao roteamento multicast é complicado. O roteamento multicast não permite que um roteador envie sua tabela de roteamento a seus vizinhos. A idéia é criar uma tabela a partir do zero usando as informações das tabelas vetor distância unicast.

O roteamento multicast vetor distância utiliza árvores baseadas na origem; no entanto, o roteador jamais constrói, na realidade, uma tabela de roteamento. Ao receber um pacote multicast, encaminha esse pacote como se estivesse consultando uma tabela de roteamento. Podemos dizer que a árvore de rota mais curta é evanescente. Após seu uso (ou seja, após um pacote ser encaminhado) a tabela é destruída.

Para concretizar isso, o algoritmo vetor distância multicast usa um processo baseado em quatro estratégias de tomada de decisão. Cada estratégia é construída sobre seu predecessor. Explicaremos essas estratégias, uma por uma, e veremos como cada uma pode reduzir as limitações da anterior.

❑ **Inundação**. É a primeira estratégia que nos vem à mente. Um roteador recebe um pacote e, mesmo sem examinar o endereço de destino do grupo, o envia, a partir de todas as interfaces, exceto aquela da qual ele foi recebido. A inundação realiza o primeiro objetivo do multicast: todas as redes com membros ativos recebem o pacote. Entretanto, o mesmo acontecerá com aquelas redes sem membros ativos. Trata-se de um broadcast, e não de multicast. Existe outro problema: ela cria loops. Um pacote que deixou o roteador pode, eventualmente, retornar de outra interface ou da mesma interface e ser encaminhado novamente. Alguns protocolos de inundação mantêm uma cópia do pacote por um tempo e descartam quaisquer duplicatas para evitar loops. A estratégia seguinte, encaminhamento de rota inverso, corrige esse problema.

> **A inundação transmite pacotes por broadcast, mas cria loops nos sistemas.**

❑ **RPF (Reverse Path Forwarding — encaminhamento de rota inverso).** O RPF é uma estratégia de inundação modificada. Para evitar loops, é encaminhada apenas uma cópia; as demais são eliminadas. No RPF, um roteador encaminha apenas a cópia que percorreu a rota mais curta da origem ao roteador. Para descobrir qual é a cópia, o RPF usa a tabela de roteamento unicast. O roteador recebe um pacote e extrai o endereço de origem (um endereço unicast). Ele consulta sua tabela de roteamento unicast, muito embora queira enviar um pacote ao endereço de origem. A tabela de roteamento informa o roteador sobre o próximo salto. Se o pacote multicast tiver acabado de vir do nó definido em uma tabela, ele pacote percorreu a rota mais curta, da origem ao roteador, pois esta é recíproca nos protocolos de roteamento unicast vetor distância. Se a rota de A a B for a mais curta, então ela também é a mais curta de B para A. O roteador encaminha o pacote, caso este tenha trafegado a partir da rota mais curta; caso contrário, ele o descarta.

Essa estratégia evita loops, porque sempre existe uma rota mais curta da origem ao roteador. Se um pacote deixar o roteador e retornar, ele não percorreu a rota mais curta. Para deixar bem claro esse ponto, examinemos a Figura a seguir.

A Figura 22.40 mostra parte de um domínio e a origem. A árvore de rota mais curta conforme calculada pelos roteadores R1, R2 e R3 é mostrada por uma linha grossa. Quando R1 recebe um pacote proveniente da origem por meio da interface m1, ele consulta sua tabela de roteamento e descobre que a rota mais curta de R1 até a origem é pela interface m1. O pacote é encaminhado. Entretanto, se uma cópia do pacote tiver chegado pela interface m2, ele será descartado, visto que m2 não define a rota mais curta de R1 até a origem. A história se repete para R2 e R3. Você pode estar pensando: mas o que acontece se uma cópia de um pacote que chega pela interface m1 de R3 trafegar por R6, R5, R2 e, então, entrar em R3 por intermédio da interface m1? Essa interface é a correta para R3. A cópia do pacote é encaminhada? A resposta é que essa situação jamais ocorre, pois quando o pacote vai de R5 a R2, ele será descartado por R2 e jamais chegará a R3. Os roteadores seguintes em direção à origem sempre descartam um pacote que não tenha passado por uma rota mais curta, evitando, assim, confusão para os roteadores abaixo.

O RPF elimina o loop no processo de inundação.

Figura 22.40 *Encaminhamento de rota inverso (RPF)*

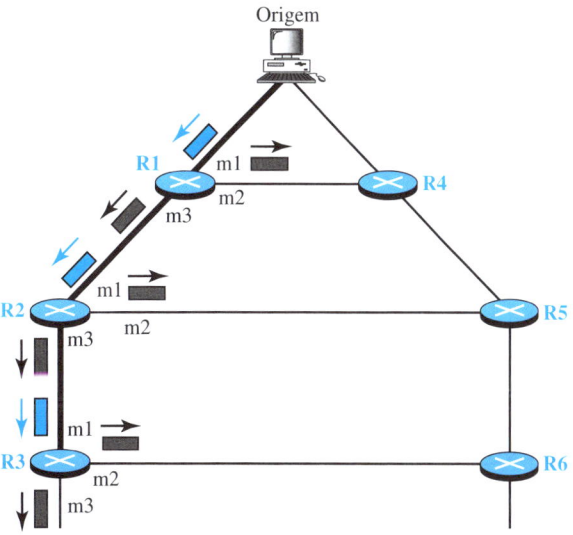

- **RFB (Reverse Path Broadcasting — broadcast de rota inversa).** O RPF garante que cada rede receba uma cópia do pacote multicast sem formação de loops. Entretanto, o RPF não garante que cada rede receba apenas uma cópia; uma rede poderá, eventualmente, receber duas ou mais. A razão é que o RPF não se baseia no endereço de destino (um endereço de grupo); o encaminhamento toma por base no endereço de origem. Para visualizar o problema, examinemos a Figura 22.41.

Figura 22.41 *Problema com RPF*

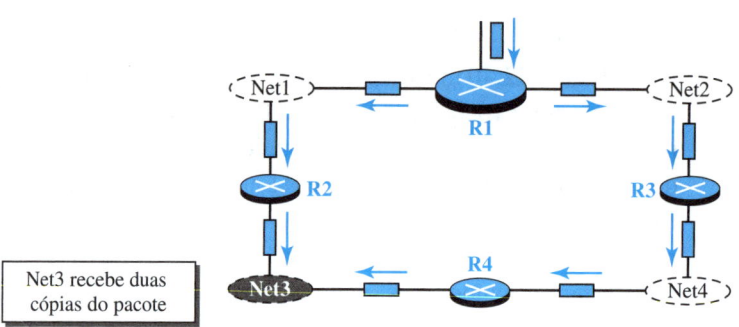

Net3, nessa figura, recebe duas cópias do pacote, muito embora cada roteador envia apenas uma cópia de cada interface. Existe uma duplicação porque não foi criada uma árvore; em vez disso, temos um gráfico. Net3 tem dois pais: roteadores R2 e R4.

Para eliminar a duplicação, precisamos definir apenas um roteador-pai para cada rede. Devemos ter esta restrição: uma rede pode receber um pacote multicast de determinada origem apenas por meio de um **roteador-pai designado**.

Agora, a política é clara. Para cada origem, o roteador envia o pacote apenas daquelas interfaces para as quais ele é o pai designado. Essa política é chamada Broadcast de Rota Inversa (RPB). A RPB garante que o pacote atinge todas as redes e que todas recebam apenas uma cópia. A Figura 22.42 mostra a diferença entre RPF e RPB.

Figura 22.42 *RPF Versus RPB*

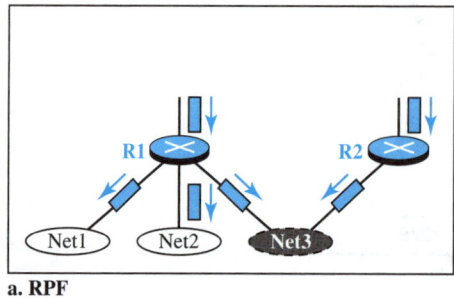
a. RPF

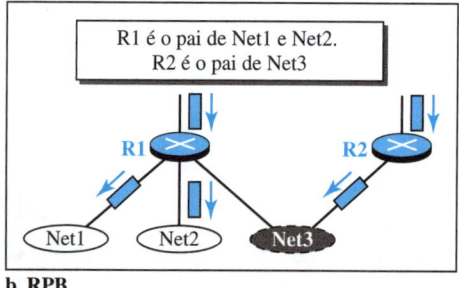
b. RPB

O leitor pode perguntar como o pai designado é determinado. O roteador-pai designado pode ser o roteador com a rota mais curta para a origem. Como os roteadores enviam periodicamente pacotes de atualização para cada um dos demais (no RIP), eles podem determinar facilmente qual roteador na vizinhança tem a rota mais curta para a origem (ao interpretar a origem como destino). Se mais de um roteador for qualificado, o roteador com o endereço IP menor é selecionado.

A RPB cria uma árvore de broadcast de rota mais curta, da origem a cada destino. Ela garante que cada destino receba uma, e somente uma, cópia do pacote.

❑ **RPM (Reverse Path Multicasting, multicast de rota inversa).** Como você deve ter percebido, a RPB não realiza um multicast do pacote, ela faz um broadcast deste. Isso não é eficiente. Para aumentar a eficiência, o pacote multicast deve atingir apenas aquelas redes que apresentam membros ativos para aquele grupo em particular. Isso é denominado **RPM**. Para converter broadcast em multicast, o protocolo usa dois procedimentos, poda e enxerto. A Figura 22.43 ilustra o conceito de ambos.

Figura 22.43 *RPF, RPB e RPM*

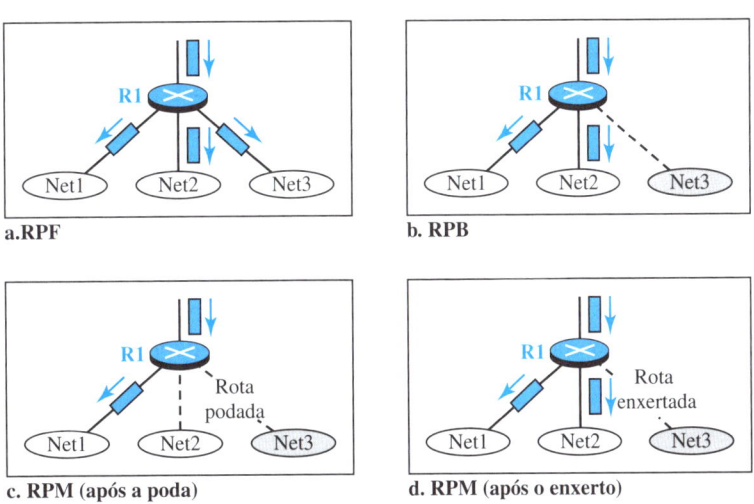

O roteador-pai designado de cada rede é responsável pela retenção das informações de associação. Isso é realizado pelo protocolo IGMP descrito no Capítulo 21. O processo inicia quando um roteador conectado a uma rede descobre que não há nenhum interesse em um pacote multicast. O roteador envia uma **mensagem de poda** para o roteador acima, de modo que ele possa excluir a interface correspondente. Isto é, o roteador acima pode interromper o envio de mensagens multicast para esse grupo por meio dessa interface. Agora, se esse roteador receber mensagens de poda de todos os roteadores abaixo, ele, por sua vez, enviará uma mensagem de poda para seu roteador acima.

O que acontece se um roteador-folha (um roteador na parte inferior da árvore) tiver enviado uma mensagem de poda, mas, de repente, perceber, pelo IGMP, que uma de suas redes está novamente interessada em receber o pacote multicast? Ele pode enviar uma **mensagem de enxerto**. A mensagem de enxerto força o roteador acima a sintetizar o envio das mensagens multicast.

> **O RPM acrescenta poda e enxerto ao RPB para criar uma árvore de rota mais curta multicast que oferece suporte a mudanças dinâmicas de associação.**

DVMRP O **DVMRP (protocolo de roteamento multicast vetor distância)** é uma implementação do roteamento multicast vetor distância. Ele é um protocolo de roteamento baseado na origem, que se baseia no RIP.

CBT

O **protocolo CBT (Core-Based Tree — árvore baseada no núcleo)** é um protocolo compartilhado por grupos que usa um núcleo como raiz da árvore. O sistema autônomo é dividido em regiões e um núcleo (roteador central ou roteador de ponto de encontro) é escolhido para cada região.

Formação da Árvore   Após o ponto de encontro ter sido escolhido, todos os roteadores são informados do endereço unicast do roteador selecionado. Cada roteador envia então uma mensagem de filiação unicast (similar à mensagem de enxerto) para mostrar que está interessado em afiliar-se ao grupo. Essa mensagem passa por todos os roteadores que se encontram entre o remetente e o roteador de encontro. Cada roteador intermediário extrai as informações necessárias da mensagem, como o endereço unicast do remetente e a interface por meio da qual o pacote tiver chegado, e encaminha a mensagem para o próximo roteador na rota. Quando o roteador de encontro tiver recebido todas as mensagens de filiação de todos os membros do grupo, a árvore é formada. Agora, cada roteador conhece seu roteador acima (o que leva à raiz) e o roteador abaixo (o que conduz à folha).

Se um roteador quiser deixar o grupo, ele envia uma mensagem de abandono para seu roteador acima. O roteador acima elimina o enlace para aquele roteador da árvore e encaminha a mensagem para seu roteador acima e assim por diante. A Figura 22.44 mostra uma árvore compartilhada por grupos com seu roteador de encontro.

Figura 22.44 *Árvore compartilhada por grupos com o roteador de encontro*

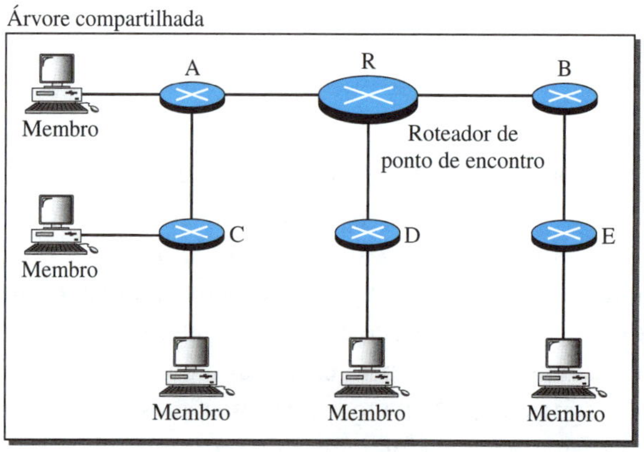

O leitor deve ter notado duas diferenças entre o DVMRP e o MOSPF, de um lado, e o CBT, do outro. Primeiro, a árvore para os dois primeiros é feita da raiz para cima; a árvore para o CBT é formada das folhas para baixo. Em segundo lugar, no DVMRP, a árvore é construída inicialmente (Broadcast) e, depois, podada; no CBT, não existe nenhuma árvore no início; a filiação (enxerto) forma gradualmente a árvore.

Envio de Pacotes Multicast Após a formação da árvore, qualquer origem (pertencente ao grupo ou não) pode enviar um pacote multicast a todos os membros do grupo. Ela simplesmente envia o pacote ao roteador de encontro, usando o endereço unicast deste; o roteador de encontro distribui o pacote para todos os membros do grupo. A Figura 22.45 mostra como um host pode enviar um pacote multicast a todos os membros do grupo. Note que o host de origem pode ser um dos hosts dentro da árvore compartilhada ou qualquer host fora da árvore compartilhada. Na Figura 22.45, mostramos um localizado fora da árvore compartilhada.

Figura 22.45 *Envio de um pacote Multicast para o roteador de encontro*

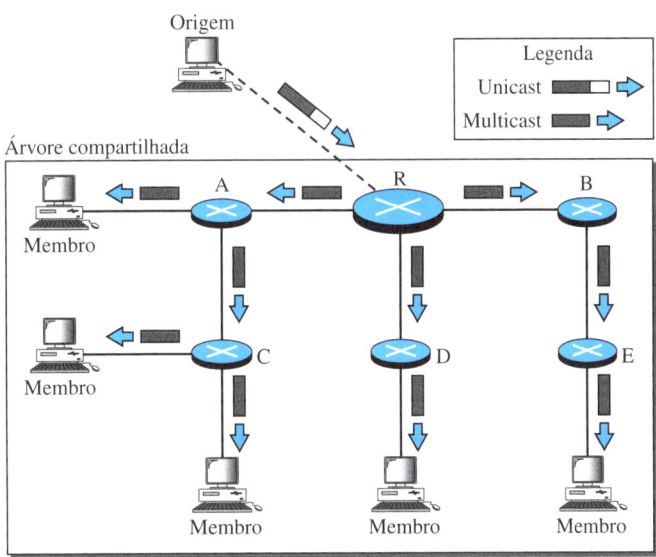

Seleção do Roteador de Encontro Essa abordagem é simples, exceto para um ponto. Como selecionar um roteador de encontro para otimizar o processo, bem como o multicast? Foram implementados vários métodos para tal. Entretanto, esse tópico está além da abrangência deste livro e o deixamos para livros mais avançados.

Em suma, a CBT (árvore baseada no núcleo) é uma árvore compartilhada por grupos de protocolo baseado no centro usando uma árvore por grupo. Um dos roteadores da árvore é denominado núcleo. Um pacote é enviado a partir da origem para os membros do grupo seguindo este procedimento:

1. A origem, que pode ser ou não parte da árvore, encapsula o pacote multicast dentro de um pacote unicast com o endereço de destino unicast do núcleo e o envia para o núcleo. Essa parte da entrega é realizada usando-se um endereço unicast; o único receptor é o roteador de núcleo.
2. O núcleo desencapsula o pacote unicast e o encaminha a todas as interfaces interessadas.
3. Cada roteador que recebe o pacote multicast, por outro lado, o encaminha para todas as interfaces interessadas.

> No CBT, a origem envia o pacote multicast (encapsulado em um pacote unicast)
> para o roteador de núcleo. O roteador de núcleo desencapsula o pacote e
> o encaminha para todas as interfaces interessadas.

PIM

PIM (Protocol Independent Multicast — multicast independente de protocolo) é o nome dado a dois protocolos de roteamento multicast independentes: **PIM-DM (Protocol Independent Multicast, Dense Mode — multicast independente de protocolo, modo denso)** e **PIM-SM (Protocol Independent Multicast, Sparse Mode — multicast independente de protocolo, modo esparso)**. Ambos os protocolos são unicast-dependentes de protocolo, mas a similaridade termina aqui. Discutiremos cada um deles separadamente.

PIM-DM O PIM-DM é usado quando existe uma possibilidade de que cada roteador esteja envolvido em multicast (**modo denso**). Nesse ambiente, o uso de um protocolo que faça um broadcast do pacote é justificado porque quase todos os roteadores estão envolvidos no processo.

> O PIM-DM é usado em um ambiente multicast denso, por exemplo, uma LAN.

PIM-DM é um protocolo de roteamento de árvore baseada na origem, que usa RPF e estratégias de poda e enxerto para multicast. Sua operação é como a do DVMRP; entretanto, diferentemente do DVMRP, não depende de um protocolo unicast específico. Ele parte da premissa de que o sistema autônomo está usando um protocolo unicast e que cada roteador tem uma tabela capaz de encontrar a interface de saída que apresenta um caminho ótimo para um destino. Esse unicast pode ser um protocolo baseado em vetores de distância (RIP) ou um de estado de enlace (OSPF).

> O PIM-DM usa RPF e estratégias de poda e enxerto para manipular a multicast.
> Entretanto, é independente do protocolo unicast subjacente.

PIM-SM O PIM-SM é usado quando existe uma ligeira possibilidade de que cada roteador esteja envolvido no multicast (modo esparso). Nesse ambiente, o uso de um protocolo que realize um broadcast do pacote não se justifica; um protocolo, como o CBT, que usa uma árvore compartilhada por grupos, é mais apropriado.

> O PIM-SM é usado em um ambiente multicast esparso, como as WANs.

O-PIM-SM é um protocolo de roteamento de árvore compartilhada por grupos, que tem um ponto de encontro (RP) igual à origem da árvore. Sua operação é como o CBT; entretanto, é mais simples porque não requer confirmação de uma mensagem de filiação. Além disso, ele cria um conjunto de backup dos RPs de cada região para cobrir falhas RP.

Uma das características do PIM-SM é que ele pode, quando necessário, mudar de uma estratégia de árvore compartilhada por grupos para uma estratégia de árvore baseada na origem. Isso pode acontecer se existir uma área densa da atividade distante do RP. Essa área pode ser mais eficientemente manipulada com uma estratégia de árvore baseada na origem em vez da estratégia de árvore compartilhada por grupos.

> O PIM-SM é similar ao CBT, mas usa um procedimento mais simples.

MBONE

As comunicações em tempo real e envolvendo multimídia aumentaram a necessidade por multicast na Internet. Entretanto, apenas uma pequena parcela dos roteadores Internet são roteadores multicast. Em outras palavras, um **roteador multicast** talvez não encontre outro igual nas vizinhanças para encaminhar o pacote multicast. Embora esse problema possa ser resolvido no futuro próximo pelo acréscimo de um número cada vez maior de roteadores multicast, existe outra solução para esse problema: o **tunelamento**. Os roteadores multicast são vistos como um grupo de roteadores sobre os roteadores unicast. Os roteadores multicast talvez não possam ser conectados diretamente; no entanto, são conectados logicamente. A Figura 22.46 mostra o conceito. Na Figura 22.46, apenas os roteadores dentro dos círculos sombreados são capazes de multicast. Sem o tunelamento, esses roteadores são ilhas isoladas. Para possibilitar o multicast, construímos um **backbone multicast (MBONE)** a partir desses roteadores isolados usando o conceito de tunelamento.

Figura 22.46 *Tunelamento lógico*

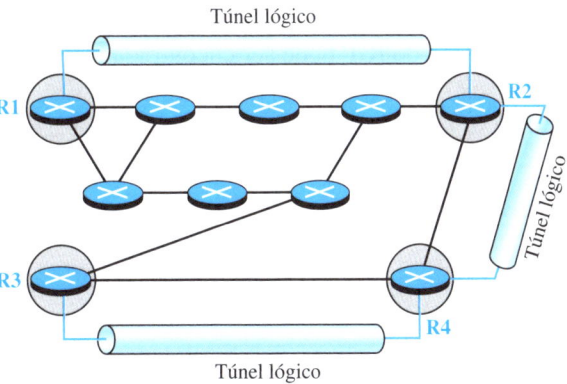

Um **túnel lógico** é estabelecido encapsulando-se o pacote multicast dentro de um pacote unicast. O pacote multicast se torna o payload (dados) do pacote unicast. Os roteadores intermediários (não-multicast) encaminham o pacote como roteadores unicast e o entregam de uma ilha para outra. É como se os roteadores unicast não existissem e os dois roteadores multicast fossem vizinhos. A Figura 22.47 ilustra o conceito. Até então, o único protocolo que oferece suporte ao MBONE e ao tunelamento é o DVMRP.

Figura 22.47 *MBONE*

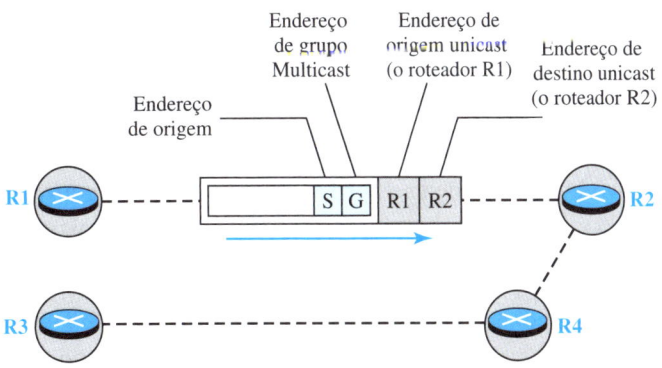

22.5 LEITURA RECOMENDADA

Para mais detalhes sobre os assuntos discutidos no presente capítulo, recomendamos os seguintes livros e sites. Os itens entre colchetes [...] correspondem à lista de referências no final do texto.

Livros

Entrega e encaminhamento são discutidos no Capítulo 6 de [For06]. Os protocolos de roteamento unicast são abordados no Capítulo 14 de [For06]. Multicast e roteamento multicast são debatidos no Capítulo 15 de [For06]. Para uma discussão completa sobre multicast consulte [WZ01]. Para protocolos de roteamento, consulte [Hui00]. O OSPF é discutido em [Moy98].

Sites

- www.ietf.org/rfc.html — Informações sobre RFCs.

RFCs

Uma discussão do RIP pode ser encontrada nas seguintes RFCs:

> 1131, 1245, 1246, 1247, 1370, 1583, 1584, 1585, 1586, 1587, 1722, 1723, 2082, 2453

Uma discussão do OSPF pode ser encontrada nas seguintes RFCs:

> 1131, 1245, 1246, 1247, 1370, 1583, 1584, 1585, 1586, 1587, 2178, 2328, 2329, 2370

Uma discussão do BGP pode ser encontrada nas seguintes RFCs:

> 1092, 1105, 1163, 1265, 1266, 1267, 1364, 1392, 1403, 1565, 1654, 1655, 1665, 1771, 1772, 1745, 1774, 2283

22.6 TERMOS-CHAVE

- agregação de endereços
- algoritmo de Dijkstra
- aprendizagem a distância
- área
- árvore baseada na origem
- árvore compartilhada por grupos
- árvore de ponto de encontro
- árvore de rota mais curta
- árvore do menor custo
- atributo conhecido
- atributo opcional

- atualização disparada
- banco de dados distribuído
- Broadcast
- BGP (protocolo de gateway de fronteira)
- concordância com a máscara mais longa
- contagem de nós
- convergência lenta
- DVMRP (protocolo de roteamento multicast vetor distância)
- encaminhamento
- endereço do próximo salto

enlace ponto a ponto
enlace stub
enlace transiente
enlace virtual
entrega
entrega direta
entrega indireta
estruturas de comutação
identificação de área
ifconfig
inundação
MBONE (backbone multicast)
mensagem de atualização
mensagem de enxerto
mensagem de poda
método de host específico
método de rede específica
método de roteamento dinâmico
método de rotas
método do próximo salto
método-padrão
métrica
MOSPF (rota aberta mais curta primeiro por multicast)
Multicast
netstat
nó alto-falante
orientado a dados
OSPF (rota aberta mais curta primeiro)
PIM (Multicast independente de protocolo)
PIM-DM (Multicast independente de protocolo, modo denso)
PIM-SM (multicast independente de protocolo, modo esparso)

Poison Reverse
protocolo CBT (árvore baseada no núcleo)
protocolo OSPF
protocolos de roteamento
RIP (protocolo de informações de roteamento)
RPB (broadcast de rota inversa)
RPF (encaminhamento de rota inverso)
RPM (multicast de rota inversa)
roteador backbone
roteador de ponto de encontro
roteador multicast
roteadores de fronteira de área
roteador-pai designado
roteamento
roteamento com estado dos enlaces
roteamento com políticas
roteamento hierárquico
roteamento interdomínio
roteamento intradomínio
roteamento multicast
roteamento vetor caminho
roteamento vetor distância
sistema autônomo (AS)
Split Horizon (horizonte distribuído)
tabela de roteamento dinâmica
tabela de roteamento estática
teleconferência
túnel lógico
tunelamento
Unicast
Unicast múltiplo
vizinhos imediatos

22.7 RESUMO

❑ A entrega de um pacote é denominada direta se o entregador (host ou roteador) e o destino estiverem na mesma rede; a entrega de um pacote é denominada indireta se o entregador (host ou roteador) e o destino estiverem em redes diferentes.

❑ No método do próximo salto, em vez de uma lista completa das paradas que o pacote deve fazer, é listado apenas o endereço do próximo salto na tabela de roteamento; no método específico de rede, todos os hosts nela compartilham uma entrada na tabela de roteamento.

- No método do host específico, o endereço IP completo de um host é dado na tabela de roteamento.
- No método-padrão, atribui-se a um roteador o recebimento de todos os pacotes sem nenhuma concordância na tabela de roteamento.
- A tabela de roteamento para endereçamento sem classes precisa de pelo menos quatro colunas.
- A agregação de endereços simplifica o processo de encaminhamento no endereçamento sem classes.
- A concordância com a máscara mais longa é necessária no endereçamento sem classes.
- O endereçamento sem classes requer roteamentos hierárquico e geográfico para evitar imensas tabelas de roteamento.
- As entradas de uma tabela de roteamento estática são atualizadas manualmente pelo administrador; as entradas da tabela de roteamento dinâmica são atualizadas automaticamente por um protocolo de roteamento.
- Métrica é o custo atribuído para passagem de um pacote através de uma rede.
- Sistema autônomo (AS) é um grupo de redes e roteadores sob a regência de uma única administração.
- O RIP se baseia no roteamento vetor distância, no qual cada roteador compartilha, em intervalos regulares, seu conhecimento sobre todo o AS com seus vizinhos.
- Dois inconvenientes associados com o protocolo RIP são convergência plena e instabilidade. Entre os procedimentos para remediar a instabilidade RIP, temos: atualização rápida, Split Horizon e Poison Reverse.
- O OSPF divide um AS em áreas, definidas como conjuntos de redes, hosts e roteadores.
- O OSPF se baseia no roteamento com estado dos enlaces, no qual cada roteador envia o estado de seu vizinho para cada um dos demais roteadores da área. Um pacote é enviado apenas se existir uma mudança na vizinhança.
- As tabelas de roteamento OSPF são calculadas usando-se o algoritmo de Dijkstra.
- O BGP é um protocolo de roteamento de sistema interautônomo usado para atualizar as tabelas de roteamento.
- O BGP se baseia em um protocolo de roteamento chamado roteamento vetor caminho. Nesse protocolo, os ASs por meio dos quais um pacote deve passar são listados explicitamente.
- Em um método da árvore baseada na origem para roteamento multicast, a combinação origem/grupo determina a árvore; em um método de árvore compartilhada por grupos para roteamento multicast, o grupo determina a árvore.
- O MOSPF é um protocolo de roteamento multicast que usa roteamento multicast de estado do enlace para criar uma árvore de menor custo baseada na origem.
- No encaminhamento de rota inverso (RPF), o roteador encaminha apenas os pacotes que trafegaram pela rota mais curta da origem ao roteador.
- O broadcast de rota inversa (RPB) cria uma árvore de broadcast de rota mais curta desde a origem até cada destino. Ela garante que cada destino receba uma, e somente uma, cópia do pacote.
- O multicast de rota inversa (RPM) acrescenta estratégias de poda e enxerto ao RPB para criar uma árvore multicast de rota mais curta que ofereça suporte a mudanças dinâmicas de filiação de membros.
- O DVMRP é um protocolo de roteamento multicast que usa o protocolo de roteamento vetor distância para criar uma árvore baseada na origem.
- O protocolo de árvore baseada no núcleo (CBT) é um protocolo de roteamento multicast que usa um roteador como raiz da árvore.

- O PIM-DM é um protocolo de roteamento de árvore baseada na origem que usa RPF e estratégias de poda e enxerto para lidar com o multicast.
- O PIM-SM é um protocolo de roteamento de árvore compartilhada por grupos similar à CBT e usa um roteador de encontro como origem da árvore.
- Para multicast entre dois roteadores multicast não-contíguos, criamos um backbone multicast (MBONE) para possibilitar o tunelamento.

22.8 ATIVIDADES PRÁTICAS

Questões para Revisão

1. Qual é a diferença entre entrega direta e indireta?
2. Enumere três técnicas de encaminhamento discutidas neste capítulo e faça uma breve descrição de cada uma delas.
3. Compare duas tabelas de roteamento diferentes discutidas neste capítulo.
4. Qual é o propósito do RIP?
5. Quais são as funções de uma mensagem RIP?
6. Por que o valor de tempo de expiração é seis vezes aquele do valor do temporizador periódico?
7. Como o limite de contagem de nós minimiza os problemas do RIP?
8. Enumere deficiências do RIP e suas correções correspondentes.
9. Qual é a base de classificação para os quatro tipos de enlaces definidos pelo OSPF?
10. Por que as mensagens OSPF se propagam mais rapidamente que as mensagens RIP?
11. Qual é o objetivo do BGP?
12. Faça uma breve descrição dos dois grupos de protocolos de roteamento multicast discutidos no presente capítulo.

Exercícios

13. Ilustre uma tabela de roteamento para um host que é completamente isolado.
14. Ilustre uma tabela de roteamento para um host que é conectado a uma LAN sem estar conectado à Internet.
15. Descubra a topologia da rede se a Tabela 22.3 é a tabela de roteamento para o roteador R1.

Tabela 22.3 *Tabela de roteamento para o Exercício 15*

Máscara	Endereço de rede	Endereço do próximo salto	Interface
/27	202.14.17.224	—	m1
/18	145.23.192.0	—	m0
Padrão	Padrão	130.56.12.4	m2

16. O roteador R1 da Figura 22.8 pode receber um pacote com endereço de destino 140.24.7.194? Justifique sua resposta.

17. O roteador R1 da Figura 22.8 pode receber um pacote com endereço de destino 140.24.7.42? Justifique sua resposta.
18. Represente a tabela de roteamento para o ISP regional da Figura 22.9.
19. Represente a tabela de roteamento para o ISP 1 local da Figura 22.9.
20. Represente a tabela de roteamento para o ISP 2 local da Figura 22.9.
21. Represente a tabela de roteamento para o ISP 3 local da Figura 22.9.
22. Represente a tabela de roteamento para o pequeno ISP 1 da Figura 22.9.
23. Compare e mostre as diferenças entre roteamento vetor distância com roteamento com estado dos enlaces.
24. Um roteador apresenta a tabela de roteamento RIP a seguir:

Net1	4	B
Net2	2	C
Net3	1	F
Net4	5	G

Qual seria o conteúdo da tabela se o roteador recebeu a seguinte mensagem RIP do roteador C?

Net1	2
Net2	1
Net3	3
Net4	7

25. Quantos bytes são vazios em uma mensagem RIP que anuncia N redes?
26. Um roteador apresenta a seguinte tabela de roteamento RIP:

Net1	4	B
Net2	2	C
Net3	1	F
Net4	5	G

Mostre a mensagem de resposta enviada por esse roteador.

27. Ilustre o sistema autônomo com as seguintes especificações:
    a. Existem oito redes (N1 a N8).
    b. Há oito roteadores (R1 a R8).
    c. N1, N2, N3, N4, N5 e N6 são LANs Ethernet.
    d. N7 e N8 são WANs ponto a ponto.
    e. R1 conecta N1 e N2.
    f. R2 conecta N1 e N7.
    g. R3 conecta N2 e N8.
    h. R4 conecta N7 e N6.
    i. R5 conecta N6 e N3.
    j. R6 conecta N6 e N4.
    k. R7 conecta N6 e N5.
    l. R8 conecta N8 e N5.

28. Desenhe a representação gráfica do sistema autônomo do Exercício 27, conforme visto pelo OSPF.
29. Qual das redes no Exercício 27 é uma rede transiente? Qual é uma rede stub?
30. Um roteador usando DVMRP recebe um pacote com endereço de origem 10.14.17.2 da interface 2. Se o roteador encaminha o pacote, qual é o conteúdo da entrada relativa a esse endereço na tabela de roteamento unicast?
31. O RPF cria realmente uma árvore de rota mais curta? Justifique sua resposta.
32. O RPB cria realmente uma árvore de rota mais curta? Justifique sua resposta. Quais são as folhas da árvore?
33. O RPM cria realmente uma árvore de rota mais curta? Justifique sua resposta. Quais são as folhas da árvore?

Atividades de Pesquisa

34. Caso tenha acesso ao UNIX (ou LINUX), use *netstat* e *ifconfig* para encontrar a tabela de roteamento para o servidor com o qual você está conectado.
35. Descubra como seu ISP usa os princípios de agregação de endereços e de concordância com a máscara mais longa.
36. Descubra se seu endereço IP faz parte ou não da alocação de endereços geográficos.
37. Caso esteja usando um roteador, descubra o número e os nomes das colunas na tabela de roteamento.

PARTE 5

Camada de Transporte

Objetivos

A camada de transporte é responsável pela comunicação entre processos finais de uma mensagem inteira. Processo é um programa aplicativo em execução em um host. Embora a camada de rede gerencie a entrega de pacotes individuais da origem até seu destino, ela não pressupõe que exista qualquer relacionamento entre esses pacotes. Ela trata cada pacote de forma independente, como se cada um deles pertencessem a uma mensagem distinta. Por outro lado, a camada de transporte garante a integridade e a ordem de entrega dos pacotes de uma mensagem inteira, controlando erros na transmissão, bem como o fluxo de dados.

> **A camada de transporte é responsável pela entrega de uma mensagem entre processos finais.**

Os computadores normalmente executam vários programas ao mesmo tempo. Por essa razão, entrega origem-destino significa a entrega de uma mensagem não apenas de um computador para outro, mas também de um processo específico em um computador para um processo específico em outro. O cabeçalho da camada de transporte deve, portanto, incluir um tipo de endereço especial, denominado service-point address (*endereço do ponto de serviço*) estabelecido pelo modelo OSI ou o número da porta ou endereço da porta definidos no modelo Internet, conjunto de protocolos TCP/IP.

Um protocolo de camada de transporte pode ser dividido em duas categorias principais: sem conexão (connectionless) ou orientado a conexão (connection-oriented). Um protocolo de camada de transporte sem conexão trata cada segmento como um pacote independente e o entrega à camada de transporte na máquina destinatária. Um protocolo de camada de transporte orientada a conexão estabelece uma conexão virtual com a camada de transporte da máquina destinatária antes de iniciar a transferência dos pacotes de dados. Após todos os dados terem sido transferidos, a conexão é encerrada.

Na camada de transporte, geralmente uma mensagem é dividida em segmentos de dados. Um protocolo sem conexão, como o UDP, trata cada segmento independentemente. Um protocolo orientado a conexão, como o TCP e o SCTP, cria um relacionamento entre os segmentos enviados/recebidos por meio de números de seqüência.

Assim como a camada de enlace, a camada de transporte pode ser responsável pelo controle de fluxo e de erros. Entretanto, o controle de fluxo e de erros nessa camada é realizado fim a fim (end-to-end) e não apenas no enlace físico (link). Veremos que um dos protocolos discutidos nessa parte do livro, o UDP, não implementa mecanismos para controle de erros e de fluxo. Por outro lado, os outros dois protocolos, TCP e SCTP, usam janelas deslizantes para implementar controle de fluxo e sistemas de confirmação de pacotes para o controle de erros.

A Parte 5 do livro é dedicada à camada de transporte e aos serviços por ela fornecidos.

Capítulos

Esta parte consiste em dois capítulos: os Capítulos 23 e 24.

Capítulo 23

O Capítulo 23 discute três protocolos de camada de transporte da Internet: UDP, TCP e SCTP. O primeiro deles, UDP (User Datagram Protocol), é um protocolo não confiável, não orientado a conexão, que é usado por sua eficiência. O segundo, TCP (Transmission Control Protocol), é um protocolo confiável, orientado a conexão, que se constitui em excelente opção para transferência de dados. O terceiro, SCTP (Stream Control Transport Protocol), é um protocolo novo de camada de transporte desenvolvido para aplicações multimídia.

Capítulo 24

O Capítulo 24 discute dois tópicos: controle de congestionamento e qualidade de serviços. Embora essas duas questões possam estar relacionadas a qualquer camada, neste capítulo as discutiremos em relação às outras camadas.

CAPÍTULO 23

Comunicação entre Processos: UDP, TCP e SCTP

Iniciaremos este capítulo apresentando os reais motivos para a existência da **camada de transporte** — a necessidade da comunicação entre processos finais. Discutiremos as principais questões relacionadas à comunicação entre processos, bem como os métodos para lidar com elas.

O modelo Internet especifica três protocolos na camada de transporte: UDP, TCP e SCTP. Primeiro, trataremos do UDP, que é o mais simples dos três. Veremos como usar esse protocolo extremamente simples, o qual não possui os mesmos recursos oferecidos pelos outros dois protocolos.

Em seguida discutiremos o TCP, um protocolo complexo de camada de transporte. Veremos como os conceitos apresentados anteriormente se aplicam ao TCP. Deixaremos a discussão sobre controle de congestionamento e qualidade de serviços no TCP para o Capítulo 24, pois esses dois tópicos também estão relacionados à camada de enlace de dados e camada de rede.

Finalmente, trataremos do SCTP, o novo protocolo de camada de transporte desenvolvido para aplicações multihomed e multistream como as aplicações multimídia.

23.1 COMUNICAÇÃO ENTRE PROCESSOS

A camada de enlace é responsável pela transmissão de frames entre dois nós adjacentes conectados por um enlace físico (link). Essa comunicação é denominada *comunicação nó a nó* (node-to-node). A camada de rede é responsável pelo roteamento de datagramas entre dois hosts. Isso é denominado *comunicação host-to-host* (host-to-host). A comunicação na Internet não é definida como apenas a troca de dados entre dois nós ou entre dois hosts. A comunicação real ocorre entre dois processos (programas aplicativos). Precisamos da **comunicação processo a processo** (entre processos). Entretanto, a qualquer momento, vários processos podem estar em execução no host de origem e vários outros no host de destino. Para completar a comunicação, precisamos de um mecanismo para transferir dados de um processo em execução no host de origem para um processo correspondente em execução no host de destino.

A camada de transporte é responsável pela comunicação entre processos — a entrega de um pacote, parte de uma mensagem, de um processo para outro. Dois processos se comunicam em uma relação cliente/servidor, como veremos posteriormente. A Figura 23.1 ilustra esses três tipos de comunicação e seus respectivos domínios.

A camada de transporte é responsável pela comunicação entre processos.

Figura 23.1 *Tipos de comunicação de dados.*

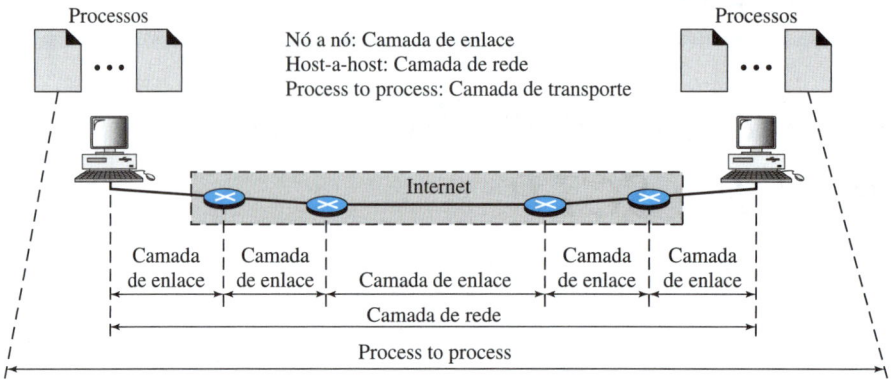

Paradigma Cliente/Servidor

Embora existam várias maneiras de se realizar a comunicação entre processos, a mais comum delas é por meio do **paradigma cliente/servidor**. Um processo no host local, denominado **cliente**, solicita serviços a outro processo, normalmente localizado no host remoto, denominado **servidor**.

Ambos os processos (cliente e servidor) têm o mesmo nome. Por exemplo, para obtermos o dia e horário de uma máquina remota, precisamos de um processo cliente denominado Daytime, em execução no host local e um processo servidor Daytime, em execução em uma máquina remota.

Os sistemas operacionais atuais oferecem suporte tanto a ambientes multiusuários como multiprogramação. Um computador remoto pode executar vários programas servidor simultaneamente, da mesma forma que computadores locais podem executar um ou mais programas cliente. Para a comunicação entre processos, devemos definir o seguinte:

1. Host local
2. Processo local
3. Host remoto
4. Processo remoto

Endereçamento

Toda vez que precisarmos transmitir algo para um destino específico entre vários existentes, necessitaremos de um endereço. Na camada de enlace de dados, utilizamos o endereço MAC para escolher um nó entre vários nós, caso a conexão não seja ponto a ponto. Um frame na camada de enlace precisa do endereço MAC de destino para sua entrega e de um endereço de origem para a resposta do destino.

Na camada de rede, utilizamos o endereço IP para escolher um host entre milhões. Um datagrama na camada de rede precisa de um endereço IP de destino para sua entrega e de um endereço IP de origem para a resposta do destino.

Na camada de transporte, utilizamos o endereço de camada de transporte, denominado **número de porta**, para escolher um entre os vários processos que estão em execução no host de destino. O número da porta de destino é necessário para entrega; o número da porta de origem é necessário para resposta.

No modelo Internet, os números de porta são inteiros de 16 bits entre 0 e 65.535. Um programa cliente define para si mesmo um número de porta, escolhido de forma aleatória pelo software da camada de transporte, em execução no host cliente. Este é denominado **número de porta efêmero**.

Um processo no servidor também deve definir seu número de porta. Esse número de porta, entretanto, não pode ser escolhido aleatoriamente. Se um computador, instalado como servidor, executa um processo servidor e atribui um número aleatório para seu número de porta, um processo cliente que deseje acessar esse servidor e usar seus serviços não saberá qual número de porta utilizar. Obviamente, uma solução seria enviar um pacote especial e solicitar ao servidor que informe o número da porta, porém, isso implica em tráfego adicional desnecessário (overhead). A Internet optou por implementar números de porta universais para os servidores; estes são denominados **números de porta conhecidos (*well-known port numbers*)**. Existem algumas exceções a essa regra; por exemplo, existem algumas aplicações cliente que podem utilizar números de porta conhecidos. Entretanto, todo processo cliente conhece o número de porta do processo servidor correspondente. Por exemplo, embora o processo cliente Daytime, discutido anteriormente, possa usar um número de porta efêmero (temporário) 52.000 para sua identificação, o processo servidor Daytime deve usar o número de porta conhecido (permanente) 13. A Figura 23.2 ilustra esse conceito.

Figura 23.2 *Números de porta.*

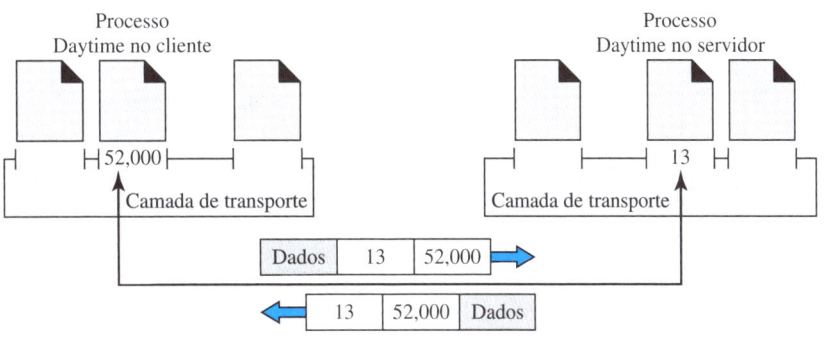

Já é momento de ficar claro que endereços IP e números de porta desempenham papéis diferentes na seleção do destino final dos dados. O endereço IP de destino define o host entre os diferentes hosts espalhados pelo mundo. Após esse host ter sido escolhido, o número da porta define um dos processos em execução nesse host em particular (ver a Figura 23.3).

Faixa de Endereços IANA

A IANA (*Internet Assigned Number Authority*) dividiu o número das portas em três faixas: conhecidos, registrados e dinâmicos (ou privados), como mostra a Figura 23.4.

❑ **Portas conhecidas.** As portas na faixa de 0 a 1023 são atribuídas e controladas pela IANA. Estas são as portas conhecidas (*well-known port numbers*).

❑ **Portas registradas.** As portas na faixa de 1024 a 49151 não são atribuídas ou controladas pela IANA. Elas podem ser registradas na IANA para impedir duplicação.

❑ **Portas dinâmicas.** As portas na faixa de 49152 a 65535 não são controladas nem registradas. Elas podem ser usadas por qualquer processo. Estas são denominadas portas efêmeras.

Figura 23.3 *Endereços IP versus números de porta.*

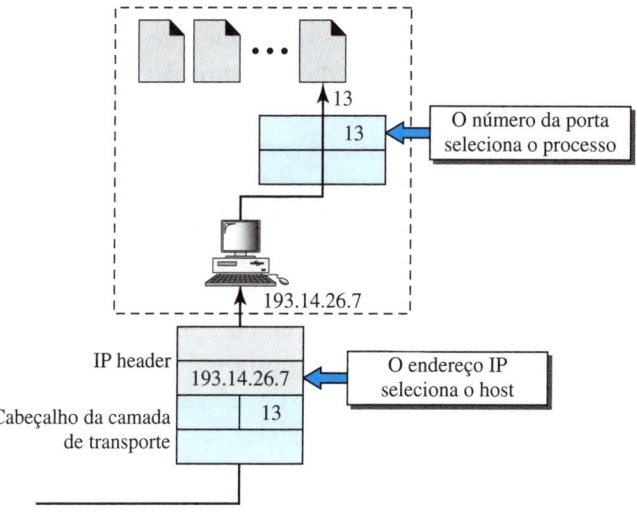

Figura 23.4 *Faixa de endereços IANA.*

Endereços Socket

Para se estabelecer uma conexão virtual que permita a comunicação entre processos finais, necessitamos de dois identificadores, o endereço IP e o número da porta. A combinação entre um endereço IP e um número de porta é conhecida como **endereço socket**. O endereço socket no cliente define o processo cliente de forma exclusiva, da mesma forma que o endereço socket no servidor estabelece o processo servidor de modo exclusivo (ver a Figura 23.5).

O protocolo de camada de transporte precisa de um par de endereços socket: o endereço socket no cliente e o endereço socket no servidor. Essas informações fazem parte do cabeçalho IP e do cabeçalho do protocolo de camada de transporte. O cabeçalho IP contém os endereços IP; o cabeçalho UDP ou TCP contém os números das portas.

Figura 23.5 *Endereço socket.*

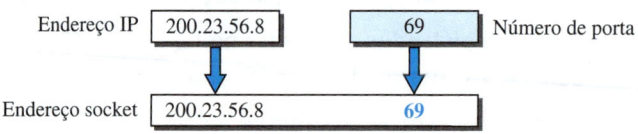

Multiplexação e Demultiplexação

Um mecanismo de endereçamento possibilita à camada de transporte multiplexar dados na origem provenientes de diferentes aplicações, transmiti-los por um circuito virtual e demultiplexá-los no destino, conforme mostrado na Figura 23.6.

Figura 23.6 *Multiplexação e demultiplexação.*

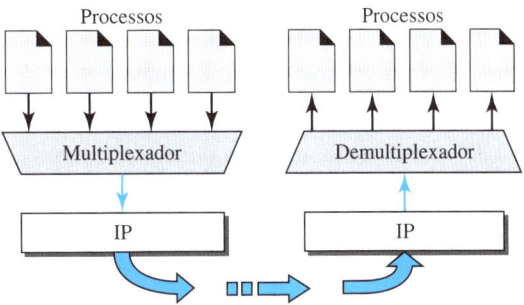

Multiplexação

No lado do emissor, podem existir vários processos que precisam transmitir pacotes. Entretanto, há somente um protocolo de camada de transporte em execução em dado instante. Trata-se de uma relação vários-para-um e que requer a multiplexação. O protocolo de transporte aceita mensagens provenientes de diferentes processos, diferenciados pelos números de porta a elas atribuídas. Após acrescentar o cabeçalho, a camada de transporte passa o pacote para a camada de rede.

Demultiplexação

No lado do receptor, a relação é de um-para-vários e requer demultiplexação. A camada de transporte recebe os datagramas da camada de rede. Após a verificação de erros e a eliminação do cabeçalho, a camada de transporte entrega cada mensagem para o processo usuário apropriado baseado no número da porta.

Serviços Sem Conexão *Versus* Orientado a Conexão

A camada de transporte implementa serviços de transporte de dados sem conexão (*connectionless*) ou orientado a conexão (*connection-oriented*).

Serviço Sem Conexão

Em um **serviço de transporte sem conexão (*connectionless*)**, os pacotes são transmitidos de uma parte a outra sem a necessidade do estabelecimento ou da liberação de circuitos virtuais. Os pacotes não são numerados; durante sua transmissão, eles podem ser corrompidos ou perdidos ou, então, podem até chegar fora de ordem. Também não existe confirmação do recebimento dos pacotes. Veremos logo mais que um dos protocolos da camada de transporte no modelo Internet, o UDP, implementa serviços de transporte sem conexão.

Serviço Orientado a Conexão

Em um **serviço orientado a conexão (*connection-oriented*)**, estabelece-se, primeiro, uma conexão entre a origem e o destino dos dados. Logo após, os dados podem ser transferidos. No final, a conexão é encerrada. Veremos logo mais que o TCP e o SCTP são protocolos orientados a conexão.

Confiável *Versus* Não-confiável

A camada de transporte oferece duas opções de serviços de transporte de dados: confiável ou não confiável. Se o programa na camada de aplicação requerer confiabilidade, necessitamos utilizar um protocolo de camada de transporte confiável que implemente mecanismos de controle de fluxo, controle de erros e ordenação de pacotes. Isso implica em um serviço mais lento e mais complexo. Por outro lado, o programa na camada de aplicação pode não requerer confiabilidade no transporte de dados, ou por implementar mecanismos próprios de controle de fluxo, controle de erros e ordenação de pacotes, ou por requerer serviços mais rápidos, ou pela natureza do serviço não exigir controle de fluxo e de erros (aplicações em tempo real). Para esses casos, podemos usar um protocolo não confiável.

Na Internet, existem três protocolos diferentes de camada de transporte, como já mencionado. O UDP é um protocolo sem conexão (*connectionless*) e não confiável; o TCP e o SCTP são orientados a conexão (*connection-oriented*) e confiáveis. Esses três protocolos são capazes de atenderem às exigências dos diversos programas da camada de aplicação.

É comum vir à mente uma questão. Se a camada de enlace é confiável e implementa controle de fluxo e de erros, realmente precisamos disso também na camada de transporte? A resposta é sim. A confiabilidade na camada de enlace é implementada entre dois nós adjacentes. Na maioria dos casos, precisamos da confiabilidade fim a fim (end-to-end). Como a camada de rede na Internet não é confiável (modalidade best effort), necessitamos implementar confiabilidade na camada de transporte. Para compreender que o controle de erros na camada de enlace não é suficiente para garantir o controle de erros na camada de transporte, vejamos a Figura 23.7.

Figura 23.7 *Controle de erros.*

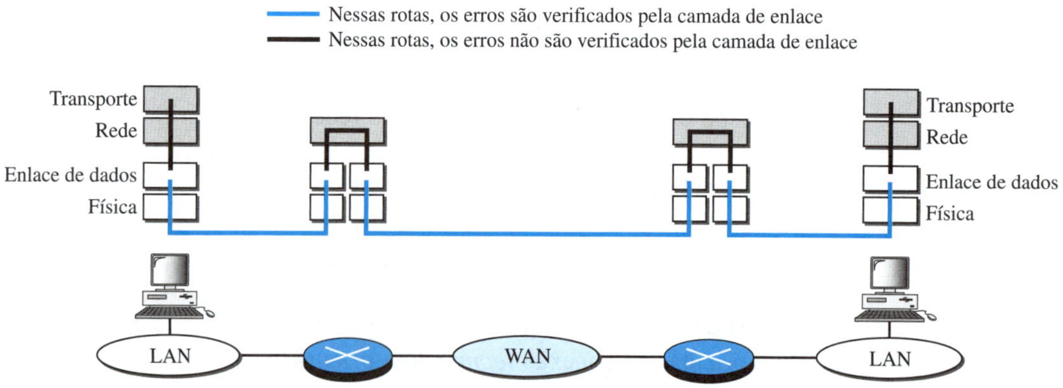

Como veremos, o controle de fluxo e de erros no TCP é implementado por um protocolo de janela deslizante, como discutido no Capítulo 11. A janela, entretanto, é orientada a caracteres (bytes), e não a frames.

Três Protocolos

O conjunto de protocolos TCP/IP original especifica dois protocolos para a camada de transporte: UDP e TCP. Primeiro, nos concentraremos no UDP, o mais simples dos dois, antes de tratarmos do TCP. Posteriormente, foi especificado um novo protocolo de camada de transporte, o SCTP, que também será discutido neste capítulo. A Figura 23.8 mostra o posicionamento desses protocolos no conjunto de protocolos TCP/IP.

Figura 23.8 *Posicionamento do UDP, TCP e SCTP no conjunto de protocolos TCP/IP.*

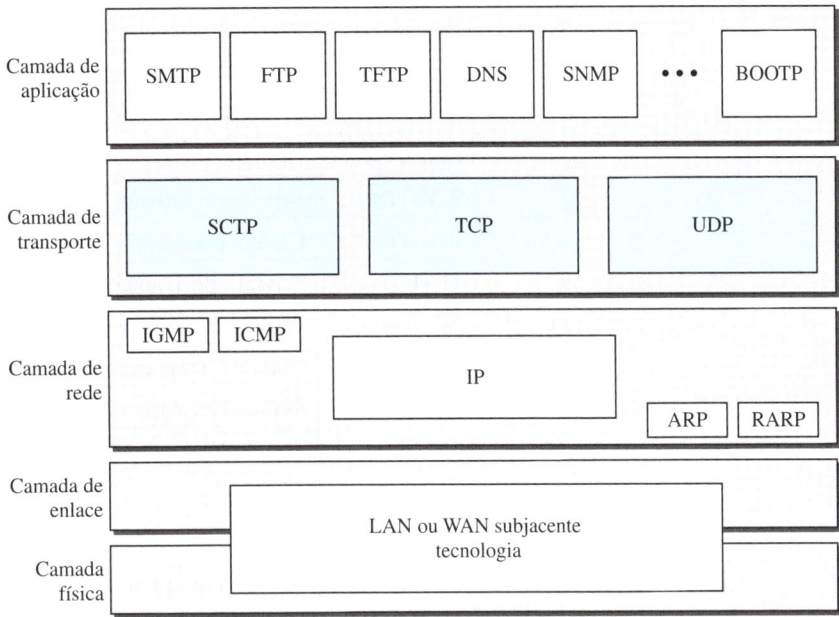

23.2 UDP

O **UDP** (*User Datagram Protocol*) é um **protocolo de transporte sem conexão** (*connectionless*) **e não-confiável**. Ele não adiciona nenhum controle adicional aos serviços de entrega do IP, exceto pelo fato de implementar a comunicação entre processos, em vez da comunicação entre hosts. Da mesma forma, a verificação de erros é implementada de forma muito limitada.

Se o UDP é tão simples assim, por que um processo iria querer usá-lo? Com as desvantagens vêm algumas vantagens. O UDP é um protocolo muito simples com um mínimo de overhead. Se um processo quiser enviar uma pequena mensagem e não se preocupar muito com a confiabilidade, o UDP é uma boa escolha. Enviar uma pequena mensagem através do UDP exige menor interação entre o emissor e o receptor do que quando usamos o TCP ou o SCTP.

Portas conhecidas no UDP

A Tabela 23.1 mostra alguns exemplos de portas conhecidas usadas pelo UDP. Alguns números de porta podem ser usados tanto pelo UDP quanto pelo TCP. Trataremos desse assunto quando falarmos sobre o TCP, mais à frente, ainda neste capítulo.

Tabela 23.1 *Portas conhecidas no UDP.*

Porta	Protocolo	Descrição
7	Echo	Ecoa um datagrama recebido de volta para o emissor
9	Discard	Descarta qualquer datagrama recebido
11	Users	Usuários ativos

Tabela 23.1 *Portas conhecidas usadas com o UDP (continuação).*

Porta	Protocolo	Descrição
13	Daytime	Retorna data e hora
17	Quote	Retorna um comentário do dia
19	Chargen	Retorna uma string de caracteres
53	Nameserver	Domain Name Services
67	BOOTPs	Servidor bootstrap
68	BOOTPc	Cliente bootstrap
69	TFTP	Trivial File Transfer Protocol
111	RPC	Remote Procedure Call
123	NTP	Network Time Protocol
161	SNMP	Simple Network Management Protocol
162	SNMP	Simple Network Management Protocol (trap)

Exemplo 23.1

No UNIX, as portas conhecidas são armazenadas em um arquivo de configuração localizado no diretório /etc/services. Cada linha desse arquivo armazena o nome do servidor e o número da porta conhecida. Podemos usar o utilitário *grep* para extrair a linha correspondente à aplicação desejada. A seguir, é apresentada a porta para o FTP. Note que o FTP pode usar a porta 21 tanto com o UDP como com o TCP.

```
$ grep      ftp    /etc/services
ftp                21/tcp
ftp                21/udp
```

O SNMP usa dois números de porta (161 e 162), cada qual com uma finalidade específica, como veremos no Capítulo 28.

```
$ grep       snmp /etc/services
snmp          161/tcp         # Simple Network Management Protocol
snmp          161/udp         # Simple Network Management Protocol
snmptrap      162/udp         # SNMP Traps
```

Datagramas de Usuário

Os pacotes UDP, denominados **datagramas de usuário**, possuem um cabeçalho de tamanho fixo, de 8 bytes. A Figura 23.9 mostra o formato de um datagrama de usuário.

Os campos são os seguintes:

❑ **Porta de origem.** Esse campo especifica o número da porta usada pelo processo em execução no host de origem. Ele tem 16 bits de comprimento, significando que o número da porta pode variar de 0 a 65535. Se o host de origem for um cliente (um cliente enviando uma solicitação), o número da porta, na maioria dos casos, é um número de porta efêmero solicitado pelo processo cliente e escolhido randomicamente pelo software UDP em execução no host de origem. Se o host de origem for um servidor (um servidor enviando uma resposta), o número da porta, na maioria dos casos, é um número de porta conhecido.

Figura 23.9 *Formato de um datagrama UDP.*

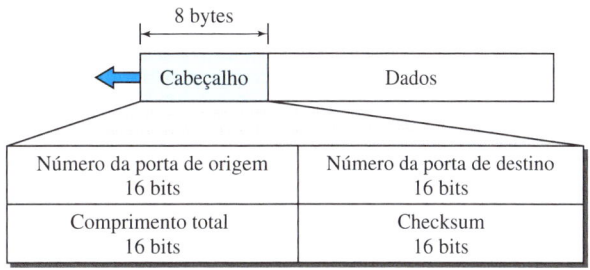

- **Porta de destino.** Esse campo especifica o número da porta usado pelo processo em execução no host de destino. Ele também tem 16 bits de comprimento. Se o host de destino for um servidor (um cliente transmitindo uma solicitação), o número da porta, na maioria dos casos, é um número de porta conhecido. Se o host de destino for um cliente (um servidor transmitindo sua resposta), o número da porta, na maioria das vezes, é um número de porta efêmero. Nesse caso, o servidor copia o número de porta efêmero que recebeu no pacote de solicitação.

- **Comprimento.** Esse campo de 16 bits define o comprimento total de um datagrama UDP, compreendendo cabeçalho mais dados. Os 16 bits podem definir um comprimento total entre 0 a 65.535 bytes. Entretanto, o comprimento total deve ser menor, pois um datagrama UDP deve ser repassado em um datagrama IP de comprimento total igual a 65.535 bytes.

    O campo de comprimento em um datagrama UDP, na verdade, é desnecessário. Um datagrama UDP deve ser encapsulado em um datagrama IP. Existe um campo no datagrama IP que estabelece o comprimento total do pacote. Há outro campo no datagrama IP para definir o comprimento do cabeçalho. Portanto, se subtrairmos o valor do segundo campo do primeiro, podemos calcular o comprimento do datagrama UDP, encapsulado em um datagrama IP.

**comprimento de um datagrama UDP =
comprimento total IP − comprimento do cabeçalho IP**

Entretanto, os projetistas do protocolo UDP acharam que seria mais eficiente que o UDP no destino calculasse o comprimento dos dados a partir das informações fornecidas no datagrama UDP, em vez de solicitar ao driver IP para fornecer tais informações. Devemos relembrar que, quando o driver IP entrega um datagrama UDP à camada UDP, ele já eliminou o cabeçalho IP.

- **Checksum.** Esse campo de 16 bits é usado para detectar erros na transmissão de datagrama UDP (cabeçalho mais dados). O Checksum será discutido a seguir.

Checksum

No capítulo 10 tratamos do conceito de checksum e da maneira pela qual ele é calculado. Também mostramos de como calcular o checksum para pacotes ICMP e IP. Agora, veremos como o checksum é calculado para datagramas UDP.

O cálculo do checksum realizado para datagramas UDP é diferente do cálculo para pacotes IP e ICMP. Nesse caso, o checksum inclui três seções: um pseudocabeçalho, o cabeçalho UDP e os dados provenientes da camada de aplicação.

O **pseudocabeçalho** faz parte do cabeçalho de um pacote IP, no qual um datagrama UDP será encapsulado, com alguns campos preenchidos com 0s (ver a Figura 23.10).

Figura 23.10 *Pseudocabeçalho para cálculo do checksum.*

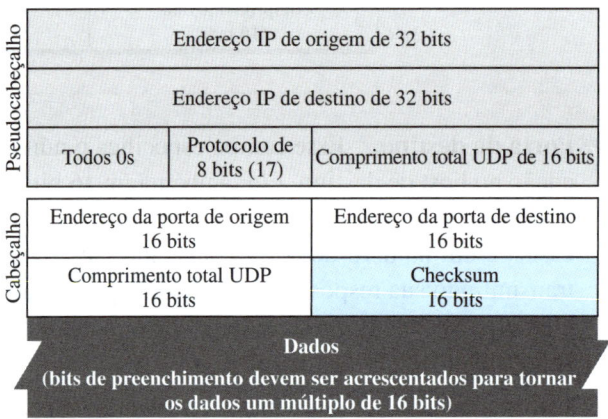

Se no cálculo do checksum não for incluído o pseudocabeçalho, pode ser que um datagrama de usuário recebido seja considerado livre de erros. Entretanto, caso o cabeçalho IP esteja corrompido, o datagrama poderia ser indevidamente entregue a um host incorreto.

O campo de protocolo é acrescentado para garantir que o pacote pertença ao UDP, e não a outros protocolos da camada de transporte. Mais tarde, veremos que alguns processos podem selecionar o UDP ou o TCP como método de transporte, apenas referenciando o mesmo número de porta de destino. O valor do campo de protocolo para o UDP é 17. Se esse valor for modificado durante a transmissão, o cálculo do checksum no receptor irá detectá-lo e o UDP descartará o pacote. Ele não será entregue a um protocolo incorreto.

Note as similaridades entre os campos do pseudocabeçalho e os 12 últimos bytes do cabeçalho IP.

Exemplo 23.2

A Figura 23.11 apresenta um exemplo de cálculo do checksum para um datagrama UDP muito pequeno com apenas 7 bytes de dados. Como o número de bytes de dados é ímpar, devemos acrescentar alguns bits de preenchimento antes de realizar o cálculo do checksum. O pseudocabeçalho, bem como os bits de preenchimento serão descartados quando o datagrama UDP for entregue ao IP.

Uso Opcional do Checksum

O cálculo do checksum e sua inclusão em um datagrama UDP são opcionais. Se o checksum não for calculado, esse campo será preenchido com bits 1s. Note que o checksum calculado jamais pode conter todos os bits iguais a 1, pois isso significaria que a soma deveria ser igual a 0, o que é impossível, porque requereria que o valor de todos os campos fossem iguais a 0.

Figura 23.11 *Cálculo do checksum para um datagrama de usuário UDP simples.*

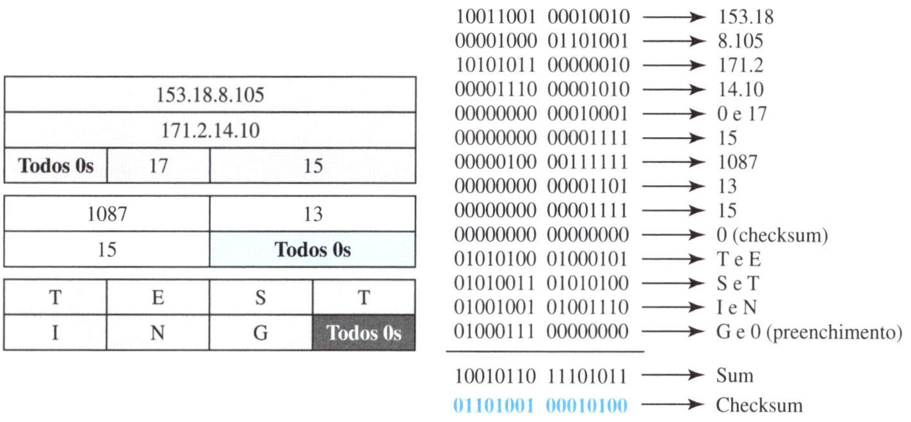

	153.18.8.105		
	171.2.14.10		
Todos 0s	17		15
	1087		13
	15		Todos 0s
T	E	S	T
I	N	G	Todos 0s

```
10011001 00010010  ──▶ 153.18
00001000 01101001  ──▶ 8.105
10101011 00000010  ──▶ 171.2
00001110 00001010  ──▶ 14.10
00000000 00010001  ──▶ 0 e 17
00000000 00001111  ──▶ 15
00000100 00111111  ──▶ 1087
00000000 00001101  ──▶ 13
00000000 00001111  ──▶ 15
00000000 00000000  ──▶ 0 (checksum)
01010100 01000101  ──▶ T e E
01010011 01010100  ──▶ S e T
01001001 01001110  ──▶ I e N
01000111 00000000  ──▶ G e 0 (preenchimento)
─────────────────
10010110 11101011  ──▶ Sum
01101001 00010100  ──▶ Checksum
```

Operação do UDP

O UDP usa conceitos comuns aos protocolos da camada de transporte. Esses conceitos serão discutidos brevemente aqui e, então, expandidos para a próxima seção sobre o protocolo TCP.

Serviços Sem Conexão (Connectionless)

Como mencionado anteriormente, o UDP implementa serviços de transporte sem conexão. Isso significa que cada datagrama de usuário enviado pelo UDP é um datagrama independente. Não existe nenhuma relação entre os diferentes datagramas de usuário, mesmo se eles forem provenientes de um mesmo processo de origem e tiverem o mesmo programa de destino. Os datagramas de usuário não são numerados. Além disso, não existem mecanismos para estabelecer e/ou terminar uma conexão virtual, ao contrário do que acontece com o TCP. Isso significa que cada datagrama de usuário pode trafegar por um caminho diferente.

Uma das ramificações de não existir uma conexão virtual é que um processo de aplicação não pode entregar um fluxo de dados contínuo para o UDP e esperar que o UDP os transmita em diferentes datagramas de usuário correlacionados. Em vez disso, cada solicitação deve ser suficientemente pequena para caber em um único datagrama de usuário. Apenas processos que transmitem mensagens curtas devem usar o UDP.

Controle de Fluxo e de Erros

O UDP é um protocolo de transporte muito simples e não confiável. Não implementa controle de fluxo e, portanto, nenhum mecanismo de janelamento. O receptor pode ser inundado com um número excessivo de mensagens que chegam a ele.

O UDP não implementa mecanismos de controle de erros, exceto o checksum. Isso significa que o emissor não sabe se uma mensagem foi perdida ou duplicada. Quando o receptor detecta um erro por meio do checksum, o datagrama de usuário é descartado de maneira imperceptível.

A ausência de **controle de fluxo e de controle de erros** significa que um processo de aplicação usando UDP deve implementar esses mecanismos.

Encapsulamento e Desencapsulamento

Para transmitir uma mensagem de um processo a outro, o protocolo UDP encapsula e desencapsula mensagens em um datagrama IP.

Formação de Filas

Falamos das portas sem discutirmos sua real implementação. No UDP, portas são associadas à filas (ver a Figura 23.12).

Figura 23.12 *Filas no UDP.*

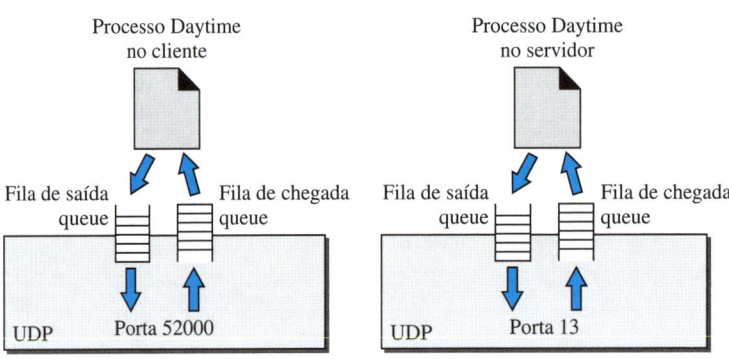

Quando um processo no lado cliente é iniciado, este solicita para o sistema operacional um número de porta. Algumas implementações criam tanto uma fila de chegada como uma de saída associada a cada processo. Outras criam apenas uma fila de chegada associada a cada processo.

Observe que, mesmo se um processo quiser se comunicar com vários processos, ele obterá apenas um número de porta e, finalmente, uma **fila** de chegada e outra de saída. As filas abertas pelo cliente são, na maioria dos casos, identificadas pelos números de porta efêmeros. As filas funcionam enquanto o processo está em execução. Quando o processo termina, as filas são desalocadas da memória.

Um processo cliente pode enviar mensagens para uma fila de chegada usando o número da porta de origem especificado na solicitação. O UDP monta as mensagens uma por uma e, após acrescentar o cabeçalho UDP, os entrega ao IP. Uma fila de chegada pode acabar inundada com dados em demasia. Caso isso ocorra, o sistema operacional poderá solicitar ao processo cliente para aguardar antes de transmitir outras mensagens.

Quando uma mensagem chega em um cliente, o UDP verifica se foi criada uma fila de chegada para o número da porta especificado no campo de número de porta de destino do datagrama de usuário. Se existir uma fila destas, o UDP desloca o datagrama de usuário recebido para o final da fila. Caso não exista uma fila destas configurada, o UDP descarta o datagrama de usuário e solicita ao protocolo ICMP para enviar uma mensagem de destino inalcançável (*porta inalcançável*) para o servidor. Todas as mensagens que chegam a determinado programa cliente, sejam elas provenientes de um mesmo servidor ou de outro, são enviadas para uma mesma fila. Uma fila de chegada pode estourar. Se isso acontecer, o UDP descarta os datagramas de usuário e solicita que seja enviada uma mensagem de porta inalcançável para o servidor.

No lado do servidor, o mecanismo de criação de filas é diferente. Em sua forma mais simples, um servidor cria filas de chegada e de saída, associadas a um número de porta conhecido, quando ele inicia sua execução. As filas permanecem ativas enquanto o processo servidor permanecer em execução.

Quando chega uma mensagem para um servidor, o UDP verifica se foi criada uma fila de chegada para o número de porta especificado no campo de número de porta de destino do datagrama de usuário. Se existir uma fila destas, o UDP envia o datagrama de usuário recebido para o final da fila. Se não existir tal fila, o UDP descarta o datagrama de usuário e solicita ao protocolo ICMP para enviar uma mensagem de porta inalcançável ao cliente. Todas as mensagens que chegam para determinado servidor, sejam elas provenientes do mesmo cliente ou de outro, são enviadas para a mesma fila. Pode ocorrer um processo de estouro de capacidade de uma fila de chegada. Caso isso aconteça, o UDP descarta o datagrama de usuário e solicita que seja enviada uma mensagem ICMP de porta incalcançável ao cliente.

Quando um servidor quiser responder a um cliente, ele envia mensagens para a fila de chegada, usando o número de porta de origem especificado na solicitação. O UDP remove as mensagens uma por uma e, após acrescentar o cabeçalho UDP, as entrega ao IP. Pode ocorrer um processo de estouro de capacidade em uma fila de chegada. Caso isso aconteça, o sistema operacional solicita ao servidor para aguardar antes de enviar outras mensagens.

Uso do UDP

A seguir, são apresentados alguns exemplos de uso do protocolo UDP:

- O UDP é adequado para um processo que requeira comunicação solicitação-resposta simples com pouca preocupação com controle de erros e de fluxo. Normalmente, ele não é usado para um processo como o FTP que precisa transmitir um volume muito grande de dados (consulte o Capítulo 26).
- O UDP é adequado para um processo que implemente mecanismos internos de controle de fluxo e de erros. Por exemplo, o processo TFTP (*Trivial File Transfer Protocol*) implementa mecanismos internos de controle de fluxo e de erros. Ele pode usar o UDP de maneira fácil.
- O UDP é um protocolo de transporte indicado para multicast. O recurso de multicast está embutido no software UDP, mas não no software TCP.
- O UDP é muito utilizado no gerenciamento de redes, protocolo SNMP (consulte o Capítulo 28).
- O UDP é usado em alguns protocolos de roteamento para atualização de rotas como o RIP (*Routing Information Protocol*) (consulte o Capítulo 22).

23.3 TCP

O segundo protocolo da camada de transporte a ser discutido neste capítulo é denominado **TCP** (*Transmission Control Protocol*) que, assim como o UDP, é um protocolo de comunicação entre processos finais (programa a programa). Portanto, o TCP, bem como o UDP, usa números de portas. Diferentemente do UDP, o TCP é um protocolo orientado a conexão; ele cria uma conexão virtual entre dois processos TCPs para a transmissão de dados. Além disso, o TCP implementa mecanismos de controle de fluxo e de erros na camada de transporte.

Em suma, o TCP é um protocolo de transporte *orientado a conexão e confiável*. Ele acrescenta funcionalidades aos serviços IP orientação a conexão e confiabilidade.

Serviços TCP

Antes de discutirmos o TCP de forma pormenorizada, vamos explicar os serviços oferecidos pelo TCP para a comunicação entre processos da camada de aplicação.

Comunicação entre processos

Assim como o UDP, o TCP implementa a comunicação entre processos utilizando números de porta. A Tabela 23.2 apresenta alguns exemplos de números de porta conhecidos usados pelo TCP.

Tabela 23.2 Portas conhecidas usadas pelo TCP

Porta	Protocolo	Descrição
7	Echo	Ecoa um datagrama recebido de volta para o emissor
9	Discard	Descarta qualquer datagrama recebido
11	Users	Usuários ativos
13	Daytime	Retorna a data e a hora
17	Quote	Retorna o comentário do dia
19	Chargen	Retorna uma string de caracteres
20	FTP, Dados	File Transfer Protocol (conexão de dados)
21	FTP, Control	File Transfer Protocol (conexão de controle)
23	TELNET	Telnet
25	SMTP	Simple Mail Transfer Protocol
53	DNS	Domain Name Services
67	BOOTP	Bootstrap protocol
79	Finger	Finger
80	HTTP	HyperText transfer protocol
111	RPC	Remote Procedure Call

Serviço de Entrega de Fluxo de Dados

O TCP, diferentemente do UDP, é um protocolo orientado a fluxo de dados. No UDP, um processo (um programa aplicativo) envia mensagens, com delimitadores predefinidos, para o UDP, para serem transmitidas. O UDP acrescenta seu próprio cabeçalho a cada uma dessas mensagens e as entrega para transmissão pelo IP. Cada mensagem do processo é denominada datagrama de usuário e se torna, finalmente, um datagrama IP. Nem o IP nem o UDP estabelecem relação entre os datagramas.

O TCP, por outro lado, possibilita a um processo aplicativo enviar dados na forma de um fluxo de bytes e possibilita ao processo de recepção receber dados na forma de um fluxo de bytes. O TCP cria um ambiente no qual os dois processos parecem estar conectados por um "canal" imaginário que transporta seus dados pela Internet. Esse ambiente imaginário é representado na Figura 23.13. O processo emissor produz um fluxo de bytes (geração) e o processo receptor os consome (leitura).

Figura 23.13 Entrega de fluxo de dados.

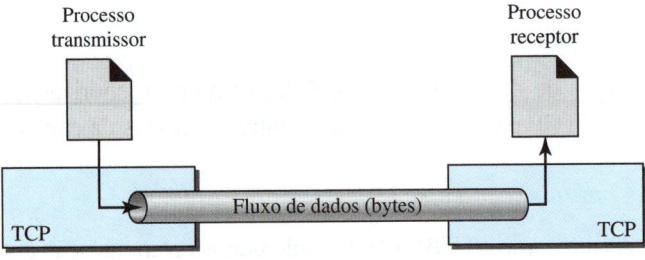

Buffers de Transmissão e Recepção Como existe a possibilidade dos processos de transmissão e de recepção não gerarem ou lerem dados em uma mesma velocidade, o TCP precisa de buffers para seu armazenamento. Existem dois buffers, um buffer de transmissão e um buffer de recepção, um em cada direção. (Mais tarde, veremos que esses buffers também são necessários para os mecanismos de controle de fluxo e de erros usados pelo TCP.) Uma forma de implementar um buffer é usar uma matriz circular de posições (1 byte) conforme mostrado na Figura 23.14. Para fins de simplificação, mostramos dois buffers de 20 bytes cada; normalmente, os buffers são implementados com capacidade de centenas ou milhares de bytes, dependendo da implementação. Usamos também buffers de mesmo tamanho, o que nem sempre é verdade na prática.

Figura 23.14 *Buffers de transmissão e recepção.*

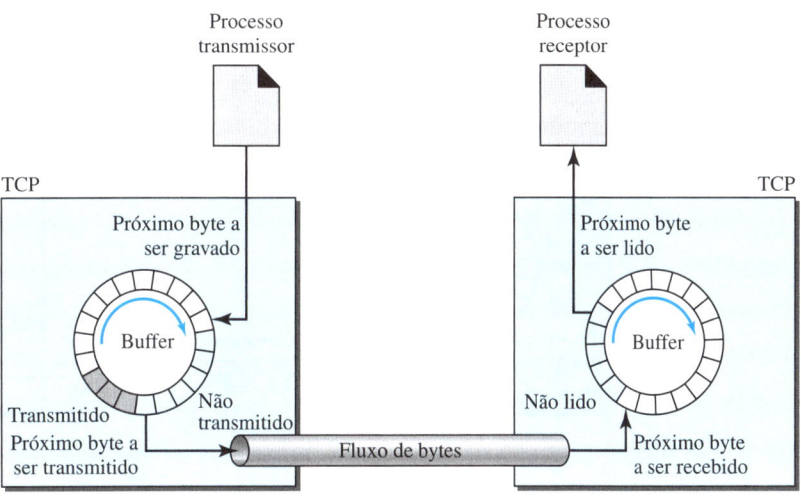

A Figura 23.14 ilustra a movimentação de dados em uma direção. No lado do emissor, o buffer possui três tipos de câmaras. A parte em branco contém câmaras vazias que podem ser preenchidas pelo processo transmissor (produtor). A área cinza armazena bytes que foram enviados, mas ainda não confirmados pelo receptor. O TCP mantém esses bytes no buffer até receber uma confirmação. A área colorida contém bytes a serem enviados pelo transmissor TCP. Entretanto, como veremos mais à frente, ainda neste capítulo, talvez o TCP seja capaz de enviar apenas parte dos dados desta seção colorida. Isso poderia se dar em decorrência da lentidão no processo de recepção ou quem sabe em virtude de congestionamentos na rede. Perceba também que após os bytes nas câmaras cinza serem confirmados, as câmaras são limpas e ficam disponíveis para uso pelo processo de transmissão. É por essa razão que implementamos um buffer circular.

A operação do buffer no lado do receptor é mais simples. O buffer circular é dividido em duas áreas (segmentos brancos e coloridos). O segmento branco possui câmaras vazias a serem preenchidas por bytes recebidos da rede. As seções coloridas contêm bytes recebidos que podem ser lidos pelo processo receptor. Quando um byte é lido pelo processo receptor, a câmara é limpa e acrescentada ao pool de câmaras vazias.

Segmentos Embora o sistema de buffers trate da disparidade entre as velocidades dos processos de geração e leitura de dados, precisamos de mais um passo antes de podermos efetivamente transmitir os dados. A camada IP, como provedora de serviços para o TCP, precisa enviar dados em pacotes, não na forma de um fluxo de bytes. Na camada de transporte, o TCP agrupa determinado número de bytes em pacotes, denominados **segmento**. O TCP acrescenta um cabeçalho a cada segmento (para fins de controle) e entrega o segmento para a camada IP para sua transmissão. Os segmentos são encapsulados em datagramas IP e transmitidos. Toda essa operação é transparente para o processo de recepção. Posteriormente, veremos que um segmento pode ser recebido fora de ordem, ser perdido ou corrompido e, então, precisa ser reenviado. Todas essas tarefas são implementadas pelo TCP sem que o processo receptor tome conhecimento dessas atividades. A Figura 23.15 mostra como os segmentos são criados a partir de bytes até os buffers.

Figura 23.15 *Segmento TCP.*

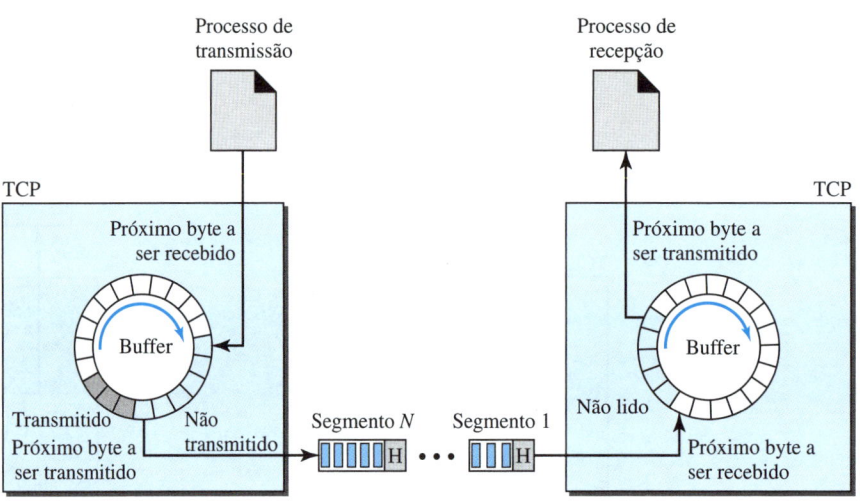

Note que os segmentos não são necessariamente do mesmo tamanho. A Figura 23.15, para fins de simplificação, mostra um segmento transportando 3 bytes e o outro, 5 bytes. Na realidade, os segmentos transportam centenas, se não, milhares de bytes.

Comunicação Full-Duplex

O TCP oferece **serviço full-duplex** no qual dados podem fluir em ambos as direções simultaneamente. Cada processo TCP implementa um buffer de transmissão e um de recepção e os segmentos trafegam em ambos as direções.

Serviço Orientado a Conexão

O TCP, diferentemente do UDP, é um protocolo orientado a conexão. Quando um processo no ponto A quer enviar e receber dados de outro processo no ponto B, ocorre o seguinte:

1. Os dois processos TCPs estabelecem uma conexão entre eles.
2. Os dados são trocados em ambos os sentidos.
3. A conexão é encerrada.

Observe que esta é uma conexão virtual, e não uma conexão física. Um segmento TCP é encapsulado em um datagrama IP e pode ser recebido fora de ordem, perdido ou corrompido e, em seguida, precisa ser reenviado. Cada um deles pode ser transmitido por um caminho diferente até atingir o destino. Não existe uma conexão física. O TCP cria um ambiente orientado a fluxo de dados no qual ele assume a responsabilidade de entregar na ordem correta os bytes para o outro ponto. A situação é semelhante a criar uma ponte que abarca várias ilhas, passando todos os bytes de uma ilha para outra em um único sentido. Discutiremos essa característica mais tarde, ainda neste capítulo.

Serviço Confiável

O TCP é um protocolo de transporte confiável. Ele implementa mecanismos de confirmação para validar a chegada segura dos dados. Falaremos mais sobre esse recurso na seção sobre controle de erros.

Recursos do TCP

Para fornecer os serviços mencionados na seção anterior, o TCP implementa diversos recursos que serão sintetizados nesta seção e discutidos em detalhes posteriormente.

Sistema de Numeração

Embora o software TCP mantenha controle sobre os segmentos que estão sendo transmitidos ou recebidos, não há nenhum campo específico para indicar o número de um segmento no cabeçalho. Em vez disso, existem dois campos genéricos denominados de **número de seqüência** e **número de confirmação**. Esses dois campos se referem ao número de bytes e não o número do segmento.

Número de Bytes Este se refere à quantidade de bytes de dados TCP que são transmitidos em uma conexão. A numeração é independente para cada sentido de transmissão. Quando o TCP recebe bytes de dados de um processo, ele os armazena no buffer de transmissão e os numera. A numeração não é iniciada, necessariamente, a partir de 0. Em vez disso, o TCP gera um número randômico entre 0 e $2^{32} - 1$ como número inicial para o primeiro byte. Por exemplo, se por acaso o número randômico for 1.057 e o total de dados a serem transmitidos for de 6.000 bytes, os bytes são numerados de 1.057 a 7.056. Veremos que a numeração de bytes é usada para auxiliar no controle de fluxo e de erros.

Os bytes de dados transmitidos em cada conexão são numerados pelo TCP. A numeração começa com um número gerado randomicamente.

Número de seqüência Após os bytes terem sido numerados, o TCP atribui um número de seqüência para cada segmento que está sendo transmitido. O número de seqüência para cada segmento é identificado pelo número do primeiro byte transportado no segmento.

Exemplo 23.3

Suponha que uma conexão TCP esteja transferindo um arquivo de 5.000 bytes. O primeiro deles recebe a numeração 10.001. Quais são os números de seqüência para cada segmento se os dados forem enviados em cinco segmentos, cada um deles transportando 1.000 bytes?

Solução

A seguir, são apresentados os números de seqüência de cada segmento:

        Segmento 1 ⟶ **Número de Seqüência: 10.001 (faixa: 10.001 a 11.000)**
        Segmento 2 ⟶ **Número de Seqüência: 11.001 (faixa: 11.001 a 12.000)**
        Segmento 3 ⟶ **Número de Seqüência: 12.001 (faixa: 12.001 a 13.000)**
        Segmento 4 ⟶ **Número de Seqüência: 13.001 (faixa: 13.001 a 14.000)**
        Segmento 5 ⟶ **Número de Seqüência: 14.001 (faixa: 14.001 a 15.000)**

> **O valor do campo número de seqüência de um segmento define o número do primeiro byte de dados contido naquele segmento.**

Quando um mesmo segmento transporta dados e informações de controle simultaneamente (*piggybacking*), ele deve usar um único número de seqüência. Se um segmento não transporta dados de usuário, mas, somente controle, ele não criará logicamente um novo número de seqüência. O campo está lá, porém o valor não é válido. Entretanto, um segmento, transportando apenas informações de controle, precisa de um número de seqüência para confirmar a recepção de uma mensagem por parte do receptor. Esses segmentos são usados especificamente para estabelecer, encerrar ou abortar uma conexão. Cada um desses segmentos consomem um número de seqüência como se estivesse trasmitindo 1 byte, embora não exista nenhum dado em si. Se o número de seqüência gerado randomicamente for x, o primeiro byte de dados receberá a numeração $x + 1$. O byte x é considerado um byte simulado que é usado pelo segmento de controle para criar uma conexão, como veremos em breve.

Número de Confirmação Como vimos anteriormente, a comunicação no TCP é full-duplex; quando se estabelece uma conexão, ambas as partes podem transmitir e receber dados simultaneamente. Cada parte enumera os bytes, normalmente, com um número de byte inicial diferente. O número de seqüência em cada direção identifica o número do primeiro byte transportado pelo segmento. Cada parte também usa um número de confirmação para confirmar os bytes que recebeu. Entretanto, o número de confirmação identifica o número do próximo byte que a parte espera receber. Além disso, o número de confirmação é cumulativo, significando que a parte pega o número do último byte recebido, são e salvo, incrementa 1 a ele e anuncia essa soma como número de confirmação. O termo *cumulativo*, nesse caso, significa que, se uma parte usa 5.643 como número de confirmação, ela recebeu todos os bytes do início até 5.642. Note que isso não significa que a parte tenha recebido 5.642 bytes, porque o número do primeiro byte nem sempre começa em 0.

> **O valor do campo de confirmação em um segmento define o número do próximo byte que o lado remoto espera receber. O número de confirmação é cumulativo.**

Controle de Fluxo

O TCP, diferentemente do UDP, implementa *controle de fluxo*. O receptor pode controlar a quantidade de dados que é enviada pelo emissor. Isso é feito para evitar que o receptor fique sobrecarregado com uma quantidade excessiva de dados. O sistema de controle de sequência possibilita que o TCP use um controle de fluxo orientado a bytes.

Controle de Erros

Para fornecer um serviço de transporte confiável, o TCP implementa controle de erros. Embora o controle de erros considere o segmento como a unidade de dados para fins de detecção de erros (segmento corrompido ou perdido), o controle de erros é orientado a bytes, como veremos posteriormente.

Controle de Congestionamento

O TCP, diferentemente do UDP, leva em conta o nível de congestionamento da rede. A quantidade de dados que podem ser transmitidos por um emissor não é controlada apenas pelo receptor (controle de fluxo), mas também pelo nível de congestionamento na rede.

Segmento

Antes de discutirmos o TCP em mais detalhes, discutiremos os pacotes TCP em si. Um pacote no TCP é denominado **segmento**.

Formato

O formato de um segmento é mostrado na Figura 23.16.

Figura 23.16 *Formato de um segmento TCP.*

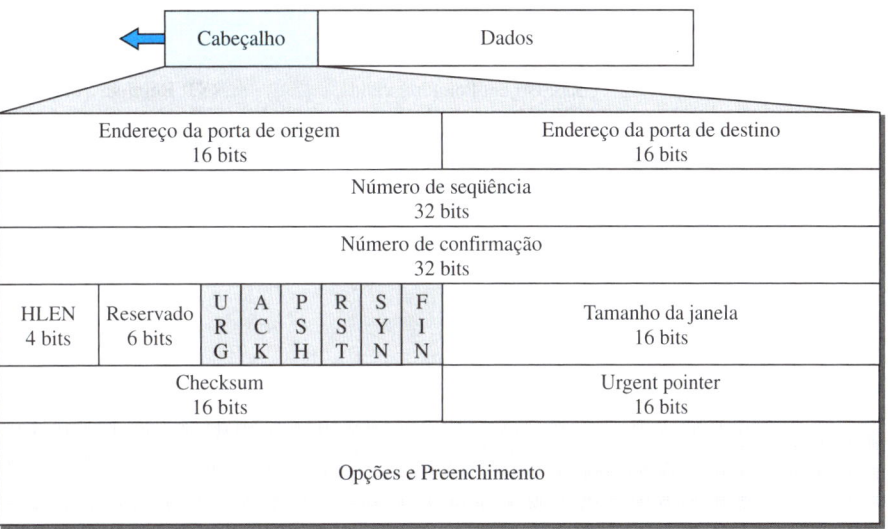

Um segmento TCP é formado por um cabeçalho de 20 a 60 bytes, seguido pelos dados do programa aplicativo. O cabeçalho tem 20 bytes quando não existem informações opcionais sendo transmitidas (até 60 bytes). Discutiremos alguns dos campos do cabeçalho TCP nesta seção. O significado e o propósito dos campos ficarão mais claros à medida que prosseguirmos pelo capítulo.

- **Endereço da porta de origem.** Trata-se de um campo de 16 bits que identifica o número da porta do programa de aplicação no host que está enviando o segmento (origem). Esse campo tem o mesmo objetivo do endereço da porta de origem no cabeçalho UDP.

- **Endereço da porta de destino.** Trata-se de um campo de 16 bits que identifica o número da porta do programa de aplicação no host que está recebendo o segmento (destino). Esse campo tem o mesmo objetivo do endereço da porta de destino no cabeçalho UDP.

- **Número de seqüência.** Esse campo de 32 bits identifica o número atribuído ao primeiro byte de dados de um segmento. Como dissemos anteriormente, o TCP é um protocolo de transporte orientado a fluxo de dados. Para garantir confiabilidade na entrega, cada byte a ser transmitido é numerado. O número de seqüência informa ao destino qual byte da seqüência é o primeiro byte no segmento. Durante o estabelecimento de uma conexão virtual, cada parte implementa um gerador de números randômicos para criar um **ISN (*Initial Sequence Number*)**, que normalmente é diferente em cada um dos lados.

- **Número de confirmação.** Esse campo de 32 bits identifica o número de bytes que o receptor espera receber da outra parte. Se o receptor tiver recebido corretamente o número de bytes

x da outra parte, ele define $x + 1$ como o número de confirmação. Confirmação e dados podem ser transmitidos simultaneamente (*piggybacking*).

- **Comprimento do cabeçalho.** Esse campo de 4 bits identifica a quantidade de palavras de 4 bytes de um cabeçalho TCP. O comprimento do cabeçalho tem entre 20 e 60 bytes. Conseqüentemente, o valor desse campo pode ser entre 5 ($5 \times 4 = 20$) e 15 ($15 \times 4 = 60$).

- **Reservado.** Trata-se de um campo de 6 bits reservado para uso futuro.

- **Controle.** Esse campo define 6 bits de controle (flags) distintos conforme mostrado na Figura 23.17. Um ou mais desses bits podem ser configurados por vez.

Figura 23.17 *Campo de controle.*

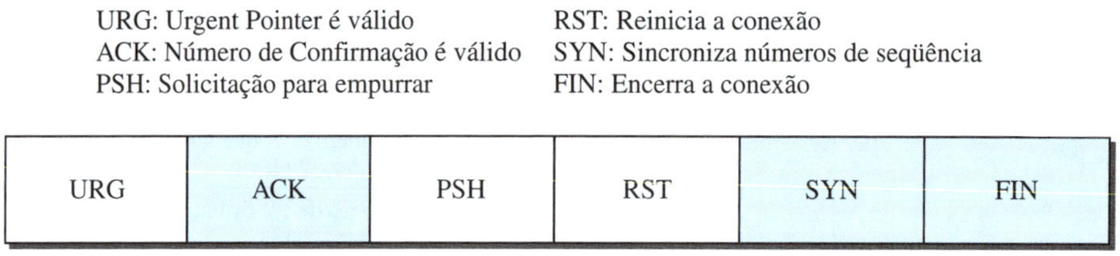

URG: Urgent Pointer é válido
ACK: Número de Confirmação é válido
PSH: Solicitação para empurrar
RST: Reinicia a conexão
SYN: Sincroniza números de seqüência
FIN: Encerra a conexão

| URG | ACK | PSH | RST | SYN | FIN |

Esses bits possibilitam a implementação de controle de fluxo, estabelecimento e encerramento de uma conexão virtual e a configuração do modo de transferência de dados no TCP. Uma breve descrição de cada bit é apresentada na Tabela 23.3. Falaremos mais sobre esses bits ao estudarmos a operação detalhada do TCP, mais à frente, ainda neste capítulo.

Tabela 23.3 *Descrição dos flags no campo de controle*

Flag	Descrição
URG	O valor do campo de Urgent Point é válido.
ACK	O valor do campo de confirmação é válido.
PSH	Empurra os dados.
RST	Reinicia a conexão.
SYN	Sincroniza números de seqüência durante a conexão.
FIN	Encerra a conexão.

- **Tamanho da janela.** Esse campo define o tamanho de uma janela TCP, em bytes, que a outra parte deve manter. Observe que o comprimento desse campo é de 16 bits, significando que o tamanho máximo de uma janela é de 65.535 bytes. Normalmente, esse valor é conhecido como janela receptora (*rwnd*) e é determinado pelo receptor. Nesse caso, o emissor deve obedecer àquilo que está configurado pelo receptor.

- **Checksum.** Esse campo de 16 bits contém o valor calculado do checksum. O cálculo do checksum para o TCP segue o mesmo procedimento descrito para o UDP. Entretanto, a inclusão do checksum no datagrama UDP é opcional, ao passo que a inclusão do checksum no

TCP é obrigatória. O pseudocabeçalho tem o mesmo propósito do UDP, e é acrescentado ao segmento. Para o pseudocabeçalho TCP, o valor do campo protocolo é 6.

❏ **Urgent Pointer.** Esse campo de 16 bits, que é válido apenas se o flag URG (Urgente) estiver ativo, é usado quando um segmento contém dados urgentes. Ele define o número que deve ser acrescentado ao número de seqüência para obter o número do último byte urgente da seção de dados do segmento. Isso será discutido posteriormente neste capítulo.

❏ **Opções.** Esse campo pode conter um total de até 40 bytes de informações opcionais que serão inclusas ao cabeçalho TCP. Não trataremos dessas opções aqui; consulte a lista de referência para mais informações.

Conexão TCP

O TCP é orientado a conexão. Um protocolo de transporte orientado a conexão, primeiro, antes de iniciar a transferência de dados, deve estabelecer uma conexão virtual entre origem e destino dos dados. Todos os segmentos pertencentes a uma mensagem são então enviados através dessa conexão virtual. Usar uma única conexão virtual para uma mensagem inteira facilita o processo de confirmação, bem como a retransmissão de segmentos perdidos ou corrompidos. Poder-se-ia perguntar como o TCP, que usa os serviços do IP, um protocolo sem conexão, pode ser orientado a conexão. O ponto é que uma conexão TCP é virtual, não física. O TCP opera em um nível mais alto. O TCP usa os serviços do IP para transmitir segmentos individuais ao receptor, porém ele controla a conexão em si. Se um segmento for perdido ou corrompido, ele será retransmitido. Diferentemente do TCP, o IP toma conhecimento dessa retransmissão. Se um segmento vier fora de ordem, o TCP o retém até que o segmento faltante chegue; o IP não implementa reordenamento.

No TCP, uma transmissão orientada a conexão requer três fases: estabelecimento da conexão, transferência de dados e encerramento da conexão.

Estabelecimento da Conexão

O TCP transmite dados no modo full-duplex. Quando dois processos TCPs em duas máquinas estão conectados, eles estão aptos a transmitir segmentos entre si, simultaneamente. Isso implica que cada parte deve inicializar a comunicação e obter a aprovação da outra parte antes que quaisquer dados possam ser transferidos.

Handshaking **de Três Vias.** O estabelecimento de uma conexão no TCP é denominado *handshaking* de três vias (*three-way handshaking*). Em nosso exemplo, um programa de aplicação, denominado cliente, quer estabelecer uma conexão com outro programa de aplicação, designado servidor, usando o TCP como protocolo de camada de transporte.

O processo começa com o servidor. O programa servidor informa ao TCP que está pronto para aceitar uma conexão. Isso é chamado solicitação de uma *abertura passiva*. Embora o servidor TCP esteja pronto para aceitar conexão de qualquer máquina do mundo, ele não é capaz de estabelecer, por si só, uma conexão.

O programa cliente envia uma solicitação de *abertura ativa*. Um cliente que deseja se conectar a um servidor aberto informa ao TCP que ele precisa se conectar àquele servidor em particular. O TCP agora pode iniciar o processo de estabelecimento da conexão (*Three-way handshaking*), conforme mostrado na Figura 23.18. Para ilustrar o processo, usamos duas linhas de tempo: uma em cada direção. Cada segmento está configurado com todos os campos do cabeçalho e, talvez, alguns de seus campos de opções também. Entretanto, apresentamos apenas aqueles poucos campos necessários para compreendermos cada passo. Mostraremos o número

Figura 23.18 *Estabelecimento de conexão usando three-way handshaking.*

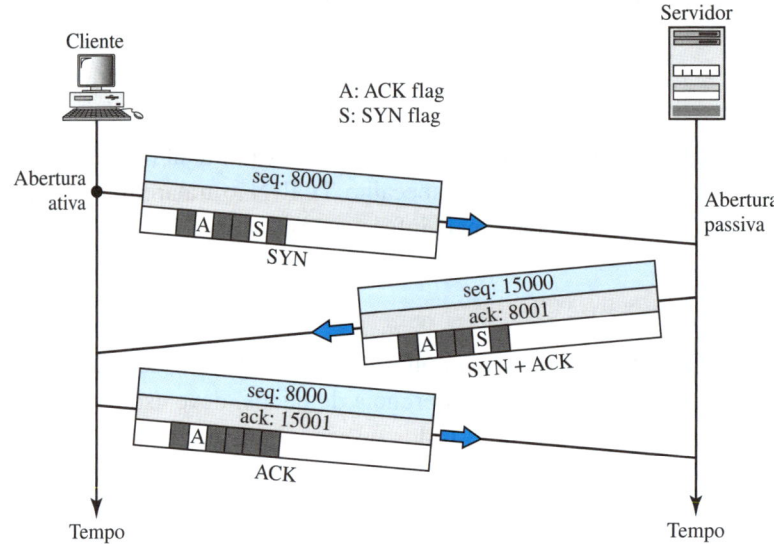

de seqüência, o número de confirmação, os flags de controle (apenas aqueles que são ativados) e o tamanho da janela, se não estiverem vazios. As três etapas nessa fase são as seguintes:

1. O cliente transmite o primeiro segmento, um segmento SYN, no qual apenas o flag SYN é ativado. Esse segmento destina-se à sincronização dos números de seqüência. Ele consome um número de seqüência. Quando for iniciada a transferência de dados, o número de seqüência será incrementado em 1. Podemos dizer que um segmento SYN não transporta dados reais, porém podemos imaginá-lo como contendo 1 byte imaginário.

> **Um segmento SYN não pode transportar dados, porém consome um número de seqüência.**

2. O servidor transmite o segundo segmento, um segmento SYN + ACK, com 2 bits de flags ativos: SYN e ACK. Esse segmento tem dupla finalidade. Ele é um segmento SYN para iniciar a comunicação na outra direção e serve como confirmação para o segmento SYN anterior do cliente. Ele consome um número de seqüência.

> **Um segmento SYN + ACK não pode transportar dados, mas consome um número de seqüência.**

3. O cliente transmite o terceiro segmento. Trata-se apenas de um segmento ACK. Ele confirma o recebimento do segundo segmento com o flag ACK e o campo número de confirmação. Note que o número de seqüência nesse segmento é o mesmo que aquele no segmento SYN; o segmento ACK não consome um número de seqüência.

> **Um segmento ACK, se não estiver transportando dados, não consome nenhum número de seqüência.**

Abertura simultânea. Uma situação rara, chamada **abertura simultânea** pode ocorrer quando ambos os processos (origem e destino) enviam uma abertura ativa. Nesse caso, ambos os TCPs transmitem um segmento SYN + ACK entre si, e é estabelecida uma única conexão entre eles.

Ataque por inundação de SYN. O procedimento de estabelecimento de conexão no TCP é suscetível a um grave problema de segurança denominado ataque por inundação de SYN (*SYN Flooding Attack*). Isso acontece quando um invasor mal-intencionado transmite um grande número de segmentos SYN a um servidor, simulando que cada um deles provém de um cliente diferente, forjando os endereços IP de origem dos datagramas. O servidor, partindo da premissa de que os clientes estejam solicitando uma abertura ativa, aloca os recursos necessários como, criação de tabelas de comunicação, ativação de timers e buffers. O servidor TCP transmite então o segmento SYN + ACK para os falsos clientes, que são ignorados e perdidos. Durante esse intervalo, entretanto, uma grande quantidade de recursos fica ocupada sem ser usada efetivamente. Se, durante esse breve intervalo, o número de solicitações SYN for muito grande, o servidor pode vir a ficar sem recursos disponíveis e poderá cair. Esse ataque por inundação de SYNs pertence a uma categoria de ataques de segurança conhecido como **ataque de negação de serviços (*denial of service*)** no qual um invasor monopoliza um sistema com tantas solicitações de serviço que o sistema acaba entrando em colapso e nega atendimento a todas as outras solicitações.

Algumas implementações do TCP possuem várias estratégias para amenizar os efeitos de um ataque SYN. Outras impõem um limite no número de solicitações durante um período especificado. Outras filtram datagramas provenientes de endereços de origem indesejados. Uma estratégia recente é adiar a alocação de recursos até que toda a conexão esteja estabelecida, usando o chamado **cookie**. O SCTP, o novo protocolo de camada de transporte, que veremos na próxima seção, implementa essa estratégia.

Transferência de Dados

Após o estabelecimento de uma conexão, pode-se iniciar a **transferência de dados** bidirecional. O cliente e o servidor podem transmitir tanto dados como confirmações. Estudaremos as regras de confirmação posteriormente, ainda neste capítulo; por enquanto, basta saber que dados trafegando no mesmo sentido das confirmações são transportados juntos, em um mesmo segmento. A confirmação é combinada com os dados (*piggybacking*). A Figura 23.19 mostra um exemplo. Nesse exemplo, após a conexão ser estabelecida (não mostrado na figura), o cliente transmite 2.000 bytes de dados em dois segmentos. O servidor transmite então 2.000 bytes em um único segmento. O cliente transmite mais um segmento. Os três primeiros segmentos transportam dados, bem como confirmações, porém o último segmento transporta apenas confirmação, pois não há mais dados a serem transmitidos. Observe atentamente os valores dos números de seqüência e confirmação. O segmento de dados enviado pelo cliente tem o flag PSH (push) ativo, de modo que o servidor TCP saiba que deve entregar dados para o processo servidor imediatamente, assim que eles forem recebidos. Posteriormente, discutiremos o uso desse flag de forma mais detalhada. Por outro lado, o segmento transmitido pelo servidor não ativa o flag PSH. A maioria das implementações TCP não habilita a opção de ativar ou não esse flag.

Empurrando Dados. Vimos que o TCP transmissor usa buffers para armazenar o fluxo de dados proveniente do programa de aplicação transmissor. O TCP transmissor pode configurar um tamanho máximo para um segmento. O TCP receptor também coloca os dados em buffers quando eles chegam por completo e, assim, os entrega para o programa de aplicação assim que estiver pronto ou quando for mais conveniente para o TCP receptor. Esse tipo de flexibilidade aumenta a eficiência da transmissão de dados.

Entretanto, eventualmente, um programa de aplicação pode não requerer essa flexibilidade. Consideremos, por exemplo, um programa de aplicação que se comunica interativamente com

Figura 23.19 *Transferência de dados.*

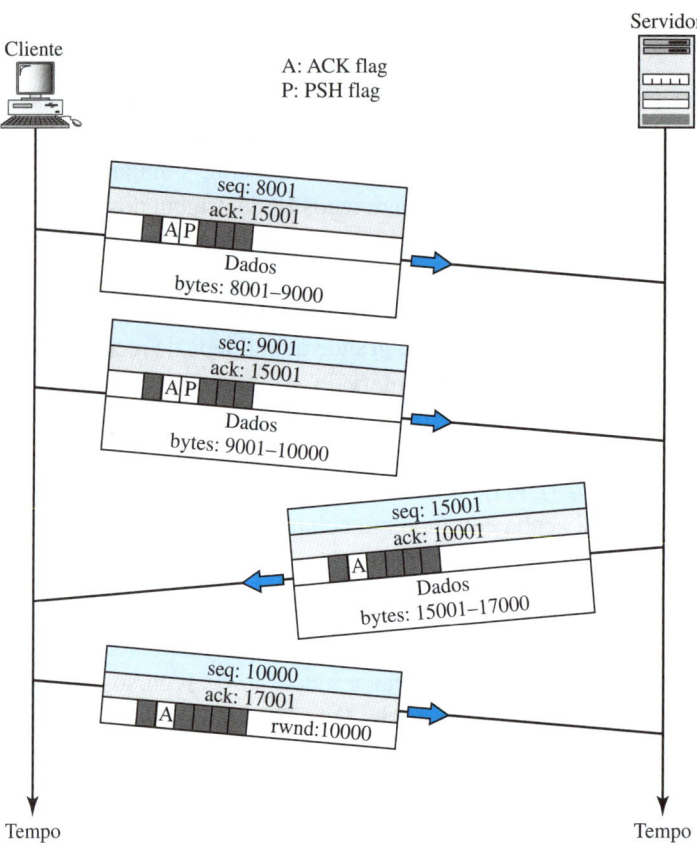

outro programa de aplicação na outra ponta. O programa de aplicação em uma ponta quer enviar uma sequência de teclas pressionadas para a aplicação na outra ponta e receber uma resposta imediata. Pode ser que a transmissão ou a entrega postergada dos dados não seja aceitável por parte do programa de aplicação.

O TCP é capaz de tratar uma situação destas. O programa de aplicação no lado transmissor deve solicitar a opção de *empurrar*. Isso significa que o TCP transmissor não tem de esperar pelo preenchimento completo da janela. Ele criará um segmento TCP e enviá-lo imediatamente. O TCP transmissor também deve ativar o bit PSH (push) para informar ao TCP receptor que esse segmento contém dados que devem ser entregues imediatamente para o programa de aplicação receptor e não devem ficar esperando a chegada de mais dados.

Embora a operação de empurrar possa ser solicitada pelo programa de aplicação, a maioria das implementações atuais de TCP ignora essas solicitações. O TCP pode optar por usar ou não esse recurso.

Dados Urgentes. O TCP é um protocolo orientado a fluxo de dados. Isso significa que os dados são entregues de um programa de aplicação para o TCP na forma de um fluxo de bytes. Cada byte de dados tem uma posição no fluxo. Entretanto, eventualmente, um programa de aplicação precisa transmitir bytes *urgentes*. Isso significa que o programa de aplicação transmissor quer que um conjunto de dados seja lido fora de ordem pelo programa de aplicação receptor. Suponha, por exemplo, que o programa de aplicação transmissor esteja enviando dados para serem processados por um programa de aplicação receptor. Quando o resultado do processamento retorna, o programa de aplicação emissor descobre que está tudo errado. Ele deseja abortar o processo, porém já enviou uma quantidade enorme de dados. Se ele enviar um comando para abortar (control + C), esses dois caracteres serão armazenados no final da fila do buffer de recepção. Eles serão entregues ao programa de aplicação receptor após todos os dados terem sido processados.

A solução é enviar um segmento com o bit URG ativo. O programa de aplicação transmissor informa ao TCP transmissor que o conjunto de dados é urgente. O TCP transmissor cria um segmento e insere os dados urgentes no início desse segmento. O restante do segmento pode conter dados normais do buffer. O campo urgent pointer no cabeçalho define o final dos dados urgentes e o início dos dados comuns.

Quando o TCP receptor recebe um segmento com o bit URG ativo, ele extrai os dados urgentes do segmento, usando o valor do ponteiro urgente e os entrega, fora de ordem, ao programa de aplicação receptor.

Encerramento de uma Conexão

Qualquer uma das duas partes envolvidas na troca de dados (cliente ou servidor) pode encerrar uma conexão, embora esta tenha sido, normalmente, iniciada pelo cliente. Atualmente, a maioria das implementações permite duas opções para o encerramento de uma conexão: o *three-way handshaking* (*handshaking* de três vias) e o *four-way handshaking* (*handshaking* de quatro vias) com opção de semi-encerramento.

Three-Way Handshaking. Hoje em dia, a maioria das implementações permite o uso do *three-way handshaking* para encerramento de uma conexão, como ilustrado na Figura 23.20.

1. Em uma situação normal, um cliente TCP, após receber um comando de encerramento do processo cliente, envia o primeiro segmento, um segmento FIN no qual o flag FIN está ativo. Note que um segmento FIN pode também incluir o último bloco de dados transmitidos pelo cliente, ou ele pode ser simplesmente um segmento de controle, conforme mostrado na Figura 23.20. Se for apenas um segmento de controle, ele consumirá somente um número de seqüência.

Figura 23.20 *Encerramento da conexão usando three-way handshaking.*

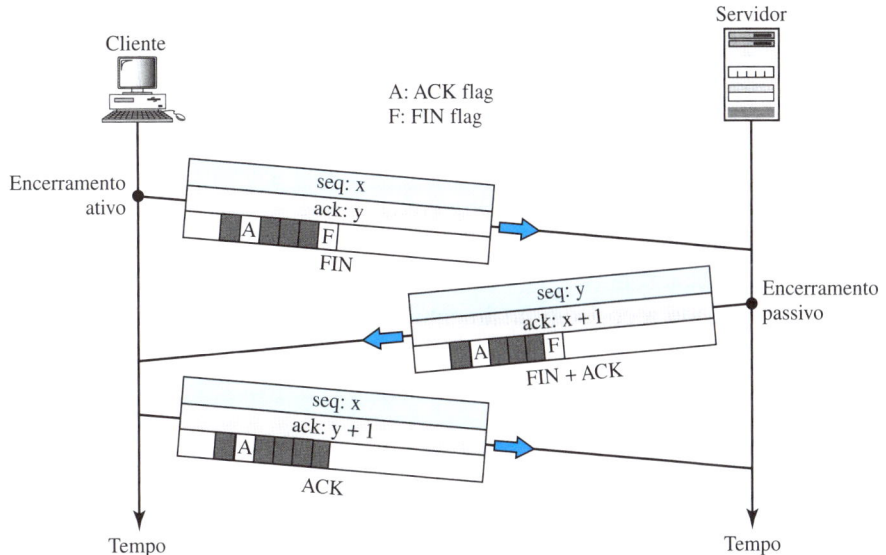

> **Um segmento FIN consome um número de seqüência, caso ele não transporte dados.**

2. O servidor TCP, após receber um segmento FIN, informa a seu processo TCP sobre essa situação e transmite o segundo segmento, um segmento FIN + ACK, para confirmar o recebimento do segmento FIN do cliente e, ao mesmo tempo, para anunciar o encerramento da conexão na outra direção. Esse segmento também pode conter o último bloco de dados do servidor. Se não estiver transportando dados, ele consumirá apenas um número de seqüência.

> **Um segmento FIN + ACK consome um número de seqüência, caso ele não transporte dados.**

3. O cliente TCP transmite o último segmento, um segmento ACK, para confirmar o recebimento do segmento FIN do servidor TCP. Esse segmento contém o número de confirmação, que é 1 mais o número de seqüência recebido no segmento FIN do servidor. Esse segmento não pode transportar dados e não consome nenhum número de seqüência.

Semi-encerramento. No TCP, um lado pode interromper a transmissão de dados enquanto ainda recebe dados. Isso é denominado **semi-encerramento**. Embora ambos os lados possam transmitir um semi-encerramento, normalmente ele é iniciado pelo cliente. Ele pode ocorrer quando o servidor precisa de todos os dados antes de poder iniciar o processamento. Um bom exemplo é a ordenação. Quando um cliente transmite dados para um servidor para serem ordenados, o servidor precisa receber todos os dados antes de iniciar o processo de ordenação dos mesmos. Isso significa que o cliente, após transmitir todos os dados, pode encerrar a conexão no sentido de saída. Entretanto, no sentido de chegada, a conexão deve permanecer estabelecida, para permitir o recebimento dos dados ordenados. O servidor, após receber todos os dados, ainda precisa de um tempo para processar a ordenação; seu sentido de saída, portanto, deve permanecer aberto.

A Figura 23.21 mostra um exemplo de semi-encerramento. O cliente semi-encerra a conexão transmitindo um segmento FIN. O servidor aceita o semi-encerramento transmitindo o segmento ACK. A transferência de dados do cliente para o servidor pára. O servidor, entretanto, ainda pode continuar a transmitir dados. Quando o servidor tiver enviado todos os dados processados, ele transmite um segmento FIN, que é confirmado com um ACK do cliente.

Após o semi-encerramento de uma conexão, os dados podem trafegar do servidor para o cliente e confirmações podem trafegar do cliente para o servidor. O cliente não pode transmitir mais dados para o servidor. Observe atentamente os números de seqüência usados. O segundo segmento (ACK) não usa nenhum número de seqüência. Embora o cliente tenha recebido o número de seqüência $(y - 1)$ e esteja esperando y, o número de seqüência do servidor ainda é $(y - 1)$. Quando a conexão finalmente se encerrar, o número de seqüência do último segmento ACK ainda é x, porque não foi consumido nenhum número de seqüência durante a transferência de dados naquela direção.

Controle de Fluxo

O TCP utiliza a técnica de janela deslizante (*slidding window*), como discutido no Capítulo 11, para implementar controle de fluxo. O protocolo de janela deslizante usado pelo TCP, entretanto,

Figura 23.21 *Semi-encerramento.*

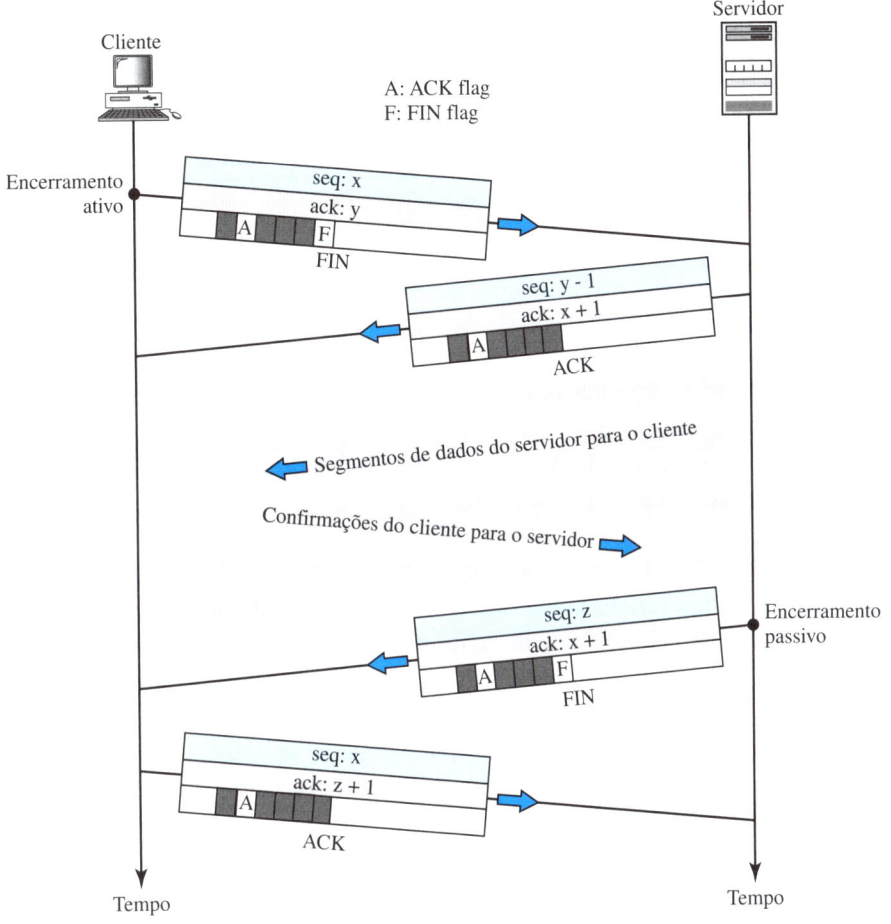

possui algumas funcionalidades similares ao Go-Back-*N* e à Repetição Seletiva. O protocolo de janela deslizante no TCP se parece com o protocolo Go-Back-*N*, pois ele não usa NAKs; ele se parece com o protocolo de Repetição Seletiva, uma vez que o receptor retém segmentos fora de ordem até que os segmentos faltantes cheguem. Existem duas grandes diferenças entre a implementação do protocolo de janela deslizante no nível do TCP e a implementação na camada de enlace de dados. Primeiro, as janelas deslizantes do TCP são orientadas a bytes; janelas deslizantes na camada de enlace de dados são orientadas a frames. Em segundo lugar, janelas deslizantes no TCP são de tamanho variável; na camada de enlace de dados são de tamanho fixo.

A Figura 23.22 mostra um exemplo de janela deslizante no TCP. A janela abrange parte do buffer, que contém os bytes recebidos do processo. Os bytes dentro da janela são bytes que podem estar em trânsito; eles podem ser enviados sem se preocupar com a confirmação. A janela imaginária possui duas paredes: uma à direita e outra à esquerda.

Uma janela pode ser *aberta, fechada* ou *reduzida*. Essas três atividades, como veremos, estão sob controle do receptor (e dependem do nível de congestionamento na rede), não do emissor. O emissor tem de obedecer às ordens do receptor.

Abrir uma janela significa deslocar a parede direita mais para a direita. Isso permite um número maior de bytes novos no buffer, candidatos a serem transmitidos. Fechar uma janela significa deslocar a parede da esquerda mais para a direita. Isso significa que alguns bytes foram confirmados e o emissor não precisa mais se preocupar com eles. Reduzir a janela significa

Figura 23.22 *Janela deslizante.*

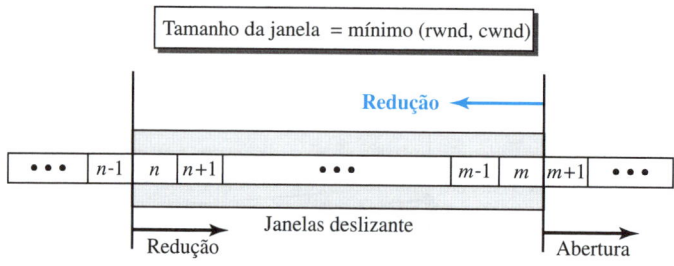

deslocar para a esquerda a janela da direita. Isso é veementemente desencorajado e não permitido em algumas implementações, pois significa renunciar à elegibilidade de alguns bytes para transmissão. Este é um problema, caso o emissor já tenha enviado esses bytes. Note que a parede da esquerda não pode se mover para a esquerda, pois isso renunciaria parte das confirmações transmitidas anteriormente.

> **Uma janela deslizante é usada para implementar maior eficiência à transmissão, bem como controle de fluxo de dados, de modo que o destino não fique sobrecarregado com dados. As janelas deslizantes no TCP são orientadas a bytes.**

O tamanho de uma janela em uma conexão virtual é determinado pelo menor número entre dois valores possíveis: *janela receptora* (*rwnd*) e *janela de congestionamento* (*cwnd*). A *janela receptora* é o valor anunciado pelo lado oposto em um segmento contendo confirmação. Este é o número de bytes que o outro lado pode aceitar antes de seu buffer estourar e os dados serem descartados. A janela de congestionamento é um valor determinado pela rede para evitar congestionamento. Discutiremos congestionamento, posteriormente, ainda neste capítulo.

Exemplo 23.4

Qual é o valor da janela receptora (*rwnd*) para o host A, se o receptor, o host B, tiver um tamanho de buffer igual a 5.000 bytes e 1.000 bytes de dados recebidos e não processados?

Solução

O valor de *rwnd* = 5.000 − 1.000 = 4.000. O host B pode receber até 4.000 bytes de dados antes de estourar seu buffer. O host B anuncia esse valor no próximo segmento transmitido para A.

Exemplo 23.5

Qual o tamanho da janela para o host A se o valor de *rwnd* for 3.000 bytes e o valor de *cwnd* for 3.500 bytes?

Solução

O tamanho da janela é o menor entre os valores de *rwnd* e *cwnd*, que é 3.000 bytes.

Exemplo 23.6

A Figura 23.23 mostra um exemplo não real de janela deslizante. O emissor enviou 202 bytes. Estamos supondo que *cwnd* seja 20 (na realidade, esse valor pode ser de milhares de bytes). O receptor enviou

Figura 23.23 *Exemplo 23.6.*

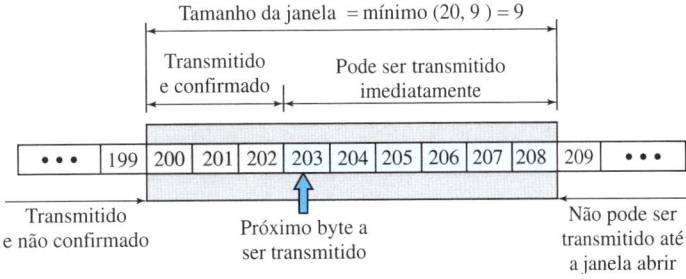

o número de confirmação 200 com um *rwnd* igual a 9 bytes (na verdade, esse valor pode ser de milhares de bytes). O tamanho da janela do emissor é o mínimo entre *rwnd* e *cwnd*, ou seja, 9 bytes. Os bytes 200 a 202 são enviados, porém não são confirmados. Os bytes 203 a 208 podem ser enviados sem se preocupar com confirmação. Os bytes 209 e acima não podem ser transmitidos.

Alguns comentários sobre janelas deslizantes do TCP:

- ❑ O tamanho da janela é o valor mínimo entre *rwnd* e *cwnd*.
- ❑ A origem não deve enviar uma janela de dados completa.
- ❑ A janela pode ser aberta ou fechada pelo receptor, porém, não pode ser reduzida.
- ❑ O destino pode enviar uma confirmação a qualquer instante desde que não resulte na redução de uma janela.
- ❑ O receptor pode fechar temporariamente uma janela; o emissor, entretanto, sempre pode transmitir um segmento de 1 byte após a janela ter sido fechada.

Controle de Erros

O TCP é um protocolo de transporte confiável. Isso significa que um programa de aplicação, que entrega um fluxo de dados para o TCP, depende do TCP para entregar em ordem o fluxo inteiro para o programa de aplicação na outra ponta, sem erros, e sem qualquer informação perdida ou duplicada.

O TCP fornece confiabilidade implementado controle de erros sobre os dados. O controle de erros inclui mecanismos para detecção de segmentos corrompidos, perdidos ou fora de ordem e segmentos duplicados. O controle de erros também inclui um mecanismo para correção de erros após eles serem detectados. A detecção e a correção de erros no TCP são obtidas por meio do uso de três ferramentas simples: checksum, confirmação de recebimento e time-out.

Checksum

Cada segmento inclui um campo de checksum que é usado para validar a existência de um segmento corrompido. Se o segmento estiver corrompido, ele será descartado pelo TCP de destino e considerado como perdido. O TCP usa o campo de checksum de 16 bits, que é obrigatória em todos os segmentos. Veremos, no Capítulo 24, que o checksum de 16 bits é considerado inadequado para o novo protocolo de camada de transporte, SCTP. Entretanto, ela não pode ser alterada pelo TCP, pois isso exigiria reconfiguração completa do formato do cabeçalho.

Confirmação

O TCP usa confirmações para validar o recebimento do segmento de dados. Um segmento de controle que não transporta dados, mas que usa um número de seqüência, também deve ser confirmado. Um segmento ACK jamais necessita de confirmação.

> **Um segmento ACK não consome números de seqüência e não podem ser confirmados.**

Retransmissão

O cerne do controle de erros é a retransmissão de segmentos. Quando um segmento estiver corrompido, perdido ou com atraso, ele é retransmitido. Em implementações modernas, um segmento é retransmitido em duas ocasiões: quando o tempo do **timer de retransmissão** se esgota ou quando o emissor recebe três ACKs duplicados.

> **Nas implementações modernas, ocorre retransmissão caso o timer de retransmissão expire ou se tiverem chegado três segmentos ACK duplicados.**

Observe que não existe retransmissão para segmentos que não consomem números de seqüência. Em particular, não existe retransmissão para um segmento ACK.

> **Não é ativado nenhum timer de retransmissão para um segmento ACK.**

Retransmissão Após RTO   Uma implementação recente do TCP mantém um timer **RTO (Retransmission Time-Out)** para todos os segmentos pendentes (transmitidos, mas não confirmados). Quando vence o time-out, o primeiro segmento pendente é retransmitido, muito embora a falta de um ACK recebido possa ser devido a um segmento com atraso, um ACK com atraso ou uma confirmação perdida. Note que não existe um timer ativo para um segmento que transporta apenas confirmação, significando que nenhum segmento desse tipo poderá ser reenviado. O valor do RTO é dinâmico no TCP e é atualizado tomando-se como base o **RTT (*Round-Trip Time*, em inglês, tempo de ida e volta)** do segmento. RTT é o tempo necessário para um segmento atingir o destino e uma confirmação ser recebida. Ele usa uma estratégia de recuo similar àquela discutida no Capítulo 12.

Retransmissão Após Três Segmentos ACK Duplicados   A regra anterior sobre a retransmissão de um segmento é suficiente se o valor de RTO não for muito grande. Algumas vezes, porém, um segmento é perdido e o receptor recebe um número tão grande de segmentos fora de ordem a ponto deles não poderem ser salvos (o tamanho do buffer é limitado). Para amenizar essa situação, a maioria das implementações atuais segue a regra dos três ACKs duplicados e retransmite imediatamente um segmento faltante. Esse recurso é conhecido como **retransmissão rápida**, que será visto brevemente em um exemplo.

Segmentos Fora de Ordem

Quando um segmento estiver atrasado, perdido ou tiver sido descartado, os segmentos após este, chegarão fora de ordem. Originalmente, o TCP foi desenvolvido para descartar todos os segmentos fora de ordem, resultando na retransmissão de todos os segmentos faltantes e dos segmentos seguintes. Hoje em dia, a maioria das implementações de TCP não descarta segmentos fora de ordem. Elas os armazenam, temporariamente, em um buffer e colocam um flag indicando como segmentos fora de ordem até a chegada dos segmentos faltantes. Note, entretanto, que os segmentos fora de ordem não são entregues para o processo receptor. O TCP garante que os dados são entregues, em ordem, para o processo receptor.

Existe a possibilidade de os dados chegarem fora de ordem e serem armazenados temporariamente pelo TCP receptor, porém o TCP garante que nenhum segmento fora de ordem será entregue ao processo receptor.

Alguns Exemplos

Nesta seção, daremos alguns exemplos de situações que ocorrem durante a operação do TCP. Nesses casos, indicaremos um segmento por meio de um retângulo. Se o segmento estiver transportando dados, mostraremos o intervalo dos números de bytes e o valor do campo de confirmação. Se ele estiver transportando apenas uma confirmação, indicaremos apenas o número de confirmação em um retângulo menor.

Operação Normal A primeira situação ilustra a transferência de dados bidirecional entre dois sistemas, como indicado na Figura 23.24. O cliente TCP envia um segmento; o servidor TCP envia três. A figura mostra qual regra se aplica para cada confirmação. Não existem dados a serem enviados, portanto, o segmento informa o próximo byte esperado.

Figura 23.24 *Operação normal.*

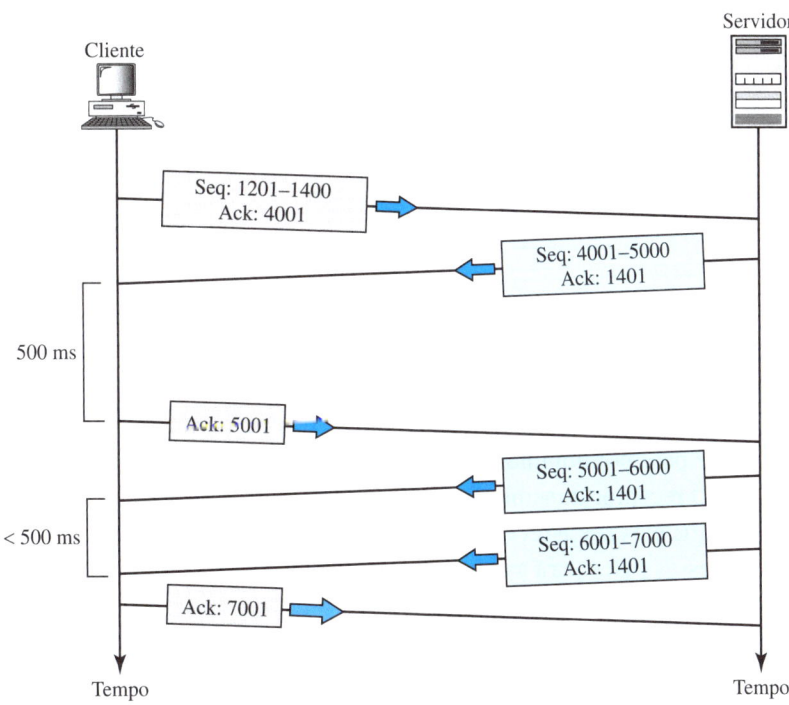

Quando o cliente recebe o primeiro segmento do servidor, ele não possui mais dados a serem transmitidos; ele transmite apenas um segmento ACK. Entretanto, a confirmação precisa ser retardada por 500 ms para ver se chegam mais segmentos TCP. Quando o timer expira, ele dispara uma confirmação. Isso acontece dessa forma porque o cliente não está ciente se estão chegando outros segmentos; ele não pode retardar a confirmação para sempre. Quando o segmento seguinte chega, é ativado outro timer de confirmação. Entretanto, antes de expirar, chega o terceiro segmento. A chegada do terceiro segmento dispara outra confirmação.

Último Segmento Nessa situação, mostramos o que acontece quando um segmento é perdido ou corrompido. Um segmento perdido e um segmento corrompido são tratados da mesma forma pelo receptor. Um segmento perdido é descartado em algum ponto da rede; um segmento corrompido é descartado pelo próprio receptor. Ambos são considerados perdidos. A Figura 23.25 ilustra uma situação na qual um segmento é perdido e descartado por algum roteador na rede, talvez em virtude do congestionamento.

Figura 23.25 *Segmento perdido.*

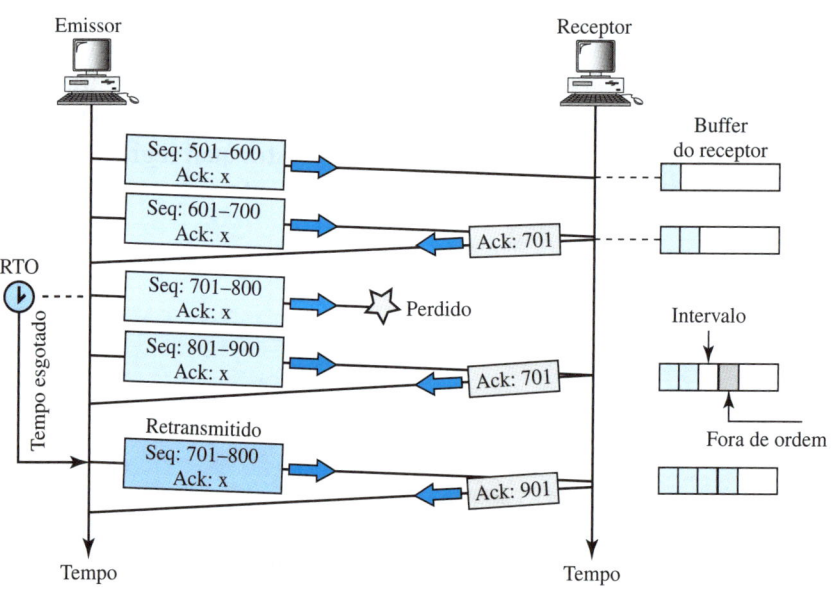

Estamos supondo que a transferência de dados seja bidirecional: um lado está transmitindo, o outro, recebendo. Em nosso caso, o emissor transmite os segmentos 1 e 2, que são confirmados imediatamente por um ACK. Entretanto, o segmento 3 é perdido. O receptor recebe o segmento 4, que se encontra fora de ordem. O receptor armazena os dados do segmento em seu buffer, mas espera por um intervalo de tempo para indicar que não existe nenhuma continuidade dos dados. O receptor transmite imediatamente uma confirmação para o emissor, exibindo o próximo byte que ele espera receber. Observe que o receptor armazena os bytes 801 a 900, mas jamais entrega esses bytes para a aplicação até que o timer expire.

O receptor TCP entrega apenas dados ordenados para o processo.

Mostramos o timer para os primeiros segmentos pendentes. O timer para esses segmentos, sem dúvida, expira, pois o receptor jamais envia uma confirmação para segmentos perdidos ou fora de ordem. Quando o timer expira, o transmissor TCP retransmite o segmento 3, que, desta vez, é confirmado. Note que o valor da segunda e terceira confirmações diferem, de acordo com a regra correspondente.

Retransmissão Rápida Nessa situação, queremos ilustrar a idéia de uma retransmissão rápida. É o mesmo caso que o segundo exemplo, exceto pelo fato de RTO ter um valor maior (ver a Figura 23.26).

Figura 23.26 *Retransmissão rápida.*

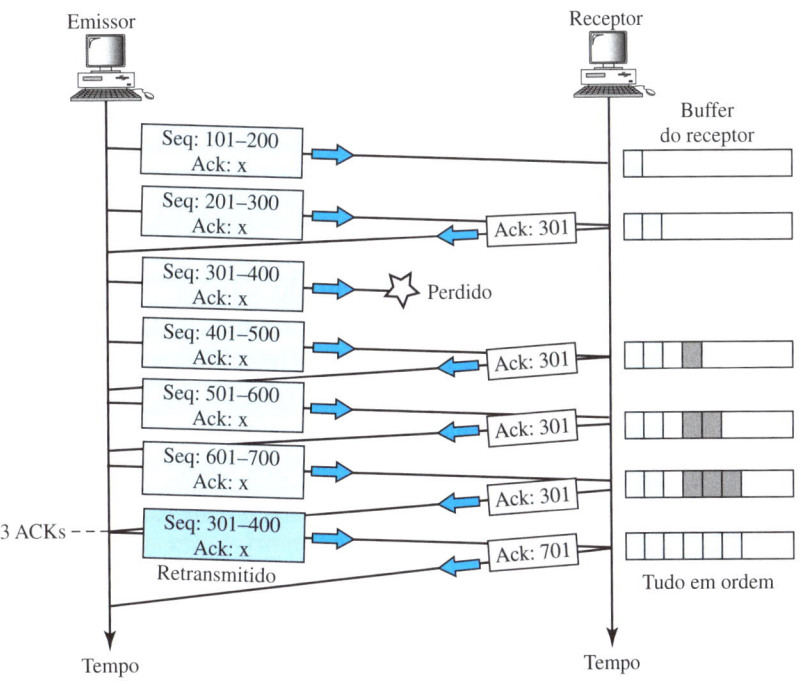

Quando o receptor recebe o quarto, quinto e sexto segmentos, ele dispara uma confirmação. O emissor recebe quatro confirmações com o mesmo valor (três duplicados). Embora o timer do segmento 3 ainda não tenha se esgotado, a transmissão rápida possibilita que o segmento 3, o segmento que é esperado por todas essas confirmações, seja retransmitido imediatamente.

Observe que apenas um segmento é retransmitido, embora quatro segmentos ainda não tenham sido confirmados. Quando o emissor recebe o ACK retransmitido, ele sabe que os quatro segmentos estão intactos, pois a confirmação é cumulativa.

Controle de Congestionamento

Discutiremos sobre os principais aspectos relacionados ao controle de congestionamento no TCP no Capítulo 24.

23.4 SCTP

O SCTP (*Stream Control Transmission Protocol*) é um novo protocolo de camada de transporte, confiável e orientado a mensagens. O SCTP, entretanto, foi especificado, em sua maior parte, para atender aos requisitos das novas aplicações de Internet recentemente introduzidas. Essas novas aplicações, como o IUA (ISDN sobre IP), M2UA e M3UA (sinalização de telefonia), H.248 (*media gateway control*), H.323 (telefonia IP) e SIP (telefonia IP), precisam de serviços de transporte mais sofisticados que o TCP é capaz de fornecer. O SCTP oferece maior desempenho e confiabilidade. A seguir, apresentamos uma breve comparação entre o UDP, o TCP e o SCTP:

- O UDP é um protocolo **orientado a mensagens**. Um processo entrega uma mensagem para o UDP, que a encapsula em um datagrama de usuário e a transmite através da rede. O UDP *conserva os delimitadores da mensagem*; cada mensagem é independente de qualquer outra mensagem. Esta é uma característica desejável quando estamos lidando com alguns tipos de aplicações, tais como telefonia IP e transmissão de dados em tempo real, como veremos mais à frente. Entretanto, o UDP não é confiável; o emissor não tem capacidade de saber se as mensagens enviadas foram recebidas com sucesso. Uma mensagem pode ser perdida, duplicada ou recebida fora de ordem. O UDP também peca por não implementar recursos de controle de congestionamento e controle de fluxo, necessários para protocolos de camada de transporte amigáveis.

- O TCP é um protocolo **orientado a bytes**. Ele recebe uma ou mais mensagens de um processo, as armazena na forma de um fluxo de bytes e as transmite em segmentos. Os delimitadores das mensagens não são preservados. Entretanto, o TCP é um protocolo confiável. Os segmentos duplicados são detectados, segmentos perdidos são reenviados e bytes são entregues na ordenação correção para o processo final. O TCP também possui mecanismos de controle de congestionamento e de fluxo.

- O SCTP combina as melhores características do UDP e do TCP. O SCTP é um protocolo orientado a mensagens e confiável. Ele preserva os delimitadores das mensagens e, ao mesmo tempo, detecta mensagens perdidas, duplicadas ou fora de ordem. Ele também implementa mecanismos de controle de congestionamento e de fluxo. Posteriormente, veremos que o SCTP possui outros recursos inovadores não existentes no UDP e no TCP.

> O SCTP é um protocolo *confiável orientado a mensagens* que combina as melhores características do UDP e do TCP.

Serviços SCTP

Antes de tratarmos da operação do SCTP, explicaremos os serviços de transporte implementados no SCTP para os processos de camada de aplicação.

Comunicação entre Processos

O SCTP usa portas conhecidas do espaço de endereços do TCP. A Tabela 23.4 enumera alguns números de portas extras usados exclusivamente pelo SCTP.

Múltiplos Fluxos de Dados

Vimos, na seção anterior, que o TCP é um protocolo orientado a fluxo de dados. Cada conexão entre um cliente TCP e um servidor TCP envolve um único fluxo de dados. O problema dessa

Tabela 23.4 *Algumas aplicações do SCTP*

Protocolo	Número da porta	Descrição
IUA	9990	ISDN sobre IP
M2UA	2904	Sinalização SS7 para telefonia
M3UA	2905	Sinalização SS7 para telefonia
H.248	2945	*Media gateway control*
H.323	1718, 1719, 1720, 11720	Telefonia IP
SIP	5060	Telefonia IP

abordagem é que a perda em qualquer ponto do fluxo de dados bloqueia a entrega do restante dos dados. Isso pode ser aceitável quando estamos transferindo textos, mas não quando transmitimos dados em tempo real, por exemplo, em áudio ou vídeo. O SCTP implementa **serviços de transporte com múltiplos fluxos de dados** em cada conexão, que é denominado **associação** na terminologia do SCTP. Se um dos fluxos de dados for bloqueado, os demais ainda poderão ser entregues a seus respectivos destinos. A idéia é semelhante a várias pistas em uma rodovia. Cada pista pode ser usada para um tipo de tráfego diferente. Por exemplo, uma pista pode ser usada para tráfego regular, outra para carros com mais de um passageiro. Se o tráfego estiver bloqueado para veículos comuns, os carros com mais de um passageiro ainda poderão chegar a seus destinos. A Figura 23.27 ilustra o conceito de entrega de dados com múltiplos fluxos de dados.

Figura 23.27 *Conceito de múltiplos fluxos de dados.*

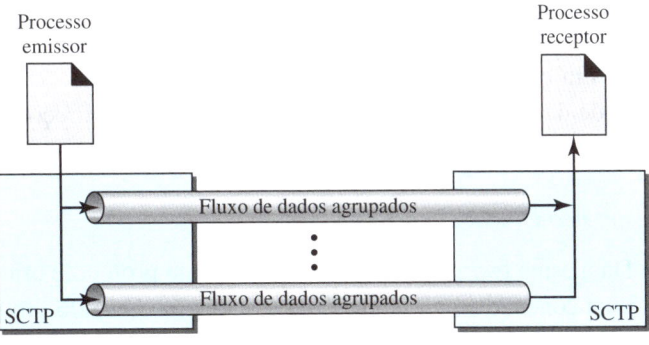

Uma associação no SCTP pode envolver vários fluxos de dados.

Multihoming

Uma conexão TCP envolve um único endereço IP de destino e de origem. Isso significa que mesmo se o emissor ou o receptor for um host *multihoming* (conecta mais de um endereço físico a vários endereços IP), apenas um desses endereços IP por ponto final pode ser utilizado para estabelecer uma conexão. Por outro lado, uma associação no SCTP suporta **serviços *multihoming***. Os hosts emissor e receptor podem definir vários endereços IP em cada ponto final, parte de uma associação. Nesse método, tolerante a falhas, quando uma rota falha, podemos usar outra interface para a entrega de dados, sem sofrer interrupção. Esse método, tolerante a falhas, é extremamente útil quando estamos transmitindo e recebendo dados em tempo real, como no caso de telefonia via Internet. A Figura 23.28 ilustra o conceito de *multihoming*.

Figura 23.28 *Conceito de multihoming.*

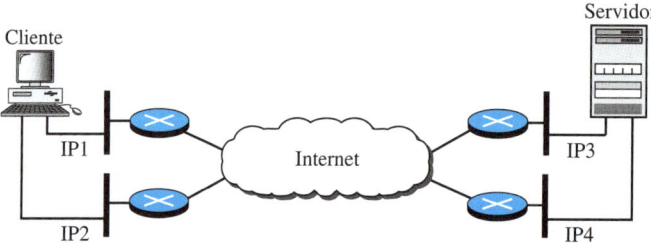

Na Figura 23.28, um cliente é conectado a duas redes locais com dois endereço IP. O servidor também é conectado a duas redes com dois endereços IP. O cliente e o servidor podem criar uma associação, usando quatro pares diferentes de endereços IP. Entretanto, note que, nas implementações atuais do SCTP, apenas um par de endereços IP pode ser escolhido para a comunicação normal; a redundância é ativada quando a opção principal falha. Em outras palavras, no momento, o SCTP não permite o balanceamento de carga entre rotas diferentes.

Uma associação SCTP permite vários endereços IP para cada ponto terminal.

Comunicação Full-Duplex

Assim como o TCP, o SCTP implementa serviços de transporte full-duplex, no qual os dados podem trafegar, simultaneamente, em ambos as direções. Cada processo SCTP implementa um buffer de transmissão e um de recepção, e os pacotes são transmitidos em ambos as direções.

Serviço Orientado a Conexão

Da mesma forma que o TCP, o SCTP é um protocolo orientado a conexão. Entretanto, no SCTP, uma conexão é denominada de associação. Quando um processo no ponto A quer transmitir e receber dados de outro processo no ponto B, ocorre o seguinte:

1. Os dois SCTPs estabelecem uma associação entre si.
2. Os dados são trocados em ambos as direções.
3. A associação é encerrada.

Serviço Confiável

O SCTP, como o TCP, é um protocolo de transporte confiável. Ele implementa mecanismos de confirmação para validar a integridade dos dados no destino. Falaremos mais sobre esse recurso em uma seção específica sobre controle de erros.

Características do SCTP

Veremos, primeiro, as características gerais do SCTP e as comparemos em seguida com as do TCP.

Número de Seqüência da Transmissão

A unidade de dados no TCP é o byte. A transferência de dados no TCP é controlada pela numeração dos bytes usando um número de seqüência. Por outro lado, a unidade de dados no SCTP é um **conjunto de blocos de dados**, que pode ou não ter uma relação um-para-um com a mensagem proveniente do processo usuário em decorrência da fragmentação (a ser discutido posteriormente). A transferência de dados no SCTP é controlada pela numeração dos conjuntos de blocos de dados. O SCTP usa um contador **TSN** (*Transmission Sequence Number*) para numerar os conjuntos de blocos de dados. Em outras palavras, o TSN no SCTP desempenha papel análogo ao do número de seqüência no TCP. Os TSNs têm 32 bits de comprimento e são inicializados randomicamente em um faixa entre 0 a ($2^{32} - 1$). Cada bloco de dados transporta o TSN correspondente em seu cabeçalho.

No SCTP, um bloco de dados é numerado usando um TSN.

Identificador de Fluxo

No TCP, apenas um único fluxo de dados pode estar ativo em cada conexão. No SCTP, podem existir vários fluxos de dados para cada associação. Cada fluxo no SCTP é identificado por um **SI** (*Stream Identifier*). Cada bloco de dados identifica o número do SI em seu cabeçalho, de modo que, quando ele chegar ao destino, ele poderá ser corretamente entregue ao seu fluxo de dados correspondente. O SI é um número de 16 bits, iniciando em 0.

Para fazer a distinção entre diferentes fluxos, o SCTP usa um SI.

Número de Seqüência de Fluxo

Quando um bloco de dados chega ao SCTP de destino, ele é entregue ao fluxo de dados apropriado e na ordem certa. Isso significa que, além de um SI, o SCTP define cada bloco de dados em cada fluxo de dados através de um **SSN** (*Stream Sequence Number*).

Para distinguir diferentes conjuntos de blocos de dados pertencentes a um mesmo fluxo de dados, o SCTP usa SSNs.

Pacotes

No TCP, um segmento pode transportar simultaneamente dados e informações de controle. Os dados são um conjunto de bytes; as informações de controle são identificadas por seis flags de controle no cabeçalho. A especificação do SCTP é completamente diferente: os dados são transportados em conjuntos de blocos de dados, as informações de controle são transportadas em conjuntos de blocos de controle. Vários conjuntos de blocos de controle e conjuntos de blocos de dados podem ser transmitidos simultaneamente em um pacote. Os pacotes no SCTP desempenham o mesmo papel que os segmentos no TCP. A Figura 23.29 compara um segmento no TCP e um pacote no SCTP. Enumeremos, a seguir, as principais diferenças entre um pacote SCTP e um segmento TCP:

O TCP possui segmentos, enquanto o SCTP possui pacotes.

1. As informações de controle no TCP fazem parte do cabeçalho; as informações de controle no SCTP são transmitidas em conjuntos de blocos de controle. Existem vários tipos de conjuntos de blocos de controle; cada um deles é usado para uma finalidade específica.

Figura 23.29 *Comparação entre um segmento TCP e um pacote SCTP.*

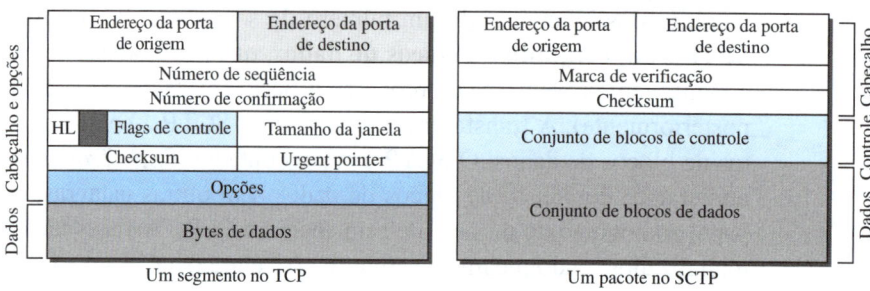

2. Os dados em um segmento TCP são tratados como uma única entidade; um pacote SCTP pode transportar vários conjuntos de blocos de dados; cada um dos quais pertencendo a um fluxo de dados distinto.

3. A seção de opções, que pode fazer parte de um segmento TCP, não existe em pacotes SCTP. As opções no SCTP são tratadas definindo-se novos tipos de conjuntos de blocos.

4. A parte obrigatória de um cabeçalho TCP possui 20 bytes, ao passo que o cabeçalho geral no SCTP tem apenas 12 bytes. O cabeçalho SCTP é mais curto devido ao seguinte:

    a. Um número de seqüência SCTP (TSN) está associado a cada bloco de dados e, portanto, se localiza no cabeçalho do bloco.

    b. O número de confirmação e o tamanho da janela fazem parte de cada bloco de controle.

    c. Não há necessidade de um campo de comprimento de cabeçalho (indicado como HL no segmento TCP), pois não existem campos opcionais que poderiam tornar o comprimento do cabeçalho variável; o comprimento do cabeçalho SCTP é fixo (12 bytes).

    d. Não há necessidade de um Urgent Pointer no SCTP.

5. O checksum no TCP tem 16 bits; no SCTP, 32 bits.

6. A **marca de verificação** no SCTP é um identificador de associação, que não existe no TCP. No TCP, a combinação de endereços IP e endereços de porta define uma conexão; no SCTP podemos ter *multihoming* usando diferentes endereços IP. É preciso uma marca de verificação exclusiva para definir cada associação.

7. O TCP inclui o número de seqüência no cabeçalho, que estabelece o primeiro byte da seção de dados. Um pacote SCTP pode incluir vários conjuntos de blocos de dados diferentes. Os TSNs, SIs e SSNs definem cada bloco de dados.

8. Alguns segmentos no TCP que transportam informações de controle (como SYN e FIN) consomem um número de seqüência; conjuntos de blocos de controle no SCTP jamais usam TSN, SI ou SSN. Esses três identificadores pertencem apenas aos conjuntos de blocos de dados e não ao pacote inteiro.

> **No SCTP, as informações de controle e os dados são transportados em conjuntos de blocos separados.**

No SCTP, temos conjuntos de blocos de dados, fluxos e pacotes. Uma associação pode transmitir muitos pacotes, um pacote pode conter vários conjuntos de blocos e os conjuntos de blocos podem pertencer a diferentes fluxos. Para tornar claras as definições desses termos, suponhamos que o processo A precise enviar 11 mensagens para o processo B em três fluxos diferentes. As quatro primeiras mensagens estão no primeiro fluxo de dados, as três mensagens seguintes estão no segundo fluxo de dados, e as quatro últimas mensagens se encontram no terceiro fluxo.

Embora uma mensagem, se muito extensa, possa ser transportada em vários conjuntos de blocos de dados, partimos da premissa que cada mensagem será transmitida por um único bloco de dados. Conseqüentemente, temos 11 conjuntos de blocos de dados em três fluxos.

O processo de aplicação entrega 11 mensagens para o SCTP, onde cada mensagem é destinada para um fluxo de dados apropriado. Embora o processo possa entregar uma mensagem para o primeiro fluxo de dados e depois outra para o segundo, vamos supor que ele entregue, em primeiro lugar, todas as mensagens pertencentes ao primeiro fluxo de dados, logo depois, todas as mensagens pertencentes ao segundo fluxo de dados e, finalmente, todas as mensagens pertencentes ao último fluxo de dados.

Também vamos supor que a rede suporte apenas três conjuntos de blocos de dados por pacote, o que significa que precisaremos de quatro pacotes, conforme mostrado na Figura 23.30. Os conjuntos de blocos de dados no fluxo de dados 0 são transportados no primeiro pacote e em parte do segundo pacote; aqueles do fluxo de dados 1 são transportados no segundo e terceiro pacotes; aqueles do fluxo 2 são transportados no terceiro e quarto pacotes.

Figura 23.30 *Pacote, conjunto de blocos de dados e fluxos.*

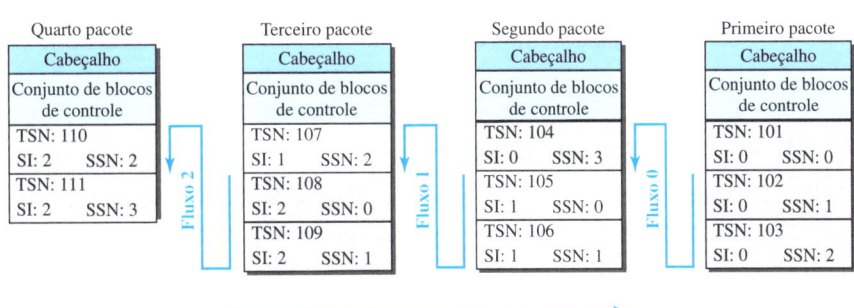

Observe que cada bloco de dados precisa de três identificadores: TSN, SI e SSN. O TSN é um número cumulativo e é usado, como veremos posteriormente, para controle de fluxo e controle de erros. O SI define a identificação do fluxo de dados para a qual o bloco pertence. O SSN define a ordem do bloco em um determinado fluxo de dados. Em nosso exemplo, o SSN inicia em 0 para cada fluxo de dados.

Os conjuntos de blocos de dados são identificados por três variáveis: TSN, SI e SSN. O TSN é um número cumulativo que identifica a associação; o SI identifica o fluxo de dados; o SSN ientifica o bloco em um fluxo de dados.

Número de Confirmação

Os números de confirmação TCP são orientados a bytes e são registrados em números de seqüência. Os números de confirmação SCTP são orientados a conjuntos de blocos. Eles se referem ao TSN. Uma segunda diferença entre as confirmações TCP e SCTP é relativa às informações de controle. Lembre-se de que essas informações, no TCP, fazem parte do cabeçalho do segmento. Para confirmar segmentos que transportam apenas informações de controle, o TCP usa o número de seqüência e o número de confirmação (por exemplo, um segmento SYN precisa ser confirmado por um segmento ACK). No SCTP, entretanto, as informações de controle são transportadas por conjuntos de blocos de controle, que não necessitam de um identificador TSN. Esses conjuntos de blocos de controle são confirmados por outro bloco de controle específico (alguns não precisam de confirmação). Por exemplo, um bloco de controle INIT é confirmado por um bloco INIT ACK. Não há necessidade de um número de seqüência ou número de confirmação.

> **No SCTP, os números de confirmação são usados para confirmar apenas conjuntos de blocos de dados; os conjuntos de blocos de controle são confirmados por outros conjuntos de blocos de controle, se necessário.**

Controle de Fluxo

Assim como o TCP, o SCTP implementa mecanismos de controle de fluxo para impedir sobrecarga no receptor. Discutiremos controle de fluxo no SCTP posteriormente, ainda neste capítulo.

Controle de Erros

Assim como o TCP, o SCTP implementa mecanismos de controle de erros para fornecer confiabilidade ao transporte dos dados. Os números TSN e de confirmação são usados para controle de erros. Discutiremos controle de erros mais tarde, ainda neste capítulo.

Controle de Congestionamento

Assim como o TCP, o SCTP implementa mecanismos de controle de congestionamento para determinar quantos conjuntos de blocos de dados podem ser transmitidos ao mesmo tempo na rede. Discutiremos controle de congestionamento no Capítulo 24.

Formato de um Pacote SCTP

Nesta seção, mostraremos o formato de um pacote SCTP e os diferentes tipos de conjuntos de blocos. A maioria das informações apresentadas nesta seção ficará mais clara posteriormente; esta seção pode ser pulada em uma primeira leitura ou usada apenas como referência. Um pacote SCTP possui um cabeçalho geral obrigatório e um conjunto de blocos denominado *chunks* (que traduziremos como conjuntos de blocos). Existem dois tipos de conjuntos de blocos: conjuntos de blocos de controle e conjuntos de blocos de dados. Um bloco de controle controla e mantém a associação de blocos; um bloco de dados transporta dados de usuário. Em um pacote, conjuntos de blocos de controle precedem conjuntos de blocos de dados. A Figura 23.31 mostra o formato geral de um pacote SCTP.

Figura 23.31 *Formato de um pacote SCTP.*

Cabeçalho geral (12 bytes)
Conjunto de blocos 1 (comprimento variável)
⋮
Conjunto de blocos *N* (comprimento variável)

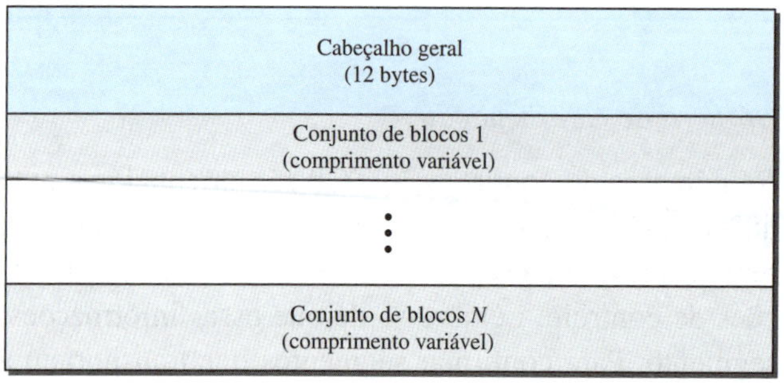

> **Em um pacote SCTP, os conjuntos de blocos de controle são transmitidos antes dos conjuntos de blocos de dados.**

Cabeçalho Geral

O **cabeçalho geral** (cabeçalho de um pacote) define as extremidades (endpoints) de cada associação que um pacote pertence, garantindo que o pacote pertence a uma associação específica, preservando a integridade de seu conteúdo, inclusive do próprio cabeçalho. O formato do cabeçalho geral é mostrado na Figura 23.32.

Figura 23.32 *Cabeçalho geral.*

Endereço da porta de origem 16 bits	Endereço da porta de destino 16 bits
Marca de verificação 32 bits	
Checksum 32 bits	

Existem quatro campos no cabeçalho geral:

- **Endereço da porta de origem.** Trata-se de um campo de 16 bits que define o número da porta do processo que está enviado o pacote.
- **Endereço da porta de destino.** Trata-se de um campo de 16 bits que estabelece o número da porta do processo que receberá o pacote.
- **Marca de verificação (*Verification Tag*).** Este é um número que correlaciona um pacote a uma associação. Isso impede um pacote de uma associação anterior ser confundida com um pacote dessa associação. Ele serve como identificador da associação; ele é repetido em todos os pacotes de uma associação. Existe um processo de verificação distinto para cada direção da associação.
- **Checksum.** Esse campo de 32 bits armazena o valor calculado do checksum CRC-32. Note que o tamanho do campo checksum foi aumentado de 16 (no UDP, TCP e IP) para 32 bits, permitindo o uso do CRC-32.

Conjuntos de blocos

Informações de controle ou dados de usuário são transportados em conjuntos de blocos. O formato detalhado de cada conjunto de blocos está fora do escopo deste livro. Veja [For06] para mais detalhes. Os três primeiros campos são comuns a todos os conjuntos de blocos; o formato do campo de informações depende do tipo de conjunto de blocos que está sendo transmitido. Um ponto importante a ser lembrado é que o SCTP obriga que a seção de informações seja um múltiplo de 4 bytes; caso contrário, serão acrescentados bytes de preenchimento (oito 0s) no final da seção. Ver a Tabela 23.5 para uma lista de conjuntos de blocos e suas descrições.

Associação SCTP

O SCTP, como o TCP, é um protocolo orientado a conexão. Entretanto, uma conexão no SCTP é denominada *associação* para enfatizar sua característica de *multihoming*.

Tabela 23.5 *Conjuntos de blocos*

Tipo	conjunto de blocos	Descrição
0	DATA	Dados de usuário
1	INIT	Ativa uma associação
2	INIT ACK	Confirma o conjunto de blocos INIT
3	SACK	Confirmação seletiva
4	HEARTBEAT	Testa o par para ver se este está vivo
5	HEARTBEAT ACK	Confirma o conjunto de blocos HEARTBEAT
6	ABORT	Aborta uma associação
7	SHUTDOWN	Encerra uma associação
8	SHUTDOWN ACK	Confirma o conjunto de blocos SHUTDOWN
9	ERROR	Informa erros sem desligar
10	COOKIE ECHO	Terceiro pacote do estabelecimento da associação
11	COOKIE ACK	Confirma o conjunto de blocos COOKIE ECHO
14	SHUTDOWN COMPLETE	Terceiro pacote do encerramento de uma associação
192	FORWARD TSN	Permite ajustar TSNs acumulativos

Uma conexão no SCTP é denominada associação.

Estabelecimento de uma Associação

O **estabelecimento de uma associação** no SCTP requer o uso de um mecanismo denominado ***handshake* de quatro vias** (*four-way handshaking*). Nesse procedimento, um processo, normalmente um cliente, deseja estabelecer uma associação com outro processo, geralmente um servidor, usando o SCTP como protocolo de camada de transporte. De modo similar ao TCP, um servidor SCTP precisa estar previamente preparado para estabelecer associações (abertura passiva). O estabelecimento da associação, porém, é iniciada pelo cliente (abertura ativa). O estabelecimento de uma associação SCTP é mostrado na Figura 23.33. As etapas, em uma situação normal, são as seguintes:

1. O cliente transmite o primeiro pacote, contendo um conjunto de blocos **INIT**.
2. O servidor transmite o segundo pacote com sua resposta, contendo um conjunto de blocos **INIT ACK**.
3. O cliente transmite o terceiro pacote, incluindo um conjunto de blocos **COOKIE ECHO**. Este é um conjunto de blocos muito simples que ecoa, sem modificações, o cookie enviado pelo servidor. O SCTP possibilita a inclusão de conjuntos de blocos de dados nesse pacote.
4. O servidor transmite o quarto pacote, que inclui o conjunto de blocos **COOKIE ACK,** confirmando o recebimento do conjunto de blocos COOKIE ECHO. O SCTP permite a inclusão de conjuntos de blocos de dados simultaneamente com este pacote.

Não é permitido nenhum outro conjunto de blocos em um pacote que transporta um conjunto de blocos INIT ou INIT ACK. Um conjunto de blocos COOKIE ECHO ou COOKIE ACK pode transportar simultaneamente conjuntos de blocos de dados.

Cookies Na seção anterior, descrevemos um ataque por inundação de SYNs (*SYN Flooding Attack*). Com o TCP, um invasor mal-intencionado pode inundar um servidor TCP com um número enorme de segmentos SYN falsos usando diferentes endereços IP falsos. Cada vez que

Figura 23.33 *Handshaking de quatro vias.*

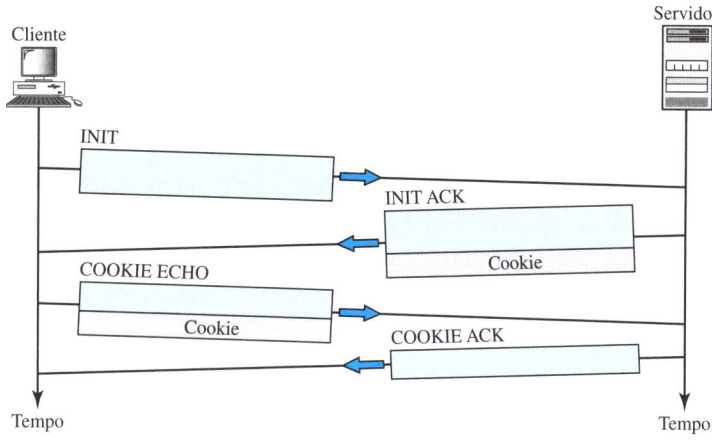

o servidor recebe um segmento SYN, ele configura uma tabela de estados e aloca recursos internos enquanto aguarda a chegada do próximo segmento. Momentos depois, entretanto, um servidor pode entrar em colapso em virtude do esgotamento de seus recursos.

Os projetistas do SCTP implementaram uma estratégia simples para impedir esse tipo de ataque. A estratégia é adiar a alocação de recursos até o recebimento do terceiro pacote, quando o endereço IP do emissor é validado. As informações recebidas no primeiro pacote são armazenadas até a chegada do terceiro pacote. Porém, se o servidor precisa salvar as informações, isso não vai exigir a alocação de recursos (memória); este é o dilema. Nesse caso, a solução proposta é a de empacotar as informações recebidas e transmiti-las de volta para o cliente. Essa técnica é denominada geração de **cookie**. O cookie é enviado com o segundo pacote para o endereço IP recebido no primeiro pacote. Há duas situações prováveis.

1. Se o emissor do primeiro pacote for um invasor, o servidor jamais receberá o terceiro pacote; o cookie será perdido, mas nenhum recurso será alocado. O único trabalho para o servidor é "assar" o cookie.

2. Se o emissor do primeiro pacote for um cliente honesto que realmente deseja estabelecer uma conexão, ele receberá o segundo pacote com o cookie. Ele transmite outro pacote (terceiro da série) com o cookie, sem nenhuma modificação. O servidor recebe o terceiro pacote e sabe que ele é proveniente de um cliente honesto, pois o cookie que o servidor enviou retornou. O servidor pode então, seguramente, alocar os recursos.

A estratégia anterior funciona se nenhuma entidade puder "comer" um cookie "assado" pelo servidor. Para garantir isso, o servidor cria um resumo da mensagem (consulte o Capítulo 30) dessas informações, usando um código secreto próprio. As informações e o resumo juntos formam o cookie, que é enviado para o cliente no segundo pacote. Quando o cookie é retornado no terceiro pacote, o servidor calcula o resumo a partir das informações. Se o resumo coincidir com o anteriormente enviado, isso significa que o cookie não foi modificado por nenhuma outra entidade.

Transferência de Dados

O verdadeiro propósito de uma associação é o de permitir a transferência de dados entre processos finais. Após uma associação ser estabelecida, pode-se iniciar a transferência de dados bidirecional. Tanto o cliente quanto o servidor podem enviar dados. Como no TCP, o SCTP suporta *piggybacking*.

Entretanto, há uma grande diferença entre a transferência de dados no TCP e no SCTP. O TCP recebe mensagens de um processo na forma de um fluxo contínuo de bytes sem reconhecer qualquer delimitação entre eles. Um processo pode inserir marcas de delimitação de dados para seu uso em pares, porém o TCP trata essa marca como parte do texto. Em outras palavras, o TCP pega cada mensagem e a anexa ao seu buffer. Um segmento pode transportar partes de duas mensagens diferentes. O único sistema de ordenação imposto pelo TCP são os números dos bytes.

Por outro lado, o SCTP reconhece e mantém marcas de delimitação. Cada mensagem proveniente de um processo é tratada como uma unidade única e inserida em um conjunto de blocos **DATA**, a menos que esteja fragmentado (a ser discutido posteriormente). Nesse modelo, o SCTP funciona como o UDP, com uma grande vantagem: os conjuntos de blocos de dados possuem relacionamento entre si.

Uma mensagem recebida de um processo se transforma em um conjunto de blocos DATA, ou conjuntos de blocos, se fragmentados, adicionando-se um cabeçalho de conjunto de blocos DATA à mensagem. Cada conjunto de blocos DATA, formado por uma mensagem ou um fragmento de uma mensagem, tem um TSN. Precisamos lembrar que apenas conjuntos de blocos DATA usam TSNs e apenas esses conjuntos de blocos DATA são confirmados por conjuntos de blocos SACK.

> **No SCTP, apenas conjuntos de blocos DATA consomem TSNs; conjuntos de blocos DATA são os únicos conjuntos de blocos que podem ser confirmados.**

A Figura 23.34 mostra uma situação simples. Nessa figura, um cliente transmite quatro conjuntos de blocos DATA e recebe dois conjuntos de blocos DATA do servidor. Posteriormente,

Figura 23.34 *Transferência de dados simples.*

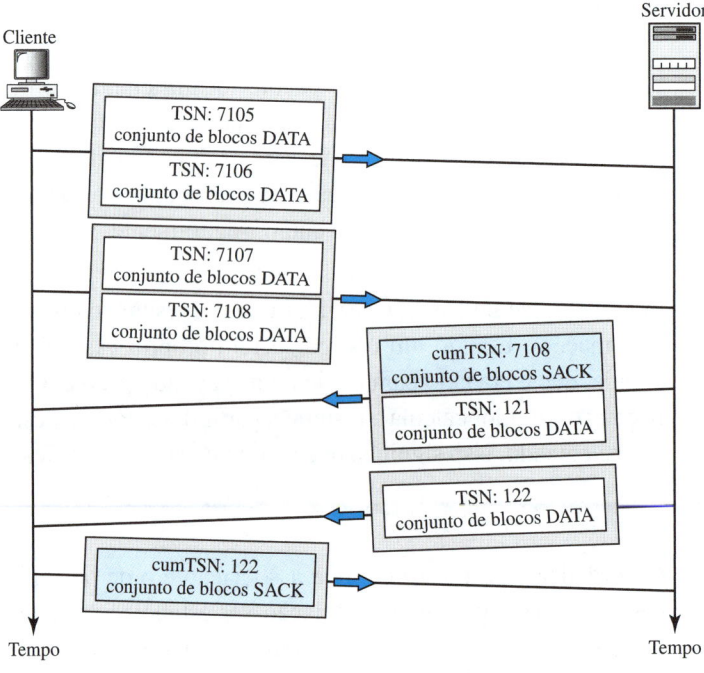

discutiremos a implementação de controle de fluxo e de erros no SCTP. Por enquanto, vamos supor que tudo corre bem nesse cenário.

1. O cliente transmite o primeiro pacote transportando dois conjuntos de blocos DATA com TSNs 7105 e 7106.
2. O cliente transmite o segundo pacote transportando dois conjuntos de blocos DATA com TSNs 7107 e 7108.
3. Um terceiro pacote vem do servidor. Ele contém um conjunto de blocos SACK necessário para confirmar o recebimento do conjunto de blocos DATA do cliente. Ao contrário do TCP, o SCTP confirma o último TSN recebido corretamente, e não o próximo pacote esperado. O terceiro pacote também inclui o primeiro conjunto de blocos DATA do servidor com TSN 121.
4. Após alguns instantes, o servidor envia outro pacote transportando um último conjunto de blocos DATA com TSN 122, porém ele não inclui um conjunto de blocos SACK nesse pacote, pois o último conjunto de blocos DATA recebidos do cliente já havia sido confirmado.
5. Finalmente, o cliente envia um pacote contendo um conjunto de blocos SACK confirmando o recebimento dos dois últimos conjuntos de blocos DATA do servidor.

Uma confirmação SCTP informa o valor do TSN acumulado, o TSN do último bloco de dados recebido em ordem.

Transferência de Dados *Multihoming* Discutiremos a capacidade de *multihoming* do SCTP, um recurso que distingue o SCTP do UDP e do TCP. A funcionalidade de *multihoming* permite que ambas as extremidades definam vários endereços IP para comunicação. Entretanto, apenas um desses endereços pode ser definido como **endereço primário**; o restante deve ser estabelecido como endereços alternativos. O endereço primário é definido durante a fase de estabelecimento da associação. O ponto interessante é que o endereço primário de uma extremidade deve ser determinado pela outra extremidade. Em outras palavras, a origem define o endereço primário do destino.

Entrega de Múltiplos fluxos (*Multistream*) Uma característica interessante do SCTP é a distinção entre transferência de dados e entrega de dados. O SCTP usa números TSN para a transferência de dados e a movimentação de conjuntos de blocos de dados entre origem e destino. A entrega dos conjuntos de blocos de dados é controlada por SIs e SSNs. O SCTP, entretanto, pode suportar a transmissão de vários fluxos de dados simultâneos, significando que um processo emissor pode definir diferentes fluxos de dados e uma mensagem pode pertencer a um desses fluxos. Cada fluxo de dados recebe um identificador de fluxo (SI) que define, de forma exclusiva, esse fluxo.

Fragmentação Outra questão importante na transferência de dados é a **fragmentação**. Embora o SCTP compartilhe esse termo com o IP, a fragmentação no IP e no SCTP não fazem parte do mesmo nível hierárquico: o primeiro está na camada de rede, o último na camada de transporte.

O SCTP preserva os delimitadores de uma mensagem durante a comunicação entre processos finais ao criar um conjunto de blocos DATA, sempre que o tamanho da mensagem (quando encapsulado em um datagrama IP) não ultrapasse o MTU da rota. O tamanho de um datagrama IP, transportando uma mensagem pode ser calculado, adicionando ao tamanho da mensagem, em bytes, outros quatro overheads: cabeçalho do conjunto de blocos de dados, conjuntos de blocos SACK necessários, cabeçalho SCTP geral e cabeçalho IP. Se o tamanho total exceder o MTU da rota, a mensagem deverá ser fragmentada.

Encerramento da Associação

No SCTP, como ocorre no TCP, qualquer uma das duas partes envolvidas na comunicação de dados (cliente ou servidor) pode encerrar uma conexão virtual. Entretanto, diferentemente do TCP, o SCTP não permite o semi-encerramento. Se um lado encerrar a associação, o outro deve parar de transmitir imediatamente novos dados. Se ainda permanecerem dados na fila do receptor após o recebimento de uma solicitação de término, estes serão enviados e a associação será encerrada. Para o **encerramento de uma associação** três pacotes devem ser transmitidos, como mostrado na Figura 23.35. Observe que, embora a figura mostre o caso no qual o encerramento é solicitado pelo cliente, ele também pode ser solicitado pelo servidor. Note que podem existir vários casos de término de associação. Deixaremos esta discussão para as referências mencionadas no final do capítulo.

Figura 23.35 *Encerramento de uma associação.*

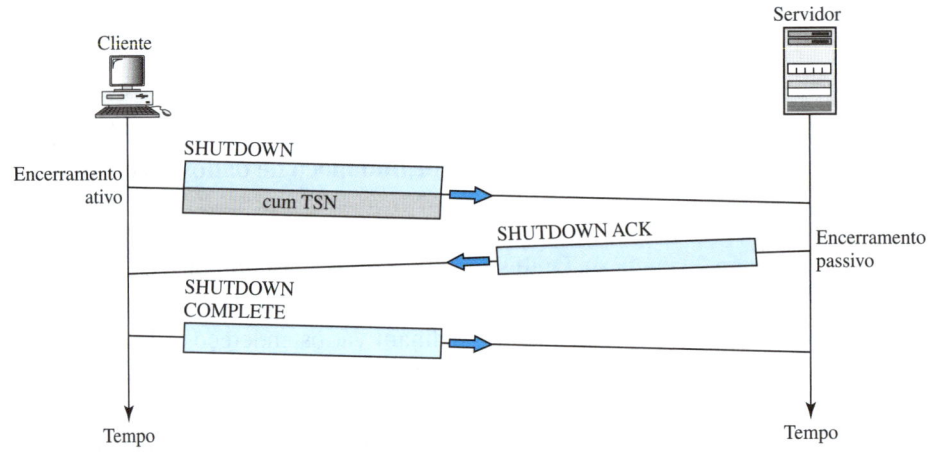

Controle de Fluxo

A implementação de controle de fluxo no SCTP é similar à do TCP. No TCP, precisamos lidar apenas com uma unidade de dados, o byte. No SCTP, necessitamos lidar com duas unidades de dados, o byte e o conjunto de blocos. Os valores de *rwnd* e *cwnd* são expressos em bytes; os valores de TSN e as confirmações são expressos em conjuntos de blocos. Para ilustrar melhor esse conceito, vamos analisar algumas hipóteses irreais. Primeiro, vamos supor que jamais ocorra congestionamento na rede e que a rede seja livre de erros. Em outras palavras, supomos que *cwnd* seja infinito e nenhum pacote seja perdido ou sofra atrasos, ou então chegue corrompido. Vamos supor também que a transferência de dados seja unidirecional. Corrigiremos essas hipóteses irreais em seções futuras. As implementações atuais do protocolo SCTP ainda usam janela delizantes orientadas a bytes para controle de fluxo. Entretanto, mostraremos o buffer em termos de conjuntos de blocos para tornar mais fácil a compreensão do conceito.

Lado do Receptor

O receptor possui um buffer (fila de transmissão) e três variáveis. O buffer armazena os conjuntos de dados que ainda não foram lidos pelo processo de transporte no receptor. A primeira variável armazena o último TSN recebido, *cumTSN*. Uma segunda variável armazena o tamanho do buffer disponível, *winsize*.

A terceira variável armazena a última confirmação acumulada, *lastACK*. A Figura 23.36 mostra a fila e as variáveis no lado do receptor.

Figura 23.36 *Controle de fluxo, lado do receptor.*

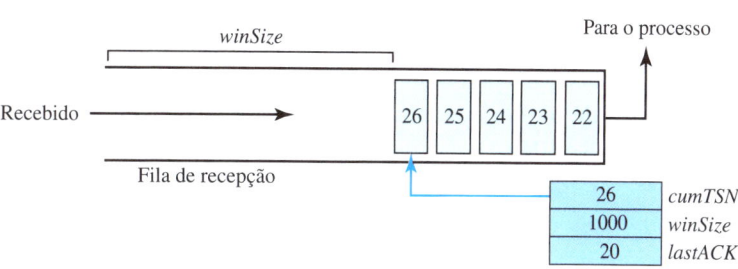

1. Quando o lado receptor recebe um bloco de dados, ele o armazena no final do buffer (fila) e subtrai *winSize* do tamanho do conjunto de blocos. O número TSN do conjunto de blocos é armazenado na variável *cumTSN*.
2. Quando o processo lê um conjunto de blocos, ele o elimina da fila e acrescenta o tamanho do conjunto de blocos eliminado a *winSize* (reciclagem).
3. Quando o receptor decide transmitir um SACK, ele verifica o valor de *lastAck;* se este for menor que *cumTSN*, ele envia um SACK com o valor de TSN igual a *cumTSN*. Ele também inclui o valor de *winSize* como tamanho anunciado da janela.

Lado do Emissor

O emissor possui um buffer (fila de transmissão) e três variáveis: *curTSN, rwnd* e *inTransit*, conforme mostrado na Figura 23.37. Vamos supor que cada conjunto de blocos tenha comprimento de 100 bytes.

Figura 23.37 *Controle de fluxo, lado do emissor.*

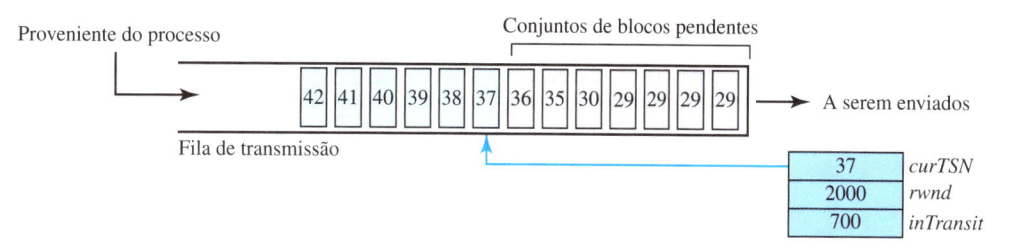

O buffer de transmissão armazena os conjuntos de blocos produzidos pelo processo que já foram enviados ou que estão prontos a serem enviados. A primeira variável, *curTSN*, refere-se ao próximo conjunto de blocos a ser enviado. Todos os conjuntos de blocos em uma fila com um TSN menor que esse valor já foram enviados, porém ainda não confirmados; eles estão pendentes de confirmação. A segunda variável, *rwnd,* armazena o último valor confirmado pelo receptor (em bytes). A terceira variável, *inTransit*, armazena o número de bytes em trânsito, bytes enviados, mas ainda não confirmados. A seguir, apresentamos o procedimento usado pelo emissor.

1. O conjunto de blocos apontado por *curTSN* pode ser transmitido se o tamanho dos dados for menor ou igual ao valor de *rwnd – inTransit*. Após transmitir o conjunto de blocos, o valor de *curTSN* é incrementado em 1 e apontará para o próximo conjunto de blocos a ser enviado. O valor de *inTransit* é incrementado pelo tamanho dos dados do conjunto de blocos transmitido.

2. Quando um SACK é recebido, os conjuntos de blocos com TSN menor ou igual ao TSN acumulado em SACK são eliminados da fila e descartados. O emissor não precisa se preocupar mais com eles. O valor de *inTransit* é deduzido do tamanho total dos conjuntos de blocos descartados. O valor de *rwnd* é atualizado com o valor da janela anunciada em SACK.

Cenário

Apresentaremos um cenário simples, ilustrado na Figura 23.38. No início, o valor de *rwnd* no lado do emissor e o valor de *winSize* no lado do receptor são iguais a 2.000 (anunciado durante o estabelecimento da associação). Originalmente, existem quatro mensagens na fila do emissor. O emissor envia um bloco de dados e adiciona o número de bytes (1.000) à variável *inTransit*. Após alguns instantes, o emissor verifica a diferença entre *rwnd* e *inTransit*, que é de 1.000 bytes, de modo que ele seja capaz de enviar outro bloco de dados. Agora a diferença entre as duas variáveis é 0 e nenhum outro bloco de dados pode ser enviado. Após alguns instantes, chega um SACK que confirma os conjuntos de dados 1 e 2. Os dois conjuntos de blocos são eliminados da fila de transmissão. O valor de *inTransit* agora é 0. O SACK, entretanto, anunciou a janela de recepção com valor 0, que faz que o emissor atualize a variável *rwnd* para 0. Nesse caso, o emissor permanecerá bloqueado; ele não pode enviar outros conjuntos de dados (com uma exceção, que será explicada posteriormente).

Figura 23.38 *Cenário para estudo de controle de fluxo.*

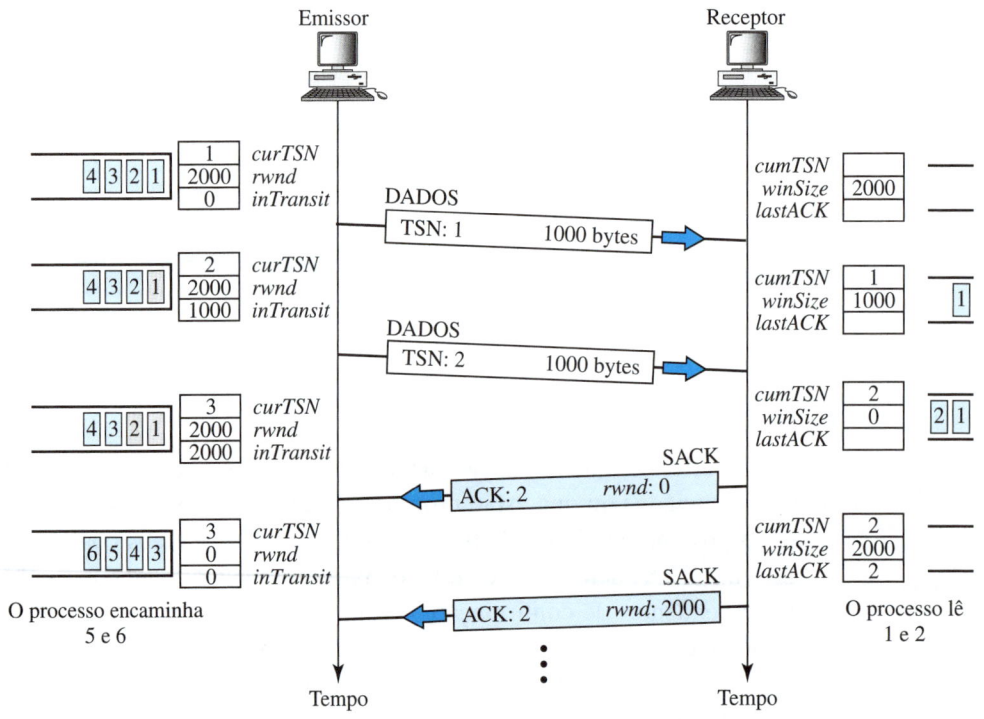

No lado do receptor, inicialmente, a fila de recepção está vazia. Após receber o primeiro bloco de dados, uma mensagem é armazenada na fila e o valor de *cumTSN* será igual a 1. O valor de *winSize* será subtraído de 1.000, pois a primeira mensagem ocupa 1.000 bytes. Após receber o segundo bloco de dados, o valor do tamanho da janela será 0 e *cumTSN* igual a 2. Agora, como veremos, o receptor envia um SACK com TSN acumulado igual a 2. Após o primeiro SACK ter sido enviado, o processo lê as duas mensagens, removendo-as da fila de recepção; o receptor anuncia essa situação com um SACK, permitindo ao emissor transmitir outros conjuntos de dados. Os eventos restantes não estão mostrados na figura.

Controle de Erros

O SCTP, assim como o TCP, é um protocolo de camada de transporte confiável. Ele usa um conjunto de blocos SACK para informar o *status* do buffer de recepção para o emissor. Cada implementação usa um conjunto diferente de comandos e timers nos lados receptor e emissor. Usaremos um diagrama bastante simples para ilustrar esse conceito ao leitor.

Lado Receptor

Em nosso diagrama, o receptor armazena todos os conjuntos de blocos que chegaram em sua fila, inclusive aqueles fora de ordem. Entretanto, ele deixa espaços vazios para serem preenchidos por conjuntos de blocos faltantes. Ele descarta mensagens duplicadas, porém mantém controle sobre estas, para futura emissão de relatórios para o emissor. A Figura 23.39 ilustra um modelo típico para o lado receptor e o *status* da fila de recepção em um dado instante.

Figura 23.39 *Controle de erros, lado receptor.*

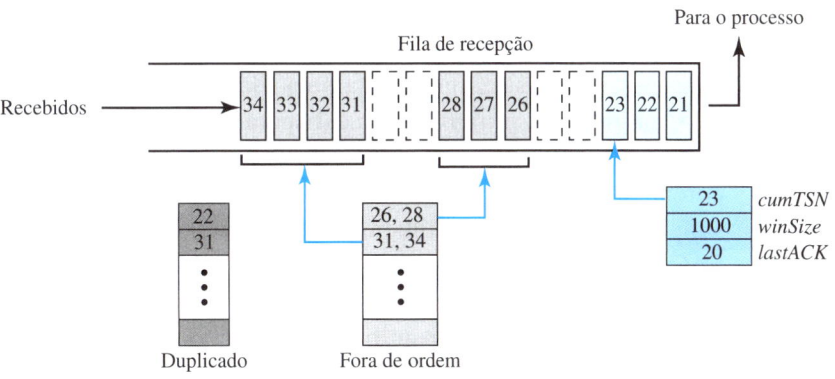

A última confirmação enviada era para o bloco de dados 20. O tamanho da janela disponível é de 1.000 bytes. Os conjuntos de blocos 21 a 23 foram recebidos em ordem. O primeiro bloco fora de ordem contém os conjuntos de blocos 26 a 28. O segundo bloco fora de ordem contém os conjuntos de blocos 31 a 34. Uma variável armazena o valor de *cumTSN*. Um array de variáveis controla o início e o fim de cada bloco que está fora de ordem. Um array de variáveis armazena os conjuntos de blocos recebidos duplicados. Note que não há necessidade de se armazenar conjuntos de blocos duplicados na fila; eles serão descartados. A figura também mostra um conjunto de blocos SACK que será enviado para informar ao emissor o *status* da fila de recepção do receptor. Os números TSN para os conjuntos de blocos fora de ordem são relativos (diferenças) ao TSN acumulado.

Lado Emissor

No lado emissor, nosso modelo implementa dois buffers (filas de transmissão): uma fila de transmissão e uma fila de retransmissão. Também usamos três variáveis auxiliares: *rwnd*, *inTransit* e *curTSN*, conforme descrito na seção anterior. A Figura 23.40 apresenta o diagrama típico.

Figura 23.40 *Controle de erros, lado emissor.*

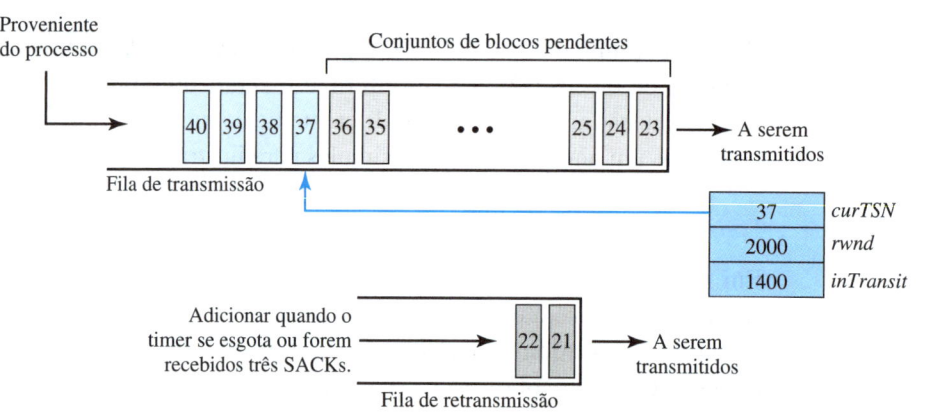

A fila de transmissão armazena os conjuntos de blocos 23 a 40. Os conjuntos de blocos 23 a 36 já foram transmitidos, porém ainda não confirmados; nesse caso, são conjuntos de blocos pendentes de confirmação. O *curTSN* aponta para o próximo conjunto de blocos a ser transmitido (37). Supomos que cada conjunto de blocos tenha 100 bytes, significando que 1.400 bytes de dados (conjuntos de blocos 23 a 36) estão em trânsito. Para tratar essas situações, o emissor implementa uma fila de retransmissão. Quando um pacote é transmitido, um timer de retransmissão é disparado para cada pacote (todos os conjuntos de dados desse pacote). Algumas implementações usam apenas um timer para toda a associação, porém vamos continuar com nossa suposição de um timer para cada pacote, para fins de simplificação. Quando o timer de retransmissão de um pacote se expira, ou chegam quatro SACKs duplicados informando um pacote faltante (a retransmissão rápida foi discutida no Capítulo 12), os conjuntos de blocos desse pacote são transferidos para a fila de retransmissão a fim de serem retransmitidos. Esses conjuntos de blocos são considerados perdidos, em vez de pendentes. Os conjuntos de blocos na fila de retransmissão têm maior prioridade. Em outras palavras, a próxima vez que o emissor enviar um conjunto de blocos, este será o conjunto de blocos 21 da fila de retransmissão.

Transmissão de Conjuntos de Blocos DATA

Uma extremidade pode transmitir pacotes de dados toda vez que existirem conjuntos de dados na fila de transmissão e sempre que o TSN for maior ou igual a *curTSN* ou se existirem conjuntos de dados na fila de retransmissão. A fila de retransmissão tem maior prioridade. Entretanto, o tamanho total do(s) conjunto(s) de blocos de dados incluso(s) no pacote não pode ultrapassar *rwnd* — *inTransit*, e o tamanho total do frame não pode ultrapassar o tamanho do MTU, como vimos em seções anteriores.

Retransmissão Para controlar um conjunto de blocos perdidos ou descartados, o SCTP, assim como o TCP, emprega duas estratégias: 1) através de timers de retransmissão e 2) recepção de quatro SACKs com os mesmos conjuntos de blocos faltantes.

Geração de Conjuntos de blocos SACK

Outra questão importante no controle de erros é a geração de conjuntos de blocos SACK. As regras para geração de conjuntos de blocos SACK no SCTP são similares às regras implementadas no TCP para a confirmação de mensagens com o flag ACK.

Controle de Congestionamento

O SCTP, assim como o TCP, é um protocolo de camada de transporte sujeito a congestionamento na rede. Os projetistas do SCTP usaram as mesmas estratégias de controle de congestionamento do TCP, descritas no Capítulo 24. O SCTP possui as fases de partida lenta (aumento exponencial), supressão de congestionamento (aumento aditivo) e detecção de congestionamento (diminuição multiplicativa). Assim como o TCP, o SCTP também implementa retransmissão rápida e recuperação rápida.

23.5 LEITURA RECOMENDADA

Para mais detalhes sobre os assuntos discutidos neste capítulo, recomendamos os seguintes livros. Os itens entre colchetes, [...], correspondem à lista de referências bibliográficas no final do texto.

Livros

O UDP é discutido no Capítulo 11 de [For06], no Capítulo 11 de [Ste94] e Capítulo 12 de [Com00]. O TCP é discutido no Capítulo 12 de [For06], nos Capítulos 17 a 24 de [Ste94] e no Capítulo 13 de [Com00]. O SCTP é discutido no Capítulo 13 de [For06] e [SX02]. Tanto o UDP como o TCP são discutidos no Capítulo 6 de [Tan03].

Sites

❑ **www.ietf.org/rfc.html**   Informações sobre RFCs

RFCs

Uma discussão sobre o UDP pode ser encontrada na RFC 768.

Uma discussão sobre o TCP pode ser encontrada nas seguintes RFCs:

675, 700, 721, 761, 793, 879, 896, 1078, 1106, 1110, 1144, 1145, 1146, 1263, 1323, 1337, 1379, 1644, 1693, 1901, 1905, 2001, 2018, 2488, 2580

Uma discussão sobre o SCTP pode ser encontrada nas seguintes RFCs:

2960, 3257, 3284, 3285, 3286, 3309, 3436, 3554, 3708, 3758

23.6 TERMOS-CHAVE

- abertura simultânea
- abortar uma conexão
- associação
- ataque de negação de serviço
- ataque por inundação de SYNs
- cabeçalho geral
- camada de transporte
- cliente
- conjunto de blocos
- conjunto de blocos COOKIE ACK
- conjunto de blocos COOKIE ECHO
- conjunto de blocos DATA
- conjunto de blocos INIT
- conjunto de blocos INIT ACK
- conjunto de blocos SACK
- controle de erros
- controle de fluxo
- cookie
- datagrama de usuário
- encerramento da associação
- encerramento simultâneo
- endereço primário
- endereço socket
- entrega processo a processo
- estabelecimento da associação
- fila
- fluxo de chegada
- *four-way handshaking* (*handshaking* de quatro vias)
- fragmentação
- identificador de fluxo (SI)
- marca de verificação
- número de confirmação
- número de porta
- número de porta conhecido
- número de porta efêmero
- número de seqüência
- número de seqüência (TSN)
- número de seqüência de fluxo (SSN)
- número de seqüência inicial (ISN)
- orientado a bytes
- orientado a mensagens
- paradigma cliente/servidor
- porta dinâmica
- porta registrada
- protocolo de transporte não confiável sem conexão
- pseudocabeçalho
- retransmissão rápida
- **RTT** (*Round-Trip Time* (tempo de ida e volta)
- segmento
- semi-encerramento
- serviço com múltiplos fluxos de dados
- serviço full-duplex
- serviço *multihoming*
- serviço orientado a conexão
- serviço sem conexão
- servidor
- TCP (Transmissão Control Protocol)
- tempo de retransmissão esgotado (RTO)
- *three-way handshaking* (*handshaking* de três vias)
- timer de retransmissão
- transferência de dados
- TSN acumulado
- UDP (*User Datagram Protocol*)

23.7 RESUMO

❑ No paradigma cliente/servidor, um programa de aplicação no host local, denominado cliente, precisa de serviços de um programa de aplicação em um host remoto, denominado servidor.

- Cada programa de aplicação possui um número de porta que o distingue de outros programas executados simultaneamente em uma mesma máquina.
- Um programa cliente recebe um número de porta randômico denominado número de porta efêmero; um programa servidor está associado a um número de porta universal, chamado número de porta conhecido (*well-know port*).
- O ICANN especificou faixas de endereços para os diferentes tipos de números de porta.
- A combinação do endereço IP e do número de porta, denominado endereço socket, associa um processo a um host.
- UDP é um protocolo de camada de transporte não confiável e não orientado a conexão, não implementa mecanismos próprios de controle de fluxo e de erros, exceto o checksum para detecção de erros.
- Um pacote UDP é denominado datagrama de usuário. Um datagrama de usuário é encapsulado no campo de dados de um datagrama IP.
- O TCP (*Transmission Contro Protocol*) é um dos protocolos de camada de transporte do conjunto de protocolos TCP/IP.
- O TCP fornece serviços de transporte para a comunicação entre processos, full-duplex e orientado a conexão.
- A unidade de transferência de dados entre dois dispositivos usando o software TCP é denominada segmento; esta possui um cabeçalho de 20 a 60 bytes, seguido por dados do programa de aplicação.
- Uma conexão TCP consiste, normalmente, em três fases: estabelecimento da conexão, transferência de dados e encerramento da conexão.
- O estabelecimento de uma conexão é implementado pelo *handshaking* de três vias; o encerramento de uma conexão é realizado pelo *handshaking* de três ou quatro vias.
- O TCP implementa controle de fluxo via o mecanismo de janelas deslizantes, que evitam sobrecarregar o receptor com dados.
- O tamanho de uma janela no TCP é determinado pelo tamanho da janela (*rwnd*) anunciado pelo receptor ou pelo tamanho da janela de congestionamento (*cwnd*), o menor entre eles. A janela pode ser aberta ou fechada pelo receptor, mas não pode ser reduzida.
- No TCP, os bytes de dados transferidos em cada conexão são numerados. A numeração se inicia com um número gerado randomicamente.
- O TCP usa controle de erros para fornecer um serviço confiável. O controle de erros é realizado pelo checksum, confirmações e time-out. Os segmentos perdidos ou corrompidos são retransmitidos e os segmentos duplicados são descartados. Os dados podem chegar fora de ordem e são temporariamente armazenados no receptor TCP. O TCP garante que nenhum segmento fora de ordem será entregue ao processo.
- Nas implementações modernas, uma retransmissão ocorre quando o timer de retransmissão se esgota ou quando chegam três segmentos ACK duplicados.
- O SCTP é um protocolo de transporte orientado a mensagens, confiável, que combina os melhores recursos do UDP e do TCP.
- O SCTP implementa serviços extras não fornecidos pelo UDP ou TCP, por exemplo, serviços com múltiplos fluxos de dados e *multihoming*.
- O SCTP é um protocolo de transporte orientado a conexão. Uma conexão SCTP é denominada associação.
- O SCTP usa o termo *pacote* para definir uma unidade de transporte.
- No SCTP, as informações de controle e dados são transportados juntos em conjuntos de blocos distintos.

- Um pacote SCTP pode conter conjuntos de blocos de controle e conjuntos de blocos de dados em que os conjuntos de blocos de controle precedem os conjuntos de blocos de dados.
- No SCTP, cada bloco de dados é numerado usando-se um número de seqüência de transmissão (TSN).
- Para distinguir diferentes fluxos de dados, o SCTP usa o identificador de seqüência (SI).
- Para distinguir diferentes conjuntos de blocos de dados pertencentes a um mesmo fluxo de dados, o SCTP usa o número de seqüência de fluxo (SSN).
- Os conjuntos de blocos DATA são identificados por três identificadores: TSN, SI e SSN. TSN é um número acumulativo reconhecido por toda a associação; o SSN inicia em 0 em cada fluxo.
- Os números de confirmação no SCTP são usados apenas para confirmar conjuntos de blocos de dados; conjuntos de blocos de controle são confirmados, se necessário, por outro bloco de controle.
- Em geral, uma associação SCTP é estabelecida pelo uso de quatro pacotes (*handshaking* de quatro vias). Normalmente, uma associação é encerrada utilizando-se três pacotes (*handshaking* de três vias).
- Uma associação SCTP usa um cookie para impedir ataques de inundação (*SYN Flooding Attack*) indiscriminados e a marca de verificação para impedir ataques de inserção (*insertion attacks*).
- O SCTP implementa controle de fluxo, controle de erros e controle de congestionamento.
- Uma confirmação SACK no SCTP informa o TSN acumulado, o TSN do último bloco de dados recebido corretamente e outros TSNs que foram recebidos.

23.8 ATIVIDADES PRÁTICAS

Questões para Revisão

1. Em casos em que a confiabilidade não é de fundamental importância, o UDP é um excelente protocolo de transporte. Cite exemplos de casos específicos.
2. O UDP e o IP são protocolos não confiáveis de mesmo grau? Justifique.
3. Os endereços de porta precisam ser exclusivos? Por quê? Por que os endereços de porta são menores que os endereços IP?
4. Qual a definição no dicionário da palavra *efêmero*? Como ela se aplica ao conceito de número de porta efêmero?
5. Qual é o tamanho mínimo de um datagrama UDP?
6. Qual é o tamanho máximo de um datagrama UDP?
7. Qual é o tamanho mínimo dos dados de um processo que podem ser encapsulados em um datagrama UDP?
8. Qual é o tamanho máximo dos dados de um processo que podem ser encapsulados em um datagrama UDP?
9. Compare os cabeçalhos do TCP e do UDP. Cite alguns campos do cabeçalho TCP que não estão presentes no cabeçalho UDP. Qual é a razão para essa ausência.
10. O UDP é um protocolo orientado a mensagens. O TCP é um protocolo orientado a bytes. Se uma aplicação precisar proteger os delimitadores de sua mensagem, que protocolo deveria ser usado: UDP ou TCP?

11. O que você pode dizer a respeito dos segmentos TCP, no qual o valor do campo de controle é um dos seguintes?

    a. 000000
    b. 000001
    c. 010001

12. Qual é o tamanho máximo do cabeçalho no TCP? Qual é o tamanho mínimo do cabeçalho no TCP?

Exercícios

13. Mostre as entradas de um cabeçalho UDP que transporta uma mensagem de um cliente TFTP para um servidor TFTP. Preencha o campo de checksum com 0s. Escolha um número apropriado de porta efêmero e de número de porta conhecido. O comprimento dos dados é igual a 40 bytes. Mostre o pacote UDP, usando o formato indicado na Figura 23.9.

14. Um cliente SNMP residente em um host com endereço IP 122.45.12.7 envia uma mensagem para um servidor SNMP residente em um host com endereço IP 200.112.45.90. Qual é o par de sockets usado nessa comunicação?

15. Um servidor TFTP residente em um host com endereço IP 130.45.12.7 envia uma mensagem a um cliente TFTP residente em um host com endereço IP 14.90.90.33. Qual é o par de sockets usado nessa comunicação?

16. Um cliente deseja transmitir um pacote com 68.000 bytes. Demonstre como esse pacote pode ser transferido usando apenas um datagrama de usuário UDP.

17. Um cliente usa UDP para transmitir dados a um servidor. Os dados têm 16 bytes. Calcule a eficiência dessa transmissão no nível UDP (razão entre bytes úteis e o total de bytes).

18. Refaça o Exercício 17, calculando a eficiência da transmissão no nível IP. Suponha que não existam opções inseridas no cabeçalho IP.

19. Refaça o Exercício 18, calculando a eficiência da transmissão na camada de enlace de dados. Suponha que não existam opções inseridas no cabeçalho IP e use Ethernet na camada de enlace de dados.

20. A seguir, é apresentado um dump de um cabeçalho UDP no formato hexadecimal.

    06 32 00 0D 00 1C E2 17

    a. Qual é o número da porta de origem?
    b. Qual é o número da porta de destino?
    c. Qual é o comprimento total do datagrama de usuário?
    d. Qual é o comprimento dos dados?
    e. O pacote é direcionado de um cliente para um servidor ou vice-versa?
    f. Qual é o processo cliente?

21. Um datagrama IP transporta um segmento TCP destinado ao endereço 130.14.16.17/16. O endereço da porta de destino está corrompido e ele chega incorretamente ao destino 130.14.16.19/16. Como o receptor TCP reage a esse erro?

22. No TCP, se o valor de HLEN for 0111, quantos bytes de opção estão inclusos no segmento?

23. Mostre as entradas de um cabeçalho TCP que transporta uma mensagem de um cliente FTP para um servidor FTP. Preencha o campo checksum com 0s. Escolha um número apropriado de porta efêmera e um número correto de porta conhecida. O comprimento dos dados é igual a 40 bytes.

24. A seguir, é apresentado um dump de um cabeçalho TCP no formato hexadecimal.

    05320017 00000001 00000000 500207FF 00000000

    a. Qual é o número da porta de origem?
    b. Qual é o número da porta de destino?
    c. Qual é o número de seqüência?
    d. Qual é o número de confirmação?
    e. Qual é o comprimento do cabeçalho?
    f. Qual é o tipo de segmento?
    g. O que é tamanho da janela?

25. Para tornar um número de seqüência inicial um número randômico, a maioria dos sistemas inicia o contador em 1 durante o boot e incrementa esse contador em 64.000 a cada 0,5 s. Quanto tempo leva para o contador reiniciar?

26. Em uma conexão, o valor de *cwnd* é 3.000 e o valor de *rwnd* é 5.000. O host transmitiu 2.000 bytes que ainda não foram confirmados. Quantos bytes mais podem ser transmitidos?

27. O TCP abre uma conexão usando um número de seqüência inicial (ISN) igual a 14.534. A outra parte abre a conexão com um ISN igual a 21.732. Mostre os três segmentos TCP de estabelecimento da conexão.

28. Um cliente usa TCP para enviar dados a um servidor. O total de dados é de 16 bytes. Calcule a eficiência dessa transmissão no nível TCP (razão entre os bytes úteis e o total de bytes). Calcule a eficiência da transmissão no nível IP. Suponha que não existam opções inseridas no cabeçalho IP. Calcule a eficiência da transmissão na camada de enlace de dados. Suponha que não existam opções inseridas no cabeçalho IP e use Ethernet na camada de enlace de dados.

29. O TCP está transmitindo dados a 1 Mbyte/s. Se o número de seqüência iniciar com 7.000, quanto tempo levará até o número de seqüência retornar a zero?

30. Uma conexão TCP usa um tamanho de janela de 10.000 bytes e o número de confirmação anterior era 22.001. Ele recebe um segmento com o número de confirmação 24.001 e tamanho de janela anunciada 12.000. Desenhe um diagrama para mostrar a situação da janela antes e depois.

31. Uma janela armazena os bytes 2.001 a 5.000. O próximo byte a ser transmitido é 3.001. Desenhe uma figura para ilustrar a situação da janela após os dois eventos a seguir.

    a. Um segmento ACK com o número de confirmação 2.500 é recebido e o tamanho da janela anunciada é 4.000.
    b. Um segmento transportando 1.000 bytes é transmitido.

32. No SCTP, o valor do TSN acumulado em um SACK é 23. O valor do TSN acumulado no SACK era 29. Qual é o problema?

33. No SCTP, o *status* de um receptor é o seguinte:

    a. A fila de recepção armazena os conjuntos de blocos 1 a 8, 11 a 14 e 16 a 20.
    b. Existem 1.800 bytes de espaço na fila.

c. O valor de *lastAck* é 4.

d. Não foi recebido nenhum conjunto de blocos duplicado.

e. O valor de *cumTSN* é 5.

Mostre o conteúdo da fila de recepção e as variáveis.

34. No SCTP, o *status* de um emissor é o seguinte:

   a. A fila de transmissão está armazenando os conjuntos de blocos 18 a 23.

   b. O valor de *cumTSN* é 20.

   c. O valor do tamanho da janela é 2.000 bytes.

   d. O valor de *inTransit* é 200.

   Se cada bloco de dados contém 100 bytes de dados, quantos conjuntos de blocos DATA podem ser transmitidos agora? Qual será o próximo conjunto de blocos DATA a ser transmitido?

Atividades de Pesquisa

35. Encontre mais informações sobre o ICANN. Qual era seu nome antes de ele ser alterado?

36. O TCP usa um diagrama de transição de estados para tratar segmentos de transmissão e de recepção. Levante informações sobre esse diagrama e como ele trata fluxo e controles.

37. O SCTP usa um diagrama de transição de estados para lidar com segmentos de transmissão e de recepção. Levante informações sobre esse diagrama e como ele trata fluxo e controles.

38. Qual é o caso de semi-abertura no TCP?

39. Qual é o caso de encerramento half-duplex no TCP?

40. O comando *tcpdump* no UNIX ou LINUX pode ser usado para imprimir cabeçalhos de pacotes de uma interface de rede. Use *tcpdump* para visualizar os segmentos enviados e recebidos.

41. No SCTP, descubra o que acontece se um conjunto de blocos SACK sofrer atraso ou for perdido.

42. Descubra o nome e as funções dos timers usados no TCP.

43. Descubra o nome e as funções dos timers usados no SCTP.

44. Descubra mais sobre ECN no SCTP. Descubra o formato desses dois conjuntos de blocos.

45. Alguns programas de aplicação, como o FTP, precisam de mais de uma conexão quando usam o TCP. Descubra como o serviço de múltiplos fluxos do SCTP pode ajudar essas aplicações a estabelecer uma única associação com vários fluxos de dados.

CAPÍTULO 24

Controle de Congestionamento e Qualidade de Serviços

Controle de congestionamento e qualidade de serviços são duas questões tão intimamente ligadas que a melhoria de uma delas significa a melhoria da outra e ignorar uma delas normalmente implica ignorar a outra. A maioria das técnicas para prevenir ou eliminar congestionamento também melhora a qualidade de serviços em uma rede.

Adiamos a discussão dessas questões até agora porque existem questões relacionadas não a uma camada, mas sim a três: a camada de enlace de dados, a camada de rede e a camada de transporte. Esperamos até agora, de modo que pudéssemos discutir essas questões de uma só vez, em vez de repetir o assunto por três vezes. Ao longo do capítulo, damos exemplos de controle de congestionamento e qualidade de serviços nas diferentes camadas.

24.1 TRÁFEGO DE DADOS

O principal foco do controle de congestionamento e qualidade de serviços é o tráfego de dados. Em controle de congestionamento, tentamos evitar o congestionamento do tráfego de dados. Em termos de qualidade de serviços, tentamos criar um ambiente apropriado para o tráfego. Portanto, antes de falarmos sobre controle de congestionamento e qualidade de serviços, discutiremos o tráfego de dados em si.

Descritor de Tráfego

Descritores de tráfego são valores qualitativos que representam o fluxo de dados. A Figura 24.1 mostra um fluxo de tráfego com um desses valores.

Figura 24.1 *Descritores de tráfego*

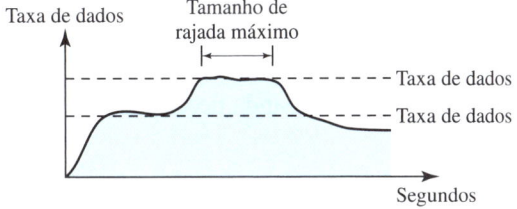

Taxa de Dados Média

A **taxa de dados média** é o número de bits transmitidos durante certo período, dividido pelo número de segundos desse período. Usamos a seguinte equação:

$$\text{Taxa de dados média} = \frac{\text{volume de dados}}{\text{tempo}}$$

A taxa de dados média é uma característica muito útil, pois ela indica a largura de banda média necessária pelo tráfego.

Taxa de Dados de Pico

A **taxa de dados de pico** define a taxa de dados máxima do tráfego. Na Figura 24.1 ela é o valor máximo no eixo *y*. A taxa de dados de pico é uma medida muito importante, uma vez que indica a largura de banda de pico que a rede precisa para o tráfego passar sem mudar seu fluxo de dados.

Tamanho Máximo de Rajada

Embora a taxa de dados de pico seja um valor crítico para a rede, normalmente pode ser ignorada, caso a duração do valor de pico seja muito curta. Por exemplo, se os dados estiverem fluindo de forma constante a uma velocidade de 1 Mbps com uma taxa de dados de pico repentina de 2 Mbps por apenas 1 ms, a rede provavelmente conseguirá lidar com essa situação. Entretanto, se a taxa de dados de pico durar 60 ms, pode ocasionar um problema para a rede. O **tamanho máximo de rajada**, em geral, refere-se ao período máximo que o tráfego é gerado na taxa de pico.

Largura de Banda Efetiva

Largura de banda efetiva é a largura de banda que a rede precisa alocar para o fluxo de tráfego. A largura de banda efetiva é função de três valores: taxa de dados média, taxa de dados de pico e tamanho máximo de rajada. O cálculo desse valor é bastante complexo.

Perfis de Tráfego

Para nossos propósitos, um fluxo de dados pode ter um dos seguintes perfis de tráfego: taxa de bits constante, taxa de bits variável ou taxa de bits em rajadas, conforme mostrado na Figura 24.2.

Taxa de Bits Constante

Um **CBR** (*constant-bit-rate*, em inglês, **taxa de bits constante**) ou um modelo de tráfego de velocidade fixa possui uma taxa de dados que não muda. Nesse tipo de fluxo, a taxa de dados média e a taxa de dados de pico são iguais. O tamanho máximo de rajada não é aplicável. Esse tipo de tráfego é muito fácil para uma rede lidar já que ele é previsível. A rede sabe antecipadamente quanta largura de banda necessita alocar para esse tipo de fluxo.

Taxa de Bits Variável

Na categoria **VBR** (*variable-bit-rate*, em inglês, **taxa de bits variável**), a taxa de fluxo de dados muda com o tempo, com mudanças suaves em vez de repentinas e abruptas. Nesse tipo de fluxo, a taxa de dados média e a taxa de dados de pico são diferentes. O tamanho máximo de

Figura 24.2 *Três perfis de tráfego*

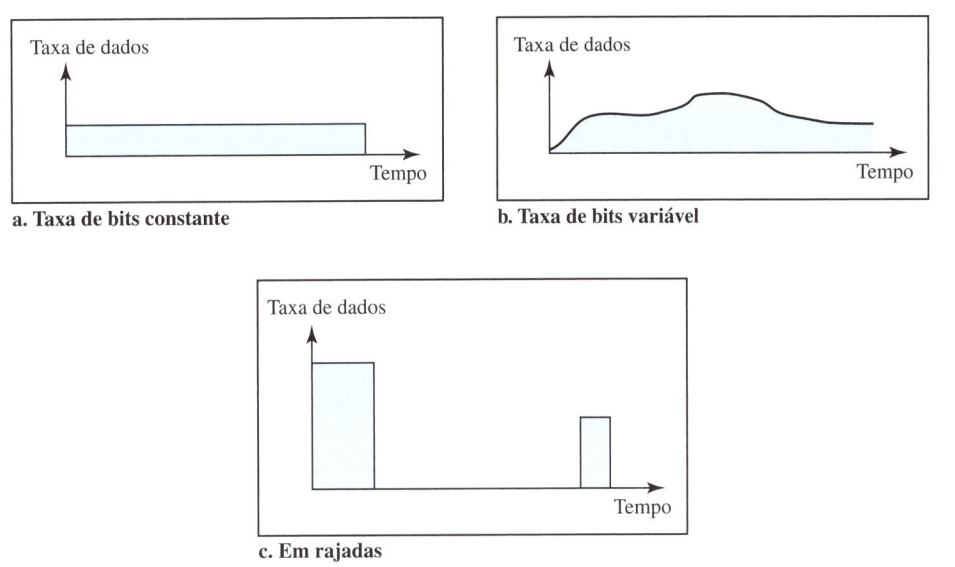

a. Taxa de bits constante
b. Taxa de bits variável
c. Em rajadas

rajada normalmente é um valor pequeno. Esse tipo de tráfego é mais difícil de ser tratado que o tráfego com taxa de bits constante, porém, geralmente, ele não precisa ser reformulado, como veremos posteriormente.

Rajadas

Na categoria **dados em rajadas**, a taxa de dados muda repentinamente em um espaço de tempo muito curto. Ela pode pular de zero, por exemplo, para 1 Mbps em poucos microssegundos e vice-versa. Ela também pode permanecer nesse valor por alguns instantes. A taxa de bits média e a taxa de bits de pico são valores bem diferentes nesse tipo de fluxo. O tamanho máximo de rajada é significativo. Este é o tipo de tráfego mais difícil para uma rede lidar, pois o perfil é muito imprevisível. Para lidar com esse tipo de tráfego, normalmente a rede precisa reformulá-lo, usando técnicas de reformulação, como veremos em breve. O tráfego em rajadas é uma das principais causas de congestionamento em uma rede.

24.2 CONGESTIONAMENTO

Uma questão importante em uma rede de comutação de circuitos é o **congestionamento**. Pode ocorrer congestionamento em uma rede, caso a **carga** na rede — o número de pacotes enviados para a rede — seja maior que a *capacidade* da rede — o número de pacotes que a rede é capaz de tratar. **Controle de congestionamento** refere-se aos mecanismos e técnicas para controlar o congestionamento e manter a carga abaixo da capacidade.

Poderíamos perguntar: por que existe congestionamento em uma rede? O congestionamento ocorre em qualquer sistema que envolva espera. Por exemplo, pode ocorrer em uma estrada em decorrência de qualquer anormalidade no fluxo do tráfego, tal como um acidente durante o horário de pico, que cria bloqueio.

Ocorre congestionamento em uma rede ou internetwork porque os roteadores e comutadores possuem filas — buffers que retêm os pacotes antes e depois do processamento. Suponha, por exemplo, que um roteador tenha uma fila de entrada e uma fila de saída para cada interface. Quando chega um pacote na interface de entrada, ele passa por três etapas antes de partir, conforme mostrado na Figura 24.3.

Figura 24.3 *Filas em um roteador*

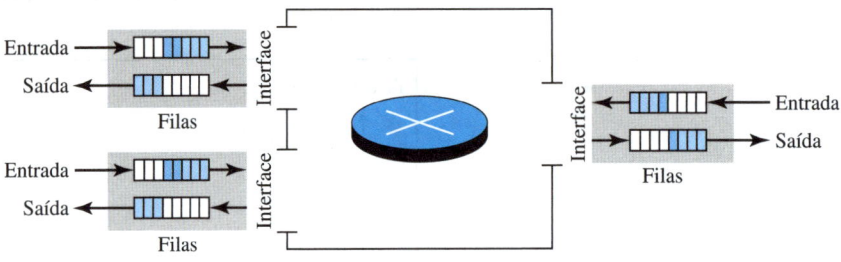

1. O pacote é colocado no final da fila de entrada enquanto espera ser verificado.
2. O módulo de processamento do roteador elimina o pacote da fila de entrada assim que ele atingir a frente da fila e usa sua tabela de roteamento e o endereço de destino para determinar a rota.
3. O pacote é colocado na fila de saída apropriada e aguarda sua vez de ser transmitido.

Precisamos estar atentos a duas questões. Primeiro, se a velocidade de chegada dos pacotes for maior que a velocidade de processamento dos pacotes, as filas de entrada se tornam cada vez mais longas. Em segundo lugar, se a velocidade de partida dos pacotes for menor que a velocidade de processamento dos pacotes, as filas de saída se tornam cada vez mais longas.

Desempenho da Rede

O controle de congestionamento envolve dois fatores que medem o desempenho de uma rede: *atraso* e *throughput*. A Figura 24.4 ilustra essas duas medidas de desempenho em função da carga.

Figura 24.4 *Atraso e throughput dos pacotes em função da carga*

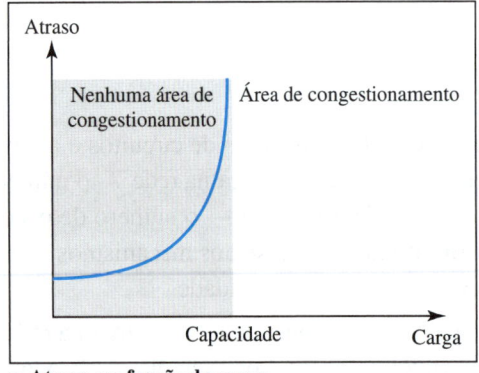
a. Atraso em função da carga

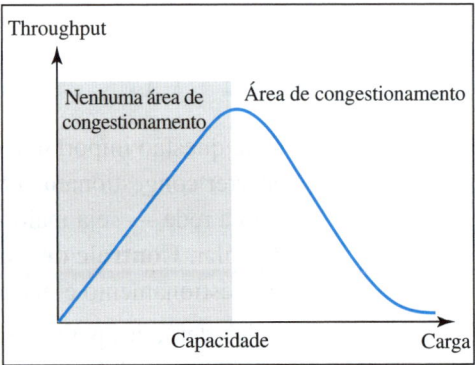
b. Throughput em função da carga

Atraso versus Carga

Observe que, quando a carga for muito menor que a capacidade da rede, o **atraso** se encontra em seu valor mínimo. Esse atraso mínimo é composto por atraso de propagação e atraso de processamento, ambos os quais são desprezíveis. Entretanto, quando a carga atinge a capacidade da rede, o atraso aumenta rapidamente, pois agora precisamos acrescentar o tempo de espera nas filas (para todos os roteadores da rota) ao atraso total. Note que o atraso se torna infinito quando a carga for maior que a capacidade. Se isso não for óbvio, considere o tamanho das filas quando quase nenhum pacote atinge o seu destino, ou atinge o destino com atraso infinito; as filas ficam cada vez mais longas. O atraso tem um impacto negativo sobre a carga e, conseqüentemente, o congestionamento. Quando um pacote sofre atraso, a fonte, não recebendo a confirmação, retransmite o pacote, que provoca o atraso e, pior ainda, o congestionamento.

Throughput versus Carga

Definimos throughput no Capítulo 3 como o número de bits passando por um ponto em um segundo. Podemos estender essa definição de bits para pacotes e de um ponto para uma rede. E podemos definir **throughput** em uma rede como o número de pacotes que passam por uma rede em uma unidade de tempo. Observe que, quando a carga está abaixo da capacidade da rede, o throughput aumenta proporcionalmente com a *carga*. Espera-se que o throughput permaneça constante após a carga atingir sua capacidade plena, porém, em vez disso, o throughput declina abruptamente. A razão para tal é o descarte de pacotes por parte dos roteadores. Quando a carga excede a capacidade, as filas ficam cheias e os roteadores têm de descartar alguns pacotes. Descartar pacotes não reduz o número de pacotes na rede, porque as origens retransmitem os pacotes, usando mecanismos de time-out (tempo esgotado), quando os pacotes não atingem seus destinos.

24.3 CONTROLE DE CONGESTIONAMENTO

Controle de congestionamento refere-se às técnicas e mecanismos que podem tanto impedir o congestionamento, antes de ele acontecer, quanto eliminar o congestionamento, após este ter ocorrido. Em geral, podemos dividir os mecanismos de controle de congestionamento em duas grandes categorias: controle de congestionamento de anel aberto (prevenção) e controle de congestionamento de anel fechado (eliminação) conforme mostrado na Figura 24.5.

Figura 24.5 *Categorias de controle de congestionamento*

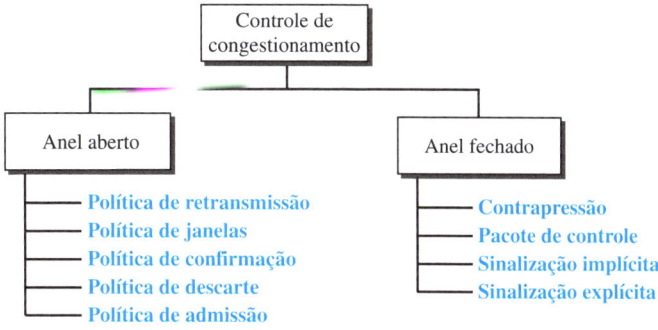

Controle de Congestionamento de Anel Aberto

No **controle de congestionamento de anel aberto**, as políticas são aplicadas para evitar o congestionamento antes que ele aconteça. Nesses mecanismos, o controle de congestionamento pode ser manipulado pela fonte ou então pelo destino. Apresentamos uma breve lista de políticas que podem evitar o congestionamento.

Política de Retransmissão

A retransmissão é, algumas vezes, inevitável. Se o emissor percebe que um pacote enviado foi perdido ou corrompido, o pacote precisa ser retransmitido. Em geral, a retransmissão pode aumentar o congestionamento na rede. Entretanto, uma boa política de retransmissão pode evitar congestionamento. A política de retransmissão e os temporizadores de retransmissão devem ser projetados para otimizar a eficiência e, ao mesmo tempo, evitar congestionamento. Por exemplo, a política de retransmissão usada pelo TCP (explicada posteriormente) foi desenvolvida para impedir ou então amenizar o congestionamento.

Política de Janelas

O tipo de janela definida pelo emissor também pode afetar o congestionamento. A janela Repetição Seletiva é melhor que a janela Go-back-N para controle de congestionamento. Na janela Go-back-N, quando o timer para um pacote tem seu tempo esgotado, vários pacotes podem ser retransmitidos, embora alguns possam chegar são e salvos no receptor. Essa duplicação pode tornar o congestionamento ainda pior. Por outro lado, a janela Repetição Seletiva tenta transmitir os pacotes específicos que foram perdidos ou corrompidos.

Política de Confirmação

A política de confirmação imposta pelo receptor também pode afetar o congestionamento. Se o receptor não confirmar todos os pacotes que recebeu, ele poderá desacelerar o emissor e ajudar a evitar congestionamento. São usados vários métodos nesse caso. Um receptor pode transmitir uma confirmação apenas se ele tiver um pacote a ser transmitido ou um timer especial se esgotar. Um receptor pode decidir confirmar apenas N pacotes por vez. Precisamos saber que as confirmações também fazem parte da carga em uma rede. Enviar um número menor de confirmações significa impor uma carga menor na rede.

Política de Descarte

Uma boa política de descarte por parte dos roteadores pode evitar congestionamento e, ao mesmo tempo, talvez não prejudique a integridade da transmissão. Por exemplo, em transmissão de áudio, se a política for descartar pacotes menos sensíveis quando é provável a ocorrência de congestionamento, a qualidade do som ainda será preservada e o congestionamento será evitado ou então amenizado.

Política de Admissão

Uma política de admissão, que é o mecanismo de qualidade de serviços, também pode evitar congestionamento nas redes de circuitos virtuais. Os comutadores em um fluxo, primeiro, verificam a necessidade do recurso de um fluxo antes de admiti-lo na rede. Um roteador pode negar o estabelecimento de uma conexão de circuitos virtuais, caso haja congestionamento na rede ou se existir a possibilidade de congestionamento futuro.

Controle de Congestionamento de Anel Fechado

Mecanismos de **controle de congestionamento de anel fechado** tentam amenizar o congestionamento após este ter ocorrido. Diversos mecanismos têm sido usados por diferentes protocolos. Descrevemos alguns deles aqui.

Contrapressão

A técnica de *contrapressão* se refere a um mecanismo de controle de congestionamento no qual um nó congestionado pára de receber dados do nó ou dos nós superiores. Isso pode fazer que o nó ou nós superiores se tornem congestionados e eles, por sua vez, rejeitem dados de seus nós ou nós superiores. E assim por diante. Contrapressão é um controle de congestionamento nó-para-nó que inicia com um nó e propaga, no sentido oposto do fluxo de dados, para a origem. A técnica de contrapressão pode ser aplicada apenas a redes de circuitos virtuais, na qual cada nó conhece o nó superior a partir do qual um fluxo de dados está provindo. A Figura 24.6 mostra o conceito de contrapressão.

Figura 24.6 *Método contrapressão para reduzir o congestionamento*

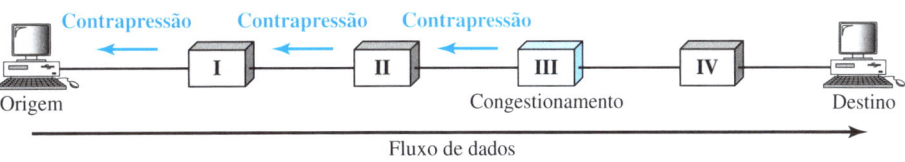

O nó III da figura recebe uma quantidade de dados de entrada que é maior que aquela que é capaz de lidar. Ele elimina alguns pacotes em seu buffer de entrada e informa ao nó II para desacelerar. O nó II, por sua vez, pode estar congestionado, pois ele está retardando o fluxo de dados de saída. Se o nó II estiver congestionado, ele informa ao nó I para desacelerar que, por sua vez, pode criar congestionamento. Se isso acontecer, o nó I informa à origem dos dados para diminuir o ritmo. Este, com o tempo, reduz o congestionamento. Note que a *pressão* sobre o nó III for deslocada para trás para a origem, para eliminar o congestionamento.

Nenhuma das redes de circuitos virtuais estudadas neste livro usa contrapressão. Ela foi, entretanto, implementada na primeira rede de circuitos virtuais, o X.25. A técnica não pode ser implementada em uma rede de datagramas, pois nesse tipo de rede, um nó (roteador) não tem a menor idéia do nó superior próximo ao roteador.

Pacote de Controle

Um **pacote de controle** é um pacote enviado por um nó para a origem para informá-la sobre o congestionamento. Observe a diferença entre os métodos de contrapressão e pacote de controle. Na técnica de contrapressão, o aviso é de um nó para seu nó seguinte superior, embora este alerta possa, finalmente, atingir a estação de origem. No método do pacote de controle, o alerta é do roteador, que encontrou o congestionamento, diretamente para a estação de origem. Os nós intermediários por meio dos quais o pacote percorreu não são alertados. Vimos um exemplo desse tipo de controle no ICMP. Quando um roteador na Internet fica sobrecarregado com datagramas IP, ele poderá descartar parte deles; porém ele informa o host de origem por meio de uma mensagem ICMP source quench. A mensagem de alerta vai diretamente para a estação de origem;

os roteadores intermediários não tomam nenhuma atitude. A Figura 24.7 mostra o conceito de um pacote de controle.

Figura 24.7 *Pacote de controle*

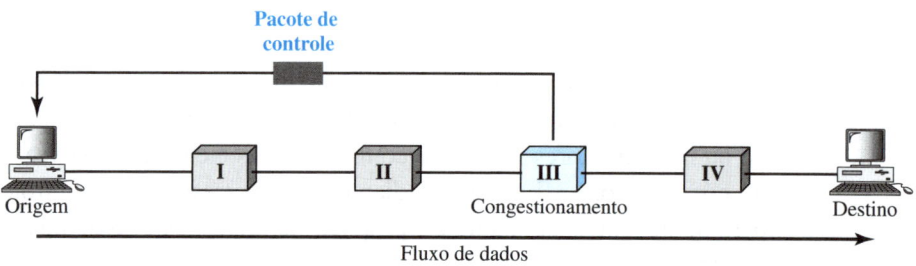

Sinalização Implícita

Na sinalização implícita, não existe nenhuma comunicação entre o nó ou nós congestionados e a origem. A origem deduz que existe congestionamento em algum ponto da rede a partir de outros sintomas. Por exemplo, quando uma fonte envia vários pacotes e não retorna confirmação destes pacotes por um tempo, uma hipótese é que a rede está congestionada. O atraso no recebimento de uma confirmação é interpretado como congestionamento na rede; a origem deve diminuir o ritmo. Veremos esse tipo de sinalização ao discutirmos controle de congestionamento no TCP, mais à frente, ainda neste capítulo.

Sinalização Explícita

O nó que passa por congestionamento pode transmitir explicitamente um sinal para a fonte ou destino. O método de sinalização explícita, entretanto, é diferente do método do pacote de controle. No método do pacote de controle, um pacote separado é usado para essa finalidade; no método de sinalização explícita, a sinalização é inclusa nos pacotes que transportam dados. A sinalização explícita, como veremos no controle de congestionamento do Frame Relay, pode ocorrer tanto no sentido direto como no inverso.

Sinalização Inversa Um bit pode ser ativado em um pacote no sentido oposto ao do congestionamento. Esse bit pode alertar a fonte de que há congestionamento e que ela precisa reduzir o ritmo para evitar descartes de pacotes.

Sinalização no Sentido Direto Um bit pode ser ativado em um pacote que vai ao sentido direto do congestionamento. Esse bit pode alertar o destino que existe congestionamento. O receptor, nesse caso, pode usar políticas como diminuir o ritmo das confirmações, para amenizar o congestionamento.

24.4 DOIS EXEMPLOS

Para compreender melhor o conceito de controle de congestionamento, vamos dar dois exemplos: um do TCP e o outro do Frame Relay.

Controle de Congestionamento no TCP

Tratamos do TCP no Capítulo 23. Agora, mostraremos como o TCP usa o controle de congestionamento para evitar ou amenizar congestionamento de rede.

Janela de Congestionamento

No Capítulo 23, falamos sobre controle de fluxo e tentamos discutir soluções quando o receptor ficava sobrecarregado com excesso de dados. Dissemos que o tamanho da janela do emissor era determinado pelo espaço disponível em buffer no receptor (*rwnd*). Em outras palavras, supusemos que era apenas o receptor que ditava ao emissor o tamanho da janela do emissor. Lá, ignoramos completamente qualquer outra entidade — a rede. Se a rede não for capaz de entregar dados em uma velocidade tão rápida quanto à de criação pelo emissor, ele deve informar ao emissor para diminuir o ritmo. Em outras palavras, além do receptor, a rede é uma segunda entidade que determina o tamanho da janela do emissor.

Hoje em dia, o tamanho da janela do emissor é determinado não apenas pelo receptor, como também pelo nível de congestionamento na rede.

O emissor possui duas informações: o tamanho da janela anunciado pelo receptor e o tamanho da janela de congestionamento. O tamanho real da janela é o menor valor desses dois.

Tamanho real da janela = mínimo (rwnd, cwnd)

Mostraremos brevemente como é determinado o tamanho da janela de congestionamento (*cwnd*).

Política de Congestionamento

A política geral do TCP para lidar com congestionamento se baseia em três fases: partida lenta, evitar o congestionamento e detecção de congestionamento. Na fase de partida lenta, o emissor começa com uma velocidade de transmissão muito baixa, porém aumenta a velocidade rapidamente para atingir um limiar. Quando o limiar é atingido, a taxa de dados é reduzida para evitar congestionamento. Finalmente, se for detectado congestionamento, o emissor retorna para a fase de partida lenta para evitar congestionamento, dependendo de como o congestionamento for detectado.

Partida Lenta: Aumento Exponencial Um dos algoritmos usados no TCP para controle de congestionamento é a chamada **partida lenta**. Esse algoritmo se baseia na idéia de que o tamanho da janela de congestionamento (*cwnd*) começa com um tamanho de segmento máximo (MSS, em inglês). O MSS é determinado durante o estabelecimento da conexão usando-se uma opção de mesmo nome. O tamanho da janela aumenta de um MSS cada vez que for recebida uma confirmação. Como o próprio nome indica, a janela começa lentamente, porém cresce exponencialmente. Para ilustrar esse conceito, vejamos a Figura 24.8. Note que usamos três simplificações para tornar a discussão mais compreensível. Usamos números de segmentos em vez de números de bytes (já que cada segmento contém apenas 1 byte). Supusemos que *rwnd* fosse muito maior que *rwnd,* de modo que o tamanho da janela do emissor sempre fosse igual a *cwnd*. Supusemos também que cada segmento fosse confirmado individualmente.

O emissor começa com *cwnd* = 1 MSS. Isso significa que o emissor pode transmitir apenas um segmento. Após receber a confirmação para o segmento 1, o tamanho da janela de congestionamento é aumentado em 1, significando que agora *cwnd* é igual a 2. Agora, mais dois segmentos podem ser transmitidos. A cada confirmação recebida, o tamanho da janela é aumentado em 1 MSS. Quando todos os sete segmentos forem confirmados, *cwnd* = 8.

Figura 24.8 *Partida lenta, aumento exponencial*

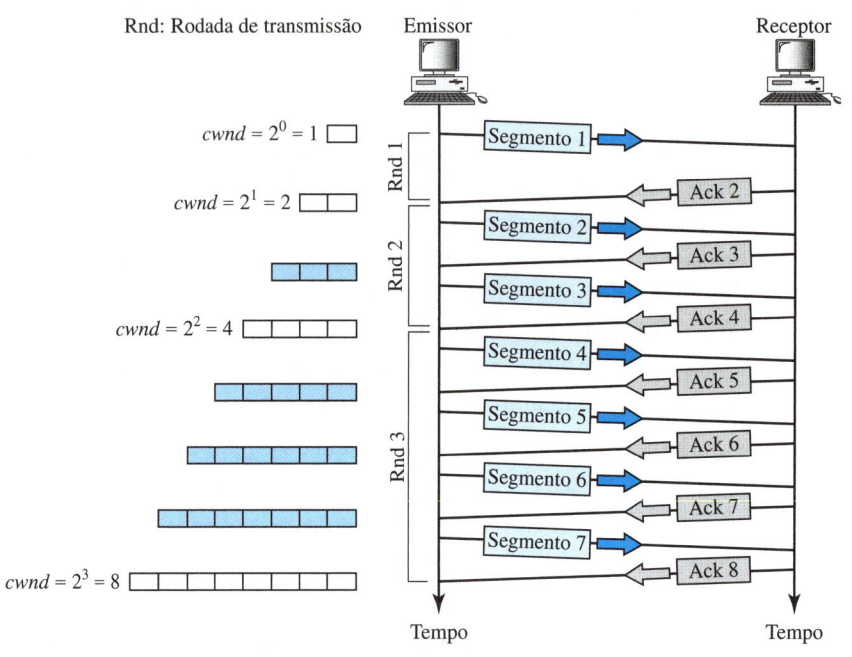

Se observarmos o tamanho de *cwnd* em termos de rodadas (confirmação de toda a janela de segmentos), descobriremos que a velocidade é exponencial, conforme mostrado a seguir:

Início	→	$cwnd = 1$
Após a rodada 1	→	$cwnd = 2^1 = 2$
Após a rodada 2	→	$cwnd = 2^2 = 4$
Após a rodada 3	→	$cwnd = 2^3 = 8$

No algoritmo de partida lenta, o tamanho da janela de congestionamento aumenta exponencialmente até atingir um limiar.

Precisamos mencionar que, se existirem ACKs atrasados, o aumento no tamanho da janela é menor que a potência de 2.

A partida lenta não pode continuar indefinidamente. Deve existir um limite para interromper essa fase. O emissor controla uma variável chamada *ssthresh* (limiar de partida lenta). Quando o tamanho da janela, em bytes, atinge esse limite, a partida lenta pára e se inicia a fase seguinte. Na maioria das implementações, o valor de *ssthresh* é 65.535 bytes.

Evitar o Congestionamento: Aumento Aditivo Se iniciarmos com o algoritmo de partida lenta, o tamanho da janela de congestionamento aumenta exponencialmente. Para evitar o congestionamento antes de ele ocorrer, deve-se diminuir o crescimento exponencial. O TCP define outro algoritmo chamado **evitar o congestionamento (*congestion avoidance*)**, que implementa um **aumento aditivo**, em vez de exponencial. Quando o tamanho da janela de congestionamento atinge o limiar de partida lenta, a fase de partida lenta pára e se inicia a fase aditiva. Nesse algoritmo, cada vez que a janela inteira de segmentos é confirmada (uma rodada), o tamanho da janela de congestionamento é incrementada em 1 unidade. Para ilustrar a idéia, aplicamos esse algoritmo para a mesma situação da partida lenta, embora veremos que o algoritmo de evitar o congestionamento normalmente começa quando o tamanho da janela é muito maior que 1. A Figura 24.9 ilustra o conceito.

Figura 24.9 *Congestion Avoidance, aumento aditivo*

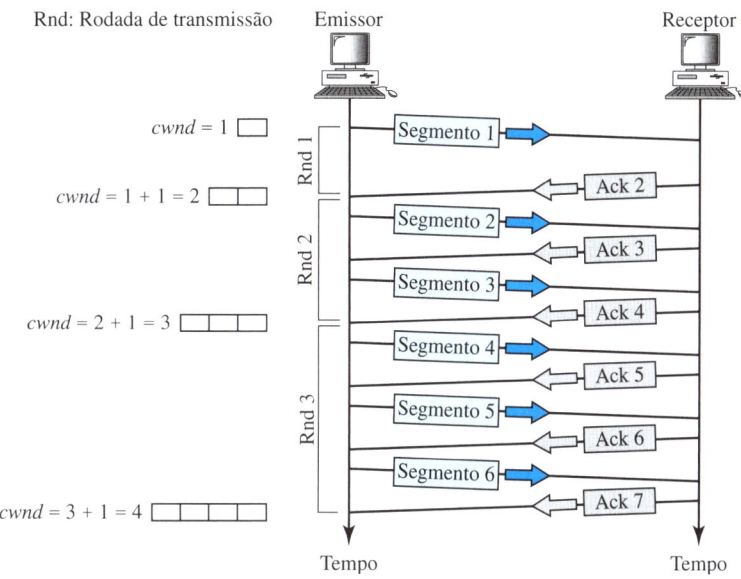

Nesse caso, após o emissor ter recebido confirmações para um tamanho de janela de segmentos completa, o tamanho da janela é aumentado em um segmento.

Se examinarmos o tamanho de *cwnd* em termos de rodadas, descobriremos que a velocidade é aditiva, como mostrado a seguir:

Início	→	*cwnd* = 1
Após a rodada 1	→	*cwnd* = 1 + 1 = 2
Após a rodada 2	→	*cwnd* = 2 + 1 = 3
Após a rodada 3	→	*cwnd* = 3 + 1 = 4

No algoritmo de evitar o congestionamento, o tamanho da janela de congestionamento aumenta de forma aditiva até ser detectado congestionamento.

Detecção de Congestionamento: Diminuição Multiplicativa Se ocorrer congestionamento, o tamanho da janela de congestionamento deve ser diminuído. A única maneira que o emissor pode deduzir a ocorrência de congestionamento é pela necessidade de retransmitir um segmento. Entretanto, a retransmissão pode ocorrer em um dos seguintes casos: quando o tempo de um timer se esgota ou quando forem recebidas três ACKs. Em ambos os casos, o tamanho do limiar é reduzido pela metade, uma **diminuição multiplicativa**. A maior parte das implementações no TCP implementa duas reações:

1. Se o tempo se esgotar, existe uma grande possibilidade de congestionamento; provavelmente um segmento foi descartado da rede e não há nenhuma notícia sobre os segmentos transmitidos.

Nesse caso, o TCP reage de forma violenta:

a. Ele ajusta o valor do limiar para metade do tamanho atual da janela.
b. Ele ajusta *cwnd* para o tamanho de um segmento.
c. Ele inicia a fase de partida lenta novamente.

2. Se forem recebidos três ACKs, existe uma possibilidade menor de congestionamento; talvez um segmento tenha sido descartado, porém alguns segmentos após estes podem ter chegado de forma segura, já que foram recebidos três ACKs. Isso é denominado transmissão rápida e recuperação rápida. Nesse caso, o TCP tem uma reação mais branda:

a. Ele ajusta o valor do limiar para metade do tamanho da janela atual.
b. Ele ajusta *cwnd* para o valor do limiar (algumas implementações acrescentam três tamanhos de segmento ao limiar).
c. Ele inicia a fase de evitar o congestionamento.

Uma implementação reage à detecção de congestionamento em uma das seguintes formas:

❏ **Se a detecção for por tempo esgotado, é iniciada uma nova** *fase de partida lenta.*
❏ **Se a detecção for por três ACKs recebidos, é iniciada uma nova fase de** *evitar o congestionamento.*

Resumo Na Figura 24.10, sintetizamos a política de congestionamento do TCP e as relações entre as três fases.

Figura 24.10 *Resumo da política de congestionamento do TCP*

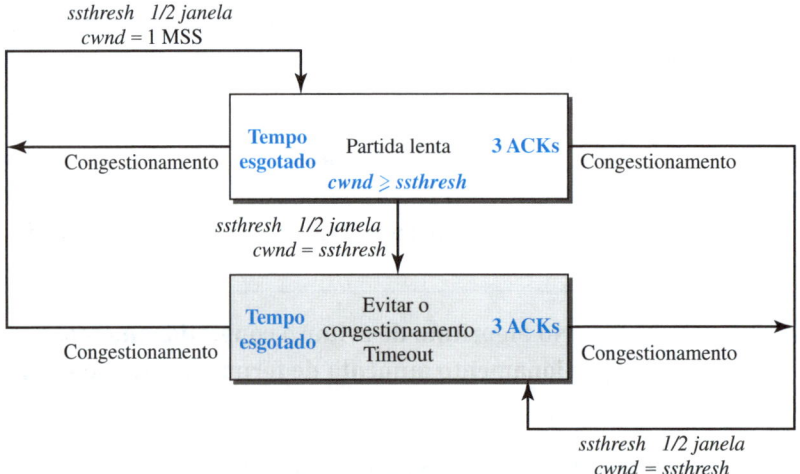

Damos um exemplo na Figura 24.11. Supomos que o tamanho máximo da janela seja de 32 segmentos. O limite é configurado para 16 segmentos (metade do tamanho máximo da janela). Na *fase de partida lenta,* o tamanho da janela começa em 1 e aumenta exponencialmente até atingir o limiar. Após atingir o limiar, o procedimento de *evitar o congestionamento (aumento aditivo)* possibilita que o tamanho da janela aumente linearmente até que o tempo se esgote ou o tamanho máximo da janela ser atingido. Na Figura 24.11, o tempo se esgota quando o tamanho da janela é igual a 20. Nesse momento, o procedimento de *diminuição multiplicativa* assume o

Figura 24.11 Exemplo de congestionamento

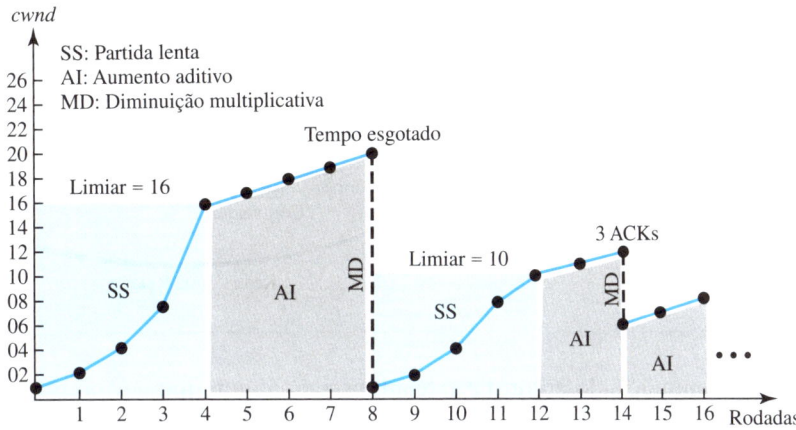

controle e reduz o limiar para metade do tamanho da janela anterior. O tamanho da janela anterior era 20 quando o tempo se esgotou, de modo que o novo limiar agora é igual a 10.

O TCP retorna novamente para a partida lenta, inicia com um tamanho de janela igual a 1 e vai para o aumento aditivo quando for atingido o novo limite. Quando o tamanho da janela for 12, ocorre um evento de três ACKs recebidos. O procedimento de diminuição multiplicativa assume o controle novamente. O limiar é reajustado para 6 e o TCP, desta vez, vai para a fase de aumento aditivo. Ele permanece nessa fase até a ocorrência de outro evento de tempo esgotado ou do recebimento de mais três ACKs.

Controle de Congestionamento no Frame Relay

O congestionamento em uma rede Frame Relay diminui o throughput e aumenta o atraso. Um throughput elevado e um atraso pequeno são os principais objetivos do protocolo Frame Relay. O Frame Relay não possui controle de fluxo. Além disso, o Frame Relay permite que o usuário transmita dados em rajadas. Isso significa que uma rede Frame Relay tem grande probabilidade de se tornar congestionado com tráfego em excesso, exigindo, portanto, o controle de congestionamento.

Congestion Avoidance

Para evitar congestionamento, o protocolo Frame Relay usa 2 bits no frame para alertar explicitamente a origem e o destino da presença de congestionamento.

BECN O bit **BECN** (*Backward Explicit Congestion Notification*, em inglês, **notificação de congestionamento explícito no sentido inverso**) alerta o emissor sobre congestionamentos na rede. Poder-se-ia perguntar como isso é feito já que os frames estão trafegando na direção inversa do emissor. Na realidade, existem dois métodos: o comutador pode usar frames de resposta do receptor (modo full-duplex) ou então o comutador pode usar uma conexão predefinida (DLCI = 1023) para transmitir frames especiais para essa finalidade específica. O emissor pode responder a esse alerta simplesmente reduzindo a taxa de dados. A Figura 24.12 mostra o uso do BECN.

FECN O bit **FECN** (*forward explicit congestion notification*, em inglês, **notificação de congestionamento explícito no sentido direto**) é usado para alertar o receptor sobre congestionamentos na rede. Poderia parecer que o receptor não pode fazer nada para amenizar o congestionamento. Entretanto, o protocolo Frame Relay supõe que o emissor e o receptor estejam se

Figura 24.12 *BECN*

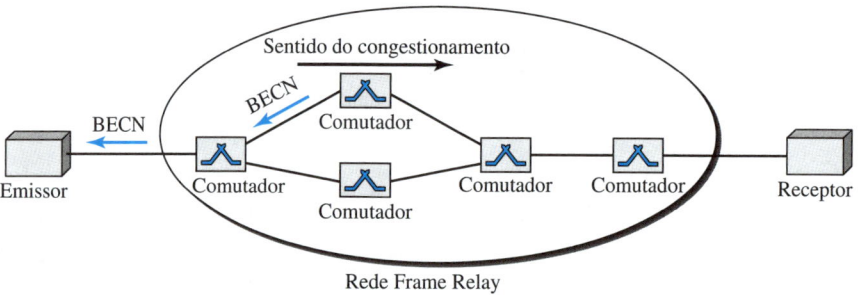

comunicando entre si e estejam usando algum tipo de controle de fluxo em um nível mais alto. Por exemplo, se houver um mecanismo de confirmação nesse nível mais alto, o receptor pode atrasar as confirmações forçando, portanto, o emissor a diminuir o ritmo. A Figura 24.13 ilustra o uso do FECN.

Quando dois pontos terminais estão se comunicando por meio da utilização de uma rede Frame Relay, podem ocorrer quatro situações em relação ao congestionamento. A Figura 24.14 mostra essas quatro situações, bem como os valores de FECN e BECN.

Figura 24.13 *FECN*

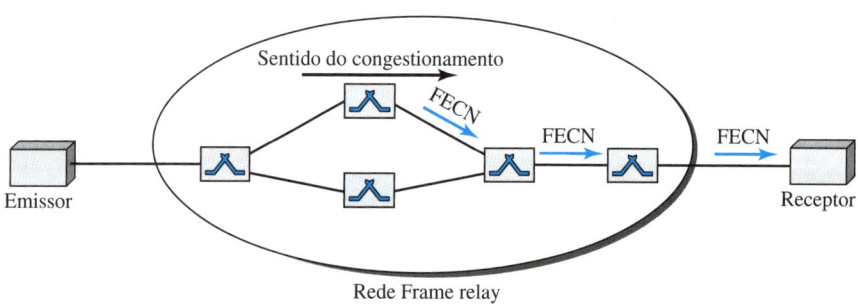

Figura 24.14 *Quatro casos de congestionamento*

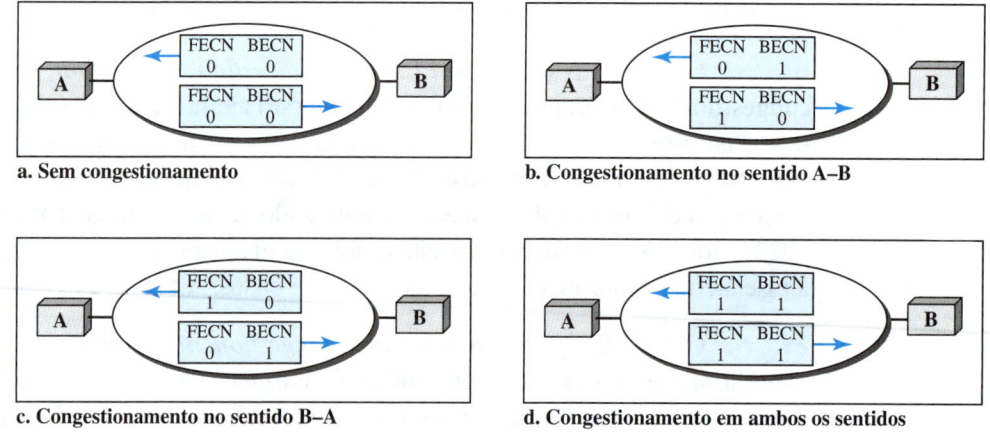

24.5 QUALIDADE DE SERVIÇOS

Qualidade de serviços (QoS) é um problema de internetworking que vem sendo mais discutido que definido. Podemos definir informalmente qualidade de serviços como algo que um fluxo procura alcançar.

Características dos Fluxos

Tradicionalmente, são atribuídos quatro tipos de características a um fluxo: confiabilidade, atraso, jitter e largura de banda, conforme mostrado na Figura 24.15.

Figura 24.15 *Características do fluxo*

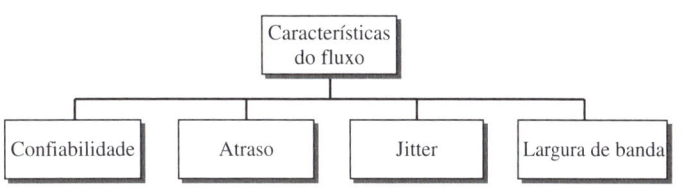

Confiabilidade

Confiabilidade é uma característica que um fluxo precisa. A falta de confiabilidade significa perder um pacote ou confirmação, que implica na retransmissão. Entretanto, a sensibilidade dos programas aplicativos à confiabilidade não é a mesma. Por exemplo, é mais importante para o correio eletrônico, transferência de arquivos e acesso à Internet terem transmissões confiáveis que aplicações de audioconferência e telefonia.

Atraso

Atraso origem-destino é outra característica do fluxo. Repetindo, aplicações podem tolerar atraso em diversos níveis. Nesse caso, telefonia, audioconferência, videoconferência e login remoto precisam de atraso mínimo, ao passo que o atraso na transferência de arquivos ou de e-mail é menos importante.

Jitter

Jitter é a variação no atraso entre pacotes pertencentes ao mesmo fluxo. Por exemplo, se quatro pacotes partirem nos instantes 0, 1, 2, 3 e chegarem aos instantes 20, 21, 22, 23, todos terão o mesmo atraso, 20 unidades de tempo. Por outro lado, se os quatro pacotes chegarem aos instantes 21, 23, 21 e 28, eles terão atrasos diferentes: 21, 22, 19 e 24.

Para aplicações como áudio e vídeo, o primeiro caso é completamente aceitável; o segundo caso, não. Para essas aplicações, não importa se os pacotes chegam com um atraso pequeno ou longo desde que o atraso seja o mesmo para todos os pacotes. Para essas aplicações, o segundo caso não é aceitável.

Jitter é definido como a variação no atraso do pacote. Um jitter elevado significa que a diferença entre os atrasos é alta; jitter menor significa que a variação é pequena.

No Capítulo 29, mostraremos como a comunicação multimídia lida com o jitter. Se o jitter for elevado, é preciso alguma atitude, de modo que os dados recebidos sejam utilizáveis.

Largura de Banda

Aplicações diferentes requerem diferentes larguras de banda. Em videoconferência, precisamos transmitir milhões de bits por segundo para atualizar uma tela colorida, ao passo que o número total de bits em uma mensagem de e-mail talvez nem chegue à casa de um milhão.

Classes de Fluxo

Tomando como base as características dos fluxos, podemos classificar os fluxos em grupos, cada um dos quais tendo níveis similares de características. Essa divisão em categorias não é formal nem universal; alguns protocolos como o ATM possuem classes definidas, como veremos posteriormente.

24.6 TÉCNICAS PARA MELHORAR O QOS

Na Seção 24.5, tentamos definir QoS em termos de suas características. Na presente seção, discutiremos algumas técnicas que podem ser usadas para melhorar a qualidade de serviços. Discutiremos brevemente quatro métodos comuns: programação, formatação de tráfego, controle de admissão e reserva de recursos.

Programação

Pacotes de fluxos diferentes chegam em um comutador ou roteador para processamento. Uma boa técnica de programação trata os diferentes fluxos de maneira equilibrada e apropriada. Foram idealizadas diversas técnicas de programação para melhorar a qualidade de serviços. Discutiremos aqui três delas: formação de filas FIFO, formação de filas por prioridade e formação de filas ponderadas.

Formação de Filas FIFO

Na **formação de filas FIFO** (*first-in, first-out*, em inglês, **o primeiro que entra é o primeiro que sai**), os pacotes aguardam em um buffer (fila) até que o nó (roteador ou comutador) esteja pronto para processá-los. Se a velocidade média de chegada for maior que a velocidade média de processamento, a fila ficará cheia e os novos pacotes entrantes serão descartados. Uma fila FIFO é familiar para aqueles que já tiveram de aguardar em uma fila de ponto de ônibus. A Figura 24.16 apresenta uma visão conceitual de uma fila FIFO.

Figura 24.16 *Fila FIFO*

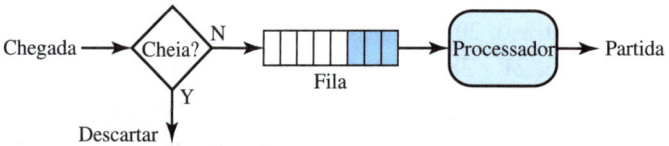

Formação de Filas por Prioridade

Na **formação de filas por prioridade**, inicialmente, os pacotes recebem um nível de prioridade. Cada nível de prioridade tem sua própria fila. Os pacotes na fila de maior prioridade são processados primeiro. Os pacotes na fila de menor prioridade são processados por último. Note que o sistema não pára de atender a uma fila até que ela esteja vazia. A Figura 24.17 mostra a formação de filas por prioridade com dois níveis de prioridade (para fins de simplicidade).

Figura 24.17 *Formação de filas por prioridade*

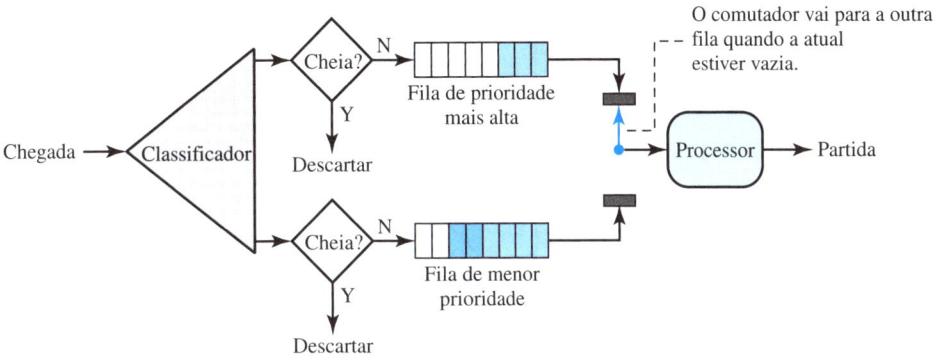

A técnica de fila por prioridade fornece melhor QoS que a fila FIFO para tráfegos de alta prioridade, como multimídia, que podem atingir o destino com menor atraso. Entretanto, existe um possível inconveniente. Se existir um fluxo contínuo em uma fila de alta prioridade, os pacotes nas filas de menor prioridade jamais terão uma chance de serem processados. Esta é uma condição chamada *inanição*.

Formação de Filas Ponderadas

Um método mais apropriado de programação de filas é o de **formação de filas ponderadas**. Nessa técnica, os pacotes recebem diferentes classificações e são admitidos em filas diferentes. As filas, porém, são ponderadas em termos de prioridade das filas; prioridade maior significa peso maior. O sistema processa pacotes em cada fila, em rodízio, com o número de pacotes selecionados de cada fila com base no peso correspondente. Por exemplo, se os pesos forem 3, 2 e 1, serão processados três pacotes da primeira fila, dois da segunda fila e um da terceira fila. Se o sistema não impuser prioridade para as classes, todos os pesos podem ser iguais. Dessa maneira, temos formação de filas ponderadas com prioridade. A Figura 24.18 ilustra a técnica com três classes.

Formatação de Tráfego

Formatação de tráfego é um mecanismo para controlar a quantidade e a velocidade com que o tráfego é transmitido pela rede. Duas técnicas principais são utilizadas para formatar o tráfego: "balde furado" (leaky bucket) e "balde de fichas" (token bucket).

"Balde Furado"

Se um balde tiver um pequeno furo em sua base, a água vazará do balde com velocidade constante enquanto existir água no balde. A velocidade na qual a água vaza não depende da velocidade na qual a água é injetada no balde, a menos que o balde esteja vazio. A velocidade de entrada pode variar, porém a velocidade de saída permanece constante. Similarmente, em redes, a técnica denominada **"balde furado"** pode suavizar o tráfego de entrada em rajadas. Conjuntos de blocos em rajadas são armazenados no balde e transmitidos a uma velocidade média. A Figura 24.19 mostra um "balde furado" e seus efeitos.

Figura 24.18 *Formação de filas ponderadas*

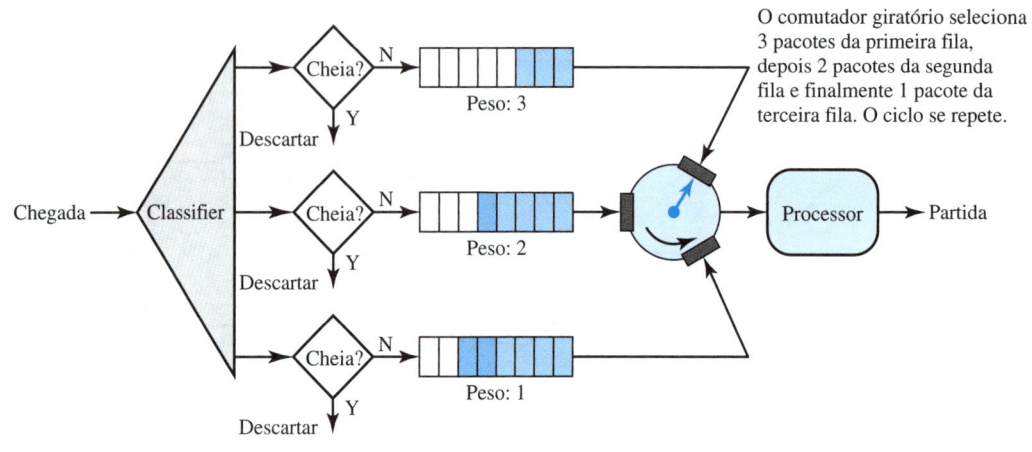

Figura 24.19 *"Balde furado"*

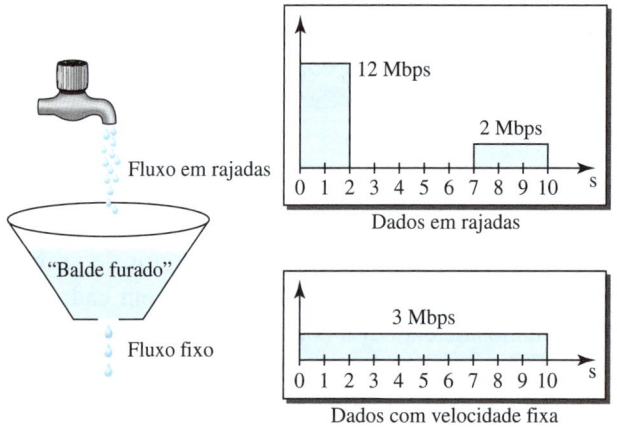

Na figura, supomos que a rede tenha alocado uma largura de banda de 3 Mbps para um host. O uso do "balde furado" modela o tráfego de entrada para conformá-lo a essa alocação. Na Figura 24.19, o host transmite uma rajada de dados com velocidade de 12 Mbps por 2 s, um total de 24 Mbits de dados. O host fica silencioso por 5 s e, em seguida, transmite dados a uma velocidade de 2 Mbps por 3 s, um total de 6 Mbits de dados. Em suma, o host transmitiu 30 Mbits de dados em 10 s. O "balde furado" suaviza o tráfego de saída, transmitindo dados a uma velocidade de 3 Mbps durante os mesmos 10 s. Sem a técnica de "balde furado", a rajada inicial poderia danificar a rede, consumindo mais largura de banda que é alocada para esse host. Podemos ver também que o "balde furado" pode vir a evitar congestionamento. Como analogia, consideremos uma estrada na hora de rush (tráfego em rajadas). Se, em vez disso, as pessoas que viajam diariamente por longa distância entre seu trabalho e residência pudessem revezar suas horas de trabalho, o congestionamento em nossas estradas poderia ser evitado.

Na Figura 24.20 é mostrada uma implementação simples da técnica de "balde furado". Uma fila FIFO retém os pacotes. Se o tráfego for formado por pacotes de tamanho fixo (por exemplo, células em redes ATM), o processo elimina um número fixo de pacotes da fila a cada instante de

Figura 24.20 *Implementação da técnica de "balde furado"*

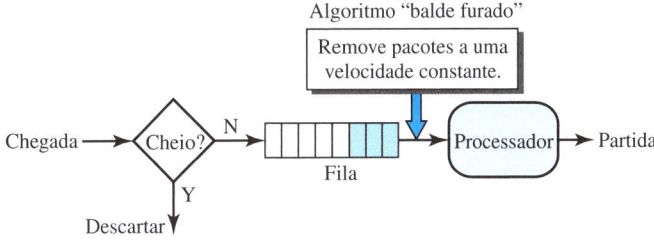

clock. Se o tráfego for formado por pacotes de comprimento variável, a velocidade de saída fixa deve se basear no número de bytes ou bits.

A seguir, é apresentado um algoritmo para pacotes de comprimento variável:

1. Inicializar um contador em n em um instante do clock.
2. Se n for maior que o tamanho do pacote, transmitir o pacote e diminuir o contador pelo tamanho do pacote. Repetir essa etapa até que n seja menor que o tamanho do pacote.
3. Reinicializar o contador e retornar para a etapa 1.

> **O algoritmo de "balde furado" formata o tráfego em rajadas para um tráfego de velocidade fixa tirando uma média da taxa de dados. Ele poderá descartar pacotes se o balde estiver cheio.**

"Balde de Fichas"

A técnica de "balde furado" (leaky bucket) é muito restritiva. Ela não leva em conta um host ocioso. Se, por exemplo, um host não estiver transmitindo por um período, seu balde se esvaziará. Agora, se o host tiver dados em rajadas, o "balde furado" permitirá apenas uma velocidade média. O tempo em que o host estava ocioso não é levado em conta. Por outro lado, o algoritmo de **"balde de fichas"** (token bucket) permite que hosts ociosos acumulem crédito, na forma de fichas, para o futuro. Para cada período do clock, o sistema envia n fichas para o balde. O sistema elimina uma ficha para cada célula (ou byte) de dados transmitidos. Se, por exemplo, n for 100 e o host ficar ocioso por 100 períodos, o balde recolherá 10.000 fichas. Agora, o host pode consumir todas estas fichas em um período com 10.000 células ou então o host poderá usar 1.000 períodos com dez células por período. Em outras palavras, o host pode transmitir dados em rajadas desde que o balde não esteja vazio. A Figura 24.21 ilustra esse conceito.

O "balde de fichas" pode ser implementado facilmente por meio de um contador. A ficha é inicializada em zero. Cada vez que for adicionada uma ficha, o contador é incrementado em 1. Cada vez que uma unidade de dados for enviada, o contador é decrementado de 1 unidade. Quando o contador chegar a zero, o host não poderá enviar dados.

> **O "balde de fichas" permite tráfego em rajadas a uma velocidade máxima regular.**

Figura 24.21 *"Balde de fichas"*

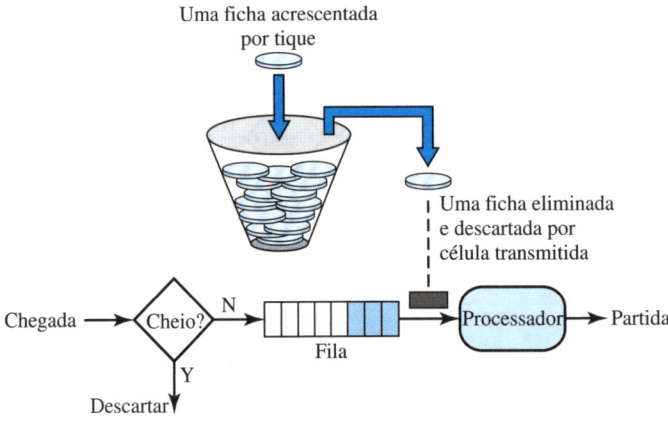

Combinação das Técnicas "Balde de Fichas" e "Balde Furado"

As duas técnicas podem ser combinadas para levar em conta um host ocioso e, ao mesmo tempo, regular o tráfego. A técnica do "balde furado" é aplicada após a técnica do "balde de fichas"; a velocidade do "balde furado" precisa ser maior que a velocidade das fichas descartadas no balde.

Reserva de Recursos

Um fluxo de dados precisa de recursos como buffers, largura de banda, tempo de CPU e assim por diante. A qualidade de serviços é significativamente melhorada se esses recursos forem reservados de antemão. Discutiremos nesta seção um modelo de QoS denominado Serviços Integrados, que depende muito da reserva de recursos para melhorar a qualidade de serviços.

Controle de Admissão

Controle de admissão refere-se ao mecanismo usado por um roteador, ou um comutador, para aceitar ou rejeitar um fluxo, tomando como base parâmetros predefinidos, denominados especificações de fluxo. Antes de um roteador aceitar um fluxo para processamento, ele verifica as especificações do fluxo para ver se sua capacidade (em termos de largura de banda, tamanho de buffer, velocidade de CPU etc.) e suas alocações anteriores para outros fluxos são suficientes para lidar com o novo fluxo.

24.7 SERVIÇOS INTEGRADOS

Baseado nos tópicos das Seções 24.5 e 24.6, foram desenvolvidos dois modelos para implementar qualidade de serviços na Internet: Serviços Integrados e Serviços Diferenciados. Os dois modelos enfatizam o uso de qualidade de serviços na camada de rede (IP), embora o modelo também possa ser usado em outras camadas como a de enlace de dados. Falaremos sobre Serviços Integrados nesta seção e sobre Serviços Diferenciados na Seção 24.8.

Como vimos no Capítulo 20, o IP foi desenvolvido originalmente para entrega de dados *da melhor maneira possível (best effort)*. Isso significa que cada usuário recebe o mesmo nível de atendimento. Esse tipo de entrega não garante o mínimo de um serviço, como largura de banda, para aplicações tais como áudio e vídeo em tempo real. Se uma aplicação destas receber acidentalmente largura de banda extra, isso impactará outras aplicações, resultando em congestionamento.

Serviços Integrados, algumas vezes chamados **IntServ**, é um modelo de QoS *baseado em fluxo*, significando que um usuário precisa criar um fluxo, uma espécie de circuito virtual, da origem até o destino e informar todos os roteadores sobre os recursos necessários.

Serviços Integrados são um modelo de QoS *baseado em fluxos* desenvolvido para o IP.

Sinalização

O leitor deve lembrar-se de que o IP é um protocolo de comutação de pacotes e datagramas sem conexão. Como podemos implementar um modelo baseado em fluxo em cima de um protocolo sem conexão? A solução é um protocolo de sinalização, executado sobre o IP, fornecendo mecanismos de sinalização para efetuar reserva de recursos. Esse protocolo é denominado **RSVP** (***Resource Reservation Protocol***, em inglês, **protocolo de reserva de recursos**) e será discutido de forma breve.

Especificação de Fluxo

Quando uma fonte faz uma reserva, ela precisa definir uma especificação de fluxo. Uma especificação de fluxo é composta por duas partes: Rspec (especificação de recursos) e Tspec (especificação de tráfego). Rspec define o recurso que o fluxo precisa reservar (buffer, largura de banda etc.). Tspec define a caracterização de tráfego do fluxo.

Admissão

Após um roteador receber a especificação de fluxo de uma aplicação, ele decide se admite ou nega o serviço. A decisão se baseia em comprometimentos anteriores do roteador e de sua atual disponibilidade de recursos.

Classes de Serviços

Foram definidas duas classes de serviços para os Serviços Integrados: serviços garantidos e serviços controlados por cargas.

Classe de Serviços Garantidos

Esse tipo de serviço foi projetado para tráfego em tempo real, que precisa de um atraso mínimo garantido de ponta a ponta. O atraso de ponta a ponta é a soma dos atrasos nos roteadores, do atraso de propagação no meio de transmissão e do mecanismo de ativação. Apenas o primeiro, a soma dos atrasos nos roteadores, pode ser garantido pelo roteador. Esse tipo de serviço garante que os pacotes chegarão dentro de certo tempo e que não serão descartados, caso o tráfego de um fluxo permaneça dentro dos limites estabelecidos por Tspec. Podemos dizer que os serviços garantidos são serviços quantitativos, nos quais a quantidade de atraso de ponta a ponta e a taxa de dados devem ser definidas pela aplicação.

Classe de Serviços Controlados por Carga

Esse tipo de serviço foi projetado para aplicações que podem aceitar atrasos, mas que são sensíveis a uma rede sobrecarregada e com perigo de perda de pacotes. Bons exemplos desses tipos de aplicações são transferência de arquivos, e-mail e acesso à Internet. O serviço controlado por carga é um tipo de serviço qualitativo, no qual a aplicação solicita a possibilidade de pouca ou nenhuma perda de pacotes.

RSVP

No modelo de Serviços Integrados, um programa aplicativo precisa reservar recursos. Como vimos na discussão do modelo IntServ, a reserva de recursos é realizada para um *fluxo*. Isso significa que, se quisermos usar IntServ no nível IP, precisamos criar um fluxo de dados, um tipo de rede de circuitos virtuais, fora do IP, que foi originalmente projetado como uma rede de comutação de datagramas. A rede de circuitos virtuais precisa de um sistema de sinalização para ativar o circuito virtual antes de iniciar o tráfego de dados. O Protocolo de Reserva de Recursos (RSVP) é um protocolo de sinalização para ajudar o IP a criar um fluxo e, conseqüentemente, fazer uma reserva de recursos. Antes de discutirmos o RSVP, precisamos mencionar que ele é um protocolo independente, distinto do modelo de Serviços Integrados. Ele poderia ser usado em outros modelos no futuro.

Árvores Multicast

O RSVP é diferente de outros sistemas de sinalização vistos anteriormente, já que ele é um sistema de sinalização projetado para multicast. Entretanto, o RSVP também pode ser usado para unicast, pois o unicast é apenas um caso especial do multicast, com apenas um membro no grupo multicast. A motivação desse projeto é habilitar o RSVP a fornecer reserva de recursos para todos os tipos de tráfego, inclusive multimídia, que normalmente usam multicast.

Reserva baseada em Receptores

No RSVP, os receptores, não o emissor, fazem a reserva. Essa estratégia coincide com as estratégias dos demais protocolos multicast. Por exemplo, na implementação multicast em protocolos de roteamento, os receptores, não o emissor, tomam a decisão de se afiliar ou deixar um grupo multicast.

Mensagens RSVP

O RSVP possui vários tipos de mensagens. Entretanto, para nossos propósitos, discutiremos apenas duas delas: **Path** e **Resv**.

Mensagens Path Recorde-se de que os receptores em um fluxo fazem a reserva no RSVP. Entretanto, os receptores não conhecem o percurso seguido pelos pacotes antes de a reserva ser feita. O percurso é um fator crítico para a reserva. Para resolver esse problema, o RSVP usa mensagens Path. Uma mensagem Path parte do emissor e atinge todos os receptores de uma rota multicast. No caminho, a mensagem Path armazena as informações necessárias para os receptores. Uma mensagem Path é enviada em um ambiente multicast; uma nova mensagem é criada quando a rota diverge. A Figura 24.22 mostra as mensagens Path.

Mensagens Resv Após um receptor ter recebido uma mensagem Path, ele envia uma mensagem Resv. A mensagem Resv trafega em direção ao emissor (acima) e faz uma reserva de recursos nos roteadores que suportam RSVP. Se um roteador não oferecer suporte ao RSVP na rota,

Figura 24.22 *Mensagens Path*

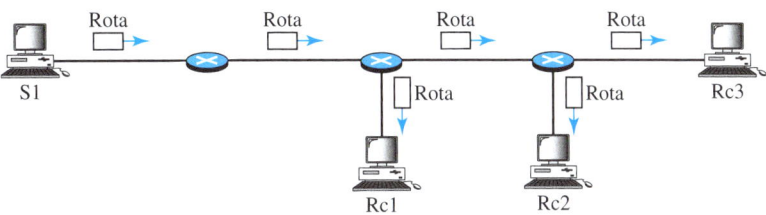

ele redireciona o pacote, tomando como base os métodos de entrega best effort (melhor maneira possível) discutidos anteriormente. A Figura 24.23 mostra as mensagens Resv.

Figura 24.23 *Mensagens Resv*

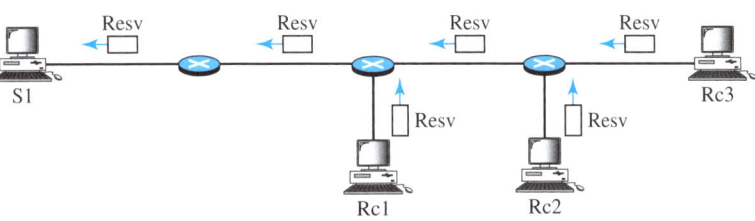

Combinação de Reservas

No RSVP, os recursos não são reservados para cada receptor em um fluxo; a reserva é combinada. Na Figura 24.24, Rc3 solicita uma largura de banda de 2 Mbps, ao passo que Rc2 solicita uma largura de banda de 1 Mbps. O roteador R3, que precisa fazer uma reserva de largura de banda, combina as duas solicitações. A reserva é feita para 2 Mbps, a maior das duas, pois uma reserva de entrada 2 Mbps pode cuidar de ambas as solicitações. A mesma situação é verdadeira para R2. O leitor poderia se perguntar: por que Rc2 e Rc3, ambos pertencentes a um único fluxo, solicitam valores de largura de banda diferentes. A resposta é que, em um ambiente multimídia, diferentes receptores podem tratar de graus diferentes de qualidade. Por exemplo, Rc2 é capaz de receber vídeo apenas a 1 Mbps (menor qualidade), ao passo que Rc3 é capaz de receber vídeo a 2 Mbps (maior qualidade).

Figura 24.24 *Combinação de reservas*

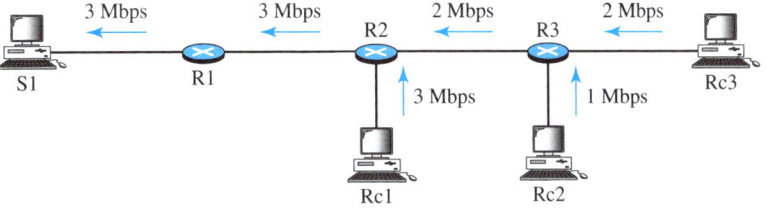

Estilos de Reserva

Quando existir mais de um fluxo, o roteador precisa fazer uma reserva que acomode a todos eles. O RSVP define três tipos de estilos de reserva, conforme mostrado na Figura 24.25.

Figura 24.25 *Estilos de reserva*

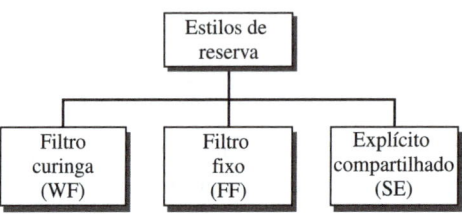

Estilo de Filtro Curinga Nesse estilo, o roteador cria uma única reserva para todos os emissores. A reserva se baseia na solicitação de maior valor. Esse tipo de estilo é usado quando os fluxos dos diferentes emissores não ocorrem ao mesmo tempo.

Estilo de Filtro Fixo Nesse estilo, o roteador cria uma reserva distinta para cada fluxo. Isso significa que se existirem n fluxos, são feitas n reservas distintas. Esse tipo de estilo é usado quando há grande probabilidade de que os fluxos dos diferentes emissores ocorrerão ao mesmo tempo.

Estilo Explícito Compartilhado Nesse estilo, o roteador cria uma única reserva que pode ser compartilhada por um conjunto de fluxos.

Estado Soft

As informações de reserva (status) para um fluxo, armazenadas em cada nó, precisam ser atualizadas periodicamente. Isso é conhecido como *estado soft* quando comparado ao *estado sólido*, usado em outros protocolos de circuitos virtuais, como o ATM ou o Frame Relay, nos quais as informações sobre o fluxo são mantidas até ele ser apagado. O intervalo padrão para atualização é, atualmente, 30 s.

Problemas com Serviços Integrados

Existem pelo menos dois problemas com os Serviços Integrados que podem impedir sua implementação completa na Internet: escalabilidade e limitação de tipos de serviço.

Escalabilidade

O modelo de Serviços Integrados requer que cada roteador armazene informações de cada fluxo. À medida que a Internet cresce a cada dia, este se torna um problema sério.

Limitação de Tipos de Serviço

O modelo de Serviços Integrados fornece dois tipos de serviço: garantidos e com controle de carga. Aqueles que se opõem a esse modelo argumentam que aplicações podem precisar mais que esses dois tipos de serviço.

24.8 SERVIÇOS DIFERENCIADOS

Os **Serviços Diferenciados (DS** ou **Diffserv)** foram introduzidos pela IETF (Internet Engineering Task Force) para tratar das limitações dos Serviços Integrados. Foram feitas duas mudanças fundamentais:

1. O processamento principal foi transferido do núcleo da rede para as fronteiras da rede. Isso soluciona o problema de escalabilidade. Os roteadores não têm de armazenar informações sobre fluxos. As aplicações, ou hosts, definem o tipo de serviço de que eles necessitam cada vez que transmitem um pacote.

2. O serviço por fluxo foi modificado para serviço por classe. O roteador encaminha um pacote baseado na classe de serviço definido no pacote, não no fluxo. Isso soluciona o problema de limitação de tipos de serviço. Podemos definir diferentes tipos de classes baseado nas necessidades das aplicações.

> Os Serviços Diferenciados são um modelo de QoS
> baseado em classes, projetado para o IP.

Campo DS

No Diffserv, cada pacote contém um campo denominado DS. O valor desse campo é ativado na periferia da rede, pelo host ou o primeiro roteador designado como roteador limítrofe. A IETF propõe substituir o campo TOS (tipo de serviço) existente no IPv4 ou o campo de classe no IPv6 pelo campo DS, conforme mostrado na Figura 24.26.

Figura 24.26 *Campo DS*

O campo DS contém dois subcampos: DSCP e CU. O DSCP (Differentiated Services Code Point, em inglês, ponto de código de serviços diferenciados) é um subcampo de 6 bits que define o **PHB** (*Per-Hop Behavior*, em inglês, **comportamento por salto**). O subcampo de 2 bits, CU (Currently Unused, em inglês, não usado atualmente) não está sendo usado hoje em dia.

O nó (roteador) capaz de implementar Diffserv usa os 6 bits DSCP como um índice para uma tabela que define o mecanismo de manipulação de pacotes para um pacote que está sendo processado no momento.

Comportamento Por Salto

O modelo Diffserv define PHBs para cada nó que recebe um pacote. Até o momento, foram definidos três PHBs: DE PHB, EF PHB e AF PHB.

DE PHB O DE PHB (PHB-padrão) é o mesmo que entrega best effort (melhor maneira possível), que é compatível com o TOS.

EF PHB O EF PHB (expedited forwarding PHB, em inglês, PHB de encaminhamento explícito) fornece os seguintes serviços:

❑ Baixa perda

- Baixa latência
- Largura de banda garantida

Isso é o mesmo que ter uma conexão virtual entre a origem e o destino.

AF PHB AF PHB (Assured Forwarding PHB, em inglês, PHB com encaminhamento garantido) entrega o pacote com elevada garantia, desde que o tráfego na classe não exceda o perfil de tráfego do nó. Os usuários da rede precisam estar atentos que alguns pacotes podem ser descartados.

Condicionador de Tráfego

Para implementar o Diffserv, o nó DS usa condicionadores de tráfego como medidores, marcadores, formadores e eliminadores, como mostra a Figura 24.27.

Figura 24.27 *Condicionador de tráfego*

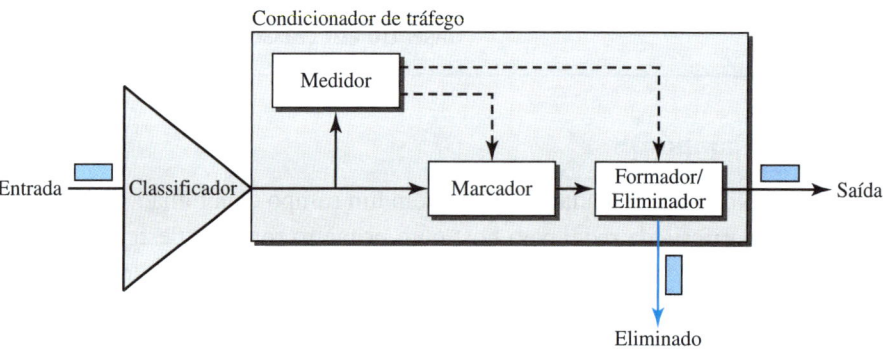

Medidores O medidor faz uma verificação para ver se o fluxo de entrada coincide com o perfil de tráfego negociado. O medidor também transmite esse resultado para outros componentes. O medidor pode usar várias ferramentas como um "balde de fichas" para verificar o perfil.

Marcador Um marcador pode remarcar um pacote que está usando a entrega best effort (DSCP: 000000) ou rebaixar um pacote com base em informações recebidas do medidor. O rebaixamento (diminuir a classe do fluxo) ocorre se o fluxo não coincidir com o perfil negociado. Um marcador não promove (promove a classe) de um pacote.

Formador Um formador usa as informações recebidas do medidor para reformular o tráfego, caso ele não seja compatível com o perfil negociado.

Eliminador Um eliminador, que trabalha com um formador sem nenhum buffer, descarta pacotes se o fluxo violar gravemente o perfil negociado.

24.9 QoS EM REDES COMUTADAS

Discutimos os modelos propostos para QoS nos protocolos IP. Vejamos agora como o QoS é implementado em duas outras redes comutadas: Frame Relay e ATM. Essas duas redes são redes de circuitos virtuais que precisam de um protocolo de sinalização como o RSVP.

QoS no Frame Relay

Foram criados quatro atributos distintos para controle de tráfego no Frame Relay: velocidade de acesso, tamanho de rajada alocado (B_c), CIR (committed information rate) e tamanho de rajada em excesso (B_e). Estes são configurados durante a negociação entre o usuário e a rede. Para circuitos virtuais PVC, eles são negociados de uma só vez; para SVC, eles são negociados para cada conexão durante o estabelecimento do circuito virtual. A Figura 24.28 mostra as relações entre essas quatro medidas.

Figura 24.28 *Relação entre os atributos de controle de tráfego*

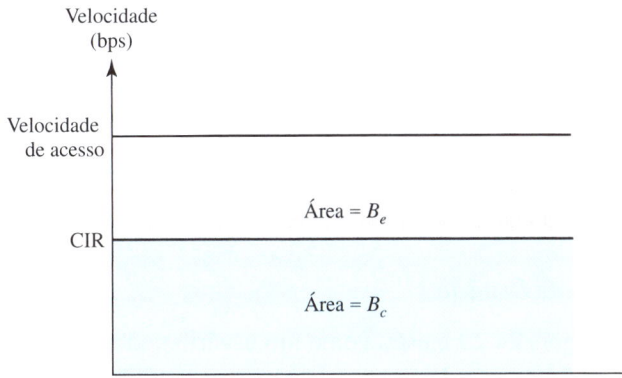

Velocidade de Acesso

Para cada circuito virtual, é definida uma **velocidade de acesso** (em bits por segundo). A velocidade de acesso depende, na realidade, da largura de banda do canal que liga o usuário à rede. O usuário jamais pode exceder essa velocidade. Se, por exemplo, o usuário for ligado a uma rede Frame Relay por uma linha T1, a velocidade de acesso será de 1,544 Mbps e jamais pode ser excedido.

Tamanho de Rajada Alocado

Para todos os circuitos virtuais, o Frame Relay estipula um **tamanho de rajada alocado (B_c)**. Este é o número máximo de bits, em um tempo predefinido, que uma rede está comprometida a transferir sem descartar qualquer frame ou ativando o bit DE. Por exemplo, se for concedido um B_c de 400 kbits por um período de 4 s, o usuário poderá transmitir até 400 kbits durante um intervalo de 4 s, sem se preocupar com a perda de qualquer frame. Observe que esta não é uma velocidade definida para cada segundo. Ele é uma medida cumulativa. O usuário pode transmitir 300 kbits durante o primeiro segundo, nenhum dado durante o segundo e o terceiro segundos e, finalmente, 100 kbits durante o quarto segundo.

Committed Information Rate

O **CIR** (*Committed Information Rate*, em inglês, **taxa de informações alocada**) é similar conceitualmente ao tamanho de rajada alocado, exceto pelo fato de ela estabelecer uma taxa média em bits por segundo. Se o usuário seguir continuamente essa taxa, a rede se compromete a entregar seus frames. Entretanto, pelo fato de ser uma medida média, um usuário pode enviar dados a uma velocidade maior que o CIR às vezes, ou em velocidades menores outras vezes. Desde que a média para o período predefinido seja atingida, os frames serão entregues.

O número de bits acumlados enviados durante o período predefinido não pode exceder B_c. Note que o CIR não é uma medida independente; ele pode ser calculado usando-se a seguinte fórmula:

$$\text{CIR} = \frac{B_c}{T} \text{ bps}$$

Por exemplo, se B_c for 5 kbits em um período de 5 s, o CIR será 5.000/5, ou seja, 1 kbps.

Tamanho de Rajada em Excesso

Para todo circuito virtual, o Frame Relay define um **tamanho de rajada em excesso, B_e**. Trata-se do número máximo de bits que excedem a B_c, que um usuário pode transmitir durante um tempo predefinido. A rede se compromete em transferir esses bits, caso não ocorra congestionamento. Observe que há menos comprometimento nesse caso que naquele do B_c. A rede se compromete condicionalmente.

Taxa de Usuário

A Figura 24.29 mostra como um usuário pode transmitir dados em rajadas. Se o usuário jamais exceder B_c, a rede se compromete a transmitir os frames sem descartar nada. Se o usuário exceder B_c com um valor inferior a B_e (isto é, o número total de bits for menor que $B_c + B_e$), a rede se compromete a transferir todos os frames se não houver congestionamento. Se existir congestionamento, alguns frames serão descartados. O primeiro comutador que recebe os frames do usuário possui um contador e ativa o bit DE para os frames que excederam B_c. O restante dos comutadores descartará esses frames, caso haja congestionamento. Note que um usuário que precisa enviar dados de forma mais rápida pode vir a exceder o nível B_c. Desde que o nível não esteja acima de $B_c + B_e$, há uma chance de os frames atingirem o destino sem serem descartados. Lembre-se, porém, que, no instante que o usuário exceder o nível $B_c + B_e$, todos os frames enviados após isso serão descartados pelo primeiro comutador.

Figura 24.29 *Taxa de usuário em relação a B_c e $B_c + B_e$*

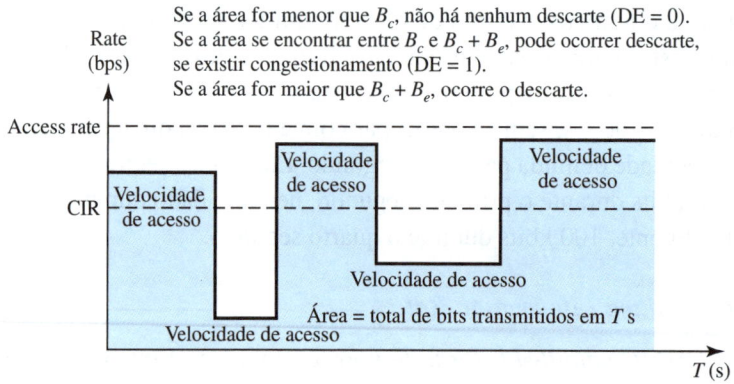

QoS no ATM

O QoS no ATM se baseia nos atributos de classe relacionados com o usuário e em atributos relativos à rede.

Classes

O ATM Forum define quatro classes de serviços: CBR, VBR, ABR e UBR (ver a Figura 24.30).

Figura 24.30 *Classes de serviço*

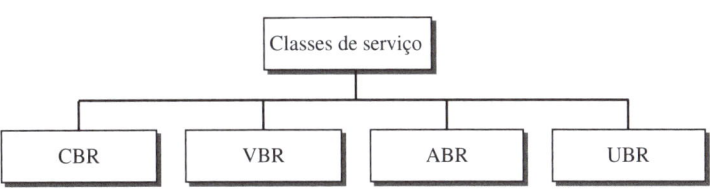

CBR A classe **CBR** (*constant-bit-rate*, em inglês, **taxa de bits constante**) foi especificada para clientes que precisam de serviços de áudio ou vídeo em tempo real. O serviço é similar àquele fornecido por uma linha dedicada como uma linha T.

VBR A classe **VBR** (*variable-bit-rate*, em inglês, **taxa de bits variável**) divide-se em duas subclasses: tempo real (VBR-RT) e não em tempo real (VBR-NRT). A VBR-RT foi especificada para usuários que precisam de serviços em tempo real (como transmissão de voz e vídeo) e usam técnicas de compressão para criar uma taxa de bits variável. O VBR-NRT destina-se aos usuários que não precisam de serviços em tempo real, porém usam técnicas de compressão para criar uma taxa de bits variável.

ABR A classe **ABR** (*available-bit-rate*, em inglês, **taxa de bits disponível**) entrega células a uma taxa de dados mínima. Se existir mais capacidade disponível na rede, essa taxa mínima pode ser ultrapassada. O ABR é particularmente adequado para aplicações que são em rajadas.

UBR A classe **UBR** (*unspecified-bit-rate*, em inglês, **taxa de bits não especificada**) é um serviço de entrega best effort (melhor maneira possível) que não garante nada.

A Figura 24.31 mostra a relação entre as diferentes classes e a capacidade total da rede.

Figura 24.31 *Relação entre as classes de serviço e a capacidade total da rede*

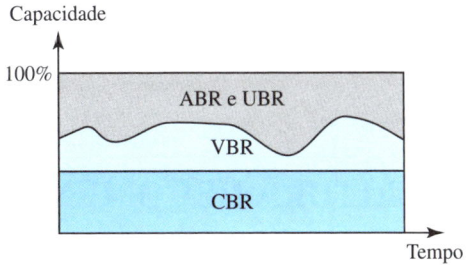

Atributos Relacionados com o Usuário

O ATM estabelece dois conjuntos de atributos. Atributos relacionados com o usuário são aqueles que definem com qual velocidade um usuário quer transmitir dados. Estes são negociados no instante do acordo entre um usuário e a rede. A seguir, apresentamos alguns atributos relacionados com o usuário:

SCR SCR (*sustained cell rate*, em inglês, taxa de células sustentada) é a taxa de células média ao longo de um intervalo de tempo. A taxa de células real pode estar abaixo ou acima desse valor, porém a média deve ser igual ou menor que SCR.

PCR PCR (*peak cell rate*, em inglês, taxa de células de pico) define a taxa de células máxima para um emissor. A taxa de células do usuário, algumas vezes, pode atingir esse pico, desde que o SCR seja mantido.

MCR MCR (*mínimo cell rate*, em inglês, taxa de células mínima) define a taxa de células mínima aceitável para um emissor. Por exemplo, se o MCR for 50.000, a rede tem de garantir que o emissor possa transmitir pelo menos 50.000 células por segundo.

CVDT CVDT (*cell variation delay tolerance*, em inglês, tolerância de atraso de variação de células) é uma medida da variação nos tempos de transmissão das células. Por exemplo, se o CVDT for 5 ns, isso significa que a diferença entre os atrasos mínimo e máximo na entrega de células não deve ultrapassar 5 ns.

Atributos Relativos à Rede

Atributos relativos à rede são aqueles que definem as características da rede. A seguir, são apresentados alguns desses atributos:

CLR O CLR (*cell loss ratio*, em inglês, taxa de perda de células) define a fração de células perdidas (ou entregues com tamanho atraso que passam a ser consideradas perdidas) durante a transmissão. Se, por exemplo, o emissor transmitir 100 células e uma delas for perdida, o CLR será

$$CLR = \frac{1}{100} = 10^{-2}$$

CTD CTD (*cell transfer delay,* em inglês, atraso na transferência de células) é o tempo médio necessário para uma célula ir da origem ao seu destino. Os CTDs máximo e mínimo também são considerados atributos.

CDV CDV (*cell delay variation*, em inglês, variação no atraso de células) é a diferença entre o CTD máximo e o CTD mínimo.

CER O CER (*cell error ratio*, em inglês, taxa de erros de células) define a fração das células entregues erradas.

24.10 LEITURA RECOMENDADA

Para mais detalhes sobre os assuntos discutidos neste capítulo, recomendamos os seguintes livros. Os itens entre colchetes, [...], correspondem à lista de referências bibliográficas no final do texto.

Livros

Controle de congestionamento e QoS são temas discutidos nas Seções 5.3 e 5.5 de [Tan03] e no Capítulo 3 de [Sta98]. Uma explanação breve sobre o QoS pode ser encontrada em [FH98]. Já uma discussão completa sobre esse mesmo tempo é encontrada em [Bla00].

24.11 TERMOS-CHAVE

ABR (taxa de bits disponível)
atraso
aumento aditivo
"balde de fichas"
"balde furado"
BECN (notificação de congestionamento explícito no sentido inverso)
carga
CBR (taxa de bits constante)
CIR (taxa de informações alocada)
confiabilidade
congestion avoidance
congestionamento
controle de congestionamento
controle de congestionamento de anel aberto
controle de congestionamento de anel fechado
dados em rajadas
diminuição multiplicativa
FECN (notificação de congestionamento explícito no sentido direto)
formação de filas FIFO
formação de filas ponderadas
formação de filas por prioridade
formatação de tráfego
jitter
largura de banda efetiva
mensagem Path
mensagem Resv
pacote de controle
partida lenta
PHB (comportamento por salto)
QoS (qualidade de serviços)
RSVP (protocolo de reserva de recursos)
Serviços Diferenciados (DS ou Diffserv)
Serviços Integrados (IntServ)
tamanho de rajada alocado
tamanho de rajada alocado (Bc)
tamanho de rajada em excesso (Be)
taxa de dados de pico
taxa de dados média
throughput
UBR (taxa de bits não especificada)
VBR (taxa de bits variável)
velocidade de acesso

24.12 RESUMO

❑ Taxa de dados média, taxa de dados de pico, tamanho máximo de rajada e largura de banda efetiva são valores qualitativos que descrevem um fluxo de dados.
❑ Um fluxo de dados pode ter uma taxa de bits constante, uma taxa de bits variável ou tráfego em rajadas.
❑ Controle de congestionamento refere-se aos mecanismos e às técnicas de controle de congestionamento e à manutenção da carga abaixo da capacidade nominal.
❑ Atraso e throughput medem o desempenho de uma rede.
❑ O controle de congestionamento de anel aberto evita congestionamento; o controle de congestionamento de anel fechado elimina o congestionamento.

- O TCP evita congestionamentos por meio do uso de duas estratégias: a combinação de partida lenta com aumento aditivo e a diminuição multiplicativa.
- O Frame Relay evita congestionamentos por meio uso de duas estratégias: notificação de congestionamento explícito no sentido inverso (BECN) e notificação de congestionamento explícito no sentido direto (FECN).
- Um fluxo pode ser caracterizado por sua confiabilidade, atraso, jitter e largura de banda.
- Programação, formatação de tráfego, reserva de recursos e controle de admissão são técnicas para melhorar a qualidade de serviços (QoS).
- Formação de filas FIFO, formação de filas de prioridade e formação de filas ponderadas são técnicas de programação de filas.
- "Balde furado" e "balde de fichas" são técnicas de formatação de tráfego.
- Serviços Integrados é um modelo de QoS baseado em fluxo, desenvolvido para o IP.
- O protocolo de reserva de recursos (RSVP) é um protocolo de sinalização que ajuda o IP a criar um fluxo e a fazer reserva de recursos.
- Serviços Diferenciados é um modelo de QoS baseado em classes, desenvolvido para o IP.
- Velocidade de acesso, tamanho de rajada alocada, taxa de informações alocada e tamanho de rajada em excesso são atributos para controle de tráfego no Frame Relay.
- A qualidade de serviços no ATM se baseia em classes de serviços, atributos relacionados com o usuário e em atributos relativos à rede.

24.13 ATIVIDADES PRÁTICAS

Questões para Revisão

1. Qual é a relação entre serviços de controle de congestionamento e qualidade de serviços?
2. O que é descritor de tráfego?
3. Qual é a relação entre a taxa de dados média e a taxa de dados de pico?
4. Qual é a definição de dados em rajadas?
5. Qual é a diferença entre controle de congestionamento de anel aberto e controle de congestionamento de anel fechado?
6. Cite as políticas que podem evitar congestionamento.
7. Cite os mecanismos capazes de reduzir o congestionamento.
8. O que determina o tamanho de uma janela de um emissor no TCP?
9. Como o Frame Relay controla o congestionamento?
10. Que atributos podem ser usados para descrever um fluxo de dados?
11. Quais são as quatro técnicas genéricas para melhorar a qualidade de serviços?
12. O que é formatação de tráfego? Cite dois métodos para formatação de tráfego.
13. Qual é a principal diferença entre Serviços Integrados e Serviços Diferenciados?
14. Como o protocolo de reserva de recursos se relaciona com os Serviços Integrados?
15. Quais são atributos são usados para controle de tráfego no Frame Relay?
16. Em relação à qualidade de serviços no ATM, como os atributos relacionados com o usuário diferem dos atributos relativos à rede?

Exercícios

17. O capo de endereços de um frame no Frame Relay é 1011000000010111. Existe algum congestionamento no sentido direto? Existe algum congestionamento no sentido inverso?

18. Um frame vai de A para B. Existe congestionamento em ambos os sentidos. O bit FECN está ativado? O bit BECN está ativado?

19. Em um "balde furado" usado para controlar o fluxo de um líquido, quantos galões de líquido restam no balde se a velocidade de saída for 5 gal/min, existir uma rajada de entrada de 100 gal/min por 12 s e não existir entrada por 48 s?

20. Uma interface de saída em um comutador foi projetada usando o algoritmo "balde furado" para transmitir 8.000 bytes/s (tiques). Se os frames a seguir forem recebidos em seqüência, mostre os frames que são enviados em cada segundo.

    Frames 1, 2, 3, 4: 4.000 bytes cada

    Frames 5, 6, 7: 3.200 bytes cada

    Frames 8, 9: 400 bytes cada

    Frames 10, 11, 12: 2.000 bytes cada

21. Um usuário é conectado a uma rede Frame Relay através de uma linha T-1. O CIR concedido é de 1 Mbps com um B_c de 5 milhões de bits/5 s e B_e de 1 milhão de bits/5 s.

    a. Qual é a velocidade de acesso?

    b. O usuário pode transmitir dados a 1,6 Mbps?

    c. O usuário pode transmitir dados a 1 Mbps durante todo o tempo? Há garantia de que os frames jamais serão descartados nesse caso?

    d. O usuário pode transmitir dados a 1,2 Mbps durante todo o tempo? Há garantia de que os frames jamais serão descartados nesse caso? Se a resposta for não, há garantia de que os frames sejam descartados apenas se existir congestionamento?

    e. Repita a questão do item (d) para uma velocidade constante de 1,4 Mbps.

    f. Qual é a taxa de dados máxima que o usuário pode usar durante todo o tempo, sem se preocupar com o descarte de frames?

    g. Se o usuário não quiser correr riscos, qual taxa de dados máxima pode ser usada sem nenhuma chance de descarte, caso não ocorra congestionamentos?

22. No Exercício 21, o usuário transmite dados a 1,4 Mbps por 2 s e nada nos 3 s seguintes. Existe o perigo de os dados serem descartados, caso não haja congestionamento? Existe o perigo de descarte de dados, caso haja congestionamento?

23. No ATM, se cada célula levar 10 μs para chegar ao seu destino, qual é o CTD?

24. Uma rede ATM perdeu cinco células de 10.000 e duas tinham erros. Qual é a CLR? Qual é o valor da CER?

PARTE 6

Camada de Aplicação

Objetivos

A camada de aplicação permite ao usuário, seja ele humano ou software, acessar a rede. Fornece interfaces com o usuário e suporte para serviços como correio eletrônico, acesso e transferência de arquivos, acesso a recursos do sistema, navegação na Web e gerenciamento de redes.

A camada de aplicação é responsável por fornecer serviços ao usuário final.

Nesta parte, discutiremos brevemente algumas aplicações que são desenvolvidas como um par cliente/servidor na Internet. O cliente envia ao servidor uma solicitação de algum serviço; o servidor responde ao cliente.

A Parte 6 do livro é dedicada à camada de aplicação e aos serviços por ela fornecidos.

Capítulos

Esta parte consiste de cinco capítulos: Capítulos 25 ao 29.

Capítulo 25

O Capítulo 25 discute o DNS (**Domain Name System** — *sistema de nomes de domínios*). O DNS é uma aplicação cliente/servidor que fornece serviços de resolução de nomes de domínios para outras aplicações. Possibilita o uso de endereços da camada de aplicação, por exemplo, um endereço de e-mail, em vez do uso de endereços lógicos da camada de rede.

Capítulo 26

O Capítulo 26 discute três aplicações comuns na Internet: login remoto, correio eletrônico e transferência de arquivos. Uma aplicação de login remoto possibilita que o usuário tenha acesso remotamente aos recursos de um sistema. Uma aplicação de correio eletrônico simula as tarefas do correio tradicional, mas com uma velocidade muito maior. Uma aplicação de transferência de arquivos transfere arquivos entre sistemas remotos.

Capítulo 27

O Capítulo 27 discute os conceitos e questões relacionadas à famosa WWW (World Wide Web). Também descreve brevemente o programa de aplicação cliente/servidor (HTTP) que é comumente usado para acessar a Web.

Capítulo 28

O Capítulo 28 é dedicado ao gerenciamento de redes. Discutiremos primeiro a idéia geral por trás do gerenciamento de redes. Em seguida, apresentaremos a aplicação cliente/servidor, o SNMP, que é usado para esse fim na Internet. Embora o gerenciamento de redes possa ser implementado em todas as camadas, a Internet optou por usar uma aplicação cliente/servidor.

Capítulo 29

O Capítulo 29 discute multimídia e um conjunto de programas de aplicação largamente usados. Esses programas geraram novos desafios como a necessidade de novos protocolos em outras camadas para tratar de problemas específicos relacionados com multimídia. Discutiremos de forma rápida esses problemas neste capítulo.

CAPÍTULO 25

Sistema de Nomes de Domínios

Existem diversas aplicações na camada de aplicação do modelo Internet que seguem o paradigma cliente/servidor. Os programas cliente/servidor podem ser divididos em duas categorias: aqueles que podem ser usados diretamente pelo usuário, como e-mail, e aqueles que dão suporte a outros programas de aplicação. O DNS (**Domain Name System** — *sistema de nomes de domínios*) é um programa de suporte usado por outros programas, como os de e-mail.

A Figura 25.1 mostra um exemplo de como um programa cliente/servidor DNS é capaz de suportar um programa de e-mail para encontrar o endereço IP de um destinatário de e-mail. O usuário de um programa de e-mail talvez conheça o endereço de e-mail do destinatário; no entanto, o protocolo IP precisa do endereço IP. O programa-cliente DNS envia uma solicitação a um servidor DNS para mapear o endereço de e-mail ao endereço IP correspondente.

Figura 25.1 *Exemplo de uso do serviço DNS*

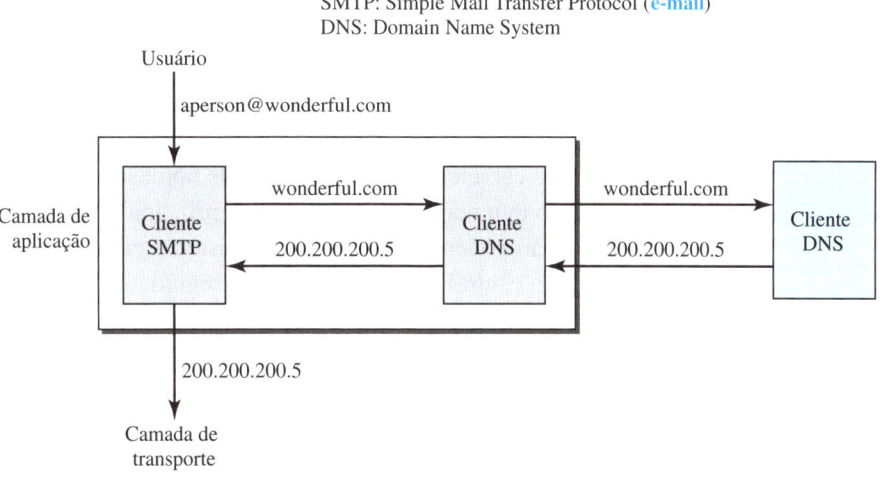

Para identificar uma entidade, os protocolos TCP/IP usam o endereço IP que identifica de forma exclusiva a conexão de um host com a Internet. Entretanto, as pessoas preferem usar nomes em vez de endereços numéricos. Conseqüentemente, precisamos de um sistema capaz de mapear um nome de domínio a um endereço ou um endereço a um nome.

Quando a rede era pequena, o mapeamento era feito usando-se um **arquivo de hosts**. Ele tinha apenas duas colunas: nome e endereço. Cada host poderia armazenar seu arquivo de hosts em disco e atualizá-lo periodicamente a partir de um arquivo mestre de hosts. Quando um programa ou um usuário queria mapear um nome a um endereço, o host consultava o arquivo de hosts e encontrava o mapeamento.

Hoje em dia, porém, é impossível ter apenas um único arquivo de hosts para relacionar cada endereço a um nome e vice-versa. Esse arquivo seria muito grande para se armazenar em cada host. Além disso, seria impossível atualizar todos os arquivos de hosts cada vez que ocorresse uma mudança.

Uma solução seria armazenar o arquivo de hosts inteiro em um único computador e permitir o acesso a essas informações centralizadas a todo computador que precisasse de mapeamento. No entanto, sabemos que isso criaria um enorme volume de tráfego na Internet.

Outra solução, aquela usada atualmente, é dividir esse enorme volume de informações em partes menores e armazenar cada uma dessas partes em um computador diferente. Nesse método, o host que precisar de mapeamento poderá entrar em contato com o computador mais próximo que possui as informações necessárias. Esse método é usado pelo **DNS** (Domain Name System). No presente capítulo, discutiremos inicialmente os conceitos e idéias subjacentes ao DNS. Em seguida, descrevemos o protocolo DNS em si.

25.1 ESPAÇO DE NOMES

Para evitar ambigüidades, os nomes atribuídos às máquinas devem ser cuidadosamente selecionados a partir de um espaço de nomes (name space) com total controle sobre o relacionamento entre os nomes e os endereços IP. Em outras palavras, os nomes devem ser exclusivos, pois os endereços IP também são. Um **espaço de nomes**, que associa cada endereço a um único nome, pode ser organizado de duas maneiras: plana ou hierárquica.

Espaço de Nomes Plano

Em um espaço de nomes plano, é atribuído um nome a um endereço. Um nome nesse espaço é uma seqüência de caracteres sem estrutura. Os nomes podem ter ou não uma seção comum; se tiverem, eles não têm nenhum significado. A principal desvantagem de um espaço de nomes plano é o fato de não poder ser usado em um sistema grande como a Internet, pois precisa ser controlado de forma centralizada para evitar ambigüidades e duplicações.

Espaço de Nomes Hierárquico

Em um espaço de nomes hierárquico, cada nome é constituído por várias partes componentes. A primeira parte pode definir a natureza da organização, a segunda pode estabelecer o nome de uma organização, a terceira pode determinar departamentos dentro de uma organização e assim por diante. Nesse caso, a autoridade que atribui e controla os espaços de nomes pode ser descentralizada. Uma autoridade central pode atribuir a parte do nome que define a natureza da organização e o nome da organização. A responsabilidade do restante do nome pode ser dada à própria organização. A organização pode acrescentar sufixos (ou prefixos) ao nome para definir seu host ou recursos. A administração da organização não precisa se preocupar com o fato de um prefixo escolhido para um host ser usado por outra organização, pois, mesmo se parte de um endereço for o mesmo, o endereço inteiro ainda é único. Suponha, por exemplo, que duas universidades e uma empresa chamem um de seus computadores de *challenger*. A primeira universidade recebe um nome da autoridade central como *fhda.edu*, a segunda universidade recebe o nome *berkeley.edu*, e a empresa recebe o nome *smart.com*. Quando essas organizações acrescentarem o nome *challenger* ao nome de domínio que elas já receberam, o resultado final será três nomes distintos: *challenger.fhda.edu*, *challenger.berkeley.edu* e *challenger.smart.com*. Os nomes são exclusivos, sem a necessidade de serem atribuídos por uma autoridade central. A autoridade central controla apenas parte dos nomes, não os nomes inteiros.

25.2 ESPAÇO DE NOMES DE DOMÍNIOS

Para ter um espaço hierárquico de nomes, foi concebido o conceito de **espaço de nomes de domínios**. Nesse modelo, os nomes são definidos em uma estrutura de árvore invertida com a raiz na parte superior. A árvore pode ter apenas 128 níveis: do nível 0 (raiz) ao nível 127 (ver a Figura 25.2).

Figura 25.2 *Espaço de nomes de domínios*

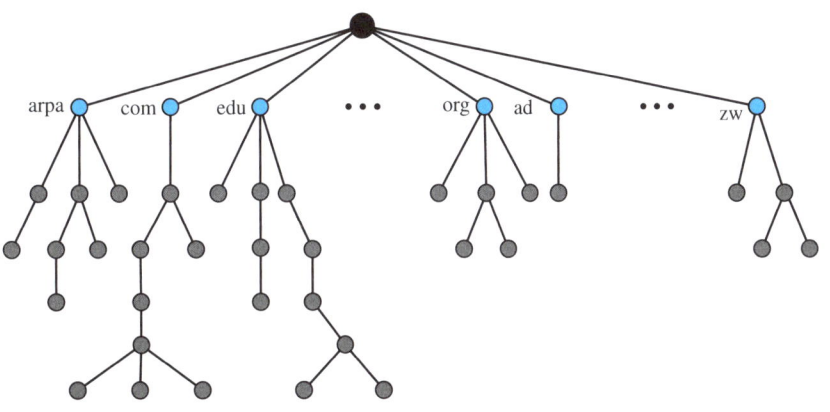

Label

Cada nó da árvore é identificado por um **rótulo** (label) que é uma string de, no máximo, 63 caracteres. O label raiz é uma string nula (string vazia). O DNS exige que os filhos de um nó (nós que se ramificam a partir de um mesmo nó) tenham labels distintos, garantindo a exclusividade dos nomes de domínios.

Nome de Domínio

Cada nó da árvore tem um nome de domínio. Um **nome de domínio** completo é uma seqüência de labels separados por pontos (.). Os nomes de domínios sempre são lidos a partir do nó para cima, em direção à raiz. O último label é o label da raiz (nulo). Isso significa que um nome de domínio completo sempre termina em um label nulo, significando que o último caractere é um ponto, pois a string null não é nula. A Figura 25.3 mostra alguns exemplos de nomes de domínios.

Figura 25.3 *Labels e nomes de domínios*

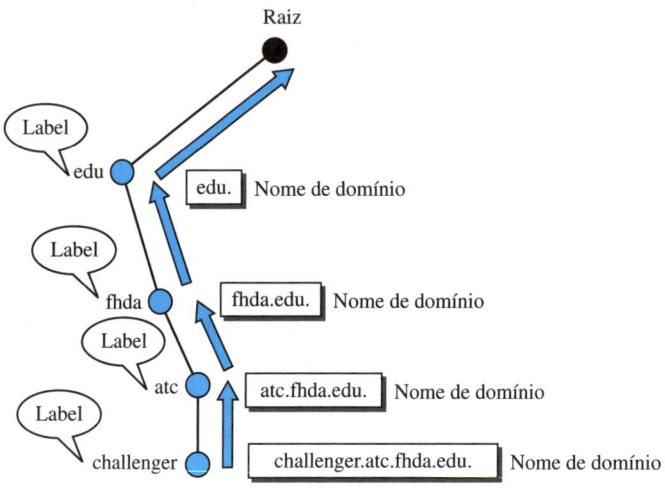

Nome de Domínio Totalmente Qualificado

Se um label terminar com uma string nula, ele é denominado **FQDN** (*Fully Qualified Domain Name — nome de domínio totalmente qualificado*). FQDN é um nome de domínio que contém o nome completo de um host. E contém todos os labels, do mais específico ao mais genérico, que definem de forma exclusiva o nome do host na rede. Por exemplo, o nome de domínio

> challenger.atc.fhda.edu.

é o FQDN de um computador chamado *challenger* instalado no ATC (Advanced Technology Center) na faculdade De Anza. Um servidor DNS pode mapear apenas um FQDN a um endereço. Note que o nome deve terminar com um label nulo, mas pelo fato de nulo significar nada, o label termina com um ponto (.).

Nome de Domínio Parcialmente Qualificado

Se um label não terminar com uma string nula, ele é denominado **PQDN** (*Partially Qualified Domain Name — nome de domínio parcialmente qualificado*). Um PQDN começa em um nó, mas não atinge a raiz. E é usado quando o nome a ser determinado pertence ao mesmo site de um cliente. Nesse caso, o resolvedor fornecerá a parte faltante, chamada **sufixo**, para criar um FQDN. Se, por exemplo, um usuário no site da *fhda.edu.* quiser obter o endereço IP do computador challenger, ele poderá definir o nome parcial

> challenger

O cliente DNS acrescentará o sufxo *atc.fhda.edu.* antes de passar o endereço ao servidor DNS.

O cliente DNS normalmente detém uma lista de sufixos. A seguir, apresentamos uma possível lista de sufixos da faculdade De Anza. O sufixo nulo não define nada. Esse sufixo é acrescentado quando o usuário define um FQDN.

atch.fhda.edu
fhda.edu
null

A Figura 25.4 ilustra alguns exemplos de FQDNs e PQDNs.

Figura 25.4 *FQDN e PQDN*

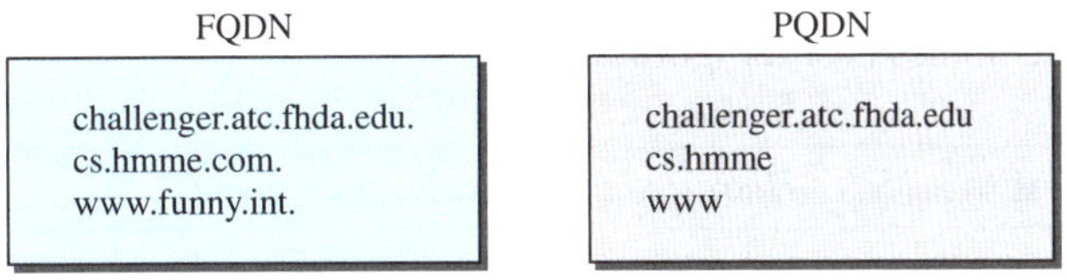

FQDN
challenger.atc.fhda.edu.
cs.hmme.com.
www.funny.int.
PQDN
challenger.atc.fhda.edu
cs.hmme
www

Domínio

Um **domínio** é uma subárvore do espaço de nomes de domínios. O nome do domínio é o do nó na parte superior da subárvore. A Figura 25.5 ilustra alguns. Note que um domínio pode ser dividido em outros domínios (ou **subdomínios**, como são algumas vezes chamados).

Figura 25.5 *Domínios*

com
edu
Domínio
Domínio
Domínio
Domínio
Domínio

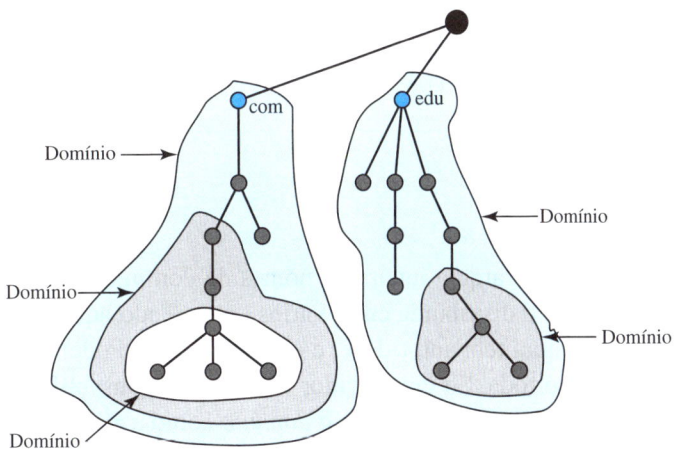

25.3 DISTRIBUIÇÃO DO ESPAÇO DE NOMES

As informações contidas no espaço de nomes de domínios devem ser armazenadas. Entretanto, é muito ineficiente, bem como não confiável, ter apenas um único computador para armazenar um volume tão grande de informações. Isso é ineficiente porque responder às solicitações provenientes de todas as partes ao redor do mundo acaba sobrecarregando o sistema. Isso não é confiável porque qualquer falha fará que os dados fiquem inacessíveis.

Hierarquia dos Servidores de Nomes

A solução para esses problemas é distribuir as informações em um grande número de computadores denominados **servidores DNS**. Uma maneira de fazer isso é dividir todo o espaço de nomes em vários domínios, tomando como base o primeiro nível. Em outras palavras, deixamos que a raiz fique sozinha e criamos tantos domínios (subárvores) quanto forem os nós de primeiro nível. Como um domínio criado dessa forma poderia ficar muito grande, o DNS permite que esses domínios sejam divididos ainda mais, em outros domínios menores (subdomínios). Cada servidor poderá se responsabilizar (autoridade) por um grande ou então um pequeno domínio. Traduzindo, temos uma hierarquia de servidores da mesma maneira que temos uma hierarquia de nomes (ver a Figura 25.6).

Figura 25.6 *Hierarquia de servidores de nomes*

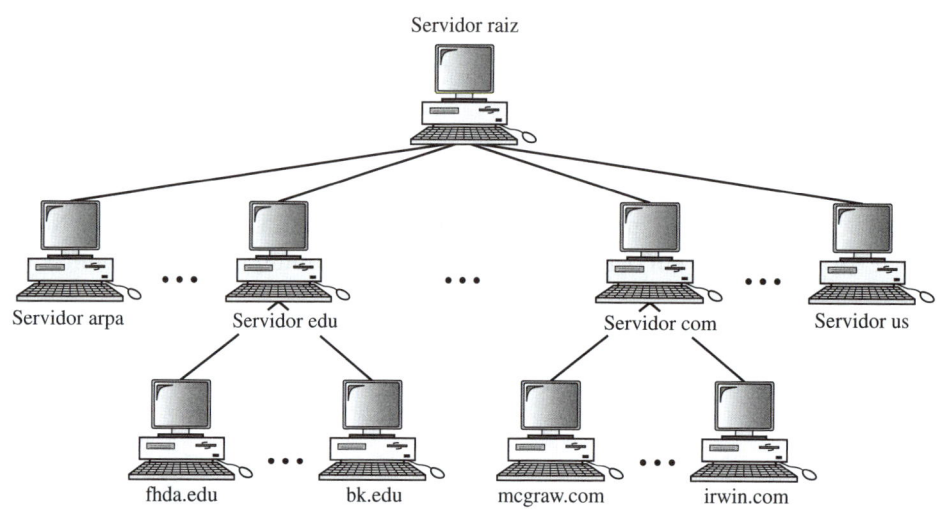

Zona

Já que a hierarquia inteira de nomes de domínios não pode ser armazenada em um único servidor, ela é distribuída entre vários deles. Tudo aquilo pelo qual um servidor é responsável ou sobre o qual tem autoridade, é chamado **zona**. Podemos definir zona como uma parte contígua da árvore toda. Se um servidor aceitar a responsabilidade por um domínio e não dividi-lo em subdomínios menores, tanto o *domínio* como a *zona* se referirão à mesma coisa. O servidor cria um banco de dados denominado *arquivo de zonas* e mantém todas as informações referentes a todos os nós desse domínio. Entretanto, se um servidor dividir seu domínio em subdomínios e delegar parte de sua autoridade a outros servidores, *domínio* e *zona* se referirão a coisas distintas. As informações sobre os nós nos subdomínios são armazenadas em servidores de níveis mais baixos, com o servidor original mantendo referência em relação àqueles servidores de nível inferior. Obviamente, o servidor original não se isenta totalmente da responsabilidade: ainda tem uma zona; entretanto, as informações detalhadas são mantidas por servidores no nível inferior (ver a Figura 25.7).

Um servidor também pode dividir parte de seu domínio e delegar responsabilidade, mas ainda mantém parte do domínio sob sua autoridade. Nesse caso, sua zona é constituída por informações detalhadas de parte do domínio que não foi delegada e faz referência àquelas partes que foram delegadas.

Figura 25.7 *Zonas e domínios*

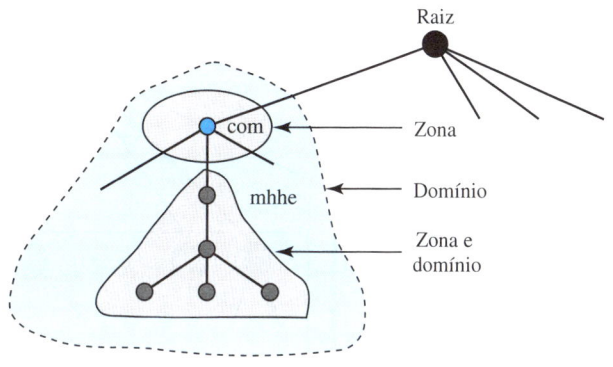

Servidor Raiz

Servidor raiz é um servidor cuja zona é formada pela raiz inteira. Normalmente, um servidor raiz não armazena nenhuma informação sobre os domínios, mas delega sua autoridade a outros servidores, mantendo referências a esses servidores. Existem vários servidores raiz na Internet, cada um dos quais cobrindo todo o espaço de nomes de domínios. Esses servidores são distribuídos ao redor de todo o mundo.

Servidores Primários e Secundários

O DNS define dois tipos de servidores: primários e secundários. **Servidor primário** é aquele servidor que controla e armazena o arquivo sobre a zona que detém autoridade. É responsável pela criação, manutenção e atualização do arquivo de zonas. Armazena o arquivo de zonas em um disco local.

Servidor secundário é o que transfere as informações completas sobre uma zona de outro servidor (primário ou secundário) e armazena o arquivo em seu disco local. O servidor secundário não cria nem atualiza os arquivos de zona. Se for necessária a atualização, ela deve ser feita pelo servidor primário, que transmite uma versão atualizada para o secundário.

Tanto os servidores primários como os secundários têm autoridade sobre as zonas que atendem. A idéia não é colocar o servidor secundário em um nível de autoridade inferior, mas sim, o de criar redundância para os dados de modo que, se um servidor falhar, o outro poderá continuar a atender às solicitações dos clientes. Note também que um servidor pode ser primário para determinada zona e secundário para outra. Conseqüentemente, quando nos referimos a um servidor como um servidor primário ou secundário, devemos ser cautelosos a qual zona nos referimos.

> **Um servidor primário carrega todas as informações a partir de seu arquivo em disco; o servidor secundário carrega todas as informações a partir do servidor primário. Quando o secundário baixa informações do primário, isso é denominado de transferência de zona.**

25.4 O DNS NA INTERNET

O DNS é um protocolo que pode ser usado em diferentes plataformas. Na Internet, o espaço de nomes de domínios (árvore) é dividido em três seções diferentes: domínios genéricos, domínios de países e domínio reverso (ver a Figura 25.8).

Figura 25.8 *DNS usado na Internet*

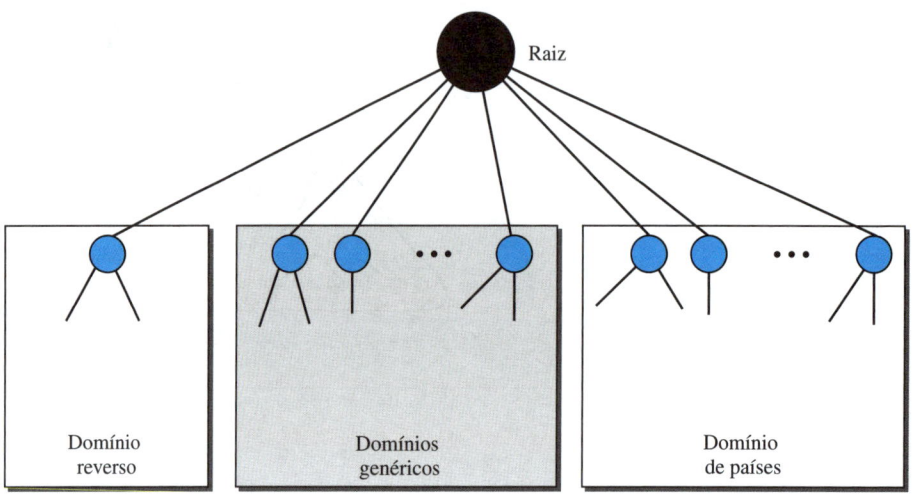

Domínios Genéricos

Os **domínios genéricos** definem hosts registrados de acordo com seus comportamentos genéricos. Cada nó na árvore define um domínio, que é um índice para um banco de dados de espaço de nomes de domínios (ver a Figura 25.9).

Figura 25.9 *Domínios genéricos*

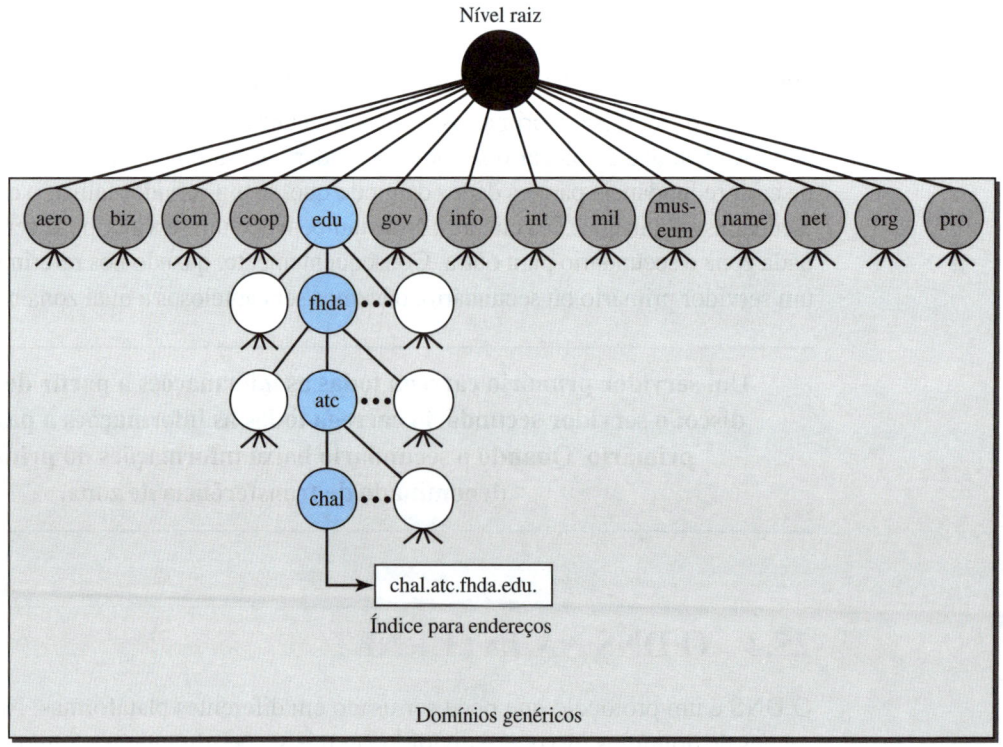

Observando-se a árvore, vemos que o primeiro nível na seção de domínios genéricos permite o uso de 14 possíveis labels. Esses labels especificam tipos de organização, conforme listado na Tabela 25.1.

Tabela 25.1 *Labels de domínios genéricos*

Label	Descrição
aero	Linhas aéreas e empresas do setor aeroespacial
biz	Empresas ou firmas (similares a "com")
com	Organizações comerciais
coop	Cooperativas
edu	Instituições educacionais
gov	Instituições governamentais
info	Provedores de serviços de informação
int	Organizações internacionais
mil	Grupos militares
museum	Museus e outras organizações sem fins lucrativos
name	Nomes pessoais (indivíduos)
net	Centros de suporte a redes
org	Organizações não-governamentais sem fins lucrativos
pro	Organizações individuais profissionais

Domínios de Países

A seção de **domínios de países** usa abreviaturas de dois caracteres para designar países (por exemplo, br para o Brasil). O segundo label pode ser composto por designações nacionais organizacionais ou mais específicas. Por exemplo, os Estados Unidos usam abreviações de estados como uma subdivisão de us (por exemplo, ca.us.).

A Figura 25.10 mostra a seção de domínios de países. O endereço *anza.cup.ca.us* pode ser traduzido como Faculdade De Anza em Cupertino, Califórnia, nos Estados Unidos.

Domínio Reverso

O **domínio reverso** é usado para associar um endereço a um nome de domínio. Isso acontece, por exemplo, quando um servidor tiver recebido uma solicitação de um cliente para realizar determinada tarefa. Embora o servidor tenha um arquivo que contém a lista de clientes autorizados, apenas o endereço IP do cliente (extraído do pacote IP recebido) é listado. O servidor solicita então ao seu resolvedor que envie uma consulta ao servidor DNS para mapear o endereço a um nome o qual permitirá determinar se o cliente se encontra na lista autorizada.

Esse tipo de consulta é denominado consulta reversa ou de ponteiros (PTR). Para tratar uma consulta de ponteiros, o domínio reverso é acrescentado ao espaço de nomes de domínios com o nó de primeiro nível chamado *arpa* (por razões históricas). O segundo nível também é um nó simples denominando *in-addr* (de **inverse address — endereço reverso**). O restante do domínio define endereços IP.

Os servidores que tratam de domínio reverso também são hierárquicos. Isso significa que a parte netid do endereço deve estar em um nível superior à parte subnetid e à parte subnetid

Figura 25.10 *Domínios de países*

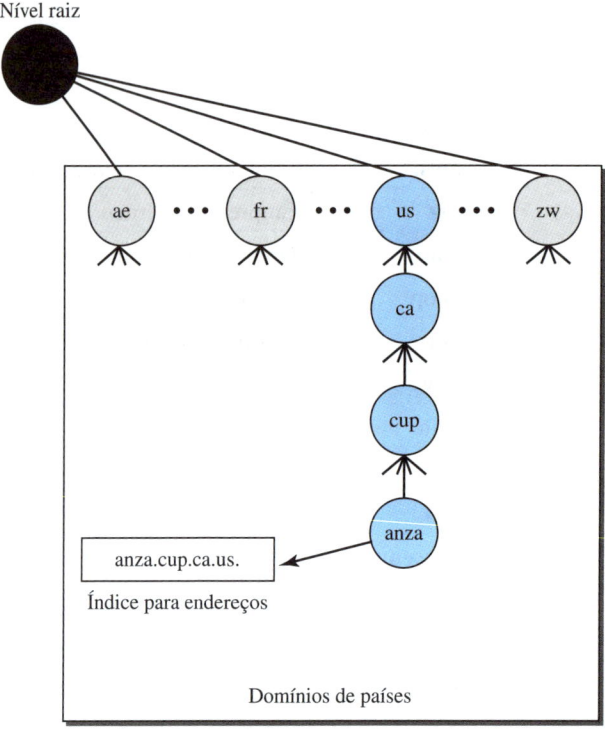

Domínios de países

mais elevada que a parte hostid. Dessa maneira, um servidor que atenda a todo um site se encontra em um nível hierárquico superior aos servidores que atendem cada sub-rede. Essa configuração faz com que o domínio pareça invertido quando comparado com um domínio genérico ou de países. Para seguir a convenção de ler labels de domínio de baixo para cima, um endereço IP como 132.34.45.121 (um endereço classe B com netid 132.34) é lido como 121.45.34.132.in-addr.arpa. veja a Figura 25.11 que mostra um exemplo de configuração de domínio reverso.

25.5 RESOLUÇÃO

Mapear um nome de domínio a um endereço ou um endereço a um nome é denominado *resolução de endereço-nome*.

Resolvedor

O DNS foi projetado como uma aplicação cliente/servidor. Um host que precisa mapear um endereço a um nome ou um nome a um endereço chama um cliente DNS denominado **resolvedor**. O resolvedor acessa o servidor DNS mais próximo com uma solicitação de mapeamento. Se o servidor tiver a informação, ele atende à solicitação do resolvedor; caso contrário, faz que o resolvedor consulte outros servidores ou então solicita que outros servidores forneçam a informação.

Após o resolvedor receber o mapeamento, ele interpreta a resposta para verificar se ela é uma resolução correta ou um erro e, finalmente, entrega o resultado para o processo que o solicitou.

Figura 25.11 *Domínio reverso*

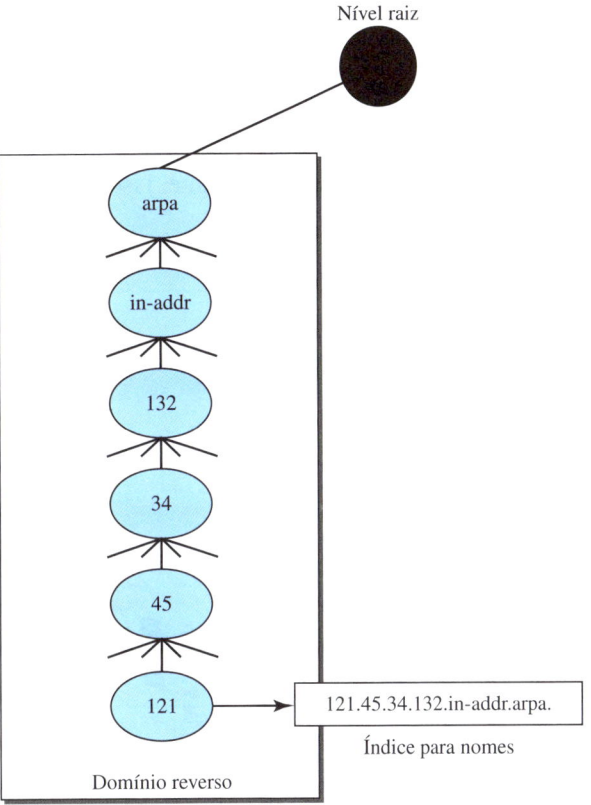

Mapeamento de Nomes para Endereços

Durante a maior parte do tempo, o resolvedor atribui um nome de domínio ao servidor e solicita o endereço correspondente. Nesse caso, o servidor verifica os domínios genéricos ou os domínios de países para resolver o mapeamento.

Se o nome de domínio for da seção de domínios genéricos, o resolvedor recebe um nome de domínio, por exemplo, *chal.atc.fhda.edu*. A consulta é enviada pelo resolvedor para o servidor DNS local para resolução. Se o servidor local não puder resolver uma consulta, ele faz que o resolvedor consulte outros servidores ou então peça para que outros servidores o façam diretamente.

Se o nome de domínio for proveniente da seção de domínios de países, o resolvedor recebe um nome de domínio como *ch.fhda.cu.ca.us*. O procedimento é o mesmo.

Mapeamento de Endereços para Nomes

Um cliente pode enviar um endereço IP a um servidor para ser associado a um nome de domínio. Como mencionado anteriormente, isso é chamado consulta PTR. Para responder a consultas desse tipo, o DNS usa o domínio reverso. Entretanto, na solicitação, o endereço IP é invertido e os dois labels *in-addr* e *arpa* são anexados para criar um nome de domínio aceitável pela seção de domínio reverso. Se, por exemplo, o resolvedor receber o endereço IP 132.34.45.121, primeiro, inverte o endereço IP e, depois, adiciona os dois labels antes de sua transmissão. O nome de domínio enviado será *121.45.34.132.in-addr.arpa.*, que é recebido pelo DNS local e resolvido.

Resolução Recursiva

O cliente (resolvedor) pode solicitar uma resposta recursiva a um servidor de nomes. Isso significa que o resolvedor espera que o servidor forneça uma resposta final. Se o servidor for a autoridade para aquele nome de domínio, ele verifica seu banco de dados e responde. Se o servidor não for a autoridade, transmite a solicitação para outro servidor (normalmente, o pai, de nível superior) e aguarda uma resposta. Se o pai for a autoridade, ele responde; caso contrário, transmite a consulta para outro servidor. Quando a consulta for resolvida, a resposta retorna, até finalmente chegar ao cliente solicitante. Isso é denominado resolução recursiva e é mostrado na Figura 25.12.

Figura 25.12 *Resolução recursiva*

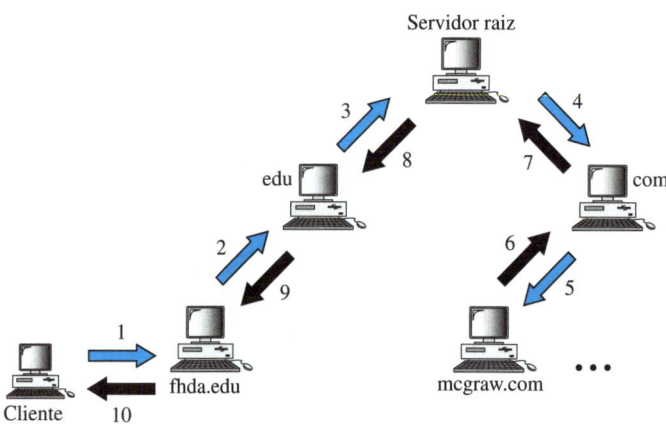

Resolução Iterativa

Se o cliente não solicitar uma resposta recursiva, o mapeamento pode ser feito iterativamente. Se o servidor for uma autoridade para aquele nome, ele transmite a resposta. Caso não seja, ele retorna (ao cliente) o endereço IP do servidor que imagina ser capaz de resolver a consulta. O cliente, então, é responsável por repetir a consulta para esse segundo servidor. Se o servidor recém-endereçado puder resolver o nome de domínio, ele responde à consulta com o endereço IP; caso contrário, retorna o endereço IP de um novo servidor para o cliente. Agora, o cliente deve repetir a consulta para o terceiro servidor. Esse processo é denominado **resolução iterativa**, pois o cliente repete a mesma consulta para vários servidores. Na Figura 25.13, o cliente consulta quatro servidores antes de obter uma resposta do servidor mcgraw.com.

Caching

Cada vez que um servidor DNS recebe uma consulta para um nome de domínio que não se encontre em seu domínio, ele precisa pesquisar em seu banco de dados para identificar o endereço IP de outro servidor. A redução desse tempo de busca aumentaria a eficiência do processo. O DNS trata essa questão com um mecanismo denominado **caching**. Quando o servidor DNS solicita o mapeamento de outro servidor e recebe a resposta, ele armazena essas informações em sua memória cache antes de transmiti-la ao cliente. Se este ou outro cliente solicitar o mesmo mapeamento, o servidor DNS verifica em sua memória cache e tenta resolver o problema.

Figura 25.13 *Resolução iterativa*

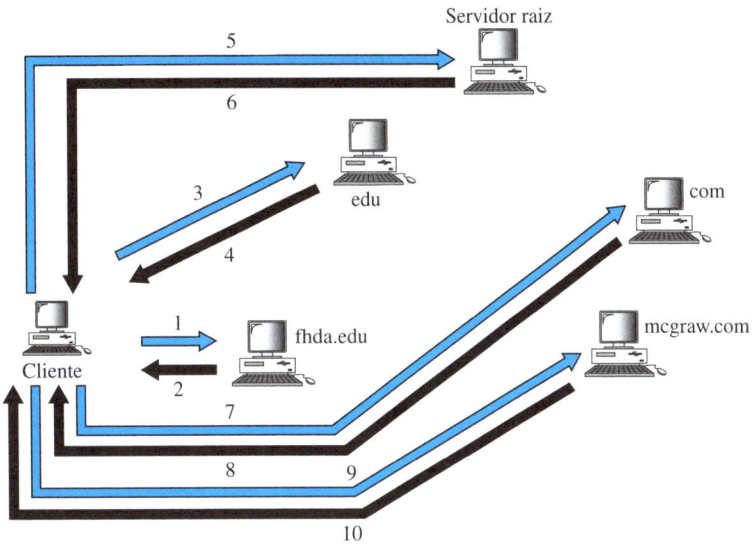

Entretanto, para informar ao cliente que a resposta está vindo da memória cache e não de uma fonte autorizada, o servidor marca a resposta como *não autorizada*.

Embora o sistema de cache agilize a resolução, ele também pode ser problemático. Se um servidor mantiver o mapeamento em cache por um longo período, talvez transmita um mapeamento desatualizado para o cliente. Para contra-atacar esse problema, são usadas duas técnicas. Na primeira, o servidor autorizado sempre adiciona informações ao mapeamento, denominado o TTL (**time-to-live — tempo de vida**). Ele define o tempo, em segundos, que o servidor receptor pode manter as informações em cache. Após esse período, o mapeamento será considerado inválido e qualquer consulta deve ser enviada novamente para o servidor autorizado. Na segunda, o DNS requer que cada servidor mantenha um contador TTL para cada mapeamento mantido em cache. A memória cache é pesquisada periodicamente e aqueles mapeamentos com TTL expirado devem ser expurgados.

25.6 MENSAGENS DNS

O DNS trata dois tipos de mensagens: consulta e resposta. Ambos os tipos apresentam o mesmo formato de cabeçalho. Uma **mensagem de consulta** consiste em um cabeçalho e uma seção de perguntas; **a mensagem de resposta** é formada por um cabeçalho, seção de perguntas, seção de respostas, seção de autoridades e seção de informações adicionais (ver a Figura 25.14).

Cabeçalho

Tanto as mensagens de consulta como de resposta têm o mesmo formato de cabeçalho, sendo alguns campos configurados em zero para mensagens de consulta. O cabeçalho tem 12 bytes, e seu formato é mostrado na Figura 25.15.

O subcampo de *identificação* é usado pelo cliente para associar uma resposta a uma consulta. O cliente configura um número de identificação diferente cada vez que ele transmite uma

Figura 25.14 *Mensagens de consulta e de resposta*

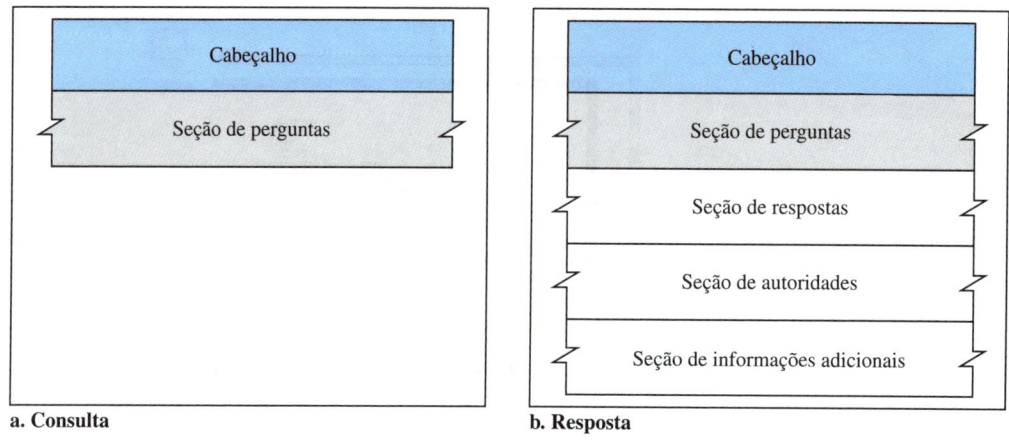

Figura 25.15 *Formato do cabeçalho*

Identificação	Flags
Número de registros de perguntas	Número de registros de respostas (todos 0 na mensagem de consulta)
Número de registros de autoridades (todos 0 na mensagem de consulta)	Número de registros de informações adicionais (todos 0 na mensagem de consulta)

consulta. O servidor duplica esse número na resposta correspondente. O subcampo *flags* é um conjunto de subcampos que definem o tipo de mensagem, o tipo de resposta solicitada, o tipo de resolução desejada (recursiva ou iterativa) e assim por diante. O subcampo *número de registros de perguntas* contém o número de consultas da seção de perguntas da mensagem. O subcampo *número de registros de respostas* contém o número de respostas da seção de resposta de uma mensagem de resposta. Seu valor é zero em uma mensagem de consulta. O subcampo *número de registros de autoridades* contém o número de registros de autoridades da seção autoridade de uma mensagem de resposta. Seu valor é zero em uma mensagem de consulta. Finalmente, o subcampo *número de registros de informações adicionais* contém o número de registros de informações adicionais da seção de informação adicional de uma mensagem de resposta. Seu valor é zero em uma mensagem de consulta.

Seção de Perguntas

Trata-se de uma seção formada por um ou mais registros de perguntas. Está presente tanto em mensagens de consulta quanto nas de resposta. Discutiremos os registros de respostas em uma seção mais à frente.

Seção de Respostas

É constituída por um ou mais registros de recursos. Está presente apenas em mensagens de resposta. Essa seção inclui a resposta do servidor para o cliente (resolvedor). Falaremos sobre os registros de recursos em uma seção adiante.

Seção de Autoridades

Esta é uma seção formada por um ou mais registros de recursos. Está presente apenas em mensagens de resposta. E fornece informações (nomes de domínio) sobre um ou mais servidores com autoridade para resolver o mapeamento de nomes da consulta.

Seção de Informações Adicionais

Trata-se de uma seção formada por um ou mais registros de recursos. Ela está presente apenas em mensagens de resposta. Esta seção fornece informações adicionais que podem vir a ajudar o resolvedor na resolução de nomes de domínio. Por exemplo, um servidor poderia fornecer o nome de domínio de um servidor com autoridade sobre uma zona para o resolvedor na seção autoridade e incluir o endereço IP desse mesmo servidor na seção de informações adicionais.

25.7 TIPOS DE REGISTROS

Conforme vimos na Seção 25.6, são usados dois tipos de registros no DNS. Os registros de respostas são utilizados na seção de perguntas das mensagens de consulta e de resposta. Os registros de recursos são empregados nas seções de resposta, autoridade e informações adicionais de uma mensagem de resposta.

Registro de Respostas

Um **registro de respostas** é usado pelo cliente para obter informações de um servidor e contém o nome de domínio.

Registro de Recursos

Cada nome de domínio (cada nó da árvore) está associado a um registro chamado **registro de recursos**. O banco de dados do servidor é formado por registros de recursos. Os registros de recursos também são aquilo que é retornado pelo servidor ao cliente.

25.8 ENTIDADE REGISTRADORA

Como novos domínios são adicionados ao DNS? Isso é feito por meio de uma entidade registradora, uma entidade comercial homologada pela Icann. Uma entidade registradora verifica, primeiro, se o nome de domínio solicitado é exclusivo e, em seguida, o introduz no banco de dados DNS. Cobra-se uma taxa por esse serviço.

Hoje em dia, existem várias entidades registradoras; seus nomes e endereços podem ser encontrados em

http://www.internic.net

Para efetuar seu registro, uma organização precisa fornecer o nome de domínio de seu servidor, assim como o endereço IP desse servidor. Por exemplo, uma nova organização comercial chamada *wonderful*, cujo servidor se chama *ws* com endereço IP 200.200.200.5 precisaria fornecer as seguintes informações para a entidade registradora:

Nome de domínio: ws.wonderful.com
Endereço IP: 200.200.200.5

25.9 SISTEMA DE NOMES E DOMÍNIOS DINÂMICOS (DDNS)

Quando o DNS foi concebido, ninguém previa que ocorreriam tantas mudanças de endereços. No DNS, quando acontece uma mudança como acréscimo de um novo host, eliminação de um host ou mudança de um endereço IP, essas alterações devem ser feitas no arquivo mestre do DNS. Esses tipos de mudança envolviam grande trabalho de atualização manual. O tamanho da Internet de nossos dias não permite mais esse tipo de operação manual.

O arquivo mestre DNS deve ser atualizado de forma dinâmica. O **DDNS (Dynamic Domain Name System — sistema de nomes e domínios dinâmicos**) foi concebido, portanto, para atender a essas novas necessidades. No DDNS, quando uma vinculação entre um nome e um endereço é resolvida, são enviadas informações, normalmente pelo DHCP (ver o Capítulo 21) para um servidor DNS primário. O servidor primário atualiza a zona. Os servidores secundários são notificados, seja de forma ativa ou passiva. Na notificação ativa, o servidor primário envia uma mensagem para os servidores secundários sobre a mudança na zona, ao passo que na notificação passiva, os servidores secundários realizam verificações periódicas para consultar se houve alguma alteração. Em ambos os casos, após ser notificado sobre a alteração, o secundário solicita informações de toda a zona (transferência de zona).

Para dar segurança e impedir mudanças não autorizadas nos registros DNS, o DDNS pode usar mecanismos de autenticação.

25.10 ENCAPSULAMENTO

O DNS pode usar tanto o UDP quanto o TCP. Em ambos os casos, a porta-padrão usada pelo servidor é a porta 53. O UDP é usado quando o tamanho de uma mensagem de resposta for menor que 512 bytes, pois a maioria dos pacotes UDP tem um limite de tamanho de pacotes de 512 bytes. Se o tamanho da mensagem de resposta for superior a 512 bytes, é usada uma conexão TCP. Nesse caso, pode ocorrer uma das seguintes situações:

- Se o resolvedor souber antecipadamente que o tamanho da mensagem de resposta é superior a 512 bytes, ele usa a conexão TCP. Se, por exemplo, um servidor de nomes secundário (atuando como cliente) precisar de uma transferência de zona de um servidor primário, ele usa a conexão TCP pelo fato de o tamanho das informações a serem transferidas normalmente ultrapassar 512 bytes.

- Se o resolvedor não souber o tamanho da mensagem de resposta, poderá usar a porta UDP. Entretanto, se o tamanho da mensagem de resposta for superior a 512 bytes, o servidor trunca a mensagem e ativa o bit TC. A seguir, o resolvedor estabelece uma conexão TCP e repete a solicitação para obter uma resposta completa do servidor.

> **O DNS pode usar os serviços do UDP ou TCP usando a porta-padrão 53.**

25.11 LEITURA RECOMENDADA

Para mais detalhes sobre os assuntos discutidos neste capítulo, recomendamos os seguintes livros e sites. Os itens entre colchetes [...] correspondem à lista de referências bibliográficas no final do texto.

Livros

O DNS é discutido em [AL98], no Capítulo 17 de [For06], na Seção 9.1 de [PD03] e na Seção 7.1 de [Tan03].

Sites

Os sites a seguir relacionam-se com os tópicos discutidos neste capítulo.

- www.internic.net/   Informações sobre registros
- www.ietf.org/rfc.html   Informações sobre RFCs

RFCs

As RFCs a seguir estão relacionadas com o DNS:

799, 811, 819, 830, 881, 882, 883, 897, 920, 921, 1034, 1035, 1386, 1480, 1535, 1536, 1537, 1591, 1637, 1664, 1706, 1712, 1713, 1982, 2065, 2137, 2317, 2535, 2671

25.12 TERMOS-CHAVE

arquivo de hosts	mensagem de consulta
caching	mensagem de resposta
domínio	nome de domínio
domínio de países	PQDN (nome de domínio parcialmente qualificado)
domínio reverso	registro de respostas
domínios genéricos	resolvedor
DNS (sistema de nomes de domínio)	registro de recursos
DDNS (sistema de nomes e domínios dinâmicos)	resolução iterativa
espaço de nomes	resolução recursiva
espaço de nomes de domínios	servidores DNS
espaço de nomes hierárquico	servidor primário
espaço de nomes plano	servidor raiz
entidade resgistradora	servidor secundário
FQDN (nome de domínio totalmente qualificado)	subdomínios
	sufixo
Label (rótulo)	zona

25.13 RESUMO

- O Sistema de Nomes de Domínios (DNS) é uma aplicação cliente/servidor que associa cada host na Internet com um nome de domínio exclusivo facilmente identificável.
- O DNS organiza o espaço de nomes em uma estrutura hierárquica que permite descentralizar as responsabilidades envolvidas na atribuição de nomes.

- O DNS pode ser representado por uma estrutura hierárquica de árvore invertida com o nó raiz na parte superior e um máximo de 128 níveis.
- Cada nó da árvore representa um nome de domínio.
- Um domínio é definido como qualquer subárvore do espaço de nomes de domínios.
- As informações de espaço de nomes são distribuídas entre servidores DNS. Cada servidor tem jurisdição sobre sua zona.
- A zona de um servidor raiz é a árvore DNS inteira.
- Um servidor primário cria, mantém e atualiza informações de sua zona.
- Um servidor secundário obtém suas informações de um servidor primário.
- O espaço de nomes de domínios é dividido em três seções: domínios genéricos, domínios de países e domínio reverso.
- Existem 14 domínios genéricos, cada um dos quais especificando um tipo de organização.
- Cada domínio de país especifica um país.
- O domínio reverso associa um nome de domínio para dado endereço IP. Isso é denominado resolução endereço-nome.
- Os servidores de nomes, computadores que rodam o programa DNS servidor, são organizados hierarquicamente.
- O cliente DNS, denominado resolvedor, associa (mapeia) um nome a um endereço ou um endereço a um nome.
- Na resolução recursiva, o cliente transmite sua solicitação a um servidor que, no final do processo, retorna uma resposta.
- Na resolução iterativa, o cliente pode transmitir sua solicitação para vários servidores antes de obter uma resposta.
- Caching é um método pelo qual uma resposta a uma consulta fica armazenada na memória (por um tempo limitado) para agilizar a consulta a solicitações futuras.
- Um nome de domínio totalmente qualificado (FQDN) é um nome de domínio formado por labels que iniciam com o host e retornam nível a nível até chegar ao nó raiz.
- Um nome de domínio parcialmente qualificado (PQDN) é um nome de domínio que não inclui todos os níveis existentes entre o host e o nó raiz.
- Existem dois tipos de mensagens DNS: de consulta e de resposta.
- Existem dois tipos de registros DNS: registros de respostas e registros de recursos.
- O DNS dinâmico (DDNS) atualiza automaticamente o arquivo mestre DNS.
- O DNS usa os serviços de UDP para mensagens menores que 512 bytes; caso contrário, é usado o TCP.

25.14 ATIVIDADES PRÁTICAS

Questões para Revisão

1. Qual é a vantagem de um espaço de nomes hierárquico em relação a um espaço de nomes plano para um sistema das dimensões da Internet?
2. Qual é a diferença entre um servidor primário e um servidor secundário?
3. Quais são os três domínios do espaço de nomes de domínios?

4. Qual é o propósito do domínio reverso?
5. Como a resolução recursiva difere de uma resolução iterativa?
6. O que é FQDN?
7. O que é PQDN?
8. O que é uma zona?
9. Como o sistema de cache aumenta a eficiência da resolução de nomes?
10. Quais são as duas principais categorias de mensagens DNS?
11. Por que há necessidade do DDNS?

Exercícios

12. Determine qual dos nomes seguintes é um FQDN e qual é um PQDN.
    a. xxx
    b. xxx.yyy.
    c. xxx.yyy.net
    d. zzz.yyy.xxx.edu.
13. Determine qual dos nomes seguintes é um FQDN e qual é um PQDN.
    a. mil.
    b. edu.
    c. xxx.yyy.net
    d. zzz.yyy.xxx.edu
14. Qual domínio é usado pelo seu sistema, genérico ou de países?
15. Por que precisamos de um sistema DNS quando poderíamos usar diretamente um endereço IP?
16. Para determinar o endereço IP de um destino, necessitamos do serviço de DNS. O DNS pode utilizar o serviço de transporte UDP ou TCP. O UDP ou o TCP requer do serviço de IP. O IP precisa de um endereço IP de destino. Existe nesse caso um círculo vicioso?
17. Se um nome de domínio DNS for *voyager.fhda.edu*, quantos labels estão envolvidos nesse caso? Quantos níveis de hierarquia?
18. Um PQDN é necessariamente mais curto que o FQDN correspondente?
19. Um nome de domínio é *hello.customer.info*. Este é um domínio genérico ou um domínio de países?
20. Você acredita que uma resolução recursiva é normalmente mais rápida que uma iterativa? Justifique.
21. É possível uma mensagem de consulta ter uma seção de perguntas, mas a mensagem de resposta correspondente ter várias seções de respostas?

CAPÍTULO 26

Logging Remoto, Correio Eletrônico e Transferência de Arquivos

A principal tarefa da Internet é fornecer serviços para seus usuários. Entre as aplicações mais populares estão o logging remoto, o correio eletrônico e a transferência de arquivos. Discutiremos essas três aplicações neste capítulo; abordaremos outro serviço popular da Internet, o acesso à World Wide Web, no Capítulo 27.

26.1 LOGGING REMOTO

Na Internet, os usuários, por vezes, necessitam rodar programas aplicativos em um site remoto e gerar resultados que possam ser transferidos para seus computadores locais. Por exemplo, alunos podem querer se conectar ao laboratório de computação de sua universidade a partir de suas casas para acessar programas aplicativos e realizar suas tarefas ou projetos. Uma maneira de satisfazer esta e outras necessidades é criar aplicações cliente/servidor para cada serviço desejado. Programas como FTPs (File Transfer Programs), e-mail (SMTP) e assim por diante estão disponíveis hoje em dia. Entretanto, seria impossível desenvolver um programa cliente/servidor específico para atender a cada necessidade.

A melhor solução para esses casos é desenvolver programas cliente/servidor de finalidade genérica, que permitam a um usuário acessar qualquer programa aplicativo em um computador remoto; em outras palavras, possibilitar ao usuário se conectar a um computador remoto. Após o logging, um usuário pode usar os serviços disponíveis no computador remoto e transferir os resultados de volta para seu computador local.

TELNET

Nesta seção, discutiremos um desses programas aplicativos cliente/servidor genérico: o TELNET, abreviatura de *TErminaL NETwork*. Ele é a aplicação TCP/IP padrão para serviços de terminal virtual, conforme proposto pela ISO (Organization for Standardandization, em inglês — Organização Internacional para a Normalização). O TELNET permite que um terminal local estabeleça uma conexão virtual a um sistema remoto de tal maneira que o terminal local se comporte exatamente como se fosse um terminal do sistema remoto.

O TELNET é um programa de aplicação cliente/servidor.

Ambiente de Tempo Compartilhado

O TELNET foi desenvolvido em uma época em que a maioria dos sistemas operacionais, como o UNIX, funcionava em um ambiente operacional de tempo compartilhado (time sharing). Em um ambiente destes, um computador grande tem a capacidade de suportar vários usuários simultaneamente. A interação entre o usuário e o computador ocorre por meio de um terminal, que normalmente é uma composição de teclado, monitor e mouse. Um microcomputador também pode simular um terminal com o auxílio de um emulador de terminais.

Logging

Em um ambiente de tempo compartilhado os usuários fazem parte do sistema com determinados direitos de acesso aos recursos compartilhados. Cada usuário autorizado possui uma identificação (login) e provavelmente uma senha (password). A identificação do usuário o define como parte do sistema. Para acessar, o usuário se autentica no sistema com um ID de usuário ou nome de login. O sistema também inclui a verificação de senhas para evitar que um usuário não autorizado tenha acesso aos recursos compartilhados. A Figura 26.1 ilustra o processo de logging.

Figura 26.1 *Login local e remoto*

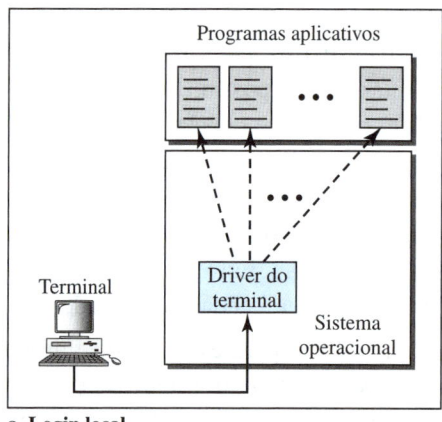

a. Login local

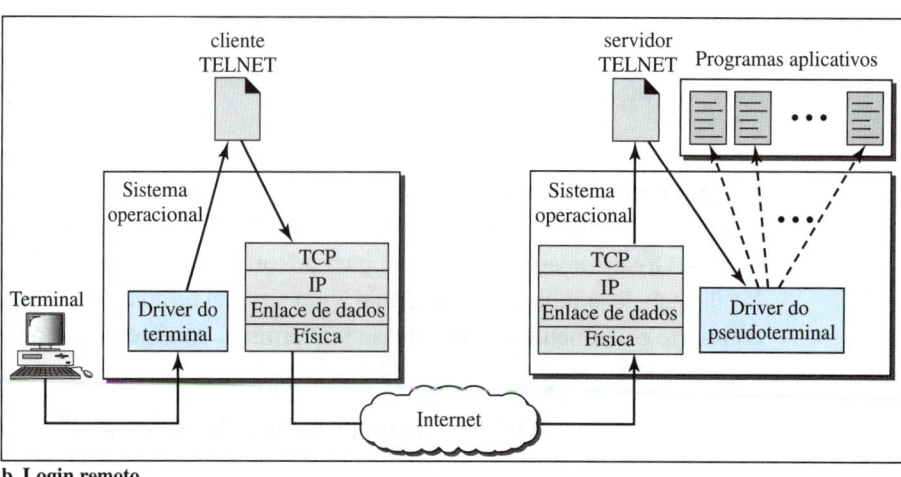

b. Login remoto

Quando um usuário se conecta ao sistema local de tempo compartilhado, ele realiza um **login local**. À medida que um usuário digita em um terminal ou em uma estação de trabalho local que está rodando um emulador de terminal, as digitações são aceitas pelo driver do terminal. Este repassa os caracteres digitados para o sistema operacional. O sistema operacional, por sua vez, interpreta a combinação de caracteres e aciona o programa aplicativo ou o utilitário desejado.

Quando um usuário quer acessar um programa aplicativo ou utilitário, localizado em uma máquina remota, ele realiza um **login remoto**. É aqui que os programas TELNET no cliente e no servidor entram em ação. O usuário transmite as teclas digitadas para o driver do terminal local, onde o sistema operacional local aceita os caracteres, mas não os interpreta. Os caracteres são transmitidos para o cliente TELNET, que os converte em um conjunto de caracteres universal denominado caracteres *NVT (Network Virtual Terminal, em inglês, terminal virtual de rede)* e os encaminha à pilha de protocolos TCP/IP local.

Os comandos, ou textos, no formato NVT, trafegam pela Internet e chegam à pilha TCP/IP da máquina remota. Aqui os caracteres são encaminhados ao sistema operacional remoto e repassados para o servidor TELNET, que converte os caracteres recebidos em caracteres correspondentes inteligíveis pelo computador remoto. Contudo, os caracteres não podem ser passados diretamente para o sistema operacional, pois este não foi projetado para interpretar caracteres de um servidor TELNET e sim para interpretar caracteres de um driver de terminal. A solução é acrescentar um bloco de software denominado *pseudodriver de terminal* que realiza as conversões adicionais necessárias, como se os caracteres estivessem vindo de um terminal. O sistema operacional encaminha, então, os caracteres para o programa aplicativo apropriado.

Terminal Virtual de Rede

O mecanismo utilizado para acessar um computador remoto é complexo. Isso porque cada computador e seu respectivo sistema operacional interpretam uma mesma combinação especial de caracteres, na forma de tokens, de modo diferente. Por exemplo, o token "fim de arquivo" em um computador que roda o sistema operacional DOS é Ctrl+z, ao passo que no sistema operacional UNIX é Ctrl+d.

Estamos lidando com sistemas heterogêneos. Se quisermos acessar qualquer computador remoto do mundo, temos de saber primeiro que tipo de computador estamos acessando e instalar um emulador de terminal específico para aquele computador. O TELNET soluciona esse problema definindo uma interface universal denominada conjunto de caracteres **NVT** (*Network Virtual Terminal*). Por meio dessa interface, um cliente TELNET converte caracteres (dados ou comandos) provenientes de um terminal local para o formato NVT e os transmite pela rede. Do outro lado, o servidor TELNET converte os dados e comandos do formato NVT para o formato local aceito pelo computador remoto. A Figura 26.2 ilustra esse conceito.

Conjunto de caracteres NVT O NVT implementa dois conjuntos de caracteres, um para dados e outro para controle. Ambos são formados por bytes de 8 bits. Para dados, o NVT implementa um conjunto de caracteres de 8 bits, no qual os 7, bits de ordem inferior são caracteres do padrão ASCII e o bit de ordem superior é 0. Para transmitir **caracteres de controle** entre computadores (do cliente para o servidor ou vice-versa), o NVT implementa um conjunto de caracteres de 8 bits em que o bit de ordem superior é configurado em 1.

A Tabela 26.1 apresenta alguns exemplos de caracteres de controle e seus significados.

Figura 26.2 *O conceito do NVT*

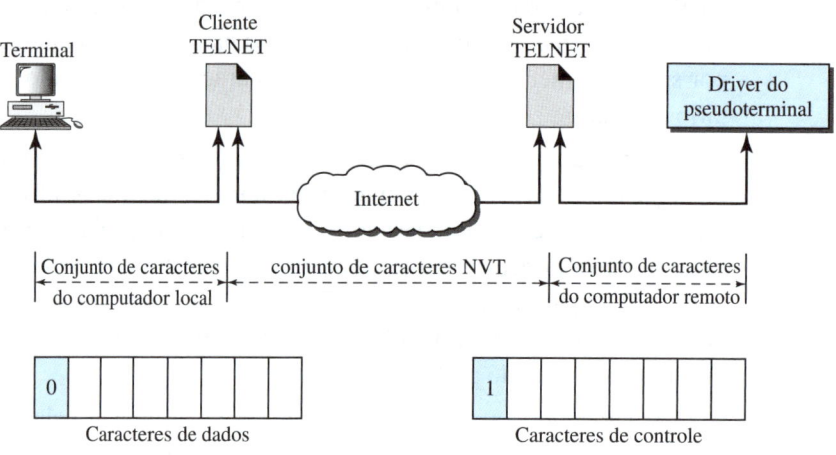

Tabela 26.1 *Alguns caracteres de controle NVT*

Caractere	Decimal	Binário	Significado
EOF	236	11101100	Fim de arquivo
EOR	239	11101111	Falta tradução
SE	240	11110000	Fim de Subopção
NOP	241	11110001	Não operacional
DM	242	11110010	Marca de dados
BRK	243	11110011	Interrupção
IP	244	11110100	Processo de interrupção
AO	245	11110101	Abortar a saída
AYT	246	11110110	Alguém por aí?
EC	247	11110111	Apagar caractere
EL	248	11111000	Apagar a linha
GA	249	11111001	Prosseguir
SB	250	11111010	Iniciar subopção
WILL	251	11111011	Acordo para habilitar opções
WONT	252	11111100	Rejeita habilitar opções
DO	253	11111101	Aprovação da solicitação de opção
DONT	254	11111110	Rejeita a solicitação de opção
IAC	255	11111111	Interpretar (o caractere seguinte) como caractere de controle

Embedding

O TELNET emprega apenas uma conexão TCP. O servidor usa a porta conhecida 23 e o cliente utiliza uma porta efêmera. A mesma conexão é usada tanto para a transmissão de dados como para o envio de caracteres de controle. O TELNET faz isso transmitindo caracteres de controle juntamente com o fluxo de dados (embedding). Entretanto, para distinguir os dados dos caracteres de controle, cada seqüência de caracteres de controle é precedida por um caractere especial denominado *IAC (Interpret As Control)*. Imagine, por exemplo, que um usuário queira que um servidor exiba um arquivo (*file1*) em um servidor remoto. Ele poderia digitar

cat file1

Suponha, entretanto, que o nome do arquivo tenha sido digitado de forma incorreta (*filea* em vez de *file1*). O usuário pode usar a tecla backspace para corrigir essa situação.

cat filea<backspace>1

Infelizmente, na implementação-padrão do TELNET, o usuário não consegue editar localmente; a edição ocorre no servidor remoto. O caractere backspace é convertido em dois caracteres de controle especiais (IAC EC), que são incorporados aos dados e transmitidos para o servidor remoto. Aquilo que é transmitido ao servidor está mostrado na Figura 26.3.

Figura 26.3 *Exemplo de embedding*

Digitado no terminal remoto

Opções

O TELNET permite que cliente e servidor negociem opções de configuração antes do uso do serviço ou durante este. Opções são recursos extras disponíveis para um usuário com um terminal mais sofisticado. Usuários de terminais mais simples podem usar os recursos-padrão. Alguns caracteres especiais de controle discutidos anteriormente são usados para configurar as opções. A Tabela 26.2 ilustra algumas opções mais comuns.

Tabela 26.2 *Opções*

Código	Opção	Significado
0	Binary	Interpreta como transmissão binária de 8 bits.
1	Echo	Ecoa os dados recebidos em uma ponta para a outra.
3	Suppress go ahead	Suprime sinais "go-ahead" após dados.
5	Status	Solicita o status do serviço TELNET.
6	Timing mark	Define as marcas de temporização.
24	Terminal type	Configura o tipo de terminal.
32	Terminal speed	Configura a velocidade de transmissão do terminal.
34	Line mode	Configura para modo linha.

Negociação de Opções Para usar qualquer uma das opções mencionadas na seção anterior, primeiro, a **opção de negociação** deve estar habilitada entre cliente e servidor. São usados quatro caracteres de controle para essa finalidade; estes estão apresentados na Tabela 26.3.

Tabela 26.3 *Conjunto de caracteres NVT para a negociação de opções*

Caracter	Decimal	Binário	Significado
WILL	251	11111011	1. Oferece-se para habilitar uma opção 2. Aceita a solicitação para habilitar
WONT	252	11111100	1. Rejeita a solicitação para habilitar 2. Oferece-se para desabilitar 3. Aceita a solicitação para desabilitar
DO	253	11111101	1. Aprova a oferta para habilitar 2. Solicitação para habilitar
DONT	254	11111110	1. Rejeita oferta para habilitar 2. Aprova a oferta para desabilitar 3. Solicitação para desabilitar

Uma das partes pode oferecer-se para habilitar ou desabilitar uma opção, caso ela tenha permissão para fazê-lo. A habilitação da opção pode ser aprovada ou não pela outra parte. Para oferecer-se a habilitar uma opção, uma das partes transmite o comando WILL, que significa "Posso habilitar essa opção?" A outra parte pode transmitir o comando DO, que significa "Por favor, faça-o" ou o comando DONT, que significa "Por favor, não o faça". Para oferecer-se a desabilitar uma opção, uma das partes transmite o comando WONT, que significa "Não quero mais essa opção". A resposta deve ser o comando DONT, que significa "Não a use mais".

Uma parte pode solicitar à outra parte que habilite ou desabilite uma opção. Para solicitar a habilitação, a parte solicitante transmite o comando DO, que significa "Por favor, habilite a opção". A outra parte transmite o comando WILL, que significa "Eu farei" ou, então, o comando WONT, que significa "Não, não o farei". Para solicitar à outra parte que desabilite uma opção, a parte solicitante transmite o comando DONT, que significa "Por favor, não use mais essa opção". A resposta deve ser o comando WONT, que significa "Não quero usá-la mais".

Exemplo 26.1

A Figura 26.4 mostra um exemplo de negociação de opções. Nesse exemplo, o cliente quer que o servidor ecoe todo caractere transmitido a ele. Em outras palavras, quando um caractere é digitado no terminal do usuário, ele será transmitido para o servidor e, posteriormente, será enviado de volta para a tela do usuário antes de ser processado. A opção Echo deve estar habilitada no servidor, pois é o servidor que transmite os caracteres de volta para o terminal do usuário. Como conseqüência, o cliente deve *solicitar* ao servidor que habilite essa opção, usando o comando DO. Essa solicitação é constituída por três caracteres: IAC, DO e ECHO. O servidor aceita a solicitação e habilita a opção. Ele notifica o cliente a aprovação da opção transmitindo três caracteres: IAC, WILL e ECHO.

Negociação de Subopções Algumas opções requerem parâmetros adicionais. Por exemplo, a definição do tipo ou da velocidade de um terminal. Nesses casos, a negociação de opções deve

Figura 26.4 *Exemplo 26.1: opção Echo*

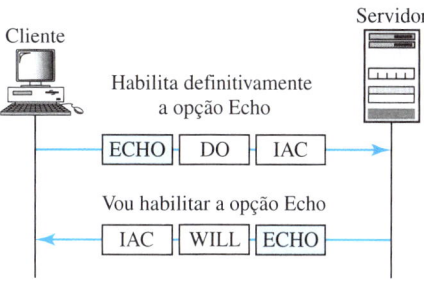

incluir uma string ou um número que defina o tipo de terminal ou sua velocidade. De qualquer forma, os dois caracteres de subopções apresentados na Tabela 26.4 são necessários para a **negociação de subopções**.

Tabela 26.4 *Conjunto de caracteres NVT para a negociação de subopções*

Caracter	Decimal	Binário	Significado
SE	240	11110000	Fim da Subopção
SB	250	11111010	Início da Subopção

Exemplo 26.2

A Figura 26.5 mostra um exemplo de negociação de subopções. Nesse exemplo, o cliente quer negociar o tipo de terminal.

Figura 26.5 *Exemplo de negociação de subopções*

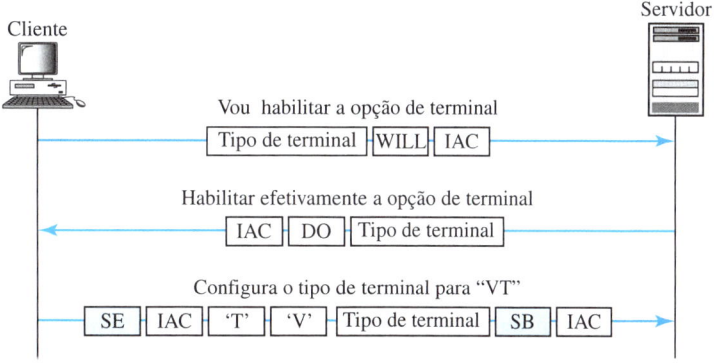

Modo de Operação

A maior parte das implementações TELNET opera em um dos três modos descritos a seguir: modos-padrão, caracter ou linha.

Modo-padrão O **modo-padrão** é usado caso nenhum outro seja negociado por meio da opção de negociação. Nele, o eco é realizado localmente pelo cliente. O usuário digita um caractere e o cliente ecoa o caractere na tela (ou impressora), mas não o transmite até que toda a linha esteja preenchida.

Modo Caractere Aqui, cada caractere digitado é enviado pelo cliente ao servidor. Normalmente, o servidor ecoa o caractere de volta para ser exibido na tela do cliente. Neste modo, o eco do caractere pode ser retardado, caso o tempo de transmissão seja longo (por exemplo, em uma conexão via satélite). Ele também cria alto nível de overhead na rede (tráfego adicional), pois, para cada caractere de dados digitados, devem ser transmitidos três segmentos TCP.

Modo Linha Foi proposto um novo modo para compensar as ineficiências dos modos-padrão e caracter. Neste modo, denominado **modo linha**, a edição de linhas (ecoar, apagar caracteres, apagar linhas e assim por diante) é realizada localmente pelo cliente. Depois disso, o cliente transmite uma linha inteira ao servidor.

26.2 CORREIO ELETRÔNICO

Um dos serviços mais conhecidos da Internet é o correio eletrônico (e-mail). Os projetistas da rede mundial provavelmente jamais imaginaram a popularidade que esse programa aplicativo iria alcançar. Sua arquitetura é constituída por vários componentes que serão apresentados neste capítulo.

No início da era da Internet, as mensagens enviadas por correio eletrônico eram curtas e formadas apenas por texto; elas possibilitavam a troca de notas breves. Hoje em dia, o correio eletrônico é muito mais complexo. Ele permite que uma mensagem seja composta por texto, áudio e vídeo. Ele possibilita que uma mensagem seja enviada para um ou vários destinatários simultaneamente.

Neste capítulo, estudaremos, primeiro, a arquitetura geral de um sistema de correio eletrônico (e-mail), inclusive seus três principais componentes: User Agent (UA), Message Transfer Agent (MTA) e Message Access Agent (MAA). Em seguida, descreveremos os protocolos que implementam esses componentes.

Arquitetura

Para explicar a arquitetura do sistema de correio eletrônico, apresentaremos quatro cenários. Começaremos com a situação mais simples e iremos acrescentando complexidade à medida que formos prosseguindo. O quarto cenário é o mais comum na troca de mensagens de e-mail.

Primeiro Cenário

O remetente e o destinatário da mensagem de e-mail são usuários (ou programas aplicativos) de um mesmo sistema de correio eletrônico; eles estão diretamente conectados a um sistema de correio compartilhado. O administrador criou uma caixa de correio (mailbox) para cada usuário, na qual as mensagens recebidas são armazenadas. Uma *caixa de correio* é implementada por meio de um arquivo especial, com restrições de acesso, localmente armazenada em um disco rígido. Apenas o proprietário da caixa de correio tem acesso a ela. Quando Alice, uma usuária, precisa enviar uma mensagem de e-mail para Bob, outro usuário, ela executa o programa UA (User *Agent, do inglês, agente usuário*) para criar uma mensagem e enviá-la à caixa de correio de Bob. A mensagem contém os endereços das caixas de correio (mailbox) do remetente e do destinatário (nomes de arquivos). Bob pode baixar e ler o conteúdo de sua caixa de correio quando quiser, usando um programa User Agent. A Figura 26.6 ilustra esse conceito.

Isso é muito similar à troca de memorandos tradicionais entre funcionários de uma empresa. Existe uma sala de correspondências onde cada funcionário tem sua caixa postal com seu nome inscrito.

Figura 26.6 *Primeiro cenário de uso do correio eletrônico*

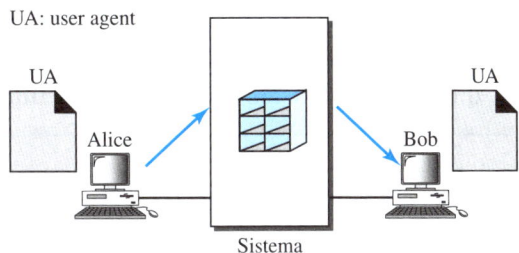

Quando Alice precisa enviar uma correspondência a Bob, ela escreve o memorando e o envia para a caixa de correio de Bob. Quando Bob verifica sua caixa de correio (mailbox), ele encontra o memorando de Alice e o lê.

Quando o remetente e o destinatário de um e-mail estão no mesmo sistema, precisamos apenas de programas User Agent (UA).

Segundo Cenário

No segundo cenário, o remetente e o destinatário do e-mail são usuários (ou programas aplicativos) de dois sistemas distintos. A mensagem precisa ser transmitida pela Internet. Aqui, precisamos dos programas **User Agent** (UAs) e Message Transfer Agent (MTA, do inglês, agente de transferência de mensagens), conforme ilustrado na Figura 26.7.

Figura 26.7 *Segundo cenário de uso do correio eletrônico*

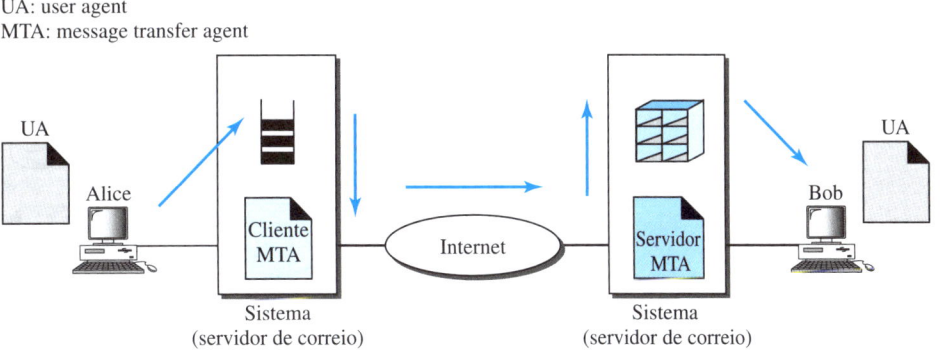

Alice precisa usar um programa UA (User Agent) para enviar sua mensagem ao sistema de correio eletrônico. O sistema (algumas vezes denominado servidor de e-mail) implementa uma fila para armazenar as mensagens que estão aguardando para serem enviadas. Bob também necessita de um programa UA (User Agent) para baixar suas mensagens armazenadas em sua caixa de correio. A mensagem, porém, precisa ser transmitida pela Internet desde o computador de Alice até o computador de Bob. Nesse caso, são necessários dois agentes de transferência de mensagens (MTAs): um cliente e outro servidor. Assim como a maioria dos programas cliente/servidor na Internet, o servidor precisa estar em execução contínua, pois ele nunca sabe quando um cliente lhe solicitará uma conexão. Por outro lado, o cliente pode ser alertado pelo sistema quando existir na fila uma mensagem a ser enviada.

> **Quando o remetente e o destinatário de um e-mail se encontram em sistemas diferentes, precisamos de dois UAs e um par de MTAs (cliente e servidor).**

Terceiro Cenário

No terceiro cenário, Bob, como no segundo cenário, está conectado diretamente ao seu sistema de correio eletrônico. Alice, porém, não está conectada diretamente ao seu sistema, mas sim indiretamente conectada através de uma WAN ponto a ponto, com modem discado, ou DSL ou modem a cabo; ou então ela está conectada via uma rede LAN em uma empresa que usa um servidor de correio eletrônico para tratar mensagens de e-mail — todos os usuários precisam transmitir suas mensagens por esse servidor. A Figura 26.8 ilustra essa situação.

Figura 26.8 *Terceiro cenário de uso do correio eletrônico*

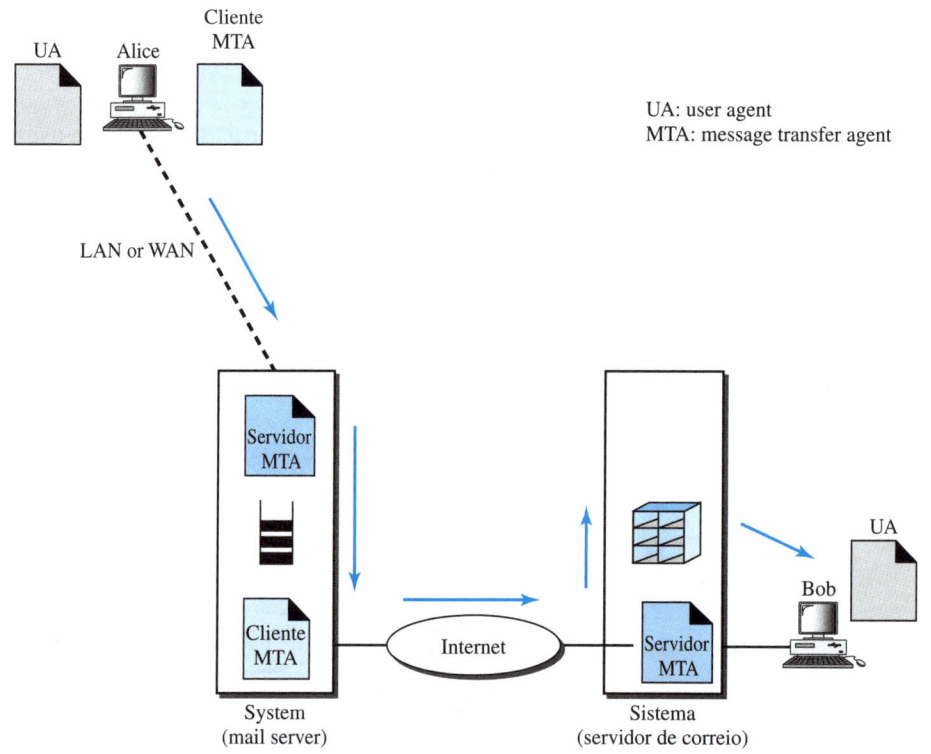

Alice ainda necessita de um UA (User Agent) para criar suas mensagens. Ela precisa transmitir uma mensagem através da LAN ou WAN. Isso pode ser feito por um par de agentes MTAs (cliente e servidor). Toda vez que Alice tiver uma mensagem a ser enviada, ela chama o User Agent que, por sua vez, chama o cliente MTA. O cliente MTA estabelece uma conexão com o servidor MTA do sistema, que está rodando ininterruptamente. O sistema no computador de Alice coloca em fila todas as mensagens recebidas. Em seguida, ele usa um cliente MTA para transmitir as mensagens para o sistema de Bob; este recebe as mensagens e as armazena na caixa de correio de Bob.

Quando achar mais conveniente, Bob usa seu programa User Agent para baixar suas mensagens e as lê. Note que precisamos de dois pares de programas cliente/servidor MTA.

Quando o remetente é conectado ao servidor de e-mail através de uma LAN ou WAN, precisamos de dois UAs e dois pares de MTAs (cliente e servidor).

Quarto Cenário

No quarto cenário, que é o mais comum, Bob também está conectado a seu servidor de correio através de uma WAN ou LAN. Após a mensagem ter chegado ao servidor de e-mail de Bob, ele precisa baixá-la. Nesse caso, necessitamos de outro conjunto de agentes cliente/servidor, que denominamos **MAAs** (**Message Access Agents — agentes de acesso às mensagens**). Bob usa um cliente MAA para baixar suas mensagens. O cliente envia uma solicitação ao servidor MAA, que está rodando ininterruptamente e solicita a transferência das mensagens. A situação é mostrada na Figura 26.9.

Figura 26.9 *Quarto cenário de uso do correio eletrônico*

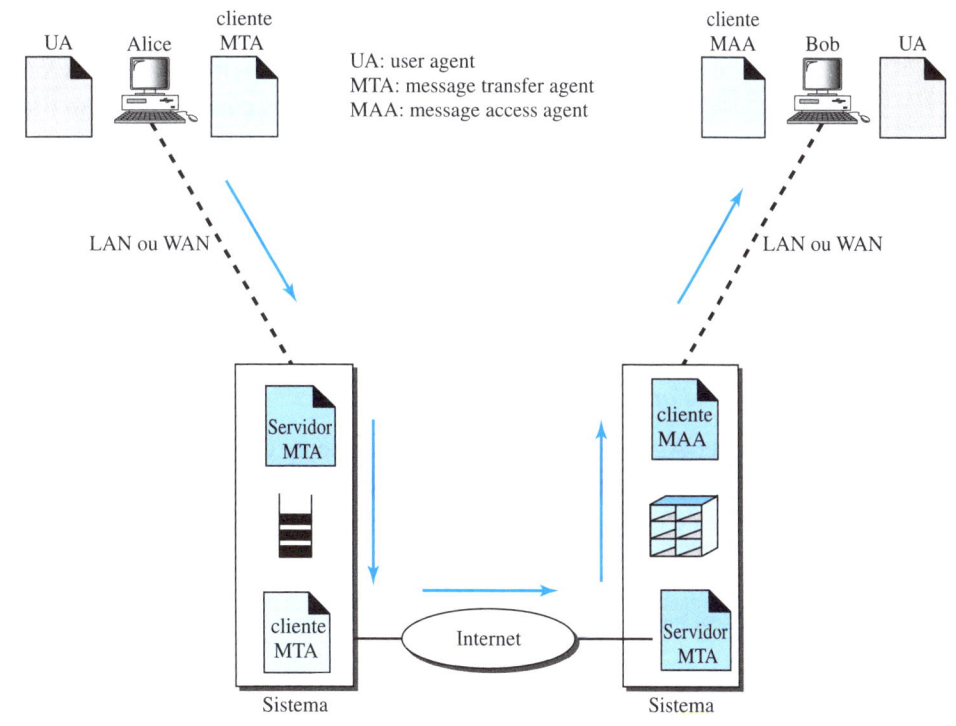

Existem dois pontos importantes que precisamos ressaltar aqui. Primeiro, Bob não pode acessar diretamente o servidor de e-mail usando seu servidor MTA. Para utilizar o servidor MTA diretamente, Bob precisaria manter esse servidor rodando ininterruptamente, porque ele nunca sabe quando chegará uma mensagem. Isso implica que Bob deve manter seu computador ligado todo o tempo e ininterruptamente conectado ao sistema de correio eletrônico, por exemplo, através de uma rede LAN. Se estiver conectado através de uma WAN, ele teria de manter a conexão ativa todo o tempo. Nenhuma dessas situações são factíveis hoje em dia.

Segundo, note que Bob precisa de outro par de programas cliente/servidor: programa MAA (acesso às mensagens). Isso é assim porque um programa MTA cliente/servidor é um programa *push*: o cliente "empurra" a mensagem para o servidor. Bob necessita de um programa *pull*: o cliente precisa "puxar" a mensagem do servidor. A Figura 26.10 ilustra a diferença.

Figura 26.10 *Push versus pull no e-mail*

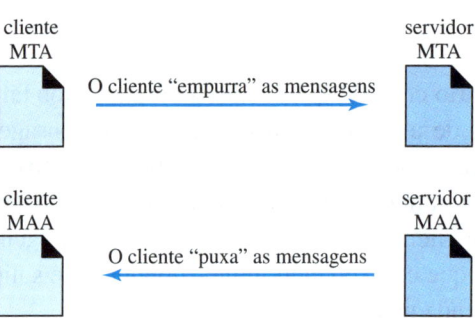

Quando o remetente e o destinatário estão conectados ao servidor de correio eletrônico através de uma LAN ou WAN, precisamos de dois UAs, dois pares de MTAs (cliente e servidor) e um par de MAA (cliente e servidor). Esta é a situação mais comum hoje em dia.

User Agent

O primeiro componente de um sistema de correio eletrônico é o UA (User Agent). Ele fornece serviços aos usuários para facilitar o processo de envio e recebimento de mensagens.

Serviços Fornecidos por um User Agent

Um User Agent (agente usuário) é um pacote de software (programa) que cria, lê, responde e encaminha mensagens. Ele também administra as caixas de correio. A Figura 26.11 mostra os serviços de um agente usuário (UA) típico.

Figura 26.11 *Serviços de um User Agent*

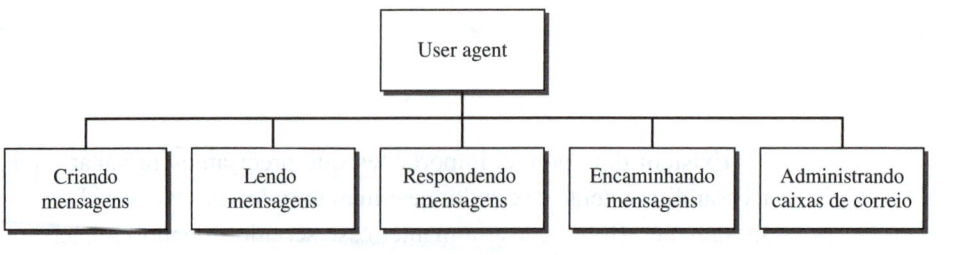

Criando Mensagens   Um User Agent ajuda o usuário a criar mensagens de e-mail. A maioria dos softwares de User Agent apresenta um formulário na tela para ser preenchido pelo usuário. Alguns até dispõem de um editor de texto incorporado que pode realizar operações de correção gramatical e ortográfica, além de outras tarefas que se espera de um processador de texto sofisticado. Um usuário, obviamente, poderia usar de forma alternativa seu editor ou processador de texto favorito para criar mensagens e importá-las ou recortá-las e colá-las, no formulário do User Agent.

Lendo Mensagens A segunda tarefa de um User Agent é permitir a leitura de mensagens de e-mail que chegam. Quando um usuário chama um User Agent, ele primeiro verifica as mensagens na caixa de entrada. A maioria dos User Agents mostra um resumo de uma linha de cada mensagem recebida. Cada e-mail contém os seguintes campos:

1. Um campo numérico.
2. Um flag que mostra o status da mensagem: nova, já lida, mas não respondida, ou lida e respondida.
3. O tamanho da mensagem.
4. O remetente.
5. O campo de assunto (opcional).

Respondendo Mensagens Após ler uma mensagem, um usuário pode utilizar o User Agent para responder a essa mensagem. Um User Agent normalmente possibilita que o usuário responda ao remetente original ou a todos os destinatários da mensagem. Uma mensagem de resposta pode conter uma cópia da mensagem original (para referência rápida) e o novo texto da mensagem.

Encaminhando Mensagens Uma *resposta* é definida como enviar uma mensagem para o remetente ou aos destinatários copiados. Um *encaminhamento* é definido como enviar uma mensagem para um terceiro. Um User Agent permite que o destinatário encaminhe uma mensagem, com ou sem comentários extras, para um terceiro.

Administrando Caixas de Correio

Um User Agent normalmente cria duas caixas de e-mail: uma caixa de entrada e uma caixa de saída. Cada caixa é um arquivo com formato especial administrado pelo User Agent. A caixa de entrada mantém uma cópia de todos os e-mails recebidos até que eles sejam descartados pelo usuário. A caixa de saída mantém uma cópia de todos os e-mails enviados até que o usuário os descarte. A maioria dos User Agents hoje em dia é capaz de criar caixas de e-mail personalizadas.

Tipos de User Agents

Há dois tipos de User Agents: baseado em comandos e baseado em interface gráfica GUI.

Baseado em Comandos Agentes de usuário baseados em comandos fazem parte dos primórdios do correio eletrônico. Eles ainda estão presentes como User Agents subjacentes em servidores. Normalmente interpretam um comando formado por um caractere do teclado que ativa determinada tarefa. Por exemplo, um usuário poderia digitar o caractere r, no prompt de comando, para responder ao remetente de uma mensagem ou digitar o caractere R para responder ao remetente e a todos os destinatários copiados. Alguns exemplos são *mail, pine* e *elm*.

Alguns exemplos de User Agents baseados em comandos são: *mail, pine* e *elm*.

Baseado em GUIs Agentes de usuário modernos se baseiam em interfaces gráficas GUIs. Eles contêm componentes gráficos do tipo GUI (Graphical User Interface) que permitem ao usuário interagir com o software usando tanto o teclado quanto o mouse. Eles contêm componentes gráficos como ícones, barras de menu e janelas, que facilitam o acesso aos serviços. Alguns exemplos: o Eudora, o Outlook da Microsoft e o Netscape.

> **Alguns exemplos de User Agents baseados em GUI são:** *Eudora, Outlook* **e** *Netscape*.

Envio de Mensagens

Para enviar mensagens, o usuário, por meio de um UA, cria mensagens que se pareçam muito com mensagens de correio tradicional. Ela contém um *envelope* e uma mensagem (ver a Figura 26.12).

Figura 26.12 *Formato de um e-mail*

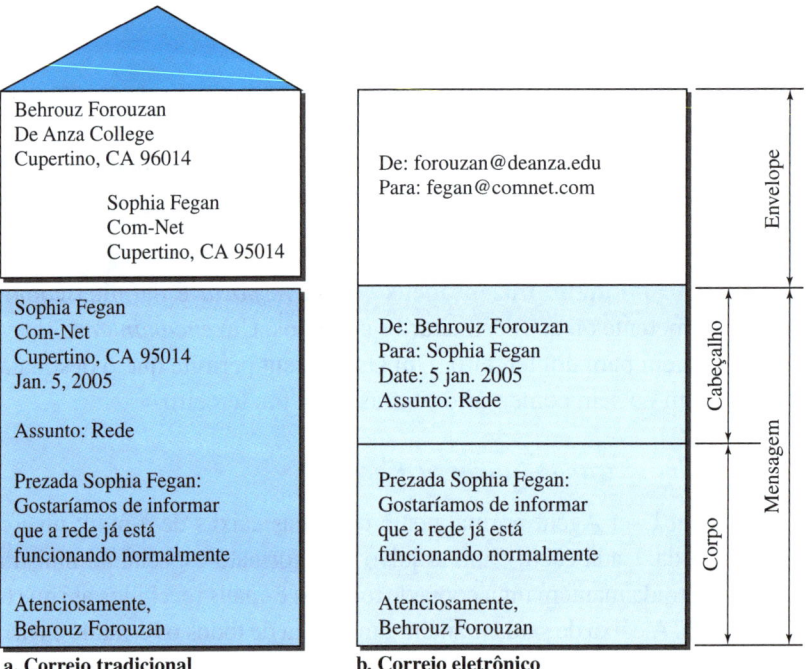

Envelope O **envelope** normalmente contém os endereços do remetente e do destinatário.

Mensagem A mensagem contém um **cabeçalho** e o **corpo**. O cabeçalho de uma mensagem define o remetente, o destinatário, o assunto da mensagem e algumas outras informações (por exemplo, o tipo de codificação, como veremos brevemente). O corpo de uma mensagem contém as informações reais que devem ser lidas pelo destinatário.

Recebimento de Mensagens

O User Agent (UA) é disparado pelo usuário (ou por um timer). Se um usuário tiver mensagens a serem lidas, o UA informa ao usuário por meio de um alerta. Se o usuário estiver pronto para ler a mensagem, será exibida uma lista, na qual cada linha contém um resumo da mensagem armazenada na caixa de correio. O resumo geralmente inclui o endereço do remetente, o assunto e a hora em que a mensagem foi enviada ou recebida. O usuário pode selecionar qualquer uma das mensagens e exibir seu conteúdo na tela.

Endereços

Para entregar mensagens, um sistema de correio eletrônico deve usar um sistema de endereçamento com endereços exclusivos. Na Internet, o endereço consiste em duas partes: uma **parte local** e um **nome de domínio**, separados pelo símbolo @ (ver a Figura 26.13).

Figura 26.13 *Endereço de e-mail*

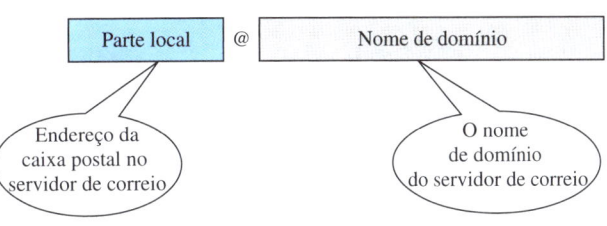

Parte Local A parte local define o nome de um arquivo especial, chamado caixa de correio do usuário, no qual todas as mensagens recebidas por um usuário são armazenadas. Posteriormente, essas mensagens podem ser recuperadas por um agente de acesso a mensagens (MAA — Message Access Agent).

Nome de Domínio A segunda parte do endereço é o nome de domínio. Uma organização normalmente seleciona um ou mais hosts para receber e enviar e-mails; os hosts são, algumas vezes, denominados *servidores de e-mail* ou *exchangers*. O nome de domínio atribuído a cada exchanger vem do banco de dados DNS ou é um nome lógico (por exemplo, o nome de uma organização).

Lista de Mensagens

O correio eletrônico permite associar um nome, **nome alternativo** (*alias*), que represente vários endereços de e-mail distintos; isto é chamado mailing list (lista de endereços). Toda vez que uma mensagem é enviada, o sistema compara o nome do destinatário com o banco de dados de nomes alternativos; se existir uma lista de endereços com o nome alternativo definido, mensagens distintas, uma para cada entrada da lista, serão criadas e enviadas para o MTA. Se não existir uma lista de endereços com nomes alternativos, o próprio nome será o endereço do destinatário e uma única mensagem será enviada para a entidade de transferência de mensagens (MTA).

MIME

O correio eletrônico tem uma estrutura simples. Essa simplicidade, porém, tem um preço. Ele pode enviar mensagens apenas no formato ASCII NVT de 7 bits. Em outras palavras, existem certas limitações. Por exemplo, ele não pode ser usado para criar mensagens em idiomas que não são suportados por caracteres ASCII de 7 bits (como francês, alemão, hebraico, russo, chinês e japonês). Da mesma forma, ele não pode ser usado para transmitir arquivos binários ou dados no formato de vídeo ou áudio.

MIME (*Multipurpose Internet Mail Extensions*) é um protocolo complementar que possibilita que dados não-ASCII sejam enviados em um e-mail. O MIME converte dados não-ASCII nas instalações do remetente em dados ASCII NVT e os entrega ao cliente MTA para serem transmitidos via Internet. A mensagem no lado do destinatário é convertida novamente para o formato original.

Podemos imaginar o MIME como um conjunto de funções de software que convertem dados não-ASCII (fluxos de bits) em dados ASCII e vice-versa, conforme mostrado na Figura 26.14.

Figura 26.14 *MIME*

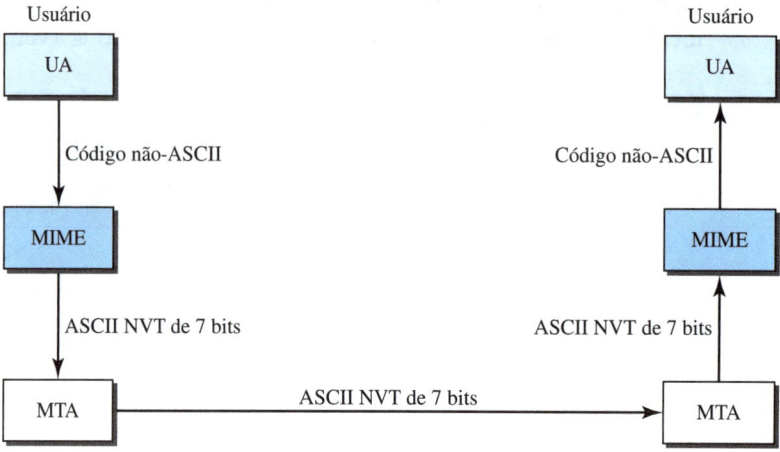

O MIME define cinco tipos de cabeçalhos que são acrescentados à seção de cabeçalho de um e-mail para estabelecer os parâmetros de conversão:

1. MIME-Version (MIME-Versão)
2. Content-Type (Conteúdo-Tipo)
3. Content-Transfer-Encoding (Conteúdo-Transferência-Codificação)
4. Content-ID (Conteúdo-ID)
5. Content-Description (Conteúdo-Descrição)

A Figura 26.15 apresenta os cabeçalhos do MIME. Descreveremos de forma detalhada cada um desses cabeçalhos.

Figura 26.15 *Cabeçalho do MIME*

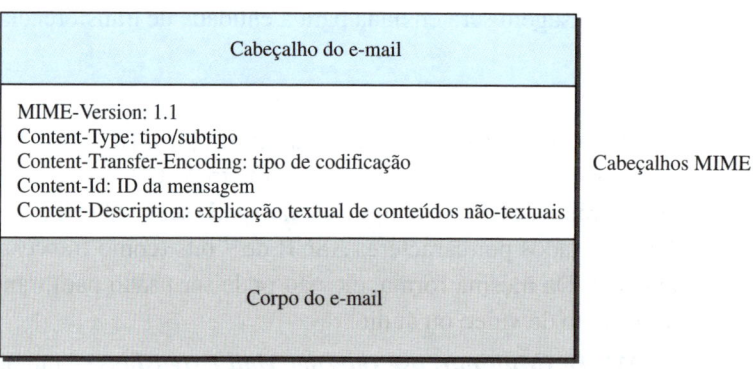

MIME-Version Este cabeçalho especifica a versão usada do MIME. A versão atual é 1.1.

MIME-Version: 1.1

Content-Type Este cabeçalho define o tipo de dados usado no corpo de uma mensagem. O tipo de conteúdo e seu subtipo são separados por uma barra. Dependendo do subtipo, o cabeçalho pode conter outros parâmetros adicionais.

Content-Type: <tipo / subtipo; parâmetros>

O MIME permite sete tipos diferentes de dados, que estão listados na Tabela 26.5.

Tabela 26.5 *Tipos e subtipos de dados no MIME*

Tipo	Subtipo	Descrição
Text	Plain	Texto não formatado
	HTML	Texto no formato HTML (ver o Capítulo 27)
Multipart	Mixed	Corpo contém partes ordenadas de diferentes tipos de dados
	Parallel	Idem ao anterior, mas sem ordenação
	Digest	Similar ao subtipo mixed, mas o padrão é mensagem/RFC822
	Alternative	As partes são versões diferentes de uma mesma mensagem
Message	RFC822	O corpo é uma mensagem encapsulada
	Partial	O corpo é um fragmento de uma mensagem maior
	External-Body	O corpo é uma referência a outra mensagem
Image	JPEG	A imagem está no formato JPEG
	GIF	A imagem está no formato GIF
Video	MPEG	O vídeo está no formato MPEG
Audio	Basic	Codificação em um único canal de voz de 8 kHz
Application	PostScript	Adobe PostScript
	Octet-stream	Dados binários gerais (bytes de 8 bits)

Content-Transfer-Encoding Este cabeçalho define o método usado para codificar as mensagens em 0s e 1s para sua transmissão:

Content-Transfer-Encoding: <type>

Os cinco tipos de métodos de codificação são apresentados na Tabela 26.6.

Content-Id Este cabeçalho identifica de forma exclusiva uma mensagem inteira em um ambiente com múltiplas mensagens.

Content-Id: id=<Conteúdo-ID>

Tabela 26.6 *Codificação Content-Transfer*

Tipo	Descrição
7 bits	Caracteres ASCII NVT e linhas curtas
8 bits	Caracteres não-ASCII e linhas curtas
Binary	Caracteres não-ASCII com comprimento de linhas ilimitadas
Base-64	Blocos de dados de 6 bits codificados em caracteres ASCII de 8 bits
Quoted-printable	Caracteres não-ASCII codificados como, por exemplo, com um sinal de igualdade seguido por um código ASCII

Content-Description Este cabeçalho define se o corpo de uma mensagem é composto por imagem, áudio ou vídeo.

Content-Description: <description>

Simple Mail Transfer Protocol: SMTP

A transferência efetiva de mensagens é realizada por meio de agentes de transferência de mensagens (MTA — Message Transfer Agents). Para enviar mensagens, um sistema de correio eletrônico deve ter um cliente MTA e, para receber mensagens, deve haver um servidor MTA. O protocolo formal que define os procedimentos de comunicação entre um cliente e um servidor MTA na Internet é denominado **SMTP** (*Simple Mail Transfer Protocol*). Como mencionado anteriormente, dois pares de programas cliente/servidor MTA são usados na situação mais comum (quarto cenário). A Figura 26.16 mostra a abrangência do protocolo SMTP para este cenário.

Figura 26.16 *Abrangência do SMTP*

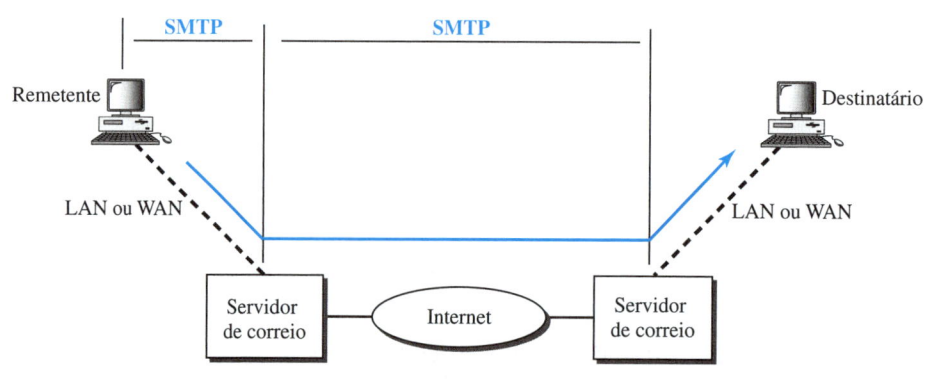

O SMTP é usado duas vezes: entre o remetente e o servidor de correio do remetente e entre os dois servidores de correio. Como veremos em breve, é necessário outro protocolo entre o servidor de correio e o destinatário.

O SMTP simplesmente define como comandos e respostas devem ser enviados (ida e volta). Cada rede é livre para implementar o pacote de software de sua escolha. Discutiremos o mecanismo de transferência de mensagens SMTP no restante desta seção.

Comandos e Respostas

O SMTP usa comandos e respostas para transferir mensagens entre um cliente MTA e um servidor MTA (ver a Figura 26.17).

Figura 26.17 *Comandos e respostas*

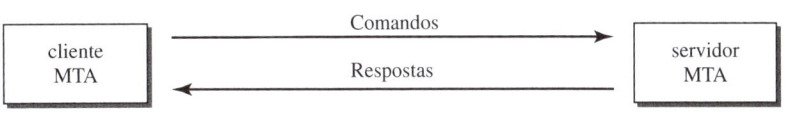

Cada comando ou resposta termina com um caracter duplo codificado de "fim de linha" (CR — carriage return e LF — line feed).

Comandos Os comandos são enviados do cliente para o servidor. O formato típico de um comando SMTP é mostrado na Figura 26.18. Ele consiste em uma palavra-chave seguida por nenhum argumento ou por alguns argumentos. O SMTP padroniza 14 comandos. Os cinco primeiros são obrigatórios; toda implementação deve implementar esses cinco comandos. Os três seguintes são em geral usados e extremamente recomendados. Os seis últimos são raramente implementados.

Figura 26.18 *Formato dos comandos*

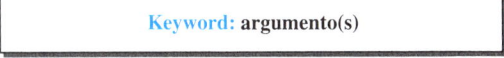

Os comandos SMTP são apresentados na Tabela 26.7.

Tabela 26.7 *Comandos*

Palavra-chave	Argumento(s)
HELO	Nome do host do remetente
MAIL FROM	Remetente da mensagem
RCPT TO	Destinatário pretendido da mensagem
DATA	Corpo da mensagem
QUIT	
RSET	
VRFY	Nome do destinatário a ser verificado
NOOP	
TURN	
EXPN	Lista de endereços a ser expandida
HELP	Nome do comando

Tabela 26.7 *Comandos (continuação)*

Palavra-chave	Argumento(s)
SEND FROM	Destinatário pretendido da mensagem
SMOL FROM	Destinatário pretendido da mensagem
SMAL FROM	Destinatário pretendido da mensagem

Respostas As respostas são enviadas do servidor para o cliente. Uma mensagem de resposta apresenta um código de três dígitos que podem ser seguidos ou não por informações textuais adicionais. A Tabela 26.8 apresenta alguns exemplos de respostas.

Tabela 26.8 *Respostas*

Código	Descrição
	Resposta Completa Positiva
211	Resposta contendo status do sistema ou resposta a uma ajuda
214	Mensagem de ajuda
220	Pronto para atendimento
221	Serviço encerrando o canal de transmissão
250	Comando de solicitação completado
251	Usuário não é local; a mensagem será encaminhada
	Resposta Intermediária Positiva
354	Inicia a entrada da mensagem
	Resposta Completa Negativa Transiente
421	Serviço indisponível
450	Caixa postal indisponível
451	Comando abortado: erro local
452	Comando abortado: área de armazenamento insuficiente
	Resposta Completa Negativa Permanente
500	Erro de sintaxe; comando não reconhecido
501	Erro de sintaxe nos parâmetros ou argumentos
502	Comando não-implementado
503	Seqüência de comandos incorreta
504	Comando temporariamente não-implementado
550	O comando não foi executado; caixa postal indisponível
551	Usuário local inexistente
552	Ação solicitada abortada; área de armazenamento excedida
553	Ação solicitada não executada; o nome da caixa postal não é permitido
554	Falha na transação

Como mostra a tabela, as respostas se dividem em quatro categorias. O dígito mais à esquerda do código (2, 3, 4 e 5) define a categoria.

Fases da Transferência de E-mails

O processo de transferência de uma mensagem de correio eletrônico ocorre em três fases: estabelecimento da conexão, transferência de mensagens e encerramento da conexão.

Exemplo 26.3

Vejamos como podemos usar diretamente o SMTP para enviar um e-mail e simular os comandos e respostas descritos nesta seção. Usamos o TELNET para logar na porta 25 (porta conhecida do SMTP). Em seguida, usamos diretamente os comandos para enviar um e-mail. Nesse exemplo, forouzanb@adelphia.net está enviando um e-mail para ele próprio. As linhas logo no início mostram o TELNET tentando se conectar ao servidor de correio Adelphia.

Após a conexão, digitamos comandos SMTP e, logo após, recebemos respostas SMTP, conforme ilustrado a seguir. Indicamos os comandos em negrito e as respostas em cinza-claro. Observe que adicionamos, para fins de esclarecimento, algumas linhas de comentário, iniciadas pelos sinais "=". Essas linhas não fazem parte do conjunto de comandos e respostas típicos de um e-mail.

```
$ telnet mail.adelphia.net 25
Trying 68.168.78.100 . . .
Connected to mail.adelphia.net (68.168.78.100).
================== Connection Establishment ================
    220 mta13.adelphia.net SMTP server ready Fri, 6 Aug 2004 . . .
HELO mail.adelphia.net
    250 mta13.adelphia.net
================== Mail Transfer ================
MAIL FROM: forouzanb@adelphia.net
    250 Sender <forouzanb@adelphia.net> Ok
RCPT TO: forouzanb@adelphia.net
    250 Receiver <forouzanb@adelphia.net> Ok
DATA
    354 Ok Send data ending with <CRLF>.<CRLF>
From: Forouzan
TO: Forouzan

This is a test mensagem
to show SMTP in action.
.
=================== Connection Termination ================
    250 Message received: adelphia.net@mail.adelphia.net
QUIT
    221 mta13.adelphia.net SMTP server closing connection
Connection closed by foreign host.
```

Agente de Acesso a Mensagens: POP e IMAP

O primeiro e o segundo estágios na entrega de mensagens de correio eletrônico usam o SMTP. Entretanto, o SMTP não está envolvido no terceiro estágio, pois é um protocolo *push*; ele "empurra" a mensagem do cliente para o servidor. Em outras palavras, o sentido da transferência de dados (mensagens) é do cliente para o servidor. Por outro lado, o terceiro estágio precisa de um protocolo *pull*; o cliente tem de "puxar" mensagens do servidor. O sentido da transferência de dados é do servidor para o cliente. O terceiro estágio usa um agente de acesso a mensagens (MAA — Message Access Agent).

Atualmente, existem dois protocolos principais para acesso a mensagens: Post Office Protocol, versão 3 (POP3) e Internet Mail Access Protocol, versão 4 (IMAP4). A Figura 26.19 ilustra o posicionamento desses dois protocolos para a situação mais comum (quarto cenário).

Figura 26.19 *POP3 e IMAP4*

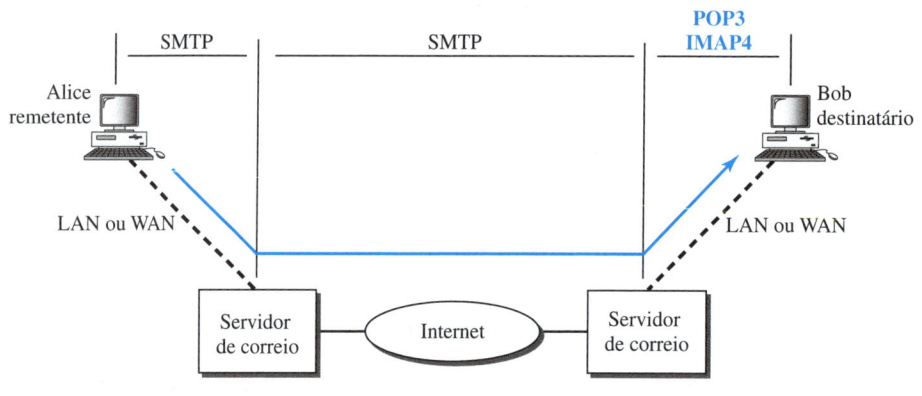

POP3

O **POP3** (***Post Office Protocol*, versão 3**) é um protocolo simples, mas com funcionalidades limitadas. O software cliente POP3 é instalado no computador do usuário; o software servidor POP3 é instalado no servidor de e-mail.

O acesso às mensagens inicia com o cliente, quando o usuário precisa baixar e-mails de sua caixa de correio instalada no servidor de e-mail. O cliente abre uma conexão com o servidor na porta TCP 110. Em seguida, ele transmite seu login (nome de usuário) e password (senha) para acessar a caixa de correio. O usuário pode, então, listar e baixar as mensagens, uma de cada vez. A Figura 26.20 mostra um exemplo de download usando o POP3.

O POP3 tem dois modos: keep e delete. No modo delete, a mensagem é apagada da caixa postal logo após cada download. No modo keep, uma cópia da mensagem permanece na caixa de correio após o download. O modo delete é usado normalmente quando o usuário está trabalhando em seu desktop (computador permanente) e tem condições de salvar e organizar as mensagens recebidas após sua leitura ou resposta. O modo keep é usado geralmente quando o usuário acessa suas mensagens de outro computador que não seja o seu principal (por exemplo, um laptop). As mensagens são lidas, mas mantidas no sistema para futura recuperação e organização.

IMAP4

Outro protocolo de acesso a mensagens de e-mail é o ***Internet Mail Access Protocol*, versão 4 (IMAP4)**. O IMAP4 é similar ao POP3, mas com vários recursos adicionais; o IMAP4 é mais poderoso e mais complexo.

Figura 26.20 *Troca de comandos e respostas no POP3*

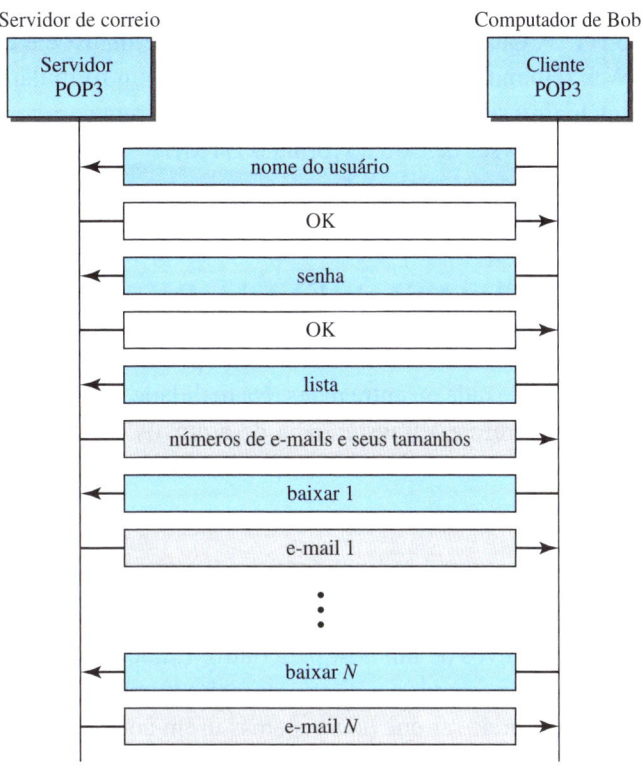

O POP3 é ineficiente em diversas situações. Ele não permite ao usuário organizar suas mensagens no servidor; o usuário não pode criar pastas (folders) diferentes no servidor (obviamente, o usuário pode criar pastas em seu próprio computador). Além disso, o POP3 não permite que o usuário verifique parte do conteúdo da mensagem antes de fazer o download.

O IMAP4 provê as seguintes funções adicionais:

- um usuário pode verificar o cabeçalho de um e-mail antes de baixá-lo;
- um usuário pode procurar pelo conteúdo de um e-mail (string de caracteres específica) antes de baixá-lo;
- um usuário pode baixar parcialmente um e-mail. Isso é particularmente útil se a largura de banda for limitada e o e-mail tiver conteúdos de multimídia com grandes exigências de largura de banda;
- um usuário pode criar, eliminar ou renomear caixas de correio no servidor de e-mail;
- um usuário pode criar uma hierarquia de caixas de correio em pastas (folder) para armazenamento de e-mails.

Webmail

O e-mail é uma aplicação tão comum que, hoje em dia, alguns sites da Web fornecem esse serviço para qualquer usuário que acesse o site. Os dois sites mais comuns são o Hotmail e o Yahoo. A idéia é muito simples. A transferência de mensagens do navegador de Alice para seu servidor de correio eletrônico é feita pelo HTTP (ver o Capítulo 27). A transferência de mensagens do servidor de correio do remetente para o servidor de correio do destinatário ainda se dá por meio do SMTP. Finalmente, a mensagem do servidor destinatário (o servidor Web) para o browser de Bob é feita pelo HTTP.

A última fase é muito interessante. Em vez do POP3 ou do IMAP4, normalmente é usado o HTTP. Quando Bob precisa baixar seus e-mails, ele transmite uma mensagem para o site da Web (Hotmail, por exemplo). O site envia um formulário a ser preenchido por Bob, que inclui seu login e senha. Se o login e a senha estiverem corretos, o e-mail é transferido do servidor Web para o browser de Bob no formato HTML.

26.3 TRANSFERÊNCIA DE ARQUIVOS

A transferência de arquivos de um computador para outro é uma das tarefas mais comuns em um ambiente de rede ou entre redes. Na realidade, o maior volume de troca de dados na Internet hoje em dia se refere à transferência de arquivos. Nesta seção, discutiremos um protocolo popular utilizado na transferência de arquivos: o FTP (File Transfer Protocol).

FTP

O **FTP** (*File Transfer Protocol*) é o protocolo-padrão da arquitetura TCP/IP utilizado para copiar arquivos de um host para outro. Embora a transferência de arquivos de um sistema para outro pareça simples e direta, primeiro deve-se resolver alguns problemas relacionados. Por exemplo, pode ser que dois sistemas usem convenções diferentes para nomes de arquivos. Dois sistemas poderiam ter maneiras distintas para representar texto e dados. Dois sistemas poderiam ter estruturas de diretórios diferentes. Todos esses problemas foram solucionados pelo FTP de forma simples e elegante.

O FTP difere das outras aplicações cliente/servidor na Internet no sentido de que estabelece duas conexões entre os hosts. Uma delas é usada para a transferência de dados, e a outra para troca de informações de controle (comandos e respostas). A separação de comandos da transferência de dados torna o FTP mais eficiente. A conexão de controle usa regras de comunicação muito simples. Precisamos transferir apenas uma linha de comando ou uma linha de resposta por vez. Por outro lado, a conexão de dados utiliza regras mais complexas em virtude da variedade de tipos de dados transferidos. Entretanto, a diferença na complexidade está no nível da aplicação FTP e não no TCP. Para o TCP, ambas as conexões são tratadas da mesma forma.

O FTP usa duas portas TCP conhecidas: a porta 21 — usada para a conexão de controle e a porta 20 — utilizada para a conexão de dados.

> **O FTP usa os serviços do TCP. Ele estabelece duas conexões TCP.**
> **A porta conhecida 21 é usada para a conexão de controle**
> **e a porta conhecida 20, para a conexão de dados.**

A Figura 26.21 mostra a arquitetura básica do FTP. O cliente tem três componentes básicos: interface com o usuário, processo cliente de controle e processo cliente de transferência de dados. O servidor apresenta dois componentes: processo servidor de controle e processo servidor de transferência de dados. A conexão de controle é estabelecida entre os processos de controle. A conexão de dados é estabelecida entre os processos de transferência de dados.

Figura 26.21 *FTP*

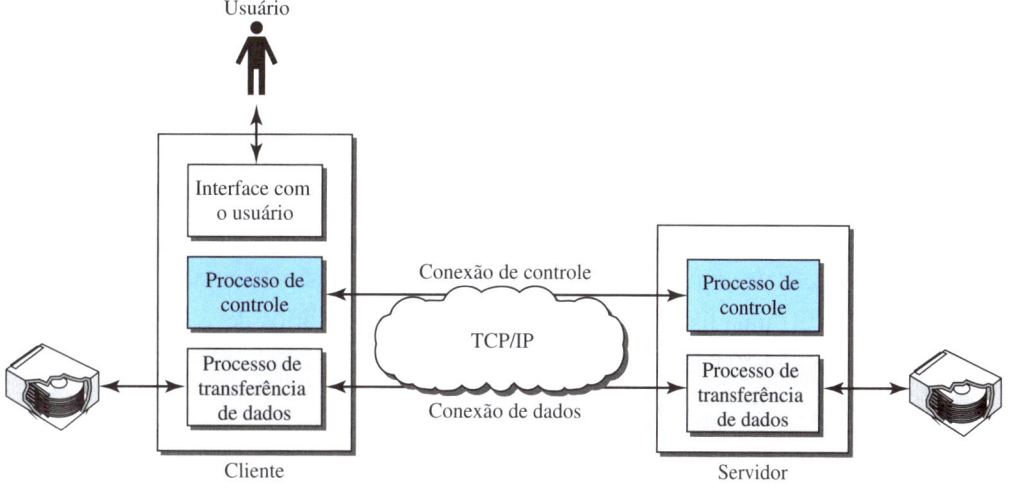

Uma **conexão de controle** permanece estabelecida durante toda a interatividade de uma sessão FTP. Uma **conexão de dados** será estabelecida e posteriormente encerrada para cada arquivo transferido. Ela é estabelecida toda vez que forem usados comandos que envolvam a transferência de arquivos e encerrada quando o arquivo for totalmente transferido. Em outras palavras, quando um usuário inicia uma sessão FTP, uma conexão de controle é estabelecida. Enquanto permanecer esta situação, uma conexão de dados pode ser estabelecida e encerrada várias vezes, caso vários arquivos sejam transferidos.

Comunicação em uma Conexão de Controle

O FTP usa a mesma estratégia de comunicação do SMTP para sua conexão de controle. Ele utiliza o conjunto de caracteres ASCII de 7 bits (ver a Figura 26.22). A comunicação é realizada por meio de comandos e respostas. Esse método simples é adequado para uma conexão de controle porque transmitimos um comando (ou resposta) de cada vez. Cada comando ou resposta tem apenas uma única linha curta, de modo que não precisamos nos preocupar com o formato ou com a estrutura dos arquivos. Cada linha termina com um token de fim de linha de dois caracteres (CR — carriage return e LF — line feed).

Figura 26.22 *Emprego da conexão de controle*

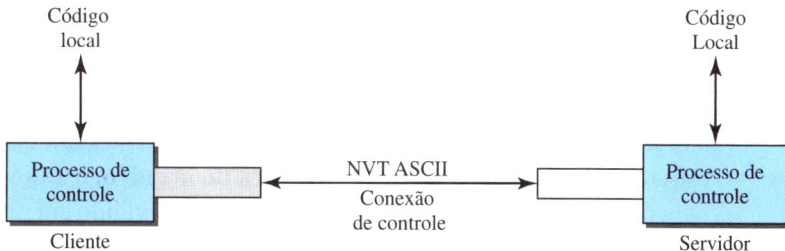

Comunicação por meio da Conexão de Dados

O objetivo da conexão de dados é muito diferente dos objetivos da conexão de controle. Queremos transferir arquivos por meio da conexão de dados. A transferência de arquivos ocorre pela conexão de dados sob gerenciamento e controle dos comandos transmitidos por intermédio da conexão de controle. Entretanto, devemos lembrar que a transferência de arquivos no FTP atende a uma das três finalidades a seguir:

❑ um arquivo deve ser copiado do servidor para o cliente. Esse processo é denominado *recuperação de arquivos*. Ele é realizado sob a supervisão do comando RETR;

❑ um arquivo deve ser copiado do cliente para o servidor. Ele é denominado *armazenamento de arquivo*. Ele é realizado sob a supervisão do comando STOR;

❑ uma lista de nomes de arquivos ou diretórios deve ser enviada do servidor para o cliente. Isso é feito sob a supervisão do comando LIST. Note que o FTP trata uma lista de nomes de arquivos ou diretórios como um arquivo. Ela é transmitida por meio da conexão de dados.

O cliente deve definir o tipo de arquivo a ser transferido, sua estrutura de dados e o modo de transmissão. Antes de transmitir um arquivo por meio da conexão de dados, devemos preparar a transmissão pela conexão de controle. O problema de heterogeneidade é resolvido definindo-se três atributos de comunicação: tipo de arquivo, estrutura de dados e modo de transmissão (ver a Figura 26.23).

Figura 26.23 *Uso da conexão de dados*

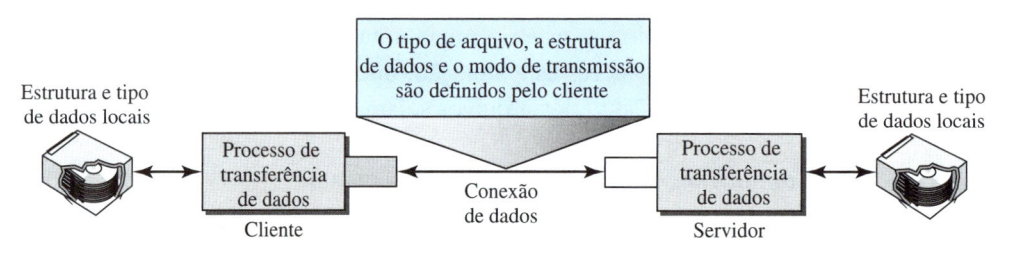

Tipo de Arquivo O FTP pode transferir um dos seguintes tipos de arquivos por meio da conexão de dados: arquivos ASCII, EBCDIC ou de imagem. O **arquivo ASCII** é o formato-padrão para transferência de arquivos texto. Cada caractere é codificado usando-se 7 bits ASCII. O remetente converte o arquivo de sua representação própria em caracteres ASCII e o destinatário converte os caracteres ASCII em caracteres de representação próprios. Se um ou ambos os lados terminais de uma conexão usam codificação EBCDIC (o formato de arquivos usado pela IBM), o arquivo pode ser transferido usando-se codificação EBCDIC. O **arquivo de imagem** é o formato-padrão para transferência de arquivos binários. O arquivo é transmitido na forma de fluxos contínuos de bits (stream) sem qualquer interpretação ou codificação. Isso é usado principalmente para transferir arquivos binários, como programas executáveis, por exemplo.

Estrutura de Dados O FTP pode transferir um arquivo pela conexão de dados utilizando uma das seguintes modalidades de estrutura de dados: estrutura de arquivo, estrutura de registro e estrutura de página. No formato **estrutura de arquivo**, o arquivo é um fluxo contínuo de bytes (stream). Na **estrutura de registros**, o arquivo é dividido em registros. Isso pode ser usado apenas com arquivos texto. Na **estrutura de páginas**, o arquivo é dividido em páginas, cada uma das quais contendo um número e um cabeçalho. As páginas podem ser armazenadas e acessadas de forma aleatória ou seqüencialmente.

Modo de Transmissão O FTP pode transferir um arquivo por meio da conexão de dados usando-se um dos três modos de transmissão a seguir: de fluxo contínuo (stream), de blocos e comprimido. O **modo de fluxo contínuo** é o modo-padrão. Os dados são entregues do FTP para o TCP na forma de um fluxo contínuo de bytes. O TCP é responsável por dividir os dados em segmentos de tamanho apropriado. Se os dados forem simplesmente um fluxo de bytes (estrutura de um arquivo), não é necessário o caracter de fim de arquivo. O fim de arquivo, nesse caso, encerrará uma conexão de dados pelo remetente. Se os dados forem divididos em registros (estrutura de registros), cada um deles terá um caractere de fim de registro (EOR) de 1 byte e o fim de arquivo será estabelecido por um caractere de fim de arquivo (EOF) de 1 byte. No **modo de blocos**, os dados são entregues do FTP para o TCP em blocos. Nesse caso, cada bloco é precedido por um cabeçalho de três bytes. O primeiro byte é chamado *descritor de blocos;* os dois seguintes definem o tamanho do bloco em bytes. No **modo comprimido**, utilizado quando o arquivo é muito grande, os dados são comprimidos. O método de compressão geralmente usado é a codificação run-length. Nesse método, aparições consecutivas de uma mesma unidade de dados são substituídas por uma ocorrência e pelo número de repetições. Em um arquivo texto, são usados normalmente espaços (em branco). Em um arquivo binário, os caracteres nulos são em geral comprimidos.

Exemplo 26.4

A seguir, mostramos uma sessão FTP real para recuperar uma lista de itens de um diretório. As linhas coloridas indicam as respostas da conexão de controle do servidor; as linhas em negrito indicam os comandos enviados pelo cliente. As linhas em branco com fundo preto mostram a transferência de dados.

```
$ ftp voyager.deanza.fhda.edu
Connected to voyager.deanza.fhda.edu.
220 (vsFTPd 1.2.1)
530 Please login with USER e PASS.
Name (voyager.deanza.fhda.edu:forouzan): forouzan
331 Please specify the password.
Password:
230 Login successful.
Remote system type is UNIX.
Using binary mode to transfer files.
ftp> ls reports
227 Entering Passive Mode (153,18,17,11,238,169)
150 Here comes the directory listing.
   drwxr-xr-x    2 3027     411      4096 Sep 24 2002 business
   drwxr-xr-x    2 3027     411      4096 Sep 24 2002 personal
   drwxr-xr-x    2 3027     411      4096 Sep 24 2002 school
226 Directory send OK.
ftp> quit
221 Goodbye.
```

1. Após estabelecer uma conexão de controle, o servidor FTP envia a resposta 220 (pronto para atendimento) na conexão de controle.
2. O cliente transmite seu nome.
3. O servidor responde com 331 (o nome do usuário está OK, a senha é exigida).

4. O cliente transmite a senha (não mostrado).
5. O servidor responde com 230 (a autenticação do usuário está completa).
6. O cliente transmite o comando list (ls reports) para listar os arquivos do diretório report.
7. Agora o servidor responde com 150 e abre uma conexão de dados.
8. Em seguida, o servidor envia a lista de arquivos ou diretórios (na forma de um arquivo) na conexão de dados. Quando a lista inteira (arquivo) foi transmitida, o servidor responde com 226 (encerra a conexão de dados) por meio da conexão de controle.
9. Agora, o cliente tem duas opções. Ele pode usar o comando QUIT para solicitar o encerramento da conexão de controle ou então pode enviar outro comando para iniciar outra atividade (e, finalmente, abrir outra conexão de dados). Em nosso exemplo, o cliente envia um comando QUIT.
10. Após receber o comando QUIT, o servidor responde com 221 (encerramento do serviço) e então encerra a conexão de controle.

FTP Anônimo

Para usar o FTP, um usuário precisa de uma conta (nome de usuário) e de uma senha no servidor remoto. Alguns sites disponibilizam um conjunto de arquivos para acesso público, habilitados como usuário **FTP anônimo**. Para acessar esses arquivos, um usuário não precisa ter uma conta ou senha. Em vez disso, pode usar *anonymous* como nome de usuário e *guest* como senha.

O acesso do usuário ao sistema é bastante restrito. Alguns sites permitem aos anônimos o uso de um subconjunto de comandos. Por exemplo, a maioria dos sites permite ao usuário copiar alguns arquivos, mas não permite a navegação pelos diretórios.

Exemplo 26.5

Mostramos um exemplo de FTP anônimo. Supomos que alguns dados públicos estejam disponíveis em internic.net.

```
$ ftp internic.net
Connected to internic.net
220 Server ready
Name: anonymous
331 Guest login OK, send "guest" as password
Password: guest
ftp > pwd
257 '/' is current directory
ftp > ls
200 OK
150 Opening ASCII mode
bin
...
...
...
ftp > close
221 Goodbye
ftp > quit
```

26.4 LEITURA RECOMENDADA

Para mais detalhes sobre os assuntos discutidos neste capítulo, recomendamos os seguintes livros e sites. Os itens entre colchetes [...] correspondem-se à lista de referências bibliográficas apresentadas no final do texto.

Livros

O logging remoto é discutido no Capítulo 18 de [For06] e no Capítulo 26 de [Ste94]. O correio eletrônico é visto no Capítulo 20 de [For06], na Seção 9.2 de [PD03], no Capítulo 32 de [Com04], na Seção 7.2 de [Tan03] e no Capítulo 28 de [Ste94]. O FTP é discutido no Capítulo 19 de [For06], no Capítulo 27 de [Ste94] e no Capítulo 34 de [Com04].

Sites

Os sites a seguir relacionam-se com os tópicos discutidos neste capítulo.

- www.ietf.org/rfc.html   Informações sobre RFCs

RFCs

As RFCs a seguir estão relacionadas com o TELNET:

137, 340, 393, 426, 435, 452, 466, 495, 513, 529, 562, 595, 596, 599, 669, 679, 701, 702, 703, 728, 764, 782, 818, 854, 855, 1184, 1205, 2355

As RFCs a seguir estão relacionadas com o SMTP, POP e IMAP:

196, 221, 224, 278, 524, 539, 753, 772, 780, 806, 821, 934, 974, 1047, 1081, 1082, 1225, 1460, 1496, 1426, 1427, 1652, 1653, 1711, 1725, 1734, 1740, 1741, 1767, 1869, 1870, 2045, 2046, 2047, 2048, 2177, 2180, 2192, 2193, 2221, 2342, 2359, 2449, 2683, 2503

As RFCs a seguir estão relacionadas com o FTP:

114, 133, 141, 163, 171, 172, 238, 242, 250, 256, 264, 269, 281, 291, 354, 385, 412, 414, 418, 430, 438, 448, 463, 468, 478, 486, 505, 506, 542, 553, 624, 630, 640, 691, 765, 913, 959, 1635, 1785, 2228, 2577

O DNS é discutido em [AL98], no capítulo 17 de [For06], na seção 9.1 de [PD03] e na seção 7.1 de [Tan03].

26.5 TERMOS-CHAVE

arquivo ASCII
arquivo de imagem
cabeçalho
caracteres de controle

conexão de controle
conexão de dados
Corpo
envelope

estrutura de arquivos

estrutura de páginas

estrutura de registro

FTP anônimo

FTP (File Transfer Protocol)

IMAP4 (*Internet Mail Access Protocol* — protocolo de acesso, versão 4)

login local

login remoto

MAA (Message Access Agent)

modo caractere

modo comprimido

modo de fluxo contínuo (stream)

modo em blocos

modo linha

modo-padrão

MIME (Multipurpose Internet Mail Extensions)

MTA (Message Transfer Agent)

negociação de subopções

nome de domínio

NVT (Network Virtual Terminal)

nome alternativo (alias)

opção de negociação

parte local

POP3 (Post Office Protocol, versão 3)

SMTP (Simple Mail Transfer Protocol)

TELNET (terminal network)

tempo compartilhado

UA (User Agent)

26.6 RESUMO

❏ O TELNET é uma aplicação cliente/servidor que permite a um usuário se conectar a uma máquina remota, dando a este acesso ao sistema remoto.

❏ O TELNET usa o sistema NVT (Network Virtual Terminal) para converter caracteres no sistema local. Na máquina servidora, o NVT converte os caracteres para um formato inteligível pela máquina remota.

❏ O NVT usa um conjunto de caracteres específico para dados e outro para controle.

❏ No TELNET, os caracteres de controle são transmitidos simultaneamente com o fluxo de dados e precedidos pelo caractere de controle IAC (*Interpret As Control*).

❏ Opções são recursos que permitem configurar o processo de software TELNET.

❏ O TELNET permite a negociação de parâmetros que padronizam a transferência de dados entre um cliente e um servidor antes do uso do serviço e durante este.

❏ A implementação TELNET opera nos modos-padrão, caractere ou linha.

   1. No modo-padrão, o cliente transmite uma linha por vez para o servidor.
   2. No modo caractere, o cliente transmite um caractere por vez para o servidor.
   3. No modo linha, o cliente transmite uma linha por vez para o servidor.

❏ Vários programas, inclusive o SMTP, POP3 e IMAP4, são usados na Internet para implementar serviços de correio eletrônico.

❏ No correio eletrônico, um UA elabora uma mensagem, cria o envelope e coloca a mensagem no envelope.

❏ No correio eletrônico, um endereço de e-mail é constituído por duas partes: uma parte local (caixa de correio do usuário) e um nome de domínio. O formato é partelocal@nomededomínio.

❏ No correio eletrônico, o MIME (Multipurpose Internet Mail Extension) permite a transferência de mensagens multimídia.

❏ No correio eletrônico, o MTA transfere mensagens por intermédio da Internet, de uma LAN ou de uma WAN.

- ❏ O SMTP usa mecanismos de comandos e respostas para transferir mensagens entre um cliente MTA e um servidor MTA.
- ❏ As etapas envolvidas na transferência de uma mensagem de correio eletrônico são:
    1. Estabelecimento da conexão
    2. Transferência de mensagens
    3. Encerramento da conexão
- ❏ POP 3 (Post Office Protocol, versão 3) e IMAP4 (Internet Mail Access Protocol, versão 4) são protocolos usados para baixar mensagens de um servidor de correio.
- ❏ Um dos programas mais usados para transferência de arquivos na Internet é o FTP (File Transfer Protocol).
- ❏ O FTP estabelece duas conexões para transferência de dados: uma conexão de controle e uma conexão de dados.
- ❏ O FTP utiliza o ASCII NVT para a comunicação entre sistemas heterogêneos.
- ❏ Antes de iniciar a transferência de arquivos, um cliente FTP deve definir o tipo de arquivo, a estrutura de dados e o modo de transmissão por meio da conexão de controle.
- ❏ As respostas são enviadas do servidor para o cliente durante a fase de estabelecimento da conexão.
- ❏ Existem três modalidades de transferência de arquivos:
    1. Um arquivo é copiado do servidor para o cliente.
    2. Um arquivo é copiado do cliente para o servidor.
    3. Uma lista de diretórios ou nomes de arquivos é transmitida do servidor para o cliente.
- ❏ O FTP anônimo fornece um método genérico para o público em geral acessar arquivos em sites remotos.

26.7 ATIVIDADES PRÁTICAS

Questões para Revisão

1. Qual é a diferença entre login local e remoto no TELNET?
2. Como os caracteres de controle e de dados são diferenciados no NVT?
3. Quais são as opções negociáveis no TELNET?
4. Descreva o sistema de endereçamento usado pelo SMTP.
5. No correio eletrônico, quais são as tarefas de um User Agent?
6. No correio eletrônico, o que é MIME?
7. Por que precisamos do POP3 ou IMAP4 no correio eletrônico?
8. Qual é o objetivo do FTP?
9. Descreva as funções das duas conexões FTP.
10. Que tipos de arquivos o FTP é capaz de transferir?
11. Quais são os três modos de transmissão do FTP?
12. Em que o armazenamento de arquivos difere da recuperação de um arquivo?
13. O que é FTP anônimo?

Exercícios

14. Mostre a seqüência de bits enviados de um cliente TELNET quando transmitindo a seqüência binária 11110011 00111100 11111111.

15. Se o TELNET estiver usando o modo caracter, quantos caracteres são enviados (ida e volta) entre o cliente e o servidor para copiar um arquivo chamado file1 para outro arquivo chamado file2 usando o comando *cp file1 file2*?

16. Qual é o número mínimo de bits enviados no nível TCP para realizar a tarefa do Exercício 15?

17. Qual o número mínimo de bits enviados no nível da camada de enlace de dados (usando Ethernet) para realizar a tarefa do Exercício 15?

18. Qual é a razão entre bits úteis e total de bits no Exercício 17?

19. Interprete as seguintes seqüências de caracteres (em hexadecimal) recebidas por um cliente ou servidor TELNET.

    a. FF FB 01
    b. FF FE 01
    c. FF F4
    d. FF F9

20. Um remetente envia texto não formatado. Mostre o cabeçalho MIME.

21. Um remetente envia uma mensagem JPEG. Mostre o cabeçalho MIME.

22. Por que é necessário o estabelecimento de uma conexão para transferência de mensagens uma vez que o TCP já tem uma conexão estabelecida?

23. Por que devem existir limitações no FTP anônimo? O que um usuário inescrupuloso poderia fazer?

24. Explique por que o FTP não tem um formato-padrão de mensagens.

Atividades de Pesquisa

25. Mostre a seqüência de caracteres trocada entre um cliente e um servidor TELNET para mudar do modo-padrão para o modo caracter.

26. Mostre a seqüência de caracteres trocada entre um cliente e um servidor TELNET para mudar do modo-padrão para o modo linha.

27. No SMTP, mostre a fase de estabelecimento de conexão de aaa@xxx.com para bbb@yyy.com.

28. No SMTP, mostre a fase de transferência de mensagens de aaa@xxx.com para bbb@yyy.com. A mensagem é "Bom dia, amigo."

29. No SMTP, mostre a fase de encerramento da conexão de aaa@xxx.com para bbb@yyy.com.

30. O que você imagina que poderia ocorrer, caso uma conexão de controle fosse acidentalmente encerrada durante uma transferência FTP?

31. Determine as opções estendidas propostas para o TELNET.
32. Outro protocolo de login remoto é denominado Rlogin. Pesquise algumas informações sobre o Rlogin e compare-as com o TELNET.
33. Um protocolo de login remoto mais seguro no UNIX é denominado SSH (Secure Shell). Pesquise algumas informações sobre esse protocolo.

CAPÍTULO 27

WWW e HTTP

A **World Wide Web (WWW — rede mundial de computadores**) é um repositório de informações interligadas por diversos pontos espalhados ao redor do mundo. A WWW apresenta uma combinação única de flexibilidade, facilidade de transporte e recursos que facilitam a vida de seus usuários e que a distingue de todos os outros serviços oferecidos pela Internet. O projeto WWW foi iniciado pelo Cern (European Laboratory for Particle Physics) Laboratório europeu de estudos das partículas elementares que necessitava criar um sistema para gerenciar recursos distribuídos, necessários à pesquisa científica. Neste capítulo, abordaremos, inicialmente, as questões relacionadas com a Web. Em seguida, discutiremos um protocolo, o HTTP, que é usado para acessar informações da Web.

27.1 ARQUITETURA

Hoje em dia, a WWW é um serviço cliente/servidor distribuído, no qual um cliente, usando um browser, pode acessar um serviço hospedado em um servidor. Entretanto, o serviço pode ser distribuído em muitas localidades, denominadas *sites,* conforme mostrado na Figura 27.1.

Figura 27.1 *Arquitetura da WWW*

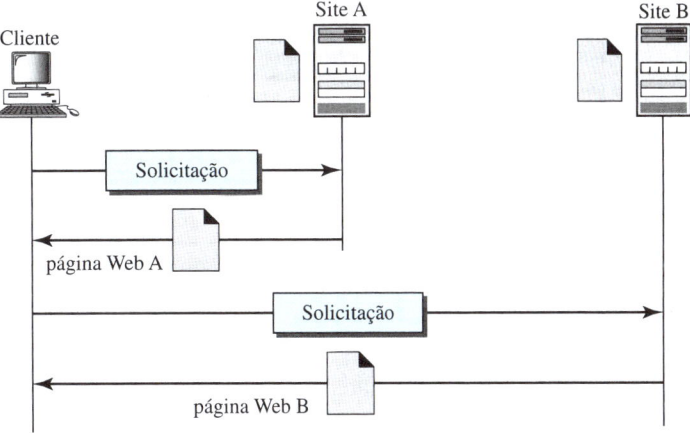

Cada site é responsável por gerenciar um ou mais documentos, conhecidos como *páginas Web*. Cada página Web pode conter um link para outras páginas no mesmo site ou em outros sites. Elas podem ser acessadas e visualizadas usando browsers (navegadores). Vamos percorrer o cenário descrito na Figura 27.1. O cliente precisa acessar informações, as quais sabe que estão hospedadas no site A. Ele envia uma solicitação por meio de seu browser, um programa projetado para acessar documentos na **Web**. A solicitação, entre outras informações, inclui o endereço do site e a página Web, denominado URL, sobre o qual falaremos em breve. O servidor no site A localiza o documento e o envia ao cliente. Quando o usuário lê o documento, encontra referências a outros documentos, inclusive a uma página Web no site B. A referência informa o URL do novo site. O usuário também está interessado em acessar esse documento. O cliente envia outra solicitação para o novo site e a nova página é acessada.

Cliente (Browser)

Uma série de fornecedores oferece browsers comerciais, que interpretam e exibem um documento Web e praticamente todos definem um mesmo tipo de arquitetura. Cada **browser**, em geral, formado por três partes: um controlador, programas cliente e interpretadores. O controlador recebe entradas do teclado ou do mouse e usa os programas cliente para acessar os documentos. Após o documento ter sido acessado, o controlador utiliza um dos interpretadores disponíveis para exibir o documento na tela. Um programa cliente pode utilizar um dos protocolos descritos anteriormente como o FTP, SMTP ou HTTP (a serem descritos posteriormente neste capítulo). O interpretador de comandos pode ser baseado em HTML, Java ou JavaScript, dependendo do tipo de documento. Discutiremos o uso desses interpretadores mais à frente, ainda neste capítulo (ver a Figura 27.2), tomando como base o tipo de documento.

Figura 27.2 *Browser*

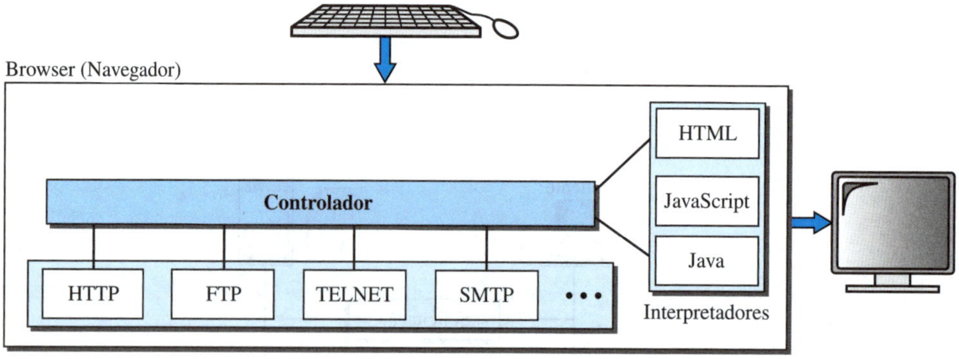

Servidor

Uma página Web é hospedada em um servidor. Cada vez que chega uma solicitação de um cliente, o documento correspondente é localizado e transferido para ele. Para melhorar a eficiência, em geral os servidores armazenam os arquivos já solicitados anteriormente em um área de cache na memória; a memória cache é muito mais rápida que o disco rígido. Um servidor também pode se tornar mais eficiente por meio da utilização de técnicas de multitarefa baseada em threads ou em multiprocessamento. Nesse caso, um servidor pode responder a mais de uma solicitação por vez.

Uniform Resource Locator (URL)

Um cliente que deseja acessar uma página Web precisa de seu endereço. Para facilitar o acesso a documentos distribuídos ao redor do mundo, o protocolo HTTP usa o conceito de localizadores. A **URL (Uniform Resource Locator — localizadora de recursos uniformes)** é um padrão para a especificação de qualquer tipo de informação na Internet. Uma URL é constituída por quatro partes: protocolo, host, porta e caminho (path) (ver a Figura 27.3).

Figura 27.3 *URL*

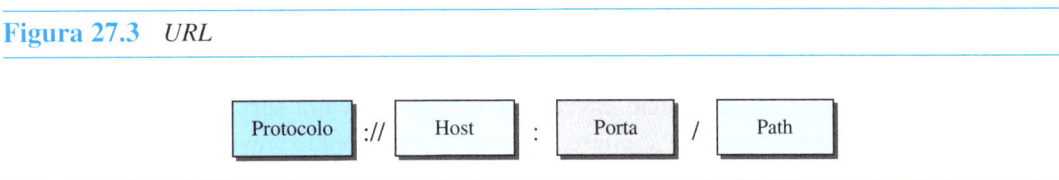

O *protocolo* é o programa cliente/servidor usado para acessar os documentos. Diversos protocolos diferentes podem ser utilizados para acessar um documento; entre estes temos o FTP, SMTP ou HTTP. O mais comum hoje em dia é o HTTP.

O host é o computador onde as informações estão hospedadas, embora ele possa ser representado por um nome alternativo (alias). Normalmente, as páginas Web são hospedadas em computadores e estes recebem nomes alternativos que geralmente começam com os caracteres www. Entretanto, isso não é obrigatório, já que um host que hospeda uma página Web pode ter qualquer nome.

Uma URL pode também conter o número da porta do servidor. Se a *porta* for incluída, ela será inserida entre o host e o path (caminho) e será separada do host por dois pontos.

O path (caminho) informa a localização do arquivo no qual as informações estão armazenadas. Note que o próprio caminho pode conter barras que, no sistema operacional UNIX, separam diretórios de subdiretórios e arquivos.

Cookies

A World Wide Web foi desenvolvida originalmente como uma entidade apátrida (sem pátria). Um cliente envia uma solicitação; um servidor responde. Sua relação está terminada. O projeto original da WWW, de acessar documentos disponíveis publicamente, atende exatamente a essa finalidade. Hoje em dia a Web tem outras funções; algumas delas são enumeradas a seguir:

1. Alguns sites Web permitem acesso apenas a clientes registrados.
2. Alguns sites Web estão sendo usados como lojas eletrônicas virtuais que possibilitam a seus usuários navegar, selecionar os itens desejados, colocá-los em um carrinho eletrônico de compras e pagar no final usando seu cartão de crédito.
3. Alguns sites Web são usados como portais: o usuário seleciona as páginas Web que quer acessar.
4. Alguns sites Web são destinados apenas a anúncios publicitários.

Para endereçar os requisitos e funcionalidades descritos anteriormente, foi concebido o mecanismo de cookies. Tratamos do uso de cookies na camada de transporte no Capítulo 23; agora, discutiremos seu uso nas páginas Web.

Criação e Armazenamento de Cookies

A criação e o armazenamento de cookies varia de acordo com o tipo de implementação, mas o princípio é o mesmo.

1. Quando um servidor recebe uma solicitação de um cliente, ele armazena dados sobre o cliente em um arquivo ou em uma string: Dê o nome de domínio do cliente, o conteúdo do cookie (informações que o servidor coletou sobre o cliente como nome, número de registro e assim por diante), registro da hora e outras informações, dependendo da implementação.
2. O servidor inclui o cookie na mensagem de resposta que transmite para o cliente.
3. Quando o cliente recebe a resposta, o browser armazena o cookie no diretório de cookies, que é indexado pelo nome do servidor de domínios.

Uso de Cookies

Quando um cliente envia uma solicitação a um servidor, o browser pesquisa o diretório de cookies para ver se consegue encontrar um cookie previamente transmitido por esse servidor. Se encontrado, o cookie será incluído na solicitação. Ao recebê-la, o servidor, sabe que este é um cliente antigo, e não um novo. Observe que o conteúdo do cookie jamais será lido pelo browser ou revelado ao usuário. Trata-se de um cookie *produzido* pelo servidor e *digerido* pelo servidor. Vejamos agora como um cookie pode ser usado para os quatro propósitos mencionados anteriormente:

1. Um site que permite acesso apenas a clientes previamente registrados envia um cookie para seu cliente quando se registra pela primeira vez. Para quaisquer outros acessos repetidos, apenas clientes que transmitirem o cookie apropriado serão autorizados.
2. Uma loja eletrônica virtual (comércio eletrônico) pode usar um cookie para seus consumidores. Quando um cliente seleciona um item e o insere no carrinho de compras, um cookie contendo informações sobre o item, tais como seu número e preço unitário, é enviado para o browser do cliente. Se o cliente seleciona um segundo item, o cookie é atualizado com as novas informações selecionadas. E assim por diante. Quando o cliente termina suas compras e quer pagar, é recuperado o último cookie e o total da conta é calculado.
3. Um portal Web trabalha de forma similar. Quando um usuário seleciona suas páginas favoritas, é criado e enviado um cookie. Se o site for acessado novamente, o cookie é transmitido para o servidor para mostrar o que o cliente está procurando.
4. Agências de publicidade também utilizam cookies. Uma agência de publicidade pode inserir banners em algum site Web que é freqüentemente visitado por seus usuários. A agência de publicidade fornece apenas uma URL que armazena o endereço do banner em vez do banner em si. Quando um usuário acessa o site Web principal e clica sobre o ícone de uma empresa anunciada, uma mensagem de solicitação é enviada para a agência de publicidade. Esta envia o banner, um arquivo GIF, por exemplo, mas também insere um cookie com o ID do usuário. Qualquer acesso futuro aos banners será adicionado ao banco de dados que descreve o perfil do comportamento do usuário na Web. A agência de publicidade compila o interesse dos usuários e pode vender essas informações para outras empresas interessadas. O uso dos cookies provocou grande controvérsia. Felizmente, novas regulamentações serão criadas para preservar a privacidade dos usuários da Internet.

27.2 DOCUMENTOS WEB

Os documentos na WWW podem ser agrupados em três grandes categorias: estáticos, dinâmicos ou ativos. A categoria de um documento é determinada no momento da geração de seu conteúdo.

Documentos Estáticos

Documentos estáticos são aqueles que apresentam uma estrutura fixa, e que são criados e hospedados em um servidor. O cliente pode obter apenas uma cópia do documento. Em outras palavras, o conteúdo do arquivo é determinado no momento da criação do arquivo e não quando ele for acessado. Obviamente, o conteúdo do arquivo no servidor pode ser alterado, mas, um usuário que acessa o documento não poderá alterá-lo. Quando um cliente acessa o documento é enviada apenas uma cópia desse documento. O usuário pode então usar um browser para exibir seu conteúdo (ver a Figura 27.4).

Figura 27.4 *Documento estático*

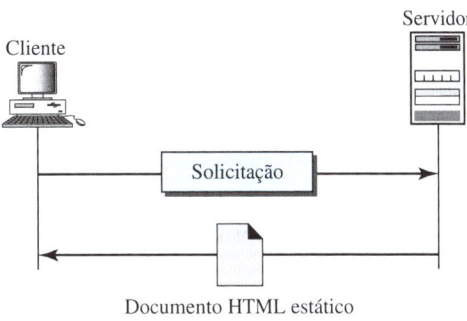

HTML

HTML (Hypertext Markup Language) é uma linguagem para a criação de páginas Web. O termo *markup language* teve origem no setor de publicação de livros. Antes de um livro ser montado e impresso, um revisor lê o manuscrito e insere marcas (tags) nele. Essas marcas informam ao autor como o texto será formatado e visualizado. Se, por exemplo, o revisor quiser que parte de uma linha seja impressa em negrito, ele desenha uma linha ondulada sob essa parte. Da mesma forma, dados de uma página Web são formatados para futura interpretação pelo browser.

Vamos esclarecer esse conceito usando um exemplo. Para que parte de um texto seja exibido em negrito usando HTML, inserimos **tags** (marcas) de negrito inicial e final no texto, conforme ilustrado na Figura 27.5.

Figura 27.5 *Tags para marcação de negrito*

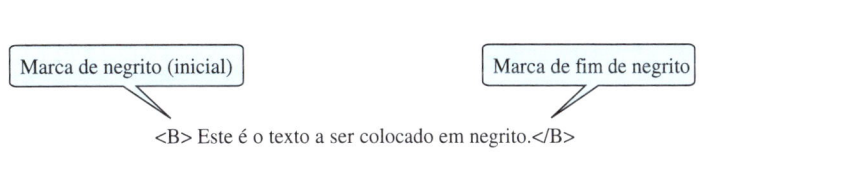

As duas tags <B> e </B> são instruções para o browser. Quando o browser processa essas duas marcas, ele sabe que o texto deve ser colocado em negrito (ver a Figura 27.6).

Linguagens como HTML nos permitem inserir instruções de formatação no próprio arquivo. As instruções são inseridas juntamente com o texto. Dessa forma, qualquer browser é capaz de

Figura 27.6 *Efeito das tags de negrito*

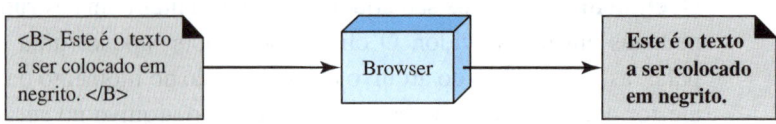

ler as instruções e formatar o texto de acordo com as características específicas de cada estação de trabalho. Poderíamos perguntar por que não usar os recursos de formatação dos processadores de texto existentes para criar e salvar um texto formatado. A resposta é que os diferentes processadores usam diferentes técnicas ou procedimentos para formatar um texto. Imagine, por exemplo, que um usuário crie um texto formatado em um computador Macintosh e o hospede em uma página Web. Outro usuário, que utiliza um computador IBM, não estaria apto a acessar essa página Web porque os dois computadores usam procedimentos de formatação diferentes.

O HTML permite que usemos caracteres no padrão ASCII tanto para o texto principal como para as instruções de formatação (tags). Dessa forma, qualquer computador pode acessar um documento inteiro (texto principal e tags) no formato ASCII. O texto principal se constitui dos dados e das instruções de formatação a serem usadas pelo browser para formatar a apresentação desses dados.

Uma página Web é composta por duas partes: o cabeçalho e o corpo. O cabeçalho é a primeira parte de uma página Web. Ele contém o título da página e outros parâmetros adicionais que um browser usará. O conteúdo efetivo de uma página se encontra no corpo, que inclui o texto e as tags. Embora o texto apresente as informações efetivas de uma página, as tags definem o aspecto visual do documento. Toda tag HTML é especificada pelo nome da tag seguidas por uma lista opcional de atributos, todos grafados entre os sinais de menor e maior (< e >).

Um atributo, se presente, é seguido de um sinal de igual e do valor do atributo. Algumas tags podem ser usadas isoladamente; outras devem ser utilizadas em pares. Aquelas que são usadas em pares são denominados tags *de início* e *de fim*. A tag de início pode conter atributos e valores, e sempre se inicia com o nome dela. A de fim não contém atributos ou valores, mas deve ter uma barra antes de seu nome. O browser toma uma decisão em relação à estrutura e à formatação do texto com base nas tags, que estão inseridas no texto. A Figura 27.7 ilustra o formato típico de uma tag.

Figura 27.7 *Tags de início e de fim*

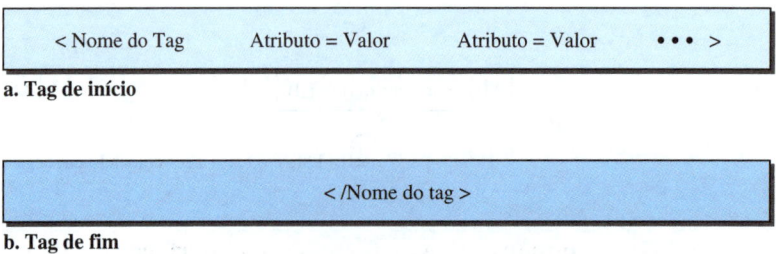

Uma categoria de tag comumente usada é a das tags de formatação de texto. Por exemplo, <B> e </B>, que indicam texto em negrito; <I> e </I>, texto em itálico e <U> e </U>, texto sublinhado.

Outra categoria de tag interessante é a de imagem. As informações não-textuais, como fotos digitalizadas ou imagens gráficas não fazem parte da estrutura física de um documento HTML. No entanto, podemos usar uma tag de imagem para apontar um arquivo complementar que contém uma foto ou imagem. A tag de imagem define o endereço (URL) dessa imagem a ser acessada. Também especifica como pode ser visualizada logo após sua transferência. Podemos escolher vários atributos. Os mais comuns são SRC (origem), que define a origem (endereço) e ALIGN, que define seu alinhamento. O atributo SCR é obrigatório. Em sua maioria, os browsers aceitam imagens nos formatos GIF ou JPEG. Por exemplo, a tag a seguir permite transferir a imagem image1.gif armazenada no diretório /bin/images:

<IMG SRC = "/bin/imagens/image1.gif " ALIGN=MIDDLE >

Uma terceira categoria interessante é a tag de hyperlink, necessária para vincular documentos. Qualquer item (palavra, frase, parágrafo ou imagem) pode se referir a outro documento por meio de um mecanismo chamado *link*. Um link é delimitado pelas tags <A . . . > e </A> e pelo item link usado na URL para se referir a um outro documento. Quando o documento é exibido no browser, o link é sublinhado, fica piscando ou está em negrito. O usuário pode clicar sobre o link para acessar outro documento, que pode ou não estar hospedado no mesmo servidor do documento original. Uma frase de referência é incorporada entre as tags de início e de fim. A tag de início pode ter vários atributos, mas o único obrigatório é HREF (referência para hyperlink), o qual define o endereço (URL) do documento vinculado. Por exemplo, o link para o autor de um livro pode ser

<A HREF= "http://www.deanza.edu/forouzan"> Author </A>

O que aparece no texto é a palavra *Autor*, sobre a qual o usuário pode clicar para ser redirecionado à página Web do autor.

Documentos Dinâmicos

Um **documento dinâmico** é criado por um servidor Web toda vez que um browser solicita o documento. Quando chega uma solicitação, o servidor Web roda um programa aplicativo ou um script que cria o documento dinamicamente. O servidor retorna a saída do programa ou do script como resposta para o browser que solicitou o documento. Como um novo documento é criado para cada solicitação, o conteúdo de um documento dinâmico pode variar de uma solicitação a outra. Um exemplo muito simples de um documento dinâmico é a leitura da data e hora de um servidor. São informações tipicamente dinâmicas no sentido que mudam a todo momento. O cliente pode solicitar ao servidor para rodar um programa como o *date* no UNIX e enviar seu resultado ao cliente.

CGI

A **CGI (Common Gateway Interface — interface de gateway comum)** é uma tecnologia que cria e controla documentos dinâmicos. O CGI é um conjunto de padrões que definem como um documento dinâmico pode ser escrito, como os dados devem ser fornecidos ao programa e como o resultado obtido é usado.

O CGI não é uma nova linguagem de programação; pelo contrário, permite que programadores utilizem qualquer uma das linguagens de programação existentes como o C, C++, Bourne

Shell, Korn Shell, C Shell, Tcl ou Perl. Essencialmente, o padrão CGI define um conjunto de regras e termos que um programador deve seguir.

O termo *comum* no CGI indica que o padrão define um conjunto de regras comum a qualquer linguagem ou plataforma. Aqui, o termo *gateway* significa que um programa CGI pode ser usado para acessar outros recursos de sistemas, como bancos de dados, pacotes gráficos e assim por diante. Nesse caso, o termo *interface* designa que existe um conjunto predefinido de variáveis, chamadas e termos, que podem ser usados em qualquer programa CGI. Um programa CGI em sua forma mais simples é um código escrito em uma das linguagens que suportam o CGI. Qualquer programador capaz de codificar uma seqüência de idéias em um programa e conhecer a sintaxe de uma das linguagens mencionadas anteriormente é capaz de escrever um programa CGI simples. A Figura 27.8 ilustra as etapas para a criação de um programa dinâmico usando essa tecnologia.

Figura 27.8 *Documento dinâmico que usa o CGI*

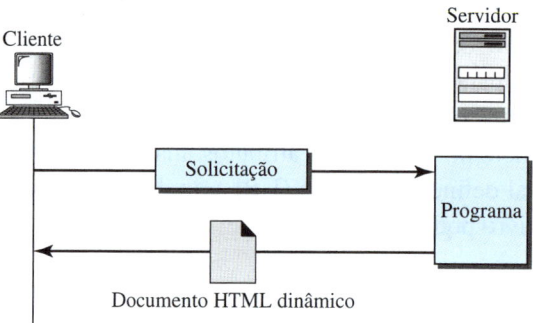

Entrada   Na programação tradicional, quando um programa é executado, podem ser passados parâmetros para ele. A passagem de parâmetros permite ao programador escrever um programa genérico, que pode ser usado em diferentes situações. Por exemplo, um programa de cópia genérico pode ser escrito para copiar um arquivo de um local para outro. Um usuário pode utilizar o programa para copiar um arquivo chamado x para outro arquivo, chamado y, passando os parâmetros x e y.

A entrada de dados para um servidor a partir de um browser é realizada pelo preenchimento de um *formulário*. Se as informações no formulário forem reduzidas (por exemplo, uma palavra), podem ser anexadas à URL após um ponto de interrogação. Por exemplo, a URL a seguir anexa informações de um formulário (23, um valor):

http://www.deanza/cgi-bin/prog.pl?23

Quando um servidor processa informações de uma URL, ele usa a parte da URL antes do ponto de interrogação para executar o programa e interpreta a parte após o ponto de interrogação (23) como entrada de dados enviada pelo cliente. Ele armazena essa string em uma variável. Quando o programa CGI é executado, pode referenciar esse valor.

Se a entrada de dados de um browser for muito longa para ser armazenada em uma única string de consulta, o browser solicita ao servidor que envie o formulário completo. O browser deve preencher o formulário e transmiti-lo ao servidor. As informações no formulário serão usadas como entrada de dados para um programa CGI.

Saída O conceito por trás do CGI é o de permitir executar um programa CGI no servidor e enviar sua saída para o cliente (browser). Normalmente, uma saída pode ser um texto puro ou com estruturas HTML; contudo, uma saída pode se apresentar de várias outras maneiras. Pode ser formada por dados binários ou gráficos, código em status, instruções adicionais ao browser para armazenar o resultado em cache ou instruções para o servidor transmitir um documento existente em vez da saída real.

Para possibilitar que o cliente reconheça o tipo de documento enviado, um programa CGI cria e insere cabeçalhos. Na realidade, a saída de um programa CGI sempre consiste de duas partes: um cabeçalho e um corpo. O cabeçalho é separado do corpo por uma linha em branco. Isso significa que qualquer programa CGI primeiro cria o cabeçalho, depois uma linha em branco e finalmente o corpo. Embora o cabeçalho e a linha em branco não sejam visualizados na tela do browser, este usa o cabeçalho para interpretar o corpo.

Tecnologias de Script para Documentos Dinâmicos

O principal problema da tecnologia CGI está relacionado à ineficiência no processamento, quando parte do documento dinâmico criado for fixo e não se alterar de solicitação em solicitação. Suponha, por exemplo, que precisemos acessar uma lista de peças de reposição, sua disponibilidade e preços para determinada marca de carro. Embora a disponibilidade e os preços variem de tempos em tempos, o nome, a descrição e a imagem das peças são essencialmente as mesmas. Se usarmos CGI, o programa criará um novo documento inteiro toda vez que for processada uma solicitação. A solução para esse problema é criar um arquivo contendo uma parte fixa do documento, usando HTML, e incluir um script, ou seja, um código-fonte, que possa ser executado pelo servidor para processar a seção de preço e disponibilidade, que são variáveis. A Figura 27.9 ilustra o conceito.

Figura 27.9 *Documento dinâmico usando script no servidor*

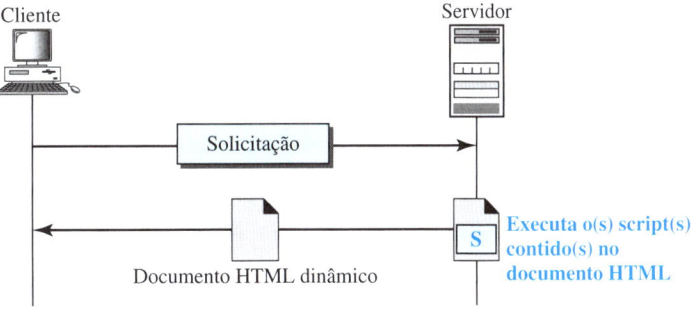

Algumas tecnologias foram desenvolvidas para a criação de documentos dinâmicos usando scripts. Entre as mais comuns, temos o **PHP (Hypertext Preprocessor — Pré-processador de hipertexto),** que utiliza a linguagem Perl; **JSP (Java Server Pages),** que usa a linguagem Java para scripting; **ASP (Active Server Pages),** um produto da Microsoft que utiliza a linguagem Visual Basic para scripting e o **ColdFusion,** que permite inserir, em um documento HTML, consultas SQL a um banco de dados.

Documentos dinâmicos são, algumas vezes, denominados de documentos dinâmicos do servidor de um site.

Documentos Ativos

Em várias situações, precisamos rodar no cliente um programa ou um script. Estes casos são denominados de **documentos ativos.** Suponha, por exemplo, que necessitamos rodar um programa que cria imagens animadas na tela ou um programa que interage com o usuário. O programa deve ser executado no cliente em que ocorre a animação ou a interação. Quando um browser solicita um documento ativo, o servidor transmite uma cópia do documento ou de um script. Em seguida, o documento é executado no cliente (browser).

Applets Java

Uma maneira de criar um documento ativo é utilizando **applets** Java. **Java** é uma combinação de uma linguagem de programação de alto nível, um ambiente executável em tempo real e bibliotecas de classes que possibilitam a um programador criar um documento ativo (um applet) executável por um browser. Também pode ser um programa independente que não use um browser.

O applet é um programa escrito em Java que é executado em um servidor. Após compilado, está pronto para ser executado. O documento se encontra no formato binário (códigos de bytes). O processo-cliente (browser) cria uma instância desse applet e o executa. Um applet Java pode ser executado pelo browser de duas maneiras: no primeiro método, o browser solicita o applet Java diretamente da URL e recebe o applet na forma binária. No segundo método, o browser acessa e executa um arquivo HTML que contém inserido o endereço do applet na forma de uma tag. A Figura 27.10 mostra como os applets Java são usados no primeiro método; o segundo método é similar, mas necessitará de duas transações.

Figura 27.10 *Documento ativo que utiliza applet Java*

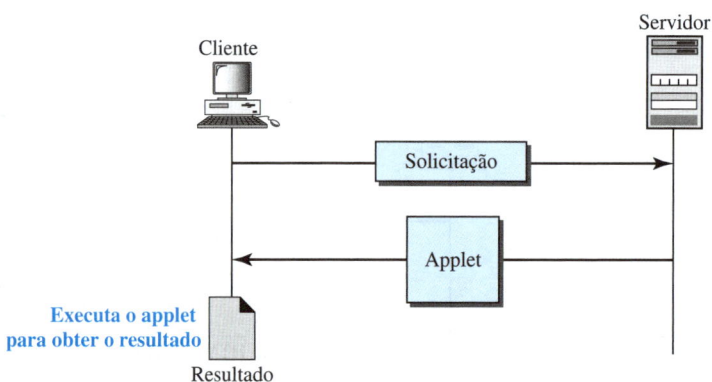

JavaScript

A mesma idéia de scripts em **documentos** dinâmicos também pode ser usada para documentos ativos. Se a parte ativa do **documento** for reduzida, pode ser escrita em uma linguagem de scripts; em seguida, pode ser interpretada e executada pelo cliente ao mesmo tempo. Um script utiliza o formato de código-fonte (texto) e não a forma binária. A tecnologia de scripting usada nesse caso normalmente é o **JavaScript**. Esta, que apresenta uma leve semelhança com o Java, é uma linguagem de scripting de alto-nível desenvolvida para essa finalidade. A Figura 27.11 mostra como o JavaScript é usado para criar um documento ativo.

Figura 27.11 *Documento ativo usando script no cliente*

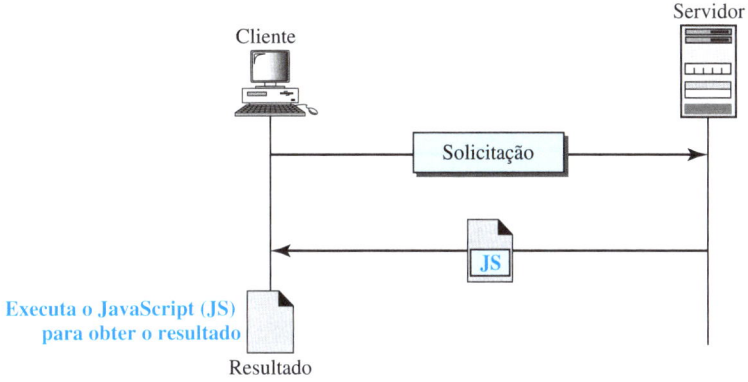

Os documentos ativos são, algumas vezes, denominados documentos dinâmicos no cliente.

27.3 HTTP

O **HTTP** é um protocolo usado principalmente para acessar dados na Web. Funciona como uma combinação de dois outros protocolos: FTP e SMTP. Ele é similar ao FTP, pois permite a transferência de arquivos e usa serviços do TCP. Entretanto, é muito mais simples que o FTP pois usa uma única conexão TCP. Não existe uma conexão de controle separada; somente dados são transferidos entre o cliente e o servidor.

O HTTP é similar ao SMTP porque os dados transferidos entre o cliente e o servidor se parecem com mensagens SMTP. Além disso, as mensagens são encapsuladas em cabeçalhos semelhantes aos do MIME. Ao contrário do SMTP, mensagens HTTP não podem ser lidas por pessoas; são lidas e interpretadas pelo servidor HTTP e pelo cliente HTTP (browser). As mensagens SMTP são armazenadas e, posteriormente, encaminhadas ao destinatário, mas as mensagens HTTP são transmitidas imediatamente. Os comandos de um cliente para um servidor são inseridos com uma mensagem de solicitação. O conteúdo de um arquivo ou outras informações solicitadas são inseridos em uma mensagem de resposta. O HTTP usa os serviços do TCP na conhecida porta 80.

O HTTP usa os serviços do TCP na conhecida porta 80.

Transação HTTP

A Figura 27.12 ilustra uma transação típica HTTP entre um cliente e um servidor. Embora o HTTP use os serviços TCP, o HTTP é, fundamentalmente, um protocolo sem estados (stateless). O cliente inicializa uma transação enviando uma mensagem de solicitação. O servidor responde enviando uma mensagem de resposta.

Mensagens

Os formatos das mensagens de solicitação e de resposta são similares; ambos são apresentados na Figura 27.13. Uma mensagem de solicitação é composta por uma linha de solicitação, um

Figura 27.12 *Transação HTTP*

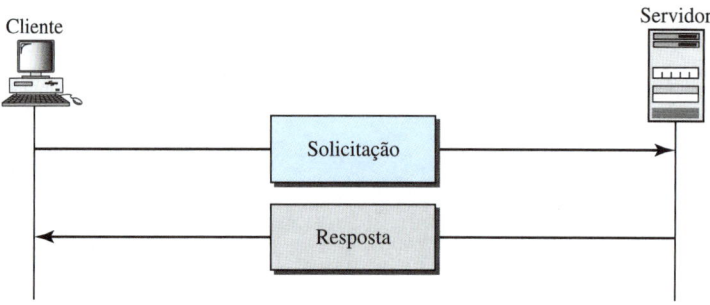

Figura 27.13 *Mensagens de solicitação e de resposta*

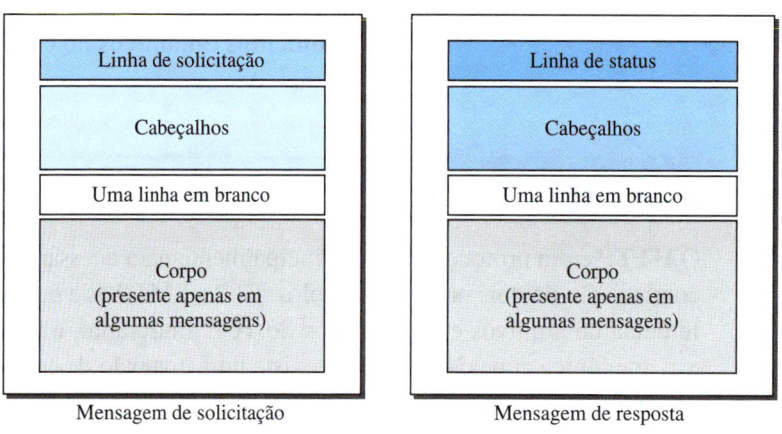

cabeçalho e, algumas vezes, um corpo. A mensagem de resposta é formada por uma linha de status, um cabeçalho e, algumas vezes, um corpo.

Linhas de Solicitação e de Status A primeira linha em uma mensagem de solicitação é denominada linha de solicitação; a primeira linha em uma mensagem de resposta é chamada **linha de status.** Existe um campo comum às duas mensagens, conforme mostrado na Figura 27.14.

Figura 27.14 *Linhas de solicitação e de status*

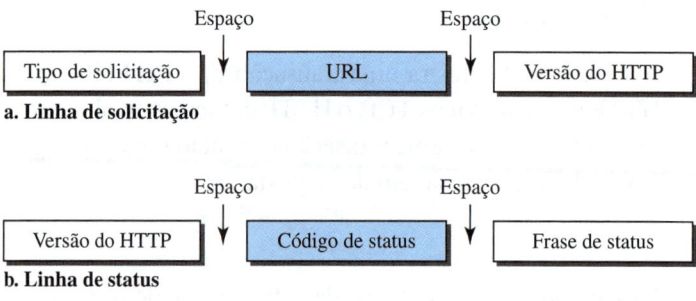

❑ **Tipo de solicitação.** Esse campo é usado em uma mensagem de solicitação. Na versão 1.1 do HTTP, são definidos diferentes tipos de solicitações. São classificados em *métodos* (*comandos*) conforme definido na Tabela 27.1.

Tabela 27.1 *Métodos*

Método(Comando)	Ação
GET	Solicita um documento ao servidor
HEAD	Solicita informações sobre um documento, mas não o documento em si
POST	Envia informações do cliente para o servidor
PUT	Envia um documento do servidor para o cliente
TRACE	Ecoa uma solicitação que chega
CONNECT	Reservado
OPTION	Solicita detalhamento sobre opções disponíveis

❑ **URL.** Já falamos sobre a URL no início do capítulo.
❑ **Versão.** A versão mais atual do HTTP é a 1.1.
❑ **Código de status.** Este campo é utilizado em uma mensagem de resposta. O campo **código de status** tem funcionalidade similar àquele dos protocolos FTP e SMTP. Ele é formado por três dígitos. Embora os códigos no intervalo 100 sejam apenas informativos, os códigos no intervalo 200 indicam uma solicitação bem-sucedida. Os códigos no intervalo 300 redirecionam o cliente para outra URL, e os códigos no intervalo 400 apontam algum tipo de erro nas instalações do cliente. Finalmente, os códigos no intervalo 500 indicam erros nas instalações do servidor. Enumeramos os códigos mais comuns e os apresentamos na Tabela 27.2.
❑ **Frase de Status.** Esse campo é usado em mensagens de resposta. Ele expande o código de status apresentando informações mais detalhadas na forma de texto. A Tabela 27.2 também fornece alguns exemplos de códigos e frases de status.

Tabela 27.2 *Códigos de status*

Código	Frase	Descrição
Informativo		
100	Continue	A parte inicial da solicitação foi recebida e o cliente, se desejar, pode prosseguir.
101	Switching	O servidor está atendendo a solicitação de um cliente para alterar os protocolos definidos no cabeçalho de atualização.
Sucesso		
200	OK	A solicitação foi bem-sucedida.
201	Created	Uma nova URL foi criada.
202	Accepted	A solicitação foi aceita, mas não pode ser executada imediatamente.
204	No content	Conteúdo inexistente no corpo da solicitação.

Tabela 27.2 *Código de status (continuação)*

Código	Frase	Descrição
Redirecionamento		
301	Moved permanently	A URL solicitada não está mais em uso pelo servidor.
302	Moved temporarily	A URL solicitada foi temporariamente movida.
304	Not modified	O documento não foi modificado.
Erros no Cliente		
400	Bad request	Erro de sintaxe na solicitação.
401	Unauthorized	A solicitação não tem autorização suficiente para ser executada.
403	Forbidden	Serviço negado.
404	Not found	O documento não foi encontrado.
405	Method not allowed	O método (comando) solicitado não é suportado por esta URL.
406	Not acceptable	O formato solicitado não é aceitável.
Erros no Servidor		
500	Internal server error	Há um erro, como um crash, por exemplo, no servidor.
501	Not implemented	A ação solicitada não pode ser executada.
503	Service unavailable	O serviço está temporariamente indisponível mas poderá ser solicitado no futuro.

Cabeçalho O cabeçalho permite a troca de informações adicionais entre um cliente e um servidor. Por exemplo, o cliente pode solicitar que um documento seja enviado em um formato especial, ou o servidor pode enviar informações adicionais sobre um documento específico. O campo de cabeçalho pode ser formado por uma ou mais linhas de cabeçalho. Cada uma delas é constituída pelo nome do cabeçalho, seguido por dois-pontos (:), um espaço em branco, e, finalmente, o valor do cabeçalho (ver a Figura 27.15). Veremos alguns exemplos no final deste capítulo. Uma linha de cabeçalho deve pertencer a uma das seguintes categorias: **cabeçalho geral, cabeçalho de solicitação, cabeçalho de resposta** e **cabeçalho de entidade.** Uma mensagem de solicitação pode conter apenas cabeçalhos gerais, de solicitação e de entidade. Por outro lado, uma mensagem de resposta pode conter apenas cabeçalhos gerais, de resposta e de entidade.

Figura 27.15 *Formato do cabeçalho*

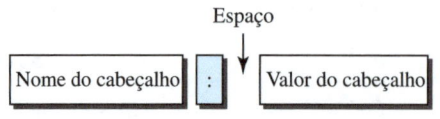

❏ **Cabeçalho geral** fornece informações gerais sobre a mensagem e pode ser utilizado tanto em uma mensagem de solicitação quanto de resposta. A Tabela 27.3 apresenta alguns exemplos de cabeçalhos gerais e suas descrições.

Tabela 27.3 *Cabeçalhos gerais*

Cabeçalho	Descrição
Cache-control	Especifica informações sobre controle de caching
Connection	Informa se a conexão pode ou não ser encerrada
Date	Mostra a data atual
MIME-version	Mostra a versão MIME usada
Upgrade	Especifica o protocolo de comunicação preferencial

❑ **Cabeçalho de solicitação** Pode ser utilizado apenas em mensagens de solicitação. Ele especifica a configuração do cliente e o formato preferencial de documentos do cliente. Na Tabela 27.4 há uma lista de exemplos e suas descrições.

Tabela 27.4 *Cabeçalhos de solicitação*

Cabeçalho	Descrição
Accept	Exibe o formato de mídia que o cliente pode aceitar
Accept-charset	Exibe o conjunto de caracteres que o cliente é capaz de tratar
Accept-encoding	Exibe o esquema de codificação que o cliente pode tratar
Accept-language	Exibe a linguagem que o cliente pode aceitar
Authorization	Exibe quais as permissões de um cliente
From	Exibe o endereço de e-mail do usuário
Host	Exibe o host e o número da porta do servidor
If-modified-since	Transmite um novo documento somente no caso de data posterior à especificada
If-match	Transmite o documento apenas se ele coincidir com a tag fornecida
If-non-match	Transmite o documento apenas se ele não coincidir com a tag fornecida
If-range	Transmite apenas a parte faltante do documento
If-unmodified-since	Transmite o documento, se não tiver sido modificado desde a data especificada
Referrer	Especifica a URL do documento vinculado
User-agent	Identifica o programa cliente

❑ **Cabeçalho de resposta** Um cabeçalho que pode ser usado apenas em mensagens de resposta. Ele especifica a configuração do servidor e as informações especiais sobre a solicitação. Na Tabela 27.5 há uma lista de exemplos e suas descrições.

Tabela 27.5 *Cabeçalhos de resposta*

Cabeçalho	Descrição
Accept-range	Mostra se o servidor aceita ou não o intervalo solicitado pelo cliente
Age	Exibe a idade do documento
Public	Exibe a lista de métodos (comandos) suportados
Retry-after	Especifica a data após a qual o servidor estará disponível
Server	Mostra o nome do servidor e o número da versão

❑ **Cabeçalho de entidade** Fornece informações sobre o corpo do documento. Embora esteja presente principalmente em mensagens de resposta, algumas mensagens de solicitação também usam esse tipo de cabeçalho, como os métodos POST ou PUT, que contêm um corpo. Na Tabela 27.6 há uma lista de alguns cabeçalhos e suas descrições.

Tabela 27.6 *Cabeçalhos de entidade*

Cabeçalho	Descrição
Allow	Enumera os métodos (comandos) válidos que podem ser usados em uma URL
Content-encoding	Especifica o esquema de codificação
Content-language	Especifica a linguagem
Content-length	Exibe o tamanho do documento
Content-range	Especifica o intervalo do documento
Content-type	Especifica o tipo de mídia
Etag	Fornece uma tag de entidade
Expires	Fornece a data e a hora que o conteúdo pode mudar
Last-modified	Fornece a data e a hora da última modificação
Location	Especifica a localização do documento criado ou transferido

❑ **Corpo** Pode estar presente em uma mensagem de solicitação ou de resposta. Normalmente contém o documento a ser transmitido ou recebido.

Exemplo 27.1

Este exemplo mostra o acesso a um documento. Usamos o comando GET para obter uma imagem no caminho /usr/bin/image1. A linha de solicitação exibe o comando (GET), a URL e a versão do HTTP (1.1). O cabeçalho apresenta duas linhas informando que o cliente pode aceitar imagens nos formatos GIF ou JPEG. A mensagem de solicitação não tem um corpo. A mensagem de resposta contém a linha de status e quatro linhas de cabeçalho. As linhas de cabeçalho definem a data, o servidor, a versão MIME e o tamanho do documento. O corpo do documento segue logo após o cabeçalho (ver a Figura 27.16).

Figura 27.16 *Exemplo 27.1*

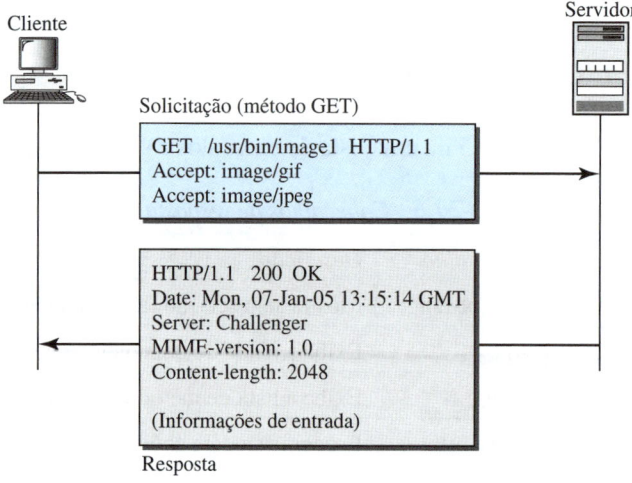

Exemplo 27.2

Neste exemplo, o cliente quer transmitir dados para um servidor. Usamos o comando POST. A linha de solicitação apresenta o comando (POST), a URL e a versão do HTTP (1.1). Existem quatro linhas de cabeçalho. O corpo da solicitação contém informações de entrada. A mensagem de resposta contém a linha de status e quatro linhas de cabeçalho. O documento criado, que é um documento CGI, é inserido no corpo da mensagem (ver a Figura 27.17).

Figura 27.17 *Exemplo 27.2*

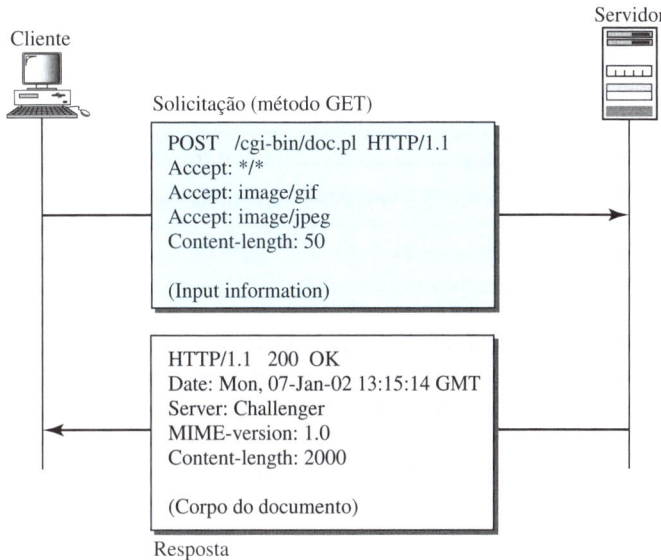

Exemplo 27.3

O HTTP usa caracteres ASCII. Um cliente pode se conectar diretamente a um servidor usando TELNET, que se loga na porta 80. As próximas três linhas mostram que a conexão foi bem-sucedida.

Em seguida, digitamos três linhas. A primeira é a linha de solicitação (comando GET), a segunda é o cabeçalho (definindo o host), a terceira é uma linha em branco, finalizando a solicitação.

A resposta do servidor tem sete linhas, iniciando-se com a linha de status. A linha em branco no final encerra a resposta do servidor. Um arquivo com 14.230 linhas será recebido após uma linha em branco (não mostrado aqui). A última linha é a saída gerada pelo cliente.

$ telnet www.mhhe.com 80
Trying 198.45.24.104 . . .
Connected to www.mhhe.com (198.45.24.104).
Escape character is '^]'.
GET /engcs/compsci/forouzan HTTP/1.1
From: forouzanbehrouz@fhda.edu

HTTP/1.1 200 OK
Date: Thu, 28 Oct 2004 16:27:46 GMT
Servidor: Apache/1.3.9 (Unix) ApacheJServ/1.1.2 PHP/4.1.2 PHP/3.0.18
MIME-version:1.0
Content-Type: text/html

> Last-modified: Friday, 15 Oct-0 02:11:31 GMT
> Content-length: 14230
>
> Connection closed by foreign host

Conexão Persistente versus Não Persistente

O HTTP anterior à versão 1.1 permitia apenas o método de conexão não persistente, ao passo que na versão 1.1 o método-padrão é o de conexão persistente .

Conexão Não Persistente

Em uma conexão não persistente, uma conexão TCP é estabelecida para cada solicitação/resposta. Apresentamos, a seguir, as etapas desta estratégia:

1. O cliente abre uma conexão TCP e transmite uma solicitação.
2. O servidor envia a resposta e encerra a conexão.
3. O cliente lê os dados até encontrar um marcador de fim-de-arquivo; em seguida, encerra a conexão.

Nessa estratégia, para *N* imagens diferentes em arquivos distintos, a conexão deve ser inicializada e encerrada *N* vezes. A estratégia não persistente impõe um overhead elevado no servidor, pois o servidor precisa de *N* buffers diferentes e requer um procedimento de inicialização lenta cada vez que for aberta uma conexão.

Conexão Persistente

A versão 1.1 do HTTP padroniza a conexão persistente como o método-padrão. Em uma conexão persistente, o servidor deixa uma conexão aberta para tratar futuras solicitações após enviar uma resposta. O servidor pode encerrar a conexão se solicitado pelo cliente ou se atingir o time-out da conexão. O originador em geral transmite o tamanho dos dados juntamente com cada resposta. Entretanto, existem algumas situações em que o originador não sabe o tamanho dos dados. Isso ocorre quando um documento é criado de forma dinâmica ou ativa. Nesses casos, o servidor informa ao cliente que o tamanho não é conhecido e encerra a conexão logo após transmitir todos os dados; dessa forma, o cliente sabe que atingiu o final.

> **O HTTP versão 1.1 especifica, como padrão, uma conexão persistente.**

Servidor Proxy

O HTTP permite o uso de **servidores proxy.** Um servidor proxy é um computador que mantém cópia das respostas e solicitações recém-transmitidas. O cliente HTTP envia uma solicitação para um servidor proxy. Este verifica seu cache. Se a resposta não estiver armazenada no cache, o servidor proxy retransmite a solicitação para o servidor Web correspondente. Respostas que chegam dos servidores Web são enviadas para o servidor proxy e armazenadas para futuras solicitações de outros clientes.

Um servidor proxy reduz a carga no servidor Web original, diminui o tráfego na rede e a latência da solicitação. Entretanto, para usar um servidor proxy, o cliente deve ser configurado para permitir o acesso primeiro ao proxy em vez do servidor Web de destino.

27.4 LEITURA RECOMENDADA

Para mais detalhes sobre os assuntos discutidos neste capítulo, recomendamos os seguintes livros e sites. Os itens entre colchetes [...] correspondem à lista de referências bibliográficas apresentadas no final do texto.

Livros

O HTTP é discutido nos Capítulos 13 e 14 de [Ste96], na Seção 9.3 de [PD03], no Capítulo 35 de [Com04] e na Seção 7.3 de [Tan03].

Sites

O site a seguir está relacionado aos tópicos discutidos neste capítulo.

❑ www.ietf.org/rfc.html   Informações sobre RFCs

RFCs

As RFCs a seguir estão relacionadas ao WWW:

$$1614, 1630, 1737, 1738$$

As RFCs a seguir estão relacionadas ao HTTP:

$$2068, 2109$$

27.5 TERMOS-CHAVE

ASP (*Active Server Page*)	host
applets	HTML (*HyperText Markup Language*)
browser	HTTP (*HyperText Transfer Protocolo*)
CGI (*Common Gateway Interface*)	Java
cabeçalho de entidade	JSP (*Java Server Page*)
cabeçalho de resposta	JavaScript
cabeçalho de solicitação	linha de solicitação
cabeçalho geral	linha de status
código de status	Path (caminho)
ColdFusion	PHP (*HyperText Preprocessor*)
conexão não persistente	servidores proxy
conexão persistente	tags (marca)
documentos ativos	tipo de solicitação
documento dinâmico	URL (*Uniform Resource Locator*)
documentos estáticos	WWW (World Wide Web)

27.6 RESUMO

- A World Wide Web (WWW) é um repositório de informações interligadas por diversos pontos espalhados ao redor do o mundo.
- Hipertextos são documentos vinculados um ao outro por meio do conceito de ponteiros.
- Os browsers interpretam e exibem um documento Web.
- Um browser consiste em um controlador, programas cliente e interpretadores.
- Um documento Web pode ser classificado como estático, dinâmico ou ativo.
- Um documento estático é aquele cujo conteúdo é fixo e deve ser hospedado em um servidor. O cliente não pode fazer modificações no documento armazenado no servidor.
- HTML (HyperText Markup Language) é uma linguagem usada para criar páginas Web estáticas.
- Qualquer browser é capaz de ler instruções de formatação (tags) inseridas em um documento HTML.
- As tags dão estrutura a um documento, definem títulos e cabeçalhos, formatam o texto, controlam o fluxo de dados, inserem figuras, vinculam diferentes documentos entre si e definem o código executável.
- Um documento Web dinâmico é criado por um servidor apenas no momento da chegada de uma solicitação por um cliente.
- CGI (Common Gateway Interface) é um padrão para a criação e controle de documentos Web dinâmicos.
- Uma aplicação CGI com suas tags de interface CGI pode ser escrito em diversas linguagens de programação, tais como o C, C++, Shell Script ou Perl.
- Um documento ativo é uma cópia de um programa obtido pelo cliente e executado no próprio cliente.
- Java é uma combinação de linguagem de programação de alto nível, em um ambiente de execução em tempo real (run-time) e uma biblioteca de classes que permite a um programador criar um documento ativo e executá-lo em um browser.
- O Java é usado para criar applets (pequenos programas aplicativos).
- O protocolo de transferência de hipertexto (HTTP) é o principal protocolo usado para acessar dados na World Wide Web (WWW).
- O HTTP usa como padrão uma conexão TCP para transferir arquivos.
- Uma mensagem HTTP é similar, na forma, a uma mensagem SMTP.
- Uma linha de solicitação HTTP consiste no tipo de solicitação, da URL e do número de versão do HTTP.
- Uma URL (Uniform Resource Locator) consiste em um método, computador host, número da porta opcional e o nome do caminho para localizar as informações na WWW.
- O método ou tipo de solicitação HTTP define o tipo de comando ou solicitação requisitado pelo cliente para o servidor.
- Uma linha de status consiste no número da versão do HTTP, do código de status e de uma frase de status.
- O código de status HTTP retransmite informações gerais, informações relativas a uma solicitação bem-sucedida, redirecionamento de informações ou informações de erro.
- O cabeçalho HTTP retransmite informações adicionais entre um cliente e um servidor.

- Um cabeçalho HTTP consiste no nome do cabeçalho e em um valor de cabeçalho.
- Um cabeçalho geral http fornece informações gerais sobre uma mensagem de solicitação ou de resposta.
- Um cabeçalho de solicitação HTTP especifica a configuração de um cliente e o formato preferencial dos documentos.
- Um cabeçalho de resposta HTTP especifica a configuração do servidor e as informações especiais em relação à solicitação.
- Um cabeçalho HTTP de entidade fornece informações sobre o corpo de um documento.
- O HTTP, versão 1.1, padroniza o método de conexão persistente.
- Um servidor proxy mantém cópias das respostas das solicitações mais recentes.

27.7 ATIVIDADES PRÁTICAS

Questões para Revisão

1. Como o HTTP se relaciona com o WWW?
2. Em que o HTTP se assemelha ao SMTP?
3. Em que o HTTP se assemelha ao FTP?
4. O que é URL e quais são seus componentes?
5. O que é um servidor proxy e como ele se relaciona com o HTTP?
6. Cite três componentes típicos de um browser.
7. Quais são os três tipos de documentos Web?
8. O que significa HTML e qual sua função?
9. Qual a diferença entre um documento ativo e um documento dinâmico?
10. O que significa CGI e qual sua função?
11. Descreva a relação entre a linguagem Java e um documento ativo.

Exercícios

12. Onde cada figura será exibida na tela?

    Observe a figura a seguir:
    em seguida diga-me qual sua impressão:
    <IMG SRC="Pictures/Funny1.gif" ALIGN=middle>
    <IMG SRC="Pictures/Funny2.gif" ALIGN=bottom>
    <B>Qual sua impressão? </B>

13. Mostre o efeito do seguinte segmento HTML.

    A editora deste livro é <A HREF="www.mhhe">
    McGraw-Hill Publisher </A>

14. Mostre uma mensagem de solicitação para obter o documento /usr/users/doc/doc1. Use pelo menos dois cabeçalhos gerais, dois cabeçalhos de solicitação e um cabeçalho de entidade.

15. Mostre a mensagem de resposta para o Exercício 14 considerando-se que a solicitação foi bem-sucedida.

16. Mostre a mensagem de resposta para o Exercício 14 considerando-se que o documento foi transferido de forma definitiva para /usr/deads/doc1.

17. Mostre a resposta para o Exercício 14 considerando-se que exista um erro de sintaxe na solicitação.
18. Mostre a resposta para o Exercício 14 considerando-se que o cliente não tenha autorização suficiente para acessar o documento.
19. Mostre uma mensagem de solicitação que peça informações adicionais sobre um documento armazenado em /bin/users/file. Use pelo menos dois cabeçalhos gerais e um cabeçalho de solicitação.
20. Mostre a mensagem de resposta para o Exercício 19 considerando-se que a solicitação foi bem-sucedida.
21. Mostre a mensagem de solicitação para copiar o arquivo em /bin/usr/bin/file1 para /bin/file1.
22. Mostre a mensagem de resposta para o Exercício 21.
23. Mostre a mensagem de solicitação para apagar o arquivo em /bin/file1.
24. Mostre a mensagem de resposta para o Exercício 23.
25. Mostre uma mensagem de solicitação para obter o arquivo em /bin/etc/file1. O cliente necessita da cópia do documento apenas se foi modificado após 23 de janeiro de 1999.
26. Mostre a mensagem de resposta para o Exercício 25.
27. Mostre uma mensagem de solicitação para obter o arquivo em /bin/etc/file1. O cliente deve se identificar.
28. Mostre a mensagem de resposta para o Exercício 27.
29. Mostre uma mensagem de solicitação para gravar um arquivo em /bin/letter. O cliente deve identificar os tipos de documentos que for capaz de aceitar.
30. Mostre a mensagem de resposta para o Exercício 29. A resposta deverá informar a idade do documento, bem como a data e hora em que seu conteúdo poderá ser modificado.

CAPÍTULO 28

Gerenciamento de Redes: SNMP

Podemos definir **gerenciamento de redes** como o monitoramento, teste, configuração e diagnóstico de componentes de rede para atender a um conjunto de exigências definido por uma organização. Entre essas exigências, temos a operação estável e eficiente da rede que fornecem a qualidade predefinida de serviços a seus usuários. Para cumprir essa tarefa, um sistema de gerenciamento de redes utiliza hardware, software e pessoas. Neste capítulo, inicialmente discutiremos de forma breve as funções gerais de um sistema de gerenciamento de redes. Em seguida, nos concentraremos no padrão de gerenciamento de redes mais comum, o SNMP (**Simple Network Management Protocol — protocolo de gerenciamento de redes simples**).

28.1 SISTEMA DE GERENCIAMENTO DE REDES

Podemos dizer que as funções realizadas por um sistema de gerenciamento de redes podem ser divididas em cinco grandes categorias: gerenciamento de configuração (Configuration Management), gerenciamento de falhas (Fault Management), gerenciamento de desempenho (Performance Management), gerenciamento de segurança (Security Management) e gerenciamento de contabilização (Accounting Management), conforme mostrado na Figura 28.1.

Figura 28.1 *Funções de um sistema de gerenciamento de redes*

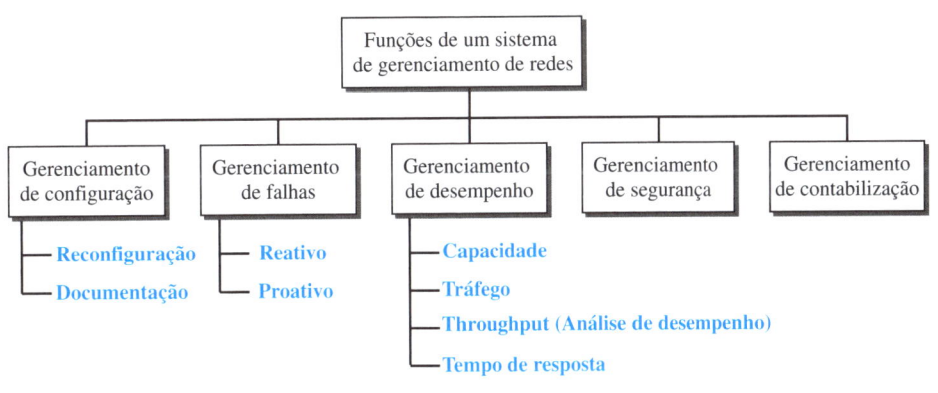

Gerenciamento de Configuração

Uma rede de grandes proporções é constituída, normalmente, por centenas de equipamentos e entidades que são ligados entre si de forma física ou lógica. Essas entidades apresentam uma configuração inicial quando a rede é ativada, mas essa configuração pode mudar com o tempo. Computadores desktop podem ser substituídos por outros, um software aplicativo pode ser atualizado para uma versão mais nova, assim como usuários podem migrar de um grupo para outro. Um sistema de **gerenciamento de configuração** precisa saber, a todo instante, o estado de cada entidade e sua relação com outras entidades. O gerenciamento de configuração pode ser dividido em dois subsistemas: reconfiguração e documentação.

Reconfiguração

Reconfiguração, que significa ajustar os componentes e as características da rede, pode ser algo que ocorre diariamente em uma rede grande. Existem três tipos de reconfiguração: de hardware, de software e de contas de usuário.

A reconfiguração de hardware abrange todas as mudanças no hardware. Pode haver a necessidade de substituir um computador desktop. Talvez um roteador precise ser transferido para outra parte da rede. Uma sub-rede pode ser acrescentada ou removida. Todas essas ações requerem o tempo e a atenção de um grupo de administradores de redes. Em uma rede de grande porte, deve existir pessoal especializado e treinado para realizar uma reconfiguração rápida e eficiente de hardware. Infelizmente, esse tipo de reconfiguração não pode ser automatizado e deve ser realizado manualmente, caso a caso.

A reconfiguração de software abrange todas as mudanças associadas ao software. Pode haver a necessidade da instalação de um novo software nos servidores ou clientes. Pode ser preciso atualizar o sistema operacional. Felizmente, a maioria das reconfigurações de software pode ser automatizada. Por exemplo, a atualização de uma aplicação em alguns ou todos os clientes pode ser baixada eletronicamente, a partir do servidor.

A reconfiguração de contas de usuário não é a simples adição ou a eliminação dos usuários em um sistema. Deve-se também considerar os privilégios do usuário, tanto em termos individuais como de membro de um grupo. Um usuário pode, por exemplo, ter permissão de leitura e de gravação em certos arquivos, mas apenas permissão de leitura em outros. A reconfiguração de contas de usuário pode ser, até certo ponto, automatizada. Por exemplo, em uma faculdade ou universidade, no início de cada trimestre ou semestre, são adicionados novos alunos ao sistema. Normalmente, os alunos são agrupados de acordo com os cursos ou as principais matérias que estejam cursando.

Documentação

A configuração original da rede e cada mudança subseqüente deve ser registrada meticulosamente. Isso significa que deve existir uma documentação específica para hardware, software e contas de usuário.

A documentação de hardware em geral envolve dois conjuntos de documentos: diagramas e especificações. Os diagramas acompanham cada equipamento e sua conexão com a rede. Pode existir um diagrama geral que aponta o relacionamento lógico entre cada sub-rede. Pode haver também um segundo diagrama geral que mostre a localização física de cada sub-rede. Para cada sub-rede, há então um ou mais diagramas que mostram todos os equipamentos. Os diagramas que usam algum tipo de padronização podem ser facilmente lidos e compreendidos pelo pessoal atual ou futuro. Os diagramas não são suficientes por si só. Cada equipamento também precisa ser documentado. Deve existir um conjunto de especificações para cada equipamento ligado à rede.

Essas especificações devem incluir informações como tipo de hardware, número de série, fornecedor (endereço e número de telefone), data de aquisição e informações de garantia.

Todo software também deve ser documentado. A documentação de software inclui informações como tipo de software, versão, hora da instalação e o acordo de licenciamento.

A maioria dos sistemas operacionais tem um utilitário que possibilita a administração e a documentação de contas de usuário e seus privilégios. Os administradores devem se certificar de que os arquivos contendo essas informações estejam atualizados e seguros. Alguns sistemas operacionais registram privilégios de acesso em dois documentos; um exibe todos os tipos de acesso e arquivos para cada usuário; o outro mostra a lista de usuários que têm determinado acesso a um arquivo.

Gerenciamento de Falhas

Hoje em dia, redes complexas são compostas por centenas e, algumas vezes, milhares de componentes. A operação apropriada da rede depende do bom funcionamento de cada componente, em separado e entre si. **Gerenciamento de falhas** é a área do gerenciamento de redes que trata dessa questão.

Um sistema de gerenciamento de falhas eficaz apresenta dois subsistemas: gerenciamento de falhas reativo e proativo.

Gerenciamento de Falhas Reativo

Um sistema de gerenciamento de falhas reativo é responsável pela detecção, isolamento, correção e registro de falhas. Ele trata de soluções de curto prazo para as falhas.

A primeira etapa adotada por um sistema de gerenciamento de falhas reativo é detectar a localização exata da falha. Uma falha é definida como uma condição anormal no sistema. Quando esta ocorre, o sistema pára de funcionar adequadamente ou cria erros em excesso. Um bom exemplo de falha seria um meio de transmissão danificado, que pode interromper a comunicação ou gerar um número excessivo de erros.

A etapa seguinte adotada por um sistema de gerenciamento de falhas reativo é isolar a falha. Uma falha, se isolada, normalmente afeta apenas poucos usuários. Após isolar, os usuários afetados são imediatamente notificados e informados quanto a uma previsão de tempo para realizar a correção.

A terceira etapa é corrigir a falha. Isso pode envolver a substituição ou o reparo do(s) componente(s) defeituoso(s).

Após a falha ter sido corrigida, ela deve ser documentada. O registro deve apontar a localização exata da falha, sua possível causa, ação ou ações tomadas para corrigi-la, o custo e o tempo de cada etapa. A documentação é extremamente importante por várias razões:

- ❑ O problema pode ser recorrente. A documentação pode ajudar o administrador ou o técnico a solucionar um problema similar, agora ou no futuro.
- ❑ A freqüência do mesmo tipo de falha é uma indicação de um problema mais sério no sistema. Se uma falha ocorrer freqüentemente em um componente, este deve ser substituído por outro similar ou o sistema inteiro deve ser modificado para evitar o uso desse tipo de componente.
- ❑ Dados estatísticos são úteis para a outra parte da administração de redes: o gerenciamento de desempenho.

Gerenciamento de Falhas Proativo

O gerenciamento de falhas proativo tenta impedir a ocorrência de falhas. Embora isso nem sempre seja possível, alguns tipos de falhas podem ser previstos e evitados. Por exemplo, se um fabricante especifica uma vida útil para um componente ou parte deste, é uma boa estratégia substituí-lo antes dessa data. Outro exemplo: se uma falha ocorre freqüentemente em um dado ponto da rede, seria prudente reconfigurar cuidadosamente a rede para evitar que a falha aconteça outra vez.

Gerenciamento de Desempenho

O **gerenciamento de desempenho,** que está intimamente relacionado ao gerenciamento de falhas, tenta monitorar e controlar a rede para garantir que ela esteja rodando da forma mais eficiente possível. O gerenciamento de desempenho tenta quantificar o desempenho de uma rede usando quantidades mensuráveis como capacidade, tráfego, throughput ou tempo de resposta.

Capacidade

Um fator que deve ser monitorado pelo sistema de gerenciamento de desempenho é a capacidade da rede. Toda rede tem uma capacidade limitada e o sistema de gerenciamento de desempenho deve garantir que ela não esteja sendo ultrapassada. Por exemplo, se uma LAN foi projetada para 100 estações com taxa de dados média de 2 Mbps, ela não vai operar de forma apropriada se forem ligadas 200 estações à rede. A taxa de dados diminuirá e podem ocorrer interrupções.

Tráfego

O tráfego pode ser medido de duas maneiras: interna e externamente. O tráfego interno é medido pelo número de pacotes (ou bytes) que trafegam pela rede. O tráfego externo é medido pela troca de pacotes (ou bytes) fora da rede. Durante as horas de pico, quando o sistema é usado de forma intensa, podem ocorrer interrupções, caso haja tráfego excessivo.

Throughput

Podemos medir a throughput de um dispositivo individual (como um roteador) ou parte da rede. O gerenciamento de desempenho monitora a throughput para se certificar de que esta não seja reduzida a níveis inaceitáveis.

Tempo de Resposta

O tempo de resposta é medido normalmente do instante em que um usuário solicita um serviço até o momento em que o serviço é atendido. Outros fatores como capacidade e tráfego podem afetar o tempo de resposta. O gerenciamento de desempenho monitora o tempo médio de resposta e o tempo de resposta em horários de pico. Qualquer aumento no tempo de resposta é uma condição muito grave, já que ele é uma indicação de que a rede está operando acima de sua capacidade.

Gerenciamento de Segurança

O **gerenciamento de segurança** é responsável pelo controle de acesso à rede tomando como base uma política predefinida. Discutiremos segurança e, em particular, segurança de redes, nos Capítulos 31 e 32.

Gerenciamento de Contabilização

Gerenciamento de contabilização é a quantificação do acesso e uso dos recursos de rede por seus usuários para fins de tarifação. No gerenciamento de contabilização, usuários individuais, departamentos, divisões ou até mesmo projetos são cobrados pelos serviços que a rede os proporcionam. A cobrança não significa necessariamente transferência de dinheiro, mas que ela pode debitar departamentos ou divisões para fins de orçamento. Hoje em dia, as organizações usam sistemas de gerenciamento de contabilização pelas seguintes razões:

- Ela impede os usuários de monopolizarem recursos limitados de rede.
- Ela impede que usuários utilizem o sistema de forma ineficiente.
- Os administradores de redes podem elaborar planos de curto e longo prazos com base na demanda de uso da rede.

28.2 SNMP

SNMP (Simple Network Management Protocol — protocolo de gerenciamento de redes simples) é um framework para o gerenciamento de dispositivos de rede em uma internet que utiliza o conjunto de protocolos TCP/IP. Ele fornece um conjunto de operações fundamentais para monitoramento e manutenção de uma internet.

Conceito

O SNMP usa o conceito de gerente e agente, isto é, um gerente, em geral um host, controla e monitora um conjunto de agentes, normalmente roteadores (ver a Figura 28.2).

Figura 28.2 *Conceito de SNMP*

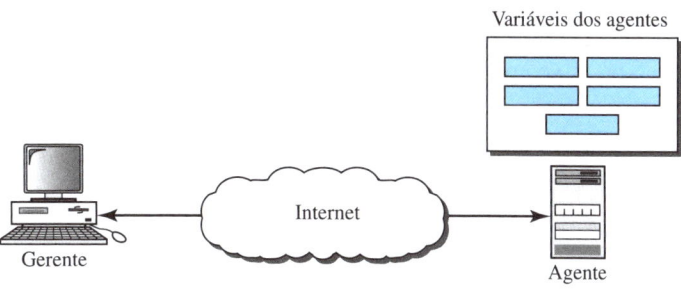

O SNMP é um protocolo de nível de aplicação no qual um pequeno número de estações-gerente controlam um conjunto de agentes. O protocolo é projetado no nível de aplicação, de modo que consiga monitorar dispositivos produzidos por diferentes fabricantes e instalados em diferentes redes físicas. Em outras palavras, graças ao SNMP as tarefas de gerenciamento de uma rede independem das características físicas dos dispositivos gerenciados, bem como da tecnologia de rede subjacente. Ele pode ser usado em uma internet heterogênea, composta por diversas LANs e WANs interligadas por roteadores de diferentes fabricantes.

Gerentes e Agentes

Uma estação gerenciadora, denominada **gerente**, é um host que roda o programa-cliente SNMP. Uma estação gerenciada, denominada **agente**, é um roteador (ou um host) que executa o programa-servidor SNMP. O gerenciamento é obtido pela da interação entre gerente e agente.

O agente mantém informações de desempenho em um banco de dados. O gerente tem acesso aos valores contidos no banco de dados. Por exemplo, um roteador pode armazenar em variáveis apropriadas o número de pacotes recebidos e encaminhados. O gerente pode ler e comparar os valores dessas duas variáveis para verificar se o roteador está congestionado ou não.

O gerente também pode fazer que o roteador realize certas ações. Por exemplo, um roteador verifica periodicamente o valor de um contador de reboot para ver quando ele próprio deve ser reiniciado. Ele se reinicializaria, caso o valor do contador fosse 0. O gerente pode usar essa característica para reiniciar o agente remotamente a qualquer momento. Basta que envie uma mensagem para forçar o valor 0 no contador.

Os agentes também podem contribuir para o processo de gerenciamento. O programa-servidor rodando no agente pode verificar o ambiente e, caso perceba algo anormal, pode transmitir uma mensagem de alerta, denominada **trap**, para o gerente.

Em outras palavras, o gerenciamento por meio do SNMP se fundamenta em três conceitos básicos:

1. Um gerente monitora o estado de um agente solicitando informações que refletem o comportamento do agente.
2. Um gerente força um agente a realizar uma tarefa reinicializando valores no banco de dados do agente.
3. Um agente contribui para o processo de gerenciamento alertando o gerente sobre uma situação anormal.

Componentes do Gerenciamento

Para realizar suas tarefas de gerenciamento, o SNMP usa dois outros protocolos auxiliares: **SMI (Structure of Management Information — estrutura de informações de gerenciamento)** e **MIB (Management Information Base — base de informações de gerenciamento)**. Em outras palavras, o gerenciamento na Internet é realizado por meio da cooperação de três protocolos: SNMP, SMI e MIB, conforme ilustrado na Figura 28.3.

Figura 28.3 *Componentes do gerenciamento de redes na Internet*

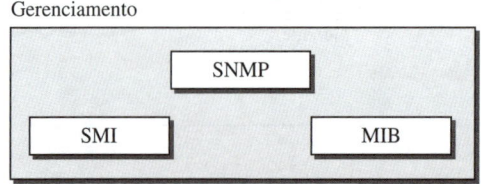

Detalhemos as interações entre esses protocolos.

Papel do SNMP

O SNMP apresenta algumas funções muito específicas para o gerenciamento de redes. Ele define o formato do pacote a ser enviado de um gerente para um agente e vice-versa. Também interpreta o resultado e cria estatísticas (normalmente com o auxílio de outro software de gerenciamento). Os pacotes trocados contêm os nomes dos objetos (variável) e seus estados (valores). O SNMP é responsável pela leitura e alteração desses valores.

> **O SNMP define o formato dos pacotes trocados entre um gerente e um agente. Ele lê e altera o estado (valores) dos objetos (variáveis) por intermédio de pacotes SNMP.**

Papel do SMI

Para usarmos o SNMP, precisamos de regras. Precisamos de regras para dar nomes aos objetos. Isso tem uma importância destacada, uma vez que os objetos no SNMP fazem parte de uma estrutura hierárquica (um objeto pode ter um objeto-pai e alguns objetos-filhos). Parte de um nome pode ser herdada do pai. Também precisamos de regras para definir tipos de objetos. Que tipos de objeto são manipulados pelo SNMP? Ele é capaz de manipular tipos simples ou estruturados? Quantos tipos simples estão disponíveis? Quais são os tamanhos desses tipos? Qual é a abrangência desses tipos? Além disso, como são codificados cada um desses tipos?

Precisamos dessas regras universais, pois não conhecemos a arquitetura dos computadores que transmitem, recebem ou armazenam esses valores. O emissor pode ser um computador poderoso no qual um inteiro é armazenado na forma de dados de 8 bytes; o receptor pode ser um pequeno computador que armazena um inteiro na forma de dados de 4 bytes.

O SMI é o protocolo que define e padroniza essas regras. Entretanto, temos de entender que o SMI apenas define as regras; não define quantos objetos são gerenciados em uma entidade ou que objeto usa qual tipo. O SMI é um conjunto de regras para nomear objetos e para listar seus tipos. A associação de um objeto ao tipo não é feita pelo SMI.

> **O SMI define as regras de atribuição de nomes a objetos, estabelece tipos de objeto (inclusive sua abrangência e comprimento) e mostra como codificar objetos e valores.**
>
> **O SMI não define o número de objetos que uma entidade pode gerenciar, não dá nomes aos objetos a serem gerenciados nem define a associação entre os objetos e seus valores.**

Papel da MIB

Esperamos que tenha ficado claro a necessidade de outro protocolo. Para cada entidade a ser gerenciada, esse protocolo deve definir o número de objetos, nomeá-los de acordo com as regras estabelecidas pelo SMI e associar um tipo a cada objeto nomeado. Esse protocolo é a MIB. A MIB cria um conjunto de objetos definidos para cada entidade de forma similar a um banco de dados (principalmente metadados em um banco de dados, nomes e tipos sem valores).

> **A MIB cria um conjunto de objetos com nomes, tipos e relações entre si para uma entidade a ser gerenciada.**

Analogia

Antes de discutirmos cada um desses protocolos de forma mais detalhada, façamos uma analogia. Os três componentes do gerenciamento de redes são similares àquilo que precisamos quando escrevemos um programa usando uma linguagem de programação para resolver determinado problema.

Antes de escrevermos um programa, a sintaxe da linguagem (como C ou Java) deve ser predefinida. A linguagem também define a estrutura das variáveis (simples, estruturada, ponteiro e assim por diante) e como as variáveis devem ter seus nomes atribuídos. Por exemplo, um nome de variável deve ter de 1 a *N* caracteres de comprimento e iniciar com uma letra seguida de caracteres alfanuméricos. A linguagem também define o tipo de dados a ser usado (inteiro, ponto flutuante, char etc.). Em programação as regras são definidas por uma linguagem. No gerenciamento de redes, as regras são estabelecidas pelo SMI.

A maioria das linguagens de computador requer que as variáveis sejam declaradas em cada programa específico. A declaração atribui um nome a cada variável e define o tipo predefinido. Se, por exemplo, um programa tiver duas variáveis (uma inteira chamada *contador* e um array denominado *notas* do tipo char), elas devem ser declaradas no início do programa:

> **int** *contador;*
> **char** *notas* **[40];**

Observe que as declarações dão nome às variáveis (contador e notas) e definem o tipo de cada variável. Como os tipos são predefinidos em uma linguagem, o programa conhece o intervalo e o tamanho de cada variável.

A MIB realiza essa tarefa no gerenciamento de redes, dá nomes a cada objeto e define o tipo dos objetos. Como o tipo é definido pelo SMI, o SNMP conhece o intervalo e o tamanho.

Em programação, após uma declaração, o programa precisa escrever instruções para armazenar valores nas variáveis e alterá-las se necessário. O SNMP realiza essa tarefa no gerenciamento de redes. O SNMP armazena, altera e interpreta os valores dos objetos já declarados na MIB de acordo com as regras definidas pelo SMI.

Podemos comparar a tarefa de gerenciamento de redes à tarefa de escrever um programa.

- Ambas precisam de regras. No gerenciamento de redes, isso é padronizado pelo SMI.
- Ambas precisam de declarações de variáveis. No gerenciamento de redes isso é tratado pela MIB.
- Ambas têm ações realizadas por instruções. No gerenciamento de redes, isso é tratado pelo SNMP.

Visão Geral

Antes de discutirmos em detalhes os componentes, mostraremos a participação de cada um em um cenário simples. Essa visão geral será desenvolvida posteriormente, no final do capítulo. Uma estação-gerente (cliente SNMP) deseja enviar uma mensagem a uma estação-agente (servidor SNMP) para descobrir o número de datagramas UDP de usuários recebidos pelo agente. A Figura 28.4 dá uma visão geral das etapas envolvidas nesse processo.

A MIB é responsável por determinar o objeto que irá armazenará o número de datagramas UDP recebidos pelo agente. O SMI, com a ajuda de outro protocolo auxiliar incorporado, é responsável por codificar o nome do objeto. O SNMP é responsável pela criação de uma mensagem, denominada mensagem GetRequest e pelo encapsulamento da mensagem codificada. Obviamente, as coisas são mais complexas que as apresentadas nessa visão simplificada, mas, precisamos, primeiro, de mais detalhes de cada protocolo.

Figura 28.4 *Visão geral do gerenciamento*

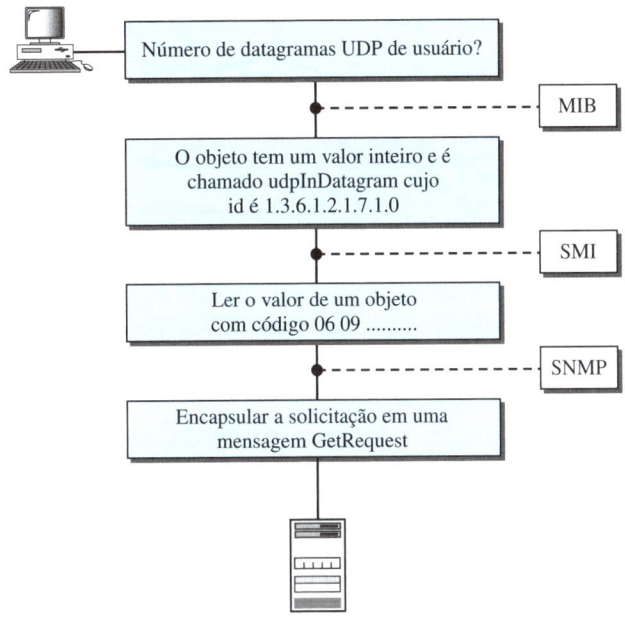

SMI

O SMI, versão 2 (SMIv2) é um componente-chave para o gerenciamento de redes. Suas funções são:

1. Dar nome a objetos.
2. Definir o tipo de dados que podem ser armazenados em um objeto.
3. Mostrar como codificar dados para transmissão através da rede.

O SMI é uma diretriz para o SNMP. Ele enfatiza três atributos que identificam um objeto: nome, tipo de dados e método de codificação (ver a Figura 28.5).

Figura 28.5 *Atributos dos objetos*

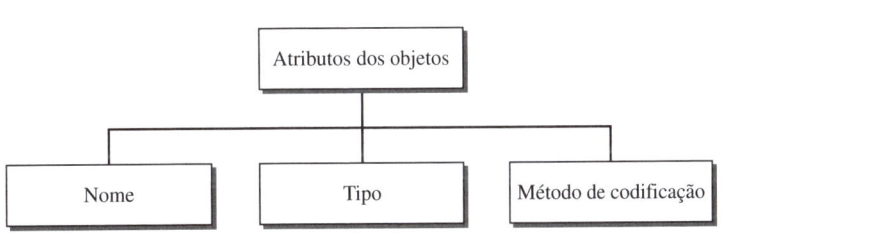

Nome

O SMI requer que cada objeto gerenciado (por exemplo, um roteador, uma variável em um roteador, um valor) tenha um nome exclusivo. Para atribuir nomes a objetos de forma global, o SMI usa um **identificador** de objetos, que é um identificador hierárquico com base em uma estrutura na forma de árvore (ver a Figura 28.6).

Figura 28.6 *Identificador de objetos*

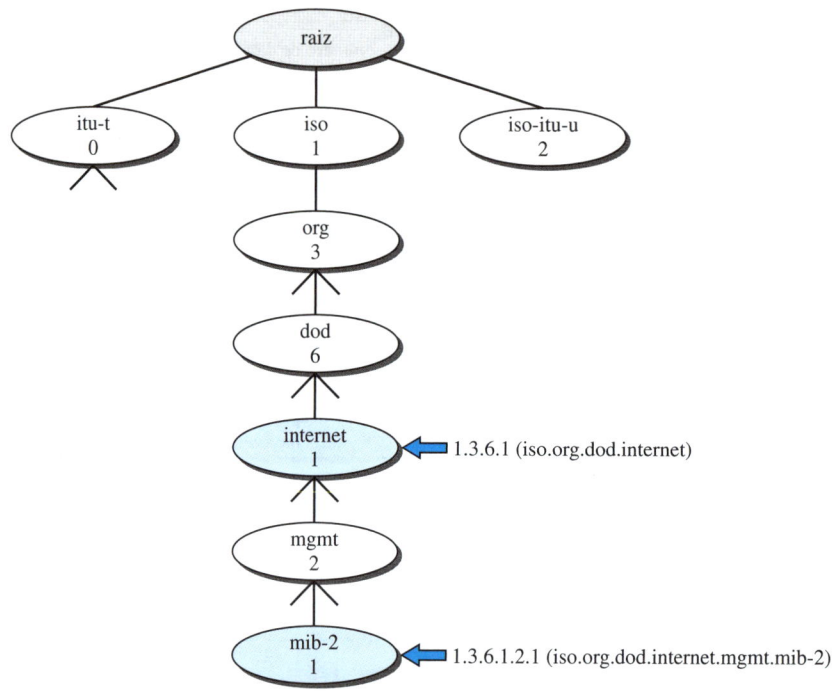

A estrutura em forma de árvore inicia com uma raiz sem nome. Cada objeto pode ser definido por uma seqüência de inteiros separada por pontos. A estrutura em forma de árvore também pode definir um objeto pela seqüência de nomes textuais separados por pontos. O SNMP utiliza a representação inteiro-ponto. A notação nome-ponto é usada por pessoas. Por exemplo, as duas formas a seguir mostram o mesmo objeto em duas notações distintas:

$$\text{iso.org.dod.internet.mgmt.mib-2} \rightarrow 1.3.6.1.2.1$$

Os objetos que são usados pelo SNMP se localizam abaixo do objeto *mib-2*, de modo que seus identificadores sempre sejam iniciados com 1.3.6.1.2.1.

> **Todos os objetos gerenciados pelo SNMP devem ter um identificador único de objeto. O identificador de objeto sempre começa com 1.3.6.1.2.1.**

Tipo

O segundo atributo de um objeto é o tipo de dado que pode ser armazenado. Para definir o tipo de dado, o SMI usa as definições padronizadas pelo **ASN.1 (Abstract Syntax Notation 1 — notação de sintaxe abstrata 1)** e acrescenta algumas definições novas. Em outras palavras, o SMI é tanto um subconjunto como um superconjunto do ASN.1.

O SMI tem duas grandes categorias de tipo de dados: *simples* e *estruturada*. Definiremos, primeiro, os tipos simples e, depois, mostraremos como os tipos estruturados podem ser construídos a partir dos simples (ver a Figura 28.7).

Figura 28.7 *Tipos de dados*

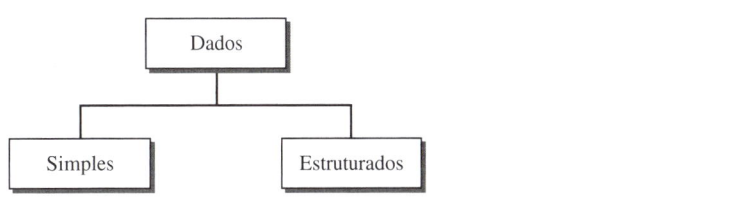

Tipo Simples Os **tipos de dados simples** são tipos de dados atômicos. Alguns são extraídos diretamente do ASN.1; outros, acrescentados pelo SMI. Os mais importantes são os dados apresentados na Tabela 28.1. Os cinco primeiros são do ASN.1; os sete seguintes, definidos pelo SMI.

Tabela 28.1 *Tipos de dados.*

Tipo	Tamanho	Descrição
INTEGER	4 bytes	Inteiro com valor entre -2^{31} a $2^{31} - 1$
Integer32	4 bytes	Idem a INTEGER
Unsigned32	4 bytes	Sem sinal com valor entre 0 a $2^{32} - 1$
OCTET STRING	Variável	String de bytes até 65.535 bytes de comprimento
OBJECT IDENTIFIER	Variável	Identificador de objeto
IPAddress	4 bytes	Endereço IP composto por quatro inteiros
Counter32	4 bytes	Inteiro cujo valor pode ser incrementado de 0 a 2^{32}; quando atinge seu valor máximo, recomeça do 0
Counter64	8 bytes	Contador de 64 bits
Gauge32	4 bytes	Idem a Counter32, mas quando atinge seu valor máximo, ele não reinicia do 0, mas permanece nesse valor até ser reiniciado
TimeTicks	4 bytes	Valor de contagem que registra o tempo em 1/100 s
BITS		String de bits
Opaque	Variable	String não interpretada

Tipo estruturado Pela combinação de tipos de dados estruturados e simples, podemos criar novos tipos de dados estruturados. O SMI define dois **tipos de dados estruturados**: *sequence* e *sequence of*.

❑ **Sequence.** Um tipo de dados *sequence* é uma combinação de tipos de dados simples, não necessariamente do mesmo tipo. É análogo ao conceito de uma *estrutura* ou *registro* usados em linguagens de programação como o C.

❑ **Sequence of.** Um tipo de dados *sequence of* é uma combinação de tipos de dados simples, em geral todos do mesmo tipo ou uma combinação de tipos de dados sequence, também todos do mesmo tipo. É análogo ao conceito de *array* usado em linguagens de programação, como o C.

A Figura 28.8 mostra uma visão conceitual dos tipos de dados.

Figura 28.8 *Tipos de dados conceituais*

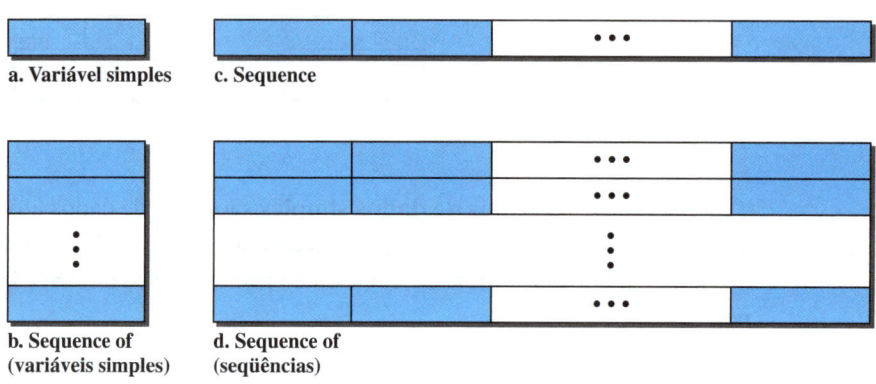

a. Variável simples
c. Sequence
b. Sequence of (variáveis simples)
d. Sequence of (seqüências)

Método de Codificação

O SMI usa outro padrão, as BER (**Basic Encoding Rules — regras de codificação básicas**), para codificar dados a serem transmitidos através de uma rede. As BER especificam que cada um dos dados seja codificado em um formato de trinca: marca, comprimento e valor, conforme ilustrado na Figura 28.9.

Figura 28.9 *Formato de codificação*

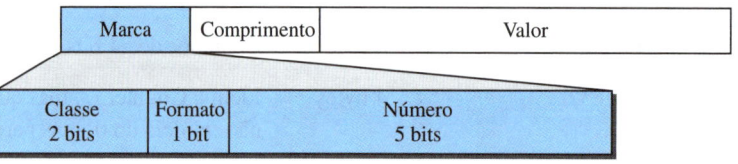

❑ **Tag.** É um campo de 1 byte que define o tipo de dado. Ele é composto por três subcampos: *class* (2 bits), *format* (1 bit), e *number* (5 bits). O subcampo class define a abrangência dos dados. São definidas quatro classes: universal (00), applicationwide (01), context-specific (10) e private (11). Os tipos de dados universal são os extraídos do ASN.1 (INTEGER, OCTET STRING e ObjectIdentifier). Os tipos de dados applicationwide são aqueles acrescentados pelo SMI (IPAddress, Counter, Gauge e TimeTicks). Os cinco tipos de dados context-specific apresentam significados que podem variar de protocolo para protocolo. Os tipos de dados private são específicos de cada fornecedor.

O subcampo format indica se os dados são simples (0) ou estruturados (1). O subcampo number subdivide os dados simples e estruturados em subgrupos. Por exemplo, na classe universal, com formato simples, INTEGER apresenta um valor igual a 2, OCTET STRING um valor 4, e assim por diante. A Tabela 28.2 ilustra os tipos de dados usados neste capítulo e seus tags em números binários e hexadecimais.

Tabela 28.2 *Códigos para tipos de dados*

Tipo de dados	Classe	Formato	Número	Marca (Binária)	Marca (Hexa)
INTEGER	00	0	00010	**00000010**	**02**
OCTET STRING	00	0	00100	**00000100**	**04**
OBJECT IDENTIFIER	00	0	00110	**00000110**	**06**
NULL	00	0	00101	**00000101**	**05**
Sequence, sequence of	00	1	10000	**00110000**	**30**
IPAddress	01	0	00000	**01000000**	**40**
Counter	01	0	00001	**01000001**	**41**
Gauge	01	0	00010	**01000010**	**42**
TimeTicks	01	0	00011	**01000011**	**43**
Opaque	01	0	00100	**01000100**	**44**

❏ **Length.** O campo length tem 1 ou mais bytes. Se tiver 1 byte, o bit mais significativo deve ser 0. Os 7 outros definem o comprimento dos dados. Se tiver mais de 1 byte, o bit mais significativo do primeiro byte deve ser 1. Os 7 outros bits do primeiro byte determinam o número de bytes necessários para definir o comprimento. Veja a Figura 28.10 representa o campo length (comprimento).

Figura 28.10 *Formato do campo de comprimento*

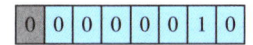

a. O trecho colorido define o comprimento (2).

b. O trecho sombreado define o comprimento do comprimento (2 bytes); os bytes coloridos definem o comprimento (260 bytes).

❏ **Value.** O campo value codifica o valor dos dados de acordo com as regras definidas no BER.

Para ilustrar como estes três campos — marca, comprimento e valor — podem definir objetos, damos alguns exemplos.

Exemplo 28.1

A Figura 28.11 indica como definir INTEGER 14.

Exemplo 28.2

A Figura 28.12 mostra como definir o OCTET STRING "HI."

Figura 28.11 *Exemplo 28.1, INTEGER 14*

02	04	00	00	00	0E
00000010	00000100	00000000	00000000	00000000	00001110
Tag (inteiro)	Comprimento (4 bytes)	Valor (14)			

Figura 28.12 *Exemplo 28.2, OCTET STRING "HI"*

04	02	48	49
00000100	00000010	01001000	01001001
Tag (String)	Comprimento (2 bytes)	Valor (H)	Valor (I)

Exemplo 28.3

A Figura 28.13 ilustra como definir o ObjectIdentifier 1.3.6.1 (iso.org.dod.internet).

Figura 28.13 *Exemplo 28.3, ObjectIdentifier 1.3.6.1*

06	04	01	03	06	01
00000110	00000100	00000001	00000011	00000110	00000001
Tag (ObjectId)	Comprimento (4 bytes)	Valor (1)	Valor (3)	Valor (6)	Valor (1)

1.3.6.1 (iso.org.dod.internet)

Exemplo 28.4

A Figura 28.14 ilustra como definir o IPAddress 131.21.14.8.

Figura 28.14 *Exemplo 28.4, IPAddress 131.21.14.8*

40	04	83	15	0E	08
01000000	00000100	10000011	00010101	00001110	00001000
Tag (IPAddress)	Comprimento (4 bytes)	Valor (131)	Valor (21)	Valor (14)	Valor (8)

131.21.14.8

MIB

O MIB2 (**Management Information Base Version 2 — base de informações de gerenciamento, versão 2**) é o segundo componente-chave usado no gerenciamento de redes. Cada agente tem sua própria MIB2, que é um conjunto de todos os objetos que o gerente pode administrar. Os objetos na MIB2 são classificados em 10 grupos diferentes: system, interface, address translation, ip, icmp, tcp, udp, egp, transmission e snmp. Esses grupos se encontram abaixo do objeto mib-2 na árvore de identificadores de objetos (ver a Figura 28.15). Cada grupo define variáveis e/ou tabelas.

Figura 28.15 *mib-2*

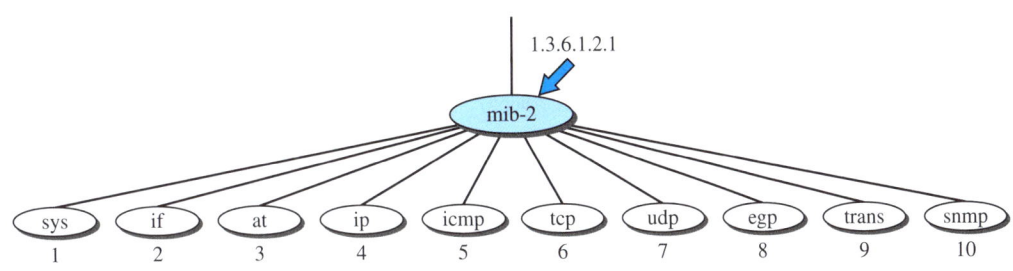

A seguir, apresentamos uma breve descrição de alguns objetos:

- **sys** Esse objeto (*system*) define informações gerais sobre o nó (system), como nome, localização e vida útil.
- **if** Esse objeto (*interface*) define informações sobre todas as interfaces instaladas no nó, inclusive número de interface, endereço físico e endereço IP.
- **at** Esse objeto (*address translation*) define as informações sobre a tabela ARP.
- **ip** Esse objeto define informações relativas ao IP, como tabela de roteamento e endereço IP.
- **icmp** Esse objeto define informações relacionadas ao ICMP, como número de pacotes enviados e recebidos e total de erros criados.
- **tcp** Esse objeto define informações gerais relacionadas ao TCP, como tabela de conexões, valor de time-out, número de portas e número de pacotes enviados e recebidos.
- **udp** Esse objeto define informações gerais relativas ao UDP, como número de portas e número de pacotes enviados e recebidos.
- **snmp** Esse objeto define informações gerais relativas ao próprio SNMP.

Acesso às variáveis da MIB

Para ilustrar como acessar diferentes variáveis, usaremos o grupo udp como exemplo. Existem quatro variáveis simples no grupo udp e uma seqüência (tabela) de registros. A Figura 28.16 ilustra as variáveis e a tabela.

Mostraremos como acessar cada entidade.

Variáveis Simples Para acessar qualquer uma das variáveis simples, usamos o id do grupo (1.3.6.1.2.1.7) seguido pelo id da variável. A seguir, mostramos como acessar cada variável.

udpInDatagrams → 1.3.6.1.2.1.7.1
udpNoPorts → 1.3.6.1.2.1.7.2
udpInErrors → 1.3.6.1.2.1.7.3
udpOutDatagrams → 1.3.6.1.2.1.7.4

Figura 28.16 *udp group.*

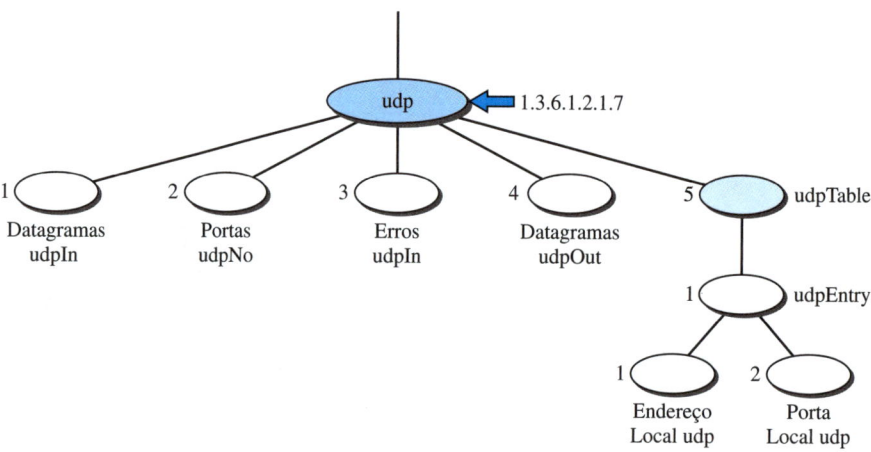

Entretanto, esses identificadores de objetos definem a variável, não a instância (conteúdo). Para mostrar a instância ou o conteúdo de cada variável, temos de adicionar um sufixo de instância. O sufixo de instância para uma variável simples é um simples 0. Em outras palavras, para mostrar a instância das variáveis anteriores, usamos a seguinte notação:

udpInDatagrams.0	→	1.3.6.1.2.1.7.1.**0**
udpNoPorts.0	→	1.3.6.1.2.1.7.2.**0**
udpInErrors.0	→	1.3.6.1.2.1.7.3.**0**
udpOutDatagrams.0	→	1.3.6.1.2.1.7.4.**0**

Tabelas Para identificar uma tabela, usamos primeiro o id da tabela. O grupo udp tem apenas uma tabela (com id 5) conforme ilustrado na Figura 28.17.

Portanto, para acessar a tabela, usamos a seguinte notação:

udpTable	→	1.3.6.1.2.1.7.5

Entretanto, a tabela não se encontra no nível de folha da estrutura em forma de árvore. Assim, não podemos acessar uma tabela; definimos uma entrada (seqüência) em uma tabela (com id igual 1), como segue:

udpEntry	→	1.3.6.1.2.1.7.5.1

Essa entrada também não é uma folha e, portanto, não podemos acessar a tabela diretamente. Precisamos definir cada entidade (campo) da entrada.

udpLocalAddress	→	1.3.6.1.2.1.7.5.**1.1**
udpLocalPort	→	1.3.6.1.2.1.7.5.**1.2**

Essas duas variáveis se encontram no nível de folha da árvore. Embora possamos acessar suas instâncias, precisamos definir *qual* instância. A qualquer instante, a tabela pode ter vários valores para cada par endereço local/porta local. Para acessar uma instância (linha) específica de

Figura 28.17 *Tabelas e variáveis udp*

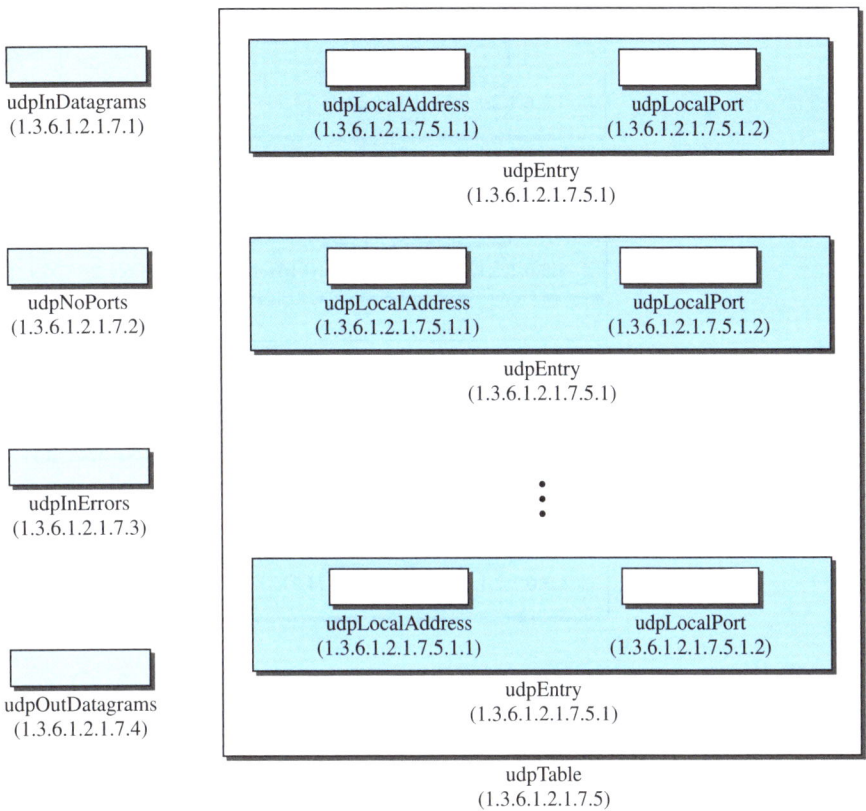

uma tabela, adicionamos o índice aos ids anteriores. Na MIB, os índices de arrays não são inteiros (como acontece na maioria das linguagens de programação). Eles se baseiam no valor de um ou mais campos das entradas. Em nosso exemplo, udpTable é indexado tomando como base tanto o endereço local como o número da porta local. Por exemplo, a Figura 28.18 ilustra uma tabela com quatro linhas e valores para cada campo. O índice de cada linha é uma combinação dos dois valores.

Para acessar a instância do endereço local para a primeira linha, usamos o identificador aumentado com o índice da instância:

　　　　udpLocalAddress.181.23.45.14.23　　⟶　　1.3.6.1.2.7.5.1.1.181.23.45.14.23

Note que nem todas as tabelas são indexadas da mesma forma. Algumas são indexadas usando-se o valor de um campo, outros utilizando o valor de dois campos, e assim por diante.

Ordem Lexicográfica

Um ponto interessante sobre as variáveis MIB é que os identificadores dos objetos (inclusive os identificadores de instância) seguem uma ordem lexicográfica. As tabelas são ordenadas de acordo com as regras colunas-linhas, significando que se deve ir de coluna em coluna. Em cada coluna, deve-se ir de cima para baixo, como ilustrado na Figura 28.19.

Figura 28.18 *Índices para udpTable*

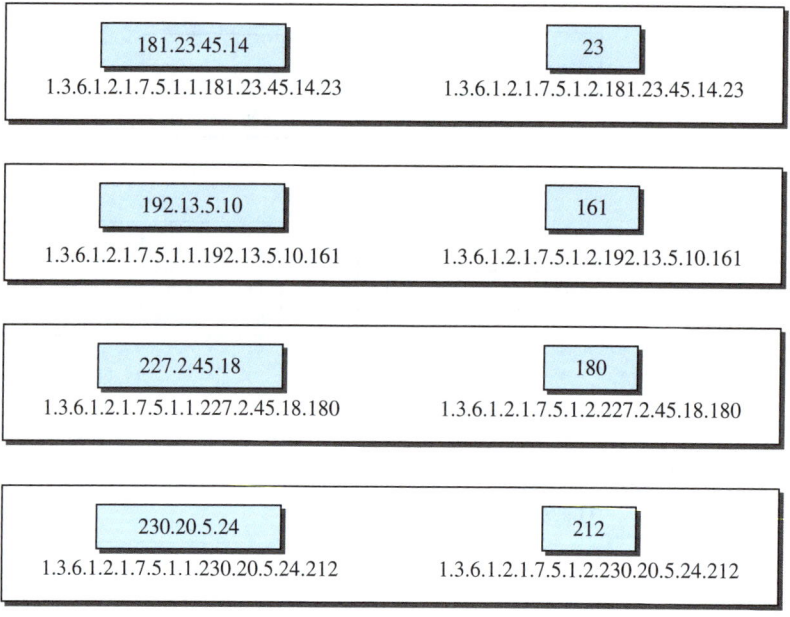

Figura 28.19 *Ordem lexicográfica*

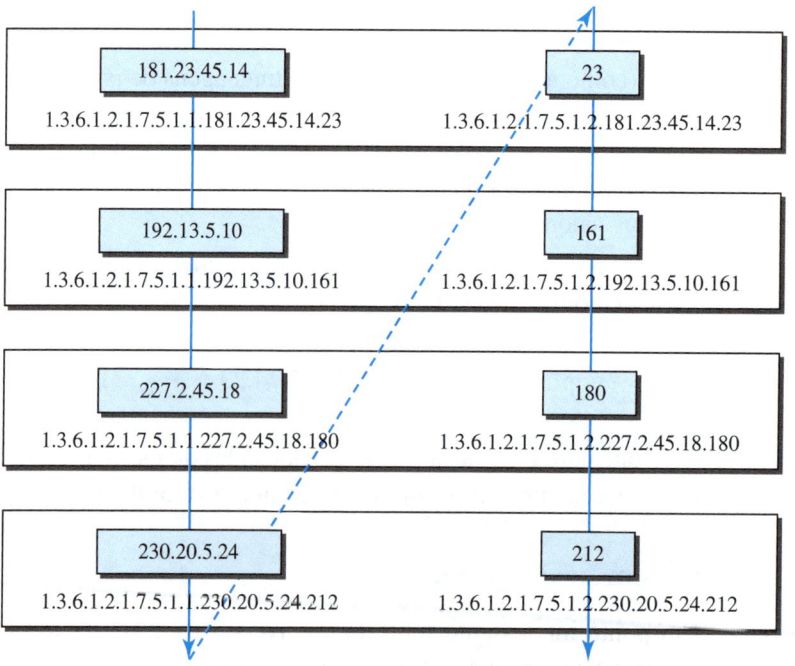

A **ordem lexicográfica** possibilita que um gerente acesse um conjunto de variáveis uma após a outra, na seqüência, definindo apenas a primeira variável, como veremos no comando GetNextRequest na seção seguinte.

SNMP

O SNMP usa o padrão SMI, bem como a MIB, para o gerenciamento de redes Internet. Trata-se de um programa aplicativo que possibilita que

1. Um gerente faça a leitura do valor de um objeto definido em um agente.
2. Um gerente possa gravar um valor em um objeto definido em um agente.
3. Um agente possa enviar ao gerente uma notificação, ou seja, uma mensagem de alerta em relação a uma situação anormal.

PDUs

O SNMPv3 define oito tipos de pacotes (ou PDUs): GetRequest, GetNextRequest, GetBulkRequest, SetRequest, Response, Trap, InformRequest e Report (ver a Figura 28.20).

Figura 28.20 *PDUs SNMP*

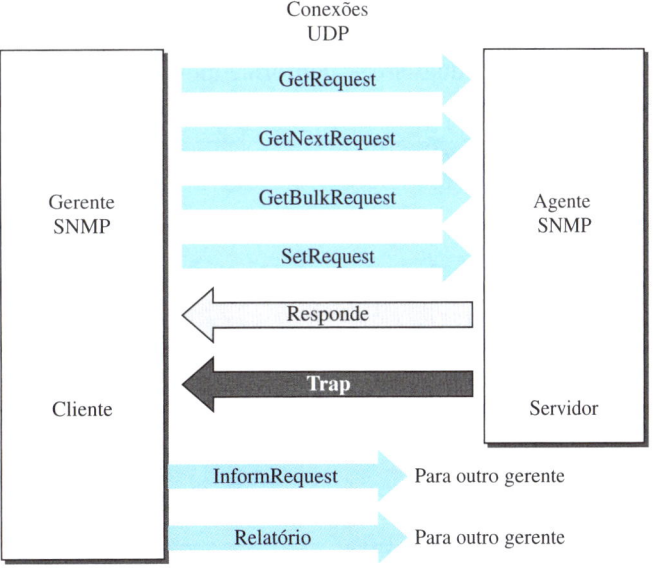

GetRequest O PDU GetRequest é enviado do gerente (cliente) para o agente (servidor) para leitura do valor de uma variável ou um conjunto de variáveis.

GetNextRequest O PDU GetNextRequest é enviado do gerente até o agente para leitura do valor de uma variável. O valor lido é o valor do objeto especificado pelo ObjectId definido no PDU. Ele é usado, na maioria das vezes, para leitura de valores das entradas de uma tabela. Se o gerente não conhecer os índices das entradas, não poderá ler os objetos. Entretanto, pode usar o comando GetNextRequest e definir o ObjectId da tabela. Como a primeira entrada retornará o ObjectId imediatamente após o ObjectId da tabela, então o valor retornado será o valor da primeira entrada. O gerente pode usar esse ObjectId para obter o valor do seguinte, e assim por diante.

GetBulkRequest O PDU GetBulkRequest é enviado do gerente até o agente para permitir a leitura de uma grande quantidade de dados. Pode ser usado no lugar de vários PDUs GetRequest e GetNextRequest.

SetRequest O PDU SetRequest é enviado do gerente até o agente para gravar (armazenar) um valor em uma variável.

Response O PDU Response é enviado de um agente até o gerente em resposta a um PDU GetRequest ou GetNextRequest. Contém o(s) valor(es) da(s) variável(is) solicitada(s) pelo gerente.

Trap Trap (também denominado SNMPv2 Trap para diferenciá-lo do PDU SNMPv1 Trap) é enviado do agente até o gerente para notificar um evento anormal. Por exemplo, se o agente for reiniciado, ele notifica o gerente e informa o horário da reinicialização.

InformRequest O PDU InformRequest é enviado de um gerente até outro gerente remoto para obter o valor de algumas variáveis dos agentes sob controle do gerente remoto. O gerente remoto responde com um PDU Response.

Report O PDU Report foi projetado para alguns tipos de erros entre gerentes. Ainda não é usado.

Formato

O formato para os oito PDUs SNMP é mostrado na Figura 28.21. O PDU GetBulkRequest difere dos demais em duas áreas, conforme mostrado na figura.

Figura 28.21 *Formato de PDU SNMP*

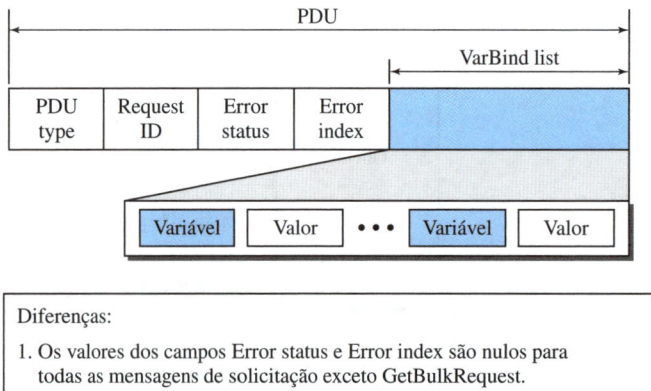

Os campos são enumerados a seguir:

❏ **PDU type.** Esse campo define o tipo de PDU (veja a Tabela 28.4).
❏ **Request ID.** Esse campo define um número de seqüência usado pelo gerente num PDU Request e repetido pelo agente em uma resposta. É usado para associar uma solicitação a uma resposta.

- **Error status.** Define um valor inteiro que é usado apenas nos PDUs Response para mostrar os tipos de erros notificados pelo agente. Seu valor é 0 nas PDUs Request. A Tabela 28.3 enumera os tipos de erros que podem ocorrer.

Tabela 28.3 *Tipos de erros*

Estado	Nome	Significado
0	noError	Nenhum erro
1	tooBig	Resposta muito grande para caber em uma mensagem
2	noSuchName	A variável não existe
3	badValue	O valor a ser armazenado é inválido
4	readOnly	O valor não pode ser modificado
5	genErr	Outros erros

- **Nonrepeaters.** Esse campo é usado apenas em PDUs GetBulkRequest e substitui o campo Error status, que é vazio nos PDUs Request.
- **Error index.** O campo Error index é um offset que informa ao gerente qual variável provocou o erro.
- **Max-repetition.** Esse campo também é usado apenas em PDUs GetBulkRequest e substitui o campo índice de erro, que é vazio nos PDUs Request.
- **VarBind list.** Trata-se de um conjunto de variáveis com seus valores correspondentes, que o gerente deseja ler ou gravar. Os valores são nulos em GetRequest e GetNextRequest. Em um PDU Trap, ele mostra as variáveis e valores relativos ao PDU específico.

Mensagens

Uma mensagem SNMP não é composta apenas por um PDU; ela incorpora o PDU dentro de uma mensagem. Uma mensagem SNMPv3 é constituída por quatro elementos: versão, cabeçalho, parâmetros de segurança e dados (que incluem o PDU codificado), conforme ilustrado na Figura 28.22.

Como o comprimento desses elementos difere de mensagem para mensagem, o SNMP usa o BER para codificar cada elemento. Lembre-se de que o BER usa o tag e o comprimento para definir um valor. A versão define a versão atual (3). O *cabeçalho* contém valores para a identificação das mensagens, tamanho máximo da mensagem (o tamanho máximo da resposta), flag da mensagem (um octeto cujo tipo de dados é OCTET STRING, em que cada bit define o tipo de segurança, como privacidade ou autenticação, ou outras informações) e um modelo de segurança de mensagens (definindo o protocolo de segurança). O *parâmetro de segurança* das mensagens é usado para criar um resumo das mensagens (ver o Capítulo 31). Os dados estão contidos no PDU. Se forem criptografados, existem informações sobre o mecanismo de criptografia (o programa-gerente que a realizou) e o contexto da criptografia (o tipo) seguido pelo PDU criptografado. Se os dados não forem criptografados, formarão apenas o próprio PDU.

Para definir o tipo de PDU, o SNMP usa um tag. A classe é sensível ao contexto (10), o formato é estruturado (1) e os números são 0, 1, 2, 3, 5, 6, 7 e 8 (ver a Tabela 28.4). Note que o SNMPv1 definiu A4 para Traps, que é obsoleto hoje em dia.

Figura 28.22 *Mensagem SNMP*

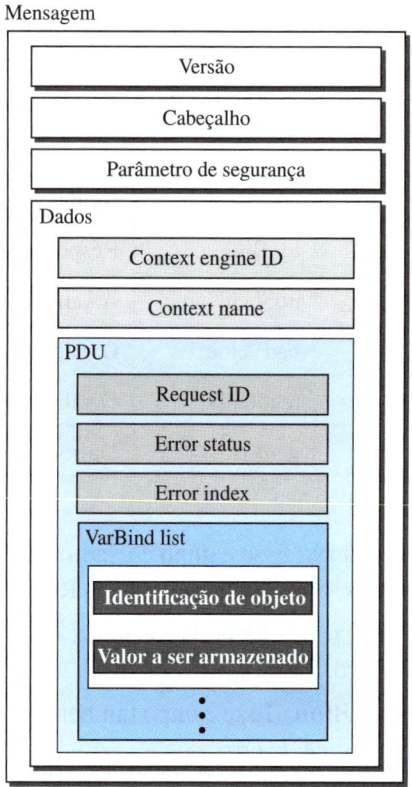

Tabela 28.4 *Códigos para mensagens SNMP*

Dados	Classe	Formato	Número	Tag Inteiro (Binário)	Tag Inteiro (Hexa)
GetRequest	10	1	00000	**10100000**	**A0**
GetNextRequest	10	1	00001	**10100001**	**A1**
Response	10	1	00010	**10100010**	**A2**
SetRequest	10	1	00011	**10100011**	**A3**
GetBulkRequest	10	1	00101	**10100101**	**A5**
InformRequest	10	1	00110	**10100110**	**A6**
Trap (SNMPv2)	10	1	00111	**10100111**	**A7**
Report	10	1	01000	**10101000**	**A8**

Exemplo 28.5

Neste exemplo, uma estação-gerente (cliente SNMP) usa a mensagem GetRequest para obter o número de datagramas UDP que um roteador recebeu.

Existe apenas uma entidade VarBind. A variável MIB correspondente relacionada com esta informação é udpInDatagrams com o identificador de objeto 1.3.6.1.2.1.7.1.0. O gerente quer obter um valor (e não gravar um valor); portanto, o valor define uma entidade nula. A Figura 28.23 mostra a vista concei-

Figura 28.23 *Exemplo 28.5*

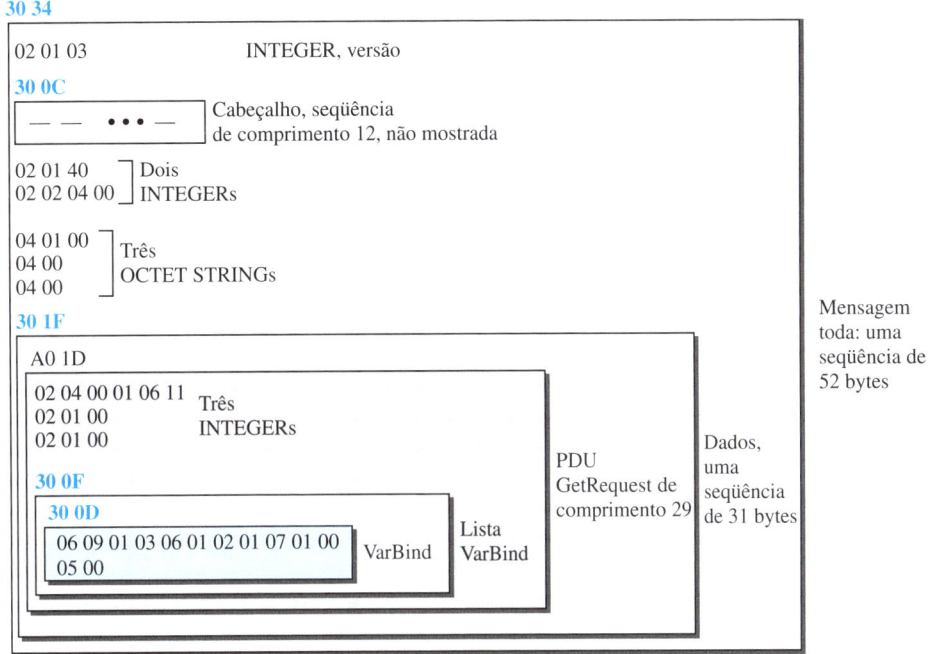

tual do pacote e a natureza hierárquica das seqüências. Usamos retângulos brancos e coloridos para as seqüências e cinza para o PDU.

A VarBind list tem apenas uma VarBind. A variável é do tipo 06 e o comprimento 09. O valor é do tipo 05 e o comprimento 00. A VarBind inteira é uma seqüência de comprimento 0D (13). A VarBind list também é uma seqüência de comprimento 0F (15). O PDU GetRequest tem comprimento 1D (29).

Agora, temos três OCTET STRINGs relacionadas com o parâmetro de segurança, modelo de segurança e flags. Em seguida, temos dois inteiros definindo o tamanho máximo (1024) e o ID da mensagem (64). O cabeçalho é uma seqüência de comprimento 12, que deixamos em branco para fins de simplicidade. Há um inteiro, uma versão (versão 3). A mensagem toda é uma seqüência de 52 bytes.

A Figura 28.24 mostra a mensagem real enviada pela estação-gerente (cliente) para o agente (servidor).

Portas UDP

O SNMP usa serviços UDP em duas portas conhecidas, 161 e 162. A porta conhecida 161 é usada pelo servidor (agente) e a porta 162, pelo cliente (gerente).

O agente (servidor) emite uma abertura passiva na porta 161. Em seguida, aguarda uma conexão de um gerente (cliente). Um gerente (cliente) emite uma abertura ativa, utilizando uma porta efêmera. As mensagens de solicitação são enviadas do cliente para o servidor, através da porta efêmera como porta de origem, e a porta 161 como porta de destino. As mensagens de resposta são enviadas do servidor para o cliente, usando a porta 161 como porta de origem e a porta efêmera como porta de destino.

O gerente (cliente) solicita uma abertura passiva na porta 162. Em seguida, aguarda uma conexão de um agente (servidor). Sempre que um agente tiver uma mensagem Trap a ser enviada, ele (servidor) solicita uma abertura ativa, usando uma porta efêmera. Essa conexão é unidirecional, do servidor para o cliente (ver a Figura 28.25).

Figura 28.24 *Mensagem GetRequest*

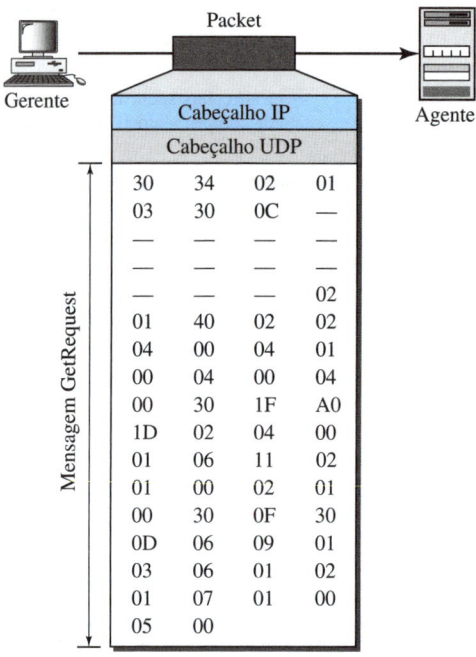

Figura 28.25 *Números de portas para o SNMP*

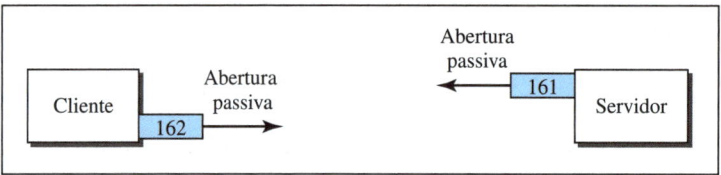
a. Abertura passiva tanto pelo cliente como pelo servidor

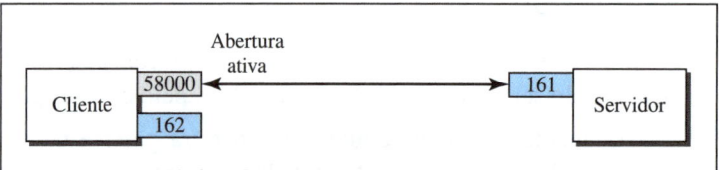
b. Troca de mensagens de solicitação e resposta

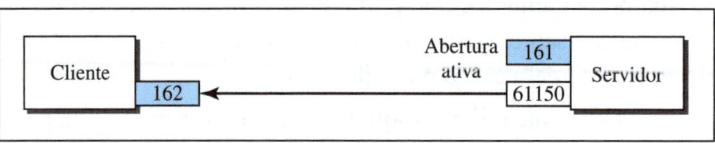
c. O servidor envia uma mensagem Trap

O processo cliente/servidor no SNMP é diferente de outros protocolos. Nesse caso, cliente e servidor usam portas conhecidas. Além disso, tanto o cliente quanto o servidor ficam rodando indefinidamente. A razão para tal é que as mensagens de solicitação são sempre iniciadas por um gerente (cliente), enquanto as mensagens Trap são iniciadas por um agente (servidor).

Segurança

A principal diferença entre o SNMPv3 e o SNMPv2 é a segurança reforçada. O SNMPv3 dispõe de dois tipos de segurança: geral e específica. O SNMPv3 pode utilizar mecanismos para autenticação de mensagens, privacidade e autorização do gerente. Discutiremos esses três aspectos no Capítulo 31. Além disso, o SNMPv3 possibilita que um gerente modifique remotamente a configuração de segurança, significando que ele não tem de estar fisicamente presente na estação-gerente.

28.3 LEITURA RECOMENDADA

Para mais detalhes sobre os assuntos discutidos neste capítulo, recomendamos os seguintes livros e sites. Os itens entre colchetes [...] correspondem à lista de referências bibliográficas no final do texto.

Livros

O SNMP é discutido em [MS01], no Capítulo 25 de [Ste94], na Seção 22.3 de [Sta04] e no Capítulo 39 de [Com04]. O gerenciamento de redes é visto em [Sub01].

Sites

Os sites a seguir se relacionam com os tópicos discutidos neste capítulo.

❑ www.ietf.org/rfc.html Informações sobre RFCs

RFCs

As RFCs a seguir estão relacionadas com os temas SNMP, MIB e SMI:

1065, 1067, 1098, 1155, 1157, 1212, 1213, 1229, 1231, 1243, 1284, 1351, 1352, 1354, 1389, 1398, 1414, 1441, 1442, 1443, 1444, 1445, 1446, 1447, 1448, 1449, 1450, 1451, 1452, 1461, 1472, 1474, 1537, 1623, 1643, 1650, 1657, 1665, 1666, 1696, 1697, 1724, 1742, 1743, 1748, 1749

28.4 TERMOS-CHAVE

agente
ASN.1 (Abstract Syntax Notation 1)
BER (Basic Encoding Rules)
documentação de hardware
gerenciamento de contabilização
gerenciamento de configuração
gerenciamento de desempenho

gerenciamento de falhas
gerenciamento de redes
gerenciamento de segurança
gerente
identificador de objeto
MIB (Management Information Base)
ordem lexicográfica

SNMP (Simple Network Management Protocol)
SMI (Structure of Management Information)
tipo de dados estruturados
tipo de dados simples
trap

28.5 RESUMO

❏ As cinco áreas funcionais que formam o gerenciamento de redes são: gerenciamento de configuração, gerenciamento de falhas, gerenciamento de desempenho, gerenciamento de contabilização e gerenciamento de segurança.

❏ O gerenciamento de configuração se ocupa das mudanças físicas ou lógicas das entidades de uma rede. Ele inclui a reconfiguração e a documentação de hardware, software e contas de usuário.

❏ O gerenciamento de falhas se ocupa da operação apropriada de cada componente de rede. Pode ser reativo ou proativo.

❏ O gerenciamento de desempenho se ocupa do monitoramento e do controle da rede para garantir que ela funcione da forma mais eficiente possível. É quantificada medindo-se sua capacidade, tráfego, throughput e tempo de resposta.

❏ O gerenciamento de segurança se ocupa do controle de acesso à rede.

❏ O gerenciamento de contabilização se preocupa com a medição do uso dos recursos de rede por seus usuários para fins de tarifação.

❏ O protocolo SNMP (Simple Network Management Protocol) é um framework para o gerenciamento de dispositivos de rede em uma internet que utilizam o conjunto de protocolos TCP/IP.

❏ Um gerente, em geral um host, controla e monitora um conjunto de agentes, normalmente roteadores.

❏ O gerente é um host que roda o programa-cliente SNMP.

❏ O agente é um roteador ou um host que roda o programa-servidor SNMP.

❏ O SNMP permite gerenciar tanto as características físicas dos dispositivos gerenciados bem como da tecnologia de rede subjacente.

❏ O SNMP usa serviços de dois outros protocolos auxiliares: SMI (Structure of Management Information) e MIB (Management Information Base).

❏ O SMI atribui nomes a objetos, define tipo de dados que pode ser armazenado em um objeto e codifica os dados.

❏ Os objetos do SMI são nomeados de acordo com uma estrutura hierárquica em forma de árvore.

❏ Os tipos de dados SMI são definidos segundo com uma notação de sintaxe abstrata, denominada ASN.1 (Abstract Syntax Notation 1).

❏ O SMI usa regras de codificação básicas (BER — Basic Encoding Rules) para codificar dados.

❏ MIB é um conjunto de grupos de objetos que podem ser gerenciados pelo SNMP.

❏ A MIB usa uma ordem lexicográfica para gerenciar suas variáveis.

❏ O SNMP funciona de três formas:
  1. Um gerente pode obter o valor de um objeto definido em um agente.
  2. Um gerente pode gravar um valor em um objeto definido em um agente.
  3. Um agente pode enviar uma mensagem espontânea de alerta para o gerente.

- O SNMP define oito tipos de pacotes: GetRequest, GetNextRequest, SetRequest,
- GetBulkRequest, Trap, InformRequest, Response e Report.
- O SNMP usa os serviços do UDP em duas portas conhecidas, 161 e 162.
- O SNMPv3 apresenta recursos de segurança reforçados em relação às versões anteriores.

28.6 ATIVIDADES PRÁTICAS

Questões para Revisão

1. Defina gerenciamento de redes.
2. Enumere cinco funções do gerenciamento de redes.
3. Defina gerenciamento de configuração e sua finalidade.
4. Cite duas subfunções do gerenciamento de configuração.
5. Defina gerenciamento de falhas e seu propósito.
6. Cite duas subfunções do gerenciamento de falhas.
7. Defina gerenciamento de desempenho e seu propósito.
8. Enumere quatro quantidades mensuráveis de gerenciamento de desempenho.
9. Defina gerenciamento de segurança e seu propósito.
10. Defina gerenciamento de contabilização e sua finalidade.

Exercícios

11. Mostre a codificação para INTEGER 1456.
12. Mostre a codificação para o OCTET STRING "Hello World".
13. Mostre a codificação para um OCTET STRING arbitrário de comprimento 1000.
14. Mostre como o registro (seqüência) a seguir é codificado.

INTEGER	OCTET STRING	IP Address
2345	"COMPUTER"	185.32.1.5

15. Mostre como o registro (seqüência) a seguir é codificado.

Time Tick	INTEGER	Object Id
12000	14564	1.3.6.1.2.1.7

16. Mostre como o array (seqüência) a seguir é codificado. Cada elemento é um inteiro.

    2345
    1236
    122
    1236
    900

17. Mostre como o array de registros (seqüência de seqüências) a seguir é codificado.

INTEGER	OCTET STRING	Counter
2345	"COMPUTER"	345
1123	"DISK	1430
3456	"MONITOR"	2313

18. Decodifique o seguinte.
    a. 02 04 01 02 14 32
    b. 30 06 02 01 11 02 01 14
    c. 30 09 04 03 41 43 42 02 02 14 14
    d. 30 0A 40 04 23 51 62 71 02 02 14 12

CAPÍTULO 29

Multimídia

Os avanços recentes na tecnologia estão modificando a maneira como utilizamos o áudio e o vídeo. No passado, ouvíamos uma transmissão de áudio através de um rádio e assistíamos a transmissão de um programa de vídeo através de uma TV. Usávamos a rede telefônica apenas para nos comunicarmos interativamente com outras pessoas. Mas os tempos mudaram. As pessoas querem usar a Internet não apenas para a troca de texto e imagens, mas também para serviços de áudio e vídeo. Neste capítulo, iremos nos concentrar em aplicações que utilizam a Internet para prover serviços de áudio e vídeo a seus usuários.

Podemos dividir os serviços de áudio e vídeo em três grandes categorias: streaming de **áudio/vídeo armazenado**, **streaming de áudio/vídeo em tempo real** e **áudio/vídeo interativo**, conforme mostrado na Figura 29.1. Streaming significa fluxo contínuo, ou seja, um usuário poder ouvir (ou assistir) a um arquivo logo após ter iniciado seu download.

Figura 29.1 *Áudio/vídeo na Internet*

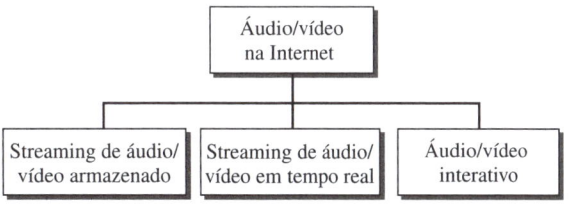

Na primeira categoria, streaming de áudio/vídeo armazenado, os arquivos são comprimidos e armazenados num servidor. Um cliente baixa os arquivos através da Internet. Este processo é, certas vezes, denominado **áudio/vídeo sob demanda.** Exemplos de arquivos de áudio armazenados são músicas, sinfonias, livros em mídia e exposições bem-conceituadas. Exemplos de arquivos de vídeo armazenados são filmes, programas de TV e videoclipes.

> **Streaming de áudio/vídeo armazenado refere-se a solicitações sob demanda de arquivos de áudio/vídeo comprimidos.**

Na segunda categoria, streaming de áudio/vídeo em tempo real, um usuário ouve as transmissões de áudio e vídeo através da Internet. Um bom exemplo deste tipo de aplicação é uma rádio via Internet. Algumas estações de rádio transmitem seus programas apenas pela Internet; várias outras transmitem tanto via Internet como pela via convencional (ondas de rádio). A TV via Internet ainda não é muito popular, mas muitas pessoas acreditam que as estações de TV irão transmitir seus programas via Internet no futuro.

Streaming de áudio/vídeo em tempo real refere-se à transmissão de programas de rádio e TV via Internet.

Na terceira categoria, áudio/vídeo interativo, as pessoas usam a Internet para se comunicarem interativamente. Bons exemplos desta aplicação são a telefonia e a teleconferência via Internet.

Áudio/vídeo interativo refere-se ao uso da Internet para aplicações interativas de áudio/vídeo.

Discutiremos estas três aplicações neste capítulo primeiramente porém, precisamos apresentar alguns conceitos importantes relacionados ao áudio/vídeo: digitalização e compressão.

29.1 DIGITALIZAÇÃO DE ÁUDIO E VÍDEO

Antes dos sinais de áudio ou vídeo poderem ser transmitidos pela Internet, precisam ser digitalizados. Discutiremos separadamente as técnicas.

Digitalização de Áudio

Quando o som é capturado por um microfone, um sinal eletrônico analógico é gerado representando a amplitude do som em função do tempo. Este sinal é denominado *sinal de áudio analógico*. Um sinal analógico, como o áudio, pode ser digitalizado para produzir um sinal digital. De acordo com o teorema de Nyquist, se a freqüência mais alta do sinal for f, precisaremos amostrar este sinal $2f$ vezes por segundo. Existem outros métodos para digitalizar sinais de áudio, mas o princípio é o mesmo.

A voz humana deve ser amostrada a uma taxa de 8.000 amostras por segundo representadas em 8 bits por amostra. Isso resulta em um sinal digital de 64 kbps. A música é amostrada a uma taxa maior, de 44.100 amostras por segundo com 16 bits por amostra. Isso resulta em um sinal digital de 705,6 kbps para mono e 1,411 Mbps para estéreo.

Digitalização de Vídeo

Um vídeo é formado por uma seqüência de quadros (frames). Se os quadros forem exibidos na tela de forma suficientemente rápida, teremos a impressão de movimento. A razão para este fato é que nossos olhos não conseguem distinguir quadros individuais à medida que estes vão mudando rapidamente. Não existe um número padrão universal para a quantidade ideal de quadros a serem exibidos por segundo; na América do Norte é comum o emprego de 25 quadros por segundo. Entretanto, para evitar um efeito conhecido como flickering (tremulação), os quadros precisam ser restaurados. A indústria de TV padronizou a taxa de restauração de quadros em duas vezes. Isto significa que devem ser enviados 50 quadros por segundo ou, se existir memória no lado do emissor, 25 quadros, cada quadro deve ser restaurado a partir da própria memória.

Cada quadro (frame) é subdividido em pequenos pontos, denominados picture elements (elementos de imagem) ou simplesmente **pixels.** Para uma TV preto-e-branco, cada pixel é formado por 8 bits representando 256 tons de cinza diferentes. Para uma TV colorida, cada pixel é formado por 24 bits, sendo que cada cor primária (vermelho, verde e azul) é representada por um código de 8 bits.

Podemos calcular a quantidade total de bits necessários em 1 s para uma determinada resolução. Por exemplo, para um quadro colorido com resolução de 1024 × 768 pixels. Isso significa que precisamos de

$$2 \times 25 \times 1024 \times 768 \times 24 = 944 \text{ Mbps}$$

Para a transmissão desses dados pelo meio físico precisamos de tecnologias com ampla largura de banda, tal como o padrão SONET. Para transmitir vídeo pela Internet, usando tecnologias de menor largura de banda e velocidade, precisamos obrigatoriamente comprimir as imagens de vídeo.

Existe a necessidade de *compressão* para a transmissão de vídeo através da Internet.

29.2 COMPRESSÃO DE ÁUDIO E VÍDEO

Transmitir áudio ou vídeo pela Internet requer **compressão**. Nesta seção, discutiremos primeiramente os métodos empregados na compressão de áudio e depois na compressão de vídeo.

Compressão de Áudio

A compressão de áudio pode ser utilizada para comprimir sinais tanto de voz humana quanto de música. Para a voz humana, precisamos comprimir um sinal digitalizado de 64 kHz; para a música, precisamos comprimir um sinal de 1,411 MHz. Duas categorias de técnicas são utilizadas: codificação preditiva e codificação perceptiva.

Codificação Preditiva

Nesta técnica, as diferenças entre as amostras são codificadas em vez de codificar todos os valores amostrados. Este tipo de compressão é normalmente usado para a voz humana. Vários padrões foram definidos para suportar esta técnica, tais como o GSM (13 kbps), G.729 (8 kbps) e o G.723.3 (6.4 ou 5.3 kbps). Discussões mais detalhadas destes métodos estão fora do escopo deste livro.

Codificação Perceptiva: MP3

A técnica de compressão mais comum, que é utilizada para criar CDs de áudio de alta qualidade, se baseia na técnica de **codificação perceptiva**. Conforme mencionado anteriormente, um sinal de áudio precisa de uma largura de banda de pelo menos 1,411 Mbps; esta taxa não pode ser transmitida pela Internet sem o uso de compressão. O **MP3** (MPEG audio layer 3), parte do padrão MPEG (a ser discutido na seção sobre compressão de vídeo), usa esta técnica.

A codificação perceptiva se baseia na psicoacústica, que é o estudo de como as pessoas percebem o som. A idéia se baseia em aproveitar as imperfeições de nosso sistema auditivo: alguns sons podem mascarar outros. O mascaramento pode acontecer tanto em termos de freqüência como de tempo. No **mascaramento de freqüências**, um som em uma faixa de freqüências muito alta pode mascarar total ou parcialmente outro som mais suave ou em um outro intervalo de freqüências menores. Por exemplo, não conseguimos escutar o que a pessoa que está do nosso lado diz num salão onde está se apresentando uma banda de heavy metal. No **mascaramento temporal**, um som muito alto pode tornar nossos ouvidos insensíveis por um curto espaço de tempo, mesmo após o som ter sido interrompido.

O MP3 usa estes dois fenômenos, mascaramento temporal e de freqüências, para comprimir sinais de áudio. A técnica analisa e divide o espectro em vários grupos. Nenhum bit será alocado para as faixas de freqüências que são totalmente mascaradas. Um pequeno número de bits serão alocados para os intervalos de freqüências parcialmente mascarados. Um número maior de bits serão reservados para os intervalos de freqüências não-mascaradas.

O MP3 produz três taxas de dados: 96 kbps, 128 kbps e 160 kbps. A taxa de dados está associada ao intervalo de freqüências do sinal de áudio analógico original.

Compressão de Vídeo

Conforme mencionado, um vídeo é composto por vários frames (quadros). Cada frame é uma imagem. Podemos comprimir um vídeo comprimindo primeiramente suas imagens. Dois padrões predominam no mercado. O **JPEG (Joint Photographic Experts Group)** para a compressão de imagens. E o **MPEG (Moving Picture Experts Group)** para a compressão de vídeo. Discutiremos primeiramente o JPEG e depois o MPEG.

Compressão de Imagens: JPEG

Conforme visto anteriormente, se uma imagem for preto e branco (tons de cinza), cada pixel pode ser representado por um número inteiro de 8 bits (256 níveis). Se a imagem for colorida, cada pixel deve ser representado por 24 bits (3 × 8 bits), sendo que cada 8 bits representam as cores primárias vermelho, azul ou verde (RBG). Para simplificarmos a discussão, nos concentraremos numa imagem composta apenas por tons de cinza.

No JPEG, uma imagem em tons de cinza é dividida em blocos de 8 × 8 pixels (veja a Figura 29.2).

Figura 29.2 *Escala de tons de cinza do JPEG*

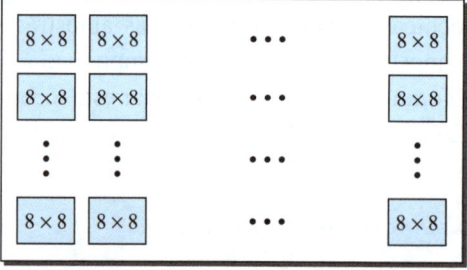

O principal objetivo da divisão de uma imagem em blocos é o de reduzir a complexidade dos cálculos pois, como veremos em breve, o número de operações matemáticas necessárias para cada imagem é o quadrado do número de unidades.

A idéia do JPEG é transformar uma imagem em um conjunto linear de números (vetores) que revelem as redundâncias da imagem. As redundâncias (ausência de modificações) poderão ser, então, eliminadas usando-se métodos de compressão de texto. Um esquema simplificado do processo é ilustrado na Figura 29.3.

Figura 29.3 *Processo JPEG*

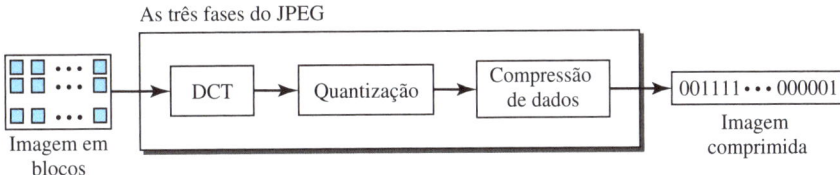

DCT Nesta etapa, cada bloco de 64 pixels passa por uma transformação denominada **DCT (discrete cosine transform — tranformada discreta de cossenos)**. A transformada modifica a matriz de 64 valores, de modo que as relações relativas entre pixels são mantidas, mas as redundâncias são reveladas. Não apresentaremos a fórmula aqui; contudo, mostraremos os resultados da transformada para os três casos a seguir.

Caso 1 Temos um bloco de cinza uniforme e o valor de cada pixel é 20. Ao aplicarmos a transformada DCT, obtemos um valor diferente de zero somente para o primeiro elemento (canto superior esquerdo); o restante dos pixels irá apresentar um valor igual a 0. O valor de $T(0,0)$ é a média (multiplicado por uma constante) dos valores de $P(x,y)$ e é denominado *valor CC* (corrente contínua, termo oriundo da engenharia elétrica). O restante dos valores, denominados *valores AC,* em $T(m,n)$ representam alterações relativas nos valores dos pixels. Entretanto, como não existem mudanças, os valores restantes são iguais a 0 (veja a Figura 29.4).

Figura 29.4 *Caso 1: escala de cinza uniforme*

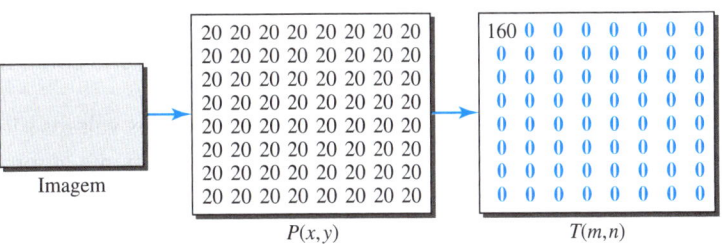

Caso 2 Temos um bloco com duas escalas de cinza uniformemente distribuídas. Em um certo ponto da imagem existe uma mudança brusca nos valores dos pixels (de 20 para 50). Ao aplicarmos a transformada DCT, iremos obter como resultado um valor CC, bem como valores AC, diferentes de zero. Podemos observar que há um pequeno número de valores diferentes de zero acumulados em torno do valor CC. A maior parte do restante da matriz é composta de valores 0s (veja a Figura 29.5).

Caso 3 Temos um bloco de escalas de cinza que mudam gradualmente. Isto é, não ocorre nenhuma variação brusca entre os valores dos pixels vizinhos. Ao aplicarmos a transformada DCT, obtemos um valor CC e vários outros valores AC diferentes de zero (Figura 29.6).

Figura 29.5 *Caso 2: duas seções*

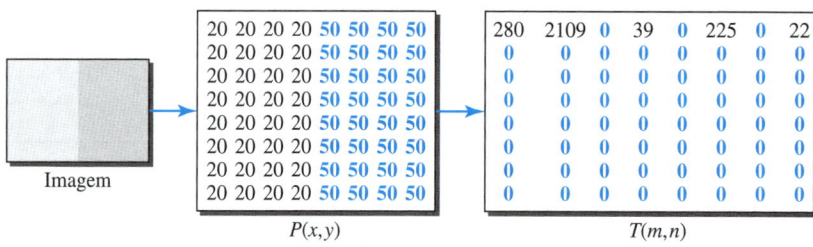

Figura 29.6 *Caso 3: gradação de escalas de cinza*

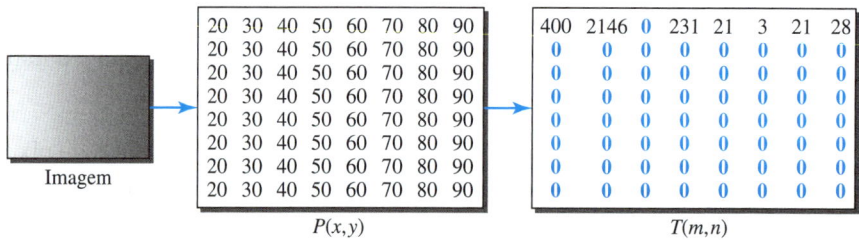

Das figuras 29.4, 29.5 e 29.6, podemos afirmar o seguinte:

❑ A transformada DCT cria uma tabela *T* a partir de uma tabela *P*.
❑ O valor CC é o valor médio dos pixels (multiplicado por uma constante).
❑ Os valores AC representam as variações.
❑ A ausência de variações nos pixels vizinhos cria como resultado 0s.

Quantização Após a tabela *T* ter sido criada, os valores são quantizados para reduzir o número de bits necessários para a codificação. Anteriormente ao processo de **quantização**, eliminamos a parte fracionária de cada número e mantemos somente a parte inteira. Para tanto, dividimos o número por uma constante e então eliminamos a parte fracionária. Este processo reduz ainda mais o número necessário de bits para a quantização. Na maioria das implementações, uma tabela de quantização (8 × 8) define como quantizar cada valor. O divisor depende da posição do valor na tabela *T*. Isto é feito para otimizar o número de bits e o número de 0s para cada aplicação particular. Note que a fase de quantização é a única no processo que não é reversível. Neste caso, alguma parte da informação não poderá ser recuperada. Por este motivo, o JPEG é denominado de padrão de *compressão com perdas*.

Compressão Após a quantização, os valores são lidos a partir da tabela, e os zeros redundantes são eliminados. Entretanto, para agrupar melhor os 0s, a tabela é lida diagonalmente, em ziguezague e não linha a linha ou coluna a coluna. A razão disso é que se a imagem tiver suaves variações, o canto inferior direito da tabela *T* será todo composto de 0s. A Figura 29.7 ilustra o processo.

Figura 29.7 *Leitura da tabela*

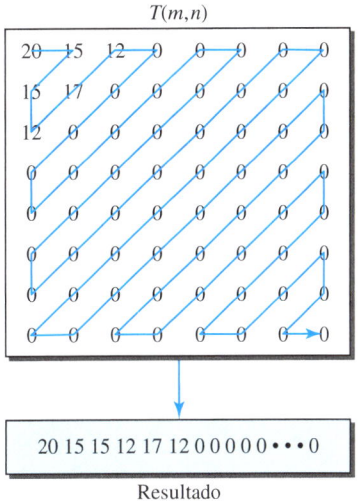

Compressão de Vídeo: MPEG

O padrão MPEG é usado para a compressão de vídeo. Em princípio, um filme (imagens em movimento) é uma sequência rápida e ordenada de um conjunto de quadros (frames), em que cada quadro é uma imagem. Ou seja, um quadro é uma combinação espacial de pixels e um vídeo é uma combinação temporal de quadros que são exibidos seqüencialmente em alta velocidade. Comprimir um vídeo significa, então, comprimir espacialmente cada quadro e comprimir temporalmente um conjunto de quadros.

Compressão Espacial A **compressão espacial** de cada quadro é realizada pelo JPEG (ou uma variante dele). Cada quadro é uma imagem que pode ser compactada de forma independente.

Compressão Temporal Na **compressão temporal**, quadros redundantes são eliminados. Ao assistirmos televisão, recebemos 50 quadros por segundo. Entretanto, a maioria dos quadros consecutivos são praticamente iguais. Por exemplo, quando uma pessoa está falando, a maior parte do quadro é igual ao anterior exceto pelo segmento do quadro em torno dos lábios, onde ocorrem mudanças de um quadro para outro.

Para compactar os dados temporalmente, o método MPEG divide, primeiramente, os quadros em três categorias: quadros I (I-frame), quadros P (P-frame), e quadros B (B-frame).

❏ **I-frame** Um **I-frame (intracoded frame)** é um quadro independente e completo que não tem relação com outros (ao menos, com quadros enviados anteriormente ou com quadros a serem enviados posteriormente). Estão presentes em intervalos regulares (por exemplo, cada nono quadro é um I-frame). Um I-frame deve ser transmitido periodicamente para sincronizar o receptor de mudanças repentinas no quadro que os quadros anterior e seguinte não conseguem exibir. Por exemplo, quando um vídeo é transmitido, um telespectador pode sintonizá-lo a qualquer momento. Se existir apenas um I-frame no início da transmissão, o telespectador que sintonizar mais tarde não receberá uma imagem completa. Os quadros I-frames são independentes dos demais quadros e não podem ser construídos a partir de outros quadros.

❏ **P-frame** Um **P-frame (predicted frame)** está relacionado com um I-frame ou um P-frame precedente. Em outras palavras, cada P-frame contém apenas as mudanças em relação ao quadro anterior. As mudanças, entretanto, não irão cobrir grande parte do segmento completo de bits. Por exemplo, para um objeto que se movimenta rapidamente, as novas mudanças talvez não sejam registradas corretamente em um P-frame. Os P-frames podem ser construídos apenas a partir de P-frames ou I-frames anteriores. Os P-frames transportam muito menos informação que os outros tipos de quadros e menos bits após a compressão.

❏ **B-frames** Um **B-frame (bidirectional frame)** está relacionada com um I-frame ou um P-frame precedente ou seguinte. Em outras palavras, cada B-frame é relativo ao passado ou ao futuro. Note que um B-frame jamais está relacionado a outro B-frame.

A Figura 29.8 ilustra um exemplo de uma seqüência de quadros.

Figura 29.8 *Quadros MPEG*

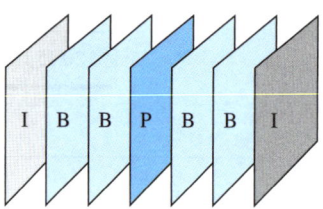

A Figura 29.9 ilustra como os frames I, P e B são construídos a partir de uma série de sete frames.

Figura 29.9 *Construção de quadros MPEG*

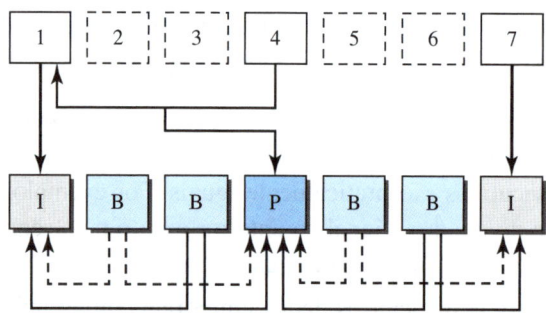

O MPEG pode ser encontrado em duas versões. O MPEG1, desenvolvido para CD-ROM com taxa de dados de até 1,5 Mbps, ou o MPEG2, desenvolvido para DVDs de alta qualidade com taxa de dados entre 3 a 6 Mbps.

29.3 STREAMING DE ÁUDIO E VÍDEO ARMAZENADO

Agora que já vimos como são implementados os processos de digitalização e compressão de áudio e vídeo, voltaremos nossa atenção para algumas aplicações específicas. A primeira delas é a de áudio e vídeo de fluxo contínuo armazenado (streaming de áudio e vídeo armazenado).

Baixar estes tipos de arquivos de um servidor Web pode ser muito diferente de baixar outros tipos de arquivos. Para ilustrar o conceito, iremos apresentar quatro métodos de downloading, cada um dos quais com um nível de complexidade diferente.

Primeiro Método: Utilização de um Servidor Web

O download de um arquivo de áudio/vídeo comprimido pode ser realizado como se fosse um arquivo de texto. O cliente (browser) pode utilizar o serviço HTTP enviando uma mensagem GET que solicita ao servidor iniciar o download do arquivo. O servidor Web envia o arquivo compactado para o cliente (browser). Finalizado o download, o browser pode então disparar um aplicativo auxiliar, por exemplo, o **media player,** para reproduzir o arquivo. A Figura 29.10 ilustra este método.

Figura 29.10 *Uso de um servidor Web*

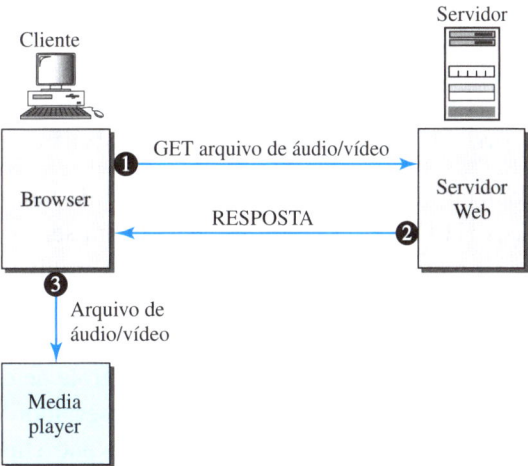

Este método é muito simples e não envolve os conceitos de *streaming (fluxo contínuo)*. Entretanto, ele apresenta um inconveniente. Normalmente, um arquivo de áudio/vídeo é muito grande, mesmo após a compressão. Um arquivo de áudio pode ter dezenas de megabits e um arquivo de vídeo pode ter centenas de megabits. Neste método, o download do arquivo precisa ser finalizado antes de iniciar sua reprodução. Com as taxas de dados atuais, o usuário poderá precisar de alguns segundos ou até dezenas de segundos antes de reproduzir o arquivo.

Segundo Método: Uso de um Servidor Web com Metafile

Neste método, o media player acessa diretamente o servidor Web para fazer download do arquivo de áudio/vídeo. O servidor Web armazena dois arquivos: um arquivo com o áudio/vídeo real e um metafile que armazena informações específicas sobre o arquivo de áudio/vídeo. A Figura 29.11 ilustra as etapas deste método.

1. O cliente HTTP acessa o servidor Web enviando uma mensagem GET.
2. As informações do metafile vêm junto com a resposta.
3. O metafile é repassado para o media player.
4. O media player usa a URL contida no metafile para acessar o arquivo de áudio/vídeo.
5. O servidor Web responde.

Figura 29.11 *Uso de um servidor Web com metafile*

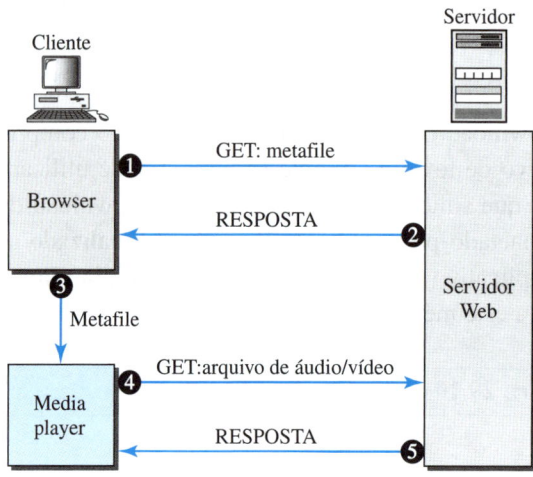

Terceiro Método: Emprego de um Media Server

O problema do segundo método é o fato de tanto o browser quanto o media player usarem serviços HTTP. O HTTP foi projetado para ser executado sobre o TCP. Isso é adequado para transferir o arquivo de metafile, mas não o arquivo completo de áudio/vídeo. A razão para tal é que o TCP, quando necessário, retransmite segmentos perdidos ou danificados, que vai contra a filosofia de fluxo contínuo de dados (streaming). Portanto, neste caso, precisamos descartar o uso do TCP e de seus mecanismos de controle de erros em favor do UDP. Entretanto, o HTTP, que acessa um servidor Web, e o próprio servidor Web foram projetados para utilizar serviços TCP; A solução para este caso é utilizar um outro tipo de servidor, denominado de **media server.** A Figura 29.12 ilustra este conceito.

1. O cliente HTTP acessa o servidor Web enviando uma mensagem GET.
2. As informações do metafile vêm junto com a resposta.

Figura 29.12 *Uso de um media server*

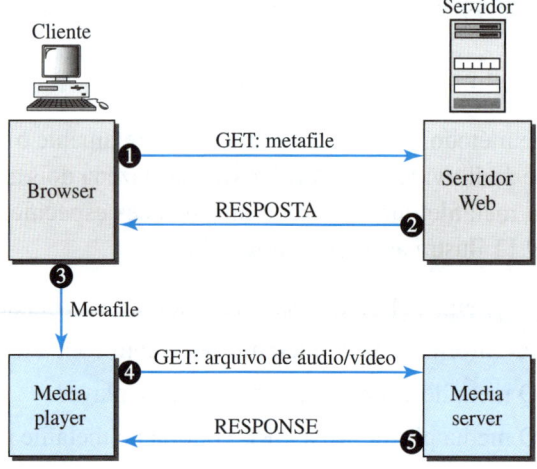

3. O metafile é repassado para o media player.
4. O media player usa a URL contida no arquivo de metafile para acessar o media server e baixar o arquivo. O download pode ser realizado por qualquer protocolo que use o UDP.
5. O media server responde.

Quarto Método: Uso de um Media Server e do RTSP

RTSP (Real-Time Streaming Protocol) é um protocolo de controle projetado especialmente para melhorar a eficiência do processo de transferência de dados de fluxo contínuo. Usando o RTSP podemos controlar a execução de um arquivo de áudio/vídeo. O RTSP é um protocolo de controle out-of-band, de funcionalidades similares à conexão de controle do FTP. A Figura 29.13 mostra um exemplo da interação entre um media server e o RTSP.

Figura 29.13 *Usando um media server e o RTSP*

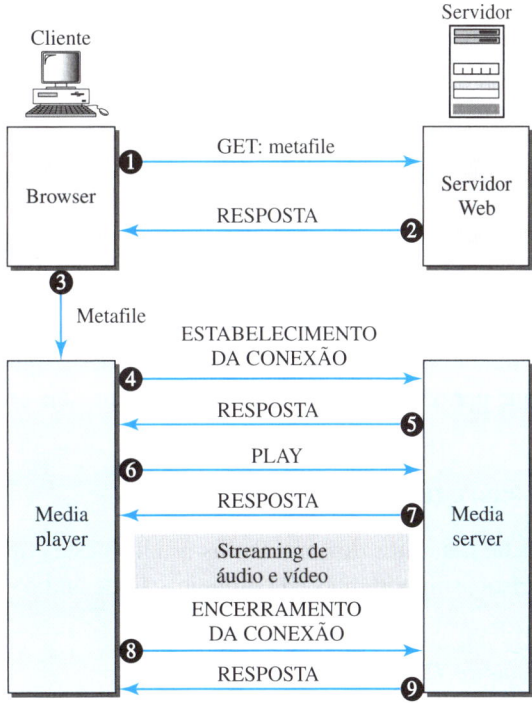

1. O cliente HTTP acessa o servidor Web enviando uma mensagem GET.
2. As informações do metafile vêm junto com a resposta do servidor.
3. O metafile é repassado para o media player.
4. O media player envia uma mensagem de SETUP para estabelecer uma conexão com o media server.
5. O media server responde.
6. O media player envia uma mensagem PLAY para iniciar a reprodução (download).
7. O arquivo de áudio/vídeo é baixado usando um outro protocolo que suporte o UDP.

8. A conexão é encerrada enviando-se a mensagem TEARDOWN.
9. O media server responde.

O media player pode transmitir outros tipos de mensagens. Por exemplo, uma mensagem PAUSE que pára temporariamente o download; este pode ser retomado com uma mensagem PLAY.

29.4 STREAMING DE ÁUDIO E VÍDEO EM TEMPO REAL

O processo de transmissão de um fluxo contínuo de áudio e vídeo em tempo real via Internet é muito similar à transmissão de áudio e vídeo por estações de rádio e TV. Somente que, em vez de utilizar o ar para suas transmissões, as estações transmitem via Internet. Também existem algumas semelhanças entre o streaming de áudio/vídeo armazenado e o streaming de áudio/vídeo em tempo real. Ambos são muito sensíveis a atrasos e nenhum deles permite retransmissões. Entretanto, há uma diferença significativa. Na primeira aplicação, a comunicação é em unicast e sob demanda. Na segunda, a comunicação é em multicast e em tempo real. O streaming em tempo real é melhor suportado pelos serviços de multicast do IP e por protocolos como o UDP e o RTP (a ser discutido posteriormente). Entretanto, atualmente, o streaming em tempo real ainda usa o TCP e múltiplos unicasts em vez de multicast. Portanto, há muita coisa ainda a ser feita neste sentido.

29.5 ÁUDIO/VÍDEO INTERATIVO EM TEMPO REAL

No áudio e vídeo interativo em tempo real, as pessoas se comunicam em tempo real. O telefone via Internet ou voz sobre IP são exemplos deste tipo de aplicação, assim como a videoconferência, que permite às pessoas se comunicarem, seja em termos visuais como orais.

Características

Antes de tratarmos dos protocolos usados nestes tipos de aplicações, discutiremos algumas características importantes na comunicação de áudio e vídeo em tempo real.

Relação de Tempo

Os dados em tempo real numa rede de comutação de pacotes requerem a preservação da relação de tempo entre pacotes de uma mesma sessão. Suponhamos, por exemplo, que um servidor de vídeo em tempo real crie imagens de vídeo ao vivo e as transmite on-line. O vídeo é digitalizado e empacotado. Há apenas três pacotes e cada um deles armazena 10 s de informações de vídeo. O primeiro pacote inicia em 00:00:00, o segundo pacote inicia em 00:00:10 e o terceiro em 00:00:20. Imagine também que leva 1 s (um pouco exagerado para fins de simplicidade) para cada pacote atingir seu destino (atraso igual). O receptor pode reproduzir o primeiro pacote em 00:00:01, o segundo pacote em 00:00:11 e o terceiro pacote em 00:00:21. Embora haja uma diferença de 1 s entre o que o servidor envia e o que o cliente vê na tela de seu computador, a ação acontece em tempo real. A relação de tempo entre os pacotes é preservada. O atraso de 1 s para a transmissão de dados não é relevante. A Figura 29.14 ilustra a idéia.

Figura 29.14 *Relação de tempo*

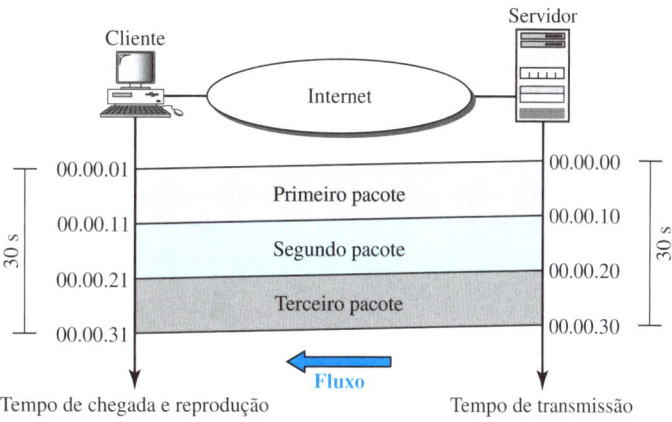

Mas o que acontece se os pacotes chegarem com diferentes atrasos? Digamos, por exemplo, que o primeiro pacote chegue em 00:00:01 (atraso de 1 s), o segundo chegue em 00:00:15 (atraso de 5 s) e o terceiro chegue em 00:00:27 (atraso de 7 s). Se o receptor iniciar a reprodução do primeiro pacote em 00:00:01, ele finalizará em 00:00:11. Entretanto, o pacote seguinte ainda não chegou; ele irá chegar 4 s mais tarde. Existe um intervalo entre o primeiro e o segundo pacotes e entre o segundo e o terceiro pacotes, já que o vídeo é visto no site remoto. Este fenômeno é chamado jitter. A Figura 29.15 ilustra esta situação.

O jitter é introduzido em dados em tempo real em virtude do atraso entre pacotes.

Figura 29.15 *Jitter*

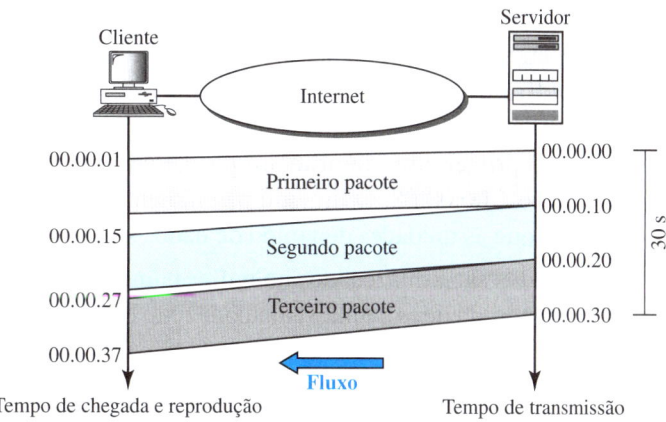

Timestamp

Uma solução para o jitter é o uso de um timestamp (**registro de horas**). Se cada pacote tiver um timestamp que mostre o tempo em que foi produzido em relação ao primeiro pacote (ou pacote anterior), então o receptor poderá acrescentar este tempo ao tempo em que ele irá iniciar a reprodução. Ou seja, o receptor sabe quando cada pacote deve ser reproduzido. Imagine que o primeiro pacote do exemplo anterior tenha um timestamp igual a 0, o segundo tenha um timestamp igual a 10 e o terceiro um timestamp igual a 20. Se o receptor iniciar a reprodução do primeiro pacote em 00:00:08, o segundo será reproduzido em 00:00:18 e o terceiro em 00:00:28. Portanto, não existirão atrasos entre os pacotes. A Figura 29.16 ilustra a situação.

Figura 29.16 *Timestamp*

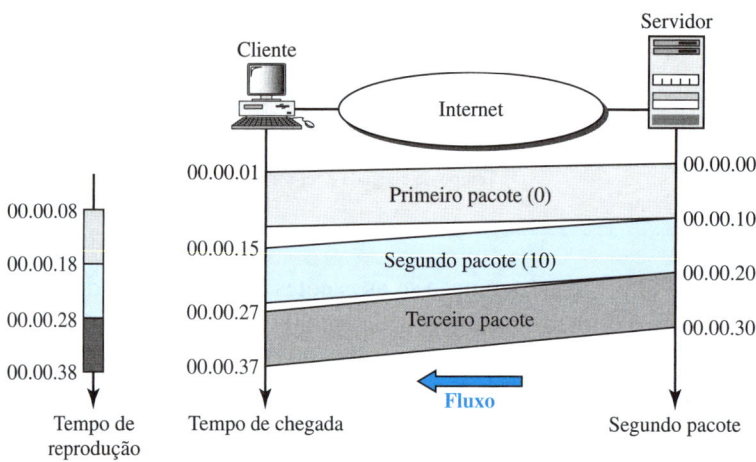

Para evitar o jitter, podemos registrar o tempo dos pacotes (timestamp) e separar o tempo de chegada do tempo de reprodução.

Buffer de Reprodução

Para que seja possível isolar o tempo de chegada dos pacotes do tempo de reprodução, precisamos de um buffer para armazenar os dados até eles serem reproduzidos. Este buffer é conhecido como **buffer de reprodução**. Quando uma sessão é iniciada (o primeiro bit do primeiro pacote chega), o receptor retarda a reprodução dos dados até que seja atingido um limiar. No exemplo anterior, o primeiro bit do primeiro pacote chega em 00:00:01; o limiar é de 7 s e o tempo de reprodução é 00:00:08. O limiar é medido em unidades de tempo de dados. A reprodução não inicia até que as unidades de tempo de dados sejam iguais ao valor do limiar.

Os dados são armazenados no buffer numa velocidade possivelmente variável, mas são extraídos e reproduzidos a uma velocidade fixa. Note que a quantidade de dados no buffer se reduz ou expande, mas como o atraso é menor que o tempo de reprodução da quantidade de dados, não existe jitter. A Figura 29.17 mostra o buffer em instantes diferentes para nosso exemplo.

Ordem dos Pacotes

Além das informações de relação de tempo e timestamp para **tráfego em tempo real**, é necessário mais um recurso. Precisamos do *número de seqüência* de cada pacote. O timestamp sozinho não é suficiente para assegurar ao receptor que um pacote foi perdido. Suponha, por exemplo, que o timestamp são 0, 10 e 20. Se o segundo pacote for perdido, o receptor irá receber apenas

Figura 29.17 *Buffer de reprodução*

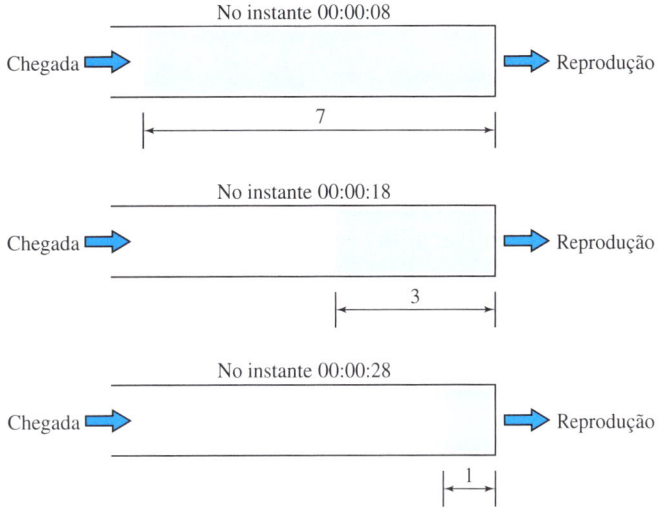

É necessário um buffer de reprodução para o tráfego em tempo real.

dois pacotes com timestamp de 0 e 20. O receptor supõe que o pacote com timestamp 20 é o segundo pacote, produzido 20 s após o primeiro. O receptor não tem condições de identificar que o segundo pacote foi efetivamente perdido. É necessário um número de seqüência para ordenar os pacotes e resolver esta situação.

É necessário um número de seqüência em cada pacote para o tráfego em tempo real.

Multicasting

A multimídia desempenha um papel fundamental nas aplicações de áudio ou videoconferência. O tráfego geralmente é pesado e os dados são distribuídos usando métodos de **multicast**. A conferência requer comunicação bidirecional entre receptor(es) e emissor(es).

O tráfego em tempo real necessita de suporte multicasting.

Tradução

Algumas vezes o tráfego em tempo real requer **tradução**. Um tradutor é um computador que modifica o formato de um sinal de vídeo de elevada largura de banda para um sinal de menor largura de banda e qualidade. Isto é necessário, por exemplo, quando uma fonte produzindo um sinal de vídeo de alta qualidade a 5 Mbps necessita transmiti-la a um receptor com largura de banda menor que 1 Mbps. Para receber o sinal, é preciso um tradutor para decodificar o sinal original e o codificar novamente numa qualidade inferior, que exiga menor largura de banda.

> Tradução significa modificar a codificação de um sinal para uma qualidade inferior permitindo se adequar aos requisitos de largura de banda da rede receptora.

Mixagem

Se existir mais de uma fonte transmitindo dados ao mesmo tempo (como, por exemplo, numa videoconferência ou a áudioconferência), o tráfego será composto por múltiplos fluxos de dados. Para convergir o tráfego em um único fluxo, os dados de diferentes fontes devem ser misturados. Um **mixer (misturador)** soma matematicamente sinais provenientes de diferentes fontes para criar um único sinal.

> Mixagem significa combinar vários fluxos de tráfego em um único fluxo.

Suporte do Protocolo da Camada de Transporte

Os procedimentos mencionados nas seções anteriores podem ser implementados na camada de aplicação. Entretanto, são tão comuns em aplicações de tempo real que é preferível padronizar sua implementação nos protocolos da camada de transporte. Vejamos quais dos protocolos existentes são compatíveis com este tipo de tráfego.

O TCP não é adequado para tráfego interativo. Ele não tem recursos de timestamp e não oferece suporte à multicast. Entretanto, fornece mecanismos de ordenação de pacotes (números de seqüência). Um recurso do TCP que o torna particularmente inadequado para o tráfego interativo é seu mecanismo de controle de erros. No tráfego interativo, não podemos permitir a retransmissão de pacotes perdidos ou corrompidos. Se um pacote for perdido ou corrompido no tráfego interativo, deve ser ignorado. A retransmissão distorce toda a idéia de timestamp na reprodução de áudio e vídeo. Hoje em dia existe tanta redundância em sinais de áudio e vídeo (mesmo depois da compressão) que simplesmente podemos ignorar um pacote perdido. O ouvinte ou telespectador no lado remoto talvez nem note isto.

> O TCP, com toda sua sofisticação, não é adequado para tráfego multimídia interativo pois solicita a retransmissão de pacotes.

O UDP é mais adequado para tráfego multimídia interativo. O UDP oferece suporte à multicast e não tem estratégias de retransmissão de pacotes. Entretanto, o UDP não apresenta recursos para timestamping, seqüenciamento ou mixagem. Um novo protocolo de transporte, o RTP (Real-Time Transport Protocol — protocolo de transporte em tempo real), utilizado em conjunto com o UDP, adiciona estes recursos faltantes.

> O UDP é mais adequado que o TCP para tráfego interativo. Entretanto, precisamos dos serviços adicionais do RTP, outro protocolo de camada de transporte, que supre as deficiencias do UDP.

29.6 RTP

O **RTP (Real-Time Transport Protocol)** é um protocolo desenvolvido para gerenciar a transmissão de tráfego em tempo real na Internet. O RTP não suporta mecanismos de entrega (multicast, números de portas e assim por diante); ele tem que ser usado em conjunto com o UDP. O RTP se situa entre o UDP e o programa aplicativo. As principais contribuições do RTP são recursos de timestamp, seqüenciamento e mixagem. A Figura 29.18 mostra a posição do RTP na pilha de protocolos TCP/IP.

Figura 29.18 *RTP*

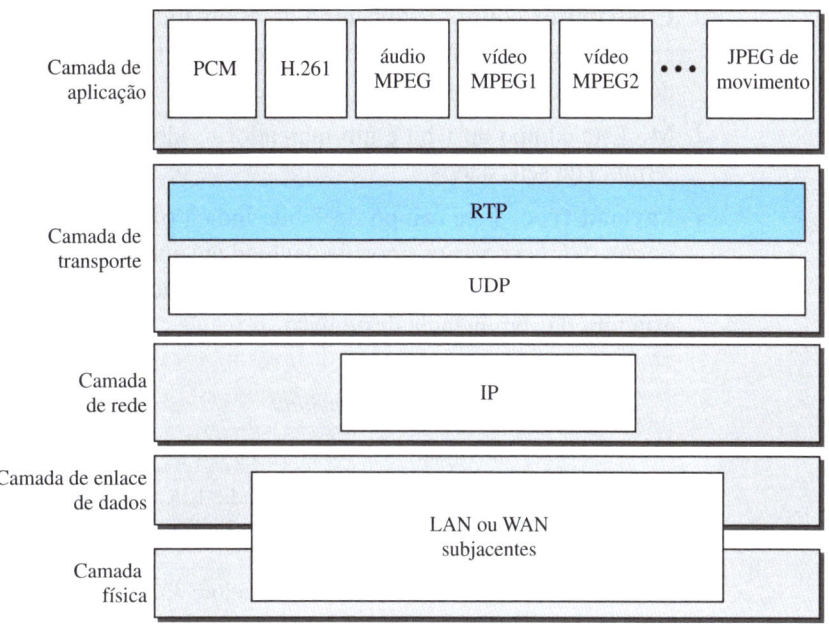

Formato de Pacotes RTP

A Figura 29.19 mostra o formato típico do cabeçalho de um pacote RTP. O formato é muito simples e suficientemente genérico para atender uma ampla gama de aplicações de tempo real. Uma aplicação que necessite adicionar informações complementares as acrescenta ao início do payload. Uma breve descrição de cada campo é mostrada a seguir.

❏ **Ver.** Este campo de 2 bits define o número da versão. A versão atual é 2.

Figura 29.19 *Formato do cabeçalho de pacotes RTP*

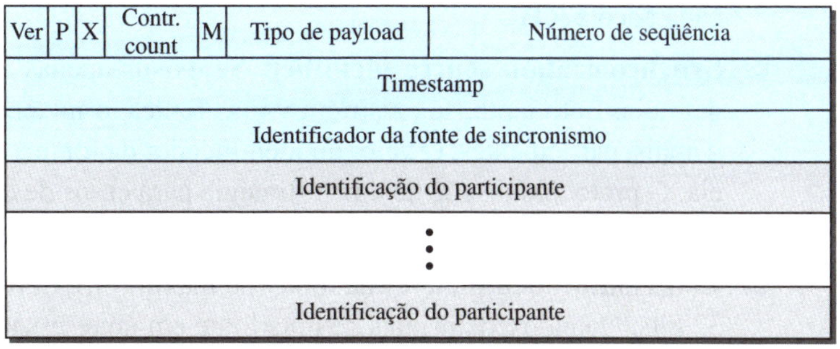

- **P.** Trata-se de um campo de 1 bit que, quando igual a 1, indica a presença de preenchimento no final do pacote. Neste caso, o valor do último byte de preenchimento define o comprimento total. O preenchimento é normalmente utilizado caso um pacote seja criptografado. Não há preenchimento caso o valor do campo P seja 0.

- **X.** Trata-se de um campo de 1 bit; se igual a 1, indica um cabeçalho de extensão extra entre o cabeçalho básico e os dados. Caso este bit seja igual a 0 indica que nenhum cabeçalho de extensão extra está sendo transmitido.

- **Contributor count.** Este campo de 4 bits indica o número de participantes, por exemplo, em uma teleconferência. Note que podemos ter no máximo 15 participantes, pois um campo de 4 bits permite um número entre 0 e 15.

- **M.** Este campo de 1 bit é um marcador usado pela aplicação para indicar, por exemplo, o término de seus dados.

- **Payload type.** Este campo de 7 bits indica o tipo de payload que está sendo transmitido. Foram definidos vários tipos de payload até então. Enumeramos algumas exemplos de aplicações comuns na Tabela 29.1. Uma discussão mais abrangente sobre os tipos de payload está fora da abrangência deste livro.

Tabela 29.1 *Tipos de payload*

Tipo	Aplicação	Tipo	Aplicação	Tipo	Aplicação
0	Áudio PCMμ	7	Áudio LPC	15	Áudio G728
1	1016	8	Áudio PCMA	26	JPEG para movimento
2	Áudio G721	9	Áudio G722	31	H.261
3	Áudio GSM	10–11	Áudio L16	32	Vídeo MPEG1
5–6	Áudio DV14	14	Áudio MPEG	33	Vídeo MPEG2

- **Sequence number.** Este campo tem 16 bits de comprimento, e é usado para numerar os pacotes RTP. O número de seqüência do primeiro pacote é escolhido aleatoriamente; posteriormente, ele é incrementado em 1 para cada pacote transmitido. O número de seqüência é usado pelo receptor para detectar pacotes perdidos ou fora de ordem.

- **Timestamp.** Trata-se de um campo de 32 bits que indica a relação de tempo entre pacotes produzidos. O timestamp para o primeiro pacote pode ser um número aleatório. Para cada pacote seguinte, o valor do timestamp é a soma do timestamp precedente mais o tempo do primeiro byte produzido (amostrado). O valor do tique de clock depende da aplicação. Por exemplo, aplicações de áudio normalmente geram grandes blocos de 160 bytes; o tique de clock para esta aplicação é 160. O timestamp para esta aplicação é incrementado de 160 para cada pacote RTP.

- **Synchronization source identifier.** Se existir apenas uma fonte, este campo de 32 bits define-a. Entretanto, se existirem várias fontes, o mixer será a fonte de sincronização e as demais, participantes. O valor do identificador da fonte é um número aleatório escolhido por ela. O protocolo dispõe de uma estratégia para casos de conflito (duas fontes iniciarem com o mesmo número de identificação).

- **Contributor identifier.** Cada fonte (no máximo 15) deve ter uma identificação exclusiva de 32 bits. Quando existir mais de uma fonte em uma sessão, o mixer irá assumir a posição de fonte de sincronismo e as demais serão consideradas participantes.

Porta UDP

Embora o próprio RTP seja um protocolo de camada de transporte, pacotes RTP não são encapsulados diretamente em datagramas IP. Em vez disso, o RTP é tratado como um programa aplicativo e é encapsulado num datagrama UDP de usuário. Entretanto, diferentemente de outros programas aplicativos, não é atribuída nenhuma porta conhecida ao RTP. A porta é selecionada sob demanda com apenas uma restrição: seu número deve ser par. O número seguinte (um número ímpar) deve ser usado pelo protocolo **RTCP** (**Real-Time Transport Control Protocol**).

O RTP usa uma porta UDP temporária de número par.

29.7 RTCP

O RTP permite a transmissão de apenas um tipo de mensagem, uma que transporte dados da origem ao destino. Em muitos casos, existe a necessidade de outros tipos de mensagens numa sessão, por exemplo, mensagens que controlem o fluxo e a qualidade dos dados e possibilitem ao receptor enviar feedback para a fonte ou fontes. O **RTCP** é um protocolo projetado para esta finalidade. Ele tem cinco tipos de mensagens, como mostrado na Figura 29.20. O número próximo a cada retângulo define o tipo de mensagem.

Figura 29.20 *Tipos de mensagens TCP*

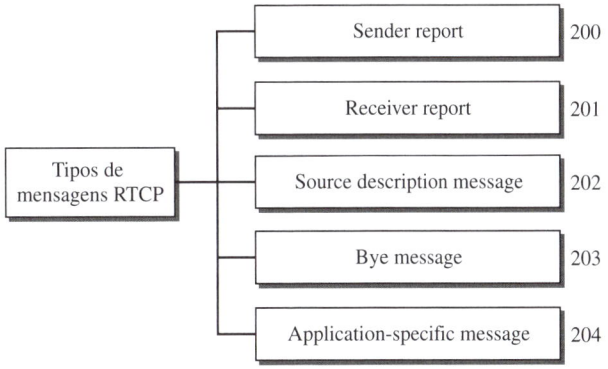

Sender Report

Uma mensagem Sender Report é transmitida periodicamente pelos transmissores ativos numa sessão de multimídia para reportar estatísticas de transmissão e recepção de pacotes RTP enviados durante um período. Uma mensagem Sender Report inclui um registro de timestamp absoluto, que é o número de segundos decorridos desde a meia-noite de 1.º de janeiro de 1970. O timestamp absoluto possibilita que o receptor se sincronize com diferentes mensagens RTP. Ele é particularmente importante quando áudio e vídeo são transmitidos juntos (transmissões de áudio e vídeo usam timestamp relativos distintos).

Receiver Report

Uma mensagem Receiver Report destina-se a participantes passivos, aqueles que não enviam pacotes RTP. Uma mensagem Receiver Report informa ao emissor e receptores sobre a qualidade dos serviços de rede.

Source Description

Uma fonte envia periodicamente mensagens source description para reportar informações adicionais sobre ela própria. Estas informações adicionais podem incluir o nome, endereço de e-mail, número de telefone e endereço do proprietário ou controlador da fonte.

Bye

Uma fonte envia mensagens BYE para encerrar uma sessão de multimídia. Ele possibilita à fonte anunciar que ela está encerrando uma sessão de multimídia. Embora outras fontes possam detectar a ausência de uma fonte, esta mensagem é um anúncio direto. Uma mensagem BYE também é muito útil para o mixer.

APP

Uma mensagem APP (Application-Specific Message) é um pacote para uma aplicação que queira usar novas aplicações (não definidas no padrão). Ela permite a definição de um novo tipo de mensagem.

Porta UDP

O protocolo RTCP, assim como o RTP, não usa uma porta UDP conhecida. Ele usa uma porta temporária. A porta UDP escolhida deve ser um número imediatamente posterior ao da porta UDP selecionada pelo protocolo RTP. Ele deve ser uma porta ímpar.

> **O protocolo RTCP usa um número de porta UDP ímpar imediatamente superior ao número de porta selecionado pelo RTP.**

29.8 VOZ SOBRE IP

Vamos nos concentrar agora em uma aplicação de áudio/vídeo interativo em tempo real: **Voz sobre IP** ou Telefonia IP. A idéia é usar a Internet como uma rede telefônica com alguns recursos adicionais. Em vez de se comunicar através de uma rede por comutação de circuitos, esta aplicação possibilita a comunicação entre duas partes através da Internet por comutação de pacotes. Foram projetados especialmente dois protocolos auxiliares para controlar este tipo de comunicação: SIP e H.323. Discutiremos ambos.

SIP

O **SIP (Session Initiation Protocol)** foi desenvolvido pelo IETF. Trata-se de um protocolo de camada de aplicação que estabelece, gerencia e encerra uma sessão multimídia (chamada). Ele pode ser usado para criar sessões entre duas partes, entre várias partes ou em multicast. O SIP foi projetado para ser independente do suporte oferecido pela camada de transporte; ele pode ser suportado pelo UDP, TCP ou SCTP.

Mensagens

O SIP é um protocolo baseado em texto, assim como o HTTP. O SIP, como o HTTP, usa mensagens. São definidas seis mensagens para este protocolo, conforme mostrado na Figura 29.21.

Figura 29.21 *Mensagens SIP*

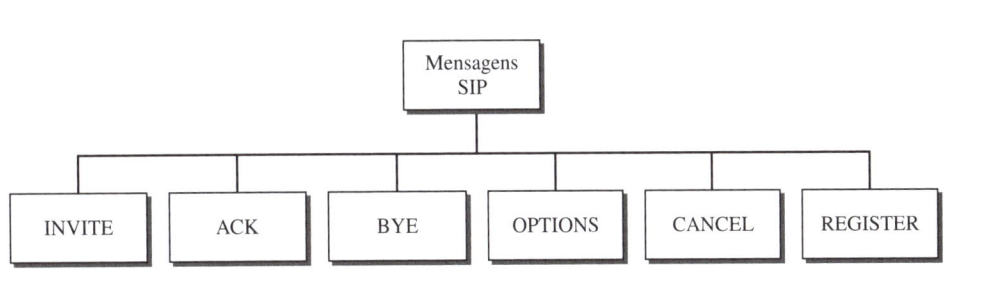

Cada mensagem tem um cabeçalho e um corpo. O cabeçalho consiste em várias linhas que descrevem a estrutura de uma mensagem, como a capacidade do originador da chamada, tipo de mídia e assim por diante. Faremos uma breve descrição de cada mensagem. Em seguida, mostraremos um exemplo de sua implementação em uma sessão simples de VoIP.

O originador de uma chamada inicializa uma sessão por meio de uma mensagem INVITE. Após o receptor atender a chamada, o originador envia uma mensagem ACK de confirmação. Uma mensagem BYE encerra a sessão. A mensagem OPTIONS consulta uma máquina sobre seus recursos disponíveis. A mensagem CANCEL cancela um processo de inicialização já iniciado. A mensagem REGISTER estabelece uma conexão quando aquele que recebe a chamada não está disponível.

Endereços

Numa comunicação telefônica convencional, um número de telefone identifica o emissor e outro número de telefone identifica o receptor. O protocolo SIP permite bastante flexibilidade. No SIP, podem ser usados endereços de correio eletrônico, endereços IP, um número de telefone convencional e outros tipos de endereços para identificar o emissor e o receptor. Entretanto, o endereço precisa estar no formato SIP (também denominado de *esquema SIP*). A Figura 29.22 mostra alguns formatos típicos.

Figura 29.22 *Formatos SIP*

sip:bob@201.23.45.78	sip:bob@fhda.edu	sip:bob@408-864-8900
Endereço IPv4	Endereço de correio eletrônico	Número de telefone

Sessão Simples

Uma sessão simples usando SIP é constituída de três fases: estabelecimento, comunicação e encerramento. A Figura 29.23 ilustra uma sessão simples usando o SIP.

Figura 29.23 *Sessão SIP simples*

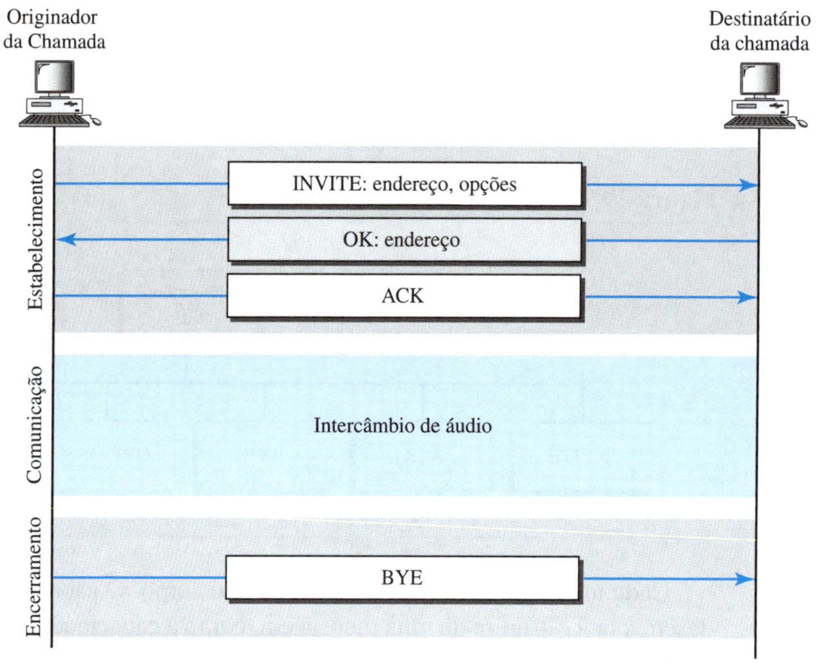

Estabelecimento de uma Sessão O estabelecimento de uma sessão no SIP utiliza o mecanismo de handshake triplo. O originador de uma chamada envia uma mensagem INVITE, usando os protocolos UDP, TCP ou SCTP para iniciar a comunicação. Se aquele que recebe a chamada estiver disposto a iniciar a sessão, ele envia uma mensagem de resposta. Para confirmar o recebimento da resposta, o originador envia uma mensagem ACK.

Comunicação Após uma sessão ter sido estabelecida, o originador da chamada e aquele que recebe a chamada podem se comunicar usando duas portas temporárias.

Encerramento da Sessão A sessão pode ser encerrada por meio de uma mensagem BYE enviada por qualquer uma das partes.

Descobrimento do destinatário de uma Chamada

O que acontece se aquele que recebe a chamada não estiver sentado em frente ao seu terminal? Pode ser que esteja fora de seu sistema ou em outro terminal. Talvez nem tenha um endereço IP fixo caso esteja utilizando o DHCP. O SIP apresenta um mecanismo (similar ao DNS) que descobre o endereço IP do terminal destinatário de uma chamada. Para realizar este rastreamento, o SIP usa o conceito de registro. Ele define alguns servidores de registros. Em qualquer momento um usuário se encontra registrado em pelo menos um **servidor de registro**; este servidor conhece o endereço IP do destinatário de uma chamada.

Quando um originador precisa se comunicar com o destinatário de uma chamada, pode usar o endereço de correio eletrônico em vez do endereço IP em uma mensagem INVITE. A mensagem vai para um servidor proxy. O servidor proxy envia uma mensagem de pesquisa (não faz parte do SIP) a algum servidor de registro que registrou o destinatário da chamada. Quando o servidor proxy recebe uma mensagem de resposta do servidor de registro, insere na mensagem INVITE o endereço IP recém-descoberto do destinatário da chamada. Essa mensagem é, então, enviada ao destinatário da chamada. A Figura 29.24 ilustra o processo.

Figura 29.24 Descobrimento do destinatário de uma chamada

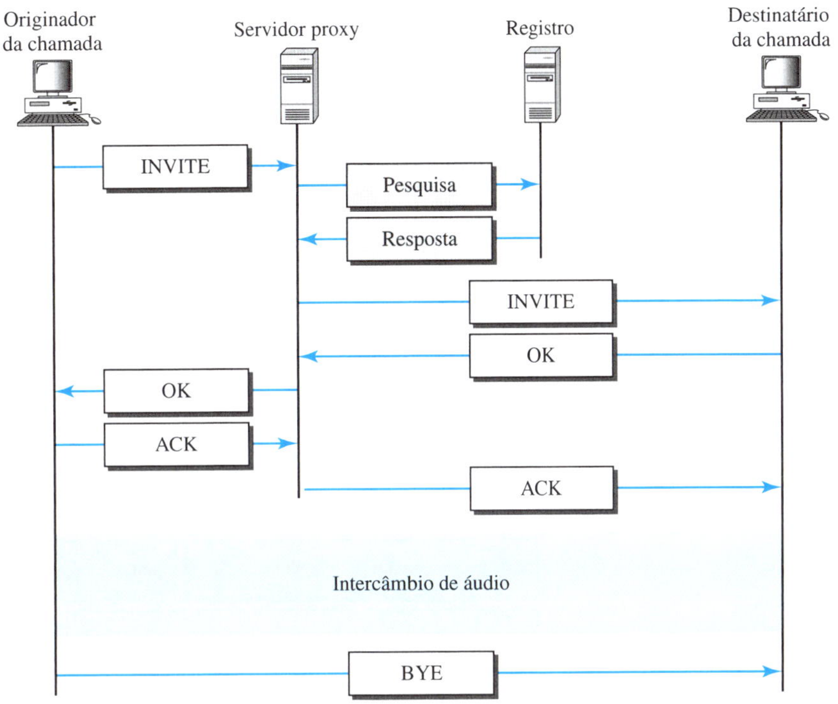

H.323

H.323 é um padrão desenvolvido pelo ITU para possibilitar que telefones da rede de telefonia pública convencionais se comuniquem com computadores (denominados *terminais* H.323) conectados à Internet. A Figura 29.25 ilustra a arquitetura geral do H.323.

Figura 29.25 *Arquitetura H.323*

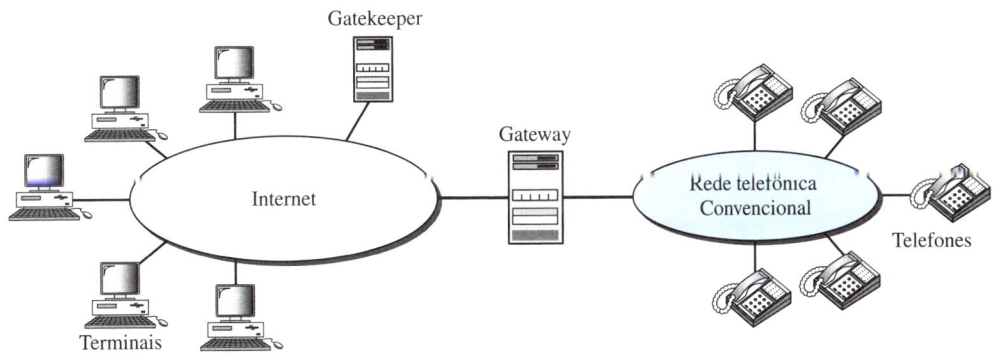

Um **gateway** estabelece uma conexão entre a Internet e a rede de telefonia pública. Em geral, um gateway é um dispositivo de cinco camadas capaz de traduzir mensagens de uma pilha de protocolo em outra. Aqui, gateway não significa exatamente a mesma coisa. Ele transforma uma mensagem da rede telefônica numa mensagem Internet. O servidor **gatekeeper** da rede local desempenha o papel de servidor de registro, conforme visto na seção sobre SIP.

Protocolos

O H.323 suporta uma série de protocolos para estabelecer e manter a comunicação de voz (ou vídeo). A Figura 29.26 apresenta estes protocolos.

Figura 29.26 *Protocolos H.323*

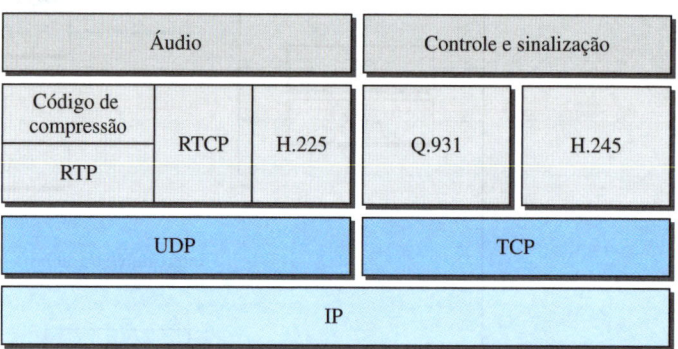

O protocolo H.323 usa os protocolos G.71 ou G.723.1 para compressão de dados. O protocolo H.245 permite que as partes negociem o método de compressão a ser utilizado. O protocolo Q.931 é usado durante as fases de estabelecimento e encerramento de conexões. Outro protocolo denominado H.225, ou RAS (Registration/Administration/Status), é usado para registro no gatekeeper.

Operação

Ilustramos a operação de uma comunicação telefônica usando H.323 com um exemplo simples. A Figura 29.27 mostra as etapas usadas por um terminal para se comunicar com um telefone.

1. O terminal envia uma mensagem em broadcast para o gatekeeper. O gatekeeper responde com seu endereço IP.
2. O terminal e o gatekeeper se comunicam, usando o protocolo H.225 para negociar a largura de banda.
3. O terminal, o gatekeeper, o gateway e o telefone se comunicam usando o protocolo Q.931 para estabelecer uma conexão.
4. O terminal, o gatekeeper, o gateway e o telefone se comunicam usando o protocolo H.245 para negociar o método de compressão.
5. O terminal, o gateway e o telefone trocam informações de áudio usando o RTP sob gerenciamento do RTCP.
6. O terminal, o gatekeeper, o gateway e o telefone se comunicam usando o Q.931 para encerrar a comunicação.

Figura 29.27 *Exemplo do H.323*

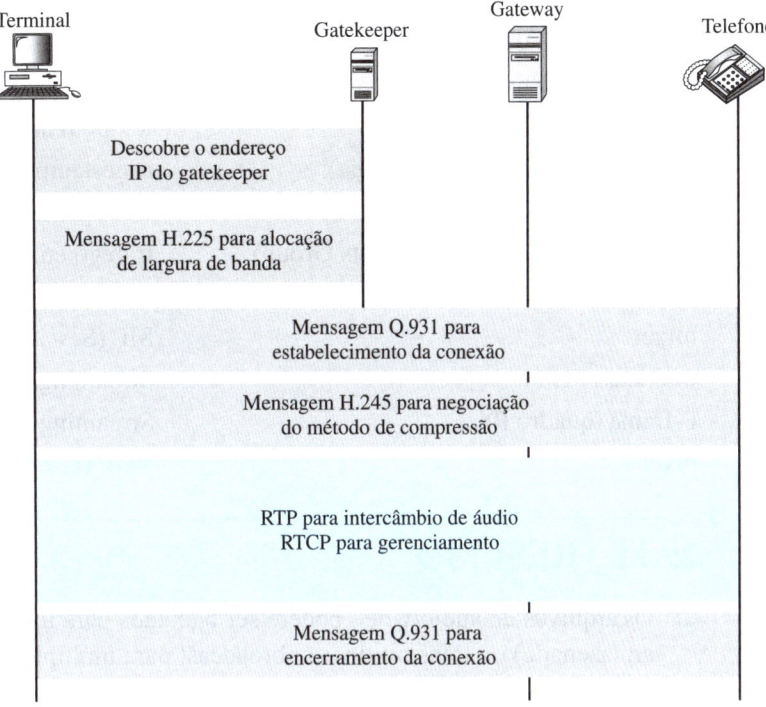

29.9 LEITURA RECOMENDADA

Para maiores detalhes sobre os assuntos discutidos neste capítulo, recomendamos os seguintes livros e sites. Os itens entre colchetes [...] referem-se à lista de referências bibliográficas no final do texto.

Livros

A comunicação multimídia é discutida em [Hal01] e na Seção 7.4 de [Tan03]. Compressão de vídeo e imagens são discutidos de forma completa em [Dro02].

Sites

❏ www.ietf.org/rfc.html   Informações sobre RFCs

29.10 TERMOS-CHAVE

áudio/vídeo interativo	compressão espacial
áudio/vídeo sob demanda	compressão temporal
buffer de reprodução	DCT (Discrete Cosine Transform)
codificação preditiva	gatekeeper
codificação perceptiva	gateway
compressão	H.323

I-frame (quadro intracodificado)
jitter
JPEG (Joint Photographic Experts Group)
mascaramento de freqüências
mascaramento temporal
media player
Media Server (servidor de mídia)
MP3
MPEG (Moving Picture Experts Group)
metafile
mixer
multicast
P-frame (quadro P)
pixel

quadro B (quadro bidirecional)
quantização
RTCP (Real-Time Transport Control Protocol)
RTP (Real-Time Transport Protocol)
RTSP (Real-Time Streaming Protocol)
tempo real
timestamp
tradução
tráfego em tempo real
servidor de registro
SIP (Session Initiation Protocol)
Streaming de áudio/vídeo em tempo real
Streaming de áudio/vídeo armazenado
VoIP (voz sobre IP)

29.11 RESUMO

- Os arquivos de áudio/vídeo podem ser baixados para uso futuro (streaming de áudio/vídeo armazenado) ou transmitidos em broadcast para múltiplos clientes através da Internet (streaming de áudio/vídeo em tempo real). A Internet também pode ser usada para interação de áudio/vídeo ao vivo.
- Áudio e vídeo precisam ser digitalizados antes de poderem ser transmitidos pela Internet.
- Os arquivos de áudio podem ser comprimidos por meio de codificação preditiva ou codificação perceptiva.
- JPEG (Joint Photographic Experts Group) é um padrão para a compressão de imagens e gráficos.
- O processo de compressão JPEG compreende as seguintes etapas: DCT (transformação discreta de cossenos), quantização e compressão sem perdas.
- MPEG (Moving Pictures Experts Group) é um padrão para compressão de vídeo.
- O padrão MPEG envolve a compressão espacial bem como a compressão temporal. A compressão espacial é similar ao JPEG ao passo que a compressão temporal elimina quadros redundantes.
- Para fazer o downloading de arquivos de áudio/vídeo de fluxo contínuo (streaming) podemos usar um dos seguintes métodos: diretamente de um servidor Web; de um servidor Web com suporte a arquivos de metafile; de um media server; ou ainda de um media server em conjunto com o protocolo RTSP.
- Dados em tempo real transmitidos em uma rede de comutação de pacotes requerem a preservação da relação de tempo entre os pacotes de uma mesma sessão.
- Atrasos irregulares entre pacotes consecutivos no receptor provocam um fenômeno denominado jitter.
- O jitter pode ser controlado pelo uso de timestamp e de uma escolha criteriosa do tempo de reprodução.
- Um buffer de reprodução armazena dados até que eles possam ser reproduzidos.
- Um receptor retarda a reprodução de dados de tempo real armazenado-os no buffer de reprodução até que seja atingido um limiar.

- Números de seqüência em pacotes de dados de tempo real fornecem um mecanismo de controle de erros.
- Os dados em tempo real são transmitidos aos receptores em multicast.
- O tráfego em tempo real algumas vezes requer um tradutor para transformar um sinal de alta qualidade (que requer uma elevada largura de banda) em um sinal de menor qualidade (menor largura de banda).
- Um mixer mistura sinais de diferentes fontes formando um único sinal.
- O tráfego multimídia em tempo real requer o uso do UDP bem como do protocolo de transporte em tempo real (RTP).
- O RTP provê funcionalidades de timestamp, seqüenciamento e mixagem.
- O RTCP (Real-Time Transport Control Protocol) provê mecanismos de controle de fluxo, controle da qualidade dos dados e feedback para as fontes.
- Voz sobre IP é uma aplicação de áudio/vídeo interativo em tempo real.
- O protocolo SIP (Session Initiation Protocol) é um protocolo de camada de aplicação que estabelece, gerencia e encerra sessões multimídia.
- O H.323 é um protocolo padrão ITU que permite a um telefone convencional da rede de telefonia pública se comunicar com um computador conectado à Internet.

29.12 ATIVIDADES PRÁTICAS

Questões para Revisão

1. Em que difere o streaming de áudio/vídeo em tempo real de um streaming de áudio/vídeo armazenado?
2. Em que o mascaramento de freqüências difere do mascaramento temporal?
3. Qual a função de um arquivo de metafile em um streaming de áudio/vídeo armazenado?
4. Qual o propósito do protocolo RTSP no streaming de áudio/vídeo armazenado?
5. Como o jitter afeta a qualidade do áudio/vídeo em tempo real?
6. Discuta como o protocolo SIP é usado na transmissão de multimídia.
7. Quando é indicado o uso do JPEG? e do MPEG?
8. No JPEG, qual é a função do bloqueio?
9. Por que a DCT (Discrete Cosine Transform) é necessário no JPEG?
10. O que é compressão espacial, comparada à compressão temporal?

Exercícios

11. Na Figura 29.17 qual a quantidade de dados no buffer de reprodução em cada um dos seguintes momentos?
    a. 00:00:17
    b. 00:00:20
    c. 00:00:25
    d. 00:00:30
12. Compare e mostre as diferenças entre TCP e RTP. Ambos fazem a mesma coisa?
13. Podemos dizer que o UDP mais o RTP sejam o mesmo que o TCP?

14. Por que o RTP precisa dos serviços de outro protocolo, o RTCP, enquanto o TCP não?
15. Na Figura 29.12, o servidor Web e o media server rodam em máquinas distintas?
16. Discuta o emprego do SIP neste capítulo para áudio. Existe alguma limitação que impeça seu uso para vídeo?
17. Você acredita que o H.323 seja realmente o mesmo que o SIP? Quais as diferenças? Faça uma comparação entre eles.
18. Quais são os problemas para uma implementação completa de voz sobre IP? Você acredita que em breve não usaremos mais a rede telefônica?
19. O H.323 também pode ser usado para vídeo?

Atividades de Pesquisa

20. Descubra o formato de um relatório RTCP sender. Preste atenção em especial no comprimento do pacote e nas partes repetidas para cada fonte. Descreva cada um dos campos.
21. Descubra o formato de um relatório RTCP receiver. Preste atenção em especial, no comprimento do pacote e nas partes repetidas para cada fonte. Descreva cada um dos campos.
22. Descubra o formato de uma mensagem RTCP source description. Preste atenção em especial, no comprimento do pacote e nas partes repetidas para cada fonte. Descreva cada um dos campos.
23. Descubra o significado dos itens de descrição da fonte usados no pacote RTCP source description. Especificamente, encontre o significado de CNAME, NAME, EMAIL, PHONE, LOC, TOOL, NOTE e PRIV.
24. Descubra o formato de uma mensagem BYE do RTCP. Preste atenção, em especial, no comprimento do pacote e nas partes repetidas para cada fonte. Descreva cada um dos campos.

PARTE 7

Segurança

Objetivos

Ninguém pode negar a importância da segurança em redes e sistemas de comunicação de dados. A segurança em redes se baseia na criptografia, a ciência e a arte de transformar mensagens para torná-las seguras e imunes a ataques. A criptografia pode fornecer diversos aspectos de segurança relacionados a troca de mensagens através de redes. Tais aspectos estão relacionados a confidencialidade, integridade, autenticação e o não-repúdio.

A criptografia oferece confidencialidade, integridade, autenticação e o não-repúdio de mensagens.

A criptografia também pode ser usada para autenticação do emissor e do receptor da mensagem entre si. Por exemplo, um usuário que precise de acesso aos recursos de um sistema deve receber, primeiro, autorização para tal. Denominamos esse aspecto autenticação de entidades.

A criptografia também fornece autenticação de entidades.

Nesta parte do livro, introduziremos inicialmente a criptografia sem nos aprofundarmos nos fundamentos matemáticos do tema. Em seguida, exploraremos de forma breve aspectos de segurança no que tange à sua aplicação em redes. Finalmente, discutimos alguns protocolos comuns que implementam aspectos de segurança nas três camadas superiores do modelo Internet.

A Parte 7 do livro é dedicada a diferentes aspectos da segurança.

Capítulos

Esta parte consiste em três capítulos: Capítulos 30, 31 e 32.

Capítulo 30

O Capítulo 30 é uma breve discussão sobre um tópico mais abrangente denominado criptografia. Embora a criptografia, que se baseia em álgebra abstrata, possa, por si só, se constituir em um curso à parte, damos uma rápida introdução sobre ela, evitando o máximo possível referências à álgebra abstrata. Fornecemos apenas informações introdutórias suficientes como base para os assuntos a serem discutidos nos dois capítulos seguintes.

Capítulo 31

O Capítulo 31 é uma breve introdução para o amplo tópico de segurança de redes. Discutimos questões selecionadas que são normalmente encontradas ao lidar com problemas de comunicação e redes.

Capítulo 32

O Capítulo 32 discute brevemente as aplicações dos tópicos discutidos nos Capítulos 30 e 31 ao modelo Internet. Mostramos como a segurança de redes e a criptografia são aplicadas nas três camadas superiores do modelo Internet.

CAPÍTULO 30

Criptografia

A segurança de redes é alcançada, em grande parte pelo uso de criptografia, uma ciência baseada em álgebra abstrata. Neste capítulo discutiremos brevemente tópicos de criptografia adequados ao escopo deste livro. Tentaremos limitar o máximo possível nossa discussão de álgebra abstrata. Nosso objetivo é fornecer informações suficientes sobre criptografia para podermos compreender a segurança em redes. O capítulo abre caminho para o estudo de segurança de redes no Capítulo 31 e segurança na Internet no Capítulo 32.

30.1 INTRODUÇÃO

Passemos então às questões envolvidas na criptografia. Primeiro, precisamos definir alguns termos; em seguida, forneceremos algumas nomenclaturas.

Definições

Definimos alguns termos aqui que são usados no restante do capítulo.

Criptografia

Criptografia, palavra de origem grega, significa "escrita secreta". Entretanto, usamos o termo para nos referirmos à ciência e à arte de transformar mensagens de modo a torná-las seguras e imunes a ataques. A Figura 30.1 mostra os componentes envolvidos na criptografia.

Figura 30.1 *Componentes da criptografia*

Texto Claro e Texto Cifrado

A mensagem original, antes de ser transformada, é chamada **texto** claro. Após transformada, ela é denominada simplesmente **texto cifrado**. Um **algoritmo de criptografia** transforma o texto claro em texto cifrado; um **algoritmo de decriptografia** transforma o texto cifrado de volta para texto claro. O emissor usa um algoritmo de criptografia e o receptor utiliza um algoritmo de decriptografia.

Cifra

Chamamos **cifras** os algoritmos de criptografia e decriptografia. O termo também é usado para se referir a diferentes categorias de algoritmos em criptografia. Isso não significa que cada par emissor-receptor precise ter sua própria cifra exclusiva para existir uma comunicação segura. Ao contrário, uma cifra pode atender milhões de pares que se comunicam.

Chave

Chave é um número (ou conjunto de números) sobre o qual a cifra, assim como um algoritmo, opera. Para criptografar uma mensagem, precisamos de um algoritmo de criptografia, uma chave criptográfica e o texto claro. Esses elementos criam o texto cifrado. Para decriptografar uma mensagem, precisamos de um algoritmo de decriptografia, uma chave decriptográfica e o texto cifrado. Estes revelam o texto claro original.

Alice, Bob e Eve

Em criptografia, costuma-se usar três caracteres em um cenário de intercâmbio de informações; usamos Alice, Bob e Eve. Alice é a pessoa que precisa enviar dados seguros. Bob é o receptor dos dados. Eve é a pessoa que, de alguma forma, interfere na comunicação entre Alice e Bob interceptando mensagens para descobrir dados ou enviando suas próprias mensagens dissimuladas. Esses três nomes representam computadores ou processos que, na verdade, enviam ou recebem dados, ou então interceptam ou modificam dados.

Duas Categorias

Podemos dividir todos os algoritmos de criptografia (cifras) em dois grupos: algoritmos de criptografia de chave simétrica (também chamados **chave secreta**) e algoritmos de criptografia assimétrica (também denominados chave-pública). A Figura 30.2 ilustra a taxonomia.

Figura 30.2 *Categorias de criptografia*

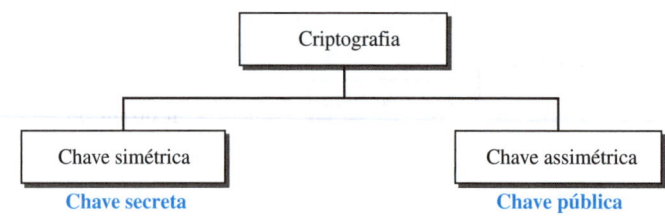

Criptografia de Chave Simétrica

Na criptografia de chave simétrica, a mesma chave é utilizada por ambas as partes. O emissor usa essa chave e um algoritmo de criptografia para criptografar os dados; o receptor usa a mesma chave e o algoritmo de decriptografia correspondente para decriptografar os dados (ver a Figura 30.3).

Figura 30.3 *Criptografia de chave simétrica*

Na criptografia de chave simétrica, a mesma chave é usada pelo emissor (para criptografia) e pelo receptor (para decriptografia). A chave é compartilhada.

Criptografia de Chave Assimétrica

Na criptografia de chave pública ou assimétrica, existem duas chaves: uma chave privada e uma pública. A **chave privada** é guardada pelo receptor. Ela é anunciada ao público em geral. Na Figura 30.4, imagine que Alice queira enviar uma mensagem para Bob. Alice usa a chave pública para criptografar a mensagem. Quando Bob recebe a mensagem, a chave privada é utilizada para decriptografá-la.

Figura 30.4 *Criptografia de chave assimétrica*

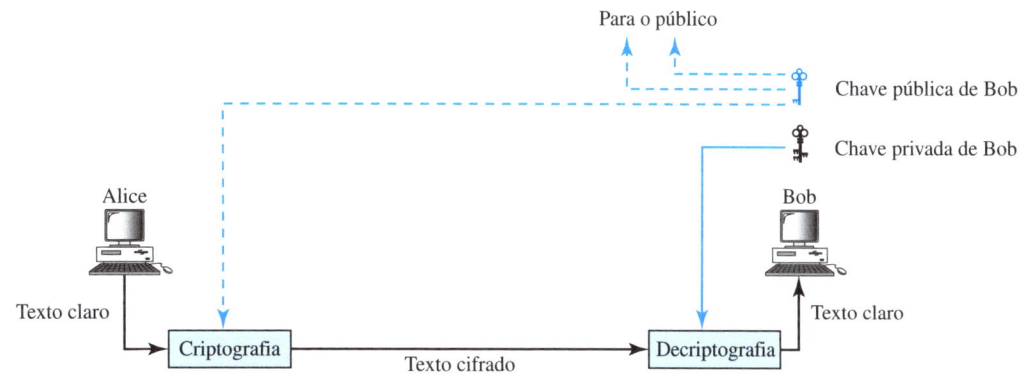

Na criptografia/decriptografia de chave pública, a chave pública que é usada para criptografia é diferente da chave privada usada para decriptografia. A chave pública está disponível ao público em geral; a chave privada fica disponível apenas para um indivíduo.

Três Tipos de Chaves

O leitor deve ter notado que estamos lidando com três tipos de chave criptográfica: a chave secreta, a pública e a privada. A primeira delas, a secreta, é a chave compartilhada utilizada na criptografia de chave simétrica. A segunda e a terceira são as chaves pública e privada usadas na criptografia de chave assimétrica. Usaremos três ícones diferentes para essas chaves ao longo do livro para distingui-las entre si, como mostrado na Figura 30.5.

Figura 30.5 *Chaves usadas em criptografia*

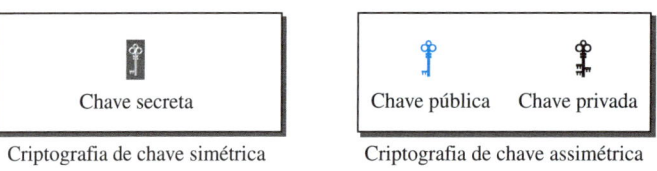

Comparação

Comparemos a criptografia de chave simétrica e de chave assimétrica. A criptografia pode ser imaginada como um cadeado eletrônico; a decriptografia seria o desbloqueio eletrônico. O emissor coloca a mensagem em uma caixa e a fecha usando uma chave; o receptor abre a caixa com uma chave e retira a mensagem. A diferença está no mecanismo de fechamento e abertura e no tipo de chaves utilizadas.

Na criptografia de chave simétrica, a mesma chave abre e fecha a caixa. Na criptografia de chave assimétrica, uma chave fecha a caixa. Entretanto é preciso outra chave para abri-la. A Figura 30.6 mostra a diferença.

Figura 30.6 *Comparação entre duas categorias de criptografia*

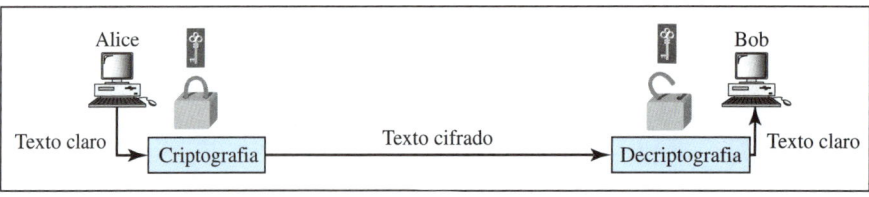

a. Criptografia de chave simétrica

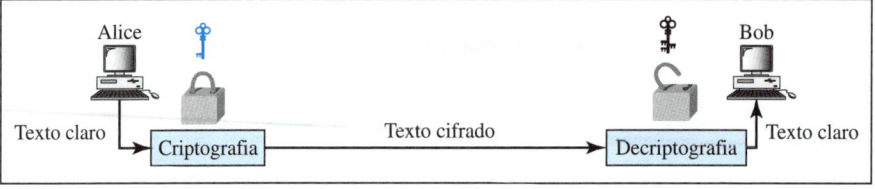

b. Criptografia de chave assimétrica

30.2 CRIPTOGRAFIA DE CHAVE SIMÉTRICA

A criptografia de chave simétrica iniciou há milhares de anos, quando as pessoas precisavam trocar segredos (em uma guerra, por exemplo). Ainda usamos basicamente criptografia de chave simétrica na segurança de redes. Entretanto, as cifras de hoje são muito mais complexas. Discutimos, primeiro, os algoritmos tradicionais, que eram orientados a caracteres. Em seguida, tratamos dos algoritmos modernos, que são orientados a bits.

Cifras Tradicionais

Vamos fazer uma breve introdução sobre algumas cifras tradicionais, que são orientadas a caracteres. Embora sejam obsoletas hoje em dia, nosso objetivo é mostrar como as cifras modernas evoluíram a partir delas. Podemos dividir as cifras de chave simétrica tradicionais em duas grandes categorias: cifras de substituição e cifras de transposição, conforme mostrado na Figura 30.7.

Figura 30.7 *Cifras tradicionais*

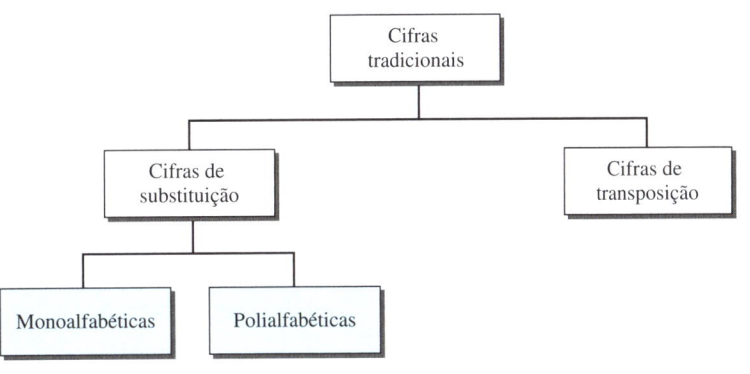

Cifra de Substituição

Uma **cifra de substituição** substitui um símbolo por outro. Se os símbolos no texto claro forem caracteres alfabéticos, substituímos um caractere por outro. Podemos substituir, por exemplo, o caractere A pelo D e o caractere T por Z. Se os símbolos forem dígitos (0 a 9), podemos substituir 3 por 7 e 2 por 6. As cifras de substituição podem ser classificadas como cifras monoalfabéticas ou polialfabéticas.

A cifra de substituição troca um símbolo por outro.

Em uma **cifra monoalfabética**, um caractere (ou símbolo) no texto claro sempre é modificado para o mesmo caractere (ou símbolo) no texto cifrado, independentemente de sua posição no texto. Por exemplo, se o algoritmo diz que o caractere A no texto claro é modificado para o caractere D, todos os caracteres A são modificados para o caractere D. Ou seja, a relação entre os caracteres no texto claro e no texto cifrado é de um-para-um.

Em uma cifra polialfabética, cada ocorrência de um caractere pode ter um substituto diferente. A relação entre um caractere no texto claro para um caractere no texto cifrado é de um-para-vários. Por exemplo, o caractere A poderia ser modificado para D no início do texto, mas ele poderia ser alterado para N na parte central. É óbvio que, se a relação entre os caracteres do texto claro e os caracteres do texto cifrado for um-para-vários, a chave deve nos informar quais dos possíveis caracteres podem ser escolhidos para criptografia. Para atingir essa meta, precisamos dividir o texto em grupos de caracteres e usar um conjunto de chaves. Por exemplo, podemos dividir o texto "THISISANEASYTASK" em grupos de três caracteres e, então, aplicar criptografia usando um conjunto de três chaves. Em seguida, repetimos o procedimento para os três caracteres seguintes.

Exemplo 30.1

É mostrado a seguir um texto claro e seu texto cifrado correspondente. Essa cifra é monoalfabética?

> **Texto claro:** HELLO
> **Texto cifrado:** KHOOR

Solução

Essa cifra provavelmente é monoalfabética, pois ambas as ocorrências da letra L são criptografadas como O.

Exemplo 30.2

A seguir é mostrado um texto claro e seu texto cifrado correspondente. Trata-se de uma cifra monoalfabética?

> **Texto claro:** HELLO
> **Texto cifrado:** ABNZF

Solução

A cifra não é monoalfabética, porque cada ocorrência da letra L é criptografada por um caractere diferente. A primeira letra L é criptografada como N; a segunda como Z.

Cifra com Deslocamento Provavelmente, a cifra monoalfabética mais simples seja a **cifra com deslocamento**. Partimos do pressuposto de que o texto claro e o texto cifrado sejam formados apenas por letras maiúsculas (A a Z). Neste capítulo, o algoritmo de criptografia é "deslocado *chave* caracteres para baixo", em que *chave* é igual a algum número. O algoritmo de decriptografia é "deslocado *chave* caracteres para cima". Por exemplo, se a chave for 5, o algoritmo de criptografia é "deslocado 5 caracteres para baixo" (no sentido do final do alfabeto). O algoritmo de decriptografia é "deslocado 5 caracteres para cima" (no sentido do início do alfabeto). Obviamente, se atingirmos o final ou o início do alfabeto, recomeçamos tudo de novo.

Júlio César usou a cifra com deslocamento para se comunicar com seus oficiais. Por essa razão, ela é chamada, algumas vezes, **cifra de César**. César usou uma chave igual a 3 para sua comunicação.

A cifra com deslocamento é conhecida também como cifra de César.

Exemplo 30.3

Use a cifra com deslocamento de chave = 15 para criptografar a mensagem "HELLO".

Solução

Criptografamos um caractere por vez. Cada caractere é deslocado 15 caracteres para baixo. A letra H é criptografada na letra W. A letra E é criptografada em T. O primeiro L é criptografado em A. O segundo L também é criptografado em A. E O é criptografado em D. O texto cifrado fica WTAAD.

Exemplo 30.4

Use cifra com deslocamento com chave = 15 para decriptografar a mensagem "WTAAD".

Solução

Decriptografamos um caractere por vez. Cada caractere é deslocado 15 caracteres para cima. A letra W é decriptografada em H. A letra T é decriptografada em E. O primeiro A é decriptografada em L. O segundo A é em L; e, finalmente, o D é em O. O texto claro é HELLO.

Cifras de Transposição

Em uma cifra de transposição, não há substituição de caracteres; em vez disso, suas posições mudam. Um caractere na primeira posição do texto claro pode aparecer na décima posição do texto cifrado. Um caractere na oitava posição pode aparecer na primeira posição. Em outras palavras, uma cifra de transposição reordena os símbolos em um bloco de símbolos.

A cifra de transposição reordena (permuta) símbolos em um bloco de símbolos.

Chave Em uma cifra de transposição, a chave é uma associação entre a posição dos símbolos no texto claro e o texto cifrado. Por exemplo, a seguir, mostramos a chave usando um bloco de quatro caracteres:

Texto claro: 2 4 1 3
Texto cifrado: 1 2 3 4

Em criptografia, deslocamos o caractere da posição 2 para a posição 1, o caractere da posição 4 para a posição 2 e assim por diante. Na decriptografia, fazemos o inverso. Note que, para ser mais eficaz, a chave deve ser longa, significando a criptografia e a decriptografia de longos blocos de dados. A Figura 30.8 mostra a criptografia e a decriptografia para um bloco de quatro caracteres usando a chave acima. A figura mostra que a criptografia e a decriptografia utilizam a mesma chave. A criptografia a aplica para baixo ao passo que a decriptografia a aplica para cima.

Figura 30.8 *Cifra de transposição*

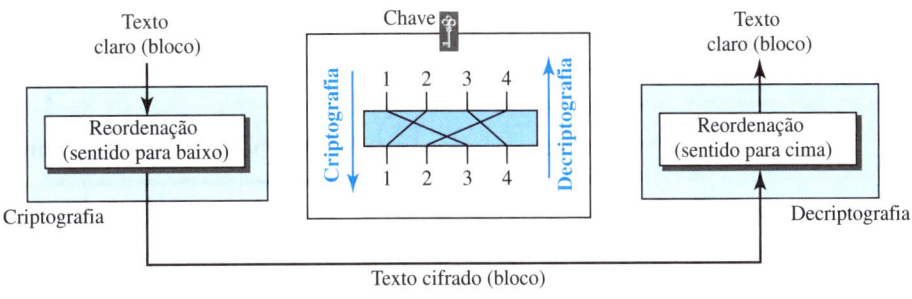

Exemplo 30.5

Criptografe a mensagem "HELLO MY DEAR" usando a chave citada.

Solução

Primeiro, eliminamos os espaços na mensagem. Em seguida, dividimos o texto em blocos de quatro caracteres. Adicionamos um caractere falso Z no final do terceiro bloco. O resultado é HELL OMYD EARZ. Criamos um texto cifrado de três blocos, ELHLMDOYAZER.

Exemplo 30.6

Usando o Exemplo 30.5, decriptografe a mensagem "ELHLMDOYAZER".

Solução

O resultado é HELL OMYD EARZ. Após eliminar o caractere falso e combinar os caracteres, obtemos a mensagem original "HELLO MY DEAR".

Cifras Modernas Simples

As cifras tradicionais que vimos até aqui são orientadas a caracteres. Com o advento do computador, as cifras precisam ser orientadas a bits. Isso porque as informações a serem criptografadas não são apenas texto; também podem ser constituídas por números, imagens, áudio e vídeo. É conveniente converter esses tipos de dados em um fluxo de bits, criptografar o fluxo e em seguida o fluxo criptografado. Além disso, quando o texto for tratado em termos de bits, cada caractere é substituído por 8 (ou 16) bits, significando que o número de símbolos se torna 8 (ou 16). Bits mesclados e deturpados oferecem maior segurança que caracteres mesclados e deturpados. As cifras modernas usam uma estratégia diferente que aquelas tradicionais. Uma cifra simétrica moderna é uma combinação de cifras simples. Em outras palavras, uma cifra moderna usa várias cifras simples para atingir essa meta. Tratamos primeiro das cifras simples.

Cifra XOR

As cifras modernas hoje normalmente são formadas por um conjunto de **cifras simples**, que são funções predefinidas simples em matemática ou computação. A primeira delas vista aqui é a chamada **cifra XOR**, pois ela usa a operação ou-exclusivo, conforme definição na computação. A Figura 30.9 mostra uma cifra XOR.

Figura 30.9 *Cifra XOR*

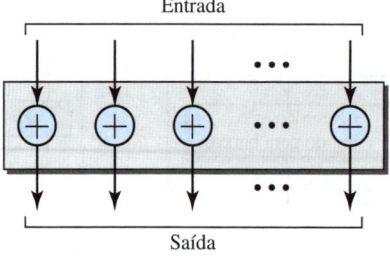

Uma operação XOR precisa de duas entradas de dados na forma de texto claro, como primeira e uma chave como segunda. Ou seja, uma das entradas é o bloco a ser criptografado, a outra entrada é uma chave; o resultado é o bloco criptografado. Note que, em uma cifra XOR, o tamanho da chave, o texto claro e o texto cifrado são iguais. As cifras XOR têm uma propriedade muito interessante: a criptografia e a decriptografia são as mesmas.

Cifra de Rotação

Outra cifra comum é a **cifra de rotação**, na qual os bits de entrada são deslocados para a esquerda ou para a direita. A cifra de rotação pode ser com ou sem chaves. Na rotação com chaves, o valor da chave define o número de rotações; na rotação sem chaves, o número de rotações é fixo. A Figura 30.10 mostra um exemplo de cifra de rotação. Observe que a cifra de rotação pode ser considerada como um caso especial da cifra com transposição (usando bits em vez de caracteres).

Figura 30.10 *Cifra de rotação*

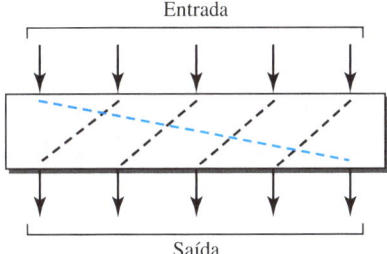

A cifra de rotação apresenta uma propriedade interessante. Se o comprimento do fluxo original for N, após N rotações obtém-se o fluxo de entrada original. Isso significa que ele é inútil para aplicar mais de $N-1$ rotações. Ou seja, o número de rotações deve se situar entre 1 e $N-1$.

O algoritmo de decriptografia para a cifra de rotação usa a mesma chave e o sentido de rotação inverso. Se usarmos uma rotação para a direita em criptografia, utilizamos uma rotação para a esquerda na decriptografia e vice-versa.

Cifra de Substituição: S-box

Uma **S-box** (caixa de substituição) é o análogo da cifra de substituição para caracteres. A entrada para uma S-box é um fluxo de bits de comprimento N; o resultado é outro fluxo de bits de comprimento M. N e M não são, necessariamente, iguais. A Figura 30.11 mostra uma S-box.

A S-box normalmente não tem chaves e é usada como um estágio intermediário de criptografia ou decriptografia. A função que ajusta as entradas à saída pode ser definida matematicamente ou por uma tabela.

Cifra de Transposição: P-box

Uma **P-box** (caixa de permutação) para bits é o análogo da cifra de transposição tradicional para caracteres. Ela realiza uma transposição em termos de bits; ela transpõe bits. Pode ser implementada via software ou hardware, mas por hardware é mais rápida. As P-boxes, assim como as

Figura 30.11 *S-box*

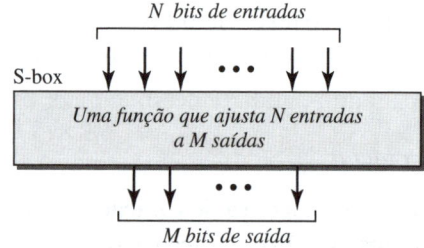

S-boxes, geralmente não têm chaves. Podemos ter três tipos de permutações nas P-boxes: **permutação direta, permutação por expansão e permutação por compressão**, como indicado na Figura 30.12.

Figura 30.12 *P-boxes: direta, expansão e compressão*

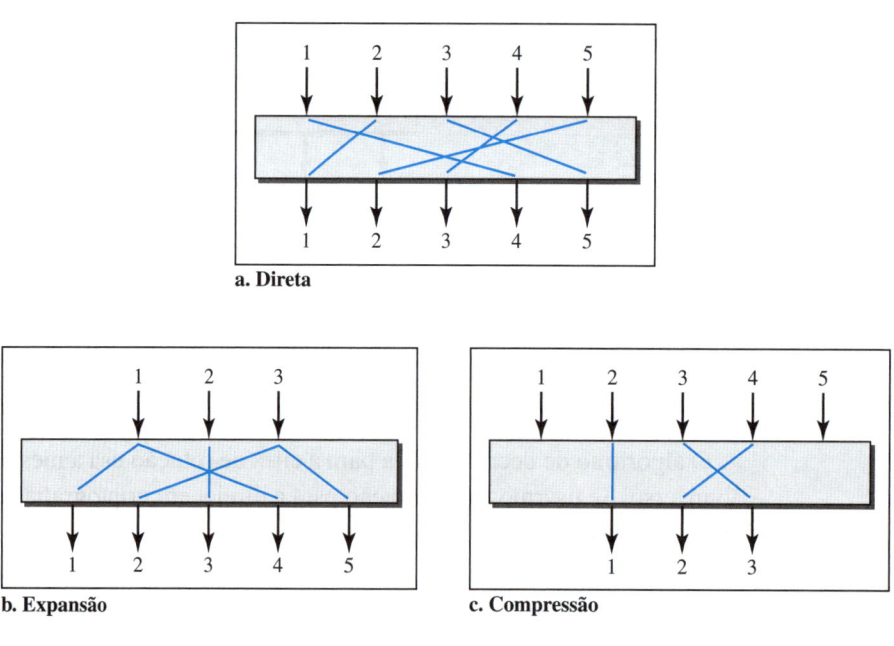

Uma cifra de permutação direta ou uma P-box direta apresenta o mesmo número de entradas e de saídas. Quer dizer, se o número de entradas for N, o número de saídas também será N. Numa cifra de permutação por expansão, o número de portas de saída é maior que o número de portas de entrada. Numa cifra de permutação por compressão, o número de portas de saída é menor que o número de portas de entrada.

Cifras Cíclicas Modernas

As cifras de hoje são denominadas **cifras cíclicas**, pois envolvem vários **ciclos**, nos quais cada ciclo é uma cifra complexa constituída por cifras simples que foram descritas anteriormente.

A chave usada em cada ciclo é um subconjunto ou variação da chave geral denominada chave cíclica. Se a cifra tiver N ciclos, um gerador de chaves produz N chaves, $K_1, K_2, \ldots, K_N$, sendo que K_1 é usada no ciclo 1, K_2 no ciclo 2 e assim por diante.

Nesta seção, introduzimos duas cifras de chave simétrica modernas: DES e AES, que são conhecidas como **cifras de bloco**, uma vez que dividem o texto claro em blocos e usam a mesma chave para criptografar e decriptografar esses blocos. O DES vinha ocupando a posição de padrão de mercado até pouco tempo atrás. O AES é o padrão formal agora.

Padrão de Criptografia de Dados

Um exemplo de cifra de blocos complexa é o DES (*Data Encryption Standard* — **padrão de criptografia de dados**). O DES foi desenvolvido pela IBM e adotado pelo governo dos EUA como método-padrão de criptografia para uso não-militar e não-confidencial. O algoritmo criptografa um bloco de texto claro de 64 bits usando uma chave de 64 bits, conforme ilustrado na Figura 30.13.

Figura 30.13 *DES*

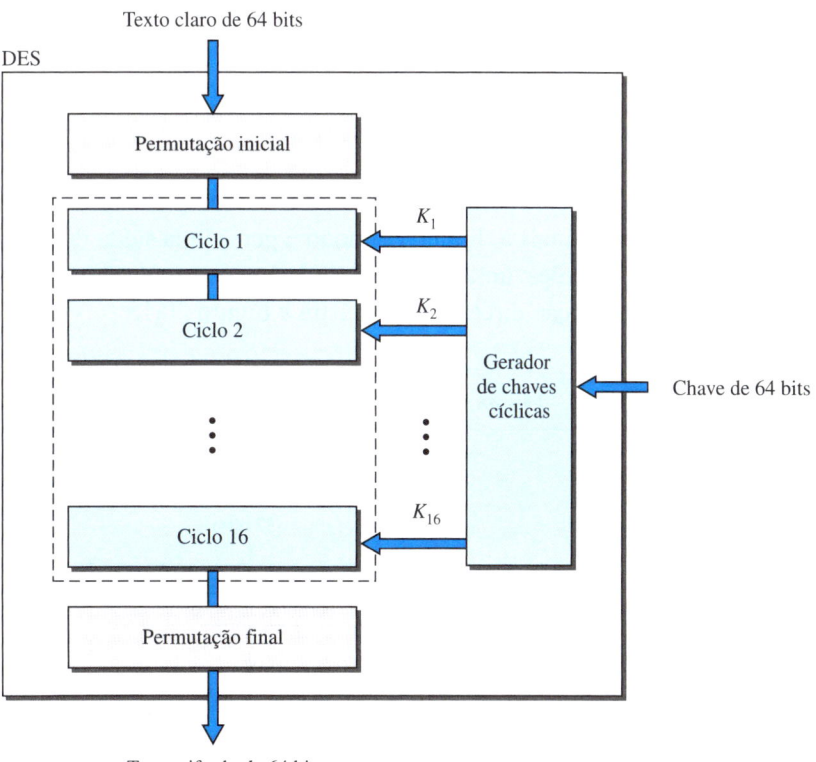

O DES possui dois blocos de transposição (P-boxes) e 16 cifras cíclicas complexas (elas são repetidas). Embora as 16 cifras cíclicas de iteração sejam conceitualmente as mesmas, cada uma usa uma chave diferente derivada da chave original.

As permutações inicial e final são permutações diretas sem chaves que são invertidas entre si. A permutação usa uma entrada de 64 bits e as permuta de acordo com valores predefinidos.

Cada ciclo do DES é uma cifra cíclica complexa, como indicado na Figura 30.14. Observe que a estrutura das cifras cíclicas de criptografia é diferente daquela da decriptografia.

Figura 30.14 *Um ciclo nas cifras DES*

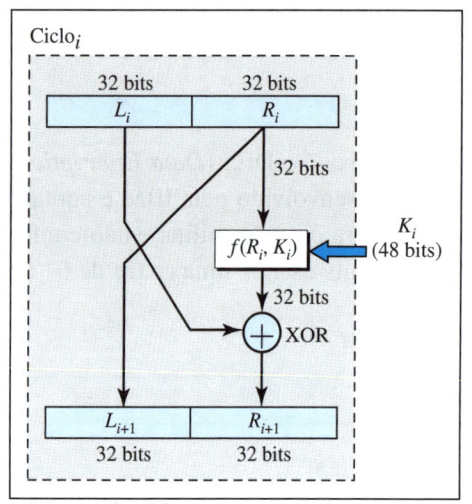
a. Criptografia cíclica

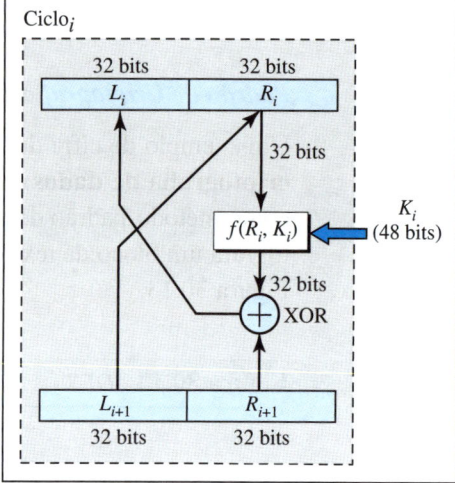
b. Decriptografia cíclica

Função DES   A parte central do DES é a **função DES**, que aplica uma chave de 48 bits para os 32 bits R_i mais à direita, de modo a gerar uma saída de 32 bits. Essa função é formada por quatro operações: uma operação XOR, uma permutação por expansão, um grupo de S-boxes e uma permutação direta, como mostra a Figura 30.15.

Figura 30.15 *Função DES*

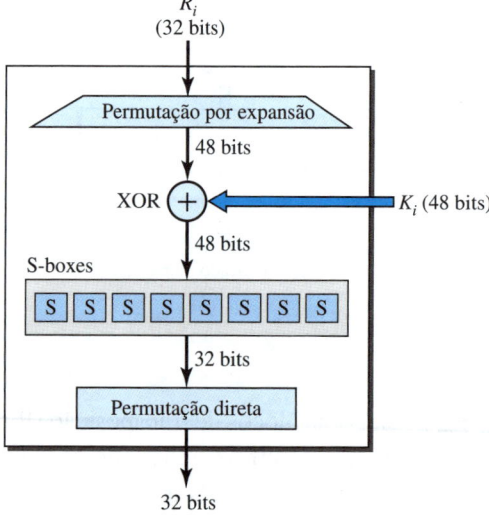

Triplo DES

O DES tem recebido críticas devido à sua chave ser demasiadamente curta. Para aumentar a chave, o Triplo DES, ou 3DES, foi proposto e implementado. Esse padrão utiliza três blocos DES, conforme ilustrado na Figura 30.16. Pode-se observar que o bloco de criptografia utiliza uma combinação criptografa-decodifica-criptografa de DES, e o bloco de decodificação utiliza uma combinação decodifica-criptografa-decodifica. Há duas versões distintas de 3DES em uso: 3DES com duas chaves e 3DES com três chaves. Para que o tamanho da chave seja 112 bits e ao mesmo tempo o DES fique protegido de ataque como o "homem-no-meio", foi desenvolvido o 3DES com duas chaves. Nessa versão, a primeira e a terceira chaves são idênticas (Chave$_1$ = Chave$_3$). Isso proporciona a vantagem de um texto criptografado utilizando um bloco DES único pode ser decodificado pelo 3DES. Para isso, basta ajustar todas as chaves para Chave$_1$. Diversos algoritmos utilizam uma cifra 3DES com três chaves. Isso aumenta o tamanho da chave para 168 bits.

Figura 30.16 *Triplo DES*

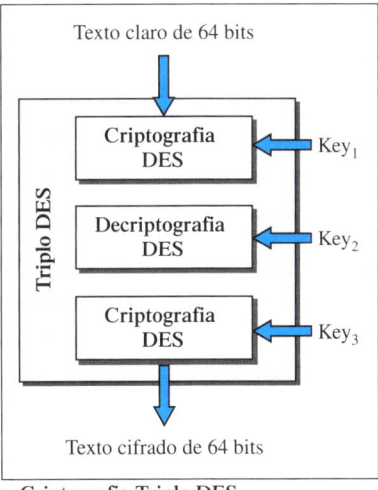
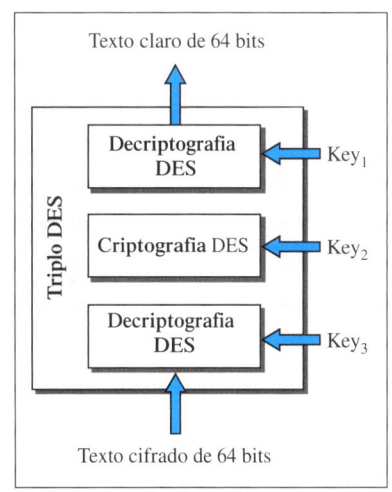

a. Criptografia Triplo DES   b. Decriptografia Triplo DES

Padrão de Criptografia Avançado

O AES (*Advanced Encryption Standard* — **padrão de criptografia avançado**) foi concebido porque a chave do DES era muito pequena. Embora o Triplo DES (3DES) aumentasse o tamanho da chave, o processo era muito lento. O **NIST** (**National Institute of Standards and Technology** — **Instituto Nacional de Padrões e Tecnologia** dos EUA) optou pelo **algoritmo de Rinjdael**, nome dado em homenagem a dois inventores belgas, Vincent Rijmen e Joan Daemen, como base do AES. O AES é uma cifra cíclica muito complexa. O AES foi projetado com três tamanhos de chave: 128, 192 ou 256 bits. A Tabela 30.1 mostra a relação entre o bloco de dados, o número de ciclos e o tamanho da chave.

Tabela 30.1 *Configuração AES*

Tamanho do Bloco de Dados	Número de Ciclos	Tamanho da Chave
128 bits	10	128 bits
	12	192 bits
	14	256 bits

> **O AES apresenta três configurações diferentes em relação ao número de ciclos e tamanho da chave.**

Neste texto, discutimos apenas a configuração de chave de 128 bits e dez ciclos. A estrutura e a operação de outras configurações são similares. A diferença reside na geração de chaves.

A estrutura geral é mostrada na Figura 30.17. Há uma operação XOR inicial seguida por dez cifras cíclicas. O último ciclo é ligeiramente distinto dos ciclos precedentes; falta nele uma operação.

Embora os dez blocos de iteração sejam praticamente idênticos, cada um usa uma chave diferente derivada da chave original.

Figura 30.17 *AES*

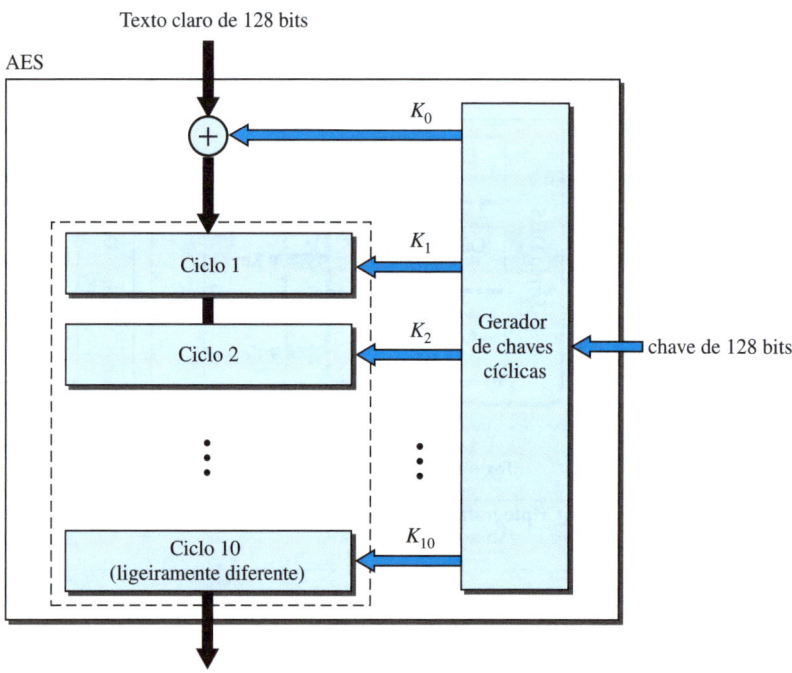

Estrutura de cada ciclo Cada ciclo de AES, exceto o último, é uma cifra com quatro operações que apresentam suas inversas. O último ciclo tem apenas três operações. A Figura 30.18 é um fluxograma que ilustra as operações em cada ciclo. Cada uma das quatro operações usadas em cada ciclo utiliza uma cifra complexa; este tópico está fora do escopo deste livro.

Outras Cifras

Durante as duas décadas mais recentes, foram criadas e usadas algumas outras cifras de bloco simétricas. A maioria dessas cifras apresenta características similares às duas cifras discutidas no presente capítulo (DES e AES). A diferença normalmente está no tamanho do bloco ou chave, no número de ciclos e nas funções utilizadas. Os princípios são os mesmos. De modo a não sobrecarregar o usuário com os detalhes dessas cifras, damos uma breve descrição de cada uma delas.

Figura 30.18 *Estrutura de cada ciclo*

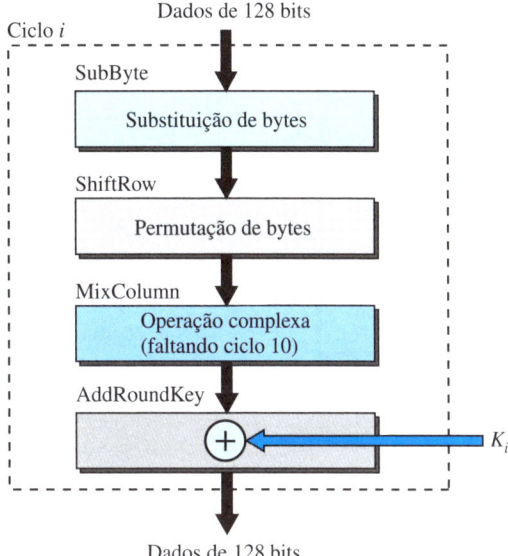

IDEA O IDEA (**International Data Encryption Alghoritm — Algoritmo Internacional de Criptografia de Dados**) foi desenvolvido por Xuejia Lai e James Massey. O tamanho do bloco é 64 e o da chave, 128. Pode ser implementado tanto em termos de hardware como de software.

Blowfish O Blowfish foi criado por Bruce Schneier. O tamanho do bloco é 64 e o da chave, entre 32 e 448.

CAST-128 CAST-128 foi desenvolvido por Carlisle Adams e Stafford Tavares. Refere-se a uma cifra Feistel com 16 ciclos e de bloco igual a 64 bits; o tamanho da chave é de 128 bits.

RC5 O RC5 foi realizado por Ron Rivest. Trata-se de uma família de cifras com tamanhos de blocos, tamanhos de chave e números de ciclos diferentes.

Modo de Operação

Modo de operação é uma técnica que emprega as modernas cifras de blocos como DES e AES que foram discutidas anteriormente (ver a Figura 30.19).

Figura 30.19 *Modos de operação para cifras de blocos*

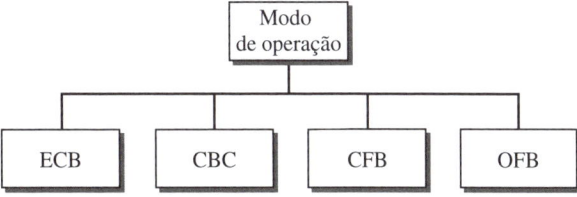

ECB

O **modo ECB** (**Electronic Code Book** — **modo de livro de códigos eletrônico**) é uma técnica que se baseia puramente em cifras de blocos. O texto claro é dividido em blocos de N bits. O texto cifrado é formado por blocos de N bits. O valor de N depende do tipo de cifra usada. A Figura 30.20 ilustra o método.

Figura 30.20 *Modo ECB*

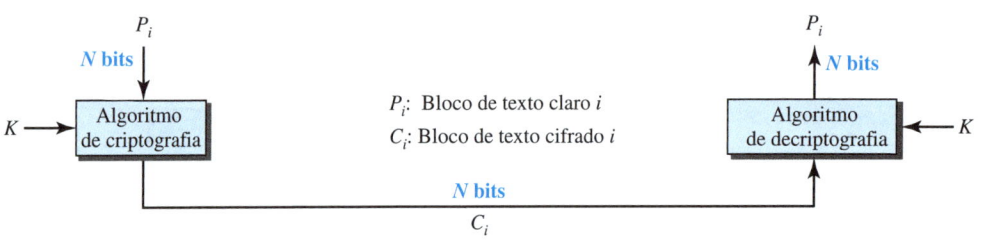

Mencionamos quatro características deste modo:

1. Como a chave e o algoritmo de criptografia/decriptografia são os mesmos, blocos iguais no texto claro se tornam blocos iguais no texto cifrado. Por exemplo, se os blocos de texto claro 1, 5 e 9 forem os mesmos, os blocos de texto cifrado 1, 5 e 9 serão os mesmos. Isso pode ser um problema em termos de segurança; o invasor pode adivinhar que os blocos de texto claro são iguais se os blocos de texto cifrado correspondentes forem os mesmos.
2. Se reorganizarmos o bloco de texto claro, o texto cifrado também será reordenado.
3. Os blocos são independentes entre si. Cada bloco é criptografado ou decriptografado de forma independente. Um problema na criptografia ou decriptografia de um bloco não afeta os demais.
4. Um erro em um bloco não se propaga para os demais. Se um ou mais bits forem corrompidos durante a transmissão, isso afeta apenas os bits no texto claro correspondente após a decriptografia. Outros blocos de texto claro não são afetados. Trata-se de uma vantagem real se o canal não for isento de ruídos.

CBC

O **modo CBC** (*Cipher Block Chaining* — **Encadeamento de blocos de cifras**) tenta minimizar parte dos problemas do ECB pela inclusão do bloco de cifra anterior na preparação do bloco atual. Se o atual for i, o bloco de texto cifrado anterior C_{i-1} é incluso na criptografia do bloco i. Em outras palavras, quando um bloco for completamente cifrado, será transmitido, mas uma cópia dele é mantida em um registro (um local onde os dados possam ser armazenados) para ser usado na criptografia do bloco seguinte. O leitor pode estar pensando a respeito do bloco inicial. Não existe nenhum bloco de texto cifrado antes do primeiro bloco. Nesse caso, é usado um bloco forjado denominado IV (*Initiation Vector* — **Vetor de inicialização**). Tanto o emissor como o receptor entram em um acordo em relação a um IV específico predeterminado. Em outras palavras, o IV é usado em vez do C_0 inexistente. A Figura 30.21 mostra o modo CBC.

O leitor pode estar pensando na decriptografia. A configuração mostrada na figura garante a decriptografia correta? Pode ser provado que sim, mas deixamos essa demonstração para um livro sobre segurança de redes.

Figura 30.21 *Modo CBC*

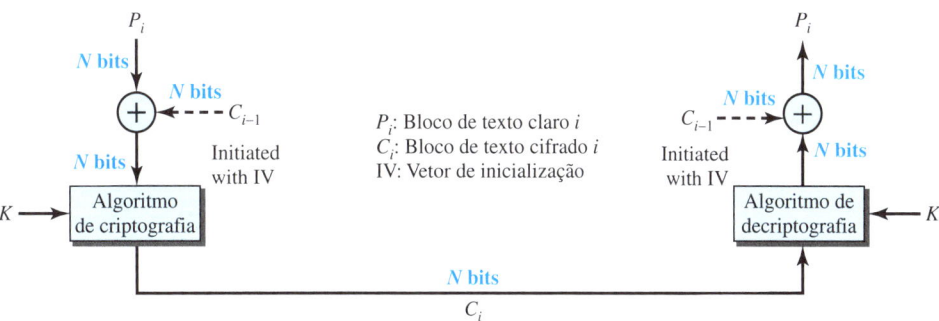

Eis algumas características do CBC:

1. Muito embora a chave e o algoritmo de criptografia/decriptografia sejam o mesmo, blocos iguais no texto claro não se tornam blocos iguais no texto cifrado. Por exemplo, se os blocos de texto claro 1, 5 e 9 forem os mesmos, os blocos de texto cifrado 1, 5 e 9 não serão. Um invasor não será capaz de deduzir, a partir do texto cifrado, que os dois blocos são iguais.

2. Os blocos são dependentes entre si. Cada bloco é criptografado ou decriptografado com base no bloco anterior. Um problema na criptografia ou decriptografia de um bloco afeta os demais.

3. O erro em um bloco se propaga para os demais. Se um ou mais bits estiverem corrompidos durante a transmissão, isso afeta os bits nos blocos do texto claro seguintes após a decriptografia.

Modo CFB

O **modo CFB** (*Cipher Feedback* — **feedback de cifras**) foi criado para aquelas situações nas quais precisamos enviar ou receber r bits de dados, em que r é um número diferente do tamanho do bloco da cifra de criptografia usada. O valor de r pode ser 1, 4, 8 ou um número qualquer de bits. Como todas as cifras de bloco funcionam em um bloco de dados por vez, o problema é como criptografar apenas r bits. A solução é deixar a cifra criptografar um bloco de bits e usar apenas os r primeiros bits como nova chave (chave de fluxo) para criptografar os r bits de dados de usuário. A Figura 30.22 mostra a configuração.

Eis algumas das características do modo CFB:

1. Se alterarmos o IV de uma criptografia para outra usando o mesmo texto claro, o texto cifrado é diferente.

2. O texto cifrado C_i depende de ambos os P_i e do bloco de texto cifrado anterior.

3. Os erros em um ou mais bits do bloco de texto cifrado afetam os blocos de texto cifrado seguintes.

OFB

O **modo OFB** (*Output Feedback* — **feedback de saída**) é bastante similar ao modo CFB com apenas uma diferença. Cada bit no texto cifrado é independente do bit ou bits anteriores. Isso impede a propagação de erros. Se ocorrer um erro de transmissão, ele não afeta os bits futuros.

Figura 30.22 *Modo CFB*

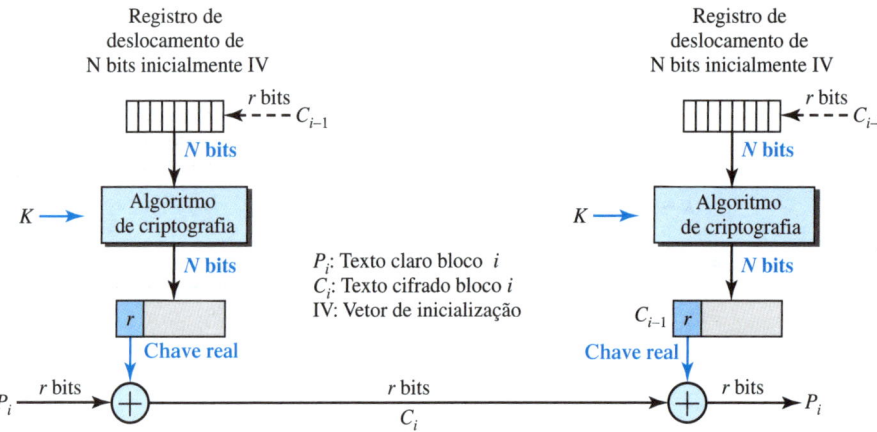

Observe que, como no CFB, tanto o emissor como o receptor usam o algoritmo de criptografia. Note também que no OFB, as cifras de bloco como DES ou AES podem ser usadas apenas para criar o fluxo de chaves. O feedback para criar o fluxo de bits seguinte provém dos bits do fluxo de chaves anterior e não do texto cifrado. O texto cifrado não participa da criação do fluxo de chaves. A Figura 30.23 ilustra o modo OFB.

Figura 30.23 *Modo OFB*

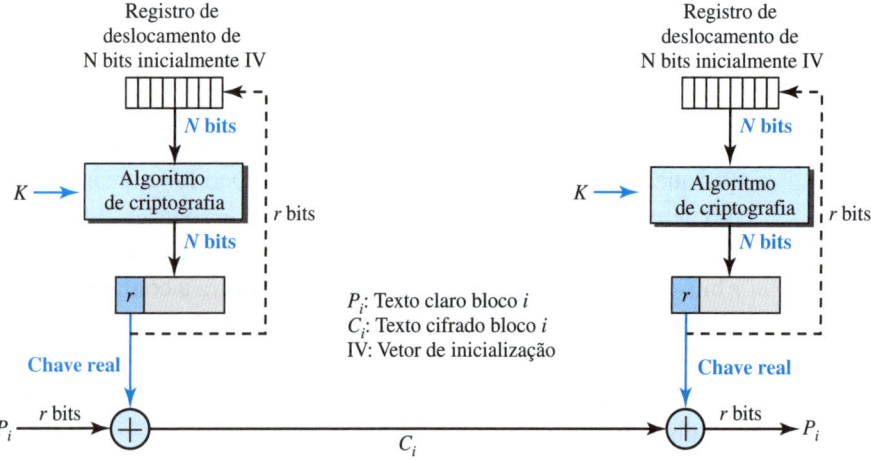

A seguir, são apresentadas algumas características do modo OFB.

1. Se modificarmos o IV de uma criptografia para outra usando o mesmo texto claro, o texto cifrado será diferente.
2. O texto cifrado C_i depende do texto claro P_i.
3. Erros em um ou mais bits do texto cifrado não afetam os blocos futuros de texto cifrado.

30.3 CRIPTOGRAFIA DE CHAVE ASSIMÉTRICA

Nas seções anteriores, discutimos a criptografia de chave simétrica. Na presente seção, introduzimos a chave assimétrica (criptografia de chave pública). Como mencionado, uma cifra de chave assimétrica (ou chave pública) usa duas chaves: uma privada e uma pública. Discutimos dois algoritmos: o RSA e o Diffie-Hellman.

RSA

O algoritmo de chave pública mais comum é o RSA, assim chamado em homenagem a seus inventores **Rivest**, **Shamir** e **Adleman (RSA)**. Ele usa dois números, e e d, como chaves pública e privada, conforme mostrado na Figura 30.24.

Figura 30.24 *RSA*

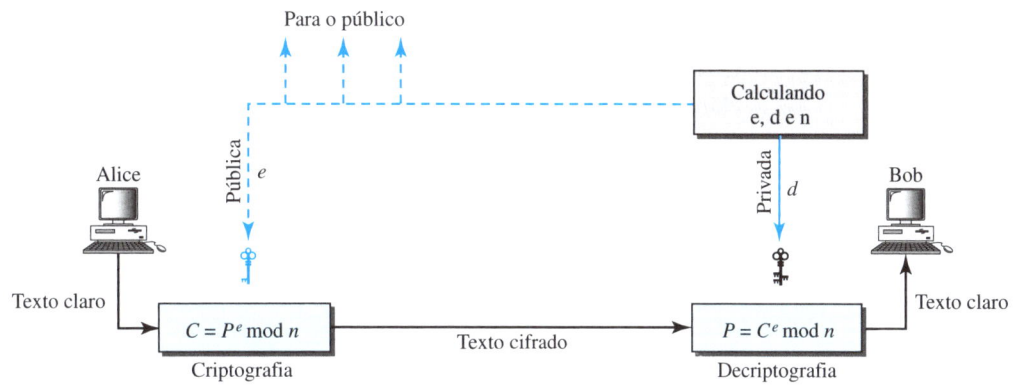

As duas chaves, *e* e *d*, têm uma relação especial entre si, cuja discussão está fora do escopo deste livro. Demonstramos apenas como calcular as chaves sem prova.

Seleção de Chaves

Bob usa as seguintes etapas para selecionar as chaves privada e pública:

1. Escolhe dois números primos muito grandes, *p* e *q*. Lembre-se de que um número primo é aquele que pode ser dividido igualmente somente por 1 e por si próprio.
2. Multiplica os dois primos escolhidos para descobrir *n*, o módulo para criptografia e decriptografia. Em outras palavras, $n = p \times q$.
3. Calcula outro número $\phi = (p - 1) \times (q - 1)$.
4. Escolhe um inteiro aleatório *e*. Em seguida, calcula *d* de modo que $d \times e = 1 \bmod \phi$.
5. Anuncia *e* e *n* para o público; ele mantém ϕ e *d* secretos.

No RSA, *e* e *n* são anunciados ao público; *d* e ϕ são mantidos secretos.

Criptografia

Qualquer um que precise enviar uma mensagem para Bob pode usar n e e. Por exemplo, se Alice precisa enviar uma mensagem para Bob, ela pode alterar a mensagem, normalmente curta, para completa. Este é o texto claro. Em seguida, ela calcula o texto cifrado, usando e e n.

$$C = p^e \pmod{n}$$

Alice envia C, o texto cifrado, para Bob.

Decriptografia

Bob mantém ϕ e d privadas. Ao receber o texto cifrado, ele usa sua chave privada d para decriptografar a mensagem:

$$P = C^d \pmod{n}$$

Restrição

Para o RSA funcionar, o valor de P deve ser menor que o valor de n. Se P for um número grande, o texto claro precisa ser dividido em blocos para tornar P menor que n.

Exemplo 30.7

Bob escolhe 7 e 11 como p e q e calcula $n = 7 \cdot 11 = 77$. O valor de $\phi = (7 - 1)(11 - 1)$ ou 60. Dessa vez, ele escolhe duas chaves, e e d. Se optar por e ser 13, então d é 37. Imagine agora Alice enviando o texto claro 5 para Bob. Ela usa a chave pública 13 para criptografar 5.

> Texto claro: 5
> C = 5¹³ = 26 mod 77
> Texto cifrado: 26

Bob recebe o texto cifrado 26 e usa a chave privada 37 para decifrar o texto cifrado:

> Texto cifrado: 26
> P = 26³⁷ = 5 mod 77
> Texto claro: 5   **Mensagem pretendida enviada por Alice**

O texto claro 5 enviado por Alice é recebido como texto claro 5 por Bob.

Exemplo 30.8

Jennifer cria um par de chaves para si própria. Ela escolhe $p = 397$ e $q = 401$. Calcula $n = 159.197$ e $\phi = 396 \cdot 400 = 158.400$. Em seguida, ela escolhe $e = 343$ e $d = 12.007$. Mostre como Ted pode enviar uma mensagem para Jennifer se ele conhecer e e n.

Solução

Suponha que Ted queira transmitir uma mensagem "NO" para Jennifer. Ele modifica cada caractere para um número (de 00 a 25), cada caractere codificado como dois dígitos. Em seguida, ele concatena os dois caracteres codificados e obtém um número de quatro dígitos. O texto claro é 1314. Ted usa então e e n

para criptografar a mensagem. O texto cifrado é $1314^{343} = 33.677 \bmod 159.197$. Jennifer recebe a mensagem 33.677 e usa a chave de decriptografia d para decifrá-lo como $33.677^{12.007} = 1314 \bmod 159.197$. Jennifer decodifica então 1314 como a mensagem "NO". A Figura 30.25 mostra o processo.

Figura 30.25 *Exemplo 30.8*

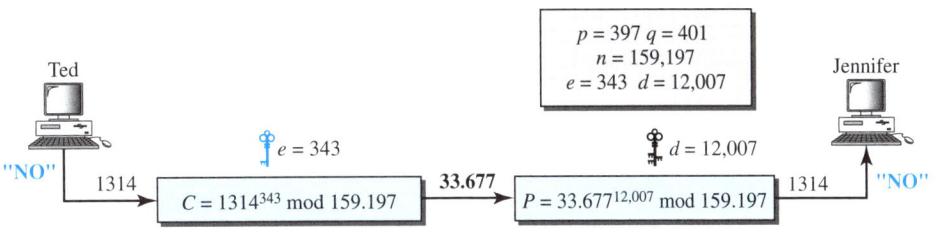

Exemplo 30.9

Vamos dar um exemplo real. Optamos por p e q de 512 bits. Calculamos n e ϕ. Em seguida, escolhemos e e testamos para ver se ele é primo em relação a $\phi(n)$. Calculamos d. Finalmente, mostramos os resultados da criptografia e decriptografia. Escrevemos um programa em Java para fazer isso; esse tipo de cálculo não pode ser realizado por uma calculadora.

Escolhemos, aleatoriamente, um inteiro de 512 bits. O inteiro p é um número de 159 dígitos.

p = 9613034531358350457419158128061542790930984559499621582258315087964794045505647063849125716018034750312098666064924201918087806674210960633 54219926661209

O inteiro q é um número de 160 dígitos.

q = 1206019195723144691827679420445089600155592505463703393606179832173148214848376465921538945320917522527322683010712069560460251388714552496900 0359660045617

Calculamos n. Ele possui 309 dígitos.

n = 11593504173967614968892509864615887523771457375454144775485526137614788 540832635081727687881596832516846884930062548576411125016241455233918292716250765677272746009708271412773043496050055634727456662806009992403710299142447229221577279853172703383938133469268413732762200096667667183 18310883734208234443709531

Calculamos ϕ. Ele possui 309 dígitos:

ϕ = 11593504173967614968892509864615887523771457375454144775485526137614788 540832635081727687881596832516846884930062548576411125016241455233918292716250765675105423360849291675203448262798811755478765701392344440571698958172819609822636107546721186461217135910735864061400888517026537727 7264467341066243857664128

Escolhemos $e = 35.535$. Em seguida, determine d.

$e =$ 35.535

$d =$ 58008302860037763936093661289677917594669062089650962180422866111380593852822358731706286910030021710859044338402170729869087600611530620252495988444804756824096624708148581713046324064407770483313401085094738529564507193677406119732655742423721761767462077637164207600337085333288532144708859551 36670294831

Alice quer enviar a mensagem "THIS IS A TEST" que pode ser alterada para um valor numérico usando o esquema de codificação 00–26 (26 é o caractere *espaço*).

$P =$ 19070818260818260026190418 19

O texto cifrado calculado por Alice é $C = P^e$, que é

$C =$ 475309123646226827206365550610545180942371796070491716523239243054452960613199328566617843418359114151197411252005682979794571736036101278218847892741566090480023507190715277185914975188465888632101148354103361657898467968386763733765777465625079280521148141844048141844308127730590046928742485591664621086 56

Bob pode recuperar o texto claro do texto cifrado usando $P = C^d$, que é

$P =$ 19070818260818260026190418 19

O texto claro recuperado é THIS IS A TEST após decodificação.

Aplicações

Embora o RSA possa ser usado para criptografar e decriptografar mensagens reais, é muito lento se a mensagem for longa. O RSA é, portanto, útil para mensagens curtas como pequeno resumo de mensagem (ver o Capítulo 31) ou uma chave simétrica a ser usada para um criptosistema de chave simétrica. Em particular, veremos que o RSA é usado em assinaturas digitais e outros criptosistemas que normalmente precisam criptografar uma pequena mensagem sem ter acesso a uma chave simétrica. O RSA também é utilizado para autenticação, como veremos mais tarde.

Diffie-Hellman

O RSA é um criptosistema de chave pública que é usado geralmente para criptografar e decriptografar chaves simétricas. Diffie-Hellman, por outro lado, foi desenvolvido originalmente para a troca de chaves simétricas. No **criptosistema de Diffie-Hellman,** duas partes criam uma **chave de sessão** simétrica para troca de dados sem ter de se lembrar ou armazenar a chave para uso futuro. Eles não precisam se encontrar para chegar a um acordo sobre a chave; isso pode ser feito pela Internet. Vejamos como funciona o protocolo quando Alice e Bob precisam de uma chave simétrica para se comunicar. Antes de estabelecer uma chave simétrica, as duas partes precisam escolher dois números p e g. O primeiro número, p, é um número primo grande na ordem de 300 dígitos decimais (1.024 bits). O segundo número é um número aleatório. Ambos não precisam ser confidenciais. Eles podem ser enviados pela Internet; podem ser públicos.

Procedimento

A Figura 30.26 mostra o procedimento. As etapas são as seguintes:

Figura 30.26 *Método Diffie-Hellman*

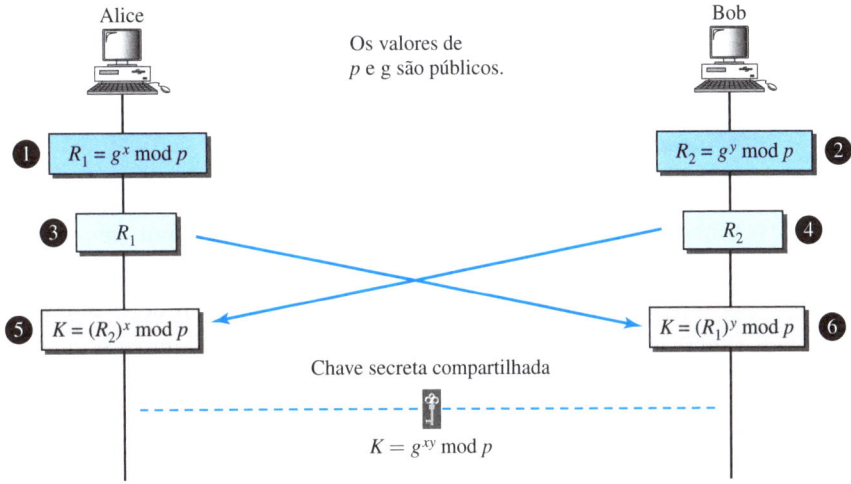

- Passo 1: Alice escolhe um número aleatório grande x e calcula $R_1 = g^x \bmod p$.
- Passo 2: Bob escolhe outro número aleatório grande y e calcula $R_2 = g^y \bmod p$.
- Passo 3: Alice envia R_1 para Bob. Note que Alice não envia o valor de x; ela envia apenas R_1.
- Passo 4: Bob envia R_2 para Alice. Perceba, novamente, que Bob não envia o valor de y, mas apenas R_2.
- Passo 5: Alice calcula $K = (R_2)^x \bmod p$.
- Passo 6: Bob também calcula $K = (R_1)^y \bmod p$.

A chave simétrica para a sessão é K.

$$(g^x \bmod p)^y \bmod p = (g^y \bmod p)^x \bmod p = g^{xy} \bmod p$$

Bob calculou $K = (R_1)^y \bmod p = (g^x \bmod p)^y \bmod p = g^{xy} \bmod p$. Alice calculou $K = (R_2)^x \bmod p = (g^y \bmod p)^x \bmod = g^{xy} \bmod p$. Ambos chegaram ao mesmo valor sem Bob conhecer o valor de x e sem Alice conhecer o valor de y.

A chave simétrica (compartilhada) no protocolo Diffie-Hellman é $K = g^{xy} \bmod p$.

Exemplo 30.10

Vamos dar um exemplo trivial para tornar claro o procedimento. Nosso exemplo usa números pequenos, mas note que, em uma situação real, os números são muito grandes. Suponha $g = 7$ e $p = 23$. As etapas são as seguintes:

1. Alice escolhe $x = 3$ e calcula $R_1 = 7^3 \bmod 23 = 21$.
2. Bob escolhe $y = 6$ e calcula $R_2 = 7^6 \bmod 23 = 4$.
3. Alice envia o número 21 para Bob.
4. Bob envia o número 4 para Alice.
5. Alice calcula a chave simétrica $K = 4^3 \bmod 23 = 18$.
6. Bob calcula a chave simétrica $K = 21^6 \bmod 23 = 18$.

O valor de K é o mesmo tanto para Alice como para Bob; $g^{xy} \bmod p = 7^{18} \bmod 23 = 18$.

Conceito do Algoritmo Diffie-Hellman

O conceito Diffie-Hellman, mostrado na Figura 30.27, é simples, mas elegante. Podemos imaginar a chave secreta entre Alice e Bob formada por três partes: g, x e y. A primeira parte é pública. Todo mundo conhece um terço da chave; g é um valor público. As outras duas partes devem ser adicionadas por Alice e Bob. Cada um deles adiciona uma parte. Alice adiciona x como a segunda parte para Bob; Bob adiciona y como a segunda parte para Alice. Quando Alice recebe a chave adicionada em dois terços de Bob, ela acrescenta a última parte, seu x, para completar a chave. Quando Bob recebe a chave somada em dois terços de Alice, ele acrescenta a última parte, seu y, para completar a chave. Observe que, embora a chave nas mãos de Alice seja formada por g-y-x e a chave de posse de Bob seja g-x-y, essas duas chaves são as mesmas, pois $g^{xy} = g^{yx}$.

Figura 30.27 *Conceito de Diffie-Hellman*

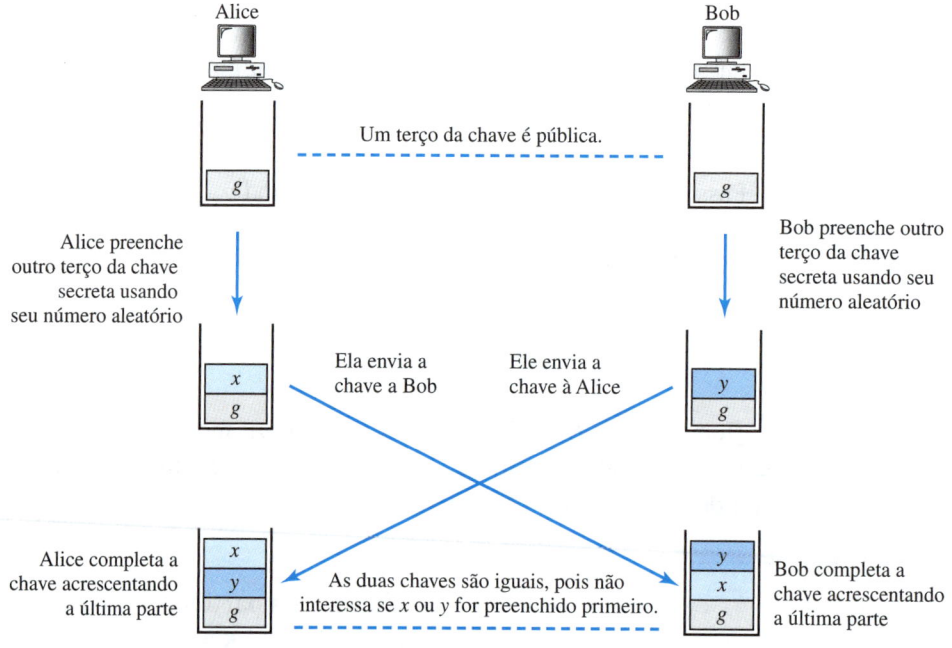

Note também que, embora as duas chaves sejam as mesmas, Alice não pode encontrar o valor y usado por Bob, pois o cálculo é realizado em módulo p; Alice recebe g^y mod p de Bob, não g^y.

Ataque "Homem-no-Meio"

Diffie-Hellman é um algoritmo de criação de chaves simétricas muito sofisticado. Se x e y forem números muito grandes, é extremamente difícil para Eve descobrir a chave, conhecendo-se apenas p e g. Um invasor precisa determinar x e y se R_1 e R_2 forem interceptados. Mas determinar x a partir de R_1 e y a partir de R_2 são duas tarefas difíceis. Mesmo um computador sofisticado levaria talvez anos para determinar a chave tentando números diferentes. Além disso, Alice e Bob modificarão a chave na próxima vez que precisarem se comunicar.

Entretanto, esse protocolo tem um ponto fraco. Eve não tem de encontrar o valor de x e y para atacar o protocolo. Ela pode enganar Alice e Bob criando duas chaves: uma entre ela e Alice e outra entre ela e Bob. A Figura 30.28 mostra a situação.

Figura 30.28 *Ataque homem-no-meio*

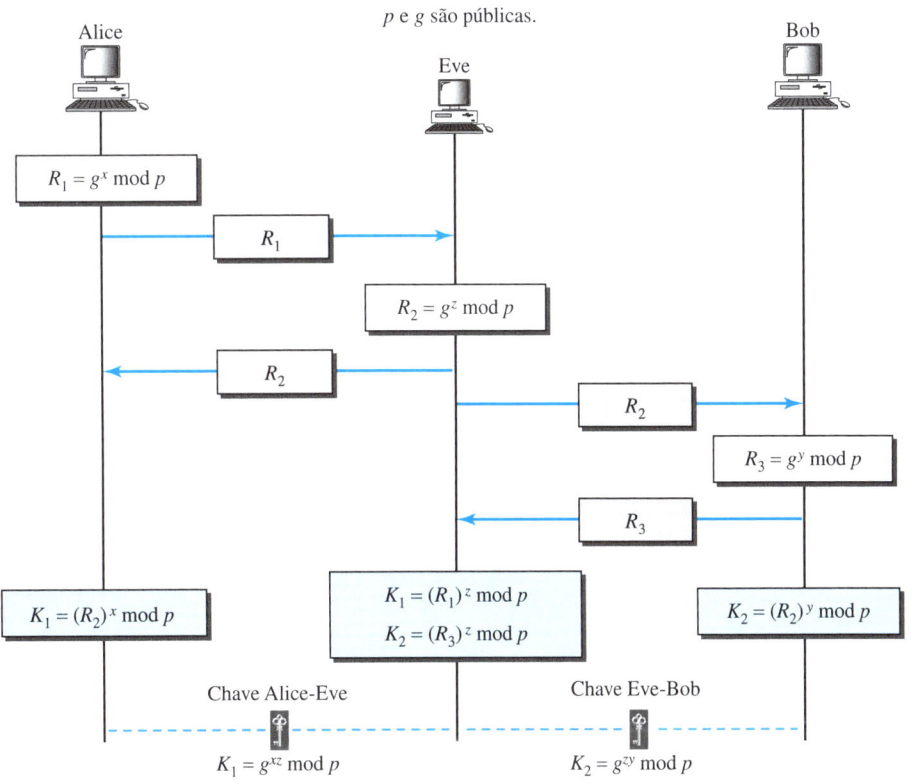

Pode acontecer o seguinte:

1. Alice escolhe x, calcula $R_1 = g^x$ mod p e envia R_1 para Bob.
2. Eve, o invasor, intercepta R_1. Ela escolhe z, calcula $R_2 = g^z$ mod p e envia R_2 tanto para Alice como para Bob.

3. Bob escolhe y, calcula $R_3 = g^y \bmod p$ e envia R_3 para Alice; R_3 é interceptada por Eve e jamais chega a Alice.

4. Alice e Eve calculam $K_1 = g^{xz} \bmod p$, que se torna uma chave compartilhada entre Alice e Eve. Alice, entretanto, imagina que se trata de uma chave compartilhada entre Bob e ela.

5. Eve e Bob calculam $K_2 = g^{zy} \bmod p$, que se torna uma chave compartilhada entre Eve e Bob. Bob, no entanto, imagina se tratar de uma chave compartilhada entre Alice e ele.

Em outras palavras, duas chaves, em vez de uma, são criadas: uma entre Alice e Eve e outra entre Eve e Bob. Quando Alice envia dados para Bob criptografados com K_1 (compartilhado por Alice e Eve), ela pode ser decifrada e lida por Eve. Eve pode enviar uma mensagem para Bob criptografada por K_2 (chave compartilhada entre Eve e Bob); ou pode também alterar a mensagem ou enviar uma mensagem totalmente nova. Bob é enganado e acredita que a mensagem veio de Alice. Um cenário similar pode acontecer para Alice no outro sentido.

Essa situação é chamada **ataque "homem-no-meio"**, pois Eve se coloca no meio e intercepta R_1, enviada por Alice a Bob e R_3, enviada por Bob a Alice. Também é conhecida como **"ataque de brigada de baldes"**, porque faz lembrar um pequeno grupo de voluntários passando um balde d'água de pessoa em pessoa.

Autenticação

O ataque "homem-no-meio" pode ser evitado se Bob e Alice se autenticarem entre si. Ou seja, o processo de intercâmbio de chaves pode ser combinado com um esquema de autenticação para impedir um ataque "homem-no-meio". Falaremos sobre autenticação no Capítulo 31.

30.4 LEITURA RECOMENDADA

Para mais detalhes sobre os assuntos discutidos no presente capítulo, recomendamos os seguintes livros e sites. Os itens entre colchetes [...] correspondem à lista de referências bibliográficas no final do texto.

Livros

A criptografia pode ser encontrada em vários livros dedicados ao assunto como [Bar02], [Gar01], [Sti02], [Mao04], [MOV97] e [Sch96].

30.5 TERMOS-CHAVE

algoritmo de decriptografia
AES (padrão de criptografia avançado)
algoritmo de criptografia
algoritmo de Rijndael
ataque de brigada de baldes
ataque "homem-no-meio"
ciclos
chave

chave de sessão
chave privada
chave pública
cifra XOR
cifra com deslocamento
cifra de blocos
cifra de César
cifra de rotação

cifra de substituição
cifra de transposição
cifra monoalfabética
cifra polialfabética
cifras cíclicas
chave secreta
cifra simples
criptografia
criptosistema Diffie-Hellman
decriptografia
DES (padrão de criptografia de dados)
função DES
modo CBC (encadeamento de blocos de cifras)
modo CFB (feedback de cifras)

modo de operação
modo ECB (livro de códigos eletrônico)
modo OFB (feedback de saída)
NIST (National Institute of Standards e Technology)
P-box
permutação direta
permutação por compressão
permutação por expansão
RSA (Rivest, Shamir, Adleman)
S-box
texto cifrado
texto claro
Triplo DES
vetor de inicialização (IV)

30.6 RESUMO

❑ Criptografia é a ciência e a arte de transformar mensagens para torná-las seguras e imunes a ataques.

❑ O texto claro é a mensagem original antes da transformação; o texto cifrado é uma mensagem após a transformação.

❑ Um algoritmo de criptografia transforma texto claro em texto cifrado; um algoritmo de decriptografia transforma texto cifrado em texto claro.

❑ A combinação de um algoritmo de criptografia e de um algoritmo de decriptografia é denominada cifra.

❑ Chave é um número ou conjunto de números sobre a qual a cifra opera.

❑ Podemos dividir todas as cifras em duas amplas categorias: cifras de chave simétrica e cifras de chave assimétrica.

❑ Em uma cifra de chave simétrica, a mesma chave é usada tanto pelo emissor como pelo receptor. A chave é denominada chave secreta.

❑ Na cifra de chave assimétrica é usado um par de chaves. O emissor utiliza a chave pública; o receptor usa a chave privada.

❑ A cifra de substituição substitui um caractere por outro.

❑ As cifras de substituição podem ser classificadas em duas grandes categorias: monoalfabéticas e polialfabéticas.

❑ A cifra com deslocamento é a cifra monoalfabética mais simples. Ela usa aritmética modular com módulo 26. A cifra de César é uma cifra com deslocamento com chave igual a 3.

❑ A cifra de transposição reordena os caracteres de texto claro para criar um texto cifrado.

❑ A cifra XOR é a cifra mais simples que pode ser invertida.

❑ A cifra de rotação é uma cifra que pode ser invertida.

- Uma S-box é uma cifra de substituição sem chaves com N entradas e M saídas, que usa uma fórmula para definir a relação entre o fluxo de entrada e o fluxo de saída.

- Uma P-box é uma cifra de transposição sem chaves com N entradas e M saídas, que usa uma tabela para definir a relação entre o fluxo de entrada e o fluxo de saída. Pode ser invertida apenas se o número de entradas e de saídas for igual. Uma P-box pode usar permutação direta, permutação por compressão ou permutação por expansão.

- Uma cifra moderna normalmente é uma cifra cíclica; cada ciclo é uma cifra complexa composta por uma combinação de cifras simples distintas.

- DES é um método de chave simétrica adotado pelo governo dos Estados Unidos. O DES tem um bloco de permutação inicial e final e 16 ciclos.

- O ponto principal do DES é a função DES. A função DES tem quatro componentes: permutação por expansão, operação XOR, S-boxes e permutação direta.

- O DES usa um gerador e chaves para gerar 16 chaves cíclicas de 48 bits.

- O Triplo DES foi desenvolvido para aumentar o tamanho da chave DES (efetivamente 56 bits) para maior segurança.

- O AES é uma cifra cíclica com base no algoritmo de Rijndael que usa um bloco de dados de 128 bits. O AES possui três configurações diferentes: dez ciclos com tamanho de chave de 128 bits, 12 ciclos com tamanho de chave de 192 bits e 14 ciclos com tamanho de chave de 256 bits.

- O modo de operação se refere a técnicas que emprega cifras como DES ou AES.

- Quatro modos de operação comuns são ECB, CBC, CBF e OFB. ECB e CBC são cifras de bloco; CBF e OFB são cifras de fluxo.

- Um método de criptografia de chave pública usada é o algoritmo RSA, inventado por Rivest, Shamir e Adleman.

- O RSA escolhe n para ser o produto de dois primos p e q.

- O método de Diffie-Hellman fornece uma chave de sessão por uma única vez para as duas partes.

- O ataque "homem-no-meio" pode pôr em perigo a segurança do método de Diffie-Hellman se duas partes não se autenticarem entre si.

30.7 ATIVIDADES PRÁTICAS

Questões para Revisão

1. Na criptografia de chave simétrica, quantas chaves são necessárias se Alice e Bob quiserem se comunicar entre si?

2. Na criptografia de chave simétrica, Alice pode usar a mesma chave para se comunicar com Bob e John? Justifique sua resposta.

3. Na criptografia de chave simétrica, se cada pessoa em um grupo de dez precisar se comunicar com cada uma das demais pessoas em outro grupo de dez, quantas chaves secretas são necessárias?

4. Na criptografia de chave simétrica, se cada pessoa em um grupo de dez precisar se comunicar com cada uma das demais, quantas chaves secretas são necessárias?

5. Repita a Questão 1 para criptografia de chave assimétrica.

6. Repita a Questão 2 para criptografia de chave assimétrica.
7. Repita a Questão 3 para criptografia de chave assimétrica.
8. Repita a Questão 4 para criptografia de chave assimétrica.

Exercícios

9. Na criptografia de chave simétrica, como você imagina que duas pessoas podem estabelecer uma chave secreta entre si?
10. Na criptografia de chave assimétrica, como você imagina que duas pessoas podem estabelecer dois pares das chaves entre si?
11. Criptografe a mensagem "THIS IS AN EXERCISE" usando uma cifra de deslocamento com uma chave de 20. Ignore o espaço entre palavras. Decriptografe a mensagem para obter o texto claro original.
12. Podemos usar substituição monoalfabética se nossos símbolos são apenas 0 e 1? Isso é uma boa idéia?
13. Podemos usar substituição polialfabética se nossos símbolos são apenas 0 e 1? Isso é uma boa idéia?
14. Criptografe "INTERNET" usando uma cifra de transposição com a seguinte chave:

$$3\ 5\ 2\ 1\ 4$$
$$1\ 2\ 3\ 4\ 5$$

15. Gire 111001 três bits à direita.
16. Gire 100111 três bits à esquerda.
17. Um S-box 6×2 adiciona os bits nas posições de número ímpar (1, 3, 5, . . .) para obter o bit direito da saída e adiciona os bits nas posições de numeração par (2, 4, 6, . . .) para obter o bit esquerdo da saída. Se a entrada for 110010, qual é a saída? Se a entrada for 101101, qual é a saída? Suponha que o bit mais à direita seja um bit 1.
18. Quais são as possíveis combinações de entradas de números em uma S-box 6×2? Qual o número de saídas possível?
19. O bit mais à esquerda de uma S-box 4×3 gira os 3 outros bits. Se o bit mais à esquerda for 0, os 3 outros bits são girados 1 bit para a direita. Se o bit mais à esquerda for 1, os 3 outros bits são deslocados 1 bit para a esquerda. Se a entrada for 1011, qual é a saída? Se a entrada for 0110, qual é a saída?
20. Um P-box usa a seguinte tabela para criptografia. Demonstre a caixa e conecte a entrada à saída.

$$4\qquad 2\qquad 3\qquad 1$$
$$1\qquad 2$$

A P-box é direta, por compressão ou expansão?

21. No RSA, dados dois números primos $p = 19$ e $q = 23$, determine n e f. Escolha $e = 5$ e tente determinar d, de tal forma que e e d atendam aos critérios.
22. Para compreender a segurança do algoritmo RSA, determine d se você sabe que $e = 17$ e $n = 187$. Este exercício prova a facilidade que Eve tem para quebrar o segredo se n for pequeno.

23. Para o algoritmo RSA com um n grande, explique porque Bob pode calcular d a partir de n, mas Eve não pode.

24. Usando $e = 13$, $d = 37$ e $n = 77$ no algoritmo RSA, criptografe a mensagem "FINE" usando os valores de 00 a 25 para letras A a Z. Para simplificar, faça a criptografia e a decriptografia caractere por caractere.

25. Por que Bob não pode escolher 1 como chave pública e em RSA?

26. Qual é o perigo em escolher 2 como chave pública e em RSA?

27. Eve usa RSA para enviar uma mensagem para Bob, usando a chave pública dele. Posteriormente, em uma festa, Eve vê Bob, pergunta se a mensagem chegou e Bob confirma. Após alguns drinques, Eve pergunta a Bob, "Qual era o texto cifrado?" Bob dá o valor do texto cifrado para Eve. Isso pode colocar em risco a segurança da chave privada de Bob? Justifique sua resposta.

28. Qual o valor da chave simétrica no protocolo Diffie-Hellman se $g = 7$, $p = 23$, $x = 2$ e $y = 5$?

29. No protocolo Diffie-Hellman, o que acontece se x e y tiverem o mesmo valor isto é, Alice e Bob escolherem o mesmo número por acaso? Os valores de R_1 e R_2 são os mesmos? Os valores das chaves de sessão calculados por Alice e Bob são os mesmos? Use um exemplo para provar sua afirmação.

Atividades de Pesquisa

30. Outro algoritmo de chave assimétrica é denominado ElGamal. Pesquise e descubra informações sobre esse algoritmo. Qual é a diferença entre o RSA e o ElGamal?

31. Outro algoritmo de chave assimétrica se baseia em curvas elípticas. Se você estiver familiarizado com curvas elípticas, pesquise e encontre os algoritmos baseados nelas.

32. Para tornar o algoritmo de Diffie-Helman mais robusto, usam-se cookies. Pesquise e descubra mais sobre o uso de cookies no algoritmo de Diffie-Helman.

CAPÍTULO 31

Segurança de Redes

No Capítulo 30, introduzimos a ciência da criptografia, que apresenta várias aplicações em segurança de redes. Neste capítulo, abordaremos, primeiro, os serviços de segurança que normalmente esperamos ter em uma rede. Em seguida, mostraremos como esses serviços podem ser fornecidos usando a criptografia. No final do capítulo, tocaremos também na questão de distribuição de chaves simétricas e assimétricas. O capítulo fornece o conhecimento necessário para o Capítulo 32, na qual discutiremos a questão de segurança na Internet.

31.1 SERVIÇOS DE SEGURANÇA

A segurança de redes pode fornecer um dos cinco serviços mostrados na Figura 31.1. Quatro deles estão relacionados com a mensagem trocada por meio da rede: confidencialidade, integridade, autenticação e não-repúdio de mensagens. O quinto serviço oferece autenticação ou identificação de entidades.

Figura 31.1 *Serviços de segurança relativos à mensagem ou à entidade*

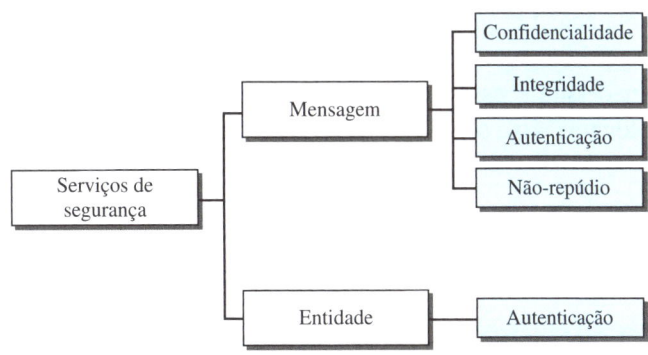

Confidencialidade da Mensagem

Confidencialidade ou privacidade da mensagem significa que o emissor e o receptor esperam ter sigilo. A mensagem transmitida deve fazer sentido apenas para o receptor pretendido. Para todos os demais, deve ser "lixo", ou seja, incompreensível. Quando um cliente se comunica com seu banco, espera que a comunicação seja totalmente confidencial.

Integridade da Mensagem

Integridade da mensagem significa que os dados devem chegar ao receptor exatamente da forma que foram enviados, sem nenhuma alteração durante a transmissão, seja de forma acidental ou mal-intencionada. À medida que ocorrem cada vez mais trocas monetárias via Internet, a integridade é fundamental. Por exemplo, seria desastroso se uma solicitação para transferência de US$ 100 se transformasse em uma solicitação de US$ 10 mil ou US$ 100 mil. A integridade da mensagem deve ser preservada em uma comunicação segura.

Autenticação de Mensagens

Autenticação de mensagens é um serviço que vai além da integridade da mensagem: o receptor precisa estar certo da identidade do emissor e que um impostor não enviou a mensagem.

Não-Repúdio de Mensagens

Não-repúdio de mensagens significa que um emissor não deve ser capaz de rejeitar uma mensagem que ele, de fato, enviou. O ônus da prova recai sobre o receptor. Quando, por exemplo, um cliente envia uma mensagem para transferir dinheiro de uma conta para outra, o banco deve ter uma prova de que o cliente solicitou realmente essa transação.

Autenticação de Entidades

Na autenticação de entidades (ou identificação de usuário), a entidade ou usuário é verificada antes de ganhar acesso aos recursos do sistema (como arquivos). Por exemplo, um aluno que necessita acessar recursos de sua universidade precisa ser autenticado durante o processo de logging. Isso serve para proteger os interesses da universidade e do estudante.

31.2 CONFIDENCIALIDADE DA MENSAGEM

O conceito de como obter confidencialidade ou privacidade da mensagem não mudou, sendo preservado há milhares de anos. A mensagem deve ser criptografada no emissor e decriptografada no receptor. Isto é, deve-se tornar a mensagem ininteligível para partes não-autorizadas. Uma boa técnica de privacidade garante, até certo ponto, que um possível intruso ("escuta") não consiga entender o conteúdo da mensagem. Como discutido no Capítulo 30, isso pode ser feito usando tanto criptografia de chave simétrica como criptografia de chave assimétrica. Faremos uma revisão de ambas as técnicas.

Confidencialidade com Criptografia de Chave Simétrica

Embora os algoritmos de chave simétrica modernos sejam mais complexos que aqueles usados ao longo da história da escrita secreta, o princípio é o mesmo. Para oferecer confidencialidade com criptografia de chave simétrica, um emissor e um receptor precisam compartilhar uma chave secreta. No passado, quando o intercâmbio de dados era entre duas pessoas específicas (por exemplo, entre dois amigos ou entre um soberano e seu oficial de exército), era possível trocar as chaves secretas pessoalmente. A comunicação de nossos dias raramente nos oferece essa oportunidade. Uma pessoa que reside nos Estados Unidos não pode ir se encontrar e trocar uma chave secreta com uma pessoa que mora na China. Além disso, a comunicação se dá entre milhões de pessoas e não apenas entre um número reduzido delas.

Para sermos capazes de usar a criptografia de chave simétrica, precisamos encontrar uma solução para o compartilhamento de chaves. Isso pode ser concretizado por meio do emprego de uma **chave de sessão.** Chave de sessão é aquela usada apenas durante uma sessão. Ela é trocada por meio da criptografia de chave assimétrica, como veremos posteriormente. A Figura 31.2 ilustra o uso de uma chave de sessão simétrica para transmissão de mensagens confidenciais de Alice para Bob e vice-versa. Note que a natureza da chave simétrica possibilita que a comunicação seja realizada em ambos os sentidos, embora isso não seja recomendado hoje em dia. Usar duas chaves diferentes é mais seguro, pois se uma delas for comprometida, a comunicação ainda será confidencial no outro sentido.

Figura 31.2 *Confidencialidade da mensagem por meio de chaves simétricas em dois sentidos*

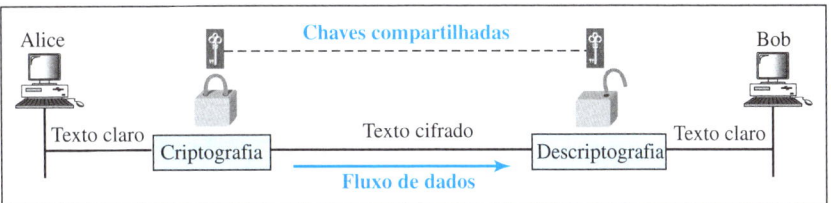

a. Uma chave compartilhada pode ser usada na comunicação Alice-Bob

b. Uma chave secreta compartilhada diferente é recomendada na comunicação Bob-Alice

A razão para a criptografia de chave simétrica ainda ser o método dominante, em termos de confidencialidade da mensagem, é sua eficiência. Para uma mensagem longa, a criptografia de chave simétrica é muito mais eficaz que a criptografia de chave assimétrica.

Confidencialidade com Criptografia de Chave Assimétrica

O problema mencionado sobre a troca de chaves na criptografia de chave simétrica para fins de privacidade culminou na criação da criptografia de chave assimétrica. Nesse caso, não há compartilhamento de chaves; há um anúncio público. Bob cria duas chaves: uma privada e outra pública. Ele preserva a chave privada para decriptografia e anuncia a chave pública para todo mundo. A chave pública é utilizada apenas para criptografia; a chave privada é usada apenas para decriptografia. A chave pública fecha a mensagem; a chave privada a abre.

Para uma comunicação bidirecional entre Alice e Bob, são necessários dois pares de chaves. Quando Alice envia uma mensagem para Bob, ela usa a chave pública de Bob; quando Bob envia uma mensagem à Alice, ele usa a chave pública de Alice conforme mostrado na Figura 31.3.

Figura 31.3 *Confidencialidade da mensagem por meio de chaves assimétricas*

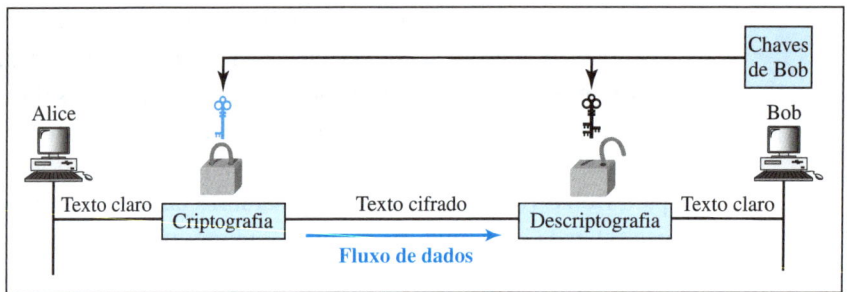
a. As chaves de Bob são usadas na comunicação Alice-Bob

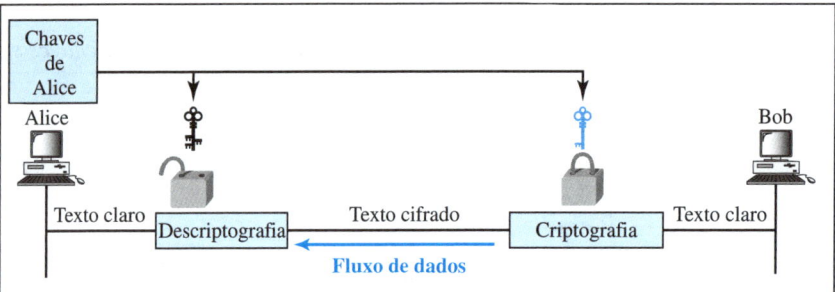
b. As chaves de Alice são usadas na comunicação Bob-Alice

A confidencialidade com o criptosistema de chave assimétrica apresenta problemas próprios. Primeiro, o método se baseia em longos cálculos matemáticos usando chaves longas. Isso significa que este sistema é muito ineficiente para mensagens longas; ele deve ser aplicado apenas a mensagens curtas. Em segundo lugar, o emissor ainda precisa estar certo em relação à chave pública do receptor. Por exemplo, na comunicação Alice-Bob, Alice precisa ter certeza de que a chave pública de Bob é genuína; Eve poderia ter anunciado sua chave pública no nome de Bob. É preciso um sistema de certificação, como veremos adiante neste capítulo.

31.3 INTEGRIDADE DA MENSAGEM

A criptografia e a decriptografia fornecem segredo, ou confidencialidade, mas não **integridade**. Entretanto, certas vezes não precisamos de segredo, mas sim de integridade. Por exemplo, Alice poderia redigir um testamento para distribuir suas propriedades após sua morte. O testamento não precisa ser criptografado. Após sua morte, qualquer um poderá examinar o documento. Todavia, sua integridade deve ser preservada. Alice não quer que o conteúdo do testamento seja alterado. Suponha, como outro exemplo, que Alice envie uma mensagem instruindo o gerente de seu banco, Bob, a pagar Eve por serviços de consultoria. A mensagem não precisa ser escondida de Eve, pois ela já sabe que deve ser paga. No entanto, a mensagem precisa ser segura em relação à manipulação, especialmente por parte de Eve.

Documento e Impressão Digital

Uma maneira de preservar a integridade de um documento é por meio de uma **impressão digital**. Se Alice precisar ter certeza de que o conteúdo de seu documento não será alterado de forma ilegal, ela poderá colocar sua impressão digital no final do documento. Eve não conseguirá modificar o conteúdo desse documento nem criar um falso, pois não é capaz de falsificar a impressão digital de Alice. Para garantir que o documento não seja alterado, a impressão digital de Alice no documento pode ser comparada à impressão digital de Alice no arquivo. Se elas não forem as mesmas, o documento não é de Alice.

Para preservar a integridade de um documento, são necessários tanto o documento como a impressão digital.

Mensagem e "digest" da Mensagem

O equivalente eletrônico do par documento e impressão digital é o par **mensagem** e **"digest" da mensagem**. Para preservar a integridade de uma mensagem, ela passa por um algoritmo denominado **função hash**, que cria uma imagem compactada da mensagem que pode ser usada como impressão digital. A Figura 31.4 mostra a mensagem, a função hash e o "digest".

Figura 31.4 *Mensagem e o "digest" da mensagem*

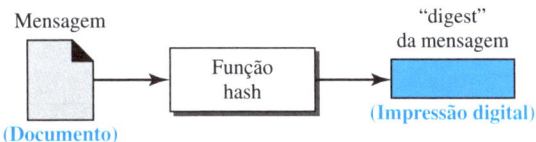

Diferença

Os dois pares, documento/impressão digital e mensagem "digest" da mensagem, são similares, mas, com algumas diferenças. O documento e a impressão digital estão associados fisicamente; da mesma forma, nenhum dos dois precisa ser mantido em segredo. A mensagem e o "digest" da mensagem podem ser desassociados (ou enviados) separadamente e, acima de tudo, o "digest" da mensagem precisa ser mantido em sigilo. Ele é mantido em segredo num local seguro, ou então criptografado, caso precisemos enviá-lo por meio de um canal de comunicação.

O "digest" da mensagem precisa ser mantido em segredo.

Criação e Verificação do "digest"

O "digest" da mensagem é criado no emissor e é enviado com a mensagem para o receptor. Para verificar a integridade de uma mensagem ou de um documento, o receptor cria a função hash novamente e compara o novo "digest" com aquele recebido. Se ambos forem o mesmo, o receptor tem certeza de que a mensagem original não foi alterada. Obviamente, estamos supondo que o "digest" foi enviado secretamente. A Figura 31.5 ilustra a idéia.

Figura 31.5 *Verificação de integridade*

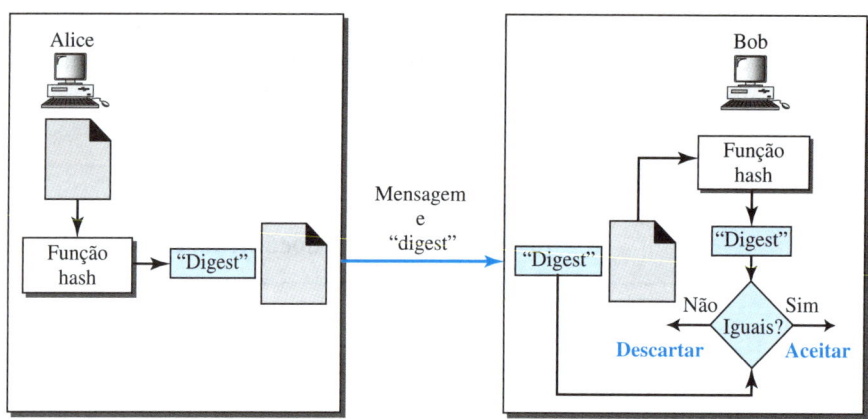

Critérios para a Função Hash

Para ser candidata a um hash, uma função precisa atender a três critérios: unidirecionalidade, resistência a colisões fracas e resistência a colisões robustas, conforme mostrado na Figura 31.6.

Figura 31.6 *Critérios para uma função hash*

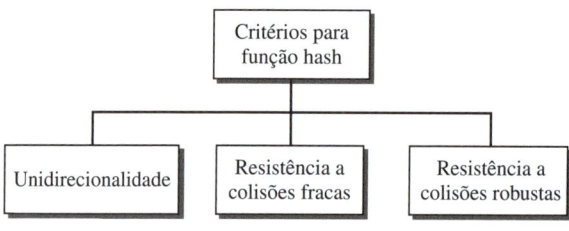

Unidirecionalidade

Uma função hash deve ter **unidirecionalidade**; é criado um "digest" da mensagem por uma função hash unidirecional. Talvez não estejamos aptos a recriar a mensagem a partir do "digest". Algumas vezes é difícil fazer que uma função hash seja 100% unidirecional; os critérios afirmam que deve ser extremamente difícil ou impossível criar a mensagem se seu "digest" for dado. Isso é similar ao caso documento/impressão digital. Ninguém pode criar um documento a partir de uma impressão digital.

Exemplo 31.1

Podemos usar um método convencional de compressão sem perdas como função de hashing?

Solução

Não. Um método de compressão sem perdas cria uma mensagem comprimida, que é reversível. Podemos descompactar a mensagem compactada para obter aquela original.

Exemplo 31.2

Podemos usar um método de soma de verificação como função de hashing?

Solução

Sim. Uma função de soma de verificação não é reversível; ela atende ao primeiro critério. Entretanto, não atende aos demais.

Resistência a Colisões Fracas

O segundo critério, resistência a colisões fracas, garante que uma mensagem não pode ser falsificada facilmente. Se Alice criar uma mensagem e um "digest" e enviar ambos a Bob, esse critério garante que Eve não conseguirá criar facilmente outra mensagem que faça um hash exato ao mesmo "digest". Ou seja, dada uma mensagem específica e seu respectivo "digest", é impossível (ou pelo menos muito difícil) criar outra mensagem com o mesmo "digest".

Quando duas mensagens criam o mesmo "digest", dizemos que há uma colisão. Em uma colisão fraca, dado um "digest" da mensagem, é muito pouco provável que alguém consiga criar uma mensagem com exatamente o mesmo "digest". A função hash deve ter resistência a colisões fracas.

Resistência a Colisões Robustas

O terceiro critério, resistência a colisões robustas, garante que não podemos encontrar duas mensagens que façam um hash ao mesmo "digest". Esse critério é necessário para garantir que Alice, o emissor da mensagem, não consiga provocar problemas falsificando uma mensagem. Se Alice não criar duas mensagens que façam um hash ao mesmo "digest", ela pode recusar o envio da primeira para Bob e alegar que enviou apenas a segunda.

Esse tipo de colisão é chamado robusta, pois a probabilidade de colisão é maior que no caso anterior. Um inimigo pode criar duas mensagens que façam um hash ao mesmo "digest". Se, por exemplo, o número de bits no "digest" for pequeno, provavelmente Alice poderá criar duas mensagens diferentes com o mesmo "digest". Ela poderá enviar a primeira para Bob e preservar a segunda para si mesma. Alice poderá dizer, posteriormente, que a segunda era o documento original acordado e não o primeiro.

Suponha que possam ser criados dois textos diferentes, que façam um hash ao mesmo "digest". Quando chegar o momento do cumprimento do testamento, o segundo testamento será apresentado aos herdeiros. Como o "digest" concorda com ambos os testamentos, a substituição é bem-sucedida.

Algoritmos Hash: SHA-1

Embora tenham sido desenvolvidos vários algoritmos hash, o mais comum é o SHA-1. **SHA-1 (Secure Hash Algorithm 1 — Algoritmo Hash de segurança 1)** é uma versão revisada do SHA desenvolvida pelo Nist (National Institute of Standards and Technology). Foi publicada pela primeira vez como um **FIPS (Federal Information Processing Standard — padrão federal de processamento de informações)**.

Um ponto muito interessante sobre esse algoritmo e outros é que todos seguem o mesmo conceito. Cada um cria um "digest" de comprimento N a partir de uma mensagem com vários blocos. Cada bloco tem 512 bits de comprimento, como mostrado na Figura 31.7.

Figura 31.7 *Criação do "digest" da mensagem*

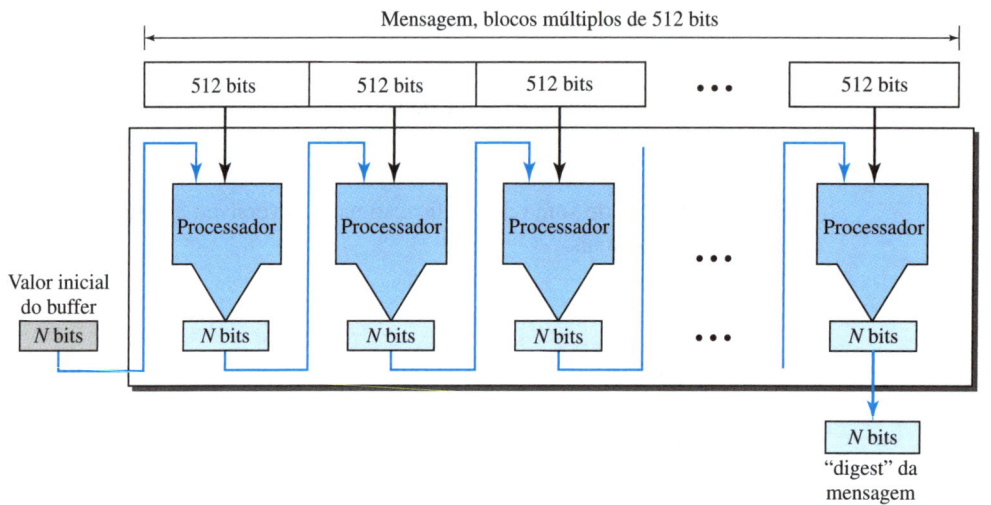

Um buffer de N bits é inicializado com um valor predeterminado. O algoritmo desfigura esse buffer inicial com os 512 primeiros bits da mensagem para criar o primeiro "digest" intermediário de N bits. Esse "digest" é então desfigurado com o segundo bloco de 512 bits para criar o segundo "digest" intermediário. O ($n - 1$)-ésimo "digest" é desfigurado com o n-ésimo bloco para criar o n-ésimo "digest". Se um bloco não for de 512 bits, é usado preenchimento (0s) para que esse chegue ao comprimento. Quando o último bloco for processado, o "digest" resultante é o da mensagem toda. O SHA-1 tem um "digest" da mensagem de 160 bits (cinco palavras, cada uma delas com 32 bits).

> **Algoritmos hash SHA-1 criam um "digest" de N bits de uma mensagem de blocos de 512 bits. O SHA-1 tem um "digest" da mensagem de 160 bits (cinco palavras de 32 bits).**

Expansão de Palavras

Antes do processamento, o bloco precisa ser expandido. Um bloco é composto por 512 bits ou 16 palavras de 32 bits, mas precisamos de 80 palavras na fase de processamento. Portanto, o bloco de 16 palavras precisa ser expandido para 80 palavras, da palavra 0 à palavra 79.

Processamento de cada Bloco

A Figura 31.8 mostra a descrição geral para processamento de um bloco. Existem 80 etapas. Em cada uma delas, uma palavra do bloco expandido e uma constante de 32 bits são desfiguradas juntas e, então, trabalhadas para criar um novo "digest". No início do processamento, os valores das palavras "digest" (A, B, C, D e E) são salvos nas cinco variáveis temporárias. No final (após o passo 79), esses valores são adicionados aos valores criados a partir da etapa 79. Os detalhes

Figura 31.8 *Processamento de um bloco no SHA-1*

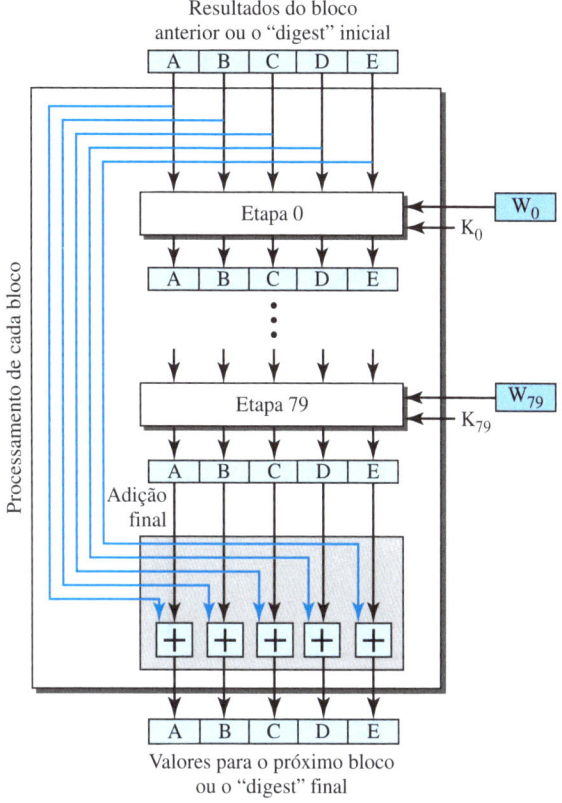

de cada etapa são complexos e estão fora da abrangência deste livro. A única coisa que precisamos saber é que cada etapa desfigura uma palavra de dados e uma constante para criar um resultado, que é alimentado para a etapa seguinte.

31.4 AUTENTICAÇÃO DE MENSAGEM

Uma função hash garante a integridade de uma mensagem, ou seja, que mensagem não tenha sido alterada sem, entretanto, autenticar o emissor. Quando Alice envia uma mensagem a Bob, este precisa saber se a mensagem é proveniente de Alice ou Eve. Para oferecer autenticação de mensagens, Alice precisa dar evidências de que é ela, Alice, que está enviando a mensagem, e não um impostor. A função hash por si só não é capaz de fornecer tal prova. O "digest" criado por uma função hash normalmente é denominado **MDC (modification detection code — código de detecção de modificações)**. O código é capaz de detectar qualquer modificação na mensagem.

MAC

Para fornecer autenticação de mensagens, precisamos alterar um código de detecção de modificações para um **MAC (message authentication code — código de autenticação de mensagens)**. Um MDC usa uma função hash sem chaves; um MAC usa uma função hash com chaves. A função hash com chaves inclui a chave simétrica entre o emissor e o receptor ao criar o "digest". A Figura 31.9 mostra como Alice usa uma função hash com chaves para autenticar sua mensagem e como Bob pode verificar sua autenticidade.

Figura 31.9 *MAC criado por Alice e verificado por Bob*

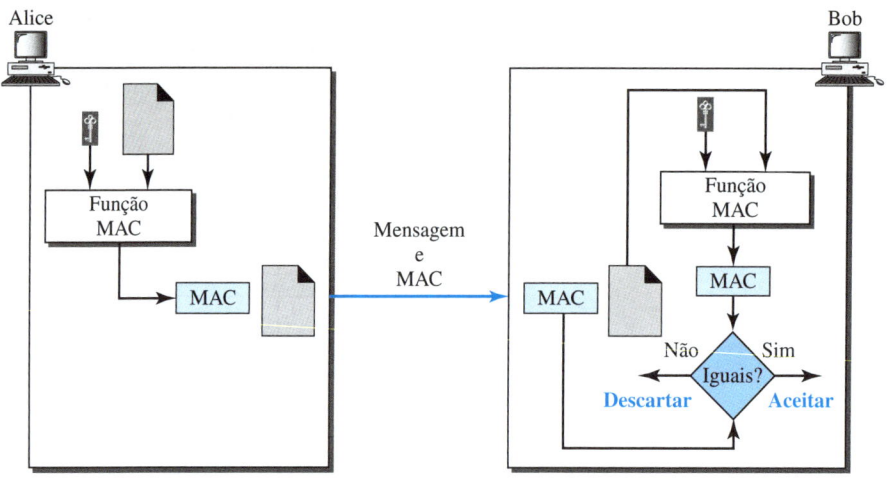

Alice, usando a chave simétrica entre ela e Bob (K_{AB}) e uma função hash com chaves, gera um MAC. Em seguida, ela concatena o MAC com a mensagem original e envia ambas para Bob. Bob recebe a mensagem e o MAC e separa uma da outra. Em seguida, aplica a mesma função hash com chaves à mensagem usando a chave simétrica K_{AB} para obter um novo MAC. Depois disso, ele compara o MAC enviado por Alice com o MAC recém-gerado. Se os dois MACs forem idênticos, a mensagem não foi modificada e o emissor da mensagem é, definitivamente, Alice.

HMAC

Existem várias implementações do MAC em uso hoje em dia. Entretanto, nos últimos anos, foram desenvolvidos alguns MACs que se baseiam em funções hash sem chaves, como o SHA-1. Esse conceito é um **MAC com hash,** chamado **HMAC,** que pode usar qualquer função hash-padrão sem chaves, como o SHA-1. O HMAC cria um MAC alinhado aplicando uma função hash sem chaves à concatenação da mensagem e à uma chave simétrica. A Figura 31.10 ilustra o conceito geral.

É anexada uma cópia da chave simétrica à mensagem. Aplica-se um hash a essa combinação por meio de uma função hash sem chaves, como o SHA-1. O resultado desse processo é um HMAC intermediário que é, novamente, anexado com a chave (a mesma), e aplicado um hash outra vez ao resultado, usando o mesmo algoritmo. O resultado final é um HMAC.

O receptor recebe esse HMAC final e a mensagem, cria seu próprio HMAC da mensagem recebida e compara os dois HMACs para validar a integridade da mensagem e autenticar a origem dos dados. Note que os detalhes de um HMAC podem ser mais complexos que os aqui mostrados.

Figura 31.10 *HMAC*

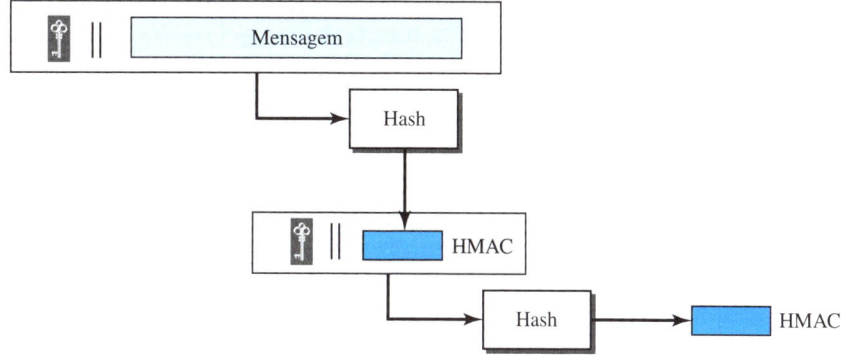

31.5 ASSINATURA DIGITAL

Embora possa oferecer integridade e autenticação para mensagens, um MAC apresenta um inconveniente. Ele precisa de uma chave simétrica que deve ser estabelecida entre o emissor e o receptor. Uma assinatura digital, por outro lado, pode usar um par de chaves assimétricas (uma pública e outra privada).

Todos nós estamos familiarizados com o conceito de assinatura. Assinamos um documento para demonstrar que ele foi feito ou aprovado por nós. A assinatura é prova, para o receptor, de que o documento provém da entidade correta. Quando um cliente assina um cheque para si mesmo, o banco precisa ter certeza de que o cheque foi emitido por esse cliente e ninguém mais. Em outras palavras, uma assinatura em um documento, quando verificada, é sinal de autenticação; o documento é autêntico. Consideremos uma tela assinada por um artista. A assinatura na obra de arte, se autêntica, significa que a pintura é, provavelmente, autêntica.

Quando Alice envia uma mensagem para Bob, este deve verificar a autenticidade do emissor; ele precisa estar certo de que a mensagem provém de Alice e não de Eve. Bob pode solicitar a Alice que assine a mensagem eletronicamente. Em outras palavras, uma assinatura eletrônica pode provar a autenticidade de Alice como emissora. Chamamos esse tipo de assinatura de **assinatura digital.**

Comparação

Antes de prosseguirmos, vejamos as diferenças entre dois tipos de assinaturas: convencional e digital.

Inclusão

Uma assinatura convencional é inclusa no documento; ela faz parte dele. Ao preenchermos um cheque, a assinatura se encontra no cheque; não é um documento distinto. Por outro lado, ao assinarmos um documento digitalmente, enviamos a assinatura como um documento separado. O emissor envia dois documentos: a mensagem e a assinatura. O destinatário recebe ambos os documentos e verifica se a assinatura pertence ao suposto emissor. Se isso for provado, a mensagem é preservada; caso contrário, ela é rejeitada.

Método de Verificação

A segunda diferença entre os dois tipos de documentos é o método de verificação da assinatura. Na assinatura convencional, quando o destinatário recebe um documento, ele compara a assinatura no documento com a arquivada. Se forem idênticas, o documento é autêntico. O destinatário precisa ter uma cópia dessa assinatura em arquivo para comparação. Na assinatura digital, o destinatário recebe a mensagem e a assinatura. Uma cópia da assinatura não é armazenada em lugar algum. O destinatário deve aplicar uma técnica de verificação na combinação entre mensagem e assinatura para verificar sua autenticidade.

Relação

Na assinatura convencional, normalmente há uma relação um-para-vários entre uma assinatura e documentos. Por exemplo, uma pessoa tem uma assinatura que é usada para assinar diversos cheques, muitos documentos etc. Na assinatura digital, existe uma relação um-para-um entre uma assinatura e uma mensagem. Cada mensagem tem sua própria assinatura. A assinatura de uma mensagem não pode ser usada em outra mensagem. Se Bob receber de Alice duas mensagens, uma após a outra, ele não poderá usar a assinatura da primeira mensagem para verificar a segunda. Cada mensagem deve ter uma nova assinatura.

Duplicidade

Outra diferença entre os dois tipos de assinatura é um atributo chamado duplicidade. Na assinatura convencional, uma cópia do documento assinado pode ser distinguida do original em arquivo. Na assinatura digital, não existe tal distinção, a menos que haja um fator tempo (como um registro de horas) no documento. Suponha, por exemplo, que Alice envie um documento instruindo Bob para efetuar um pagamento a Eve. Se Eve interceptar o documento e a assinatura, ela poderá retransmiti-lo mais tarde para receber dinheiro novamente de Bob.

Necessidade de Chaves

Na assinatura convencional, uma assinatura é como uma "chave" privada pertencente ao signatário do documento. O signatário a usa para assinar um documento; ninguém mais tem essa assinatura. A cópia da assinatura se encontra em arquivo como uma chave pública; ninguém mais pode usá-la para verificar um documento, para compará-la com a assinatura original.

Na assinatura digital, o signatário usa sua chave privada, aplicada a um algoritmo de assinatura, para assinar o documento. O verificador, por sua vez, usa a chave pública do signatário, aplicada ao algoritmo de verificação, para verificar o documento.

Podemos usar uma chave (simétrica) secreta para assinar, bem como verificar, uma assinatura? A resposta é não, por várias razões. Primeiro, a chave secreta é conhecida apenas entre duas entidades (Alice e Bob, por exemplo). Portanto, se Alice precisar assinar outro documento e enviá-lo a Ted, deverá usar outra chave secreta. Em segundo lugar, como veremos, criar uma chave secreta para uma sessão envolve autenticação, que normalmente utiliza assinatura digital. Temos aqui um círculo vicioso. Em terceiro lugar, Bob poderia usar a chave secreta entre ele e Alice, assinar um documento, enviá-lo a Ted e fingir que este veio de Alice.

Uma assinatura digital precisa de um sistema de chaves públicas.

Processo

A assinatura digital pode ser obtida de duas formas: assinando o documento ou assinando um "digest" do documento.

Assinando o Documento

Provavelmente a forma mais fácil, mas menos eficiente, seja assinar o próprio documento. Assinar um documento é criptografá-lo com a chave privada do emissor; verificar o documento é decriptografá-lo com a chave pública do emissor. A Figura 31.11 mostra como a assinatura e a verificação são realizadas.

Figura 31.11 *Assinando a própria mensagem em um sistema de assinatura digital*

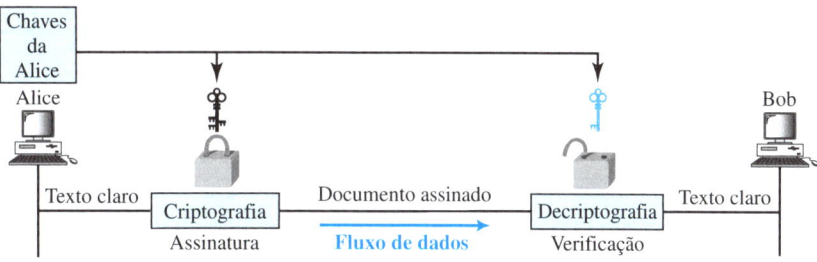

Devemos fazer uma distinção entre chaves públicas e privadas usadas em assinatura digital e chaves públicas e privadas usadas para fins de confidencialidade. Nesse último caso, as chaves públicas e privadas do receptor são usadas no processo. O emissor usa a chave pública do receptor para criptografar; o receptor utiliza sua própria chave privada para decriptografar. Na assinatura digital, são usadas as chaves públicas e privadas do emissor, que, por sua vez, utiliza sua chave privada; o receptor usa a chave pública do emissor.

> **Em um criptossistema, utilizamos as chaves públicas e privadas do receptor; na assinatura digital, usamos a chave pública e privada do emissor.**

Assinando o "digest"

Mencionamos que a chave pública é extremamente ineficiente em um criptossistema, caso estejamos lidando com mensagens longas. Em um sistema de assinatura digital, nossas mensagens são, normalmente, longas, mas temos de usar chaves públicas. A solução não é assinar a própria mensagem, mas, sim, assinarmos um "digest" da mensagem. Como vimos, um "digest" cuidadosamente escolhido tem uma ralação um-para-um com a mensagem. O emissor pode assinar o "digest" da mensagem e o receptor pode verificá-lo. O efeito é o mesmo. A Figura 31.12 mostra o processo de assinar um "digest" em um sistema de assinatura digital.

Um "digest" é composto pela mensagem no lado de Alice, que passa então pelo processo de assinatura usando a chave privada de Alice. Esta envia então a mensagem e a assinatura para Bob. Como veremos mais adiante neste capítulo, existem variações no processo que dependem do sistema. Por exemplo, podem existir cálculos adicionais antes do "digest" ser feito ou talvez possam ser usadas outras chaves secretas. Em alguns sistemas, a assinatura é um conjunto de valores.

Figura 31.12 *Assinando o "digest" em um sistema de assinatura digital*

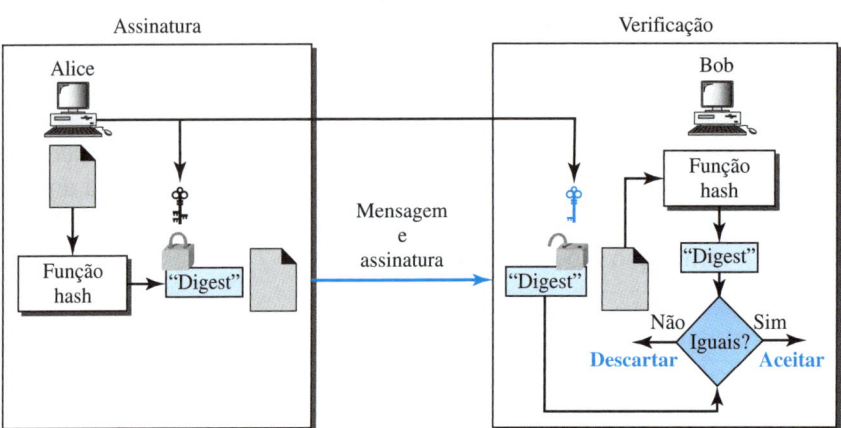

Do lado de Bob, usando a mesma função hash pública, primeiro é criado um "digest" a partir da mensagem recebida. São feitos cálculos em cima da assinatura e do "digest". O processo de verificação também aplica critérios sobre o resultado desses cálculos para determinar a autenticidade da assinatura. Se autêntica, a mensagem é aceita; caso contrário, é rejeitada.

Serviços

A assinatura digital pode fornecer três dos cinco serviços mencionados para um sistema de segurança: integridade de mensagens, autenticação de mensagens e não-repúdio. Note que um sistema de assinatura digital não oferece comunicação confidencial. Se for necessária confidencialidade, a mensagem e a assinatura devem ser criptografadas por meio de um criptossistema de chave pública ou secreta.

Integridade de Mensagens

A integridade de uma mensagem é preservada mesmo se assinarmos a mensagem inteira, porque não conseguimos obter a mesma assinatura, caso a mensagem seja alterada. Os sistemas de assinatura atuais usam uma função hash nos algoritmos de assinatura e a verificação que preservam a integridade da mensagem.

A assinatura digital usada hoje em dia fornece integridade de mensagens.

Autenticação de Mensagens

Um sistema de assinaturas seguro, assim como uma assinatura convencional segura (que não possa ser facilmente copiada), é capaz de fornecer autenticação de mensagens. Bob pode confirmar que a mensagem foi enviada por Alice, pois a chave pública de Alice é usada na verificação. A chave pública de Alice não é capaz de criar a mesma assinatura que a chave privada de Eve.

O sistema de assinatura digital fornece autenticação de mensagens.

Não-Repúdio de Mensagens

Se Alice assinar uma mensagem e depois negar que tenha feito isso, seria possível Bob provar mais tarde que Alice realmente assinou tal mensagem? Por exemplo, se Alice enviar uma mensagem a um banco (Bob) e solicitar-lhe que transfira US$ 10 mil de sua conta para a conta de Ted, será possível Alice negar posteriormente que tenha enviado tal mensagem? Com o método apresentado até agora, talvez Bob tivesse um problema. Ele teria de preservar a assinatura em arquivo e depois usar a chave pública de Alice de modo a criar a mensagem original para provar que a mensagem em arquivo e aquela recém-criada são a mesma. Isso não seria possível, pois Alice pode ter alterado sua chave pública/privada durante esse período; poderia alegar que o arquivo contendo a assinatura não é autêntico.

Uma solução para tal impasse seria um terceiro confiável. As pessoas podem chegar a um acordo entre si sobre quem seria essa parte confiável. No Capítulo 32, veremos que essa parte pode solucionar muitos outros problemas referentes a serviços de segurança e intercâmbio de chaves. A Figura 31.13 ilustra como uma parte confiável pode evitar que Alice negue que tenha enviado a mensagem.

Figura 31.13 *Usando uma autoridade de certificação para não-repúdio*

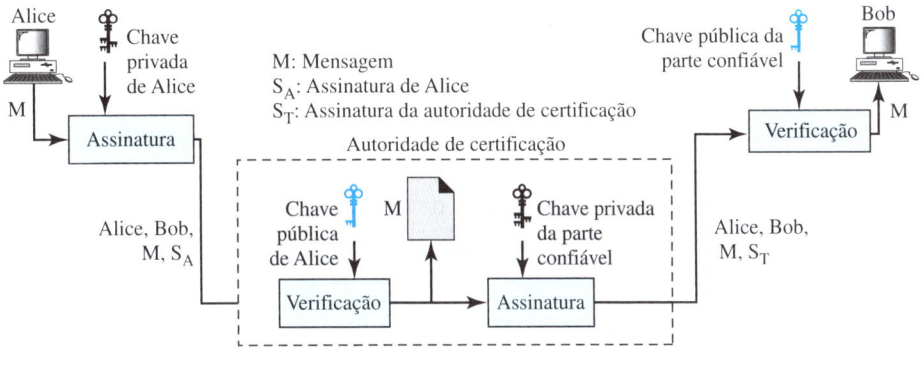

Alice cria uma assinatura a partir de sua mensagem (S_A) e envia a mensagem, sua identidade, a identidade de Bob e a assinatura da autoridade de certificação. Esse centro, após verificar que a chave pública de Alice é válida, verifica, por meio da chave pública de Alice, que a mensagem provém dela. O centro salva então uma cópia da mensagem com a identidade do emissor, a identidade do destinatário e um registro de hora em seu arquivo. A autoridade de certificação usa sua chave privada para criar outra assinatura (S_T) a partir da mensagem. A autoridade de certificação envia então para Bob a mensagem, a nova assinatura as identidades de Bob e Alice. Bob verifica a mensagem usando a chave pública da autoridade de certificação.

No futuro, se Alice negar que enviou a mensagem, a autoridade de certificação tem condições de mostrar uma cópia da mensagem salva. Se a mensagem de Bob for uma duplicata da mensagem salva na autoridade de certificação, Alice perderá a disputa. Para tornar tudo confidencial, pode ser acrescentado um nível de criptografia/decriptografia ao esquema, conforme discutido na seção seguinte.

O recurso de não-repúdio pode ser oferecido usando uma parte confiável.

Sistemas de Assinatura

Durante as últimas décadas, vários sistemas de assinatura sofreram um processo de evolução. Alguns deles foram implementados, como, os sistemas **RSA** e **DSS** (**Digital Standard Signature**, em inglês, **assinatura digital padrão**). Esse último provavelmente se tornará o padrão de mercado. Entretanto, os detalhes desses sistemas estão fora da abrangência deste livro.

31.6 AUTENTICAÇÃO DE ENTIDADES

A autenticação de entidades é uma técnica desenvolvida para possibilitar que uma parte prove a identidade de outra. Uma *entidade* pode ser pessoa, processo, cliente ou servidor. A entidade cuja identidade precisa ser provada é denominada **requerente**; a parte que tenta provar a identidade do requerente é chamada **verificador**. Quando Bob tenta provar a identidade de Alice, Alice seria o requerente e Bob, o verificador.

Há duas diferenças entre autenticação de mensagens e **autenticação de entidades.** Primeiro, talvez a autenticação de mensagens não ocorra em tempo real; a autenticação de entidades sim. Na primeira, Alice envia uma mensagem para Bob. Quando Bob autentica a mensagem, Alice pode ou não estar presente no processo de comunicação. Por outro lado, quando Alice solicita a autenticação de entidades, não existe nenhuma transmissão de mensagem real envolvida até que Alice seja autenticada por Bob. Alice precisa estar on-line e tomar parte do processo. Apenas após ela ter sido autenticada as mensagens poderão ser transmitidas entre Alice e Bob. A autenticação de mensagens será exigida quando um e-mail for enviado de Alice para Bob. A autenticação de entidades é necessária quando Alice tira dinheiro de um caixa eletrônico. Em segundo lugar, a autenticação de mensagens simplesmente autentica uma mensagem; o processo precisa ser repetido para cada nova mensagem. A entidade de autenticação autentica o requerente durante toda a sessão.

Na autenticação de entidades, o requerente deve se identificar para o verificador. Isso pode ser feito com um dos três tipos de testemunhos: *algo que conhecemos, algo que possuímos* ou *algo que somos.*

- *Algo que conhecemos.* Trata-se de um segredo conhecido apenas pelo requerente, que pode ser checado pelo verificador. Exemplos: uma senha, um número PIN, uma chave secreta e uma chave privada.

- *Algo que possuímos.* Aquilo que pode provar a identidade do requerente: passaporte, carteira de motorista, carteira de identidade, cartão de crédito e smart card.

- *Algo que somos*. Trata-se de uma característica inerente do requerente. Exemplos: assinatura convencional, impressões digitais, voz, traços faciais, padrão de retina e caligrafia.

Senhas

O método de autenticação de entidades mais simples e mais antigo é a **senha,** algo que o requerente *possui*. A senha é usada quando o usuário precisar acessar e usar os recursos de um sistema (login). Cada usuário tem uma identificação (pública) e uma senha, (privada). Podemos dividir esse sistema de autenticação em dois grupos distintos: a **senha fixa** e a **senha usada uma única vez.**

Senha Fixa

Nesse grupo, a senha é fixa; a mesma senha é usada repetidamente para cada acesso. Esse método está sujeito a vários tipos de ataques.

- **Escuta.** Eve pode observar Alice quando esta digita sua senha. A maioria dos sistemas, como medida de segurança, não exibe os caracteres quando um usuário digita sua senha. A escuta pode ocorrer de forma mais sofisticada. Eve pode "escutar" a linha e então interceptar a mensagem, capturando, conseqüentemente, a senha para uso próprio.

- **Roubo de Senha.** O segundo tipo de ataque ocorre quando Eve tenta roubar fisicamente a senha de Alice. Isso pode ser evitado se Alice não escrever a senha em papel; em vez disso, ela simplesmente guarda na memória. Conseqüentemente, a senha deve ser muito simples ou relacionada a algo familiar para Alice, o que torna a senha vulnerável a outros tipos de ataques.

- **Acessando um arquivo.** Eve pode invadir o sistema e ganhar acesso ao arquivo onde as senhas são armazenadas. Eve pode ler o arquivo e descobrir a senha de Alice ou até mesmo alterá-la. Para evitar esse tipo de ataque, o arquivo pode ser protegido contra leitura/gravação. Entretanto, a maioria dos sistemas precisa permitir que esse tipo de arquivo seja lido pelo público.

- **Adivinhação.** Eve pode entrar no sistema e tentar adivinhar a senha de Alice fazendo diversas combinações de caracteres. A senha é particularmente vulnerável se for permitido ao usuário escolher uma senha curta (poucos caracteres). Também é vulnerável se Alice tiver escolhido algo pouco criativo, como sua data de nascimento, apelido ou o nome de seu ator preferido. Para impedir a adivinhação, recomenda-se uma senha longa e aleatória, algo que não seja muito óbvio. Entretanto, o uso de uma senha aleatória também pode causar um problema; Alice poderia guardar a senha em algum ponto de modo a não esquecer dela. Isso torna a senha sujeita a roubo.

Uma abordagem mais segura é armazenar o hash da senha no arquivo de senhas (em vez de senha em texto comum). Qualquer usuário pode ler o conteúdo do arquivo, mas, como a função hash ser unidirecional, é quase impossível adivinhar a senha. A função hash impede que Eve ganhe acesso ao sistema, muito embora ela tenha o arquivo de senha. Entretanto, existe uma possibilidade de outro tipo de ataque chamado **ataque dicionário.** Nesse ataque, Eve está interessada em descobrir uma senha, independentemente do ID do usuário. Se, por exemplo, a senha tiver seis dígitos, Eve poderá criar uma lista de números de seis dígitos (000000 a 999999) e, então, aplicar a função hash a cada um desses números; o resultado é uma lista de 1 milhão de hashes. Ela poderá então obter o arquivo de senhas e procurar as entradas da segunda coluna para encontrar algo coincidente. Isso poderia ser programado e executado off-line no computador particular de Eve. Após cada coincidência ser encontrada, Eve poderá ir para o ambiente on-line e usar a senha para acessar o sistema. Veremos como tornar esse ataque mais difícil no terceiro método.

Outra forma é chamada **"temperar"** a senha. Quando a string de uma senha é criada, uma string aleatória, denominada "tempero" é concatenada à senha. É então aplicado um hash à senha temperada. O ID, o tempero e o hash são então armazenados no arquivo. Agora, quando um usuário solicitar acesso, o sistema retira o tempero, o concatena com a senha recebida, faz um hash do resultado e o compara com o hash armazenado no arquivo. Se existir uma coincidência, é concedido o acesso; caso contrário, ele será negado. O tempero torna o ataque dicionário mais difícil. Se a senha original tiver seis dígitos e o tempero tiver quatro, então o hashing é realizado sobre um valor de dez dígitos. Isso significa que Eve agora precisa providenciar uma lista de 10 milhões de itens e cria um hash para cada um deles. A lista de hashes tem 10 milhões de entradas e a comparação leva muito mais tempo. Temperar é muito eficaz se o tempero for um número aleatório muito longo. O sistema operacional UNIX usa uma variação desse método.

Em outro método, duas técnicas de identificação são combinadas. Um bom exemplo desse tipo de autenticação é o uso de um cartão eletrônico com um **PIN (Personal Identification Number — número de identificação pessoal)**. O cartão pertence à categoria "algo possuído" e o PIN à categoria "algo conhecido." O PIN é, na verdade, uma senha que aumenta a segurança do cartão. Se o cartão for roubado, não poderá ser usado a menos que se conheça o PIN. O PIN, entretanto, é tradicionalmente muito curto de modo que ele será relembrado com facilidade pelo proprietário. Isso o torna vulnerável ao ataque por adivinhação.

Senha Usada uma Única Vez

Nesse tipo de sistema, a senha é descartável denominada **senha usada uma única vez.** Ela torna inútil a escuta e o roubo de senhas. Entretanto, esse método é muito complexo e deixamos esta discussão para alguns livros especializados.

Confrontação-Resposta

Na autenticação de senhas, o requerente prova sua identidade demonstrando que conhece um segredo, a senha. Já que o requerente revela esse segredo, ele é suscetível à interceptação pelo inimigo. Na **autenticação confrontação-resposta,** o requerente prova que *conhece* um segredo sem revelá-lo. Em outras palavras, o requerente não revela o segredo ao verificador; o verificador o possui ou o descobre.

Na autenticação confrontação-resposta, o requerente prova que conhece um segredo sem revelá-lo

---

A confrontação é um valor que varia com o tempo, como um número aleatório ou um registro de horas que é enviado pelo verificador. O requerente aplica a função à confrontação e envia o resultado, denominado *resposta,* ao verificador. Uma resposta mostra que o requerente conhece o segredo.

A confrontação é um valor variável no tempo e que é enviado pelo verificador; a resposta é o resultado da função aplicada à confrontação.

Uso de Cifra de Chave Simétrica

Na primeira categoria, a autenticação confrontação-resposta é obtida usando criptografia de chave simétrica. O segredo aqui é a chave secreta compartilhada, conhecida tanto pelo requerente como pelo verificador. A função é o algoritmo de criptografia aplicado à confrontação. A Figura 31.14 mostra um desses métodos. A primeira mensagem não faz parte do confrontação-resposta, ela apenas informa o verificador que o requerente quer ser confrontado. A segunda mensagem é a confrontação. R_B é a nonce (resposta criada para aquela ocasião) escolhida aleatoriamente pelo verificador para confrontação com o requerente. O requerente criptografa a **nonce** usando a chave secreta compartilhada, conhecida apenas pelo requerente e o verificador, e envia o resultado para o verificador. Este decriptografa a mensagem. Se o resultado obtido a

Figura 31.14 *Autenticação confrontação/resposta usando uma nonce*

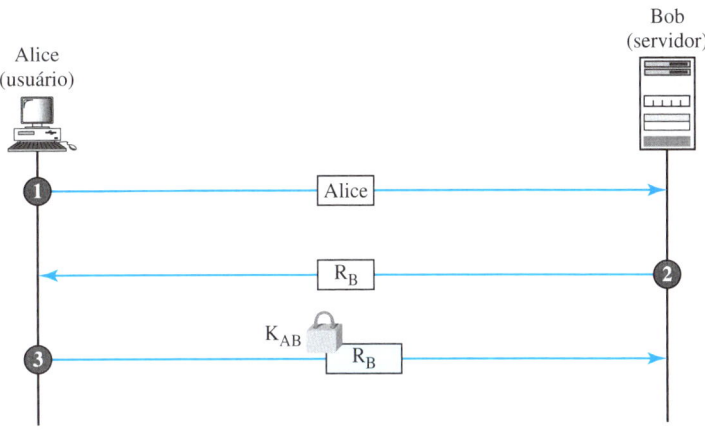

partir da decriptografia for o mesmo que aquele enviado pelo verificador, Alice recebe acesso ao sistema.

Observe que, nesse processo, o requerente e o verificador precisam manter a chave simétrica usada no processo secreto. O verificador também deve preservar o valor do resultado obtido para identificação do requerente até que a resposta retorne.

O leitor talvez tenha percebido que o uso de um resultado impede a reprodução da terceira mensagem por parte de Eve. Eve não pode reproduzir a terceira mensagem e fingir que ela é uma nova solicitação de autenticação por parte de Alice, pois assim que Bob receber uma resposta, o valor de R_B não é mais válido na próxima vez que um novo valor for usado.

No segundo método, o valor variável com o tempo é um registro de horas, que obviamente muda com o tempo. Nesse método, a mensagem de confrontação é o horário atual enviado do verificador para o requerente. Entretanto, isso pressupõe que os clocks do cliente e do servidor estejam sincronizados; o requerente conhece a hora atual. Isso significa que não há nenhuma necessidade de uma mensagem de confrontação. A primeira e a terceira mensagens podem ser combinadas. O resultado é que a autenticação pode ser realizada usando uma mensagem, a resposta a uma confrontação implícita ou a hora atual. A Figura 31.15 exibe o método.

Figura 31.15 *Autenticação confrontação-resposta usando um registro de hora*

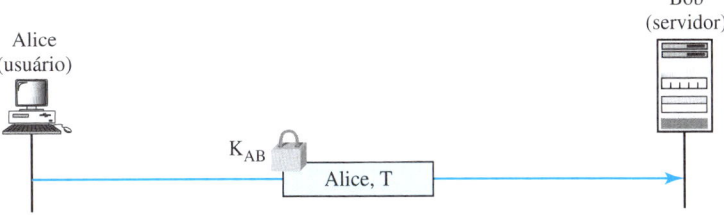

Uso de Funções de Hash com Chaves

Em vez de usar criptografia e decriptografia para autenticação de entidades, podemos usar uma função de hash com chaves (MAC). Há duas vantagens nesse método. Primeiro, o algoritmo de criptografia/decriptografia não é exportável para alguns países. Em segundo lugar, ao usar um hash de função com chaves, podemos preservar a integridade das mensagens de confrontação e resposta e, ao mesmo tempo, usar um segredo, a chave.

Vejamos como podemos usar um hash de função com chaves para criar uma confrontação-resposta com um registro de horas estampado. A Figura 31.16 ilustra o método.

Figura 31.16 *Autenticação confrontação-resposta usando uma função hash com chaves*

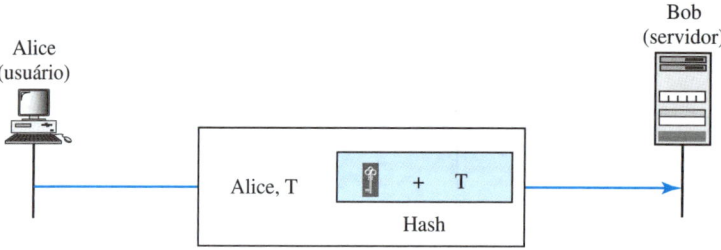

Note que, nesse caso, o registro de horas é enviado tanto como texto claro quanto como texto criptografado pela função hash com chaves. Quando Bob recebe a mensagem, ele pega o texto claro T, aplica a função hash com chaves e, em seguida, compara seu cálculo com aquilo que recebeu para determinar a autenticidade de Alice.

Uso de Cifra de Chave Assimétrica

Em vez de uma cifra de chave simétrica, podemos usar uma cifra de chave assimétrica para autenticação de entidades. Nesse caso, o segredo deve ser a chave privada do requerente. Ele deve mostrar que tem a chave privada relativa à chave pública disponível para todo mundo. Isso significa que o verificador deve criptografar a confrontação usando a chave pública do requerente; o requerente decriptografa então a mensagem usando sua chave privada. A resposta à confrontação é a confrontação decriptografada. Mostramos os dois métodos: um para autenticação unidirecional e outro para autenticação bidirecional. Em um método, Bob criptografa a confrontação usando a chave pública de Alice. Alice decriptografa a mensagem com sua chave privada e envia a nonce para Bob. A Figura 31.17 mostra esse método.

Figura 31.17 *Autenticação, chave assimétrica*

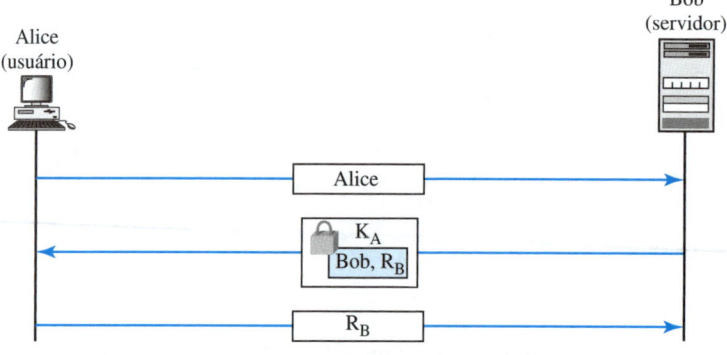

Uso de Assinatura Digital

Podemos usar assinatura digital para autenticação de entidades. Nesse método, deixamos o requerente usar sua chave privada para assinatura em vez de usá-la para decriptografia. Em um método mostrado na Figura 31.18, Bob usa uma confrontação de texto claro. Alice assina a resposta.

Figura 31.18 *Autenticação usando assinatura digital*

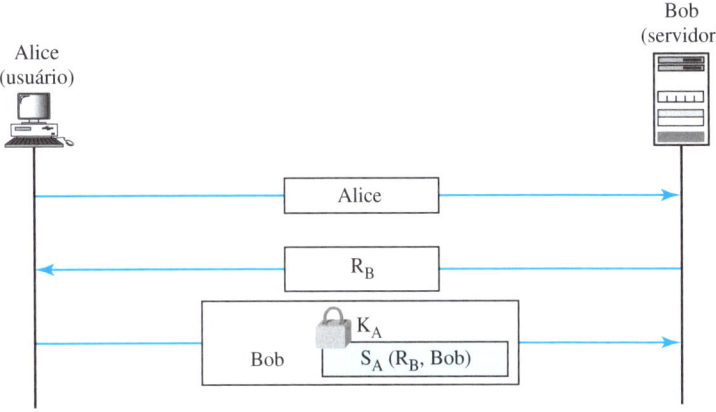

31.7 GERENCIAMENTO DE CHAVES

Usamos a chave simétrica e criptografia de chave assimétrica em nossa discussão ao longo do capítulo. Entretanto, jamais discutimos como as chaves secretas na criptografia de chave simétrica e como as chaves públicas na criptografia de chave assimétrica são distribuídas e mantidas. Nesta seção, tocamos nessas duas questões. Discutimos primeiro a distribuição de chaves simétricas; em seguida, discutimos a distribuição de chaves assimétricas.

Distribuição de Chaves Simétricas

Vimos que a criptografia de chave simétrica é mais eficiente que a criptografia de chave assimétrica quando devemos criptografar e decriptografar mensagens grandes. A criptografia de chave simétrica, entretanto, precisa de uma chave secreta compartilhada entre duas partes.

Se Alice precisar trocar mensagens confidenciais com N pessoas, ela necessitará de N chaves distintas. O que aconteceria se N pessoas precisassem se comunicar entre si? Seria necessário um total de $N(N-1)/2$ chaves. Cada pessoa precisa ter $N-1$ chaves para se comunicar com cada uma das demais pessoas, mas, em razão de as chaves serem compartilhadas, precisamos apenas de $N(N-1)/2$. Isso significa que se 1 milhão de pessoas precisarem se comunicar entre si, cada uma terá cerca de meio milhão de chaves diferentes; no total, seriam necessárias quase 1 bilhão de chaves. Isso é conhecido normalmente como o problema N^2, pois o número de chaves necessárias para N entidades é próximo de N^2.

O número de chaves não é o único problema; há também o da distribuição de chaves. Se Alice e Bob quiserem se comunicar, terão, de alguma forma, de trocar uma chave secreta; se Alice quiser se comunicar com 1 milhão de pessoas, como ela poderá trocar 1 milhão de chaves com 1 milhão de pessoas? Usar a Internet certamente não é um método seguro.

Fica óbvio que precisamos de uma maneira eficiente de manter e distribuir chaves secretas.

Centro de Distribuição de Chaves: KDC

Uma solução prática é o uso de uma parte confiável, conhecida como **KDC (key distribution center,** em inglês, **centro de distribuição de chaves)**. Para reduzir o número de chaves, cada pessoa estabelece uma chave secreta compartilhada com o KDC, conforme mostrado na Figura 31.19.

Figura 31.19 *KDC*

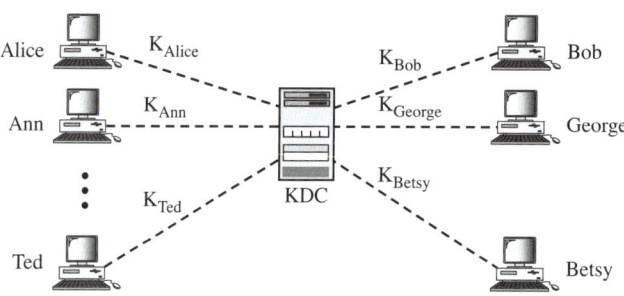

A chave secreta é estabelecida entre o KDC e cada membro. Alice tem uma chave secreta com o KDC, que chamamos de K_{Alice}; Bob tem uma chave secreta com o KDC, que chamamos de K_{Bob}; e assim por diante. A questão agora é, como Alice envia uma mensagem confidencial a Bob? O processo é o seguinte:

1. Alice envia uma solicitação ao KDC, afirmando que precisa de uma chave secreta (temporária) de sessão entre ela e Bob.
2. O KDC informa a Bob sobre a solicitação de Alice.
3. Se Bob concordar, a chave de sessão é criada entre os dois.

A chave secreta entre Alice e Bob, que é estabelecida com o KDC, é usada para autenticar Alice e Bob no KDC e impedir que Eve se faça passar por um deles. Discutimos como uma chave de sessão é estabelecida entre Alice e Bob mais à frente, ainda neste capítulo.

Chaves de Sessão

O KDC cria uma chave secreta para cada membro. Ela pode ser utilizada apenas entre o membro e o KDC e não entre os dois membros. Se Alice precisar se comunicar de forma secreta com Bob, precisará de uma chave secreta entre ela e Bob. O KDC pode criar uma chave (temporária) de sessão entre Alice e Bob usando suas chaves com o centro. As chaves de Alice e Bob são utilizadas para autenticar Alice e Bob no centro e para cada um dos demais antes da chave de sessão ser estabelecida. Após a comunicação ser encerrada, a chave de sessão não é mais válida.

> **A chave simétrica de sessão entre as duas partes é usada apenas uma vez.**

Foram propostos vários métodos diferentes para criação de chaves de sessão usando conceitos já discutidos para autenticação de entidades.

Vejamos um desses métodos, o mais simples deles, conforme ilustrado na Figura 31.20. Embora esse sistema apresente algumas falhas, ele ilustra o conceito. Métodos mais sofisticados podem ser encontrados em livros sobre segurança de sistemas.

Figura 31.20 *Criação de uma chave de sessão entre Alice e Bob usando o KDC*

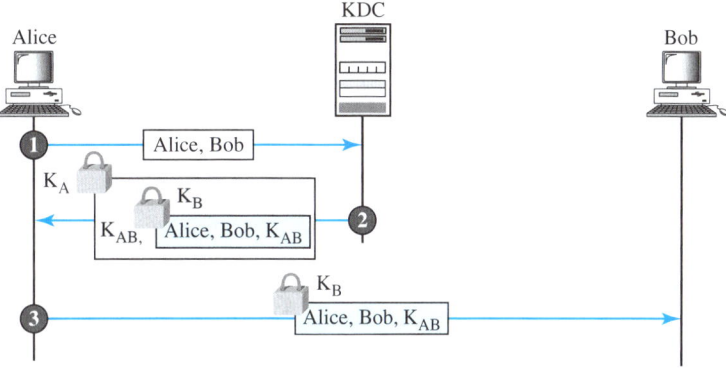

- **Etapa 1** Alice envia uma mensagem de texto claro para o KDC de modo a obter uma chave de sessão simétrica entre Bob e ela. A mensagem contém sua identidade registrada (a palavra *Alice* na figura) e a identidade de Bob (a palavra *Bob* na figura). Essa mensagem não é criptografada; é pública. O KDC não se importa com ela.

- **Etapa 2** O KDC recebe a mensagem e cria aquilo que é chamado **tíquete**. O tíquete é criptografado usando a chave de Bob (K_B). Ele contém as identidades de Alice e Bob e a chave de sessão (K_{AB}). O tíquete com a cópia da chave de sessão é enviado a Alice. Alice recebe a mensagem, a decriptografa e extrai a chave de sessão. Ela não consegue decriptografar o tíquete de Bob pois é destinado a Bob, não a Alice. Note que temos uma criptografia dupla nessa mensagem; o tíquete é criptografado e a mensagem inteira também. Na segunda mensagem, Alice é, na verdade, autenticada pelo KDC, pois só ela é capaz de abrir a mensagem inteira usando sua chave secreta obtida no KDC.

- **Etapa 3** Alice envia o tíquete para Bob. Bob abre o tíquete e sabe que Alice precisa enviar mensagens a ele usando K_{AB} como chave de sessão. Observe que nessa mensagem, Bob é autenticado pelo KDC, pois apenas Bob é capaz de abrir o tíquete. Como Bob é autenticado pelo KDC, ele também é autenticado por Alice, porque esta confia no KDC. Da mesma forma, Alice também é autenticada por Bob, já que ele confia no KDC e o KDC enviou o tíquete a Bob que inclui a identidade de Alice.

Kerberos

Kerberos é um protocolo de autenticação e, ao mesmo tempo, um KDC que se tornou muito popular. Vários sistemas, entre os quais o Windows 2000, usam o Kerberos. Ele recebeu esse nome em homenagem ao cão de três cabeças da mitologia grega que guarda o Portão do Hades (em português, Cérebro). Desenvolvido originalmente no MIT (Instituto de Tecnologia de Massachussets), passou por diversas versões. Discutimos apenas a versão 4, a mais popular delas.

Servidores Três servidores estão envolvidos no protocolo Kerberos: um servidor de autenticação (AS), um servidor de concessão de tíquetes (TGS) e um servidor (de dados) real que fornece serviços a outros. Em nossos exemplos e figuras, *Bob* é o servidor real e *Alice* é o usuário solicitando o serviço. A Figura 31.21 mostra a relação entre esses três servidores.

Figura 31.21 *Servidores Kerberos*

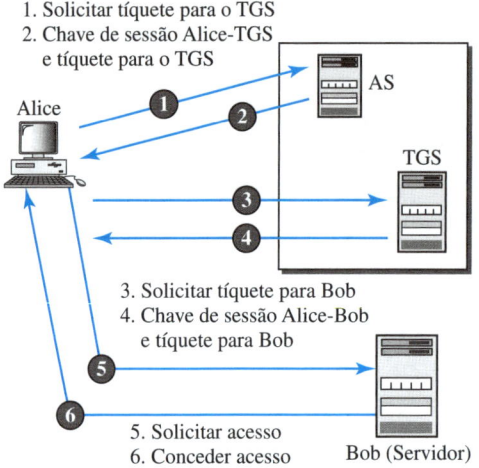

- **Servidor de Autenticação (AS).** O AS corresponde ao KDC no protocolo Kerberos. Cada usuário registra-se no AS e lhe é concedida uma identidade e senha de usuário. Ele tem um banco de dados contendo essas identidades e as senhas correspondentes, verifica o usuário, emite uma chave de sessão para ser usada entre Alice e o TGS, e envia um tíquete para o TGS.

- **Servidor de Concessão de tíquetes (TGS).** O TGS emite um tíquete para o servidor real (Bob). Ele também providencia a chave de sessão (K_{AB}) entre Alice e Bob. O Kerberos separou o processo de verificação de usuário do processo de emissão de tíquete. Dessa forma, embora Alice verifique sua ID apenas uma vez com o AS, ela pode contatar o TGS várias vezes, a fim de obter tíquetes para diferentes servidores reais.

- **Servidor Real.** O servidor real (Bob) fornece serviços ao usuário (Alice). O Kerberos foi desenvolvido para um programa cliente/servidor como o FTP, no qual um usuário utiliza o processo-cliente para acessar o processo-servidor. O Kerberos não é usado para autenticação pessoa-pessoa.

Operação Um processo-cliente (Alice) pode acessar um processo que está sendo executado no servidor real (Bob) segundo as seis etapas indicadas na Figura 31.22.

- **Etapa 1.** Alice envia sua solicitação ao AS em texto claro, usando sua identidade registrada.

- **Etapa 2.** AS envia uma mensagem criptografada com a chave simétrica de Alice, K_A. A mensagem contém dois itens: uma chave de sessão K_S que é usada por Alice para contatar o TGS e um tíquete para o TGS que é criptografado com a chave simétrica do TGS, K_{TG}. Alice não conhece K_A, mas quando a mensagem chegar, ela digita sua senha simétrica. A senha e o algoritmo apropriados criam, juntos, a K_A se a senha estiver correta. A senha é então destruída imediatamente; não é enviada para a rede e não permanece no terminal. Ela é usada

Figura 31.22 *Exemplo de Kerberos*

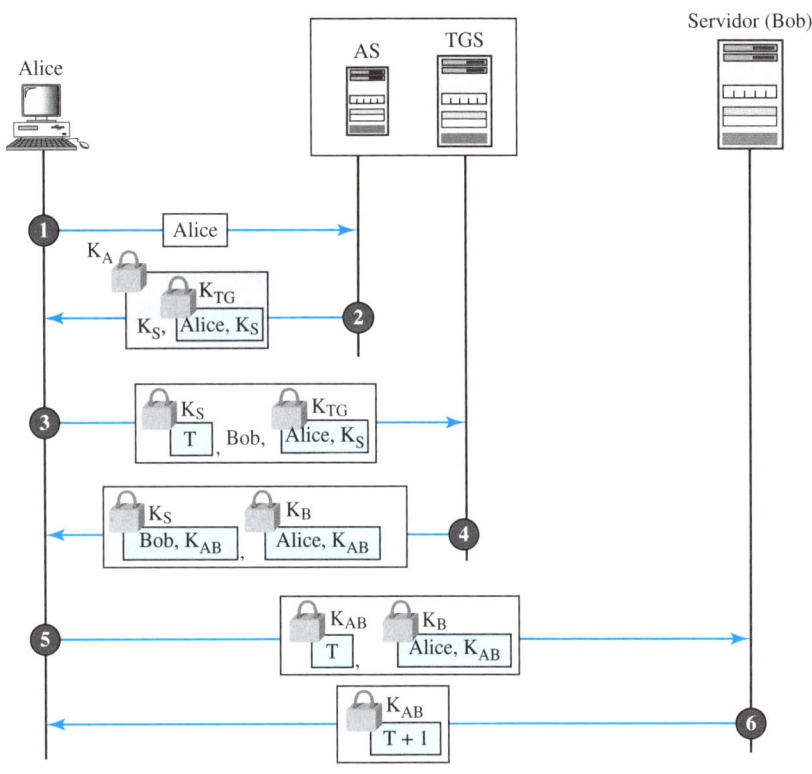

apenas por um instante para criação da K_A. O processo agora usa a K_A para decriptografar a mensagem enviada. Tanto o K_S como o tíquete são extraídos.

❑ **Etapa 3.** Alice agora envia três itens ao TGS. O primeiro deles é o tíquete recebido de AS. O segundo é o nome do servidor real (Bob), o terceiro é um registro de horas que é criptografado por K_S. E, que impede a reprodução por parte de Eve.

❑ **Etapa 4.** Agora, o TGS envia dois tíquetes, cada um deles contendo a chave de sessão entre Alice e Bob, K_{AB}. O tíquete para Alice é criptografado com K_S; o tíquete para Bob é criptografado com a chave de Bob, K_B. Note que Eve não consegue extrair K_{AB} pois ele não conhece K_S ou K_B. Ela não é capaz de reproduzir a etapa 3 porque não consegue substituir o registro de horas por um novo (ela não conhece K_S). Mesmo que fosse muito rápida e enviasse a mensagem da etapa 3 antes do registro de horas ter expirado, ela ainda receberia os mesmos dois tíquetes que não conseguiria decifrar.

❑ **Etapa 5.** Alice envia o tíquete de Bob com o registro de horas criptografado por K_{AB}.

❑ **Etapa 6.** Bob confirma o recebimento adicionando 1 ao registro de horas. A mensagem é criptografada com K_{AB} e enviada a Alice.

Usando Servidores Diferentes Observe que, se Alice tiver de receber serviços de diferentes servidores, ela precisará repetir apenas as etapas 3 a 6. As duas primeiras foram verificadas com a identidade de Alice e não precisam ser repetidas. Ela pode solicitar ao TGS que transmita os tíquetes para vários servidores, repetindo as etapas 3 a 6.

Domínios Kerberos permite a distribuição global dos ASs e TGSs, na qual cada sistema é denominado domínio. Um usuário poderia obter um tíquete para um servidor local ou para um servidor remoto. No segundo caso, por exemplo, Alice poderia solicitar ao TGS local que emita um tíquete que seja aceito por um TGS remoto. O TGS local pode emitir esse tíquete se o TGS remoto for registrado com o servidor local. Em seguida, Alice pode usar o TGS remoto para acessar o servidor real remoto.

Distribuição de Chaves Públicas

Na criptografia de chave assimétrica, as pessoas não precisam conhecer a chave compartilhada simétrica. Se Alice quiser enviar uma mensagem para Bob, ela precisará conhecer apenas a chave pública de Bob, que é aberta para o público e disponível para todos. Se Bob precisasse enviar uma mensagem para Alice, ele necessitaria apenas saber a chave pública de Alice, que também é conhecida por todos. Na criptografia com chave pública, todos protegem uma chave privada e anunciam uma chave pública.

> **Na criptografia de chave pública, todos têm acesso à chave pública de todos; as chaves públicas estão disponíveis para o público em geral.**

As chaves públicas, assim como as chaves secretas, precisam ser distribuídas para serem úteis. Discutamos brevemente a maneira pela qual as chaves públicas podem ser distribuídas.

Anúncio Público

O método simplista é anunciar chaves públicas a todos. Bob pode colocar sua chave pública em seu site na Web ou anunciá-la em jornal local ou nacional. Quando Alice precisar enviar uma mensagem confidencial para Bob, ela pode obter a chave pública de Bob por meio do seu site, do jornal ou até mesmo enviar uma mensagem para solicitá-la. A Figura 31.23 mostra a situação.

Figura 31.23 *Anúncio de uma chave pública*

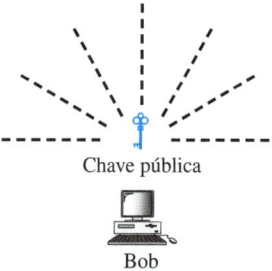

Esse método, entretanto, não é seguro; ele está sujeito à falsificação. Por exemplo, Eve poderia fazer um anúncio público. Antes de Bob reagir, já poderia ter havido algum dano. Eve pode enganar Alice enviando a ela uma mensagem destinada a Bob. Eve também poderia assinar um documento com uma chave privada correspondente falsa e fazer que todos acreditassem que ela foi assinada por Bob. O método também é vulnerável se Alice solicitar diretamente a chave pública de Bob. Eve poderia interceptar a resposta de Bob e substituir sua própria chave pública falsa pela chave pública de Bob.

Autoridade de certificação

A forma mais segura é fazer que a autoridade de certificação retenha uma lista de chaves públicas. Essa lista, parecida com aquela usada em um sistema de telefonia, é atualizada dinamicamente. Cada usuário pode escolher uma chave pública/privada, manter a privada e entregar a pública para inserção na lista. A autoridade de certificação requer que cada usuário se registre no centro e prove sua identidade. A lista pode ser anunciada publicamente pela autoridade de certificação, que também pode responder a qualquer solicitação sobre uma chave pública. A Figura 31.24 ilustra o conceito.

Figura 31.24 *Autoridade de certificação*

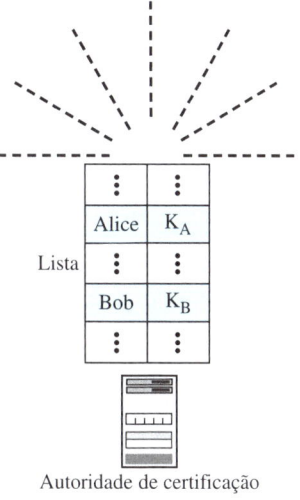

Autoridade de Certificação Controlada

Pode-se conseguir um nível de segurança maior se existirem controles adicionais sobre a distribuição da chave pública. Os anúncios de chave pública podem incluir um registro de horas e serem assinados por uma autoridade para impedir a interceptação e a modificação da resposta. Se Alice precisar conhecer a chave pública de Bob, ela poderá enviar uma solicitação para a autoridade de certificação, inclusive o nome de Bob e um registro de horas. A autoridade de certificação responde com a chave pública de Bob, a solicitação original e o registro de horas assinado com a chave privada do centro. Alice usa a chave pública da autoridade de certificação, conhecida por todos, para decriptografar a mensagem e extrair a chave pública de Bob. A Figura 31.25 mostra outro cenário.

Autoridade de Certificação

O método anterior pode gerar um tráfego pesado no centro se o número de solicitações for muito grande. A alternativa é criar certificados de chave pública. Bob quer duas coisas: pessoas que conheçam sua chave pública e que ninguém aceite uma chave pública forjada como se fosse a sua. Bob pode recorrer a uma **CA (Certification Authority — autoridade de certificação)** — uma organização estadual ou federal que vincula uma chave pública a uma entidade e emite um certificado. A CA tem sua própria chave pública conhecida que não pode ser falsificada. A CA

Figura 31.25 *Autoridade de certificação controlado*

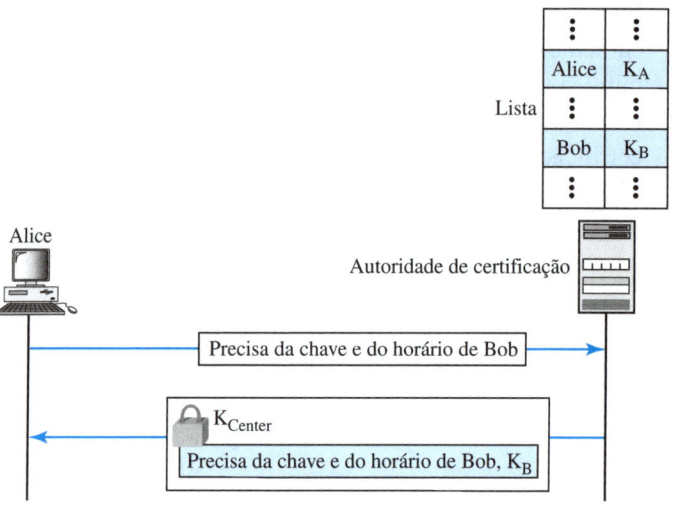

verifica a **identificação** de Bob (usando uma identificação com imagem juntamente com outra prova). Então, pode solicitar então a chave pública de Bob e gravá-la no certificado. Para impedir que o próprio certificado seja falsificado, a CA assina o certificado com sua chave privada. Agora, Bob pode fazer o upload do certificado assinado. Qualquer um pode baixar o certificado assinado e usar a chave pública da autoridade de certificação para extrair a chave pública de Bob. A Figura 31.26 ilustra o conceito.

Figura 31.26 *Autoridade de certificação*

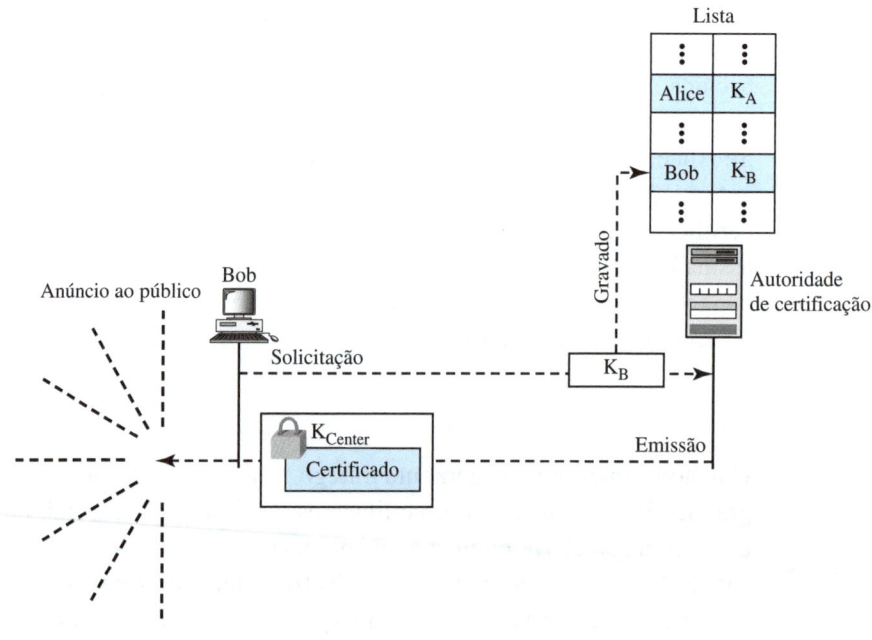

X.509 Embora o uso de uma CA tenha solucionado o problema de fraude de chaves públicas, ele criou um efeito colateral. Cada certificado pode ter um formato diferente. Se Alice quiser usar um programa para baixar automaticamente certificados diferentes e "digest"s pertencentes a pessoas diferentes, talvez o programa não seja capaz de fazê-lo. Um certificado poderia ter a chave pública em um formato e outro em um outro formato diferente. A chave pública poderia estar na primeira linha de um certificado e na terceira linha de outro. Qualquer coisa que precise ser usada por todos deve ter um formato universal.

Para eliminar esse efeito colateral, o ITU desenvolveu um protocolo denominado **X.509**, que foi aceito pela Internet com algumas modificações. O X.509 é uma maneira de descrever o certificado de uma forma estruturada. Ele usa um protocolo popular chamado ASN.1 (Abstract Syntax Notation 1) que define campos e é familiar para os programadores na linguagem C. A seguir, são apresentados os campos em um certificado.

- **Version** Este campo define a versão do X.509 do certificado. O número da versão iniciou em 0; a atual é versão 2 (terceira cujo).
- **Serial number** Este campo define um número atribuído a cada certificado valor é exclusivo.
- **Signature** Este campo, cujo nome é inapropriado, identifica o algoritmo usado para assinar o certificado. Qualquer parâmetro que seja necessário para uma assinatura também é definido nesse campo.
- **Issuer** Este campo identifica a autoridade de certificação que emitiu o certificado. O nome é normalmente uma hierarquia de strings que define país, estado, organização, departamento e assim por diante.
- **Period of validity** Este campo define o primeiro e o último momento em que o certificado é válido.
- **Subject** Esse campo define a entidade a qual a chave pública pertence. É também uma hierarquia de strings. Parte do campo estabelece o que se intitula *nome comum,* que é o nome verdadeiro da testemunha da chave.
- **Subject's public key** Este campo define a chave pública do sujeito, o âmago do certificado. Também estipula o algoritmo correspondente (RSA, por exemplo) e seus parâmetros.
- **Issuer unique identifier** Este campo opcional permite que dois emissores tenham o mesmo valor para o campo *issuer*, se os *issuer unique identifiers* (identificadores únicos de emissor) forem diferentes.
- **Subject unique identifier** Este campo opcional permite que dois sujeitos diferentes tenham o mesmo valor para o campo *subject*, se os *subject unique identifiers* (identificadores únicos do sujeito) forem diferentes.
- **Extension** Este campo permite que os emissores acrescentem mais informações privadas ao certificado.
- **Encrypted** Este campo contém o identificador do algoritmo, um hash seguro dos demais campos e a assinatura digital desse hash.

PKI

Quando quisermos usar chaves públicas de forma universal, temos um problema similar à distribuição de chaves secretas. Descobrimos que não podemos ter apenas um KDC para responder às consultas. Necessitamos de muitos servidores. Além disso, descobrimos que a melhor solução é colocar os servidores em uma relação hierárquica entre si. De forma semelhante, uma solução para as consultas de chaves públicas é uma estrutura hierárquica chamada **PKI (Public-Key Infrastructure — infraestrutura de chaves públicas)**. A Figura 31.27 mostra um exemplo dessa hierarquia.

Figura 31.27 *Hierarquia PKI*

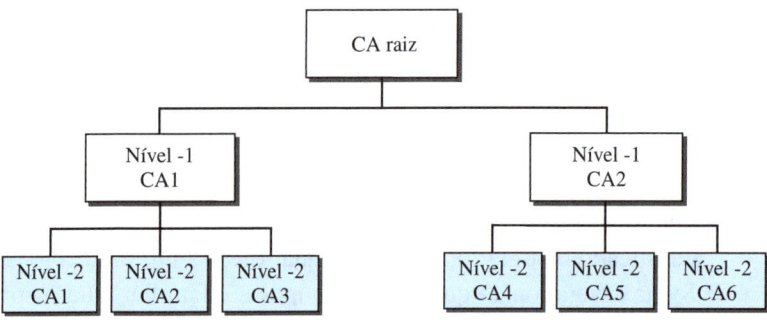

No primeiro nível, podemos ter uma CA raiz capaz de certificar o desempenho das CAs de segundo nível; essas CAs de nível 1 poderiam operar em uma grande área geográfica ou área lógica. As CAs de nível 2 poderiam operar em áreas geográficas menores.

Nessa hierarquia, todos confiam na raiz. No entanto, as pessoas podem ou não confiar em CAs intermediárias. Se Alice precisar obter o certificado, poderia encontrar uma CA em algum lugar para emiti-lo. Mas, pode ser que Alice não confie em uma determinada CA. Em uma hierarquia, Alice poderia solicitar a CA mais elevada seguinte que certifique a CA acessada por ela originalmente. Uma consulta poderia percorrer toda a hierarquia até chegar à raiz.

31.8 LEITURA RECOMENDADA

Para mais detalhes sobre os assuntos discutidos no presente capítulo, recomendamos os seguintes livros e sites. Os itens entre colchetes [...] correspondem à lista de referências bibliográficas no final do texto.

Livros

Diversos livros são dedicados ao tema segurança de redes, como [PHS02], [Bis03] e [Sal03].

31.9 TERMOS-CHAVE

AS (servidor de autenticação)
algoritmo de assinatura
algoritmo de verificação
assinatura digital
ataque dicionário
autenticação confrontação-resposta
autenticação de entidades
autenticação de mensagens
CA (autoridade de certificação)
chave de sessão

colisões fracas
colisões robustas
Confidencialidade ou privacidade da mensagem
"digest" da mensagem
escuta
função hash
HMAC (código de autenticação de mensagens com hash)
identificação

impressão digital	requerente
integridade	senha
integridade da mensagem	senha fixa
KDC (centro de distribuição de chaves)	senha usada uma única vez
Kerberos	SHA–1
MAC (código de autenticação de mensagens)	sistema de assinatura
MDC (código de detecção de modificações)	"temperar"
não-repúdio	TGS (servidor de concessão de tíquetes)
não-repúdio de mensagens	tíquete
nonce	unidirecionalidade
PKI (infra-estrutura de chaves públicas)	verificador
privacidade	X.509

31.10 "DIGEST"

❑ A criptografia é capaz de fornecer cinco serviços. Quatro deles estão relacionados à troca de mensagens entre Alice e Bob. A quinta está relacionada à tentativa da entidade acessar um sistema para usar seus recursos.

❑ Confidencialidade de mensagens significa que o emissor e o receptor esperam ter privacidade.

❑ Integridade de mensagens significa que os dados devem chegar no receptor exatamente como foram enviados.

❑ Autenticação de mensagens significa que o receptor tem garantia de que a mensagem é proveniente do emissor pretendido, e não de um impostor.

❑ Não-repúdio significa que um emissor não pode ser capaz de negar o envio de uma mensagem que ele efetivamente enviou.

❑ Autenticação de entidade significa provar a identidade de uma entidade que tenta acessar os recursos do sistema.

❑ Um "digest" da mensagem pode ser usado para preservar a integridade de um documento ou mensagem. Uma função hash cria um "digest" a partir de uma mensagem.

❑ Uma função hash deve atender a três critérios: unidirecionalidade, resistência a colisões fracas e resistência a colisões robustas.

❑ Um "digest" da mensagem sem chaves é usado como um código de detecção de modificações (MDC). Ele garante a integridade de uma mensagem. Para autenticar a origem dos dados, se faz necessário um código de autenticação de mensagens (MAC).

❑ MACs são funções de hash com chaves que criam um "digest" compactado a partir da mensagem adicionada com uma chave. O método segue o mesmo princípio dos algoritmos de criptografia.

❑ Um método de assinatura digital é capaz de fornecer os mesmos serviços disponibilizados por uma assinatura convencional. Uma assinatura convencional é inclusa no documento; a assinatura digital é uma entidade separada.

❑ A assinatura digital fornece integridade, autenticação e não-repúdio de mensagens.

A assinatura digital não é capaz de oferecer confidencialidade para a mensagem. Se a confidencialidade for necessária, deve ser aplicar um criptossistema no sistema de assinaturas.

❑ Uma assinatura digital precisa de um sistema de chaves assimétricas.

❑ Na autenticação de entidades, um requerente prova sua identidade para o verificador usando um dos três tipos de testemunhos: algo conhecido, algo possuído ou algo inerente.

❑ Na autenticação baseada em senhas, o requerente usa uma string de caracteres como algo que ele conhece.

❑ A autenticação baseada em senhas pode ser dividida em duas grandes categorias: fixa e com uma única ocorrência.

❑ Na autenticação confrontação-resposta, o requerente prova que conhece o segredo sem realmente transmiti-lo.

❑ A autenticação confrontação-resposta pode ser dividida em quatro categorias: cifras de chave simétrica, funções hash com chaves, cifras de chave assimétrica e assinatura digital.

❑ Um centro de distribuição de chaves (KDC) é um terceiro confiável que atribui uma chave simétrica a duas partes.

❑ O KDC cria uma chave secreta apenas entre um membro e o centro. A chave secreta entre membros precisa ser criada como uma chave de sessão quando dois membros entrarem em contato com o KDC.

❑ Kerberos é um popular protocolo gerador de chaves de sessão que requer um servidor de autenticação e um servidor de concessão de tíquetes.

❑ Autoridade de certificação (CA) é uma organização estadual ou federal que vincula uma chave pública a uma entidade e emite um certificado.

❑ Uma infra-estrutura de chaves públicas (PKI) é um sistema hierárquico para responder a consultas sobre certificação de chaves.

31.11 ATIVIDADES PRÁTICAS

Questões para Revisão

1. O que é nonce?
2. O que é problema N^2?
3. Cite um protocolo que use um KDC para autenticação de usuário.
4. Qual é o propósito do servidor de autenticação Kerberos?
5. Qual é o propósito do servidor de concessão de tíquetes Kerberos?
6. Qual é o propósito do X.509?
7. O que é autoridade de certificação?
8. Cite algumas vantagens e desvantagens do uso de senhas longas.
9. Discutimos senhas fixas e aquelas usadas uma única vez como dois extremos. O que falar sobre senhas freqüentemente modificadas? Como você acha que esse esquema poderia ser implementado? Quais suas vantagens e desvantagens?
10. Como um sistema poderia impedir um ataque de adivinhação da senha? Como um banco pode impedir a adivinhação de PINs se alguém tiver descoberto ou roubado um cartão eletrônico do banco e tentado usá-lo?

Exercícios

11. Uma mensagem é composta por dez números entre 00 e 99. Um algoritmo hash cria um "digest" a partir dessa mensagem adicionando todos os números módulo 100. O "digest" resultante é um número entre 00 e 99. Este algoritmo atende ao primeiro critério de um algoritmo hash? Ele atende ao segundo critério? E ao terceiro?

12. Uma mensagem é composta por 100 caracteres. Um algoritmo hash cria um "digest" a partir dessa mensagem escolhendo caracteres 1, 11, 21, . . . e 91. O "digest" resultante tem dez caracteres. Esse algoritmo atende ao primeiro critério de um algoritmo hash? Ele atende ao segundo critério? E ao terceiro?

13. Um algoritmo hash cria um "digest" de N bits. Quantos "digest"s diferentes podem ser criados a partir desse algoritmo?

14. Em uma festa, o que é mais provável: uma pessoa que faz aniversário em determinado dia ou duas (ou mais) com a mesma data de aniversário?

15. Como a solução para o Exercício 14 se relaciona com o segundo e terceiro critérios de uma função hash?

16. O que é mais factível, um "digest" de tamanho fixo ou de tamanho variável? Justifique sua resposta.

17. Uma mensagem possui 20 mil caracteres. Estamos utilizando um "digest" dessa mensagem usando o SHA-1. Após criar o "digest", decidimos modificar os últimos dez caracteres. Podemos dizer quantos bits serão alterados no "digest"?

18. Os processos de criação de um MAC e de assinatura de um hash são idênticos? Quais são as diferenças?

19. Quando uma pessoa usa um caixa eletrônico para sacar dinheiro, esse processo é uma autenticação de mensagens, uma autenticação de entidades, ou ambos?

20. Modifique a Figura 31.14 para oferecer uma autenticação bidirecional (Alice para Bob e Bob para Alice).

21. Modifique a Figura 31.16 para oferecer uma autenticação bidirecional (Alice para Bob e Bob para Alice).

22. Modifique a Figura 31.17 para oferecer uma autenticação bidirecional (Alice para Bob e Bob para Alice).

23. Modifique a Figura 31.18 para oferecer uma autenticação bidirecional (Alice para Bob e Bob para Alice).

24. Em uma universidade, um aluno precisa criptografar sua senha (com uma chave simétrica exclusiva) antes de transmiti-la ao fazer o login no sistema. A criptografia protege a universidade ou o aluno? Justifique sua resposta.

25. No Exercício 24, seria útil se o aluno anexasse um registro de horas à senha antes de criptografá-la? Justifique sua resposta.

26. No Exercício 24, seria útil se um aluno tivesse uma lista de senhas e usasse uma senha diferente cada vez que fosse entrar no sistema?

27. Na Figura 31.20, o que aconteceria se o KDC estivesse fora do ar?

28. Na Figura 31.21, o que aconteceria se o AS estivesse fora do ar? O que aconteceria se o TGS estivesse fora do ar? O que aconteceria se o servidor principal estivesse fora do ar?

29. Na Figura 31.26, o que aconteceria se a autoridade de certificação estivesse fora do ar?

30. Acrescente uma camada de criptografia/decriptografia de chave simétrica à Figura 31.11 para oferecer privacidade.

31. Acrescente uma camada de criptografia/decriptografia de chave simétrica à Figura 31.11 para oferecer privacidade.

Atividades de Pesquisa

32. Existe um algoritmo de hash chamado MD5. Descubra a diferença entre esse algoritmo e o SHA-1.

33. Existe um algoritmo de hash chamado RIPEMD-160. Descubra a diferença entre esse algoritmo e o SHA-1.

34. Compare: MD5, SHA-1 e RIPEMD-160.

35. Encontre algumas informações sobre assinatura digital RSA.

36. Encontre algumas informações sobre assinatura digital DSS.

CAPÍTULO 32

Segurança na Internet: IPSec, SSL/TLS, PGP, VPN e Firewalls

Neste capítulo, queremos mostra como determinados aspectos de segurança, em particular a autenticação de mensagens e privacidade, podem ser aplicados às camadas de rede, de transporte e de aplicação do modelo Internet. Mostraremos, de forma resumida, como o protocolo IPSec pode acrescentar autenticação e confidencialidade ao protocolo IP, como o SSL (ou TLS) pode fazer o mesmo para o protocolo TCP e como o PGP pode fazer isso para o protocolo SMTP (e-mail).

Em todos esses protocolos, existem algumas questões comuns que precisamos considerar. Primeiro, precisamos criar um MAC, ou seja, um Message Authentication Code, ou código de autenticação de mensagens. Em seguida, precisamos criptografar a mensagem e, provavelmente, o MAC. Isso significa que, com algumas pequenas variações, os três protocolos discutidos neste capítulo pegam um pacote da camada apropriada e criam um novo, que é autenticado e criptografado. A Figura 32.1 ilustra essa idéia geral.

Figura 32.1 *Estrutura comum de três protocolos de segurança*

Observe que o cabeçalho ou o trailer do protocolo de segurança poderá ou não ser incluído no processo de criptografia. Note também que alguns protocolos podem precisar de mais informações no pacote assegurado; a figura ilustra apenas a idéia geral.

Um problema comum em todos esses protocolos é formado pelos *parâmetros de segurança*. Mesmo a estrutura simplificada da Figura 32.1 sugere que Alice e Bob precisam conhecer várias informações, parâmetros de segurança, antes de poderem transmitir dados de forma segura entre si. Particularmente, eles precisam saber quais algoritmos usar para autenticação e criptografia/decriptografia.

Mesmo que esses algoritmos possam ser predeterminados para todo mundo, o que não acontece, como veremos em breve, Bob e Alice ainda precisam de pelo menos duas chaves: uma para o MAC e outra para criptografia/decriptografia. Ou seja, a complexidade desses protocolos não reside na maneira pela qual os dados MAC são calculados ou como a criptografia é realizada, e sim no fato de que, antes de calcular o MAC e realizar a criptografia, precisamos criar um conjunto de parâmetros de segurança entre Alice e Bob.

À primeira vista, parece que o uso de qualquer um desses protocolos poderia envolver um número infinito de etapas. Para transmitir dados de forma segura, necessitamos de um conjunto de parâmetros de segurança. A troca garantida desses parâmetros precisa de um segundo conjunto de parâmetros de segurança. A troca confiável do segundo conjunto requer um terceiro. E assim por diante, indefinidamente.

Para limitar o número de etapas, podemos usar criptografia de chave pública, se cada pessoa tiver um par de chaves pública e privada. O número de etapas pode ser reduzido a uma ou duas. Na versão de uma única etapa, podemos usar chaves de sessão para cifrar o MAC e criptografar tanto este quanto os dados. As chaves de sessão e a lista de algoritmos podem ser enviadas com o pacote, mas criptografados pelo uso de cifras de chave pública. Na versão de duas etapas, estabelecemos, inicialmente, os parâmetros de segurança por intermédio do emprego de cifras de chave pública. Em seguida, usamos os parâmetros de segurança para transmissão confiável dos dados em si. Um dos três protocolos, o PGP, usa o primeiro método; os outros dois protocolos, IPSec e SSL/TLS, utilizam o segundo.

Também tratamos de um protocolo comum, o VPN (Virtual Private Network — rede privada virtual), que usa o IPSec. No final do capítulo, discutimos o firewall, um mecanismo que impede o ataque à rede de uma organização.

32.1 IPSECURITY (IPSEC)

IPSecurity (IPSec) é um conjunto de protocolos desenvolvido pelo IETF (Internet Engineering Task Force) para oferecer segurança para um pacote no nível de rede. O IPSec ajuda a criar pacotes confidenciais e autenticados para a camada IP, conforme mostrado na Figura 32.2.

Figura 32.2 *Conjunto de protocolos TCP/IP e IPSec*

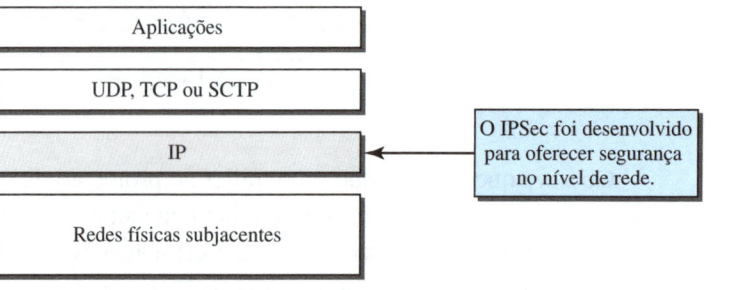

Dois Modos

O IPSec opera em um de dois modos distintos: o modo de transporte ou o modo túnel, como mostrado na Figura 32.3.

Figura 32.3 *Os modos de transporte e túnel do protocolo IPSec*

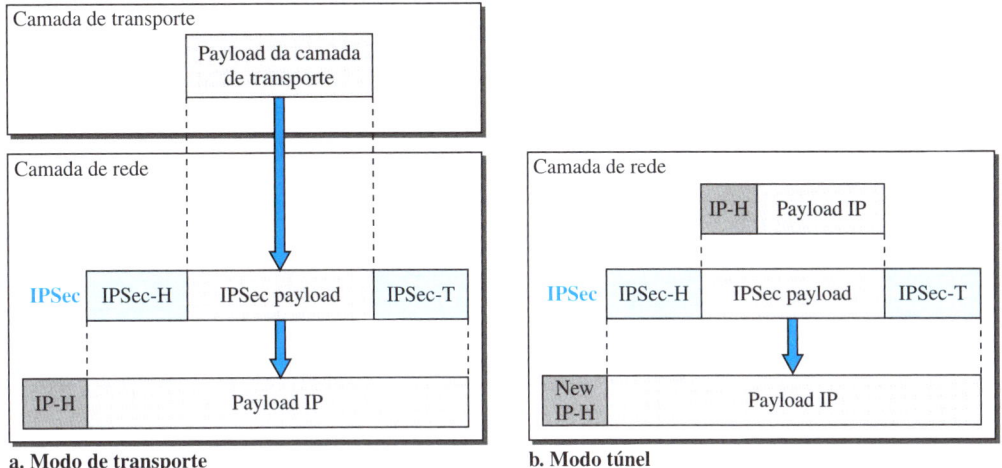

a. Modo de transporte b. Modo túnel

Modo de Transporte

No **modo de transporte,** o IPSec protege aquilo que é entregue da camada de transporte para a camada de rede. Em outras palavras, o modo de transporte protege o payload da camada de rede, a ser encapsulado na camada de rede.

Note que ele não protege o cabeçalho IP. Ou seja, o modo de transporte não protege o pacote IP inteiro; protege apenas o pacote da camada de transporte (o payload da camada IP). Nesse modo, o trailer e cabeçalho IPSec são acrescentados às informações provenientes da camada de transporte. O cabeçalho IP é adicionado posteriormente.

> **O IPSec no modo de transporte não protege o cabeçalho IP;**
> **protege apenas as informações provenientes da camada de transporte.**

Normalmente, o modo de transporte é usado quando precisamos de proteção de dados fim a fim (host a host). O host emissor usa o IPSec para autenticar e/ou criptografar o payload entregue pela camada de transporte. O host receptor usa IPSec para verificar a autenticação e/ou decriptografar o pacote IP e entregá-lo à camada de transporte. A Figura 32.4 ilustra esse conceito.

Figura 32.4 *Modo de transporte em ação*

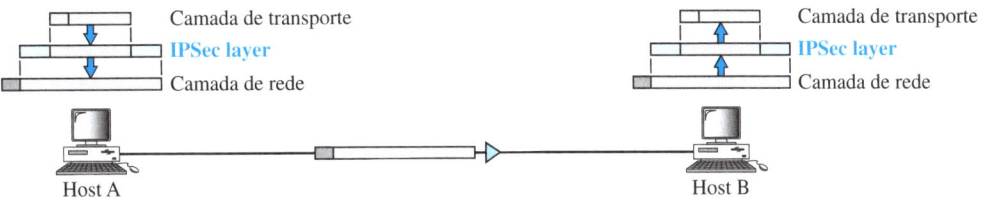

Modo Túnel

No **modo túnel,** o IPSec protege o pacote IP inteiro. Ele pega um pacote IP, inclusive o cabeçalho, aplica os métodos de segurança IPSec a todo o pacote e, em seguida, acrescenta um novo cabeçalho IP, conforme mostra a Figura 32.5.

O novo cabeçalho IP, como veremos em breve, tem informações distintas do cabeçalho IP original. Em geral, o modo túnel é usado entre dois roteadores, entre um host e um roteador ou entre um roteador e um host, como pode ser visto na Figura 32.5.

Figura 32.5 *O modo túnel em ação*

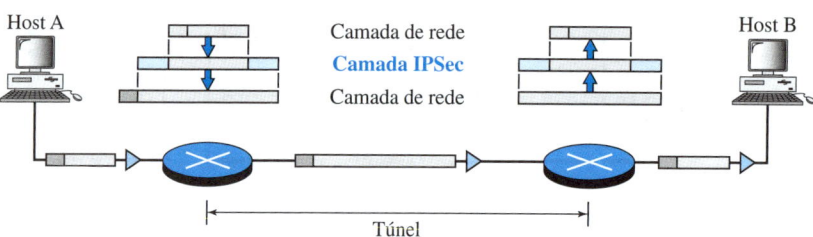

Em outras palavras, usamos o modo túnel quando o emissor ou o receptor não for um host. O pacote original inteiro é protegido contra intrusão entre o emissor e o receptor. É como se o pacote inteiro passasse por um túnel imaginário.

O IPSec no modo túnel protege o cabeçalho IP original.

Dois Protocolos de Segurança

O IPSec define dois protocolos — o protocolo AH (Authentication Header — cabeçalho de autenticação) e o protocolo ESP (Encapsulating Security Payload — payload de segurança de encapsulamento) — para oferecer autenticação e/ou criptografia para pacotes no nível IP.

AH

O protocolo **AH (Authentication Header — cabeçalho de autenticação)** foi desenvolvido para autenticar o host de origem e para garantir a integridade do payload transportado no pacote IP. O protocolo usa uma função hash e uma chave simétrica para criar um resumo de mensagem; o resumo é inserido no cabeçalho de autenticação. O AH é então colocado na posição apropriada com base no modo (transporte ou túnel). A Figura 32.6 ilustra os campos e a posição do cabeçalho de autenticação no modo de transporte.

Quando um datagrama IP transporta um cabeçalho de autenticação, o valor original no campo de protocolo do cabeçalho IP é substituído pelo valor 51. Um campo no interior do cabeçalho de autenticação (o campo de cabeçalho seguinte) armazena o valor original do campo de protocolo (o tipo de payload que está sendo transportado pelo datagrama IP). O acréscimo de um cabeçalho de autenticação segue as etapas descritas:

1. Um cabeçalho de autenticação é acrescentado ao payload com o campo de dados de autenticação configurado em zero.

Figura 32.6 *Protocolo AH (autenticação de cabeçalho) no modo de transporte*

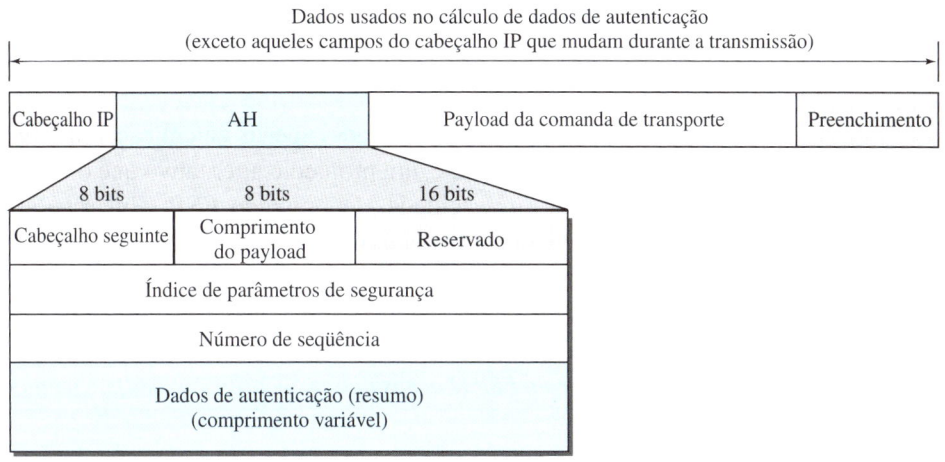

2. Podem ser acrescentados bits de preenchimento para tornar par o comprimento total, mesmo para um algoritmo de hashing particular.
3. O hashing se baseia no pacote total. Entretanto, apenas aqueles campos do cabeçalho IP que não mudam durante a transmissão são inclusos no cálculo de um resumo de mensagem (dados de autenticação).
4. Os dados de autenticação são inseridos no cabeçalho de autenticação.
5. O cabeçalho IP é acrescentado após o valor do campo de protocolo ser alterado para 51.

A seguir, apresentamos uma breve descrição de cada campo:

❑ **Next header.** O campo de 8 bits, next-header (cabeçalho seguinte), define o tipo de payload transportado pelo datagrama IP (como TCP, UDP, ICMP ou OSPF). Ele tem a mesma função do campo de protocolo no cabeçalho IP antes do encapsulamento. Em outras palavras, o processo copia o valor do campo de protocolo no datagrama IP para esse campo. O valor do campo de protocolo no novo datagrama IP agora é configurado para 51 para mostrar que o pacote carrega um cabeçalho de autenticação.

❑ **Payload length.** O nome desse campo de 8 bits é enganoso. Ele não define o comprimento do payload, mas sim o comprimento do cabeçalho de autenticação em múltiplos de 4 bytes; ele, porém, não inclui os 8 primeiros bytes.

❑ **Security parameter index.** O campo SPI (índice de parâmetros de segurança) de 32 bits desempenha o papel de identificador de circuitos virtuais e é o mesmo para todos os pacotes enviados durante uma conexão chamada associação de segurança (a ser discutida posteriormente).

❑ **Sequence number.** Um número de seqüência de 32 bits fornece informações de ordenação para uma seqüência de datagramas. Os números de seqüência impedem uma reprodução. Observe que ele não é repetido nem mesmo se um pacote for retransmitido. Um número de seqüência não repete um ciclo após atingir 2^{32}; deve ser estabelecida uma nova conexão.

❑ **Authentication data.** Finalmente, o campo de autenticação de dados é o resultado da aplicação de uma função hash a todo o datagrama IP, exceto para os campos que são modificados em trânsito (por exemplo, o campo TTL — time-to-live).

> O protocolo AH fornece autenticação de fonte e
> integridade de dados, mas não privacidade.

ESP

O protocolo AH não oferece privacidade, apenas autenticação da fonte e integridade de dados. O IPSec definiu, posteriormente, um protocolo alternativo que oferecer recursos de autenticação de fonte, integridade e privacidade, denominado **ESP (Encapsulating Security Payload — payload de segurança de encapsulamento).** O ESP adiciona cabeçalho e trailer. Observe que os dados de autenticação do ESP são acrescentados no final do pacote, o que torna seu cálculo. A Figura 32.7 ilustra a localização do trailer e do cabeçalho ESP.

Figura 32.7 *Protocolo ESP (Encapsulation Security Payload) no modo de transporte*

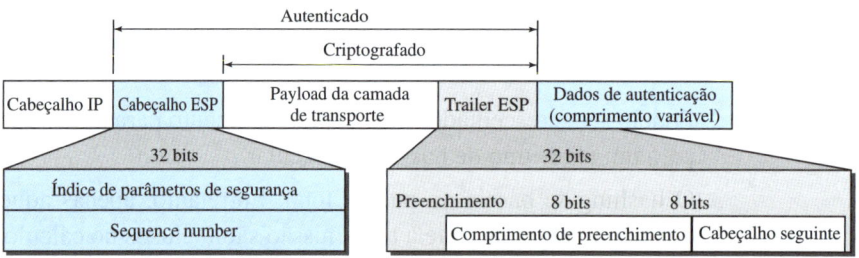

Quando um datagrama IP transporta trailer e cabeçalho ESP, o valor do campo de protocolo no cabeçalho IP é 50. Um campo no interior do trailer ESP (o campo de cabeçalho seguinte) armazena o valor original do campo de protocolo (o tipo de payload que está sendo transportado pelo datagrama IP, como TCP ou UDP). O procedimento ESP segue as etapas descritas:

1. É acrescentado um trailer ESP ao payload.
2. O payload e o trailer são criptografados.
3. É adicionado o cabeçalho ESP.
4. O cabeçalho ESP, o payload e o trailer ESP são usados para criar os dados de autenticação.
5. Os dados de autenticação são acrescentados no final do trailer ESP.
6. O cabeçalho IP é acrescentado após o valor de protocolo ser alterado para 50.

Os campos para cabeçalho e trailer são os seguintes:

- **Security parameter index.** O campo de índice de parâmetros de segurança de 32 bits é similar àquele definido para o protocolo AH.
- **Number of sequence.** O campo de número de seqüência de 32 bits é similar àquele definido para o protocolo AH.
- **Padding.** Este campo, de comprimento variável (0 a 255 bytes) de 0s, serve como preenchimento.
- **Pad length.** O campo de comprimento de preenchimento, de 8 bits, define o número de bytes de preenchimento. O valor se encontra entre 0 e 255; o valor máximo é raro.
- **Next header.** O campo de cabeçalho seguinte, de 8 bits, é similar àquele definido no protocolo AH. Ele atende ao mesmo objetivo do campo de protocolo no cabeçalho IP antes do encapsulamento.

❑ **Authentication data.** Finalmente, o campo de autenticação de dados é o resultado da aplicação de um esquema de autenticação a partes do datagrama. Note a diferença entre os dados de autenticação em AH e em ESP. No AH, parte do cabeçalho IP é inclusa no cálculo dos dados de autenticação; no ESP, ele não é.

O ESP oferece autenticação de fontes, privacidade e integridade de dados.

IPv4 e IPv6

O IPSec oferece suporte ao IPv4 e IPv6. No IPv6, porém, o AH e o ESP fazem parte do cabeçalho de extensão.

AH versus ESP

O protocolo ESP foi desenvolvido após o protocolo AH estar em uso. O ESP faz tudo que o AH faz, além de ter outras funcionalidades (privacidade). A questão é: por que precisamos do AH? A resposta é: não precisamos realmente. Entretanto, a implementação do AH já está inclusa em alguns produtos comerciais, o que significa que ele permanecerá como parte da Internet até que esses produtos saiam de linha.

Serviços Fornecidos pelo IPSec

Os dois protocolos, AH e ESP, podem oferecer vários serviços de segurança para pacotes na camada de rede. A Tabela 32.1 mostra a lista de serviços disponíveis para cada protocolo.

Tabela 32.1 *Serviços oferecidos pelo IPSec*

Serviços	AH	ESP
Controle de acesso	Sim	Sim
Autenticação de mensagens (integridade de mensagens)	Sim	Sim
Autenticação de entidades (autenticação de fontes de dados)	Sim	Sim
Confidencialidade	Não	Sim
Proteção de ataque de reprodução	Sim	Sim

Controle de Acesso O IPSec fornece, indiretamente, controle de acesso usando um SADB (Security Association Database, em inglês, banco de dados de associações de segurança), como veremos na próxima seção. Quando um pacote chega ao seu destino e não existe nenhuma associação de segurança já estabelecida para esse pacote, ele é descartado.

Autenticação de Mensagens A integridade de uma mensagem é preservada tanto no AH como no ESP, usando dados de autenticação. É criado um resumo dos dados enviados pelo emissor para ser verificado pelo receptor.

Autenticação de Entidades A associação de segurança e o resumo ao qual se aplicou um hash com chaves dos dados enviados pelo emissor autenticam o emissor de dados, tanto no AH quanto no ESP.

Confidencialidade A criptografia de uma mensagem no ESP fornece confidencialidade. O AH, porém, não oferece recursos de confidencialidade. Se esta for necessária, deve-se usar o ESP em vez do AH.

Proteção contra Ataques de Reprodução Em ambos os protocolos, impede-se o **ataque de reprodução,** usando-se números de seqüência e uma janela de correr receptora. Cada cabeçalho IPSec contém um número de seqüência exclusivo quando a associação de segurança é estabelecida. O número inicia em 0 e aumenta até o valor atingir $2^{32} - 1$ (o tamanho do campo de número de seqüência é 32 bits). Quando o número de seqüência atinge seu máximo, é reinicializado para zero e, ao mesmo tempo, a antiga associação de segurança (ver a próxima seção) é eliminada e uma nova, estabelecida. Para impedir o processamento de pacotes duplicados, o IPSec ordena o uso de uma janela de tamanho fixo no receptor. O tamanho da janela é determinado pelo receptor com um valor-padrão igual a 64.

Associação de Segurança

Como mencionado na introdução, cada um dos três protocolos discutidos neste capítulo (IPSec, SSL/TLS e PGP) precisa de um conjunto de parâmetros de segurança antes de se tornar operacional. No IPSec, o estabelecimento dos parâmetros de segurança é realizado por meio de um mecanismo denominado **associação de segurança (SA — Security Association).**

O IP, como já vimos, é um protocolo sem o estabelecimento de conexão: cada datagrama é independente dos demais. Para esse tipo de comunicação, os parâmetros de segurança podem ser estabelecidos de três maneiras:

1. Os parâmetros de segurança relacionados a cada datagrama podem ser inclusos em cada datagrama. O projetista do IPSec não escolheu essa opção provavelmente em razão de problemas de overhead. Adicionar parâmetros de segurança a cada datagrama cria um grande overhead, em particular se o datagrama for fragmentado várias vezes durante sua jornada.

2. Pode se estabelecer um conjunto de parâmetros de segurança para cada datagrama. Isso significa que, antes de cada datagrama ser transmitido, um conjunto de pacotes precisa ser trocado entre o emissor e o receptor para estabelecer parâmetros de segurança. Provavelmente, isso é menos eficiente que a primeira opção e não é usado no IPSec.

3. O IPSec usa a terceira opção. Um conjunto de parâmetros de segurança pode ser estabelecido entre um emissor e determinado receptor na primeira vez que o emissor tiver um datagrama a ser enviado para esse receptor em particular. O conjunto pode ser salvo para transmissão futura de pacotes IP para o mesmo receptor.

A associação de segurança é um aspecto muito importante do IPSec. Ao utilizá-la, o IPSec transforma um protocolo sem o estabelecimento de conexão, o IP, em um protocolo orientado a conexão. Podemos imaginar uma associação como uma conexão. Podemos dizer que, quando Alice e Bob chegam a um acordo sobre um conjunto de parâmetros de segurança entre ambos, estabeleceram uma conexão lógica entre si (denominada associação). Entretanto, talvez les não usem essa conexão durante todo o tempo. Após estabelecerem-na, Alice pode enviar hoje um datagrama a Bob, outro daqui a alguns dias e assim por diante. A conexão lógica existe e está pronta para enviar um datagrama de forma segura. Obviamente, eles podem interromper a conexão, ou então estabelecer uma nova, após alguns instantes (que é uma forma de comunicação mais segura).

Exemplo Simples

A associação de segurança é um conjunto de informações muito complexo. Entretanto, podemos ilustra o caso mais simples, em que Alice quer ter uma associação com Bob para uso em uma comunicação bidirecional. Alice pode ter uma associação de saída (para datagramas destinados a Bob) e uma associação de entrada (para datagramas provenientes de Bob). Bob pode ter a mesma associação. Nesse caso, as associações de segurança são reduzidas a duas pequenas tabelas, tanto para Alice como para Bob, conforme mostrado na Figura 32.8.

Figura 32.8 *Associações de segurança simples (de entrada e de saída)*

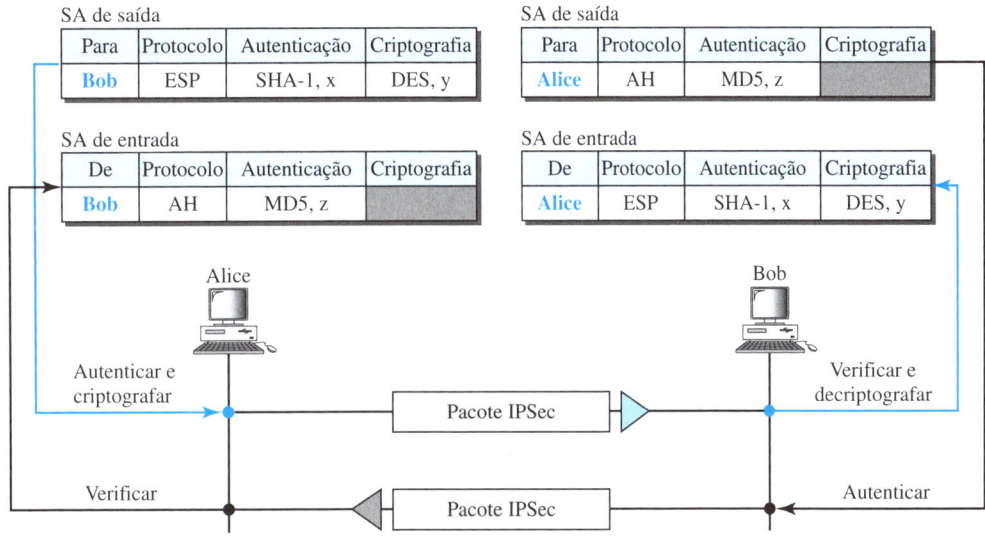

A figura mostra que, quando Alice precisa enviar um datagrama para Bob, ela usa o protocolo ESP do IPSec. A autenticação é feita usando-se SHA-1 com chave x. A criptografia é realizada utilizando-se DES com chave y. Quando Bob precisar enviar um datagrama a Alice, ele usa o protocolo AH do IPSec. A autenticação é realizada usando-se MD5 com chave z. Note que a associação de entrada para Bob é a mesma que a associação de saída para Alice e vice-versa.

Banco de Dados de Associações de Segurança (SADB)

A associação de segurança pode ser muito complexa. Isso é particularmente verdadeiro se Alice quiser enviar mensagens para várias pessoas e Bob precisar receber mensagens de muitas pessoas. Além disso, cada site necessita ter tanto SAs de entrada quanto de saída para possibilitar uma comunicação bidirecional. Em outras palavras, precisamos de um conjunto de SAs que possa ser armazenado em um banco de dados. Esse banco de dados é denominado **SADB (Security Association Database — banco de dados de associações de segurança)**. Esse banco de dados pode ser imaginado como uma tabela bidimensional em que cada linha define uma única SA. Normalmente, existem dois SADBs, um de entrada e outro de saída.

SPI

Para diferenciar uma associação da outra, cada uma delas é identificada por um parâmetro chamado **SPI (Security Parameter Index — índice de parâmetros de segurança)**. Esse parâmetro, em conjunto com o endereço de destino (de saída) ou endereço de origem (de entrada) e o protocolo (AH ou ESP), define uma associação de forma exclusiva.

IKE

Agora, chegamos à última parte do quebra-cabeça — como os SADBs são criados. O **IKE (Internet Key Exchange — troca de chaves Internet)** é um protocolo desenvolvido para criar tanto associações de segurança de entrada como de saída nos SADBs.

O IKE cria SAs para o IPSec.

O IKE é um protocolo complexo baseado em três outros protocolos — Oakley, SKEME e ISAKMP — conforme mostrado na Figura 32.9.

Figura 32.9 *Componentes IKE*

O protocolo **Oakley** foi desenvolvido por Hilarie Orman. É um protocolo de criação fundamental embasado no método de troca de chaves Diffie-Hellman, mas, com algumas melhorias. O Oakley é um protocolo de formato livre no sentido de que não define o formato da mensagem a ser intercambiada.

O **SKEME**, desenvolvido por Hugo Krawcyzk, é outro protocolo para troca de chaves, que usa criptografia de chave pública para autenticação de entidades em um protocolo de intercâmbio de chaves.

O **ISAKMP (Internet Security Association and Key Management Protocol — protocolo de gerenciamento de chaves e associação de segurança Internet)** é um protocolo desenvolvido pela NSA (National Security Agency) que, na verdade, implementa as trocas estabelecidas no IKE. Ele define vários pacotes, protocolos e parâmetros que possibilitam a ocorrência de trocas IKE em mensagens formatadas padronizadas para criar SAs.

Pode-se perguntar como o ISAKMP é transportado do emissor para o receptor. Esse protocolo foi desenvolvido de forma que possa ser aplicável com qualquer protocolo subjacente. Por exemplo, o pacote pode ser usado como payload na camada de rede ou na camada de transporte. Quando utilizamos IPSec, é natural que esse pacote seja considerado um payload para o protocolo IP e transportado no datagrama. Agora, a próxima pergunta é: como os datagramas que transportam ISAKMP são trocados de forma segura? A resposta é que não há necessidade. Não há nada nos pacotes ISAKMP que precise ser assegurado.

VPN

VPN (Virtual Private Network, em inglês, rede privada virtual) é uma tecnologia que está ganhando popularidade entre grandes organizações que usam a Internet global tanto para comunicação dentro da organização como entre organizações, mas requer privacidade em suas comunicações internas. Discutimos o VPN aqui porque ele usa o protocolo IPSec para aplicar segurança aos datagramas IP.

Redes Privadas

Uma rede privada é desenvolvida para uso interno em uma organização. Ela possibilita o acesso a recursos compartilhados e, ao mesmo tempo, fornece privacidade. Antes de discutirmos alguns aspectos dessas redes, definamos dois termos comumente usados e relacionados: *intranet* e *extranet*.

Intranet É uma rede privada (LAN) que usa o modelo Internet. Entretanto, o acesso à rede é limitado aos usuários dentro da organização. A rede usa programas de aplicação definidos para a Internet global, como HTTP, e pode ter servidores, servidores de impressão e servidores de arquivos Web.

Extranet É o mesmo que intranet, com uma grande diferença: alguns recursos podem ser acessados por grupos de usuários específicos fora da organização sob o controle do administrador de redes. Por exemplo, uma organização pode permitir que clientes autorizados acessem especificações, disponibilidade e compra de produtos on-line. Uma universidade ou uma faculdade pode permitir que alunos a distância acessem computadores após a verificação de senhas.

Endereçamento Uma rede privada que usa o modelo Internet deve utilizar os endereços IP. Estão disponíveis três opções:

1. A rede pode solicitar um conjunto de endereços das autoridades Internet e usá-los sem estar conectada à Internet. Essa estratégia apresenta uma vantagem. Se, no futuro, a organização decidir se conectar à Internet, pode fazê-lo com relativa facilidade. Contudo, existe também uma desvantagem: o espaço de endereços é desperdiçado nesse meio tempo.
2. A rede pode usar qualquer conjunto de endereços sem registrar-se com as autoridades da Internet. Como é isolada, os endereços não têm de ser exclusivos. Entretanto, essa estratégia apresenta um grande inconveniente: os usuários poderiam confundir, por engano, os endereços como parte da Internet global.
3. Para superar os problemas associados com a primeira e segunda estratégias, as autoridades da Internet reservaram três conjuntos de endereços, como mostrado na Tabela 32.2.

Tabela 32.2 *Endereços para redes privadas*

Prefixo	Intervalo	Total
10/8	10.0.0.0 a 10.255.255.255	2^{24}
172.16/12	172.16.0.0 a 172.31.255.255	2^{20}
192.168/16	192.168.0.0 a 192.168.255.255	2^{16}

Qualquer organização pode usar um endereço desse conjunto sem a permissão das autoridades da Internet. Todo mundo sabe que esses endereços reservados são para redes privadas. São únicos na organização, mas não são exclusivos globalmente. Nenhum roteador encaminhará um pacote que tenha um deles como endereço de destino.

Privacidade

Para obter privacidade, as organizações podem usar uma de três estratégias: redes privadas, redes híbridas e redes privadas virtuais.

Redes privadas Uma organização que precise de privacidade ao transferir informações em uma organização poderá usar uma **rede privada,** como discutido anteriormente. Uma organização pequena com uma única sede pode usar uma LAN isolada. As pessoas na organização podem enviar dados para outra que esteja totalmente na organização, salvo intrusos externos. Uma organização maior, com várias sedes, pode criar uma internet privada. As LANs em locais diferentes podem ser interligadas por meio de roteadores e linhas alugadas. Em outras palavras, uma internet pode ser formada por LANs e WANs privadas. A Figura 32.10 mostra uma situação destas para uma organização com duas instalações. As LANs são interconectadas por roteadores e uma linha privativa.

Figura 32.10 *Rede privada*

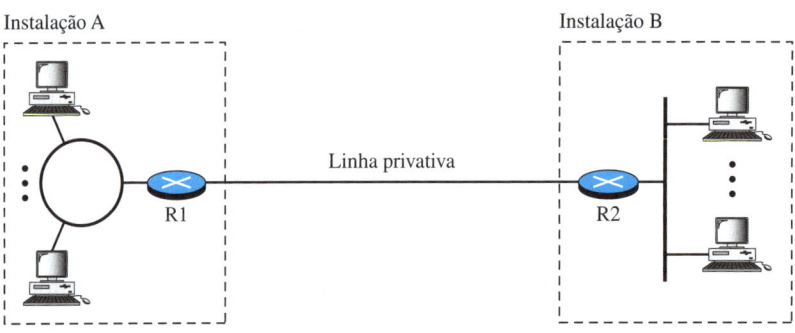

Nessa situação, a organização criou uma internet privada que esteja completamente isolada da Internet global. Para comunicação ponta a ponta entre estações em locais diferentes, a organização pode usar o modelo Internet. Entretanto, não há nenhuma necessidade que a organização solicite endereços IP às autoridades da Internet. Ela poderá usar endereços IP privados. A organização pode utilizar qualquer classe IP e atribuir internamente endereços de rede e de host. Como a internet é privada, a duplicação de endereços por outra organização na Internet global não constitui problema.

Redes Híbridas Hoje em dia, a maioria das organizações necessita ter privacidade na troca de dados entre si, mas, ao mesmo tempo, precisam estar conectadas à Internet global para troca de dados com outras organizações. Uma solução é o uso de uma **rede híbrida**, que permite a uma organização ter sua própria internet privada e, ao mesmo tempo, acessar a Internet global. Dados internos são direcionados pela internet privada; dados internos são direcionados via Internet global. A Figura 32.11 mostra um exemplo dessa situação.

Uma organização com duas sedes usa roteadores R1 e R2 para interligar privativamente esses dois locais por intermédio de uma linha privativa; ela usa roteadores R3 e R4 para interligar as duas instalações ao restante do mundo. A organização utiliza endereços IP globais para ambos os tipos de comunicação. Entretanto, pacotes enviados a destinatários internos são direcionados por roteadores R1 e R2. Os roteadores R3 e R4 direcionam os pacotes destinados a elementos externos à organização.

Redes Privadas Virtuais Tanto as redes híbridas como as privadas apresentam grande desvantagem: o custo. As WANs privadas são caras. Para interligar várias instalações em locais diferentes, uma organização precisaria de várias linhas alugadas, implicando alto aluguel mensal. Uma solução seria usar a Internet global tanto para comunicação privada como pública.

Figura 32.11 *Rede híbrida*

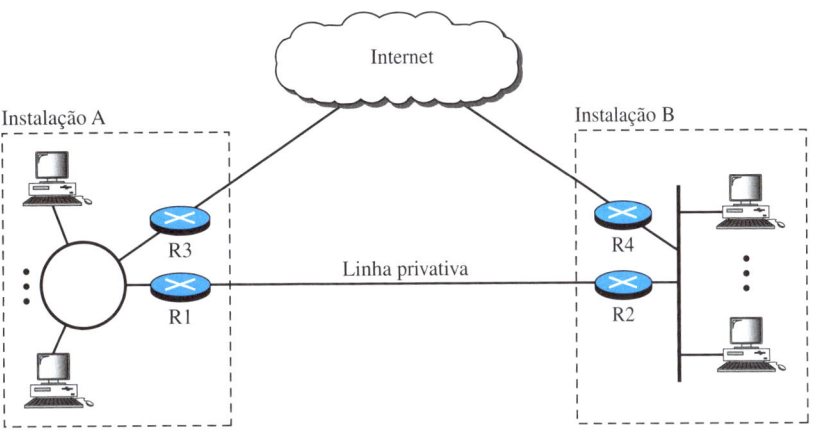

Uma tecnologia denominada rede privada virtual possibilita que organizações usem a Internet global para ambos os propósitos.

A VPN cria uma rede que é privada, mas virtual. É privada, pois garante sigilo dentro da organização. E é virtual, porque não usa WANs privadas reais; a rede é fisicamente pública, embora virtualmente privada.

A Figura 32.12 mostra a idéia de uma rede privada virtual. Os roteadores R1 e R2 usam tecnologia VPN para garantir privacidade à organização.

Figura 32.12 *Rede privada virtual*

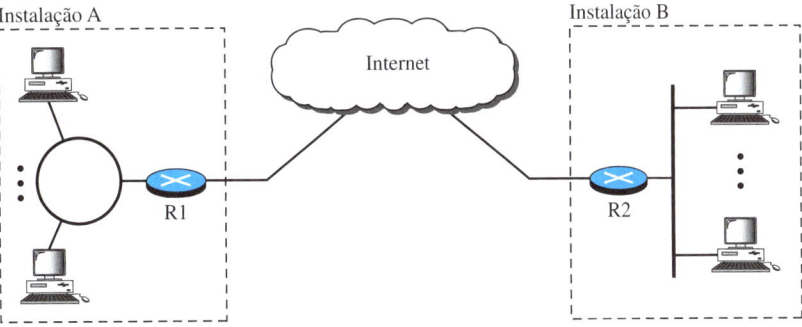

Tecnologia VPN

A tecnologia VPN usa IPSec no modo túnel para fornecer autenticação, integridade e privacidade.

Tunelamento Para garantir privacidade e outras medidas de segurança para uma organização, a VPN pode usar o IPSec no modo túnel. Nesse modo, cada datagrama IP destinado ao uso privado na organização é encapsulado em outro datagrama. Para empregar IPSec no **tunelamento**, as VPNs precisam usar dois conjuntos de endereçamento, como mostrado na Figura 32.13.

Figura 32.13 *Endereçamento em um VPN*

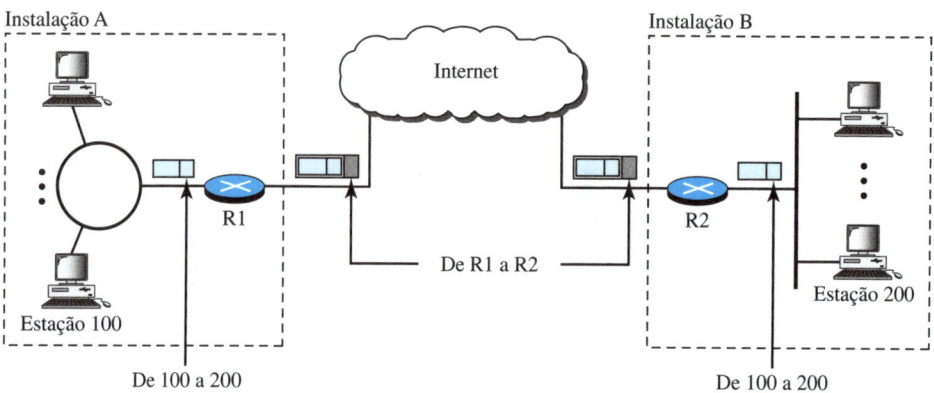

A rede pública (Internet) é responsável para transportar o pacote de R1 a R2. Elementos externos à organização não conseguem decifrar o conteúdo do pacote nem os endereços de origem e de destino. A decriptação ocorre em R2, que localiza o endereço de destino do pacote e o entrega.

32.2 SSL/TLS

Um protocolo TLS oferece serviços de segurança ponta a ponta para aplicações que usam um protocolo de camada de transporte confiável, como o TCP. A idéia é fornecer serviços de segurança para transações na Internet. Por exemplo, quando um cliente compra on-line, espera-se que tenham os seguintes serviços de segurança:

1. O cliente precisa estar seguro de que o servidor pertence ao verdadeiro fornecedor e não a um impostor. O cliente não quer dar a um impostor o número de seu cartão de crédito (autenticação de entidades). Da mesma forma, o fornecedor precisa autenticar o cliente.
2. O cliente e o fornecedor precisam ter a certeza de que o conteúdo da mensagem não é modificado durante a transição (integridade de mensagem).
3. O cliente e o fornecedor precisam ter certeza de que um impostor não intercepte informações confidenciais, como um número de cartão de crédito (confidencialidade).

Dois protocolos são dominantes, hoje em dia, para oferecer segurança na camada de transporte: o protocolo SSL (Secure Sockets Layer) e o protocolo TLS (Transport Layer Security). Esse último é, na verdade, uma versão IETF do primeiro. Primeiro, falaremos do SSL; em seguida, mencionaremos brevemente as principais diferenças entre o SSL e o TLS. A Figura 32.14 mostra a posição do SSL e do TLS no modelo Internet.

Serviços SSL

O **SSL** foi desenvolvido para oferecer serviços de segurança e de compressão para dados gerados na camada de aplicação. Tipicamente, o SSL pode receber dados de qualquer protocolo da camada de aplicação, mas, normalmente, o protocolo é HTTP. Os dados recebidos da aplicação

Figura 32.14 *Posição do SSL e do TLS no modelo Internet*

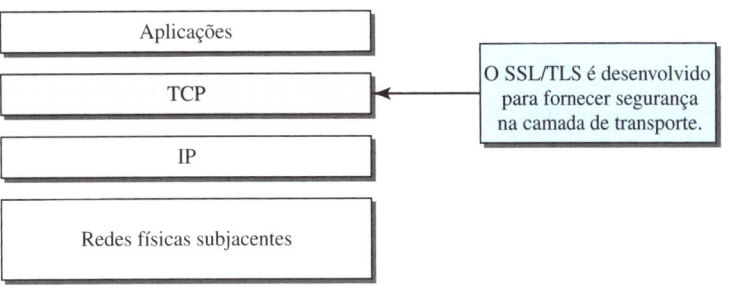

são comprimidos (serviço opcional), assinados e criptografados. Os dados são, em seguida, passados para um protocolo da camada de transporte confiável, como TCP. A Netscape desenvolveu o SSL em 1994. As versões 2 e 3 foram lançadas em 1995. Neste capítulo, discutiremos SSLv3. O o SSL fornece vários serviços para dados recebidos da camada de aplicação.

Fragmentação

Primeiro, o SSL divide os dados em blocos de 2^{14} bytes ou menos.

Compressão

Cada fragmento de dados é comprimido usando-se um dos métodos de compressão sem perdas negociado entre o cliente e o servidor. Esse serviço é opcional.

Integridade de Mensagens

Para preservar a integridade de dados, o SSL usa uma função hash com chaves para criar um MAC.

Confidencialidade

Para oferecer confidencialidade, os dados originais e o MAC são criptografados utilizando-se criptografia de chave simétrica.

Framing

É acrescentado um cabeçalho ao payload criptografado. O payload é, então, passado a um protocolo de camada de transporte confiável.

Parâmetros de Segurança

Ao discutirmos o IPSec na seção anterior, mencionamos que cada uma das duas partes envolvidas na troca de dados precisa ter um conjunto de parâmetros para cada associação (SA, Security Association). O SSL tem um objetivo similar, mas com uma abordagem diferente. Não existe nenhum SA; no entanto, há conjuntos de cifras e segredos criptográficos que, juntos, formam os parâmetros de segurança.

Conjunto de Cifras

A combinação de algoritmos de criptografia, de troca de chaves e de hash define um **conjunto de cifras** para cada sessão SSL. Cada conjunto inicia com o termo *SSL*, seguido pelo algoritmo de troca de chaves. A palavra *WITH* separa o algoritmo de troca de chaves dos algoritmos de criptografia e de hash. Por exemplo,

SSL_DHE_RSA_WITH_DES_CBC_SHA

define o DHE_RSA (Diffie-Hellman efêmero com assinatura digital RSA) como troca de chaves, o DES_CBC como algoritmo de criptografia e o SHA com algoritmo de hash. Note que DH é Diffie-Hellman fixo, DHE é Diffie-Hellman efêmero e DH-anon é Diffie-Hellman anônimo. A Tabela 32.3 mostra os conjuntos usados nos Estados Unidos. Não incluímos aqueles que são utilizados para exportação. Note que nem todas as combinações de algoritmos de troca de chaves (para estabelecer chaves para autenticação e criptografia de mensagens), algoritmos de criptografia e algoritmos de autenticação então incluídas na lista de conjunto de cifras. Não definimos nem discutimos vários algoritmos que podem ser encontrados na tabela, mas esperamos dar uma visão completa, de modo que o leitor tenha uma idéia de como o conjunto é genérico.

Tabela 32.3 *Lista de conjunto de cifras SSL*

Conjunto de Cifras	Algoritmo de Troca de Chaves	Algoritmo de Criptografia	Algoritmo de Hash
SSL_NULL_WITH_NULL_NULL	NULL	NULL	NULL
SSL_RSA_WITH_NULL_MD5	RSA	NULL	MD5
SSL_RSA_WITH_NULL_SHA	RSA	NULL	SHA
SSL_RSA_WITH_RC4_128_MD5	RSA	RC4_128	MD5
SSL_RSA_WITH_RC4_128_SHA	RSA	RC4_128	SHA
SSL_RSA_WITH_IDEA_CBC_SHA	RSA	IDEA_CBC	SHA
SSL_RSA_WITH_DES_CBC_SHA	RSA	DES_CBC	SHA
SSL_RSA_WITH_3DES_EDE_CBC_SHA	RSA	3DES_EDE_CBC	SHA
SSL_DH_anon_WITH_RC4_128_MD5	DH_anon	RC4_128	MD5
SSL_DH_anon_WITH_DES_CBC_SHA	DH_anon	DES_CBC	SHA
SSL_DH_anon_WITH_3DES_EDE_CBC_SHA	DH_anon	3DES_EDE_CBC	SHA
SSL_DHE_RSA_WITH_DES_CBC_SHA	DHE_RSA	DES_CBC	SHA
SSL_DHE_RSA_WITH_3DES_EDE_CBC_SHA	DHE_RSA	3DES_EDE_CBC	SHA
SSL_DHE_DSS_WITH_DES_CBC_SHA	DHE_DSS	DES_CBC	SHA
SSL_DHE_DSS_WITH_3DES_EDE_CBC_SHA	DHE_DSS	3DES_EDE_CBC	SHA
SSL_DH_RSA_WITH_DES_CBC_SHA	DH_RSA	DES_CBC	SHA
SSL_DH_RSA_WITH_3DES_EDE_CBC_SHA	DH_RSA	3DES_EDE_CBC	SHA
SSL_DH_DSS_WITH_DES_CBC_SHA	DH_DSS	DES_CBC	SHA
SSL_DH_DSS_WITH_3DES_EDE_CBC_SHA	DH_DSS	3DES_EDE_CBC	SHA
SSL_FORTEZZA_DMS_WITH_NULL_SHA	FORTEZZA_DMS	NULL	SHA
SSL_FORTEZZA_DMS_WITH_FORTEZZA_CBC_SHA	FORTEZZA_DMS	FORTEZZA_CBC	SHA
SSL_FORTEZZA_DMS_WITH_RC4_128_SHA	FORTEZZA_DMS	RC4_128	SHA

Segredos Criptográficos

A segunda parte dos parâmetros de segurança normalmente é conhecida como segredos criptográficos. Para conseguir integridade e confidencialidade nas mensagens, o SSL precisa de seis segredos criptográficos, quatro chaves e dois IVs.

O cliente e o servidor têm seis segredos criptográficos diferentes.

O processo de criação desses segredos é ilustrado na Figura 32.15. O cliente necessita de uma chave para autenticação de mensagens, uma chave para criptografia e um IV para criptografia de blocos. O servidor precisa desses mesmos elementos. O SSL requer que as chaves para um sentido sejam diferentes daquelas para o outro sentido. Se ocorrer um ataque em um sentido, o outro não é afetado. Esses parâmetros são gerados usando-se um protocolo de negociação, como veremos em breve.

Figura 32.15 *Criação de segredos criptográficos no SSL*

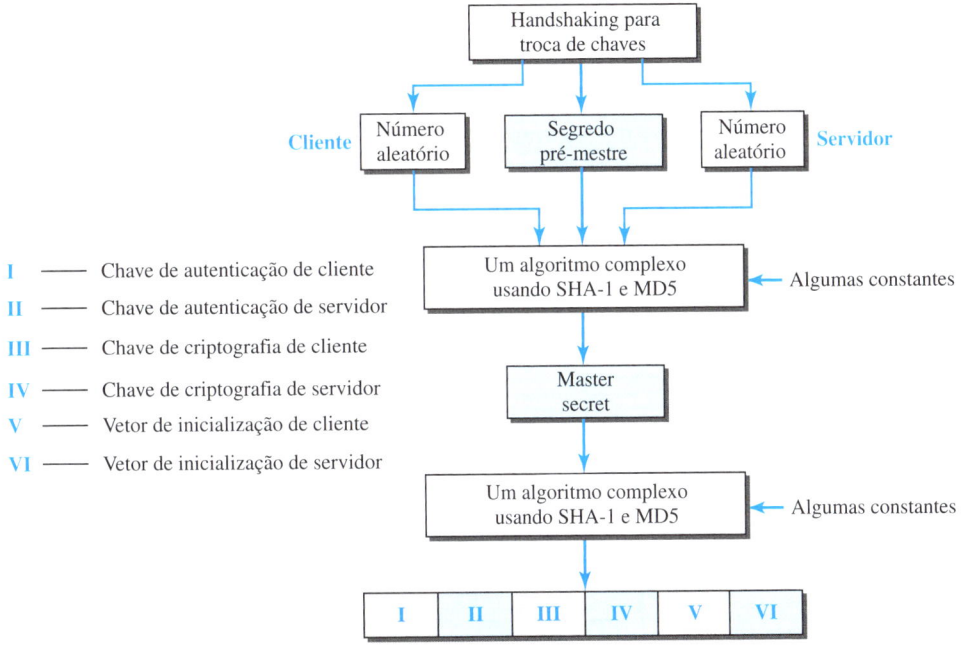

1. O cliente e o servidor trocam dois números aleatórios; um é criado pelo cliente e o outro, pelo servidor.
2. O cliente e o servidor trocam um **segredo pré-mestre,** usando um dos algoritmos de troca de chaves vistos anteriormente.
3. É criada uma **chave secreta** de 48 bytes a partir do segredo pré-mestre aplicando duas funções hash (SHA-1 e MD5).
4. A chave secreta é usada para criar segredos de comprimento variável aplicando o mesmo conjunto de funções hash e pré-anexando constantes diferentes.

Sessões e Conexões

A natureza dos protocolos IP e TCP é diversa. O IP é um protocolo sem o estabelecimento de conexão; o TCP é um protocolo orientado a conexões. Uma associação no IPSec transforma o IP sem conexão em um protocolo seguro orientado a conexões. O TCP já é orientado a conexões.

Entretanto, os projetistas do SSL decidiram que precisariam de dois níveis de conectividade: **sessão** e **conexão**. Uma sessão entre dois sistemas é uma associação que pode perdurar por um longo tempo; uma conexão pode ser estabelecida e interrompida várias vezes durante uma sessão.

Alguns dos parâmetros de segurança são criados durante o estabelecimento da sessão e vigoram até que esta seja encerrada (por exemplo, conjunto de cifras e chave mestra). Alguns dos parâmetros de segurança devem ser recriados (ou, eventualmente, retomados) para cada conexão (por exemplo, seis segredos).

Quatro Protocolos

Vimos o conceito de SSL sem mostrar como o SSL realiza suas tarefas. Ele define quatro protocolos em duas camadas, como pode ser observado na Figura 32.16. O **Record Protocol** é o transportador. Ele transporta mensagens dos outros três protocolos, assim como os dados provenientes da camada de aplicação. Mensagens do Record Protocol são payloads para a camada de transporte, normalmente o TCP. O **Handshake Protocol** fornece parâmetros de segurança para o Record Protocol. Ele estabelece um conjunto de cifras e fornece chaves e parâmetros de segurança. Também autentica o servidor para o cliente e o cliente para o servidor, se necessário. O **ChangeCipherSpec Protocol** é usado para sinalizar a prontidão dos segredos criptográficos. O **Alert Protocol** é utilizado para informar condições anormais. Discutiremos todos a seguir.

Figura 32.16 *Quatro protocolos SSL*

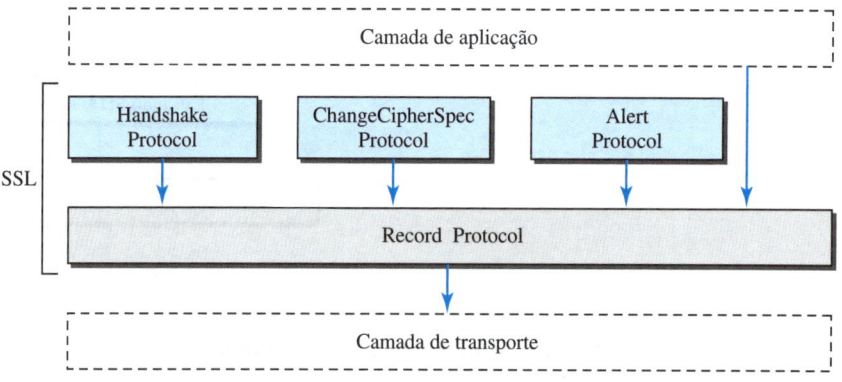

Handshake Protocol

O Handshake Protocol usa mensagens para negociar o conjunto de cifras, a fim de autenticar o servidor perante o cliente e o cliente perante o servidor (se necessário), e para troca de informações visando à formação dos segredos criptográficos. O handshaking é realizado em quatro fases, como ilustrado na Figura 32.17.

ChangeCipherSpec Protocol

Vimos que a negociação do conjunto de cifras e a geração de segredos criptográficos são formadas gradualmente durante o protocolo de handshaking. A questão agora é: quando as duas partes podem usar esses segredos de parâmetros? O SSL exige que as partes não usem esses

Figura 32.17 *Protocolo de handshaking*

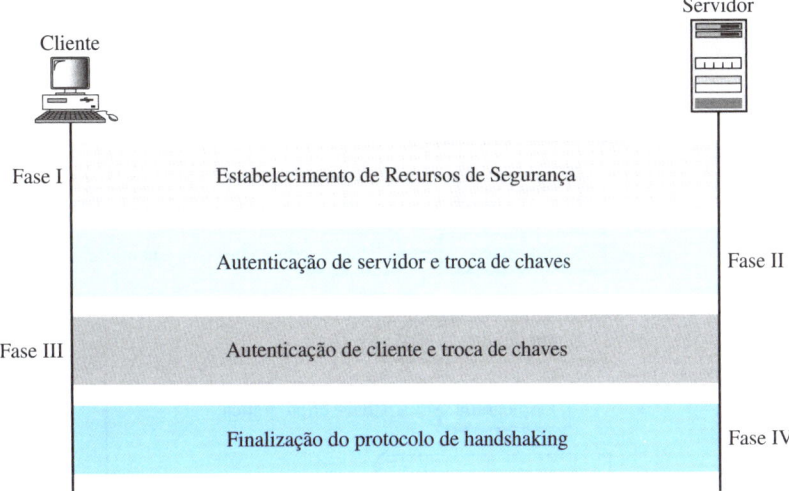

parâmetros ou segredos até que tenham enviado ou recebido uma mensagem especial, a mensagem ChangeCipherSpec, que é trocada durante o protocolo de handshaking e definida no protocolo ChangeCipherSpec. Antes da troca de qualquer mensagem ChangeCipherSpec, apenas as colunas pendentes apresentem valores.

Alert Protocol

O SSL usa o Alert Protocol para informar a ocorrência de erros e condições anormais. Apresenta apenas um tipo de mensagem, a mensagem de alerta, que descreve o problema e seu nível (de aviso ou fatal).

Record Protocol

O Record Protocol transporta mensagens da camada superior (Handshake Protocol, ChangeCipherSpec Protocol, Alert Protocol ou camada de aplicação). A mensagem é fragmentada e, opcionalmente, comprimida; é acrescentado um MAC à mensagem comprimida usando o algoritmo de hash negociado. O fragmento comprimido e o MAC são criptografados empregando-se o algoritmo de criptografia negociado. Finalmente, o cabeçalho SSL é acrescentado à mensagem criptografada. A Figura 32.18 mostra esse processo no emissor. O processo no receptor é o inverso.

TLS

O **TLS (Transport Layer Security — segurança de camada de transporte)** é a versão do SSL no padrão IETF. Os dois são muito similares, com ligeiras diferenças, a saber:

- ❑ **Versão.** O SSLv3.0 discutido nesta seção é compatível com o TLSv1.0.
- ❑ **Conjunto de Cifras.** O conjunto de cifras do TLS não oferece suporte ao Fortezza.
- ❑ **Segredos Criptográficos.** Existem várias diferenças na geração de segredos criptográficos. O TLS usa uma **PRF (pseudorandom function — função pseudoaleatória)** para criar a chave mestra e os dados das chaves.

Figura 32.18 *Processamento realizado pelo Record Protocol*

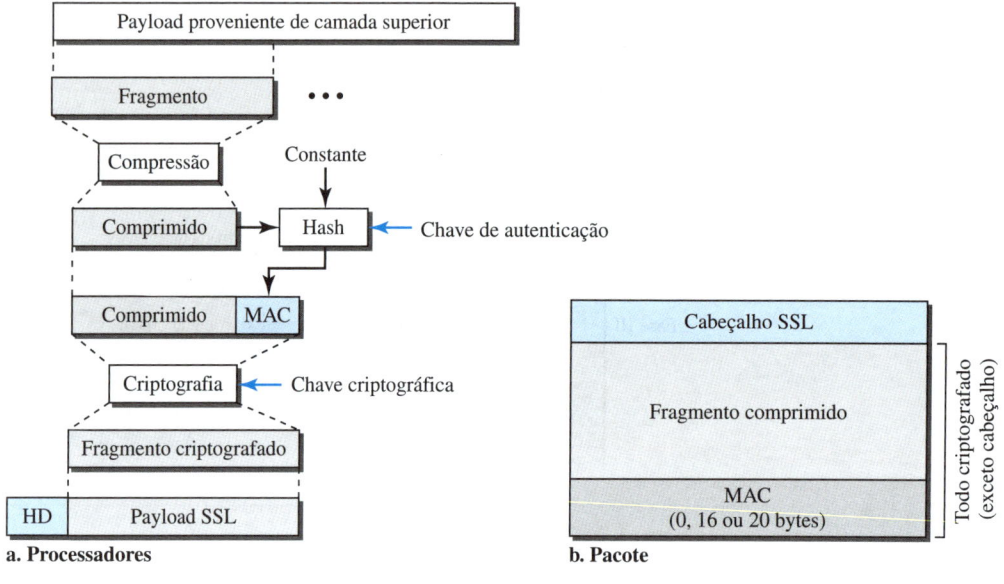

- **Alert Protocol.** O TLS elimina algumas mensagens de alerta e acrescenta outras novas.
- **Handshake Protocol.** Os detalhes de algumas mensagens mudaram no TLS.
- **Record Protocol.** Em vez de usar o MAC, o TLS utiliza o HMAC, conforme definição dada no Capítulo 31.

32.3 PGP

Um dos protocolos que fornecem recursos de segurança na camada de aplicação é o **PGP (Pretty Good Privacy)**. O PGP foi desenvolvido para criar e-mails autenticados e confidenciais. A Figura 32.19 mostra a posição do PGP no conjunto de protocolos TCP/IP.

Figura 32.19 *Posição do PGP no conjunto de protocolos TCP/IP*

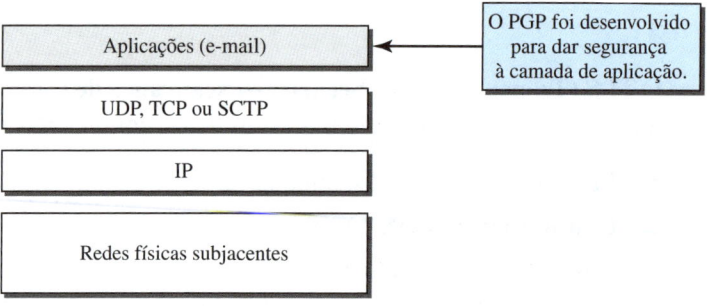

O envio de um e-mail é uma atividade que ocorre uma única vez. A natureza dessa atividade é distinta daquelas vistas nas duas seções anteriores. No IPSec ou SSL, partimos do pressuposto de que as duas partes criam uma sessão entre si e trocam dados em ambos os sentidos. No e-mail, não existe nenhuma sessão. Alice e Bob não podem criar uma sessão. Alice encaminha uma mensagem a Bob; algum tempo depois, Bob lê uma mensagem e pode ou não enviar uma resposta. Discutiremos a segurança de uma mensagem unidirecional, pois o que Alice envia a Bob é totalmente independente daquilo que Bob encaminha a Alice.

Parâmetros de Segurança

Se o e-mail é uma atividade que ocorre uma única vez, como o emissor e o receptor chegam a um acordo sobre os parâmetros de segurança a serem usados para segurança nos e-mails? Se não existe nenhuma sessão nem handshaking para negociar os algoritmos de criptografia e autenticação, como o receptor sabe qual algoritmo o emissor escolheu para cada propósito? Como o receptor pode saber os valores das chaves usadas para criptografia e autenticação?

Philip Zimmerman, projetista e criador do PGP, encontrou uma solução muito elegante para as questões anteriores. Os parâmetros de segurança precisam ser enviados com uma mensagem.

No PGP, o emissor da mensagem precisa incluir os identificadores dos algoritmos usados na mensagem, bem como dos valores das chaves.

Serviços

O PGP pode fornecer vários serviços tendo por base necessidades do usuário. Um e-mail pode usar um ou mais desses serviços.

Texto Normal

O caso mais simples é enviar a mensagem de e-mail em texto comum (nenhum serviço). Alice, o emissor, compõe uma mensagem e a envia a Bob, o receptor. A mensagem é armazenada na caixa postal de Bob até que ele a recupare.

Autenticação de Mensagens

Provavelmente, o próximo avanço seja permitir que Alice assine a mensagem. Alice cria um resumo da mensagem e a assina com sua chave privada. Quando Bob recebe a mensagem, ele a verifica usando a chave pública de Alice. São necessárias duas chaves para essa situação. Alice precisa conhecer sua chave privada; Bob precisa conhecer a chave pública de Alice.

Compressão

Outro avanço é comprimir a mensagem e o resumo para tornar o pacote mais compacto. Esse avanço não apresenta nenhum benefício em termos de segurança, mas ele facilita o tráfego.

Confidencialidade com Chaves de Sessão Únicas

Como discutido anteriormente, a confidencialidade em um sistema de e-mail pode ser concretizada usando-se criptografia convencional com uma chave de sessão que ocorre uma única vez. Alice pode criar uma chave de sessão, utilizá-la para criptografar a mensagem e o resumo e enviar a própria chave com a mensagem. Entretanto, para proteger a chave de sessão, Alice a criptografa com a chave pública de Bob.

Conversão de Códigos

Outro serviço fornecido pelo PGP é a conversão de códigos. A maioria dos sistemas de e-mail permite que a mensagem seja formada apenas por caracteres ASCII. Para traduzir outros caracteres que não fazem parte do conjunto ASCII, o PGP usa a conversão Radix 64. Cada caractere a ser enviado (após criptografia) é convertido para o código Radix 64.

Segmentação

O PGP possibilita a de modo a segmentação da mensagem após ela ter sido convertida para o Radix 64, de modo que cada unidade transmitida fique no tamanho uniforme permitido pelo protocolo de e-mail subjacente.

Situação

Vamos descrever uma situação que combine alguns desses serviços: autenticação e confidencialidade. A idéia do PGP se baseia em supor que um grupo de pessoas que precisem trocar mensagens de e-mail confiem umas nas outras. Todos, no grupo, de alguma forma conhecem (com certo grau de confiança) a chave pública de qualquer outra pessoa do grupo. Com base nessa única suposição, a Figura 32.20 ilustra uma situação simples no qual uma mensagem autenticada e criptografada é enviada de Alice para Bob.

Figura 32.20 *Situação em que uma mensagem de e-mail é autenticada e criptografada*

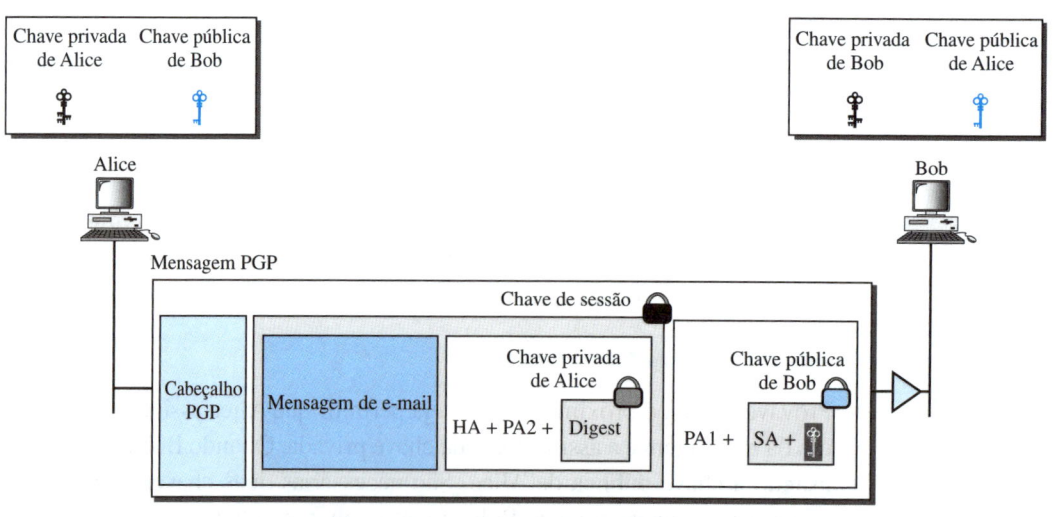

PA1: Algoritmo de chave pública (para criptografar a chave de sessão)
PA2: Algoritmo de chave pública (para criptografar o resumo)
SA: Identificação de algoritmo de chave simétrica (para criptografar mensagem e resumo)
HA: Identificação de algoritmo de hash (para criação do resumo)

Lado Emissor

A seguir, são apresentadas as etapas usadas nessa situação no lado de Alice:

1. Alice cria uma chave de sessão (para criptografia/decriptografia simétrica) e a concatena com a identidade do algoritmo que usará essa chave. O resultado é criptografado com a chave pública de Bob. Alice adiciona a identificação do algoritmo de chave pública usado

anteriormente para o resultado criptografado. Essa parte da mensagem contém três informações: a chave de sessão, o algoritmo de criptografia/decriptografia simétrica a ser usado posteriormente e o algoritmo de criptografia/decriptografia assimétrica que foi utilizado para essa parte.

2.
   a. Alice autentica a mensagem (e-mail) usando um algoritmo de assinatura de chave pública e a criptografa com sua chave privada. O resultado é denominado assinatura. Alice anexa a identificação da chave pública (usada para criptografia), assim como a identificação do algoritmo de hash (usado para autenticação) à assinatura. Essa parte da mensagem contém a assinatura e duas informações adicionais: o algoritmo de criptografia e o algoritmo de hash.
   b. Alice concatena essas informações criadas anteriormente com a mensagem (e-mail) e criptografa todo o pacote, usando a chave de sessão criada na etapa 1.
3. Alice combina os resultados das etapas 1 e 2 e as envia para Bob (após adicionar o cabeçalho PGP apropriado).

Lado Receptor

São apresentadas, a seguir, as etapas usadas nessa situação no lado de Bob após ele ter recebido o pacote PGP:

1. Bob usa sua chave privada para decriptografar a combinação entre chave de sessão e identificação de algoritmo de chave simétrica.
2. Bob usa a chave de sessão e o algoritmo obtido na etapa 1 para decriptografar o restante da mensagem PGP. Bob agora tem o conteúdo da mensagem, a identificação do algoritmo público usado para criar e decriptografar a assinatura e a identificação do algoritmo de hash utilizado para criar o hash a partir da mensagem.
3. Bob usa a chave pública de Alice e o algoritmo definido pelo PA2 para decriptografar o resumo.
4. Bob emprega o algoritmo de hash, definido pelo HA, para criar um hash a partir da mensagem que obteve na etapa 2.
5. Bob compara o hash criado na etapa 4 e o hash que decriptografou na etapa 3. Se os dois forem idênticos, aceita a mensagem; caso contrário, ele a descarta.

Algoritmos PGP

A Tabela 32.4 mostra alguns dos algoritmos usados no PGP. A lista não é completa; novos algoritmos são acrescentados continuamente.

Tabela 32.4

Algoritmo	ID	Descrição
Chave pública	1	RSA (criptografia ou assinatura)
	2	RSA (somente para criptografia)
	3	RSA (somente para assinatura)
	17	DSS (para assinatura)

Tabela 32.4 *(continuação)*

Algoritmo	ID	Descrição
Algoritmo de hash	1	MD5
	2	SHA-1
	3	RIPE-MD
Criptografia		Nenhuma criptografia
		IDEA
		DES Triplo
		AES

Chaveiros

Nos cenários anteriores, partimos do pressuposto de que Alice precisava enviar uma mensagem apenas para Bob. Entretanto, nem sempre este é o caso. Alice poderia precisar enviar mensagens a várias pessoas. Nesse caso, necessitaria de um **chaveiro** de chaves públicas, no qual uma chave pertenceria a cada pessoa com quem Alice precisasse se corresponder (enviar ou receber mensagens). Além disso, os projetistas do PGP especificaram um chaveiro de chaves pública/privada. Um motivo para isso é que Alice poderia desejar trocar seu par de chaves de tempos em tempos. Outro motivo: Alice poderia precisar se corresponder com diferentes grupos de pessoas (amigos, colegas de trabalho e assim por diante). Poderia querer usar um par de chaves diferente para cada grupo. Portanto, cada usuário precisaria ter dois conjuntos de chaveiros: um de chaves públicas/privadas e um de chaves públicas de outras pessoas. A Figura 32.21 mostra uma comunidade formada por quatro pessoas, cada uma delas com um chaveiro de pares de chaves pública/privada e, ao mesmo tempo, um chaveiro de quatro chaves públicas pertencentes a outras quatro pessoas da comunidade. A figura mostra sete chaves públicas para cada chaveiro público. Cada pessoa no chaveiro é capaz de manter mais de uma chave pública para cada outra pessoa.

Figura 32.21 *Chaveiros*

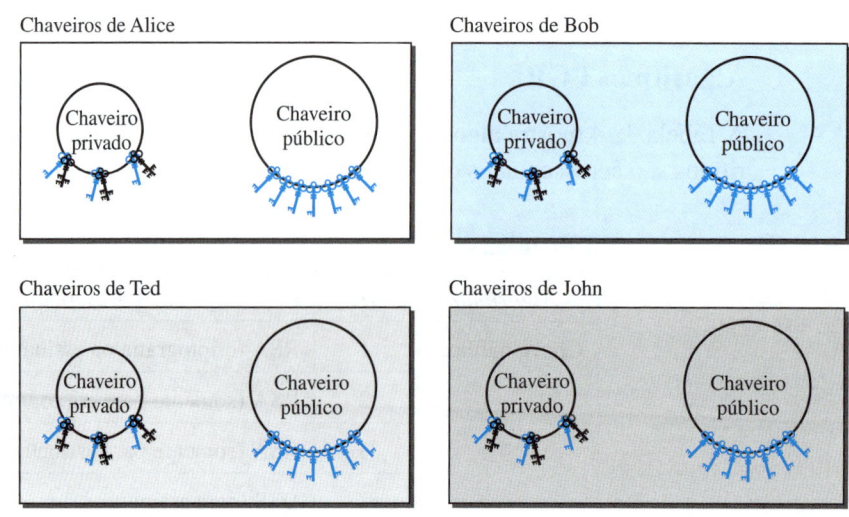

Alice, por exemplo, tem vários pares de chaves pública/privada dela e de outras pessoas. Observe que todos em pode ter mais de uma chave pública. Podem surgir dois casos:

1. Alice precisa enviar uma mensagem a uma das pessoas da comunidade.
   a. Ela usa sua chave privada para assinar o resumo.
   b. Ela usa a chave pública do receptor para criptografar uma chave de sessão recém-criada.
   c. Ela criptografa a mensagem e assina o resumo com a chave de sessão criada.
2. Alice recebe uma mensagem de uma das pessoas da comunidade.
   a. Ela usa sua chave privada para decriptografar a chave de sessão.
   b. Ela usa a chave de sessão para decriptografar a mensagem e o resumo.
   c. Ela usa sua chave pública para verificar o resumo.

Certificados PGP

Para confiar no proprietário da chave pública, cada usuário do grupo PGP precisa ter, implícita ou explicitamente, uma cópia do certificado do proprietário da chave pública. Embora o certificado possa provir de uma autoridade de certificação (CA, em inglês), essa restrição não é exigida no PGP. O PGP possui seu próprio sistema de certificados.

Protocolos que usam certificados X509 dependem da estrutura hierárquica de crédito. Existe uma cadeia predefinida de confiança a partir da raiz para qualquer certificado. Todo usuário confia plenamente na autoridade da CA no nível raiz (pré-requisito). A raiz emite certificados para as CAs de segundo nível, uma CA de segundo nível emite um certificado para o terceiro nível e assim por diante. Todo interessado que precisar ser acreditado apresenta um certificado de alguma CA da árvore. Se Alice não confiar no emissor do certificado para Bob, poderá apelar para uma autoridade de nível mais alto até chegar à raiz (que deve ter a confiança de todos para que o sistema funcione). Em outras palavras, há um único caminho desde uma CA acreditada completamente até chegar a um certificado.

No PGP, não há necessidade de CAs; qualquer um no chaveiro pode assinar um certificado para qualquer outro dentro do chaveiro. Bob pode assinar um certificado para Ted, John, Anne e assim por diante. Não há hierarquia de confiança no PGP; não existe árvore. Como conseqüência da falta de uma estrutura hierárquica, Ted pode ter um certificado de Bob e outro certificado de Liz. Se Alice quiser seguir a linha de certificados de Ted, ela tem dois caminhos: um que inicia com Bob e outro que parte de Liz. Um ponto interessante é que Alice pode confiar plenamente em Bob, mas apenas parcialmente em Liz. Pode haver vários caminhos na linha de crédito a partir de uma autoridade total ou parcialmente acreditada até se chegar a um certificado. No PGP, o emissor de um certificado normalmente é chamado **introdutor**.

No PGP, podem existir vários caminhos partindo de autoridades de confiança plena ou parcial até se chegar a qualquer sujeito.

Créditos e Legitimidade

A operação toda do PGP se baseia em confiar no introdutor, em confiar no certificado e na legitimidade das chaves públicas.

Níveis de Confiança do Introdutor Com a falta de uma autoridade central, é óbvio que o chaveiro não pode ser muito extenso se cada usuário no chaveiro PGP de usuários tiver de confiar plenamente em todos os demais (Mesmo na vida real, não podemos confiar plenamente em todo mundo que conhecemos). Para resolver esse problema, o PGP permite diferentes níveis de confiança. O número de níveis depende principalmente da implementação, mas, para fins de simplicidade, iremos atribuir três níveis de confiança a qualquer introdutor: *nenhum, parcial* e *pleno*. O nível de **confiança do introdutor** especifica os níveis de confiança emitidos pelo introdutor para outras pessoas no chaveiro. Por exemplo, Alice pode confiar plenamente em Bob, parcialmente em Anne e não confiar em John. Não há nenhum mecanismo no PGP para determinar como tomar uma decisão em relação à honradez do introdutor; isso fica a critério do usuário.

Níveis de Confiança dos Certificados   Quando Alice recebe um certificado de um introdutor, ela o armazena certificado sob o nome do sujeito (entidade certificadora) e atribui um nível de confiança a esse certificado. Normalmente, o nível de **confiança do certificado** é o mesmo do introdutor que emitiu o certificado. Suponha que Alice confie plenamente em Bob, parcialmente em Anne e Janette e não confie em John. Podem acontecer as seguintes situações.

1. Bob emite dois certificados, um para Linda (com chave pública K1) e uma para Lesley (com chave pública K2). Alice armazena a chave pública e o certificado para Linda sob o nome de Linda e atribui um nível de confiança *pleno* a esse certificado. Alice também armazena o certificado e a chave pública para Lesley sob o nome de Lesley e atribui um nível de confiança pleno a esse certificado.

2. Anne emite um certificado para John (com chave pública K3). Alice armazena esse certificado e a chave pública sob o nome de John, mas atribui um nível *parcial a* esse certificado.

3. Janette emite dois certificados, um para John (com chave pública K3) e outro para Lee (com chave pública K4). Alice armazena o certificado de John e o de Lee sob os nomes deles, cada qual com um nível de confiança parcial. Note que John agora possui dois certificados, um de Anne e outro de Janette, cada qual com um nível de confiança parcial.

4. John emite um certificado para Liz. Alice pode descartar ou preservar esse certificado com um nível de confiança na assinatura igual a *nenhum*.

Legitimidade da Chave   O propósito de usar níveis de confiança no introdutor e em certificados é o de determinar a legitimidade de uma chave pública. Alice precisa saber até que ponto são legítimas as chaves públicas de Bob, John, Liz, Anne e assim por diante. O PGP define um procedimento muito claro para determinar a **legitimidade de chaves**. O nível de legitimidade de chaves para um usuário é o nível de confiança ponderado desse usuário. Suponha, por exemplo, que atribuamos os seguintes pesos aos níveis de confiança dos certificados:

1. Peso 0 a um certificado não confiável
2. Peso ½ a um certificado parcialmente confiável
3. Peso 1 a um certificado plenamente confiável

Então, para confiar plenamente em uma entidade, Alice precisa de um certificado plenamente confiável ou dois parcialmente confiáveis para essa entidade. Por exemplo, Alice poderia usar a chave pública de John na situação anterior, pois tanto Anne como Janette emitiram um certificado para John, cada qual com um nível de confiança no certificado igual a $\frac{1}{2}$. Observe que a legitimidade da chave pública pertencente a uma entidade não tem nenhuma relação com o nível de confiança nessa pessoa. Embora Bob possa usar a chave pública de John para transmitir-lhe uma mensagem, Alice não pode aceitar qualquer certificado emitido por John, porque, para Alice, John tem um nível de confiança igual a *nenhum*.

Iniciando o Chaveiro

Talvez você tenha percebido um problema com a discussão anterior. O que aconteceria se ninguém enviasse um certificado a uma entidade parcial ou plenamente confiável? Por exemplo, como a legitimidade da chave pública de Bob pode ser determinada se ninguém enviou um certificado para Bob? No PGP, a legitimidade das chaves de uma entidade plena ou parcialmente confiável também pode ser determinada por outros métodos:

1. Alice pode, fisicamente, obter a chave pública de Bob. Por exemplo, Alice e Bob podem se encontrar pessoalmente e trocar uma chave pública escrita em um pedaço de papel ou em um disquete.
2. Se a voz de Bob for reconhecível para Alice, essa última pode telefonar para ele e obter sua chave pública por telefone.
3. Uma solução melhor proposta pelo PGP é Bob enviar sua chave pública para Alice via e-mail. Tanto Alice quanto Bob criam um resumo MD5 de 16 bytes (ou SHA-1 de 20 bytes) a partir dessa chave. O resumo normalmente é exibido como oito grupos de quatro dígitos (ou dez grupos de quatro dígitos) em hexadecimal e é chamado **impressão digital**. Alice pode, então, telefonar para Bob e verificar a impressão digital pelo telefone. Se a chave for alterada ou modificada durante a transmissão do e-mail, as duas impressões digitais não batem. Para tornar isso mais conveniente, o PGP criou uma lista de palavras, cada qual representando uma combinação de quatro dígitos. Quando Alice telefona para Bob, ele pode dizer as oito (ou dez) palavras para Alice. Essas palavras foram cuidadosamente escolhidas pelo PGP para evitar aquelas de pronúncia parecida; por exemplo, se *sword* estiver na lista, *word* não estará.
4. No PGP, nada impede que Alice obtenha a chave pública de Bob a partir de uma CA em um procedimento separado. Ela pode então inserir a chave pública no chaveiro de chaves públicas.

Rede de Confiança

O PGP pode, finalmente, criar uma **rede de confiança** entre um grupo de pessoas. Se cada entidade introduzir mais entidades em outras entidades, o chaveiro de chaves públicas para cada uma delas fica cada vez maior e as que se encontram no chaveiro podem trocar e-mails entre si de forma segura.

Revogação de Chaves

Talvez seja necessário para uma entidade revogar sua chave pública do chaveiro. Isso poderia acontecer se o proprietário da chave sentir que esta está comprometida (roubada, por exemplo) ou simplesmente muito antiga para ser segura. Para revogar uma chave, o proprietário pode enviar um certificado de revogação assinado por ele próprio. O certificado de revogação deve ser assinado pela chave antiga e disseminado para todas as pessoas no chaveiro que usam essa chave pública.

32.4 FIREWALLS

Todas essas medidas de segurança descritas anteriormente não são capazes de impedir que Eve envie uma mensagem prejudicial a um sistema. Para controlar o acesso a um sistema, precisamos de firewalls. O **firewall** é um dispositivo (normalmente um roteador ou um computador) instalado entre a rede interna de uma organização e o restante da Internet. É projetado para encaminhar alguns pacotes e filtrar (não encaminhar) outros. A Figura 32.22 exibe um firewall.

Figura 32.22 *Firewall*

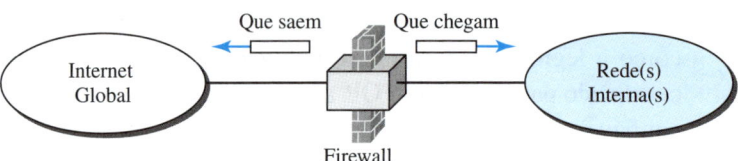

Por exemplo, um firewall poderia filtrar todos os pacotes que chegam destinados a determinado host ou servidor como HTTP. Pode ser usado para negar acesso a dado host ou serviço na organização.

Em geral, é classificado como firewall de filtragem de pacotes ou firewall baseado em proxy.

Firewall de Filtragem de Pacotes

Um firewall pode ser usado como um filtro de pacotes. E pode encaminhar ou bloquear pacotes com base nas informações contidas em cabeçalhos da camada de rede ou de transporte: endereços IP de origem e de destino, endereços de porta de origem e de destino e o tipo de protocolo (TCP ou UDP). Um **firewall de filtragem** de pacotes é um roteador que usa uma tabela de filtragem para decidir quais pacotes devem ser descartados (não encaminhados). A Figura 32.23 mostra um exemplo de uma tabela de filtragem desse tipo de firewall.

Figura 32.23 *Firewall de filtragem de pacotes*

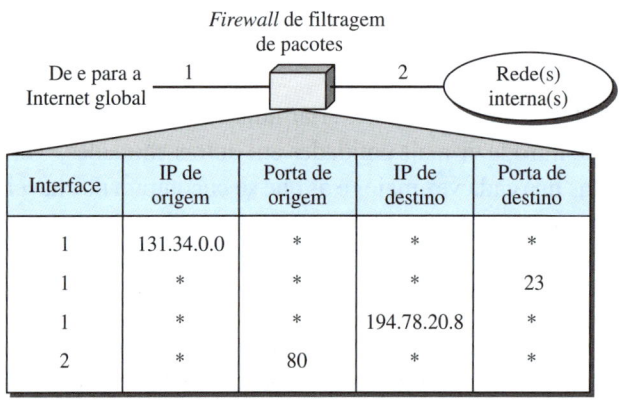

De acordo com a Figura 32.23, são filtrados os seguintes pacotes:

1. Pacotes provenientes da rede 131.34.0.0 são bloqueados (precaução em termos de segurança). Note que o * (asterisco) significa "qualquer".
2. Pacotes que chegam destinados a qualquer servidor TELNET interno (porta 23) são bloqueados.
3. Pacotes que chegam destinados ao host interno 194.78.20.8 são bloqueados. A organização quer seu host apenas para uso interno.
4. Pacotes que saem destinados a um servidor HTTP (porta 80) são bloqueados. A organização não quer que seus funcionários fiquem navegando na Internet.

**Um firewall de filtragem de pacotes faz a filtragem nas
camadas de rede e de transporte.**

Firewall Proxy

O firewall de filtragem de pacotes se baseia nas informações disponíveis nos cabeçalhos da camada de rede e de transporte (IP e TCP/UDP). Entretanto, algumas vezes precisamos filtrar uma mensagem baseada nas informações disponíveis nela própria (na camada de aplicação). Suponha, por exemplo, que uma organização queira implementar as seguintes políticas referentes a suas páginas Web: somente aqueles usuários Internet que tiverem estabelecido relações comerciais anteriores com a empresa poderão ter acesso; o acesso para outros tipos de usuários deve ser bloqueado. Nesse caso, um firewall para filtragem de pacotes não é viável, pois não consegue distinguir entre diferentes pacotes que chegam na porta TCP 80 (HTTP). Devem ser realizados testes no nível de aplicação (por meio de URLs).

Uma solução é instalar um computador proxy (algumas vezes, denominado gateway de aplicação), que fica posicionado entre o computador-cliente (cliente-usuário) e o computador da empresa, como pode ser visto na Figura 32.24.

Figura 32.24 *Frewall proxy*

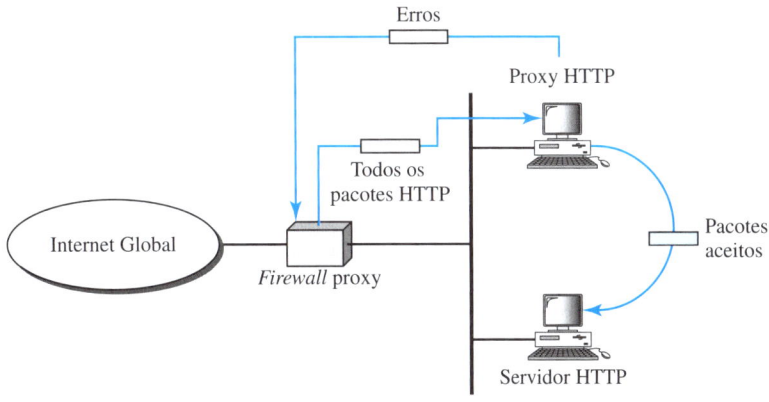

Quando o processo de cliente-usuário envia uma mensagem, o **firewall proxy** executa um processo de servidor para receber a solicitação. O servidor abre o pacote no nível de aplicação e determina se a solicitação é legítima. Se for, o servidor atua como um processo de cliente e envia a mensagem para o verdadeiro servidor na empresa. Se não for legítima, a mensagem é eliminada e é enviada uma mensagem de erro para o usuário externo. Dessa maneira, as solicitações dos usuários externos são filtradas tomando-se como base o conteúdo na camada de aplicação. A Figura 32.24 mostra uma implementação de firewall proxy.

Um firewall proxy faz a filtragem na camada de aplicação.

32.5 LEITURA RECOMENDADA

Para mais detalhes sobre os assuntos discutidos no presente capítulo, recomendamos os seguintes livros e sites. Os itens entre colchetes [...] correspondem à lista de referências bibliográficas no final do texto.

Livros

O IPSec é discutido no Capítulo 7 de [Rhe03], Seção 18.1 de [PHS03] e Capítulos 17 e 18 de [KPS02]. Uma discussão completa do IPSec pode ser encontrada em [DH03]. O SSL/TLS é discutido no Capítulo 8 de [Rhe03] e no Capítulo 19 de [KPS02]. Uma discussão completa do SSL e TLS pode ser encontrada em [Res01] e [Tho00]. O PGP é discutido no Capítulo 9 de [Rhe03] e no Capítulo 22 de [KPS02]. Os firewalls são vistos no Capítulo 10 de [Rhe03] e no Capítulo 23 de [KPS02] e são discutidos de forma completa em [CBR03]. Redes privadas virtuais são discutidas de forma completa em [YS01] e [SWE99].

32.6 TERMOS-CHAVE

- Alert Protocol
- ataque de reprodução
- ChangeCipherSpec Protocol
- chave secreta
- chaveiro
- conexão
- confiança do certificado
- confiança no introdutor
- conjunto de cifras
- dados da chave
- ESP (payload de segurança de encapsulamento)
- extranet
- firewall
- firewall de filtragem de pacotes
- firewall proxy
- Handshake Protocol
- IKE (troca de chaves Internet)
- impressão digital
- intranet
- introdutor
- IPSecurity (IPSec)
- ISAKMP (protocolo de gerenciamento de chaves e associação de segurança Internet)
- legitimidade de chaves
- modo de transporte
- modo túnel
- Oakley
- PGP (Pretty Good Privacy)
- PRF (função pseudo-aleatória)
- protocolo AH (cabeçalho de autenticação)
- Record Protocol
- rede de confiança
- rede híbrida
- rede privada
- SA (associação de segurança)
- SADB (banco de dados de associações de segurança)
- segredo pré-mestre
- Sessão
- SKEME
- SPI (índice de parâmetros de segurança)
- SSL (Secure Socket Layer)
- TLS (Transport Layer Security)
- tunelamento
- VPN (rede privada virtual)

32.7 RESUMO

- IP Security (IPSec) é um conjunto de protocolos desenvolvido pelo IETF (Internet Engineering Task Force) para oferecer recursos de segurança a um pacote no nível de rede.
- O IPSec opera no modo de transporte ou no modo túnel.
- No modo de transporte, o IPSec protege as informações entregues da camada de transporte para a camada de rede. O IPSec no modo de transporte não protege o cabeçalho IP. Normalmente, o modo de transporte é usado quando precisamos de proteção de dados de host-host (ponta a ponta).
- No modo túnel, o IPSec protege todo o pacote IP, inclusive o cabeçalho IP original.
- O IPSec define dois protocolos — protocolo de cabeçalho de autenticação (AH) e protocolo de **payload de segurança de encapsulamento** (ESP) — para oferecer autenticação ou criptografia, ou ambas, para pacotes no nível IP.
- O IPSec requer um relacionamento lógico entre dois hosts, a chamada associação de segurança (SA). O IPSec usa um conjunto de SAs denominado banco de dados de associações de segurança ou, simplesmente, SADB.
- A troca de chaves Internet (IKE) é o protocolo projetado para criar associações de segurança, seja de entrada ou de saída. O IKE cria SAs para o IPSec.
- IKE é um protocolo complexo baseado em três outros protocolos: Oakley, SKEME e ISAKMP.
- Uma rede privada é usada em uma organização.
- A intranet é uma rede privada que usa o modelo Internet. A extranet é uma intranet que permite o acesso autorizado de usuários externos.
- As autoridades da Internet possuem endereços reservados para redes privadas.
- Uma rede privada virtual (VPN) fornece privacidade para LANs que devem se comunicar pela Internet global.
- Um protocolo de segurança da camada de transporte fornece serviços de segurança ponta a ponta para aplicações que usam os serviços de um protocolo de camada de transporte confiável como o TCP.
- Dois protocolos são dominantes hoje em dia para fornecimento de segurança na camada de transporte: Secure Sockets Layer (SSL) e Transport Layer Security (TLS). O segundo é, na verdade, uma versão do IETF do primeiro.
- O SSL foi desenvolvido para fornecer serviços de segurança e de compressão para dados gerados pela camada de aplicação. Tipicamente, o SSL pode receber dados de aplicação de qualquer protocolo da camada de aplicação. Normalmente, porém, o protocolo é o HTTP.
- O SSL fornece serviços como fragmentação, compressão, integridade de mensagens, confidencialidade e framing em dados recebidos da camada de aplicação.
- A combinação de algoritmos de troca de chaves, de hash e de criptografia define um conjunto de cifras para cada sessão SSL. O nome de cada conjunto é explanatório para a combinação.
- Em e-mail, os segredos e algoritmos criptográficos são enviados com a mensagem.
- Um dos protocolos de segurança para o sistema de e-mail é o Pretty Good Privacy (PGP), inventado por Philip Zimmerman para fornecer privacidade, integridade e autenticação em e-mails.

❑ Para troca de mensagens de e-mail, um usuário precisa de um chaveiro de chaves públicas; é necessária uma chave pública para cada e-mail correspondente.

❑ O PGP também especificava um chaveiro de pares de chaves pública/privada para permitir a um usuário trocar seu par de chaves de tempos em tempos. O PGP também permite a cada usuário ter IDs de usuário diferentes (endereços de e-mail) para grupos de pessoas diferentes.

❑ A certificação PGP é diferente do X509. No X509, existe um único caminho partindo da autoridade plenamente confiável até chegar a qualquer certificado. No PGP, podem existir vários caminhos partindo de autoridades plena ou parcialmente confiáveis.

❑ O PGP usa o conceito de níveis de confiança de certificados.

❑ Quando um usuário recebe um certificado de um introdutor, ele armazena o certificado sob o nome do sujeito (entidade certificada). Ele atribui um nível de confiança a esse certificado.

32.8 ATIVIDADES PRÁTICAS

Questões para Revisão

1. Por que o IPSec precisa de uma associação de segurança?
2. Como o IPSec cria um conjunto de parâmetros de segurança?
3. Quais são os dois protocolos definidos pelo IPSec?
4. O que o AH acrescenta ao pacote IP?
5. O que o ESP acrescenta ao pacote IP?
6. O AH e o ESP são necessários em termos de segurança? Por quê?
7. Quais são os dois protocolos discutidos neste capítulo que fornecem segurança na camada de transporte?
8. O que é IKE?
9. Qual é a diferença entre sessão e conexão no SSL?
10. Como o SSL cria um conjunto de parâmetros de segurança?
11. Qual é o nome do protocolo, discutido neste capítulo, que fornece segurança para e-mail?
12. Como o PGP cria um conjunto de parâmetros de segurança?
13. Qual é o objetivo do Handshake Protocol no SSL?
14. Qual é o objetivo do Record Protocol no SSL?
15. Qual é o objetivo de um firewall?
16. Quais são os dois tipos de firewalls?
17. O que é VPN e por que ele é necessário?
18. Como as LANs se comunicam em uma internet totalmente privada?

Exercícios

19. Mostre os valores dos campos AH na Figura 32.6. Suponha que existam 128 bits de dados de autenticação.
20. Mostre os valores dos campos de cabeçalho e trailer ESP na Figura 32.7.

21. Redesenhe a Figura 32.6 no caso do AH ser usado no modo túnel.
22. Redesenhe a Figura 32.7 no caso do ESP ser usado no modo túnel.
23. Desenhe uma figura para mostrar a posição do AH no IPv6.
24. Desenhe uma figura para mostrar a posição do ESP no IPv6.
25. O IPSec Protocol precisa dos serviços de um KDC? Justifique sua resposta.
26. O IPSec Protocol precisa dos serviços de uma CA? Justifique sua resposta.
27. O SSL Protocol precisa dos serviços de um KDC? Justifique sua resposta.
28. O SSL Protocol precisa dos serviços de uma CA? Justifique sua resposta.
29. O PGP Protocol precisa dos serviços de um KDC? Justifique sua resposta.
30. O PGP Protocol precisa dos serviços de uma CA? Justifique sua resposta.
31. Existem conjuntos de cifras no IPSec? Justifique sua resposta.
32. Existem conjuntos de cifras no PGP? Justifique sua resposta.

APÊNDICE A

Unicode

Números são matéria-prima para computadores, que armazenam caracteres atribuindo um número a cada um deles. Um dos sistemas de codificação mais utilizado foi o ASCII (American Standard Code for Information Interchange), contendo 128 códigos (0 a 127), cada um dos quais representado por um número de 7 bits. O ASCII pode, de forma satisfatória, lidar com letras maiúsculas e minúsculas, dígitos, sinais de pontuação e alguns caracteres de controle. Foi feita uma tentativa de estender o conjunto de caracteres ASCII para 8 bits. O novo código, denominado ASCII Estendido, jamais chegou a ser um padrão internacional.

Para superar as deficiências inerentes do ASCII e do ASCII Estendido, o Unicode Consortium (um grupo de fabricantes de software de vários países) criou um novo sistema de codificação universal para oferecer um conjunto de caracteres bastante abrangente, denominado Unicode.

Originalmente, o Unicode era formado por um conjunto de caracteres de 2 bytes. O Unicode na versão 3, entretanto, é um código de 4 bytes completamente compatível com o ASCII e o ASCII Estendido. O conjunto de caracteres ASCII, que hoje em dia é chamado *Basic Latin*, é compatível com o Unicode, sendo os 25 bits mais significativos configurados em zero. O ASCII Estendido, que hoje em dia é chamado Latin-1, é o Unicode com os 24 bits mais significativos configurados em zero. A Figura A.1 ilustra a compatibilidade entre esses diferentes sistemas de codificação.

Figura A.1   *Compatibilidade com o Unicode*

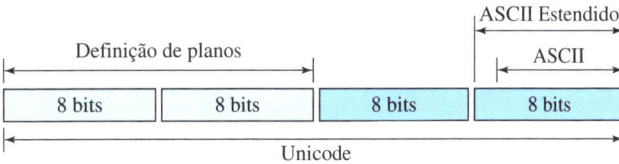

A.1 UNICODE

O Unicode é o código predominante hoje em dia. Cada caractere ou símbolo nesse código é definido por um número de 32 bits. Pode definir até 2^{32} (4.294.967.296) caracteres ou símbolos. A notação usa dígitos hexadecimais no seguinte formato:

U-XXXXXXXX

Cada X é um dígito hexadecimal. Conseqüentemente, a numeração vai de U-00000000 a U-FFFFFFFF.

Planos

O Unicode divide os códigos de espaços disponíveis em planos. Os 16 bits mais significativos definem o plano, o que significa que temos 65.535 planos. Cada plano pode definir até 65.536 caracteres ou símbolos. A Figura A.2 ilustra a estrutura dos espaços e planos implementados no Unicode.

Figura A.2 *Planos do Unicode*

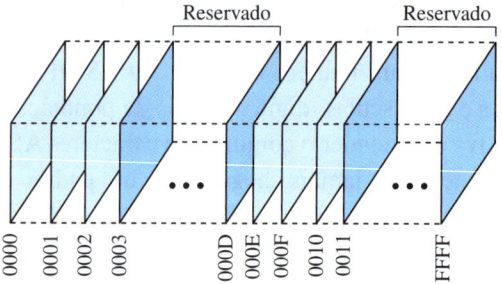

Plano 0000: Plano Multilíngüe Básico (BMP)
Plano 0001: Plano Multilíngüe Suplementar (SMP)
Plano 0002: Plano Ideográfico Suplementar (SIP)
Plano 000E: Plano Especial Suplementar (SSP)
Plano 000F: Plano de Uso Privado (PUP)
Plano 0010: Plano de Uso Privado (PUP)

Plano Multilíngüe Básico (BMP)

O plano 0000, denominado plano multilíngüe básico (BMP), foi desenvolvido para ser compatível com o antigo Unicode de 16 bits. Os 16 bits mais significativos desse plano são todos iguais a zero. Normalmente, os códigos são apresentados como U+XXXX, e XXXX define apenas os 16 bits menos significativos. Esse plano define, principalmente, conjuntos de caracteres em diferentes idiomas, exceto por alguns códigos usados para controle ou outros caracteres especiais. A Tabela A.1 mostra a classificação dos principais códigos no plano 0000.

Tabela A.1 *Unicode BMP*

Intervalo	Descrição
Zona A (Caracteres Alfabéticos e Símbolos)	
U+0000 a U+00FF	Latim Básico e Latim-1
U+0100 a U+01FF	Latim estendido
U+0200 a U+02FF	Extensão IPA e letras modificadoras de espaços
U+0300 a U+03FF	Símbolos adiacríticos combinados, grego
U+0400 a U+04FF	Cirílico
U+0500 a U+05FF	Armênio, Hebraico
U+0600 a U+06FF	Árabe

Tabela A.1 *Unicode BMP (continuação)*

Intervalo	Descrição
Zona A (Caracteres Alfabéticos e Símbolos)	
U+0700 a U+08FF	Reservado
U+0900 a U+09FF	Devanágari, Bengali
U+0A00 a U+0AFF	Gumukhi, Gujarati
U+0B00 a U+0BFF	Oriya, Tâmil
U+0C00 a U+0CFF	Télugo, Kannada
U+0D00 a U+0DFF	Malaiala
U+0E00 a U+0EFF	Tai, Laosiano
U+0F00 a U+0FFF	Reservado
U+1000 a U+10FF	Georgiano
U+1100 a U+11FF	Hangul Jamo
U+1200 a U+1DFF	Reservado
U+1E00 a U+1EFF	Latim estendido adicional
U+1F00 a U+1FFF	Grego estendido
U+2000 a U+20FF	Pontuação, subscritos/sobrescritos, moedas, sinais
U+2100 a U+21FF	Símbolos parecidos com letras, formas numéricas, setas
U+2200 a U+22FF	Operações matemáticas
U+2300 a U+23FF	Símbolos técnicos diversos
U+2400 a U+24FF	Imagens de controle, OCR e alfanuméricos envoltos
U+2500 a U+25FF	Desenhos de retângulos/quadrados, desenho de blocos e formas geométricas
U+2600 a U+26FF	Símbolos diversos
U+2700 a U+27FF	Padrões dingbats e Braille
U+2800 a U+2FFF	Reservado
U+3000 a U+30FF	Símbolos CJK (chinês, japonês e coreano) e pontuação, hiragana, katakana
U+3100 a U+31FF	Bopomfo, hangul jambo, CJK diversos
U+3200 a U+32FF	Letras CJK envoltas e meses
U+3300 a U+33FF	Compatibilidade com o CJK
U+3400 a U+4DFF	Hangul
Zona I (Caracteres Ideográficos)	
U+4E00 a U+9FFF	Ideográfico unificado CJK
Zona O (Aberta)	
U+A000 a U+DFFF	Reservado
Zona R (Uso restrito)	
U+E000 a U+F8FF	Uso privado
U+F900 a U+FAFF	Ideogramas para compatibilidade com o CJK
U+FB00 a U+FBFF	Apresentação árabe forma A

Tabela A.1 *Unicode BMP (continuação)*

Intervalo	Descrição
Zona A (Caracteres Alfabéticos e Símbolos)	
U+FC00 a U+FDFF	Apresentação árabe forma B
U+FE00 a U+FEFF	Meio sinais, formas pequenas
U+FF00 a U+FFFF	Formas de meia-largura e largura completa

Plano Multilíngüe Suplementar (SMP)

O plano 0001, denominado plano multilíngüe suplementar (SMP), foi desenvolvido para fornecer códigos adicionais para os caracteres multilíngües que não fazem parte do BMP.

Plano Ideográfico Suplementar (SIP)

O plano 0002, chamado plano ideográfico suplementar (SIP), foi desenvolvido para fornecer suporte para ideogramas, símbolos que representam basicamente uma idéia (ou significado) em contraste com um som (ou pronúncia).

Plano Especial Suplementar (SSP)

O plano 000E, conhecido como plano especial suplementar (SSP), é usado para representar caracteres especiais.

Planos de Uso Privado (PUPs)

Os planos 000F e 0010, denominados planos de uso privado (PUPs), destinam-se ao uso privado.

A.2 ASCII

O ASCII (American Standard Code for Information Interchange) é um código de 7 bits que foi especificado para ser um código de representação de caracteres com 128 símbolos, principalmente da língua inglesa dos Estados Unidos. Hoje em dia, o ASCII, ou Basic Latin, faz parte do Unicode. Ele ocupa os primeiros 128 códigos no Unicode (00000000 a 0000007F). A Tabela A.2 apresenta os códigos (símbolos) decimais, hexadecimais e gráficos com sua interpretação em inglês, se apropriado. Os códigos em hexadecimal definem apenas os dois dígitos menos significativos do Unicode. Para encontrar o código real, anexamos 000000 em hexadecimal ao código. O código decimal destina-se apenas para mostrar o valor inteiro de cada símbolo quando convertido.

Tabela A.2 *Códigos ASCII*

Decimal	Hexadecimal	Símbolo	Interpretação
0	00	null	Nulo
1	01	SOH	Início do cabeçalho
2	02	STX	Início de texto
3	03	ETX	Fim de texto

Tabela A.2 *Códigos ASCII (continuação)*

Decimal	Hexadecimal	Símbolo	Interpretação
4	04	EOT	Fim da transmissão
5	05	ENQ	Consulta
6	06	ACK	Confirmação
7	07	BEL	Bip
8	08	BS	Backspace
9	09	HT	Tabulação horizontal
10	0A	LF	Avanço de linha
11	0B	VT	Tabulação vertical
12	0C	FF	Avanço de formulário
13	0D	CR	Carriage return
14	0E	SO	Deslocamento para fora
15	0F	SI	Deslocamento para dentro
16	10	DLE	Data link escape
17	11	DC1	Controle de dispositivo 1
18	12	DC2	Controle de dispositivo 2
19	13	DC3	Controle de dispositivo 3
20	14	DC4	Controle de dispositivo 4
21	15	NAK	Confirmação negativa
22	16	SYN	Sincronismo
23	17	ETB	Fim do bloco de transmissão
24	18	CAN	Cancela
25	19	EM	Fim do meio de gravação
26	1A	SUB	Substituto
27	1B	ESC	Escape
28	1C	FS	Separador de arquivos
29	1D	GS	Separador de grupos
30	1E	RS	Separador de registros
31	1F	US	Separador de unidades
32	20	SP	Espaço
33	21	!	
34	22	"	Aspas duplas
35	23	#	
36	24	$	
37	25	%	

Tabela A.2 *Códigos ASCII (continuação)*

Decimal	Hexadecimal	Símbolo	Interpretação
38	26	&	
39	27	'	Apóstrofe
40	28	(	
41	29	)	
42	2A	*	
43	2B	+	
44	2C	,	Vírgula
45	2D	–	Menos
46	2E	.	
47	2F	/	
48	30	0	
49	31	1	
50	32	2	
51	33	3	
52	34	4	
53	35	5	
54	36	6	
55	37	7	
56	38	8	
57	39	9	
58	3A	:	Dois-pontos
59	3B	;	Ponto-e-vírgula
60	3C	<	
61	3D	=	
62	3E	>	
63	3F	?	
64	40	@	
65	41	A	
66	42	B	
67	43	C	
68	44	D	
69	45	E	
70	46	F	
71	47	G	
72	48	H	

Decimal	Hexadecimal	Símbolo	Interpretação
73	49	I	
74	4A	J	
75	4B	K	
76	4C	L	
77	4D	M	
78	4E	N	
79	4F	O	
80	50	P	
81	51	Q	
82	52	R	
83	53	S	
84	54	T	
85	55	U	
86	56	V	
87	57	W	
88	58	X	
89	59	Y	
90	5A	Z	
91	5B	[	Chave de abertura (esquerda)
92	5C	\	Barra invertida
93	5D	]	Chave de fechamento (direita)
94	5E	^	Circunflexo
95	5F	_	Sublinhado
96	60	`	Acento grave
97	61	a	
98	62	b	
99	63	c	
100	64	d	
101	65	e	
102	66	f	
103	67	g	
104	68	h	
105	69	i	
106	6A	j	
107	6B	k	
108	6C	l	
109	6D	m	

Tabela A.2 *Códigos ASCII (continuação)*

Decimal	Hexadecimal	Símbolo	Interpretação
110	6E	n	
111	6F	o	
112	70	p	
113	71	q	
114	72	r	
115	73	s	
116	74	t	
117	75	u	
118	76	v	
119	77	w	
120	78	x	
121	79	y	
122	7A	z	
123	7B	{	Chave de abertura (esquerda)
124	7C	|	Barra
125	7D	}	Chave de fechamento (direita)
126	7E	~	Til
127	7F	DEL	Delete

Algumas Propriedades do ASCII

O ASCII apresenta algumas propriedades interessantes que mencionaremos brevemente aqui.

1. O primeiro código (0) é o caractere nulo, significando a ausência de qualquer caractere.
2. Os 32 primeiros códigos, 0 a 31, são caracteres de controle.
3. O caractere de espaço, que é imprimível, se encontra na posição 32.
4. As letras maiúsculas iniciam em 65 (A). As letras minúsculas iniciam em 97. Quando comparadas, as maiúsculas são em menor número que as minúsculas. Isso significa que em uma lista ordenada baseada em valores ASCII, as maiúsculas aparecem antes das minúsculas.
5. As letras maiúsculas e minúsculas diferem-se por apenas um bit no código ASCII de 7 bits. Por exemplo, o caractere A é 1000001 (0x41) e o caractere a é 1100001 (0x61). A diferença está no bit 6, que é 0 para as letras maiúsculas e 1 para as minúsculas. Se, por acaso, soubermos o código para um dos casos, podemos encontrar facilmente o código para o outro, simplesmente adicionando ou subtraindo 32 em decimal (0x20 em hexadecimal) ou invertendo o sexto bit.
6. As letras maiúsculas não são seguidas imediatamente por letras minúsculas. Existem alguns caracteres de pontuação entre elas.
7. Os dígitos (0 a 9) iniciam a partir de 48 (0x30). Isso significa que, se quisermos converter um caractere ASCII numérico para seu valor decimal, como um inteiro, precisamos subtrair 48.

APÊNDICE B

Sistemas de Numeração

Usamos diferentes sistemas de numeração: base 10 (decimal), base 2 (binário), base 8 (octal), base 16 (hexadecimal), base 256 e assim por diante. Todos os sistemas de numeração, aqui examinados, são posicionais, significando que a posição de um símbolo em relação aos demais determina seu valor. Cada símbolo em um número tem uma posição. A posição inicia, tradicionalmente em 0, vai até $n - 1$, em que n é o número de símbolos. Por exemplo, na Figura B.1, o número decimal 14.782 tem cinco símbolos nas posições de 0 a 4.

Figura B.1 *Posições e símbolos em um número*

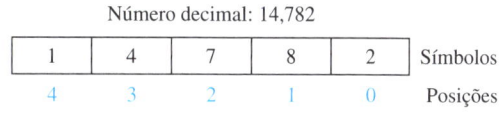

Como veremos mais tarde, a diferença entre os distintos sistemas de numeração se baseia no *peso* atribuído a cada posição.

B.1 BASE 10: DECIMAL

O sistema de numeração base 10 ou sistema decimal é aquele com o qual estamos mais familiarizados no dia-a-dia. Todos nossos termos para indicar quantidades contáveis se baseiam nele e, de fato, quando falamos de outros sistemas de numeração, temos uma tendência de nos referir a suas quantidades por meio de equivalentes decimais. O termo *decimal* é derivado da raiz latina *deci,* que significa 10. O sistema decimal usa dez símbolos para representar valores quantitativos: 0, 1, 2, 3, 4, 5, 6, 7, 8 e 9.

Os números decimais usam dez símbolos: 0, 1, 2, 3, 4, 5, 6, 7, 8 e 9.

Pesos

No sistema decimal, cada peso equivale a 10 elevado à potência de sua posição. O peso do símbolo na posição 0 é 10^0 (1); o peso do símbolo na posição 1 é 10^1 (10); e assim por diante.

B.2 BASE 2: BINÁRIO

O sistema de numeração binário fornece a base para todas as operações em computadores. Os computadores trabalham ativando e desativando corrente elétrica. O sistema binário usa dois símbolos, 0 e 1, de modo que ele corresponde naturalmente a um dispositivo de dois estados, como um interruptor, com 0 representando o estado desligado e 1 representando o estado ligado. A palavra *binário* deriva da raiz latina *bi*, que significa 2.

> **Os números binários usam dois símbolos: 0 e 1.**

Pesos

No sistema binário, cada peso equivale a 2 elevado à potência de sua posição. O peso do símbolo na posição 0 é 2^0 (1); o peso do símbolo na posição 1 é 2^1 (2); e assim por diante.

Conversão

Vejamos agora como converter números do sistema binário para o decimal e do decimal para o binário. A Figura B.2 ilustra os dois processos.

Figura B.2 *Conversão binário-decimal e decimal-binário*

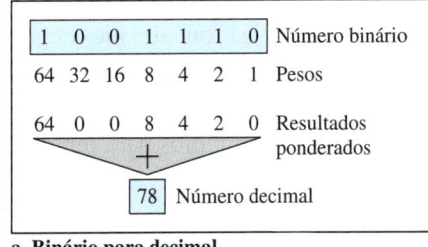
a. Binário para decimal

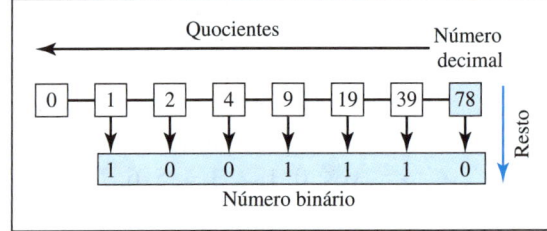
b. Decimal para binário

Para converter um número binário em decimal, usamos os pesos. Multiplicamos cada símbolo por seu peso e adicionamos todos os resultados ponderados. A Figura B.2 ilustra como podemos converter o binário 1001110 em seu equivalente decimal 78.

Um simples truque de divisão nos fornece uma maneira conveniente de converter um número decimal em seu equivalente binário, como mostra a Figura B.2. Para converter um número de decimal para binário, dividimos o número por 2 e escrevemos o resto (1 ou 0). Esse resto é o dígito binário menos significativo. Agora, dividimos o quociente desta divisão por 2 e escrevemos o novo resto na segunda posição. Repetimos esse processo até que o quociente seja zero.

B.3 BASE 16: HEXADECIMAL

Outro sistema usado neste livro é o base 16. O termo hexadecimal deriva do termo grego *hexadec*, que significa 16. O sistema de numeração hexadecimal é conveniente para representar de forma abreviada um número binário grande. O sistema hexadecimal usa 16 símbolos: 0, 1, ..., 9, A, B, C, D, E e F. O sistema hexadecimal usa os mesmos dez primeiros símbolos do sistema decimal, mas, em vez de usar 10, 11, 12, 13, 14 e 15, ele utiliza A, B, C, D, E e F. Isto evita qualquer confusão entre os dois símbolos adjacentes.

Os números hexadecimais usam 16 símbolos: 0, 1, 2, 3, 4, 5, 6, 7, 8, 9, A, B, C, D, E e F.

Pesos

No sistema hexadecimal, cada peso equivale a 16 elevado à potência de sua posição. O peso do símbolo na posição 0 é 16_0 (1); o peso do símbolo na posição 1 é 16_1 (16); e assim por diante.

Conversão

Vejamos agora como converter números do sistema hexadecimal para o decimal e do decimal para o hexadecimal. A Figura B.3 ilustra os dois processos.

Figura B.3 *Conversão de hexadecimal para decimal e de decimal para hexadecimal*

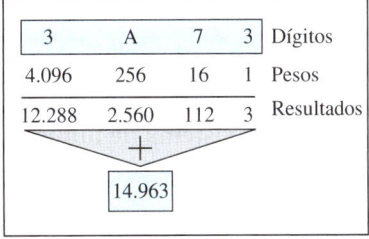
a. Número hexadecimal

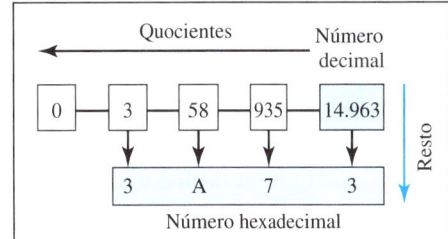
b. Decimal para hexadecimal

Para converter um número hexadecimal em decimal, usamos pesos. Multiplicamos cada símbolo por seu peso e somamos todos os resultados ponderados. A Figura B.3 mostra como o hexadecimal 0x3A73 é convertido em seu equivalente decimal 14.963.

Usamos o mesmo método de conversão de um número decimal em binário para converter um número decimal em hexadecimal. A única diferença é que agora dividimos o número por 16 em vez de 2. A figura também mostra como 14.963 em decimal é convertido no hexadecimal 0x3A73.

Comparação

A Tabela B.1 ilustra como são representados os números decimais de 0 a 15 nos sistemas de numeração binário e hexadecimal. Como se pode observar, o decimal 13 equivale ao binário 1101, que, por sua vez, equivale ao hexadecimal D.

Tabela B.1 *Comparação entre os três sistemas*

Decimal	Binário	Hexadecimal	Decimal	Binário	Hexadecimal
0	0	0	8	1000	8
1	1	1	9	1001	9
2	10	2	10	1010	A
3	11	3	11	1011	B
4	100	4	12	1100	C
5	101	5	13	1101	D
6	110	6	14	1110	E
7	111	7	15	1111	F

B.4 BASE 256: ENDEREÇOS IP

O sistema de numeração usado na Internet é o de base 256. Os endereços IPv4 usam-na para representar um endereço na notação decimal pontuada. Ao definirmos um endereço IPv4 como 131.32.7.8, usamos um número na base 256. Nessa base, podemos utilizar até 256 símbolos diferentes; lembrar-se, porém, de todos esses símbolos e seus valores é impraticável. Os projetistas do endereçamento IPv4 decidiram usar os números decimais 0 a 255 como símbolos e, para fazer distinção entre eles, é usado um ponto. Esse ponto é usado para separar os símbolos; ele marca o limite entre as posições. Por exemplo, o endereço IPv4 131.32.7.8 é formado por quatro símbolos (8, 7, 32 e 131), respectivamente, nas posições 0, 1, 2 e 3.

> Os endereços IPv4 usam o sistema de numeração base 256.
> Os símbolos no IPv4 são números decimais entre 0 e 255; o separador é um ponto.

Pesos

Na base 256, cada peso equivale a 256 elevado à potência de sua posição. O peso do símbolo na posição 0 é 256^0 (1); o peso do símbolo na posição 1 é 256^1 (256); e assim por diante.

Conversão

Vejamos agora como converter do sistema hexadecimal para o decimal e do sistema decimal para o hexadecimal. A Figura B.4 ilustra os dois processos.

Figura B.4 Transformação de endereço IPv4 em decimal

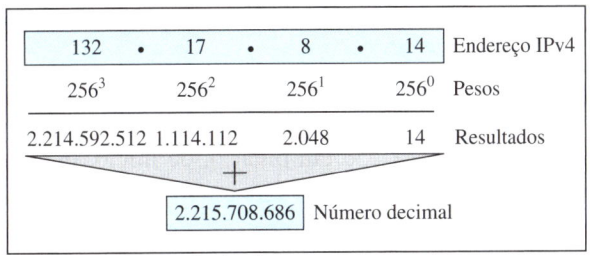
a. Endereço IP para decimal

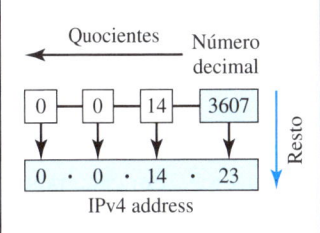
b. Decimal para endereço IP

Para converter um endereço IPv4 em decimal, usamos os pesos. Multiplicamos cada símbolo por seu peso e somamos todos os resultados ponderados. A figura mostra como o endereço IPv4 131.32.7.8 é convertido em seu equivalente decimal.

Usamos o mesmo método de conversão decimal para binário de modo a transformar um decimal em um endereço IPv4. A única diferença é que dividimos o número por 256, em vez de 2. Entretanto, precisamos lembrar que um endereço IPv4 tem quatro posições. Isso significa que, ao lidarmos com um endereço IPv4, temos de parar após termos encontrado quatro valores. A Figura B.4 mostra um exemplo de conversão para um endereço IPv4.

B.5 OUTRAS CONVERSÕES

Existem outras conversões numéricas possíveis, tais como base 2 para base 16 ou base 16 para base 256. É fácil usar a base 10 como um sistema intermediário. Em outras palavras, para transformar um número de binário para hexadecimal, primeiro, convertemos de binário para decimal e, em seguida, convertemos de decimal para hexadecimal. Discutiremos alguns métodos simples para conversões comuns.

Binário e Hexadecimal

Existe uma maneira simples de converter binário em hexadecimal e vice-versa, como mostrado na Figura B.5.

Figura B.5 Conversão de binário para hexadecimal

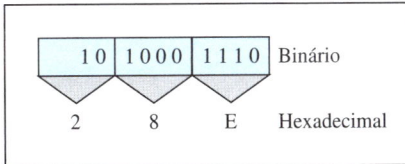
a. Binário para hexadecimal

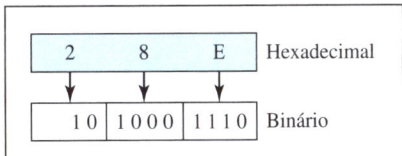
b. Hexadecimal para binário

Para converter um número de binário para hexadecimal, agrupamos os dígitos binários da direita em grupos de quatro. Em seguida, convertemos cada um desses grupos de 4 bits em seu equivalente hexadecimal, usando a Tabela B.1. Na figura, convertemos o binário 1010001110 para o hexadecimal 0x28E. Para converter um número hexadecimal em binário, convertemos cada dígito hexadecimal em seu número binário equivalente, usando a Tabela B.1 e concatenamos os resultados. Na Figura B.5 convertemos o hexadecimal 0x28E em binário.

Base 256 e Binário

Para converter um número na base 256 em binário, de início, precisamos converter o número em cada posição em um grupo binário de 8 bits e, em seguida, concatenamos os grupos. Para converter de binário para base 256, precisamos dividir o número binário em grupos de 8 bits, convertemos cada grupo em decimal e, posteriormente, inserimos separadores (pontos) entre os números decimais.

APÊNDICE C

Revisão de Matemática

Neste apêndice, revisaremos alguns conceitos de matemática que podem ajudá-lo a entender melhor os tópicos vistos neste livro. Talvez o conceito mais importante em comunicação de dados seja o de sinais e sua representação. Iniciamos com uma breve revisão das funções trigonométricas, com um enfoque parecido com o de um livro típico do curso de cálculo. Em seguida, discutiremos de forma sucinta a análise de Fourier, que fornece uma ferramenta para a transformação entre os domínios do tempo e da freqüência. Finalmente, apresentaremos uma visão geral das funções exponenciais e logarítmicas.

C.1 FUNÇÕES TRIGONOMÉTRICAS

Vamos discutir brevemente algumas características das funções trigonométricas, conforme usadas no livro.

Onda Senoidal

Podemos descrever matematicamente uma onda senoidal como

$$s(t) = A \operatorname{sen}(2\pi f t) = A \operatorname{sen}\left(\frac{2\pi}{T} t\right)$$

em que s é a amplitude instantânea, A é a amplitude de pico, f é a freqüência e T é o período (a fase será discutida posteriormente). A Figura C.1 mostra uma onda senoidal.

Figura C.1 *A onda senoidal*

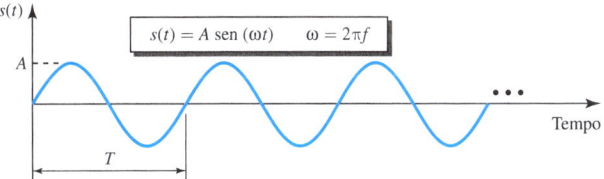

Observe que o valor de $2\pi f$ é chamado freqüência radial, cujo símbolo é o ω (ômega), que significa que uma função senoidal pode ser escrita na forma $s(t) = A \operatorname{sen}(\omega t)$.

Exemplo C.1

Determine o valor de pico, freqüência e período das seguintes ondas senoidais.

a. $s(t) = 5 \text{ sen}(10\pi t)$

b. $s(t) = \text{sen}(10t)$

Solução

a. Amplitude de pico: $A = 5$

Freqüência: $10\pi = 2\pi f$, portanto, $f = 5$ Período: $T = 1/f = 1/5$ s

b. Amplitude de pico: $A = 1$

Freqüência: $10 = 2\pi f$, portanto, $f = 10/(2\pi) = 1{,}60$

Período: $T = 1/f = 1/1{,}60 = 0{,}628$ s

Exemplo C.2

Mostre a representação matemática de uma onda senoidal com amplitude de pico igual a 2 e freqüência igual a 1.000 Hz.

Solução

A representação matemática é $s(t) = 2 \text{ sen}(2.000\pi t)$.

Deslocamento Horizontal (Fase)

Todas as funções senoidais discutidas até então tinham uma amplitude com valor 0 na origem. O que aconteceria se deslocássemos o sinal para a esquerda ou para a direita? A Figura C.2 mostra duas ondas senoidais simples, uma deslocada para a direita e outra para a esquerda.

Figura C.2 *Duas ondas senoidais deslocadas horizontalmente*

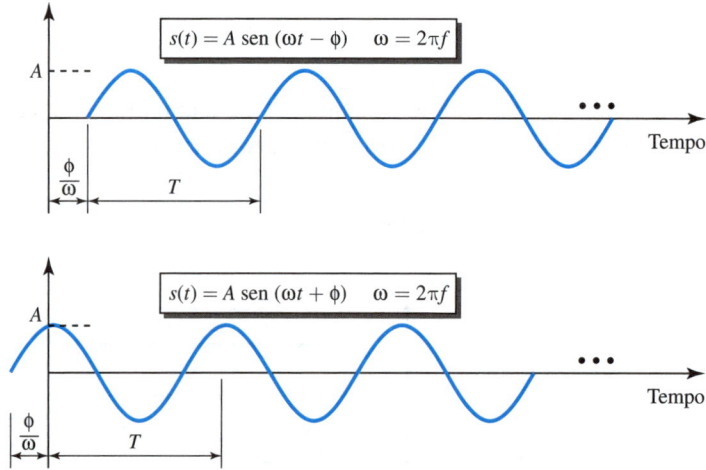

Quando um sinal é deslocado para a esquerda ou para a direita, seu primeiro cruzamento com o eixo zero será em um ponto no tempo distante da origem. Para mostrar isso, precisamos somar ou subtrair outra constante a ωt, como indicado na figura.

APÊNDICE C REVISÃO DE MATEMÁTICA

Deslocar a onda senoidal para a esquerda ou para a direita é, respectivamente, um deslocamento positivo ou negativo.

Deslocamento Vertical

Quando a onda senoidal é deslocada verticalmente, soma-se uma constante à amplitude instantânea do sinal. Por exemplo, se deslocarmos uma onda senoidal 2 unidades de amplitude para cima, o sinal resultante será $s(t) = 2 + \text{sen}(\omega t)$; se a deslocarmos 2 unidades de amplitude para baixo, temos $s(t) = -2 + \text{sen}(\omega t)$. A Figura C.3 ilustra a idéia.

Figura C.3 *Deslocamento vertical de ondas senoidais*

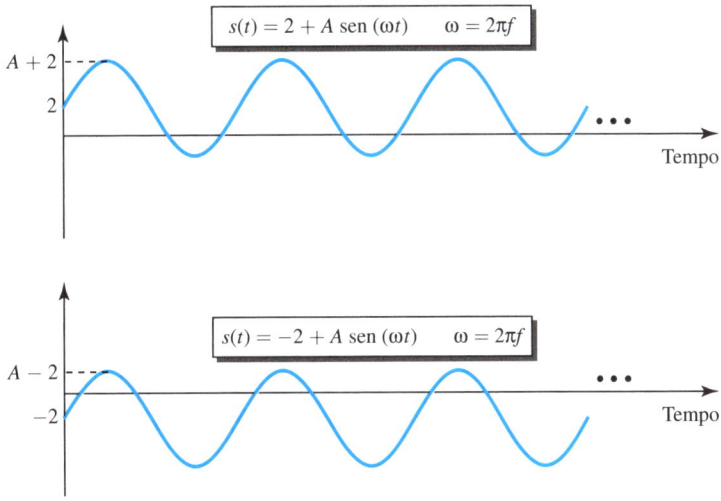

Onda Co-senoidal

Se deslocarmos uma onda senoidal $T/2$ para a esquerda, obtemos aquilo que é chamado onda co-senoidal (cos).

$$A\, \text{sen}(\omega t + \pi/2) = A \cos(\omega t).$$

A Figura C.4 mostra uma onda co-senoidal.

Figura C.4 *Onda co-senoidal*

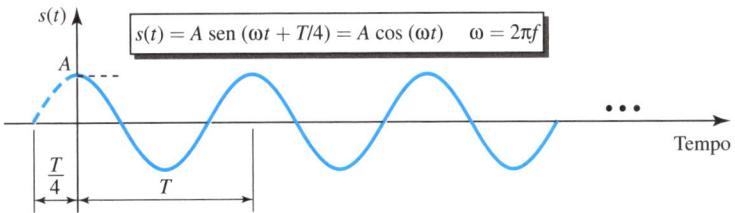

Outras Funções Trigonométricas

Existem muitas funções trigonométricas; duas das mais comuns são tg(ωt) e co-tg(ωt). Elas são definidas como tg(ωt) = sen(ωt)/cos(ωt) e co-tg(ωt) = cos(ωt)/sen(ωt). Note que tg e co-tg são inversas entre si.

Identidades Trigonométricas

Existem várias identidades entre funções trigonométricas que, algumas vezes, precisamos conhecer. A Tabela C.1 apresenta essas identidades para referência futura. Outras identidades podem ser facilmente obtidas a partir destas.

Tabela C.1 *Algumas identidades trigonométricas*

Nome	Fórmula
Pitágoras	$\text{sen}^2 x + \cos^2 x = 1$
Par/ímpar	sen $(-x)$ = $-$sen (x)
	cos $(-x)$ = cos (x)
Soma	sen $(x + y)$ = sen (x) cos (y) + cos (x) sen (y)
	cos $(x + y)$ = cos (x) cos (y) $-$ sen(x) sen(y)
Diferença	sen $(x - y)$ = sen (x) cos (y) $-$ cos (x) sen (y)
	cos $(x - y)$ = cos (x) cos (y) + sen (x) sen (y)
Soma de produtos	sen (x) sen (y) = 1/2 [cos $(x - y)$ $-$ cos $(x + y)$]
	cos (x) cos (y) = 1/2 [cos $(x - y)$ + cos $(x + y)$]
	sen (x) cos (y) = 1/2 [sen $(x + y)$ + sen $(x - y)$]
	cos (x) sen (y) = 1/2 [sen $(x + y)$ $-$ sen $(x - y)$]

C.2 ANÁLISE DE FOURIER

A análise de Fourier é uma ferramenta que permite converter um sinal de seu domínio do tempo em um sinal no domínio da freqüência e vice-versa.

Série de Fourier

Fourier provou que um sinal periódico composto, com período T (freqüência f), pode ser decomposto em uma série de funções senoidais e co-senoidais, na qual cada função é uma harmônica inteira da freqüência fundamental f do sinal composto. O resultado é denominado série de Fourier. Em outras palavras, podemos escrever um sinal composto, como ilustrado na Figura C.5. Usando uma série, podemos decompor qualquer sinal periódico em suas harmônicas. Note que A_0 é o valor medido do sinal ao longo de um período, A_n é o coeficiente da *enésima* componente co-senoidal e B_n é o coeficiente da *enésima* componente senoidal.

Exemplo C.3

Mostremos as componentes de um sinal de onda quadrada, como vimos na Figura C.6. A figura também mostra o domínio do tempo e o domínio da freqüência. De acordo com a figura, uma onda quadrada como esta tem apenas os coeficientes A_n. Note também que o valor de $A_0 = 0$, pois o valor médio do sinal é 0; ele oscila acima e abaixo do eixo do tempo. O domínio da freqüência do sinal é discreto;

Figura C.5 *Série de Fourier e coeficientes dos termos*

Série de Fourier

$$s(t) = A_0 + \sum_{n=1}^{\infty} A_n \operatorname{sen}(2\pi n f t) + \sum_{n=1}^{\infty} B_n \cos(2\pi n f t)$$

$$A_0 = \frac{1}{T}\int_0^T s(t)\,dt \quad A_n = \frac{2}{T}\int_0^T s(t)\cos(2\pi n f t)\,dt$$

$$B_n = \frac{2}{T}\int_0^T s(t)\operatorname{sen}(2\pi n f t)\,dt$$

Coeficientes

Série de Fourier
Domínio do tempo: periódico   **Domínio da freqüência: discreto**

apenas harmônicas ímpares estão presentes e as amplitudes são, alternadamente, positivas e negativas. Um ponto muito importante é que a amplitude das harmônicas se aproxima de zero à medida que nos deslocamos para o infinito. Algo que não é mostrado na figura é a fase. Entretanto, sabemos que todas as componentes são ondas co-senoidais, significando que cada uma delas tem fase igual a 90°.

Figura C.6 *Determinação da série de Fourier para uma função quadrada periódica*

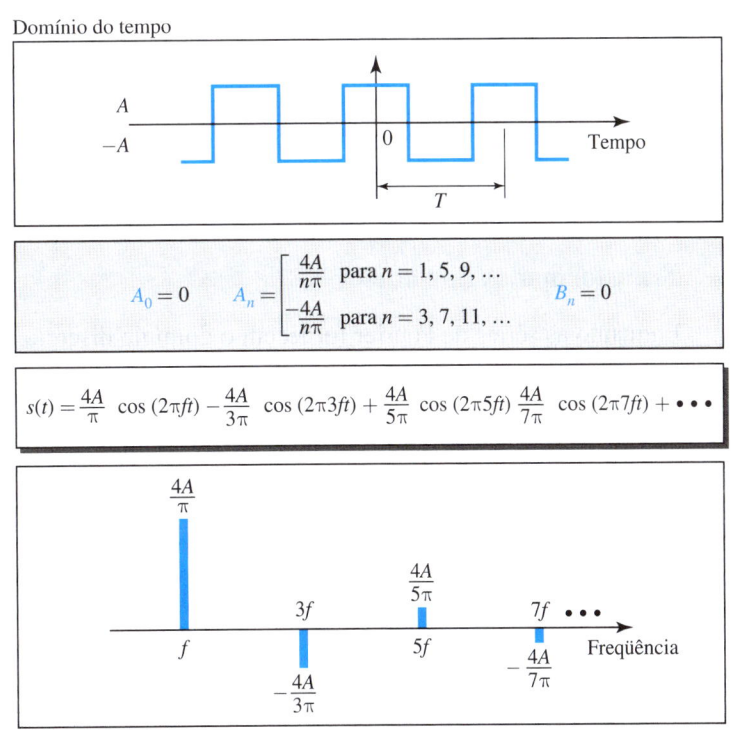

Domínio do tempo

$$A_0 = 0 \quad A_n = \begin{bmatrix} \dfrac{4A}{n\pi} & \text{para } n = 1, 5, 9, \ldots \\ \dfrac{-4A}{n\pi} & \text{para } n = 3, 7, 11, \ldots \end{bmatrix} \quad B_n = 0$$

$$s(t) = \frac{4A}{\pi}\cos(2\pi f t) - \frac{4A}{3\pi}\cos(2\pi 3 f t) + \frac{4A}{5\pi}\cos(2\pi 5 f t)\, \frac{4A}{7\pi}\cos(2\pi 7 f t) + \cdots$$

Domínio da freqüência

Exemplo C.4

Mostremos agora as componentes de um sinal dente-de-serra, conforme ilustrado na Figura C.7. Desta vez, temos apenas as componentes B_n (ondas senoidais). O espectro de freqüências, porém, é mais denso; temos todas as harmônicas (f, $2f$, $3f$, . . .). Um ponto que não fica claro observando-se o diagrama é a fase. Todas as componentes são ondas senoidais, significando que cada componente tem fase 0°.

Figura C.7 *Determinando a série de Fourier para um sinal dente-de-serra*

Domínio do tempo

$$A_0 = 0 \qquad A_n = 0 \qquad B_n = \begin{cases} \dfrac{2A}{n\pi} & \text{para } n \text{ ímpar} \\ -\dfrac{2A}{n\pi} & \text{para } n \text{ par} \end{cases}$$

$$s(t) = \frac{2A}{\pi} \text{ sen } (2\pi ft) - \frac{2A}{2\pi} \text{ sen } (2\pi 2ft) + \frac{2A}{3\pi} \text{ sen } (2\pi 3ft) \frac{2A}{4\pi} \text{ sen } (2\pi 4ft) + \cdots$$

Domínio da freqüência

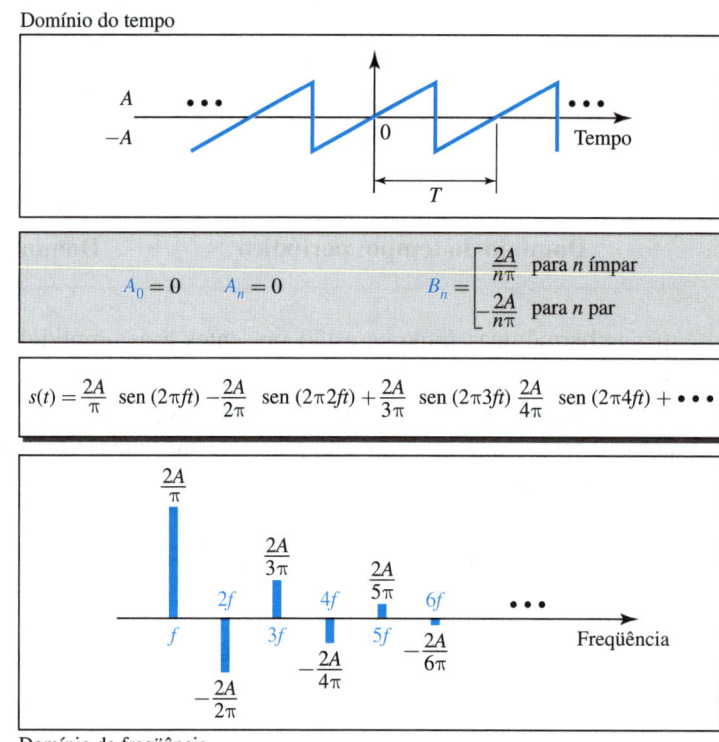

Transformadas de Fourier

Enquanto as séries de Fourier fornecem o domínio discreto de freqüências de um sinal periódico, as transformadas de Fourier fornecem o domínio de freqüência contínuo de um sinal não-periódico. A Figura C.8 ilustra como podemos criar o domínio de freqüências contínuas a partir de uma função não-periódica no domínio do tempo e vice-versa.

Figura C.8 *Transformada de Fourier e transformada inversa de Fourier*

$$S(f) = \int_{-\infty}^{\infty} s(t)e^{-j2\pi ft}\, dt$$

Transformada de Fourier

$$s(t) = \int_{-\infty}^{\infty} S(f)e^{j2\pi ft}\, dt$$

Transformada inversa de Fourier

Transformada de Fourier	
Domínio do tempo: não-periódico	Domínio da freqüência: contínuo

Exemplo C.5

A Figura C.9 mostra os domínios de freqüência e do tempo de um único pulso quadrangular. O domínio do tempo se encontra entre $-\tau/2$ e $\tau/2$; o domínio da freqüência é uma função contínua que se estende do infinito negativo ao infinito positivo. Diferentemente dos exemplos anteriores, o domínio da freqüência é contínuo; todas as freqüências estão lá, não apenas as inteiras.

Figura C.9 *Determinação da transformada de Fourier de um pulso quadrado*

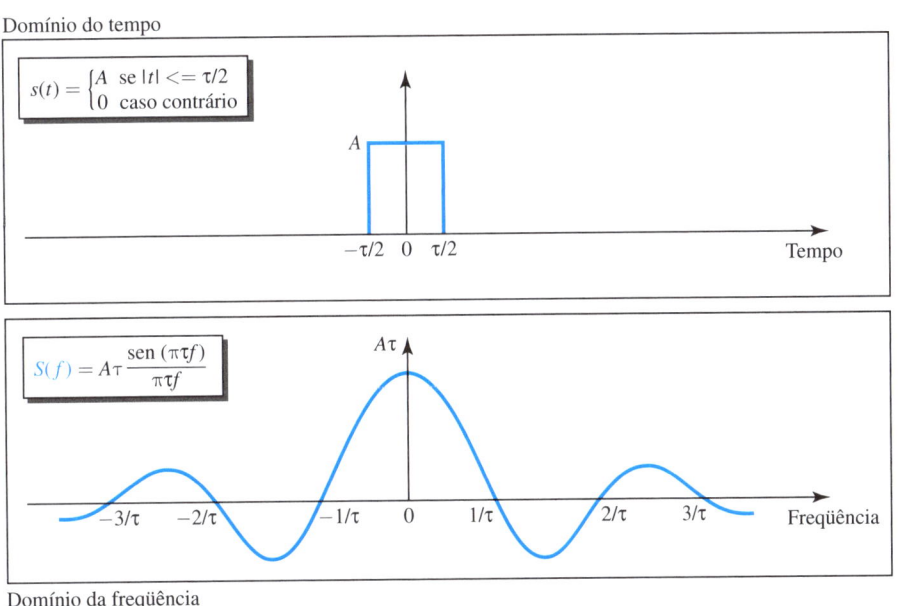

Sinais Limitados no Tempo e em Faixa de Freqüências

Dois conceitos muito interessantes relacionados com as transformadas de Fourier são os sinais limitados no tempo e em faixa de freqüências. Um sinal limitado no tempo é um sinal no qual a amplitude de $s(t)$ não é zero apenas durante um período; a amplitude é zero em qualquer outro ponto. Por outro lado, um sinal limitado em uma faixa de freqüências é um sinal no qual a amplitude de $S(f)$ não é zero apenas para um intervalo de freqüências; a amplitude é zero em qualquer outro ponto. Um sinal limitado em faixa de freqüências desempenha papel muito importante no teorema da amostragem e na freqüência de Nyquist, pois o domínio do tempo correspondente pode ser representado como uma série de amostras.

Sinal limitado no tempo: $s(t) = 0$ para $|t| \leq T$
Sinal limitado em uma faixa de freqüências: $S(f) = 0$ para $|f| \leq B$

C.3 EXPONENCIAÇÃO E LOGARITMOS

Na resolução de problemas de redes, normalmente precisamos saber como lidar com funções logarítmicas e exponenciais. Esta seção faz uma rápida revisão desses dois conceitos.

Função Exponencial

A função exponencial de base a é definida como

$$y = a^x$$

Se x for um inteiro (valor inteiro), podemos facilmente calcular o valor de y multiplicando o valor de a por si mesmo x vezes.

Exemplo C.6

Calcule o valor das seguintes funções exponenciais.

a. $y = 3^2$
b. $y = (5,2)^6$

Solução

a. $y = 3 \times 3 = 9$
b. $y = 5,2 \times 5,2 \times 5,2 \times 5,2 \times 5,2 \times 5,2 = 19.770,609664$

Se x não for inteiro, precisamos usar uma calculadora.

Exemplo C.7

Calcule o valor das seguintes funções exponenciais.

a. $y = 3^{2,2}$
b. $y = (5,2)^{6,3}$

Solução

a. $y = 11,212$ (aproximadamente)
b. $y = 32.424,60$ (aproximadamente)

Base Natural

Uma base muito comum usada em ciências e matemática é a base natural e, que tem o valor 2,71828183. A maioria das calculadoras mostra essa função como e^x, que pode ser calculada facilmente introduzindo-se apenas o valor do expoente.

Exemplo C.8

Calcule o valor das seguintes funções exponenciais.

a. $y = e^4$
b. $y = e^{(6,3)}$

Solução

a. $y = 54,56$ (aproximadamente)
b. $y = 544,57$ (aproximadamente)

Propriedades da Função Exponencial

As funções exponenciais apresentam várias propriedades; algumas são úteis para nós neste livro:

Primeira: $y = a^0 = 1$

Segunda: $y = a^1 = a$

Terceira: $y = a^{-x} = \frac{1}{a^x}$

Exemplo C.9

A terceira propriedade nos é útil, pois podemos calcular o valor de uma função exponencial com um valor negativo. Primeiro, calculamos o valor positivo e, em seguida, invertemos o resultado.

a. $y = e^{-4}$
b. $y = e^{-6,3}$

Solução

a. $y = 1/54{,}56 = 0{,}0183$
b. $y = 1/544{,}57 = 0{,}00183$

Função Logarítmica

Uma função logarítmica é a inversa de uma função exponencial, conforme mostrado a seguir. Exatamente como acontece com a função exponencial, a é denominado base da função logarítmica:

$$y = a^x \longleftrightarrow x = \log_a y$$

Ou seja, se x for dado, calculamos y usando a função exponencial; se y for dado, podemos calcular x usando a função logarítmica.

Funções exponenciais e logarítmicas são inversas entre si.

Exemplo C.10

Calcule o valor das seguintes funções logarítmicas.

a. $x = \log_3 9$
b. $x = \log_2 16$

Solução

Não mostraremos ainda como calcular a função log em bases diferentes, mas podemos resolver esse problema de forma intuitiva.

a. Como $3^2 = 9$, podemos afirmar que $\log_3 9 = 2$, usando o fato de que as duas funções são inversas entre si.
b. Como $2^4 = 16$, podemos afirmar que $\log_2 16 = 4$ usando o fato anterior.

Duas Bases Comuns

As duas bases comuns das funções logarítmicas, aquelas que podem ser manipuladas por uma calculadora, são a base e e a base 10. O logaritmo na base e normalmente é indicado como ln (logaritmo natural); o logaritmo na base 10 geralmente é indicado como log (omitindo a base).

Exemplo C.11

Calcule o valor das seguintes funções logarítmicas.

  a. $x = \log 233$
  b. $x = \ln 45$

Solução

Para estas duas bases podemos usar uma calculadora.

  a. $x = \log 233 = 2{,}367$
  b. $x = \ln 45 = 3{,}81$

Conversão de Bases

Muitas vezes, precisamos determinar o valor de uma função logarítmica em uma base que não é e ou 10. Se a calculadora disponível não conseguir o resultado em nossa base desejada, podemos usar uma propriedade fundamental dos logaritmos, conversão de bases, como mostrado:

$$\log_a y = \frac{\log_b y}{\log_b a}$$

Note que o lado direito é formado por duas funções logarítmicas de base b, diferentemente da base a no lado esquerdo. Isso significa que podemos escolher a base que estiver disponível em nossa calculadora (base b) e determinar o log de uma base que não está disponível (base a).

Exemplo C.12

Calcule o valor das seguintes funções logarítmicas.

  a. $x = \log_3 810$
  b. $x = \log_5 600$

Solução

Estas duas bases, 3 e 5, não estão disponíveis em uma calculadora, mas, podemos usar a base 10, que está disponível.

  a. $x = \log_3 810 = \dfrac{\log_{10} 810}{\log_{10} 3} = \dfrac{2{,}908}{0{,}477} = 6{,}095$

  b. $x = \log_5 600 = \dfrac{\log_{10} 600}{\log_{10} 5} = \dfrac{2{,}778}{0{,}699} = 3{,}975$

Propriedades das Funções Logarítmicas

Assim como em uma função exponencial, uma função logarítmica apresenta algumas propriedades que são úteis na simplificação do cálculo de uma função logarítmica.

Primeira: $\log_a 1 = 0$		**Quarta:** $\log_a (x \times y) = \log_a x + \log_a y$
Segunda: $\log_a a = 1$		**Quinta:** $\log_a \frac{x}{y} = \log_a x - \log_a y$
Terceira: $\log_a \frac{1}{x} = -\log_a x$		**Sexta:** $\log_a x^y = y \times \log_a x$

Exemplo C.13

Calcule o valor das seguintes funções logarítmicas.

a. $x = \log_3 1$
b. $x = \log_3 3$
c. $x = \log_{10} (1/10)$
d. $\log_a (x \times y)$ se soubermos que $\log_a x = 2$ e $\log_a y = 3$
e. $\log_2 (1.024)$ sem o uso de uma calculadora

Solução

Usamos a propriedade das funções logarítmicas para resolver os problemas.

a. $x = \log_3 1 = 0$
b. $x = \log_3 3 = 1$
c. $x = \log_{10} (1/10) = \log_{10} 10^{-1} = -\log_{10} 10 = -1$
d. $\log_a (x \times y) = \log_a x + \log_a y = 2 + 3 = 5$
e. $\log_2 (1.024) = \log_2 (2^{10}) = 10 \log_2 2 = 10 \times 1 = 10$

APÊNDICE D

Código 8B/6T

Este apêndice é uma tabulação dos pares do código 8B/6T. Os dados de 8 bits são apresentados no formato hexadecimal. O código 6T é mostrado de acordo com a seguinte convenção: + (sinal positivo); – (sinal negativo); 0 (ausência de sinal).

Tabela D.1 *Código 8B/6T*

Dados	Código	Dados	Código	Dados	Código	Dados	Código
00	– + 0 0 – +	20	– + + – 0 0	40	– 0 0 + 0 +	60	0 + + 0 – 0
01	0 – + – + 0	21	+ 0 0 + – –	41	0 – 0 0 + +	61	+ 0 + – 0 0
02	0 – + 0 – +	22	– + 0 – + +	42	0 – 0 + 0 +	62	+ 0 + 0 – 0
03	0 – + + 0 –	23	+ – 0 – + +	43	0 – 0 + + 0	63	+ 0 + 0 0 –
04	– + 0 + 0 –	24	+ – 0 + 0 0	44	– 0 0 + + 0	64	0 + + 0 0 –
05	+ 0 – – + 0	25	– + 0 + 0 0	45	0 0 – 0 + +	65	+ + 0 – 0 0
06	+ 0 – 0 – +	26	+ 0 0 – 0 0	46	0 0 – + 0 +	66	+ + 0 0 – 0
07	+ 0 – + 0 –	27	– + + + – –	47	0 0 – + + 0	67	+ + 0 0 0 –
08	– + 0 0 + –	28	0 + + – 0 –	48	0 0 + 0 0 0	68	0 + + – + –
09	0 – + + – 0	29	+ 0 + 0 – –	49	+ + – 0 0 0	69	+ 0 + + – –
0A	0 – + 0 + –	2A	+ 0 + – 0 –	4A	+ – + 0 0 0	6A	+ 0 + – + –
0B	0 – + – 0 +	2B	+ 0 + – – 0	4B	– + + 0 0 0	6B	+ 0 + – – +
0C	– + 0 – 0 +	2C	0 + + – – 0	4C	0 + – 0 0 0	6C	0 + + – – +
0D	+ 0 – + – 0	2D	+ + 0 0 – –	4D	+ 0 – 0 0 0	6D	+ + 0 + – –
0E	+ 0 – 0 + –	2E	+ + 0 – 0 –	4E	0 – + 0 0 0	6E	+ + 0 – + –
0F	+ 0 – – 0 +	2F	+ + 0 – – 0	4F	– 0 + 0 0 0	6F	+ + 0 – – +
10	0 – – – + 0 +	30	+ – 0 0 – +	50	+ – – + 0 +	70	0 0 0 + + –
11	– 0 – 0 + +	31	0 + – – – + 0	51	– + – 0 + +	71	0 0 0 + – +
12	– 0 – + 0 +	32	0 + – 0 – +	52	– + – + 0 +	72	0 0 0 – + +
13	– 0 – + + 0	33	0 + – + 0 –	53	– + – + + 0	73	0 0 0 + 0 0

Tabela D.1 Código 8B/6T (continuação)

Dados	Código	Dados	Código	Dados	Código	Dados	Código
14	0--++0	34	+-0+0-	54	+--++0	74	000+0-
15	--00++	35	-0+-+0	55	--+0++	75	000+-0
16	--0+0+	36	-0+0-+	56	--++0+	76	000-0+
17	--0++0	37	-0++0-	57	--+++0	77	000-+0
18	-+0-+0	38	+-00+-	58	--0+++	78	+++--0
19	+-0-+0	39	0+-+-0	59	-0-+++	79	+++-0-
1A	-++-+0	3A	0+-0+-	5A	0--+++	7A	+++0--
1B	+00-+0	3B	0+--0+	5B	0--0++	7B	0++0--
1C	+00+-0	3C	+-0-0+	5C	+--0++	7C	-00-++
1D	-++-0	3D	-0++-0	5D	-000++	7D	-00+00
1E	+-0+-0	3E	-0+0+-	5E	0+++--	7E	+---++
1F	-+0+-0	3F	-0+-0+	5F	0++-00	7F	+--+00
80	-00+-+	A0	-++0-0	C0	-+0+-+	E0	-++0-+
81	0-0-++	A1	+-+-00	C1	0-+-++	E1	+-++0
82	0-0+-+	A2	+-+0-0	C2	0-++-+	E2	+-+0-+
83	0-0++-	A3	+-+00-	C3	0-+++-	E3	+-++0-
84	-00++-	A4	-++00-	C4	-+0++-	E4	-+++0-
85	00--++	A5	++--00	C5	+0--++	E5	++--+0
86	00-+-+	A6	++-0-0	C6	+0-+-+	E6	++-0-+
87	00-++-	A7	++-00-	C7	+0-++-	E7	++-+0-
88	-000+0	A8	-++-+-	C8	-+00+0	E8	-++0+-
89	0-0+00	A9	+-++--	C9	0-++00	E9	+-++-0
8A	0-00+0	AA	+-+-+-	CA	0-+0+0	EA	+-+0+-
8B	0-000+	AB	+-+--+	CB	0-+00+	EB	+-+-0+
8C	-0000+	AC	-++--+	CC	-+000+	EC	-++-0+
8D	00-+00	AD	++-+--	CD	+0-+00	ED	++-+-0
8E	00-0+0	AE	++--+-	CE	+0-0+0	EE	++-0+-
8F	00-00+	AF	++---+	CF	+0-00+	EF	++--0+
90	+--+-+	B0	+000-0	D0	+-0+-+	F0	+000-+
91	-+--++	B1	0+0-00	D1	0+--++	F1	0+0-+0
92	-+-+-+	B2	0+00-0	D2	0+-+-+	F2	0+00-+
93	-+-++-	B3	0+000-	D3	0+-++-	F3	0+0+0-
94	+--++-	B4	+0000-	D4	+-0++-	F4	+00+0-

Tabela D.1 *Código 8B/6T (continuação)*

Dados	Código	Dados	Código	Dados	Código	Dados	Código
95	--+-++	B5	00+-00	D5	-0+-++	F5	00+-+0
96	--++-+	B6	00+0-0	D6	-0++-+	F6	00+0-+
97	--+++-	B7	00+00-	D7	-0+++-	F7	00++0-
98	+--0+0	B8	+00-+-	D8	+-00+0	F8	+000+-
99	-+-+00	B9	0+0+--	D9	0+-+00	F9	0+0+-0
9A	-+-0+0	BA	0+0-+-	DA	0+-0+0	FA	0+00+-
9B	-+-00+	BB	0+0--+	DB	0+-00+	FB	0+0-0+
9C	+--00+	BC	+00--+	DC	+-000+	FC	+00-0+
9D	--++00	BD	00++--	DD	-0++00	FD	00++-0
9E	--+0+0	BE	00+-+-	DE	-0+0+0	FE	00+0+-
9F	--+00+	BF	00+--+	DF	-0+00+	FF	00+-0+

APÊNDICE E

Histórico sobre a Telefonia nos Estados Unidos

No Capítulo 9, discutimos as redes de telefonia. Neste apêndice, revisaremos rapidamente a história das redes telefônicas. A história da telefonia nos Estados Unidos pode ser dividida em três fases: antes de 1984, entre 1984 e 1996 e, finalmente, após 1996.

Antes de 1984

Antes de 1984, quase todos os serviços de telefonia local e interurbano eram fornecidos pela AT&T Bell System. Em 1970, o governo norte-americano processou a AT&T Bell Systems, acreditando que a empresa estava monopolizando o mercado de serviços de telefonia. O veredicto foi a favor do governo e resultou em um documento denominado MFJ (**Modified Final Judgment — julgamento final modificado**). A partir de 1º de janeiro de 1984, a AT&T foi subdividida em várias empresas: AT&T Long Lines, 23 Bell Operating Companies (BOCs) e outras. As 23 BOCs foram agrupadas para formar várias Regional Bell Operating Companies (RBOCs). Esse momento histórico, a subdivisão da AT&T em 1984, foi benéfico para os clientes de serviços de telefonia. As tarifas diminuíram.

Entre 1984 e 1996

Esse processo dividiu o país em mais de 200 LATAs; algumas empresas tiveram permissão para fornecer serviços dentro de uma LATA (LECs) e outras tiveram a permissão de fornecer serviços entre LATAs (IXCs). A concorrência, particularmente entre operadoras de longa distância, aumentou à medida que novas empresas eram formadas. Entretanto, nenhuma LEC poderia oferecer serviços de longa distância e nenhuma IXC poderia fornecer serviços locais.

Depois de 1996

Outra grande mudança nas telecomunicações ocorreu em 1996. A *Telecommunications Act* (lei de telecomunicações) de 1996 aglutinou os diversos serviços fornecidos pelas várias companhias na categoria de serviços de telecomunicação; isso incluía serviços locais, serviços de voz e dados de longa distância, serviços de vídeo e assim por diante. Além disso, essa nova lei permitiu que qualquer empresa fornecesse qualquer tipo desses serviços em âmbitos locais e de longa distância. Em outras palavras, uma concessionária de comunicações comum poderia oferecer serviços tanto dentro de uma LATA como entre LATAs. Entretanto, para evitar o recabeamento nas residências, as empresas que já tinham a concessão dos serviços intra-LATAs (ILECs) continuaram a fornecer os principais serviços; as novas empresas concorrentes (CLECs) forneciam outros serviços.

APÊNDICE F

Endereços e Sites

A seguir, apresentamos uma lista de endereços de contato de várias organizações mencionadas no texto.

- **ATM Forum**
  Presidio of San Francisco
  P.O. Box 29920 (mail) 572B Ruger Street (surface)
  San Francisco, CA 94129-0920
  Telefone: 415 561-6275
  www.atmforum.com

- **Federal Communications Commission (FCC)**
  445 12th Street S.W.
  Washington, DC 20554
  Telefone: 1-888-225-5322
  www.fcc.gov

- **Institute of Electrical and Electronics Engineers (IEEE)**
  Operations Center
  445 Hoes Lane
  Piscataway, NJ 08854-1331
  Telefone: 732 981-0060 www.ieee.org

- **International Organization for Standardization (ISO)**
  1, rue de Varembe
  Caisse Postale 56
  CH-1211 Geneve 20
  Switzerland
  Telefone: 41 22 749 0111
  www.iso.org

- **International Telecommunication Union (ITU)**
  Place des Nations
  CH-1211 Geneva 20
  Switzerland
  Telefone: 41 22 730 5852
  www.itu.int/home

- **Internet Architecture Board (IAB)**
  www.iab.org

- **Internet Corporation for Assigned Names and Numbers (ICANN)**
  4676 Admiralty Way, Suite 330
  Marina del Rey, CA 90292-6601
  Telefone: 310 823-9358
  www.icann.org

- **Internet Engineering Steering Group (IESG)**
  www.ietf.org/iesg.html

- **Internet Engineering Task Force (IETF)**
  www.ietf.org

- **Internet Research Task Force (IRTF)**
  www.irtf.org

- **Internet Society (ISOC)**
  1775 Weihle Avenue, Suite 102
  Reston, VA 20190-5108
  Telefone: 703.326-9880
  www.isoc.org

APÊNDICE G

RFCs

A Tabela G.1 mostra, em ordem alfabética, por protocolo, as RFCs que estão diretamente relacionadas ao material deste texto. Para mais informações, acesse o site: http://www.rfc-editor.org.

Tabela G.1 *RFCs de cada protocolo*

Protocolo	RFC
ARP e RARP	826, 903, 925, 1027, 1293, 1329, 1433, 1868, 1931, 2390
BGP	1092, 1105, 1163, 1265, 1266, 1267, 1364, 1392, 1403, 1565, 1654, 1655, 1665, 1771, 1772, 1745, 1774, 2283
BOOTP e DHCP	951, 1048, 1084, 1395, 1497, 1531, 1532, 1533, 1534, 1541, 1542, 2131, 2132
CIDR	1322, 1478, 1479, 1517, 1817
DHCP	Ver BOOTP e DHCP
DNS	799, 811, 819, 830, 881, 882, 883, 897, 920, 921, 1034, 1035, 1386, 1480, 1535, 1536, 1537, 1591, 1637, 1664, 1706, 1712, 1713, 1982, 2065, 2137, 2317, 2535, 2671
FTP	114, 133, 141, 163, 171, 172, 238, 242, 250, 256, 264, 269, 281, 291, 354, 385, 412, 414, 418, 430, 438, 448, 463, 468, 478, 486, 505, 506, 542, 553, 624, 630, 640, 691, 765, 913, 959, 1635, 1785, 2228, 2577
HTML	1866
HTTP	2068, 2109
ICMP	777, 792, 1016, 1018, 1256, 1788, 2521
IGMP	966, 988, 1054, 1112, 1301, 1458, 1469, 1768, 2236, 2357, 2365, 2502, 2588
IMAP	Ver SMTP, MIME, POP, IMAP
IP	760, 781, 791, 815, 1025, 1063, 1071, 1141, 1190, 1191, 1624, 2113

Tabela G.1 RFCs de cada protocolo (continuação)

Protocolo	RFC
IPv6	1365, 1550, 1678, 1680, 1682, 1683, 1686, 1688, 1726, 1752, 1826, 1883, 1884, 1886, 1887, 1955, 2080, 2373, 2452, 2463, 2465, 2466, 2472, 2492, 2545, 2590
MIB	Ver SNMP, MIB, SMI
MIME	Ver SMTP, MIME, POP, IMAP
Roteamento Multicast	1584, 1585, 2117, 2362
NAT	1361, 2663, 2694
OSPF	1131, 1245, 1246, 1247, 1370, 1583, 1584, 1585, 1586, 1587, 2178, 2328, 2329, 2370
POP	Ver SMTP, MIME, POP, IMAP
RARP	Ver ARP e RARP
RIP	1131, 1245, 1246, 1247, 1370, 1583, 1584, 1585, 1586, 1587, 1722, 1723, 2082, 2453
SCTP	2960, 3257, 3284, 3285, 3286, 3309, 3436, 3554, 3708, 3758
SMI	Ver SNMP, MIB, SMI
SMTP, MIME, POP, IMAP	196, 221, 224, 278, 524, 539, 753, 772, 780, 806, 821, 934, 974, 1047, 1081, 1082, 1225, 1460, 1496, 1426, 1427, 1652, 1653, 1711, 1725, 1734, 1740, 1741, 1767, 1869, 1870, 2045, 2046, 2047, 2048, 2177, 2180, 2192, 2193, 2221, 2342, 2359, 2449, 2683, 2503
SNMP, MIB, SMI	1065, 1067, 1098, 1155, 1157, 1212, 1213, 1229, 1231, 1243, 1284, 1351, 1352, 1354, 1389, 1398, 1414, 1441, 1442, 1443, 1444, 1445, 1446, 1447, 1448, 1449, 1450, 1451, 1452, 1461, 1472, 1474, 1537, 1623, 1643, 1650, 1657, 1665, 1666, 1696, 1697, 1724, 1742, 1743, 1748, 1749
TCP	675, 700, 721, 761, 793, 879, 896, 1078, 1106, 1110, 1144, 1145, 1146, 1263, 1323, 1337, 1379, 1644, 1693, 1901, 1905, 2001, 2018, 2488, 2580
TELNET	137, 340, 393, 426, 435, 452, 466, 495, 513, 529, 562, 595, 596, 599, 669, 679, 701, 702, 703, 728, 764, 782, 818, 854, 855, 1184, 1205, 2355
TFTP	1350, 1782, 1783, 1784
UDP	768
VPN	2547, 2637, 2685
WWW	1614, 1630, 1737, 1738

APÊNDICE H

Portas TCP e UDP

A Tabela H.1 apresenta as portas comuns mais populares do TCP, ordenadas por número de porta.

Tabela H.1 *Portas ordenadas por número*

Número da Porta	UDP/TCP	Protocolo
7	TCP	ECHO
13	UDP/TCP	DAYTIME
19	UDP/TCP	CHARACTER GENERATOR
20	TCP	FTP-DATA
21	TCP	FTP-CONTROL
23	TCP	TELNET
25	TCP	SMTP
37	UDP/TCP	TIME
67	UDP	BOOTP-SERVER
68	UDP	BOOTP-CLIENT
69	UDP	TFTP
70	TCP	GOPHER
79	TCP	FINGER
80	TCP	HTTP
109	TCP	POP-2
110	TCP	POP-3
111	UDP/TCP	RPC
161	UDP	SNMP
162	UDP	SNMP-TRAP
179	TCP	BGP
520	UDP	RIP

A Tabela H.2 enumera as portas, ordenadas alfabeticamente por protocolo.

Tabela H.2 *Números de porta por protocolo*

Protocolo	UDP/TCP	Número da Porta
BGP	TCP	179
BOOTP-SERVER	UDP	67
BOOTP-CLIENT	UDP	68
CHARACTER GENERATOR	UDP/TCP	19
DAYTIME	UDP/TCP	13
ECHO	TCP	7
FINGER	TCP	79
FTP-CONTROL	TCP	21
FTP-DATA	TCP	20
GOPHER	TCP	70
HTTP	TCP	80
POP-2	TCP	109
POP-3	TCP	110
RIP	UDP	520
RPC	UDP/TCP	111
SMTP	TCP	25
SNMP	UDP	161
SNMP-TRAP	UDP	162
TELNET	TCP	23
TFTP	UDP	69
TIME	UDP/TCP	37

Acrônimos

[AL98]　　ALBITZ, P.; LIU, C. *DNS and BIND*. Sebastopol, CA: O'Reilly, 1998.

[AZ03]　　AGRAWAL, D.; ZENG, Q. *Introduction to Wireless and Mobile Systems*. Pacific Grove, CA, NJ: Brooks/Cole Thomson Learning, 2003.

[Bar02]　　BARR, T. *Invitation to Cryptology*. Upper Saddle River, NJ: Prentice-Hall, 2002.

[BEL00]　　BELLAMY, J. *Digital Telephony*. Nova York, NY: Wiley, 2000.

[Ber96]　　BERGMAN, J. *Digital Baseband Transmission and Recording*. Boston, MA: Kluwer, 1996.

[Bis03]　　BISHOP, M. *Computer Security*. Reading, MA: Addison-Wesley, 2003.

[Bla00]　　BLACK, U. *QoS In Wide Area Network*. Upper Saddle River, NJ: Prentice-Hall, 2000.

[Bla03]　　BLAHUT, R. *Algebraic Codes for Data Transmission*. Cambridge, UK: Cambridge University Press, 2003.

[CBR03]　　CHESWICK, W. et al. *Firewalls and Internet Security*. Reading, MA: Addison-Wesley, 2003.

[Com00]　　COMER, D. *Internetworking with TCP/IP, Volume 1: Principles, Protocols, and Architecture*. Upper Saddle River, NJ: Prentice-Hall, 2000.

[Com04]　　COMER, D. *Computer Networks*. Upper Saddle River, NJ: Prentice Hall, 2004.

[Cou01]　　COUCH, L. *Digital and Analog Communication Systems*. Upper Saddle River, NJ: Prentice-Hall, 2000.

[DH03]　　DORASWAMY, H.; HARKINS, D. *IPSec*. Upper Saddle River, NJ: Prentice-Hall, 2003.

[Dro02]　　DROZDEK, A. *Elements of Data Compression*. Brooks/Cole Thomson Learning, 2003.

[Dut01]　　DUTCHER, D. The NAT Handbook. Nova York, NW: Wiley, 2001.

[FH98]　　FERGUSON, P.; HUSTON, G. Quality of Service. Nova York, NW: Wiley, 1996.

[For03]　　FOROUZAN, B. Local Area Networks. Nova York, NY: McGraw-Hill, 2003.

[For06]	FOROUZAN, B. *TCP/IP Protocol Suite*. Nova York, NY: McGraw-Hill, 2006.
[FRE06]	FREEMAN, R. *Telecommunication System Engineering*. Nova York, NW: Wiley, 1996.
[Gar01]	GARRET, P. *Making, Breaking Codes*. Upper Saddle River, NJ: Prentice-Hall, 2001.
[Gas02]	GAST, M. *802.11 Wireless Network*. Sebastopol, CA: O'Reilly, 2000.
[GW04]	GARCIA, A.; WIDJAJA, I. *Communication Networks*. Nova York, NY: McGraw-Hill, 2003.
[Hal01]	HALSALL, F. *Multimedia Communication*. Reading, MA: Addison-Wesley, 2001.
[Ham80]	HAMMING, R. *Coding and Information Theory*. Upper Saddle River, NJ: Prentice-Hall, 1980.
[Hsu03]	HSU, H. *Analog and Digital Communications*. Nova York, NY: McGraw-Hill, 2003.
[Hui00]	HUITEMA, C. *Routing in the Internet*. Upper Saddle River, NJ: Prentice-Hall, 2000.
[Izz00]	IZZO, P. *Gigabit Networks*. Nova York, NY: Wiley, 2000.
[Jam03]	JAMALIPOUR, A. *Wireless Mobile Internet*. Nova York, NY: Wiley, 2003.
[KCK98]	KADAMBI, J. et al. *Gigabit Ethernet*. Upper Saddle River, NJ: Prentice-Hall, 1998.
[Kei02]	KEISER, G. *Local Area Networks*. Nova York, NY: McGraw-Hill, 2002.
[Kes97]	KESHAV, S. *An Engineering Approach to Computer Networking*. Reading, MA: Addison-Wesley, 1997.
[KMK04]	KUMAR A. et al. *Communication Networking*. São Francisco, CA: Morgan, Kaufmans, 2004.
[KPS02]	KAUFMAN, C. et al. *Network Security*. Upper Saddle River, NJ: Prentice-Hall, 2000.
[KR05]	KUROSE, J.; ROSS, K. *Computer Networking*. Reading, MA: Addison-Wesley, 2005.
[Los04]	LOSHIN, P. *IPv6: Theory, Protocol, and Practice*. São Francisco, CA: Morgan, Kaufmans, 2001.
[Mao04]	MAO, W. *Modern Cryptography*. Upper Saddle River, NJ: Prentice-Hall, 2004.
[Max99]	MAXWELL, K. *Residential Broadband*. Nova York, NY: Wiley, 2003.
[MOV97]	MENEZES, A. et al. *Handbook of Applied Cryptograpy*. Nova York, NY: CRC Press, 1997.
[Moy98]	MOY, J. *OSPF: Anatomy of an Internet Routing Protocol*. Reading, MA: Addison-Wesley, 1998.
[MS01]	MAURO D.; SCHMIDT, K. *Essential SNMP*. Sebastopol, CA: O'Reilly, 2001.

[PD03]   PETERSON, L.; DAVIE, B. *Computer Networks: A Systems Approach*. São Francisco, CA: Morgan, Kaufmans, 2000.

[Pea92]   PEARSON, J. *Basic Communication Theory*. Upper Saddle River, NJ: Prentice-Hall, 1992.

[Per00]   PERLMAN, R. *Interconnection: Bridges, Routers, Switches, and Internetworking Protocols*. Reading, MA: Addison-Wesley, 2000.

[PHS03]   PIEPRZYK, J. et al. *Fundamentals of Computer Security*. Berlim, Germany: Springer, 2003.

[Res01]   RESCORLA, E. *SSL and TSL*. Upper Saddle River, NJ: Prentice-Hall, 2000.

[Rhe03]   RHEE, M, *Internet Security*. Nova York, NY: Wiley, 2003.

[Ror96]   RORABAUGH, C. *Error Coding Cookbook*. Nova York, NY: McGraw-Hill, 1996.

[Sal03]   SOLOMON, D. *Data Privacy and Security*. Berlim, Germany: Springer, 2003.

[Sau98]   SAUDERS, S. *Gigabit Ethernet Handbook*. Nova York, NY: McGraw-Hill, 1998.

[Sch96]   SCHNEIER, B. *Applied Cryptography*. Reading, MA: Addison-Wesley, 1996.

[Sch03]   SCHILLER, B. *Mobile Communications*. Reading, MA: Addison-Wesley, 2003.

[Spi74]   SPIEGEL, M. *Fourier Analysis*. Nova York, NY: McGraw-Hill, 1974.

[Spu00]   SPURGEON, C. *Ethernet*. Sebastopol, CA: O'Reilly, 2000.

[SSS05]   SHIMONSKI, R. et al. *Network Cabling Illuminated*. Sudbury, MA: Jones and Bartlette, 2005.

[Sta02]   STALLINGS, W. et al. *Wireless Communications and Networks*. Upper Saddle River, NJ: Prentice-Hall, 2002.

[Sta03]   STALLINGS, W. *Cryptography and Network Security*. Upper Saddle River, NJ: Prentice-Hall, 2003.

[Sta04]   STALLINGS, W. *Data and Computer Communications*. Upper Saddle River, NJ: Prentice Hall, 2004.

[Sta98]   STALLINGS, W. *High Speed Networks*. Upper Saddle River, NJ: Prentice-Hall, 1998.

[Ste94]   STEVENS, W. *TCP/IP Illustrated, Volume 1*. Upper Saddle River, NJ: Prentice-Hall, 2000.

[Ste96]   STEVENS, W. *TCP/IP Illustrated, Volume 3*. Upper Saddle River, NJ: Prentice-Hall, 2000.

[Ste99]   STEWART III, J. *BGP4: Inter-Domain Routing in the Internet*. Reading, MA: Addison-Wesley, 1999.

[Sti02]   STINSON, D. *Cryptography*. Nova York, NY: Chapman & Hall/CRC, 2002.

[Sub01]   SUBRAMANIAN, M. *Network Management*. Reading, MA: Addison-Wesley, 2000.

[SWE99]   SCOTT, C. et al. *Virtual Private Networks*. Sebastopol, CA: O'Reilly, 1998.

[SX02]   STEWART, R.; XIE, Q. *Stream Control Transmission Protocol (SCTP)*. Reading, MA: Addison-Wesley, 2002.

[Tan03] TANENBAUM, A. *Computer Networks*. Upper Saddle River, NJ: Prentice-Hall, 2003.

[Tho00] THOMAS, S. *SSL and TLS Essentials*. Nova York, NY: Wiley, 2000.

[WV00]   WARLAND, J.; VARAIYA, P. *High Performance Communication Networks*. São Francisco, CA: Morgan, Kaufmans, 2000.

[WZ01]   WITTMANN, R.; ZITTERBART, M. *Multicast Communication*. São Francisco, CA: Morgan, Kaufmans, 2001.

[YS01]   YUAN, R.; STRAYER, W. *Virtual Private Network*. Reading, MA: Addison-Wesley, 2001.

[Zar02] ZARAGOZA, R. *The Art of Error Correcting Coding*. Reading, MA: Addison-Wesley, 2002.

Glossário

1000Base-CX   Implementação Gigabit Ethernet em STP de dois fios.

1000Base-LX   Implementação Gigabit Ethernet em dois fios de fibra óptica usando laser de ondas longas.

1000Base-SX   Implementação Gigabit Ethernet em dois fios de fibra óptica usando laser de ondas curtas.

1000Base-T   Implementação Gigabit Ethernet em cabo UTP de quatro fios.

100Base-FX   Implementação de dois fios em fibra óptica do Fast Ethernet.

100Base-T4   Implementação UTP de quatro fios do Fast Ethernet.

100Base-TX   Implementação UTP de dois fios do Fast Ethernet.

10Base2   Implementação em cabo coaxial fino da Ethernet-padrão.

10Base5   Implementação em cabo grosso da Ethernet-padrão.

10Base-F   Implementação em fibra óptica da Ethernet-padrão.

10Base-T   Implementação em par trançado da Ethernet-padrão.

10GBase-E   Implementação estendida do padrão 10-Gigabits Ethernet.

10GBase-L   Implementação em fibra óptica do 10-Gigabits Ethernet, usando laser de ondas longas.

10GBase-S   Implementação em fibra óptica do 10-Gigabits Ethernet, usando laser de ondas curtas.

A

Abstract Syntax Notation 1 (ASN.1)   Padrão de representação de dados estruturados e simples.

Access Point (AP)   Uma estação de base central em uma BSS.

acesso aleatório   Categoria de acesso ao meio de transmissão no qual cada estação pode acessar o meio físico sem ser controlada por outra estação.

acesso controlado   Método de acesso múltiplo no qual as estações consultam umas às outras para determinar quem tem o direito de transmitir.

Acknowledgement (ACK)   Resposta enviada por um receptor para confirmar o recebimento dos dados.

address aggregation (agregação de endereços)   Mecanismo no qual blocos de endereços de várias organizações são agregados em um bloco maior.

Address Resolution Protocol (ARP)   Protocolo de resolução de endereços. No TCP/IP, um protocolo para obtenção do endereço físico de um nó a partir do endereço conhecido de Internet.

address space (espaço de endereços)   Número total de endereços disponíveis para um protocolo.

ADSL Lite ADSL sem o uso de splitters.   Essa tecnologia permite que um modem ASDL Lite seja ligado diretamente na tomada de telefone e conectado ao computador. A divisão é feita pela própria companhia telefônica.

Advanced Encryption Standard (AES) – Padrão Avançado de Criptografia   Criptossistema de chaves secretas adaptado pelo NIST para substituir o DES.

Advanced Mobile Phone System (AMPS) – Sistema Avançado de Telefonia Móvel Análogo norte-americano do sistema FDMA de telefonia celular.

Advanced Research Projects Agency (ARPA) Agência governamental que fundou a ARPANET.

Advanced Research Projects Agency Network (ARPANET) Rede de comutação de pacotes projetada e implementada pela ARPA.

afastamento em relação à referência inicial Na decodificação de um sinal digital, o receptor calcula a média de potência do sinal recebido. Essa média é denominada referência inicial. Uma longa string de 0s ou 1s pode provocar um desvio da referência inicial (afastamento em relação à referência inicial), dificultando para o receptor a correta decodificação do sinal.

agente retransmissor No BOOTP, roteador que pode ajudar a enviar solicitações locais para servidores remotos.

algoritmo de Dijkstra Utilizado no roteamento estado do link, é um algoritmo que encontra a rota mais curta entre diversos roteadores.

Algoritmo de Hash Seguro-1 (SHA-1) Algoritmo de hash desenvolvido pelo National Institute of Standards and Technology (NIST). Ele foi publicado como padrão da Federal Information Processing Standard (FIPS).

algoritmo de Rijndael Algoritmo cujo nome foi dado em homenagem a dois inventores belgas, Vincent Rijmen e Joan Daemen que é a base do AES.

algoritmo leaky bucket Algoritmo para tratar tráfego em rajadas.

ALOHA puro O ALOHA original.

ALOHA Método original de acesso múltiplo no qual uma estação pode enviar frames a qualquer momento sempre que tenha algum para enviar.

Alternate mark inversion (AMI) – Inversão de marca alternada Método de codificação bipolar digital-digital no qual uma amplitude de nível 1 alterna entre tensões positivas e negativas.

American National Standards Institute (ANSI) Organização de padronização de âmbito nacional nos Estados Unidos.

American Standard Code for Information Interchange (ASCII) Código de caracteres desenvolvido pela ANSI, amplamente usado em comunicação de dados.

Amplitude modulation (AM) – Modulação por amplitude Método de conversão analógica-analógica no qual a amplitude do sinal da portadora varia com a amplitude do sinal modulador.

Amplitude shift keying (ASK) – Modulação por deslocamento de amplitude Método de modulação no qual a amplitude do sinal da portadora varia para representar os binários 0 ou 1.

amplitude A intensidade de um sinal, normalmente medida em volts.

análise de Fourier Técnica matemática usada para calcular o espectro de freqüências de um sinal não-periódico quando dispomos da representação do sinal no domínio do tempo.

Analog data (dados analógicos) Dados que são contínuos e suaves, e não limitados a um número específico de valores.

Analog signal (sinal analógico) Forma de onda contínua que muda suavemente ao longo do tempo.

Analog-to-analog conversion (conversão analógica-analógica) Representação de informações analógicas por um sinal analógico.

Analog-to-digital conversion (conversão analógica-digital) Representação de informações analógicas por sinais digitais.

ângulo de incidência Em óptica, o ângulo formado por um raio de luz que se aproxima da interface entre dois meios de transmissão e a linha perpendicular à interface.

antena omnidirecional Antena que envia e recebe sinais em todas as direções.

antena parabólica Antena que tem formato parabólico em sua curvatura usada em comunicação por microondas terrestre.

antena unidirecional Antena que envia ou recebe sinais em apenas uma direção.

applet   Programa de computador utilizado para criar um documento Web ativo. Normalmente escrito em Java.

Application adaptation layer (AAL) – Camada de adaptação de aplicação   Camada do protocolo ATM que subdivide os dados de usuário em payloads de 48 bytes.

área de cobertura   Área na Terra que é coberta por um satélite em determinado instante.

área   Conjunto de redes, hosts e roteadores, todos contidos em um sistema autônomo.

aritmética modular   Aritmética que usa um intervalo limitado de inteiros (0 a $n - 1$).

árvore compartilhada por grupos   Recurso de roteamento multicast em que cada grupo no sistema compartilha a mesma árvore.

árvore de expansão   Árvore na qual a origem é a raiz e os membros do grupo, folhas; uma árvore que interliga todos os nós.

árvore de menor custo   Recurso do MOSPF no qual a árvore se baseia na métrica escolhida e não na rota mais curta.

árvore de ponto de encontro   Método de árvore, compartilhada por grupos, no qual há uma árvore para cada grupo.

assinatura digital   Método para autenticar o emissor de uma mensagem.

associação   Uma conexão no SCTP.

Asymmetric digital subscriber line (ADSL) – Linha digital de assinante assimétrica   Tecnologia de comunicação de dados na qual a taxa de dados de downloading é maior que a taxa de uploading.

asynchronous balanced mode (ABM) – Modo assíncrono balanceado   No HDLC, modo de comunicação no qual todas as estações são iguais.

asynchronous connectionless link (ACL) – Link assíncrono sem conexão   Link entre um escravo e um mestre Bluetooth no qual um payload corrompido é retransmitido.

Asynchronous Transfer mode (ATM) – Modo de transferência assíncrono   Protocolo WAN com altas taxas de dados e pacotes de tamanho igual (células); o ATM é adequado para transferir dados de texto, áudio e vídeo.

ataque "homem no meio"   Problema de gerenciamento de chaves em que um intruso intercepta e envia mensagens entre o emissor e o receptor pretendidos.

ataque de reprodução   O reenvio de uma mensagem que foi interceptada por um intruso.

atenuação   Perda da energia de um sinal em virtude da resistência do meio de transmissão.

ATM LAN   LAN usando tecnologia ATM.

Attachment unit interface (AUI)   Cabo 10Base5 que realiza funções de interface física entre a estação e o transceptor.

áudio   Registro ou transmissão de som ou música.

áudio/vídeo interativo   Comunicação interativa em tempo real com sons e imagens.

aumento aditivo   Utilizado na fase de partida lenta, é uma estratégia para evitar congestionamentos na rede, na qual o tamanho da janela de transmissão é incrementado de um segmento, em vez de um aumento exponencial.

autenticação bidirecional   Método de autenticação envolvendo uma confrontação e uma resposta do emissor para o receptor e vice-versa.

autenticação de mensagens   Medida de segurança em que o emissor da mensagem é verificado a cada mensagem enviada.

autenticação de usuário   Medida de segurança em que a identidade do emissor é verificada antes de iniciar a comunicação.

autenticação   Validação do emissor de uma mensagem.

Authentication Header (AH) Protocolo de Autenticação de Cabeçalho   Protocolo definido pelo IPSec na camada de rede, que permite verificar a integridade de uma mensagem por meio da criação de uma assinatura digital por uma função hash.

automatic repeat request (ARQ) – Solicitação automática de repetição Método de controle de erros no qual a correção é realizada pela retransmissão de dados.

autonegociação Recurso disponível no Fast Ethernet, que permite a dois dispositivos negociar o modo ou a taxa de dados.

autonomous system (AS) – Sistema autônomo Grupo de redes e roteadores sob a autoridade de uma única administração.

auto-sincronização Método de codificação usado para sincronização de longas strings de 1s ou 0s.

B

Backbone Multicast (MBONE) Conjunto de roteadores Internet que oferecem recursos de multicast por meio do uso de tunelamento.

backup exponencial binário Nos métodos de acesso com disputa, estratégia de retardo das retransmissões usada por um sistema para retardar o acesso ao meio de transmissão.

backward explicit congestion notification (BECN) – Notificação de congestionamento explícito no sentido inverso Bit em um pacote Frame Relay que notifica o emissor sobre congestionamentos.

banco de dados de estados do link No roteamento link state, um banco de dados comum a todos os roteadores, formado a partir de informações LSP recebidas.

banco de dados distribuído Informações armazenadas em vários locais.

banda de proteção Largura de banda separando dois sinais.

basic enconding rule (BER) Regras básicas de codificação-padrão que codifica dados a serem transferidos através de uma rede.

Basic Latin Conjunto de caracteres ASCII.

bifásica Tipo de codificação polar no qual o sinal muda no meio do intervalo de um bit. Manchester e Manchester diferencial são exemplos de codificação bifásica.

bipolar com substituição de 8 zeros (B8ZS) Técnica de mistura de sinais, que permite melhorar a sincronização de bits, na qual um fluxo de 8 zeros é substituído por um padrão predefinido.

bipolar Método de codificação digital-digital no qual a amplitude 0 representa o binário 0 e amplitudes positivas e negativas representam 1s alternados.

bit poll/final (P/F) Bit no campo de controle do HDLC; se o primário estiver transmitindo, ele pode ser um bit poll; caso o secundário esteja transmitindo, ele pode ser bit final.

bit Dígito binário. A menor unidade de dados (0 ou 1).

bloqueio Evento que ocorre quando uma rede comutada está operando em sua plena capacidade e não consegue aceitar outras entradas adicionais.

Bluetooth Tecnologia LAN sem fio desenvolvida para interligar dispositivos de diferentes funções e fabricantes como telefones e notebooks em uma pequena área como, por exemplo, uma sala.

Border Gateway Protocol (BGP) Protocolo de roteamento entre sistemas autônomos baseado no roteamento vetor caminho.

bridge remota Dispositivo que interliga LANs e redes ponto a ponto; mais usada em uma rede backbone.

bridge simples Dispositivo de rede que interliga dois segmentos; requer atualização e manutenção manual.

bridge transparente Outro nome para uma bridge de aprendizagem.

bridge Dispositivo de rede que opera nas duas primeiras camadas do modelo Internet, com capacidade de filtragem e encaminhamento de frames.

broadcast/unkown server (BUS) Um servidor conectado a um switch ATM capaz de transmitir frames em multicast e broadcast.

broadcasting Transmissão de uma mensagem simultaneamente a todos os nós de uma rede.

browser Programa aplicativo que exibe um documento WWW. Um browser normalmente usa outros serviços Internet para acessar o documento.

bucket brigade attack Ver *ataque homem-no-meio*.

buffer de reprodução Buffer que armazena os dados até que eles estejam prontos para serem reproduzidos.

burst error Erro em uma unidade de dados no qual dois ou mais bits são corrompidos.

bursty data Dados com taxas de transmissão instantâneas variáveis.

bus topology (topologia em barramento) Topologia de rede na qual todos os computadores estão conectados a um meio de transmissão compartilhado.

Byte Stuffing Em um protocolo orientado a bytes, esse processo adiciona um byte extra na seção de dados de um frame, evitando que um byte se pareça com um flag.

C

cabeçalho de base No IPv6, o principal cabeçalho de um datagrama.

cabeçalho Informações de controle adicionadas ao início de um pacote de dados.

cable modem transmission system (CMTS) – Sistema de transmissão via cable modem Dispositivo instalado dentro do hub de distribuição, que recebe dados da Internet e os repassa ao combinador.

cable modem Tecnologia na qual a TV a cabo também fornece acesso à Internet.

cabo coaxial Meio de transmissão composto por um núcleo condutor, material isolante e um segundo invólucro condutor.

cabo de fibra óptica Meio de transmissão de grande largura de banda que transporta sinais de dados na forma de pulsos de luz. Ele é formado por um fino cilindro de vidro ou plástico, chamado núcleo, envolto por uma camada concêntrica de vidro ou plástico denominada cobertura do núcleo.

caching Armazenamento de informações em uma memória pequena e rápida.

camada ATM Camada do ATM que fornece serviços de roteamento, gerenciamento de tráfego, comutação e multiplexação.

camada de aplicação A quinta camada do modelo Internet; fornece acesso aos recursos de rede.

camada de apresentação A sexta camada do modelo OSI; responsável pela tradução, criptografia, autenticação e compressão de dados.

camada de enlace de dados A segunda camada do modelo Internet. Ela é responsável pela entrega de dados nó a nó.

camada de rede A terceira camada do modelo Internet, responsável pela entrega de um pacote ao destino final.

camada de sessão A quinta camada do modelo OSI, responsável pelo estabelecimento, gerenciamento e término de conexões lógicas entre dois usuários finais.

camada de transporte A quarta camada do modelo OSI e Internet; responsável pela entrega confiável fim-a-fim e pela recuperação de erros.

camada física A primeira camada do modelo Internet, responsável pelas especificações mecânicas e elétricas do meio de transmissão.

camadas de suporte ao usuário As camadas de sessão, de apresentação e de aplicação.

Canal com ruído Canal capaz de gerar erros durante a transmissão de dados.

canal passa-baixa Canal que deixa passar freqüências entre 0 e f.

canal passa-faixa Canal que deixa passar uma faixa de freqüências.

canal sem ruído Canal isento de erros.

canal Via de comunicação.

canalização Método de acesso múltiplo no qual a largura de banda disponível de um link é dividida no tempo.

capacidade de Shannon A maior taxa de dados teórica para dado canal.

captador direcional Antena em forma de concha usada em comunicação de microondas terrestre.

carrier sense multiple access (CSMA) Método de acesso no qual cada estação "escuta" a linha antes de transmitir dados.

carrier sense multiple access with collision avoidance (CSMA/CA) Método de acesso em que colisões são evitadas.

carrier sense multiple access with collision detection (CSMA/CD) Método de acesso no qual as estações transmitem sempre que o meio de transmissão estiver disponível e retransmitem quando da ocorrência de uma colisão.

célula Pequena unidade de dados de tamanho fixo; também, em telefonia celular, uma área geográfica servida por uma central celular.

central de comutação Local onde estão instalados as centrais telefônicas.

Certification Authority (CA) Órgão, por exemplo, organização federal ou estadual, que associa uma chave pública a uma entidade e emite certificado.

Challenge Handshake Authentication Protocol (CHAP) No PPP, protocolo de handshaking de três vias usado para autenticação de usuários.

chave privada Na criptografia convencional, uma chave compartilhada apenas por um par de dispositivos, emissor e receptor. Na criptografia de chave pública, a chave privada é conhecida apenas pelo receptor.

checksum Valor usado para detecção de erros. Ele é calculado adicionando-se unidades de dados, usando aritmética de complemento um e, em seguida, complementando o resultado.

chip Em CDMA, uma seqüência numérica codificada atribuída a uma estação.

chunk (conjunto de blocos) Unidade de transmissão no SCTP.

cifra com deslocamento A cifra monoalfabética mais simples em que o texto normal e o cifrado são formados por letras. No algoritmo de criptografia, os caracteres são deslocados para baixo dentro da lista de caracteres; no algoritmo de decriptografia, os caracteres são deslocados para cima.

cifra de blocos Algoritmo de criptografia/decriptografia que tem um bloco de bits como sua unidade básica.

cifra de César Cifra com deslocamento, usada pelo imperador Júlio César, em que o valor-chave é igual a 3.

cifra de rotação Cifra com ou sem chaves em que os bits de entrada são deslocados (rotação) para a esquerda ou para a direita para criar bits de saída.

cifra de substituição Método de criptografia em nível de bits no qual n bits são substituídos por outros n bits, conforme definido por P-boxes, codificadores e decodificadores.

cifra de transposição Método de criptografia em nível de caractere no qual a posição do caractere muda.

cifra de Vigenere Método de substituição polialfabético que usa a posição de um caractere no texto normal e a posição do caractere no alfabeto.

cifra Algoritmo de criptografia/decriptografia.

cipher block chaining (CBC) Modo de operação DES e triplo DES em que a criptografia (ou decriptografia) de um bloco depende de todos os blocos anteriores.

cipher feedback mode (CFB) Modo de operação DES e triplo DES em que os dados são enviados e recebidos 1 bit por vez, sendo cada bit independente dos bits anteriores.

cipher stream mode (CSM) Modo de operação DES e triplo DES em que os dados são enviados e recebidos 1 byte por vez.

classfull addressing (endereçamento com classes) Mecanismo de endereçamento IPv4 em que o espaço de endereços IP é dividido em cinco classes: A, B, C, D e E. Cada classe ocupa parte do espaço de endereços total.

classless addressing (endereçamento sem classes) Mecanismo de endereçamento em que o espaço de endereços IP não é dividido em classes.

Classless InterDomain Routing (CIDR) Roteamento interdomínio sem classes Técnica para reduzir o número de entradas na tabela de roteamento de um roteador, agregando pequenas rede em super-redes.

cobertura do núcleo Vidro ou plástico que envolve o núcleo de uma fibra óptica; a densidade óptica da cobertura do núcleo deve ser menor que a do próprio núcleo.

code division multiple access (CDMA) Método de acesso múltiplo no qual um canal transporta todas as transmissões simultaneamente.

Codificação 2B1Q Técnica de codificação de linha na qual cada pulso representa 2 bits.

Codificação 4B/5B Técnica de codificação de blocos em que 4 bits são codificados em um código de 5 bits.

Codificação 8B/10B Técnica de codificação de blocos em que 8 bits são codificados em um código de 10 bits.

Codificação 8B6T Método de codificação de linha em três níveis que codifica um bloco de 8 bits em um sinal de seis pulsos ternários.

codificação de blocos Método de codificação desenvolvido para garantir a sincronização e a detecção de erros.

codificação de linha Conversão de dados binários em sinais.

codificação Huffman Método de compressão estatístico que usa códigos de comprimento variáveis para codificar um conjunto de símbolos.

codificação Manchester diferencial Método de codificação polar digital-digital que implementa uma transição no meio do intervalo de bits, bem como uma inversão no início de cada bit 1.

codificação Manchester Método de codificação polar digital-digital em que ocorre uma transição no meio de cada intervalo de bits para fornecer sincronização.

codificação polar Método de codificação digital-analógica que usa dois níveis de amplitude (positivo e negativo).

codificação preditiva Na compressão de áudio, codifica apenas as diferenças entre as amostras.

codificação unipolar Método de codificação digital-digital em que um valor não-zero é representado por um nível 1 ou 0; o outro bit é representado por um valor zero.

código cíclico Código linear no qual o deslocamento cíclico (rotação) de cada palavra-código cria outra palavra-código.

código de autenticação de mensagens com hash (HMAC) MAC baseado em uma função hash sem chaves, como o SHA-1.

código de blocos linear Código de blocos no qual o acréscimo de duas palavras-código cria uma terceira palavra-código.

código de blocos Código de detecção/correção de erros no qual os dados são divididos em unidades denominadas palavras de dados. São adicionados bits redundantes a cada palavra de dados para criar uma palavra de código.

código de Hamming Método que acrescenta bits redundantes a uma unidade de dados para detectar e corrigir erros de bits.

ColdFusion Tecnologia Web dinâmica que permite a fusão de itens de dados provenientes de um banco de dados convencional.

colisão débil Dado um resumo (Digest), cria uma segunda mensagem com o mesmo resumo.

colisão robusta Criação de duas mensagens com o mesmo resumo.

colisão Evento que ocorre quando dois transmissores enviam dados ao mesmo tempo em um canal que suporta apenas uma transmissão por vez; os dados serão destruídos.

committed burst size (Bc) Número máximo de bits que, em determinado período, uma rede Frame Relay deve transmitir informações sem descartar qualquer frame.

committed information rate (CIR) Taxa de rajada acordada por um período.

Common Gateway Interface (CGI) Padrão para comunicação entre servidores HTTP e programas executáveis. O CGI é usado para criar documentos dinâmicos.

community antenna TV (CATV) Serviço de rede a cabo que transmite sinais de vídeo para locais com recepção difícil ou inexistente.

competitive local exchange carrier (CLEC) — Concessionária telefônica local concorrente Companhia telefônica que não pode fornecer os principais serviços de telefonia; em vez disso, pode oferecer outros tipos de serviços como telefonia móvel e chamadas interurbanas dentro de uma LATA.

Complementary code keying (CCK) — Manipulação de códigos complementares Método de codificação HR-DSSS que codifica quatro ou oito bits em um símbolo.

complemento de 1 (um) Representação de números binários em que o complemento de um número é encontrado complementando-se todos os bits.

compressão espacial Compressão de uma imagem por meio da eliminação de redundâncias.

compressão temporal Método de compressão MPEG em que os frames redundantes são eliminados.

comprimento de onda Distância que um sinal simples consegue percorrer em um período.

comutação de circuitos virtuais Técnica de comutação usada em WANs comutadas.

comutação de circuitos Tecnologia de comutação que estabelece uma conexão física entre estações por um caminho dedicado.

comutação de pacotes Transmissão de dados usando uma rede de comutação de pacotes.

comutação por divisão de espaço Comutação na qual as rotas são separadas entre si espacialmente.

comutação por divisão de tempo Técnica de comutação de circuitos em que a multiplexação por divisão de tempo é usada para obter a comutação.

comutador banyan Comutador de vários estágios com microchaves em cada um deles, e que direciona pacotes baseado na porta de saída, representada como uma string binária.

comutador Batcher-banyan Comutador banyan que ordena os pacotes que chegam, baseado em suas portas de destino.

comutador multiestágio Conjunto de comutadores projetado para reduzir o número de pontos de cruzamento.

concessionárias de comunicação comuns Central de transmissão disponível para o público e sujeita às regulamentações das empresas de serviço público.

concordância com a máscara mais longa Técnica do CIDR na qual o prefixo mais longo é tratado primeiro no processo de busca em uma tabela de roteamento.

conector BNC (Bayone-Neill-Concelman) Conector de cabo coaxial comumente usado.

conector de canal do assinante Conector de cabo de fibra óptica que usa um mecanismo de travamento empurrar/puxar.

conector de ponta reta Tipo de conector para cabos de fibra óptica que usa um sistema de travamento baioneta.

conexão persistente Conexão na qual o servidor deixa espaço para solicitações adicionais após enviar uma resposta.

conexão ponto a ponto Enlace de transmissão dedicado entre dois dispositivos.

confiabilidade Característica de QoS para um fluxo de dados; dependente da transmissão.

congestionamento Tráfego excessivo dentro de uma rede ou entre redes, que provoca degradação geral do nível de serviço.

conjunto de cifras Lista de possíveis cifras.

conjunto de protocolos TCP/IP Conjunto de protocolos de cinco camadas que definem a comunicação de dados pela Internet.

conjunto de protocolos Pilha ou família de protocolos definida para um sistema de comunicação complexo.

conjunto de serviços básicos (BSS) Base de uma LAN sem fio conforme definido pelo padrão IEEE 802.11.

constant bit rate (CBR) Taxa de dados constante para uma classe de serviços ATM, recomendada para clientes que precisam de serviços de áudio ou vídeo em tempo real.

Consultative Committee for International Telegraphy and Telephony (CCITT) Grupo internacional de padronização, hoje em dia conhecido como ITU-T.

contagem de nós   Número de nós ao longo de uma rota. É uma medida de distância em algoritmos de roteamento.

controle de congestionamento de anel aberto   Políticas aplicadas para evitar congestionamento.

controle de congestionamento de anel fechado   Método para evitar novos congestionamentos após este ter ocorrido.

controle de erros   Tratamento de erros em transmissão de dados.

controle de fluxo   Técnica para controlar a taxa do fluxo de dados (pacotes ou mensagens).

controle de tráfego   Método para modelar e controlar o tráfego em uma rede remota.

controle do enlace de dados   Responsabilidades da camada de enlace de dados: controle de fluxo e de erros.

convergência lenta   Falha no RIP que surge quando uma alteração em algum ponto da rede se propaga de forma muito lenta pelo restante da rede.

conversão digital-analógica   Representação de informações digitais por um sinal analógico.

conversão digital-digital   Representação de informações digitais por um sinal digital.

cookie   String de caracteres que armazena certas informações sobre o cliente e que deve ser retornada ao servidor sem ser manipulada.

core-based tree (CBT) – Árvore baseada no núcleo   No multicasting, protocolo compartilhado por grupos que usa um roteador central como raiz da árvore.

correção de erros antecipada   Correção de erros no receptor.

corrente contínua (CC)   Um sinal com freqüência zero e amplitude constante.

criptografia de chave pública   Método de criptografia baseado em um algoritmo de criptografia não-reversível. O método usa dois tipos de chaves: a chave pública é conhecida por todos; a chave privada (chave secreta) é conhecida apenas pelo receptor.

criptografia de chave secreta   Método de segurança no qual a chave para criptografar é a mesma para decriptografar; tanto o emissor quanto o receptor possuem a mesma chave.

criptografia de chave simétrica   Cifra na qual a mesma chave é usada tanto para criptografia como para decriptografia.

criptografia Rivest, Shamir, Adleman (RSA)   Ver *criptografia RSA*.

criptografia   Ciência e arte de criptografar mensagens para torná-las seguras e imunes a ataques.

criptografia   Conversão de uma mensagem para uma forma ininteligível que não pode ser lida a menos que seja decriptografada.

criptosistema RSA   Método popular de criptografia de chave pública desenvolvido por Rivest, Shamir e Adleman.

crossbar switch   Switch formado por uma grade de barramentos horizontais e verticais. Na interseção de cada barramento horizontal e vertical, existe um ponto de cruzamento capaz de interligar uma entrada a uma saída.

crosstalk (linha cruzada)   Ruído em uma linha provocado por sinais que trafegam ao longo de uma outra linha.

cyclic redundancy check (CRC)   Método de detecção de erros extremamente preciso baseado na interpretação de um padrão de bits como um polinômio.

D

dados digitais   Dados representados por valores discretos ou condições.

dados transparentes   Capacidade de enviar qualquer padrão de bits como dados sem serem confundidos com bits de controle.

dados transparentes   Dados que podem conter padrões de bits de controle embutidos sem que estes sejam interpretados como controle.

Data encryption standard (DES) – Padrão de criptografia de dados Método de criptografia-padrão do governo norte-americano usado para fins não-militares e não-confidenciais.

data link connection identifier (DLCI) Número que identifica um circuito virtual no Frame Relay.

Data Over Cable System Interface Specifications (DOCSIS) Padrão para transmissão de dados através de uma rede HFC.

datagrama de usuário Nome do pacote no protocolo UDP.

datagrama IP Unidade de dados do Internetworking Protocol.

datagrama Na comutação de pacotes, uma unidade de dados independente.

decibel (dB) Medida de intensidade relativa entre dois pontos de um circuito.

decriptografia Recuperação da mensagem original a partir dos dados criptografados.

Defense Advanced Research Projects Agency (DARPA) Organização governamental que, quando tinha o nome ARPA, implementou a ARPANET e a Internet.

demodulação Processo de separação do sinal da portadora do sinal original que transporta as informações.

demultiplexador (DEMUX) Dispositivo que separa um sinal multiplexado em suas componentes originais.

denial of service attack (ataque por negação de serviço) Forma de ataque na qual o site é inundado com inúmeras solicitações falsas que acabam esgotando os recursos computacionais internos do site forçando a recusar serviços.

Dense wave-division multiplexing (DWDM) – Multiplexação por divisão de comprimento de onda Método WDM capaz de multiplexar um grande número de canais em canais de espaço menor.

determinação iterativa Determinação do endereço IP no qual o cliente pode enviar sua solicitação para vários servidores antes de obter uma resposta.

determinação recursiva Determinação do endereço IP em que o cliente envia sua solicitação a um servidor que, finalmente, retorna uma resposta.

diagrama de constelação Representação gráfica da fase e da amplitude de diferentes combinações de bits na modulação digital-analógica.

diagrama de transição de estados Diagrama usado para demonstrar as transições de estados de uma máquina de estado finito.

digest (resumo) Versão condensada de um documento.

Digital AMPS (D-AMPS) Sistema de telefonia celular de segunda geração que é uma versão digital do AMPS.

digital data service (DDS) – Serviços de dados digitais Versão digital de uma linha analógica alugada com velocidade de até 64 Kbps.

digital signal (DS) service Serviço oferecido por uma concessionária telefônica, no qual existe uma hierarquia de sinais digitais.

digital subscriber line (DSL) – Linha digital de assinante Tecnologia que usa as redes de telecomunicações existentes para a entrega de dados, voz, vídeo e multimídia em alta velocidade.

digital subscriber line access multiplexer (DSLAM) – Multiplexador de acesso a linha digital do assinante Equipamento instalado na concessionária telefônica que funciona como um modem DSL.

digitalização Conversão de informações analógicas em informações digitais.

diminuição multiplicativa Técnica para evitar congestionamentos, em que o limiar é configurado para ser metade do tamanho da última janela de congestionamento e o tamanho da janela inicia em 1(um) novamente.

Direct sequence spread spectrum (DSSS) – Espalhamento espectral de seqüência direta Método de transmissão sem fio no qual cada bit a ser transmitido pelo emissor é substituído por uma seqüência de bits denominado código "chip".

discagem rotativa Acesso à central de comutação por meio de um telefone que envia um sinal digital à central terminal.

discard eligibility (DE) – Elegibilidade para descarte Bit que identifica se um pacote pode ser descartado, caso seja detectado congestionamento na rede.

discrete cosine transform (DCT) – Transformada discreta de co-senos Utilizado em uma das etapas da compressão JPEG. Uma transformação modifica uma matriz de 64 valores, de modo que as relações relativas entre os pixels sejam mantidas, mas as redundâncias sejam reveladas.

discrete multitone technique (DMT) – Técnica multitom discreta Método de modulação que combina elementos do QAM com o FDM.

dispositivo de conexão Ferramenta que interliga computadores ou redes.

disputa Método de acesso no qual dois ou mais dispositivos tentam transmitir ao mesmo tempo em um mesmo canal.

Distance Vector Multicast Routing Protocol (DVMRP) – Protocolo de roteamento multicast vetor-distância Protocolo de roteamento baseado no algoritmo vetor-distância que implementa roteamento multicast em conjunto com o IGMP.

distância de Hamming Número de diferenças entre bits correspondentes de duas palavras de dados.

distância mínima de Hamming Em um conjunto de palavras, a menor distância de Hamming entre todos os pares possíveis.

distorção Qualquer alteração em um sinal decorrente de ruídos, atenuação ou outros fatores.

distributed coordination funtion (DCF) – Função de coordenação distribuída Método básico de acesso às redes LANs sem fio; estações disputam entre si para ter acesso ao canal.

distributed interframe space (DIFS) Em redes LANs sem fio, período que uma estação aguarda antes de enviar um frame de controle.

documento ativo Na World Wide Web, um documento em execução no site local usando Java.

documento dinâmico Documento Web criado nas instalações do servidor executando-se um programa CGI.

documento estático Na World Wide Web, documento de conteúdo fixo que é criado e armazenado em um servidor.

Domain Name System (DNS) Serviço de aplicação TCP/IP que converte nomes fáceis de serem entendidos pelos usuários em endereços IP.

domínio de colisão Comprimento do meio de transmissão sujeito a colisões.

domínio de país Subdomínio do sistema de nomes de domínio que usa dois caracteres como último sufixo.

domínio genérico Subdomínio no sistema de nomes de domínio que usa sufixos genéricos.

domínio inverso Subdomínio no DNS que encontra o nome de domínio relacionado a um endereço IP.

downlink Transmissão de um satélite para uma estação terrestre.

downloading Recuperar um arquivo ou dados de um site remoto.

Dynamic Domain Name System (DDNS) Método para atualizar dinamicamente o arquivo mestre DNS.

Dynamic Host Configuration Protocol (DHCP) Extensão do BOOTP que atribui, de forma dinâmica, informações de configuração de hosts.

E

electronic code block (ECB) mode Método de operação DES e triplo DES no qual uma mensagem longa é dividida em blocos de 64 bits antes de serem criptografados separadamente.

Electronics Industries Association (EIA) Organização que cuida de questões relacionadas com a manufatura de produtos eletrônicos. Ela especificou padrões de interface como EIA-232, EIA-449 e EIA-530.

elemento de dados A menor entidade capaz de representar uma informação. Um bit.

elemento de sinal A seção mais curta de um sinal (em termos de tempo) que representa um elemento de dados.

encaminhamento Colocar o pacote na rota para seu destino.

encapsulamento Técnica na qual uma unidade de dados de um protocolo é colocada dentro do campo de dados da unidade de dados de outro protocolo.

Encapsulating Security Payload (ESP) Protocolo definido pelo IPSec que fornece privacidade, bem como uma combinação de integridade e autenticação de mensagens.

end office   Central de comutação que termina os circuitos de loops locais.

endereço anycast   Um endereço que define um grupo de computadores com endereços que tenham o mesmo início.

endereço compatível   Endereço IPv6 formado por 96 bits zeros seguidos por 32 bits IPv4.

endereço de broadcast   Endereço que permite a transmissão de uma mesma mensagem a todos os nós de uma rede.

endereço de enlace local   Endereço IPv6 usado por uma LAN privada.

endereço de porta   No protocolo TCP/IP, um inteiro que identifica um processo.

endereço de rede   Endereço que identifica uma rede para o restante da Internet; ele é o primeiro endereço em um bloco.

endereço de sub-rede   Endereço de rede de uma sub-rede.

endereço físico   Endereço de um dispositivo da camada de enlace de dados (endereço MAC).

endereço Internet   Endereço lógico da camada de rede de 32 ou 128 bits, usado para definir de forma única um host em uma internet que utiliza o protocolo TCP/IP.

endereço local de site   Endereço IPv6 para um site que possui várias redes, mas não está conectado à Internet.

endereço lógico   Endereço definido na camada de rede.

endereço mapeado   Endereço IPv6 usado quando um computador que migrou para o IPv6 quer enviar um pacote a um computador que ainda usa o IPv4.

endereço multicast   Endereço usado para multicast.

endereço socket   Estrutura que armazena um endereço IP e um número de porta.

Endereço Unicast   Endereço pertencente a um destino.

entrega direta   Entrega na qual o destino final do pacote é um host conectado à mesma rede física do emissor.

entrega indireta   Entrega em que a origem e o destino de um pacote se encontram em redes diferentes.

entrega nó a nó   Transmissão de frames de um nó para o seguinte.

entrega nó-a-nó   Transferência de uma unidade de dados de um nó para o nó seguinte.

entrega origem-destino   Transmissão de uma mensagem do emissor original até o receptor pretendido.

entrega processo a processo   Entrega de um pacote de um processo origem a um processo destino.

envelope de payload síncrono (SPE)   Parte de um frame SONET contendo dados de usuário, data e overhead de transmissão.

enxerto   Retomada de mensagens multicast.

erro de bit único   Erro em uma unidade de dados em que apenas um único bit foi alterado.

erro de quantização   Erro introduzido no sistema decorrente da quantização (conversão analógica-digital).

espaço de nomes de domínios   Estrutura que organiza o espaço de nomes, e os nomes estão organizados em uma estrutura de árvore invertida com a raiz na parte superior.

espaço de nomes plano   Espaço de nomes onde não existe nenhuma estrutura hierárquica.

espectro eletromagnético   Intervalo de freqüências ocupado por energia eletromagnética.

espectro   Intervalo de freqüências de um sinal.

estabelecimento de conexão   Arranjo preliminar necessário para estabelecer uma conexão lógica entre origem e destino, antes de efetivamente iniciar a transferência de dados.

estação primária   No método de acesso primário/secundário, uma estação que envia comandos para as estações secundárias.

estação secundária   No método de acesso poll/select, uma estação que envia resposta a um comando proveniente da estação primária.

Ethernet   Rede local que implementa o método de acesso CSMA/CD.

excess burst size (Be)   No Frame Relay, número máximo de bits em excesso a B_c que o usuário é capaz de transmitir durante um período predefinido.

Extended Service Set (ESS) – Conjunto de serviços estendidos   Serviços de redes LANs sem fio composto por dois ou mais BSSs com APs, conforme definido pelo padrão IEEE 802.11.

extensão de portadora   Técnica utilizada no padrão Gigabit Ethernet para aumentar o comprimento mínimo de um frame, permitindo um comprimento máximo de cabo maior.

extranet   Rede privada que usa o conjunto de protocolos TCP/IP, permitindo acesso autorizado de usuários externos a essa rede.

F

fase de estabelecimento de conexão   Na comutação de circuitos, esta é a fase em que a origem e o destino usam seus endereços globais para auxiliar os switches a criar entradas na tabela de conexões.

fase de encerramento da conexão   Na comutação por circuitos virtuais, esta é a fase em que a origem e o destino informam ao switch para apagar suas entradas.

fase de transferência de dados   Fase intermediária em uma rede de comutação de circuitos ou de circuitos virtuais em que efetivamente ocorre a transferência de dados.

fase   Posição relativa de um sinal no tempo.

Fast Ethernet   Ethernet com taxa de dados de 100 Mbps.

fator de reutilização   Em telefonia celular, o número de células com um conjunto de freqüências diferentes.

Federal Communications Commission (FCC)   Agência governamental que regula os setores de rádio, televisão e telecomunicações nos Estados Unidos.

fibra multimodo de índice degrau   Fibra óptica com um núcleo de índice de refração uniforme. O índice de refração muda de repente nos limites do núcleo/cobertura.

fibra multimodo de índice gradual   Fibra óptica com um núcleo de índice de refração gradual.

fibra óptica   Fibra fina de vidro ou outro material transparente que transporta feixes de luz.

fila por prioridade   Técnica de tratamento de filas em que os pacotes recebem uma classe de prioridade, cada qual com sua própria fila.

fila   Lista de espera.

File Transfer Protocol (FTP)   No TCP/IP, protocolo da camada de aplicação para transferência de arquivos entre dois computadores.

filtragem   Processo no qual uma bridge toma decisões de encaminhamento.

firewall de filtragem de pacotes   Firewall que filtra pacotes ou blocos de dados baseado nas informações dos cabeçalhos das camada de rede e de transporte.

firewall   Dispositivo (normalmente um roteador) instalado entre a rede interna de uma organização e a Internet para implementar segurança de rede.

first-in, first-out (FIFO)   Fila na qual o primeiro que entra é o primeiro que sai.

flag   Padrão de bits ou caracteres acrescentados ao início e final de um frame para separar os frames.

forward explicit congestion notification (FECN) – Notificação de congestionamento explícito no sentido direto   Bit de um pacote Frame Relay que notifica o destino sobre congestionamentos.

fragmentação   Divisão de um pacote em unidades de dados menores permitindo acomodá-lo ao MTU da rede.

frame   Grupo de bits que representam um bloco de dados.

frame bidirecional (B-frame)   Frame MPEG relacionado com I-frames ou P-frames anteriores e posteriores.

Frame Relay assembler/disassembler (FRAD)   Dispositivo usado no Frame Relay para lidar com frames provenientes de outros protocolos.

Frame Relay   Especificação-padrão para a comutação de pacotes, definida nas duas primeiras camadas do modelo Internet. Não implementa a camada de rede. A verificação de erros é feita ponta a ponta em vez de ser em cada nó.

freqüência fundamental   Freqüência da onda senoidal dominante de um sinal composto.

Freqüência   Número de ciclos por segundo de um sinal periódico.

Frequency division multiple access (FDMA) – Acesso múltiplo por divisão de freqüência   Método de acesso múltiplo no qual a largura de banda é dividida em canais.

Frequency Division Multiple Access (FDMA) – Acesso múltiplo por divisão de freqüência   Técnica utilizada no método de acesso múltiplo, no qual várias fontes tentam alocar uma faixa de largura de banda para comunicação de dados.

Frequency Division Multiplexing (FDM) – Multiplexação por divisão de freqüência   Combinação de vários sinais analógicos em um único sinal.

Frequency hopping Spread Spectrum (FHSS) – Espalhamento espectral por salto de freqüência   Método de transmissão sem fio no qual o emissor transmite em uma freqüência de portadora por um curto período e depois salta para outra freqüência de portadora pelo mesmo período, salta novamente pelo mesmo período e assim por diante. Após N saltos, o ciclo se repete.

Frequency Modulation (FM) – Modulação por freqüência   Método de modulação analógica-analógica em que a freqüência do sinal da portadora varia com a amplitude do sinal modulador.

Frequency Shift Keying (FSK) – Modulação por chaveamento de freqüência   Método de codificação digital-analógica em que a freqüência do sinal da portadora varia para representar os binários 0 ou 1.

full-duplex switched Ethernet   Ethernet na qual cada estação, em seu próprio domínio de colisão distinto, pode enviar e receber dados.

fully qualified domain name (FQDN)   Nome de domínio formado por rótulos iniciando com o host e retornando por meio de cada nível até atingir o nó raiz.

função hash   Algoritmo que cria um resumo de tamanho fixo a partir de uma mensagem de comprimento variável.

G

gatekeeper   No padrão H.323, um servidor de rede LAN que desempenha o papel de servidor de registro.

gateway   Dispositivo usado para interligar duas redes distintas que usam protocolos de comunicação diferentes.

Gigabit Ethernet   Ethernet com taxa de dados de 1.000 Mbps.

Global Positioning System (GPS) – Sistema de posicionamento global   Sistema de satélites públicos MEO formado por 24 satélites e usado para navegação marítima e terrestre. O GPS não é utilizado para comunicação de dados.

Global System for Mobile Communication (GSM)   Sistema de telefonia celular de segunda geração amplamente utilizado ao redor do mundo.

Globalstar   Sistema de satélites LEO com 48 satélites em seis órbitas polares, cada órbita abrigando oito satélites.

Go-Back-N ARQ   Método de controle de erros em que o frame com erro e todos os frames seguintes devem ser retransmitidos.

gráfico de domínio da freqüência   Representação gráfica das componentes de freqüência de um sinal.

gráfico domínio do tempo   Representação gráfica da amplitude de um sinal ao longo do tempo.

H

H.323   Padrão desenvolvido pelo ITU para possibilitar que telefones da rede pública se comuniquem com computadores (denominados terminais H.323) ligados à Internet.

handoff   (passagem do controle de canais de comunicação) Mudar para um novo canal da mesma forma que um dispositivo móvel se desloca de uma célula a outra.

handshaking de três vias   Seqüência de eventos para estabelecimento ou encerramento de uma conexão vitual. É constituída por solicitação, em seguida pela confirmação da solicitação e finalmente pela confirmação do reconhecimento.

harmônica Componentes de um sinal digital, cada qual com amplitude, freqüência e fase diferentes.

hertz (Hz) Unidade de medida de freqüência.

High bit rate digital subscriber line (HDSL) – DSL de alta velocidade Serviço similar à linha T1 que pode operar em comprimentos de até 3,6 km.

High Rate Direct Sequence Spread Spectrum (HR-DSSS) – Espalhamento espectral de seqüência direta de alta velocidade Método de geração de sinais similar ao DSSS, exceto pelo método de codificação (CCK).

High-Level Data Link Control (HDLC) Protocolo de enlace de dados orientado a bits definido pela ISO.

hipertexto Informações contendo texto que são associados a outros documentos por meio de ponteiros.

host estacionário Host que permanece conectado a uma rede.

host móvel Host que pode se deslocar de uma rede para outra.

host Estação ou nó em uma rede.

hostid Parte de um endereço IP que identifica um host.

hub Dispositivo central que fornece interconexão entre os nós de uma rede local.

HyperText Markup Language (HTML) Linguagem de computador para especificar o conteúdo e o formato de um documento Web. Ela possibilita que um texto inclua códigos, que podem definir fontes de caracteres, layouts, imagens embutidas e links de hipertexto.

HyperText Transfer Protocol (HTTP) Serviço de camada de aplicação para o download de documentos Web.

I

impasse Situação na qual uma tarefa não pode prosseguir, pois está aguardando um evento que jamais ocorrerá.

incumbent local exchange carrier (ILEC) Concessionária telefônica local preexistente, que fornecia serviços de telecomunicações antes de 1996, proprietária dos sistemas de cabos e última milha.

Institute of Electrical and Electronics Engineers (IEEE) Grupo formado por engenheiros, representados por associações especializadas, cujos comitês elaboram padrões nas áreas de especialização de seus membros.

interexchange carrier (IXC) Operadoras de longa distância que, anteriormente a desregulamentação das telecomunicações nos Estados Unidos (1996), forneciam serviços de comunicação entre dois clientes em LATAs diferentes.

Interface Usuário-Rede (UNI) No ATM, a interface entre um ponto terminal (usuário) e um switch ATM.

interface A fronteira entre dois equipamentos. Ela também se refere a características mecânicas, elétricas e funcionais da conexão.

interferência Qualquer energia indesejada que interfere nos sinais desejados.

interframe space (IFS) Em LANs sem fio, intervalo de tempo entre dois frames, que permite controlar o acesso ao canal.

Interim Standard 95 (IS-95) Um dos padrões dominantes de telefonia celular de segunda geração na América do Norte.

interleaving Em multiplexação, pegar uma porção específica de dados de cada dispositivo em uma ordem regular.

International Organization of Standardization (ISO) Organização de âmbito mundial que define e desenvolve padrões para uma série de tópicos.

Internet Architecture Board (IAB) Órgão consultivo (técnico) do ISOC; supervisiona o progresso contínuo do conjunto de protocolos TCP/IP.

Internet Assigned Numbers Authority (IANA) Grupo apoiado pelo governo norte-americano, anteriormente responsável pela administração de endereços e nomes de domínios na Internet até outubro de 1998.

Internet Control Message Protocol (ICMP) Protocolo do conjunto de protocolos TCP/IP que trata mensagens de controle e de erro.

Internet Control Message Protocol, versão 6 (ICMPv6) Protocolo dentro do IPv6 que trata mensagens de controle e de erro.

Internet Corporation for Assigned Names and Numbers (ICANN) Órgão privado e sem fins lucrativos administrado por um comitê internacional que assumiu as operações da IANA.

Internet draft Documento Internet cujo trabalho encontra-se em andamento sem nenhum status de oficial e com vida útil de seis meses.

Internet Engineering Steering Group (IESG) Organização que supervisiona as atividades do IETF.

Internet Engineering Task Force (IETF) Grupo de trabalho de projetos e desenvolvimento do conjunto de protocolos TCP/IP e da Internet.

Internet Group Management Protocol (IGMP) Protocolo do conjunto de protocolos TCP/IP que trata do multicast.

Internet Key Exchange (IKE) Protocolo desenvolvido para criar associações de segurança em SADBs.

Internet Mail Access Protocol, versão 4 (IMAP4) Protocolo complexo e poderoso para tratar da transmissão de e-mail.

Internet Mobile Communication 2000 (IMT-2000) Especificação preliminar da ITU que define critérios para telefonia celular de terceira geração.

Internet Network Information Center (INTERNIC) Agência responsável pela coleta e distribuição de informações sobre protocolos TCP/IP.

Internet Protocol (IP) Protocolo da camada de rede do conjunto de protocolos TCP/IP que orientam a transmissão de dados sem conexão em redes de comutação de pacotes.

Internet Protocol, next generation (IPng) Ver *Internet Protocol, versão 6 (IPv6)*.

Internet Protocol, versão 4 (IPv4) Versão atual do Internet Protocol.

Internet Protocol, versão 6 (IPv6) Sexta versão do protocolo IP.

Internet Research Task Force (IRTF) Fórum de grupos de trabalho que se concentram em tópicos de pesquisa de longo prazo relacionados à Internet.

Internet Security Association and Key Management Protocol (ISAKMP) Protocolo concebido pela National Security Agency (NSA) que implementa efetivamente as trocas definidas no IKE.

Internet service provider (ISP) Normalmente, uma empresa que oferece serviços de acesso à Internet.

Internet Society (ISOC) Organização sem fins lucrativos estabelecida para promover a Internet.

internet Conjunto de redes interligadas por meio de dispositivos de interligação de redes como roteadores ou gateways.

Internet Internet global que usa o conjunto de protocolos TCP/IP.

internetwork (internet) Uma rede de redes.

Internetwork Protocol Control Protocol (IPCP) – Protocolo de controle do protocolo Internet No PPP, o conjunto de protocolos que estabelece e termina uma conexão de camada de rede para pacotes IP.

internetworking Interligar várias redes usando dispositivos de interconexão de redes como roteadores e gateways.

intranet Rede privada que usa o conjunto de protocolos TCP/IP.

inundação Saturação de uma rede com mensagens.

IP Security (IPSec) Conjunto de protocolos especificados pelo IETF (Internet Engineering Task Force) para implementar segurança em pacotes transportados pela Internet.

Iridium Rede de 66 satélites que fornecem comunicação de qualquer ponto da Terra a outro.

ISDN user port (ISUP) Protocolo da camada superior do SS7 que fornece serviços similares aos de uma rede ISDN.

ISP regional Pequeno ISP que é conectado a um ou mais NSPs.

J

jamming signal (sinal de interferência) No CSMA/CD, sinal transmitido pela primeira estação que detecta uma colisão com a finalidade de alertar todas as demais sobre a situação.

janela deslizante Método que permite que várias unidades de dados estejam em transição antes de receberem uma confirmação.

Java Linguagem de programação usada para criar documentos ativos na Web.

jitter Fenômeno mais perceptível no tráfego em tempo real provocado por diferentes atrasos entre pacotes consecutivos recebidos pelo receptor.

Joint Photographic Experts Group (JPEG) Padrão para compressão de imagens de tons contínuos.

K

Kerberos Protocolo de autenticação usado pelo Windows 2000.

Key distribution center (KDC) – Centro de distribuição de chaves Em criptografia de chaves secretas, uma terceira parte confiável que compartilha uma chave com cada usuário.

L

LAN ATM antiga LAN na qual a tecnologia ATM era usada como backbone para interligar LANs tradicionais.

LAN emulation (LANE) Emulação de rede local numa infra-estrutura de switches ATM.

LAN emulation client (LEC) Em LANs ATM, software-cliente que solicita serviços de uma LES.

LAN emulation server (LES) Em LANs ATM, software-servidor que cria um circuito virtual entre origem e destino.

largura de banda sob demanda Serviço digital que permite aos assinantes obter velocidades maiores por meio do uso de várias linhas.

largura de banda Diferença entre a maior e a menor freqüências de um sinal composto. Também permite medir a capacidade de transporte de informações de uma linha ou rede.

linha de status Em uma mensagem de resposta HTTP, linha formada pela versão do HTTP, um espaço, código de status, outro espaço e uma frase de status.

linhas E Equivalente europeu das linhas T.

linhas T Hierarquia de linhas digitais para transporte de voz e outros sinais na forma digital. A hierarquia define linhas T-1, T-2, T-3 e T-4.

link Canal de comunicação físico que transfere dados de um dispositivo a outro.

Link Control Protocol (LCP) Protocolo PPP responsável por estabelecimento, manutenção, configuração e encerramento de conexões no nível de enlace.

link orientado a conexões síncronas (SCO) Em uma rede Bluetooth, link físico criado entre um mestre e um escravo que reserva intervalos específicos em intervalos regulares.

link state advertisement (LSA) No OSPF, método para enviar informações de mudança de estados de um link.

link state packet (LSP) No roteamento link state, pequeno pacote contendo informações de roteamento enviadas por um roteador para todos os demais roteadores.

link state routing Método de roteamento no qual cada roteador compartilha com todos os demais roteadores seu conhecimento sobre modificações em sua vizinhança.

link stub Rede que é conectada a apenas um roteador.

link transiente Rede com vários roteadores conectados a ela.

Local Access and Transport Area (LATA) – Área de transporte e acesso local Uma área coberta por uma ou mais companhias telefônicas.

Local Area Network (LAN) – Rede Local. Rede interligando dispositivos dentro de um único prédio ou dentro de prédios vizinhos entre si.

Local Area Network Emulation (LANE) Software que permite a um switch ATM se comportar como um switch LAN.

local exchange carrier (LEC) – Concessionária Telefônica Local Companhia telefônica que trata de serviços dentro de uma LATA.

Local Management Information (LMI) – Informações de gerenciamento local Protocolo usado no Frame Relay para implementar funcionalidades de gerenciamento.

Logical Link Control (LLC) – Controle do enlace lógico A subcamada mais alta da camada de enlace de dados conforme definido no padrão do IEEE 802.2.

Logical Link Control and Adaptation Protocol (L2CAP) – Protocolo de controle do enlace lógico e adaptação Camada Bluetooth usada para troca de dados em um enlace ACL.

loop local Enlace físico que interliga um assinante à central telefônica, também conhecido como linha telefônica do assinante.

Low Earth Orbit (LEO) – Baixa órbita terrestre Órbita de satélite polar com altitude entre 500 e 2 mil km. Um satélite com esse tipo de órbita tem um período de rotação entre 90 a 120 minutos.

LSA link de sumarização para rede Pacote LSA que determina o custo para atingir redes fora de dada área.

LSA link de sumarização para roteador de fronteira no AS Pacote LSA que possibilita que um roteador dentro de determinada área saiba a rota para outro roteador de fronteira no sistema autônomo.

M

Mail Transfer Agent (MTA) – Agente de transferência de mensagens de correio eletrônico Componente SMTP que transfere mensagens de correio eletrônico pela Internet.

Management Information Base (MIB) – Base de informações de gerenciamento Banco de dados usado pelo SNMP para armazenar informações necessárias para o gerenciamento de uma rede.

mapeamento dinâmico Técnica na qual um protocolo é usado para resolução dinâmica de endereços.

mapeamento estático Técnica na qual é usada uma lista de correlação entre endereços físicos e lógicos para resolução de endereços.

máquina de estados finitos Máquina que processa um número limitado de estados.

máscara de sub-rede A máscara de uma sub-rede.

máscara de super-rede Máscara para uma super-rede.

máscara No IPv4, um número binário de 32 bits que identifica o endereço de rede de um bloco quando é aplicada uma operação AND com o endereço do bloco.

máscara-padrão Máscara de rede quando esta não é subdividida em sub-redes.

Maximum Transfer Unit (MTU) – Unidade de transferência máxima O maior tamanho da unidade de dados que determinada rede consegue tratar.

Medium Access Control (MAC) sublayer – Subcamada de controle de acesso ao meio de transmissão A subcamada mais baixa da camada de enlace de dados definida no projeto IEEE 802. Ela define o método e o controle de acesso para diferentes protocolos de rede local.

Medium Earth Orbit (MEO) – Média Órbita Terrestre Órbita de satélite posicionada entre os dois cinturões de Van Allen. Um satélite nessa órbita leva seis horas para dar uma volta em torno da Terra.

meio de transmissão não guiados Meio de transmissão sem fronteiras físicas.

meio de transmissão Caminho físico interligando dois dispositivos de comunicação.

meios de transmissão guiados Meios de transmissão em que existe uma fronteira física.

Message Access Agent (MAA) – Agente de acesso a mensagens Programa cliente-servidor que extrai mensagens de e-mail armazenadas.

Message Authentication Code (MAC) – Código de autenticação de mensagens Uma função hash com chaves.

Message Transfer Agent (MTA) – Agente de transferência de mensagens Componente SMTP que transfere mensagens pela Internet.

método persistente 1 Método de persistência CSMA no qual uma estação envia um frame imediatamente, caso a linha esteja ociosa.

método não-persistente Método de acesso múltiplo aleatório no qual uma estação aguarda por um período aleatório após uma colisão ter sido detectada.

métrica Custo atribuído à passagem por uma rede.

Metropolitan Area Network (MAN) – Rede de abrangência metropolitana Rede que pode abranger uma área geográfica do tamanho de uma cidade.

microondas Ondas eletromagnéticas na faixa de 2 GHz a 40 GHz.

mistura de sinais Na conversão digital-digital, modifica parte das regras de codificação de linhas para criar sincronização entre bits.

Mobile Switching Center (MSC) – Central de comutação móvel Em telefonia celular, uma central de comutação que coordena a comunicação entre todas as estações de base e a central telefônica.

Mobile Telephone Switching Office (MTSO) – Central de comutação de telefonia móvel Central que controla e coordena a comunicação entre todas as centrais celulares e a central telefônica de controle.

mobilidade de transição de uma BSS Em uma LAN sem fio, uma estação que pode se deslocar de uma BSS a outra, mas deve permanecer dentro da mesma ESS.

modelagem de tráfego Mecanismo para controlar volume e velocidade do tráfego transmitido em uma rede com objetivo de melhorar a qualidade de serviço da rede.

modelo cliente-servidor Modelo de interação entre dois programas aplicativos no qual um programa em uma ponta (cliente) solicita serviços a um programa na outra ponta (servidor).

modelo Internet Pilha de protocolos de cinco camadas que domina os sistemas de redes e comunicação de dados hoje em dia.

modem Dispositivo formado por um modulador e um demodulador. Converte um sinal digital em um sinal analógico (modulação) e vice-versa (demodulação).

modem de 56K Tecnologia de modems que usa duas taxas de dados distintas: uma para uploading e outra para downloading a partir da Internet.

Modification Detection Code (MDC) – Código de detecção de modificações Resumo criado por uma função hash.

modo full-duplex Modo de transmissão no qual ambas as partes podem se comunicar simultaneamente.

modo half-duplex Modo de transmissão no qual a comunicação pode ser bidirecional, mas não simultânea.

modo simplex Modo de transmissão no qual a comunicação é unidirecional.

modulação Modificação de uma ou mais características de uma onda portadora por um sinal modulador, transportador de informações.

modulação com codificação trellis Técnica de modulação que inclui correção de erros.

modulação delta adaptativa Técnica de modulação na qual o valor de delta muda de acordo com a amplitude do sinal analógico.

modulação delta Técnica de conversão analógica-digital na qual o valor de um sinal digital se baseia na diferença entre os valores amostrados atual e anterior.

modulação por amplitude de pulso em cinco níveis e quatro dimensões (4D-PAM5) Método de codificação usado pelo padrão 1000Base-T.

módulo Limite superior na aritmética modular (n).

Motion Picture Experts Group (MPEG) Método para comprimir vídeos.

Multicast Open Shortest Path First (MOSPF) Protocolo multicast que usa roteamento multicast link state para criar uma árvore de menor custo baseada na origem.

multicast Método de transmissão que permite que cópias de um único pacote sejam enviadas a um grupo de receptores selecionados.

multiline transmission, 3-level (MLT-3) enconding Método de codificação de linha com três níveis de sinais e transições no início de cada bit 1.

Multiple Access (MA) Método de acesso, no qual cada estação pode acessar o canal livremente.

multiplexação inversa Pegar dados de uma origem e subdividi-los em partes que podem ser transmitidas por linhas de velocidade mais baixa.

multiplexação Processo de combinação de sinais provenientes de várias fontes para transmissão por um único enlace de dados.

multiplexador (MUX) Dispositivo usado para multiplexação.

multiplexador de adição/eliminação Dispositivo SONET que elimina e insere sinais em uma rota sem demultiplexar e remultiplexar.

multiplexador/demultiplexador STS Dispositivo SONET que multiplexa e demultiplexa sinais.

múltiplos unicast Envio de várias cópias de uma mesma mensagem, cada qual para um endereço unicast diferente.

Multipurpose Internet Mail Extension (MIME) Complemento do SMTP, permitindo que dados não-ASCII sejam transmitidos pelo SMTP.

N

name space Todos os nomes atribuídos a máquinas em uma internet.

não-repúdio Aspecto de segurança em que um receptor deve ser capaz de provar que uma mensagem recebida proveio de determinado emissor.

netid Parte de um endereço IP que identifica a rede.

Network Access Point (NAP) – Ponto de acesso à rede Estação de comutação complexa que interliga redes.

Network Address Translation (NAT) Tecnologia que permite a uma rede privada usar um conjunto de endereços privados para comunicação interna e um conjunto de endereços Internet global para comunicação externa.

Network Allocation Vector (NAV) No CSMA/CA, período que deve decorrer antes de uma estação buscar por uma linha ociosa.

Network Control Protocol (NCP) No PPP, conjunto de protocolos de controle que possibilitam o encapsulamento de dados provenientes de outros protocolos de camada de rede.

Network Interface Card (NIC) Dispositivo eletrônico, interno ou externo a uma estação, contendo circuitos que permitem a uma estação se conectar a uma rede.

Network Virtual Terminal (NVT) – Terminal virtual de rede Protocolo de aplicação TCP/IP que permite o login remoto.

Network-to-Network Interface (NNI) No ATM, a interface entre duas redes.

next-hop routing Método de roteamento no qual apenas o endereço do nó seguinte aparece na tabela de roteamento em vez de uma lista completa de paradas que o pacote deve fazer.

nó Dispositivo de comunicação endereçável (por exemplo, um computador ou roteador) em uma rede.

Noise (ruído) Sinais elétricos aleatórios que podem ser captados pelo meio de transmissão e provocar a degradação ou distorção dos dados.

nome de domínio No DNS, uma seqüência de rótulos separados por pontos.

nonce Número aleatório grande que é usado uma única vez para distinguir entre uma solicitação de autenticação nova de uma já usada.

Nonreturn to Zero (NRZ) – Sem retorno a zero Método de codificação polar digital-digital em que o nível do sinal é sempre positivo ou então sempre negativo.

Nonreturn to zero, invert (NRZ-I) Método de codificação NRZ, no qual o nível do sinal é invertido cada vez que for encontrado um bit 1.

Nonreturn to Zero, level (NRZ-L) Método de codificação NRZ em que o nível do sinal está diretamente relacionado ao valor do bit.

Normal Response Mode (NRM) – Modo de resposta normal No HDLC, modo de comunicação em que a estação secundária deve obter permissão da estação primária antes de iniciar sua transmissão.

notação barra Método simplificado para indicar o número de 1s na máscara.

notação binária Representação de endereços IP em binário.

notação decimal pontuada Notação desenvolvida para facilitar a leitura de endereços IP; cada byte é convertido em seu equivalente decimal e depois separado por um ponto decimal.

notação hexadecimal com dois-pontos No IPv6, notação de endereços formado por 32 dígitos hexadecimais, em que cada quatro dígitos são separados por um sinal de ":" (dois-pontos).

núcleo Parte central de vidro ou plástico de uma fibra óptica.

número de porta efêmera Número de porta usado por um cliente TCP ou UDP.

número de porta Ver *endereço de porta*.

número de seqüência Número que representa a localização de um frame ou pacote em uma mensagem.

O

Oakley Protocolo de geração de chaves criptográficas, desenvolvido por Hilarie Orman, que é um dos três componentes do protocolo IKE.

onda infravermelha Onda com freqüências entre 300 GHz e 400 THz; usada normalmente para comunicação em curtas distâncias.

onda senoidal Representação da amplitude versus tempo de um vetor de rotação.

ondas de rádio Energia eletromagnética na faixa de 3 KHz a 300 GHz.

Open Shortest Path First (OSPF) Protocolo de roteamento interno baseado no algoritmo link state.

Open Systems Interconnection (OSI) – Interconexão de Sistemas Abertos Modelo de sete camadas para a comunicação de dados definida pela ISO.

órbita Rota que um satélite percorre em torno da Terra.

Orthogonal Frequency Division Multiplexing (OFDM) – Multiplexação por divisão de freqüência ortogonal Método de multiplexação similar ao FDM em que todas as subfaixas são usadas por uma origem em dado instante.

Output Feedback (OFB) mode – Modo de feedback de saída Modo similar ao modo CFB, com uma diferença: cada bit no texto cifrado é independente do(s) bit(s) anterior(es).

P

pacote de estrangulamento Um pacote enviado por um roteador à origem para informá-lo sobre congestionamento.

padrão de facto Protocolo que não foi regulamentado por um órgão regulador, mas que é adotado como padrão pelo mercado em virtude de seu uso disseminado.

padrão de jure Protocolo que foi regulamentado por um órgão de padronização, reconhecido oficialmente.

padrão Ethernet Ethernet convencional operando em 10 Mbps.

padrão Internet Especificação amplamente testada, que é útil e tem a adesão daqueles que trabalham com a Internet. Trata-se de uma regulamentação formal daquilo que deve ser seguido.

palavra de dados O menor bloco de dados na codificação de blocos.

palavra-código Palavra de dados codificada.

Partially qualified domain name (PQDN) – Nome de domínio parcialmente qualificado Nome de domínio que não inclui todos os níveis hierárquicos entre o host e o nó raiz.

partida lenta Método de controle de congestionamento em que o tamanho da janela de congestionamento aumenta exponencialmente no início.

Password Authentication Protocol (PAP) – Protocolo de autenticação de senhas Protocolo de autenticação simples de duas etapas usado no PPP.

path vector routing (roteamento vetor-caminho) Método de roteamento no qual se baseia o BGP; nesse método, são listados explicitamente os ASs que um pacote tem de passar.

P-box Circuito usado em criptografia que liga a entrada à saída.

Per Hop Behaviour (PHB) – Comportamento por salto No modelo Diffserv, campo de 6 bits que define o mecanismo de manipulação de pacotes para determinado pacote.

período Período necessário para completar um ciclo completo.

Permanent Virtual Circuit (PVC) – Circuito virtual permanente Método de transmissão para circuitos virtuais em que o mesmo circuito virtual é usado entre a origem e o destino de forma contínua.

Personal Communication System (PCS) – Sistema de comunicação pessoal Termo genérico para um sistema celular comercial que oferece vários tipos de serviços de comunicação.

Phase Modulation (PM) – Modulação por fase Método de modulação analógica-analógica em que a fase do sinal da portadora varia com a amplitude do sinal modulador.

Phase Shift Keying (PSK) – Modulação por chaveamento de frequência Método de modulação digital-analógica em que a fase do sinal da portadora varia para representar um determinado padrão de bits.

picorede Rede Bluetooth.

piggybacking Inclusão de confirmação de mensagens junto com os frames de dados transmitidos.

pipelining No Go-Back-N ARQ, capacidade de enviar vários frames antes de serem recebidas confirmações de frames anteriores.

pixel Elemento de imagem de uma imagem.

Plain Old Telephone System (POTS) – Rede convencional de telefonia A rede telefônica convencional usada para comunicação de voz.

Point Coordination Function (PCF) – Função de coordenação pontual Em LANs sem fio, método de acesso complexo opcional implementado em uma rede de infra-estrutura.

Point Of Presence (POP) – Ponto de presença Central de comutação na qual as portadoras podem interagir entre si.

Point-to-Point Protocol (PPP) – Protocolo ponto a ponto Protocolo para transferência de dados por uma linha serial.

poison reverse Recurso acrescentado ao split horizon em que uma entrada na tabela de rotas proveniente de uma interface é configurada em infinito no pacote de atualização.

polinômio Termo algébrico que pode representar um divisor CRC.

políticas de roteamento Recurso do roteamento vetor-caminho no qual as tabelas de roteamento se baseiam em regras definidas pelo administrador de redes e não por uma métrica.

poll No método de acesso primário/secundário, procedimento no qual a estação primária pergunta à estação secundária se ela tem dados a transmitir.

poll/select Protocolo que usa procedimentos de poll e select. Ver *poll*. Consulte *select*.

polling Método de acesso no qual um dispositivo é designado para ser a estação primária e as demais serão as estações secundárias. O acesso é controlado pela estação primária.

ponto de cruzamento Junção de uma entrada e uma saída em um switch crossbar.

Ponto de Sinalização (SP) Na terminologia SS7, o telefone ou computador do usuário, que é conectado aos pontos de sinalização.

pontos de sincronização Pontos de referência introduzidos nos dados pela camada de sessão para fins de controle de fluxo e de erros.

porta IrDA   Porta que permite a um teclado sem fio se comunicar com um PC.

Portadora Óptica (OC)   Hierarquia de portadoras de fibra óptica definidas no SONET.

Post Office Protocol, versão 3 (POP3)   Protocolo SMTP de acesso a mensagens de correio eletrônico que é bem difundido, mas simples.

p-persistente   Método de persistência CSMA no qual uma estação transmite com probabilidade p, caso ela encontre a linha ociosa.

preâmbulo   Campo de 7 bytes em um frame IEEE 802.3 formado por 1s e 0s alternados que alertam e sincronizam o receptor.

preenchimento de bits   Em um protocolo orientado a bits, processo de acrescentar um bit extra na seção de dados de um frame para impedir que uma seqüência de bits se pareça com um flag.

preenchimento de pulsos   No TDM, técnica que acrescenta bits artificiais às linhas de entrada de baixa velocidade.

prefixo   Parte comum de um intervalo de endereços.

Pretty Good Privacy (PGP)   Protocolo que fornece todos os quatro aspectos de segurança no envio de e-mail.

privacidade   Aspecto de segurança no qual a mensagem faz sentido apenas para o receptor pretendido.

processamento distribuído   Estratégia na qual serviços fornecidos por uma rede residem em vários locais.

processo não-hierarquizado   Comunicação entre processos de dada camada de uma máquina transmissora com outra receptora.

processo   Programa de aplicação em execução.

processo-cliente   Programa de aplicação em execução em um site local que necessita de serviços de um programa de aplicação em execução em um site remoto.

produto interno   Número produzido multiplicando-se duas seqüências, elemento por elemento, e somando-se os produtos.

produto largura de banda-retardo   Medida do número de bits que podem ser enviados enquanto se aguardam confirmações do receptor.

Project 802   Projeto coordenado pelo IEEE na tentativa de resolver incompatibilidades entre LANs. Ver também *IEEE Project 802*.

propagação em linha de visada   Transmissão de sinais de freqüência muito alta em linha reta, diretamente de antena para antena.

propagação espacial   Tipo de propagação que pode penetrar a ionosfera.

propagação ionosférica   Propagação de ondas de rádio na ionosfera e refletidas de volta para a Terra.

propagação terrestre   Propagação de ondas de rádio através da parte mais baixa da atmosfera (próximo à Terra).

Protocol Independent Multicast (PIM) – Multicast independente de protocolo   Família de protocolos multicast com dois membros, PIM-DM e PIM-SM; ambos são dependentes de protocolos unicast.

Protocol Independent Multicast, Dense Mode (PIM-DM) – Multicast independente de protocolo, modo denso   Protocolo de roteamento baseado na origem que usa RPF e estratégias de poda/enxerto para lidar com multicast.

Protocol Independent Multicast, Sparse Mode (PIM-SM) – Multicast independente de protocolo, modo esparso   Protocolo de roteamento de compartilhamento de grupos similar ao CBT e que usa um ponto de encontro como origem da árvore.

protocolo de bootstrap (BOOTP)   Protocolo que carrega informações de configuração a partir de uma tabela (arquivo).

protocolo de Needham-Schroeder   Protocolo de gerenciamento de chaves usando várias interações confrontação-resposta entre duas entidades.

protocolo de Otway-Rees   Protocolo de gerenciamento de chaves criptográficas com menos etapas que o método de Needham-Schroeder.

protocolo de roteamento entre sistemas autônomos Protocolo para lidar com transmissões entre sistemas autônomos.

protocolo Diffie-Hellman Protocolo de gerenciamento de chaves criptográficas que fornece uma chave por sessão para duas partes.

protocolo orientado a bits Protocolo no qual um frame de dados é interpretado como uma seqüência de bits.

protocolo orientado a bytes Protocolo no qual a seção de dados do frame é interpretada como uma seqüência de bytes (caracteres).

protocolo orientado a caractere Ver *protocolo orientado a bytes*.

protocolo simples O protocolo mais simples possível, que usamos para mostrar um método de acesso sem controle de fluxo e de erros.

Protocolo Stop-and-Wait Protocolo no qual o emissor envia um frame, pára até receber confirmação do receptor e, em seguida, envia o próximo frame.

protocolo Regras para comunicação.

proxy ARP Técnica que cria um efeito de sub-rede; um servidor responde às solicitações ARP para vários hosts.

proxy firewall Firewall que filtra mensagens baseado nas informações disponíveis na própria mensagem (na camada de aplicação).

proxy server (servidor proxy) Computador que mantém cópias das respostas das solicitações recentes.

prunning Pára o envio de mensagens multicast em uma interface.

pseudocabeçalho Informações do cabeçalho IP usado apenas para cálculo do checksum em pacotes UDP e TCP.

Public Key Infrastructure (PKI) – Infra-estrutura de chaves públicas Estrutura hierárquica de servidores CA.

Pulse Amplitude Modulation (PAM) – Modulação por amplitude do pulso Técnica na qual um sinal analógico é amostrado; o resultado é uma série de pulsos baseados nos dados amostrados.

Pulse Code Modulation (PCM) – Modulação por código de pulso Técnica que modifica pulsos PAM para criar um sinal digital.

Q

Quadrature Amplitude Modulation (QAM) – Modulação por amplitude de quadratura Método de modulação digital-analógica em que a fase e a amplitude do sinal da portadora variam com o sinal modulador.

Quality of Service (QoS) – Qualidade de serviço Conjunto de atributos relacionados ao desempenho de uma conexão.

quantização Assinalamento de um intervalo específico de valores associados às amplitudes de sinais.

R

rajada de frames Técnica do Gigabit Ethernet CSMA/CD na qual vários frames são associados logicamente entre si de modo a parecer um frame mais longo.

Ranging Em uma rede HFC, processo que determina a distância entre o CM e o CMTS.

Rate Adaptive Asymmetrical Digital Subscriber line (RADSL) – Linha digital de assinante assimétrica de velocidade adaptativa Tecnologia baseada no DSL, que dispõe de diferentes taxas de dados, dependendo do tipo de comunicação.

Read Only Memory (ROM) – Memória apenas de leitura Memória permanente, com conteúdo que não pode ser alterado.

Real-Time Streaming Protocol (RTSP) – Protocolo de fluxo contínuo em tempo real Protocolo de controle out-of-band, criado para adicionar funcionalidades ao processo de fluxo contínuo de áudio/vídeo.

Real-Time Transport Control Protocol (RTCP) – Protocolo TCP de tempo real Protocolo complementar ao RTP que implementa mecanismos de controle do fluxo e qualidade dos dados, permitindo ao receptor enviar feedback à origem ou às origens, através de mensagens específicas.

Real-Time Transport Protocol (RTP) – Protocolo de transporte em tempo real Protocolo para tráfego em tempo real; usado em conjunto com o UDP.

rede de células Rede que usa células como sua unidade básica de dados.

rede de comutação de pacotes Rede na qual os dados são transmitidos em unidades independentes chamadas pacotes.

rede de datagramas Rede de comutação de pacotes em que estes são independentes entre si.

rede de espalhamento Combinação de picoredes.

rede de satélites Combinação de nós que oferecem comunicação de um ponto a outro da Terra.

rede de TV a cabo Sistema que usa cabos coaxiais ou fibra óptica para transmitir às residências vários canais de TV.

rede HFC (híbrida fibra-coaxial) A segunda geração de redes a cabo; usa fibra óptica e cabo coaxial.

rede híbrida Rede formada por uma internet privada com acesso à Internet global.

rede privada Rede que é isolada da Internet.

rede Sistema formado por nós interligados que compartilham dados, hardware e software.

redundância Acréscimo de bits a uma mensagem com a finalidade de implementar controle de erros.

Reed-Solomon Código cíclico complexo, mas eficiente.

reflexão Fenômeno relacionado com a reflexão (retorno de luz) na interface de separação entre dois meios de transmissão.

refração Fenômeno relacionado com o desvio da luz ao passar de um meio físico para outro.

registro Autoridade para registrar nomes de domínio.

repetidor Dispositivo que estende a distância que um sinal pode percorrer realizando regeneração e amplificação do sinal.

Request for Comment (RFC) Documento formal que se refere a alguma questão da Internet.

resolução nome-endereço Associação de um nome a um endereço ou de um endereço a um nome.

resolver Cliente DNS, que é usado por um host, que precisa associar um endereço a um nome ou um nome a um endereço.

Resource Reservation Protocol (RSVP) – Protocolo de reserva de recursos Protocolo de sinalização que ajuda o IP a estabelecer um fluxo e a fazer reserva de recursos para melhorar a qualidade do serviço.

retransmissão rápida Retransmissão de um segmento TCP sempre que forem recebidas três confirmações, o que implicará na perda ou corrupção deste segmento.

return to zero (RZ) – retorno a zero Técnica de codificação digital-digital em que a tensão do sinal é zero para a segunda metade do intervalo de transmissão de um bit.

Reverse Address Resolution Protocol (RARP) Protocolo de resolução de endereços reverso Protocolo TCP/IP que permite a um host encontrar seu endereço Internet dado seu endereço físico.

Reverse Path Broadcasting (RPB) Técnica na qual o roteador encaminha apenas os pacotes que percorreram a rota mais curta da origem até o roteador.

Reverse Path Forwarding (RPF) Técnica na qual o roteador encaminha apenas os pacotes que percorreram a rota mais curta da origem até o roteador.

Reverse Path Multicasting (RPM) Técnica que adiciona recursos de poda/enxerto ao RPB para criar uma árvore de rota mais curta que suporta mudanças de associação dinâmicas.

RJ45 Conector padrão para cabos de par trançado.

roaming Na telefonia celular, a habilidade de um usuário se comunicar fora da área de cobertura de seu provedor de serviços.

rota default Método de roteamento no qual um roteador é designado para encaminhar todos os pacotes que não coincidem com as rotas específicas da tabela de roteamento.

rota Caminho percorrido por um pacote.

roteador de ponto de encontro Roteador que é o núcleo ou o centro de cada grupo multicast; ele se torna a raiz da árvore.

roteador multicast Roteador com uma lista de membros leais para cada interface do roteador que distribui os pacotes multicast.

roteador Dispositivo utilizado para a interligação de redes que opera nas três primeiras camadas do modelo OSI. Um roteador é conectado a duas ou mais redes e encaminha pacotes de uma rede a outra.

roteamento de origem Definição explícita da rota de um pacote pelo emissor do pacote.

roteamento dinâmico Roteamento no qual as entradas na tabela de rotas são atualizadas automaticamente pelo protocolo de roteamento.

roteamento específico a uma rede Roteamento no qual todos os hosts de uma rede compartilham uma entrada na tabela de roteamento.

roteamento específico de host Método de roteamento no qual o endereço IP completo de um host é adicionado à tabela de roteamento.

roteamento estático Tipo de roteamento no qual a tabela permanece inalterada.

roteamento exterior Roteamento entre sistemas autônomos.

roteamento geográfico Técnica de roteamento em que o espaço de endereços inteiro é dividido em blocos, tomando como base as grandes regiões físicas.

roteamento hierárquico Técnica de roteamento em que todo o espaço de endereços é dividido em níveis hierárquicos, baseados em critérios específicos.

roteamento interdomínios Roteamento entre sistemas autônomos.

roteamento interno Roteamento dentro de um mesmo sistema autônomo.

roteamento multicast Transferência de um pacote multicast a seus destinos.

Roteamento Unicast Envio de um pacote para apenas um destino.

roteamento vetor-distância Método de roteamento no qual cada roteador envia a seus vizinhos uma lista das redes alcançáveis e sua distância (em hops).

roteamento Processo realizado por um roteador, que encontra o nó seguinte para encaminhar um datagrama.

Round-Trip Time (RTT) – Tempo de viagem ida-e-volta Período necessário para um datagrama ir da origem ao seu destino e depois retornar.

Routing Information Protocol (RIP) Protocolo de roteamento baseado no algoritmo de roteamento vetor-distância.

ruído pseudo-aleatório (PN) Gerador de código pseudo-aleatório usado no FHSS.

S

Sample (amostragem) Processo de obtenção de amostras de amplitudes de um sinal em intervalos regulares.

S-box Dispositivo de criptografia formado por decodificadores, P-boxes e codificadores.

Sector (ITU–T) – International Telecommunications Union–Telecommunication Standardization Organização de padronização internacional anteriormente conhecida como CCITT.

Secure Socket Layer (SSL) Protocolo projetado para fornecer serviços de segurança e de compressão de dados gerados na camada de aplicação.

Security Association (SA) Protocolo IPSec que cria uma conexão lógica entre dois hosts.

Security Association Database (SADB) Banco de dados que define um conjunto de associações de segurança únicas.

Security Paramenter Index (SPI) Parâmetro que distingue de forma única uma associação de segurança das demais.

segmentação e remontagem (SAR) Funcionalidade implementada na subcamada AAL mais baixa do protocolo ATM, em que um cabeçalho e/ou trailer pode ser adicionado para produzir um elemento de 48 bytes.

segmentação Divisão de uma mensagem em vários pacotes; normalmente realizada na camada de transporte.

segmento Pacote da camada TCP. Também pode ser definido como o comprimento do meio de transmissão compartilhado por dispositivos em uma rede.

select Do método de acesso poll/select, procedimento no qual a estação primária pergunta a uma estação secundária se ela está pronta para receber dados.

selective-repeat ARQ – ARQ de repetição seletiva Método de controle de erros em que apenas o frame com erro é retransmitido.

semântica Significado de cada seção de bits.

seqüência de Barker Seqüência de 11 bits usada em espalhamento espectral.

seqüência ortogonal Seqüência com propriedades especiais entre os elementos.

Server Control Point (SCP) Na terminologia SS7, nó que controla toda a operação de uma rede.

serviço multifluxo Serviço fornecido pelo SCTP que permite que a transferência de dados seja efetuada por diferentes fluxos.

serviço multihoming Serviço fornecido pelo SCTP que permite a um computador estar conectado a diferentes redes.

serviço sem conexão Serviço para transferência de dados sem o estabelecimento ou término de conexões.

serviços diferenciados (DS ou Diffserv) Modelo baseado em classes, projetado para o IP.

serviços integrados (IntServ) Modelo de QoS baseado em fluxo, desenvolvido para o IP.

servidor de autenticação (AS) O KDC no protocolo Kerberos.

servidor DNS Computador que armazena informações sobre o espaço de nomes.

servidor raiz No DNS, servidor cuja zona de atuação consiste da árvore inteira. Um servidor raiz não armazena nenhuma informação sobre domínios, mas delega sua autoridade a outros servidores, mantendo referências a esses servidores.

servidor Programa capaz de fornecer serviços a outros programas, chamados clientes (local ou remoto).

Session Initiation Protocol (SIP) – Protocolo de inicialização de sessão Na comunicação voz sobre IP, protocolo de aplicação que estabelece, gerencia e encerra uma sessão multimídia.

Shielded Twisted-Pair (STP) – Cabo de par trançado blindado Cabo de par trançado envolto em uma folha de metal ou capa de malha trançada que protege contra interferências eletromagnéticas.

shift register (registrador de deslocamento) Registrador no qual cada posição de memória, em um tique de clock, aceita um bit em sua porta de entrada, armazena o novo bit e o exibe na porta de saída.

Short Interframe Space (SIFS) – Espaço curto entre frames No CSMA/CA, período que o destino aguarda após receber o RTS.

Shortest path tree (árvore de caminho mais curto) Tabela de roteamento formada usando-se o algoritmo de Dijkstra.

Signal Transport Point (STP) – Ponto de transporte de sinal Na terminologia SS7, o nó usado pela rede de sinalização.

Signaling Connection Control Point (SCCP) – Ponto de controle de conexão de sinalização No SS7, os pontos de controle usados para serviços especiais como chamadas 0800.

Signaling System 7 (SS7) – Sistema de sinalização 7 Protocolo que é usado em uma rede de sinalização.

Signal-to-Noise Ratio (SNR) – Relação sinal-ruído Relação entre a potência média do sinal e a potência média do ruído.

Simple and Efficient Adaptation Layer (SEAL) – Camada de adaptação simples e eficiente Camada AAL projetada para a Internet (AAL5).

Simple Mail Transfer Protocol (SMTP) – Protocolo simples de transferência de mensagens Protocolo TCP/IP que define serviços de correio eletrônico na Internet.

Simple Network Management Protocol (SNMP) – Protocolo simples de gerenciamento de redes Protocolo TCP/IP que especifica o processo de gerenciamento na Internet.

sinal composto Sinal composto por mais de uma onda senoidal.

sinal de portadora Sinal de alta freqüência usado na modulação digital-analógica ou analógica-analógica. Uma das características do sinal da portadora (amplitude, freqüência ou fase) é alterada de acordo com os dados a serem modulados.

Sinal de Transporte Síncrono (STS) Sinal dentro da hierarquia SONET.

sinal digital Sinal discreto com um número limitado de valores.

sinal não periódico Sinal que não apresenta um padrão contínuo ou um ciclo repetitivo.

sinal periódico Sinal que exibe um padrão repetitivo.

sinalização inband Usar o mesmo canal para transferência de dados e controle.

sinalização out-of-band – Fora da banda Aquela que usa dois canais distintos, um para dados e outro para controle.

síndrome da janela sem sentido Situação na qual uma janela de tamanho reduzido é anunciada pelo receptor e um pequeno segmento é enviado pelo emissor.

síndrome Seqüência de bits gerada pela aplicação para verificação de erros de uma palavra-código.

single-mode fiber Fibra óptica de diâmetro extremamente reduzido que limita os feixes a um pequeno número de ângulos, resultando em um feixe praticamente horizontal.

sintaxe Estrutura ou formato dos dados, significando a ordem na qual eles são apresentados.

sistema final Emissor ou receptor de dados.

SKEME Protocolo para troca de chaves desenvolvido por Hugo Krawcyzk. É um dos três protocolos que formam a base do IKE.

sliding window ARQ Protocolo de controle de erros que usa conceitos de janela deslizante.

sllotted ALOHA O método de acesso ALOHA modificado, no qual o tempo é dividido em time-slots e cada estação é forçada a iniciar a transmissão de dados apenas no início do time-slot.

Source quench (refreamento da fonte) Método usado no ICMP para controle de fluxo, no qual a origem é notificada para diminuir ou interromper a transmissão de datagramas em virtude de congestionamento.

source routing bridge Estação de origem ou de destino que realiza algumas das tarefas de uma bridge transparente como um meio de se impedir a formação de loops.

source-based tree Árvore usada por protocolos multicast, em que é criada uma única árvore para cada combinação origem e grupo.

split horizon Método para melhorar a estabilidade do RIP, em que o roteador escolhe de forma seletiva a interface a partir da qual as informações de atualização são enviadas.

spread spectrum (espalhamento espectral) Técnica para transmissão de dados sem fio que requer uma largura de banda várias vezes superior à da largura de banda original do sinal.

start bit (bit de início) Na transmissão assíncrona, um bit que indica o início da transmissão.

stop bit (bit de parada) Na transmissão assíncrona, um ou mais bits que indicam final da transmissão.

Stop-and-Wait ARQ Protocolo de controle de erros que usa controle de fluxo stop-and-wait.

store-and-forward switch Switch que armazena o frame em um buffer interno de entrada até que todo o pacote tenha chegado.

Stream Control Transmission Protocol (SCTP) Protocolo da camada de transporte desenvolvido para telefonia via Internet e aplicações relacionadas.

streaming live audio/video (áudio e vídeo de fluxo contínuo ao vivo) Dados em broadcast da Internct nos quais um usuário pode ouvi-los ou assisti-los.

streaming stored audio/video (áudio/vídeo de fluxo contínuo armazenado) Dados baixados da Internet na forma de arquivos, os quais um usuário pode ouvi-los ou assisti-los.

Structure of Management Information (SMI) – Estrutura de informações de gerenciamento No SNMP, componente usado no gerenciamento de redes.

subcamada de convergência (CS) No protocolo ATM, a subcamada AAL superior que adiciona um cabeçalho ou um trailer aos dados do usuário.

subcamada de reconciliação Subcamada da Fast Ethernet que repassa dados ao MII no formado de 4 bits.

subcamada PHY O transceptor na Fast Ethernet.

sub-rede Parte de uma rede.

sub-rede Sub-rede.

substituição monoalfabética Método de criptografia no qual cada ocorrência de um caractere é substituída por outro caractere do conjunto.

substituição polialfabética Método de criptografia no qual cada ocorrência de um caractere pode ter um substituto diferente.

sufixo Em uma rede, a parte variável (similar ao hostid) do endereço. No DNS, uma string usada por uma organização para definir seu host ou recursos.

supergrupo Sinal composto por cinco grupos multiplexados.

super-rede Rede formada a partir de duas ou mais redes menores.

switch Dispositivo que interliga várias linhas de comunicação.

Switched Ethernet Ethernet na qual um switch, em vez de um hub, encaminhada uma mensagem a seu destino.

Switched Virtual Circuit (SVC) – Circuito virtual comutado Método de transmissão via circuitos virtuais, cuja existência perdura apenas durante a troca de mensagens.

switched/56 Uma conexão digital temporária de 56 Kbps entre dois usuários.

Symmetric Digital Subscriber Line (SDSL) – Linha digital simétrica de assinante Tecnologia baseada no DSL similar ao HDSL, mas que usa apenas um único cabo de par trançado.

Synchronous Digital Hierarchy (SDH) – Hierarquia digital síncrona Equivalente ITU-T da SONET.

Synchronous Optical Network (SONET) – Rede óptica síncrona Padrão desenvolvido pelo ANSI para utilização com tecnologia de fibra óptica, capaz de transmitir dados em alta velocidade. Pode ser usado para transmitir informações sob a forma de texto, áudio e vídeo.

Synchronous Transport Mode (STM) – Módulo de transporte síncrono Sinal dentro da hierarquia SDH.

T

tabela de roteamento Tabela contendo informações que um roteador precisa para encaminhar pacotes. Entre essas informações podemos ter: endereço de rede, métrica, endereço do nó seguinte e assim por diante.

tabela de Walsh Em CDMA, uma tabela bidimensional usada para gerar seqüências ortogonais.

Tandem office (centrais tandem) Central de tarifação de uma rede telefônica.

taxa de amostragem Número de amostras que devem ser coletadas por segundo no processo de amostragem.

taxa de bits de Nyquist A taxa de dados baseada no teorema de Nyquist.

taxa de bits Número de bits transmitidos por segundo.

taxa de dados Número de elementos de dados transmitidos em um segundo.

taxa de sinal Número de elementos de sinal transmitidos em um segundo.

taxa de transmissão Número de bits enviados por segundo.

taxa de transmissão Número de elementos de sinal transmitidos por segundo. Um elemento de sinal consiste em um ou mais bits.

TDM estatístico Técnica TDM na qual os time slots são alocados dinamicamente para aumentar a eficiência.

TDM síncrono Técnica TDM na qual cada entrada apresenta um time slot predefinido na saída, mesmo quando não houver transmissão de dados.

telecomunicações Troca de informações a distância por meio do emprego de equipamentos eletrônicos.

teleconferência Comunicação visual e de áudio entre usuários remotos.

Teledesic Sistema de satélites que fornecem comunicação por fibra óptica (canais banda larga, baixa taxa de erros e pequeno atraso)

telefonia celular Técnica de comunicação sem fio na qual uma área é dividida em células. Uma célula é atendida por um transmissor.

Telephone User Port (TUP) Protocolo da camada superior do SS7 responsável por estabelecer chamadas de voz.

tempo de propagação Tempo necessário para um sinal trafegar de um ponto a outro.

tempo de retransmissão esgotado Expiração de um timer que controla a retransmissão de pacotes.

TEN-Gigabits Ethernet Nova implementação da Ethernet operando em 10 Gbps.

teorema de Nyquist Teorema que afirma que o número mínimo de amostras necessárias para representar de forma adequada um sinal analógico é igual a duas vezes à freqüência mais alta do sinal original.

Terminal Network (TELNET) Programa cliente/servidor de propósito genérico que permite o login remoto.

texto cifrado Dados criptografados.

texto normal Na criptografia/decriptografia, a mensagem original.

throughput – (vazão) Número de bits que podem passar por um ponto em um segundo.

Ticket-Granting Server (TGS) Servidor Kerberos que emite tíquetes.

Time Division Duplexing TDMA (TDD-TDMA) Na rede Bluetooth, um tipo de comunicação half-duplex em que o escravo e o receptor enviam e recebem dados, mas não ao mesmo tempo (half-duplex).

Time Division Multiple Access (TDMA) – Acesso múltiplo por divisão de tempo Método de acesso múltiplo no qual a largura de banda do canal é compartilhado no tempo.

Time Division Multiplexing (TDM) – Multiplexação por divisão de tempo Técnica de multiplexação para canais de baixa velocidade, que permite compartilhar no tempo um enlace físico de alta velocidade.

Time-Slot Interchange (TSI) Comutador por divisão de tempo formado por RAM e unidade de controle.

Time-To-Live (TTL) – Tempo de vida O tempo de vida de um pacote.

Tipo de Serviço (TOS) Critério ou valor que especifica a manipulação do datagrama.

Token (ficha) Pequeno pacote usado no método de acesso token-passing.

token bucket (balde de fichas) Algoritmo que permite a hosts ociosos acumularem crédito, na forma de fichas, para uso futuro.

token passing Método de acesso no qual um token circula pela rede. A estação que capturar o token poderá transmitir dados.

Token Ring LAN que usa topologia em anel e método de acesso token passing.

topologia de malha Configuração de rede na qual cada dispositivo tem um link ponto a ponto dedicado com cada um dos demais dispositivos.

topologia em anel Topologia em que os dispositivos são ligados na forma de um anel. Cada dispositivo no anel recebe a unidade de dados do anterior, os regenera e os encaminha para o seguinte.

topologia estrela Topologia na qual todas as estações são interligadas a um dispositivo central (hub).

topologia Estrutura de uma rede, inclusive a disposição física dos dispositivos.

trailer Informações de controle anexadas a uma unidade de dados.

Transaction Capabilities Application Port (TCAP) Protocolo da camada superior do SS7 que fornece chamadas a procedimento remotas, permitindo a um programa aplicativo em um computador chamar um procedimento em outro computador.

transceptor Dispositivo que tanto transmite como recebe.

transmissão assíncrona Transferência de dados com bit(s) de start e stop e intervalo de tempo variável entre as unidades de dados.

transmissão banda larga Transmissão de sinais usando modulação por um sinal com freqüência mais elevada. O termo implica em dados combinados de banda larga de diferentes fontes.

transmissão banda-base   Transmissão de um sinal analógico ou digital sem modulação, usando um canal passa-baixa.

transmissão isócrona   Tipo de transmissão no qual o fluxo inteiro de bits é sincronizado sob o controle de um clock comum.

transmissão paralela   Transmissão na qual os bits de um grupo são enviados simultaneamente, cada qual usando um meio físico separado.

transmissão serial   Transmissão de dados um bit por vez usando apenas um único link.

transmissão síncrona   Método de transmissão que requer sincronização de clocks entre emissor e receptor.

Transmission Control Protocol (TCP)   Protocolo de transporte do conjunto de protocolos TCP/IP.

Transmission Control Protocol/Internetworking Protocol (TCP/IP)   Conjunto de protocolos de cinco camadas que definem a troca de informações na Internet.

Transport Layer Security (TLS)   Versão do SSL padronizada pelo IETF. Os dois são bastante parecidos, com ligeiras diferenças.

triangulação   Método bidimensional para determinação de uma posição dadas as distâncias a partir de três pontos diferentes.

Tributário Virtual (VT)   Payload parcial que pode ser inserido em um frame SONET e combinado com outros payloads parciais para preenchimento do frame.

triplo DES   Algoritmo compatível com o DES que usa três blocos DES e duas chaves de 56 bits.

Trivial File Transfer Protocol (TFTP) – Protocolo de transferência de arquivos trivial   Protocolo TCP/IP não-confiável para transferência de arquivos e que não requer complexa interação entre cliente e servidor.

tronco   Meio de transmissão que trata da comunicação entre escritórios.

túnel lógico   Encapsulamento de um pacote multicast dentro de um pacote unicast para permitir roteamento multicast por meio de roteadores unicast.

tunelamento   No multicasting, processo no qual um pacote multicast é encapsulado em pacotes unicast e, em seguida, transmitido pela rede. No VPN, encapsulamento de um datagrama IP criptografado em um segundo datagrama externo. No IPv6, estratégia empregada quando dois computadores que utilizam IPv6 querem se comunicar entre si, mas o pacote deve passar por uma região que usa IPv4.

twisted-pair cable (cabo de par trançado)   Meio de transmissão formado por dois condutores isolados em um par trançado.

U

unbalanced configuration   Configuração do HDLC em que um dispositivo é primário e os demais são secundários.

unicasting   Envio de um pacote para apenas um destino.

Unicode   Conjunto de caracteres internacional usado para definir caracteres válidos em computação.

Uniform Resource Locator (URL)   String de caracteres (endereço) que identifica uma página na World Wide Web.

Unshielded Twisted Pair (UTP) – Cabo de par trançado não blindado   Cabo com fios trançados entre si que reduzem o nível de ruído e linha cruzada. Ver também *cabo de par trançado* e *par trançado blindado*.

Unspecified Bit Rate (UBR) – Taxa de bits não especificada   Taxa de dados de uma classe de serviços ATM que especifica apenas a entrega de dados da melhor maneira possível (best effort).

uplink   Transmissão de uma estação terrestre a um satélite.

uploading   Envio de um arquivo ou dados locais para um site remoto.

User Agent (UA) – agente de usuário   Componente SMTP que prepara mensagens, cria um envelope e coloca nele a mensagem.

User Datagram Protocol (UDP) – Protocolo de datagrama de usuário   Protocolo sem conexão da camada de transporte do TCP/IP.

User-to-network Interface (UNI) – Interface usuário-rede   Interface entre um usuário e a rede ATM.

V

V series Padrões do ITU-T que definem a transmissão de dados por meio de linhas telefônicas. Alguns padrões comuns são: V.32, V.32bis, V.90 e V92.

Variable Bit Rate (VBR) – Taxa de bits variável Taxa de dados de uma classe de serviço ATM para usuários que precisam de uma taxa de bits variável.

velocidade de propagação Velocidade na qual um sinal ou bit trafega; medida em distância/segundo.

verificação de paridade bidimensional Método de detecção de erros de duas dimensões.

verificação de paridade Método de detecção de erros usando um bit de paridade.

very high bit rate digital subscriber line (VDSL) – Linha digital de assinante de altíssima velocidade Tecnologia baseada no DSL para distâncias curtas.

vídeo Gravação ou transmissão de uma imagem ou filme.

Virtual Circuit (VC) – Circuito virtual Circuito lógico formado entre computadores de origem e de destino.

virtual link Conexão OSPF entre dois roteadores que é criada quando o link físico é interrompido. O link entre eles usa uma rota mais longa que provavelmente passa por vários roteadores.

Virtual Local Area Network (VLAN) – Rede Local virtual Tecnologia que divide uma LAN física em grupos de trabalho virtuais por meio de métodos de software.

Virtual Private Network (VPN) – Rede privativa virtual Tecnologia que cria uma rede privada virtual sob uma rede física pública.

Voice over Frame Relay (VOFR) Funcionalidade do Frame Relay capaz de transportar voz em frames de dados.

Voice over IP Tecnologia na qual a Internet é usada semelhantemente a uma rede telefônica.

W

Wave-Division Multiplexing (WDM) – Multiplexação por divisão de comprimento de onda Combinação de sinais de luz modulados em um único sinal.

Web page Unidade de hipertexto ou hipermídia disponível na Web.

Weighted fair queueing (filas ponderadas) Técnica de alocação de pacotes em fila que aumenta a qualidade de serviço de uma rede. Os pacotes são alocados em filas tomando-se como base um número de prioridade.

Well-know port number (número de porta bem conhecido) Número de porta que identifica um processo no servidor.

Wide Area Network (WAN) – Rede de grande abrangência Uma rede que usa uma tecnologia que permite interconectar dispositivos a uma grande distância geográfica.

Wide Area Telephone Services (WATS) – Serviços de telefonia de longa distância Serviço de telefonia no qual as tarifas se baseiam no número de chamadas feitas.

World Wide Web (WWW) Serviço Internet multimídia que permite aos usuários navegarem pela Internet deslocando-se de um documento a outro através dos links que os interligam.

X

X.25 Padrão ITU-T que define a interface entre um dispositivo terminal de dados e uma rede de comutação de pacotes

X.509 Padrão ITU-T para infra-estrutura de chaves públicas (PKI)

Z

zona No DNS, aquilo pelo qual um servidor DNS é responsável ou sobre o qual exerce autoridade.

ÍNDICE REMISSIVO

Numérico
1000Base-CX, 414
1000Base-LX, 414
1000Base-SX, 414
1000Base-T, 414
100Base-FX, 410–411
100Base-T4, 410, 412
100Base-TX, 410–411
10Base2, 404
10Base5, 403
10Base-F, 405
10Base-T, 404
   full-duplex, 408
10GBase-E, 416
10GBase-L, 416
10GBase-S, 416
2B1Q, 111
HDSL, 255
3DES. Veja Triple DES
4B/5B, 116
4D-PAM5, 113
   Gigabit Ethernet, 415
0800, serviço, 247
8B/10B, 118
   Gigabit Ethernet, 415
8B6T, 112

A
AAL, 532
AAL1, 532
AAL2, 532
AAL3/4, 534
AAL5, 535
abertura ativa, 723
abertura passiva, 723
abertura simultânea, 725
ABM, 341
acesso, 363
   ao meio de transmissão, 364
   controlado, 379
   controle de acesso
      Gigabit Ethernet, 412
   randômico, 364
Acesso múltiplo, 363. Veja também MA
ACK, 724

duplicado, 732
   poll, 381
   Selective Repeat ARQ, 339
ACKs duplicados, 732
ACL, 439
address resolution protocol. Veja ARP
admissão, 781
ADSL, 252–253, 255
   adaptativa, 252
   canais ociosos, 253
   controle de dados na direção de downstream, 253
   DMT, 254
   HDSL, 255
   loop local, 252
   VDSL, 255
   voz, 252
ADSL Lite, 254
ADSL sem o uso de splitters, 254
ADSL universal, 254
Advanced Encryption Standard. Veja AES
Advanced Mobile Phone System. Veja AMPS
Advanced Research Projects Agency. Veja ARPA
AES, 943
   ciclo, 944
   configurações, 944
   estrutura, 944
AF PHB, 786
afastamento em relação à referência inicial, 104
   Manchester, 109
   NRZ-L, 107
agências reguladoras, 21
agente de retransmissão, 619
agentes, 877–878
   abertura passiva, 895
   banco de dados, 878
   MIB, 886
   trap, 878
algoritmo de Dijkstra, 668
   roteamento com estado dos enlaces multicast, 685
algoritmo de hash seguro-1. Veja SHA-1

algoritmo de Rijndael, 943
algoritmo hash, 967
algoritmo spanning-tree, 452
alias, 831
Alice, 932
alocação de buffer, 534
alocação de recursos, 745
ALOHA, 365
   ALOHA puro, 365
   colisão, 365
   período de vulnerabilidade, 369
alternate Mark Inversion. Veja AMI
   "Leave report", 631
   "Membership Report", 631
   Abandonando um grupo, 633
AM, 153–154
   associação de roteadores, 632
   associando-se a um grupo, 632
   camada de enlace de dados, 636
   campo "Group Address", 632
   campo "Maximum Response Time", 631
   campo "protocolo", 635
   campo "tipo", 631
   campo "TTL", 635
   consulta para continuação como membership, 633
   domínio, 635
   encapsulamento, 635
   endereçamento físico multicast, 636
   endereço Ethernet, 636
   endereço IP de destino, 635
   formato de uma mensagem, 631
   função, 630
   ICMPv6, 596, 640
   largura de banda, 153–154
   lista de hosts, 632
   membro fiel, 632
   membros de hosts, 632
   mensagens de consulta, 631
   monitorando a associação de um grupo, 633
   portadora, 153
   protocolo IP, 630
   resposta com atraso, 633–634
   roteador de consulta, 635
   roteador de distribuição, 632

ÍNDICE REMISSIVO

roteamento multicast, 685
tipos de mensagens, 631
tunelamento, 637
WAN, 637
American National Standards Institute. Veja ANSI
American Standard Code for Information Interchange. Veja ASCII
AMI, 110
   B8ZS, 119
   HDSL, 255
   sincronização, 111
AMI bipolar, 110
amostragem, 121
   PCM, 121
amostragem e retenção, 121
amostragem flat-top, 121
amostragem ideal, 121
amostragem natural, 121
amplificador, 447
   atenuação, 81
   TV a cabo, 256
amplitude, 142, 144
amplitude de sinal, 59
   analógico e digital, 58
   analógico periódico composto, 59
   CDMA, 388
   degradação, 12
amplitude máxima, 59
Amplitude Modulation. Veja AM
Amplitude Shift Keying. Veja ASK
AMPS digital. Veja D-AMPS
AMPS, 470
analisador de lógica de decisão, 280
análise de Fourier, 67, 74, 1046
anel, 9, 12
   definição, 12
   desvantagens, 12
   duplo, 12
   repetidor, 12
   vantagens, 12
anel lógico, 382
ângulo crítico, 198
ângulo de incidência, 198
ANSI, 20
antena
   antena parabólica, 207
   captador direcional, 207
   foco, 206
   linha de visada, 203
   satélite, 480
antena de TV comunitária, 256

antena omnidirecional, 205
antena parabólica, 206
antena unidirecional, 206
Antiga LAN ATM, 536
AP, 421
APNIC, 569
Applet Java, 860
applet, 860
application adaptation layer. Veja AAL
aprendizagem a distância, 682
área, 671
área de cobertura, 480
   LEO, 484
aritmética de complemento um, 298
aritmética de módulo
   adição, 270
   subtração, 270
aritmética modular, 270
ARP, 43–44, 613
   campo "Hardware Length", 614
   campo "Hardware type", 614
   campo "Operation", 614
   campo "Protocol Type", 614
   campo "Sender Hardware Address", 614
   campo "Sender Protocol Address", 614
   campo "Target Hardware Address", 614
   campo "Target Protocol Address", 614
   componentes de um pacote, 612
   Consulta é transmitida em broadcast, 612
   encapsulamento, 615
   formato de pacote, 613
   host-host em redes distintas, 616
   host-host em uma mesma rede, 615
   ICMPv6, 596, 640
   operação, 615
   pacote de resposta, 612
   pacote de solicitação, 612
   processo, 615
   proxy, 617
   quatro casos, 615
   resposta unicast, 612
ARPA, 17
ARPANET, 17
ARQ, 311
arquitetura *ad hoc*, 421
arquitetura do sistema de correio eletrônico, 824
   modelo OSI, 30

arquitetura mista de rede LAN, 537
arquitetura, 526
arquivo de hosts, 798
arquivo de zonas, 802
árvore baseada na origem
   roteamento multicast vetor distância, 686
árvore baseada no core. Veja CBT
árvore compartilhada por grupos
   CBT, 691
árvore compartilhada por grupos, 684
árvore de rota mais curta, 668
   raiz , 668
   roteamento estado do enlace, 667
   roteamento multicast, 682
   roteamento unicast, 682
   tabela de roteamento, 670
árvore de rota mais curta, 682
AS, 659, 984
   multiresidente, 677
   nó alto-falante, 674
   representação gráfica, 673
   stub, 676
   tipos, 676
   trânsito, 677
AS multirresistente, 677
AS stub, 676
AS transiente, 677
ASCII, 5, 1029
   tabela de códigos de caracteres, 1032
ASCII estendido, 1029
ASK, 142
   binário, 144
   constelação, 151
   FM, 154
   FSK, 146
   implementação, 144
   largura de banda, 144, 146
   medição, 483
   multinível, 145
   onda senoidal, 65
   PM, 155
   PSK, 148
   PSK, 152
   sinal da portadora, 143
ASK binário, 144
ASK multinível, 145
ASN.1, 989
   exemplo de tipo simples, 883
   SMI, 882
ASP, 859

associação, 737, 743
    término, 748
associação SCTP, 743
asynchronous balanced mode. Veja ABM
asynchronous connectionless link. Veja ACL
asynchronous transfer mode. Veja ATM
AT&T Bell System, 1059
ataque de "brigada de baldes", 956
ataque de negação de serviços, 725
    WDM denso, 168
ataque homem no meio, 955–956
ataque por inundação de SYNs, 725
atenuação, 81, 446
    amplificadores, 81
    fibras ópticas, 202
ATM
    atraso na transferência de células, 790
    atributos relacionados com o usuário, 790
    atributos relativos à rede, 790
    cabeçalho NNI, 531
    camada física, 530
    camada, 530
    camadas, 529
    célula, 527
    classe available-bit-rate (ABR), 789
    classe de taxa de bits constante, 789
    classe ubr (unspecified bit rate), 789
    classe vbr, 789
    compatibilidade com versões anteriores, 523
    comutação, 529
    conexão virtual, 526
    conexões, 528
    em tempo real, 789
    estabelecimento de conexão, 528
    estrutura de comutação, 529
    exemplo, 526
    Identificador, 527
    liberação de conexão, 528
    multimídia, 536
    multiplexação, 525
    não em tempo real, 789
    objetivos do projeto, 523
    orientado a conexões, 538
    pcr (peak cell rate), 790
    QoS, 789
    roteamento hierárquico, 527
    SONET, 530
    Supervia de Informações, 523
    SVC, 529
    taxa de bits variável
    taxa de bits variável e
    taxa de células mínima, 790
    taxa de células sustentada, 790
    taxa de erros de células, 790
    taxa de perdas de células, 790
    tipos de conexões, 536
    tolerância de atraso de variações de células, 790
    variação no atraso de células, 790
    WAN, 536
ATM, 527
    cabeçalho, 528
    estrutura, 528
    payload, 527
atraso de propagação, 765
ATM Forum, 523
    endereço, 1061
ATM LAN, 536
    antiga, 536
    arquitetura mista, 537
    arquitetura, 536
    BUS 539
    cabeçalho UNI, 531
    camada ATM, 529
    campo VCI, 531
    campo VPI, 531
    cell loss priority, 532
    células, 530
    cliente/servidor, 540
    controle de congestionamento, 532
    controle de fluxo genérico, 531
    controle de fluxo no nível NNI, 531
    controle de fluxo no nível UNI, 531
    correção de erros de cabeçalhos, 532
    expansão, 536
    formato do cabeçalho, 531
    LANE, 538
    pura, 536
    tipo de payload, 531
    vantagens, 536
    VPI, 531
    CSMA, 370
    LEO, 484
atraso, 764
    carga, 765
    comutação de circuitos, 217
    divisão de tempo, 231
    rede de circuitos virtuais, 226
    rede de datagramas, 221
    tempo real, 912
atraso entre quadros, 524
atribuição de custo de enlace transiente, 673
    representação gráfica, 673
atributo, 856
atributos de rota, 677
    não-transitivo, 677
    ORIGIN, 677
    transitivo, 677
atributos de rota, 677
    AS_PATH, 677
    NEXT-HOP, 677
atualização
    roteamento vetor caminho, 675
    roteamento vetor distância, 662
atualização imediata, 663
atualização periódica, 663
áudio/vídeo em tempo real
    exemplo, 912
áudio/vídeo interativo em tempo real, 912
áudio/vídeo interativo, 901
áudio/vídeo sob demanda, 901
aumento aditivo, 770
aumento exponencial, 769
autenticação, 349
    Diffie-Hellman, 957
    entidade, 962
    IPv6, 567, 596
    mensagem, 962
    pacotes, 349
    PPP, 352
    protocolo AH, 1000
authentication server. Veja AS
automatic repeat request. Veja ARQ
autonegociação, 409
autonomous system, 671. Veja também AS
auto-sincronização, 105

B

B8ZS, 118
backbone, 671
    barramento, 11
    de barramento, 456
    em estrela, 457
    enlace virtual, 671
    identificação de área, 671
backbone comutado, 457
backbone em estrela, 457
Back-off time, 366
backward explicit congestion notification. Veja BECN

banco de dados dinâmico, 620
banco de dados estático, 620
banco de dados
    DHCP, 620
    multicast, 681
bandas de proteção, 163, 383
    grupo jumbo, 166
    sistema de telefonia, 167
barramento, 9, 11–12
    backbone, 11
    cabos transceptores, 11
    desvantagens, 12
    falhas, 12
    transceptor-vampiro, 11
    vantagens, 11
base, 1037, 1040, 1050, 1051
    para binário, 1042
    peso e símbolo, 1040
base e, 1051
base natural, 1050
base services set. Veja BSS
Basic Enconding Rules. Veja BER
Basic Latin, 1029
Batcher, 235
bateria AA, 60
Bc, 787
Be, 788
BECN, 521
    emissor, 773
    mecanismo, 774
Bell Operating Company. Veja BOC
BER, 884
    campo "Length", 885
    campo "Tag", 884
    campo "Value", 885
    exemplo "Integer", 885
    formato, 884
    SNMP, 893
    subcampo "Classe", 884
    subcampo "Formato", 884
    subcampo "Número", 884
B-frame, 908
BFSK, 146
BFSK coerente, 147
BFSK não coerente, 147
BGP externo (E-BGP), 677
BGP, 659, 676
    atributos de rota, 677
    externo, 677
    interno, 677
    porta, 1065
    roteamento vetor caminho, 676
    sessão, 677

bidirectional frame, 908
bipolar com substituição de 8 zeros. Veja B8ZS
bit, 102
bit "não fragmentar", 591
bit "URG", 727
bit de verificação de paridade, 280
bit mais fragmentos, 591
bit P/F, 343
bits de sincromização, 175
bits por segundo, 73
bloco, 555
    mensagem de blocos, 968
blocos de endereços, 555
bloqueio, 229-230
Blowfish, 945
Bluetooth, 421, 434
    aplicações, 434
    arquitetura, 435
    camadas, 436
    dispositivo, 436
    formato do frame, 439
Bob Kahn, 17
Bob, 932
BOC, 1059
BOOTP, 618–619
    agente de retransmissão, 619
    protocolo de configuração dinâmica, 620
    protocolo estático, 620
    vinculação, 620
borda bidirecional, 672
Border Gateway Protocol. Veja BGP
BPSK, 148
    constelação, 151
    implementação, 149
    QPSK, 149
Bridge (ponte), 406, 447
    dinâmica, 449
    domínio de colisão, 407
    Ethernet, 406
    filtragem, 448
    função, 447
    interligando LANs, 454
    LANs diferentes, 454
    problema de loop, 450
    redundância, 450
    roteamento de origem, 453
    transparente, 449
bridge protocol data unit (BPDU), 452
broadcast, 680
    VLAN, 460

browser, 852
    clientes protocolos, 852
    controlador, 852
    documento dinâmico, 857
    fluxo contínuo de áudio/vídeo, 909
    HTML, 855
    interpretador, 852
    markup language, 855
BSS, 421
Btag, 534
buffer, 623
    circular, 717
    comutação de pacotes, 232
    controle de fluxo, 311
    lado do receptor, 717
    lado do transmissor, 717
    mensagem "digest", 968
    TCP, 717
buffer circular, 717
buffer de reprodução, 914
busca
byte urgente, 723

C

CA, 987, 992
cabeçalho, 32
    célula, 528
    CGI, 859
    SCTP, 740, 743
cabeçalho "source routing bridge", 602
cabeçalho de base, 597
cabeçalho de extensão de autenticação, 602
cabeçalho de extensão, 602
    "source routing", 602
    autenticação, 602
    ESP, 603
    fragmentação, 602
    opção de destino, 603
    opção nó a nó, 602
cabeçalho geral SCTP, 743
cabeçalho SCTP, 740
    campo "endereço da porta de destino", 743
    campo "endereço da porta de origem", 743
    campo "checksum", 743
    pacote SCTP, 739
    versus segmento TCP, 740
cabeçalho TCP
cable modem transmission system. Veja CMTS

cable modem. Veja CM
cabo
    coaxial, 195
    par trançado, 193
cabo coaxial, 192, 195
    aplicações, 197
    condutor, 196
    conector, 196
    desempenho, 197
    Ethernet, 198
    faixas de freqüência, 195
    HFC, 257
    isolante, 196
    padrões, 196
    redes de telefonia, 197
    TV a cabo, 197, 256
cabo coaxial, 196
cabo de fibra ótica, 192
    larguras de banda, 491
    tronco, 242
cabo transceptor, 11, 256
caching, 808
    contador, 809
    fonte não autorizada, 809
    problemas, 809
    tempo de vida, 809
caixa de correio, 831
caixa de entrada, 829
caixa de permutação. Veja P-box
caixa de saída, 829
caixa de substituição. Veja S-box
calculado, 788
camada banda-base, 437
camada de aplicação, 41
    gerenciamento de arquivos, 42
    NVT, 41
    responsabilidades, 40,
    serviços de correio eletrônico, 42
    serviços de diretório, 42
    serviços, 41
    TCP/IP, 42, 45
camada de apresentação, 39, 40
    compressão, 41
    criptografia, 40
    responsabilidades, 40
    tradução, 40
camada de enlace de dados, 34, 307
    controle de acesso, 35
    controle de erros, 35, 311
    controle de fluxo, 35, 311
    endereçamento físico, 35
    endereçamento, 35
    framing, 308
    função, 34
    PPP, 347
    rede de circuitos virtuais, 227
    subcamadas, 363, 395
camada de rádio, 436
camada de rede, 36, 547, 579, 701, 795
    endereçamento lógico, 36
    na origem, 580
    no destino, 581
    no roteador, 581
    pacote, 36, 547
    responsabilidades, 36
    roteamento, 36–37, 547
    TCP/IP, 43
camada de sessão, 39
    controle de diálogos, 39
    responsabilidades, 39
    sincronização, 39
camada de transporte orientada a conexão, 38, 701
camada de transporte sem conexão, 38, 701
camada de transporte, 37, 44, 45, 701
    controle da conexão, 38
    controle de erros, 38, 702
    controle de fluxo, 38
    demultiplexação, 707
    endereçamento do ponto de serviço, 38, 701
    multiplexação, 707
    protocolos, 44, 708
    remontagem, 38
    responsabilidades, 37, 44, 701
    segmentação, 38
    TCP, 45
    TCP/IP, 43–44
    tráfego em tempo real, 916
camada física, 520
camada física, 33, 55
    ATM, 529
    comutação de circuitos, 215
    configuração da linha, 34
    Ethernet, 397, 402
    Frame Relay, 520
    função, 130
    meio de transmissão, 191
    modelo OSI, 30
    modo de transmissão, 34
    propósito, 29
    representação de bits, 33
    sinais, 57
    sincronização de bits, 34
    tarefas, 55
    taxa de dados, 34
    TCP/IP, 43
    Topologia física, 34
    wireless, 432
camada internetwork. Veja camada de rede
camadas de suporte à rede, 31
camadas de suporte ao usuário, 32
campo "AL", 534
campo "comprimento do cabeçalho", 722
campo "comprimento", 534
campo "controle"
    HDLC, 342
    tipos, 343
campo "controle", 722
campo "endereço da porta de destino", 721
campo "endereço da porta de origem", 721
campo "flag"
    HDLC, 342
campo "identificador de sub-rede", 570
campo "número de confirmação", 721
campo "número de registros de perguntas", 810
campo "número de registros de respostas", 810
campo "número de seqüência", 318
campo "número de seqüência", 721
campo "offset", 591
campo "opções", 723
campo "prioridade", 599
campo "protocolo" no protocolo AH, 999
campo "reservado", 722
campo "tamanho da janela, 722
campo "urgent pointer", 723
campo "checksum", 722
campo "time-to-live", 624
campo de autenticação de dados, 999
    campo cabeçalho seguinte, 999
    campo SPI, 999
    ESP, 1001
    número de seqüência, 999
campo de endereço
    HDLC, 342
campo de endereço
    HDLC, 342
canais com ruído, 87, 318
canais FDM, 162
canal de TV, 71

canal passa-baixa, 75, 141
   aproximação de um sinal digital, 76–77
   canal passa-faixa, 79
   largura de banda ampla, 75–76
   largura de banda limitada, 75–76
canal passa-faixa, 79, 141
canal piloto, 475
canal sem ruído de Nyquist, 86
canal sem ruído, 86, 307, 312
canal, 8, 162
canalização, 383
capacidade da rede, 765
capacidade de Shannon, 87
   canal com ruído, 87
   exemplo, 87
   fórmula de Nyquist, 88
   linha telefônica, 87
capacidades, 178, 876
captador direcional, 207
caractere escape (ESC), 309
características de fluxos, 775
carrier division multiple access. Veja CDMA
carrier sense multiple access. Veja CSMA
casca, 198
   multimodo de índice gradual, 199
cascata, 82
CAST-128, 945
CATV, 256
CBC, 946
   características, 947
CBT, 690
   abandono do grupo, 690
   DVMRP e o MOSPF, 690
   encapsula, 691
   núcleo roteador, 691
   pacote multicast, 691
   roteador de ponto de encontro, 690
   sistema autônomo, 690
CCITT, 20
CCK, 434
CDMA, 162, 383, 385, 474–475, 478
   codificação, 387
   geração de seqüências, 389
CDMA banda larga, 478
CDMA2000, 478
células, 524, 527–528, 790
centrais locais, 241–242
central de comutação, 242
central local, 243
central regional de cabos, 257

central regional, 241
central tandem, 241
central telefônica local, 242
Cerf, Vint, 17
Certification Authority. Veja CA
CFB, 947
CGI, 857
   cabeçalhos, 859
   corpo, 859
   forma, 858
   passagem de parâmetros, 858
   saída, 859
   string de consulta, 858
Challenge Handshake Authentication Protocol. Veja CHAP
CHAP, 352
   segurança, 352
   senha, 353
   tipos de pacotes, 353
   três etapas com handshake, 352
chave cíclica, 941
chave de sessão, 952
   TGS, 984
chave privada, 933–934, 986
chave pública, 933–934, 986
   Diffie-Hellman, 954
chave secreta, 934
chave simétrica
   Diffie-Hellman, 952, 955
Chaves, 932, 934
   privada, 934
   pública, 934
   RSA, 949
   S-box, 939
   secreta, 934
Cheapernet. Veja 10Base2
checksum, 298, 711, 731
   alternativas, 628
   campo "protocolo", 712
   cobertura do cabeçalho, 594
   desempenho, 301
   exemplo, 594
   exemplos, 298
   fragmentação, 591
   função hash, 967
   IPv4, 594
   opcionais, 712
   procedimento do emissor, 300
   procedimento do receptor, 300
   SCTP, 740
   UDP, 711–712
chip, 184, 386
cíclico, 940

   AES, 944
ciclo, 58
   fase, 63
   infinita, 62
CIDR, 556
cifra, 932
   AES, 943
   César, 936
   deslocamento, 936
   monoalfabética, 935
   orientada a bits, 938
   orientada a caracteres, 938
   permutação direta, 940
   permutação por compressão, 940
   polialfabética, 935
   rotação, 939
   substituição, 935, 939
   transposição, 937
   XOR, 938
cifra cíclica, 940
   AES, 943
cifra de César, 936
cifra de deslocamento, 936
cifra de rotação, 939
cifra de substituição, 935
   S-box, 939
cifra de transposição, 936, 937
   P-box, 939
cifra orientada a caracteres, 938
cifra XOR, 938–939
cifras orientadas a bits, 938
cifras simples, 938
cinturão de Van Allen, 481
cipher block chaining mode. Veja CBC
cipher feedback mode. Veja CFB
CIR, 787
circuito
   dedicado, 217
circuito virtual
   IntServ, 781
circuitos virtuais. Veja VC
classe de serviço, 781, 789
   carga controlada, 782
   garantida, 781
classes de fluxos, 776
classless interdomain routing. Veja CIDR
clear to send (CTS), 425
CLEC, 243, 1059
   POP, 243
cliente, 704
cliente/servidor
   categorias, 797

DNS, 797
e-mail, 827
LANE, 539
logging remoto, 817
paradigma, 704
WWW, 851
coaxial. Veja cabo coaxial
code division multiple access. Veja CDMA
codepoint, 585
codificação
   Ethernet, 403
   RZ, 108
codificação bifásico, 109
codificação binária multinível, 110
codificação bipolar, 110
codificação de blocos, 115, 269
   8B/10B, 118
   combinação, 115
   correção de erros, 273
   detecção de erros, 272
   divisão, 115
   substituição, 115
codificação de linha, 101
Codificação Manchester, 109
   transição, 109
codificação multinível, 111
codificação perceptiva, 903
codificação polar, 1077
codificação preditiva, 903
codificação pseudoternária, 110
codificação run-length, 843
codificação trellis, 249
codificação unipolar, 106
   NRZ, 106
codificação, 101, 269
   AMI, 110
   codificação de ruídos, 106
   complexidade, 106
   detecção de erros, 106
   métodos, 106
   NRZ, 107
   resumo, 114
codificador, 279
   CRC, 286
código, 5
código 8B/6T, 1055
código cíclico, 284
   análise, 293
   vantagens, 297
código de blocos
   correção de erros, 277
   distância de Hamming mínima, 276

lineares, 277
não-lineares, 277
código de Hamming, 280
   desempenho, 283
código de verificação de paridade, 278
código de verificação de paridade, 278
códigos convolucionais, 269
códigos de blocos lineares, 277
   código cíclico, 284
   distância mínima, 278
ColdFusion, 859
colisão débil, 1077
colisão robusta, 967
colisão, 364
   CSMA, 370
   CSSMA/CD, 374
   função hash, 967
   slot time, 401
   wireless, 426
comando "DO", 822
comando "DONT", 822
comando "PASS", 844
comando "RETR", 842
comando "STOR", 842
comando "WILL", 822
comando lista, 842
comando QUIT, 844
comércio eletrônico, 854
committed burst rate. Veja Bc
committed information rate. Veja também CIR
committed, 787
Common Gateway Interface. Veja CGI
companhia telefônica, 89
   componentes, 241
   largura de banda, 247
   rede telefônica, 241
   serviço analógico alugado, 247
   serviço digital, 247
   serviços analógicos, 247
   sinalização, 245
   sistemas de sinalização, 244
   transferência de dados, 245
compartilhamento, 661
   roteamento vetor caminho, 675
   roteamento vetor distância, 661
competitive local exchange carrier. Veja CLEC
complementary code keying. Veja CCK
complemento
   tabela de Walsh, 389

componentes DC, 105
   8B6T, 112
   bipolares, 110
   Manchester, 109
   NRZ-L e NRZ-I, 108
compressão
   espacial, 907
   FTP, 843
   MPEG, 907
compressão com perdas, 906
compressão de áudio, 903
compressão de dados
   camada de apresentação, 41
compressão espacial, 907
   inicialização, 674
compressão temporal, 907
comprimento de onda, 64
   meio de transmissão, 64
   período, 64
   velocidade de propagação, 64
comprimento de uma rede
   Gigabit Ethernet, 413
comprimento do frame
   Ethernet, 399
comunicação processo a processo, 703
Comunicação com vários secundários, 438
comunicação de dados, 4
comunicação entre processos, 709, 715
comunicação via satélite, 478
comunicação, 703
comutação
   conceito, 213
   divisão de tempo *versus* divisão de espaço, 231
   exemplos, 213
   métodos, 214
   necessidade de, 213
   nós, 213
comutação de circuitos virtuais
   confirmação, 225
comutação de circuitos, 214
   atrasos, 217
   companhias telefônicas, 218
   confirmação, 217
   eficiência, 217
   transferência de dados, 217
comutação de mensagens, 214
comutação de pacotes, 232
   IPv4, 583
comutação tandem, 243
   POP, 243

comutador banyan, 233
  colisão interna, 235
comutador Batcher-banyan, 235
comutador crossbar, 228, 233
  limitação, 228
comutador de pacotes, 224
  componentes, 232
  estrutura de comutação, 233
  porta de saída, 233
comutador de pacotes, 232
comutador de um estágio
  bloqueio, 229
comutador multiestágio, 228, 231,233
  banyan, 233
  bloqueio, 229
  tempo-espaço-tempo (TST), 231
comutador por divisão de espaço, 227
  divisão de tempo, 231
  vantagem, 231
comutador, 37, 213, 233, 247
  backbone estrela lógico, 457
  banyan, 233
  Batcher-banyan, 235
  bridge, 408
  crossbar, 228, 233
  divisão de espaço, 227
  divisão de tempo, 230
  duas camadas, 454
  estrutura, 227
  exemplo tempo-espaço-tempo, 231
  multiestágio, 228
  non-blocking, 230
  rede telefônica, 242
concessionária telefônica local. Veja LEC
concordância com a máscara mais longa, 653
condutor
  meios de transmissão não guiados, 203
  par trançado, 193
conector BNC, 196
conector de ponta reta (ST), 201
conector do canal de assinante (SC), 201
conector, 193
conexão
  não-persistente, 868
  persistente, 868
conexão não-persistente, 868
conexão persistente, 868
conexão ponto-a-ponto, 213
confiabilidade na camada de transporte, 708

confiabilidade, 7–8, 775
confidencialidade, 962, 964, 991
configuração multiponto, 34
configuração ponto-a-ponto, 34
configuração, 238
  rede de circuitos virtuais, 221, 223
confirmação, 731
  comutação de circuitos, 217–218
  controle de fluxo, 311
  CSMA/CA, 378
  Go-Back-N, 326
  rede de circuitos virtuais, 225
congestion avoidance
  aumento aditivo, 772
congestion avoidance
  Frame Relay, 773
congestionamento, 521, 763, 773
conjunto de blocos COOKIE ACK, 744
conjunto de blocos COOKIE ECHO, 744
conjunto de blocos de dados, 739, 743
  formato, 743
  identificadores, 741
  TSN, 739
conjunto de blocos INIT ACK, 744
conjunto de blocos INIT, 744
conjunto de blocos SACK, 753
conjuntos de blocos de controle, 742
conjuntos de blocos de dados, 742
consulta de ponteiros, 805
consulta DNS, 809
consulta reversa, 805
Consultative Committee for International Telegraphy and Telephony. Veja CCITT
contagem de um nó, 658
  RIP, 665
contenção, 364
controlador, 10, 852
controle da conexão, 38
controle de admissão, 780
controle de congestionamento de anel fechado, 765
controle de congestionamento de loop aberto, 765
controle de congestionamento, 522, 720, 761, 763, 765
  anel aberto, 766
  anel fechado, 767
  Frame Relay, 773
  rede, 769
  SCTP, 742, 753

controle de diálogo, 39
controle de erros, 38, 307, 311, 702, 720, 731
  blocos SACK, 753
  camada de enlace, 311
  camada de transporte, 37, 701
  conceito, 311
  HDLC, 344
  PPP, 348
  retransmissão, 311
  SCTP, 742, 751
  TCP, 715
  UDP, 713
controle de fluxo, 38, 307, 311, 702, 720
  buffer, 311
  camada de enlace de dados, 311
  camada de transporte, 37, 701
  conceito, 311
  congestionamento, 623
  Frame Relay, 773
  HDLC, 343
  IP, 623
  PPP, 348
  receptor, 311
  SCTP, 742, 748
  TCP, 715
  UDP, 713
controle de subcamada MAC, 409
controle de tráfego
  Frame Relay, 787
  PVC, 787
  SVC, 787
controle do enlace de dados, 307, 311, 363
convergence sublayer. Veja CS
conversão analógica-analógica, 141, 152
conversão analógica-digital, 101
conversão de bases, 1052
conversão digital-digital, 101
cookie, 725, 744–745, 853–854
  agência de publicidade, 854
correção antecipada de erros, 269
correção de erros, 269, 273
  codificação de blocos, 273
  distância mínima, 276
  retransmissão, 269
correio eletrônico. Veja e-mail
corrente contínua, 105
cotangente, 1046
CPI, 534–535

CRC, 284, 535
   ATM, 532
   HDLC, 342
   implementação de hardware, 287
   Polinômios-padrão, 297
   PPP, 348
   projeto, 290
CRC-32, 399
   wireless, 426
criptografia, 931,932, 957
   comparação, 934
   camada de apresentação, 40
   chave simétrica, 933
   DES, 941
   IPv6, 596
   RSA, 950
criptografia assimétrica, 932
criptografia de chave assimétrica, 933
   chaves, 933
criptografia de chave pública. Veja também criptografia com chaves assimétricas
   algoritmo RSA, 949
   chave, 933
criptografia de chave secreta. Veja criptografia de chave simétrica
criptografia de chave simétrica, 932–933
criptosistema
critério de Clos, 230
CS, 532
CSMA com detecção de colisão. Veja CSMA/CD
CSMA com prevenção de colisão. Veja CSMA/CA
CSMA, 370, 377
   colisão, 370
   tempo de vulnerabilidade, 371
CSMA/CA, 365, 377
   procedimento, 378
   redes sem fio, 378
CSMA/CA, 378
CSMA/CD, 365, 373, 377, 401
   Ethernet, 399, 401
   procedimento, 375
   switched Ethernet full-duplex, 408
   tamanho do frame, 374
   wireless, 422, 426
CTS, 425
CU, 785
curTSN, 749
cyclic redundancy check. Veja CRC

D

DA, 399
dados "em rajadas", 518
   controle de tráfego, 788
   Frame Relay, 518
   linha T, 518
dados analógicos, 57
dados de computador, 80
dados digitais, 57, 101
dados em tempo real
   relação de tempo, 912
dados para autenticação, 999
dados, 4, 311
   transmissão, 57
D-AMPS, 471
Data Encryption Standard. Veja DES
Data Link Connection Identifier. Veja DLCI
Data over Cable System Interface Specification. Veja DOCSIS
datagrama, 45, 219, 583
   formato, 583
   IP, 44
   no IPv4, 583
DCF, 423, 442
   intervalo de repetição, 426
   PIFS, 425
DCT, 905
   caso - gradual, 905
   caso escalas de cinza uniformemente, 905
   caso mudança brusca, 905
   valores AC, 905
DDNS, 812
   DHCP, 812
DDS, 248
DE PHB, 785
decibel, 81
decodificação
   CDMA, 387
decodificador, 278
decriptografia, 932
   RSA, 950
delimitador, 309
demodulador, 164
demultiplexação, 164, 707
   camada de transporte, 707
   filtros, 164
demultiplexador, 162
DEMUX. Veja demultiplexador
Departament of Defense. Veja DOD
DES, 941
   triplo, 943

descritor de blocos, 843
descritor de tráfego, 761
desempenho de uma rede, 89, 764
desempenho, 7
   checksum, 301
   código de Hamming, 283
deslocamento de fase, 63
deslocamento, 1044
Destination Address. Veja DA
destination service access point (DSAP), 396
destino inalcançável, 623
   ICMPv6, 639
detecção de erros, 269
   checksum, 298
   codificação de blocos, 116, 272
   ferramentas, 731
   Frame Relay, 518
   HDLC, 342
DHCP, 620
   banco de dados, 620
   BOOTP, 620
   configuração, 620
   DDNS, 812
   protocolo de configuração de host dinâmico, 620
diagrama de constelação, 150
diagrama de transição de fase, 349
Differentiated Services. Veja DF
Diffie-Hellman, 952
Diffie-Hellman, 952
DIFS, 425
digital
   versus analógico, 57
digital data service. Veja DDS
digital service unit. Veja DSU
digital signal service. Veja DS
digital subscriber line access multiplexer. Veja DSLAM
digital subscriber line. Veja DSL
digital-analógica, 142
digital-analógico, 141–142
   largura de banda, 143
diminuição multiplicativa, 771–772
dinâmica, 658
direct sequence spread spectrum. Veja DSSS
Discrete Cosine Transform. Veja DCT
discrete multitone technique. Veja DMT
dispositivos de conexão, 36, 445
Distance Vector Multicast Routing Protocol. Veja DVMRP

distância de Hamming mínima, 274–275
distorção, 83
distributed coordination function. Veja DCF
distributed interframe space (DIFS), 425
divisão binária de módulo 2, 286
divisor
    CRC, 286–287
    DLCI, 519
        Frame Relay, 520
DM, 129
    adaptativa, 131
    demodulador, 130
    erro de quantização, 131
    modulador, 130
DMT, 252, 255
    ADSL, 253
    divisão da largura de banda, 252
    FDM, 252
    QAM, 252
    VDSL, 255
    voz, 252
DNS, 797–798
    atualização, 812
    caching, 808
    dividido, 803
    domínio reverso, 805
    domínios de países, 805
    domínios genéricos, 804
    domínios, 802
    encapsulamento, 812
    estrutura de árvore invertida, 799
    Internet, 803
    mensagem, 809
    níveis, 799
    registro de recursos, 811
    registro de respostas, 811
    resolvedor, 806
    rótulo, 799
    servidor primário, 803
    servidor raiz, 803
    servidor secundário, 803
    servidor, 802
    TCP, 812
    tipos de registros, 811
    UDP, 812
    zona, 802
DOCSIS, 260
    downstream, 261
    upstream, 260
documento ativo, 860

documento dinâmico, 857
    exemplo, 857
    script, 859
documentos, 854, 965
    ativos, 860
    dinâmicos, 857
    estático, 855
DoD, 17
Domain Name System. Veja DNS
domínio, 801, 986
    genéricos, 804
    países, 805
    reverso, 805
domínio de colisão, 407
domínio reverso, 805
    mapeamento, 807
    servidor, 805
domínios de países, 805
    exemplo, 805
    mapeamento, 807
domínios genéricos, 804
    mapeamento, 807
    primeiro nível, 805
domínios, 802
downlink, 481
downloading
    V.90, 250
DS, 176, 785
    campo, 785
    hierarquia de sinais digitais, 176
    serviço DS-0, 176
    serviço DS-1, 177
    serviço DS-2, 176
    serviço DS-3, 177
    serviço DS-4, 177
DS-0, 177
DSCP, 785
DSL assimétrico. Veja ADSL
DSL de altíssima velocidade. Veja VDSL
DSL, 241, 251
    Limite, 257
DSLAM, 254
DSSS de alta velocidade. Veja HR-DSSS
DSSS, 184, 474–475
    compartilhamento da largura de banda, 185
    HR-DSSS, 434
    wireless, 432
DSU, 248
duplex, 7

DVMRP, 686, 690
DVMRP, 690
DWDM, 168
Dynamic Domain Name System. Veja DDNS
Dynamic Host Configuration Protocol. Veja DHCP

E

ECB, 946
EF PHB, 785
eficiência
    comutação de circuitos, 217
    rede de circuitos virtuais, 226
    rede de datagramas, 220
EHF, 204
EIA, 20
    interfaces, 21
    questões de fabricação, 21
Electronic Industries Association. Veja EIA
electronic serial number (ESN), 474
elemento de um sinal, 102, 142
elementos de dados, 102, 142
eliminador, 786
elm, 829
e-mail, 824
    alias (nome alternativo), 831
    arquitetura, 824
    criando, 828
    encaminhamento, 829
    endereço, 831
    leitura, 829
    resposta, 829
Emissor, 300
emissor, 4, 773
    controle de erros no SCTP, 752
    controle de fluxo no SCTP, 749
    controle de fluxo, 311
encaminhamento, 647–648
    endereçamento sem classes, 650
encapsulamento
    ARP, 615
    DNS, 812
    IGMP, 635
Encapsulating Security Payload. Veja ESP
encerramento da conexão, 217
encerramento de uma associação, 748
encrypted security payload. Veja ESP
endereçamento com classes, 552
    blocos, 553

classes, 553
    endereçamento sem classes, 554
endereçamento do ponto de serviço, 38
endereçamento global, 549
endereçamento lógico, 36
endereçamento lógico, 549
endereçamento sem classes, 555
    alocação de endereços, 561
    endereçamento com classes, 554
    hierarquia, 561
    primeiro endereço, 556
    restrições, 555
    tabela de roteamento, 656
    último endereço, 556
endereçamento sem classes, 654
endereçamento, 45
    comutação de circuitos, 215
    Ethernet, 400
    VPN, 1007
endereço anycast, 570
endereço baseado no provedor, 569
endereço classe A, 553
endereço classe B, 553
endereço classe C, 553
endereço compatível, 571
endereço de associação, 571
endereço de contato, 1061
endereço de estação, 44
endereço de grupo, 679
endereço de link local, 572
endereço de loopback, 571
endereço de origem. Veja SA
endereço de porta, 49
endereço de rede, 557
endereço do ponto de serviço, 38, 701
endereço estendido, 521
Endereço Ethernet, 400
    "Thick", 403–405
    "Switched", 407
    BNC, 196
    campo "comprimento ou tipo", 399
    campo "dados", 399
    campos, 398
    capacidade compartilhada, 406
    colisão, 401
    com bridges, 406
    comprimento da rede, 402
    comprimento do frame, 399
    comprimento máximo do frame, 399
    comprimento mínimo dos dados, 399
    comutação full-duplex, 408

CRC, 399
CSMA/CD, 408
DA, 399
domínio de colisão, 407
endereçamento, 400
endereço IPv6, 570
endereço multicast, 400
endereço unicast, 400
fino, 404
frame MAC, 398
implementações, 402
multicast, 636
preâmbulo, 398
SA, 399
SFD, 398
subcamada "controle MAC", 409
subcamada MAC, 409
time slot, 401
endereço Ethernet, 46
endereço físico (de link), 46
endereço físico, 45–47, 52, 612
    ARP, 44
    autoridade, 46
    necessidade de, 611
    RARP, 44
    tamanho e formato, 46
endereço global, 222
endereço IP, 549
endereço local do site, 572
endereço LocalTalk, 46
endereço MAC, 579, 704
endereço multicast, 400
    IPv6 permanente, 570
    IPv6 temporário, 570
    IPv6, 570
endereço não especificado, 571
endereço primário, 747
endereço privado NAT, 563
endereço reservado, 571
endereço unicast, 400, 569
endereço, 1061
    agregação de endereços, 652
    alocação de endereços, 561
    enlace, 46
    físicos, 46
    IP, 47
    lógicos, 36
    ponto de serviço, 38, 701
    portas, 49
    rede de circuitos virtuais, 222
Endereços broadcast, 400
endereços locais, 571
energia eletromagnética, 192

enlace de dados, 232
enlace orientado a conexões síncronas (SCO), 439
enlace ponto-a-ponto, 672
enlace virtual, 671
entidades, 19
entrega de dados, 747
entrega direta, 647
entrega host-host, 579
entrega indireta, 647
entrega múltiplos fluxos de dados, 737
entrega, 647
    direta, 647
    fim a fim, 701
    indireta, 647
    origem-destino, 36–37, 547, 701
envelope, 830
    AM, 153
enxerto, 689
erro de cabeçalho, 624
erro de quantização, 126
erro de rajada, 267–268
    erro de bit, 268
    exemplo, 267
erro em um único bit, 267–268, 294
    dois, 295
    exemplo, 267
    freqüência, 258
erro normalizado, 126
erro, 267
erros de bits, 269
escalabilidade, 784
    DS, 785
escutas, 603
ESP, 603, 1000
    campo "authentication data", 1001
    campo "cabeçalho seguinte", 1000
    campo "comprimento de preenchimento", 1000
    campo "número de seqüência", 1000
    campo "preenchimento", 1000
    campo "SPI", 10003
    procedimento, 1000
    protocolo AH, 1001
espaço de endereços, 550
espaço de nomes hierárquico, 798
espaço de nomes, 798
    autoridade central, 798
    distribuição, 801
    hierárquico, 798
    plano, 798
espaço, 231

espalhamento espectral, 180
    largura de banda, 181
    processo de espalhamento de freqüências, 181
espalhamento, 161
especificação de fluxo, 780–781
espectro eletromagnético, 192, 203
    faixas, 204
espectro, 105
ESS, 421
    composição, 422
    comunicação, 422
    estações, 422
estabelecida, 528
estabelecimento da conexão, 217
estabelecimento da conexão, 723
estação AM, 154
estação de LAN sem fio, 422
estação exposta, 429, 431
estação primária, 340, 380
estação rádio base (ERB), 467
estação secundária, 340, 380
estação-mestre, 635
Estações de móveis (MS), 467
estações ocultas, 423, 429
estado
    roteamento multicast, 685
estado de estabelecimento, 349
estado estacionado, 435
estado soft, 784
estado sólido, 784
estilo de filtragem com o uso de
estilo de filtro fixo, 784
estilo explícito compartilhado, 784
estratégia de transição, 603
    tradução do cabeçalho, 605
    tunelamento, 604
estrela, 9, 11, 24
    controlador central, 10
    desvantagens, 11
    vantagens, 10
estrutura de comutação, 232–233
    comutação de pacotes, 232
Etag, 534
Ethernet com Bridges, 406
Ethernet comutada, 407
Ethernet de cabo fino. Veja 10Base2
Ethernet de par trançado. Veja 10Base-T
Ethernet padrão, 397
Ethernet de cabo grosso. Veja 10BASE5

Eudora, 830
Eve, 932
excess burst size. Veja Be
exemplo, 763
exponencial binário
    recuo, 366
extended service set. Veja ESS
extensão da portadora, 413
extremely high frequency. Veja EHF

F

faixa, 204
    AMPS, 470
    Bluetooth, 437
    D-AMPS, 471
    GSM, 472
    IS-95, 474
faixas de freqüências para a comunicação via satélite, 481
fall-back, 249
fall-forward, 249
fase de rompimento, 226
fase, 142, 153
    AM, 153
    ASK, 144
    definição, 73
    exemplo, 64
    FM, 154
    FSK, 146
    offset, 534
    onda senoidal, 65
    PM, 155
    PSK, 148
Fase, 155
Fast Ethernet, 397, 409
    autonegociação, 409
    camada física, 410
    codificação, 411
    compatibilidade com as versões anteriores, 409
    subcamada MAC, 409
fator de caso, 103
fator de reutilização, 468
    GSM, 473
    IS-95, 476
FCC, 205, 477
    endereço, 1061
FCS, 342
    HDLC, 342
    PPP, 348
FDM, 162

aplicações, 167
bandas de proteção, 163
canais, 162
FDMA, 384
implementação, 167
OFDM, 433
portadora, 162
processo, 163
rede de comutação de circuitos, 214
sistemas telefônicos, 165
telefones celulares, 167
TV, 167
FDMA, 383, 470, 473, 478
FDM, 384
FECN, 521
    receptor, 773
Federal Communications Committee. Veja FCC
Feistel, 945
    DES, 941
FHSS, 181
    Bluetooth, 437
    compartilhamento da largura de banda, 183
    largura de banda, 182
    wireless, 432
fibra multimodo com índice gradual, 199
fibra ótica, 198
    aplicações, 201
    atenuação, 202
    ATM, 523
    composição, 200
    conectores, 200
    custo, 203
    densidade, 199
    desempenho, 201
    desvantagens, 203
    especializada, 203
    HFC, 257
    Instalação e manutenção, 203
    interceptação, 203
    invólucro externo, 200
    Kevlar, 200
    LAN, 207
    largura de banda, 202
    luz, 198
    materiais corrosivos, 202
    modos de propagação, 198
    monomodo, 198–199
    multímodo com índice gradual, 198–199

ÍNDICE REMISSIVO

multimodo de índice de grau, 198
multimodo, 198
núcleo, 200
núcleos, 200
padronização, 491
peso leve, 202
propagação unidirecional, 203
reflexão, 198
ruído eletromagnético, 202
tamanhos, 200
TV a cabo, 202
vantagens, 202
WDM, 168
fibra ótica, 200
fibra, 168, 491
fila, 764
    entrada, 764
    lado cliente UDP, 714
    lado servidor UDP, 714
    no UDP, 714
    porta UDP, 714
    saída, 764
    UDP, 714
    uso UDP, 715
filas FIFO, 776
    balde furado, 778
    prioridade das filas, 777
filas por prioridade, 776
filas, 764
file transfer protocol. Veja FTP
filtragem, 448
filtro
    loop local, 252
final, 343
firewall de filtragem de pacotes, 1022
firewall, 1021
    filtragem de pacotes, 1022
    proxy, 1023
flag
    protocolo orientado a caracter, 308
fluxo "em rajadas", 763
fluxo contínuo, 909
fluxo de bits, 116
fluxo de entrega, 716
FM, 153
    largura de banda, 154
formato dos pacotes
    SCTP, 742
fórmula de Nyquist, 104
    capacidade de Shannon, 88
fóruns, 20–21
forward explicit congestion notification.
    Veja FECN

four-dimensional five-level pulse
    amplitude modulation. Veja
    4D-PAM5
FQDN
    servidor DNS, 800
FRAD, 522
    Frame Relay, 522
fragmentação
    fragmento de um fragmento, 593
fragmentação, 589, 602, 747
    bit "mais fragmentos", 591
    bit "não fragmentar", 591
    campo "flags", 591
    campo "identificação", 591
    campos copiados, 591
    campos do cabeçalho, 590
    checksum, 591
    definição, 590
    etapas da remontagem, 593
    exemplo, 591
    IPv6, 639
    mensagem de erro ICMP, 591
    offset de fragmentação, 591
    offset, 591
    remontagem, 590
    SCTP, 747
    wireless, 426
frame, 35, 307, 342, 519, 521, 773–774, 907
    Bluetooth, 439
    HDLC, 341
    MPEG, 907
    TDM, 170
    vídeo, 902
frame ACK, 318
frame bursting, 413
frame check sequence. Veja FCS
frame de 5 slots, 439
frame de gerenciamento, 427
frame de reserva, 379
frame de sinalização, 426
frame de supervisão. Veja S-frame
frame de um slot, 439
frame não numerado. Veja U-frame
frame pendente, 325
Frame Relay assembler/disassembler.
    Veja FRAD
Frame Relay, 227, 517
    arquitetura, 518
    Bc, 787
    Be, 788
    BECN, 521

    bit "endereço estendido", 521
    bit "resposta a comandos", 521
    bit DE - "elegibilidade para
        descarte", 521
    camada de enlace de dados, 520
    camadas, 518–519
    campo "endereço", 520
    CIR, 787
    congestion avoidance, 773
    congestionamento de situações, 774
    congestionamento, 521
    controle de fluxo, 773
    custo, 522
    dados "em rajadas", 518
    DLCI, 519
    FECN, 521
    formato de quadro, 520
    FRAD, 522
    LMI, 522
    QoS, 787
    rede de circuitos virtuais, 519
    Tabela "switch", 519
    tamanho de quadro, 518
    taxa de dados, 518
    taxa de usuário, 788
    velocidade de acesso, 787
    VOFR, 522
Frame Relay, 521
frames scorrompidos, 318
frames de controle, 426–428
frames de dados, 428
    poll, 381
frames perdidos, 318
framing, 307, 396
    MAC, 397
    tamanho fixo, 308
freqüência da portadora, 143–144
freqüência de amostragem, 121
freqüência fundamental, 68
freqüência muito baixa. Veja VLF
freqüência, 146
freqüência, 60, 62, 121, 142, 153
    abaixo 62
    alta, 62
    AM, 153
    ASK, 142
    comprimento de onda, 64
    extremos, 62
    FM, 154
    infinita, 62
    inverso, 60
    onda senoidal, 65

PM, 155
PSK, 148
sinal da portadora, 143
sinal não periódico, 74
sinal periódico, 74
taxa de mudança, 62
telefonia celular, 467
unidades, 61
zero, 62
freqüências, 206
    antena parabólica, 206
    antena unidirecional, 206
    captador direcional, 207
    porta IrDA, 208
    propagação, 206
    unidirecional, 206
frequency division multiple access. Veja FDMA
frequency hopping spread spectrum. Veja FHSS
frequency modulation. Veja FM
frequency shift keying. Veja FSK
frequency-division multiplexing. Veja FDM
FSK multinível. Veja MFSK
FSK, 142, 143
FTP anônimo, 844
FTP, 840, 852–853
    armazenamento de arquivo, 842
    arquivo ASCII, 842
    arquivo binário, 842–843
    arquivo texto, 843
    atributos de comunicação, 842
    componentes do cliente, 840
    componentes do servidor, 840
    comunicação, 841
    conexão de controle, 840–841
    conexão de dados, 840–842
    conexões, 840
    definir cliente, 842
    estrutura de dados, 842
    estrutura de página, 842
    estrutura de um arquivo, 843
    estrutura do registro, 842–843
    FTP anônimo, 844
    HTTP, 861
    modo "bloco", 843
    modo comprimido, 843
    modo de transmissão, 843
    NVT, 841
    porta, 1065
    portas, 840
    recuperação de arquivos, 842
    tipos de arquivos, 842
    transferência de arquivos, 843
    transmitindo um nome de arquivo ou diretório, 842
full-duplex, 7, 34
    Veja duplex
Fully Qualified Domain Name. Veja FQDN
função exponencial, 1050
Função hash sem chaves, 969
função hash, 965
    colisões fracas, 967
    critérios, 966
    MAC, 969
função logarítmica, 1051
funções trigonométricas, 1043

G

G.71, 924
G.723.1, 924
G.723.3, 903
G.729, 903
gatekeeper, 924
gateway link (GWL), 484
gateway, 923
gerador, 282
    CRC, 285
    exemplos, 298
gerenciamento, 877–878
    abertura ativa, 895
    banco de dados, 878
    função, 891
    reboot, 878
gerenciamento de configuração, 874
    documentação, 874
    reconfiguração de hardware, 874
    reconfiguração, 874
    subsistemas, 874
gerenciamento de contabilização, 877
gerenciamento de desempenho, 876
    capacidade, 876
    tempo de resposta, 876
    throughput, 876
    tráfego, 876
gerenciamento de falhas, 875
    falha de isolamento, 875
    gerenciamento de desempenho, 876
    proativo, 876
    reativo, 875
    subsistemas, 875
gerenciamento de redes, 873, 879
    analogia com programação, 880
    configuração, 874
    gerenciamento de contabilização, 877
    gerenciamento de desempenho, 876
    gerenciamento de falhas, 875
    gerenciamento de segurança, 876
GFSK, 437
GIF, 857
Gigabit Ethernet, 397, 412
    acesso ao meio de transmissão, 412
    camada física, 414
    codificação, 415
    comprimento da rede, 413
    extensão da portadora, 413
    frame bursting, 413
    implementação, 414
    subcamada MAC, 412
    tradicional, 413
Gigabit LAN
    4D-PAM5, 113
Global Positioning System (GPS), 481
Global System for Mobile Communication. Veja GSM
Globalstar, 486
Go-Back-N
    janela de transmissão, 328
Go-Back-N ARQ
    Stop-and-Wait ARQ, 331
Go-Back-N, 324
    confirmação, 327
    janela deslizante de transmissão, 324
    lado do receptor, 332
    número de seqüência, 324
    projeto, 327
    tamanho da janela de transmissão, 328
    timers, 326
Go-Back-N, 327
Gopher, 1065
    porta, 1065
GPS, 482
gráfico no domínio do tempo, 65
gráfico domínio da freqüência, 65
grau do polinômio, 291
groupid, 632
grupo, 166
    largura de banda, 166
grupo-mestre, 166

grupos jumbo, 166
    largura de banda, 166
GSM, 472, 903

H

H.225, 924
H.245, 924
H.248, 736
H.323, 736, 920, 923
half-duplex, 6, 34
Hamming, 280
handoff, 469
handshake de quatro vias, 744
handshaking de três vias, 723, 727, 744
handshaking, 425
hard handoff, 469
harmônica, 1047
hashing
    protocolo AH, 999
HDB3, 119
HDLC, 340, 346
    campo "controle", 342
    campo "endereço", 342
    campo "flag", 342
    campo "informações", 342
    definição, 340
    detecção de erros, 342
    endereço da estação, 342
    formato do frame, 342
    LLC, 396
    modos de transferência, 340
    NRM, 340
    padrão para sincronização, 342
    tipos de frames, 341
HDSL, 255
    codificação 2B1Q, 255
HDTV, 73
head end, 256
HEC, 534
HF, 204
HFC, 256
    banda de vídeo, 258
    banda, 258
    compartilhamento de downstream, 259
    compartilhamento na direção de upstream, 259
    compartilhamento, 259
    dados na direção de downstream, 258
    dados na direção upstream, 258
    largura de banda, 257

    modulação, 258
    taxa de dados, 258–259
    transmissão de comunicação, 256
hierarquia dos servidores de nomes, 802
hierarquia de servidores de nomes, 802
high bit rate digital subscriber line. Veja HDSL
high-density bipolar 3-zero. Veja HDB3
High-Level Data Link Control. Veja HDLC
HMAC, 970
host
    tabela de roteamento, 624
host de destino, 623
hostid, 553
Hotmail, 839
HR-DSSS, 434
HTML, 852, 855
    "markup language", 855
    "tags", 856
    atributo, 856
    browser, 856
    exemplo, 855
    imagens gráficas, 857
    link, 857
HTTP, 839, 852–853, 861, 909–911
    acesso, 866
    cabeçalho de entidade, 866
    cabeçalho de resposta, 865
    cabeçalho de solicitação, 865
    cabeçalho geral, 864
    cabeçalho, 864
    categorias de cabeçalho, 864
    cliente, 861
    código de status, 863
    comandos inseridos, 861
    corpo, 866
    formato das mensagens, 861
    frase de status, 863
    MIME, 861
    porta, 1065
    servidor proxy, 868
    servidor, 861
    similar ao FTP, 861
    similar ao SMTP, 861
    transação, 861
    versão, 863
    WWW, 862
hub, 10
hub de distribuição, 257
hybric-fiber-coaxial network. Veja HFC

HyperText Markup Language. Veja HTML
HyperText transfer protocol. Veja HTTP

I

IAB
    endereço, 1062
IANA, 705
ICANN, 561, 811
    cabeçalho IP, 623
    campo "checksum", 622
    campo "code", 622
    campo "tipos ICMP", 621
    checksum, 626
    correção de erros, 622
    formato das mensagens, 621
    ICMP, 43, 621
    loop, 624
    mensagem "tempo esgotado", 624, 639
    mensagem "parameter problem", 624, 639
    mensagem "source quench", 623
    mensagem de erro, 622
    mensagem de redirecionamento, 624
    mensagens "timestamp", 626
    mensagens de consulta, 621, 625
    mensagens de echo-request e echo-reply, 625
    mensagens de notificação de erro, 621
    mensagens, 44
    modificados, 596
    não geração de mensagem de erro, 622
    notificação de erros, 622
    notificação, 622
    números de porta, 623
    seção de dados, 622
    solicitação e anúncio de roteadores, 626
    tipos de erros, 622
    tipos de mensagens, 621
    verificação de erros, 44
ICMPv6, 639
ICMPv6 comparado ao ICMPv4, 638
    mensagem "destino inalcançável", 639
    solicitação e resposta de eco, 640
    pacote de erros, 639

notificação de erros, 638
associação em grupos, 640
IGMP, 640
solicitação e anúncio de vizinhos, 640
pacote muito grande, 639
problema com parâmetros, 639
mensagens de consultas, 639
redirecionamento, 639
solicitação e anúncio de roteador, 640
tempo esgotado, 639
identidades trigonométricas, 1046
Identificação de frames, 462
identificação de falhas, 10
identificação do provedor, 570
identificador de assinante, 570
identificador de canal, 533
identificador de multiplexação, 535
identificador de objetos, 881
identificador de rota virtual. Veja VPI
identificador do nó, 570
IEEE 802.11 DSSS, 433
IEEE 802.11 FHSS, 432
IEEE 802.11 OFDM, 433
IEEE 802.11, 421
IEEE 802.11infrared, 432
IEEE 802.15, 435
IEEE, 20
   endereços, 1061
   Projeto 802, 395
IESG
   endereço, 1062
IETF, 920
ifconfig, 657
I-frame, 341, 343, 907
IFS, 377
IGMP, 43, 630
   campo "checksum", 632
   endereço de destino, 636
   mapeamento de endereços, 636
ILEC, 242, 1059
   POP, 243
imagem, 5
IMAP4, 838
IMP, 17
impressão digital, 965
IMT-2000, 477
IMT-DS, 478
IMT-FT, 478
IMT-MC, 478

IMT-SC, 478
IMT-TC, 478
incumbent local exchange carrier. Veja ILEC
indicador de comprimento, 533, 535
índice de refração, 199
infinito
   RIP, 665
   roteamento com vetor distância, 664
informações de controle
   SCTP, 740
informações de dados analógicos e digitais, 57
   tipos, 5
Infrared Data Association (IrDA), 208
initial sequence number (ISN), 721
initiation vector (IV), 946
inserção de bytes, 309, 349
instabilidade
   roteamento vetor distância, 663
instabilidade de loop de dois nós, 664
instabilidade de três nós, 664
Institute of Electrical & Electronics Engineers. Veja IEEE
Integrated Services. Veja IntServ
integridade, 962, 964
   protocolo AH, 1000
   verificação, 966
intercâmbio de time-slot. Veja TSI
interconectividade, 20
interexchange carrier. Veja IXC
interface
   LSP, 668
   modelo OSI, 31
interface message processor. Veja IMP
interferência 161, 193, 267
interframe space. Veja IFS
Interim Standard-95. Veja IS-95
interleaving
   frames, 172
   rede de células, 525
   TDM síncrono, 171
   TDM, 172
interna, 235
internas BGP (I-BGP), 677
International Data Encryption Algorithm (IDEA), 945
International Standard Organization. Veja ISO
International Telecommunications Union. Veja ITU

International Telecommunications Union–Telecommunication Standards Sector. Veja ITU-T
Internet Control Message Protocol. Veja ICMP
Internet Group Management Protocol. Veja IGMP
Internet Mail Access Protocol, versão 4. Veja IMAP4
Internet Mobile Communication, 477
Internet Protocol Control Protocol. Veja IPCP
Internet Protocol, 579
Internet Protocol, Next Generation. Veja IPng
Internet Protocol, versão 4. Veja IPv4
Internet Protocol, versão 6. Veja IPv6
internet, 15
   conceito, 611
   definição, 17
   endereçamento lógico, 611
   endereço físico, 612
   entrega de um pacote, 612
   pacotes, 611, 658
   proposto, 817
Internet, 16–17, 241
   abordagem de datagramas, 581
   atualmente, 17
   checksum, 299, 303
   DNS, 803
   esboço, 21
   histórico, 17
   padrão, 21
   rede de comutação de pacotes, 581
   rede de datagramas, 221
internetwork protocol. Veja IP
internetwork. Veja internet
internetworking protocol. Veja IP
INTERNIC, 569
interoperabilidade, 19
Interpret As Control. Veja IAC
interpretador, 852
intersatellite link (ISL), 484
intervalo de amostragem, 121
intervalo de repetição, 426
intervalo na transmissão assíncrona, 133
intervalo, 231
intracoded frame, 907
inTransit, 749
IntServ, 781
   DS, 785

problemas, 784
RSVP, 782
inundação, 667
   roteamento multicast vetor distância, 686
   RPF, 686
inverso, 939
ionosfera, 203
IP endereços, 45, 52, 549, 704
   ARP, 44
   esgotamento, 554
   exclusivos, 549
   exemplo, 47
   formatos, 47
   hierarquia, 559
   host, 705
   hostid, 553
   localmente, 618
   máquinas sem disco, 618
   necessidade de, 47
   netid, 553
   notação binária, 550
   notação decimal pontuada, 550
   notação, 550
   RARP, 44
   universais, 550
IP Security. Veja IPSec
IP, 17, 43–44
   analogia, 385
   congestionamento, 623
   controle de fluxo, 623
   datagrama, 44
   deficiências, 621
   falta de comunicação de gerenciamento, 621
   falta de controle de erros, 621
   garantia, 44
   host, 44
   protocolo da camada de rede, 43
   protocolo host-to-host, 44
   protocolo sem conexão, 44
   protocolos, 43
IPCP, 354
   formato de um pacote, 354
IPng, 584
IPSec, 996
   modos, 996
IPv4 datagram
   cálculo do comprimento de cabeçalho, 586
   campo "comprimento do cabeçalho", 584

   campo "comprimento total", 586
   campo "endereço de destino", 588
   campo "endereço de origem", 588
   campo "fragmentação Offset", 587
   campo "identificação", 587
   campo "protocolo", 587
   campo "tempo de vida", 587
   campo "versão", 584
   campo "checksum", 588
   diferenciados de serviços, 584
   fragmentação, 586, 590
   número máximo de saltos, 587
   prioridade, 584
   protocolo de destino, 587
   remontagem, 590
   salto, 587
   subcampo "bits TOS", 584
   subcampo "precedência", 584
IPv4, 549, 579, 582, 1040
   áudio e vídeo, 596
   comparação com o IPv6, 603
   comparação entre o cabeçalho do IPv6, 601
   confiabilidade, 583
   congestionamento na rede, 584
   conjunto com o TCP, 583
   datagrama, 583
   deficiências, 596
   entrega best-effort, 583
   espaço de endereços, 550
   IPSec, 1001
   não confiável, 583
   problemas de espaço de endereços, 568
   segurança, 597
   sem conexão, 583
   tradução do cabeçalho, 605
   transição para o IPv6, 603
   tunelamento, 604
IPv6 address
   baseado nos provedores, 569
   campos, 569
   espaço, 568
   exemplo de abreviação, 568
   IPv4, 571
   multicast, 570
   unicast, 569
   zeros consecutivos, 568
IPv6 packet
   cabeçalho base, 597
   cabeçalho-base com campos, 597
   cabeçalhos de extensão, 597

   formato, 597
   payload, 597
IPv6 traffic, 599
   atribuições de prioridade, 599
   controlado por congestionamento, 599
   não controlado por congestionamento, 600
   rótulo de fluxo, 600
IPv6, 549, 567, 596
   abreviação de endereços, 567
   alocação de recursos, 597
   cabeçalho de extensão, 602
   campo "comprimento do payload", 598
   campo "endereço de destino", 599
   campo "endereço de origem", 598
   campo "limite de saltos", 598
   campo "prioridade", 597, 599
   campo "próximo cabeçalho", 598
   campo "versão", 597
   comparação entre IPv4, 603
   comparação entre os cabeçalhos IPv4, 601
   ESP, 603
   espaço de endereços, 568, 597
   extensão do protocolo, 597
   flow label, 598, 600
   fluxo de pacotes, 600
   formato do cabeçalho, 597
   fragmentação, 602
   IPSec, 1001
   notação de endereços, 567
   novas opções, 597
   ocorrências de zeros, 568
   opção "destino", 603
   PadN, 602
   protocolos de roteamento, 596
   recursos, 596
   source routing, 602
   tradução de cabeçalho, 605
   transição do IPv4, 603
   tunelamento, 604
Iridium, 485
IRTF, 1062
IS-95, 474, 478
   conjuntos de taxa de dados, 476
   transmissão inversa, 475
ISM, 432
   DSSS, 432
   FHSS, 432
ISO, 20, 29
   endereço, 1062
   propósito, 29

ISOC address, 1062
isolamento de falhas de anel, 12
ISP regional, 19
ISP, 653
    alocação de endereços, 561
    local, 653
    nacionais, 653
    PPP, 346
    regionais, 653
ITU, 20
    endereço, 1062
ITU-T, 20
    ATM, 523
IUA, 736
IXC, 1059
    POP, 244
IXCs, 243

J

janela
    Selective Repeat ARQ, 334
janela de congestionamento (cwnd), 730
janela de congestionamento, 769
janela de contenção, 378
janela de recepção (rwnd), 730
janela deslizante, 324
janela deslizante de recepção, 324
janela deslizante de transmissão, 324
janela Go-Back-N, 766
Java, 852, 860
JavaScript, 852, 860
jitter, 94, 913
    timestamp, 913
Joint Photographic Experts Group. Veja JPEG
JPEG, 857, 904, 907
    compressão espacial, 907
    compressão, 906
    DCT, 905

K

KDC, 983
    AS, 984
    Kerberos, 983
    tíquete, 983
Kerberos, 983–984
    domínio, 986
    operação, 984
Kevlar, 200

L

L2CAP, 440
    multiplexação, 441

label
    domínios de países, 805
    domínios genéricos, 805
LAN ATM pura, 536
LAN Bluetooth, 435
LAN emulation. Veja LANE
LANE client. Veja LEC
LANE configuration server. Veja LECS
LANE, 538
    ATM em LANs, 538
    LEC, 539
    LECS, 539
    LES, 539
    modelo cliente/servidor, 539
    protocolos sem conexão, 538
LANs, 395
    bridges, 454
    endereçamento físico, 538
    exemplo, 14
    identificadores de conexão virtual, 538
    Internet, 395
    interoperabilidade, 538
    meio de transmissão, 14
    multicast, 538
    segmentos lógicos, 459
    sem conexão, 538
    switch, 459
    tamanho, 14
    taxas de dados, 14
    VLAN, 459
    wireless, 421
LANs, 454
largura de banda AM, 154
largura de banda de um sinal, 187
largura de banda de uma linha telefônica, 248
largura de banda efetiva, 104, 762
largura de banda mínima, 104
largura de banda sob demanda para dados em "rajadas", 518
largura de banda, 69, 89, 103, 143, 154, 248, 518
    AM, 153–154
    aproximação de um sinal digital, 77
    ASK, 144, 146
    BFSK, 146
    bps, 89
    BPSK, 149
    bridges (pontes), 406
    característica dos fluxos, 776
    efetiva, 104

    em hertz, 89
    Ethernet, 406
    FDM, 162
    fibras ópticas, 202
    FM, 154–155
    grupo, 166
    grupo-mestre, 166
    infinita, 74
    linha telefônica, 248
    loop local, 242
    mínima, 104
    necessária para o FM, 154
    NRZ-L e NRZ-I, 108
    PM, 156
    QAM, 152
    rádio AM, 154, 167
    sinal de áudio, 154–155
    sinal digital, 74
    sinal não periódico, 69
    sinal periódico, 69
    supergrupo, 166
    taxa de transferência, 78
    taxa de transmissão, 104
    telefones celulares, 167
    tempo de transmissão, 91
    throughput, 90
    tráfego em tempo real, 915
LATA, 242, 1059
    comunicação, 243
    POP, 244
latência, 90
    componentes, 90
Latin-1, 1029
LCP, 350
    campo "código", 350
    PPP, 350
leaky bucket, 777, 779
    baldes de fichas, 780
Leave report, 631, 633
leave report message
    endereço IP de destino, 636
LEC, 242, 539, 1059
    POP, 243
LECS, 539
Lei de Kepler, 479
LF, 204
LI, 535
ligações gratuitas, 243
limiar de partida lenta, 770
limitação de tipo de serviço, 784
    DS, 785
linha cruzada, 84, 193
linha de visada de microondas, 206

linha T
 dados "em rajadas", 93
 linha E, 178
 multiplexação, 177
 relação DS, 177
 tamanho do frame, 177
 transmissão analógica, 177
linha T, 177
 transmissão digital, 198
linha T-1, 177
 bit de sincronização, 180
 capacidade, 178
 frame, 177
 overhead, 177
 taxa de dados, 178
linha telefônica, 80
linhas E, 178
 capacidade, 178
linhas T, 177
Link Control Protocol. Veja LCP
link state packet. Veja LSP
link, 8, 36, 162
 OSPF, 671
 ponto-a-ponto, 672
 stub, 673
 transiente, 672
 virtual, 673
LLC, 363, 395–397
 framing, 396
 MAC, 396
LMI, 522
 estado, 522
 mecanismo de autopreservação, 522
 mecanismo multicast, 522
load
 atraso, 765
locação, 620
local access transport area.
 Veja LATA
local area network. Veja LAN
local Internet service provider. Veja ISP local
local ISP, 19
Local Management Information. Veja LMI
localizador, 853
logging, 818
logical link control. Veja LLC
longa seqüência de 0s, 108
loop
 mensagem de tempo esgotado, 624
 roteamento multicast vetor distância, 686

RPB, 688
loop local, 241–242
 ADSL, 252
 central de comutação, 242
 filtro, 252
 largura de banda, 252
 sinal, 247
loose source route, 602
LSP, 667
 gerados, 668
 inundação, 668
luz infravermelha, 192
luz ultravioleta, 192
luz visível, 192
luz, 192

M

M2UA, 736
M3UA, 736
MA, 365
MAA, 827, 838
MAC, 363, 395, 969
 Ethernet-padrão, 398
 módulos, 397
mail access agents.
 Veja MAA
mail exchanger, 831
mail, 829
mailbox, 824
malha, 9
 backbone, 10
 definição, 9
 desvantagens, 10
 e-mail, 830
 mensagem, 4, 965
 porta, 9
 topologia de malha, 34
 vantagens, 10
Management Information Base.
 Veja MIB
Manchester diferencial, 109
Manchester
 Ethernet, 402
mapeamento
 arquivo de hosts, 798
 dinâmico, 612
 endereços lógicos e físicos, 612
 estático, 612
mapeamento dinâmico, 612
mapeamento estático, 612

limitações, 612
 overhead, 612
máquina sem disco, 618
marca de verificação, 740
marcadores, 786
markup language, 855
máscara de endereços
 ICMPv6, 640
máscara de sub-rede
 ICMPv6, 640
máscara padrão, 553
máscara, 553
 endereçamento sem classes, 556
mascaramento de freqüências, 904
mascaramento temporal, 904
maximum transfer unit.
 Veja MTU
mB/nB, 115
mBnL, 111
MBONE, 693
MBONE, 693
MD5, 994
MDC, 969
media access control. Veja MAC
media gateway control, 736
media player, 909
meio de transmissão
 guiado, 192
 não guiado, 203
meio de transmissão não guiado, 192,
meio de transmissão, 4
meios de transmissão guiados, 192
 cabo de fibra ótica, 192
 condutor, 192
 definição, 191
meios de transmissão, 55
 camada física, 55
 localização, 259
membership report, 631, 633
 endereço IP de destino, 635
mensagem "address-mask reply", 626
mensagem "anúncio de roteador", 626
mensagem "CANCEL", 921
mensagem "digest", 965, 968
 segredo, 965
mensagem "OPTIONS", 921
mensagem "parameter problem", 624
 ICMPv6, 639
mensagem "PLAY", 911
mensagem "REGISTER", 921
mensagem "Resv", 782
mensagem "SETUP", 911

mensagem "solicitação de roteador", 626
mensagem "solicitação e anúncio de roteador"
   função, 626
   ICMPv6, 640
mensagem "TEARDOWN", 912
mensagem "time exceeded", 624
   campo "time-to-live", 624
   fragmentos com atraso, 624
mensagem "source quench", 623, 639
mensagem ACK, 922
mensagem BYE, 921
mensagem de consulta, 625, 631
   endereço IP de destino, 635
   especial, 631
   ICMPv4 e ICMPv6, 640
   ICMP, 621
   ICMPv6, 639
   tempo de resposta, 633
mensagem de Path, 782
mensagem de redirecionamento, 624
   propósito, 607
mensagem DNS
   cabeçalho, 809
   campo "identificação", 809
   seção "autoridades", 811
   seção "informações adicionais", 811
   seção "perguntas", 810
   seção "resposta", 810
mensagem GET, 909–911
mensagem INVITE, 921
Mensagens de echo-request e echo-reply, 625
   ICMPv6, 640
mensagens de solicitação e de resposta de timestamp, 626
mensagens de timestamp
   sincronização de clock, 626
   tempo de ida-e-volta, 626
message authentication code. Veja MAC
message transfer agents. Veja MTA
message transport part. Veja MTP
metafile, 909
método de rede específica, 648
   método do próximo salto, 648
método padrão, 649
método persistente
   1-persistent, 372
   método nonpersistent, 372
   p-persistent, 373
métodos de persistência, 372
métrica, 658, 671

OSPF, 671
RIP, 659
tipo de serviço, 671
MF, 204
MFSK, 147
MIB, 878, 886
   acesso às variáveis simples, 887
   agente, 886
   árvore de identificadores de objetos, 887
   definir qual instância, 888
   exemplo, 887
   identificar uma tabela, 888
   índices, 889
   objetos, 886
   ordem lexicográfica, 889
   regras, 879
microchave, 234
microondas, 204, 206
   aplicações, 207
   banda, 206
MID, 535
MIME, 831
   ASCIL NVT, 831
   cabeçalho "content-description", 834
   cabeçalho "content-Id", 833
   cabeçalho "content-transfer-encoding", 833
   cabeçalho "tipo de conteúdo", 833
   cabeçalhos, 832
   subtipo "conteúdo", 833
   tipo de dados "Text", 833
   tipos de dados, 833
   versão do cabeçalho, 832
minislot, 261
mistura de sinais, 118
mixagem, 916
mixer, 916
MLT-3, 113
mobile switching center. Veja MSC
mobilidade de transição ESS, 423
mobilidade de transição inter-BSS, 423
mobilidade sem transição, 422
modelo OSI, 29, 32, 43
   arquitetura, 30
   cabeçalho, 32
   camada de aplicação, 41
   camada de apresentação, 39
   camada de enlace de dados, 34
   camada de rede, 36, 547
   camada de sessão, 39
   camada de transporte, 37, 701

   camada física, 30, 33
   camadas de suporte à rede, 31
   camadas de suporte ao usuário, 32
   camadas, 29–30, 33
   comunicação peer-to-peer, 30
   funções, 30
   interface entre camadas, 31
   organização, 31
   resumo das camadas, 42
   TCP/IP, 29, 42–43
   trailer, 32
   visão geral das camadas, 32
modem, 80, 241, 248–249
   fórmula de Shannon, 250
   função, 248
   padrões, 249
   V.32, 249
   V.32bis, 262
   V.34bis, 249
   V.90, 250
   V.92, 251
modem 56K, 250
   ADSL, 252
modification detection mode. Veja MDC
modo de blocos de códigos eletrônicos. Veja ECB
modo de livro de códigos eletrônico (ECB), 946
modo de operação, 945
modo de transporte, 996
modo, 199
   densidade, 199
   distorção, 199
   fibra ótica, 209
modos de transmissão, 131
modulação delta. Veja DM
modulação, 143
   AM, 153
   analógica-analógica, 153
   Bluetooth, 437
   DSSS, 432
   FHSS, 432
   FM, 154
   HR-DSSS, 434
   modulação de Trellis, 249
   OFDM, 434
   PM, 155
   transmissão, 79
modulador, 248
módulo aritmético 2, 270
módulo, 270

MOSPF, 685
    CBT, 690
Motion Picture Experts Grupo. Veja MPEG
MP3, 903
    compressão, 904
    taxas de dados, 904
MPEG audio layer 3, 903
MPEG, 904, 907
    B-frame, 908
    compressão temporal, 907
    frames, 907
    I-frame, 907
    P-frame, 907
    versões, 908
MSC, 467
    handoff, 469
    recepção de um sinal, 469
    transmissão de sinal, 468
MSS, 769
MTA, 825, 834
    cliente, 834
    servidor, 834
MTP, 246
MT-RJ, 201
MTU, 589, 639
    comprimento máximo, 590
    fragmentação, 602
    SCTP, 752
    valores típicos dos protocolos, 589
multicast backbone. Veja MBONE
Multicast Open Shortest Path First. Veja MOSPF
multicast, 630, 678–679
    aplicações, 630, 681
    aprendizagem a distância, 682
    disseminação de notícias, 681
    disseminação, 681
    emulação, 681
    LAN, 538
    roteadores de interface, 679
    RSVP, 782
    teleconferência, 682
    tempo real, 915
    tunelamento, 693
    UDP, 715
    unicast, 681
multicast, 681
multidrop, 8
Multihoming, 738
multimodo com índice gradual, 199
multimodo, 199
    fibra óptica, 199

índice degrau, 199
multiplexação de múltiplos slots, 174
multiplexação multinível, 174
multiplexação, 161, 525, 707
    camada de transporte, 707
    definição, 161
    L2CAP, 441
    vários por meio de um, 161
multiplexador CDMA, 475
multiplexador, 162
múltiplos unicast, 680–681
multiponto, 8, 11
Multipurpose Internet Mail Extension. Veja MIME
MUX. Veja multiplexador

N

NAK
    polls, 381
NAP, 18
NAT, 563
National Institute of Standards and Technology. Veja NIST
NAV, 425
NCP, 17, 353
netid, 553
Netscape, 830
network access point. Veja NAP
network address translation. Veja NAT
network control protocol. Veja NCP
network interface card. Veja NIC
network to network interface. Veja NNI
network virtual terminal. Veja NVT
NIC, 400
    endereço de estação, 44
    Ethernet, 400
NIST, 943
níveis de quantização, 126
nível de energia, 375
nível de sinal, 86
NNI, 526–527
    comprimento do VPI, 527
nó a nó, 703
nó óptico, 257
nó, 7, 213
nome de domínio completo, 799, 831
non-return to zero. Veja NRZ
normal response mode. Veja NRM
notação "dois pontos hexadecimal", 567
notação binária, 550
    encontrando as classes, 552
notação decimal pontuada, 550

notificação de erros, 638
    ICMP, 622
    ICMPv6, 639
NRM, 340
NRZ, 106–107, 144
    ASK, 144
    BFSK, 147
    BPSK, 149
NRZ-I, 107
    sincronização, 108
NRZ-Invert, 107
NRZ-L, 107
    afastamento em relação à referência inicial, 107
    polaridade do cabo, 108
    sincronização, 108
NRZ-Level, 107
    comparação entre sistemas numeração, 1040
    internet, 354
    sufixo nulo, 800
    transformação, 1041
núcleo central, 684
núcleo, 198
número de bytes, 719
número de confirmação, 319, 719
número de porta, 704
número de porta efêmero, 704
    fila, 714
número de porta, 704
    conhecida, 705, 709
    efêmero, 704
    ICMP, 623
    processo, 705
número de seqüência de fluxo. Veja SSN
número de seqüência de transmissão. Veja TSN
número de seqüência, 318, 324, 532, 535, 719, 914
    ICMP, 623
    intervalo, 318
número decimal, 1037
número ímpar de erros, 296
números binários, 1038–1040
números de portas conhecidas
    SCTP, 736
NVT, 819
    caracteres de controle, 819
    conjunto de caracteres, 819
    FTP, 841
    pilha TCP/IP, 819
    TELNET, 819
    tokens, 819
Nyquist

O

objeto mib, 882
octeto, 550
OFB, 947
OFDM, 433
offset, 502
onda co-senoidal, 1045
onda senoidal, 59, 1043
    características, 141- 142
    deslocamento horizontal, 1044
    deslocamento vertical, 1045
    freqüência, 60
    período, 60
ondas de rádio, 192, 204
    banda, 205
    propagação ionosférica, 203
ondas de rádio, 192, 204
    omnidirecional, 205
    transmissão, 205
ondas infravermelhas, 204, 207
    aplicações, 208
    freqüências, 207
OOK, 144
opção
    datagrama IPv4, 594
    final da opção, 595
    função, 594
    opção "Loose Source Route", 596
    opção "no operation", 594
    opção "Record Route", 595
    opção "Stric Source Route", 595
    timestamp, 596
opção "final da opção", 595
opção "no operation", 594
opção "Pad1", 602
opção "registro de rota", 595
    comparação comprimento do ponteiro, 727
opção "strict source route", 595
    conceito, 595
    regras, 601
opção "timestamp", 596
opção destino, 603
opção jumbo payload, 602
opção Loose Source Route, 596
opção nó-a-nó, 602
    jumbo payload, 602
    Pad1, 602
    PadN, 602
    payload, 602
Open Shortest Path First. Veja OSPF
Open System Interconnection. Veja OSI

operação AND, 557
operação OR, 557
operação push, 726
operação, 234
operadoras de longa distância, 243
operadoras telefônicas, 242
    após 1996, 1059
órbita de satélite, 479
órbita geossíncrona, 481
órbita, 479
ordem lexicográfica, 889
organizações de padronização, 20
órgãos governamentais reguladores, 20
Orthogonal frequency-division multiplexing (OFDM), 433
oscilador, 144
OSPF, 659, 671
    enlace stub, 673
    enlace transiente, 672
    enlace virtual, 673
    link, 667
    métrica, 671
    tipos de enlace, 671
OU exclusivo. Veja XOR
Outlook, 830
output feedback mode. Veja OFB

P

pacote, 658
    SCTP, 739
pacote de comprimento variável
    leaky bucket, 779
pacote de controle, 767
pacote muito grande, 639
pacotes IP, 647
PadN, 602
padrão de jure, 20
padrões de facto, 20
padrões, 19
    categorias, 20
    comitês de criação, 20
    necessidade de, 13
página Web, 852
    cabeçalho, 856
    corpo, 856
    estrutura, 856
    HTML, 855
    marca, 856
paging, 469, 475
palavra de dados, 271, 275
    aumentada, 288
    palavra de código, 292

palavras de código, 271, 275
    geométrico, 276
    palavra de dados, 292
PAM, 121
PAP, 352
par trançado blindado, 193
par trançado não blindado. Veja par trançado
par trançado, 192–193
    aplicações, 195
    cabo de par trançado, 193
    categorias, 193
    componentes, 193
    desempenho, 194
    DSL, 195
    interferência, 193
    LAN, 194
    loop local, 242
    rede telefônica, 218
    RJ45, 193
    tranças, 193
paradigma cliente/servidor, 704
parte local, 831
Partially Qualified Domain Name. Veja PQDN
partida lenta, 769
passa-baixa, 79
Password Authentication Protocol. Veja PAP
P-box, 939
PCF IFS. Veja PIFS
PCF, 423, 425
    AP, 425
    intervalo de repetição, 426
PCM, 121
    amostragem, 121
    codificação, 127
    decodificação, 112
    filtro, 128
    largura de banda, 128
PCS, 477
PDU LLC, 396
perdas na transmissão, 80
perfil de tráfego, 762
período de satélite, 479
período de vulnerabilidade, 367
    ALOHA puro, 368
    CSMA, 372
    slotted ALOHA, 369
período, 58, 60, 479
    exemplo, 60
    inverso, 60
    unidades, 61

permutação
    DES final, 941
    DES inicial, 941
permutação direta, 940
personal area network (PAN), 435
Personal Communications System (PCS), 477
P-frame, 908
phase modulation. Veja PM
phase shift keying. Veja PSK
PHP, 859
piconets, 435
PIFS, 425
piggybacking, 312, 339, 343, 720, 722
    exemplo, 345
        Go-Back-N ARQ, 339
        Lans sem fio, 426
pilha dupla, 604
PIM, 692
PIM-DM, 692
PIM-DM, 692
PIM-SM, 692
pipelining, 323
pixel, 5, 71, 903, 907
Plano multilíngue básico(BMP), 1030
planos, 1030
PM, 153
point coordination function. Veja PCF
point of presence. Veja POP
Point-to-Point Protocol. Veja PPP
poison reverse, 664
polinômio gerador, 294
polinômio, 291
    adição, 291
    características, 297
    CRC, 290
    deslocamento, 292
    divisão, 292
    multiplicação, 292
    subtração, 291
política de confirmação, 766
política de congestionamento, 769
política de descarte, 766
política de retransmissão, 766
política de uso de janelas, 766
poll, 343, 381
polling, 380
    poll, 381
    select, 381
ponto de acesso. Veja AP velocidade de acesso, 787
ponto de controle de conexão e sinalização, 246

ponto de cruzamento, 228
ponto de encontro, 684
ponto-a-ponto, 8, 10
    definição, 3
    malha, 9
pontos de sincronização, 39
POP, 243
POP, 243
POP3, 838
porta, 705
Porta IrDA, 208
porta conhecida, 705
    fila, 714
    lista, 723, 1076
porta de entrada
    comutação de pacotes, 232
porta do usuário de telefone, 246
porta registrada, 705
porta UDP
    RTCP, 920
portadora, 79
    AM, 153–154
    FM, 154–155
    inter-LATA, 243
    PM, 155
portal Web, 854
portas dinâmicas, 705
Post Office Protocol, versão 3. Veja POP3
potência, 152
    satélites, 480
POTS, 241
PPM, 432
PPP, 346
    autenticação, 352
    campo "controle", 348
    campo "endereço", 348
    campo "flag", 348
    campo "payload", 348
    campo "protocolo", 348
    estado "morto", 349
    estado de estabelecimento de conexão, 349
    fase aberto, 350
    fase de autenticação, 349
    fase de rede, 349
    fase de encerramento, 350
    frame, 348
    LCP, 350
    multilink, 355
    multiplexação, 350
    opção "negociação", 351

PPP, 346
    transição de fases, 349
PQDN suffix, 800
preâmbulo, 398
preenchimento de bits, 174, 310
preenchimento de pulsos, 174
ALOHA puro, 365
    throughput, 368
preenchimento, 587
    conjunto de blocos, 743
    Ethernet, 399
    opção "final das opções", 595
    protocolo AH, 999
    RTP, 918
prefixo de tipo, 568
prevenção de loops, 675
prevenção, 766
primário
    Bluetooth, 435
    polling, 381
primeira harmônica, 68, 77
prioridade de pacotes, 599
privacidade, 161, 962
    protocolo AH, 1000
private use plane (PUP), 1032
problemas na transferência de arquivos, 840
processador de camada física, 232
processador de roteamento, 233
    comutação de pacotes, 232
processamento distribuído, 7
processamento do bloco, 968
processo peer-to-peer, 30
produto de largura de banda e retardo, 92, 322
produto interno, 387
programa pull, 828
programa push, 828
programação, 776
    fila FIFO, 776
    fila ponderada (weighted fair queueing), 777
    fila por prioridade, 777
programa-cliente
programa-servidor, 878
    número de porta, 705
Projeto 802, 395
propagação em linha de visada, 203, 481
    antena, 203
propagação ionosférica, 203
    ionosfera, 203

propagação terrestre, 203
    antena, 203
proteção do número de seqüência, 532
Protocol Independent Multicast, Dense Mode. Veja PIM-DM
Protocol Independent Multicast, Sparse Mode. Veja PIM-SM
Protocol Independent Multicast. Veja PIM
protocolo AH, 998
protocolo de autenticação de cabeçalho. Veja protocolo AH
protocolo de roteamento, 658
    multicast, 678
protocolo host to host, 44
protocolo mais simples possível, 312
    algoritmo, 314
    lado do receptor, 314
    projeto, 313
protocolo orientado a bytes, 736
protocolo orientado a caracter, 308
protocolo orientado a conexões, 538
protocolo orientado a mensagens, 736
protocolo pull, 838
protocolo push, 837
protocolo, 5, 19
    definição, 19
    elementos, 19
protocolos orientados a bits, 309
proxy ARP, 617 firewall proxy, 1023
prunning, 1094
pseudocabeçalho, 712
    propósito, 721
pseudodriver de terminal, 819
PSK binário, 148
    para a base 256, 1042
    para hexadecimal, 1041
    pesos, 1038
    símbolos, 1038–1039
PSK por quadratura. Veja QPSK
PSK, 142, 148
    com ASK, 152
    exemplos de largura de banda, 150
    limitações, 152
    modem, 249
public key infrastructure (PKI), 989
pulse amplitude modulation. Veja PAM
pulse code modulation. Veja PCM
pulse position modulation (PPM), 432
PVC, 528
    ATM, 528
    estabelecimento, 528

Q

Q.931, 924
QAM, 142, 252
    codificação trellis, 249
    largura de banda, 152
    variações, 152
QoS, 775
    ATM, 789
    Bluetooth, 441
    como melhorar, 776
    controle de admissão, 780
    DS, 785
    formatação de tráfego, 777
    Frame Relay, 787
    IntServ, 781
    leaky bucket, 777
    redes comutadas, 786
    reserva de recursos, 780
QPSK, 149–150
    constelação, 151
quadrature amplitude modulation. Veja QAM
qualidade de serviços. Veja QoS
quantização, 125, 906
    não-uniforme, 127
    uniforme, 127
    zona, 125
questões, 454

R

rádio AM, 71, 167
radio FM, 71, 167
    largura de banda, 167
radio government. Veja RG
rádio via Internet, 902
raios cósmicos, 192
raios gama, 192
raios X, 192
X.25, 517
X.509, 989
raiz, 668
rajada, 267
RAM, 231
    TSI, 231
random access memory. Veja RAM
RARP, 43
    endereço lógico, 618
    ICMPv6, 596
    máquina física, 618
    propósito, 29
RBOC, 1059

RC5, 945
RCH, 257
Real-Time Streaming Protocol (RTSP), 911
Real-Time Transport Control Protocol. Veja RTCP
Real-time Transport Protocol. Veja RTP
receptor, 4, 300
    controle de erros no SCTP, 751
    controle de fluxo no SCTP, 748
    controle de fluxo, 311
    reserva, 782
recursos
    comutação de circuitos, 215
rede a cabo, 241
rede backbone, 456
rede CSMA/CA sem fio, 378
rede de células, 524
    conceito, 524
    fluxo, 525
    multiplexação, 524
    redes de quadros, 524
    transmissões em tempo real, 525
rede de circuitos virtuais, 214, 221, 222
    endereçamento, 222
    fases, 223
    fase de transferência de dados, 223
rede de comutação de circuitos, 214, 217
    redes telefônicas, 244
rede de comutação de pacotes, 218
rede de datagramas, 214, 219
rede de infra-estrutura, 421
rede de piconets, 435
rede de quadros, 523
rede de satélites, 478
rede de terminais. Veja TELNET
rede privada, 1005–1006
    endereço IP, 1006
rede, 7, 790
    categorias, 13
    confiabilidade, 8
    critérios, 7
    definição, 17
    desempenho, 7
    híbrida, 1006
    privados, 1006
redes híbridas, 1005–1006
    endereços IP, 1006
redes sem conexão, 219
redirecionamento
    ICMPv6, 639

redundância, 269, 904
    checksum, 298
    espalhamento espectral, 181
referência inicial, 104
reflexão, 198
refração, 198
Regional Bell Operating System. Veja RBOC
Regional Internet Service Provider ou ISP regional. Veja ISP regional
Registration/Administration/Status (RAS), 924
registro de deslocamento, 290
registro de recursos, 811
registro de respostas, 811
registro, 811
REJ, 344
relação um-para-um, 935
relação um-para-vários, 936
remontagem no host de destino, 590
Repetição Seletiva, 766
repetidor
    amplificador, 447
    anel, 12
    HDSL, 255
    hub, 447
    localização, 269
    segmento, 446
Request for Comments. Veja RFC
Request To Send (RTS), 425
reserva de recursos, 226, 780
reserva, 379, 781
    atualização, 784
resolução de nome a um endereço, 806
resolução de nome-endereço, 806
Resolução Iterativa, 808
resolução recursiva, 808
resolução, 903
    iterativa, 808
    nome para endereço, 806
    recursiva, 808
resolvedor, 806
Resource Reservation Protocol. Veja RSVP
resposta
    DNS, 809
resposta com atraso, 633
resposta DNS
resposta RARP, 618
resto
    código cíclico, 294
    CRC, 288

retransmissão de células, 523
retransmissão rápida, 732
retransmissão, 732
reverse address resolution protocol. Veja RARP
reverse path broadcasting. Veja RPB
reverse path forwarding. Veja RPF
reverse path multicasting. Veja RPM
RFB, 687
    RPF, 688
RFC, 21, 925
RG, 196
    cabo coaxial, 196
    classificações, 196
RIP, 665
    porta, 1065
RIPNIC, 569
RJ45, 193
Rn, 326
RNR, 344
roaming, 469
rompimento
    rede de circuitos virtuais, 221
rota
rota virtual. Veja VP
rotação, 939
rotas de transmissão. Veja TP
roteador, 36
    aréas , 671
    backbone, 671
    endereço, 626
    fragmentação, 589
    multicast, 632
    pai designado , 688
    porta de entrada, 232
roteador de backbone, 671
roteador de consulta, 634–635
roteador de núcleo, 684, 690
roteador de ponto de encontro, 684, 690
    seleção, 691
roteador multicast, 632
    groupid, 632
roteador padrão, 624
roteadores, 623
roteadores de fronteira de área, 671
roteador-pai designado, 688
roteamento
    camada de rede, 36–37, 547
    exemplo, 654
    multicast, 682
    vetor distância, 660

roteamento com políticas, 676
roteamento de estado do enlande, 666
roteamento dinâmica, 655
roteamento estático, 655
roteamento geográfico, 655
roteamento hierárquico, 653
roteamento interdomínios, 659
roteamento intradomínio, 659
Roteamento multicast com estados dos enlaces, 685
roteamento multicast de vetor distância, 686
roteamento multicast, 682
    árvore de rota mais curta, 682
    árvores baseadas na origem, 683
    roteador-pai designado, 688
roteamento unicast, 682
roteamento vetor caminho, 674
roteamento vetor distância, 660
    compartilhamento, 661
    instabilidade, 663
    RIP, 665
    tabelas iniciais, 661
rótulo de fluxo, 597, 600
    regras para uso, 601
    transmissão em tempo real, 601
Routing Information Protocol. Veja RIP
RPB, 688
RPC
    porta, 1065
RPF, 686
RPM, 689
RR, 343
RSA, 949
    chaves, 949
    exemplo real, 951
Rspec, 781
RSVP, 781–782
    combinação de reservas, 783
    estilo de reserva, 784
    IntServ, 782
    mensagem, 782
RTCP, 919
    mensagem "BYE", 920
    mensagem "descrição da origem", 920
    mensagem específica de uma aplicação, 920
    número de porta, 920
    relatório do receptor, 920
    RTP, 919
    tipos de mensagens, 919

RTO, 732
RTP, 916
    cabeçalho de extensão, 918
    cabeçalho, 917
    campo "versão", 917
    Contributor, 918
    contributor count, 918
    marcador, 918
    número de porta, 919
    preenchimento, 918
    RTCP, 919
    Sequence number , 918
    Synchronization source identifier, 918
    timestamp, 918
    tipo de payload, 918
    UTP, 418
ruído, 84
ruído de quantização V.90, 250
ruído induzido, 84
ruído por impulso, 84
ruído, 84
    cabo coaxial, 196
    erros em rajada, 268
    impulso, 84
    induzido, 84
    linha cruzada, 84
    serviços digitais, 247
    térmico, 84
rwnd, 749
RZ, 108
    complexidade, 108
    desvantagem, 108
    mudança de sinal, 108
    valores, 108

S

SA, 399
SAR, 532
satélite, 478
    faixa de freqüências, 481
    geossíncrono, 481
    tronco, 242
satélite GEO, 480–481
satélite geossíncrona, 481
satélite média órbita terrestre, 481
satélites de baixa órbita terrestre, 484
Satélites LEO, 480, 484
Satélites MEO, 480–481
S-box, 939
SCO, 439
script
    CGI, 859

SCTP, 732
    associação, 737
    cabeçalho, 743
    características, 736
    conjunto de blocos, 739
    controle de fluxo, 748
    fluxo, 740
    formato dos pacotes, 742
    marca de verificação, 743
    número de confirmação, 741
    serviço confiável, 738
    transferência de dados *versus* entrega de dados, 747
    transferência de dados, 746
SDL
    2B1Q, 111
SDSL, 255
SEAL, 535
secundário
    Bluetooth, 435
    polling, 381
security parameter index. Veja SPI
segmentação L2CAP, 441
segmentation and reassembly. Veja SAR
segmento FIN + ACK, 728
segmento FIN, 727–728
segmento SYN, 724
segmento TCP *versus* pacote SCTP, 739
segmento, 38, 406, 446, 701, 718, 721
    campos do cabeçalho, 721
    datagrama IP, 45
    formato, 721
    tamanho, 721
    TCP, 45
    TCP/IP, 45
segmentos fora de ordem, 732
segredo, 964–965
segurança, 7–8
    autenticação, 962, 991
    FHSS, 183
    integridade, 962, 991
    não repúdio, 962, 991
    privacidade, 962, 991
segurança de uma rede, 8
selecionar
    endereçamento, 348
    frame, 381
    polling, 381
Selective Repeat ARQ , 332
    janela, 333
    projeto, 334

    variáveis, 333
Selective Repeat ARQ, 336
sem conexão, 219
semântica, 19
semifechado, 728
senha "guest", 844
senha, 352
seqüência de Barker, 184
seqüência ortogonal, 386
série de Fourier, 1046
serviço 0800, 247
serviço 900, 247
serviço analógico alugado, 247
serviço analógico comutado, 247
serviço analógico, 247
serviço confiável
    SCTP, 738
serviço de camada de transporte confiável, 708
serviço de camada de transporte não confiável, 708
serviço de chamada local, 247
serviço de entrega best-effort , 44, 583
serviço full-duplex, 718, 738
serviço orientado a conexões, 582, 707, 718, 738
    TCP, 45
serviço sem conexão, 582, 707
    UDP, 713
serviços de diretório, 42
serviços de rede, 582
serviços digitais, 247
    ruído, 247
serviços inter-LATAs, 243
serviços intra-LATA, 242
servidor de broadcast/desconhecido. Veja barramento
servidor de correio eletrônico, 826
servidor de fluxo contínuo, 910
servidor de registros, 922
servidor primário, 803
servidor proxy, 868
servidor raiz, 803
servidor secundário, 803
servidor, 704
    fila UDP, 714
    primário, 803
    raiz , 803
    secundário, 803
    WWW e HTTP, 852
Session Initiation Protocol. Veja SIP
SFD, 398

S-frame, 341, 343
SHA-1, 967
Shannon, 87
SHF, 204
short interframe space (SIFS), 425
SI, 739
SIFS, 425
signal point, 245
Signalling System Seven. Veja SS7
signal-to-noise ratio. Veja SNR
simple and efficient adaptation layer.
    Veja SEAL
Simple Mail Transfer Protocol. Veja
    SMTP
Simple Network Management Protocol.
    Veja SNMP
simplex, 6, 34
sinais eletromagnéticos, 57
sinal analógico composto, 74
sinal analógico periódico, 59
sinal analógico, 57–58, 101, 120
    digitalização, 120
    periódicos, 59
sinal composto não periódico, 67–68
sinal composto periódico, 67
sinal composto, 66, 1046
sinal da portadora, 143
    ASK, 144
sinal de áudio, 902
sinal de onda quadrada, 1046
sinal dente de serra, 1048
sinal digital, 57–58, 71, 101
    largura de banda, 74
    não periódico, 74
    níveis, 71
    sinal analógico composto, 74, 79
    taxa de transferência, 73
sinal em degrau, 128
sinal limitado no tempo, 1049
sinal limitado, 1049
sinal não periódico, 58
    freqüências, 74
sinal no sentido direto, 768
sinal não periódico, 58
sinal periódico, 67–68
    freqüência, 74
sinalização inversa, 768
sinalização telefônica, 736
sincronização
    clock, 105
    codificação de blocos, 115, 117
    exemplo, 105

IS-95, 474
nível de byte, 133
NRZ-I, 108
TDMA, 384
transmissão assíncrona, 133
sincronização de bytes, 135
síndrome, 279
    código de Hamming, 281–282
single-secondary
    comunicação, 437
sintaxe, 19
SIP, 736, 920
    endereços, 921
    mensagens, 921
    rastreamento, 922
sistema aberto, 29
sistema binário, 1037–1038
sistema de distribuição, 422
sistema de telefonia de hierarquia
    analógica, 165
sistema de telefonia,1084
    hierarquia, 166
    multiplexação, 165
    sistema de portadora analógica, 165
sistema decimal, 1037
    para binário, 1038
    pesos e valores, 1038
    símbolos, 1037
sistema hexadecimal, 1037, 1039
    binário, 1042
    pesos e valores, 1039
sistema octal, 1037
sistema operacional
    login local, 819
    NVT, 819
site Web, XXXIII
slot time, 401
    colisão, 401
    velocidade de propagação, 402
slotted ALOHA, 369
    tempo de vulnerabilidade, 369
    throughput, 369
SMI, 881
    ASN.1, 882
    BER, 884
    codificação, 884
    estrutura em forma de árvore, 882
    exemplos de tipos simples, 883
    funções, 881
    identificador de objetos, 881
    métodos de codificação, 881
    nome do objeto, 881

    objetos, 881
    regras, 879
    representação do objeto, 882
    tipo "dados simples", 882
    tipo "seqüência de estruturas",
        883
    tipo "seqüência estruturada", 883
    tipo "simples", 883
    tipo de dados estruturados, 882
    tipo de dados, 881
    tipo do objeto, 882
    tipo estruturado, 883
SMTP, 834
    comandos do cliente, 835
    comandos, 835
    conceito, 834
    fase de transferência de mensagens,
        837
    HTTP, 861
    porta, 1065
    respostas, 835–836
Sn, 319, 325
SNMP, 877, 891
    agente, 877
    banco de dados do agente, 878
    BER, 893
    cabeçalho, 893
    campo "Error status", 893
    campo "índice de erro", 893
    campo "VarBindList", 893
    componentes de gerenciamento,
        878
    conceito, 877
    dados, 893
    elementos de uma mensagem, 893
    formato, 892
    gerente, 877–878
    GetBulkRequest, 892
    GetNextRequest, 891
    GetRequest, 891
    ID de solicitação, 892–893
    InformRequest, 892
    paradigma cliente/servidor, 704
    parâmetros de segurança, 893
    PDU, 891
    porta, 1065
    portas UDP, 895
    programa-cliente, 878
    programa-servidor, 878
    regra, 879
    response, 892
    SetRequest, 892

tipos de erros, 893
trap, 892
versão, 893
SNMPv3, 893
   segurança, 897
   SNMPv2, 897
SNR, 84
   baixa, 80
   capacidade de Shannon, 87
   decibel, 84
   elevada, 84
   em dB, 211
SNRdB, 126
socket address, 706
   cabeçalho IP, 706
   número de porta, 706
   par, 706
soft handoff, 469
   IS-95, 477
solicitação de conexão, 224
solicitação RARP, 618
SONET, 530
   ATM, 530
   Intercalação de bytes, 504
   vídeo, 903
   WDM, 168
source routing bridge, 453
source service access point (SSAP), 396
SPI, 999
split horizon, 664
splitter, 254
SREJ, 344
SS7, 218, 245
   camada de enlace de dados, 246
   camada de rede, 246
   camada de transporte, 246
   camada física, 246
   camadas superiores, 246
SSN, 739
ssthresh, 770
ST, 535
start bit - transmissão assíncrona, 133
start frame delimiter. Veja SFD
stop bit
   transmissão assíncrona, 133
Stop-and-Wait ARQ, 318–319
   eficiência, 322
   Go-Back-N, 331
   lado do receptor, 321
   lado do transmissor, 320
   projeto, 319
stop-and-wait, 315

   lado do receptor, 317
   lado do transmissor, 315
   projeto, 315
STP, 193
stream (fluxo)
   definição, 21
   SCTP, 740
stream identifier. Veja SI
streaming armazenado de áudio/visual, 908
streaming de áudio/vídeo ao vivo, 901, 912
streaming de áudio/vídeo armazenado, 901
   servidor de fluxo contínuo e RTSP, 911
   servidor de fluxo contínuo, 910
   servidor Web e metafile, 909
   servidor Web, 909
strict source route, 602
sub-bloco, 559
subcamada MAC
   Fast Ethernet, 409
   Gigabit Ethernet, 412
   wireless LAN, 422, 442
subdivisão da AT&T, 1059
sub-rede, 559
   endereçamento sem classes, 556
substituição monoalfabética, 935
substituição polialfabética, 935
substituição, 935
   monoalfabética, 935
sufixo, 800
sufixo de instância, 888
supergrupo, 166
super-rede, 554
supplementary ideographic plane (SIP), 1032
supplementary multilingual plane (SMP), 1032
supplementary special plane(SSP), 1032
SVC, 528–529
   ATM, 528–529
switch ATM, 536
switch VPC
   exemplo, 529
   mecanismo, 529
   roteamento de células, 529
Switched 407
   assinante, 248
symmetric digital subscriber line. Veja SDSL

SYN+ACK, 724

T

tabela
   rede de circuitos virtuais, 223
tabela de comutação, 224
tabela de pesquisa, 650
tabela de roteamento dinâmica, 656
tabela de roteamento estático, 655
tabela de roteamento unicast
   RPF, 686
tabela de roteamento, 220, 224, 648, 656, 658
   árvore de rota mais curta, 670
   atualização de, 624
   campo "contagem de referência", 657
   campo "endereço de rede", 656
   campo "endereço do nó seguinte", 656
   campo "flags", 656
   campo "interface", 656
   campo "máscara", 656
   campo "uso", 656
   dinâmico, 656, 658
   estática, 656
   flag "adicionado por redirecionamento", 657
   flag "gateway", 656
   flag "host específico", 657
   flag "modificado por redirecionamento", 657
   flag "U", 656
   hierarquia, 653
   roteamento estado do link, 667
   roteamento vetor distância, 663
tabela de Walsh, 389
tabela dinâmica, 658
tabela estática, 658
tag final, 534
tamanho BA, 534
tamanho da janela
   base do, 769
tamanho da janela, 334
tamanho de quadros, 524
tamanho do frame
   CSMA/CD, 374
tamanho do frame, 524
tamanho máximo de rajada, 762
taxa de amostragem para música, 902
taxa de amostragem, 121, 139
   companhia telefônica, 89

exemplo, 127
voz humana, 127
taxa de bits, 73, 103, 142
   e taxa de transmissão, 142
   largura de banda, 78
taxa de dados de pico, 762
taxa de dados limite, 85
taxa de dados média, 762
taxa de dados, 103
   largura de banda, 104
   máxima, 129
   taxa de sinal, 103
taxa de modulação, 103
taxa de pulsos, 103
taxa de sinal, 103
   2B1Q, 111
   Manchester, 110
   NRZ-I e NRZ-L, 108
   pior caso, 103
   taxa de dados, 103
taxa de transferência de Nyquist, 86
taxa de transmissão, 103, 142
   largura de banda, 104
   taxa de bits, 142
TCP, 17, 45, 583, 703, 708
   "empurrando" dados, 725
   bit "push", 726
   buffer circular, 717
   buffer, 717, 725
   checksum, 722
   controle de erros, 731, 751
   dados urgentes, 726
   DNS, 812
   encapsulamento, 723
   entrega de fluxo, 716
   full-duplex, 718
   função, 130
   ICMP, 623
   IPv4, 583
   modelo OSI, 42
   modo full-duplex, 723
   número de portas bem conhecidas, 709
   número de seqüência, 45
   operação "push", 726
   portas, 1065
   protocolo de camada de transporte, 44
   protocolo de transporte de fluxo, 45
   protocolo orientado a conexão, 723
   protocolo orientado a fluxo, 726
   pseudocabeçalho, 723
   reordenação de segmentos, 45
   segmentação, 38, 1016
   segmento, 718, 721
   serviço confiável, 719
   SIP, 920
   streaming de áudio/vídeo ao vivo, 912
   tráfego em tempo real, 916
   versus SCTP, 736
TCP/IP - conjunto de protocolos, 42
TCP/IP, 43
   camada de aplicação e modelo OSI, 45
   camada de aplicação, 42, 45
   camada de enlace de dados, 43
   camada de rede, 43
   camada de transporte, 43–44
   camada física, 43
   camadas física e de enlace de dados, 43
   endereços, 45, 52
   estrutura hierárquica, 17
   hierarquia, 43
   IP, 580
   modelo OSI, 29, 42–43
   NVT, 819
   transferência de arquivos, 840
   transferência padrão de arquivos, 840
   UDP, 45
TDD-TDMA, 437
TDM assíncrona, 525
TDM assíncrono
   ATM, 525
TDM estatístico, 179
   bit de sincronização, 180
   endereçamento, 179
   largura de banda, 180
   tamanho do time-slot, 180
TDM síncrono, 169
   frame, 170
   taxa de dados, 170
TDM, 169
   aplicações, 179
   bit de framing, 175
   CDMA, 385
   conceito, 168
   gerenciamento da taxa de dados, 173
   rede de comutação de circuitos, 214
   sincronização de frames, 175
   slot vazio, 173
   taxa de dados, 170
   time slot, 169
TDMA, 383–384, 473, 478
   Bluetooth, 437
   TDM, 391
técnica de descoberta de MTU de rotas, 602
   compartilhamento, 675
   loops, 675
   políticas de roteamento, 676
   roteamento vetor caminho, 674
técnicas de encaminhamento, 648
Telecommunications Act of 1996, 1059
telecomunicações, 3
teleconferência, 682
Teledesic, 486
telefone celular digital, 80
telefone rotativo, 244
telefone via Internet, 912
telefones celulares, 167
telefonia celular, 467
   Fazer uma ligação, 468
   handoff, 469
   MSC, 469
   potência de transmissão, 467
   primeira geração, 469
   raio, 467
   rastreamento, 467
   recepção, 469
   segunda geração, 470
   sinal de consulta, 469
   sinal fraco, 469
   terceira geração, 477
Telefonia IP, 736
TELNET, 817–849
   caractere de controle de transmissão, 821
   cliente, 819
   comando "DONT", 822
   comando "WILL", 822
   comando "WONT", 822
   compartilhamento de tempo, 818
   embedding, 821
   interface com o usuário, 840
   modo caractere, 824
   modo linha, 824
   modo padrão, 823
   modo, 823
   oferecer-se para habilitar, 822
   opção "negociação", 822
   subopção "negociação", 822
   transmissão de dados, 820
tempo de propagação, 90–91
   comutação de circuitos, 218
   CSMA, 371

latência, 90
velocidade de propagação, 90
tempo de resposta, 876
tempo de retransmissão expirado (RTO), 732
tempo de transmissão, 91
largura de banda, 91
latência, 91
tempo real
áudio em tempo real, 596
buffer de reprodução, 914
IPv6, 567
tempos de proteção, 384
Ten-Gigabit Ethernet, 397, 416
teorema de Nyquist, 121, 902
freqüência, 121
teoria da criptografia, 386
terceira harmônica, 68
terminação
SCTP, 748
terminal, 818
texto cifrado, 932
texto de cifrado, 932
RSA, 950
TFTP
porta, 1065
TGS, 984
AS, 984
Kerberos, 984
Thicknet. Veja 10Base5
throughput, 90, 764–765, 876
ALOHA puro, 368
carga, 765
CSMA/CD, 376
largura de banda, 90
slotted ALOHA, 369
ticket, 1100
ticket-granting server. Veja TGS
time-division multiple access. Veja TDMA
time-division multiplexing. Veja TDM
time-out, 731
timer, 326
Selective Repeat ARQ, 339
timeslot, 231
timestamp, 913
ICMPv6, 640
RTP, 918
timing, 19
tipo de payload de pacotes, 533
tipo de segmento, 535
tipo de serviço. Veja TOS

tipo de serviço. Veja TOS
tipos de sinal, 96
token bucket, 777, 779
leaky bucket, 779
token bus, 381
token passing, 391- 392
rede, 390
token, 381
topologia anel-barramento, 382
topologia de anel, 34
topologia de anel físico, 382
topologia de anel-barramento, 382
topologia de barramento, 34
topologia
definição, 8
TOS, 584
categorias, 585
interpretações, 584
valores típicos de programas de aplicação, 585
TP, 526
tradução de cabeçalhos, 605
tradução, 915–916
tradutor, 915
tráfego, 876
tráfego "em rajadas"
"leaky bucket", 779
"token bucket", 779
tráfego cbr (constant bit rate), 762
tráfego com taxa de bits variável, 762
tráfego controlado por congestionamento, 599
tráfego de dados, 761
descritor, 761
tráfego em tempo real — Cont.
timestamp, 914
tradução, 915
tradutor, 915
UDP, 916
tráfego em tempo real
controle de erros, 916
misturador, 916
multicasting, 915
número de seqüência, 915
RTP, 916
TCP, 916
tráfego não controlado por congestionamento, 600
trançado, 193
transceptor, 404
transceptor-vampiro, 11
transferência de dados, 725, 747

comutação de circuitos, 217
multihoming, 747
rede de circuitos virtuais, 223
SCTP, 745
transferência de dados, 747
transformada de Fourier, 1048
transição
estratégias, 603
transmissão, 57, 526
AMPS, 470
banda-base, 75
D-AMPS, 471
IS-95, 474
modulação, 79
serial, 131
sinal digital, 74
transmissão analógica, 141
transmissão assíncrona, 133–134
transmissão banda-base, 75
aproximação, 77
transmissão digital, 101
transmissão em tempo real , 4
transmissão isócrona, 135
transmissão multilinha, três níveis. Veja MLT-3
transmissão paralela, 131
transmissão serial, 131–132
dispositivo de conversão, 132
subclasses, 131
tipos, 127
vantagens, 132
transmissão síncrona, 134
agrupamento de bits, 134
exemplos, 134
função receptora, 134
sincronização, 134
vantagens, 135
Transmission Control Protocol. Veja TCP
transposição
DES, 941
trap, 878
tremulação, 902
trilaterização, 482
Triple DES, 943
2 chaves, 981
3 chaves, 943
tronco, 241–242
TSI
exemplo, 230
RAM, 231
TSN, 739

ÍNDICE REMISSIVO **1133**

Tspec, 781
TST, 231
tunelamento, 604, 642
    multicasting, 689
    VPN, 1007
TV, 167
TV a cabo, 256
    cabo coaxial, 197
    head end, 256
TV analógica, 71
TV via Internet, 902

U

UA, 824, 828
    acionado por comandos, 829
    baseado em GUI, 829
    cabeçalho da mensagem, 830
    corpo da mensagem, 830
    endereço do envelope, 830
    envelope, 830
    formato da mensagem de correio, 830
    mensagem, 830
    recebendo um e-mail, 830
    resumo da mensagem de correio, 830
    tipos, 829
UDP, 43, 45, 703, 707–708
    checksum, 712–713
    comparação com o TCP, 45
    controle de fluxo e de erros, 713
    criação de portas, 714
    desencapsulamento, 713
    DNS, 812
    encapsulamento, 713
    estouro da fila, 714
    fila de chegada, 714
    fila de saída, 714
    formação de filas, 714
    ICMP, 623
    mecanismo de controle interno, 715
    não confiável, 709
    número de porta conhecida, 709
    operação, 713
    para comunicação simples, 715
    porta inalcançável, 714–715
    porta RTP, 919
    portas, 1065
    programas de gerenciamento, 715
    protocolo de camada de transporte, 43
    protocolo processo-a-processo, 45
    protocolos de atualização de rotas, 715
    RTP, 916
    sem conexão, 709
    serviço sem conexão, 713
    SIP, 920
    SNMP, 895
    tráfego em tempo real, 916
    usos, 715
    vantagens, 709
    versus SCTP, 736
U-frame, 341, 344
    códigos, 344
    conexão, 345
    função, 344
    gerenciamento do sistema, 341
    tipos, 344
UHF, 204
UNI, 526
    VPI - comprimento, 527
unicast, 630, 678
    interface do roteador, 665
    múltiplo, 680
Unicode, 1029
    plano, 1030
unidirecionalidade, 966
uniform resource locator. Veja URL
UNIs, 527
uplink, 481
uploading V.90, 250
URL
    componentes, 873
    cookies, 853
    host, 853
    HTTP, 853
    localizadores, 853
    nome alternativo, 853
    número de porta, 887
    protocolo, 853
user datagram protocol. Veja UDP
user mobile link (UML), 484
user network interface. Veja UNI
uso de sub-redes, 554
usuários, 526
    cálculo do comprimento, 711
    campo "comprimento", 711
    campo "número da porta de destino", 711
    campo "número da porta de origem", 704
    campo "checksum", 711
    comando "USER", 843
    datagrama de usuário, 710
    exemplo de cálculo de checksum, 712
    formato, 710
    pseudocabeçalho, 712
    user agent. Veja UA
UTP, 195. Veja também par trançado
UU usuário-usuário, 535
UU, 535
UUI, 534

V

V.32, 249
V.32, 249
    QAM, 249
V.32bis, 249
V.34bis, 249
V.90, 250
    uploading, 250
V.92, 251
valores AC, 905
variável de controle, 319
VCI, 222, 527
    comprimento, 527
    switch VPC, 529
VCO, 147
VCs, 526
VCs, 526
    exemplo, 527
    rede de células, 541
VDSL, 255
velocidade da luz, 65
velocidade de propagação, 402
    comprimento de onda, 64
    distorção, 83
verificação de paridade bidimensional, 280
VHF, 204
vídeo, 6, 596, 902
    compressão, 904
    IPv6, 567
videoconferência, 912
violação, 119
virtual circuit identifier. Veja VCI
virtual connection identifier (VCI), 536
virtual local area network. Veja VLAN
virtual path identifier (VPI), 536
virtual private network. Veja VPN
VLAN
    802.1Q, 462

agrupamento pelo número da porta, 461
agrupamento por diversas características, 461
agrupamento por endereços IP, 461
agrupamento por endereços MAC, 461
comunicação entre switches, 462
conceito, 477
configuração automática, 462
configuração manual, 461
configuração semi-automática, 462
configuração, 461
domínios de broadcast, 460
endereço IP multicast, 461
identificação de frames, 462
LAN lógica, 459
manutenção de tabelas, 462
TDM, 462
vantagens, 463
VLF, 204
VOFR, 522
    PCM, 522
Voice Over Frame Relay. Veja VOFR
voltage-controlled oscillator. Veja VCO
Voltagem nas residências, 59
volts, 59
voz
    taxa de amostragem, 1099
    VOFR, 522

voz humana, 69
voz sobre IP, 912, 920
VP, 526
    exemplo, 527
VPI, 527
    NNI, 527
    switch VPC, 529
    UNI, 527
VPIs, 527, 529
VPN, 995, 1004
    método, 1009
    tunelamento, 1007

W

WAN
    tamanho, 14
WATS, 247
wave-division multiplexing. Veja WDM
W-CDMA, 478
WDM, 167
    conceito, 168
    densa, 168
    fibra ótica, 168
    SONET, 168
Web
    funções, 853
weighted fair queueing (filas ponderadas), 777
wide area telephone service. Veja WATS

wireless communication, 3
wireless Ethernet, 421
wireless LAN
    tipos de estações, 422
wireless, 421
    campo "controle de frames", 426
    CSMA/CA, 423
    CSMA/CD, 423
    formato dos frames, 426
    frame da camada MAC, 426
    frame de controle, 428
    frame de dados, 428
    frame de gerenciamento, 427
    mecanismo de endereçamento, 428
    NAV, 425
    subcamada MAC, 423
    tipos de frames, 427
World Wide Web. Veja WWW
WWW, 851
    conceito, 853
    documento estático, 855
    tipos de documentos, 972

X

xDSL, 251
XOR, 271, 278, 286
    distância de Hamming, 274

Y

Yahoo, 839

Z

zona, 802